《中国现代物流大全》篇目

卷次	卷名	篇目
A卷	现代物流总论	1.现代物流概论 2.现代物流战略规划与管理 3.现代物流管理 4.现代物流经济 5.现代国际物流 6.现代军事物流 7.现代物流与电子商务 8.生产企业物流模式与运作研究 9.中国物流的发展及其现代化
B卷	现代物流管理	1.供应链管理 2.物流管理信息系统 3.现代生产库存管理及控制技术 4.工业企业物流管理 5.商业企业物流管理 6.交通运输企业物流管理 7.第三方物流管理
C卷	现代物流技术与装备	1.现代物流技术概论 2.现代运输及技术装备 3.现代物流仓储技术及设备 4.现代物流物料搬运技术装备 5.包装与分拣技术装备 6.物流信息技术与装备 7.现代物流基础设施
D卷	物流系统及典例	1.物流系统工程概论 2.物流园区规划与设计 3.配送中心 4.面向行业的物流系统 5.物流系统典例
E卷	物流标准、法规、专业术语、业界名录	1.物流标准 2.物流法规与政策 3.物流专业术语(中、英、日对照) 4.物流的相关组织机构 5.物流重要会议及出版物 6.物流企业名录

《中国现代物流大全》

编辑委员会

《中国现代物流大全》专家指导委员会

《中国现代物流大全》

主持编写单位

主持编写单位：

中国机械工程学会物流工程分会

协 编 单 位：

中国工程机械学会
中国交通运输协会
北京起重运输机械研究所
北京科技大学
北京交通大学
武汉理工大学
山东大学
解放军后勤指挥学院
中国远洋运输集团总公司
东莞市东迅物流有限公司
昆明船舶设备集团有限公司
林德厦门叉车有限公司
湖州德马物流系统工程有限公司
江苏天奇物流系统工程股份有限公司
南京菲尼克斯电气有限公司
南方卫星通信服务公司

ZHONGGUO XIANDAI WULIU DAQUAN

中国现代物流大全

王国华 主编

物流标准、法规、专业术语、业界名录

中国铁道出版社

2004年·北京

内 容 简 介

《中国现代物流大全》汇集了我国理论界、学术界、产业界及相关管理部门200余位专家学者、教授、高级物流管理人员和技术人员参与组织和编写，充分展现了他们在物流理论研究方面的丰硕成果和在物流系统建设和运营与管理中所积累的宝贵经验。

《中国现代物流大全》囊括了现代物流的基本理论、物流管理思想和方法、物流装备与技术、物流系统规划设计、物流行业标准等五个方面的理论与实践经验，是迄今为止涉面最广、内容最为丰富、实践应用性更强的物流参考工具书。本套丛书共五卷。

本卷《物流标准、法规、专业术语、业界名录》的编写宗旨是为广大的物流工作者提供国内外物流相关的法规、标准、专业术语、主要期刊和图书目录、相关组织信息以及企业名录，以供开展物流工作时借鉴。

图书在版编目(CIP)数据

物流标准、法规、专业术语、业界名录/王国华等编．北京：中国铁道出版社，2004.9
(中国现代物流大全；5)
ISBN 7-113-06030-7

Ⅰ.物…　Ⅱ.王…　Ⅲ.物流－物资管理－中国
Ⅳ.F252

中国版本图书馆CIP数据核字(2004)第093215号

书　　名：中国现代物流大全
物流标准、法规、专业术语、业界名录
著作责任者：王国华　陈宏勋　周　云　孙国正　李苏剑　吴耀华　熊安春
出 版 发 行：中国铁道出版社(100054，北京市宣武区右安门西街8号)
策 划 编 辑：熊安春　黄　燕
责 任 编 辑：陈若伟　熊安春
封 面 设 计：蔡　涛
印　　刷：中国铁道出版社印刷厂
开　　本：787×1092　1/16　印张：52.5　字数：1 440千
版　　本：2004年10月第1版　　2004年10月第1次印刷
印　　数：1～3 000册
书　　号：ISBN 7-113-06030-7/F·391
定　　价：170.00元

编辑部电话：(010)51873094　发行部电话：(010)63545969

http://tdpress.com　E-mail：ys@tdpress.com

本卷编写人员

主　编：陈宏勋　（交通部水运科学研究所研究员　中国机械工程学会物流工程分会副理事长）

副主编：周　云　（中国机械工程学会物流工程分会秘书长　高级工程师）

王　鹰　（太原科技大学教授　中国机械工程学会物流工程分会副理事长）

张　洁　（北京起重运输机械研究所高级工程师）

第一篇　张　洁　陈宏勋　周　云　王国华

第二篇　张　洁　陈宏勋　周　云　陈丽红　谢　琛

第三篇　陈宏勋　王国华　孟文俊

第四篇　陈宏勋　张　洁　周　云　杜廉燕

第五篇　张　洁　陈宏勋　杜廉燕

物流企业名录：周　云　陈宏勋　王国华　孟文俊　熊安春

卷主审：孟文俊　熊安春

序　言

党的“十六大”提出了全面建设小康社会的奋斗目标，描绘出了中国经济建设的宏伟蓝图。随着加入 WTO 和全球经济一体化进程，中国经济必须融入世界经济并保持稳定快速发展，我们正面临着前所未有的机遇和挑战。

现代物流已成为 21 世纪中国经济发展的新兴重要产业和新的经济增长点，这就需要我们深入进行现代物流理论研究和实践探索，并加速完善全国的社会物流网络体系，创造现代物流发展的宏观环境。

现代物流作为一种先进的组织方式和管理技术，对于优化资源配置、提高国民经济运行质量、保障国家经济和国防安全、降低 GDP 中物流成本的比例、促进企业改造发展、推进中国经济体制和经济增长方式的两个根本转变都具有十分重要的意义。为了改善投资环境，吸引更多的外资，也迫切需要在我国建立起专业化、社会化、现代化的物流服务网络体系，提供高质量的现代物流服务。

现代物流是一项跨行业、跨部门、跨地区、跨边界的系统工程，各级政府正在政策、法规、规划、资金等方面给予关注和支持，为发展现代物流创造良好的外部环境。中国的企业需要增强现代物流意识以参与国内外两个市场竞争，要加强对现代物流的理解认识和实践探索，真正成为现代物流发展的市场主体。制造业海尔管理创新的发展模式、IT 业联想自动化集成化物流系统建设、交通运输业上海国际港务(集团)公司及中国远洋运输集团的现代物流改革创新等，都体现出我国广大工商企业开拓创新，取得了丰硕的成果，为我国物流现代化作出了有益的探索。

中国现代物流具有鲜明的、跨跃式发展的中国特色，是在大规模的企业转型、改制、重组和技术创新中形成并发展和丰富的。作为中国当今先进生产力的体现，以电子商务、连锁经营、物流配送为发展方向的流通领域，以挖掘第三利润源泉和作为企业订单加速器的生产领域，以先进制造技术和信息技术为依托的敏捷物流、JIT、MRP、ERP等制造业物流理论和方法，都与时俱进达到了同步发展与平衡。此外，我国大物流体系和国际物流、区域物流、城市物流的规划建设也取得了很大的发展。

由中国机械工程学会物流工程分会主持，全国二百余位物流专家、学者和工作者编著的《中国现代物流大全》，站在现代物流科技发展的前沿，在现代物流基础理论、现代物流管理、现代物流技术与装备、物流系统等方面，科学全面地研究和概括总结了我国改革开放以来物流理论研究和实践应用成果，对于发展我国现代物流具有很高的学术价值和社会价值，对于现代物流的运营具有很好的实用性和引导性。同时也体现出我国各级政府、经济界、产业界、学术界、物流工作者锐意进取、继承创新的精神和与时俱进的现代物流发展历程。

《中国现代物流大全》的出版，标志着我国现代化物流的理论研究和实践已经发展到一个新的阶段，她的出版必将进一步推动我国现代物流业的发展壮大，引导物流走上良性快速发展之路，加快缩短我国物流与发达国家的差距，促进我国物流的现代化和国际化。

在庆贺《中国现代物流大全》出版之际，写下上述感想为序。

中华人民共和国全国人民代表大会常务委员会副委员长

中国科学院院长 路甬祥

2004年6月

前　言

经济全球化与中国物流发展的诉求

21 世纪是人类社会又一个崭新的、关键性的时期。

永远的繁荣与昌盛有背历史规律。历史上,有多少灿烂的文明各领风骚,然后又都随风而去。人类文明同太阳一样,首先从东方、亚细亚升起,东方文明古国——中国、印度、波斯是人类历史的起点;之后,文明的轨迹就随着日行轨迹,从东方中国,经过印度、中亚转移到古希腊、古罗马,到达西欧,最后在日耳曼世界达到辉煌的顶点,19 世纪下半叶,世界文明重心由西欧再次西移,进入北美。世界出现了以"美元帝国"为代表的"美洲世纪"。20 世纪下半叶,世界文明重心再次西移,由北美洲大西洋进入亚洲太平洋。首先是日本于 20 世纪五六十年代的兴起,牵动了世界文明中心的东移;随后是东亚四小龙——新加坡、韩国、台湾和香港的崛起,再次促使了世界文明中心的东移;自 20 世纪 80 年代以来亚太地区经济的腾飞,中国的改革开放使之即将成为世界加工制造中心、世界金融中心、世界贸易中心和世界物流中心。在这样的人类文明历史发展与轮回中,我国的经济发展已经引起国际社会高度关注。

随着经济全球化发展和现代科学技术突飞猛进,涌现出一批适应时代发展的新兴产业。物流产业是用高科技集成和整合传统产业而形成的一个发展迅速的新兴产业。理论界、经济界和产业界都逐渐认识到,物流产业正在成为全球经济发展的重要热点和新的经济增长点,物流革命将是 21 世纪全球经济领域变革的基本内容之一,也是衡量一个国家生产力发展水平的重要标志。

中国加入世界贸易组织已经融入全球经济一体化的大潮之中,给中国物流业带来的影响是:横向与纵向交替轮回,本土企业与外来企业融合,业态的发展机会和方向增多,行业的复合竞争加剧。经济增长、进出口贸易增长、外商在华投资的增多,势必会带来更多的物流需求,物流市场规模将进一步扩大。据专家预测,到 2010 年中国的物流市场容量将发展到 11 972亿元。这些都无疑为尚处起步阶段的中国物流业提供了前所未有的发展机遇和挑战。

入世后的国际竞争中我国将逐步放开公路货运、商品分销、仓库设施等领域,将有更多的外资物流企业进入中国成为中国物流企业强有力的竞争对手。2001 年 4 月美国联合包裹运送服务公司(UPS)获得中国直航权。在中国的业务总量增加了 45%;EXEL、TNT、日通等公司也积极在深圳、广州一带建立办事处或者合资公司;联邦快递、马士基等企业在中国已具备了快速发展的业务基础,快速增长的中国市场被称为"金色的市场"。我们面对的将是名扬世界的跨国公司、誉满全球的服务品牌、雄厚的流动资本、先进的技术和管理方法、全球性的营销网络和信息网络等。

中国第三产业长期发展不足,在 GDP 中所占比比例不足 30%,远低于美国等发达国家 70%和低收入国家 35%的平均水平,难以满足国民经济发展的要求。我们的经济起飞时间晚、工业化起点低，面临着艰难痛苦的体制转型期，使体制关键期、经济发展起飞期和社会现代化临界期三大经济转型奇妙地结合在一起，构成了我国物流发展过程的特殊性、复杂性和综合性，同时，典型的二元经济结构造成了大量二元社会经济现象，如一部分现代化工业同落后的农业并存；经济发达地区同广大不发达地区和贫困地区并存等。我国现代物流产业规模不经济，主体行为不端正，物流业中近几年涌现出许多新企业，有仓储、运输等传统企业转型而来，有些是新成立的公司，看似如火如荼，而规模不经济且缺乏技术进步机制、缺少技术进步的最终战略、技术装备更新缓慢、企业创新能力薄弱将延缓我国物流现代化的进程。

因此，如何体现和落实现代物流作为一种先进的组织方式和管理技术，进而优化资源配置、提高国民经济运行质量、保障国家经济和国防安全、降低GDP中物流成本的比例、促进企业改造发展等，都具有十分重要的意义，更是我们学术理论界、经济界、产业界、各级政府和全社会加以关注和研究的课题。

经济全球化为中国物流市场带来了巨大的需求，为物流企业提供了发展的动力，为中国物流现代化体系的构筑创造了条件和提供了现代化的基础和推动力。我国的物流企业将在激烈的国内外市场竞争中加剧优胜劣汰，实现中国现代物流的跨越式发展。

物流价值发现的反观及新经济时代的物流诉求

福特在1913——物流价值的第一次发现　1908年，一种性能超群、价格低廉、标准化设计的大众型汽车——福特T型车问世，汽车从富人的娱乐工具变成了一般人的交通工具。新汽车的问世立刻就导致了巨大的产需矛盾，这就迫使福特必须改革生产方式以适应巨大的需求。福特从屠宰牲畜的流水线受到了启发，反其道而行之，在1913年采用传送带和其他的传送工具，用不停运动的“流水”方式将原来的“装配孤岛”连接起来，形成汽车生产的流水线，在传送带不同部位同时进行全部作业活动的生产方式。所有工人都要按照传送带的节奏，在指定的位置，按指定的要求，按同样的速率去进行指定的工作。这种方法使福特公司的T型汽车生产能力大大提高，生产成本大幅度下降，汽车的装配时间减少到原来的1/10。开创了“传送带式”的新生产方式。它既是自动化和标准化的生产革命，更是体现了物流创新。

福特制的核心——传送带——是技术和管理的非常有机而又巧妙的结合。她是采用传送带方式进行物流系统化的物流革命。福特制改变的并不完全是产品本身的结构、性能，也不主要是机械加工技术和方法，而是生产领域中的物流方式。一条传送带把独立的操作变成了一个系统，减少甚至根除了反复不断出现的搬运、装卸，通过顺畅连贯的物流，把生产变成了顺畅连贯的系统。同时，物流方式的变革又反向推动了管理方式和业务流程的变革。亦即，福特制所取得的重大成果应该说是用物流来再造生产流程的结果。这就是物流系统在一个企业范畴内巨大的价值发现，也是现代企业生产系统对物流成为“第三利润源泉”和构筑核心竞争能力的诉求。

第二次世界大战——Logistics——物流价值的第二次发现　美军应用运筹学、系统优化方法和托盘技术、叉车技术、通讯技术等在二次世界大战期间构筑了其强大的军事后勤系统。该系统贯穿了后勤物资的征购、调运、储存和战地补给的全过程中，并将单元组合(集装)的装卸、高效连贯的搬运、运输、直到按指定军事目标到达目的地为止的全部物流功能有机结合，有效地支撑了的战争进程。这就促使人们认识到；物流这种系统的活动能够实现以往由许多活动才能完成的各项功能，认识到了物流系统功能的价值。

福特制物流所体现的价值是在一个封闭的生产系统之中，而托盘、叉车所构成的系统所体现的物流的价值是在一个开放的社会系统之中，是从企业走上社会。这是是对物流认知和实践一次质的飞跃。

现代物流已伴随科技发展而进入知识经济和服务经济社会，从而面对的是社会再生产和流通系统的问题。这样就不可能仅依靠一条有形的传送带，而是需要铺设一条无形的"传送带"。这条无形的传送带可以使社会再生产这个大系统，能像车间之中的传送带一样运行。具体的实践就是现在的"配送方式"、"零库存方式"、"精益物流"、"准时制方式"。这些都是力求用"传送带"的思维来解决社会流通问题。现代物流领域最新的发展——网络供应链，实际上就是一条无形的、虚拟的、全球化的福特制式的传送带。这条"传送带"和福特制的传送带所依托的基础都是标准化和自动化，但两者最大的不同在于，我们处于信息化和网络化的时代。新经济社会对物流具有更深广的诉求。

电子商务催发了物流热——物流价值的第三次发现　电子商务发展遇到3个最大的"瓶颈"是网络和交易安全、货款支付和实物送达，支付和安全问题一般都可以通过运转机制和网络技术逐步加以解决，而惟独物流配送需要网络化的计算机技术和现代化的硬件设备、软件系统及先进的管理手段，按用户的订货要求，进行一系列分类、编配、整理、分工、配货等理货工作，定时、定点、定量地交给没有范围限度的各类用户，满足其对商品的需求。其难度和投入之大形成了制约电子商务运营与发展最大的障碍。由此人们发现，配送及其系统运营竟如此重要，继而引发了全社会关注物流、研究物流和构筑物流。电子商务催发了物流热，而物流配送的信息化、自动化、社会化、智能化、合理化和简单化，使货畅其流，物尽其用，既减少生产企业库存，加速资金周转，提高物流效率，降低物流成本，又刺激了社会需求，有利于整个社会的宏观调控，也提高了整个社会的经济效益，促进市场经济的健康发展。同时物流配送又能提高电子商务的效率与效益、协调电子商务的目标、扩大电子商务的市场范围、实现基于电子商务的供应链集成、集成电子商务中的商流、信息流与资金流、支持电子商务的快速发展、促使电子商务成为21世纪最具竞争力的商务形式。

电子商务与物流配相互影响和促进。解决电子商务配送的最佳模式是配送共同化，优化物流配送网络，充分利用第三方物流、配送服务体系，实现网络经济的规模效益。这也是新经济时代商务模式对物流诉求的充分体现。

新世纪全球市场竞争特点对物流核心能力的诉求

随着经济的发展，影响企业在市场上获取竞争优势的主要因素发生了巨大变化。认清主要竞争因素的影响力，把握企业物流核心竞争能力的构筑，获取最大竞争优势具有非常重要的现实意义。

产品寿命周期越来越短　随着消费者需求的多样化发展，企业的产品开发能力也在不断提高。目前,国外新产品的研制周期大大缩短。例如,HP公司新打印机的开发时间从过去的4.5年缩短22个月,而且这一趋势还在不断加强(见图1)。与此相应的是产品的生命周期缩短,革新换代速度加快。

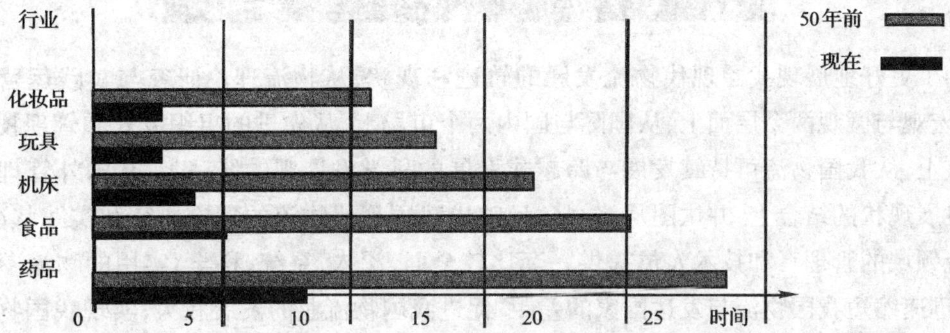

图1　产品生命周期不断缩短

产品品种数与库存飞速膨胀　因消费者需求的多样化越来越突出,厂家为了更好地满足其要求,便不断推出新的品种。这样一来引起了一轮又一轮的产品开发竞争,结果是产品的品种数成倍增长。以日用百货为例,据有关资料统计,从1975年到1991年,品种数已从2 000种左右增加到20 000种左右(见图2)。如超级市场的平均库存,在1985年前后约为13 000 SKU(Stock keep unit),而到1991年时约为20 000SKU,库存占用了大量的资金,严重影响了企业的资金周转速度,进而影响企业的竞争力。

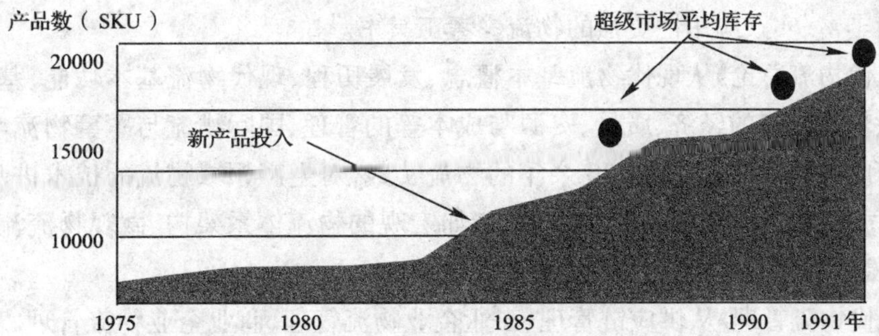

图2　日用品产品品种数增加情况

对时间与反应速度的要求越来越高　随着市场竞争的加剧,经济活动的节奏越来越快。其结果是每个企业都感到用户对时间方面的要求越来越高。这一变化的直接反映就是竞争主要因素的变化。20世纪60年代的企业间竞争的主要因素是成本,到70年代时竞争的主要因素转变为质量,进入80年代以后竞争的主要因素转变为时间。

对产品和物流服务的期望越来越高　进入20世纪90年代的用户对产品质量、服务质量的要求越来越高。现在的企业必须具有根据每一个顾客的特别要求定制产品和低成本快速响应客户需求服务的能力,即所谓的"一对一(one to one)"的定制化服务(Customized service)。

这些变化增加了企业管理的复杂性,企业要想在这种严峻的竞争环境下生存下去,必须具有强有力的处理环境的变化和由环境引起的不确定性的能力。全球市场竞争的特点都要求物流系统具备更强的系统能力和更快的反应速度，都要求物流领域要不断地技术进步和创新。

现代物流科学发展观理论研究与实践的体现

为了更好地展现我国现代物流发展的轨迹和现状，从物流理论研究与实践运营两个角度、从宏观与微观两个层面上、从国际与国内两个市场上、从先进的组织方式和管理技术的两个内核上、从我国物流可持续发展与跨越式发展的科学发展观的统一上、从国外管理经验和我国发展现状的结合上，并试图从多视角反映出我国现代物流的理论研究和实践状况，为我国物流领域的管理者和技术人员提供一套比较全面、深入、系统、科学、实用的物流参考工具书，为迅速缩短我国物流与发达国家的差距，促进我国物流业的发展壮大，实现我国物流的现代化和国际化而尽其绵薄之力。这是《中国现代物流大全》编写的初衷。

《中国现代物流大全》由中国机械工程学会物流工程分会主持编写，中国铁道出版社出版。

《中国现代物流大全》汇集了我国理论界、学术界、产业界及相关管理部门200余位专家学者、教授、高级物流管理人员和技术人员参与组织和编写，充分展现了他们在物流理论研究方面的丰硕成果和在物流系统建设和运营与管理中所积累的宝贵经验。

《中国现代物流大全》囊括了现代物流的基本理论、物流管理思想和方法、物流装备与技术、物流系统规划设计、物流行业标准等5个方面的理论与实践经验，是迄今为止涉及面最广、内容最为丰富、实践应用性更强的物流参考工具书。

A卷《现代物流总论》从现代物流基本概念、发展历程、现代物流基本功能、基础理论、基础应用技术、现代物流的经济、质量、资源与成本等的管理、国际物流与军事物流等方面进行了研究归纳和探讨。并根据我国20余年的物流实践，对生产领域物流的技术进步与创新做了归纳和探讨；对我国物流的现代化发展，诸如宏观的物流体系架构、微观物流流程再造、企业物流能力提升等进行了创新性研究。

B卷《现代物流管理》从供应链管理、工业企业物流管理、商业企业物流管理、现代企业生产库存管理、交通运输企业物流管理、第三方物流管理和物流管理信息系统等七个方面全面介绍了现代物流管理的理论、方法与应用实践，充分展示了现代物流作为一种先进的组织方式和管理技术的内涵。

C卷《现代物流技术与装备》全面介绍了仓储、运输、搬运、包装与分拣、物流信息和物流基础设施等6个领域的现代物流技术与装备的作用、类型、功能原理、技术性能参数、应用范围和发展趋势。资料来源可靠、内容详实、图文兼顾，充分体现了现代物流是先进的和科学的管理方法的内涵。

D卷《物流系统及典例》根据物流系统工程理论，提供了系统建模、规划设计与仿真等方面的方法与工具；介绍了配送中心和物流园区的定位、选址、规划设计与管理、技术装备应用；总结了面向制造业、商业、交通运输三大领域的现代物流理论与实践；介绍了大量的物流系统典型案例。充分揭示了现代物流系统思想的内核。力求使读者在向更深的规划设计以及物流系统的实际运营与操作延伸。

E卷《物流标准、法规、专业术语、业界名录》的编写宗旨是为广大的物流工作者提供国内外物流相关的法规、标准、专业术语、主要期刊和图书目录、相关组织信息以及企业名录,以供开展物流工作时借鉴。

《中国现代物流大全》的编写得到了国家政府相关部门的大力支持,也得到了相关物流学术团体、社团组织,如中国工程机械学会、中国物流学会、中国物流与采购联合会、中国仓储协会、中国交通运输协会、香港物流协会等的大力协助与支持,同时也得到了我国众多高等院校和物流企业集团,如北京起重运输机械研究所、北京科技大学、北京交通大学、武汉理工大学、山东大学、解放军后勤指挥学院、中国远洋运输集团总公司、东莞市东迅物流有限公司、昆明船舶设备集团有限公司、林德厦门叉车有限公司、湖州德马物流系统工程有限公司、江苏天奇物流系统工程股份有限公司、南京菲尼克斯电气有限公司、南方卫星通信服务有限公司等在提供资料、物流案例、组织协调等方面赋予极大的热情和亲情般的关注。为此,《大全》编委会在此表示衷心和诚挚的感谢。

《中国现代物流大全》编写过程中,参考了大量国内外物流专家和学者的著述、论断及相关资料,援引了各行业、众多企业在物流系统构筑、运营、管理和控制等方面的经验、技术进步与创新的案例。编者已将其列举在各卷之后,《大全》编委会在此表示诚挚的感谢,若有疏忽遗漏还恳请给予谅解。

如果《中国现代物流大全》的出版能为我国物流事业的发展贡献微薄之力,如果《中国现代物流大全》能成为各位读者的朋友、能成为您实际工作的工具参考书,将是全体编者最大的意愿和欣慰。

《中国现代物流大全》编委会
2004年6月

本卷前言

人类的生存活动和社会的进步无处、无时不与物品的获取、移动、存储及加工有关。从单一的作业活动:装卸、搬运、存储到当今已高度发展的包括分拣、配送、运输、服务、电子商务在内的系统整合,标志着人类社会已进入一个高效、高速、高度的流通时代。

从最初物流的雏形人力化,随之发展的机械化、自动化、系统化、无人化、智能化就可对物流的发展观其一斑。人类已进入一个高度成长经济发展的时代。

物流的快速发展无疑离不开改革开放、全球经济的交融、信息渠道的畅通。由于物流涉及面广,含盖的内容多,从世界各国物流发展的进程来看,无不通过各种立法来规范和引导物流业正常、健康地发展,使从事物流工作的方方面面都在法律、法规的框架下,在统一的游戏规则下有序的进行,我国也先后制订颁布了部分有关物流方面的法律和法规。同时,物流标准化已经被公认为现代物流发展的基础,是提高物流效率的重要途径,在国际上物流标准化已经成为行业发展的关注焦点。国际标准化组织已批准发布了二百多项物流标准,包括物流设施、运作模式与管理、物流条码标识、数据信息交换等各个方面,我国有关部门在此基础上也相继出台了与国际标准接轨的系列标准。这些标准是现代物流企业发展进程中必须遵循的准则,否则将导致物流系统的相互间排斥孤立,最终无法实现信息共享、经济合理和用户满意的要求。物流系统涵盖了运输、机电、建筑、仓储、工具、服务等方方面面,并且相互之间缺乏共性,关联复杂,所以物流标准化相对于其他行业标准化,其涉及面更广,对象也更复杂。

《中国现代物流大全》E卷的编写宗旨是为广大的物流工作者提供国内外物流相关的法规、标准、专业术语、主要期刊和图书目录、相关组织信息以及企业名录,以供开展物流工作时借鉴。

本书可供物流研究人员、物流从业人员、企业物流管理人员以及大学相关专业学生、研究生参考。

本卷内容宽广、信息量大、涉及外文符号也多,虽经多次校阅,恐欠妥之处、错误刊印仍属难免,望读者在使用过程中提出宝贵意见,以便日后更正。

编　者

2004年6月

目录

第一篇　物流法规与政策

第二篇　物流标准

第三篇 物流专业用语(中、日、英对照)

第四篇 物流相关组织机构

第五篇 物流相关出版物

第六篇　物流业界名录

第一篇　物流法规与政策

第一章　物流综合性法规与政策

中华人民共和国海关法

（节选第二至五章）

（1987年1月22日第六届全国人民代表大会常务委员会第十九次会议通过，2000年7月8日第九届全国人民代表大会常务委员会第十六次会议修正，2001年1月1日起施行）

第二章　进出境运输工具

第十四条　进出境运输工具到达或者驶离设立海关的地点时，运输工具负责人应当向海关如实申报，交验单证，并接受海关监管和检查。停留在设立海关的地点的进出境运输工具，未经海关同意，不得擅自驶离。进出境运输工具从一个设立海关的地点驶往另一个设立海关的地点的，应当符合海关监管要求，办理海关手续，未办结海关手续的，不得改驶境外。

第十五条　进境运输工具在进境以后向海关申报以前，出境运输工具在办结海关手续以后出境以前，应当按照交通主管机关规定的路线行进，交通主管机关没有规定的，由海关指定。

第十六条　进出境船舶、火车、航空器到达和驶离时间、停留地点、停留期间更换地点以及装卸货物、物品时间，运输工具负责人或者有关交通运输部门应当事先通知海关。

第十七条　运输工具装卸进出境货物、物品或者上下进出境旅客，应当接受海关监管。货物、物品装卸完毕，运输工具负责人应当向海关递交反映实际装卸情况的交接单据和记录。上下进出境运输工具的人员携带物品的，应当向海关如实申报，并接受海关检查。

第十八条　海关检查进出境运输工具时，运输工具负责人应当到场，并根据海关的要求开启舱室、房间、车门，有走私嫌疑的，并应当开拆可能藏匿走私货物、物品的部位，搬移货物、物料。海关根据工作需要，可以派员随运输工具执行职务，运输工具负责人应当提供方便。

第十九条　进境的境外运输工具和出境的境内运输工具，未向海关办理手续并缴纳关税，不得转让或者移作他用。

第二十条　进出境船舶和航空器兼营境内客、货运输，需经海关同意，并应当符合海关监管要求。进出境运输工具改营境内运输，需向海关办理手续。

第二十一条　沿海运输船舶、渔船和从事海上作业的特种船舶，未经海关同意，不得载运或者换取、买卖、转让进出境货物、物品。

第二十二条　进出境船舶和航空器，由于不可抗力的原因，被迫在未设立海关的地点停泊、降落或者抛掷、起卸货物、物品，运输工具负责人应当立即报告附近海关。

第三章　进出境货物

第二十三条　进口货物自进境起到办结海关手续止，出口货物自向海关申报起到出境止，过境、转运和通运货物自进境起到出境止，应当接受海关监管。

第二十四条　进口货物的收货人、出口货物的发货人应当向海关如实申报，交验进出口许可证件和有关单证。国家限制进出口的货物，没有进出口许可证件的，不予放行，具体处理办法由国务院规定。进口货物的收货人应当自运输工具申报进境之日起十四日内，出口货物的发货人除海关特准的外应当在货物运抵海关监管区后、装货的二十四小时以前，向海关申报。进口货物的收货人超过前款规定期限向海关申报的，由海关征收滞报金。

第二十五条 办理进出口货物的海关申报手续，应当采用纸质报关单和电子数据报关单的形式。

第二十六条 海关接受申报后，报关单证及其内容不得修改或者撤销；确有正当理由的，经海关同意，方可修改或者撤销。

第二十七条 进口货物的收货人经海关同意，可以在申报前查看货物或者提取货样。需要依法检疫的货物，应当在检疫合格后提取货样。

第二十八条 进出口货物应当接受海关查验。海关查验货物时，进口货物的收货人，出口货物的发货人应当到场，并负责搬移货物、开拆和重封货物的包装。海关认为必要时，可以径行开验、复验或者提取货样。经收发货人申请、海关总署批准，其进出口货物可以免验。

第二十九条 除海关特准的外、进出口货物在收发货人缴清税款或者提供担保后，由海关签印放行。

第三十条 进口货物的收货人自运输工具申报进境之日起超过3个月未向海关申报的，其进口货物由海关提取依法变卖处理，所得价款在扣除运输、装卸、储存等费用和税款后，尚有余款的，自货物依法变卖之日起一年内，经收货人申请，予以发还；其中属于国家对进口有限制性规定，应当提交许可证件而不得提供的，不予发还。逾期无人申请或者不予发还的，上缴国库。确属误卸或者溢卸的进境货物，经海关审定，由原运输工具负责人或者货物的收发货人自该运输工具卸货之日起3个月内，办理退运或者进口手续；必要时，经海关批准，可以延期3个月。逾期未办手续的，由海关按前款规定处理。前两款所列货物不宜长期保存的，海关可以根据实际情况提前处理。收货人或者货物所有人声明放弃的进口货物，由海关提取依法变卖处理；所得价款在扣除运输、装卸、储存等费用后，上缴国库。

第三十一条 经海关批准暂时进口或者暂时出口的货物，应当在6个月内复运出境或者复运进境；在特殊情况下，经海关同意，可以延期。

第三十二条 经营保税货物的储存、加工装配、展示、运输、寄售业务和经营免税商店，应当符合海关监管要求，经海关批准，并办理注册手续。保税货物的转让、转移以及进出保税场所，应当向海关办理有关手续，接受海关监管和查验。

第三十三条 企业从事加工贸易，应当持有关批准文件和加工贸易合同向海关备案，加工贸易制成品单位耗料量由海关按照有关规定核定。加工贸易制成品应当在规定的期限内复出口。其中使用的进口料件，属于国家规定准予保税的，应当向海关办理核销手续；属于先征收税款的，依法向海关办理退税手续。加工贸易保税进口料件或者制成品因故转为内销的，海关凭准予内销的批准文件，对保税的进口料件依法征税；属于国家对进口有限制性规定的，还应当向海关提交进口许可证件。

第三十四条 经国务院批准在中华人民共和国境内设立的保税区等海关特殊监管区域，由海关按照国家有关规定实施监管。

第三十五条 进口货物应当由收货人在货物的进境地海关办理海关手续，出口货物应当由发货人在货物的出境地海关办理海关手续。经收发货人申请，海关同意，进口货物的收货人可以在设有海关的指运地、出口货物的发货人可以在设有海关的启运地办理海关手续。上述货物的转关运输，应当符合海关监管要求；必要时，海关可以派员押运。经电缆、管道或者其他特殊方式输送进出境的货物，经营单位应当定期向指定的海关申报和办理海关手续。

第三十六条 过境、转运和通运货物，运输工具负责人应当向进境地海关如实申报，并应当在规定期内运输出境。海关认为必要时，可以查验过境、转运和通运货物。

第三十七条 海关监管货物，未经海关许可，不得开拆、提取、交付、发运、调换、改装、抵押、质押、留置、转让、更换标记、移作他用或者进行其他处置。海关加施的封志，任何人不得擅自开启或者损毁。人民法院判决、裁定或者有关行政执法部门决定处理海关监管货物的，应当责令当事人办结海关手续。

第三十八条　经营海关监管货物仓储业务的企业，应当经海关注册，并按照海关规定，办理收存、交付手续。在海关监管区外存放海关监管货物，应当经海关同意，并接受海关监管。违反前两款规定或者在保管海关监管货物期间造成海关监管货物损毁或者灭失的，除不可抗力外，对海关监管货物负有保管义务的人应当承担相应的纳税义务和法律责任。

第三十九条　进出境集装箱的监管办法、打捞进出境货物和沉船的监管办法、边境小额贸易进出口货物的监管办法，以及本法未具体列明的其他进出境货物的监管办法，由海关总署或者由海关总署会同国务院有关部门另行制定。

第四十条　国家对进出境货物、物品有禁止性或者限制性规定的，海关依据法律、行政法规、国务院的规定或者国务院有关部门依据法律、行政法规的授权作出的规定实施监管。具体监管办法由海关总署制定。

第四十一条　进出口货物的原产地按照国家有关原产地规则的规定确定。

第四十二条　进出口货物的商品归类按照国家有关商品归类的规定确定。海关可以要求进出口货物的收发货人提供确定商品归类所需的有关资料；必要时，海关可以组织化验、检验，并将海关认定的化验、检验结果作为商品归类的依据。

第四十三条　海关可以根据对外贸易经营者提出的书面申请，对拟作进口或者出口的货物预先作出商品归类等行政裁定。进口或者出口相同货物，应当适用相同的商品归类行政裁定。海关对所作出的商品归类等行政裁定，应当予以公布。

第四十四条　海关依照法律、行政法规的规定，对与进出境货物有关的知识产权实施保护。需要向海关申报知识产权状况的，进出口货物收发货人及其代理人应当按照国家规定向海关如实申报有关知识产权状况，并提交合法使用有关知识产权的证明文件。

第四十五条　自进出口货物放行之日起3年内或者在保税货物、减免税进口货物的海关监管期限内及其后的3年内，海关可以对与进出口货物直接有关的企业、单位的会计账簿、会议凭证、报关单证以及其他有关资料和有关进出口货物实施稽查。具体办法由国务院规定。

第四章　进出境物品

第四十六条　个人携带进出境的行李物品、邮寄进出境的物品，应当以自用、合理数量为限，并接受海关监管。

第四十七条　进出境物品的所有人应当向海关如实申报，并接受海关查验。海关加施的封志，任何人不得擅自开启或者损毁。

第四十八条　进出境邮袋的装卸、转运和过境，应当接受海关监管。邮政企业应当向海关递交邮件路单。邮政企业应当将开拆及封发国际邮袋的时间事先通知海关，海关应当按时派员到场监管查验。

第四十九条　邮运进出境的物品，经海关查验放行后，有关经营单位方可投递或者交付。

第五十条　经海关登记准予暂时免税进境或者暂时免税出境的物品，应当由本人复带出境或者复带进境。过境人员未经海关批准，不得将其所带物品留在境内。

第五十一条　进出境物品所有人声明放弃的物品、在海关规定期限内未办理海关手续或者无人认领的物品，以及无法投递又无法退回的进境邮递物品，由海关依照本法第三十条的规定处理。

第五十二条　享有外交特权和豁免的外国机构或者人员的公务用品或者自用物品进出境，依照有关法律、行政法规的规定办理。

第五章　关　　税

第五十三条　准许进出口的货物、进出境物品，由海关依法征收关税。

第五十四条　进口货物的收货人、出口货物的发货人、进出境物品的所有人，是关税的纳税义务人。

第五十五条　进出口货物的完税价格，由海关以该货物的成交价格为基础审查确定。成交价格不能确定时，完税价格由海关依法估定。进口货物的完税价格包括货物的货价、货物运抵中华人民共和国境内输入地点起卸前的运输及其相关费用、保险费；出口货物的完税价格包括货物的货价、货物运至中华人民共和国境内输出地点装载前的运输及其相关费用、保险费，但是其中包含的出口关税税额，应当予以扣除。进出境物品的完税价格，由海关依法确定。

第五十六条　下列进出口货物、进出境物品，减征或者免征税：

(一)无商业价值的广告品和货样；

(二)外国政府、国际组织无偿赠送的物资；

(三)在海关放行前遭受损坏或者损失的货物；

(四)规定数额以内的物品；

(五)法律规定减征、免征关税的其他货物、物品；

(六)中华人民共和国缔结或者参加的国际条约规定减征、免征关税的货物、物品。

第五十七条　特定地区、特定企业或者有特定用途的进出口货物，可以减征或者免征关税。特定减税或者免税的范围和办法由国务院规定。依照前款规定减征或者免征关税进口的货物，只能用于特定地区、特定企业或者特定用途，未经海关核准并补缴关税，不得移作他用。

第五十八条　本法第五十六条、第五十七条第一款规定范围以外的临时减征或者免征关税，由国务院决定。

第五十九条　经海关批准暂时进口或者暂时出口的货物，以及特准进口的保税货物，在货物收发货人向海关缴纳相当于税款的保证金或者提供担保后，准予暂时免纳关税。

第六十条　进出口货物的纳税义务人，应当自海关填发税款缴款书之日起15日内缴纳税款；逾期缴纳的，由海关征收滞纳金。纳税义务人、担保人超过3个月仍未缴纳的，经直属海关关长或者其授权的隶属海关关长批准，海关可以采取下列强制措施：

(一)书面通知其开户银行或者其他金融机构从其存款中扣缴税款；

(二)将应税货物依法变卖，以变卖所得抵缴税款；

(三)扣留并依法变卖其价值相当于应纳税款的货物或者其他财产，以变卖所得抵缴税款。海关采取强制措施时，对前款所列纳税义务人、担保人未缴纳的滞纳金同时强制执行。进出境物品的纳税义务人，应当在物品放行前缴纳税款。

第六十一条　进出口货物的纳税义务人在规定的纳税期限内有明显的转移、藏匿其应税货物以及其他财产迹象的，海关可以责令纳税义务人提供担保；纳税义务人不能提供纳税担保的，经直属海关关长或者其授权的隶属海关关长批准、海关可以采取下列税收保全措施：

(一)书面通知纳税义务人开户银行或者其他金融机构暂停支付纳税义务人相当于应纳税款的存款；

(二)扣留纳税义务人价值相当于应纳税款的货物或者其他财产。纳税义务人在规定的纳税期限内缴纳税款的，海关必须立即解除税收保全措施；期限届满仍未缴纳税款的，经直属海关关长或者其授权的隶属海关关长批准，海关可以书面通知纳税义务人开户银行或者其他金融机构从其暂停支付的存款中扣缴税款，或者依法变卖所扣留的货物或者其他财产，以变卖所得缴税款，采取税收保全措施不当，或者纳税义务人在规定期限内已缴纳税款，立即解除税收保全措施，致使纳税义务人的合法权益受到损失的，海关应当依法承担赔偿责任。

第六十二条　进出口货物，进出境物品放行后，海关发现少征或者漏征税款，应当在缴纳税款或者货物、物品放行之日起1年内，向纳税义务人补征。因纳税义务人违反规定而造成的少征或者漏征，海关在三年以内可以追征。

第六十三条　海关多征的税款、海关发现后应当立即退还，纳税义务人自缴纳税款之日起1年内，可以要求海关退还。

第六十四条　纳税义务人同海关发生纳税争议时，应当缴纳税款，并可以依法申请行政复议；对复议决定仍不服的，可以依法向人民法院提起诉讼。

第六十五条　进口环节海关代征税的征收管理，适用关税征收管理的规定。

国际集装箱多式联运管理规则

(1997年3月14日颁布 交通部 铁道部令 1997年第2号 1997年10月1日起施行)

第一章 总 则

第一条 为了加强国际集装箱多式联运的管理,促进通畅、经济、高效的国际集装箱多式联运的发展,满足对外贸易发展的需要,根据《中华人民共和国海商法》、《中华人民共和国铁路法》和中华人民共和国交通部、铁道部(以下简称交通部、铁道部)有关规定,制定本规则。

第二条 本规则适用于水路、公路、铁路的国际集装箱多式联运。

第三条 交通部、铁道部是我国国际集装箱多式联运的主管部门。

各省、自治区、直辖市交通主管部门根据本规则管理本地区的国际集装箱多式联运。

铁路部门按系统管理国际集装箱多式联运。

第四条 本规则下列用语的定义

(一)"国际集装箱",是指符合国际标准化组织规定的技术标准的集装箱。

(二)"国际集装箱多式联运(以下简称多式联运)",是指按照国际集装箱多式联运合同,以至少两种不同的运输方式,由多式联运经营人将国际集装箱从一国境内接管的地点运至另一国境内指定交付的地点。

(三)"国际集装箱多式联运合同(以下简称多式联运合同)",是指多式联运经营人凭以收取运费、负责完成或组织完成国际多式联运的合同。

(四)"国际集装箱多式联运单据(以下简称多式联运单据)",是指证明多式联运合同以及证明多式联运经营人接管集装箱货物(以下简称货物)并负责按合同条款交付货物的单据。该单据包括双方确认的取代纸张单据的电子数据交换信息。

(五)国际集装箱多式联运经营人(以下简称多式联运经营人)",是指本人或者委托他人以本人名义与托运人订立一项多式联运合同并以承运人身份承担完成此项合同责任的人。

(六)"区段运输承运人",是指与多式联运经营人签订区段运输合同,完成此项多式联运中的某区段运输的人,不管他是否与多式联运经营人属于同一人。

(七)"托运人",是指本人或委托他人以本人的名义与多式联运经营人订立多式联运合同,将货物交给多式联运经营人的人。

(八)"收货人",是指有权从多式联运经营人处接收货物的人。

(九)"迟延交付",是指货物未在明确约定的时间内交付。

(十)"计算单位",是指国际货币基金组织规定的特别提款权(SDR)。

第二章 多式联运的管理

第五条 申请经营多式联运业务的企业应符合下列条件:

(一)具有中华人民共和国企业法人资格。

(二)具有与从事多式联运业务相适应的组织机构、固定的营业场所、必要的经营设施和相应的专业管理人员。

(二)该企业具有3年以上国际货物运输或代理经历,有相应的国内、外代理。

(四)注册资金不低于人民币1 000万元,并有良好的资信。增设经营性的分支机构时,每增设一个分支机构增加注册资金人民币100万元。

(五)符合国家法律、法规规定的其他条件。

第六条 多式联运经营人的审批

(一)铁路系统以外的企业申请经营多式联运业务,应上报至省、自治区、直辖市交通主管部门,并抄报所在地市(设区市)以上的交通主管部门。省、自治区、直辖市交通主管部门自收到全部申请文件起30日内提出意见后转报交通部。国务院部门在京直属企业申请经营多式联运业务,可直接向交通部、铁道部申报。铁路系统的企业申请经营多式联运业务,由企业所在地的铁路局向铁道部直接申报。在收到上述转、申报文件后60日内,交通部、铁道部共同审核发出批准文件或不批准的通知，并按两部共同商定的工作程序办理。

（二）已批准经营多式联运业务的企业凭批准文件到省、自治区、直辖市交通主管部门领取经营许可证，国务院部门在京直属企业到接受申请单位领取经营许可证，铁路系统的企业到铁道部领取经营许可证。

（三）申请经营多式联运业务的企业，应提交下列文件：

1. 申请报告；

2. 企业章程、业务章程；

3. 经营多式联运业务的可行性研究报告；

4. 多式联运单据样本；

5. 国、内外代理机构企业名称、地址和协议；

6. 资信证明；

7. 企业法人营业执照副本及批准文件；

8. 法定代表人的个人简历和身份证明；

9. 五名以上业务人员的国家承认、相关专业中级以上的职称资格证书和任职证书；

10. 该企业 3 年以上国际货物运输或代理经历的证明；

11. 主管部门要求的其他文件。

（四）经交通部、铁道部共同审批同意后，凭批准文件、经营许可证，按照有关法律、法规的规定向工商、海关、银行、税务部门办理相应手续。

第七条 申请成立多式联运企业应符合第五条（一）、（二）、（四）、（五）项的规定，其主要投资者应具有 3 年以上国际货物运输或代理经历，有相应的国内、外代理。审批程序按第六条的规定办理。

第八条 经营许可证的有效期限为 3 年。有效期届满，需继续从事多式联运业务的人，应在有效期满 30 日前向原发证主管部门申领换证。如不申请换证，其多式联运业务资格在期满后自动丧失。

交通部、铁道部及省、自治区、直辖市交通主管部门对多式联运经营人的经营行为随时进行监督检查。省、自治区、直辖市交通主管部门对多式联运经营人的资格条件和多式联运单据进行年审，铁路系统的年审由铁道部执行，国务院部门在京直属企业的年审由交通部、铁道部共同执行。

第九条 多式联运企业设立经营性分支机构应向有关部门提出申请、提交申请报告、可行性研究报告，并具有与分支机构经营相适应的组织机构、固定营业场所、必要的经营设施、相应的管理人员、流动资金，审批程序按第六条的规定办理。

第十条 要求停止多式联运业务的企业必须向发放经营许可证的单位提出申请，上报交通部、铁道部，经审批同意后，收回经营许可证，并凭批准文件向工商、海关、银行、税务部门办理相应手续。

第十一条 中外合资企业、中外合作企业申请经营多式联运业务，需经交通部、铁道部共同批准后，按照有关法律、行政法规的规定到有关部门办理相应手续；其申领经营许可证、换证、停业均按本章有关规定办理。

外商独资企业不得从事多式联运业务，法律、行政法规，另有规定的除外。

未经交通部、铁道部共同批准，境外企业不得从事我国国际集装箱多式联运业务。

第十二条 从事多式联运业务的企业使用的多式联运单据应符合第三章规定的要求。多式联运单据实行登记编号制度。凡在我国境内签发的多式联运单据必须由多式联运经营人或其代理人报交通部、铁道部登记，并在单据右上角注明许可证编号。

第十三条 多式联运经营人使用电子计算机传递运输信息、数据时，其传送代码、报文格式应符合国内规定适应国际标准的 EDI 标准，参加多式联运的区段运输承运人应按多式联运经营人的要求提供集装箱的动态信息及有关资料。

第三章 多式联运单据

第十四条 多式联运单据的内容

（一）多式联运单据应当载明下列事项：

1. 货物名称、种类、件数、重量、尺寸、外表状况，包括形式；

2. 集装箱箱号、箱型、数量、封志号；

3. 危险货物、冷冻货物等特种货物应载明其特性、注意事项；

4. 多式联运经营人名称和主营业所；

5. 托运人名称；

6. 多式联运单据表明的收货人；

7. 接受货物的日期、地点；

8. 交付货物的地点和约定的日期；

9. 多式联运经营人或其授权人的签字及单据的签发日期、地点；

10. 交接方式，运费的交付，约定的运达期限，货物中转地点；

11. 在不违背我国有关法律、法规的前提下，双方同意列入的其他事项。

(二)多式联运单据缺少本条第一款所指事项中的一项或数项，并不影响该单据作为多式联运单据的法律效力，但应当能证明具有第四条(四)项的规定内容。

第十五条 多式联运经营人接收货物时，应由本人或其授权的人签发多式联运单据。多式联运单据上的签字，可以是手签、盖章或双方确认的电子数据。

签发一份以上正本多式联运单据时，应注明本份数。副本单据应注明不可转让。

第十六条 多式联运单据的转让依照下列规定执行：

(一)记名单据：不得转让；

(二)指示单据：经过记名背书或者空白背书转让；

(三)不记名单据：无需背书，即可转让。

第四章 托运人责任

第十七条 托运人将货物交给多式联运经营人，所提供货物的名称、种类、包装、件数、重量、尺寸、标志等应准确无误，如系特殊货物还应说明其性质和注意事项。

第十八条 由于下列原因所致造成货物灭失、损坏或对多式联运经营人造成损失，托运人应自行负责或承担赔偿责任：

(一)箱体、封志完好，货物由托运人装箱、计数、施封或货物装载于托运人的自备箱内；

(二)货物品质不良或外包装完好而内装货物短损、变质；

(三)运输标志不清，包装不良。

第十九条 由于托运人的过失和疏忽对多式联运经营人或第三方造成损失，即使托运人已将多式联运单据转让，仍应承担赔偿责任。

多式联运经营人依照第十七条与前款规定取得这种赔偿权利，不影响其根据多式联运合同对托运人以外的任何人应负的赔偿责任。

第二十条 托运人托运危险货物，应当依照该种货物运输的有关规定执行，并妥善包装，粘贴或拴挂危险货物标志和标签，将其正式名称和性质以及应采取的安全防护措施书面通知多式联运经营人；由于未通知或通知有误的，多式联运经营人可以根据情况将货物卸下、销毁或者采取相应的处理手段，而不负赔偿责任。托运人对多式联运经营人因运输该种货物所受到的损失，应当负赔偿责任。

多式联运经营人知道危险货物的性质并已同意装运的，在发现该种货物对于运输工具、人员或者其他货物构成实际危险时，仍然可将货物卸下、销毁或者使之不能发生危害。多式联运经营人的责任适用于所发生区段的有关法律、法规。

第五章 多式联运经营人的责任

第二十一条 多式联运经营人签发多式联运单据后，即表明多式联运经营人已收到货物，对货物承担多式联运责任，并按多式联运单据载明的交接方式，办理交接手续。

第二十二条 多式联运经营人对货物的责任期间：

自接收货物时起至交付货物时止。

接收是指货物已交给多式联运经营人运送，并由其接管。

交付是指按多式联运合同将货物交给收货人或根据交付地适用的法律或贸易作法将货物置于收货人的支配下、或必须交给的当局、第三方。

第二十三条 多式联运经营人在接收货物时，已知道或有合理的根据怀疑托运人陈述或多式联运单据上所列货物内容与实际接收货物的状况不符，但无适当方法进行核对时，多式联运经营人有权在多式联运单据上作出保留、注明不符之处、怀疑的根据或无适当核对方法的说明。

多式联运经营人未在多式联运单据上对货物或集装箱的外表状况加以批注，则应视为他已收到外表状况良好的货物或集装箱。

第二十四条 除依照第二十三条的规定作出保

留外，多式联运经营人签发的多式联运单据，是多式联运经营人已经按照多式联运单据所载状况收到货物的初步证据。

第二十五条 多式联运经营人有义务按多式联运单据中收货人的地址通知收货人货物已抵达目的。

第二十六条 收货人按多式联运单据载明的交接方式接收货物，在提货单证上签收。多式联运经营人收回正本多式联运单据后，多式联运经营人责任即告终止。

第二十七条 货物的灭失、损坏或迟延交付发生在多式联运经营人责任期间内，多式联运经营人应依法承担赔偿责任。

货物在明确约定的交货日期届满后，连续60日仍未交付，收货人则可认为该批货物已灭失。

货物的灭失、损坏或迟延交付发生于多式联运的某一区段的，多式联运经营人的赔偿责任和责任限额，适用该运输区段的有关法律、法规。

货物的灭失、损坏不能确定所发生的区段时，多式联运经营人承担赔偿责任的赔偿责任限制为：多式联运全程中包括海运的适用于《中华人民共和国海商法》，多式联运全程中不包括海运的适用于有关法律、法规的规定。

第二十八条 货物的迟延交付不能确定所发生的区段时，多式联运经营人对迟延交付承担的赔偿责任限制，在多式联运全程中包括海运段的，以不超过多式联运合同计收的运费数额为限。

货物的灭失或损坏和迟延交付同时发生的，多式联运经营人的赔偿责任限额按货物的灭失或损坏处理。

第二十九条 因货物灭失、损坏或迟延交付造成损失而对多式联运经营人提起的任何诉讼，不论这种诉讼是根据合同还是侵权行为或其他理由提起的，均适用第二十七条、第二十八条规定的赔偿责任限制。

第三十条 由于货物灭失、损坏或迟延交付造成损失而对多式联运经营人的受雇人提起诉讼，该受雇人如能证明其是在受雇范围内行事，则该受雇人有权援用多式联运经营人的辩护理由和赔偿责任限制。

第三十一条 如能证明货物的灭失、损坏或迟延交付是多式联运经营人有意造成或明知有可能造成而毫不在意的行为或不行为所致，多式联运经营人则无权享受第二十七条和第二十八条所规定的赔偿责任限制。

第三十二条 多式联运经营人可以与有关各方签订协议，具体商定相互之间的责任、权利和义务及有关业务安排等事项，但不得影响多式联运经营人对多式联运全程运输承担的责任，法律、法规另有规定者除外。

第六章 书面通知、诉讼

第三十三条 书面索赔通知提出时效

（一）多式联运经营人向收货人交付货物时，收货人未将货物灭失或者损坏的情况书面通知多式联运经营人的，此项交付视为多式联运经营人已经按照多式联运单据的记载交付以及货物状况良好的初步证据。

货物灭失或者损坏的情况非显而易见的，整箱货物交付的次日起连续15日内，货物拆箱交付的次日起连续7日内，收货人未提交书面通知的，适用前款规定。

（二）货物交付时，收货人已经会同多式联运经营人对货物的状况进行联合调查或检验，无需就查明的灭失或损坏的情况提交书面通知。

（三）多式联运经营人自向收货人交付货物的次日起连续60日内，未收到收货人就货物因迟延交付造成经济损失而提交书面通知的，不负赔偿责任。

（四）本条有关书面通知提出时间，并不妨碍在所确定货物灭失、损坏发生区段法规所适用的书面通知提出的时效。

第三十四条 诉讼时效

（一）多式联运全程包括海运段的，对多式联运经营人诉讼时效期间为1年。

多式联运全程未包括海运段的，按民法通则的规定，对多式联运经营人的诉讼时效时间2年。

（二）时效时间从多式联运经营人交付或应当交付货物的次日起计算。

（三）本条诉讼时效的规定不妨碍索赔人在能确定货物发生灭失、损坏区段时，根据该区段法规所规定的有权提起的诉讼时效。

（四）多式联运经营人对第三人提起追偿要求的时效期限为90日，自追偿的请求人解决原赔偿请求之日起或者收到受理对其本人提起诉讼的法院的起诉副本之日起计算。

第七章　罚　　则

第三十五条　擅自经营多式联运业务，一经查获，处以非法收入两倍的罚款，最高不超过3 000元。

虽经批准从事多式联运业务，但以后又不具备多式联运经营人资格的企业开展多式联运业务，视情节轻重处以20 000～30 000元罚款。

第三十六条　多式联运经营人未在多式联运单据上印制许可证编号，一经查获，令其改正，应在15日内按要求申报登记，并在单据右上角注明许可证编号之后方可经营多式联运业务。限期内不改正者，视情节轻重处以10 000～30 000元罚款。

不按第四十一条规定报送统计报表的给予警告，并限期补报；限期不报的，处以2 000～10 000元罚款。

第三十七条　处罚由省、自治区、直辖市交通主管部门执行；铁路系统的处罚由铁道部执行；国务院部门在京直属企业的处罚由交通部、铁道部共同执行。法律、法规另有规定者除外。

第八章　附　　则

第三十八条　国内水运和国际海运视为两种不同运输方式。

第三十九条　非国际标准集装箱多式联运可参照本规则执行。

第四十条　多式联运单据推荐格式(表略)。

第四十一条　多式联运经营人应在每年一月底前将上年的经营情况报告当地省、自治区、直辖市交通主管部门和交通部、铁道部。铁路系统的同时报告所在地铁路局。报告内容为：

（一）多式联运运量；

（二）经营情况及存在问题；

（三）多式联运经营人的基本情况说明（包括拥有的设备、设施、运力）。

第四十二条　本规则由交通部、铁道部共同负责解释。

第四十三条　本规则自1997年10月1日起施行。

第二章　公路运输法规与政策

中华人民共和国公路法

（1997年7月3日八届全国人民代表大会常务委员会第二十六次会议通过根据1999年10月31日第九届全国人民代表大会常务委员会第十二次会议《关于修改〈中华人民共和国公路法〉的决定》修正）

第一章　总　　则

第一条　为了加强公路的建设和管理，促进公路事业的发展，适应社会主义现代化建设和人民生活的需要，制定本法。

第二条　在中华人民共和国境内从事公路的规划、建设、养护、经营、使用和管理，适用本法。

本法所称公路，包括公路桥梁、公路隧道和公路渡口。

第三条　公路的发展应当遵循全面规划、合理布局、确保质量、保障畅通、保护环境、建设改造与养护并重的原则。

第四条　各级人民政府应当采取有力措施，扶持、促进公路建设。公路建设应当纳入国民经济和社会发展计划。

国家鼓励、引导国内外经济组织依法投资建设、经营公路。

第五条　国家帮助和扶持少数民族地区、边远地区和贫困地区发展公路建设。

第六条　公路按其在公路路网中的地位分为

国道、省道、县道和乡道，并按技术等级分为高速公路、一级公路、二级公路、三级公路和四级公路。具体划分标准由国务院交通主管部门规定。

新建公路应当符合技术等级的要求。原有不符合最低技术等级要求的等外公路，应当采取措施，逐步改造为符合技术等级要求的公路。

第七条 公路受国家保护，任何单位和个人不得破坏、损坏或者非法占用公路、公路用地及公路附属设施。

任何单位和个人都有爱护公路、公路用地及公路附属设施的义务，有权检举和控告破坏、损坏公路、公路用地、公路附属设施和影响公路安全的行为。

第八条 国务院交通主管部门主管全国公路工作。

县级以上地方人民政府交通主管部门主管本行政区域内的公路工作；但是，县级以上地方人民政府交通主管部门对国道、省道的管理、监督职责，由省、自治区、直辖市人民政府确定。

乡、民族乡、镇人民政府负责本行政区域内的乡道的建设和养护工作。

县级以上地方人民政府交通主管部门可以决定由公路管理机构依照本法规定行使公路行政管理职责。

第九条 禁止任何单位和个人在公路上非法设卡、收费、罚款和拦截车辆。

第十条 国家鼓励公路工作方面的科学技术研究，对在公路科学技术研究和应用方面作出显著成绩的单位和个人给予奖励。

第十一条 本法对专用公路有规定的，适用于专用公路。

专用公路是指由企业或者其他单位建设、养护、管理，专为或者主要为本企业或者本单位提供运输服务的道路。

第二章　公路规划

第十二条 公路规划应当根据国民经济和社会发展以及国防建设的需要编制，与城市建设发展规划和其他方式的交通运输发展规划相协调。

第十三条 公路建设用地规划应当符合土地利用总体规划，当年建设用地应当纳入年度建设用地计划。

第十四条 国道规划由国务院交通主管部门会同国务院有关部门并商国道沿线省、自治区、直辖市人民政府编制，报国务院批准。

省道规划由省、自治区、直辖市人民政府交通主管部门会同同级有关部门并商省道沿线下一级人民政府编制，报省、自治区、直辖市人民政府批准，并报国务院交通主管部门备案。

县道规划由县级人民政府交通主管部门会同同级有关部门编制，经本级人民政府审定后，报上一级人民政府批准。

乡道规划由县级人民政府交通主管部门协助乡、民族乡、镇人民政府编制，报县级人民政府批准。

依照第三款、第四款规定批准的县道、乡道规划，应当报批准机关的上一级人民政府交通主管部门备案。

省道规划应当与国道规划相协调。县道规划应当与省道规划相协调。乡道规划应当与县道规划相协调。

第十五条 专用公路规划由专用公路的主管单位编制，经其上级主管部门审定后，报县级以上人民政府交通主管部门审核。

专用公路规划应当与公路规划相协调。县级以上人民政府交通主管部门发现专用公路规划与国道、省道、县道、乡道规划有不协调的地方，应当提出修改意见，专用公路主管部门和单位应当作出相应的修改。

第十六条 国道规划的局部调整由原编制机关决定。国道规划需要作重大修改的，由原编制机关提出修改方案，报国务院批准。

经批准的省道、县道、乡道公路规划需要修改的，由原编制机关提出修改方案，报原批准机关批准。

第十七条 国道的命名和编号，由国务院交通主管部门确定；省道、县道、乡道的命名和编号，由省、自治区、直辖市人民政府交通主管部门按照国务院交通主管部门的有关规定确定。

第十八条　规划和新建村镇、开发区，应当与公路保持规定的距离并避免在公路两侧对应进行，防止造成公路街道化，影响公路的运行安全与畅通。

第十九条　国家鼓励专用公路用于社会公共运输。专用公路主要用于社会公共运输时，由专用公路的主管单位申请，或者由有关方面申请，专用公路的主管单位同意，并经省、自治区、直辖市人民政府交通主管部门批准，可以改划为省道、县道或者乡道。

第三章　公路建设

第二十条　县级以上人民政府交通主管部门应当依据职责维护公路建设秩序，加强对公路建设的监督管理。

第二十一条　筹集公路建设资金，除各级人民政府的财政拨款，包括依法征税筹集的公路建设专项资金转为的财政拨款外，可以依法向国内外金融机构或者外国政府贷款。

国家鼓励国内外经济组织对公路建设进行投资。开发、经营公路的公司可以依照法律、行政法规的规定发行股票、公司债券筹集资金。

依照本法规定出让公路收费权的收入必须用于公路建设。

向企业和个人集资建设公路，必须根据需要与可能，坚持自愿原则，不得强行摊派，并符合国务院的有关规定。

公路建设资金还可以采取符合法律或者国务院规定的其他方式筹集。

第二十二条　公路建设应当按照国家规定的基本建设程序和有关规定进行。

第二十三条　公路建设项目应当按照国家有关规定实行法人负责制度、招标投标制度和工程监理制度。

第二十四条　公路建设单位应当根据公路建设工程的特点和技术要求，选择具有相应资格的勘查设计单位、施工单位和工程监理单位，并依照有关法律、法规、规章的规定和公路工程技术标准的要求，分别签订合同，明确双方的权利义务。

承担公路建设项目的可行性研究单位、勘查设计单位、施工单位和工程监理单位，必须持有国家规定的资质证书。

第二十五条　公路建设项目的施工，须按国务院交通主管部门的规定报请县级以上地方人民政府交通主管部门批准。

第二十六条　公路建设必须符合公路工程技术标准。

承担公路建设项目的设计单位、施工单位和工程监理单位，应当按照国家有关规定建立健全质量保证体系，落实岗位责任制，并依照有关法律、法规、规章以及公路工程技术标准的要求和合同约定进行设计、施工和监理，保证公路工程质量。

第二十七条　公路建设使用土地依照有关法律、行政法规的规定办理。

公路建设应当贯彻切实保护耕地、节约用地的原则。

第二十八条　公路建设需要使用国有荒山、荒地或者需要在国有荒山、荒地、河滩、滩涂上挖砂、采石、取土的，依照有关法律、行政法规的规定办理后，任何单位和个人不得阻挠或者非法收取费用。

第二十九条　地方各级人民政府对公路建设依法使用土地和搬迁居民，应当给予支持和协助。

第三十条　公路建设项目的设计和施工，应当符合依法保护环境、保护文物古迹和防止水土流失的要求。

公路规划中贯彻国防要求的公路建设项目，应当严格按照规划进行建设，以保证国防交通的需要。

第三十一条　因建设公路影响铁路、水利、电力、邮电设施和其他设施正常使用时，公路建设单位应当事先征得有关部门的同意；因公路建设对有关设施造成损坏的，公路建设单位应当按照不低于该设施原有的技术标准予以修复，或者给予相应的经济补偿。

第三十二条　改建公路时，施工单位应当在施工路段两端设置明显的施工标志、安全标志。需要车辆绕行的，应当在绕行路口设置标志；不能绕行的，必须修建临时道路，保证车辆和行人通行。

第三十三条 公路建设项目和公路修复项目竣工后,应当按照国家有关规定进行验收;未经验收或者验收不合格的,不得交付使用。

建成的公路,应当按照国务院交通主管部门的规定设置明显的标志、标线。

第三十四条 县级以上地方人民政府应当确定公路两侧边沟(截水沟、坡脚护坡道,下同)外缘起不少于1 m的公路用地。

第四章 公路养护

第三十五条 公路管理机构应当按照国务院交通主管部门规定的技术规范和操作规程对公路进行养护,保证公路经常处于良好的技术状态。

第三十六条 国家采用依法征税的办法筹集公路养护资金,具体实施办法和步骤由国务院规定。

依法征税筹集的公路养护资金,必须专项用于公路的养护和改建。

第三十七条 县、乡级人民政府对公路养护需要的挖砂、采石、取土以及取水,应当给予支持和协助。

第三十八条 县、乡级人民政府应当在农村义务工的范围内,按照国家有关规定组织公路两侧的农村居民履行为公路建设和养护提供劳务的义务。

第三十九条 为保障公路养护人员的人身安全,公路养护人员进行养护作业时,应当穿着统一的安全标志服;利用车辆进行养护作业时,应当在公路作业车辆上设置明显的作业标志。

公路养护车辆进行作业时,在不影响过往车辆通行的前提下,其行驶路线和方向不受公路标志、标线限制;过往车辆对公路养护车辆和人员应当注意避让。

公路养护工程施工影响车辆、行人通行时,施工单位应当依照本法第三十二条的规定办理。

第四十条 因严重自然灾害致使国道、省道交通中断,公路管理机构应当及时修复;公路管理机构难以及时修复时,县级以上地方人民政府应当及时组织当地机关、团体、企业事业单位、城乡居民进行抢修,并可以请求当地驻军支援,尽快恢复交通。

第四十一条 公路用地范围内的山坡、荒地,由公路管理机构负责水土保持。

第四十二条 公路绿化工作,由公路管理机构按照公路工程技术标准组织实施。

公路用地上的树木,不得任意砍伐;需要更新砍伐的,应当经县级以上地方人民政府交通主管部门同意后,依照《中华人民共和国森林法》的规定办理审批手续,并完成更新补种任务。

第五章 路政管理

第四十三条 各级地方人民政府应当采取措施,加强对公路的保护。

县级以上地方人民政府交通主管部门应当认真履行职责,依法做好公路保护工作,并努力采用科学的管理方法和先进的技术手段,提高公路管理水平,逐步完善公路服务设施,保障公路的完好、安全和畅通。

第四十四条 任何单位和个人不得擅自占用、挖掘公路。

因修建铁路、机场、电站、通信设施、水利工程和进行其他建设工程需要占用、挖掘公路或者使公路改线的,建设单位应当事先征得有关交通主管部门的同意;影响交通安全的,还须征得有关公安机关的同意。占用、挖掘公路或者使公路改线的,建设单位应当按照不低于该段公路原有的技术标准予以修复、改建或者给予相应的经济补偿。

第四十五条 跨越、穿越公路修建桥梁、渡槽或者架设、埋设管线等设施的,以及在公路用地范围内架设、埋设管线、电缆等设施的,应当事先经有关交通主管部门同意,影响交通安全的,还须征得有关公安机关的同意;所修建、架设或者埋设的设施应当符合公路工程技术标准的要求。对公路造成损坏的,应当按照损坏程度给予补偿。

第四十六条 任何单位和个人不得在公路上及公路用地范围内摆摊设点、堆放物品、倾倒垃圾、设置障碍、挖沟引水、利用公路边沟排放污物或者进行其他损坏、污染公路和影响公路畅通的活动。

第四十七条　在大中型公路桥梁和渡口周围200 m、公路隧道上方和洞口外100 m范围内，以及在公路两侧一定距离内，不得挖砂、采石、取土、倾倒废弃物，不得进行爆破作业及其他危及公路、公路桥梁、公路隧道、公路渡口安全的活动。

在前款范围内因抢险、防汛需要修筑堤坝、压缩或者拓宽河床的，应当事先报经省、自治区、直辖市人民政府交通主管部门会同水行政主管部门批准，并采取有效的保护有关的公路、公路桥梁、公路隧道、公路渡口安全的措施。

第四十八条　除农业机械因当地田间作业需要在公路上短距离行驶外，铁轮车、履带车和其他可能损害公路路面的机具，不得在公路上行驶。确需行驶的，必须经县级以上地方人民政府交通主管部门同意，采取有效的防护措施，并按照公安机关指定的时间、路线行驶。对公路造成损坏的，应当按照损坏程度给予补偿。

第四十九条　在公路上行驶的车辆的轴载质量应当符合公路工程技术标准要求。

第五十条　超过公路、公路桥梁、公路隧道或者汽车渡船的限载、限高、限宽、限长标准的车辆，不得在有限定标准的公路、公路桥梁上或者公路隧道内行驶，不得使用汽车渡船。超过公路或者公路桥梁限载标准确需行驶的，必须经县级以上地方人民政府交通主管部门批准，并按要求采取有效的防护措施；影响交通安全的，还应当经同级公安机关批准；运载不可解体的超限物品的，应当按照指定的时间、路线、时速行驶，并悬挂明显标志。

运输单位不能按照前款规定采取防护措施的，由交通主管部门帮助其采取防护措施，所需费用由运输单位承担。

第五十一条　机动车制造厂和其他单位不得将公路作为检验机动车制动性能的试车场地。

第五十二条　任何单位和个人不得损坏、擅自移动、涂改公路附属设施。

前款公路附属设施，是指为保护、养护公路和保障公路安全畅通所设置的公路防护、排水、养护、管理、服务、交通安全、渡运、监控、通信、收费等设施、设备以及专用建筑物、构筑物等。

第五十三条　造成公路损坏的，责任者应当及时报告公路管理机构，并接受公路管理机构的现场调查。

第五十四条　任何单位和个人未经县级以上地方人民政府交通主管部门批准，不得在公路用地范围内设置公路标志以外的其他标志。

第五十五条　在公路上增设平面交叉道口，必须按照国家有关规定经过批准，并按照国家规定的技术标准建设。

第五十六条　除公路防护、养护需要的以外，禁止在公路两侧的建筑控制区内修建建筑物和地面构筑物；需要在建筑控制区内埋设管线、电缆等设施的，应当事先经县级以上地方人民政府交通主管部门批准。

前款规定的建筑控制区的范围，由县级以上地方人民政府按照保障公路运行安全和节约用地的原则，依照国务院的规定划定。

建筑控制区范围经县级以上地方人民政府依照前款规定划定后，由县级以上地方人民政府交通主管部门设置标桩、界桩。任何单位和个人不得损坏、擅自挪动该标桩、界桩。

第五十七条　除本法第四十七条第二款的规定外，本章规定由交通主管部门行使的路政管理职责，可以依照本法第八条第四款的规定，由公路管理机构行使。

第六章　收费公路

第五十八条　国家允许依法设立收费公路，同时对收费公路的数量进行控制。

除本法第五十九条规定可以收取车辆通行费的公路外，禁止任何公路收取车辆通行费。

第五十九条　符合国务院交通主管部门规定的技术等级和规模的下列公路，可以依法收取车辆通行费：

（一）由县级以上地方人民政府交通主管部门利用贷款或者向企业、个人集资建成的公路；

（二）由国内外经济组织依法受让前项收费公路收费权的公路；

（三）由国内外经济组织依法投资建成的公路。

第六十条 县级以上地方人民政府交通主管部门利用贷款或者集资建成的收费公路的收费期限,按照收费偿还贷款、集资款的原则,由省、自治区、直辖市人民政府依照国务院交通主管部门的规定确定。

有偿转让公路收费权的公路,收费权转让后,由受让方收费经营。收费权的转让期限由出让、受让双方约定并报转让收费权的审批机关审查批准,但最长不得超过国务院规定的年限。

国内外经济组织投资建设公路,必须按照国家有关规定办理审批手续;公路建成后,由投资者收费经营。收费经营期限按照收回投资并有合理回报的原则,由有关交通主管部门与投资者约定并按照国家有关规定办理审批手续,但最长不得超过国务院规定的年限。

第六十一条 本法第五十九条第一款第一项规定的公路中的国道收费权的转让,必须经国务院交通主管部门批准;国道以外的其他公路收费权的转让,必须经省、自治区、直辖市人民政府批准,并报国务院交通主管部门备案。

前款规定的公路收费权出让的最低成交价,以国有资产评估机构评估的价值为依据确定。

第六十二条 受让公路收费权和投资建设公路的国内外经济组织应当依法成立开发、经营公路的企业(以下简称公路经营企业)。

第六十三条 收费公路车辆通行费的收费标准,由公路收费单位提出方案,报省、自治区、直辖市人民政府交通主管部门会同同级物价行政主管部门审查批准。

第六十四条 收费公路设置车辆通行费的收费站,应当报经省、自治区、直辖市人民政府审查批准。跨省、自治区、直辖市的收费公路设置车辆通行费的收费站,由有关省、自治区、直辖市人民政府协商确定;协商不成的,由国务院交通主管部门决定。同一收费公路由不同的交通主管部门组织建设或者由不同的公路经营企业经营的,应当按照"统一收费、按比例分成"的原则,统筹规划,合理设置收费站。

两个收费站之间的距离,不得小于国务院交通主管部门规定的标准。

第六十五条 有偿转让公路收费权的公路,转让收费权合同约定的期限届满,收费权由出让方收回。

由国内外经济组织依照本法规定投资建成并经营的收费公路,约定的经营期限届满,该公路由国家无偿收回,由有关交通主管部门管理。

第六十六条 依照本法第五十九条规定受让收费权或者由国内外经济组织投资建成经营的公路的养护工作,由各该公路经营企业负责。各该公路经营企业在经营期间应当按照国务院交通主管部门规定的技术规范和操作规程做好对公路的养护工作。在受让收费权的期限届满,或者经营期限届满时,公路应当处于良好的技术状态。

前款规定的公路的绿化和公路用地范围内的水土保持工作,由各该公路经营企业负责。

第一款规定的公路的路政管理,适用本法第五章的规定。该公路路政管理的职责由县级以上地方人民政府交通主管部门或者公路管理机构的派出机构、人员行使。

第六十七条 在收费公路上从事本法第四十四条第二款、第四十五条、第四十八条、第五十条所列活动的,除依照各该条的规定办理外,给公路经营企业造成损失的,应当给予相应的补偿。

第六十八条 收费公路的具体管理办法,由国务院依照本法制定。

第七章 监督检查

第六十九条 交通主管部门、公路管理机构依法对有关公路的法律、法规执行情况进行监督检查。

第七十条 交通主管部门、公路管理机构负有管理和保护公路的责任,有权检查、制止各种侵占、损坏公路、公路用地、公路附属设施及其他违反本法规定的行为。

第七十一条 公路监督检查人员依法在公路、建筑控制区、车辆停放场所、车辆所属单位等进行监督检查时,任何单位和个人不得阻挠。

公路经营者、使用者和其他有关单位、个人,应当接受公路监督检查人员依法实施的监督检查,并为其提供方便。

公路监督检查人员执行公务，应当佩戴标志，持证上岗。

第七十二条　交通主管部门、公路管理机构应当加强对所属公路监督检查人员的管理和教育，要求公路监督检查人员熟悉国家有关法律和规定，公正廉洁，热情服务，秉公执法，对公路监督检查人员的执法行为应当加强监督检查，对其违法行为应当及时纠正，依法处理。

第七十三条　用于公路监督检查的专用车辆，应当设置统一的标志和示警灯。

第八章　法律责任

第七十四条　违反法律或者国务院有关规定，擅自在公路上设卡、收费的，由交通主管部门责令停止违法行为，没收违法所得，可以处违法所得3倍以下的罚款，没有违法所得的，可以处2万元以下的罚款；对负有直接责任的主管人员和其他直接责任人员，依法给予行政处分。

第七十五条　违反本法第二十五条规定，未经有关交通主管部门批准擅自施工的，交通主管部门可以责令停止施工，并可以处2万元以下的罚款。

第七十六条　有下列违法行为之一的，由交通主管部门责令停止违法行为，可以处3万元以下的罚款.

(一)违反本法第四十四条第一款规定，擅自占用、挖掘公路的；

(二)违反本法第四十五条规定，未经同意或者未按照公路工程技术标准的要求修建桥梁、渡槽或者架设、埋设管线、电缆等设施的；

(三)违反本法第四十七条规定，从事危及公路安全的作业的；

(四)违反本法第四十八条规定，铁轮车、履带车和其他可能损害路面的机具擅自在公路上行驶的；

(五)违反本法第五十条规定，车辆超限使用汽车渡船或者在公路上擅自超限行驶的；

(六)违反本法第五十二条、第五十六条规定，损坏、移动、涂改公路附属设施或者损坏、挪动建筑控制区的标桩、界桩，可能危及公路安全的。

第七十七条　违反本法第四十六条的规定，造成公路路面损坏、污染或者影响公路畅通的，或者违反本法第五十一条规定，将公路作为试车场地的，由交通主管部门责令停止违法行为，可以处5 000元以下的罚款。

第七十八条　违反本法第五十三条规定，造成公路损坏，未报告的，由交通主管部门处1 000元以下的罚款。

第七十九条　违反本法第五十四条规定，在公路用地范围内设置公路标志以外的其他标志的，由交通主管部门责令限期拆除，可以处2万元以下的罚款；逾期不拆除的，由交通主管部门拆除，有关费用由设置者负担。

第八十条　违反本法第五十五条规定，未经批准在公路上增设平面交叉道口的，由交通主管部门责令恢复原状，处5万元以下的罚款。

第八十一条　违反本法第五十六条规定，在公路建筑控制区内修建建筑物、地面构筑物或者擅自埋设管线、电缆等设施的，由交通主管部门责令限期拆除，并可以处5万元以下的罚款。逾期不拆除的，由交通主管部门拆除，有关费用由建筑者、构筑者承担。

第八十二条　除本法第七十四条、第七十五条的规定外，本章规定由交通主管部门行使的行政处罚权和行政措施，可以依照本法第八条第四款的规定由公路管理机构行使。

第八十三条　阻碍公路建设或者公路抢修，致使公路建设或者抢修不能正常进行，尚未造成严重损失的，依照治安管理处罚条例第十九条的规定处罚。

损毁公路或者擅自移动公路标志，可能影响交通安全，尚不够刑事处罚的，依照治安管理处罚条例第二十条的规定处罚。

拒绝、阻碍公路监督检查人员依法执行职务未使用暴力、威胁方法的，依照治安管理处罚条例第十九条的规定处罚。

第八十四条　违反本法有关规定，构成犯罪的，依法追究刑事责任。

第八十五条　违反本法有关规定，对公路造成损害的，应当依法承担民事责任。

对公路造成较大损害的车辆，必须立即停车，保护现场，报告公路管理机构，接受公路管理机构的调查、处理后方得驶离。

第八十六条 交通主管部门、公路管理机构的工作人员玩忽职守、徇私舞弊、滥用职权，构成犯罪的，依法追究刑事责任；尚不构成犯罪的，依法给予行政处分。

第九章 附 则

第八十七条 本法自1998年1月1日起施行。

公路运输管理暂行条例

（1986年12月29日发布 交通部 国家经委[86]交公路字1013号 自发布之日起施行）

第一章 总 则

第一条 为加强公路运输行业管理，保护合法经营，保障货主和旅客的正当权益，维护运输秩序，促进公路运输事业的发展，实现货畅其流，人便于行，提高社会效益，特制定本条例。

第二条 凡从事公路客货运输、搬运装卸、汽车维修、运输服务（以下简称公路运输），均属公路运输行业管理范围。

第三条 凡从事公路运输的单位和个人，都必须遵守国家有关法律、法令、法规和交通主管部门发布的公路运输规则。

第四条 公路运输在国家计划指导下。实行各地区、各行业、各部门多家经营的方针。坚持国营、集体、个体各种经济形式协调发展。保护正当竞争。

第五条 公路运输分为营业性、非营业性两种。

营业性运输指为社会提供劳务、发生各种方式费用结算的公路运输；非营业性运输指为本单位生产、生活服务，不发生费用结算的公路运输。

第六条 各级交通主管部门是各级人民政府主管公路运输的行政管理机关，负责本条例的贯彻实施。

第二章 开业和停业管理

第七条 申请从事营业性公路运输及运输服务的单位和个人（含联户，下同），必须履行以下手续，方可开业：

1. 持当地乡以上人民政府或主管单位的证明，报请县（含县，下同）以上交通主管部门进行开业技术业务条件审查；

2. 交通主管部门根据社会需要和其生产能力、经营范围、技术和经营条件情况，在30天内提出审核意见，符合条件的发给经营许可证明；

3. 申请者持交通主管部门的经营许可证明向工商行政管理部门申请登记，由工商行政管理部门按照有关规定进行审查，核发营业执照；

4. 按国家规定分别向税务部门申请办理税务登记，向保险公司办理保险事宜；

5. 临时（不满3个月）从事营业性公路运输的单位和个人（指从事非营业性运输的单位和个人临时转向营业性运输），经县以上交通主管部门批准，发给临时营运证，即可经营。

第八条 经工商行政管理部门批准开业的公路运输企业和个体运输户以及临时参加营业性公路运输的单位和个人，按其注册营运车辆数，由交通主管部门发给营运证，一车一证，随车携带，全国通行。

第九条 从事营业性运输的单位和个人停业，应在30天前向交通主管部门和工商行政管理部门提出报告，经审查同意，缴销营运证和营业执照后，方可停业。

第十条 本条例发布前已经开业的公路运输单位和个人，均应按照第七条、第八条的规定，到交通主管部门补办登记手续。

第三章 货物运输管理

第十一条 从事营业性运输的单位，在接受国家计划指导，保证完成指令性运输任务的前提下，有独立进行经营活动的自主权。

第十二条 企业、事业单位的非营业性货运车辆，主要为本单位生产、生活服务；运力有余需参加营业性运输时，按第七条规定办理。

第十三条　县以上人民政府确定的抢险、救灾、战备等紧急运输任务，各运输单位要服从统一调度，实行责任运输，保证完成。

第十四条　经省（自治区、直辖市、下同）人民政府批准的重点港、站集散物资、重点物资以及定线货物班车运输，在地方政府领导和有关部门协助下，由当地交通主管部门组织协调，开展合理运输。

第十五条　除本条例第十三条、第十四条规定以外的货物运输，实行谁受托、谁承运的原则。托运人可择优托运。任何单位或个人都不得以任何借口搞地区或部门封锁，垄断货源，欺行霸市，抢装强运。

第十六条　国家和省人民政府规定禁运、限运的物资，必须按规定办理审批手续，方准运输。

危险货物运输，按《公路危险货物运输规则》的规定办理。

第十七条　公路货物运输承、托运双方，要按《中华人民共和国经济合同法》和《公路货物运输合同实施细则》的规定，订立运输合同，实行责任运输。

第十八条　交通主管部门应积极引导和组织各公路运输企业之间，按照自愿、平等、互利的原则，加强横向联系，开展合理运输，相互配载，减少空驶，节约能源。

第四章　旅客运输管理

第十九条　各公路运输企业和个体运输户经营旅客运输的线路或区域，按分级管理的原则，分别报经县以上交通主管部门审查批准。

第二十条　客运（旅游）班车线路、站点、班次，由交通主管部门统筹安排。经过城市的行驶路线、站点设置，由交通主管部门会同有关部门研究确定。

第二十一条　各企业、事业单位的自用客车要经营公路客运，须按第七条规定办理。

第二十二条　从事公路客运的车辆，都要在车前右侧悬挂经营线路或区域标志，在车内悬挂所经营范围的票价表。

第二十三条　经批准开行的客运（旅游）班车线，经营期一般不少于3个月，未经批准不得自行停开，也不得随意减少班次，停靠站点或变更线路、区域。

第二十四条　公路运输企业、个体运输户在同一条线路上经营公路客运，要根据需要统一排定班次。任何单位或个人都不得以不正当手段争揽乘客或干扰、排挤他人的正常经营活动。

第二十五条　严禁使用拖拉机经营公路客运。

第五章　省际运输管理

第二十六条　要打破地区界限，根据需要，开展省际间直达运输，方便旅客和货主。

第二十七条　省际间公路客运（旅游）班车、货运班车，应按平等互利、共同经营的原则，由双方运输企业签定协议，经双方省级交通主管部门同意后，即可营运。如一方因运力不足或其他原因暂时不能投入营运时，应允许对方先行营运。

第二十八条　属于本条例第十四条规定范围的跨省物资运输，按照平等互利、共同营运的原则，由双方交通主管部门协商，确定运输分工，组织双方运输企业或其他运输单位共同完成。其余跨省物资运输，按谁受托、谁承运的原则办理。

第六章　搬运装卸业的管理

第二十九条　凡从事公路搬运装卸的单位和个人，都必须按当地交通主管部门核准的作业范围进行作业活动。要遵守操作规程，坚持文明生产，保证装卸质量。

第三十条　承担港站搬运装卸任务的地方装卸企业，要确保港站畅通，保证完成指令性物资运输的搬运装卸任务。

第三十一条　允许货主和承运单位自行装卸。各企、事业单位的自有装卸力量，其作业任务超出本单位范围的，应纳入当地交通主管部门的行业管理。

第七章　运输服务业的管理

第三十二条　允许国营、集体企业和个人经营客货联运、货运委托、客运代办、货物包装、仓储理货、存车等运输服务业，并保护其正当经营活动。

第三十三条　经营公路运输服务业，必须具备同所经营的范围和项目相适应的生产资金、机具设备、站场库房和技术业务条件，并按规定收费。运输企业不得把本身正常的业务，以多种经营的名义，另设机构办理,多收费用。

第三十四条 鼓励和扶持兴办公用型客货站点,提倡运输企业现有的客货站点向社会开放,为运输单位、个人和货主、旅客提供服务。并要逐步创造条件,实行车站与车队分管。

第八章 汽车维修业的管理

第三十五条 经营汽车维修(含汽车保养和专项维修)的企业和个体修车户,须具备必要的维修、检测设备和符合国家计量标准的量具。汽车维修企业要配备必要的技术人员,个体修车户应有合格的修车技工。

第三十六条 汽车维修企业和个体修车户,必须严格执行国家标准局发布的汽车修理技术标准和交通主管部门制定的技术规范和修理质量标准,并符合车辆管理部门安全检验标准的要求。

第三十七条 交通主管部门对汽车维修行业管理,必须坚持的"规划、协调、服务、监督"方针,促进行业内的横向联合,走专业化生产的道路,使各种类型汽车维修业协调发展。

第九章 运输工具的管理

第三十八条 各级交通主管部门应对所辖范围内从事公路客货运输的机动车辆、拖拉机、人畜力车,分别建账立卡进行登记,做好车辆注册工作。

第三十九条 各级交通主管部门要认真搞好辖区内公路运输行业的经济调查,根据当地运输需要和油料供应情况,按时向有关综合部门提供全行业对增加、更新车辆和车型、品种的需求信息。

第四十条 凡需购置和更新车辆的单位和个人,在向主管部门报送所需车型、数量计划的同时,要抄送当地交通主管部门。

第四十一条 各级交通主管部门要加强运输组织,合理核定各类汽车的耗油定额和供油标准,组织推广节油新技术,并定期向石油供应部门提供本辖区汽车数量、类型、运量、油耗等情况的统计报表、数据资料,配合石油部门做好燃油供应工作。

第四十二条 各公路运输企业、单位和个人,必须按规定向当地交通主管部门报送生产工具、从业人员、生产量、生产成本、油料消耗、营业收入等有关统计资料。

第十章 价格及单证的管理

第四十三条 各级交通主管部门应根据国家有关价格管理的规定,按照分级管理的权限,制定公路客货运价和搬运装卸、运输服务、汽车维修等费率,经物价部门同意后,在本辖区内公布实行。

第四十四条 从事营业性公路运输的单位和个人,都必须使用统一的费用结算凭证和客票。违反者,单位不予报销,银行不予划拨。

第四十五条 凡机动车辆,均须使用统一行车路单。行车路单是行车命令,是记录车辆运行和进行运输统计的依据,由车属单位或个人按规定自行填写、使用。营运车辆的行车路单,不作为车辆通行的路检项目。

第四十六条 公路运输的营运证、统一行车路单,由交通部统一制定样式,各省、自治区、直辖市交通主管部门统一印制和管理。

第十一章 公路运输管理费的征收和使用

第四十七条 公路运输管理费是根据国家规定,向应征者征收用于公路运输行业管理和服务的事业费。公路运输管理费由各车籍所在地的交通主管部门负责征收,分级管理,专款专用,并接受财政部门和审计机关的监督、稽查。

第四十八条 公路运输管理费按公路运输经营者的营业额征收,收费标准按经交[1983]594 号文件规定执行。对不易按营业额计算的,可测算年度营业收入,按月定额征收。

第十二章 监督检查和处罚

第四十九条 各级交通主管部门所属的运政管理机关要加强对公路运输的监督、检查。根据管理工作需要,经省、自治区、直辖市人民政府批准,运政管理机关可派人参加公安机关组织的联合检查站,负责对客货运输商务活动、营运证照、经营范围、服务质量、运输纪律及运价、票证等进行监督和检查。

第五十条 对公路运输过程中发生的商务、质量等重大事故,当事人应及时查明原因,分清责任,按规定协商解决。如发生纠纷,在赔偿时效内,任何一方均可向当地运政机关申请调解处理。

第五十一条　对违反本条例有关规定的单位或个人，根据情节轻重分别给予警告、罚款、吊扣营运证件的处分。对触犯刑律者，移交司法部门追究刑事责任。

对违反条例行为，原则上由车籍所在地运政管理机关处理。在检查中，发现外籍所在地车辆违反条例行为，一般应采取发违章通知书办法，转告车籍所在地运政管理机关进行处理，严禁乱扣车、滥罚款。

第五十二条　公路运输管理人员在执行任务时，应有统一标志和证件。

第十三章　附　　则

第五十三条　涉外公路运输管理办法另行规定。

第五十四条　各省、自治区、直辖市可根据本暂行条例制定实施细则并报交通部备案。

第五十五条　本条例由中华人民共和国交通部负责解释。

第五十六条　本条例自发布之日起施行。

中华人民共和国道路交通安全法

（2003年10月28日第十届全国人民代表大会常务委员会第五次会议通过）

第一章　总　　则

第一条　为了维护道路交通秩序，预防和减少交通事故，保护人身安全，保护公民、法人和其他组织的财产安全及其他合法权益，提高通行效率，制定本法。

第二条　中华人民共和国境内的车辆驾驶人、行人、乘车人以及与道路交通活动有关的单位和个人，都应当遵守本法。

第三条　道路交通安全工作，应当遵循依法管理、方便群众的原则，保障道路交通有序、安全、畅通。

第四条　各级人民政府应当保障道路交通安全管理工作与经济建设和社会发展相适应。

县级以上地方各级人民政府应当适应道路交通发展的需要，依据道路交通安全法律、法规和国家有关政策，制定道路交通安全管理规划，并组织实施。

第五条　国务院公安部门负责全国道路交通安全管理工作。县级以上地方各级人民政府公安机关交通管理部门负责本行政区域内的道路交通安全管理工作。

县级以上各级人民政府交通、建设管理部门依据各自职责，负责有关的道路交通工作。

第六条　各级人民政府应当经常进行道路交通安全教育，提高公民的道路交通安全意识。

公安机关交通管理部门及其交通警察执行职务时，应当加强道路交通安全法律、法规的宣传，并模范遵守道路交通安全法律、法规。

机关、部队、企业事业单位、社会团体以及其他组织，应当对本单位的人员进行道路交通安全教育。

教育行政部门、学校应当将道路交通安全教育纳入法制教育的内容。

新闻、出版、广播、电视等有关单位，有进行道路交通安全教育的义务。

第七条　对道路交通安全管理工作，应当加强科学研究，推广、使用先进的管理方法、技术、设备。

第二章　车辆和驾驶人

第一节　机动车、非机动车

第八条　国家对机动车实行登记制度。机动车经公安机关交通管理部门登记后，方可上道路行驶。尚未登记的机动车，需要临时上道路行驶的，应当取得临时通行牌证。

第九条　申请机动车登记，应当提交以下证明、凭证：

（一）机动车所有人的身份证明；

（二）机动车来历证明；

（三）机动车整车出厂合格证明或者进口机动车进口凭证；

（四）车辆购置税的完税证明或者免税凭证；

(五)法律、行政法规规定应当在机动车登记时提交的其他证明、凭证。

公安机关交通管理部门应当自受理申请之日起5个工作日内完成机动车登记审查工作，对符合前款规定条件的，应当发放机动车登记证书、号牌和行驶证；对不符合前款规定条件的，应当向申请人说明不予登记的理由。

公安机关交通管理部门以外的任何单位或者个人不得发放机动车号牌或者要求机动车悬挂其他号牌，本法另有规定的除外。

机动车登记证书、号牌、行驶证的式样由国务院公安部门规定并监制。

第十条　准予登记的机动车应当符合机动车国家安全技术标准。申请机动车登记时，应当接受对该机动车的安全技术检验。但是，经国家机动车产品主管部门依据机动车国家安全技术标准认定的企业生产的机动车型，该车型的新车在出厂时经检验符合机动车国家安全技术标准，获得检验合格证的，免予安全技术检验。

第十一条　驾驶机动车上道路行驶，应当悬挂机动车号牌，放置检验合格标志、保险标志，并随车携带机动车行驶证。

机动车号牌应当按照规定悬挂并保持清晰、完整，不得故意遮挡、污损。

任何单位和个人不得收缴、扣留机动车号牌。

第十二条　有下列情形之一的，应当办理相应的登记：

(一)机动车所有权发生转移的；

(二)机动车登记内容变更的；

(三)机动车用作抵押的；

(四)机动车报废的。

第十三条　对登记后上道路行驶的机动车，应当依照法律、行政法规的规定，根据车辆用途、载客载货数量、使用年限等不同情况，定期进行安全技术检验。对提供机动车行驶证和机动车第三者责任强制保险单的，机动车安全技术检验机构应当予以检验，任何单位不得附加其他条件。对符合机动车国家安全技术标准的，公安机关交通管理部门应当发给检验合格标志。

对机动车的安全技术检验实行社会化。具体办法由国务院规定。

机动车安全技术检验实行社会化的地方，任何单位不得要求机动车到指定的场所进行检验。

公安机关交通管理部门、机动车安全技术检验机构不得要求机动车到指定的场所进行维修、保养。

机动车安全技术检验机构对机动车检验收取费用，应当严格执行国务院价格主管部门核定的收费标准。

第十四条　国家实行机动车强制报废制度，根据机动车的安全技术状况和不同用途，规定不同的报废标准。

应当报废的机动车必须及时办理注销登记。

达到报废标准的机动车不得上道路行驶。报废的大型客、货车及其他营运车辆应当在公安机关交通管理部门的监督下解体。

第十五条　警车、消防车、救护车、工程救险车应当按照规定喷涂标志图案，安装警报器、标志灯具。其他机动车不得喷涂、安装、使用上述车辆专用的或者与其相类似的标志图案、警报器或者标志灯具。

警车、消防车、救护车、工程救险车应当严格按照规定的用途和条件使用。

公路监督检查的专用车辆，应当依照公路法的规定，设置统一的标志和示警灯。

第十六条　任何单位或者个人不得有下列行为：

(一)拼装机动车或者擅自改变机动车已登记的结构、构造或者特征；

(二)改变机动车型号、发动机号、车架号或者车辆识别代号；

(三)伪造、变造或者使用伪造、变造的机动车登记证书、号牌、行驶证、检验合格标志、保险标志；

(四)使用其他机动车的登记证书、号牌、行驶证、检验合格标志、保险标志。

第十七条　国家实行机动车第三者责任强制保险制度，设立道路交通事故社会救助基金。具体办法由国务院规定。

第十八条　依法应当登记的非机动车，经公安机关交通管理部门登记后，方可上道路行驶。

依法应当登记的非机动车的种类，由省、自治区、直辖市人民政府根据当地实际情况规定。

非机动车的外形尺寸、质量、制动器、车铃和夜间反光装置，应当符合非机动车安全技术标准。

第二节　机动车驾驶人

第十九条　驾驶机动车，应当依法取得机动车驾驶证。

申请机动车驾驶证，应当符合国务院公安部门规定的驾驶许可条件；经考试合格后，由公安机关交通管理部门发给相应类别的机动车驾驶证。

持有境外机动车驾驶证的人，符合国务院公安部门规定的驾驶许可条件，经公安机关交通管理部门考核合格的，可以发给中国的机动车驾驶证。

驾驶人应当按照驾驶证载明的准驾车型驾驶机动车；驾驶机动车时，应当随身携带机动车驾驶证。

公安机关交通管理部门以外的任何单位或者个人，不得收缴、扣留机动车驾驶证。

第二十条　机动车的驾驶培训实行社会化，由交通主管部门对驾驶培训学校、驾驶培训班实行资格管理，其中专门的拖拉机驾驶培训学校、驾驶培训班由农业（农业机械）主管部门实行资格管理。

驾驶培训学校、驾驶培训班应当严格按照国家有关规定，对学员进行道路交通安全法律、法规、驾驶技能的培训，确保培训质量。

任何国家机关以及驾驶培训和考试主管部门不得举办或者参与举办驾驶培训学校、驾驶培训班。

第二十一条　驾驶人驾驶机动车上道路行驶前，应当对机动车的安全技术性能进行认真检查；不得驾驶安全设施不全或者机件不符合技术标准等具有安全隐患的机动车。

第二十二条　机动车驾驶人应当遵守道路交通安全法律、法规的规定，按照操作规范安全驾驶、文明驾驶。

饮酒、服用国家管制的精神药品或者麻醉药品，或者患有妨碍安全驾驶机动车的疾病，或者过度疲劳影响安全驾驶的，不得驾驶机动车。

任何人不得强迫、指使、纵容驾驶人违反道路交通安全法律、法规和机动车安全驾驶要求驾驶机动车。

第二十三条　公安机关交通管理部门依照法律、行政法规的规定，定期对机动车驾驶证实施审验。

第二十四条　公安机关交通管理部门对机动车驾驶人违反道路交通安全法律、法规的行为，除依法给予行政处罚外，实行累积记分制度。公安机关交通管理部门对累积记分达到规定分值的机动车驾驶人，扣留机动车驾驶证，对其进行道路交通安全法律、法规教育，重新考试；考试合格的，发还其机动车驾驶证。

对遵守道路交通安全法律、法规，在一年内无累积记分的机动车驾驶人，可以延长机动车驾驶证的审验期。具体办法由国务院公安部门规定。

第三章　道路通行条件

第二十五条　全国实行统一的道路交通信号。

交通信号包括交通信号灯、交通标志、交通标线和交通警察的指挥。

交通信号灯、交通标志、交通标线的设置应当符合道路交通安全、畅通的要求和国家标准，并保持清晰、醒目、准确、完好。

根据通行需要，应当及时增设、调换、更新道路交通信号。增设、调换、更新限制性的道路交通信号，应当提前向社会公告，广泛进行宣传。

第二十六条　交通信号灯由红灯、绿灯、黄灯组成。红灯表示禁止通行，绿灯表示准许通行，黄灯表示警示。

第二十七条　铁路与道路平面交叉的道口，应当设置警示灯、警示标志或者安全防护设施。无人看守的铁路道口，应当在距道口一定距离处设置警示标志。

第二十八条　任何单位和个人不得擅自设置、移动、占用、损毁交通信号灯、交通标志、交通标线。

道路两侧及隔离带上种植的树木或者其他植物，设置的广告牌、管线等，应当与交通设施保持必要的距离，不得遮挡路灯、交通信号灯、交通标志，不得妨碍安全视距，不得影响通行。

第二十九条　道路、停车场和道路配套设施的规划、设计、建设，应当符合道路交通安全、畅通的要求，并根据交通需求及时调整。

公安机关交通管理部门发现已经投入使用的道路存在交通事故频发路段，或者停车场、道路配套设施存在交通安全严重隐患的，应当及时向当地人民政府报告，并提出防范交通事故、消除隐患的建议，当地人民政府应当及时作出处理决定。

第三十条 道路出现坍塌、坑漕、水毁、隆起等损毁或者交通信号灯、交通标志、交通标线等交通设施损毁、灭失的，道路、交通设施的养护部门或者管理部门应当设置警示标志并及时修复。

公安机关交通管理部门发现前款情形，危及交通安全，尚未设置警示标志的，应当及时采取安全措施，疏导交通，并通知道路、交通设施的养护部门或者管理部门。

第三十一条 未经许可，任何单位和个人不得占用道路从事非交通活动。

第三十二条 因工程建设需要占用、挖掘道路，或者跨越、穿越道路架设、增设管线设施，应当事先征得道路主管部门的同意；影响交通安全的，还应当征得公安机关交通管理部门的同意。

施工作业单位应当在经批准的路段和时间内施工作业，并在距离施工作业地点来车方向安全距离处设置明显的安全警示标志，采取防护措施；施工作业完毕，应当迅速清除道路上的障碍物，消除安全隐患，经道路主管部门和公安机关交通管理部门验收合格，符合通行要求后，方可恢复通行。

对未中断交通的施工作业道路，公安机关交通管理部门应当加强交通安全监督检查，维护道路交通秩序。

第三十三条 新建、改建、扩建的公共建筑、商业街区、居住区、大(中)型建筑等，应当配建、增建停车场；停车泊位不足的，应当及时改建或者扩建；投入使用的停车场不得擅自停止使用或者改作他用。

在城市道路范围内，在不影响行人、车辆通行的情况下，政府有关部门可以施划停车泊位。

第三十四条 学校、幼儿园、医院、养老院门前的道路没有行人过街设施的，应当施划人行横道线，设置提示标志。

城市主要道路的人行道，应当按照规划设置盲道。盲道的设置应当符合国家标准。

第四章 道路通行规定

第一节 一般规定

第三十五条 机动车、非机动车实行右侧通行。

第三十六条 根据道路条件和通行需要，道路划分为机动车道、非机动车道和人行道的，机动车、非机动车、行人实行分道通行。没有划分机动车道、非机动车道和人行道的，机动车在道路中间通行，非机动车和行人在道路两侧通行。

第三十七条 道路划设专用车道的，在专用车道内，只准许规定的车辆通行，其他车辆不得进入专用车道内行驶。

第三十八条 车辆、行人应当按照交通信号通行；遇有交通警察现场指挥时，应当按照交通警察的指挥通行；在没有交通信号的道路上，应当在确保安全、畅通的原则下通行。

第三十九条 公安机关交通管理部门根据道路和交通流量的具体情况，可以对机动车、非机动车、行人采取疏导、限制通行、禁止通行等措施。遇有大型群众性活动、大范围施工等情况，需要采取限制交通的措施，或者作出与公众的道路交通活动直接有关的决定，应当提前向社会公告。

第四十条 遇有自然灾害、恶劣气象条件或者重大交通事故等严重影响交通安全的情形，采取其他措施难以保证交通安全时，公安机关交通管理部门可以实行交通管制。

第四十一条 有关道路通行的其他具体规定，由国务院规定。

第二节 机动车通行规定

第四十二条 机动车上道路行驶，不得超过限速标志标明的最高时速。在没有限速标志的路段，应当保持安全车速。

夜间行驶或者在容易发生危险的路段行驶，以及遇有沙尘、冰雹、雨、雪、雾、结冰等气象条件时，应当降低行驶速度。

第四十三条 同车道行驶的机动车，后车应当与前车保持足以采取紧急制动措施的安全距离。有下列情形之一的，不得超车：

(一)前车正在左转弯、掉头、超车的；

(二)与对面来车有会车可能的；

(三)前车为执行紧急任务的警车、消防车、救护车、工程救险车的;

(四)行经铁路道口、交叉路口、窄桥、弯道、陡坡、隧道、人行横道、市区交通流量大的路段等没有超车条件的。

第四十四条　机动车通过交叉路口,应当按照交通信号灯、交通标志、交通标线或者交通警察的指挥通过;通过没有交通信号灯、交通标志、交通标线或者交通警察指挥的交叉路口时,应当减速慢行,并让行人和优先通行的车辆先行。

第四十五条　机动车遇有前方车辆停车排队等候或者缓慢行驶时,不得借道超车或者占用对面车道,不得穿插等候的车辆。

在车道减少的路段、路口,或者在没有交通信号灯、交通标志、交通标线或者交通警察指挥的交叉路口遇到停车排队等候或者缓慢行驶时,机动车应当依次交替通行。

第四十六条　机动车通过铁路道口时,应当按照交通信号或者管理人员的指挥通行;没有交通信号或者管理人员的,应当减速或者停车,在确认安全后通过。

第四十七条　机动车行经人行横道时,应当减速行驶;遇行人正在通过人行横道,应当停车让行。

机动车行经没有交通信号的道路时,遇行人横过道路,应当避让。

第四十八条　机动车载物应当符合核定的载质量,严禁超载;载物的长、宽、高不得违反装载要求,不得遗洒、飘散载运物。

机动车运载超限的不可解体的物品,影响交通安全的,应当按照公安机关交通管理部门指定的时间、路线、速度行驶,悬挂明显标志。在公路上运载超限的不可解体的物品,并应当依照公路法的规定执行。

机动车载运爆炸物品、易燃易爆化学物品以及剧毒、放射性等危险物品,应当经公安机关批准后,按指定的时间、路线、速度行驶,悬挂警示标志并采取必要的安全措施。

第四十九条　机动车载人不得超过核定的人数,客运机动车不得违反规定载货。

第五十条　禁止货运机动车载客。

货运机动车需要附载作业人员的,应当设置保护作业人员的安全措施。

第五十一条　机动车行驶时,驾驶人、乘坐人员应当按规定使用安全带,摩托车驾驶人及乘坐人员应当按规定戴安全头盔。

第五十二条　机动车在道路上发生故障,需要停车排除故障时,驾驶人应当立即开启危险报警闪光灯,将机动车移至不妨碍交通的地方停放;难以移动的,应当持续开启危险报警闪光灯,并在来车方向设置警告标志等措施扩大示警距离,必要时迅速报警。

第五十三条　警车、消防车、救护车、工程救险车执行紧急任务时,可以使用警报器、标志灯具;在确保安全的前提下,不受行驶路线、行驶方向、行驶速度和信号灯的限制,其他车辆和行人应当让行。

警车、消防车、救护车、工程救险车非执行紧急任务时,不得使用警报器、标志灯具,不享有前款规定的道路优先通行权。

第五十四条　道路养护车辆、工程作业车进行作业时,在不影响过往车辆通行的前提下,其行驶路线和方向不受交通标志、标线限制,过往车辆和人员应当注意避让。

洒水车、清扫车等机动车应当按照安全作业标准作业;在不影响其他车辆通行的情况下,可以不受车辆分道行驶的限制,但是不得逆向行驶。

第五十五条　高速公路、大中城市中心城区内的道路,禁止拖拉机通行。其他禁止拖拉机通行的道路,由省、自治区、直辖市人民政府根据当地实际情况规定。

在允许拖拉机通行的道路上,拖拉机可以从事货运,但是不得用于载人。

第五十六条　机动车应当在规定地点停放。禁止在人行道上停放机动车;但是,依照本法第三十三条规定施划的停车泊位除外。

在道路上临时停车的,不得妨碍其他车辆和行人通行。

第三节　非机动车通行规定

第五十七条　驾驶非机动车在道路上行驶应当遵守有关交通安全的规定。非机动车应当在非机动车道内行驶;在没有非机动车道的道路上,应当靠车行道的右侧行驶。

第五十八条　残疾人机动轮椅车、电动自行车在非机动车道内行驶时，最高时速不得超过15 km/h。

第五十九条　非机动车应当在规定地点停放。未设停放地点的，非机动车停放不得妨碍其他车辆和行人通行。

第六十条　驾驭畜力车，应当使用驯服的牲畜；驾驭畜力车横过道路时，驾驭人应当下车牵引牲畜；驾驭人离开车辆时，应当拴系牲畜。

第四节　行人和乘车人通行规定

第六十一条　行人应当在人行道内行走，没有人行道的靠路边行走。

第六十二条　行人通过路口或者横过道路，应当走人行横道或者过街设施；通过有交通信号灯的人行横道，应当按照交通信号灯指示通行；通过没有交通信号灯、人行横道的路口，或者在没有过街设施的路段横过道路，应当在确认安全后通过。

第六十三条　行人不得跨越、倚坐道路隔离设施，不得扒车、强行拦车或者实施妨碍道路交通安全的其他行为。

第六十四条　学龄前儿童以及不能辨认或者不能控制自己行为的精神疾病患者、智力障碍者在道路上通行，应当由其监护人、监护人委托的人或者对其负有管理、保护职责的人带领。

盲人在道路上通行，应当使用盲杖或者采取其他导盲手段，车辆应当避让盲人。

第六十五条　行人通过铁路道口时，应当按照交通信号或者管理人员的指挥通行；没有交通信号和管理人员的，应当在确认无火车驶临后，迅速通过。

第六十六条　乘车人不得携带易燃易爆等危险物品，不得向车外抛洒物品，不得有影响驾驶人安全驾驶的行为。

第五节　高速公路的特别规定

第六十七条　行人、非机动车、拖拉机、轮式专用机械车、铰接式客车、全挂拖斗车以及其他设计最高时速低于70 km/h的机动车，不得进入高速公路。高速公路限速标志标明的最高时速不得超过120 km/h。

第六十八条　机动车在高速公路上发生故障时，应当依照本法第五十二条的有关规定办理；但是，警告标志应当设置在故障车来车方向150 m以外，车上人员应当迅速转移到右侧路肩上或者应急车道内，并且迅速报警。

机动车在高速公路上发生故障或者交通事故，无法正常行驶的，应当由救援车、清障车拖曳、牵引。

第六十九条　任何单位、个人不得在高速公路上拦截检查行驶的车辆，公安机关的人民警察依法执行紧急公务除外。

第五章　交通事故处理

第七十条　在道路上发生交通事故，车辆驾驶人应当立即停车，保护现场；造成人身伤亡的，车辆驾驶人应当立即抢救受伤人员，并迅速报告执勤的交通警察或者公安机关交通管理部门。因抢救受伤人员变动现场的，应当标明位置。乘车人、过往车辆驾驶人、过往行人应当予以协助。

在道路上发生交通事故，未造成人身伤亡，当事人对事实及成因无争议的，可以即行撤离现场，恢复交通，自行协商处理损害赔偿事宜；不即行撤离现场的，应当迅速报告执勤的交通警察或者公安机关交通管理部门。

在道路上发生交通事故，仅造成轻微财产损失，并且基本事实清楚的，当事人应当先撤离现场再进行协商处理。

第七十一条　车辆发生交通事故后逃逸的，事故现场目击人员和其他知情人员应当向公安机关交通管理部门或者交通警察举报。举报属实的，公安机关交通管理部门应当给予奖励。

第七十二条　公安机关交通管理部门接到交通事故报警后，应当立即派交通警察赶赴现场，先组织抢救受伤人员，并采取措施，尽快恢复交通。

交通警察应当对交通事故现场进行勘验、检查，收集证据；因收集证据的需要，可以扣留事故车辆，但是应当妥善保管，以备核查。

对当事人的生理、精神状况等专业性较强的检验，公安机关交通管理部门应当委托专门机构进行鉴定。鉴定结论应当由鉴定人签名。

第七十三条　公安机关交通管理部门应当根据

交通事故现场勘验、检查、调查情况和有关的检验、鉴定结论,及时制作交通事故认定书,作为处理交通事故的证据。交通事故认定书应当载明交通事故的基本事实、成因和当事人的责任,并送达当事人。

第七十四条 对交通事故损害赔偿的争议,当事人可以请求公安机关交通管理部门调解,也可以直接向人民法院提起民事诉讼。

经公安机关交通管理部门调解,当事人未达成协议或者调解书生效后不履行的,当事人可以向人民法院提起民事诉讼。

第七十五条 医疗机构对交通事故中的受伤人员应当及时抢救,不得因抢救费用未及时支付而拖延救治。肇事车辆参加机动车第三者责任强制保险的,由保险公司在责任限额范围内支付抢救费用;抢救费用超过责任限额的,未参加机动车第三者责任强制保险或者肇事后逃逸的,由道路交通事故社会救助基金先行垫付部分或者全部抢救费用,道路交通事故社会救助基金管理机构有权向交通事故责任人追偿。

第七十六条 机动车发生交通事故造成人身伤亡、财产损失的,由保险公司在机动车第三者责任强制保险责任限额范围内予以赔偿。超过责任限额的部分,按照下列方式承担赔偿责任:

(一)机动车之间发生交通事故的,由有过错的一方承担责任;双方都有过错的,按照各自过错的比例分担责任。

(二)机动车与非机动车驾驶人、行人之间发生交通事故的,由机动车一方承担责任;但是,有证据证明非机动车驾驶人、行人违反道路交通安全法律、法规,机动车驾驶人已经采取必要处置措施的,减轻机动车一方的责任。

交通事故的损失是由非机动车驾驶人、行人故意造成的,机动车一方不承担责任。

第七十七条 车辆在道路以外通行时发生的事故,公安机关交通管理部门接到报案的,参照本法有关规定办理。

第六章 执法监督

第七十八条 公安机关交通管理部门应当加强对交通警察的管理,提高交通警察的素质和管理道路交通的水平。

公安机关交通管理部门应当对交通警察进行法制和交通安全管理业务培训、考核。交通警察经考核不合格的,不得上岗执行职务。

第七十九条 公安机关交通管理部门及其交通警察实施道路交通安全管理,应当依据法定的职权和程序,简化办事手续,做到公正、严格、文明、高效。

第八十条 交通警察执行职务时,应当按照规定着装,佩带人民警察标志,持有人民警察证件,保持警容严整,举止端庄,指挥规范。

第八十一条 依照本法发放牌证等收取工本费,应当严格执行国务院价格主管部门核定的收费标准,并全部上缴国库。

第八十二条 公安机关交通管理部门依法实施罚款的行政处罚,应当依照有关法律、行政法规的规定,实施罚款决定与罚款收缴分离;收缴的罚款以及依法没收的违法所得,应当全部上缴国库。

第八十三条 交通警察调查处理道路交通安全违法行为和交通事故,有下列情形之一的,应当回避:

(一)是本案的当事人或者当事人的近亲属;

(二)本人或者其近亲属与本案有利害关系;

(三)与本案当事人有其他关系,可能影响案件的公正处理。

第八十四条 公安机关交通管理部门及其交通警察的行政执法活动,应当接受行政监察机关依法实施的监督。

公安机关督察部门应当对公安机关交通管理部门及其交通警察执行法律、法规和遵守纪律的情况依法进行监督。

上级公安机关交通管理部门应当对下级公安机关交通管理部门的执法活动进行监督。

第八十五条 公安机关交通管理部门及其交通警察执行职务,应当自觉接受社会和公民的监督。

任何单位和个人都有权对公安机关交通管理部门及其交通警察不严格执法以及违法违纪行为进行检举、控告。收到检举、控告的机关,应当依据职责及时查处。

第八十六条 任何单位不得给公安机关交通管理部门下达或者变相下达罚款指标;公安机关交通

管理部门不得以罚款数额作为考核交通警察的标准。

公安机关交通管理部门及其交通警察对超越法律、法规规定的指令，有权拒绝执行，并同时向上级机关报告。

第七章 法律责任

第八十七条 公安机关交通管理部门及其交通警察对道路交通安全违法行为，应当及时纠正。

公安机关交通管理部门及其交通警察应当依据事实和本法的有关规定对道路交通安全违法行为予以处罚。对于情节轻微，未影响道路通行的，指出违法行为，给予口头警告后放行。

第八十八条 对道路交通安全违法行为的处罚种类包括：警告、罚款、暂扣或者吊销机动车驾驶证、拘留。

第八十九条 行人、乘车人、非机动车驾驶人违反道路交通安全法律、法规关于道路通行规定的，处警告或者 5 元以上 50 元以下罚款；非机动车驾驶人拒绝接受罚款处罚的，可以扣留其非机动车。

第九十条 机动车驾驶人违反道路交通安全法律、法规关于道路通行规定的，处警告或者 20 元以上 200 元以下罚款。本法另有规定的，依照规定处罚。

第九十一条 饮酒后驾驶机动车的，处暂扣 1 个月以上 3 个月以下机动车驾驶证，并处 200 元以上 500 元以下罚款；醉酒后驾驶机动车的，由公安机关交通管理部门约束至酒醒，处 15 日以下拘留和暂扣 3 个月以上 6 个月以下机动车驾驶证，并处 500 元以上 2 000 元以下罚款。

饮酒后驾驶营运机动车的，处暂扣 3 个月机动车驾驶证，并处 500 元罚款；醉酒后驾驶营运机动车的，由公安机关交通管理部门约束至酒醒，处 15 日以下拘留和暂扣 6 个月机动车驾驶证，并处 2 000 元罚款。

1 年内有前两款规定醉酒后驾驶机动车的行为，被处罚两次以上的，吊销机动车驾驶证，5 年内不得驾驶营运机动车。

第九十二条 公路客运车辆载客超过额定乘员的，处 200 元以上 500 元以下罚款；超过额定乘员 20％或者违反规定载货的，处 500 元以上 2 000 元以下罚款。

货运机动车超过核定载质量的，处 200 元以上 500 元以下罚款；超过核定载质量 30％或者违反规定载客的，处 500 元以上 2 000 元以下罚款。

有前两款行为的，由公安机关交通管理部门扣留机动车至违法状态消除。

运输单位的车辆有本条第一款、第二款规定的情形，经处罚不改的，对直接负责的主管人员处 2 000元以上5 000元以下罚款。

第九十三条 对违反道路交通安全法律、法规关于机动车停放、临时停车规定的，可以指出违法行为，并予以口头警告，令其立即驶离。

机动车驾驶人不在现场或者虽在现场但拒绝立即驶离，妨碍其他车辆、行人通行的，处 20 元以上 200 元以下罚款，并可以将该机动车拖移至不妨碍交通的地点或者公安机关交通管理部门指定的地点停放。公安机关交通管理部门拖车不得向当事人收取费用，并应当及时告知当事人停放地点。

因采取不正确的方法拖车造成机动车损坏的，应当依法承担补偿责任。

第九十四条 机动车安全技术检验机构实施机动车安全技术检验超过国务院价格主管部门核定的收费标准收取费用的，退还多收取的费用，并由价格主管部门依照《中华人民共和国价格法》的有关规定给予处罚。

机动车安全技术检验机构不按照机动车国家安全技术标准进行检验，出具虚假检验结果的，由公安机关交通管理部门处所收检验费用 5 倍以上 10 倍以下罚款，并依法撤销其检验资格；构成犯罪的，依法追究刑事责任。

第九十五条 上道路行驶的机动车未悬挂机动车号牌，未放置检验合格标志、保险标志，或者未随车携带行驶证、驾驶证的，公安机关交通管理部门应当扣留机动车，通知当事人提供相应的牌证、标志或者补办相应手续，并可以依照本法第九十条的规定予以处罚。当事人提供相应的牌证、标志或者补办相应手续的，应当及时退还机动车。

故意遮挡、污损或者不按规定安装机动车号牌的，依照本法第九十条的规定予以处罚。

第九十六条 伪造、变造或者使用伪造、变造的机动车登记证书、号牌、行驶证、检验合格标志、保险标志、驾驶证或者使用其他车辆的机动车登记证书、号牌、行驶证、检验合格标志、保险标志的，由公安机关交通管理部门予以收缴，扣留该机动车，并处200元以上2 000元以下罚款；构成犯罪的，依法追究刑事责任。

当事人提供相应的合法证明或者补办相应手续的，应当及时退还机动车。

第九十七条 非法安装警报器、标志灯具的，由公安机关交通管理部门强制拆除，予以收缴，并处200元以上2 000元以下罚款。

第九十八条 机动车所有人、管理人未按照国家规定投保机动车第三者责任强制保险的，由公安机关交通管理部门扣留车辆至依照规定投保后，并处依照规定投保最低责任限额应缴纳的保险费的2倍罚款。

依照前款缴纳的罚款全部纳入道路交通事故社会救助基金。具体办法由国务院规定。

第九十九条 有下列行为之一的，由公安机关交通管理部门处200元以上2 000元以下罚款：

(一)未取得机动车驾驶证、机动车驾驶证被吊销或者机动车驾驶证被暂扣期间驾驶机动车的；

(二)将机动车交由未取得机动车驾驶证或者机动车驾驶证被吊销、暂扣的人驾驶的；

(三)造成交通事故后逃逸，尚不构成犯罪的；

(四)机动车行驶超过规定时速50%的；

(五)强迫机动车驾驶人违反道路交通安全法律、法规和机动车安全驾驶要求驾驶机动车，造成交通事故，尚不构成犯罪的；

(六)违反交通管制的规定强行通行，不听劝阻的；

(七)故意损毁、移动、涂改交通设施，造成危害后果，尚不构成犯罪的；

(八)非法拦截、扣留机动车辆，不听劝阻，造成交通严重阻塞或者较大财产损失的。

行为人有前款第二项、第四项情形之一的，可以并处吊销机动车驾驶证；有第一项、第三项、第五项至第八项情形之一的，可以并处15日以下拘留。

第一百条 驾驶拼装的机动车或者已达到报废标准的机动车上道路行驶的，公安机关交通管理部门应当予以收缴，强制报废。

对驾驶前款所列机动车上道路行驶的驾驶人，处20元以上2 000元以下罚款，并吊销机动车驾驶证。

出售已达到报废标准的机动车的，没收违法所得，处销售金额等额的罚款，对该机动车依照本条第一款的规定处理。

第一百零一条 违反道路交通安全法律、法规的规定，发生重大交通事故，构成犯罪的，依法追究刑事责任，并由公安机关交通管理部门吊销机动车驾驶证。

造成交通事故后逃逸的，由公安机关交通管理部门吊销机动车驾驶证，且终生不得重新取得机动车驾驶证。

第一百零二条 对6个月内发生2次以上特大交通事故负有主要责任或者全部责任的专业运输单位，由公安机关交通管理部门责令消除安全隐患，未消除安全隐患的机动车，禁止上道路行驶。

第一百零三条 国家机动车产品主管部门未按照机动车国家安全技术标准严格审查，许可不合格机动车型投入生产的，对负有责任的主管人员和其他直接责任人员给予降级或者撤职的行政处分。

机动车生产企业经国家机动车产品主管部门许可生产的机动车型，不执行机动车国家安全技术标准或者不严格进行机动车成品质量检验，致使质量不合格的机动车出厂销售的，由质量技术监督部门依照《中华人民共和国产品质量法》的有关规定给予处罚。

擅自生产、销售未经国家机动车产品主管部门许可生产的机动车型的，没收非法生产、销售的机动车成品及配件，可以并处非法产品价值3倍以上5倍以下罚款；有营业执照的，由工商行政管理部门吊销营业执照，没有营业执照的，予以查封。

生产、销售拼装的机动车或者生产、销售擅自改装的机动车的，依照本条第三款的规定处罚。

有本条第二款、第三款、第四款所列违法行为，生产或者销售不符合机动车国家安全技术标准的机动车，构成犯罪的，依法追究刑事责任。

第一百零四条 未经批准，擅自挖掘道路、占用道路施工或者从事其他影响道路交通安全活动的，由道路主管部门责令停止违法行为，并恢复原状，可以依法给予罚款；致使通行的人员、车辆及其他财产遭受损失的，依法承担赔偿责任。

有前款行为，影响道路交通安全活动的，公安机关交通管理部门可以责令停止违法行为，迅速恢复交通。

第一百零五条 道路施工作业或者道路出现损毁，未及时设置警示标志、未采取防护措施，或者应当设置交通信号灯、交通标志、交通标线而没有设置或者应当及时变更交通信号灯、交通标志、交通标线而没有及时变更，致使通行的人员、车辆及其他财产遭受损失的，负有相关职责的单位应当依法承担赔偿责任。

第一百零六条 在道路两侧及隔离带上种植树木、其他植物或者设置广告牌、管线等，遮挡路灯、交通信号灯、交通标志，妨碍安全视距的，由公安机关交通管理部门责令行为人排除妨碍；拒不执行的，处200元以上2 000元以下罚款，并强制排除妨碍，所需费用由行为人负担。

第一百零七条 对道路交通违法行为人予以警告、200元以下罚款，交通警察可以当场作出行政处罚决定，并出具行政处罚决定书。

行政处罚决定书应当载明当事人的违法事实、行政处罚的依据、处罚内容、时间、地点以及处罚机关名称，并由执法人员签名或者盖章。

第一百零八条 当事人应当自收到罚款的行政处罚决定书之日起15日内，到指定的银行缴纳罚款。

对行人、乘车人和非机动车驾驶人的罚款，当事人无异议的，可以当场予以收缴罚款。

罚款应当开具省、自治区、直辖市财政部门统一制发的罚款收据；不出具财政部门统一制发的罚款收据的，当事人有权拒绝缴纳罚款。

第一百零九条 当事人逾期不履行行政处罚决定的，作出行政处罚决定的行政机关可以采取下列措施：

(一)到期不缴纳罚款的，每日按罚款数额的3%加处罚款；

(二)申请人民法院强制执行。

第一百一十条 执行职务的交通警察认为应当对道路交通违法行为人给予暂扣或者吊销机动车驾驶证处罚的，可以先予扣留机动车驾驶证，并在24 h内将案件移交公安机关交通管理部门处理。

道路交通违法行为人应当在15日内到公安机关交通管理部门接受处理。无正当理由逾期未接受处理的，吊销机动车驾驶证。

公安机关交通管理部门暂扣或者吊销机动车驾驶证的，应当出具行政处罚决定书。

第一百一十一条 对违反本法规定予以拘留的行政处罚，由县、市公安局、公安分局或者相当于县一级的公安机关裁决。

第一百一十二条 公安机关交通管理部门扣留机动车、非机动车，应当当场出具凭证，并告知当事人在规定期限内到公安机关交通管理部门接受处理。

公安机关交通管理部门对被扣留的车辆应当妥善保管，不得使用。

逾期不来接受处理，并且经公告3个月仍不来接受处理的，对扣留的车辆依法处理。

第一百一十三条 暂扣机动车驾驶证的期限从处罚决定生效之日起计算；处罚决定生效前先予扣留机动车驾驶证的，扣留一日折抵暂扣期限一日。

吊销机动车驾驶证后重新申请领取机动车驾驶证的期限，按照机动车驾驶证管理规定办理。

第一百一十四条 公安机关交通管理部门根据交通技术监控记录资料，可以对违法的机动车所有人或者管理人依法予以处罚。对能够确定驾驶人的，可以依照本法的规定依法予以处罚。

第一百一十五条 交通警察有下列行为之一的，依法给予行政处分：

(一)为不符合法定条件的机动车发放机动车登记证书、号牌、行驶证、检验合格标志的；

(二)批准不符合法定条件的机动车安装、使用警车、消防车、救护车、工程救险车的警报器、标志灯具，喷涂标志图案的；

(三)为不符合驾驶许可条件、未经考试或者考试不合格人员发放机动车驾驶证的；

(四)不执行罚款决定与罚款收缴分离制度或者不按规定将依法收取的费用、收缴的罚款及没收的违法所得全部上缴国库的；

（五）举办或者参与举办驾驶学校或者驾驶培训班、机动车修理厂或者收费停车场等经营活动的；

（六）利用职务上的便利收受他人财物或者谋取其他利益的；

（七）违法扣留车辆、机动车行驶证、驾驶证、车辆号牌的；

（八）使用依法扣留的车辆的；

（九）当场收取罚款不开具罚款收据或者不如实填写罚款额的；

（十）徇私舞弊，不公正处理交通事故的；

（十一）故意刁难，拖延办理机动车牌证的；

（十二）非执行紧急任务时使用警报器、标志灯具的；

（十三）违反规定拦截、检查正常行驶的车辆的；

（十四）非执行紧急公务时拦截搭乘机动车的；

（十五）不履行法定职责的。

公安机关交通管理部门有前款所列行为之一的，对直接负责的主管人员和其他直接责任人员给予相应的行政处分。

第一百一十六条　依照本法第一百一十五条的规定，给予交通警察行政处分的，在作出行政处分决定前，可以停止其执行职务；必要时，可以予以禁闭。

依照本法第一百一十五条的规定，交通警察受到降级或者撤职行政处分的，可以予以辞退。

交通警察受到开除处分或者被辞退的，应当取消警衔；受到撤职以下行政处分的交通警察，应当降低警衔。

第一百一十七条　交通警察利用职权非法占有公共财物，索取、收受贿赂，或者滥用职权、玩忽职守，构成犯罪的，依法追究刑事责任。

第一百一十八条　公安机关交通管理部门及其交通警察有本法第一百一十五条所列行为之一，给当事人造成损失的，应当依法承担赔偿责任。

第八章　附　　则

第一百一十九条　本法中下列用语的含义：

（一）"道路"，是指公路、城市道路和虽在单位管辖范围但允许社会机动车通行的地方，包括广场、公共停车场等用于公众通行的场所。

（二）"车辆"，是指机动车和非机动车。

（三）"机动车"，是指以动力装置驱动或者牵引，上道路行驶的供人员乘用或者用于运送物品以及进行工程专项作业的轮式车辆。

（四）"非机动车"，是指以人力或者畜力驱动，上道路行驶的交通工具，以及虽有动力装置驱动但设计最高时速、空车质量、外形尺寸符合有关国家标准的残疾人机动轮椅车、电动自行车等交通工具。

（五）"交通事故"，是指车辆在道路上因过错或者意外造成的人身伤亡或者财产损失的事件。

第一百二十条　中国人民解放军和中国人民武装警察部队在编机动车牌证、在编机动车检验以及机动车驾驶人考核工作，由中国人民解放军、中国人民武装警察部队有关部门负责。

第一百二十一条　对上道路行驶的拖拉机，由农业（农业机械）主管部门行使本法第八条、第九条、第十三条、第十九条、第二十三条规定的公安机关交通管理部门的管理职权。

农业（农业机械）主管部门依照前款规定行使职权，应当遵守本法有关规定，并接受公安机关交通管理部门的监督；对违反规定的，依照本法有关规定追究法律责任。

本法施行前由农业（农业机械）主管部门发放的机动车牌证，在本法施行后继续有效。

第一百二十二条　国家对入境的境外机动车的道路交通安全实施统一管理。

第一百二十三条　省、自治区、直辖市人民代表大会常务委员会可以根据本地区的实际情况，在本法规定的罚款幅度内，规定具体的执行标准。

第一百二十四条　本法自 2004 年 5 月 1 日起施行。

道路危险货物运输管理规定

第一章 总 则

第一条 为加强道路危险货物运输管理，保障运输安全，特制定本规定。

第二条 凡在中华人民共和国境内从事道路危险货物运输（含搬运装卸、运输服务）的单位和个人，均应遵守本规定。

第三条 道路危险货物运输技术规范，按交通部标准 JT 3130《汽车危险货物运输规则》和国家标准 GB 13392《道路运输危险货物车辆标志》执行；危险货物品名分类以交通部颁发的《汽车运输危险货物品名表》为准。

第四条 各级交通主管部门负责本规定及有关技术规范的组织实施。

第二章 运输基本条件

第五条 凡从事道路危险货物运输的单位，必须拥有能保证安全运输危险货物的相应设施设备。

第六条 从事营业性道路危险货物运输的单位，必须具有10辆以上专用车辆的经营规模，5年以上从事运输经营的管理经验，配有相应的专业技术管理人员，并已建立健全安全操作规程、岗位责任制、车辆设备保养维修和安全质量教育等规章制度。

第七条 直接从事道路危险货物运输、装卸、维修作业和业务管理的人员，必须掌握危险货物运输的有关知识，经当地地（市）级以上道路运政管理机关考核合格，发给《道路危险货物运输操作证》，方可上岗作业。

第八条 运输危险货物的车辆、容器、装卸机械及工具，必须符合交通部 JT 3130《汽车危险货物运输规则》规定的条件，经道路运政管理机关审验合格。

第三章 申请与审批

第九条 非营业性运输单位需从事道路危险货物运输，须事前向当地道路运政管理机关提出书面申请，经审查，符合本规定运输基本条件的报地（市）级运政管理机关批准，发给《道路危险货物非营业运输证》，方可进行运输作业。从事一次性道路危险货物运输，须报经县级道路运政管理机关审查核准，发给《道路危险货物临时运输证》方可进行运输作业。

第十条 凡申请从事营业性道路危险货物运输的单位，及已取得营业性道路运输经营资格需增加危险货物运输经营项目的单位，均须按规定向当地县级道路运政管理机关提出书面申请，经地（市）级道路运政管理机关审核，符合本规定基本条件的，发给加盖道路危险货物运输专用章的《道路运输经营许可证》和《道路运输营运证》，方可经营道路危险货物运输。

第四章 运输管理

第十一条 危险货物托运人在办理托运时必须做到：

1. 必须向已取得道路危险货物运输经营资格的运输单位办理托运；

2. 必须在托运单上填写危险货物品名、规格、件重、件数、包装方法、起运日期、收发货人详细地址及运输过程中的注意事项；

3. 货物性质或灭火方法相抵触的危险货物，必须分别托运；

4. 对有特殊要求或凭证运输的危险货物，必须附有相关单证，并在托运单备注栏内注明；

5. 托运未列入《汽车运输危险货物品名表》的危险货物新品种，必须提交《危险货物鉴定表》。

凡未按以上规定办理危险货物运输托运，由此发生运输事故，由托运人承担全部责任。

第十二条 危险货物承运人在受理托运和承运时必须做到：

1. 根据托运人填写的托运单和提供的有关资料，予以查对核实，必要时应组织承托双方到货物现场和运输线路进行实地勘察，其费用由托运人负担；

2. 承运爆炸品、剧毒品、放射性物品及需控温的有机过氧化物、使用受压容器罐（槽）运输烈性危险品，以及危险货物月运量超过100 t，均应于起运前

10天,向当地道路运政管理机关报送危险货物运输计划,包括货物品名、数量、运输线路、运输日期等;

3. 在装运危险货物时,要按《汽车危险货物运输规则》规定的包装要求,进行严格检查。凡不符合规定要求,不得装运。危险货物性质或灭火方法相抵触的货物严禁混装;

4. 运输危险货物的车辆严禁搭乘无关人员,运行中司乘人员严禁吸烟,停车时不准靠近明火和高温场所;

5. 运输结束后,必须清扫车辆,消除污染,其费用由货主负担。

凡未按以上规定受理托运和承运,由此发生运输事故,由承运人承担全部责任。

第十三条　凡装运危险货物的车辆,必须按国家标准GB 13392《道路运输危险货物车辆标志》悬挂规定的标志和标志灯。

第十四条　全挂汽车列车、拖拉机、三轮机动车、非机动车(含畜力车)和摩托车不准装运爆炸品、一级氧化剂、有机过氧化物;拖拉机还不准装运压缩气体和液化气体、一级易燃物品;自卸车辆不准装运除二级固体危险货物(指散装硫磺、萘饼、粗蒽、煤焦沥青等)之外的危险货物。未经道路运政管理机关检验合格的常压容器,不得装运危险货物。

第十五条　营业性危险货物运输必须使用交通部统一规定的运输单证和票据,并加盖"危险货物运输专用章"。

第十六条　凡运输危险货物的单位,必须按月向当地道路运政管理机关报送危险货物运输统计报表。

第十七条　专门从事危险货物运输的单位,要加强基础设施建设,逐步设置危险货物专用停车场及专用仓库,向专业化、专用化方向发展。

第五章　维修管理

第十八条　凡从事危险货物运输车辆维修、改装的单位,必须配备防爆、去污清洗等设备,划定专用修理车库,经道路运政管理机关审查批准,在技术合格证上加盖"危险货物运输车辆维修专用章",方能从事维修、改装作业。

第十九条　动用明火维修装运过易燃、易爆危险货物的罐(槽)车,要执行"动火"审批制度,作业前必须对车辆进行测爆和安全处理。

第六章　事故处理

第二十条　在运输危险货物的过程中,发生燃烧、爆炸、污染、中毒等事故,驾乘人员必须根据承运危险货物的性质,按规定要求,采取相应的救急措施,防止事态扩大;并应及时向当地道路运政机关和有关部门报告,共同采取措施,消除危害。

第二十一条　发生重大危险货物运输事故时,当地道路运政管理机关应及时赶赴现场,协助有关部门组织抢救,并做好现场记录,按有关规定进行处理。

第二十二条　凡发生人身伤亡或重大经济损失的危险货物运输事故,当地道路运政管理机关应在3天内将事故情况报告上级机关,并在30天内提出处理意见,报告上级交通主管部门,通知车籍所在地道路运政管理机关。

第七章　监督检查

第二十三条　各级道路运政管理机关应依照本规定,加强对道路危险货物运输的监督检查。凡从事道路危险货物运输的单位和人员,必须接受道路运政管理机关的监督检查。

第二十四条　道路运政管理机关应按本规定和有关技术规范,对道路危险货物运输单位的运输条件、安全管理、专用防护设备、运输单证、运输质量和技术业务规范等,进行定期或不定期检查,发现隐患应及时消除。

第二十五条　各级道路运政管理机关在检查中发现违章行为,应做好现场记录,经被检查人签认,作为处理违章的依据,按照交通部《道路运输违章处罚规定》(试行)处理。

第八章　附　　则

第二十六条　本规定由中华人民共和国交通部负责解释。

第二十七条　本规定自1994年3月1日起施行。

道路大型物件运输管理办法

(交通部交公路发[1996]1154号)

第一章 总 则

第一条 为加强道路大型物件运输管理，提高运输质量，保证运输安全，保护合法经营，维护运输市场秩序，满足国民经济发展对道路大型物件运输的需要，根据国家有关规定，制定本办法。

第二条 大型物件是指符合下列条件之一的货物：

(一)货物外型尺寸：长度在14 m以上或宽度在3.5 m以上或高度在3 m以上的货物；

(二)重量在20 t以上的单体货物或不可解体的成组(捆)货物。

道路大型物件运输是指在我国境内道路上运载大型物件的运输。

第三条 凡在我国境内从事道路大型物件运输均应遵守本办法。

第四条 各级交通行政管理部门是道路大型物件运输主管部门，并负责本办法的组织实施。

第二章 大型物件分级

第五条 大型物件，按其外形尺寸和重量(含包装和支承架)分成4级：

(一)一级大型物件是指达到下列标准之一者：

1. 长度大于14 m(含14 m)小于20 m；
2. 宽度大于3.5 m(含3.5 m)小于4.5 m；
3. 高度大于3 m(含3 m)小于3.8 m；
4. 重量大于20 t(含20 t)小于100 t。

(二)二级大型物件是指达到下列标准之一者：

1. 长度大于20 m(含20 m)小于30 m；
2. 宽度大于4.5 m(含4.5 m)小于5.5 m；
3. 高度大于3.8 m(含3.8 m)小于4.4 m；
4. 重量大于100 t(含100 t)小于200 t。

(三)三级大型物件是指达到下列标准之一者：

1. 长度大于30 m(含30 m)小于40 m；
2. 宽度大于5.5 m(含5.5 m)小于6 m；
3. 高度大于4.4 m(含4.4 m)小于5 m；
4. 重量大于200 t(含200 t)小于300 t。

(四)四级大型物件是指达到下列标准之一者：

1. 长度在40 m及以上；
2. 宽度在6 m及以上；
3. 高度在5 m及以上；
4. 重量在300 t及以上。

第六条 大型物件的级别，按其长、宽、高及重量4个条件中级别最高的确定。

第三章 申请与审批

第七条 申请从事营业性道路大型物件运输的业户，其开业条件必须符合《道路货物运输业户开业技术经济条件(试行)》(交运字[1993]531号文)的有关规定。

第八条 营业性道路大型物件运输业户，按其设备、人员等条件，分为四类：(类别划分条件见附件)

一类能承运一级大型物件；

二类能承运一、二级大型物件；

三类能承运一、二、三级大型物件；

四类能承运一、二、三、四级大型物件。

第九条 申请从事营业性道路大型物件运输的业户，及已取得营业性道路运输经营资格需增加大型物件运输经营项目的业户，均须按规定向当地县级以上交通主管部门提出书面申请。

各级交通主管部门，按审批权限，自接到业户书面申请之日起。30天之内给予批准或不批准的书面答复。

第十条 审批权限：

县级交通主管部门负责一类大型物件运输业户的开业审批；

二、三类大型物件运输业户经县级交通主管部门审核后，报市(设区的市，下同)级交通主管部门审批；

四类大型物件运输业户经县、市级交通主管部门逐级审核后，报省级交通主管部门审批。

第十一条　经审核符合《道路运输业户开业技术经济条件》和《道路大型物件运输业户类别划分条件》的，由批准单位发给注明道路大型物件（级别）和限定吨位的《公路运输经营许可证》和《道路运输证》。

第十二条　大型物件运输业户需扩大经营范围，经营更高类别的大型物件运输的，须按本办法第九、十、十一条规定办理审批手续。

第十三条　非营业性运输单位从事一次性道路大型物件运输，须向当地县级以上交通主管部门提出书面申请。由运输管理部门对申请单位的设备情况、人员技术力量进行审查，经审查批准，方可进行作业。

第四章　大型物件运输组织与管理

第十四条　大型物件托运人在办理托运时，必须做到：

1. 必须向已取得道路大型物件运输经营资格的运输业户或其代理人办理托运；

2. 必须在运单上如实填写大型物件的名称、规格、件数、件重、起运日期、收发货人详细地址及运输过程中的注意事项。

凡未按上述规定办理大型物件托运或运单填写不明确，由此发生运输事故的，由托运人承担全部责任。

第十五条　大型物件承运人在受理托运时，必须做到：

1. 根据托运人填写的运单和提供的有关资料，予以查对核实；

2. 承运大型物件的级别必须与批准经营的类别相符，不准受理经营类别范围以外的大型物件。

凡未按以上规定受理大型物件托运，由此发生运输事故的，由承运人承担全部责任。

第十六条　承运人应根据大型物件的外形尺寸和车货重量，在起运前会同托运人勘察作业现场和运行路线，了解沿途道路线形和桥涵通过能力，并制定运输组织方案。涉及到其他部门的应事先向有关部门申报并征得同意，方可起运。

第十七条　大型物件运输的装卸作业，由承运人负责的，应根据托运人的要求、货物的特点和装卸操作规程进行作业。由托运人负责的，承运人应按约定的时间将车开到装卸地点，并监装、监卸。

在货物的装卸过程中，由于操作不当或违反操作规程，造成车货损失或第三者损失的，由承担装卸的一方负责赔偿。

第十八条　运输大型物件，应按有关部门核定的路线行车。白天行车时，悬挂标志旗；夜间行车和停车休息时装设标志灯。

第五章　收费规定

第十九条　大型物件运输费用按交通主管部门和物价管理部门的有关规定，由承、托双方协商确定。

第二十条　因运输大型物件发生的道路改造、桥涵加固、清障、护送、装卸等费用，由托运人负担。

第六章　违章处罚

第二十一条　违反本办法，按下列规定予以处罚：

（一）未经批准运输大型物件的，对营业性运输经营者处以5 000元以下罚款，对非营业性运输者以2 000元以下的罚款。

（二）对超越批准类别承运大型物件的运输经营者处以3 000元以下罚款。

（三）未装设标志灯（旗）和装设不符要求的，每车次处以 100 元以上 300 元以下的罚款。

违反本办法其他规定的，按交通部《道路运输违章处罚暂行规定》给予处罚。

第七章　附　　则

第二十二条　使用滚拖方法运输大型物件的运输组织与费用参照本办法执行。

第二十三条　本办法由交通部负责解释。

第二十四条　本办法自 1996 年 3 月 1 日起施行。

大型集装箱运输货物暂行规定

颁布机关:铁道部

颁布日期:1986年7月11日

实施日期:1986年7月11日

一、大型集装箱运输分为40 ft箱和20 ft箱2种,除按规定的整车运输及铁路集装箱运输条件办理外,并按本规定办理。

二、40 ft箱由发货人自备;20 ft箱由铁路提供,也可由发货人自备。铁路20 ft箱限在附表一指定的车站办理。发货人自备的20 ft箱在车站公共装卸场所作业时,限在附表二指定的车站办理;在专用线作业时(包括40 ft箱)限在附表三规定的车站专用线办理。其他要求办理的专用线,经铁路局审批后,报部公布执行。铁路20 ft箱不办理国际铁路联运。

三、使用大型集装箱运输货物,40 ft箱一箱为一批。20 ft箱一批最多不得超过两箱,接运国际铁路联运进口的20 ft箱一批三箱者除外。车站使用铁路20 ft箱装运零担货物时,经到达铁路局的同意,可组织一箱多批运送。

四、使用大型集装箱运输货物,适用整车9号运价率。40 ft每箱按40 t、20 ft箱每箱按20 t计费。发货人自备20 ft箱一批只有一箱时,按二箱计费,一重一空时,按二个重箱计费。接运国际铁路联运进口的20 ft箱及铁路20 ft箱一批只有一箱时,按一箱计费。发货人自备大型集装箱空箱运输时,按重箱运费的50%核收。

五、使用铁路20 ft箱运输时,应向发货人核收使用费每次每箱60元。发货人或收货人使用铁路20 ft箱超过铁路规定的时间,铁路核收集装箱留置费:在车站留置费每日每箱20元,接取、送达留置费每日每箱10元。发货人自备的大型集装箱到后,在站存放超过铁路规定的免费保管期间时,铁路核收集装箱暂存费:40 ft箱每日每箱20元;20 ft箱每日每箱10元。

六、国际铁路联运大型集装箱,按《国际铁路货物联运协定》及其办事细则,以及协定附件第5号的第7、10、12～17条有关规定办理。过境其他参加国际货协铁路的运送费用,不适用《国际货协统一过境运价规程》第4条第9项的规定,不在我国核收,由发货人或收货人通过与其他国家有关方面签订的协议,同过境路直接进行清算,发货人或代理公司应在运单有关栏内记载清楚。

七、车站装运一批一箱的20 ft箱可组织同一到站的5 t集装箱配装。

八、运输大型集装箱,应使用敞车或有端侧板木质底板的平车装运。一车两箱时,箱门应相对,间距不得超过200 mm。装卸作业时,要使用专用吊具,稳起轻放,严防冲撞。

九、使用大型集装箱装运货物,由发货人负责施封,并用10～12号铁线将箱门加固拧紧,铁路与发、收货人凭封印办理交接。车站使用铁路20 ft箱装运一箱多批货物时,由铁路施封。

十、办理大型集装箱运输,铁路局应提出大型集装箱运输情况月报,按时向铁道部报告。各级集装箱调度,对铁路20 ft箱要加强运输管理,按箱号掌握,做好货源及货流调整工作,每日将《铁路20 ft集装箱运用报告》逐级报告铁道部。

道路零担货物运输管理办法

(1996年12月2日交通部交公路发[1996]1039号文发布)

第一章 总　　则

第一条 为加强道路零担货物运输(以下简称零担货运)管理,维护运输市场秩序,保护经营业户的合法权益,促进零担货运业的发展,根据国家有关规定,制定本办法。

第二条 凡在我国境内从事零担货运经营活动的经营业户,适用本办法。

第三条　零担货物是指一次托运、计费重量不足3 t的货物。

第四条　零担货运包括零担货物受理、零担货运站经营、零担线路运输。零担货运按经营区域分为:县(市)内、地(市)内、省内、省际和国际零担货运;接送达速度分为:普通零担货运、快件零担货运、特快专运零担货运。

第五条　零担货运经营活动是指零担货物的受理、仓储、运输、中转、装卸、交付等过程。

第六条　中华人民共和国交通部负责全国零担货运管理,各级地方交通主管部门负责本辖区零担货运管理,具体管理工作由各级道路运政管理机关(以下简称运管机关)负责。

第二章　经营资格

第七条　经营零担货物受理和经营零担货运站场的业户除具备《道路运输服务业户开业技术经济条件》外,还应满足下列要求:

一、零担货物受理业户应具备:

(一)有固定的营业场所,与业务相适应的货物仓储面积和装卸设施,租赁仓储设施,需有 1 年以上合法有效的租赁合同。

(二)与零担货运站签订有受理经营线路范围内的半年以上有效的运输服务合同。

(三)有固定的业务人员,持有运管机关核发的《上岗证》(见附件一)。

二、零担货运站应具备:

(一)具有300 m^2上的停车场和500 m^2以上的仓储面积,并有相应的安全设施和装卸能力。

(二)与零担运输业户签订零担货物线路运输合同。

(三)业主和业务人员需经运管机关培训,持有《上岗证》。

第八条　零担线路运输业户除了符合《道路货物运输业户开业技术经济条件》外,还须具备下列条件:

一、使用封闭式专用货车或封闭式专用设备,车身喷涂“零担货运”标志,车辆技术状况达到二级以上。

二、经营省内零担货运需有 5 辆(25 个吨位)以上零担货运车辆,跨省经营需有 10 辆(50 个吨位)以上零担货运车辆,国际零担货运按国际双边运输协定办理。

三、业主、驾驶员、业务人员须持有运管机关核发的《上岗证》。驾驶员应有安全行驶 2 年以上或安全行驶5 万 km以上的驾驶经历。

第三章　审批程序

第九条　申请经营零担货运的业户须向运管机关提交下列文件:

一、开业申请报告。

二、单位申办凭乡镇以上政府或上级主管部门的证明,个人申办凭居民身份证和乡镇以上政府证明。

三、申请经营项目的可行性报告。

四、按照开业条件要求,零担受理业户、零担货运站场、零担运输业户相互签订合作意向书。班线接发货站点的证明书。

第十条　开业审批程序

一、申请者持本办法第九条规定的文件,向经营所在地县以上(含县)运管机关申领、填报《道路货物运输业户开业申请登记表》(见附表一)。

二、运管机关收到《道路货物运输业户开业申请登记表》后,进行资格审查,并在 30 天内作出书面答复。经批准后,准予进行筹备。

三、运管机关认定开业筹备工作合格后,方可核发《道路运输经营许可证》(以下简称《许可证》)。

四、申请者持《许可证》,向有关部门办理其他手续。

五、申办经营零担线路运输业务,还须向运管机关办理零担货运车辆的《道路运输证》和填报《道路零担货运线路审批表》(见附表二)。经批准后,业户向运管机关领取单证、票据、零担货运线路牌(见附件二),向社会公告,方可开业。

第十一条　零担货运经营业户办理跨省异地经营零担货运业务,须经所在地运管机关逐级审核后,报省级运管机关同意,经商异地省级运管机关同意后,办理异地经营手续,方可营业。

第十二条　申办经营零担货运站业务,在地市范围内经营的,由县级运管机关审核,报地市运管机关审批;跨地市、跨省经营的,由县、地市运管机关审核,报省级运管机关批准。

第十三条 零担货运线路实行分级管理,审批权限如下:

一、县内线路,由县级运管机关审批,并报地(市)级运管机关备案。

二、地(市)内线路,由县级运管机关审核后,报地(市)运管机关审批,并报省级运管机关备案。

三、省内跨区线路,由县、地(市)运管机关审核后,报省运管机关审批。

四、省际线路,由相关省运管机关协商无异议后,由经营业户所在地省级运管机关审批,并报交通部备案。

五、国际线路,由部授权的省级运管机关根据两国或多国汽车运输协定的规定审核,并报交通部审批。

第十四条 已开业的业户需扩大经营范围或合并,分立、迁移变更时,应经原批准开业的运管机关同意,按审批权限办理有关手续。

第十五条 业户歇业、停业须提前30天向原开业审批机关提出申请,经批准后,办理手续,并向社会公布。经营零担线路运输不足6个月的,不得歇业、停业。

第四章 经营规范

第十六条 零担货运经营方式可采用定线、定点、定班运输形式或定线、定点、不定班运输形式。经营方式经批准后,不得随意变更。

第十七条 快件零担货运是指从货物受理的当天15:00起算,300 km运距内,24 h以内运达;1 000 km运距内,48 h以内运达;2 000 km运距内,72 h以内运达。特快专运是指应托运人要求即托即运,在约定时间内运达。

第十八条 托运人办理零担货物托运需填写"道路货物运单(丙类)"(以下简称运单),按《汽车货物运输规则》办理,如有特殊运输要求,经承托双方同意,在运单中注明特约事项。凡属法令禁限运货物,受理时应查验有效证明;零担危险货物,不准与普通货物混装。

第十九条 零担货运汽车通行时需携带《道路运输证》、运单、零担货运线路牌,以备查验。

第二十条 零担货物运输的投保方式由托运人自愿选择,并在运单中注明。高档、高价值零担货物运输必须投保。

第二十一条 零担货运商务事故按《汽车货物运输规则》办理。

第二十二条 零担货物受理和零担货运站经营的业户,应在受理场所公布零担货运线路、站点、里程、班期表。

第二十三条 经营零担货运的业户要按要求填报零担货物运输统计报表。

第二十四条 零担货物受理、仓储、装卸、起运、中转、到达、交付等环节,要严格履行交接制度,分清责任。

第五章 监督和处罚

第二十五条 运管机关对零担货运经营业户经营资格和经营行为进行监督。对业户实行经营资格和经营行为的年度审验。年审合格,加盖合格章。

第二十六条 违反本办法,由运管机关按下列规定予以行政处罚:

1. 未取得《许可证》或持过期无效《许可证》,擅自经营的,处以1 000元罚款。

2. 未携带《道路运输证》或无零担货运线路牌、无运单的,处以100~200元罚款。

3. 未经批准超越经营范围,擅自改变经营项目的,经营资格不合格或年度审验不合格的,违反道路运输其他有关规定的,按《道路运输违章处罚规定》处罚。

处罚应按《交通行政处罚程序规定》办理,限期执行。触犯刑法的,移交司法部门处理。

第二十七条 当事人对运管机关处罚决定不服的,可在接到处罚通知之日起15日内,向作出处罚决定的运管机关的上一级运管机关申请复议,上一级运管机关应在60日内作出复议决定。当事人不服可在接到处罚通知书之日起90日内或接到复议决定之日15天内向法院起诉;期满不起诉又不履行处罚决定的,由运管机关申请法院强制执行。

第六章　附　　则

第二十八条　本办法解释权属交通部，各省可根据本省实际情况制订实施细则。

第二十九条　本办法自1997年1月1日起施行。

鲜活货物运输规则

（铁道部1982年2月23日颁布）

第一章　总　　则

第一条　凡在铁路运输中需采取特殊措施，以防止腐烂变质或病残死亡的货物，均属鲜活货物。

托运的鲜活货物必须是品质新鲜、无病残，有能保证货物运输安全的必要包装，使用的车辆和装载方法要适合货物性质，并根据需要采取预冷、加冰、上水、押运等措施，以保持货物的质量状态良好。

铁路应适应鲜活货物季节性强、运量波动大、时间要求快的特点，坚持"四优先"的原则：优先安排运输计划、优先进货装车、优先取送、优先挂运，按货配车，做好途中服务，与发、收货人密切配合，确保鲜活货物运输质量。并不断改善和加强运输鲜活货物的技术设备和车辆，以满足人民生活需要，保证外贸出口任务，为四个现代化服务。

第二条　鲜活货物分为易腐货物和活动物两大类：

（一）易腐货物包括肉、鱼、蛋、水果、蔬菜、冰、鲜活植物等，按其热状态又分为(1)冻结货物，(2)冷却货物，(3)未冷却货物。

常见品名见"易腐货物运输条件表"（附件一）（略）。

（二）活动物包括禽、畜、兽、蜜蜂、活鱼、鱼苗等。

第三条　铁路在鲜活货物运量集中的区段，应逐步组织开行快运列车或鲜活货物直达列车，编制快运货物列车或鲜活货物直达列车组织方案。发货人应按方案的要求落实货源；铁路应落实日常配空、装车、留轴挂运、中转衔接、编车等工作，并加强调度指挥，组织实现。

第四条　铁路为确保易腐货物运输质量和快速运输，各级调度对鲜活车应重点掌握，防止中途积压，确保鲜活货物质量良好地运抵到站。

第五条　铁路不办理零担鲜活的冷藏、保温、加温、通风运输。但鲜活货物装一般货车短距离运输时，在自局管内由各局确定；跨局运输的，仅限能以沿途零担车或组织直达整零直接运抵到站的，方可按零担办理（未装容器的活动物除外）。具体条件由铁路局规定。发货人必须保证零担鲜活货物在规定的运到期限内不致腐烂、变质和死亡。

第六条　铁路和发、收货人都必须认真执行本规则的各项规定。铁路车站应负责与发、收货人和机械冷藏车乘务组联系，并组织各方密切配合，共同做好鲜活货物装运工作。经常办理鲜活货物运输的车站，应会同有关部门组成鲜活货物运输研究小组，通过试验，总结提高鲜活货物运输质量的经验。

第二章　易腐货物运输

第七条　不同热状态的易腐货物不得按一批托运。按一批托运的整车易腐货物，一般限运同一品名。但不同品名的易腐货物，如在冷藏车内保持或要求的温度的上限（或下限）差别不超过3℃时，允许拼装在同一冷藏车内按一批托运。此时发货人应在货物运单"发货人记载事项"栏内记明："车内保持温度（或途中加冰掺盐）按品名××的规定办理。"

第八条　发货人托运易腐货物，应在货物运单"货物名称"栏内填记货物的名称，并注明其品类顺号及热状态，同时在"发货人记载事项"栏内注明易腐货物容许运送期限。如货物的容许运送期限小于铁路规定的运到期限时，发站不得承运。发货人托运需检疫运输的禽、畜产品和鲜活植物时，应按规定提出检疫证明书，并在货物运单内注明其号码。检疫证明书退回发货人或随同运单代递到站，交收货人。

第九条　发货人托运易腐货物时，货物的质量、温度、包装和应选用的车辆，均须符合"易腐货物运输条件表"的规定。承运货物的质量、包装是否符合规定,由发站负责检查。使用机械冷藏车装运时,发站可会同机械冷藏车乘务员对承运货物的温度进行抽查发货人要求不按规定的条件运输易腐货物时,在发货人确认货物不致腐烂变质的条件下,可与车站另行商定条件运输。商定的条件应在货物运单“发货人记载事项”栏内注明,货物的运输质量由发货人负责。发货人托运附件一表内未列的易腐货物时,应在货物运单“发货人记载事项”栏内注明具体运输条件,经车站承认,即可承运。使用机械冷藏车时要通知乘务组,并在乘务报单和冷藏车作业单内注明。

第十条　冷藏车应用于装运易腐货物,但无包装的水果(西瓜、哈密瓜、南瓜、冬瓜除外)、蔬菜、卤鱼和能损坏车内设备的易腐货物不得用冷藏车装运。装运需用冷藏车冷藏、保温或加温的非易腐货物时,车站应逐级报请铁道部承认后,方可使用。机械冷藏车组,可组织同一到站卸车的两站分装或同一发站装车的两站分卸(B19型除外)。两站应为同一径路,距离不得超过400 km。第一装车站的装车数或第二卸车站的卸车数均不得少于全列车的一半(枢纽地区除外)。机械冷藏车组工作车前部或后部各车,应装载同一品类要求温度相同的货物,但前部、后部温度可不相同。机械冷藏车的总装载量,不准超过车辆的标记载重。

第十一条　使用冷藏车运输易腐货物时,发货人应按附件一规定的条件或与车站另行商定的条件,在货物运单“发货人记载事项”栏内具体注明“途中加冰”、“途中制冷”、“途中加温”、“途中不加冰”、“途中不制冷”、“途中不加温”、“不加冰运输”等字样。对需要在途中加冰的冷藏车发站应在货物运单的“经由”栏内依次填记应加冰的各加冰所站名。对需在途中加冰的冷藏车,如最短径路上未设加冰所,不能确保易腐货物质量时,发货人可要求铁路绕路运输,此时发站应在货物运单的“经由”栏内依次填记绕路运输经由的各加冰所站名(不打乱加冰所的分工)。中途加冰所站名见附件二。易腐货物发站应在货物运单、货票、封套、车牌和列车编组顺序表内分别填记△标记。对票据、表报标有△的货物和货车,铁路应加快办理作业,做好途中服务,确保易腐货物质量。

第十二条　发站同发货人应商定易腐货物进货、装车事项和车辆取送时间。使用机械冷藏车运输时,发站在机械冷藏车到达后,应将装车时间、地点、货物品名、吨数、到站等事项填记在“机械冷藏车装车通知单”(格式一)内,一式两份,一份交乘务组做为准备装货的通知,一份自站存查。机械冷藏车装车通知单,应在装车前12 h交给乘务组。

第十三条　装车单位应在易腐货物装车前(加冰运输的在加冰前)检查冷藏车的冰箱、排水座、排水管、排水碗、车门及车内设备是否齐全良好,车内是否清洁卫生,车内不卫生时要组织洗刷。不能保证货物质量的车辆,严禁使用,铁路应及时调换车辆。

第十四条　用冷藏车运输易腐货物时,在装车前必须预冷车辆,车内温度降低后,才能装车。加冰冷藏车装运冻结货物,车内应预冷到+6℃以下,达不到时,可预冷6 h;装冷却或未冷却货物,车内应预冷到+12℃以下,达不到时,可预冷3 h。机械冷藏车车内预冷温度:冻结货物为0℃~3℃;香蕉为+12℃~+15℃;菠萝、柑桔为+9℃~+12℃;其他易腐货物为0℃~+3℃。车站应根据洗车、加冰、预冷、装车的实际需要安排好作业时间,做好上、下班的衔接。

第十五条　加冰冷藏车始发加冰工作需要的冰、盐和劳动力由发货人准备和组织。发站有供冰条件,经协商,可由铁路供应。劳动力及冰、盐费用由发货人负担。无冰、盐的车站由发货人指定将冷藏车回送到有供冰条件的车站加冰。并按规定核收货车回送费。始发加冰应加足冰箱定量,必要时应在挂车前再次补冰,以保证冷藏车运行到前方第一加冰所时,冰箱内存冰不少于20%。始发加冰质量应由发站检查验收。当冷藏车运行到前方第一加冰所时(相距150 km以内),经检查,如发现发站应加冰而没有加冰或加冰不足时,除进行补足冰、盐外,应用电报通知发站促其注意(由于铁路责任,车辆运行缓慢时除外),并由发站向发货人补收冰、盐费用。

第十六条　给加冰冷藏车加冰时,冰要清洁无泥土、炉灰碴、杂草等。冰块大小以0.5~1 kg为宜。掺盐要按规定比例掺匀(掺盐比例和方法,要考虑货物的热状态及前方加冰所和到站气温)。加冰掺盐后要捣实,但不得损坏冰箱。开闭冰箱盖不要乱砸硬撬。途中补冰要加满加足。补冰前必须检查车内温度。寒季是否补冰及补冰数量,可根据需要,由各加冰所确定。标记载重30 t或45 t的加冰冷藏车装运易腐货物,始发加冰超过六t时,B11 仍可装到24 t,B8 可装到30 t,B6 可装到38 t。

第十七条　易腐货物应按附件一规定的方法装载。经过预冷的冷藏车装车时,应采取措施,保持车内温度。在装(卸)车作业中应使用不致损坏车内设备的工具,并不得挤碰循环挡板和汇水槽。上层货物距循环挡板,最少应留出50 mm的空隙。开关车门时,严禁乱砸硬撬。采取保温、防寒、防湿等措施时,不得以钉钉等方式损坏冷藏车车体。

第十八条　车站和发(收)货人应加强装(卸)车的组织工作,缩短装(卸)时间。加冰冷藏车每辆装(卸)车作业时间(不包括洗车和预冷时间)不得超过3 h;机械藏车:B16 型每组不得超过16 h;B16 小列、B17、B18、B20 型每组不得超过12 h;B19 型每组不得超过6 h。每一车的装车时间不得超过3 h。

在特殊情况下,以部调度命令承认。由于发(收)货人的责任超过规定的装卸时间,应核收货车延期使用费,机械冷藏车还应核收制冷费。车辆送到后,由于发货人责任取消运送时,车站应按 300 运价公里第七号运价率向发货人核收冷藏车回送费,已经预冷的还要加收制冷费。

第十九条　使用加冰冷藏车运输易腐货物,装车单位必须按车填写“冷藏车作业单”(格式二)随车递送。使用机械冷藏车运输时,对同一到站和要求同一温度的货物可不限车数填写一份,交机械冷藏车乘务组递交到站。

第二十条　发货人要求使用加冰冷藏车加温运输时,由铁路供应火炉,燃料由发货人自备。需要通风或加温运输的加冰冷藏车,可以将前进方向左侧车门开启并固定。用棚、敞车通风运输的易腐货物,可将棚车的门窗开启或将敞车侧板吊起捆牢,并用栅栏将货物挡住。冷藏车车门开启固定或敞车侧板吊起捆牢时,最外突出部位,从车辆纵中心线起,不得超过 17～50 mm。

第二十一条　发站、编组站、区段站对装有易腐货物的车辆应快速编解取送,及时中转挂运,除中间站装(卸)车可编入摘挂列车外,均应根据作业计划编入快运列车或直达、直通、区段列车。对需要中途加冰的易腐货物车辆,各站必须按指定的经路挂运,编入到达前方加冰站解体或终止的列车内。易腐货物车辆的中转停留时间,原则上不得超过车站有关去向有调中转停留时间,需加冰所补冰的冷藏车,在站停留时间原则上最长不得超过12 h。装有易腐货物的车辆,在运送途中不得保留积压。遇有特殊情况,保留站应立即向调度所报告,及时采取措施转送就近加冰站或采取其他妥善处理办法。因未及时处理造成事故时,要追究责任。

第二十二条　需要中途加冰的冷藏车,发站或加冰所应用电报依次向前方加冰所及其所在站预报(必要时用电话辅助通知),并抄知次一加冰所,最后一个加冰所应向到站预报。预报电文内容和代号如下:

开车			车型			货物	
内容			车次	到站			收货人
月、日			车号			品名	
代号	(1)	(2)	(3)	(4)	(5)	(6)	

注:(1)在电文首部冠以“加冰预报”、“上水预报”字样。

(2)整列运输时,代号(3)只报车型、车数,不报车号。代号(6)由最后一个加冰所向到站预报。机械冷藏车途中需要上水时,乘务员应用电报向上水站发出上水预报。

第二十三条　中途加冰所接到加冰预报后,应做好加冰准备,冷藏车到站后,加冰所应立即检查残存冰盐,测量车内温度,同时检查车辆外部及排水管状态是否良好,货物有无腐烂变质迹象,发现问题应及时妥善处理。在补冰的同时,应对需要通风的货物进行通风。加冰作业完了,应及时通知运转挂车,并认真填记“冷藏车作业单”和“加冰工作日志”(格式三),同时发出加冰预报。中途加冰所应按冷藏车加冰的需要,备足冰、盐,并保持加冰设备经常良好。

第二十四条　车站应会同机械冷藏车乘务组,对装卸车作业进行技术指导。发现问题应联系发、收货人共同解决。货物装车完毕,机械冷藏车乘务员应检查车门关闭是否严密,并及时记录车内温度,及时开机制冷。机械冷藏车乘务组应按附件一规定保持车内温度。对未冷却的易腐货物应在最短时间内把车内温度降到规定的度数。在运输途中,每隔2 h应记录一次各车内的温度,每6 h填写一次冷藏车作业单。

第二十五条 到站对易腐货物应及时组织卸车和交付。在货场卸车的易腐货场要严防污染变质,车站应联系收货人采取措施,随卸随搬。冻结货物、冷却货物和寒季运送的保温、加温货物,收货人应准备防护用品及搬运工具,组织直接卸车。

第二十六条 卸车单位卸完易腐货物后,应负责将车辆清扫干净。

装过鱼、肉及被易腐货物污染的车辆,卸车单位必须彻底洗刷,使车内没有残留的污水、秽物,必要时还应进行消毒。洗刷、消毒后适当通风、晾干再关车门。卸车单位及车站没有洗车条件时,车站应根据调度命令填写"特殊货车及运送用具回送清单"(简称回送清单,以下同),向本局内指定的洗刷站回送。机械冷藏车洗后须经车站和乘务员检查验收,加冰冷藏车及棚、敞车洗后须经货运员检查验收。洗刷费用均应由收货人负担。清扫洗刷干净的加冰冷藏车,应填写"回送清单"向局指定的冷藏车保管站回送,或根据调度命令向装车站回送。调往装车的冷藏车必须状态良好,车内清洁卫生应符合装运条件,机械冷藏车应在送装前上好水、补足油料。加冰冷藏车自保管站往装车站调送时应填写"回送清单"回送。机械冷藏车临时备用时,为便于检修和管理,尽量停留在有上水条件的枢纽地区或车站。为加强对加冰工作的分析,各有关站要按月向主管分局、铁路局和铁道部货运局报送"加冰工作月报"(格式四)和制冰工作月报。

第三章 活动物运输

第二十七条 发货人装运活动物时,必须交验规定的检疫证明书。

没有检疫证明,发站不得承运。发货人应在货物运单内注明凭证文件的名称、号码和押运人的姓名。检疫证明书应随同货物运单递交到站交收货人,也可由押运人自带。

第二十八条 发货人托运猛禽、猛兽(包括演艺用的兽)时,应与发送铁路局商定运输条件和运输防护方法。跨局运输时,发送局应将商定的事项通知有关的铁路局。

第二十九条 装运活动物必须选用家畜车、家禽车、活鱼车以及清扫干净、未受毒害品污染的棚、敞车,但不得使用无车窗的棚车。装运牛、马、骡、驴等大牲畜,不得使用铁底货车。发往深圳北的活牛,应用棚车装运。装车单位对拨配的车辆应认真检查,发货人认为不适合装运时车站要给予调换。拨配装运蜜蜂的车辆,是否适合装蜂一律由发货人检查确定。

第三十条 禽、畜可单层或多层装载,每层的装载数量由发货人根据季节、运输距离、活动物的体积及选用的车种等情况确定。蜜蜂装车时,应留通风空隙,装敞车时应分层压缝,堆码稳固,高出车厢部分,必须用绳索捆绑牢固,以防蜂箱坠落。活鱼、鱼苗应使用木箱、鱼篓、帆布桶等容器盛装,使用帆布槽盛装时,应备有坚固的金属支架。装运活动物的车辆可开启门窗,对棚车开启的车门和敞车吊起的侧板,均必须捆绑牢固,并用栅栏挡住。

第三十一条 装运活动物时,发货人必须派熟悉动物特性的押运人随车押运,负责做好动物的饲养、饮水、换水、洒水、看护和安全等工作。押运人每车以1～2人为限,发货人要求增派押运人时,须经车站承认。但增派人数不得超过5人。租用的家畜、家禽车回空时每次准许派两个押运人。押运人必须持有本单位填发的身份证明,并应遵守铁路规章的有关规定。严禁押运人在车内吸烟、生火、做饭、用明火照明和乘坐其他车辆。押运人携带物品只限途中生活用品和途中需要的饲料和饲养工具。押运人携带物品的重量(不包括饲料及饲养工具),每人不得超过40 kg,超过部分按铁路货物运价规则核收运费。发现押运人携带违反政令限制的物品和危险品时,车站应移交当地有关单位处理。蜜蜂押运人携带蜜蜂饲料每车不得超过800 kg。蜜蜂押运人的帐篷、床作为养蜂工具办理。为放蜂需要带的狗和自行车按整车附零办理。但狗必须装在笼内,要交验检疫证。铁路应对押运人宣传安全注意事项。严禁蜜蜂押运人乘坐在上层蜂箱上,防止发生伤亡事故。

第三十二条 运输活动物要加强货源组织,做好车、货衔接并及时组织装车和挂运。车站对装有活动物的车辆，除中间站装(卸)车的可编入摘挂列车外，应根据作业计划编入快运货物列车或直达、直通列车。在编组站、区段站中转停留时间原则上不得超过本站方向别的中转停留时间。

第三十三条　装运活动物，发站应在货物运单、货票、封套、装载清单内注明“活动物”字样。活动物在中途上水，由铁路指定的供水站免费供应。供水站应配备上水用具，同时派人管好用具，做好供水工作。车站对挂有活动物车辆的列车，应接入备有上水设备的股道。对需要中途上水的活动物，发站或上水站应用电报向前方上水站进行预报。上水站所在站名见附件三。预报电文内容和代号见本规则第二十二条。活动物的粪便应由押运人在铁路指定站或到站清除，不得中途随意向车外处置。途中发现疫情，押运人要及时向当地防疫部门报告，并妥善处理。患有传染病的禽畜和死禽畜不许出售和随意乱扔，应按防疫部门规定处理。蜜蜂在运输中不办理放蜂和变更到站。

第三十四条　对到达的装有活动物的车辆，应及时组织卸车和搬出货场。货车和货位必须认真清扫和洗刷，必要时还应进行消毒。蜜蜂卸车后不得在车站范围放蜂。对租用的家畜、家禽、活鱼车卸后应立即办理回送。

货车和集装箱施封拆封的规定

（铁道部　1991年3月18日颁布）

一、使用施封锁施封和拆封的规定

(一)应施封运送的货车、集装箱，均须采用施封锁施封(1 t箱也可使用施封环)，罐车和国际联运过轨货车另有规定者除外。

(二)施封锁分FS型(型形)和FSP直(环形)2种。

FS型施封锁由锁头、锁芯、锁套三部分组成，锁头和锁芯用钢丝绳相连，锁闭后呈直杆状，用于各型集装箱的施封。

FSP型施封锁由锁芯、锁套两部分组成，锁芯和锁套用钢丝绳相连，锁闭时将锁芯垂直向锁套锁孔插入，锁闭后呈环状，用于棚车、冷藏车的施封。

各型施封锁锁套平面上均以钢印方式打印“封印号码、站名、加括号的局名简称(托运人自备的施封锁用 托运人编号或专用线编号代替)”，锁套外断面上打印制造厂标记。封印号码，每站或每组6位数码循环使用。

(三)使用施封锁施封的货车，应用粗铁线将两侧车门下部门扣和门鼻拧紧，在每一车门上部门扣处各施施封锁一枚。施封后，应对施封锁的锁闭状态进行检查，确认落锁有效，车门不能拉开。在货物运单、货车装载清单或货运票据封套上记明〇锁及其施封号码(如〇锁146355、146356)。车门构造每侧只有一个门扣的货车的施封，按上部施封办理。车门上部门扣损坏或途中补封须在下部门扣处施封时，施封单位(或委托施封单位)应编制普通记录证明。

(四)发现施封锁有下列情形之一，即按失效处理：

1. 钢丝绳的任何一端可以自由拔出，锁芯可以从锁套中自由拔出；

2. 钢丝绳断开后再接，重新使用；

3. 锁套上无站名、号码和站名或号码不清、被破坏。

(五)卸车单位在拆封前，应根据货物运单、货车装载清单或货运票据封套上记载的施封号码与施封锁号码核对，并检查施封是否有效。拆封时，从钢丝绳处剪断，不得损坏站名、号码。拆下的施封锁，对编有记录涉及货运事故的，自卸车之日起，须保留180天备查。

(六)车站应建立施封锁的领取、发放、使用和销毁制度，按封印号码进行登记，责任落实到个人。

二、使用施封环施封和拆封的规定

(一)按规定需要使用施封环施封的货车应采用施封环施封，一吨型集装箱也可采用施封环施封。

(二)施封环由“环盒”和“环带”两部分组成

FB83—1型环盒正面及环带上各印：

1. 承运人配备的：站名、施封号码、(局名简称)；

2. 托运人配备的:站名、施封号码、(专用线简称或编号)。

FC84 与 FB83—1 型环盒相同,环带为 22 号铁线 2 股,暂用于罐车灌油口和排油口的施封。施封号码按站(专用线按每一专用线用户)由 00001 号至 99999 号循环编用,同一货车两侧车门的施封号码顺序可以不相衔接。

(三)发往朝鲜需要施封的货车应用 10 号铁线将两侧车门上部门扣和门鼻拧紧,在每一车门下部门扣处各施施封环一个。施封时,将环带穿过车门门鼻插销孔后,按箭头指向插入环盒,环盒正面朝外,以便交接检查。施封后应对施封环的锁闭状态进行检查,确认环带落锁,并在货物运单或货车装载清单和货运票据封套上记明〇环及其施封号码(例如〇环 14635、14674)。

(四)罐车应在灌油口和排油口施封,并用铁线拧紧。施封后应将施封号码在货物运单、货运票据封套和货车装载清单上记明〇环及其施封号码,中途站补封时在所编记录上记明。

(五)发现施封环有下列情形之一,即按施封失效处理:

1. 环带的任何一端,可以从环盒中自由拔出;

2. 环带折断;

3. 环带与环盒两者站名、施封号码不一致;

4. 环盒或环带上无站名或施封号码;

5. 环盒被撬变形。

(六)卸车单位在拆封前,应根据货物运单或货车装载清单、货运票据封套记载的施封号码与施封环号码核对,并检查施封是否有效。拆封时,从环带空白处剪断,不得损坏环带和环盒上印文,并保持原来长度(使用施封环剪断钳剪断的环带长度两截相加,可较原来短少1 mm)。每一货车上拆下的施封环应拴在一起,妥为保管,建立登记、备查和销毁制度,保管期须满 1 年。

(七)装车站对施封环应建立严密的领取、发放、使用制度,按施封号码进行登记,责任落实到个人。

三、使用铅质封饼施封的技术要求

(一)封饼印文必须清晰可辨,式样略。

(二)封车的材料分为铅饼、麻绳或棉绳、铁线等。其规格如下:

1. 铅饼为杏核形,直径15 mm,厚5 mm,在圆周的一侧有直径3 mm的圆孔 2 个。两孔间距为2 mm。该两圆孔在铅饼中心汇合到圆周的另一侧为一大孔,作为容纳绳扣之用。

2. 麻绳或棉绳应无接头、光滑、坚韧。

(三)托运人用封车钳子和封车材料可由承运人代购,费用由托运人负担。

(四)罐车应在灌油和排油口施封,并用铁线拧紧。施封后应将施封号码在货物运单、货运票据封套和货车装载清单上记明;中途站补封时在所编记录上记明。

(五)铅饼施封失效条件:

1. 麻绳、棉绳、铁线任何一端可以从铅饼中脱出;

2. 麻绳、棉绳、铁线折断;

3. 封饼上的站名、号码无法辨认。

(六)施封的货车,到站在接收和拆封时,应进行核对检查。发生货运事故时,将封饼与有关的货运单据一并保存,供判明责任参考。

中华人民共和国国际货物运输代理业管理规定

第一章 总 则

第一条 为了规范国际货物运输代理行为,保障进出口货物收货人、发货人和国际货物运输代理企业的合法权益,促进对外贸易的发展,制定本规定。

第二条 本规定所称国际货物运输代理业,是指接受进出口货物收货人、发货人的委托,以委托人的名义或者以自己的名义,为委托人办理国际货物运输及相关业务并收取服务报酬的行业。

第三条 国际货物运输代理企业必须依法取得中华人民共和国企业法人资格。

第四条　国务院对外贸易经济合作主管部门负责对全国的国际货物运输代理业实施监督管理。

省、自治区、直辖市和经济特区的人民政府对外经济贸易主管部门(以下简称地方对外贸易主管部门)依照本规定,在国务院对外贸易经济合作主管部门授权的范围内,负责对本行政区域内的国际货物运输代理业实施监督管理。

第五条　对国际货物运输代理业实施监督管理,应当遵循下列原则:

(一)适应对外贸易发展的需要,促进国际货物运输代理业的合理布局;

(二)保护公平竞争,促进国际货物运输代理业服务质量的提高。

第六条　从事国际货物运输代理业务的企业,应当遵守中华人民共和国的法律、行政法规、接受有关行业主管机关依照有关法律、行政法规规定实施的监督管理。

第二章　设立条件

第七条　设立国际货物运输代理企业,根据其行业特点,应当具备下列条件:

(一)有与其从事的国际货物运输代理业务相适应的专业人员;

(二)有固定的营业场所和必要的营业设施;

(三)有稳定的进出口货源市场。

第八条　国际货物运输代理企业的注册资本最低限额应当符合下列要求:

(一)经营海上国际货物运输代理业务的,注册资本最低限额为500万元人民币;

(二)经营航空国际货物运输代理业务的,注册资本最低限额为300万元人民币;

(三)经营陆路国际货物运输代理业务或者国际快递业务的,注册资本最低限额为200万元人民币。

经营前款两项以上业务的,注册资本最低限额为其中最高一项的限额。

国际货物运输代理企业每设立一个从事国际货物运输代理业务的分支机构,应当增加注册资本50万元。

第三章　审批程序

第九条　申请设立国际货物运输代理企业,申请人应当向拟设立国际货物运输代理企业所在地的地方对外贸易主管部门提出申请,由地方对外贸易主管部门提出意见后,转报国务院对外贸易经济合作主管部门审查批准。

国务院部门在北京的直属企业申请在北京设立国际货物运输代理企业的,可以直接向国务院对外贸易经济合作主管部门提出申请,由国务院对外贸易经济合作主管部门审查批准。

第十条　申请设立国际货物运输代理企业,应当报送下列文件:

(一)申请书;

(二)企业章程草案;

(三)负责人和主要业务人员的姓名、职务和身份证明;

(四)资信证明和营业设施情况;

(五)国务院对外贸易经济合作主管部门规定的其他文件。

第十一条　地方对外贸易主管部门应当自收到申请设立国际货物运输代理企业的申请书和其他文件之日起45天内提出意见,并转报国务院对外贸易经济合作主管部门。

国务院对外贸易经济合作主管部门应当自收到申请设立国际货物运输代理企业的申请书和其他文件之日起45天内决定批准或者不批准;对批准设立的国际货物运输代理企业,颁发批准证书。

第十二条　国际货物运输代理企业应当凭国务院对外贸易经济合作主管部门颁发的批准证书,依照有关法律、行政法规的规定,办理企业登记、税务登记手续。

第十三条　申请人自收到批准证书之日起180天内无正当理由未开始营业的,国务院对外贸易经济合作主管部门应当撤销批准证书。

第十四条　批准证书的有效期为3年。

国际货物运输代理企业在批准证书有效期届满时,需要继续从事国际货物运输代理业务的,应当在批准证书有效期届满的30天前向国务院对外贸易经济合作主管部门申请换领批准证书。

国际货物运输代理企业未依照前款规定申请换领批准证书的,其从事国际货物运输代理业务的资格自批准证书有效期届满时自动丧失。

第十五条 国际货物运输代理企业终止营业，应当依照本规定第九条规定的设立申请批准程序，报告所在地的地方对外贸易主管部门或者国务院对外贸易经济合作主管部门并缴销批准证书。

第十六条 国际货物运输代理企业申请设立从事国际货物运输代理业务的分支机构，应当依照本章规定的程序办理。

第四章 业 务

第十七条 国际货物运输代理企业可以接受委托，代为办理下列部分或者全部业务：

(一)订舱、仓储；

(二)货物的监装、监卸，集装箱拼装拆箱；

(三)国际多式联运；

(四)国际快递，私人信函除外；

(五)报关、报检、报验、保险；

(六)缮制有关单证，交付运费，结算、交付杂费；

(七)其他国际货物运输代理业务。

国际货物运输代理企业应当在批准的业务经营范围内，从事经营活动。从事前款有关业务，依照有关法律、行政法规的规定，需经有关主管机关注册的，还应当向有关主管机关注册。

国际货物运输代理企业之间也可以相互委托办理本条第一款规定的业务。

第十八条 国际货物运输代理企业应当遵循安全、迅速、准确、节省、方便的经营方针，为进出口货物的收货人、发货人提供服务。

第十九条 国际货物运输代理企业，必须依照国家有关规定确定收费标准，并在其营业地点予以公布。

第二十条 国际货物运输代理企业从事国际货物运输代理业务，必须使用经税务机关核准的发票。

第二十一条 国际货物运输代理企业应当于每年3月底前，向其所在地的地方对外贸易主管部门报送上一年度的经营情况资料。

第二十二条 国际货物运输代理企业不得有下列行为：

(一)以不正当竞争手段从事经营活动；

(二)出借、出租或者转让批准证书和有关国际货物运输代理业务单证。

第五章 罚 则

第二十三条 国际货物运输代理企业违反本规定第十九条、第二十一条规定的，由国务院对外贸易经济合作主管部门予以警告并责令限期改正；未在限期内改正的，可以撤销其批准证书。

第二十四条 国际货物运输代理企业违反本规定第十七条第二款、第二十条、第二十二条规定的，由国务院对外贸易经济合作主管部门予以警告、责令停业整顿直至撤销其批准证书；工商行政管理、海关、税务等有关主管机关并可依照有关法律、行政法规的规定予以处罚。

第二十五条 违反本规定的规定，擅自从事本规定第十七条规定的国际货物运输代理业务的，由国务院对外贸易经济合作主管部门取缔非法经营活动，并由工商行政管理机关依照有关法律、行政法规的规定予以处罚。

第二十六条 违反本规定，构成犯罪的，依法追究刑事责任。

第六章 附 则

第二十七条 国际货物运输代理企业可以依法设立国际货物运输代理业协会，协会依照其章程对会员进行协调指导，提供服务。

第二十八条 本规定自发布之日起施行。

汽车运价规则

（交通部、国家发展计划委员会[1998]502号文件 1998年10月1日起施行）

第一章 总 则

第一条 为统一全国汽车运价计算办法，正确执行《价格法》和国家物价政策，促进汽车运输事业发展，制定本规则。

第二条 本规则是计算汽车运费的依据。凡参与营业性运输活动的经营者、旅客、托运人,均应遵守本规则。

第三条 本规则规定的汽车运价包括:汽车货物运价、汽车旅客运价。

第四条 各级主管部门在制定和调整汽车运价时,应遵循价值规律,反映运输经营成本和市场供求关系,根据不同运输条件实行差别运价,合理确定汽车运输内部的比价关系,并考虑与其他运输方式的比价关系。出入境汽车客货运价的制定和调整还应遵循平等互利的原则。

第二章 货物运价

第一节 计价标准

第五条 计费重量

一、计量单位:

(一)整批货物运输以吨为单位;

(二)零担货物运输以千克为单位;

(三)集装箱运输以箱为单位。

二、重量确定:

(一)一般货物:无论整批、零担货物计费重量均按毛重计算。整批货物吨以下计至100 kg,尾数不足100 kg的,四舍五入。零担货物起码计费重量为1 kg。重量在1 kg以上,尾数不足1 kg的,四舍五入。

(二)轻泡货物:指每立方米重量不足333 kg的货物。装运整批轻泡货物的高度、长度、宽度,以不超过有关道路交通安全规定为限度,按车辆标记吨位计算重量。零担运输轻泡货物以货物包装最长、最宽、最高部位尺寸计算体积,按每立方米折合333 kg计算重量。

(三)包车运输按车辆的标记吨位计算。

(四)货物重量一般以起运地过磅为准。起运地不能或不便过磅的货物,由承托运双方协商确定计费重量。

(五)散装货物,如砖、瓦、砂、石、土、矿石、木材等,按体积由各省、自治区、直辖市统一规定重量换算标准计算重量。

里程单位:

货物运输计费里程以千米为单位,尾数不足1 km的,进整为1 km。

第六条 计费里程

一、里程确定

(一)货物运输的营运里程,按交通部和各省、自治区、直辖市交通行政主管部门核定、颁发的《营运里程图》执行。《营运里程图》未核定的里程由承、托双方共同测定或经协商按车辆实际运行里程计算;

(二)出入境汽车货物运输的境内计费里程以交通主管部门核定的里程为准;境外里程按毗邻国(地区)交通主管部门或有权认定部门核定的里程为准。未核定里程的,由承、托双方协商或按车辆实际运行里程计算;

(三)货物运输的计费里程,按装货地点至卸货地点的实际载货的营运里程计算;货物运输计费里程以千米为单位,尾数不足1 km的,进整为1 km。

(四)因自然灾害造成道路中断,车辆需绕道而驶的,按实际行驶里程计算;

(五)城市市区里程按当地交通主管部门确定的市区平均营运里程计算;当地交通主管部门未确定的,由承、托双方协商确定。

第七条 计时包车货运计费时间以小时为单位,起码计费时间为4 h;使用时间超过4 h,按实际包用时间计算。整日包车,每日按8 h计算;使用时间超过8 h,按实际使用时间计算。时间尾数不足半小时舍去,达到半小时进整为1 h。

第八条 运价单位:

一、整批运输:元/(t·km);

二、零担运输:元/(kg·km);

三、集装箱运输:元/(箱·km);

四、包车运输:元/(吨位·h);

五、出入境运输,涉及其他货币时,在无法按统一汇率折算的情况下,可使用其他自由货币为运价单位。

第二节 计价类别

第九条 车辆类别:载货汽车按其用途不同,划分为普通货车、特种货车两种。特种货车包括罐车、冷藏车及其他具有特殊构造的专门用途的专用车。

第十条 货物类别:货物按其性质分为普通货物和特种货物两种。普通货物分为三等(详见附表一)(略);特种货物分为长大笨重货物、大型物件、危险货物、贵重货物、鲜活货物五类(详见附表二)(略)。

第十一条 集装箱类别:集装箱按箱型分为国内标准集装箱、国际标准集装箱和非标准集装箱三类,其中国内标准集装箱又分为1 t箱、6 t箱、10 t箱 3种,国际标准集装箱分为20 ft箱、40 ft箱 2 种。集装箱按货物种类分普通货物集装箱和特种货物集装箱。

第十二条 公路类别:公路按公路等级分等级公路和非等级公路。

第十三条 区域类别:汽车运输区域分为国内和出入境两种。

第十四条 营运类别:根据道路货物运输的营运形式分为道路货物整批运输、零担运输和集装箱运输。

第三节 货物运价价目

第十五条 基本运价

一、整批货物基本运价:指一等整批普通货物在等级公路上运输的每t·km运价;

二、零担货物基本运价:指零担普通货 物在等级公路上运输的每kg·km运价;

三、集装箱基本运价:指各类标准集装箱重箱在等级公路上运输的每箱·km 运价。

第十六条 吨(箱)次费

一、吨次费:对整批货物运输在计算运费的同时,按货物重量加收吨次费。

二、箱次费:对汽车集装箱运输在计算运费的同时,加收箱次费。箱次费按不同箱型分别确定。

第十七条 普通货物运价:普通货物实行分等计价,以一等货物为基础,二等货物加成 15%,三等货物加成 30%。

第十八条 特种货物运价

一、长大笨重货物运价:

(一)一级长大笨重货物在整批货物基本运价的基础上加成 40%～60%;

(二)二级长大笨重货物在整批货物基本运价的基本上加成 60%～80%。

二、危险货物运价:

(一)一级危险货物在整批(零担)货物基本运价的基础上加成 60%～80%;

(二)二级危险货物在整批(零担)货物基本运价的基础上加成 40%～60%。

三、贵重、鲜活货物运价:贵重、鲜活货物在整批(零担)货物基本运价的基础上加成 40%～60%。

第十九条 特种车辆运价:按车辆的不同用途,在基本运价的基础上加成计算。特种车辆运价和特种货物运价两个价目不准同时加成使用。

第二十条 非等级公路货运运价:非等级公路货物运价在整批(零担)货物基本运价的基础上加成 10%～20%。

第二十一条 快速货运运价:快速货物运价按计价类别在相应运价的基础上加成计算。

第二十二条 集装箱运价

一、标准集装箱运价:标准集装箱重箱运价按照不同规格的箱型的基本运价执行,标准集装箱空箱运价在标准集装箱重箱运价的基础上减成计算。

二、非标准箱运价:非标准箱重箱运价按照不同规格的箱型,在标准集装箱基本运价的基础上加成计算,非标准集装箱空箱运价在非标准集装箱重箱运价的基础上减成计算。

三、特种箱运价:特种箱运价在箱型基本运价的基础上按装载不同特种货物的加成幅度加成计算。

第二十三条 出入境汽车货物运价:出入境汽车货物运价,按双边或多边出入境汽车运输协定,由两国或多国政府主管机关协商确定。

第四节 货物运输其他收费

第二十四条 调车费

一、应托运人要求,车辆调往外省、自治区、直辖市或调离驻地临时外出驻点参加营运,调车往返空驶者,可按全程往返空驶里程、车辆标记吨位和调出省基本运价的 50%计收调车费。在调车过程中,由托运人组织货物的运输收入,应在调车费内扣除;

二、经承托双方共同协商,可以核减或核免调车费;

三、经铁路、水路调车,按汽车在装卸船、装卸火车前后行驶里程计收调车费;在火车、在船期间包括车辆装卸及待装待卸时,每天按8 h、车辆标记吨位和调出省计时包车运价的 40%计收调车延滞费。

第二十五条 延滞费

一、发生下列情况,应按计时运价的 40%核收延滞费。(一)因托运人或收货人责任引起的超过装卸时间定额、装卸落空、等装待卸、途中停滞、等待检疫的时间;(二)应托运人要求运输特种或专项货物需要对车辆设备改装、拆卸和清理延误的时间;因托运人或收货人造成不能及时装箱、卸箱、掏箱、拆箱、冷藏箱预冷等业务,使车辆在现场或途中停滞的时间。延误时间从等待或停滞时间开始计算,不足1 h者,免收延滞费;超过1 h及以上,以0.5 h为单位递进计收,不足0.5 h进整为0.5 h。车辆改装、拆卸和清理延误的时间,从车辆进厂(场)起计算,以0.5 h为单位递进计算,不足0.5 h进整为0.5 h。

二、由托运人或收、发货人责任造成的车辆在国外停留延滞时间(夜间住宿时间除外),计收延滞费。延滞时间以小时为单位,不足1 h进整为1 h。延滞费按计时包车运价的 60%～80%核收。

三、执行合同运输时,因承运人责任引起货物运输期限延误,应根据合同规定,按延滞费标准,由承运人向托运人支付违约金。

第二十六条　装货(箱)落空损失费:应托运人要求,车辆开至约定地点装货(箱)落空造成的往返空驶里程,按其运价的 50%计收装货(箱)落空损失费。

第二十七条　道路阻塞停车费:汽车货物运输过程中,如发生自然灾害等不可抗力造成的道路阻滞,无法完成全程运输,需要就近卸存、接运时,卸存、接运费用由托运人负担。已完运程收取运费,未完运程不收运费;托运人要求回运,回程运费减半;应托运人要求绕道行驶或改变到达地点时,运费按实际行驶里程核收。

第二十八条　车辆处置费:应托运人要求,运输特种货物、非标准箱等需要对车辆改装、装卸和清理所发生的工料费用,均由托运人负担。

第二十九条　车辆通行费:车辆通过收费公路、渡口、桥梁、隧道等发生的收费,均由托运人负担。其费用由承运人按当地有关部门规定的标准代收代付。

第三十条　运输变更手续费:托运人要求取消或变更货物托运手续,应该收变更手续费。因变更运输,承运人已发生的有关费用,应由托运人负担。

第五节　货物运费计算

第三十一条　整批货物运费计算:

一、整批货物运价按货物运价价目计算;

二、整批货物运费计算公式:整批货物运费＝吨次费×计费重量＋整批货物运价×计费重量×计费里程＋货物运输其他费用。

第三十二条　零担货物运费计算:

一、零担货物运价按货物运价价目计算。

二、零担货物运费计算公式:零担货物运费＝计费重量×计费里程×零担货物运价＋货物运输其他费用。

第三十三条　集装箱运费计算:

一、集装箱运价按计价类别和货物运价费目计算。

二、集装箱运费计算公式:重(空)集集装箱运费＝重(空)箱运价×计费箱数×计费里程＋箱次费×计费箱数＋货物运输其他费用。

第三十四条　计时包车运费计算:

一、包车运价按照负用车辆的不同类别分别制定。

二、包车运费的计算公式:

包车运费＝包车运价×包用车辆吨位×计费时间＋货物运输其他费用。

第三十五条　运费单位:运费以元为单位。运费尾数不足 1 元时,四舍五入。

第二章　旅客运价

第一节　计价标准

第三十六条　计费里程

一、里程单位

旅客运输计费里程以千米为单位,尾数不足1 km,进为1 km。

二、里程确定

(一)营运线路里程按交通部核定颁发的《营运里程图》确定;省内营运线路里程也可按省级交通主管部门核定颁发的《营运里程图》确定。

(二)出入境汽车旅客运输属于境内的计费里程以交通主管部门核定的里程为准;境外的里程按毗邻国(地区)交通主管部门或有权认定部门核定的里程确定。

三、里程计算

(一)班车客运的计费里程按旅客乘车站至到达

站的区间里程计算。在两站之间下车的旅客，乘车站按后方站（点）计算。

（二）计程包车客运的计费里程，包括运输里程和调车里程。运输里程按客车驶抵载客地点起至下客地点止的实际载客里程计算；调车里程按客车由站（库）至载客点加下客点返回至站（库）的空驶里程的50%计算。

第三十七条　计时包车客运计费时间：计时包车客运计费时间按第二章第一节第八条执行。

第三十八条　行包计费重量：行包计费重量以千克为单位。起码计费重量10 kg；计费重量超过10 kg，尾数不足1 kg进整为1 kg。轻泡行包按3 m^3折合1 kg计重；计件行包按件折算计重（按附表三）略。

第三十九条　运价单位：

一、计程运价：元/（人·km）。

二、计时运价：元/（座位·h）。

三、行包运价：元/（kg·km）。

四、出入境运输，涉及其他货币时，在无法按统一汇率折算的情况下，可使用其他自由兑换货币为运价单位。

第二节　计价类别

第四十条　车辆类别

一、客车按乘坐方式分为座席客车和卧铺客车。

二、客车按车身长度分为大型、中级、小型3种。

三、客车按等级划分：

（一）大型客车分为：高三级、高二级、高一级、中级和普通级5个等级。

（二）中型客车分为：高二级、高一级、中级和普通级4个等级。

（三）小型客车分为：高二级、高一级、中级和普通级4个等级。

第四十一条　公路类别：公路按公路等级分为等级公路和非等级公路。

第四十二条　营运类别：客运车辆按营运形式分为班车客运、包车客运和旅游车客运。

第四十三条　全票和半票：成人及身高超过1.40 m的儿童乘车购买车票。身高1.10～1.40 m的儿童乘车购买儿童票。革命伤残军人乘车凭“革命残废军人抚恤证”购买优待票。儿童票和优待票按运价的50%计算。

第三节　旅客运价价目

第四十四条　基本运价

一、座席基本运价：指大型座席普通级客车在等级公路上运送旅客的每人千米运价。

二、卧铺基本运价：指大型卧铺普通级客车在等级公路上运送旅客的每人千米运价。

第四十五条　大型座席客车运价：

一、大型座席高三级客车运价在基本运价的基础上加成250%～350%；大型座席高二级客车运价在座席基本运价的基础上加成200%～250%；大型座席高一级客车运价在座席基本运价的基础上加成100%～200%。

二、大型座席中级客车运价在座席基本运价的基础上加成50%～100%。

三、大型座席普通级客车运价，按座席基本运价执行。

第四十六条　中型座席客车运价：

一、中型座席高二级客车运价在座席基本运价的基础上加成200%～250%；中型座席高一级客车运价在座席基本运价的基础上加成100%～200%。

二、中型座席中级客车运价在座席基本运价的基础上加成70%～120%。

三、中型座席普通级客车运价在座席基本运价的基础上加成20%～50%。

第四十七条　小型座席客车运价：

一、小型座席高二级客车运价按在座席基本运价的基础上加成200%～250%；小型座席高一级客车运价在座席基本运价的基础上加成150%～200%。

二、小型座席中级客车运价在座席基本运价的基础上加成100%～150%。

三、小型座席普通级客车运价在座席基本运价的基础上加成50%～100%。

第四十八条　卧铺高级客车运价：卧铺高级客车运价，按高三级、高二级、高一级分别在卧铺基本运价的基础上加成计算。

第四十九条　卧铺中级客车运价：卧铺中级客车运价在卧铺基本运价的基础上加成30%～50%。

第五十条　卧铺普通级客车运价：卧铺普通级客车运价按卧铺基本运价执行。

第五十一条 非等级公路旅客运价：非等级公路旅客运价在基本运价的基础上加成10%～20%。

第五十二条 旅游车旅客运价：旅游车旅客运价在同类客车运价的基础上加成10%～20%。

第五十三条 夜班车旅客运价：夜班车旅客运价在同类客车运价的基础上加成10%～20%。

第五十四条 春节旅客运价：春运期间旅客运价可加成计算。

第五十五条 出入境汽车旅客运价：出入境汽车旅客运价，按双边或多边出入境汽车运输协定，由两国或多国政府主管机关协商确定。

第四节 旅客运输其他收费

第五十六条 包车取消和包车空驶损失费

一、包车取消损失费：包用单位取消包车，在用车前一天取消包车，承运人按一天包车运费的5%向用户核收包车取消损失费；当天取消包车按10%核收包车取消损失费。承运人未征得用户同意，单方取消包车，用车前一天通知用户的，由承运人按一天包车运费的5%向用户支付包车取消损失费；用车当天取消包车按10%支付包车取消损失费。

二、包车空驶损失费：因用户原因，包车造成空驶，按往返实际行驶里程、客车核定座位和包用车型运价的50%计收包车空驶损失费。

第五十七条 包车停歇延滞费和供车延误费：

一、计程包车因用户责任造成车辆停歇延滞，承运人可向用户核收车辆停歇延滞费。计程包车日计费里程在180 km以上时，每日累计停歇时间不足2 h者，免收车辆停歇费。超出免费停歇时间部分，以0.5 h为单位递进计算，不足0.5 h进整为0.5 h。

二、承运人未如期供车，应付给用户供车延误费。延误时间以0.5 h为单位递进计费。包车停歇延滞费和供车延误费均按计时包车运价的50%计收。

第五十八条 车辆通行费：客车通过收费公路、渡口、桥梁、隧道所发生的收费，均由旅客负担，其收费由承运人按当地有关部门规定的标准代收代付。

第四章 旅客运费计算

第五节 计程旅客运费

第五十九条

一、计程旅客运价按旅客运价价目计算。

二、计程旅客运费计算公式：计程旅客运费＝计程旅客运价（含基本运价2%的旅客身体伤害赔偿责任保障金）×旅客乘车里程＋其他收费旅客包车运费：

第六十条 旅客包车运费

一、旅客包车运价分计程旅客包车运价和计时旅客包车运价，按车辆类别分别确定。

二、旅客包车运费计算公式：旅客包车运费＝旅客包车运价×包车计费里程（包车计费时间）＋其他收费运费单位：

第六十一条 运费单位

一、旅客票价单位：每张客票起码票价1元。尾数不足0.5元进整为0.5元，尾数超过0.5元进整为1元。

票价超过10元，尾数不足1元四舍五入。

二、行包运费单位：以元为单位，每张运单费用合计尾数不足1元时，四舍五入。

第六节 行包运价

第六十二条 行包运价：计费行包每100 kg·km运价按座席基本运价的2倍计算。

第六十三条 行包占座费：旅客自行携带的行包，超过规定免费重的，按行包计费。占用座位时，按实际占用座位数购票。

第五章 附 则

第六十四条 各省、自治区、直辖市交通主管部门和价格主管部门，根据本规则制定实施细则，本规定的价目已确定幅度的，必须在幅度内确定价格水平，未确定幅度的由各省、自治区、直辖市价格主管部门和交通主管部门自行确定。对于政府列入市场调节价的客货运价价目，不受本规则有关基本运价加成幅度的限制。

第六十五条 大型物件的运价另行规定。

第六十六条 本规则解释权属中华人民共和国交通部和国家发展计划委员会。

第六十七条 本规则自1998年10月1日起施行。1991年交通部颁布的《汽车运价规则》同时废止。

汽车货物运输规则

(1999年11月15日发布　交通部令　1999年第5号　2000年1月1日起施行)

第一章　总　　则

第一条　为保护汽车货物运输当事人的合法权益,明确承运人、托运人、收货人以及其他有关方的权利、义务和责任、维护正常的道路货物运输秩序,依据国家有关法律、法规制定本规则。

第二条　在中华人民共和国境内从事营业性汽车货物运输及相关的货物搬运装卸、汽车货物运输服务等活动,应遵守本规则。

除法律、法规另有规定外,汽车运输与其他运输方式实行货物联运的适用本规则。拖拉机及其他机动车、非机动车辆从事货物运输的、可参照本规则执行。

第三条　本规则下列用语的含义:

(一)承运人,是指使用汽车从事货物运输并与托运人订立货物运输合同的经营者。

(二)托运人,是指与承运人订立货物运输合同的单位和个人。

(三)收货人,是指货物运输合同中托运人指定提取货物的单位和个人。

(四)货物运输代办人(以下简称货运代办人),是指以自己的名义承揽货物并分别与托运人、承运人订立货物运输合同的经营者。

(五)站场经营人,是指在站、场范围内从事货物仓储、堆存、包装、搬运装卸等业务的经营者。

(六)运输期限,是由承托双方共同约定的货物起运、到达目的地的具体时间。未约定运输期限的,从起运日起,按200 km为1日运距,用运输里程除每日运距,计算运输期限。

(七)承运责任期间,是指承运人自接受货物起至将货物交付收货人(包括按照国家有关规定移交给有关部门)止,货物处于承运人掌管之下的全部时间。本条规定不影响承运人与托运人就货物在装车前和卸车后对承担的责任达成的协议。

(八)搬运装卸,是指货物运输起讫两端利用人力或机构将货物装上、卸下车辆,并搬运到一定位置的作业。人力搬运距离不超过200 m,机构搬运不超过400 m(站、场作业区内货物搬运除外)。

第二章　运输基本条件

第一节　承运人、托运人与运输车辆

第四条　承运人、托运人、货运代办人在签订和履行汽车货物运输合同时,应遵守国家法律和有关的运输法规、行政规章。

第五条　承运人应根据承运货物的需要,按货物的不同特性,提供技术状况良好、经济适用的车辆,并能满足所运货物重量的要求。使用的车辆、容器应做到外观整洁,车体、容器内干净无污染物、残留物。

第六条　承运特种货物的车辆和集装箱运输车辆,需配备符合运输要求的特殊装置或专用设备。

第二节　运输类别

第七条　托运人一次托运货物计算重量3 t及下的,为零担货物运输。

第八条　托运人一次托运货物计费重量3 t以上,或不足3 t但其性质、体积、形状需要一辆汽车运输的,为整批货物运输。

第九条　因货物的体积、重量的要求,需要大型或专用汽车运输的,为大型特型笨重物体运输。

第十条　采用集装箱为容器,使用汽车运输的,为集装箱汽车运输。

第十一条　在规定的距离和时间内将货物运达目的地的,为快件货物运输;应托运人要求,采取即托即运的,为特快件货物运输。

第十二条　承运《危险货物品名表》列名的易燃、易爆、有毒、有腐蚀性、有放射性等危险货物和虽未列入《危险货物品名表》但具有危险货物性质的新产品,为危险货物汽车运输。

第十三条　采用装有出租营业标志的小型货运汽车,供货主临时雇用,并按时间、里程和规定费率收取运输费用的,为出租汽车货运。

第十四条　为个人或单位搬迁提供运输和搬运

装卸服务，并按规定收取费用的，为搬家货物运输。

第三节　货物种类

第十五条　货物在运输、装卸、保管中无特殊要求的，为普通货物。普通货物分为3等。

第十六条　货物在运输装卸、保管中需采取特殊措施的，为特种货物。特种货物分为4类。

第十七条　货物每立方米体积重量不足333 kg的，为轻泡货物。其体积按货物(有包装的按货物包装)外廓最高、最长、最宽部位尺寸计算。

第四节　货物保险与货物保价运输

第十八条　货物运输有货物保险和货物保价运输两种投保方式，采取自愿投保的原则，由托运人自行确定。

第十九条　货物保险由托运人向保险公司投保，也可以委托承运人代办。

第二十条　货物保价运输是按保价货物办理承托运手续，在发生货物赔偿时，按托运人声明价格及货物损坏程度予以赔偿的货物运输。托运人一张运单托运的货物只能选择保价或不保价。

第二十一条　托运人选择货物保价运输时，申报的货物价值不得超过货物本身的实际价值；保价运输为全程保价。

第二十二条　分程运输或多个承运人承担运输，保价费由第一程承运人(货运代办人)与后程承运人协商，并在运输合同注明。承运人之间没有协议的按无保价运输办理，各自承担责任。

第二十三条　办理保价运输的货物，应在运输合同上加盖“保价运输”戳记。保价费按不超过货物保价金额的7‰收取。

第三章　运输合同的订立、履行、变更和解除

第一节　合同的订立

第二十四条　汽车货物运输合同采用书面形式、口头形式和其他形式。书面形式合同种类分为定期运输合同、一次性运输合同、道路货物运单(以下简称运单)。汽车货物运输合同由承运人和托运人本着平等、自愿、公平、诚实、信用的原则签订。

第二十五条　定期汽车货物运输合同应包含下列基本内容：

(一)托运人、收货人和承运人的名称(姓名)、地址(住所)、电话、邮政编码；

(二)货物的种类、名称、性质；

(三)货物重量、数量或月、季、年度货物批量；

(四)起运地、到达地；

(五)运输质量；

(六)合同期限；

(七)装卸责任；

(八)货物价值，是否保价、保险；

(九)运输费用的结算方式；

(十)违约责任；

(十一)解决争议的方法。

第二十六条　一次性运输合同、运单应包含以下基本内容：

(一)托运人、收货人和承运人的名称(姓名)、地址(住所)、电话、邮政编码；

(二)货物名称、性质、重量、数量、体积；

(三)装货地点、卸货地点、运距；

(四)货物的包装方式；

(五)承运日期和运到期限；

(六)运输质量；

(七)装卸责任；

(八)货物价值，是否保价、保险；

(九)运输费用的结算方式；

(十)违约责任；

(十一)解决争议的方法。

第二十七条　定期运输合同适用于承运人、托运人、货运代办人之间商定的时期内和批量货物运输。

一次性运输合同适用于每次货物运输。

承运人、托运人和货运代办人签订定期运输合同、一次性运输合同时，运单视为货物运输合同成立的凭证。

在每车次或短途每日多次货物运输中，运单视为合同。

第二十八条　汽车货物运输合同自双方当事人签字或盖章时成立。当事人采用信件、数据电文等形式订立合同的，可以要求签订确认书，签订确认书时合同成立。

第二节　货物托运

第二十九条　未签订定期运输合同或一次性运

输合同的，托运人应按以下要求填写运单：

(一)准确表明托运人和收货人的名称(姓名)和地址(住所)、电话、邮政编码；

(二)准确表明货物的名称、性质、件数、重量、体积以及包装方式；

(三)准确表明运单中的其他有关事项；

(四)一张运单托运的货物，必须是同一托运人、收货人；

(五)危险货物与普通货物以及性质相互抵触的货物不能用同一张运单；

(六)托运人要求自行装卸的货物，经承运人确认后，在运单内注明；

(七)应使用钢笔或圆珠笔填写，字迹清楚，内容准确，需要更改时，必须在更改处签字盖章。

第三十条 已签订定期运输合同或一次性运输合同的，运单由承运人按第二十九条的规定填写，但运单托运人签字盖章处填写合同序号。

第三十一条 托运的货物品种不能在一张运单内逐一填写的，应填写"货物清单"。

第三十二条 托运货物的名称、性质、件数、重量、体积、包装方式等，应与运单记载的内容相符。

第三十三条 按照国家有关部门规定需办理准运或审批、检验等手续的货物，托运人托运时应将准运证或审批文件提交承运人，并随货同行。托运人委托承运人向收货人代递有关文件时，应在运单中注明文件名称和份数。

第三十四条 托运的货物中，不得夹带危险货物、贵重货物、鲜活货物和其他易腐货物、易污染货物、货币、有价证券以及政府禁止或限制运输的货物等。

第三十五条 托运货物的包装，应当按照承托双方约定的方式包装。对包装方式没有约定或者约定不明确的，可以协议补充；不能达成补充协议的，按照通用的方式包装，没有通用方式的，应在足以保证运输、搬运装卸作业安全和货物完好的原则下进行包装。

依法应当执行特殊包装标准的，按照规定执行。

第三十六条 托运人应根据货物性质和运输要求，按照国家规定，正确使用运输标志和包装储运图示标志。

使用旧包装运输货物，托运人应将包装与本批货物无关的运输标志，包装储运图示标志清除干净，并重新标明制作标志。

第三十七条 托运特种货物，托运人应按以下要求，在运单中注明运输条件和特约事项：

(一)托运需冷藏保温的货物，托运人应提出货物的冷藏温度和在一定时间内的保持温度要求；

(二)托运鲜活货物，应提供最长运输期限及途中管理、照料事宜的说明书，货物允许的最长运输期限应大于汽车运输能够达到的期限；

(三)托运危险货物，按交通部《汽车危险货物运输规则》办理；

(四)托运采用集装箱运输的货物，按交通部《集装箱汽车运输规则》办理；

(五)托运大型特型笨重物体，应提供货物性质、重量、外廓尺寸及对运输要求的说明书；承运前承托双方应先查看货物和运输现场条件，需排障时由托运人负责或委托承运人办理；运输方案商定后办理运输手续。

第三十八条 整批货物运输时，散装、无包装和不成件的货物按重量托运；有包装、成件的货物，托运人能按件点交的，可按件托运，不计件内细数。

第三十九条 运输途中需要饲养、照料的有生动、植物，尖端精密产品、稀有珍贵物品、文物、军械弹药、有价证券、重要票证和货币等，托运人必须派人押运。

大型特型笨重物件、危险货物、贵重和个人搬家物品，是否派人押运，由承托双方根据实际情况约定。

除上述规定的货物外，托运人要求押运时，需经承运人同意。

第四十条 需派人押运的货物，托运人在办理货物托运手续时，应在运单上注明押运人员姓名及必要的情况。

第四十一条 押运人员每车一人，托运人需增派押运人员，在符合安全规定的前提下，征得承运人的同意，可适当增加。押运人员须遵守运输和安全规定。

押运人员在运输过程中负责货物的照料、保管和交接；如发生货物出现异常情况，应及时作出处理并告知车辆驾驶人员。

第三节　货物受理

第四十二条　承运人受理凭证运输或需有关审批、检验证明文件的货物后，应当在有关文件上注明已托运货物的数量、运输日期，加盖承运章、并随货同行，以备查验。

第四十三条　承运人受理整批或零担货物时，应根据运单记载货物名称、数量、包装方式等，核对无误，方可办理交接手续。发现与运单填写不符或可能危及运输安全的，不得办理交接手续。

第四十四条　承运人应当根据受理货物的情况，合理安排运输车辆，货物装卸重量以车辆额定吨位为限，轻泡货物以折算重量装卸，不得超过车辆额定吨位和有关长、宽、高的装卸规定。

第四十五条　承运人应与托运人约定运输路线。起运前运输路线发生变化必须通知托运人，并按最后确定的路线运输。承运人未按约定的路线运输增加的运输费用，托运人或收货人可以拒绝支付增加部分的运输费用。

第四十六条　货物运输中，在与承运人非隶属关系的货运站场进行货物仓储、装卸作业，承运人应与站场经营人签订作业合同。

第四十七条　运输期限由承托双方共同约定后应在运单上注明。承运人应在约定的时间内将货物运达。零担货物按批准的班期时限运达，快件货物按规定的期限运达。

第四十八条　整批货物运抵前，承运人应当及时通知收货人做好接货准备；零担货物运达目的地后，应在24小时内向收货人发出到货通知或按托运人的指示及时将货物交给收货人。

第四十九条　车辆装载有毒、易污染的货物卸载后，承运人应对车辆进行清洗和消毒。因货物自身的性质，应托运人要求，需对车辆进行特殊清洗和消毒的，由托运人负责。

第四节　合同的变更和解除

第五十条　在承运人未将货物交付收货人之前，托运人可以要求承运人中止运输、返还货物、变更到达地或者将货物交付给其他收货人，但应当赔偿承运人因此受到的损失。

第五十一条　凡发生下列情况之一者，允许变更和解除：

(一)由于不可抗力使运输合同无法履行；

(二)由于合同当事人一方的原因，在合同约定的期限内确定无法履行运输合同；

(三)合同当事人违约，使合同的履行成为不可能或不必要；

(四)经合同当事人双方协商同意解除或变更，但承运人提出解除运输合同的，应退还已收的运费。

第五十二条　货物运输过程中，因不可抗力造成道路阻塞导致运输阻滞，承运人应及时与托运人联系，协商处理，发生货物装卸、接运和保管费用按以下规定处理：

(一)接运时，货物装卸、接运费用由托运人负责，承运人收取已完成运输里程的运费，返回未完成运输里程的运费。

(二)回运时，收取已完成运输里程的运费，回程运费免收。

(三)托运人要求绕道行驶或改变到达地点时，收取实际运输里程的运费。

(四)货物在受阻处存放，保管费用由托运人负担。

第四章　搬运装卸与交接

第五十三条　货物搬运装卸由承运人或托运人承担，可在货物运输合同中约定。

承运人或托运人承担货物搬运装卸后，委托站场经营人、搬运装卸经营者进行货物搬运装卸作业的，应签订货物搬运装卸合同。

第五十四条　搬运装卸人员应对车厢进行清扫，发现车辆、容器、设备不适合装货要求，应立即通知承运人或托运人。

第五十五条　搬运装卸作业应当轻装轻卸，堆码整齐；清点数量；防止混杂、撒漏、破损；严禁有毒、易污染物品与食品混装，危险货物与普通货物混装。

第五十六条　对性质不相抵触的货物，可以拼装、分卸。

第五十七条　搬运装卸过程中，发现货物包装破损，搬运装卸人员应及时通知托运人或承运人，并做好记录。

第五十八条　搬运装卸危险货物，按交通部《汽车危险货物运输、装卸作业规程》进行作业。

第五十九条 搬运装卸作业完成后，货物需绑扎苫盖篷布的，搬运装卸人员必须将篷布苫盖严密并绑扎牢固；由承、托运人或委托站场经营人、搬运装卸人员编制有关清单，做好交接记录；并按有关规定施加封志和外贴有关标志。

第六十条 承、托双方应履行交接手续，包装货物采取件交件收；集装箱重箱及其他施封的货物凭封志交接；散装货物原则上要磅交磅收或采用承托双方协商的交接方式交接。交接后双方应在有关单证上签字。

第六十一条 货物在搬运装卸中，承运人应当认真核对装车的货物名称、重量、件数是否与运单上记载相符，包装是否完好。包装轻度破损，托运人坚持要装车起运的，应征得承运人的同意，承托双方需做好记录并签章后，方可运输，由此而产生的损失由托运人负责。

第六十二条 货物运达承、托双方约定的地点后，收货人应凭有效单证提(收)货物，无故拒提(收)货物，应赔偿承运人因此造成的损失。

第六十三条 货物交付时，承运人与收货人应当做好交接工作，发现货损货差，由承运人与收货人共同编制货运事故记录，交接双方在货运事故记录上，签字确认。

第六十四条 货物交接时，承托双方对货物的重量和内容有质疑，均可提出查验与复磅，查验和复磅的费用由责任方负担。

第六十五条 货物运达目的地后，承运人知道收货人的，应及时通知收货人，收货人应当及时提(收)货物，收货人逾期提(收)货物的，应当向承运人支付保管费等费用。收货人不明或者收货人无正当理由拒绝受领货物的，依照《中华人民共和国合同法》第一百零一条的规定，承运人可以提存货物。

第五章 运输责任的划分

第六十六条 承运人未按约定的期限将货物运达，应负违约责任；因承运人责任将货物错送或错交，应将货物无偿运到指定的地点、交给指定的收货人。

第六十七条 承运人未遵守承托双方商定的运输条件或特约事项，由此造成托运人的损失，应负赔偿责任。

第六十八条 货物在承运责任期间和站、场存放期间内，发生毁损或灭失，承运人、站场经营人应负赔偿责任。但有下列情况之一的，承运人、站场经营人举证后可不负赔偿责任：

(一)不可抗力；

(二)货物本身的自然性质变化或者合理损耗；

(三)包装内在缺陷，造成货物受损；

(四)包装体外表面完好而内装货物毁损或灭失；

(五)托运人违反国家有关法令，致使货物被有关部门查扣、弃置或作其他处理；

(六)押运人员责任造成的货物毁损或灭失；

(七)托运人或收货人过错造成的货物毁损或灭失。

第六十九条 托运人未按合同规定的时间和要求，备好货物和提供装卸条件，以及货物运达后无人收货或拒绝收货，而造成承运人车辆放空、延滞及其他损失，托运人应负赔偿责任。

第七十条 因托运人下列过错，造成承运人、站场经营人、搬运装卸经营人的车辆、机具、设备等的损坏、污染或人身伤亡以及因此而引起的第三方的损失，由托运人负责赔偿：

(一)在托运的货物中有故意夹带危险货物和其他易腐蚀、易污染货物以及禁、限运货物等行为；

(二)错报、匿报货物的重量、规格、性质；

(三)货物包装不符合标准，包装、容器不良，而从外部无法发现；

(四)错用包装、储运图示标志。

第七十一条 托运人不如实填写运单、错报、误报货物名称或装卸地点，造成承运人错送、装货落空以及由此引起的其他损失，托运人应负赔偿责任。

第七十二条 货运代办人以承运人身份签署运单时，应承担承运人责任，以托运人身份托运货物时，应承担托运人的责任。

第七十三条 搬运装卸作业中，因搬运装卸人员过错造成货物毁损或灭失，站场经营人或搬运装卸经营者应负赔偿责任。

第六章 运输费用

第七十四条 汽车货物运输价格按不同运输条件分别计价，其计算按《汽车运价规则》办理。

第七十五条 汽车货物运输计费重量单位，整批货物运输以吨为单位，尾数不足100 kg时，四舍五入；零担货物运输以千克为单位，起码计费重量为1 kg，尾数不足1 kg时，四舍五入，轻泡货物每立方米折算重量333 kg。

按重量托运的货物一律按实际重量（含货物包装、衬垫及运输需要的附属物品）计算，以过磅为准。由托运人自理装车的，应装足车辆额定吨位，未装足的，按车辆额定吨位收费。统一规格的成包成件的货物，以一标准件重量计算全部货物重量。散装货物无过磅条件的，按体积和各省、自治区、直辖市统一规定重量折算标准计算。接运其他运输方式的货物，无过磅条件的，按前程运输方式运单上记载的重量计算。拼装分卸的货物按最重装载量计算。

第七十六条 汽车货物运输计费里程按下列规定确定：

（一）货物运输计费里程以千米为单位，尾数不足1 km的，进为1 km。

（二）计费里程以省、自治区、直辖市交通行政主管部门核定的营运里程为准，未经核定的里程，由承运双方商定。

（三）同一运输区间有两条（含两条）以上营运路线可供行驶时，应按最短的路线计算计费里程或按承托双方商定的路线计算计费里程。拼装分卸从第一装货地点起至最后一个卸货地点止的载重里程计算计费里程。

第七十七条 汽车货物运输的其他费用，按以下规定确定：

（一）调车费，应托运人要求，车辆调出所在地而产生的车辆往返空驶，计收调车费。

（二）延滞费，车辆按约定时间到达约定的装货或卸货地点，因托运人或收货人责任造成车辆和装卸延滞，计收延滞费。

（三）装货落空损失费，因托运人要求，车辆行至约定地点而装货落空造成的车辆往返空驶，计收装货落实损失费。

（四）排障费，运输大型特型笨重物件时，需对运输路线的桥涵、道路及其他设施进行必要的加固或改造所发生的费用，由托运人负担。

（五）车辆处置费，因托运人的特殊要求，对车辆改装、拆卸、还原、清洗时，计收车辆处置费。

（六）在运输过程中国家有关检疫部门对车辆的检验费以及因检验造成的车辆停运损失，由托运人负担。

（七）装卸费，货物装卸费由托运人负担。

（八）通行费，货物运输需支付的过渡、过路、过桥、过隧道等通行费由托运人负担，承运人代收代付。

（九）保管费，货物运达后，明确由收货人自取的，从承运人向收货人发出提货通知书的次日（以邮戳或电话记录为准）起计，第四日开始核收货物保管费；应托运人的要求或托运人的责任造成的，需要保管的货物，计收货物保管费。货物保管费由托运人负担。

第七十八条 汽车货物运输的运杂费按下列规定结算：

（一）货物运杂费在货物托运、起运时一次结清，也可按合同采取预付费用的方式，随运随结或运后结清。托运人或者收货人不支付运费、保管费以及其他运输费用的，承运人对相应的运输货物享有留置权，但当事人另有约定的除外。

（二）运费尾数以元为单位，不足 1 元时四舍五入。

第七十九条 货物在运输过程中因不可抗力灭失，未收取运费的，承运人不得要求托运人支付运费，已收取运费的，托运人可以要求返还。

第八十条 出入境货物运输、国际联运汽车货物运输的运价，按有关规定办理。

第七章 货物事故和违约处理

第八十一条 货物事故是指货物运输过程中发生货物毁损或灭失。货物事故和违约行为发生后，承托双方及有关方应编制货运事故记录。

货物运输途中，发生交通肇事造成货物损坏或灭失，承运人应先行向托运人赔偿，再由其向肇事的责任方追偿。

第八十二条 货运事故处理过程中,收货人不得扣留车辆,承运人不得扣留货物。由于扣留车、货而造成的损失,由扣留方负责赔偿。

第八十三条 货运事故赔偿数额按以下规定办理:

(一)货运事故赔偿分限额赔偿和实际损失赔偿两种。法律、行政法规对赔偿责任限额有规定的,依照其规定;尚未规定赔偿责任限额的,按货物的实际损失赔偿。

(二)在保价运输中,货物全部灭失,按货物保价声明价格赔偿;货物部分毁损或灭失,按实际损失赔偿;货物实际损失高于声明价格的,按声明价格赔偿;货物能修复的,按修复费加维修取送费赔偿。保险运输按投保人与保险公司商定的协议办理。

(三)未办理保价或保险运输的,且在货物运输合同中未约定赔偿责任的,按本条第一项的规定赔偿。

(四)货物损失赔偿费包括货物价格、运费和其他杂费、货物价格中未包括运杂费、包装费以及已付的税费时,应按承运货物的全部或短少部分的比例加算各项费用。

(五)货物毁损或灭失的赔偿额,当事人有约定的,按照其约定,没有约定或约定不明确的,可以补充协议,不能达成补充协议的,按照交付或应当交付时货物到达地的市场价格计算。

(六)由于承运人责任造成货物灭失或损失,以实物赔偿的,运费和杂费照收;按价赔偿的,退还已收的运费和杂费;被损货物尚能使用的,运费照收。

(七)丢失货物赔偿后,又被查回,应送还原主,收回赔偿金或实物;原主不愿接受失物或无法找到原主的,由承运人自行处理。

(八)承托双方对货物逾期到达,车辆延滞,装货落实都负有责任时,按各自责任所造成的损失相互赔偿。

第八十四条 货运事故发生后,承运人应及时通知收货人或托运人。收货人、托运人知道发生货运事故后,应在约定的时间内,与承运人签注货运事故记录。收货人、托运人在约定的时间内不与承运人签注货运事故记录的,或者无法找到收货人、托运人的,承运人可邀请2名以上无利害关系的人签注货运事故记录。货物赔偿时效从收货人、托运人得知货运事故信息或签注货运事故记录的次日起计算。在约定运达时间的30日后未收到货物,视为灭失,自31日起计算货物赔偿时效。

未按约定的或规定的运输期限内运达交付的货物,为迟延交付。

第八十五条 当事人要求另一方当事人赔偿时,须提出赔偿要求书,并附运单、货运事故记录和货物价格证明等文件。要求退还运费的,还应附运杂费收据。另一方当事人应在收到赔偿要求书的次日起,60日内作出答复。

第八十六条 承运人或托运人发生违约行为,应向对方支付违约金。违约金的数额由承托双方约定。

第八十七条 对承运人非故意行为造成货物迟延交付的赔偿金额,不得超过所迟延交付的货物全程运费数额。

第八十八条 货物赔偿费一律以人民币支付。

第八十九条 由托运人直接委托站场经营人装卸货物造成货物损坏的,由站场经营人负责赔偿;由承运人委托站场经营人组织装卸的,承运人应先向托运人赔偿,再向站场经营人追偿。

第九十条 承运人、托运人、收货人及有关方在履行运输合同或处理货运事故时,发生纠纷、争议,应及时协商解决或向县级以上人民政府交通主管部门申请调解;当事人不愿和解、调解或者和解、调解不成的,可依仲裁协议向仲裁机构申请仲裁;当事人没有订立仲裁协议或仲裁协议无效的,可以向人民法院起诉。

第八章 附 则

第九十一条 按法律、法规和规章的规定,对利用汽车货物运输合同危害国家利益、社会公共利益的,由县级以上人民政府交通主管部门及其所属的道路运政管理机构负责监督处理。

第九十二条 本规则由交通部负责解释。

第九十三条 本规则自2000年1月1日起施行。1988年1月26日交通部发布的《货物运输规则》同时废止。

外商投资道路运输业管理规定

(2001年11月20日发布　交通部　对外贸易经济合作部2001年第9号令　自发布之日起施行)

第一条　为促进道路运输业的对外开放和健康发展,规范外商投资道路运输业的审批管理,根据《中华人民共和国中外合资经营企业法》、《中华人民共和国中外合作经营企业法》、《中华人民共和国外资企业法》以及有关法律、行政法规的规定,制定本规定。

第二条　外商在中华人民共和国境内投资道路运输业适用本规定。

本规定所称道运输业包括道路旅客运输;道路货物运输;道路货物装卸、道路货物仓储和其他与道路运输相关的辅助性服务及车辆维修。

第三条　允许外商采用以下形式投资经营道路运输业:

(一)采用中外合资形式投资经营道路旅客运输;

(二)采用中外合资、中外合作形式投资经营道路货物运输、道路货物搬运装卸、道路货物仓储和其他与道路运输相关的辅助性服务及车辆维修;

(三)采用独资形式投资经营道路货物运输、道路货物搬运装卸、道路货物仓储和其他与道路运输相关的辅助性服务及车辆维修。

本条第(三)项所列道路运输业务对外开放时间由国务院对贸易经济主管部门和交通主管部门另行公布。

第四条　外商投资道路运输业的立项及相关事项应当经国务院交通主管部门批准。

外商投资设立道路运输企业的合同和章程应当经国务院对外贸易经济主管部门批准。

第五条　外商投资道路运输业应当符合国务院交通主管部门制定的道路运输发展政策和企业资质条件,并符合拟定设立外商投资道路运输企业所在地的交通主管部门制定的道路运输业发展规划的要求。

投资各方应当以自有资产投资并具有良好的信誉。

第六条　外商投资从事道路旅客运输业务,还应当符合以下条件:

(一)主要投资者中至少一方必须是在中国境内从事5年以上道路旅客运输业务的企业;

(二)外资股份比例不得多于49%;

(三)企业注册资本的50%用于客运基础设施的建设与改造;

(四)投放的车辆应当是中级及以上的客车。

第七条　设立外商投资道路运输企业,应当向拟设企业所在地的市(设区的市,下同)级交通主管部门提出立项申请,并提交以下材料:

(一)申请书,内容包括投资总额、注册资本和经营范围、规模、期限等;

(二)项目建议书;

(三)投资者的法律证明文件;

(四)投资者资信证明;

(五)投资者以土地使用权、设备等投资的应提供有效的资产评估证明;

(六)审批机关要求的其他材料。

拟设立中外合资、中外合作企业除应当提交上述材料以外,还应当提交合作意向书。

提交的外文资料须同时附中文翻译件。

第八条　外商投资企业扩大经营范围从事道路运输业,外商投资道路运输企业扩大经营范围或者扩大经营规模超出原核定标准的,外商投资道路运输企业拟合并、分立、迁移和变更投资主体、注册资本、投资股比,应由该企业向其所在地的市级交通主管部门提出变更申请并提交以下材料:

(一)申请书;

(二)企业法人营业执照复印件;

(三)外商投资企业批准证书复印件;

(四)外商投资企业立项批件复印件;

(五)资信证明。

第九条　交通主管部门按下列程序地外商投资道路运输业立项和变更申请进行审核和审批:

(一)市级交通主管部门自收到申请材料之日起15个工作日内,依据本规定提出初审意见,并将初审意见和申请材料报省级交通主管部门；

（二）省级交通主管部门自收到上报材料之日起15个工作日内，依据本规定提出审核意见，并将审核意见和申请材料报国务院交通主管部门审批；

（三）国务院交通主管部门自收到前项材料之日起30个工作日内，对申请材料进行审核。符合规定的，颁发立项批件或者变更批件，不符合规定的，退回申请，书面通知申请人并说明理由。

第十条　申请人收到批件后，应当在30日内持批件和以下材料向省级对外贸易经济主管部门申请颁发或者变更外商投资企业批准证书：

（一）申请书；

（二）可行性研究报告；

（三）合同、章程（外商独资道路运输业只需提供章程）；

（四）董事会成员及主要管理人员名单及简历；

（五）工商行政管理部门出具的企业名称预核准通知书；

（六）投资者所在国或地区的法律证明文件及资信证明文件；

（七）审批机关要求的其他材料。

第十一条　省级对外贸易经济主管部门对上述材料初审后，将申请材料和初审意见报国务院对外贸易经济主管部门或者其授权部门。国务院对外贸易经济主管部门或者其授权部门收到申请材料后，在45日内作出是否批准的书面决定，符合规定的，颁发或者变更外商投资企业批准证书；不符合规定的，退回申请，书面通知申请人并说明理由。

第十二条　申请人在收到外商投资企业批准证书后，应当在30日内持立项批件和批准证书向拟设企业所在地省级交通主管部门申请领取道路运输经营许可证，并依法办理工商登记后，方可按核定的经营范围从事道路运输经营活动。

第十三条　申请人收到变更的外商投资企业批准证书后，应当在30日内持变更批件，变更的外商投资企业批准证书和其他相关的申请材料向省级交通主管部门和工商行政管理部门办理相应的变更手续。

第十四条　申请人在办理完有关手续后，应将企业法人营业执照、外商投资企业批准证书以及道路运输经营许可证影印件报国务院交通主管部门备案。

第十五条　取得外商投资道路运输业立项批件后18个月内未完成工商注册登记手续的，立项批件自行失效。

第十六条　外商投资道路运输业的经营期限一般不超过12年。但投资额中有50%以上的资金用于客货运输站场基础建设的，经营期限可为20年。

经营业务符合道路运输产业政策和发展规划，并且经营资质（质量信誉）考核合格的外商投资道路运输企业，经原审批机关批准，可以申请延长经营期限，每次延长的经营期限不超过20年。

第十七条　申请延长经营期限的外商投资道路运输企业，应当在经营期满6个月前向企业所在地的省级交通主管部门提出申请，并上报企业经营资质（质量信誉）考核记录等有关材料，由省级交通主管部门审核后，报国务院交通主管部门，由国务院交通主管部门及对外贸易经济主管部门审核后批复。

第十八条　外商投资道路运输企业停业、歇业或终止，应当及时到国务院交通主管部门、对外贸易经济主管部门或其授权部门和工商行政管理部门办理相关手续。

第十九条　香港特别行政区、澳门特别行政区和台湾省的投资者以及海外华侨在中国内地投资道路运输业参照适用本规定。

第二十条　本规定自公布之日起施行。交通部1993年颁布的《中华人民共和国交通部外商投资道路运输业立项审批暂行规定》（交运发[1993]1178号）同时废止。

第三章　铁路运输法规与政策

中华人民共和国铁路法

（1990 年 9 月 7 日第七届全国人民代表大会常务委员会第十五次会议通过）

第一章　总　　则

第一条　为了保障铁路运输和铁路建设的顺利进行，适应社会主义现代化建设和人民生活的需要，制定本法。

第二条　本法所称铁路，包括国家铁路、地方铁路、专用铁路和铁路专用线。

国家铁路是指由国务院铁路主管部门管理的铁路。

地方铁路是指由地方人民政府管理的铁路。

专用铁路是指由企业或者其他单位管理，专为本企业或者本单位内部提供运输服务的铁路。

铁路专用线是指由企业或者其他单位管理的与国家铁路或者其他铁路线路接轨的岔线。

第三条　国务院铁路主管部门主管全国铁路工作，对国家铁路实行高度集中、统一指挥的运输管理体制，对地方铁路、专用铁路和铁路专用线进行指导、协调、监督和帮助。

国家铁路运输企业行使法律、行政法规授予的行政管理职能。

第四条　国家重点发展国家铁路，大力扶持地方铁路的发展。

第五条　铁路运输企业必须坚持社会主义经营方向和为人民服务的宗旨，改善经营管理，切实改进路风，提高运输服务质量。

第六条　公民有爱护铁路设施的义务。禁止任何人破坏铁路设施，扰乱铁路运输的正常秩序。

第七条　铁路沿线各级地方人民政府应当协助铁路运输企业保证铁路运输安全畅通，车站、列车秩序良好，铁路设施完好和铁路建设顺利进行。

第八条　国家铁路的技术管理规程，由国务院铁路主管部门制定，地方铁路、专用铁路的技术管理办法，参照国家铁路的技术管理规程制定。

第九条　国家鼓励铁路科学技术研究，提高铁路科学技术水平。对在铁路科学技术研究中有显著成绩的单位和个人给予奖励。

第二章　铁路运输营业

第十条　铁路运输企业应当保证旅客和货物运输的安全，做到列车正点到达。

第十一条　铁路运输合同是明确铁路运输企业与旅客、托运人之间权利义务关系的协议。

旅客车票、行李票、包裹票和货物运单是合同或者合同的组成部分。

第十二条　铁路运输企业应当保证旅客按车票载明的日期、车次乘车，并到达目的站。因铁路运输企业的责任造成旅客不能按车票载明的日期、车次乘车的，铁路运输企业应当按照旅客的要求，退还全部票款或者安排改乘到达相同目的站的其他列车。

第十三条　铁路运输企业应当采取有效措施做好旅客运输服务工作，做到文明礼貌、热情周到，保持车站和车厢内的清洁卫生，提供饮用开水，做好列车上的饮食供应工作。

铁路运输企业应当采取措施，防止对铁路沿线环境的污染。

第十四条　旅客乘车应当持有效车票。对无票乘车或者持失效车票乘车的，应当补收票款，并按照规定加收票款；拒不交付的，铁路运输企业可以责令下车。

第十五条　国家铁路和地方铁路根据发展生产、搞活流通的原则，安排货物运输计划。

对抢险救灾物资和国家规定需要优先运输的其他物资，应予优先运输。

地方铁路运输的物资需要经由国家铁路运输的，其运输计划应当纳入国家铁路的运输计划。

第十六条 铁路运输企业应当按照合同约定的期限或者国务院铁路主管部门规定的期限，将货物、包裹、行李运到目的站；逾期运到的，铁路运输企业应当支付违约金。

铁路运输企业逾期30日仍未将货物、包裹、行李交付收货人或者旅客的，托运人、收货人或者旅客有权按货物、包裹、行李灭失向铁路运输企业要求赔偿。

第十七条 铁路运输企业应当对承运的货物、包裹、行李自接受承运时起到交付时止发生的灭失、短少、变质、污染或者损坏，承担赔偿责任：

(一)托运人或者旅客根据自愿申请办理保价运输的，按照实际损失赔偿，但最高不超过保价额。

(二)未按保价运输承运的，按照实际损失赔偿，但最高不超过国务院铁路主管部门规定的赔偿限额；如果损失是由于铁路运输企业的故意或者重大过失造成的，不适用赔偿限额的规定，按照实际损失赔偿。

托运人或者旅客根据自愿可以向保险公司办理货物运输保险，保险公司按照保险合同的约定承担赔偿责任。

托运人或者旅客根据自愿，可以办理保价运输，也可以办理货物运输保险；还可以既不办理保价运输，也不办理货物运输保险。不得以任何方式强迫办理保价运输或者货物运输保险。

第十八条 由于下列原因造成的货物、包裹、行李损失的，铁路运输企业不承担赔偿责任：

(一)不可抗力。

(二)货物或者包裹、行李中的物品本身的自然属性，或者合理损耗。

(三)托运人、收货人或者旅客的过错。

第十九条 托运人应当如实填报托运单，铁路运输企业有权对填报的货物和包裹的品名、重量、数量、进行检查。经检查，申报与实际不符的，检查费用由托运人承担；申报与实际相符的，检查费用由铁路运输企业承担，因检查对货物和包裹中的物品造成的损坏由铁路运输企业赔偿。

托运人因申报不实而少交的运费和其他费用应当补交，铁路运输企业按照国务院铁路主管部门的规定加收运费和其他费用。

第二十条 托运货物需要包装的，托运人应当按照国家包装标准或者行业包装标准包装；没有国家包装标准或者行业包装标准的，应当妥善包装，使货物在运输途中不因包装原因而受损坏。

铁路运输企业对承运的容易腐烂变质的货物和活动物，应当按照国务院铁路主管部门的规定和合同的约定，采取有效的保护措施。

第二十一条 货物、包裹、行李到站后，收货人或者旅客应当按照国务院铁路主管部门规定的期限及时领取，并支付托运人未付或者少付的运费和其他费用；逾期领取的，收货人或者旅客应当按照规定交付保管费。

第二十二条 自铁路运输企业发出领取货物通知之日起满30日仍无人领取的货物，或者收货人书面通知铁路运输企业拒绝领取的货物，铁路运输企业应当通知托运人，托运人自接到通知之日起满30日未作答复的，由铁路运输企业变卖，所得价款在扣除保管等费用后尚有余款的，应当退还托运人，无法退还，自变卖之日起180日内托运人又未领回的，上缴国库。

自铁路运输企业发出领取通知之日起满90日仍无人领取的包裹或者到站后满90日仍无人领取的行李，铁路运输企业应当公告，公告满90日仍无人领取的，可以变卖；所得价款在扣除保管等费用后尚有余款的，托运人、收货人或者旅客可以自变卖之日起180日内领回，逾期不领回的，上缴国库。

对危险物品和规定限制运输的物品，应当移交公安机关或者有关部门处理，不得自行变卖。

对不宜长期保存的物品，可以按照国务院铁路主管部门的规定缩短处理期限。

第二十三条 因旅客、托运人或者收货人的责任给铁路运输企业造成财产损失的，由旅客、托运人或者收货人承担赔偿责任。

第二十四条 国家鼓励专用铁路兼办公共旅客、货物运输营业；提倡铁路专用线与有关单位按照协议共用。

专用铁路兼办公共旅客、货物运输营业的，应当报经省、自治区、直辖市人民政府批准。

专用铁路兼办公共旅客、货物运输营业的，适用本法关于铁路运输企业的规定。

第二十五条　国家铁路的旅客票价率和货物、包裹、行李的运价率由国务院铁路主管部门拟订,报国务院批准。国家铁路的旅客、货物运输杂费的收费项目和收费标准由国务院铁路主管部门规定。国家铁路的特定运营线的运价率、特定货物的运价率和临时运营线的运价率,由国务院铁路主管部门商得国务院物价主管部门同意后规定。

地方铁路的旅客票价率、货物运价率和旅客、货物运输杂费的收费项目和收费标准,由省、自治区、直辖市人民政府物价主管部门会同国务院铁路主管部门授权的机构规定。

兼办公共旅客、货物运输营业的专用铁路的旅客票价率、货物运价率和旅客、货物运输杂费的收费项目和收费标准,以及铁路专用线共用的收费标准,由省、自治区、直辖市人民政府物价主管部门规定。

第二十六条　铁路的旅客票价,货物、包裹、行李的运价,旅客和货物运输杂费的收费项目和收费标准,必须公告;未公告的不得实施。

第二十七条　国家铁路、地方铁路和专用铁路印制使用的旅客、货物运输票证,禁止伪造和变造。

禁止倒卖旅客车票和其他铁路运输票证。

第二十八条　托运、承运货物、包裹、行李,必须遵守国家关于禁止或者限制运输物品的规定。

第二十九条　铁路运输企业与公路、航空或者水上运输企业相互间实行国内旅客;货物联运,依照国家有关规定办理;国家没有规定的,依照有关各方的协议办理。

第三十条　国家铁路、地方铁路参加国际联运。必须经国务院批准。

第三十一条　铁路军事运输依照国家有关规定办理。

第三十二条　发生铁路运输合同争议的,铁路运输企业和托运人、收货人或者旅客可以通过调解解决;不愿意调解解决或者调解不成的,可以依据合同中的仲裁条款或者事后达成的书面仲裁协议,向国家规定的仲裁机构申请仲裁。

当事人一方在规定的期限内不履行仲裁机构的仲裁决定的,另一方可以申请人民法院强制执行。

当事人没有在合同中订立仲裁条款,事后又没有达成书面仲裁协议的,可以向人民法院起诉。

第三章　铁路建设

第三十三条　铁路发展规划应当依据国民经济和社会发展以及国防建设的需要制定,并与其他方式的交通运输发展规划相协调。

第三十四条　地方铁路、专用铁路、铁路专用线的建设计划必须符合全国铁路发展规划,并征得国务院铁路主管部门或者国务院铁路主管部门授权的机构的同意。

第三十五条　在城市规划区范围内,铁路的线路、车站、枢纽以及其他有关设施的规划,应当纳入所在城市的总体规划。

铁路建设用地规划,应当纳入土地利用总体规划。为远期扩建、新建铁路需要的土地,由县级以上人民政府在土地利用总体规划中安排。

第三十六条　铁路建设用地,依照有关法律、行政法规的规定办理。

有关地方人民政府应当支持铁路建设,协助铁路运输企业做好铁路建设征用土地工作和拆迁安置工作。

第三十七条　已经取得使用权的铁路建设用地,应当依照批准的用途使用,不得擅自改作他用;其他单位或者个人不得侵占。

侵占铁路建设用地的,由县级以上地方人民政府土地管理部门责令停止侵占、赔偿损失。

第三十八条　铁路的标准轨距为1 435 mm。新建国家铁路必须采用标准轨距。

窄轨铁路的轨距为762 mm或者1 000 mm。

新建和改建铁路的其他技术要求应当符合国家标准或者行业标准。

第三十九条　铁路建成后,必须依照国家基本建设程序的规定,经验收合格,方能交付正式运行。

第四十条　铁路与道路交叉处,应当优先考虑设置立体交叉;未设立体交叉的,可以根据国家有关规定设置平交道口或者人行过道。在城市规划区内设置平交道口或者人行过道，由铁路运输企业或者建有专用铁路、铁路专用线的企业或者其他单位和城市规划主管部门共同决定。

拆除已经设置的平交道口或者人行过道，由铁路运输企业或者建有专用铁路、铁路专用线的企业或者其他单位和当地人民政府商定。

第四十一条 修建跨越河流的铁路桥梁，应当符合国家规定的防洪、通航和水流的要求。

第四章 铁路安全与保护

第四十二条 铁路运输企业必须加强对铁路的管理和保护，定期检查、维修铁路运输设施，保证铁路运输设施完好，保障旅客和货物运输安全。

第四十三条 铁路公安机关和地方公安机关分工负责共同维护铁路治安秩序。车站和列车内的治安秩序，由铁路公安机关负责维护；铁路沿线的治安秩序，由地方公安机关和铁路公安机关共同负责维护，以地方公安机关为主。

第四十四条 电力主管部门应当保证铁路牵引用电以及铁路运营用电中重要负荷的电力供应。铁路运营用电中重要负荷的供应范围由国务院铁路主管部门和国务院电力主管部门商定。

第四十五条 铁路线路两侧地界以外的山坡地由当地人民政府作为水土保持的重点进行整治。铁路隧道顶上的山坡地由铁路运输企业协助当地人民政府进行整治。铁路地界以内的山坡地由铁路运输企业进行整治。

第四十六条 在铁路线路和铁路桥梁、涵洞两侧一定距离内，修建山塘、水库、堤坝、开挖河道、土渠，采石挖砂，打井取水，影响铁路路基稳定或者危害铁路桥梁、涵洞安全的，由县级以上地方人民政府责令停止建设或者采挖、打井等活动，限期恢复原状或者责令采取必要的安全防护措施。

在铁路线路上架设电力、通讯线路，埋置电缆、管道设施，穿凿通过铁路路基的地下坑道，必须经铁路运输企业同意，并采取安全防护措施。

在铁路弯道内侧、平交道口和人行过道附近，不得修建妨碍行车瞭望的建筑物和种植妨碍行车瞭望的树木。修建妨碍行车瞭望的建筑物的，由县级以上地方人民 政府责令期限拆除。种植妨碍行车瞭望的树木的，由县级以上地方人民政府责令有关单位或者个人限期迁移或者修剪、砍伐。

违反前三款的规定，给铁路运输企业造成损失的单位或者个人，应当赔偿损失。

第四十七条 禁止擅自在铁路线路上铺设平交道口和人行过道。

平交道口和人行过道必须按照规定设置必要的标志和防护设施。

行人和车辆通过铁路平交道口和人行过道时，必须遵守有关通行的规定。

第四十八条 运输危险品必须按照国务院铁路主管部门的规定办理，禁止以非危险品品名托运危险品。

禁止旅客携带危险品进站上车。铁路公安人员和国务院铁路主管部门规定的铁路职工，有权对旅客携带的物品进行运输安全检查。实施运输安全检查的铁路职工应当佩戴执勤标志。

危险品的品名由国务院铁路主管部门规定并公布。

第四十九条 对损毁、移动铁路信号装置及其他行车设施或者在铁路线路上放置障碍物的，铁路职工有权制止，可以扭送公安机关处理。

第五十条 禁止偷乘货车、攀附行进中的列车或者击打列车。对偷乘货车、攀附行进中的列车或者击打列车的，铁路职工有权制止。

第五十一条 禁止在铁路线路上行走、坐卧。对在铁路线路上行走、坐卧的，铁路职工有权制止。

第五十二条 禁止在铁路线路两侧20 m以内或者铁路防护林地内放牧。对在铁路线路两侧20 m以内或者铁路防护林地内放牧的，铁路职工有权制止。

第五十三条 对聚众拦截列车或者聚众冲击铁路行车调度机构的，铁路职工有权制止；不听制止的，公安人员现场负责人有权命令解散；拒不解散的，公安人员现场负责人有权依照国家有关规定决定采取必要手段强行驱散，并对拒不服从的人员强行带离现场或者予以拘留。

第五十四条 对哄抢铁路运输物资的，铁路职工有权制止，可以扭送公安机关处理；现场公安人员可以予以拘留。

第五十五条　在列车内，寻衅滋事，扰乱公共秩序，危害旅客人身、财产安全的，铁路职工有权制止，铁路公安人员可以予以拘留。

第五十六条　在车站和旅客列车内，发生法律规定需要检疫的传染病时，由铁路卫生检疫机构进行检疫；根据铁路卫生检疫机构的请求，地方卫生检疫机构应予协助。

货物运输的检疫，依照国家规定办理。

第五十七条　发生铁路交通事故，铁路运输企业应当依照国务院和国务院有关主管部门关于事故调查处理的规定办理，并及时恢复正常行车，任何单位和个人不得阻碍铁路线路开通和列车运行。

第五十八条　因铁路行车事故及其他铁路运营事故造成人身伤亡的，铁路运输企业应当承担赔偿责任；如果人身伤亡是因不可抗力或者由于受害人自身的原因造成的，铁路运输企业不承担赔偿责任。

违章通过平交道口或者人行过道，或者在铁路线路上行走、坐卧造成的人身伤亡，属于受害人自身的原因造成的人身伤亡。

第五十九条　国家铁路的重要桥梁和隧道，由中国人民武装警察部队负责守卫。

第五章　法律责任

第六十条　违反本法规定，携带危险品进站上车或者以非危险品品名托运危险品，导致发生重大事故的，依照刑法第一百一十五条的规定追究刑事责任。企业事业单位、国家机关、社会团体犯本款罪的，处以罚金，对其主管人员和直接责任人员依法追究刑事责任。

携带炸药、雷管或者非法携带枪支子弹、管制刀具进站上车的，比照刑法第一百六十三条的规定追究刑事责任。

第六十一条　故意损毁、移动铁路行车信号装置或者在铁路线路上放置足以使列车倾覆的障碍物，尚未造成严重后果的，依照刑法第一百零八条的规定追究刑事责任；造成严重后果的，依照刑法第一百一十条的规定追究刑事责任。

第六十二条　盗窃铁路线路上行车设施的零件、部件或者铁路线路上的器材，危及行车安全，尚未造成严重后果的，依照刑法第一百零八条破坏交通设施罪的规定追究刑事责任；造成严重后果的，依照刑法第一百一十条破坏交通设施罪的规定追究刑事责任。

第六十三条　聚众拦截列车不听制止的，对首要分子和骨干分子依照刑法第一百五十九条的规定追究刑事责任。

聚众冲击铁路行车调度机构不听制止的，对首要分子和骨干分子依照刑法第一百五十八条的规定追究刑事责任。

第六十四条　聚众哄抢铁路运输物资的，对首要分子和骨干分子依照刑法第一百五十一条或者第一百五十二条的规定追究刑事责任。

铁路职工与其他人员勾结犯前款罪的，从重处罚。

第六十五条　在列车内，抢劫旅客财物，伤害旅客的，依照刑法有关规定从重处罚。

在列车内，寻衅滋事，侮辱妇女，情节恶劣的，依照刑法第一百六十条的规定追究刑事责任；敲诈勒索旅客财物的，依照刑法第一百五十四条的规定追究刑事责任。

第六十六条　倒卖旅客车票数额较大的，依照刑法第一百一十七条的规定追究刑事责任。以倒卖旅客车票为常业的，倒卖数额巨大的或者倒卖集团的首要分子，依照刑法第一百一十八条的规定追究刑事责任。铁路职工倒卖旅客车票或者与其他人员勾结倒卖旅客车票的，依照刑法第一百一十九条的规定追究刑事责任。

第六十七条　违反本法规定，尚不够刑事处罚，应当给予治安管理处罚的，依照治安管理处罚条例的规定处罚。

第六十八条　擅自在铁路线路上铺设平交道口、人行过道的，由铁路公安机关或者地方公安机关责令限期拆除，可以并处罚款。

第六十九条　铁路运输企业违反本法规定，多收运费、票款或者旅客、货物运输杂费的，必须将多收的费用退还付款人，无法退还的上缴国库。将多收的费用据为己有或者侵吞私分的，依照关于惩治贪污罪贿赂罪的补充规定第一条、第二条的规定追究刑事责任。

第七十条 铁路职工利用职务之便走私、投机倒把的,或者与其他人员勾结走私、投机倒把的,依照刑法第一百一十九条的规定追究刑事责任。

第七十一条 铁路职工玩忽职守、违反规章制度造成铁路运营事故的,滥用职权、利用办理运输业务之便谋取私利的,给予行政处分;情节严重、构成犯罪的,依照刑法有关规定追究刑事责任。

第六章 附 则

第七十二条 本法所称国家铁路运输企业是指铁路局和铁路分局。

第七十三条 国务院根据本法制定实施条例。

铁路货物运输管理规则

(铁道部颁布 铁运[2000]90号 2000年11月1日实施)

第一章 总 则

第一条 为提高铁路货运管理水平、工作效率和工作质量,安全、迅速、经济、便利地组织货物运输,适应市场需求,增强铁路竞争力,特制定本规则。

第二条 本规则是明确铁路货物运输作业各环节基本内容和质量要求的内部规定,不作为托运人、收货人与铁路间划分权利、义务和责任的依据。

第三条 铁路局在不违反本规则的前提下,可结合具体情况制定补充规定,并报铁道部备案。

第二章 货物运输基本作业

第一节 受理和承运

第四条 车站应根据批准的货物运输计划或运输合同受理货物运单。在受理零担、集装箱或按特定条件运输的货物时,还必须按照有关规定办理。

车站办理货物运输票据的手续实行一次办理。除托运人在现场与货运员办理的货物交接手续外,其余各种手续均由货场人员办理。

第五条 车站受理货物运单时,应确认托运的货物是否符合运输条件,各栏填写是否齐全、正确、清楚,领货凭证与运单相关栏是否一致。对营业办理限制(包括临时停限装)、起重能力、专用线专用铁路办理范围、证明文件等有关内容进行审查。对到站、到局和到站所属省、市、自治区各栏内容应相互核对。

对货物运单确认无误后,应指定进货日期或装车日期。

第六条 对搬入货场的货物,车站要检查货物品名与运单记载是否相符,运输包装和标志是否符合规定。按件数承运的货物,应对照运单点清件数。零担和集装箱货物要核对货签是否齐全、正确。零担货物还应核对货物外形尺寸和体积,对个人托运的行李、搬家货物,要按照物品清单进行核对,并抽查是否按规定在包装内放入标记(货签)。集装箱货物还要核对箱号、封号,检查施封是否正确、有效。需要使用装载加固装置和加固材料的货物、应按规定对装载加固装置和加固材料的数量、质量、规格进行检查。对超限、超长、集重货物,应按托运人提供的技术资料复测尺寸。

按规定由铁路确定重量的货物,要认真过秤。由托运人确定重量的货物,车站应组织抽查。抽查的间隔时间,每一托运人(大宗货物分品种)不超过1个月,零担和集装箱货物不超过1个月。对按密度计算重量的货物,应以定期测定的密度作为计算重量的依据。

货物应稳固、整齐地堆码在指定货位上。整车货物要定型堆码,保持一定高度。零担和集装箱货物,要按批堆码,货签向外,留有通道。需要隔离的,应按规定隔离。货物与线路或站台边缘的距离必须符合规定。

第七条 以杠杆式台秤、地秤过秤,使用前应进行检查,并符合以下规定:

一、摆放平稳,四角着实,台板保持灵活;

二、将游砣移至零点时,横梁保持平衡;

三、标尺与增砣的比率必须一致;

四、地秤的台板与秤枢间必须保持平衡、灵活。往衡器上放置或取下货件时,须关闭制动器。过秤时不准触动调整砣、砣盘,禁止以其他物品代替增砣。以轨道衡、电子秤或其他衡器过秤时，应按照计量部门有关规定的技术条件，制定检查和使用办法。衡器的使用和保管应有专人负责，按台建立衡器履历簿，并及时、正确填写。衡器发生损坏、检定证明丢失、空秤不能调整平衡、机件缺损变形，或称量误差超过国家规定标准，均不得使用。

第八条　货物进齐验收后，车站应予签证，及时办理承运。

承运的整车货物要登记"货物承运簿"，集装箱货物登记"集装箱到发登记簿"（格式见《铁路集装箱运输管理规则》），零担货物根据业务量大小，可以使用"货物承运簿"，也可以由车站自行建立登记制度，并将登记资料装订成册，妥善保管。

货物运单"承运人填写"部分和货票填制要符合《货物运单和货票填制办法》的规定，加盖的车站日期戳记要清晰、正确。

对领货凭证，必须正确填写货票号码及各栏内容，并在领货凭证及货物运单与领货凭证接缝处加盖车站承运日期戳。

在作业环节之间，对货物和运输票据要进行严格交接。

货物运单和货票，使用"货运票据封套"的，应左右对齐折叠，不使用"货运票据封套"的，按上下对齐折叠。货运票据封套除加盖经办人章外，还应加盖监封人员章。货运票据封套封口前，经办人、监封人必须同时对票据封套记载的事项和实际运单、货票核对，保证运输票据齐全。

车站应建立货票自核、互核、总复核制度以及票据、现金管理制度，制票和收款不能由一人负责。发送存查及到达票据要装订整齐，妥善保管。计算机制票要使用规定的软件，货票各联必须一次复写打印，要建立计算机安全使用管理制度，保证货票原始信息的完整与安全。

第九条　承运易腐货物时，车站要按照《铁路鲜活货物运输规则》（以下简称《鲜规》）的有关规定办理。对《鲜规》未列品名而易于腐坏、变质的货物，车站应认真审定运输条件。

易腐货物装车时，要检查装载方法是否符合规定要求。以冷藏车装运的，应检查装车单位填写的冷藏车作业单是否齐全、正确。使用加冰冷藏车的，应检查托运人是否加足冰盐，并将作业单附在运输票据中随车递送。途中加冰时，加冰站应认真填写加冰作业记录。使用机械冷藏车的，应将该作业单交机械冷藏车乘务组递交到站。到站应负责检查冷藏车情况，在作业单上填记到站作业记录，并妥善保存。

第十条　承运危险货物时，车站要按照《铁路危险货物运输管理规则》（以下简称《危规》）的规定，对品名、编号、类项、包装、标志以及"托运人记载事项"栏的内容进行检查。对《铁路危险货物品名表》中未列载的危险货物或改变危险货物包装时，应按有关规定的运输条件办理。

办理危险货物的车站，应根据具体情况，制定承运、交付、包装检查、内容交接、装卸作业及存放保管等安全措施和管理制度。

第二节　临时停限装

第十一条　车站应按照《货物运价里程表》规定的营业范围办理货运业务。遇有特殊情况必须临时加以限制时，属铁路局管内的，由铁路局批准，跨局的须经铁道部批准。

由于设备大修、改建等原因限制整车货物到达时，应提前1个月办妥报批手续。

第十二条　对临时停限装事项，车站应在营业场所对外通告。

凡要求停止零担货物到达的车站，应同时停止零担货物发送业务。

第三节　取送车作业

第十三条　车站应做好日班装车作业计划和卸车预确报工作，并根据装卸作业、待装货物和货位情况，确定取送车计划，及时取送。送车要对准货位。装卸作业始末时间和取送车始末时间，均应有汇报和登记制度。

第四节　装车和卸车

第十四条　装运货物要合理使用货车，车种要适合货种，除规定必须使用棚车装运的货物外，对怕湿或易于被盗、丢失的货物，也应使用棚车装运。发生车种代用时，应按《铁路货物运输规程》的要求报批，批准代用的命令号码要记载在货物运单和货票"记事"栏内；装车时，应采取保证货物安全的相应措施。毒品专用车不得用于装运普通货物。冷藏车严禁用于装运可能污染和损坏车辆的非易腐货物。

第十五条 铁路组织装车时,车站应做到:

装车前,认真检查货车的车体(包括透光检查)、车门、车窗、盖阀是否完整良好,有无扣修通知、色票、货车洗刷回送标签或通行限制,车内是否干净,是否被毒物污染。装载粮食、医药品、食盐、鲜活货物、饮食品、烟草制品以及有押运人押运的货物等时,还应检查车内有无恶臭异味。要认真对待装货物品名、件数,检查标志、标签和货物状态。对集装箱还应检查箱内装载情况,检查箱体、箱号和封印。

装车时,必须核对运单、货票、实际货物,保证运单、货票、货物"三统一"。要认真监装,做到不错装、不漏装,巧装满载,防止偏载、偏重、超载、集重、亏吨、倒塌、坠落和超限。对易磨损货件应采取防磨措施,怕湿和易燃货物应采取防湿或防火措施。装车过程中,要严格按照《铁路装卸作业安全技术管理规则》有关规定办理,对货物装载数量和质量要进行检查。

对以敞、平车装载的需要加固的货物,有定型方案的,严格按方案装车;无定型方案的,车站应制定装载加固方案,并按审批权限报批,按批准方案装车。装载散堆装货物,顶面应予平整。对自轮运转的货物、无包装的机械货物,车站应要求托运人将货物的活动部位予以固定,以防止脱落或侵入限界。

装车后,认真检查车门、车窗、盖、阀关闭及拧固和装载加固情况。需要填制货车装载清单及标画示意图的,应按规定填制。需要施封的货车,按规定施封,并用直径3.2 mm(10号)铁线将车门拧紧。需要插放货车表示牌的货车,应按规定插放。对装载货物的敞车,要检查车门插销、底开门搭扣和篷布苫盖、捆绑情况。篷布不得遮盖车号和货车表示牌。篷布绳索捆绑,不得妨碍车辆手闸和提钩杆。两篷布间的搭头应不小于500 mm。绳索、加固铁线的余尾长度应不超过300 mm。装载超限、超长、集重货物,应按装载加固定型方案或批准的装载方案检查装载加固情况。对超限货物,还应对照铁路局、分局的批示文电,核对装车后尺寸。

要严格执行装车质量签认制度,建立档案管理。

第十六条 铁路组织卸车时,车站应做到:

卸车前,认真检查车辆、篷布苫盖、货物装载状态有无异状,施封是否完好。

卸车前,必须核对运单、货票、实际货物,保证运单、货票、货物"三统一"。要认真监卸,根据货物运单清点件数,核对标记,检查货物状态。对集装箱货物应检查箱体,核对箱号和封印。严格按照《铁路装卸作业安全技术管理规则》及有关规定作业,合理使用货位,按规定雄码货物。发现货物有异状,要及时按章处理。

卸车后,应将车辆清扫干净,关好车门、车、窗、阀、盖,检查卸后货物安全距离,清理线路,将篷布按规定折叠整齐,送到指定地点存放。对托运人自备的货车装备物品和加固材料,应妥善保管。

卸下的货物登记"卸货簿"、"集装箱到发登记簿"或具有相同内容的卸货卡片、集装箱号卡片。在货票丁联左下角记明卸车日期。

第十七条 车站应加强专用线(包括专用铁路,以下同)的管理,凡货主在运单上指明到达专用线的,不得强制在货场或其他专用线卸车。凡货主未指定专用线卸车的,不得强制送往专用线。专用线装卸车时,铁路要加强交接检查,确保装载质量。还要做好以下工作:

1. 定期与企业签订运输协议;

2. 掌握专用线内货源、货位、装卸劳力和设备情况,协助企业做好货车的取送、对货位、装卸车组织等工作;

3. 宣传铁路运输知识,协助企业改进货物包装,执行企业运输员业务培训合格持证上岗制度,办理零担货物的专用线还应指导企业合理配装;

4. 掌握装卸车进度,按规定填写"货车调送单",车站凭"货车调送单"正确核收货车使用费,做好货物码放安全距离、货车清扫、洗刷除污、门窗关闭、篷布使用和保管等情况的检查;

5. 提高专用线装车质量,严格货物(车)的交接检查,防止超重、偏重、集重、超限和坠落及匿报品名;

6. 正确填报有关统计资料,对合理使用货车和货物装载进行技术指导。

第十八条 按规定卸后须洗刷除污的货车,应在卸车站洗刷除污。如卸车站洗刷除污有困难时,须凭分局或局调度命令向指定站回送。对回送洗刷除污的货车,卸车站应清扫干净,并在两侧车门外部及车内明显处所粘贴"货车洗刷回送标签"各一张,货物如有撒漏,应在标签上注明。洗刷除污站应按规定要求洗刷除污后将标签撤除,并在车内外两侧车门附近粘贴"洗刷工艺合格证"各一张。

沿途零担车或分卸货车按规定需要洗刷除污时,由列车货运员或分卸站在"货车装载清单"或整车分卸货票上注明原装货物品名及"需要洗刷除污"字样,由最终到站负责洗刷除污。未经洗刷除污的货车严禁排空或调配装车。

洗刷除污站对洗刷除污的货车应建立登记制度。

洗刷除污站的设置及分工由铁路局确定。

第十九条　铁路货场内装卸组织工作由货运部门统一指挥,装卸组织管理由铁路装卸管理部门负责,监装卸由货运部门负责。

运营部门与装卸部门的内部劳务清算(包括联运货物换装),根据实际作业情况,填制有关单据作为清算依据。单据的格式、填写方法、清算办法、清算项目和单价、除有统一规定者外,由铁路局规定。

下列工作属于装卸车附属作业,不另清算:

1. 铺垫或整理防湿垫枕,苫盖、撤除、折叠和取送篷布;

2. 清扫货车、货位,关闭拧固车门、车窗、盖、阀;

3. 整理装车后剩余货物,必要时用篷布苫盖或搬入库台;

4. 安装或撤除支柱、挡板、垫板、禽畜支架;

5. 装载货物的捆绑加固(需要铆接、焊接等特殊加固除外);

6. 托盘、网络等铁路装卸工具的铺设、撤移、整理和堆码。

第五节　货运票据封套、货车装载清单、回送清单和货车表示牌

第二十条　为便于交接和保持运输票据的完整,下列货物的运输票据应使用货运票据封套(以下简称封套),封固后随车递送。

1. 国际联运货物和以车辆寄送单回送的外国铁路货车;

2. 一辆货车内装有两批以上货物;

3. 整车分卸货物;

4. 以货运记录补送的货物;

5. 附有证明文件或代递单据较多的货物。

军运货物使用封套的范围及填写和封固方法,按军运有关规定办理。

第二十一条　封套封面上各栏应根据实际情况填记并加盖车站日期戳记和带站名的经办人名章。一车有两个以上到站的封套,"货物到站"栏应按到达顺序站名,并冠以(1)、(2)、(3)等顺序号码。途中各到站卸后抹去本站站名和与前方卸车站无关的事项,填写需要增加的内容,并在更改处加盖带有站名的经办人名章。整零车封套的"运单号码"栏只填记"内装票据××份","货物品名"栏填记"整零"字样。

国际联运进口(或过境)货车的封套"发站"栏填记进口国境站名,出口(或过境)货车的封套"货物到站"栏填记出口国境站名,并均应在站名下标一"(联)"字。

装运危险物时,应在封套的"记事"栏内注明危险货物的类项和编组隔离标记。

装运鲜活货物时,应在封套购"记事"栏内注明"活动物"或"易腐货物"字样,易腐货物还应填记"△"标志。

装运属于"△"的保价货物时,应在"记事"栏内填记"△"标记。有关货车编组、解体、挂运时应注意的其他事项(包括规定的标记、符号),也应在"记事"栏内注明。

第二十二条　封套内运输票据的正确完整由封固单位负责。除卸车站或出口国境站外,不得拆开封套。当运输途中发生特殊情况必须拆开封套时,由拆封套的单位编制普通记录证明(附入封套内),并再行封固,在封口处加盖带有单位名称的经办人名章。

第二十三条　整车国际联运出口货物和过境货物,发站(或进口国境站)应填制货车装载清单一份,随同货车递送到站(或出口国境站)。零担、集装箱货物按有关规定填制货车装载清单。

第二十四条　"特殊货车及运送用具回送清单",是铁路内部根据规定运送下列铁路所属的货车或用具(产权属铁道部)的运输及交接凭证:

1. 按规定免费挂运的非运用车;

2. 卸(送)空罐车(润滑油专用空罐车应凭收货人提出的货物运单填制货票免费回送)、散装粮食车(L_{17}型)、散装水泥车(K_{15}、U_{60}型)、长大货物车(D型)、运梁专用车(N_{15}型)加冰冷藏车(B型)、毒品专用车(W型)、集装箱专用车(X型);

3. 向指定站回送需要洗刷除污的货车;

4. 铁路空集装箱;

5. 运营用衡器;

6. 按规定以调度命令免费运送的装卸机械和工具;

7. 军用移动设备(军用备品)、军用移动站台和装卸备品、军用捆绑加固材料(装置);

8. 货车篷布及根据调度命令调拨、送修及修好返回的防湿篷布;

9. 铁道部规定免费回送的其他物品。

回送清单由车站负责填发,各栏要填写清楚、正确,有更改时应加盖带有站名的经办人名章。回送清单应具备车站编制的顺序号码,加盖车站日期戳,并有经办人签名或盖章,方为有效。按调度命令回送的应将命令号码记入"回送命令号码"栏内。回送清单一式两份,一份留站存查,一份随同货车(或用具)递送到站。

第二十五条 按规定需要禁止溜放或限速连接的货车,装车站应在货车两则插挂"货车表示牌",由车站卸后撤除。

第二十六条 货物承运簿、卸货簿(卡)、封套、货车装载清单和回送清单的保管期均为1年。到达的施封锁保管期为6个月。

第六节 到达和交付

第二十七条 车站对到达的货物应及时发出催领通知,并在货票内记明通知方法和时间。必要时应再次催领。收货人拒领或找不到收货人时,到站要按规定调查处理。发站接到到站函电后,应立即联系托运人,要求其在规定时间内提出处理意见,并将该处理意见答复到站。

第二十八条 到站在办理交付手续时,应在货物运单和货票(丁联)上加盖车站日期戳。货物在货场内点交给收货人后,还应在货物运单上加盖"货物交讫"戳记,凭记验收货物。车站也可根据需要,建立货物搬出证制度。

第二十九条 车站接到不能按约定时间到达的货物预报后,应立即通告,必要时应发出通知。

货物的运到期限期满后经过15天,或鲜活货物超过运到期限仍不能在到站交付的,到站除按规定编制货运记录外,还必须负责货物的查询工作,依次从发站顺序查询。被查询的车站,应自接到查询的次日起两日内将查询结果电告到站,并向下一作业站(编组、区段或保留站)继续查询。到站应将查询的最终结果及时通知收货人。

第三十条 对到达的海关监管货物,车站应按照海关监管的有关规定办理。

第三章 货物交接、检查和换装整理

第一节 货物交接和检查

第三十一条 为保证行车安全和货物安全,对运输中的货物(车)和运输票据,应进行交接检查,并按规定处理。

第三十二条 车站和列车(车务)段应根据货物、运输票据交接检查的要求,制定实施办法,明确责任。车站各工种之间也应建立相应的交接检查制度。

第三十三条 货运交接检查的内容包括:列车中货物装载、加固状态;车辆篷布苫盖状态;施封及门、窗、盖;阀关闭情况;货车票据完整情况。发现异状时,应及时处理。

第三十四条 罐车和集装箱的封印、苫盖货物的篷布顶部、集装箱顶部、敞车装载的不超出端侧板货物的装载状态,在途中不交接检查,如接方发现有异状,有运转车长的由交方编制记录后接收,无运转车长的要由发现站拍发电报。发现重罐车上盖开启,车站负责送好,并由交方编制普通记录证明。在发站和中途站发现空罐车、加冰冷藏车冰箱盖上盖张开,要及时关闭。

第三十五条 整车货物变更到站时,处理站应对该车的装载加固情况进行检查,对施封货车应检查施封是否完好,站名、号码是否与票据相符。

第三十六条 货物运单、封套上的到站、车号、封印号码各栏,不得任意涂改。在装车站(含分卸站)、换装站、变更处理站因作业需要或填写错误时,应按规定更改。

运输途中发生运输票据丢失时,丢失单位或处理站应编制普通记录继运到站,并及时拍发电报向有关站查询,全列车运输票据丢失时,还应于当日上报主管分局(不设分局的为铁路局,以下同)。被查询站接电后,均应于48 h内电复或继续查询。发站接到查询电报后,48 h内应按货票的内容拍发电报并将货票抄件寄送到站处理。

第三十七条　货物在运输途中，由于货物本身、车辆技术状态或自然灾害等原因，发生货车滞留，在站滞留时间达到48 h，应拍发电报，通知发到站；必要时，应抄送有关分局。

第三十八条　装车站按施封办理的货车，途中不得改按不施封办理。

第三十九条　我国发往或换装到朝鲜以及朝鲜进口或过境我国的棚车、冷藏车，应选用上下部门扣良好的车辆，在下部门扣处施封。列车编组站在列车编组顺序表上均应注明“联”字样。朝鲜进口或过境我国的；上部门扣以 8 号铁线拧固，凭下部门扣原朝鲜封印（铅饼）交接，发现封印丢失、失效，由交方编制普通记录并补施施封锁。我国发往或换装到朝鲜的，上部门扣以 10 号铁线拧固，下部门扣施以施封锁（环状）。在发站、到站、局间分界站（或商定购交接站）以及补封站，均应检查封印的站名、号码。

其他国际联运货车的施封及交接方法，按本规则规定办理。

国境站对外交接时，仍按现行国际联运办法的规定办理。

第二节　有运转车长值乘列车的交接、检查及处理

第四十条　车站与运转车长或运转车长互相间使用列车编组顺序表和乘务员手册办理签证交接。交接的时间、地点由分局指定，涉及两个分局的由有关分局商定。接收方应在规定时间内将列车检查完毕并办理交接签证。

到达列车在规定时间内未经车站签证，车长不得退勤；超过规定时间，车站未同车长办理交接，车长要求车站值班负责人（无值班负责人时为车站值班员）签证后退勤。

站车交接中发现问题车长拒绝出具证明时，车站应于列车到达后120 min内拍发电报，主送责任列车段抄知主管分局。

第四十一条　货物检查、交接的内容，以及发现问题的处理方法，按（表 1）规定办理。

表　1

顺号	检查内容	发现的问题	处理方法
1	运输票据或封套	(1)有票无货(车)或有货(车)无票	有票无货(车)车长不接收，车长交给车站时应编制记录；有货(车)无票，在装车站车长不接收，在其他站(指中途站和到站，以下同)由交方编制记录
		(2)货物运单或封套上记载的车号、到站与编组顺序表或现车不符	在装车站不接收；在其他站由交方编制记录后接收。有涂改时，应加盖带有所属单位的经办人名章(简称盖章，以下同)并编制记录(编组顺序表涂改时不编记录)
		(3)货物运单或封套上封印站名或号码被划掉、涂改未按规定盖章	在装车站不接收；在其他站由交方编制记录证明。货车上无封印时，由交方补封(车长交出时为委托车站代封，以下同)是否清点货件由交方确定，并负担费用
		(4)封套的封口有异状或票据不全	在装车站不接收；在其他站由交方编制记录
		(5)货物运单或封套以及编组顺序表记有铁路篷布，现车未盖有铁路篷布；现车盖有铁路篷布，货物运单或封套以及编组顺序表未记载，或记载张数不符	在装车站不接收；在其他站由交方拍发电报编制记录
2	货车的施封	(1)封印失效、丢失、断开或不破坏封印即能开启车门	在装车站不接收；在其他站由交方编制记录并补封。是否需要清点货件由交方确定，并负担费用 对封印站名、号码不清、无法辨认和交接双方意见不一致时，由交方编制记录证明印文现状后接收
		(2)封印站名或号码与运输票据或封套上记载不一致	在装车站不接收；在其他站由交方编制记录后接收
		(3)货车已施封，但未在运输票据或封套上记明施封号码	在装车站不接收；在其他站由交方编制记录
		(4)未使用施封锁施封(罐车和朝鲜进口货车除外)	在装车站不接收；在其他站由交方编制记录并补施施封锁
		(5)在同一车门上使用两个以上封串联施封	在装车站不接收；在其他站由交方编制记录证明现状
		(6)货车两侧或一侧未按规定在车门下部门扣处施封	
		(7)施封货车的上部门扣未以铁线拧固(车门构造只有一个门扣或上部门扣损坏的除外)	由车站拧固后接收

续上表

顺号	检查内容	发 现 的 问 题	处 理 方 法
3	装有货物的货车	(1)车门窗未按规定关闭(损坏的车窗已用木板、铁箱、木箱封固)	在装车站由车站关严后接收;在其他站由交方编制记录,由车站关闭门窗,是否清点货件由交方确定,并负担费用
		(2)货物损坏、被盗	在装车站不接收;在其他站由交方编制记录,并由车站处理
		(3)棚车车体、平车及集装箱专用平车装的集装箱体的可见部位损坏或集装箱箱门开启	
		(4)篷布(包括自备篷布)苫盖捆绑不牢、被刮掉或被割危及运输安全 易燃货物未按规定苫盖篷布或未采取规定的防护措施	在装车站不接收;在其他站由交方编制记录后接收,并由车站换装、整理或补苫篷布。但对篷布苫盖不严,在其他站可根据具体情况处理。货物是否有坠落可能,货物或篷布捆绑松动程度,双方意见不一致时,由车站确认能保证安全的,可编制记录继续挂运 补苫篷布时,车站应在货物运单、货票或封套上注明补苫张数和号码。如篷布数量发生变化时,还应在编组顺序表上修改或填写篷布张数
		(5)货物装载有异状或超过货车装载限界;支柱、铁线、绳索有折断或松动;货物有坠落可能;车门插销不严,危及运输安全;底开门车用一个扣铁关闭底开门(如所装货物能搭在底板横梁上,且另一个搭扣处用铁线捆牢者除外)	
		(6)超限货物无调度命令	由车站取得调度命令后,车长方可接收
4	货车使用和通行限制	(1)货车违反运行区段的通行限制	在装车站不接收;在中途站由交方编制记录,并由车站换装适当货车
		(2)装载金属块、长度不足2.5 m的短木材或空铁桶使用的车种违反《铁路货物装载加固规则》(以下简称《加规》货车使用限制表的规定	

第三节 无运转车长值乘列车的交接、检查及处理

第四十二条 无运转车长值乘的列车实行站与站间交接检查的区段负责制,车站负责交接检查的工作。

区段负责制是指在对货物列车的交接检查中,按列车运行区段划分货运检查站责任的制度。

列车运行途经有技术作业的车站或无技术作业但停车时间在35 min以上的技术作业车站,视为责任货运检查站(简称货检站),由车站组织人员进行货运检查作业。

第四十三条 中间站保留及甩挂作业的货物列车,由车站负责看护,保证货物安全,发生问题车站要及时处理。

第四十四条 货物列车无改编作业时,货检站对货车的施封状态,仅凭列车编组顺序表的有关记载检查施封是否有效,不核对站名、号码。货物列车有改编作业时,货检站对货车的施封状态,交接时只核对站名,不核对号码。

第四十五条 交接检查时发现的问题应按有关规定进行处理,并应于列车到达后120 min内以电报通知上一货检站,同时抄知发到站。电报的内容应包括列车的车次、到达时分、车种、车号、发站、到站、品名、发现问题及简要处理情况,需编制记录时按规定要求编制,并将记录粘贴在货票丁联背面或封套背面,无法粘贴的随封票交接。

第四十六条 运输票据由编组列车的车站封固并与机车乘务组实行封票签字交接。列车运行中在车站更换机车时,由更换地所在车站检查封固状态,并负责传递。机车乘务人员负责将票据完整地传递至列车终到站、甩挂作业站,并与车站办理票据签字交接,没有车站签字不得退勤,发生票据丢失,追查当事人责任。途中临时甩挂车作业时,由车站编制普通记录后启封处理,并将运输票据连同普通记录重新封固。

车站与机车乘务员应在商定的地点进行地面交接。

第四十七条 货物检查、交接的内容,以及发现问题的处理方法,按表(2)规定办理。

表　2

顺号	检查内容	发现的问题	处理方法
1	运输票据或封套	(1)有票无货(车)或有货(车)无票	编制记录并拍发电报
		(2)货物运单或封套上记载的车号、到站与编组顺序表不符	
		(3)货物运单或封套上记载的车号、到站有涂改,未加盖带有所属单位的经办人名章时	
		(4)货物运单或封套上记载的车号与现车不符	编制记录并拍发电报,查明情况后继运
		(5)货物运单或封套上封印号码被划掉、改未按规定盖章	编制记录并拍发电报证明现状继运。货车上无封印时,由发现站确定是否补封
		(6)货物运单或封套以及编组顺序表记有铁路篷布,现车未盖有铁路篷布;现车盖有铁路篷布,货物运单或封套以及编组顺序表未记载或记载张数不符	编制记录并拍发电报
2	货车的施封	(1)封印失效、丢失、断开或不破坏封印即能开启车门	拍发电报并补封,是否清点货件由发现站确定
		(2)运输票据或封套上记载的封印站名或号码与现封不一致或发生涂改	核对站名,拍发电报。到站检查封印站名、号码
		(3)货车已施封,但未在运输票据、编组顺序表或封套上记明封印号码	编制记录证明现状继运
		(4)未使用施封锁施封(罐车和朝鲜进口货车除外)	拍发电报并补施施封锁
		(5)在同一车站上使用两个以上封串联施封	拍发电报并补封,如因车门技术状态无法补封时,车站以交方责任继运
		(6)货车两侧或一侧在车门上部施封	按现状拍发电报
		(7)施封货车的上部门扣未以铁线拧固(车门构造只有一个门扣或上部门扣损坏的除外)	由发现站拧固
3	装有货物的货车	(1)车门窗未按规定关闭(损坏的车窗已用木板、铁箱、木箱封固)	由发现站关闭并拍发电报
		(2)货物损坏、被盗	拍发电报、编制记录进行处理
		(3)棚车车体、平车或集装箱专用平车装运的集装箱箱体的可见部位损坏或集装箱箱门开启	拍发电报,并由车站处理
		(4)易燃货物未按规定苫盖篷布或未采取规定的防护措施	拍发电报,编制记录补苫篷布并采取防护措施
		(5)篷布(包括自备篷布)苫盖捆绑不牢、被刮掉或被割危及运输安全	及时进行整理。丢失或补苫篷布时由发现站拍发电报并编制记录
		(6)货物装载有异状或超过货车装载限界;支柱、铁线、绳索有折断或松动,货物有坠落可能;车门插销不严、危及运输安全;底开门车用一个扣铁关闭底开门(如所装货物能搭在底板横梁上,并且另一个搭扣处用铁线捆牢者除外)	由发现站按规定换装或整理并拍发电报
		(7)超限货物无调度命令	取得调度命令后继运
4	货车使用和通行限制	(1)货车违反运行区段的通行限制	拍发电报,并由车站换装适当货车
		(2)装载金属块、长度不足2.5 m的短木材或空铁桶使用的车种违反《加规》货车使用限制表的规定	

第四节　普通记录的管理

第四十八条　车站(车务段)对普通记录应建立请领、发放、使用及保管制度。普通记录用纸须按号码连续使用。普通记录存查页应及时收回,不丢失,不缺页。运转车长使用的普通记录,应由列车(车务)段负责登记和集中保管。

第五节　交接电报的管理

第四十九条　无运转车长值乘的列车,接方进行货运检查发现问题后,按规定拍发的电报作为有车长值乘时交方出具的普通记录。

车站对交接电报应建立登记制度,自编号码,妥善保管。

第六节　货物换装整理

第五十条　在运输中发现货车偏载、超载、货物撒漏,以及因车辆技术状态不良,经车辆部门扣留,不能继续运行,或根据本规则有关规定需要换装整理时,由发现站(或分局指定站)及时换装整理,并在货票(丁联)记事栏记明有关事项。

换装整理的时间一般不应超过两天。如两天内未换装整理完毕时,应由换装站以电报通知到站,以便收货人查询。

编组、区段站对扣留的换装整理货车,应进行登记,并按月汇总报主管分局和铁路局,同时通知有关分局和铁路局。

货物换装整理所需的加固材料,由车站购置,以成本列支并保证满足使用需要。

第五十一条　铁路责任的货物整理费由整理站(分局)列销;换装费由原装车站(分局)负担,但由于行车事故或调车冲撞发生的换装费由责任单位负担;因车辆技术状态不良发生的换装,属车辆部门责任,换装费由发生局负担。

需要向责任单位清算的换装费,由换装站将记录连同有关费用的单据,按月汇总报主管分局,在发生换装的次月内向责任分局(或责任单位)清算,但每一责任分局每月发生款额累计不足1 000元的不清算。

第七节　货运检查站的管理

第五十二条　货检站要加强干部职工队伍建设,提高货检人员技术、业务素质;落实岗位责任制,严格作业标准;加强安全设备和设施的管理工作,提高设备和设施的管理水平;建立互联、互控、分析报告和信息反馈制度,做好有关台账和资料的统计分析工作。

货检站之间应加强工作联系,及时处理交接中发现的问题。

第四章　货场管理

第一节　货场管理的基本要求

第五十三条　车站货场是铁路办理货物运输的场所,也是货运产品的营销窗口,并以铁路承运人资格代表铁路运输企业参与市场经营,履行铁路运输企业赋予的权利和义务。

除铁路运输主业外,其他任何单位都无权以铁路承运人资格和名义办理铁路货运业务。

为满足货物运输的需求,安全、方便、快捷地运送货物,货场应严格执行规章制度,加强安全基础工作,完成运输生产经营任务,不断提高管理水平。

第五十四条　货场应由主业实行生产和经营的统一管理、统一费率、统一收费、统一清算,对外一体化经营,对内一体化考核,发挥货场整体经营的基本功能,积极开展货运营销,不断增强铁路在市场中的竞争能力。

第五十五条　车站要应用现代化管理方法和新技术、新设备管理货场,不断提高工作质量和服务质量。货场要努力创优,不断改进装备设施,提高现代化管理水平;经常保持安全、文明、整洁、畅通;做到:服务文明化,管理科学化;作业标准化,不断提高运输集装化和装卸机械化水平;

第五十六条　货场内应建立适应货主办理运输手续的作业流程,加强各环节间内部衔接,实行一个窗口办理、一次收取费用、一张支票。开办货运信息服务项目,利用电话、电传、计算机等现代化手续,为货主提供进货、到货、运费等信息咨询。零星小件货物实行就地检斤、就地收货、就地承运。

第五十七条　车站应根据货运设备,装卸机具和办理货物种类等情况合理划分货区、确定货位分工、充分发挥货场的作业能力;应协调好货运、装卸、运转部门间的关系,明确分工,密切配合。

货场内禁止闲杂人员进入,货区内严禁吸烟。

未经铁路局批准,货场内不允许其他单位设点办公。

第五十八条　铁路装卸管理部门应对货场内的委托装卸实行统一管理、统一派班、统一费率、统一收费、统一清算的“五统一”管理。凡未与铁路签订合同的，不准在货场内进行装卸作业。需用机械装卸至汽、马车或船舶的货物(包括集装箱)，应由货场内设置的铁路装卸机械作业。货场允许托运人、收货人以自备交通工具进出货物。铁路局规定由铁路负责零担货物出入库的车站，托运人、收货人不得进库取货、送货。收货人领取整车货物时，车站应督促收货人将货位清扫干净，并将残留的货底、衬垫物等搬出货场。

第五十九条　货场应对经营、安全、技术业务、设备、消防、收入、专用线等实施规范和科学的管理。货场内的管理和生产人员应严格遵守《货场职工守则》。

第二节　货场管理的基本制度

第六十条　货场应建立货装分工负责制，包区、包库或包线负责制，货场清扫分工负责制，运输票据、货物检查交接制，取送车作业制，站车交接检查制，保价运输管理制，施封锁请领、发放、使用、保管制，门卫、巡守、消防制，衡器使用、维修、保管制，统计分析制等项作业制度。

第三节　货运设备管理

第六十一条　货运设备包括仓库、货棚、站台、货物线、堆货场及通道、房屋、装卸机具、衡器、军用加固材料、防湿篷布，上水、加冰、洗刷除污以及用于货运业务的电子计算机等各项设施。车站要设专职或兼职人员管理货运设备，建立设备台账，逐项登记入册。遇有变更及时修正，上报备案。

第六十二条　车站要充分利用货运设备，发挥设备的效能。凡属货场范围的土地、设备，未经铁路局批准，其他单位不得占用。

要加大铁路货场建设，配置质量良好的仓库、雨棚、装卸机具和装卸场地、完善服务设施，健全服务功能，为招揽货源、服务货主提供必要的物质条件。

第六十三条　车站应积极应用电子计算机技术，提高货运、装卸管理水平和工作效率。

车站(车务段)应有专人负责货场内电子计算机的管理工作。管理人员应熟悉货场使用的各种计算机的性能、构造，能够排除计算机常见故障。

第四节　货运技术管理

第六十四条　为加强货运技术管理工作，在货运量较大的以及经常办理超长、超限、集重、危险、鲜活、军运、国际联运货物的车站货场内，应配备货运工程技术人员，建立货运技术室，实行技术负责制。

第六十五条　车站货运技术工作的职责范围是：

负责车站货运技术工作，掌握车站货运技术情况，并对货运技术资料进行统计分析；查定货运设备能力和作业能力，编制货场改建和扩建计划；编制货运作业程序和质量标准；研究改进货物运输条件，改善货物包装，签订试运协议和专用线运输协议；组织货运技术革新，推进现代化管理；编制货运技术业务教育计划，并组织实施；按部有关规定制定超限、长大货物、危险货物和鲜活货物的装载运输方案以及其他货物的定型装载方案。

第五节　车站货运管理细则

第六十六条　为顺利执行日常货运作业计划，正确组织货物运输，落实各项货运规章制度，保证安全生产，明确和协调货场内各种工作关系，车站(车务段)应根据实际情况编制《车站货运管理细则》。特、一等站的《车站货运管理细则》经铁路局批准后执行；二、三等站的《车站货运管理细则》经分局批准后执行。

第六十七条　《车站货运管理细则》应包括以下内容：

一、车站货场概况

1. 货场的位置，占地面积，作业性质，设计能力，实际运量(标明年度)，大宗货物品类。

2. 各种货运设备、装卸机具、消防设施的数量、分布及能力(包括货场、专用线等平面图)。

二、货运、装卸组织管理系统

1. 组织机构、指挥系统及货装职责分工。

2. 人员配备及分工。

三、货运计划管理

1. 整车、零担、集装箱运输计划的编制方法、步骤，计划的受理与审批制度。

2. 装卸车方案和日班计划的编制、审核与执行。

四、各项基本作业制度

五、货场内各种单项管理办法

单项办法包括：安全、防火、设备、规章、文电、业务教育、计算机、篷布、军运、票据、施封用具、加冰上水、货车洗刷除污、专用线、竞赛奖励，以及其他需要单独明确的办法。

六、岗位责任制

七、各项作业基本程序、内容和质量标准

八、检查及考核办法

九、附件

第五章　货运监察

第六十八条　为加强对货运工作的监督检查，维护人民铁路为人民的宗旨，搞好路风建设，保证货运安全，铁道部和铁路局、分局均应建立货运监察制度，配备监察人员，严格执行《铁路货物运输服务质量监督监察办法》，做好监察工作。

第六十九条　货运监察人员的基本职责是：按照国家政策、法令和铁路规章制度，对路风建设、安全管理、运杂费管理、执行规章等方面的货运工作情况进行经常性的全面监督检查。

货运监察人员有权查阅有关部门和站段的案卷、记录、表报、票据及有关业务资料，检查作业现场，参加或召集调查、分析会议。对危及行车安全和货运安全的行为或现象，有权当场制止或纠正，并通知有关分局和铁路局。

检查中发现的问题作成监察记录交被检查单位领导签认，限期改正。

第七十条　货运监察人员应由思想端正、作风正派、业务熟练、严于律己、秉公办事的干部担任。

铁道部的货运监察人员，由铁道部运输局考核和管理，报部长批准；铁路局的货运监察人员由铁路局长批准，报铁道部备案；铁路分局的货运监察人员由分局长批准，报铁路局备案。

铁道部的货运监察证由铁道部核发、铁路局、分局的货运监察证由铁路局核发。

货运监察证由铁路局按铁道部统一规定的式样印制。

第七十一条　货运监察人员执行职务时应持有监察证。携带本人公用乘车证可优先乘坐旅客列车，添乘货物列车，可在乘务员公寓住宿，准予使用铁路电话、电报。

各铁路局应根据上述原则，制定本局货运监察办法。

第六章　附　　则

第七十二条　本规则由铁道部运输局负责解释。

第七十三条　本规则自 2000 年 11 月 1 日起施行。铁道部 1991 年发布的《铁路货物运输管理规则》(铁运[1991]84 号)同时废止。

“五定”班列货物运输暂行办法

(铁道部 1997 年 3 月 17 日 铁运[1997]31 号)

第一条　为开行“五定”班列(以下简称班列)，适应市场经济的需要，提高运输质量，特制定本办法。

第二条　办理班列货运营业的车站，班列的车次、开行日期和发到时刻，班列的价格由铁道部在班列时刻表和价格表中公布(见附件一)。

第三条　班列办理整车、集装箱和零担(仅限一站直达)货物，但不办理水陆联运、军运后付、超限、限速运行货物和运输途中需加水或装运于途中需加冰、加油的冷藏车的货物。

第四条　托运人要求使用班列运输货物时，应填写铁路货运运输服务单(见附录二)一式二份，车站按本站货物办理种类在货运营业窗口受理，不得指定托运人通过其他途径办理托运手续。

第五条　车站在班列的货物运单、货票和货运票据封套右上角加盖“班列”红色戳记(长方形 40 mm×20 mm)。

第六条　班列运输货物的各种费用，必须执行铁道部公布的班列价格表，除此不得收取或代收任何其他费用。车站应将班列价格表中与本站有关的内容在营业场所公布，并按此报价。

第七条　托运人在一个班列中的货物达到一定车数的，按不同比例给予优惠。托运人长期、固定使用同一班列的，可以租用班列车位或全列。优惠与租用班列由车站办理，班列优惠和租用试行办法见附录三。

第八条　班列不能按期开行的，发站应事先公告，公告前已接受订单的,应通知托运人。班列运输受阻,不能在运到期限内到达的,到站应公告。班列中的车辆因故在途中扣下的,到站应通知收货人,说明扣车原因。班列运输的货物,运输途中不能办理变更。

第九条　班列运输货物的运到期限按列车运行天数(始发日和终到日不足24 h的均按一天计算)加2日计算,运到期限自该班列的始发日开始计算。

第十条　除因不可抗力外,到站在运到期限期满日前因承运人责任不能交付货物的,由到站在交付的同时使用车站退款证明书向收货人支付违约金,每逾期1日为快运费的50%;自第3日起(未收快运费的自第1日起)按《铁路货运运输规程》第37条计算。

第十一条　铁路货运运输服务订单是运输服务合同或运输合同的组成部分,铁路运输服务订单一经签订,承运人和托运人均应承担责任。除因不可抗力,承运人不能按期提供运输或服务,或托运人未能按时将货物备妥于约定地点的,由责任方向对方支付违约金。运输落空的,零担和1 t集装箱每批10元,5 t和10 t集装箱每箱10元,整车和20 ft、40 ft集装箱每车50元;服务落空的违约金有铁路局制订并公布。

第十二条　本办法未按定事项按《铁路货物运输规定》办理。本办法铁道部运输局负责解释,自1997年4月1日起实行。

第四章　航空运输法规与政策

中华人民共和国民用航空法

(1995年10月30日第八届全国人民代表大会常务委员会第十六次会议通过)

第一章　总　　则

第一条　为了维护国家的领空主权和民用航空权利,保障民用航空活动安全和有秩序地进行,保护民用航空活动当事人各方的合法权益,促进民用航空事业的发展,制定本法。

第二条　中华人民共和国的领陆和领水之上的空域为中华人民共和国领空。中华人民共和国对领空享有完全的、排他的主权。

第三条　国务院民用航空主管部门对全国民用航空活动实施统一监督管理;根据法律和国务院的决定,在本部门的权限内,发布有关民用航空活动的规定、决定。

国务院民用航空主管部门设立的地区民用航空管理机构依照国务院民用航空主管部门的授权,监督管理各该地区的民用航空活动。

第四条　国家扶持民用航空事业的发展,鼓励和支持发展民用航空的科学研究和教育事业,提高民用航空科学技术水平。

国家扶持民用航空器制造业的发展,为民用航空活动提供安全、先进、经济、适用的民用航空器。

第二章　民用航空器国籍

第五条　本法所称民用航空器,是指除用于执行军事、海关、警察飞行任务外的航空器。

第六条　经中华人民共和国国务院民用航空主管部门依法进行国籍登记的民用航空器,具有中华人民共和国国籍,由国务院民用航空主管部门发给国籍登记证书。

国务院民用航空主管部门设立中华人民共和国民用航空器国籍登记簿,统一记载民用航空器的国籍登记事项。

第七条　下列民用航空器应当进行中华人民共和国国籍登记:

(一)中华人民共和国国家机构的民用航空器;

(二)依照中华人民共和国法律设立的企业法人的民用航空器;企业法人的注册资本中有外商出资的,其机构设置、人员组成和中方投资人的出资比例,应当符合行政法规的规定;

(三)国务院民用航空主管部门准予登记的其

他民用航空器。

自境外租赁的民用航空器，承租人符合前款规定，该民用航空器的机组人员由承租人配备的，可以申请登记中华人民共和国国籍，但是必须先予注销该民用航空器原国籍登记。

第八条 依法取得中华人民共和国国籍的民用航空器，应当标明规定的国籍标志和登记标志。

第九条 民用航空器不得具有双重国籍。未注销外国国籍的民用航空器不得在中华人民共和国申请国籍登记。

第三章 民用航空器权利

第一节 一般规定

第十条 本章规定的对民用航空器的权利，包括对民用航空器构架、发动机、螺旋桨、无线电设备和其他一切为了在民用航空器上使用的，无论安装于其上或者暂时拆离的物品的权利。

第十一条 民用航空器权利人应当就下列权利分别向国务院民用航空主管部门办理权利登记：

(一)民用航空器所有权；

(二)通过购买行为取得并占有民用航空器的权利；

(三)根据租赁期限为6个月以上的租赁合同占有民用航空器的权利；

(四)民用航空器抵押权。

第十二条 国务院民用航空主管部门设立民用航空器权利登记簿。同一民用航空器的权利登记事项应当记载于同一权利登记簿中。

民用航空器权利登记事项，可以供公众查询、复制或者摘录。

第十三条 除民用航空器经依法强制拍卖外，在已经登记的民用航空器权利得到补偿或者民用航空器权利人同意之前，民用航空器的国籍登记或者权利登记不得转移至国外。

第二节 民用航空器所有权和抵押权

第十四条 民用航空器所有权的取得、转让和消灭，应当向国务院民用航空主管部门登记；未经登记的，不得对抗第三人。

民用航空器所有权的转让，应当签订书面合同。

第十五条 国家所有的民用航空器，由国家授予法人经营管理或者使用的，本法有关民用航空器所有人的规定适用于该法人。

第十六条 设定民用航空器抵押权，由抵押权人和抵押人共同向国务院民用航空主管部门办理抵押权登记；未经登记的，不得对抗第三人。

第十七条 民用航空器抵押权设定后，未经抵押权人同意，抵押人不得将被抵押民用航空器转让他人。

第三节 民用航空器优先权

第十八条 民用航空器优先权，是指债权人依照本法第十九条规定，向民用航空器所有人、承租人提出赔偿请求，对产生该赔偿请求的民用航空器具有优先受偿的权利。

第十九条 下列各项债权具有民用航空器优先权：

(一)援救该民用航空器的报酬；

(二)保管维护该民用航空器的必需费用。

前款规定的各项债权，后发生的先受偿。

第二十条 本法第十九条规定的民用航空器优先权，其债权人应当自援救或者保管维护工作终了之日起3个月内，就其债权向国务院民用航空主管部门登记。

第二十一条 为了债权人的共同利益，在执行人民法院判决以及拍卖过程中产生的费用，应当从民用航空器拍卖所得价款中先行拨付。

第二十二条 民用航空器优先权先于民用航空器抵押权受偿。

第二十三条 本法第十九条规定的债权转移的，其民用航空器优先权随之转移。

第二十四条 民用航空器优先权应当通过人民法院扣押产生优先权的民用航空器行使。

第二十五条 民用航空器优先权自援救或者保管维护工作终了之日起满3个月时终止；但是，债权人就其债权已经依照本法第二十条规定登记，并具有下列情形之一的除外：

(一)债权人、债务人已经就此项债权的金额达成协议；

(二)有关此项债权的诉讼已经开始。

民用航空器优先权不因民用航空器所有权的转让而消灭；但是，民用航空器经依法强制拍卖的除外。

第四节　民用航空器租赁

第二十六条　民用航空器租赁合同，包括融资租赁合同和其他租赁合同，应当以书面形式订立。

第二十七条　民用航空器的融资租赁，是指出租人按照承租人对供货方和民用航空器的选择，购得民用航空器，出租给承租人使用，由承租人定期交纳租金。

第二十八条　融资租赁期间，出租人依法享有民用航空器所有权，承租人依法享有民用航空器的占有、使用、收益权。

第二十九条　融资租赁期间，出租人不得干扰承租人依法占有、使用民用航空器；承租人应当适当地保管民用航空器，使之处于原交付时的状态，但是合理损耗和经出租人同意的对民用航空器的改变除外。

第三十条　融资租赁期满，承租人应当将符合本法第二十九条规定状态的民用航空器退还出租人；但是，承租人依照合同行使购买民用航空器的权利或者为继续租赁而占有民用航空器的除外。

第三十一条　民用航空器融资租赁中的供货方，不就同一损害同时对出租人和承租人承担责任。

第三十二条　融资租赁期间，经出租人同意，在不损害第三人利益的情况下，承租人可以转让其对民用航空器的占有权或者租赁合同约定的其他权利。

第三十三条　民用航空器的融资租赁和租赁期限为六个月以上的其他租赁，承租人应当就其对民用航空器的占有权向国务院民用航空主管部门办理登记；未经登记的，不得对抗第三人。

第四章　民用航空器适航管理

第三十四条　设计民用航空器及其发动机、螺旋桨和民用航空器上设备，应当向国务院民用航空主管部门申请领取型号合格证书。经审查合格的，发给型号合格证书。

第三十五条　生产、维修民用航空器及其发动机、螺旋桨和民用航空器上设备，应当向国务院民用航空主管部门申请领取生产许可证书、维修许可证书。经审查合格的，发给相应的证书。

第三十六条　外国制造人生产的任何型号的民用航空器及其发动机、螺旋桨和民用航空器上设备，首次进口中国的，该外国制造人应当向国务院民用航空主管部门申请领取型号认可证书。经审查合格的，发给型号认可证书。

已取得外国颁发的型号合格证书的民用航空器及其发动机、螺旋桨和民用航空器上设备，首次在中国境内生产的，该型号合格证书的持有人应当向国务院民用航空主管部门申请领取型号认可证书。经审查合格的，发给型号认可证书。

第三十七条　具有中华人民共和国国籍的民用航空器，应当持有国务院民用航空主管部门颁发的适航证书，方可飞行。

出口民用航空器及其发动机、螺旋桨和民用航空器上设备，制造人应当向国务院民用航空主管部门申请领取出口适航证书。经审查合格的，发给出口适航证书。

租用的外国民用航空器，应当经国务院民用航空主管部门对其原国籍登记国发给的适航证书审查认可或者另发适航证书，方可飞行。

民用航空器适航管理规定，由国务院制定。

第三十八条　民用航空器的所有人或者承租人应当按照适航证书规定的使用范围使用民用航空器，做好民用航空器的维修保养工作，保证民用航空器处于适航状态。

第五章　航空人员

第一节　一般规定

第三十九条　本法所称航空人员，是指下列从事民用航空活动的空勤人员和地面人员：

（一）空勤人员，包括驾驶员、领航员、飞行机械人员、飞行通信员、乘务员；

（二）地面人员，包括民用航空器维修人员、空中交通管制员、飞行签派员、航空电台通信员。

第四十条　航空人员应当接受专门训练，经考核合格，取得国务院民用航空主管部门颁发的执照，方可担任其执照载明的工作。

空勤人员和空中交通管制员在取得执照前，还应当接受国务院民用航空主管部门认可的体格检查单位的检查，并取得国务院民用航空主管部门颁发的体格检查合格证书。

第四十一条 空勤人员在执行飞行任务时，应当随身携带执照和体格检查合格证书，并接受国务院民用航空主管部门的查验。

第四十二条 航空人员应当接受国务院民用航空主管部门定期或者不定期的检查和考核；经检查、考核合格的，方可继续担任其执照载明的工作。

空勤人员还应当参加定期的紧急程序训练。

空勤人员间断飞行的时间超过国务院民用航空主管部门规定时限的，应当经过检查和考核；乘务员以外的空勤人员还应当经过带飞。经检查、考核、带飞合格的，方可继续担任其执照载明的工作。

第二节 机　组

第四十三条 民用航空器机组由机长和其他空勤人员组成。机长应当由具有独立驾驶该型号民用航空器的技术和经验的驾驶员担任。

机组的组成和人员数额，应当符合国务院民用航空主管部门的规定。

第四十四条 民用航空器的操作由机长负责，机长应当严格履行职责，保护民用航空器及其所载人员和财产的安全。

机长在其职权范围内发布的命令，民用航空器所载人员都应当执行。

第四十五条 飞行前，机长应当对民用航空器实施必要的检查；未经检查，不得起飞。

机长发现民用航空器、机场、气象条件等不符合规定，不能保证飞行安全的，有权拒绝起飞。

第四十六条 飞行中，对于任何破坏民用航空器、扰乱民用航空器内秩序、危害民用航空器所载人员或者财产安全以及其他危及飞行安全的行为，在保证安全的前提下，机长有权采取必要的适当措施。

飞行中，遇到特殊情况时，为保证民用航空器及其所载人员的安全，机长有权对民用航空器作出处置。

第四十七条 机长发现机组人员不适宜执行飞行任务的，为保证飞行安全，有权提出调整。

第四十八条 民用航空器遇险时，机长有权采取一切必要措施，并指挥机组人员和航空器上其他人员采取抢救措施。在必须撤离遇险民用航空器的紧急情况下，机长必须采取措施，首先组织旅客安全离开民用航空器；未经机长允许，机组人员不得擅自离开民用航空器；机长应当最后离开民用航空器。

第四十九条 民用航空器发生事故，机长应当直接或者通过空中交通管制单位，如实将事故情况及时报告国务院民用航空主管部门。

第五十条 机长收到船舶或者其他航空器的遇险信号，或者发现遇险的船舶、航空器及其人员，应当将遇险情况及时报告就近的空中交通管制单位并给予可能的合理的援助。

第五十一条 飞行中，机长因故不能履行职务的，由仅次于机长职务的驾驶员代理机长；在下一个经停地起飞前，民用航空器所有人或者承租人应当指派新机长接任。

第五十二条 只有一名驾驶员，不需配备其他空勤人员的民用航空器，本节对机长的规定，适用于该驾驶员。

第六章 民用机场

第五十三条 本法所称民用机场，是指专供民用航空器起飞、降落、滑行、停放以及进行其他活动使用的划定区域，包括附属的建筑物、装置和设施。

本法所称民用机场不包括临时机场。

军民合用机场由国务院、中央军事委员会另行制定管理办法。

第五十四条 民用机场的建设和使用应当统筹安排、合理布局，提高机场的使用效率。

全国民用机场的布局和建设规划，由国务院民用航空主管部门会同国务院其他有关部门制定，并按照国家规定的程序，经批准后组织实施。

省、自治区、直辖市人民政府应当根据全国民用机场的布局和建设规划，制定本行政区域内的民用机场建设规划，并按照国家规定的程序报经批准后，将其纳入本级国民经济和社会发展规划。

第五十五条　民用机场建设规划应当与城市建设规划相协调。

第五十六条　新建、改建和扩建民用机场，应当符合依法制定的民用机场布局和建设规划，符合民用机场标准，并按照国家规定报经有关主管机关批准并实施。

不符合依法制定的民用机场布局和建设规划的民用机场建设项目，不得批准。

第五十七条　新建、扩建民用机场，应当由民用机场所在地县级以上地方人民政府发布公告。

前款规定的公告应当在当地主要报纸上刊登，并在拟新建、扩建机场周围地区张贴。

第五十八条　禁止在依法划定的民用机场范围内和按照国家规定划定的机场净空保护区域内从事下列活动：

（一）修建可能在空中排放大量烟雾、粉尘、火焰、废气而影响飞行安全的建筑物或者设施；

（二）修建靶场、强烈爆炸物仓库等影响飞行安全的建筑物或者设施；

（三）修建不符合机场净空要求的建筑物或者设施；

（四）设置影响机场目视助航设施使用的灯光、标志或者物体；

（五）种植影响飞行安全或者影响机场助航设施使用的植物；

（六）饲养、放飞影响飞行安全的鸟类动物和其他物体；

（七）修建影响机场电磁环境的建筑物或者设施。

禁止在依法划定的民用机场范围内放养牲畜。

第五十九条　民用机场新建、扩建的公告发布前，在依法划定的民用机场范围内和按照国家规定划定的机场净空保护区域内存在的可能影响飞行安全的建筑物、构筑物、树木、灯光和其他障碍物体，应当在规定的期限内清除；对由此造成的损失，应当给予补偿或者依法采取其他补救措施。

第六十条　民用机场新建、扩建的公告发布后，任何单位和个人违反本法和有关行政法规的规定，在依法划定的民用机场范围内和按照国家规定划定的机场净空保护区域内修建、种植或者设置影响飞行安全的建筑物、构筑物、树木、灯光和其他障碍物体的，由机场所在地县级以上地方人民政府责令清除；由此造成的损失，由修建、种植或者设置该障碍物体的人承担。

第六十一条　在民用机场及其按照国家规定划定的净空保护区域以外，对可能影响飞行安全的高大建筑物或者设施，应当按照国家有关规定设置飞行障碍灯和标志，并使其保持正常状态。

第六十二条　民用机场应当持有机场使用许可证，方可开放使用。

民用机场具备下列条件，并按照国家规定经验收合格后，方可申请机场使用许可证：

（一）具备与其运营业务相适应的飞行区、航站区、工作区以及服务设施和人员；

（二）具备能够保障飞行安全的空中交通管制、通信导航、气象等设施和人员；

（三）具备符合国家规定的安全保卫条件；

（四）具备处理特殊情况的应急计划以及相应的设施和人员；

（五）具备国务院民用航空主管部门规定的其他条件。

国际机场还应当具备国际通航条件，设立海关和其他口岸检查机关。

第六十三条　民用机场使用许可证由机场管理机构向国务院民用航空主管部门申请，经国务院民用航空主管部门审查批准后颁发。

第六十四条　设立国际机场，由国务院民用航空主管部门报请国务院审查批准。

国际机场的开放使用，由国务院民用航空主管部门对外公告；国际机场资料由国务院民用航空主管部门统一对外提供。

第六十五条　民用机场应当按照国务院民用航空主管部门的规定，采取措施，保证机场内人员和财产的安全。

第六十六条　供运输旅客或者货物的民用航空器使用的民用机场，应当按照国务院民用航空主管部门规定的标准,设置必要设施,为旅客和货物托运人、收货人提供良好服务。

第六十七条 民用机场管理机构应当依照环境保护法律、行政法规的规定,做好机场环境保护工作。

第六十八条 民用航空器使用民用机场及其助航设施的,应当缴纳使用费、服务费;使用费、服务费的收费标准,由国务院民用航空主管部门会同国务院财政部门、物价主管部门制定。

第六十九条 民用机场废弃或者改作他用,民用机场管理机构应当依照国家规定办理报批手续。

第七章 空中航行

第一节 空域管理

第七十条 国家对空域实行统一管理。

第七十一条 划分空域,应当兼顾民用航空和国防安全的需要以及公众的利益,使空域得到合理、充分、有效的利用。

第七十二条 空域管理的具体办法,由国务院、中央军事委员会制定。

第二节 飞行管理

第七十三条 在一个划定的管制空域内,由一个空中交通管制单位负责该空域内的航空器的空中交通管制。

第七十四条 民用航空器在管制空域内进行飞行活动,应当取得空中交通管制单位的许可。

第七十五条 民用航空器应当按照空中交通管制单位指定的航路和飞行高度飞行;因故确需偏离指定的航路或者改变飞行高度飞行的,应当取得空中交通管制单位的许可。

第七十六条 在中华人民共和国境内飞行的航空器,必须遵守统一的飞行规则。

进行目视飞行的民用航空器,应当遵守目视飞行规则,并与其他航空器、地面障碍物体保持安全距离。

进行仪表飞行的民用航空器,应当遵守仪表飞行规则。

飞行规则由国务院、中央军事委员会制定。

第七十七条 民用航空器机组人员的飞行时间、执勤时间不得超过国务院民用航空主管部门规定的时限。

民用航空器机组人员受到酒类饮料、麻醉剂或者其他药物的影响,损及工作能力的,不得执行飞行任务。

第七十八条 民用航空器除按照国家规定经特别批准外,不得飞入禁区;除遵守规定的限制条件外,不得飞入限制区。

前款规定的禁区和限制区,依照国家规定划定。

第七十九条 民用航空器不得飞越城市上空;但是,有下列情形之一的除外:

(一)起飞、降落或者指定的航路所必需的;

(二)飞行高度足以使该航空器在发生紧急情况时离开城市上空,而不致危及地面上的人员、财产安全的;

(三)按照国家规定的程序获得批准的。

第八十条 飞行中,民用航空器不得投掷物品;但是,有下列情形之一的除外:

(一)飞行安全所必需的;

(二)执行救助任务或者符合社会公共利益的其他飞行任务所必需的。

第八十一条 民用航空器未经批准不得飞出中华人民共和国领空。

对未经批准正在飞离中华人民共和国领空的民用航空器,有关部门有权根据具体情况采取必要措施,予以制止。

第三节 飞行保障

第八十二条 空中交通管制单位应当为飞行中的民用航空器提供空中交通服务,包括空中交通管制服务、飞行情报服务和告警服务。

提供空中交通管制服务,旨在防止民用航空器同航空器、民用航空器同障碍物体相撞,维持并加速空中交通的有秩序的活动。

提供飞行情报服务,旨在提供有助于安全和有效地实施飞行的情报和建议。

提供告警服务,旨在当民用航空器需要搜寻援救时,通知有关部门,并根据要求协助该有关部门进行搜寻援救。

第八十三条 空中交通管制单位发现民用航

空器偏离指定航路、迷失航向时，应当迅速采取一切必要措施，使其回归航路。

第八十四条　航路上应当设置必要的导航、通信、气象和地面监视设备。

第八十五条　航路上影响飞行安全的自然障碍物体，应当在航图上标明；航路上影响飞行安全的人工障碍物体，应当设置飞行障碍灯和标志，并使其保持正常状态。

第八十六条　在距离航路边界30 km以内的地带，禁止修建靶场和其他可能影响飞行安全的设施；但是，平射轻武器靶场除外。

在前款规定地带以外修建固定的或者临时性对空发射场，应当按照国家规定获得批准；对空发射场的发射方向，不得与航路交叉。

第八十七条　任何可能影响飞行安全的活动，应当依法获得批准，并采取确保飞行安全的必要措施，方可进行。

第八十八条　国务院民用航空主管部门应当依法对民用航空无线电台和分配给民用航空系统使用的专用频率实施管理。

任何单位或者个人使用的无线电台和其他仪器、装置，不得妨碍民用航空无线电专用频率的正常使用。对民用航空无线电专用频率造成有害干扰的，有关单位或者个人应当迅速排除干扰；未排除干扰前，应当停止使用该无线电台或者其他仪器、装置。

第八十九条　邮电通信企业应当对民用航空电信传递优先提供服务。

国家气象机构应当对民用航空气象机构提供必要的气象资料。

第四节　飞行必备文件

第九十条　从事飞行的民用航空器，应当携带下列文件：

(一)民用航空器国籍登记证书；

(二)民用航空器适航证书；

(三)机组人员相应的执照；

(四)民用航空器航行记录簿；

(五)装有无线电设备的民用航空器，其无线电台执照；

(六)载有旅客的民用航空器，其所载旅客姓名及其出发地点和目的地点的清单；

(七)载有货物的民用航空器，其所载货物的舱单和明细的申报单；

(八)根据飞行任务应当携带的其他文件。

民用航空器未按规定携带前款所列文件的，国务院民用航空主管部门或者其授权的地区民用航空管理机构可以禁止该民用航空器起飞。

第八章　公共航空运输企业

第九十一条　公共航空运输企业，是指以营利为目的，使用民用航空器运送旅客、行李、邮件或者货物的企业法人。

第九十二条　设立公共航空运输企业，应当向国务院民用航空主管部门申请领取经营许可证，并依法办理工商登记；未取得经营许可证的，工商行政管理部门不得办理工商登记。

第九十三条　设立公共航空运输企业，应当具备下列条件：

(一)有符合国家规定的适应保证飞行安全要求的民用航空器；

(二)有必需的依法取得执照的航空人员；

(三)有不少于国务院规定的最低限额的注册资本；

(四)法律、行政法规规定的其他条件。

第九十四条　公共航空运输企业的组织形式、组织机构适用公司法的规定。

本法施行前设立的公共航空运输企业，其组织形式、组织机构不完全符合公司法规定的，可以继续沿用原有的规定，适用前款规定的日期由国务院规定。

第九十五条　公共航空运输企业应当以保证飞行安全和航班正常，提供良好服务为准则，采取有效措施，提高运输服务质量。

公共航空运输企业应当教育和要求本企业职工严格履行职责，以文明礼貌、热情周到的服务态度，认真做好旅客和货物运输的各项服务工作。

旅客运输航班延误的，应当在机场内及时通告有关情况。

第九十六条　公共航空运输企业申请经营定期航班运输(以下简称航班运输)的航线，暂停、终止经营航线，应当报经国务院民用航空主管部门批准。

公共航空运输企业经营航班运输，应当公布班期时刻。

第九十七条　公共航空运输企业的营业收费项目，由国务院民用航空主管部门确定。

国内航空运输的运价管理办法，由国务院民用航空主管部门会同国务院物价主管部门制定，报国务院批准后执行。

国际航空运输运价的制定按照中华人民共和国政府与外国政府签订的协定、协议的规定执行；没有协定、协议的，参照国际航空运输市场价格制定运价，报国务院民用航空主管部门批准后执行。

第九十八条　公共航空运输企业从事不定期运输，应当经国务院民用航空主管部门批准，并不得影响航班运输的正常经营。

第九十九条　公共航空运输企业应当依照国务院制定的公共航空运输安全保卫规定，制定安全保卫方案，并报国务院民用航空主管部门备案。

第一百条　公共航空运输企业不得运输法律、行政法规规定的禁运物品。

公共航空运输企业未经国务院民用航空主管部门批准，不得运输作战军火、作战物资。

禁止旅客随身携带法律、行政法规规定的禁运物品乘坐民用航空器。

第一百零一条　公共航空运输企业运输危险品，应当遵守国家有关规定。

禁止以非危险品品名托运危险品。

禁止旅客随身携带危险品乘坐民用航空器。除因执行公务并按照国家规定经过批准外，禁止旅客携带枪支、管制刀具乘坐民用航空器。禁止违反国务院民用航空主管部门的规定将危险品作为行李托运。

危险品品名由国务院民用航空主管部门规定并公布。

第一百零二条　公共航空运输企业不得运输拒绝接受安全检查的旅客，不得违反国家规定运输未经安全检查的行李。

公共航空运输企业必须按照国务院民用航空主管部门的规定，对承运的货物进行安全检查或者采取其他保证安全的措施。

第一百零三条　公共航空运输企业从事国际航空运输的民用航空器及其所载人员、行李、货物应当接受边防、海关、检疫等主管部门的检查；但是，检查时应当避免不必要的延误。

第一百零四条　公共航空运输企业应当依照有关法律、行政法规的规定优先运输邮件。

第一百零五条　公共航空运输企业应当投保地面第三人责任险。

第九章　公共航空运输

第一节　一般规定

第一百零六条　本章适用于公共航空运输企业使用民用航空器经营的旅客、行李或者货物的运输，包括公共航空运输企业使用民用航空器办理的免费运输。

本章不适用于使用民用航空器办理的邮件运输。

对多式联运方式的运输，本章规定适用于其中的航空运输部分。

第一百零七条　本法所称国内航空运输，是指根据当事人订立的航空运输合同，运输的出发地点、约定的经停地点和目的地点均在中华人民共和国境内的运输。

本法所称国际航空运输，是指根据当事人订立的航空运输合同，无论运输有无间断或者有无转运，运输的出发地点、目的地点或者约定的经停地点之一不在中华人民共和国境内的运输。

第一百零八条　航空运输合同各方认为几个连续的航空运输承运人办理的运输是一项单一业务活动的，无论其形式是以一个合同订立或者数个合同订立，应当视为一项不可分割的运输。

第二节　运输凭证

第一百零九条　承运人运送旅客，应当出具客票。旅客乘坐民用航空器，应当交验有效客票。

第一百一十条　客票应当包括的内容由国务院民用航空主管部门规定，至少应当包括以下内容：

(一)出发地点和目的地点；

(二)出发地点和目的地点均在中华人民共和

国国境内，而在境外有一个或者数个约定的经停地点的，至少注明一个经停地点；

（三）旅客航程的最终目的地点、出发地点或者约定的经停地点之一不在中华人民共和国境内，依照所适用的国际航空运输公约的规定，应当在客票上声明此项运输适用该公约的，客票上应当载有该项声明。

第一百一十一条 客票是航空旅客运输合同订立和运输合同条件的初步证据。

旅客未能出示客票、客票不符合规定或者客票遗失，不影响运输合同的存在或者有效。

在国内航空运输中，承运人同意旅客不经其出票而乘坐民用航空器的，承运人无权援用本法第一百二十八条有关赔偿责任限制的规定。

在国际航空运输中，承运人同意旅客不经其出票而乘坐民用航空器的，或者客票上未依照本法第一百一十条第（三）项的规定声明的，承运人无权援用本法第一百二十九条有关赔偿责任限制的规定。

第一百一十二条 承运人载运托运行李时，行李票可以包含在客票之内或者与客票相结合。除本法第一百一十条的规定外，行李票还应当包括下列内容：

（一）托运行李的件数和重量；

（二）需要声明托运行李在目的地点交付时的利益的，注明声明金额。

行李票是行李托运和运输合同条件的初步证据。

旅客未能出示行李票、行李票不符合规定或者行李票遗失，不影响运输合同的存在或者有效。

在国内航空运输中，承运人载运托运行李而不出具行李票的，承运人无权援用本法第一百二十八条有关赔偿责任限制的规定。

在国际航空运输中，承运人载运托运行李而不出具行李票的，或者行李票上未依照本法第一百一十条第（三）项的规定声明的，承运人无权援用本法第一百二十九条有关赔偿责任限制的规定。

第一百一十三条 承运人有权要求托运人填写航空货运单，托运人有权要求承运人接受该航空货运单。托运人未能出示航空货运单、航空货运单不符合规定或者航空货运单遗失，不影响运输合同的存在或者有效。

第一百一十四条 托运人应当填写航空货运单正本一式三份，连同货物交给承运人。

航空货运单第一份注明“交承运人”，由托运人签字、盖章；第二份注明“交收货人”由托运人和承运人签字、盖章；第三份由承运人在接受货物后签字、盖章，交给托运人。

承运人根据托运人的请求填写航空货运单的，在没有相反证据的情况下，应当视为代托运人填写。

第一百一十五条 航空货运单应当包括的内容由国务院民用航空主管部门规定，至少应当包括以下内容：

（一）出发地点和目的地点；

（二）出发地点和目的地点均在中华人民共和国境内，而在境外有一个或者数个约定的经停地点的，至少注明一个经停地点；

（三）货物运输的最终目的地点、出发地点或者约定的经停地点之一不在中华人民共和国境内，依照所适用的国际航空运输公约的规定，应当在货运单上声明此项运输适用该公约的，货运单上应当载有该项声明。

第一百一十六条 在国内航空运输中，承运人同意未经填具航空货运单而载运货物的，承运人无权援用本法第一百二十八条有关赔偿责任限制的规定。

在国际航空运输中，承运人同意未经填具航空货运单而载运货物的，或者航空货运单上未依照本法第一百一十五条第（三）项的规定声明的，承运人无权援用本法第一百二十九条有关赔偿责任限制的规定。

第一百一十七条 托运人应当对航空货运单上所填关于货物的说明和声明的正确性负责。

因航空货运单上所填的说明和声明不符合规定、不正确或者不完全，给承运人或者承运人对之负责的其他人造成损失的，托运人应当承担赔偿责任。

第一百一十八条 航空货运单是航空货物运

输合同订立和运输条件以及承运人接受货物的初步证据。

航空货运单上关于货物的重量、尺寸、包装和包装件数的说明具有初步证据的效力。除经过承运人和托运人当面查对并在航空货运单上注明经过查对或者书写关于货物的外表情况的说明外，航空货运单上关于货物的数量、体积和情况的说明不能构成不利于承运人的证据。

第一百一十九条 托运人在履行航空货物运输合同规定的义务的条件下，有权在出发地机场或者目的地机场将货物提回，或者在途中经停时中止运输，或者在目的地点或者途中要求将货物交给非航空货运单上指定的收货人，或者要求将货物运回出发地机场；但是，托运人不得因行使此种权利而使承运人或者其他托运人遭受损失，并应当偿付由此产生的费用。

托运人的指示不能执行的，承运人应当立即通知托运人。

承运人按照托运人的指示处理货物，没有要求托运人出示其所收执的航空货运单，给该航空货运单的合法持有人造成损失的，承运人应当承担责任，但是不妨碍承运人向托运人追偿。

收货人的权利依照本法第一百二十条规定开始时，托运人的权利即告终止；但是，收货人拒绝接受航空货运单或者货物，或者承运人无法同收货人联系的，托运人恢复其对货物的处置权。

第一百二十条 除本法第一百一十九条所列情形外，收货人于货物到达目的地点，并在缴付应付款项和履行航空货运单上所列运输条件后，有权要求承运人移交航空货运单并交付货物。

除另有约定外，承运人应当在货物到达后立即通知收货人。

承运人承认货物已经遗失，或者货物在应当到达之日起七日后仍未到达的，收货人有权向承运人行使航空货物运输合同所赋予的权利。

第一百二十一条 托运人和收货人在履行航空货物运输合同规定的义务的条件下，无论为本人或者他人的利益，可以以本人的名义分别行使本法第一百一十九条和第一百二十条所赋予的权利。

第一百二十二条 本法第一百一十九条、第一百二十条和第一百二十一条的规定，不影响托运人同收货人之间的相互关系，也不影响从托运人或者收货人获得权利的第三人之间的关系。

任何与本法第一百一十九条、第一百二十条和第一百二十一条规定不同的合同条款，应当在航空货运单上载明。

第一百二十三条 托运人应当提供必需的资料和文件，以便在货物交付收货人前完成法律、行政法规规定的有关手续；因没有此种资料、文件，或者此种资料、文件不充足或者不符合规定造成的损失，除由于承运人或者其受雇人、代理人的过错造成的外，托运人应当对承运人承担责任。

除法律、行政法规另有规定外，承运人没有对前款规定的资料或者文件进行检查的义务。

第三节 承运人的责任

第一百二十四条 因发生在民用航空器上或者在旅客上、下民用航空器过程中的事件，造成旅客人身伤亡的，承运人应当承担责任；但是，旅客的人身伤亡完全是由于旅客本人的健康状况造成的，承运人不承担责任。

第一百二十五条 因发生在民用航空器上或者在旅客上、下民用航空器过程中的事件，造成旅客随身携带物品毁灭、遗失或者损坏的，承运人应当承担责任。因发生在航空运输期间的事件，造成旅客的托运行李毁灭、遗失或者损坏的，承运人应当承担责任。

旅客随身携带物品或者托运行李的毁灭、遗失或者损坏完全是由于行李本身的自然属性、质量或者缺陷造成的，承运人不承担责任。

本章所称行李，包括托运行李和旅客随身携带的物品。

因发生在航空运输期间的事件，造成货物毁灭、遗失或者损坏的，承运人应当承担责任；但是，承运人证明货物的毁灭、遗失或者损坏完全是由于下列原因之一造成的，不承担责任：

（一）货物本身的自然属性、质量或者缺陷；

（二）承运人或者其受雇人、代理人以外的人包装货物的，货物包装不良；

（三）战争或者武装冲突；

（四）政府有关部门实施的与货物入境、出境或者过境有关的行为。

本条所称航空运输期间，是指在机场内、民用航空器上或者机场外降落的任何地点，托运行李、货物处于承运人掌管之下的全部期间。

航空运输期间，不包括机场外的任何陆路运输、海上运输、内河运输过程；但是，此种陆路运输、海上运输、内河运输是为了履行航空运输合同而装载、交付或者转运，在没有相反证据的情况下，所发生的损失视为在航空运输期间发生的损失。

第一百二十六条　旅客、行李或者货物在航空运输中因延误造成的损失，承运人应当承担责任；但是，承运人证明本人或者其受雇人、代理人为了避免损失的发生，已经采取一切必要措施或者不可能采取此种措施的，不承担责任。

第一百二十七条　在旅客、行李运输中，经承运人证明，损失是由索赔人的过错造成或者促成的，应当根据造成或者促成此种损失的过错的程度，相应免除或者减轻承运人的责任。旅客以外的其他人就旅客死亡或者受伤提出赔偿请求时，经承运人证明，死亡或者受伤是旅客本人的过错造成或者促成的，同样应当根据造成或者促成此种损失的过错的程度，相应免除或者减轻承运人的责任。

在货物运输中，经承运人证明，损失是由索赔人或者代行权利人的过错造成或者促成的，应当根据造成或者促成此种损失的过错的程度，相应免除或者减轻承运人的责任。

第一百二十八条　国内航空运输承运人的赔偿责任限额由国务院民用航空主管部门制定，报国务院批准后公布执行。

旅客或者托运人在交运托运行李或者货物时，特别声明在目的地点交付时的利益，并在必要时支付附加费的，除承运人证明旅客或者托运人声明的金额高于托运行李或者货物在目的地点交付时的实际利益外，承运人应当在声明金额范围内承担责任；本法第一百二十九条的其他规定，除赔偿责任限额外，适用于国内航空运输。

第一百二十九条　国际航空运输承运人的赔偿责任限额按照下列规定执行：

（一）对每名旅客的赔偿责任限额为16 600元计算单位；但是，旅客可以同承运人书面约定高于本项规定的赔偿责任限额。

（二）对托运行李或者货物的赔偿责任限额，每千克为17计算单位。旅客或者托运人在交运托运行李或者货物时，特别声明在目的地点交付时的利益，并在必要时支付附加费的，除承运人证明旅客或者托运人声明的金额高于托运行李或者货物在目的地点交付时的实际利益外，承运人应当在声明金额范围内承担责任。

托运行李或者货物的一部分或者托运行李、货物中的任何物件毁灭、遗失、损坏或者延误的，用以确定承运人赔偿责任限额的重量，仅为该一包件或者数包件的总重量；但是，因托运行李或者货物的一部分或者托运行李、货物中的任何物件的毁灭、遗失、损坏或者延误，影响同一份行李票或者同一份航空货运单所列其他包件的价值的，确定承运人的赔偿责任限额时，此种包件的总重量也应当考虑在内。

（三）对每名旅客随身携带的物品的赔偿责任限额为332计算单位。

第一百三十条　任何旨在免除本法规定的承运人责任或者降低本法规定的赔偿责任限额的条款，均属无效；但是，此种条款的无效，不影响整个航空运输合同的效力。

第一百三十一条　有关航空运输中发生的损失的诉讼，不论其根据如何，只能依照本法规定的条件和赔偿责任限额提出，但是不妨碍谁有权提起诉讼以及他们各自的权利。

第一百三十二条　经证明，航空运输中的损失是由于承运人或者其受雇人、代理人的故意或者明知可能造成损失而轻率地作为或者不作为造成的，承运人无权援用本法第一百二十八条、第一百二十九条有关赔偿责任限制的规定；证明承运人的受雇人、代理人有此种作为或者不作为的，还应当证明该受雇人、代理人是在受雇、代理范围内行事。

第一百三十三条　就航空运输中的损失向承运人的受雇人、代理人提起诉讼时，该受雇人、代理人证明他是在受雇、代理范围内行事的，有权援用本法第一百二十八条、第一百二十九条有关赔偿责任限制的规定。

在前款规定情形下，承运人及其受雇人、代理人的赔偿总额不得超过法定的赔偿责任限额。

经证明，航空运输中的损失是由于承运人的受雇人、代理人的故意或者明知可能造成损失而轻率地作为或者不作为造成的，不适用本条第一款和第二款的规定。

第一百三十四条 旅客或者收货人收受托运行李或者货物而未提出异议，为托运行李或者货物已经完好交付并与运输凭证相符的初步证据。

托运行李或者货物发生损失的，旅客或者收货人应当在发现损失后向承运人提出异议。托运行李发生损失的，至迟应当自收到托运行李之日起7日内提出；货物发生损失的，至迟应当自收到货物之日起14日内提出。托运行李或者货物发生延误的，至迟应当自托运行李或者货物交付旅客或者收货人处置之日起21日内提出。

任何异议均应当在前款规定的期间内写在运输凭证上或者另以书面提出。

除承运人有欺诈行为外，旅客或者收货人未在本条第二款规定的期间内提出异议的，不能向承运人提出索赔诉讼。

第一百三十五条 航空运输的诉讼时效期间为2年，自民用航空器到达目的地点、应当到达目的地点或者运输终止之日起计算。

第一百三十六条 由几个航空承运人办理的连续运输，接受旅客、行李或者货物的每一个承运人应当受本法规定的约束，并就其根据合同办理的运输区段作为运输合同的订约一方。

对前款规定的连续运输，除合同明文约定第一承运人应当对全程运输承担责任外，旅客或者其继承人只能对发生事故或者延误的运输区段的承运人提起诉讼。

托运行李或者货物的毁灭、遗失、损坏或者延误，旅客或者托运人有权对第一承运人提起诉讼，旅客或者收货人有权对最后承运人提起诉讼，旅客、托运人和收货人均可以对发生毁灭、遗失、损坏或者延误的运输区段的承运人提起诉讼。上述承运人应当对旅客、托运人或者收货人承担连带责任。

第四节 实际承运人履行航空运输的特别规定

第一百三十七条 本节所称缔约承运人，是指以本人名义与旅客或者托运人，或者与旅客或者托运人的代理人，订立本章调整的航空运输合同的人。

本节所称实际承运人，是指根据缔约承运人的授权，履行前款全部或者部分运输的人，不是指本章规定的连续承运人；在没有相反证明时，此种授权被认为是存在的。

第一百三十八条 除本节另有规定外，缔约承运人和实际承运人都应当受本章规定的约束。缔约承运人应当对合同约定的全部运输负责。实际承运人应当对其履行的运输负责。

第一百三十九条 实际承运人的作为和不作为，实际承运人的受雇人、代理人在受雇、代理范围内的作为和不作为，关系到实际承运人履行的运输的，应当视为缔约承运人的作为和不作为。

缔约承运人的作为和不作为，缔约承运人的受雇人、代理人在受雇、代理范围内的作为和不作为，关系到实际承运人履行的运输的，应当视为实际承运人的作为和不作为；但是，实际承运人承担的责任不因此种作为或者不作为而超过法定的赔偿责任限额。

任何有关缔约承运人承担本章未规定的义务或者放弃本章赋予的权利的特别协议，或者任何有关依照本法第一百二十八条、第一百二十九条规定所作的在目的地点交付时利益的特别声明，除经实际承运人同意外，均不得影响实际承运人。

第一百四十条 依照本章规定提出的索赔或者发出的指示，不论是向缔约承运人还是向实际承运人提出或者发出的，具有同等效力；但是，本法第一百一十九条规定的指示，只在向缔约承运人发出时，方有效。

第一百四十一条 实际承运人的受雇人、代理人或者缔约承运人的受雇人、代理人，证明他是在受雇、代理范围内行事的，就实际承运人履行的运输而言，有权援用本法第一百二十八条、第一百二十九条有关赔偿责任限制的规定，但是依照本法规定不得援用赔偿责任限制规定的除外。

第一百四十二条　对于实际承运人履行的运输,实际承运人、缔约承运人以及他们的在受雇、代理范围内行事的受雇人、代理人的赔偿总额不得超过依照本法得以从缔约承运人或者实际承运人获得赔偿的最高数额;但是,其中任何人都不承担超过对他适用的赔偿责任限额。

第一百四十三条　对实际承运人履行的运输提起的诉讼,可以分别对实际承运人或者缔约承运人提起,也可以同时对实际承运人和缔约承运人提起;被提起诉讼的承运人有权要求另一承运人参加应诉。

第一百四十四条　除本法第一百四十三条规定外,本节规定不影响实际承运人和缔约承运人之间的权利、义务。

第十章　通用航空

第一百四十五条　通用航空,是指使用民用航空器从事公共航空运输以外的民用航空活动,包括从事工业、农业、林业、渔业和建筑业的作业飞行以及医疗卫生、抢险救灾、气象探测、海洋监测、科学实验、教育训练、文化体育等方面的飞行活动。

第一百四十六条　从事通用航空活动,应当具备下列条件:

(一)有与所从事的通用航空活动相适应,符合保证飞行安全要求的民用航空器;

(二)有必需的依法取得执照的航空人员;

(三)符合法律、行政法规规定的其他条件。

从事经营性通用航空,限于企业法人。

第一百四十七条　从事非经营性通用航空的,应当向国务院民用航空主管部门办理登记。

从事经营性通用航空的,应当向国务院民用航空主管部门申请领取通用航空经营许可证,并依法办理工商登记;未取得经营许可证的,工商行政管理部门不得办理工商登记。

第一百四十八条　通用航空企业从事经营性通用航空活动,应当与用户订立书面合同,但是紧急情况下的救护或者救灾飞行除外。

第一百四十九条　组织实施作业飞行时,应当采取有效措施,保证飞行安全,保护环境和生态平衡,防止对环境、居民、作物或者牲畜等造成损害。

第一百五十条　从事通用航空活动的,应当投保地面第三人责任险。

第十一章　搜寻援救和事故调查

第一百五十一条　民用航空器遇到紧急情况时,应当发送信号,并向空中交通管制单位报告,提出援救请求;空中交通管制单位应当立即通知搜寻援救协调中心。民用航空器在海上遇到紧急情况时,还应当向船舶和国家海上搜寻援救组织发送信号。

第一百五十二条　发现民用航空器遇到紧急情况或者收听到民用航空器遇到紧急情况的信号的单位或者个人,应当立即通知有关的搜寻援救协调中心、海上搜寻援救组织或者当地人民政府。

第一百五十三条　收到通知的搜寻援救协调中心、地方人民政府和海上搜寻援救组织,应当立即组织搜寻援救。

收到通知的搜寻援救协调中心,应当设法将已经采取的搜寻援救措施通知遇到紧急情况的民用航空器。

搜寻援救民用航空器的具体办法,由国务院规定。

第一百五十四条　执行搜寻援救任务的单位或者个人,应当尽力抢救民用航空器所载人员,按照规定对民用航空器采取抢救措施并保护现场,保存证据。

第一百五十五条　民用航空器事故的当事人以及有关人员在接受调查时,应当如实提供现场情况和与事故有关的情节。

第一百五十六条　民用航空器事故调查的组织和程序,由国务院规定。

第十二章　对地面第三人损害的赔偿责任

第一百五十七条　因飞行中的民用航空器或者从飞行中的民用航空器上落下的人或者物,造成地面(包括水面,下同)上的人身伤亡或者财产损害的,受害人有权获得赔偿;但是,所受损害并非造成损害的事故的直接后果，或者所受损害仅是民用航空器依照国家有关的空中交通规则在空中通过造成的，受害人无权要求赔偿。

前款所称飞行中，是指自民用航空器为实际起飞而使用动力时起至着陆冲程终了时止；就轻于空气的民用航空器而言，飞行中是指自其离开地面时起至其重新着地时止。

第一百五十八条　本法第一百五十七条规定的赔偿责任，由民用航空器的经营人承担。

前款所称经营人，是指损害发生时使用民用航空器的人。民用航空器的使用权已经直接或者间接地授予他人，本人保留对该民用航空器的航行控制权的，本人仍被视为经营人。

经营人的受雇人、代理人在受雇、代理过程中使用民用航空器，无论是否在其受雇、代理范围内行事，均视为经营人使用民用航空器。

民用航空器登记的所有人应当被视为经营人，并承担经营人的责任；除非在判定其责任的诉讼中，所有人证明经营人是他人，并在法律程序许可的范围内采取适当措施使该人成为诉讼当事人之一。

第一百五十九条　未经对民用航空器有航行控制权的人同意而使用民用航空器，对地面第三人造成损害的，有航行控制权的人除证明本人已经适当注意防止此种使用外，应当与该非法使用人承担连带责任。

第一百六十条　损害是武装冲突或者骚乱的直接后果，依照本章规定应当承担责任的人不承担责任。

依照本章规定应当承担责任的人对民用航空器的使用权业经国家机关依法剥夺的，不承担责任。

第一百六十一条　依照本章规定应当承担责任的人证明损害是完全由于受害人或者其受雇人、代理人的过错造成的，免除其赔偿责任；应当承担责任的人证明损害是部分由于受害人或者其受雇人、代理人的过错造成的，相应减轻其赔偿责任。但是，损害是由于受害人的受雇人、代理人的过错造成时，受害人证明其受雇人、代理人的行为超出其所授权的范围的，不免除或者不减轻应当承担责任的人的赔偿责任。

一人对另一人的死亡或者伤害提起诉讼，请求赔偿时，损害是该另一人或者其受雇人、代理人的过错造成的，适用前款规定。

第一百六十二条　两个以上的民用航空器在飞行中相撞或者相扰，造成本法第一百五十七条规定的应当赔偿的损害，或者两个以上的民用航空器共同造成此种损害的，各有关民用航空器均应当被认为已经造成此种损害，各有关民用航空器的经营人均应当承担责任。

第一百六十三条　本法第一百五十八条第四款和第一百五十九条规定的人，享有依照本章规定经营人所能援用的抗辩权。

第一百六十四条　除本章有明确规定外，经营人、所有人和本法第一百五十九条规定的应当承担责任的人，以及他们的受雇人、代理人，对于飞行中的民用航空器或者从飞行中的民用航空器上落下的人或者物造成的地面上的损害不承担责任，但是故意造成此种损害的人除外。

第一百六十五条　本章不妨碍依照本章规定应当对损害承担责任的人向他人追偿的权利。

第一百六十六条　民用航空器的经营人应当投保地面第三人责任险或者取得相应的责任担保。

第一百六十七条　保险人和担保人除享有与经营人相同的抗辩权，以及对伪造证件进行抗辩的权利外，对依照本章规定的提出的赔偿请求只能进行下列抗辩：

(一)损害发生在保险或者担保终止有效后；然而保险或者担保在飞行中期满的，该项保险或者担保在飞行计划中所载下一次降落前继续有效，但是不得超过24 h；

(二)损害发生在保险或者担保所指定的地区范围外，除非飞行超出该范围是由于不可抗力、援助他人所必需，或者驾驶、航行或者领航上的差错造成的。

前款关于保险或者担保继续有效的规定，只在对受害人有利时适用。

第一百六十八条　仅在下列情形下，受害人可以直接对保险人或者担保人提起诉讼，但是不妨碍受害人根据有关保险合同或者担保合同的法律规定提起直接诉讼的权利：

(一)根据本法第一百六十七条第(一)项、第(二)项规定，保险或者担保继续有效的；

(二)经营人破产的。

除本法第一百六十七条第一款规定的抗辩权，保险人或者担保人对受害人依照本章规定提起的直接诉讼不得以保险或者担保的无效或者追溯力终止为由进行抗辩。

第一百六十九条 依照本法第一百六十六条规定提供的保险或者担保，应当被专门指定优先支付本章规定的赔偿。

第一百七十条 保险人应当支付给经营人的款项，在本章规定的第三人的赔偿请求未满足前，不受经营人的债权人的扣留和处理。

第一百七十一条 地面第三人损害赔偿的诉讼时效期间为2年，自损害发生之日起计算；但是，在任何情况下，时效期间不得超过自损害发生之日起3年。

第一百七十二条 本章规定不适用于下列损害：

(一)对飞行中的民用航空器或者对该航空器上的人或者物造成的损害；

(二)为受害人同经营人或者同发生损害时对民用航空器有使用权的人订立的合同所约束，或者为适用两方之间的劳动合同的法律有关职工赔偿的规定所约束的损害；

(三)核损害。

第十三章 对外国民用航空器的特别规定

第一百七十三条 外国人经营的外国民用航空器，在中华人民共和国境内从事民用航空活动，适用本章规定；本章没有规定的，适用本法其他有关规定。

第一百七十四条 外国民用航空器根据其国籍登记国政府与中华人民共和国政府签订的协定、协议的规定，或者经中华人民共和国国务院民用航空主管部门批准或者接受，方可飞入、飞出中华人民共和国领空和在中华人民共和国境内飞行、降落。

对不符合前款规定，擅自飞入、飞出中华人民共和国领空的外国民用航空器，中华人民共和国有关机关有权采取必要措施，令其在指定的机场降落；对虽然符合前款规定，但是有合理的根据认为需要对其进行检查的，有关机关有权令其在指定的机场降落。

第一百七十五条 外国民用航空器飞入中华人民共和国领空，其经营人应当提供有关证明书，证明其已经投保地面第三人责任险或者已经取得相应的责任担保；其经营人未提供有关证明书的，中华人民共和国国务院民用航空主管部门有权拒绝其飞入中华人民共和国领空。

第一百七十六条 外国民用航空器的经营人经其本国政府指定，并取得中华人民共和国国务院民用航空主管部门颁发的经营许可证，方可经营中华人民共和国政府与该外国政府签订的协定、协议规定的国际航班运输；外国民用航空器的经营人经其本国政府批准，并获得中华人民共和国国务院民用航空主管部门批准，方可经营中华人民共和国境内一地和境外一地之间的不定期航空运输。

前款规定的外国民用航空器经营人，应当依照中华人民共和国法律、行政法规的规定，制定相应的安全保卫方案，报中华人民共和国国务院民用航空主管部门备案。

第一百七十七条 外国民用航空器的经营人，不得经营中华人民共和国境内两点之间的航空运输。

第一百七十八条 外国民用航空器，应当按照中华人民共和国国务院民用航空主管部门批准的班期时刻或者飞行计划飞行；变更班期时刻或者飞行计划的，其经营人应当获得中华人民共和国国务院民用航空主管部门的批准；因故变更或者取消飞行的，其经营人应当及时报告中华人民共和国国务院民用航空主管部门。

第一百七十九条 外国民用航空器应当在中华人民共和国国务院民用航空主管部门指定的设关机场起飞或者降落。

第一百八十条 中华人民共和国国务院民用航空主管部门和其他主管机关，有权在外国民用航空器降落或者飞出时查验本法第九十条规定的文件。

外国民用航空器及其所载人员、行李、货物，应当接受中华人民共和国有关主管机关依法实施的入境出境、海关、检疫等检查。

实施前两款规定的查验、检查、应当避免不必要的延误。

第一百八十一条　外国民用航空器国籍登记国发给或者核准的民用航空器适航证书、机组人员合格证书和执照，中华人民共和国政府承认其有效；但是，发给或者核准此项证书或者执照的要求，应当等于或者高于国际民用航空组织制定的最低标准。

第一百八十二条　外国民用航空器在中华人民共和国搜寻援救区内遇险，其所有人或者国籍登记国参加搜寻援救工作，应当经中华人民共和国国务院民用航空主管部门批准或者按照两国政府协议进行。

第一百八十三条　外国民用航空器在中华人民共和国境内发生事故，其国籍登记国和其他有关国家可以指派观察员参加事故调查。事故调查报告和调查结果，由中华人民共和国国务院民用航空主管部门告知该外国民用航空器的国籍登记国和其他有关国家。

第十四章　涉外关系的法律适用

第一百八十四条　中华人民共和国缔结或者参加的国际条约同本法有不同规定的，适用国际条约的规定；但是，中华人民共和国声明保留的条款除外。

中华人民共和国法律和中华人民共和国缔结或者参加的国际条约没有规定的，可以适用国际惯例。

第一百八十五条　民用航空器所有权的取得、转让和消灭，适用民用航空器国籍登记国法律。

第一百八十六条　民用航空器抵押权适用民用航空器国籍登记国法律。

第一百八十七条　民用航空器优先权适用受理案件的法院所在地法律。

第一百八十八条　民用航空运输合同当事人可以选择合同适用的法律，但是法律另有规定的除外；合同当事人没有选择的，适用与合同有最密切联系的国家的法律。

第一百八十九条　民用航空器对地面第三人的损害赔偿，适用侵权行为地法律。

民用航空器在公海上空对水面第三人的损害赔偿，适用受理案件的法院所在地法律。

第一百九十条　依照本章规定适用外国法律或者国际惯例，不得违背中华人民共和国的社会公共利益。

第十五章　法律责任

第一百九十一条　以暴力、胁迫或者其他方法劫持航空器的，依照关于惩治劫持航空器犯罪分子的决定追究刑事责任。

第一百九十二条　对飞行中的民用航空器上的人员使用暴力，危及飞行安全，尚未造成严重后果的，依照刑法第一百零五条的规定追究刑事责任；造成严重后果的，依照刑法第一百零六条的规定追究刑事责任。

第一百九十三条　违反本法规定，隐匿携带炸药、雷管或者其他危险品乘坐民用航空器，或者以非危险品品名托运危险品，尚未造成严重后果的，比照刑法第一百六十三条的规定追究刑事责任；造成严重后果的，依照刑法第一百一十条的规定追究刑事责任。

企业事业单位犯前款罪的，判处罚金，并对直接负责的主管人员和其他直接责任人员依照前款规定追究刑事责任。

隐匿携带枪支子弹、管制刀具乘坐民用航空器的，比照刑法第一百六十三条的规定追究刑事责任。

第一百九十四条　公共航空运输企业违反本法第一百零一条的规定运输危险品的，由国务院民用航空主管部门没收违法所得，可以并处违法所得1倍以下的罚款。

公共航空运输企业有前款行为，导致发生重大事故的，没收违法所得，判处罚金；并对直接负责的主管人员和其他直接责任人员依照刑法第一百一十五条的规定追究刑事责任。

第一百九十五条　故意在使用中的民用航空器上放置危险品或者唆使他人放置危险品，足以毁坏该民用航空器，危及飞行安全，尚未造成严重后果的，依照刑法第一百零七条的规定追究刑事责任；造成严重后果的，依照刑法第一百一十条的规定追究刑事责任。

第一百九十六条　故意传递虚假情报，扰乱正常飞行秩序，使公私财产遭受重大损失的，依照刑法第一百五十八条的规定追究刑事责任。

第一百九十七条　盗窃或者故意损毁、移动使用中的航行设施，危及飞行安全，足以使民用航空器发生坠落、毁坏危险，尚未造成严重后果的，依照刑法第一百零八条的规定追究刑事责任；造成严重后果的，依照刑法第一百一十条的规定追究刑事责任。

第一百九十八条　聚众扰乱民用机场秩序的，依照刑法第一百五十九条的规定追究刑事责任。

第一百九十九条　航空人员玩忽职守，或者违反规章制度，导致发生重大飞行事故，造成严重后果的，分别依照、比照刑法第一百八十七条或者第一百一十四条的规定追究刑事责任。

第二百条　违反本法规定，尚不够刑事处罚，应当给予治安管理处罚的，依照治安管理处罚条例的规定处罚。

第二百零一条　违反本法第三十七条的规定，民用航空器无适航证书而飞行，或者租用的外国民用航空器未经国务院民用航空主管部门对其原国籍登记国发给的适航证书审查认可或者另发适航证书而飞行的，由国务院民用航空主管部门责令停止飞行，没收违法所得，可以并处违法所得1倍以上5倍以下的罚款；没有违法所得的，处以10万元以上100万元以下的罚款。

适航证书失效或者超过适航证书规定范围飞行的，依照前款规定处罚。

第二百零二条　违反本法第三十四条、第三十六条第二款的规定，将未取得型号合格证书、型号认可证书的民用航空器及其发动机、螺旋桨或者民用航空器上的设备投入生产的，由国务院民用航空主管部门责令停止生产，没收违法所得，可以并处违法所得1倍以下的罚款；没有违法所得的，处以5万元以上50万元以下的罚款。

第二百零三条　违反本法第三十五条的规定，未取得生产许可证书、维修许可证书而从事生产、维修活动的，违反本法第九十二条、第一百四十七条第二款的规定，未取得公共航空运输经营许可证或者通用航空经营许可证而从事公共航空运输或者从事经营性通用航空的，国务院民用航空主管部门可以责令停止生产、维修或者经营活动。

第二百零四条　已取得本法第三十五条规定的生产许可证书、维修许可证书的企业，因生产、维修的质量问题造成严重事故的，国务院民用航空主管部门可以吊销其生产许可证书或者维修许可证书。

第二百零五条　违反本法第四十条的规定，未取得航空人员执照、体格检查合格证书而从事相应的民用航空活动的，由国务院民用航空主管部门责令停止民用航空活动，在国务院民用航空主管部门规定的限期内不得申领有关执照和证书，对其所在单位处以20万元以下的罚款。

第二百零六条　有下列违法情形之一的，由国务院民用航空主管部门对民用航空器的机长给予警告或者吊扣执照1～6个月的处罚，情节较重的，可以给予吊销执照的处罚：

（一）机长违反本法第四十五条第一款的规定，未对民用航空器实施检查而起飞的；

（二）民用航空器违反本法第七十五条的规定，未按照空中交通管制单位指定的航路和飞行高度飞行，或者违反本法第七十九条的规定飞越城市上空的。

第二百零七条　违反本法第七十四条的规定，民用航空器未经空中交通管制单位许可进行飞行活动的，由国务院民用航空主管部门责令停止飞行，对该民用航空器所有人或者承租人处以1万元以上10万元以下的罚款；对该民用航空器的机长给予警告或者吊扣执照1～6个月的处罚，情节较重的，可以给予吊销执照的处罚。

第二百零八条　民用航空器的机长或者机组

其他人员有下列行为之一的,由国务院民用航空主管部门给予警告或者吊扣执照一个月至六个月的处罚;有第(二)项或者第(三)项所列行为的,可以给予吊销执照的处罚:

(一)在执行飞行任务时,不按照本法第四十一条的规定携带执照和体格检查合格证书的;

(二)民用航空器遇险时,违反本法第四十八条的规定离开民用航空器的;

(三)违反本法第七十七条第二款的规定执行飞行任务的。

第二百零九条 违反本法第八十条的规定,民用航空器在飞行中投掷物品的,由国务院民用航空主管部门给予警告,可以对直接责任人员处以2 000元以上2万元以下的罚款。

第二百一十条 违反本法第六十二条的规定,未取得机场使用许可证开放使用民用机场的,由国务院民用航空主管部门责令停止开放使用;没收违法所得,可以并处违法所得1倍以下的罚款。

第二百一十一条 公共航空运输企业、通用航空企业违反本法规定,情节较重的,除依照本法规定处罚外,国务院民用航空主管部门可以吊销其经营许可证。对被吊销经营许可证的,工商行政管理部门应吊销其营业执照。

第二百一十二条 国务院民用航空主管部门和地区民用航空管理机构的工作人员,玩忽职守、滥用职权、徇私舞弊,构成犯罪的,依法追究刑事责任;尚不构成犯罪的,依法给予行政处分。

第十六章 附 则

第二百一十三条 本法所称计算单位,是指国际货币基金组织规定的特别提款权;其人民币数额为法院判决之日、仲裁机构裁决之日或者当事人协议之日,按照国家外汇主管机关规定的国际货币基金组织的特别提款权对人民币的换算办法计算得出的人民币数额。

第二百一十四条 本法自1996年3月1日起施行。

中国民用航空货物国内运输规则

(中国民用航空总局1996年2月29日颁布 1996年3月1日起施行)

第一章 总 则

第一条 为了加强航空货物运输的管理、维护正常的航空运输秩序,根据中华人民共和国民用航空法的规定,制定本规则。

本规则适用于出发地、约定的经停地和目的地均在中华人民共和国境内的民用航空货物运输。

第二条 承运人应当按照保证重点、照顾一般、合理运输的原则,安全、迅速、准确、经济地组织货物运输,体现人民航空为人民的宗旨。

第三条 本规则中下列用语,除具体条文中另有规定者外,含义如下:

(一)"承运人",是指包括接受托运人填开的航空货运单或者保存货物纪录的航空承运人和运送或者从事承运货物或者提供该运输的任何其他服务的所有航空承运人。

(二)"代理人",是指在航空货物运输中,经授权代表承运人的任何人。

(三)"托运人",是指为货物运输与承运人订立合同,并在航空货运单或者货物记录上署名的人。

(四)"收货人",是指承运人按照航空货运单或者货物运输记录上所列名称而交付货物的人。

(五)"托运书",是指托运人办理货物托运时填写的书面文件,是据以填开航空货运单的凭据。

(六)"航空货运单",是指托运人或者托运人委托承运人填制的,是托运人和承运人之间为在承运人的航线上承运货物所订立合同的证据。

第二章 货物托运

第四条 托运货物凭本人居民身份证或者其他有效身份证件,填写货物托运书,向承运人或其代理人办理托运手续。如承运人或其代理人要求出具单位介绍信或其他有效证明时,托运人也应予提供。托运政府规定限制运输的货物以及需向公安、检疫等有关政府部门办理手续的货物，应当随附有效证明。货物托运书的填写及基本内容：

(一)托运人应当认真填写，对托运书内容的真实性、准确性负责，并在托运书上签字或者盖章。

(二)货物托运书的基本内容：

1. 货物托运人和收货人的具体单位或者个人的全称及详细地址、电话、邮政编码；

2. 货物品名；

3. 货物件数、包装方式及标志；

4. 货物实际价值；

5. 货物声明价值；

6. 普货运输或者急件运输；

7. 货物特性、储运及其他说明。

(三)运输条件不同或者因货物性质不能在一起运输的货物，应当分别填写托运书。

第五条　货物包装应当保证货物在运输过程中不致损坏、散失、渗漏，不致损坏和污染飞机设备或者其他物品。托运人应当根据货物性质及重量、运输环境条件和承运人的要求，采用适当的内、外包装材料和包装形式，妥善包装。精密、易碎、怕震、怕压、不可倒置的货物，必须有相适应的防止货物损坏的包装措施。严禁使用草袋包装或草绳捆扎。货物包装内不准夹带禁止运输或者限制运输的物品、危险品、贵重物品、保密文件和资料等。

第六条　托运人应当在每件货物外包装上标明出发站、到达站和托运人、收货人的单位、姓名及详细地址等。托运人应当根据货物性质，按国家标准规定的式样，在货物外包装上张贴航空运输指示标贴。托运人使用旧包装时，必须除掉原包装上的残旧标志和标贴。托运人托运每件货物，应当按规定粘贴或者拴挂承运人的货物运输标签。

第七条　货物重量按毛重计算，计量单位为千克。重量不足1 kg的尾数四舍五入。每张航空货运单的货物重量不足1 kg时，按1 kg计算。贵重物品按实际毛重计算，计算单位为0.1 kg。非宽体飞机载运的货物，每件货物重量一般不超过80 kg，体积一般不超过40 cm×60 cm×100 cm。宽体飞机载运的货物，每件货物重量一般不超过250 kg，体积一般不超过100 cm×100 cm×140 cm。超过以上重量和体积的货物，承运人可依据机型及出发地和目的地机场的装卸设备条件，确定可收运货物的最大重量和体积。每件货物的长、宽、高之和不得小于40 cm。每千克货物体积超过6 000 cm^3的，为轻泡货物。轻泡货物以每6 000 cm^3折合1 kg计重。

第八条　托运人托运的货物，毛重每千克价值在人民币20元以上的，可办理货物声明价值，按规定交纳声明价值附加费。每张货运单的声明价值一般不超过人民币50万元。已办理托运手续的货物要求变更时，声明价值附加费不退。

第三章　货物承运

第一节　货物收运

第九条　承运人应当根据运输能力，按货物的性质和急缓程度，有计划地收运货物。批量大和有特定条件及时间要求的联程货物，承运人必须事先安排好联程中转舱位后方可收运。遇有特殊情况，如政府法令、自然灾害、停航或者货物严重积压时，承运人可暂停收运货物。凡是国家法律、法规和有关规定禁止运输的物品，严禁收运。凡是限制运输的物品，应符合规定的手续和条件后，方可收运。需经主管部门查验、检疫和办理手续的货物，在手续未办妥之前不得收运。

第十条　承运人收运货物时，应当查验托运人的有效身份证件。凡国家限制运输的物品，必须查验国家有关部门出具的准许运输的有效凭证。承运人应当检查托运人托运货物的包装，不符合航空运输要求的货物包装，须经托运人改善包装后方可办理收运。承运人对托运人托运货物的内包装是否符合要求，不承担检查责任。承运人对收运的货物应当进行安全检查。对收运后24 h内装机运输的货物，一律实行开箱检查或者通过安检仪器检测。

第十一条　航空货运单(下称货运单)应当由托运人填写，连同货物交给承运人。如承运人依据托运人提供的托运书填写货运单并经托运人签字，则该货运单应当视为代托运人填写。托运人应当对货运单上所填关于货物的说明或声明的正确性负责。货运单一式8份，其中正本3份、副本5份。正本3份为：第一份交承运人，由托运人签字或盖章；第二份交收货人，由托运人和承运人签字或盖章；第三份交托运人，由承运人接受货物后签字盖章。3份具有同等效力。承运人可根据需要增加副本。货运单的承运人联应当自填开货运单次日起保存两年。货运单的基本内容包括：

(一)填单地点和日期；

(二)出发地点和目的地点；

(三)第一承运人的名称、地址；

(四)托运人的名称、地址；

(五)收货人的名称、地址；

(六)货物品名、性质；

(七)货物的包装方式、件数；

(八)货物的重量、体积或尺寸；

(九)计费项目及付款方式；

(十)运输说明事项；

(十一)托运人的声明。

第二节　货物运送

第十二条　需办理急件运输的货物，托运人应当在货运单上注明发运日期和航班，承运人应当按指定的日期和航班运出。需办理联程急件货物，承运人必须征得联程站同意后方可办理。限定时间运输的货物，由托运人与承运人约定运抵日期并在货运单上注明。承运人应当在约定的期限内将货物运抵目的地。承运人应当按本章第十三条的发运顺序尽快将货物运抵目的地。

第十三条　根据货物性质，承运人应按下列顺序发运：

(一)抢险、救灾、急救、外交信袋和政府指定急运的物品；

(二)指定日期、航班和按急件收运的货物；

(三)有时限、贵重和零星小件物品；

(四)国际和国内中转联程货物；

(五)一般货物按照收运的先后顺序发运。

第十四条　承运人应当建立舱位控制制度，根据每天可利用的空运舱位合理配载，避免舱位浪费或者货物积压。承运人应当按照合理或经济的原则选择运输路线，避免货物的迂回运输。承运人运送特种货物，应当建立机长通知单制度。

第十五条　承运人对承运的货物应当精心组装卸作业，轻拿轻放，严格按照货物包装上的储运指示标志作业，防止货物损坏。承运人应当按装机单、卸机单准确装卸货物，保证飞机安全。承运人应当健全监装、监卸制度。货物装卸应当有专职人员对作业现场实施监督检查。在运输过程中发现货物包装破损无法续运时，承运人应当做好运输记录，通知托运人或收货人，征求处理意见。托运人托运的特种货物、超限货物，承运人装卸有困难时，可商托运人或收货人提供必要的装卸设备和人力。

第十六条　承运人应当根据进出港货物运输量及货物特性，分别建立普通货物及贵重物品、鲜活物品、危险物品等货物仓库。货物仓库应当建立健全保管制度，严格交接手续；库内货物应当合理码放、定期清仓；做好防火、防盗、防鼠、防水、防冻等工作，保证进出库货物准确完整。

第十七条　货物托运后，托运人或收货人可在出发地或目的地向承运人或其代理人查询货物的运输情况，查询时应当出示货运单或提供货运单号码、出发地、目的地、货物名称、件数、重量、托运日期等内容。承运人或其代理人对托运人或收货人的查询应当及时给予答复。

第三节　货物到达和交付

第十八条　货物运至到达站后，除另有约定外，承运人或其代理人应当及时向收货人发出到货通知。通知包括电话和书面两种形式。急件货物的到货通知应当在货物到达后2 h内发出，普通货物应当在24 h内发出。自发出到货通知的次日起，货物免费保管3日。逾期提取，取运人或其代理人按规定核收保管费。货物被检查机关扣留或因违章等待处理存放在承运人仓库内，由收货人或托运人承担保管费和其他有关费用。动物、鲜活易腐物品及其他指定日期和航班运输的货物，托运人应当负责通知收货人在到达站机场等候提取。

第十九条　收货人凭到货通知单和本人居民身份证或其他有效身份证件提货；委托他人提货时，凭到货通知单和货运单指定的收货人及提货人的居民身份证或其他有效身份证件提货。如承运人或其代理人要求出具单位介绍信或其他有效证明时，收货人应予提供。承运人应当按货运单列明的货物件数清点后交付收货人。发现货物短缺、损坏时，应当会同收货人当场查验，必要时填写货物运输事故记录，并由双方签字或盖章。收货人提货时，对货物外包装状态或重量如有异议，应当场提出查验或者重新过秤核对。收货人提取货物后并在货运单上签收而未提出异议,则视为货物已经完好交付。

第二十条　托运人托运的货物与货运单上所列品名不符或在货物中夹带政府禁止运输或限制运输的物品和危险物品时,承运人应当按下列规定处理:

(一)在出发站停止发运,通知托运人提取,运费不退。

(二)在中转站停止运送,通知托运人,运费不退,并对品名不符的货件,按照实际运送航段另核收运费。

(三)在到达站,对品名不符的货件,另核收全程运费。

第二十一条　货物自发出到货通知的次日起14日无人提取,到达站应当通知始发站,征求托运人对货物的处理意见;满60日无人提取又未收到托运人的处理意见时,按无法交付货物处理。对无法交付货物,应当做好清点、登记和保管工作。凡属国家禁止和限制运输物品、贵重物品及珍贵文史资料等货物应当无价移交国家主管部门处理;凡属一般的生产、生活资料应当作价移交有关物资部门或商业部门;凡属鲜活、易腐或保管有困难的物品可由承运人酌情处理。如作毁弃处理,所产生的费用由托运人承担。经作价处理的货款,应当及时交承运人财务部门保管。从处理之日起90日内,如有托运人或收货人认领,扣除该货的保管费和处理费后的余款退给认领人;如90日后仍无人认领,应当将货款上交国库。对于无法交付货物的处理结果,应当通过始发站通知托运人。

第四节　货物运输变更

第二十二条　托运人对已办妥运输手续的货物要求变更时,应当提供原托运人出具的书面要求、个人有效证件和货运单托运人联。要求变更运输的货物,应是一张货运单填写的全部货物。运输变更应当符合本规则的有关规定,否则承运人有权不予办理。

第二十三条　承运人应当及时处理托运人的变更要求,根据变更要求,更改或重开货运单,重新核收运费。如果不能按照要求办理时,应当迅速通知托运人。在运送货物前取消托运,承运人可以收取退运手续费。

第二十四条　由于承运人执行特殊任务或天气等不可抗力的原因,货物运输受到影响,需要变更运输时,承运人应当及时通知托运人或收货人,商定处理办法。承运人应当按照下列规定处理运输费用:

(一)在出发站退运货物,退还全部运费。

(二)在中途站变更到达站,退还未使用航段的运费,另核收由变更站至新到达站的运费。

(三)在中途站将货物运至原出发站,退还全部运费。

(四)在中途站改用其他交通工具将货物运至目的站,超额费用由承运人承担。

第五节　货物运输费用

第二十五条　货物运价是出发地机场至目的地机场之间的航空运输价格,不包括机场与市区间的地面运输费及其他费用。贵重物品、动物、鲜活易腐物品、危险物品、灵柩、骨灰、纸型以及特快专递、急件货物等按普通货物运价的150%计收运费。声明价值附加费的计算方法为:[声明价值-(实际重量×20)]×0.5%。

第二十六条　承运人可以收取地面运输费、退运手续费和保管费等货运杂费。

第二十七条　托运人应按国家规定的货币和付款方式交付货物运费,除承运人与托运人另有协议者外,运费一律现付。

第四章　特种货物运输

特种货物运物,除应当符合普通货物运输的规定外,应当同时遵守下列相应的特殊要求:

第二十八条　托运人要求急运的货物,经承运人同意,可以办理急件运输,并按规定收取急件运费。

第二十九条　凡对人体、动植物有害的菌种、带菌培养基等微生物制品,非经民航总局特殊批准不得承运。凡经人工制造、提炼,进行无菌处理的疫苗、菌苗、抗菌素、血清等生物制品,如托运人提供无菌、无毒证明可按普货承运。微生物及有害生物制品的仓储、运输应当远离食品。

第三十条　植物和植物产品运输须凭托运人所在地县级(含)以上的植物检疫部门出具的有效“植物检疫证书”。

第三十一条　骨灰应当装在封闭的塑料袋或其

他密封容器内,外加木盒,最外层用布包装。灵柩托运的条件:

(一)托运人应当凭医院出具的死亡证明及有关部门出具的准运证明,并事先与承运人联系约定;

(二)尸体无传染性;

(三)尸体经过防腐处理,并在防腐期限以内;

(四)尸体以铁质棺材或木质棺材为内包装,外加铁皮箱和便于装卸的环扣。棺内铺设木屑或木炭等吸附材料,棺材应当无漏缝并经过钉牢或焊封,确保气味及液体不致外溢;

(五)在办理托运时,托运人须提供殡葬部门出具的入殓证明。

第三十二条 危险货物的运输必须遵守中国民用航空总局有关危险货物航空安全运输的管理规定。

第三十三条 动物运输必须符合国家有关规定,并出具当地县级(含)以上检疫部门的免疫注射证明和检疫证明书;托运属于国家保护的动物,还需出具有关部门准运证明;托运属于市场管理范围的动物要有市场管理部门的证明。托运人托运动物,应当事先与承运人联系并定妥舱位。办理托运手续时,须填写活体动物运输托运申明书。需专门护理和喂养或者批量大的动物,应当派人押运。动物的包装,既要便于装卸又需适合动物特性和空运的要求,能防止动物破坏、逃逸和接触外界,底部有防止粪便外溢的措施,保证通风,防止动物窒息。动物的外包装上应当标明照料和运输的注意事项。托运人和收货人应当在机场交运和提取动物,并负责动物在运输前和到达后的保管。有特殊要求的动物装舱,托运人应当向承运人说明注意事项或在现场进行指导。承运人应当将动物装在适合载运动物的飞机舱内。动物在运输过程中死亡,除承运人的过错外,承运人不承担责任。

第三十四条 托运人托运鲜活易腐物品,应当提供最长允许运输时限和运输注意事项,定妥舱位,按约定时间送机场办理托运手续。政府规定需要进行检疫的鲜活易腐物品,应当出具有关部门的检疫证明。包装要适合鲜活易腐物品的特性,不致污染、损坏飞机和其他货物。客运班机不得装载有不良气味的鲜活易腐物品。需要特殊照料的鲜活易腐物品,应由托运人自备必要的设施,必要时由托运人派人押运。鲜活易腐物品在运输、仓储过程中,承运人因采取防护措施所发生的费用,由托运人或收货人支付。

第三十五条 贵重物品包括:黄金、白金、铱、铑、钯等稀贵金属及其制品;各类宝石、玉器、钻石、珍珠及其制品;珍珠文物(包括书、画、古玩等);现钞、有价证明券以及毛重每千克价值在人民币2 000元以上的物品等。贵重物品应当用坚固、严密的包装箱包装,外加#字型铁箍,接缝处必须有封志。

第三十六条 枪支、警械(简称枪械)是特种管制物品;弹药是特种管制的危险物品。托运时应当出具下列证明:

(一)托运人托运各类枪械、弹药必须出具出发地或运往县、市公安局核发的准运证明或国家主管部委出具的许可证明;

(二)进出境各类枪支、弹药的国内运输必须出具边防检查站核发的携运证;枪械、弹药包装应当是出厂原包装,非出厂的原包装应当保证坚固、严密、有封志。枪械和弹药要分开包装。枪械、弹药运输的全过程要严格交接手续。

第三十七条 根据货物的性质,在运输过程中需要专人照料、监护的货物,托运人应当派人押运,否则,承运人有权不予承运。押运货物需预先订妥舱位。押运员应当履行承运人对押运货物的要求并对货物的安全运输负责。押运员应当购买客票和办理乘机手续。托运人派人押运的货物损失,除证明是承运人的过失造成的以外,承运人不承担责任。经证明是由于承运人的过失造成的,按本规则第四十五条的有关条款赔偿。承运人应当协助押运员完成押运任务,并在押运货物包装上加贴"押运"标贴。在货运单储运注意事项栏内注明"押运"字样并写明押运的日期和航班号。

第五章 航空邮件及航空快递运输

第三十八条 航空邮件的托运和承运双方要相互协作、密切配合,按公布的航班计划和邮件路单安全、迅速、准确地组织运输。航空邮件应当按种类用完好的航空邮袋分袋封装,加挂"航空"标牌。承运人对接收的航空邮政信函应当优先组织运输。航空邮件内不得夹带危险品及国家限制运输的物品。航空邮件应当进行安全检查。航空邮件按运输时限的不同计收相应的运费。承运人运输邮件,仅对邮政企业承担责任。

第三十九条　航空快递企业要以本规则为依据，使用专用标志、包装。航空快递企业应当安全、快速、准确、优质的为货主提供服务，并按规定收取相应的服务费。发生违约行为时应当承担相应的经济责任。

第六章　货物包机、包舱运输

第四十条　申请包机、凭单位介绍信或个人有效身份证件与承运人联系协商包机运输条件，双方同意后签订包机合同。包机人与承运人应当履行包机合同规定的各自承担的责任和义务。包机人的承运人执行包机合同时，每架次货物包机应当填制托运书和货运单，作为包机的运输凭证。包机人和承运人可视货物的性质确定押运员、押运员凭包机合同办理机票并按规定办理乘机手续。

第四十一条　包用飞机的吨位，由包机人充分利用。承运人如需利用包机剩余吨位应当与包机人协商。

第四十二条　包机合同签订后，除天气或其他不可抗力的原因外，托运人和承运人均应当承担包机合同规定的经济责任。包机人提出变更包机前，承运人因执行包机任务已发生调机的有关费用应当由包机人承担。

第四十三条　包用飞机，承运人按包机双方协议收取费用。

第四十四条　申请包舱或包集装板(箱)的合同签定及双方应当承担的职责和义务参照包机的有关条款办理。

第七章　货物不正常运输的赔偿处理

第四十五条　由于承运人的原因造成货物丢失、短缺、变质、污染、损坏，应按照下列规定赔偿：

(一)货物没有办理声明价值的，承运人按照实际损失的价值进行赔偿，但赔偿最高限额为毛重每千克人民币20元。

(二)已向承运人办理货物声明价值的货物，按声明的价值赔偿；如承运人证明托运人的声明价值高于货物的实际价值时，按实际损失赔偿。

第四十六条　超过货物运输合同约定期限运达的货物，承运人应当按照运输合同的约定进行赔偿。

第四十七条　托运人或收货人发现货物有丢失、短缺、变质、污染、损坏或延误到达情况，收货人应当场向承运人提出，承运人应当按规定填写运输事故记录并由双方签字或盖章。如有索赔要求，收货人或托运人应当于签发事故记录的次日起，按法定时限向承运人或其代理人提出索赔要求。向承运人提出赔偿要求时应当填写货物索赔单，并随附货运单、运输事故记录和能证明货物内容、价格的凭证或其他有效证明。超过法定索赔期限收货人或托运人未提出赔偿要求，则视为自动放弃索赔权利。

第四十八条　索赔要求一般在到达站处理。承运人对托运人或收货人提出的赔偿要求，应当在2个月内处理答复。不属于受理索赔的承运人接到索赔要求时，应当及时将索赔要求转交有关的承运人，并通知索赔人。

第八章　附　　则

第四十九条　本规则自1996年3月1日起施行。中国民用航空局1985年制定发布的《中国民用航空局货物国内运输规则》同时废止。

中国民用航空货物国际运输规则

(中国民用航空总局　2000年4月21日颁布，2000年8月1日起施行)

第一章　总　　则

第一条　为了加强对货物国际航空运输的管理，保护承运人、托运人和收货人的合法权益，维护正常的国际航空运输秩序，根据《中华人民共和国民用航空法》第九章公共航空运输的有关规定，制定本规则。

第二条　本规则适用于依照中华人民共和国法

律设立的公共航空运输企业使用民用航空器运送货物而收取报酬的国际航空运输，也适用于公共航空运输企业(以下称承运人)使用民用航空器办理免费的货物国际航空运输。

第三条 本规则下列用语，除具体条款中另有规定外，含义如下：

(一)"公约"，是指根据合同规定适用于该项运输的1929年10月12日在华沙签订的《统一国际航空运输某些规则的公约》和《修改1929年10月12日在华沙签订的统一国际航空运输某些规则的公约的议定书》。

(二)"承运人"，是指包括发行航空货运单的承运人和运输货物、约定运输货物或者约定提供与此航空运输有关的任何其他服务的所有承运人。

(三)"代理人"，是指经承运人授权，代理承运人从事与货物运输有关活动的任何人，但本规则中另有规定的除外。

(四)"托运人"，是指与承运人订立货物运输合同，其名称出现在航空货运单托运人栏内的人。

(五)"收货人"，是指承运人将货物交给航空货运单收货人栏内所载明的人。

(六)"航空货运单"，是航空货物运输合同订立和运输条件以及承运人接受货物的初步证据。

(七)"货物"，是指除邮件或者凭"客票及行李票"运输的行李外，已由或者将由民用航空器运输的物品，包括凭航空货运单运输的行李。

第四条 承运人办理货物国际航空运输，应当遵守中华人民共和国以及运输过程中有关国家的法律和规定。

第五条 货物由包机运输的，应当由包机人与承运人签订包机合同，并在包机合同中列明适用的运价及其条件；未列明的，应当明确所适用于该包机合同的有关条件。

第二章 货物托运

第六条 托运人托运货物，应当遵守出发地、经停地和目的地国家的法律和规定。

第七条 托运人托运货物，应当填写或者由他人代为填写航空货运单(以下简称货运单)正本一式3份，连同货物交给承运人。运费和其他费用已经确定的，应当由承运人填入货运单。

货运单第一份注明"交承运人"，由托运人签字、盖章；第二份注明"交承运人"，由托运人和承运人签字、盖章；第三份由承运人在接收货物后签字、盖章，交给托运人。

承运人根据托运人的请求填写货运单的，在没有相反证据的情况下，应当视为代托运人填写。托运的货物超过一个包装件的，承运人可以要求托运人分别填写货运单。

第八条 托运人在货运单上填写的内容有错误或者有遗漏的，经托运人授权，承运人可以予以更正或者补充，但不承担义务。

第九条 货运单上应当包括下列内容：

(一)填写的地点和日期；

(二)出发地点和目的地点；

(三)出发地点和目的地点均在中华人民共和国境内，而在境外有一个或者数个约定的经停地点的，至少注明一个经停地点；

(四)托运人的名称和地址；

(五)第一承运人的名称和地址；

(六)收货的名称和地址；

(七)货物的性质；

(八)包装件数、包装方式、特殊标志或者号数；

(九)货物的重量、数量、体积或者尺寸；

(十)货物和包装的外表情况；

(十一)运费，如经议定，付费日期和地点及付费人；

(十二)提取货物时支付货款的，应当注明货物的价格和必要时应付的费用金额；

(十三)需要声明货物在目的地点交付时的利益的，应当注明声明价值金额；

(十四)货运单的份数；

(十五)随货运单交给承运人的文件；

(十六)如经议定，应当注明完成货物运输的时间和概要说明经过的路线；

(十七)货物运输的最终目的地点，出发地点或者约定的经停地点之一不在中华人民共和国境内，依照所适用的国际航空运输公约的规定，应当在货运单上声明此项运输适用该公约的，货运单上应当载有该项声明。

第十条　托运人应当对货运单上所填关于货物的说明和声明的正确性负责。因货运单上所填的说明和声明不符合规定、不正确或者不完全，给承运人或者承运人对之负责的其他人造成损失的，托运人应当承担赔偿责任。

第十一条　货运单上所填的内容被涂改或者删除的，承运人可以不接收该货运单。

第十二条　托运人托运毛重每千克价值超过承运人规定限额的货物，可办理货物声明价值，并支付声明价值附加值。

第十三条　托运人应当以适当的方式对货物进行包装，确保货物在正常掌管情况下的安全运输。

托运人应当在每一包装上清晰和耐久地标明托运人、收货人的名称及详细地址。

第三章　货物收运

第十四条　承运人不得收运中华人民共和国以及运输过程中有关国家的法律和规定禁止运输的货物。

承运人收运中华人民共和国以及运输过程中有关国家的法律和规定限制运输的货物，应当查验有关国家出具准许运输的证明。

根据中华人民共和国以及运输过程中有关国家的法律和规定需办理查验、检查等手续的货物，在手续未办妥之前，承运人不得收运。

承运人收运运费到付的货物，应当符合货物目的地点国家的法律和规定，以及有关航空联运承运人的规定。

第十五条　承运人应当收运托运人托运符合下列条件的货物：

(一)出发地、目的地、经停地和飞越国家的法律和规定允许运输或者进出口；

(二)包装适合于航空器运输；

(三)附有必需的资料、文件；

(四)不危及航空器、人员或者其他财产的安全。

第十六条　承运人可对货物、货物的包装、货物的资料、文件进行检查，但承运人不承担此种检查的义务。

第十七条　承运人可以规定每张货运单的声明价值限额。承运人对超过其声明价值规定限额的货物可以拒绝运输。

承运人可以规定每架航空器载运货物总价值的限额。

第十八条　承运人对收运的货物，应当进行安全检查或者采取其他保证安全的措施。

承运人对收运的货物应当妥善保管，防止货物损坏或者遗失。

第四章　运价、运费和其他费用

第十九条　承运人应当公布运价。运价应当是填开货运单之日的有效运价。

第二十条　除承运人另有规定外，运价和运费只适用于机场至机场的航空运输，不包括承运人提供与航空运输有关的其他附属服务所收取的费用。

第二十一条　托运人应当使用承运人公布的货币支付运费和其他费用。支付的货币不是公布货币的，托运人应当按照规定的兑换率换算后支付。

第二十二条　托运人托运货物，应当支付所有预付运费和其他费用。收货人提取货物，应当支付所有到付运费和其他费用。

所有预付或者到付的费用，无论货物是否遗失、损坏或者货物未运达货运单上载明的目的地，均为承运人的全部所得。如因承运人的原因造成货物遗失、损坏或者货物未运达货运单上载明的目的地，承运人应当承担责任。

第二十三条　托运人或者收货人未支付运费和其他费用的，承运人可以依法留置货物，并催付有关的运费和其他费用。托运人或者收货人未在规定的期限内支付运费和其他费用的，承运人可按照有关规定处置货物，并事先通知货运单上载明的托运人或者收货人。

第二十四条　承运人垫付与货物有关的税款或者费用的，托运人和收货人应当承担向承运人偿付这种税款或者费用的连带责任。

第二十五条　托运人拒绝支付运费和其他费用的，承运人可取消该货物的运输。

第五章　运输货物

第二十六条　托运人应当提供必需的资料和文件，以便在货物交付收货人前完成法律、行政法规规定的有关手续；因没有此种资料、文件，或者此种资料、文件不充足或者不符合规定造成的损失，除由于承运人或者其受雇人、代理人的过错造成的外，托运人应当对承运人承担责任。

除法律、行政法规另有规定外，承运人没有对前款规定的资料或者文件进行检查的义务。

第二十七条 承运人在班期时刻表上或者其他场所公布的时间为预计时间，不构成运输合同的组成部分，也不能作为货物运输开始、完成或者货物交付的时间。经特别约定并在货运单上注明的，承运人应当按照约定的时间运输，没有特别约定的，承运人应当用合理的时间运输。

第二十八条 承运人应当合理安排运输货物。承运人可以不经通知改变货运单上注明的航班、路线、机型或者承运人。也可以在不经通知，但应适当考虑托运人利益的情况下，使用其他交通工具运输货物。

第二十九条 承运人收运货物后，应当采取措施及时将货物运至目的地，由于无法控制或者无法预测的原因，承运人可以不经通知，取消、终止、改变、推迟、延误或者提前航班飞行，或者继续航班飞行而不载运货物或者载运部分货物。除法律另有规定外，承运人对由此而造成的后果不承担责任。

第三十条 根据适用的法律、行政法规，承运人可以在货物之间，货物和邮件或者旅客之间做出优先运输的安排。承运人也可以在任何时间、地点从一批货物中卸下部分货物后继续航班飞行。因优先运输导致货物未运输或者推迟、延误运输或者部分货物被卸下，承运人对由此而造成的后果不承担责任。

承运人做出优先运输安排的，应当考虑托运人的实际利益，并对未及时运输的货物做出合理的运输安排。

第三十一条 承运人应当建立监装、监卸制度并按其规定装卸货物。

第三十二条 承运人对无法续运的货物，应当做好记录，及时通知托运人或者收货人，并征求处理意见。

第三十三条 托运人应当在出具货运单托运人联，并以书面方式提出后，方可行使对货物的处置权，并适用于一张货运单填列的全部货物。由于行政处置权而变更收货人的，变更后的新收货人，应当视为货运单上的收货人。

货运单上已载明的声明价值不得变更。对已办妥声明价值的货物行使处置权的，已付的声明价值附加费不予退还。

第三十四条 托运人在履行航空货物运输合同规定的义务的条件下，有权在出发地机场或者目的机场将货物提回，或者在途中经停时中止运输，或者在目的地点或者途中要求将货物交给非货运单上指定的收货人，或者要求将货物运回出发地机场；但是，托运人不得因行使此种权利而使承运人或者其他托运人遭受损失，并应当偿付由此产生的费用。

第三十五条 托运人要求处置货物的，应当符合中华人民共和国以及运输过程中有关国家的法律和规定。对不符合规定的，承运人应当拒绝办理。

托运人处置货物的指示不能执行的，承运人应当立即通知托运人。

第三十六条 因发生在航空运输期间的事件，造成货物毁灭、遗失或者损坏的，承运人应当承担责任，但法律规定免除责任的除外。

第六章 货物交付

第三十七条 货物运达目的地后，承运人在未收到其他指示的情况下，应当及时向收货人或者货运单上载明的、经承运人同意的其他人发出货物到达通知。此通知以通常方式发出，对未收到或者未按时收到此通知的，承运人不承担责任。

第三十八条 收货人收到或者要求提取货物、货运单的，托运人对货物的处置权即告终止。收货人拒绝接收货运单或者货物，或者承运人无法同收货人取得联系的，托运人继续行使对货物的处置权。

第三十九条 除货运单上另有特别载明外，货物只能交付给货运单上所载明的收货人或者其代理人。按下列情况之一交付货物的，应当视为有效交付：

(一)承运人已将准许提取货物的凭证交付给收货人或者其代理人的；

(二)按适用的法律，已将货物交付给海关或者其他政府当局的。

第四十条 货物运达目的地后,收货人拒绝或者未在规定的时间内提取货物的,承运人应当执行货运单上载明的托运人的指示。货运单上未载明指示或者指示不能执行的,承运人应当将收货人未提取货物的情况通知托运人,并要求托运人予以指示。

第四十一条 货物运达目的地机场后3个月内未收到托运人指示的,承运人按其无法交付货物的规定处理。

货物运达目的地后,收货人在3个月内未办妥货物提取手续的,承运人在处置货物前,应当通知收货人。

第四十二条 托运人应当承担因收货人未提取货物而产生的其他费用,包括根据托运人指示运回货物所产生的其他费用。

第四十三条 收货人接收货运单或者货物,应当承担与运输有关所有未支付费用的支付责任。除非另有约定,托运人不得被解除支付这些费用的责任,并与收货人承担连带责任。承运人可根据支付费用的情况有条件的移交货运单或者交付货物。

第七章 特种货物运输

第四十四条 特种货物是指危险物品、活体动物、易腐物品、灵柩等特种货物。

第四十五条 托运人托运特种货物,除应当符合普通货物运输规定外,还应当符合特种货物运输规定。托运人因未遵守规定而给承运人造成损失的,托运人应当承担责任,并对承运人运输此种货物而造成的损失给予赔偿。托运人托运特种货物应当事先与承运人联系,经承运人同意后方可托运。

托运人和收货人应当在承运人指定的地点办理托运和提取特种货物。

第四十六条 承运人收运特种货物,除应当符合普通货物运输规定外,还应当符合特种货物运输规定。承运人因未遵守规定而给托运人造成损失的,承运人应当承担责任。

承运人运输特种货物,应当建立机长通知单制度。

承运人应当指定办理托运和提取特种货物的地点。

第四十七条 承运人未经中国民用航空总局批准,不得运输作战军火、作战物资。

第八章 承运人的运输条件、规定等的制定和修改

第四十八条 为了对货物国际航空运输进行管理,承运人应当依法制定、公布和修改其运输条件、运输规定及运价和其他费用。任何修改不适用于修改前已经开始的运输。

第四十九条 本规则自2000年8月1日起施行。

中国民用航空快递业管理规定

【颁布部门】民用航空总局

【颁布日期】1998年01月13日

【实施日期】1998年01月13日

第一章 总 则

第一条 为了加强对航空快递业务活动的管理,促进航空快递业务健康、有序地发展,制定本规定。

第二条 本规定适用于在中华人民共和国境内从事航空快递业务的企业(以下简称航空快递企业)和其他与航空快递业务有关的当事人。

本规定所称"航空快递",是指航空快递企业利用航空运输,收取发件人托远的快件并按照向发件人承诺的时间将其送交指定地点或者收件人,掌握运送过程的全部情况并能将即时信息提供给有关人员查询的门对门速递服务。

第三条 中国民用航空总局(以下简称民航总局)对航空快递业务实施行业管理,核发经营许可证。中国民用航空地区管理局(以下简称民航地区管理局)根据民航总局的授权,对所辖地区的航空快递业务实施管理和监督。

第四条 航空快递企业应当为客户提供安全、快捷、准确、优质的服务,并根据本规定制定本企业的航空快递业务规程,向民航总局备案后向社会公

布。

第二章 航空快递经营许可

第五条 经营航空快递业务,应当向民航总局申请领取航空快递经营许可证,并依法办理工商登记。

未取得有效的航空快递经营许可证的,不得从事航空快递业务。

航空快递企业设立分支机构,应当经民航总局批准。

第六条 经营航空快递业务的企业,应当具备下列条件:

(一)符合民航总局制定的航空快递发展规划、有关规定和市场需要;

(二)具有企业法人资格;

(三)企业注册资本不少于2 500万元;

(四)具有固定的独立营业场所;

(五)具有必备的地面交通运输设备、通讯工具和其他业务设施;

(六)具有较健全的航空快递网络和电脑查询系统;

(七)具有与其所经营的航空快递业务相适应的专业人员;

(八)民航总局认为必要的其他条件。

第七条 申请航空快递经营许可证,申请人应当向民航总局提交下列文件:

(一)申请书;

(二)可行性研究报告;

(三)注册资本的资金来源证明、法定的资信证明文件;

(四)营业场所证明;

(五)地面交通运输设备、通讯工具和其他业务设施证明,航空快递网络和电脑查询系统证明;

(六)业务人员的身份证明和从事航空快递业务人员的资历证明或者业务培训证明;

(七)民航总局认为必要的其他证明文件。

第八条 民航总局在收到本规定第七条所列的文件后,依照第六条进行审查。自收到申请之日起90天内,对符合条件的,颁发航空快递经营许可证;对不符合条件的,书面通知申请人。

第九条 航空快递企业申请购置民用航空器从事航空快件运输的,按照设立民用航空运输企业的有关规定另行报批。

第三章 航空快件专门接收站点

第十条 经民航总局批准,航空快递企业可以在机场设立航空快件专门接收站点,集中办理托运或者提取航空快件的手续。进港、出港的航空快件,应当通过该专门接收站点统一向航空承运人托运或者提取。

第十一条 航空快件专门接收站点所需作业通道以及作业、海关监管和安检场所的安排和建设,应当按照规定的程序报批。

第四章 航空快递单

第十二条 发运航空快件,应当填写航空快递单。

第十三条 航空快递单应当包括下列内容:

(一)始发地点和目的地点;

(二)发件人的单位、姓名、地址、电话和邮政编码;

(三)收件人的单位、姓名、地址、电话和邮政编码;

(四)航空快件品名、性质、包装方式、件数;

(五)航空快件的重量、体积或尺寸;

(六)航空快件的声明价值;

(七)计费项目及付款方式;

(八)运输说明事项;

(九)填单日期及发件人签字或盖章;

(十)航空快递企业工作人员签字。

第十四条 航空快递单应当由发件人填写,连同航空快件交给航空快递企业。

经发件人和航空快递企业签字或盖章的航空快递单,是航空快递合同订立的初步证据。

第十五条 航空快件发件人向航空快递企业交运航空快件时,航空快递企业要求发件人出具单位介绍信或其他有效证件的,发件人应予提供。

发运国际航空快件,发件人还应当同时提供商业发票、品质说明、装箱单等报关所需的有关文件。

第五章　航空快件的交运、承运和交付

第十六条　航空快件的发件人、收件人与航空快递企业应当按照约定办理有关手续，并遵守本规定的有关要求。

第十七条　航空快递企业收运航空快件，应当及时组织运输，及时交付。

第十八条　航空快递企业应当按照有关航空货物运输的规定，办理航空快件的托运或者提取手续。

航空快递企业负责提供全部地面专递运输和运输过程状况信息服务。

第十九条　航空快件包装内，不得夹带禁止运输或者限制运输的物品、保密文件和资料等。

收运航空快件必须经过安全检查。

第六章　航空快件运价和赔偿责任

第二十条　航空快件运价的管理原则和办法，由民航总局按照航空快件的递送时限和递送距离等条件另行制定。

前款所称航空快件运价，是指自发件人交付航空快件至该航空快件送达直投区内收件人全程运输的航空快件运输价格。

第二十一条　航空快件在递送过程中毁灭、遗失、损坏或者延误时的损害赔偿责任，由航空快递企业和发件人约定，但是不得免除故意或者重大过失情况下的责任。

第七章　罚　　则

第二十二条　违反本规定第五条的规定，未取得航空快递经营许可证而从事航空快递业务活动的，或者未经民航总局批准设立分支机构的，由民航总局或者民航地区管理局责令其停止经营、处以1万元以下的罚款；有违法所得的，由民航总局或民航地区管理局会同有关工商行政管理机关没收违法所得，并处以违法所得1倍以上3倍以下(最高不超过3万元)的罚款。

第二十三条　违反本规定第十条的规定，由民航总局或者民航地区管理局处以其所收运费1倍以上3倍以下(最高不超过3万元)的罚款。

第二十四条　航空快递企业违法经营的，由民航总局或民航地区管理局给予警告、暂停经营、收缴航空快递经营许可证等处罚。

第二十五条　违反本规定第十九条的规定，发件人在航空快件包装内夹带禁止运输或者限制运输的物品、保密文件和资料等的，依照有关法律、行政法规和规章追究其法律责任。

第八章　附　　则

第二十六条　中外合资或者合作设立航空快递企业，除按国家有关规定经有关部门审批外，应当按本规定经民航总局审核同意。

第二十七条　本规定自发布之日起施行。

在本规定施行前，已经经营航空快递业务的企业，应当在本规定施行之日起6个月内按照本规定补办审批手续；逾期不办理的，依照第二十二条的规定处理。

第五章　水路运输法规与政策

中华人民共和国水路运输管理条例

(1987年5月12日国务院发布，根据1997年12月3日《国务院关于修改〈中华人民共和国水路运输管理条例〉的决定》修正)

第一章　总　　则

第一条　为加强水路运输管理，维护运输秩序，提高运输效益，特制定本条例。

第二条　本条例适用于在中华人民共和国沿海、江河、湖泊及其他通航水域内从事水路运输和水路运输服务业务的单位和个人。

第三条　水路运输分为营业性运输和非营业

性运输。

营业性运输是指为社会服务,发生费用结算的旅客运输(含旅游运输,下同)和货物运输。

非营业性运输是指为本单位或本身服务,不发生费用结算的运输。

第四条 交通部主管全国水路运输事业,各地交通主管部门主管本地区的水路运输事业。

各地交通主管部门可以根据水路运输管理业务的实际情况,设置航运管理机构。

第五条 水路运输在国家计划指导下,实行地区、行业、部门多家经营的方针。保护正当竞争,制止非法经营。

第六条 从事水路运输和水路运输服务业务的单位和个人,必须遵守国家有关法律、法规及交通部发布的水路运输规章。

第七条 未经中华人民共和国交通部准许,外资企业、中外合资经营企业、中外合作经营企业不得经营中华人民共和国沿海、江河、湖泊及其他通航水域的水路运输。

第二章 营运管理

第八条 设立水路运输企业、水路运输服务企业以及水路运输企业以外的单位和个人从事营业性运输,由交通主管部门根据本条例的有关规定和社会运力运量综合平衡情况审查批准。审批办法由交通部规定。

对水路运输行业管理影响较大的非营业性船舶运输的审批办法,由交通部会同有关部门另行规定。

第九条 设立水路运输企业必须具备下列条件:

(一)具有与经营范围相适应的运输船舶;

(二)有较稳定的客源或货源;

(三)经营旅客运输的,应当落实客船沿线停靠港(站)点,并具备相应的服务设施;

(四)有经营管理的组织机构和负责人;

(五)有与运输业务相适应的自有流动资金。

第十条 设立水路运输服务企业,必须具备第九条第四项规定的条件,并拥有与水路运输服务业务相适应的自有流动资金。

第十一条 水路运输企业以外的单位和个人从事营业性运输,必须具备第九条第一、二、三、五项规定的条件,并有确定的负责人。

第十二条 交通主管部门应当根据水路运输企业和其他从事营业性运输的单位、个人的管理水平、运输能力、客源货源情况审批其经营范围。

第十三条 交通主管部门对批准设立的水路运输企业和其他从事营业性运输的单位、个人,发给运输许可证;对批准设立的水路运输服务企业,发给运输服务许可证。

第十四条 取得运输许可证和运输服务许可证的单位和个人,凭证向当地工商行政管理机关申请营业登记,经核准领取营业执照后,方可开业。

第十五条 水路运输企业、水路运输服务企业和其他从事营业性运输的单位、个人停业,应当向交通主管部门和工商行政管理机关办理停业手续。

第十六条 交通部和省、自治区、直辖市交通主管部门负责对水路运输计划分级进行综合平衡。

需要进行踪合平衡的重点物资、联运物资、外贸物资的运输计划,属于全国性的,由交通部按国家计划组织综合平衡;属于长江、珠江、黑龙江水系干线省际间的,由交通部派驻水系的航运管理机构组织综合平衡;属于省、自治区、直辖市以内的,由省、自治区、直辖市的交通主管部门组织综合平衡。

第十七条 经综合平衡确定的运输计划以外的货源和客源,水路运输企业和其他从事营业性运输的单位、个人,可以在批准的经营范围内自行组织承运。任何单位和个人均不得实行地区或部门封锁,垄断客源、货源。

第十八条 营业性水路货物运输的承运方和托运方,必须按照《中华人民共和国经济合同法》和《水路货物运输合同实施细则》的规定,签订运输合同。

第十九条 水路运输企业和其他从事营业性运输的单位、个人,必须按国家有关规定计收运杂费用，并使用交通部规定的运输票据。

第二十条　从事营业性运输的个体（含联户，下同）船舶必须按照国家有关规定办理保险。

第二十一条　水路运输企业和其他从事营业性运输的单位、个人以及石油、煤炭、冶金、商业、供销、外贸、林业、电力、化工、水产部门，必须按规定向交通主管部门和统计主管部门提供营业性和非营业性运输统计表。

第二十二条　水路运输服务企业不得垄断货源，强行代办服务；不得超出规定的收费标准收取服务费用。

第二十三条　海、河民用港口应当按照国家港口管理规定和计划安排，向运输船舶提供港埠设施和业务服务。

船舶进出港口必须遵守港口规章，服从管理。

水路运输企业和其他从事营业性运输的单位、个人同港埠企业之间，可以根据自愿原则，按照有关规定签订业务代理合同。

第二十四条　水路运输企业和其他从事营业性运输的单位、个人必须按照国家规定缴纳税金、规费（港务费、船舶停泊费、航道养护费）和运输管理费；从事非营业性运输的单位和个人必须按照国家规定缴纳规费。

规费和运输管理费的计征办法由交通部会同国务院有关主管部门制定。

第二十五条　全民、集体所有制单位和个体船民经营水路运输，其合法权益受国家法律保护，任何单位和个人均不得向其非法收取或摊派费用。

第三章　罚　　则

第二十六条　违反本条例有下列行为之一的，由县级以上人民政府交通主管部门按照下列规定给予处罚：

（一）未经批准，擅自设立水路运输企业、水路运输服务企业，或者水路运输企业以外的单位和个人擅自从事营业性运输的，没收违法所得，并处违法所得1倍以上3倍以下的罚款；没有违法所得的，处3万元以上25万元以下的罚款；

（二）水路运输企业、水路运输服务企业超越经营范围从事经营活动的，没收违法所得，并处违法所得1倍以上3倍以下的罚款；没有违法所得的，处2万元以上20万元以下的罚款；

（三）违反国家有关规定收取运费或者服务费的，没收违反规定收取的部分，并处2万元以上15万元以下的罚款；

（四）未使用规定的运输票据进行营业性运输的，视情节轻重给予警告或者处1万元以下的罚款；

（五）未按照规定缴纳国家规定的规费的，责令限期缴纳；逾期仍不缴纳的，除责令补缴所欠费款外，处欠缴费款1倍以上3倍以下的罚款；情节严重的，并可以暂扣许可证；

（六）垄断货源，强行代办服务的，处1万元以上10万元以下的罚款；情节严重的，并可以暂扣或者吊销许可证。

第二十七条　当事人对交通主管部门的处罚决定不服的，可以向上一级交通主管部门申请复议；对上一级交通主管部门的复议决定不服的，可以自接到复议决定书之日起15日内向人民法院起诉。当事人期满不起诉又不履行的，交通主管部门可以申请人民法院强制执行。

第二十八条　违反本条例应当受治安管理处罚的，由公安机关处理；构成犯罪的，由司法机关依法追究刑事责任。

第二十九条　水路运输管理人员违反本条例，由交通主管部门给予行政处分或经济处罚。

第四章　附　　则

第三十条　本条例下列用语的含义是：

水路运输企业，是指专门从事水路营业性运输的企业。

水路运输服务企业，是指从事代办运输手续、代办货物中转、代为组织货源的企业，但为多种运输方式服务的联运服务企业除外。

第三十一条　本条例不适用于国际航线水路运输和以排筏作为运输工具的水路运输。

第三十二条　本条例公布前已开业的水路运输企业、水路运输服务企业和其他从事营业性运输的单位、个人，应当于本条例公布之日起180天内申请补办审批手续。对不具备开业条件的，交通主管部门应当责令其停业或限期整顿；整顿无效的，由工商行政管理机关吊销营业执照。

国内水路货物运输规则

（2000年8月28日发布　交通部2000年第9号令　2001年1月1日起施行）

第一章　总　则

第一条　为了明确国内水路货物运输有关当事人的权利、义务，保护其合法权益，依据有关法律、行政法规，制定本规则。

第二条　中华人民共和国沿海、江河、湖泊以及其他通航水域中从事的营业性水路货物运输适用本规则。内河拖航视为水路货物运输，适用本规则。

第三条　本规则下列用语的含义是：

（一）水路货物运输合同（以下简称“运输合同”），是指承运人收取运输费用，负责将托运人托运的货物经水路由一港（站、点）运至另一港（站、点）的合同。

（二）班轮运输，是指在特定的航线上按照预定的船期和挂港从事有规律水上货物运输的运输形式。

（三）航次租船运输，是指船舶出租人向承租人提供的全部或者部分舱位，装运约定的货物，从一港（站、点）运至另一港（站、点）的运输形式。

（四）承运人，是指与托运人订立运输合同的人。

（五）实际承运人，是指接受承运人委托或者接受转委托从事水路货物运输的人。

（六）托运人，是指与承运人订立运输合同的人。

（七）收货人，是指在运输合同中托运人指定接收货物的人。

（八）货物，包括活动物和由托运人提供的用于集装货物的集装箱、货盘或者类似的装运器具。

（九）单元滚装运输，是指以一台不论是否装载货物的机动车辆或者移动机械作为一个运输单元，由托运人或者受雇人驾驶驶上、驶离船舶的水路运输方式。

（十）集装箱货物运输，是指将货物装入符合国际标准（ISO）、国际标准、行业标准的集装箱进行运输的水路运输方式。

第二章　运输合同的订立

第四条　运输合同，应当按照公平的原则订立。

第五条　指令性水路货物运输，有关当事人应当依照有关法律、行政法规规定的权利和义务订立运输合同。

第六条　当事人可以根据需要订立单航次运输合同和长期运输合同。

第七条　订立运输合同可以采用书面形式、口头形式和其他形式。书面形式是指合同书、信件和数据电文（包括电报、电传、传真、电子数据交换和电子邮件）等可以有形地表现所载内容的形式。

第八条　班轮运输形式下的运输合同一般包括以下条款：

（一）承运人、托运人和收货人名称；

（二）货物名称、件数、重量、体积（长、宽高）；

（三）运输费用及其结算方式；

（四）船名、航次；

（五）起运港（站、点）（以下简称起运港）、中转港（站、点）（以下简称中转港）和到达港（站、点）（以下简称到达港）；

（六）货物交接的地点和时间；

（七）装船日期；

（八）运到期；

（九）包装方式；

（十）识别标志；

（十一）违约责任；

（十二）解决争议的方法。

第九条　航次租船运输形式下的运输合同一般包括以下条款：

（一）出租人和承租人名称；

（二）货物名称、件数、重量、体积（长、宽、高）；

（三）运输费用及其结算方式；

（四）船名；

(五)载货重量、载货容积及其他船舶资料;

(六)起运港和到达港;

(七)货物交接的地点和时间;

(八)受载期限;

(九)运到期限;

(十)装、卸货期限及其计算办法;

(十一)滞期费率和速遣费率;

(十二)包装方式;

(十三)识别标志;

(十四)违约责任;

(十五)解决争议的方法。

第十条　采用合同书形式订立运输合同的,自双方当事人签字或者盖章时合同成立。采用信件、数据电文等形式订立合同的,可以在合同成立之前要求签订确认书。签订确认书时合同成立。

第三章　运输合同当事人的权利、义务

第一节　托　运　人

第十一条　托运人应当及时办理港口、海关、检验、检疫、公安和其他货物运输所需的各项手续,并将办理各项手续和有关单证不及时、不完备或者不正确,造成承运人损失的,托运人应当承担赔偿责任。

第十二条　托运人托运货物的名称、件数、重量、体积、包装方式、识别标志,应当与运输合同的约定相符。托运人未按前款规定托运货物造成承运人损失的,应当承担赔偿责任。

第十三条　散装货物,托运人确定重量有困难时,可以要求承运人提供船舶水尺计量数作为申报的重量。

第十四条　以件运输的货物,承运人验收货物时,发现货物的实际重量或者体积与托运人申报的重量或体积不符时,托运人应当按照实际重量或者体积支付运输费用并向承运人支付衡量等费用。

第十五条　需要具备运输包装的货物,托运人应当保证货物的包装符合国家规定的包装标准;没有包装标准的,货物的包装应当保证运输安全和货物质量。

第十六条　需要随时备用包装的货物,托运人应当提供足够数量的备用包装,交承运人随货免费运输。

第十七条　托运危险货物,托运人应当按照有关危险货物运输的规定,妥善包装,制作危险品标志和标签,并将其正式名称和危险性质以及必要时应当采取的预防措施书面通知承运人。

第十八条　托运人应当在货物的外包装或者表面正确制作识别标志。识别标志的内容包括发货符号、货物名称,起运港、中转港、到达港、收货人、货物总件数。托运人应当根据货物的性质和安全储运要求,按照国家规定,在货物外包装或者表面制作储运指示标志。识别标志和储运指示标志应当字迹清楚、牢固。

第十九条　同一托运人、收货人整船、整舱装运的直达运输可以不制作识别标志。外贸出口货物到港口不变换原包装的可以使用原包装的商品标志作为识别标志。

第二十条　除另有约定外,托运人应当预付运费。

第二十一条　托运人托运货物,可以办理保价运输。货物发生损坏、灭失,承运人应当按照货物的声明价值进行赔偿,但承运人证明货物的实际价值低于声明价值的,按照货物的实际价值赔偿。

第二十二条　除另有约定外,运输过程中需要饲养、照料的活动物、有生植物以及尖端保密物品、稀有珍贵物品和文物、有价证券、货币等,托运人应当向承运人申报并随船押运。托运人押运其他货物须经承运人同意。托运人应当在运单内注明押运人员的姓名和证件。

第二十三条　托运笨重、长大货物和舱面货物所需要的特殊加固、捆扎、烧焊、衬垫、苫盖物料和人工由托运人负责,卸船时由收货人拆除和收回相关物料;需要改变船上装置的,货物卸船后应当由收货人负责恢复原状。

第二十四条　托运人托运易腐货物和活动物、有生植物时,应当与承运人约定运到期限和运输要求,使用冷藏船(舱)装运易腐货物的,应当在订立运输合同时确定冷藏温度。

第二十五条　托运人托运木(竹)排应当按照与承运人商定的单排数量、规格和技术要求进行编扎。托运船舶或者其他水上浮物,应当向承运人提供船

舶或者其他水上浮物上加载货物，应当经承运人同意，并支付运输费用。航行中，木(竹)排、船舶或者其他水上浮物上的人员(包括船员、排工及押运人员)应当听从承运人的指挥，配合承运人保证航行安全。

第二十六条 下列原因发生的洗舱费用由托运人或者收货人承担。

(一)托运人提出变更合同约定的液体货物品种；

(二)装运特殊液体货物(如航空汽油、煤油、变压器油、植物油等)需要的特殊洗舱；

(三)装运特殊污秽油类(如煤焦油等)，卸后须洗刷船舱。

第二十七条 在承运人已履行本规则第三十条规定义务情况下，因货物的性质或者携带虫害等情况，需要对船舱或者货物进行检疫、洗刷、熏蒸、消毒的，应当由托运人或者收货人负责，并承担船舶滞期费等有关费用。

第二十八条 承运人将货物交付收货人之前，托运人可以要求承运人变更到达港或者将货物交给其他收货人，但应当赔偿承运人因此受到的损失。

第二十九条 托运人不履行合同义务或者履行合同义务不符合约定的，应当承提继续履行、采取补救措施或者赔偿损失等违约责任。托运人因不可抗力不能履行合同的，根据不可抗力的影响，部分或者全部免除责任。迟延履行后发生不可抗力的，不能免除责任。

第二节　承　运　人

第三十条 承运人应当使船舶处于适航状态，妥善配备船员、装备船舶和配备供应品，并使干货舱、冷藏舱、冷气舱和其他载货处所适于并能安全收受、载运和保管货物。

第三十一条 承运人应当按照运输合同的约定接收货物。

第三十二条 承运人应当妥善地装载、搬移、积载、运输、保管、照料和卸载所运货物。

第三十三条 承运人应当按照约定的或者习惯的或者地理上的航线将货物运送到约定的到达港。承运人为救助或者企图救助人命或者财产而发生的绕航或者其他合理绕航，不属于违反前款规定的行为。

第三十四条 承运人应当在约定期间或者在没有这种约定时在合理期间内将货物安全运送到约定地点。货物未能在约定或者合理期间内在约定地点交付的，为迟延交付。对由此造成的损失，承运人应当承担赔偿责任。承运人未能在本条第一款规定期间届满的次日起60日内交付货物，有权对货物灭失提出赔偿请求的人可以认为货物已经灭失。

第三十五条 因不可抗力致使不能在合同约定的到达港卸货的，除另有约定外，承运人可以将货物在到达港邻近的安全港口或者地点卸载，视为已经履行合同。承运人实施前款规定行为应当考虑托运人或者收货人的利益，并及时通知托运人或者收货人。

第三十六条 托运人违反规则规定，承运人可以拒绝运输。

第三十七条 托运人未按照本规则第十七条规定通知承运人或者通知有误的，承运人可以在任何时间、任何地点根据情况需要将危险货物卸下、销毁或者使之不能为害，而不承担赔偿责任。托运人对承运人因运输此类货物所受到的损失，应当承担赔偿责任。承运人知道危险货物的性质并已同意装运的，仍然可以在该项货物对于船舶、人员或者其他货物构成实际危险时，将货物卸下、销毁或者使之不能为害，而不承担赔偿责任。但是，本款规定不影响共同海损的分摊。

第三十八条 货物运抵到达港后，承运人应当在24小时内向收货人发出到货通知。到货通知的时间，信函通知的，以发出邮戳为准；电传、电报、传真通知的，以发出时间为准；采用数据电文形式通知的，收件人指定特定系统接收数据电文的，以该数据电文进入该特定系统的时间为通知时间；未指定特定系统的，以该数据电文进入收件人的任何系统的首次时间为通知时间。

第三十九条 根据运输合同的约定应当由收货人委托港口作业的，货物运抵到达港后，收货人没有委托时，承运人可以委托港口经营人进行作业，由此产生的费用和风险由收货人承担。

第四十条 应当向承运人支付的运费、保管费、滞期费、共同海损的分摊和承运人为货物垫付的必要费用以及应当向承运人支付的其他运输费用没有付清，又没有提供适当担保的，承运人可以留置相应的运输货物，但另有约定的除外。

第四十一条　承运人发出到货通知后，应当每10天催提一次，满30天收货人不提取或者找不到收货人，承运人应当通知托运人，托运人不在，承运人发出通知后30天内负责处理该批货物。托运人未在前款规定期限内处理货物的，承运人可以将该批货物作无法交付货物处理。

第四十二条　承运人交付货物的情况符合《中华人民共和国合同法》第一百零一条、第三百一十六规定的条件时，承运人可以根据《中华人民共和国合同法》的规定将货物提存。

第四十三条　承运人对收集的地脚货物，应当做到物归原主；不能确定货主的，应当按照无法交付货物处理。

第四十四条　收货人有权就水路货物运单（以下简称运单）上所载货物损坏、灭失或者迟延交付所造成的损害向承运人索赔；承运人可以适用本规则规定的抗辩理由进行抗辩。

第四十五条　承运人将货物运输或者部分运输委托给实际承运人履行的，承运人仍然应当对全程运输负责。虽有前款规定，在运输合同中明确约定合同所包括的特定的部分运输由承运人以外的指定的实际承运人履行的，合同可以同时约定，货物在指定的实际承运人运输期间发生的损坏、灭失或者迟延交付，承运人不承担赔偿责任。

第四十六条　承运人与实际承运人都负有赔偿责任的，应当在该项责任范围内承担连带责任。

第四十七条　根据本规则第四十六条的规定，当实际承运人承担连带责任时，本规则对承运人责任的有关规定，适用于实际承运人。承运人承担本规则规定的义务或者放弃本规则赋予的权利的任何特别协议，经实际承运人书面明确同意的，对实际承运人发生效力；实际承运人是否同意，不影响此项特别协议对承运人的效力。

第四十八条　承运人对运输合同履行过程中货物的损坏、灭失或者迟延交付承担损害赔偿责任，但承运人证明货物的损坏、灭失或者迟延交付是由付下列原因造成的除外：

（一）不可抗力；

（二）货物的自然属性和潜在的缺陷；

（三）货物的自然减量和合理损耗；

（四）包装不符合要求；

（五）包装完好但货物与运单记载内容不符；

（六）识别标志、储运指示标志不符合本规则第十八条、第十九条规定；

（七）托运人申报的货物重量不准确；

（八）托运人押运过程中的过错；

（九）普通货物中夹带危险、流质、易腐货物；

（十）托运人、收货人的其他过错。

第四十九条　货物在运输过程中因不可抗力灭失，未收取运费的，承运人不得要求支付运费；已收到运费的，托运人可以要求返还。货物在运输过程中因不可抗力灭失的，承运人按照实际交付的货物比例收取运费。

第五十条　散装液体货物只限于整船、整舱运输，由托运人在装船前验舱认可后才能装载。

第五十一条　单件货物重量或者长度超过下列标准的，应当按照笨重、长大货物运输：

（一）沿海：重量5 t，长度12 m；

（二）长江、黑龙江干线：重量3 t，长度10 m。各省（自治区、直辖市）交通主管部门对本省内运输的笨重、长大货物标准可以另行规定，并报国务院交通主管部门备案。

第五十二条　运输笨重、长大货物，应当在运单内载明总件数，重量和体积（长、宽、高），并随附清单标明每件货物的重量、长度和体积（长、宽、高）。

第五十三条　承运人在舱面上装载货物，应当同托运人达成协议，或者符合航运惯例，或者符合有关法律、行政法规的规定。承运人与托运人约定将货物配装在舱面上的，应当在运单上注明“舱面货物”。

第五十四条　承运人依照本规则第五十三条规定将货物装载在舱面上，对由于此种装载的特殊风险造成的货物损坏、灭失，不承担赔偿责任。承运人违反本规则第五十三第一款规定将货物装载在舱面上，造成货物损坏、灭失的，应当承担赔偿责任。

第五十五条　承运人对运输的活动物、有生植物，应当保证航行中所需的淡水，有关费用由托运人承担。运输活动物所需饲料，由托运人自备，承运人免费运输。

第五十六条 因运输活动物、有生植物的固有的特殊风险造成活动物、有生植物损坏、灭失的，承运人不承担赔偿责任。但是，承运人应当证明业已履行托运人关于运输活动物、有生植物的特别要求，并证明根据实际情况，损坏、灭失是由于此种固有的特殊风险造成的。

第五十七条 承运人应当将与托运人约定的运输易腐货物和活动物、有生植物的运到期限和运输要求，使用冷藏船(舱)装运易腐货物的冷藏温度，木(竹)排的实际规格，托运的船舶或者其他水上浮物的吨位、吃水及长、宽、高和抗风能力等技术资料在运单内载明。

第四章 运输单证

第五十八条 运单是运输合同的证明，是承运人已经接收货物的收据。

第五十九条 运单内容，一般包括下列各项：

(一)承运人、托运人和收货名称；

(二)货物名称、件数、重量、体积(长、宽、高)；

(三)运输费用及其结算方式；

(四)船名、航次；

(五)起运港、中转港和到达港；

(六)货物交接的地点和时间；

(七)装船日期；

(八)运到期限；

(九)包装方式；

(十)识别标志；

(十一)相关事项。

第六十条 运单应当按照下列要求填制：

(一)一份运单，填写一个托运人、收货人，起运港、到达港；

(二)货物名称填写具体品名，名称过繁的，可以填写概括名称；

(三)规定按重量和体积择大计费的货物，应当填写货物的重量和体积(长、宽、高)；

(四)填写的各项内容应当准确、完整、清晰。

第六十一条 承运人接收货物应当签发运单，运单由载货船舶的船长签发的，视为代表承运人签发。

第六十二条 运单签发后承运人、承运人的代理人、托运人、到达港港口经营人、收货人各留存一份，另外一份由收货人收到货物后作为收据签还给承运人。承运人可以视情况需要增加或者减少运单份数。

第五章 货物的接收与交付

第六十三条 除另有约定外，散装货物按重量交接；其他货物按件数交接。

第六十四条 散装货物按重量交接，承运人与托运人应当约定货物交接的计量方法，没有约定的应当按船舶水尺数计量，不能按船舶水尺数计量的，运单中载明的货物重量对承运人不构成其交接货物重量的证据。

第六十五条 散装液体货物装船完毕，由托运人会同承运人按照每处油舱和管道阀门进行实封，施封材料由托运人自备，并将施封的数目、印文，材料品种等在运单内载明；卸船前，由承运人与收货人凭舱封交接。托运人要求在两个以上地点装载或者卸载或者在同一卸载地点由几个收货人接收货物时，计量分劈及发生重量差数，均由托运人或者收货人负责。

第六十六条 收货人接到到货通知后，应当及时提货，不得因对货物进行检验而滞留船舶。

第六十七条 承运人交付货物时，应当核对证明收货人单位或者身份以及经办人身份的有关证件。

第六十八条 收货人提取货物时，应当验收货物，并签发收据，发现货物损坏、灭失的，交接双方应当编制货运记录。收货人在提取货物时没有就货物的数量和质量提出异议的，视为承运人已经按照运单的记载交付货物，除非收货人提出相反的证明。

第六十九条 按照约定在提货时支付运费、滞期费和包装整修、加固费用以及其他中途垫款的，应当于办理提货手续时付清。

第七十条 下列情况，应托运人或者收货人的要求，承运人可以编制普通记录：

(一)货物发生损坏、灭失，按照约定或者本规则第四十八条的规定，承运人可以免除责任的；

（二）托运人附在运单上的单证丢失；

（三）托运人押运和舱面货物发生非承运人责任造成的损坏、灭失；

（四）货物包装经过加固整理；

（五）收货人要求证明与货物数量、质量无关的其他情况。

第七十一条　货运记录和普通记录的编制、应当准确、客观。货运记录应当在接收或者交付货物的当时由交接双方编制。

第七十二条　收货人在到达港提取货物前或者承运人在到达港交付货物前，可以要求检验机构对货物状况进行检验；要求检验的一方应当支付检验费用，但是有权向造成货物损失的责任方追偿。收货人或者承运人按照前款进行检验的，应当相互提供合理的便利条件。

第六章　航次租船运输的特别规定

第七十三条　本规则第三十条和第三十三条的规定，适用于航次租船的出租人。本规则其他有关合同当事人之间的权利、义务的规定，仅在航次租船运输形式下的运输合同没有约定或者没有不同约定时适用于出租人和承租人。

第七十四条　出租人应当按照合同的约定提供船舶舱位；经承租人同意，出租人可以更换船舶。但提供的船舶舱位或者更换的船舶不符合合同约定的，承租人有权拒绝或者解除合同。因出租人责任未提供约定的船舶舱位造成承租人损失的，出租人应当承担赔偿责任。

第七十五条　出租人在约定的受载期限内未提供船舶舱位的，承租人有权解除合同。但是出租人在受载期限内将船舶延误情况和船舶预期抵达起运港的日期通知承租人的，承租人应当自收到通知时起24 h内，将解除合同的决定通知出租人。逾期没有通知的，视为不解除合同。因出租人责任延误提供船舶舱位造成承租人损失的，出租人应当承担赔偿责任。

第七十六条　承租人可以将其租用的船舶舱位转租；转租后，原合同约定的权利、义务不受影响。

第七十七条　承租人应当提供约定的货物；经出租人同意，可以变更货物。但是，更换的货物对出租人不利的，出租人有权拒绝或者解除合同。因承租人责任未提供约定的货物造成出租人损失的，承租人应当承担赔偿责任。

第七十八条　航次租船运输形式下，收货人是承租人的，出租人与收货人之间的权利、义务根据航次租船运输形式下运输合同的内容确定，收货不是承租人的，承运人与收货人之间的权利、义务根据承运人签发的运单的内容确定。

第七章　集装箱运输的特别规定

第七十九条　承运人向托运人提供集装箱空箱时，托运人应当检查箱体并核对箱号；收货人返还空箱时，承运人应当检查箱体并核对箱号；承运人、托运人、收货人对整箱货物，应当检查箱体、封志状况并核对箱号；承运人、托运人、收货人对特种集装箱，应当检查集装箱机械、电器装置、设备的运转情况。集装箱交接状况，应当在交接单证上如实加以记载。

第八十条　根据约定由托运人负责装、拆箱的，运单应当准确记载集装箱封志号；交接时发生封志号与运单记载不符或者封志破坏的，交接双方编制货运记录。

第八十一条　根据约定由承运人负责装、拆箱的，承运人与托运人或者收货人对货物进行交接。

第八十二条　集装箱货物需拆箱后转运的，其包装应当符合第十五条的规定。

第八十三条　收货人提取货物后，应当按照约定将空箱归还，超期不归还的，按照约定交纳滞箱费。

第八十四条　集装箱货物时应当做到合理积载、堆码整齐、牢固。集装箱受载不得超过其额定的重量。

第八章　单元滚装运输的特别规定

第八十五条　单元滚装运输方式下运输合同的履行期间为运输单元进入起运港至离开到达港。

第八十六条　承运人应当对运输单元的表面状况进行验收，发现有异常状况的，应当在运单内载明。

第八十七条　运输单元进入起运港时承运人应该在运单上签注，离开到达港时托运人应当在运单上签注,并将签注后的运单交还给承运人。

第八十八条 单元滚装运输不得运输危险品。

第八十九条 运单上应当载明车牌号码、运输单元的重量、体积(长、宽、高)。

第九十条 托运人对车辆或者移动机械所载货物应当绑扎牢固。运输单元在船舶上需要特殊加固绑扎的,托运人应当在托运时向承运人提出,并支付相关费用。承运人应当备妥加固绑扎的物料,并为防止运输单元滑动而进一般性绑扎和加固。对有特殊绑扎要求的,由双方另行约定。

第九十一条 运输单元驶上或者驶离船舶时,司乘人员应当遵守有关规定,服从船方指挥,按顺序和指定的行车路线行驶。运输单元进入指定车位后,司机应当关闭发动机,使车辆处于制动状态。

第九十二条 运输单元的实际重量、体积与运单记载不符的,托运人应当按照实际重量或者体积支付运输费用并向承运人支付衡量等费用。

第九十三条 从事单元滚装运输的船舶应当分设供旅客和运输单元上下船的专用通道;船舶只设有一个通道时,旅客与运输单元上下船时必须分流。承运人应当在船舱内配备照明、通风等设施。

第九章 附 则

第九十四条 水路与其他运输方式之间货物联运中的水路运输、水路军事运输、邮件运输、危险货物运输,除另有规定外,适用本规则。

第九十五条 本规则由国务院交通主管部门负责解释。

第九十六条 本规则自 2001 年 1 月 1 日起施行。《水路货物运输规则》和《水路货物运输管理规则》(交通部[95]交水发 221 号)、《国内水路集装箱货物运输规则》(交通部[1996]16 号令)、《水路货物滚装运输规则》(交通部 1997 年第 6 号令)、《船舶无法交付货物处理试行办法》([88]交河字 75 号)、《关于沿海航线蜜蜂运输的几项规定》([82]交水运字 729 号)以及本规则施行前交通部发布的其他与本规则不一致的相关规定同时废止。

中华人民共和国国际海运条例

(2001 年 12 月 11 日发布　国务院第 335 号令　2002 年 1 月 1 日起施行)

第一章 总 则

第一条 为了规范国际海上运输活动,保护公平竞争,维护国际海上运输市场秩序,保障国际海上运输各方当事人的合法权益,制定本条例。

第二条 本条例适用于进出中华人民共和国港口的国际海上运输经营活动以及与国际海上运输相关和辅助性经营活动。

前款所称与国际海上运输相关的辅助性经营活动,包括本条例分别规定的国际船舶代理、国际船舶管理、国际海运货物装卸、国际海运货物仓储、国际海运集装箱站和堆场等业务。

第三条 从事国际海上运输经营活动以及与国际海上运输相关的辅助性经营活动,应当遵循诚实信用的原则,依法经营,公平竞争。

第四条 国务院交通主管部门和有关的地方人民政府交通主管部门依照本条例规定,对国际海上运输经营活动实施监督管理,并对与国际海上运输相关的辅助性经营活动实施有关的监督管理。

第二章 国际海上运输及其辅助性业务的经营者

第五条 经营国际船舶运输业务,应当具备下列条件:

(一)有与经营国际海上运输业务相适应的船舶,其中必须有中国籍船舶;

(二)投入运营的船舶符合国家规定的海上交通安全技术标准;

(三)有提单、客票或者多式联运单证;

(四)有具备国务院交通主管部门规定的从业资格的高级业务管理人员。

第六条 经营国际船舶运输业务,应当向国务院交通主管部门提出申请,并附送符合本条例第五条规定条件的相关材料。国务院交通主管部门应当自受理申请之日起 30 日内审核完毕，作出许可或者不予许可的决定。予以许可的，向申请人颁发《国际船舶运输经营许可证》；不予许可的，应当书面通知申请人并告知理由。

国务院交通主管部门审核国际船舶运输业务申请时，应当考虑国家关于国际海上运输业发展的政策和国际海上运输市场竞争状况。

申请经营国际船舶运输业务，并同时申请经营国际班轮运输业务的，还应当附送本条例第十七条规定的相关材料，由国务院交通主管部门一并审核、登记。

第七条　经营无船承运业务，应当向国务院交通主管部门办理提单登记，并交纳保证金。

前款所称无船承运业务，是指无船承运业务经营者以承运人身份接受托运人的货载，签发自己的提单或者其他运输单证，向托运人收取运费，通过国际船舶运输经营者完成国际海上货物运输，承担承运人责任的国际海上运输经营活动。

在中国境内经营无船承运业务，应当在中国境内依法设立企业法人。

第八条　无船承运业务经营者应当在向国务院交通主管部门提出办理提单登记申请的同时，附送证明已经按照本条例的规定交纳保证金的相关材料。

前款保证金金额为 80 万元人民币；每设立一个分支机构，增加保证金 20 万元人民币。保证金应当向中国境内的银行开立专门账户交存。

保证金用于无船承运业务经营者清偿因其不履行承运人义务或者履行义务不当所产生的债务以及支付罚款。保证金及其利息，归无船承运业务经营者所有。

专门账户由国务院交通主管部门实施监督。

国务院交通主管部门应当自收到无船承运业务经营者提单登记申请并交纳保证金的相关材料之日起 15 日内审核完毕。申请材料真实、齐备的，予以登记，并通知申请人；申请材料不真实或者不齐备的；不予登记，书面通知申请人并告知理由。已经办理提单登记的无船承运业务经营者，由国务院交通主管部门予以公布。

第九条　经营国际船舶代理业务，应当具备下列条件：

(一)高级业务管理人员中至少 2 人具有 3 年以上从事国际海上运输经营活动的经历；

(二)有固定的营业场所和必要的营业设施。

第十条　经营国际船舶代理业务，应当向国务院交通主管部门提出申请，并附送符合本条例第九条规定条件的相关材料。国务院交通主管部门应当自收到申请之日起 15 日内审核完毕。申请材料真实、齐备的，予以登记，并通知申请人；申请材料不真实或者不齐备的，不予登记，书面通知申请人并告知理由。

第十一条　经营国际船舶管理业务，应当具备下列条件：

(一)高级业务管理人员中至少 2 人具有 3 年以上从事国际海上运输经营活动的经历；

(二)有持有与所管理船舶种类和航区相适应的船长、轮机长适任证书的人员；

(三)有与国际船舶管理业务相适应的设备、设施。

第十二条　经营国际船舶管理业务，应当向拟经营业务所在地的省、自治区、直辖市人民政府交通主管部门提出申请，并附送符合本条例第十一条规定条件的相关材料。省、自治区、直辖市人民政府交通主管部门应当自收到申请之日起 15 日内审核完毕。申请材料真实、齐备的，予以登记，并通知申请人；申请材料不真实或者不齐备的、不予登记，书面通知申请人并告知理由。

第十三条　国际船舶运输经营者、无船承运业务经营者、国际船舶代理经营者和国际船舶管理经营者经依照本条例许可、登记后，应当持有关证明文件，依法向企业登记机关办理企业登记手续。

第十四条　国际船舶运输经营者、无船承运业务经营者、国际船舶代理经营者和国际船舶管理经营者，不得将依法取得的经营资格提供给他人使用。

第十五条　国际船舶运输经营者、无船承运业务经营者、国际船舶代理经营者和国际船舶管理经营者依照本条例的规定取得相应的经营资格后，不再具备本条例规定的条件的，国务院交通主管部门或者省、自治区、直辖市人民政府交通主管部门应当立即取消其经营资格。

第三章 国际海上运输及其辅助性业务经营活动

第十六条 国际船舶运输经营者经营进出中国港口的国际班轮运输业务,应当依照本条例的规定取得国际班轮运输经营资格。

未取得国际班轮运输经营资格的,不得从事国际班轮运输经营活动,不得对外公布班期、接受订舱。

以共同派船、舱位互换、联合经营等方式经营国际班轮运输的,适用本条第一款的规定。

第十七条 经营国际班轮运输业务,应当向国务院交通主管部门提出申请,并附送下列材料:

(一)国际船舶运输经营者的名称、注册地、营业执照副本、主要出资人;

(二)经营者的主要管理人员的姓名及其身份证明;

(三)运营船舶资料;

(四)拟开航的航线、班期及沿途停泊港口;

(五)运价本;

(六)提单、客票或者多式联运单证。

国务院交通主管部门应当自收到经营国际班轮运输业务申请之日起30日内审核完毕。申请材料真实、齐备的,予以登记,并通知申请人;申请材料不真实或者不齐备的,不予登记,书面通知申请人并告知理由。

第十八条 取得国际班轮运输经营资格的国际船舶运输经营者,应当自取得资格之日起180日内开航;因不可抗力并经国务院交通主管部门同意,可以延期90日。逾期未开航的,国际班轮运输经营资格自期满之日起丧失。

第十九条 新开、停开国际班轮运输航线,或者变更国际班轮运输船舶、班期的,应当提前15日予以公告,并应当自行为发生之日起15日内向国务院交通主管部门备案。

第二十条 经营国际班轮运输业务的国际船舶运输经营者的运价和无船承运业务经营者的运价,应当按照规定格式向国务院交通主管部门备案。国务院交通主管部门应当指定专门机构受理运价备案。

备案的运价包括公布运价和协议运价。公布运价,是指国际船舶运输经营者和无船承运业务经营者运价本上载明的运价;协议运价,是指国际船舶运输经营者与货主、无船承运业务经营者约定的运价。

公布运价自国院院交通主管部门受理备案之日起满30日生效;协议运价自国务院交通主管部门受理备案之时起满24 h生效。

国际船舶运输经营者和无船承运业务经营者应当执行生效的备案运价。

第二十一条 国际船舶运输经营者在与无船承运业务经营者订立协议运价时,应当确认无船承运业务经营者已依照本条例规定办理提单登记并交纳保证金。

第二十二条 从事国际班轮运输的国际船舶运输经营者之间订立涉及中国港口的班轮公会协议、运营协议、运价协议等,应当自协议订立之日起15日内将协议副本向国务院交通主管部门备案。

第二十三条 国际船舶运输经营者有下列情形之一的,应当在情形发生之日起15日内,向国务院交通主管部门备案:

(一)终止经营;

(二)减少运营船舶;

(三)变更提单、客票或者多式联运单证;

(四)在境外设立分支机构或者子公司经营国际船舶运输业务;

(五)拥有的船舶在境外注册,悬挂外国国旗。

国际船舶运输经营者增加运营船舶的,增加的运营船舶必须符合国家规定的安全技术标准,并应当于投入运营前15日内向国务院交通主管部门备案。国务院交通主管部门应当自收到备案材料之日起3日内出具备案证明文件。

其他中国企业有本条第一款第(四)项、第(五)项所列情形之一的,应当依照本条第一款规定办理备案手续。

第二十四条 国际船舶运输经营者之间的兼并、收购,其兼并、收购协议应当报国务院交通主管部门审核同意。

国务院交通主管部门应当自收到国际船舶运输经营者报送的兼并、收购协议之日起60日内,根据国家关于国际海上运输业发展的政策和国际海上运输市场竞争状况进行审核,作出同意或者不同意的决定,并书面通知有关国际船舶运输经营者。

第二十五条 经营国际船舶运输业务、无船承运业务和国际船舶代理业务,在中国境内收取、代为收取运费以及其他相关费用,应当向付款人出具中国税务机关统一印制的发票。

第二十六条 未依照本条例的规定办理提单登记并交纳保证金的,不得经营无船承运业务。

第十七条 经营国际船舶运输业务和无船承运业务,不得有下列行为:

(一)以低于正常、合理水平的运价提供服务,妨碍公平竞争;

(二)在会计账簿之外暗中给予托运人回扣,承揽货物;

(三)滥用优势地位,以歧视性价格或者其他限制性条件给交易对方造成损害;

(四)其他损害交易对方或者国际海上运输市场秩序的行为。

第二十八条 外国国际船舶运输经营者从事本章规定的有关国际船舶运输活动,应当遵守本条例有关规定。

外国国际船舶运输经营者不得经营中国港口之间的船舶运输业务,也不得利用租用的中国籍船舶或者舱位,或者以互换舱位等方式变相经营中国港口之间的船舶运输业务。

第二十九条 国际船舶代理经营者接受船舶所有人或者船舶承租人、船舶经营人的委托,可以经营下列业务:

(一)办理船舶进出港口手续,联系安排引航、靠泊和装卸;

(二)代签提单、运输合同,代办接受订舱业务;

(三)办理船舶、集装箱以及货物的报关手续;

(四)承揽货物、组织货载,办理货物、集装箱的托运和中转;

(五)代收运费,代办结算;

(六)组织客源,办理有关海上旅客运输业务;

(七)其他相关业务。

国际船舶代理经营者应当按照国家有关规定代扣代缴其所代理的外国国际船舶运输经营者的税款。

第三十条 国际船舶管理经营者接受船舶所有人或者船舶承租人、船舶经营人的委托,可以经营下列业务:

(一)船舶买卖、租赁以及其他船舶资产管理;

(二)机务、海务和安排维修;

(三)船员招聘、训练和配备;

(四)保证船舶技术状况和正常航行的其他服务。

第四章 外商投资经营国际海上运输及其辅助性业务的特别规定

第三十一条 外商在中国境内投资经营国际海上运输业务以及与国际海上运输相关的辅助性业务,适用本章规定;本章没有规定的,适用本条例其他有关规定。

第三十二条 经国务院交通主管部门批准,外商可以依照有关法律、行政法规以及国家其他有关规定,投资设立中外合资经营企业或者中外合作经营企业,经营国际船舶运输、国际船舶代理、国际船舶管理、国际海运货物装卸、国际海运货物仓储、国际海运集装箱站和堆场业务;并可以投资设立外资企业经营国际海运货物仓储业务。

经营国际船舶运输、国际船舶代理业务的中外合资经营企业,企业中外商的出资比例不得超过49%。

经营国际船舶运输、国际船舶代理业务的中外合作经营企业,企业中外商的投资比例比照适用前款规定。

中外合资国际船舶运输企业和中外合作国际船舶运输企业的董事会主席和总经理,由中外合资、合作双方协商后由中方指定。

第三十三条 经国务院交通主管部门批准,外商可以依照有关法律、行政法规以及国家其他有关规定投资设立中外合资经营企业、中外合作经营企业、外资企业,为其拥有或者经营的船舶提供承揽货物、代签提单、代结运费、代签服务合同等日常业务服务;未在中国境内投资设立中外合资经营企业、中外合作经营企业、外资企业的,上述业务必须委托中国的国际船舶代理经营者办理。

第三十四条 外国国际船舶运输经营者以及外

国国际海运辅助企业,经国务院交通主管部门批准,可以依法在中国境内设立常驻代表机构。

外国国际船舶运输经营者以及外国国际海运辅助企业在中国境内设立的常驻代表机构,不得从事经营活动。

第五章　调查与处理

第三十五条　国务院交通主管部门应利害关系人的请求或者自行决定,可以对下列情形实施调查:

(一)经营国际班轮运输业务的国际船舶运输经营者之间订立的涉及中国港口的班轮公会协议、运营协议、运价协议等,可能对公平竞争造成损害的;

(二)经营国际班轮运输业务的国际船舶运输经营者通过协议产生的各类联营体,其服务涉及中国港口某一航线的承运份额,持续1年超过该航线总运量的30%,并可能对公平竞争造成损害的;

(三)有本条例第二十七条规定的行为之一的;

(四)可能损害国际海运市场公平竞争的其他行为。

第三十六条　国务院交通主管部门实施调查,应当会同国务院工商行政管理部门和价格部门(以下统称调查机关)共同进行。

第三十七条　调查机关实施调查,应当成立调查组。调查组成员不少于3人。调查组可以根据需要,聘请有关专家参加工作。

调查组进行调查前,应当将调查目的、调查原因、调查期限等事项通知被调查人。调查期限不得超过1年;必要时,经调查机关批准,可以延长半年。

第三十八条　调查人员进行调查,可以向被调查人以及与其有业务往来的单位和个人了解有关情况,并可查阅、复制有关单证、协议、合同文本、会计账簿、业务函电、电子数据等有关资料。

调查人员进行调查,应当保守被调查人以及与其有业务往来的单位和个人的商业秘密。

第三十九条　被调查人应当接受调查,如实提供有关情况和资料,不得拒绝调查或者隐匿真实情况、谎报情况。

第四十条　调查结束,调查机关应当作出调查结论,书面通知被调查人、利害关系人。

对公平竞争造成损害的,调查机关可以采取责令修改有关协议、限制班轮航班数量、中止运价本或者暂停受理运价备案、责令定期报送有关资料等禁止性、限制性措施。

第四十一条　调查机关在作出采取禁止性、限制性措施的决定前,应当告知当事人有要求举行听证的权利,当事人要求听证的,应当举行听证。

第六章　法律责任

第四十二条　未取得《国际船舶运输经营许可证》,擅自经营国际船舶运输业务的,由国务院交通主管部门或者其授权的地方人民政府交通主管部门责令停止经营;有违法所得的,没收违法所得;违法所得50万元以上的,处违法所得2倍以上5倍以下的罚款;没有违法所得或者违法所得不足50万元的,处20万元以上100万元以下的罚款。

第四十三条　未办理提单登记、交纳保证金,擅自经营无船承运业务的,由国务院交通主管部门或者其授权的地方人民政府交通主管部门责令停止经营;有违法所得的,没收违法所得;违法所得10万元以上的,处违法所得2倍以上5倍以下的罚款;没有违法所得或者违法所得不足10万元的,处5万元以上20万元以下的罚款。

第四十四条　未办理登记手续,擅自经营国际船舶代理业务或者国际船舶管理业务的,由国务院交通主管部门或者其授权的地方人民政府交通主管部门责令停止经营;有违法所得的,没收违法所得;违法所得5万元以上的,处违法所得2倍以上5倍以下的罚款;没有违法扭得或者违法所得不足5万元的,处2万元以上10万元以下的罚款。

第四十五条　外国国际船舶运输经营者经营中国港口之间的船舶运输业务,或者利用租用的中国籍船舶和舱位以及用互换舱位等方式经营中国港口之间的船舶运输业务的,由国务院交通主管部门或者其授权的地方人民政府交通主管部门责令停止经营;有违法所得的,没收违法所得;违法所得50万元以上的,处违法所得2倍以上5倍以下的罚款;没有违法所得或者违法所得不足50万元的,处20万元以上100万元以下的罚款。拒不停止经营的,拒绝进港;情节严重的、撤销其国际班轮运输经营资格。

第四十六条　未取得国际班轮运输经营资格,

擅自经营国际班轮运输的，由国务院交通主管部门或者其授权的地方人民政府交通主管部门责令停止经营；有违法所得的，没收违法所得；违法所得 50 万元以上的，处违法所得 2 倍以上 5 倍以下的罚款；没有违法所得或者违法所得不足 50 万元的，处 20 万元以上 100 万元以下的罚款。拒不停止经营的，拒绝进港。

第四十七条　国际船舶运输经营者、无船承运业务经营者、国际船舶代理经营者和国际船舶管理经营者将其依法取得的经营资格提供给他人使用的，由国务院交通主管部门或者其授权的地方人民政府交通主管部门责令限期改正；逾期不改正的，撤销其经营资格。

第四十八条　未履行本条例规定的备案手续的，由国务院交通主管部门或者其授权的地方人民政府交通主管部门责令限期补办备案手续；逾期不补办的，处 1 万元以上 5 万元以下的罚款，并可以撤销其相应资格。

第四十九条　未履行本条例规定的运价备案手续或者未执行备案运价的，由国务院交通主管部门或者其授权的地方人民政府交通主管部门责令限期改正，并处 2 万元以上 10 万元以下的罚款。

第五十条　依据调查结论应当给予行政处罚或者有本条例第二十七条所列违法情形的，由交通主管部门、价格主管部门或者工商行政管理部门依照有关法律、行政法规的规定给予处罚。

第五十一条　国际船舶运输经营者与未办理提单登记并交纳保证金的无船承运业务经营者订立协议运价的，由国务院交通主管部门或者其授权的地方人民政府交通主管部门给予警告，并处 2 万元以上 10 万元以下的罚款。

第五十二条　未经国务院交通主管部门批准、外国国际船舶运输经营者以及外国国际海运辅助企业擅自设立常驻代表机构的，由国务院交通主管部门或者其授权的地方人民政府交通主管部门责令限期改正，并处 2 万元以上 10 万元以下的罚款。

外国国际船舶运输经营者以及外国国际海运辅助企业常驻代表机构从事经营活动的，由工商行政管理部门或者其授权的地主人民政府交通主管部门责令停止经营活动，并依法给予处罚。

第五十三条　拒绝调查机关及其工作人员依法实施调查，或者隐匿、谎报有关情况和资料的，由国务院交通主管部门或者其授权的地方人民政府交通主管部门责令改正，并处 2 万元以上 10 万元以下的罚款。

第五十四条　非法从事进出中国港口的国际海上运输经营活动以及与国际海上运输相关的辅助性经营活动，扰乱国际海上运输市场秩序的，依照刑法关于非法经营罪的规定，依法追究刑事责任。

第五十五条　国务院交通主管部门和有关地方人民政府交通主管部门的工作人员有下列情形之一，造成严重后果，触犯刑律的，依照刑法关于滥用职权罪、玩忽职守罪或者其他罪的规定，依法追究刑事责任；尚不够刑事处罚的，依法给予行政处分：

（一）对符合本条例规定条件的申请者不予审批、许可、登记、备案，或者对不符合本条例规定条件的申请者予以审批、许可、登记、备案的；

（二）对经过审批、许可、登记、备案的国际船舶运输经营者、无船承运业务经营者、国际船舶代理经营者和国际船舶管理经营者不依照本条例的规定实施监督管理，或者发现其不再具备本条例规定的条件而不撤销其相应的经营资格，或者发现其违法行为后不予以查处的；

（三）对监督检查中发现的未依法履行审批、许可、登记、备案的单位和个人擅自从事国际海上运输经营活动以及与国际海上运输相关的辅助性经营活动，不立即予以取缔，或者接到举报后不依法予以处理的。

第七章　附　　则

第五十六条　香港特别行政区、澳门特别行政区和台湾地区的投资者在内地投资经营国际海上运输业务以及与国际海上运输相关的辅助性业务，比照适用本条例。

第五十七条　外国国际船舶运输经营者未经国务院交通主管部门批准，不得经营中国内地与香港特别行政区、澳门特别行政区之间的船舶运输业务，不得经营中国内地与台湾地区之间的双向直航和经第三地的船舶运输业务。

第五十八条　内地与香港特别行政区、澳门特别行政区之间的海上运输，由国务院交通主管部门依照本条例制定管理办法。

内地与台湾地区之间的海上运输，依照国家有关规定执行。

第五十九条 任何国家或者地区对中华人民共和国国际海上运输经营者、船舶或者船员采取歧视性的禁止、限制或者其他类似措施的，中华人民共和国政府根据对等原则采取相应措施。

第六十条 本条例施行前已从事国际海上运输经营活动以及与国际海上运输相关的辅助性经营活动的，应当在本条例施行之日起60日内按照本条例的规定补办有关手续。

第六十一条 本条例自2002年1月1日起施行。1990年12月5日国务院发布、1998年4月18日国务院修订发布的《中华人民共和国海上国际集装箱运输管理规定》同时废止。

港口货物作业规则

第一章 总 则

第一条 为了明确水路运输货物港口作业有关当事人的权利、义务，依据有关法律、行政法规，制定本规则。

第二条 在中华人民共和国境内，为水路运输货物提供的装卸、驳运、储存、装拆集装箱等港口作业适用本规则。

第三条 本规则下列用语的含义是：

（一）港口货物作业合同（以下简称作业合同），是指港口经营人在港口对水路运输货物进行装卸、驳运、储存、装拆集装箱等作业，作业委托人支付作业费用的合同。

（二）港口经营人，是指与作业委托人订立作业合同的人。

（三）作业委托人，是指与港口经营人订立作业合同的人。

（四）货物接收人，是指作业合同中，由作业委托人指定的从港口经营人处接收货物的人。

第二章 作业合同的订立

第四条 作业合同，应当按照公平的原则订立。

第五条 指令性水路运输货物的港口作业，有关当事人应当依照有关法律、行政法规规定的权利和义务订立作业合同。

第六条 当事人可以根据需要订立单次作业合同和长期作业合同。

第七条 订立作业合同可以采用书面形式、口头形式和其他形式。

书面形式是指合同书、信件和数据电文（包括电报、电传、传真、电子数据交换和电子邮件）等可以有形地表现所载内容的形式。

第八条 作业合同一般包括以下条款：

（一）作业委托人、港口经营人和货物接收人名称；

（二）作业项目；

（三）货物名称、件数、重量、体积（长、宽、高）；

（四）作业费用及其结算方式；

（五）货物交接的地点和时间；

（六）包装方式；

（七）识别标志；

（八）船名、航次；

（九）起运港（站、点）（以下简称起运港）和到达港（站、点）（以下简称到达港）；

（十）违约责任；

（十一）解决争议的方法。

第九条 采用合同书形式订立作业合同的，自双方当事人签字或者盖章时合同成立。

采用信件、数据电文等形式订立合同的，可以在合同成立之前要求签订确认书。签订确认书时合同成立。

采用合同书形式订立合同，在签字或者盖章之前，当事人一方已经履行主要义务，对方接受的，该合同成立。

第三章 作业合同当事人的权利、义务

第一节 作业委托人

第十条 作业委托人应当及时办理港口、海关、

检验、检疫、公安和其他货物运输和作业所需的各种手续，并将已办理各项手续的单证送交港口经营人。

因作业委托人办理各项手续和有关单证不及时、不完备或者不正确，造成港口经营人损失的，作业委托人应当承担赔偿责任。

第十一条　有特殊保管要求的货物，作业委托人应当与港口经营人约定货物保管的特殊方式和条件。

第十二条　作业委托人向港口经营人交付货物的名称、件数、重量、体积、包装方式、识别标志，应当与作业合同的约定相符。

笨重、长大货物作业，作业委托人应当声明货物的总件数、重量和体积（长、宽、高）以及每件货物的重量、长度和体积（长、宽、高）。

作业委托人未按照本条规定交付货物、进行声明造成港口经营人损失的，应当承担赔偿责任。

第十三条　单件货物重量或者长度超过下列标准的，为笨重、长大货物：

（一）沿海：重量5 t，长度12 m；

（二）长江、黑龙江干线：重量3 t，长度10 m。

各省（自治区、直辖市）交通主管部门对本省内作业的笨重、长大货物标准可以另行规定，并报国务院交通主管部门备案。

第十四条　以件运输的货物，港口经营人验收货物时，发现货物的实际重量或者体积与作业委托人申报的重量或者体积不符时，作业委托人应当按照实际重量或者体积支付费用并向港口经营人支付衡量等费用。

第十五条　需要具备运输包装的作业货物，作业委托人应当保证货物的包装符合国家规定的包装标准；没有包装标准的，应当在保证作业安全和货物质量的原则下进行包装。

第十六条　需要随附备用包装的货物，作业委托人应当提供足够数量的备用包装。

第十七条　危险货物作业，作业委托人应当按照有关危险货物运输的规定妥善包装，制作危险品标志和标签，并将其正式名称和危害性质以及必要时应当采取的预防措施书面通知港口经营人。

第十八条　作业委托人委托货物作业，可以办理保价作业。

货物发生损坏、灭失，港口经营人应当按照货物的声明价值进行赔偿，但港口经营人证明货物的实际价值低于声明价值的，按照货物的实际价值赔偿。

第十九条　在港口经营人已履行本规则第二十六条规定义务情况下，因货物的性质或者携带虫害等情况，需要对库场或者货物进行检疫、洗刷、熏蒸、消毒的，应当由作业委托人或者货物接收人负责，并承担有关费用。

第二十条　港口经营人将货物交付货物接收人之前，作业委托人可以要求港口经营人将货物交给其他货物接收人，但应当赔偿港口经营人因此受到的损失。

第二十一条　作业合同约定港口经营人从第三方接收货物的，作业委托人应当保证第三方按照作业合同的约定交付货物；作业合同约定港口经营人将货物交付第三方的，作业委托人应当保证第三方按照作业合同的约定接收货物。

第二十二条　作业委托人或者货物接收人应当在约定或者规定的期限内交付或者接收货物。

第二十三条　港口经营人交付货物时，货物接收人应当验收货物，并签发收据，发现货物损坏、灭失的，交接双方应当编制货运记录。

货物接收人在接收货物时没有就货物的数量和质量提出异议的，视为港口经营人已经按照约定交付货物，除非货物接收人提出相反的证明。

第二十四条　除另有约定外，作业委托人应当预付作业费用。

第二十五条　作业委托人不履行合同义务或者履行合同义务不符合约定的，应当承担继续履行、采取补救措施或者赔偿损失等违约责任。

因不可抗力不能履行合同的，根据不可抗力的影响，部分或者全部免除责任。作业委托人迟延履行后发生不可抗力的，不能免除责任。

第二节　港口经营人

第二十六条　港口经营人应当按照作业合同的约定，根据作业货物的性质和状态，配备适合的机械、设备、工属具、库场，并使之处于良好的状态。

第二十七条　港口经营人应当按照作业合同的约定接收货物，港口经营人接收货物后应当签发用以确认接收货物的收据。

单元滚装货物作业以及货物在运输方式之间立即转移的，不适用前款规定。

第二十八条 港口经营人应当妥善地保管和照料作业货物。经对货物的表面状况检查，发现有变质、滋生病虫害或者其他损坏，应当及时通知作业委托人或者货物接收人。

第二十九条 港口经营人应当在约定期间或者在没有这种约定时在合理期间内完成货物作业。

港口经营人未能在约定期间或者合理期间内完成货物作业造成作业委托人损失的，港口经营人应当承担赔偿责任。

第三十条 作业委托人违反本规则第十五条、第十七条规定，港口经营人可以拒绝作业。

第三十一条 作业委托人未按照本规则第十七条通知港口经营人或者通知有误的，港口经营人可以在任何时间、任何地点根据情况需要停止作业、销毁货物或者使之不能为害，而不承担赔偿责任。作业委托人对港口经营人因作业此类货物所受到的损失，应当承担赔偿责任。

港口经营人知道危险货物的性质并且已同意作业的，仍然可以在该项货物对港口设施、人员或者其他货物构成实际危险时，停止作业、销毁货物或者使之不能为害，而不承担赔偿责任。

第三十二条 除另有约定外，散装货物按重量交接；其他货物按件数交接。

第三十三条 散装货物按重量交接的，货物在港口经技术监督部门检验合格的计量器具计量的，重量以该计量确认的数字为准；未经技术监督部门检验合格的计量器具计量的，除对计量手段另有约定外，有关单证中载明的货物重量对港口经营人不构成其交接货物重量的证据。

第三十四条 应作业委托人或者货物接收人的要求，港口经营人可以编制普通记录。

货运记录和普通记录的编制，应当准确、客观。货运记录应当在接收或者交付货物的当时由交接双方编制。

第三十五条 交接集装箱空箱时，应当检查箱体并核对箱号；交接整箱货物，应当检查箱体、封志状况并核对箱号；交接特种集装箱，应当检查集装箱机械、电器装置、设备的运转情况。

集装箱交接状况，应当在交接单证上如实加以记载。

第三十六条 交接时发现集装箱封志号与有关单证记载不符或者封志破坏的，交接双方应当编制货运记录。

第三十七条 货物接收人没有在本规则第二十二条规定的期限内接收货物，港口经营人可以依照有关规定将货物转栈储存，有关费用、风险由作业委托人承担。

第三十八条 货物接收人逾期不提取货物的，港口经营人应当每 10 天催提一次，满 30 天货物接收人不提取或者找不到货物接收人，港口经营人应当通知作业委托人，作业委托人在港口经营人发出通知后 30 天内负责处理该批货物。

作业委托人未在前款规定期限内处理货物的，港口经营人可以按照有关规定将该批货物作无法交付货物处理。

第三十九条 港口经营人交付货物的情况符合《中华人民共和国合同法》第一百零一条规定的条件时，港口经营人可以根据《中华人民共和国合同法》的规定将货物提存。

第四十条 应当向港口经营人支付的作业费、速遣费和港口经营人为货物垫付的必要费用没有付清，又没有提供适当担保的，港口经营人可以留置相应的运输货物，但另有约定的除外。

第四十一条 港口经营人应当按照作业合同的约定交付货物。

第四十二条 货物接收人接收水路运输货物，港口经营人应当核对证明货物接收人单位或者身份以及经办人身份的有关证件。

第四十三条 港口经营人对收集的地脚货物，应当做到物归原主，不能确定货主的，应当按照无法交付货物处理。

第四十四条 单元滚装运输作业，港口经营人应当提供适合滚装运输单元候船待运的停泊场所、上下船舶和进出港的专用通道；保证作业场所的有关标识齐全、清晰，照明良好；配备符合规范的运输单元司乘人员及旅客的候船场所。

旅客与运输单元上下船和进出港的通道应当分开。

第四十五条　港口经营人对港口作业合同履行过程中货物的损坏、灭失或者迟延交付承担损害赔偿责任，但港口经营人证明货物的损坏、灭失或者迟延交付是由于下列原因造成的除外：

(一) 不可抗力；

(二) 货物的自然属性和潜在缺陷；

(三) 货物的自然减量和合理损耗；

(四) 包装不符合要求；

(五) 包装完好但货物与港口经营人签发的收据记载内容不符；

(六) 作业委托人申报的货物重量不准确；

(七) 普通货物中夹带危险、流质、易腐货物；

(八) 作业委托人、货物接收人的其他过错。

第四章　港、航货物交接的特别规定

第四十六条　除另有约定外，港口经营人与船方在水路运输货物港口装卸作业过程中的交接，适用本章规定。

第四十七条　船方应当向港口经营人提供配、积载图(表)，港口经营人应当按照配、积载图(表)进行作业。船方可以在现场对配、积载提出具体要求。

第四十八条　国际运输以件交接货物、集装箱货物和集装箱，船方应当通过理货机构与港口经营人交接。

前款规定以外的货物和集装箱，船方可以委托理货机构与港口经营人交接。

第四十九条　船方应当向港口经营人预报和确报船舶到港日期，提供船舶规范以及货物装、卸载的有关资料，使船舶处于适合装、卸载作业的状态，办妥有关手续。

第五十条　水路运输货物，港口经营人与船方在船边进行交接。

第五十一条　同品种、同规格、同定量包装的件装货物，船方与港口经营人应当商定每关货物的数量和关型，约定计数方法，逐关进行交接，成组运输货物比照执行。

第五十二条　船方与港口经营人交接国内水路运输货物应当编制货物交接清单。

第五章　附　　则

第五十三条　本规则由国务院交通主管部门负责解释。

第五十四条　本规则自2001年1月1日起施行。《关于港口作业事故处理的几项规定》([78]交水运字1914号文颁发试行)、《关于港口作业事故处理的几项补充规定》([79]交水运字1682号文颁发试行)以及本规则施行前交通部发布的其他与本规则不一致的相关规定同时废止。

国内船舶管理业规定

第一章　总　　则

第一条　为规范船舶管理业经营活动，维护船舶管理市场秩序，保障水路运输安全，促进水路运输业健康发展，根据国家有关法律、规定，制定本规定。

第二条　本规定适用于在中华人民共和国境内从事的国内船舶管理业务经营活动和监督管理活动。

本规定所称船舶管理业，是指船舶管理经营人根据约定，为船舶所有人或者船舶承租人、船舶经营人提供的下列船舶管理服务：

(一)船舶机务管理；

(二)船舶海务管理；

(三)船舶检修、保养；

(四)船员配给、管理；

(五)船舶买卖、租赁、营运及资产管理；

(六)其他船舶管理服务。

第三条　从事船舶管理业经营活动，应当遵守合法经营、公平竞争的原则。

第四条　县级以上人民政府交通主管部门根据本规定和国家其他规定对船舶管理业实施管理，并可委托其设置的航运管理机构负责船舶管理业的具体管理工作。

第二章　经营资质

第五条　经营船舶管理业，应当具备下列条件：

(一)有符合国家规定的注册资本;

(二)有符合本规定的管理人员;

(三)有与经营业务相适应的设备、设施;

(四)有符合国家规定的船舶安全管理和防止污染管理体系;

(五)法律、行政法规和交通部规章规定的其他条件。

第六条 经营国内沿海船舶管理业,经营管理人员应取得航运或航海、船舶、船机及其他相关专业大学专科以上学历,或中级以上相关专业技术职称、交通部认可的从业资格证书。

经营内河船舶管理业,经营管理人员应取得航运或航海、船舶、船机及其他相关专业中等专业以上学历,或初级以上相关专业技术职称、交通部认可的从业资格证书。

第七条 经营国内沿海船舶管理业,海务、机务管理人员中应至少有一人持有与所管理船舶种类和航区相适应的丙类船长、轮机长以上职务的适任证书;其他海务、机务管理人员应持有与所管理船舶种类和航区相适应的丙类二副、二管轮以上职务的适任证书。

经营内河船舶管理业,海务、机务管理人员中应至少有一人持有与所管理船舶种类和航区相适应的二等船船长、轮机长以上职务的适任证书;其他海务、机务管理人员应持有与所管理船舶种类和航区相适应的二等船二副、二管轮以上职务的适任证书。

第八条 申请经营船舶管理业,应当向县级以上人民政府交通主管部门提交下列文件和证件:

(一)筹建或开业申请书;

(二)可行性研究报告;

(三)组织章程;

(四)名称登记证书;

(五)验资证明;

(六)管理人员的身份证件、学历证明或专业技术证书、从业资格证书;

(七)符合国家船舶安全管理和防止污染管理规定的证书;

(八)经营场所使用证明。

第九条 申请经营船舶管理业,应当提交申请书一式3份,提交有关证件原件和复印件各一份。

第十条 申请经营船舶管理业,可以直接向所在县级人民政府交通主管部门的上一级人民政府交通主管部门提交本规定要求的申请书和有关证件,也可以向所在地的县级人民政府交通主管部门提交本规定规定的申请书和有关证件,由其转送上一级人民政府交通主管部门。

县级人民政府交通主管部门的上一级人民政府交通主管部门应当在收到申请书和有关证件之日起15日内,核实有关证件,确认有关证件的复印件的有效性后,将有关证件的原件退给申请人,将申请书和有关证件的复印件报省级人民政府交通主管部门审批。

第十一条 省级人民政府交通主管部门应当自收到船舶管理业经营筹建申请书和有关证件之日起30日内完成审核,并作出批准或者不批准的决定。对批准筹建的,发给水路运输服务筹建批准文件;对不批准的,书面通知申请人并说明理由。

经批准同意筹建船舶管理企业的,申请人应当在1年内完成筹建,但在筹备期间,不得从事船舶管理业经营活动。

第十二条 省级人民政府交通主管部门应当自收到船舶管理业经营开业申请书和有关证件之日起20日内完成审核,并作出批准或者不批准的决定。对批准开业的,发给《水路运输服务许可证》,并报交通部备案;对不批准的,书面通知申请人并说明理由。

申请人应当持《水路运输服务许可证书》,依法办理企业法人登记或变更登记及其他法定手续后,方可从事船舶管理业经营活动。

第十三条 船舶管理经营人领取《水路运输服务许可证书》后,应当在开业前15日内将《水路运输服务许可证书》复印件送所在地和船籍港海事管理机构备案。

第十四条 船舶管理经营人扩大经营范围,应当按照本规定的有关规定提前30日报原批准机关批准,并报所在地和船籍港海事管理机构备案。

船舶管理经营人的名称、经营场所、法定代表人等事项发生变更,应当提前15日向原批准机关、所在地和船籍港海事管理机构备案。

第十五条 船舶管理经营人歇业或者停业,应当向原批准机关、所在地和船籍港海事管理机构备案。

第三章　经营行为

第十六条　经营船舶管理经营人应当在依法核准的经营范围内从事船舶管理业经营活动。

第十七条　船舶管理经营人与船舶所有人或者船舶经营人、船舶承租人签定船舶管理合同后，应将船舶的名称、国籍、船舶类型、总载重吨、船籍港，及船舶所有人或者船舶经营人、船舶承租人的名称、住所等情况报所在地和船籍港的海事管理机构备案。

第十八条　船舶管理经营人应当根据船舶管理合同和国家有关规定，履行有关船舶安全和防止污染的义务。

船舶所有人、船舶经营人、船舶承租人有关船舶安全和防止污染的义务，不因将船舶已委托给船舶管理经营人管理而改变。

第十九条　船舶管理经营人所管理的船舶发生交通事故和污染事故，必须接受海事管理机构依法进行的调查处理。

第二十条　经营船舶管理业，不得有下列行为：

(一)以低于正常、合理水平的价格提供船舶管理服务，妨碍公平竞争；

(二)在会计账簿之外暗中给予船舶所有人、船舶经营人、船舶承租人回扣，承揽船舶管理业务；

(三)滥用优势地位，限制他人选择其他船舶管理经营人提供船舶管理服务；

(四)允许不具备船舶管理经营资格的单位或者个人以本企业的名义从事船舶管理业务；

(五)法律、行政法规禁止的其他不正当竞争行为。

第二十一条　船舶管理经营人应当按规定向县级以上人民政府交通主管部门报送有关业务统计资料。

第四章　监督检查

第二十二条　县级以上人民政府交通主管部门依法对船舶管理经营活动进行监督检查，并对违反本规定的行为实施行政处罚，但本规定另有规定的，从其规定。

海事管理机构依法对船舶安全、船舶污染水域进行监督检查，并对违反本规定，不履行有关船舶安全管理和防止污染管理的法定义务的行为实施行政处罚。

第二十三条　船舶管理经营人接受船舶管理监督检查，应当如实提供必需的凭证、文件以及其他有关资料。

第二十四条　船舶管理经营人开业后达不到规定经营资质条件的，县级以上人民政府交通主管部门应责令其限期整改。

第五章　罚　　则

第二十五条　违反本规定，有下列行为之一，有违法所得的，处违法所得的3倍以下的罚款，但最高不得超过3万元；没有违法所得的，处1万元以下的罚款：

(一)未经批准，擅自经营船舶管理业；

(二)超越经营范围经营船舶管理业；

(三)强行限制他人选择其他船舶管理经营人提供船舶管理服务。

第二十六条　违反本规定，有下列行为之一的，给予警告，处5 000元以下的罚款：

(一)不履行备案手续；

(二)不报送有关业务资料。

第二十七条　县级以上人民政府交通主管部门的工作人员在执行本规定中，滥用职权、玩忽职守、徇私舞弊的，依法给予行政处分。

第六章　附　　则

第二十八条　本规定由交通部负责解释。

第二十九条　本规定自2001年10月1日起施行。

第六章　信息法规与政策

互联网信息服务管理办法

第一条　为了规范互联网信息服务活动，促进互联网信息服务健康有序发展，制定本办法。

第二条　在中华人民共和国境内从事互联网信息服务活动，必须遵守本办法。本办法所称互联网信息服务，是指通过互联网向上网用户提供信息的服务活动。

第三条　互联网信息服务分为经营性和非经营性两类。经营性互联网信息服务，是指通过互联网向上网用户有偿提供信息或者网页制作等服务活动。非经营性互联网信息服务，是指通过互联网向上网用户无偿提供具有公开性、共享性信息的服务活动。

第四条　国家对经营性互联网信息服务实行许可制度；对非经营性互联网信息服务实行备案制度。未取得许可或者未履行备案手续的，不得从事互联网信息服务。

第五条　从事新闻、出版、教育、医疗保健、药品和医疗器械等互联网信息服务，依照法律、行政法规以及国家有关规定须经有关主管部门审核同意的，在申请经营许可或者履行备案手续前，应当依法经有关主管部门审核同意。

第六条　从事经营性互联网信息服务，除应当符合《中华人民共和国电信条例》规定的要求外，还应当具备下列条件：

(一)有业务发展计划及相关技术方案；

(二)有健全的网络与信息安全保障措施，包括网站安全保障措施、信息安全保密管理制度、用户信息安全管理制度；

(三)服务项目属于本办法第五条规定范围的，已取得有关主管部门同意的文件。

第七条　从事经营性互联网信息服务，应当向省、自治区、直辖市电信管理机构或者国务院信息产业主管部门申请办理互联网信息服务增值电信业务经营许可证(以下简称经营许可证)。省、自治区、直辖市电信管理机构或者国务院信息产业主管部门应当自收到申请之日起 60 日内审查完毕，作出批准或者不予批准的决定。予以批准的，颁发经营许可证；不予批准的，应当书面通知申请人并说明理由。申请人取得经营许可证后，应当持经营许可证向企业登记机关办理登记手续。

第八条　从事非经营性互联网信息服务，应当向省、自治区、直辖市电信管理机构或者国务院信息产业主管部门办理备案手续。办理备案时，应当提交下列材料：

(一)主办单位和网站负责人的基本情况；

(二)网站网址和服务项目；

(三)服务项目属于本办法第五条规定范围的，已取得有关主管部门的同意文件。

省、自治区、直辖市电信管理机构对备案材料齐全的，应当予以备案并编号。

第九条　从事互联网信息服务，拟开办电子公告服务的，应当在申请经营性互联网信息服务许可或者办理非经营性互联网信息服务备案时，按照国家有关规定提出专项申请或者专项备案。

第十条　省、自治区、直辖市电信管理机构和国务院信息产业主管部门应当公布取得经营许可证或者已履行备案手续的互联网信息服务提供者名单。

第十一条　互联网信息服务提供者应当按照经许可或者备案的项目提供服务，不得超出经许可或者备案的项目提供服务。非经营性互联网信息服务提供者不得从事有偿服务。互联网信息服务提供者变更服务项目、网站网址等事项的，应当提前 30 日向原审核、发证或者备案机关办理变更手续。

第十二条　互联网信息服务提供者应当在其网站主页的显著位置标明其经营许可证编号或者备案编号。

第十三条　互联网信息服务提供者应当向上网用户提供良好的服务，并保证所提供的信息内容合法。

第十四条　从事新闻、出版以及电子公告等服务项目的互联网信息服务提供者，应当记录提供的信息内容及其发布时间、互联网地址或者域名；互联网接入服务提供者应当记录上网用户的上网时间、用户账号、互联网地址或者域名、主叫电话号码等信息。互联网信息服务提供者和互联网接入服务提供者的记录备份应当保存60日，并在国家有关机关依法查询时，予以提供。

第十五条　互联网信息服务提供者不得制作、复制、发布、传播含有下列内容的信息：

(一)反对宪法所确定的基本原则的；

(二)危害国家安全，泄露国家秘密，颠覆国家政权，破坏国家统一的；

(三)损害国家荣誉和利益的；

(四)煽动民族仇恨、民族歧视，破坏民族团结的；

(五)破坏国家宗教政策，宣扬邪教和封建迷信的；

(六)散布谣言，扰乱社会秩序，破坏社会稳定的；

(七)散布淫秽、色情、赌博、暴力、凶杀、恐怖或者教唆犯罪的；

(八)侮辱或者诽谤他人，侵害他人合法权益的；

(九)含有法律、行政法规禁止的其他内容的。

第十六条　互联网信息服务提供者发现其网站传输的信息明显属于本办法第十五条所列内容之一的，应当立即停止传输，保存有关记录，并向国家有关机关报告。

第十七条　经营性互联网信息服务提供者申请在境内境外上市或者同外商合资、合作，应当事先经国务院信息产业主管部门审查同意；其中，外商投资的比例应当符合有关法律、行政法规的规定。

第十八条　国务院信息产业主管部门和省、自治区、直辖市电信管理机构，依法对互联网信息服务实施监督管理。新闻、出版、教育、卫生、药品监督管理、工商行政管理和公安、国家安全等有关主管部门，在各自职责范围内依法对互联网信息内容实施监督管理。

第十九条　违反本办法的规定，未取得经营许可证，擅自从事经营性互联网信息服务，或者超出许可的项目提供服务的，由省、自治区、直辖市电信管理机构责令限期改正，有违法所得的，没收违法所得，处违法所得3倍以上5倍以下的罚款；没有违法所得或者违法所得不足5万元的，处10万元以上100万元以下的罚款；情节严重的，责令关闭网站。

违反本办法的规定，未履行备案手续，擅自从事非经营性互联网信息服务，或者超出备案的项目提供服务的，由省、自治区、直辖市电信管理机构责令限期改正；拒不改正的，责令关闭网站。

第二十条　制作、复制、发布、传播本办法第十五条所列内容之一的信息，构成犯罪的，依法追究刑事责任；尚不构成犯罪的，由公安机关、国家安全机关依照《中华人民共和国治安管理处罚条例》、《计算机信息网络国际联网安全保护管理办法》等有关法律、行政法规的规定予以处罚；对经营性互联网信息服务提供者，并由发证机关责令停业整顿直至吊销经营许可证，通知企业登记机关；对非经营性互联网信息服务提供者，并由备案机关责令暂时关闭网站直至关闭网站。

第二十一条　未履行本办法第十四条规定的义务的，由省、自治区、直辖市电信管理机构责令改正；情节严重的，责令停业整顿或者暂时关闭网站。

第二十二条　违反本办法的规定，未在其网站主页上标明其经营许可证编号或者备案编号的，由省、自治区、直辖市电信管理机构责令改正，处5 000元以上5万元以下的罚款。

第二十三条　违反本办法第十六条规定的义务的，由省、自治区、直辖市电信管理机构责令改正；情节严重的，对经营性互联网信息服务提供者，并由发证机关吊销经营许可证，对非经营性互联网信息服务提供者，并由备案机关责令关闭网站。

第二十四条　互联网信息服务提供者在其业务活动中，违反其他法律、法规的，由新闻、出版、教育、卫生、药品监督管理和工商行政管理等有关主管部门依照有关法律、法规的规定处罚。

第二十五条　电信管理机构和其他有关主管部门及其工作人员，玩忽职守、滥用职权、徇私舞弊，疏于对互联网信息服务的监督管理，造成严重后果，构成犯罪的，依法追究刑事责任；尚不构成犯罪的，对直接负责的主管人员和其他直接责任人员依法给予降级、撤职直至开除的行政处分。

第二十六条　在本办法公布前从事互联网信息

服务的,应当自本办法公布之日起60日内依照本办法的有关规定补办有关手续。

第二十七条 本办法自公布之日起施行。

中华人民共和国计算机信息网络国际联网管理暂行规定

第一条 为了加强对计算机信息网络国际联网的管理,保障国际计算机信息交流的健康发展,制定本规定。

第二条 中华人民共和国境内的计算机信息网络进行国际联网,应当依照本规定办理。

第三条 本规定下列用语的含义是:

(一)计算机信息网络国际联网(以下简称国际联网),是指中华人民共和国境内的计算机信息网络为实现信息的国际交流,同外国的计算机信息网络相联接。

(二)互联网络,是指直接进行国际联网的计算机信息网络;互联单位,是指负责互联网络运行的单位。

(三)接入网络,是指通过接入互联网络进行国际联网的计算机信息网络;接入单位,是指负责接入网络运行的单位。

第四条 国家对国际联网实行统筹规划,统一标准、分级管理、促进发展的原则。

第五条 国务院经济信息化领导小组(以下简称领导小组),负责协调、解决有关国际联网工作中的重大问题。

领导小组办公室按照本规定制定具体管理办法,明确国际出入口信息提供单位、互联单位、接入单位和用户的权利、义务和责任,并负责对国际联网工作的检查监督。

第六条 计算机信息网络直接进行国际联网,必须使用邮电部国家公用电信网提供的国际出入口信道。任何单位和个人不得自行建立或者使用其他信道进行国际联网。

第七条 已经建立的互联网络,根据国务院有关规定调整后,分别由邮电部、电子工业部,国家教育委员会和中国科学院管理。新建互联网络,必须报经国务院批准。

第八条 接入网络必须通过互联网络进行国际联网。

拟建立接入网络的单位,应当报经互联单位的主管部门或者主管单位审批;办理审批手续时,应当提供其计算机信息网络的性质、应用范围和所需主机地址等资料。

第九条 接入单位必须具备下列条件:

(一)是依法设立的企业法人或者事业法人;

(二)具有相应的计算机信息网络、装备以及相应的技术人员和管理人员;

(三)具有健全的安全保密管理制度和技术保护措施;

(四)符合法律和国务院规定的其他条件。

第十条 个人、法人和其他组织(以下统称用户)使用的计算机或者计算机信息网络,需要进行国际联网的,必须通过接入网络进行国际联网。

前款规定的计算机或者计算机信息网络,需要接入网络的,应当征得接入单位的同意,并办理登记手续。

第十一条 国际出入口信道提供单位、互联单位和接入单位,应当建立相应的网络管理中心,依照法律和国家有关规定加强对本单位及其用户的管理,做好网络信息安全管理工作,确保为用户提供良好、安全的服务。

第十二条 互联单位与接入单位,应当负责本单位及其用户有关国际联网的技术培训和管理教育工作。

第十三条 从事国际联网业务的单位和个人,应当遵守国家有关法律、行政法规,严格执行安全保密制度,不得利用国际联网从事危害国家安全、泄露国家秘密等违法犯罪活动,不得制作、查阅、复制和传播妨碍社会治安的信息和淫秽色情等信息。

第十四条 违反本规定第六条、第八条和第十条规定的,由公安机关或者公安机关根据国际出入口信道提供单位、互联单位、接入单位的意见,给予警告、通报批评、责令停止联网,可以并处1.5万元以下的罚款。

第十五条　违反本规定，同时触犯其他有关法律、行政法规的，依照有关法律、行政法规的规定予以处罚；构成犯罪的，依法追究刑事责任。

第十六条　与台湾、香港、澳门地区的计算机信息网络的联网，参照本规定执行。

第十七条　本规定自发布之日起施行。

中华人民共和国计算机信息系统安全保护条例

第一章　总　　则

第一条　为了保护计算机信息系统的安全，促进计算机的应用和发展，保障社会主义现代化建设的顺利进行，制定本条例。

第二条　本条例所称的计算机信息系统，是指由计算机及其相关的和配套的设备、设施（含网络）构成的，按照一定的应用目标和规则对信息进行采集、加工、存储、传输、检索等处理的人机系统。

第三条　计算机信息系统的安全保护，应当保障计算机及其相关的和配套的设备、设施（含网络）的安全，运行环境的安全，保障信息的安全，保障计算机功能的正常发挥，以维护计算机信息系统的安全运行。

第四条　计算机信息系统的安全保护工作，重点维护国家事务、经济建设、国防建设、尖端科学技术等重要领域的计算机信息系统的安全。

第五条　中华人民共和国境内的计算机信息系统的安全保护，适用本条例。未联网的微型计算机的安全保护办法，另行制定。

第六条　公安部主管全国计算机信息系统安全保护工作。国家安全部、国家保密局和国务院其他有关部门，在国务院规定的职责范围内做好计算机信息系统安全保护的有关工作。

第七条　任何组织或者个人，不得利用计算机信息系统从事危害国家利益、集体利益和公民合法利益的活动，不得危害计算机信息系统的安全。

第二章　安全保护制度

第八条　计算机信息系统的建设和应用，应当遵守法律、行政法规和国家其他有关规定。

第九条　计算机信息系统实行安全等级保护。安全等级的划分标准和安全等级保护的具体办法，由公安部会同有关部门制定。

第十条　计算机机房应当符合国家标准和国家有关规定。在计算机机房附近施工，不得危害计算机信息系统的安全。

第十一条　进行国际联网的计算机信息系统，由计算机信息系统的使用单位报省级以上人民政府公安机关备案。

第十二条　运输、携带、邮寄计算机信息媒体进出境的，应当如实向海关申报。

第十三条　计算机信息系统的使用单位应当建立健全安全管理制度，负责本单位计算机信息系统的安全保护工作。

第十四条　对计算机信息系统中发生的案件，有关使用单位应当在24 h内向当地县级以上人民政府公安机关报告。

第十五条　对计算机病毒和危害社会公共安全的其他有害数据的防治研究工作，由公安部归口管理。

第十六条　国家对计算机信息系统安全专用产品的销售实行许可证制度。具体办法由公安部会同有关部门制定。

第三章　安全监督

第十七条　公安机关对计算机信息系统安全保护工作行使下列监督职权：

（一）监督、检查、指导计算机信息系统安全保护工作；

（二）查处危害计算机信息系统安全的违法犯罪案件；

（三）履行计算机信息系统安全保护工作的其他监督职责。

第十八条　公安机关发现影响计算机信息系统安全的隐患时，应当及时通知使用单位采取安全保护措施。

第十九条　公安部在紧急情况下，可以就涉及计算机信息系统安全的特定事项发布专项通令。

第四章　法律责任

第二十条　违反本条例的规定，有下列行为之一的，由公安机关处以警告或者停机整顿：

（一）违反计算机信息系统安全等级保护制度，危害计算机信息系统安全的；

（二）违反计算机信息系统国际联网备案制度的；

（三）不按照规定时间报告计算机信息系统中发生的案件的；

（四）接到公安机关要求改进安全状况的通知后，在限期内拒不改进的；

（五）有危害计算机信息系统安全的其他行为的。

第二十一条　计算机机房不符合国家标准和国家其他有关规定的，或者在计算机机房附近施工危害计算机信息系统安全的，由公安机关会同有关单位进行处理。

第二十二条　运输、携带、邮寄计算机信息媒体进出境，不如实向海关申报的，由海关依照《中华人民共和国海关法》和本条例以及其他有关法律、法规的规定处理。

第二十三条　故意输入计算机病毒以及其他有害数据危害计算机信息系统安全的，或者未经许可出售计算机信息系统安全专用产品的，由公安机关处以警告或者对个人处以5 000元以下的罚款、对单位处以15 000元以下的罚款；有违法所得的，除予以没收外，可以处以违法所得1～3倍的罚款。

第二十四条　违反本条例的规定，构成违反治安管理行为的，依照《中华人民共和国治安管理处罚条例》的有关规定处罚；构成犯罪的，依法追究刑事责任。

第二十五条　任何组织或者个人违反本条例的规定，给国家、集体或者他人财产造成损失的，应当依法承担民事责任。

第二十六条　当事人对公安机关依照本条例所作出的具体行政行为不服的，可以依法申请行政复议或者提起行政诉讼。

第二十七条　执行本条例的国家公务员利用职权，索取、收受贿赂或者有其他违法、失职行为，构成犯罪的，依法追究刑事责任；尚不构成犯罪的，给予行政处分。

第五章　附　　则

第二十八条　本条例下列用语的含义：

计算机病毒，是指编制或者在计算机程序中插入的破坏计算机功能或者毁坏数据，影响计算机使用，并能自我复制的一组计算机指令或者程序代码。

计算机信息系统安全专用产品，是指用于保护计算机信息系统安全的专用硬件和软件产品。

第二十九条　军队的计算机信息系统安全保护工作，按照军队的有关法规执行。

第三十条　公安部可以根据本条例制定实施办法。

第三十一条　本条例自发布之日起施行。

中国公用计算机互联网国际联网管理办法

（中华人民共和国邮电部［1996］493号）

第一条　为加强对中国公用计算机互联网国际联网的管理，促进国际信息交流的健康发展，根据《中华人民共和国计算机信息网络国际联网管理暂行规定》，制定本办法。

第二条　中国公用计算机互联网（即Chinanet，以下简称中国公用互联网），是指由中国邮电电信总局（以下简称电信总局）负责建设、运营和管理，面向公众提供计算机国际联网服务，并承担普遍服务义务的互联网络。

第三条　中国公用互联网根据需要分级建立网络管理中心、信息服务中心。

第四条　接入中国公用互联网的接入单位应具备下列条件：

（一）依法设立的企业、事业单位或机关、团体；

(二)具有由计算机主机和在线信息终端组成的局域网络及相应的联网装备；

(三)具有相应的技术人员和管理人员；

(四)具有健全的安全保密管理制度和技术保护措施；

(五)符合国家法律、法规和邮电部规定的其他条件。

第五条 要求接入中国公用互联网的接入单位,应经其主管部门或主管单位的审核同意,到电信总局办理接入手续。办理接入手续时,接入单位应报送接入网络的系统构成、应用范围、联网主机数量、域名地址及终端用户数据等资料。接入运行后,上述事项发生变更时,应及时向电信总局申报。

第六条 个人、法人和其他组织(以下统称用户)的计算机和其他通信终端进行国际联网,必须通过接入网络进行。用户可以通过专线或通过公用电信交换网进入接入网络。

第七条 电信总局作为中国公用互联网的互联单位,负责互联网内接入单位和用户的联网管理,并为其提供性能良好、安全可靠的服务。

第八条 接入单位负责对其接入网内用户的管理,并按规定与用户签订协议,明确双方的权利、义务和责任。

第九条 接入单位和用户应遵守国家法律、法规,加强信息安全教育,严格执行国家保密制度,并对所提供的信息内容负责。

第十条 任何组织或个人,不得利用计算机国际联网从事危害国家安全、泄露国家秘密等犯罪活动;不得利用计算机国际联网查阅、复制、制造和传播危害国家安全、妨碍社会治安和淫秽色情的信息;发现上述违法犯罪行为和有害信息,应及时向有关主管机关报告。

第十一条 任何组织或个人,不得利用计算机国际联网从事危害他人信息系统和网络安全、侵犯他人合法权益的活动。

第十二条 互联单位、接入单位和用户对国家有关部门依法进行国际联网信息安全的监督检查,应予配合,并提供必要的资料和条件。

第十三条 凡利用国际互联网络信息资源,在国内经营计算机信息服务的,按放开经营电信业务的有关规定审批。

第十四条 接入单位和用户违反本办法第五条、第六条规定,未经批准,擅自接入中国公用互联网进行国际联网的,由电信总局停止接入服务;情节严重的,提请公安机关依法予以处罚。

第十五条 违反本办法第九条和第十条、第十一条规定的,由邮电部或邮电管理局给予警告、撤销批准文件并通知公用电信企业停止其联网接续的处罚。情节严重的,由公安机关依法予以处罚;构成犯罪的,提请由司法机关依法追究刑事责任。

第十六条 违反第十三条规定的,由邮电部或邮电管理局按有关规定予以处罚。

第十七条 本办法自发布之日起施行。

第七章 合同法规

中华人民共和国合同法

(1999年3月15日第九届全国人民代表大会第二次会议通过)

总 则

第一章 一般规定

第一条 为了保护合同当事人的合法权益,维护社会经济秩序,促进社会主义现代化建设,制定本法。

第二条 本法所称合同是平等主体的自然

人、法人、其他组织之间设立、变更、终止民事权利义务关系的协议。婚姻、收养、监护等有关身份关系的协议，适用其他法律的规定。

第三条 合同当事人的法律地位平等，一方不得将自己的意志强加给另一方。

第四条 当事人依法享有自愿订立合同的权利，任何单位和个人不得非法干预。

第五条 当事人应当遵循公平原则确定各方的权利和义务。

第六条 当事人行使权利、履行义务应当遵循诚实信用原则。

第七条 当事人订立、履行合同，应当遵守法律、行政法规，尊重社会公德，不得扰乱社会经济秩序，损害社会公共利益。

第八条 依法成立的合同，对当事人具有法律约束力。当事人应当按照约定履行自己的义务，不得擅自变更或者解除合同。依法成立的合同，受法律保护。

第二章 合同的订立

第九条 当事人订立合同，应当具有相应的民事权利能力和民事行为能力。当事人依法可以委托代理人订立合同。

第十条 当事人订立合同，有书面形式、口头形式和其他形式。法律、行政法规规定采用书面形式的，应当采用书面形式。当事人约定采用书面形式的，应当采用书面形式。

第十一条 书面形式是指合同书、信件和数据电文(包括电报、电传、传真、电子数据交换和电子邮件)等可以有形地表现所载内容的形式。

第十二条 合同的内容由当事人约定，一般包括以下条款：

(一)当事人的名称或者姓名和住所；

(二)标的；

(三)数量；

(四)质量；

(五)价款或者报酬；

(六)履行期限、地点和方式；

(七)违约责任；

(八)解决争议的方法。

当事人可以参照各类合同的示范文本订立合同。

第十三条 当事人订立合同，采取要约、承诺方式。

第十四条 要约是希望和他人订立合同的意思表示，该意思表示应当符合下列规定：

(一)内容具体确定；

(二)表明经受要约人承诺，要约人即受该意思表示约束。

第十五条 要约邀请是希望他人向自己发出要约的意思表示。寄送的价目表、拍卖公告、招标公告、招股说明书、商业广告等为要约邀请。商业广告的内容符合要约规定的，视为要约。

第十六条 要约到达受要约人时生效。采用数据电文形式订立合同，收件人指定特定系统接收数据电文的，该数据电文进入该特定系统的时间，视为到达时间；未指定特定系统的，该数据电文进入收件人的任何系统的首次时间，视为到达时间。

第十七条 要约可以撤回。撤回要约的通知应当在要约到达受要约人之前或者与要约同时到达受要约人。

第十八条 要约可以撤销。撤销要约的通知应当在受要约人发出承诺通知之前到达受要约人。

第十九条 有下列情形之一的，要约不得撤销：

(一)要约人确定了承诺期限或者以其他形式明示要约不可撤销；

(二)受要约人有理由认为要约是不可撤销的，并已经为履行合同作了准备工作。

第二十条 有下列情形之一的，要约失效：

(一)拒绝要约的通知到达要约人；

(二)要约人依法撤销要约；

(三)承诺期限届满，受要约人未作出承诺；

(四)受要约人对要约的内容作出实质性变更。

第二十一条 承诺是受要约人同意要约的意思表示。

第二十二条 承诺应当以通知的方式作出，

但根据交易习惯或者要约表明可以通过行为作出承诺的除外。

第二十三条 承诺应当在要约确定的期限内到达要约人。要约没有确定承诺期限的,承诺应当依照下列规定到达:

(一)要约以对话方式作出的,应当即时作出承诺,但当事人另有约定的除外;

(二)要约以非对话方式作出的,承诺应当在合理期限内到达。

第二十四条 要约以信件或者电报作出的,承诺期限自信件载明的日期或者电报交发之日开始计算。信件未载明日期的,自投寄该信件的邮戳日期开始计算。要约以电话、传真等快速通讯方式作出的,承诺期限自要约到达受要约人时开始计算。

第二十五条 承诺生效时合同成立。

第二十六条 承诺通知到达要约人时生效。承诺不需要通知的,根据交易习惯或者要约的要求作出承诺的行为时生效。采用数据电文形式订立合同的,承诺到达的时间适用本法第十六条第二款的规定。

第二十七条 承诺可以撤回。撤回承诺的通知应当在承诺通知到达要约人之前或者与承诺通知同时到达要约人。

第二十八条 受要约人超过承诺期限发出承诺的,除要约人及时通知受要约人该承诺有效的以外,为新要约。

第二十九条 受要约人在承诺期限内发出承诺,按照通常情形能够及时到达要约人,但因其他原因承诺到达要约人时超过承诺期限的,除要约人及时通知受要约人因承诺超过期限不接受该承诺的以外,该承诺有效。

第三十条 承诺的内容应当与要约的内容一致。受要约人对要约的内容作出实质性变更的,为新要约。有关合同标的、数量、质量、价款或者报酬、履行期限、履行地点和方式、违约责任和解决争议方法等的变更,是对要约内容的实质性变更。

第三十一条 承诺对要约的内容作出非实质性变更的,除要约人及时表示反对或者要约表明承诺不得对要约的内容作出任何变更的以外,该承诺有效,合同的内容以承诺的内容为准。

第三十二条 当事人采用合同书形式订立合同的,自双方当事人签字或者盖章时合同成立。

第三十三条 当事人采用信件、数据电文等形式订立合同的,可以在合同成立之前要求签订确认书。签订确认书时合同成立。

第三十四条 承诺生效的地点为合同成立的地点。采用数据电文形式订立合同的,收件人的主营业地为合同成立的地点;没有主营业地的,其经常居住地为合同成立的地点。当事人另有约定的,按照其约定。

第三十五条 当事人采用合同书形式订立合同的,双方当事人签字或者盖章的地点为合同成立的地点。

第三十六条 法律、行政法规规定或者当事人约定采用书面形式订立合同,当事人未采用书面形式但一方已经履行主要义务,对方接受的,该合同成立。

第三十七条 采用合同书形式订立合同,在签字或者盖章之前,当事人一方已经履行主要义务,对方接受的,该合同成立。

第三十八条 国家根据需要下达指令性任务或者国家订货任务的,有关法人、其他组织之间应当依照有关法律、行政法规规定的权利和义务订立合同。

第三十九条 采用格式条款订立合同的,提供格式条款的一方应当遵循公平原则确定当事人之间的权利和义务,并采取合理的方式提请对方注意免除或者限制其责任的条款,按照对方的要求,对该条款予以说明。格式条款是当事人为了重复使用而预先拟定,并在订立合同时未与对方协商的条款。

第四十条 格式条款具有本法第五十二条和第五十三条规定情形的,或者提供格式条款一方免除其责任、加重对方责任、排除对方主要权利的,该条款无效。

第四十一条 对格式条款的理解发生争议的,应当按照通常理解予以解释。对格式条款有两种以上解释的,应当作出不利于提供格式条款一方的解释。格式条款和非格式条款不一致的，应当采用非格式条款。

第四十二条　当事人在订立合同过程中有下列情形之一，给对方造成损失的，应当承担损害赔偿责任：

(一)假借订立合同，恶意进行磋商；

(二)故意隐瞒与订立合同有关的重要事实或者提供虚假情况；

(三)有其他违背诚实信用原则的行为。

第四十三条　当事人在订立合同过程中知悉的商业秘密，无论合同是否成立，不得泄露或者不正当地使用。泄露或者不正当地使用该商业秘密给对方造成损失的，应当承担损害赔偿责任。

第三章　合同的效力

第四十四条　依法成立的合同，自成立时生效。法律、行政法规规定应当办理批准、登记等手续生效的，依照其规定。

第四十五条　当事人对合同的效力可以约定附条件。附生效条件的合同，自条件成就时生效。附解除条件的合同，自条件成就时失效。当事人为自己的利益不正当地阻止条件成就的，视为条件已成就；不正当地促成条件成就的，视为条件不成就。

第四十六条　当事人对合同的效力可以约定附期限。附生效期限的合同，自期限届至时生效。附终止期限的合同，自期限届满时失效。

第四十七条　限制民事行为能力人订立的合同，经法定代理人追认后，该合同有效，但纯获利益的合同或者与其年龄、智力、精神健康状况相适应而订立的合同，不必经法定代理人追认。相对人可以催告法定代理人在1个月内予以追认。法定代理人未作表示的，视为拒绝追认。合同被追认之前，善意相对人有撤销的权利。撤销应当以通知的方式作出。

第四十八条　行为人没有代理权、超越代理权或者代理权终止后以被代理人名义订立的合同，未经被代理人追认，对被代理人不发生效力，由行为人承担责任。相对人可以催告被代理人在一个月内予以追认。被代理人未作表示的，视为拒绝追认。合同被追认之前，善意相对人有撤销的权利。撤销应当以通知的方式作出。

第四十九条　行为人没有代理权、超越代理权或者代理权终止后以被代理人名义订立合同，相对人有理由相信行为人有代理权的，该代理行为有效。

第五十条　法人或者其他组织的法定代表人、负责人超越权限订立的合同，除相对人知道或者应当知道其超越权限的以外，该代表行为有效。

第五十一条　无处分权的人处分他人财产，经权利人追认或者无处分权的人订立合同后取得处分权的，该合同有效。

第五十二条　有下列情形之一的，合同无效：

(一)一方以欺诈、胁迫的手段订立合同，损害国家利益；

(二)恶意串通，损害国家、集体或者第三人利益；

(三)以合法形式掩盖非法目的；

(四)损害社会公共利益；

(五)违反法律、行政法规的强制性规定。

第五十三条　合同中的下列免责条款无效：

(一)造成对方人身伤害的；

(二)因故意或者重大过失造成对方财产损失的。

第五十四条　下列合同，当事人一方有权请求人民法院或者仲裁机构变更或者撤销：

(一)因重大误解订立的；

(二)在订立合同时显失公平的。

一方以欺诈、胁迫的手段或者乘人之危，使对方在违背真实意思的情况下订立的合同，受损害方有权请求人民法院或者仲裁机构变更或者撤销。

当事人请求变更的，人民法院或者仲裁机构不得撤销。

第五十五条　有下列情形之一的，撤销权消灭：

(一)具有撤销权的当事人自知道或者应当知道撤销事由之日起1年内没有行使撤销权；

(二)具有撤销权的当事人知道撤销事由后明确表示或者以自己的行为放弃撤销权。

第五十六条　无效的合同或者被撤销的合同自始没有法律约束力。合同部分无效,不影响其他部分效力的,其他部分仍然有效。

第五十七条　合同无效、被撤销或者终止的,不影响合同中独立存在的有关解决争议方法的条款的效力。

第五十八条　合同无效或者被撤销后,因该合同取得的财产,应当予以返还;不能返还或者没有必要返还的,应当折价补偿。有过错的一方应当赔偿对方因此所受到的损失,双方都有过错的,应当各自承担相应的责任。

第五十九条　当事人恶意串通,损害国家、集体或者第三人利益的,因此取得的财产收归国家所有或者返还集体、第三人。

第四章　合同的履行

第六十条　当事人应当按照约定全面履行自己的义务。当事人应当遵循诚实信用原则,根据合同的性质、目的和交易习惯履行通知、协助、保密等义务。

第六十一条　合同生效后,当事人就质量、价款或者报酬、履行地点等内容没有约定或者约定不明确的,可以协议补充;不能达成补充协议的,按照合同有关条款或者交易习惯确定。

第六十二条　当事人就有关合同内容约定不明确,依照本法第六十一条的规定仍不能确定的,适用下列规定:

(一)质量要求不明确的,按照国家标准、行业标准履行;没有国家标准、行业标准的,按照通常标准或者符合合同目的的特定标准履行。

(二)价款或者报酬不明确的,按照订立合同时履行地的市场价格履行;依法应当执行政府定价或者政府指导价的,按照规定履行。

(三)履行地点不明确,给付货币的,在接受货币一方所在地履行;交付不动产的,在不动产所在地履行;其他标的,在履行义务一方所在地履行。

(四)履行期限不明确的,债务人可以随时履行,债权人也可以随时要求履行,但应当给对方必要的准备时间。

(五)履行方式不明确的,按照有利于实现合同目的的方式履行。

(六)履行费用的负担不明确的,由履行义务一方负担。

第六十三条　执行政府定价或者政府指导价的,在合同约定的交付期限内政府价格调整时,按照交付时的价格计价。逾期交付标的物的,遇价格上涨时,按照原价格执行;价格下降时,按照新价格执行。逾期提取标的物或者逾期付款的,遇价格上涨时,按照新价格执行;价格下降时,按照原价格执行。

第六十四条　当事人约定由债务人向第三人履行债务的,债务人未向第三人履行债务或者履行债务不符合约定,应当向债权人承担违约责任。

第六十五条　当事人约定由第三人向债权人履行债务的,第三人不履行债务或者履行债务不符合约定,债务人应当向债权人承担违约责任。

第六十六条　当事人互负债务,没有先后履行顺序的,应当同时履行。一方在对方履行之前有权拒绝其履行要求。一方在对方履行债务不符合约定时,有权拒绝其相应的履行要求。

第六十七条　当事人互负债务,有先后履行顺序,先履行一方未履行的,后履行一方有权拒绝其履行要求。先履行一方履行债务不符合约定的,后履行一方有权拒绝其相应的履行要求。

第六十八条　应当先履行债务的当事人,有确切证据证明对方有下列情形之一的,可以中止履行:

(一)经营状况严重恶化;

(二)转移财产、抽逃资金,以逃避债务;

(三)丧失商业信誉;

(四)有丧失或者可能丧失履行债务能力的其他情形。

当事人没有确切证据中止履行的,应当承担违约责任。

第六十九条　当事人依照本法第六十八条的规定中止履行的,应当及时通知对方。对方提供适当担保时,应当恢复履行。中止履行后,对方在合理期限内未恢复履行能力并且未提供适当担保的,中止履行的一方可以解除合同。

第七十条　债权人分立、合并或者变更住所没有通知债务人,致使履行债务发生困难的,债务人可以中止履行或者将标的物提存。

第七十一条 债权人可以拒绝债务人提前履行债务,但提前履行不损害债权人利益的除外。债务人提前履行债务给债权人增加的费用,由债务人负担。

第七十二条 债权人可以拒绝债务人部分履行债务,但部分履行不损害债权人利益的除外。债务人部分履行债务给债权人增加的费用,由债务人负担。

第七十三条 因债务人怠于行使其到期债权,对债权人造成损害的,债权人可以向人民法院请求以自己的名义代位行使债务人的债权,但该债权专属于债务人自身的除外。代位权的行使范围以债权人的债权为限。债权人行使代位权的必要费用,由债务人负担。

第七十四条 因债务人放弃其到期债权或者无偿转让财产,对债权人造成损害的,债权人可以请求人民法院撤销债务人的行为。债务人以明显不合理的低价转让财产,对债权人造成损害,并且受让人知道该情形的,债权人也可以请求人民法院撤销债务人的行为。撤销权的行使范围以债权人的债权为限。债权人行使撤销权的必要费用,由债务人负担。

第七十五条 撤销权自债权人知道或者应当知道撤销事由之日起一年内行使。自债务人的行为发生之日起五年内没有行使撤销权的,该撤销权消灭。

第七十六条 合同生效后,当事人不得因姓名、名称的变更或者法定代表人、负责人、承办人的变动而不履行合同义务。

第五章　合同的变更和转让

第七十七条 当事人协商一致,可以变更合同。法律、行政法规规定变更合同应当办理批准、登记等手续的,依照其规定。

第七十八条 当事人对合同变更的内容约定不明确的,推定为未变更。

第七十九条 债权人可以将合同的权利全部或者部分转让给第三人,但有下列情形之一的除外:

(一)根据合同性质不得转让;

(二)按照当事人约定不得转让;

(三)依照法律规定不得转让。

第八十条 债权人转让权利的,应当通知债务人。未经通知,该转让对债务人不发生效力。债权人转让权利的通知不得撤销,但经受让人同意的除外。

第八十一条 债权人转让权利的,受让人取得与债权有关的从权利,但该从权利专属于债权人自身的除外。

第八十二条 债务人接到债权转让通知后,债务人对让与人的抗辩,可以向受让人主张。

第八十三条 债务人接到债权转让通知时,债务人对让与人享有债权,并且债务人的债权先于转让的债权到期或者同时到期的,债务人可以向受让人主张抵销。

第八十四条 债务人将合同的义务全部或者部分转移给第三人的,应当经债权人同意。

第八十五条 债务人转移义务的,新债务人可以主张原债务人对债权人的抗辩。

第八十六条 债务人转移义务的,新债务人应当承担与主债务有关的从债务,但该从债务专属于原债务人自身的除外。

第八十七条 法律、行政法规规定转让权利或者转移义务应当办理批准、登记等手续的,依照其规定。

第八十八条 当事人一方经对方同意,可以将自己在合同中的权利和义务一并转让给第三人。

第八十九条 权利和义务一并转让的,适用本法第七十九条、第八十一条至第八十三条、第八十五条至第八十七条的规定。

第九十条 当事人订立合同后合并的,由合并后的法人或者其他组织行使合同权利,履行合同义务。当事人订立合同后分立的,除债权人和债务人另有约定的以外,由分立的法人或者其他组织对合同的权利和义务享有连带债权,承担连带债务。

第六章　合同的权利义务终止

第九十一条　有下列情形之一的，合同的权利义务终止：

(一)债务已经按照约定履行；

(二)合同解除；

(三)债务相互抵销；

(四)债务人依法将标的物提存；

(五)债权人免除债务；

(六)债权债务同归于一人；

(七)法律规定或者当事人约定终止的其他情形。

第九十二条　合同的权利义务终止后，当事人应当遵循诚实信用原则，根据交易习惯履行通知、协助、保密等义务。

第九十三条　当事人协商一致，可以解除合同。当事人可以约定一方解除合同的条件。解除合同的条件成就时，解除权人可以解除合同。

第九十四条　有下列情形之一的，当事人可以解除合同：

(一)因不可抗力致使不能实现合同目的；

(二)在履行期限届满之前，当事人一方明确表示或者以自己的行为表明不履行主要债务；

(三)当事人一方迟延履行主要债务，经催告后在合理期限内仍未履行；

(四)当事人一方迟延履行债务或者有其他违约行为致使不能实现合同目的；

(五)法律规定的其他情形。

第九十五条　法律规定或者当事人约定解除权行使期限，期限届满当事人不行使的，该权利消灭。法律没有规定或者当事人没有约定解除权行使期限，经对方催告后在合理期限内不行使的，该权利消灭。

第九十六条　当事人一方依照本法第九十三条第二款、第九十四条的规定主张解除合同的，应当通知对方。合同自通知到达对方时解除。对方有异议的，可以请求人民法院或者仲裁机构确认解除合同的效力。法律、行政法规规定解除合同应当办理批准、登记等手续的，依照其规定。

第九十七条　合同解除后，尚未履行的，终止履行；已经履行的，根据履行情况和合同性质，当事人可以要求恢复原状、采取其他补救措施，并有权要求赔偿损失。

第九十八条　合同的权利义务终止，不影响合同中结算和清理条款的效力。

第九十九条　当事人互负到期债务，该债务的标的物种类、品质相同的，任何一方可以将自己的债务与对方的债务抵销，但依照法律规定或者按照合同性质不得抵销的除外。当事人主张抵销的，应当通知对方。通知自到达对方时生效。抵销不得附条件或者附期限。

第一百条　当事人互负债务，标的物种类、品质不相同的，经双方协商一致，也可以抵销。

第一百零一条　有下列情形之一，难以履行债务的，债务人可以将标的物提存：

(一)债权人无正当理由拒绝受领；

(二)债权人下落不明；

(三)债权人死亡未确定继承人或者丧失民事行为能力未确定监护人；

(四)法律规定的其他情形。标的物不适于提存或者提存费用过高的，债务人依法可以拍卖或者变卖标的物，提存所得的价款。

第一百零二条　标的物提存后，除债权人下落不明的以外，债务人应当及时通知债权人或者债权人的继承人、监护人。

第一百零三条　标的物提存后，毁损、灭失的风险由债权人承担。提存期间，标的物的孳息归债权人所有。提存费用由债权人负担。

第一百零四条　债权人可以随时领取提存物，但债权人对债务人负有到期债务的，在债权人未履行债务或者提供担保之前，提存部门根据债务人的要求应当拒绝其领取提存物。债权人领取提存物的权利，自提存之日起五年内不行使而消灭，提存物扣除提存费用后归国家所有。

第一百零五条　债权人免除债务人部分或者全部债务的，合同的权利义务部分或者全部终止。

第一百零六条　债权和债务同归于一人的，合同的权利义务终止，但涉及第三人利益的除外。

第七章　违约责任

第一百零七条　当事人一方不履行合同义务或者履行合同义务不符合约定的，应当承担继续履行、采取补救措施或者赔偿损失等违约责任。

第一百零八条　当事人一方明确表示或者以自己的行为表明不履行合同义务的，对方可以在履行期限届满之前要求其承担违约责任。

第一百零九条　当事人一方未支付价款或者报酬的，对方可以要求其支付价款或者报酬。

第一百一十条　当事人一方不履行非金钱债务或者履行非金钱债务不符合约定的，对方可以要求履行，但有下列情形之一的除外：(一)法律上或者事实上不能履行；(二)债务的标的不适于强制履行或者履行费用过高；(三)债权人在合理期限内未要求履行。

第一百一十一条　质量不符合约定的，应当按照当事人的约定承担违约责任。对违约责任没有约定或者约定不明确，依照本法第六十一条的规定仍不能确定的，受损害方根据标的的性质以及损失的大小，可以合理选择要求对方承担修理、更换、重作、退货、减少价款或者报酬等违约责任。

第一百一十二条　当事人一方不履行合同义务或者履行合同义务不符合约定的，在履行义务或者采取补救措施后，对方还有其他损失的，应当赔偿损失。

第一百一十三条　当事人一方不履行合同义务或者履行合同义务不符合约定，给对方造成损失的，损失赔偿额应当相当于因违约所造成的损失，包括合同履行后可以获得的利益，但不得超过违反合同一方订立合同时预见到或者应当预见到的因违反合同可能造成的损失。经营者对消费者提供商品或者服务有欺诈行为的，依照《中华人民共和国消费者权益保护法》的规定承担损害赔偿责任。

第一百一十四条　当事人可以约定一方违约时应当根据违约情况向对方支付一定数额的违约金，也可以约定因违约产生的损失赔偿额的计算方法。约定的违约金低于造成的损失的，当事人可以请求人民法院或者仲裁机构予以增加；约定的违约金过分高于造成的损失的，当事人可以请求人民法院或者仲裁机构予以适当减少。当事人就迟延履行约定违约金的，违约方支付违约金后，还应当履行债务。

第一百一十五条　当事人可以依照《中华人民共和国担保法》约定一方向对方给付定金作为债权的担保。债务人履行债务后，定金应当抵作价款或者收回。给付定金的一方不履行约定的债务的，无权要求返还定金；收受定金的一方不履行约定的债务的，应当双倍返还定金。

第一百一十六条　当事人既约定违约金，又约定定金的，一方违约时，对方可以选择适用违约金或者定金条款。

第一百一十七条　因不可抗力不能履行合同的，根据不可抗力的影响，部分或者全部免除责任，但法律另有规定的除外。当事人迟延履行后发生不可抗力的，不能免除责任。本法所称不可抗力，是指不能预见、不能避免并不能克服的客观情况。

第一百一十八条　当事人一方因不可抗力不能履行合同的，应当及时通知对方，以减轻可能给对方造成的损失，并应当在合理期限内提供证明。

第一百一十九条　当事人一方违约后，对方应当采取适当措施防止损失的扩大；没有采取适当措施致使损失扩大的，不得就扩大的损失要求赔偿。当事人因防止损失扩大而支出的合理费用，由违约方承担。

第一百二十条　当事人双方都违反合同的，应当各自承担相应的责任。

第一百二十一条　当事人一方因第三人的原因造成违约的，应当向对方承担违约责任。当事人一方和第三人之间的纠纷，依照法律规定或者按照约定解决。

第一百二十二条　因当事人一方的违约行为，侵害对方人身、财产权益的，受损害方有权选择依照本法要求其承担违约责任或者依照其他法律要求其承担侵权责任。

第八章　其他规定

第一百二十三条　其他法律对合同另有规定

的，依照其规定。

第一百二十四条　本法分则或者其他法律没有明文规定的合同，适用本法总则的规定，并可以参照本法分则或者其他法律最相类似的规定。

第一百二十五条　当事人对合同条款的理解有争议的，应当按照合同所使用的词句、合同的有关条款、合同的目的、交易习惯以及诚实信用原则，确定该条款的真实意思。合同文本采用两种以上文字订立并约定具有同等效力的，对各文本使用的词句推定具有相同含义。各文本使用的词句不一致的，应当根据合同的目的予以解释。

第一百二十六条　涉外合同的当事人可以选择处理合同争议所适用的法律，但法律另有规定的除外。涉外合同的当事人没有选择的，适用与合同有最密切联系的国家的法律。在中华人民共和国境内履行的中外合资经营企业合同、中外合作经营企业合同、中外合作勘探开发自然资源合同，适用中华人民共和国法律。

第一百二十七条　工商行政管理部门和其他有关行政主管部门在各自的职权范围内，依照法律、行政法规的规定，对利用合同危害国家利益、社会公共利益的违法行为，负责监督处理；构成犯罪的，依法追究刑事责任。

第一百二十八条　当事人可以通过和解或者调解解决合同争议。当事人不愿和解、调解或者和解、调解不成的，可以根据仲裁协议向仲裁机构申请仲裁。涉外合同的当事人可以根据仲裁协议向中国仲裁机构或者其他仲裁机构申请仲裁。当事人没有订立仲裁协议或者仲裁协议无效的，可以向人民法院起诉。当事人应当履行发生法律效力的判决、仲裁裁决、调解书；拒不履行的，对方可以请求人民法院执行。

第一百二十九条　因国际货物买卖合同和技术进出口合同争议提起诉讼或者申请仲裁的期限为四年，自当事人知道或者应当知道其权利受到侵害之日起计算。因其他合同争议提起诉讼或者申请仲裁的期限，依照有关法律的规定。

分　则

第九章　买卖合同

第一百三十条　买卖合同是出卖人转移标的物的所有权于买受人，买受人支付价款的合同。

第一百三十一条　买卖合同的内容除依照本法第十二条的规定以外，还可以包括包装方式、检验标准和方法、结算方式、合同使用的文字及其效力等条款。

第一百三十二条　出卖的标的物，应当属于出卖人所有或者出卖人有权处分。法律、行政法规禁止或者限制转让的标的物，依照其规定。

第一百三十三条　标的物的所有权自标的物交付时起转移，但法律另有规定或者当事人另有约定的除外。

第一百三十四条　当事人可以在买卖合同中约定买受人未履行支付价款或者其他义务的，标的物的所有权属于出卖人。

第一百三十五条　出卖人应当履行向买受人交付标的物或者交付提取标的物的单证，并转移标的物所有权的义务。

第一百三十六条　出卖人应当按照约定或者交易习惯向买受人交付提取标的物单证以外的有关单证和资料。

第一百三十七条　出卖具有知识产权的计算机软件等标的物的，除法律另有规定或者当事人另有约定的以外，该标的物的知识产权不属于买受人。

第一百三十八条　出卖人应当按照约定的期限交付标的物。约定交付期间的，出卖人可以在该交付期间内的任何时间交付。

第一百三十九条　当事人没有约定标的物的交付期限或者约定不明确的，适用本法第六十一条、第六十二条第四项的规定。

第一百四十条　标的物在订立合同之前已为买受人占有的，合同生效的时间为交付时间。

第一百四十一条　出卖人应当按照约定的地点交付标的物。当事人没有约定交付地点或者约定不明确，依照本法第六十一条的规定仍不能确定的，适用下列规定：

(一)标的物需要运输的，出卖人应当将标的物交付给第一承运人以运交给买受人；

(二)标的物不需要运输，出卖人和买受人订立合同时知道标的物在某一地点的，出卖人应当在该地点交付标的物；不知道标的物在某一地点的，应当在出卖人订立合同时的营业地交付标的物。

第一百四十二条 标的物毁损、灭失的风险，在标的物交付之前由出卖人承担，交付之后由买受人承担，但法律另有规定或者当事人另有约定的除外。

第一百四十三条 因买受人的原因致使标的物不能按照约定的期限交付的，买受人应当自违反约定之日起承担标的物毁损、灭失的风险。

第一百四十四条 出卖人出卖交由承运人运输的在途标的物，除当事人另有约定的以外，毁损、灭失的风险自合同成立时起由买受人承担。

第一百四十五条 当事人没有约定交付地点或者约定不明确，依照本法第一百四十一条第二款第一项的规定标的物需要运输的，出卖人将标的物交付给第一承运人后，标的物毁损、灭失的风险由买受人承担。

第一百四十六条 出卖人按照约定或者依照本法第一百四十一条第二款第二项的规定将标的物置于交付地点，买受人违反约定没有收取的，标的物毁损、灭失的风险自违反约定之日起由买受人承担。

第一百四十七条 出卖人按照约定未交付有关标的物的单证和资料的，不影响标的物毁损、灭失风险的转移。

第一百四十八条 因标的物质量不符合质量要求，致使不能实现合同目的的，买受人可以拒绝接受标的物或者解除合同。买受人拒绝接受标的物或者解除合同的，标的物毁损、灭失的风险由出卖人承担。

第一百四十九条 标的物毁损、灭失的风险由买受人承担的，不影响因出卖人履行债务不符合约定，买受人要求其承担违约责任的权利。

第一百五十条 出卖人就交付的标的物，负有保证第三人不得向买受人主张任何权利的义务，但法律另有规定的除外。

第一百五十一条 买受人订立合同时知道或者应当知道第三人对买卖的标的物享有权利的，出卖人不承担本法第一百五十条规定的义务。

第一百五十二条 买受人有确切证据证明第三人可能就标的物主张权利的，可以中止支付相应的价款，但出卖人提供适当担保的除外。

第一百五十三条 出卖人应当按照约定的质量要求交付标的物。出卖人提供有关标的物质量说明的，交付的标的物应当符合该说明的质量要求。

第一百五十四条 当事人对标的物的质量要求没有约定或者约定不明确，依照本法第六十一条的规定仍不能确定的，适用本法第六十二条**第一项的规定。**

第一百五十五条 出卖人交付的标的物不符合质量要求的，买受人可以依照本法第一百一十一条的规定要求承担违约责任。

第一百五十六条 出卖人应当按照约定的包装方式交付标的物。对包装方式没有约定或者约定不明确，依照本法第六十一条的规定仍不能确定的，应当按照通用的方式包装，没有通用方式的，应当采取足以保护标的物的包装方式。

第一百五十七条 买受人收到标的物时应当在约定的检验期间内检验。没有约定检验期间的，应当及时检验。

第一百五十八条 当事人约定检验期间的，买受人应当在检验期间内将标的物的数量或者质量不符合约定的情形通知出卖人。买受人怠于通知的，视为标的物的数量或者质量符合约定。当事人没有约定检验期间的，买受人应当在发现或者应当发现标的物的数量或者质量不符合约定的合理期间内通知出卖人。买受人在合理期间内未通知或者自标的物收到之日起两年内未通知出卖人的，视为标的物的数量或者质量符合约定，但对标的物有质量保证期的，适用质量保证期，不适用该两年的规定。出卖人知道或者应当知道提供的标的物不符合约定的，买受人不受前两款规定的通知时间的限制。

第一百五十九条 买受人应当按照约定的数额支付价款。对价款没有约定或者约定不明确的，适用本法第六十一条、第六十二条第二项的规定。

第一百六十条 买受人应当按照约定的地点支

付价款。对支付地点没有约定或者约定不明确，依照本法第六十一条的规定仍不能确定的，买受人应当在出卖人的营业地支付，但约定支付价款以交付标的物或者交付提取标的物单证为条件的，在交付标的物或者交付提取标的物单证的所在地支付。

第一百六十一条 买受人应当按照约定的时间支付价款。对支付时间没有约定或者约定不明确，依照本法第六十一条的规定仍不能确定的，买受人应当在收到标的物或者提取标的物单证的同时支付。

第一百六十二条 出卖人多交标的物的，买受人可以接收或者拒绝接收多交的部分。买受人接收多交部分的，按照合同的价格支付价款；买受人拒绝接收多交部分的，应当及时通知出卖人。

第一百六十三条 标的物在交付之前产生的孳息，归出卖人所有，交付之后产生的孳息，归买受人所有。

第一百六十四条 因标的物的主物不符合约定而解除合同的，解除合同的效力及于从物。因标的物的从物不符合约定被解除的，解除的效力不及于主物。

第一百六十五条 标的物为数物，其中一物不符合约定的，买受人可以就该物解除，但该物与他物分离使标的物的价值显受损害的，当事人可以就数物解除合同。

第一百六十六条 出卖人分批交付标的物的，出卖人对其中一批标的物不交付或者交付不符合约定，致使该批标的物不能实现合同目的的，买受人可以就该批标的物解除。出卖人不交付其中一批标的物或者交付不符合约定，致使今后其他各批标的物的交付不能实现合同目的的，买受人可以就该批以及今后其他各批标的物解除。买受人如果就其中一批标的物解除，该批标的物与其他各批标的物相互依存的，可以就已经交付和未交付的各批标的物解除。

第一百六十七条 分期付款的买受人未支付到期价款的金额达到全部价款的五分之一的，出卖人可以要求买受人支付全部价款或者解除合同。出卖人解除合同的，可以向买受人要求支付该标的物的使用费。

第一百六十八条 凭样品买卖的当事人应当封存样品，并可以对样品质量予以说明。出卖人交付的标的物应当与样品及其说明的质量相同。

第一百六十九条 凭样品买卖的买受人不知道样品有隐蔽瑕疵的，即使交付的标的物与样品相同，出卖人交付的标的物的质量仍然应当符合同种物的通常标准。

第一百七十条 试用买卖的当事人可以约定标的物的试用期间。对试用期间没有约定或者约定不明确，依照本法第六十一条的规定仍不能确定的，由出卖人确定。

第一百七十一条 试用买卖的买受人在试用期内可以购买标的物，也可以拒绝购买。试用期间届满，买受人对是否购买标的物未作表示的，视为购买。

第一百七十二条 招标投标买卖的当事人的权利和义务以及招标投标程序等，依照有关法律、行政法规的规定。

第一百七十三条 拍卖的当事人的权利和义务以及拍卖程序等，依照有关法律、行政法规的规定。

第一百七十四条 法律对其他有偿合同有规定的，依照其规定；没有规定的，参照买卖合同的有关规定。

第一百七十五条 当事人约定易货交易，转移标的物的所有权的，参照买卖合同的有关规定。

第十章 供用电、水、气、热力合同

第一百七十六条 供用电合同是供电人向用电人供电，用电人支付电费的合同。

第一百七十七条 供用电合同的内容包括供电的方式、质量、时间，用电容量、地址、性质，计量方式，电价、电费的结算方式，供用电设施的维护责任等条款。

第一百七十八条 供用电合同的履行地点，按照当事人约定；当事人没有约定或者约定不明确的，供电设施的产权分界处为履行地点。

第一百七十九条 供电人应当按照国家规定的供电质量标准和约定安全供电。供电人未按照国家规定的供电质量标准和约定安全供电，造成用电人损失的，应当承担损害赔偿责任。

第一百八十条 供电人因供电设施计划检修、临时检修、依法限电或者用电人违法用电等原因，需要中断供电时，应当按照国家有关规定事先通知用电人。未事先通知用电人中断供电，造成用电人损失的，应当承担损害赔偿责任。

第一百八十一条 因自然灾害等原因断电，供电人应当按照国家有关规定及时抢修。未及时抢修，造成用电人损失的，应当承担损害赔偿责任。

第一百八十二条 用电人应当按照国家有关规定和当事人的约定及时交付电费。用电人逾期不交付电费的，应当按照约定支付违约金。经催告用电人在合理期限内仍不交付电费和违约金的，供电人可以按照国家规定的程序中止供电。

第一百八十三条 用电人应当按照国家有关规定和当事人的约定安全用电。用电人未按照国家有关规定和当事人的约定安全用电，造成供电人损失的，应当承担损害赔偿责任。

第一百八十四条 供用水、供用气、供用热力合同，参照供用电合同的有关规定。

第十一章 赠与合同

第一百八十五条 赠与合同是赠与人将自己的财产无偿给予受赠人，受赠人表示接受赠与的合同。

第一百八十六条 赠与人在赠与财产的权利转移之前可以撤销赠与。具有救灾、扶贫等社会公益、道德义务性质的赠与合同或者经过公证的赠与合同，不适用前款规定。

第一百八十七条 赠与的财产依法需要办理登记等手续的，应当办理有关手续。

第一百八十八条 具有救灾、扶贫等社会公益、道德义务性质的赠与合同或者经过公证的赠与合同，赠与人不交付赠与的财产的，受赠人可以要求交付。

第一百八十九条 因赠与人故意或者重大过失致使赠与的财产毁损、灭失的，赠与人应当承担损害赔偿责任。

第一百九十条 赠与可以附义务。赠与附义务的，受赠人应当按照约定履行义务。

第一百九十一条 赠与的财产有瑕疵的，赠与人不承担责任。附义务的赠与，赠与的财产有瑕疵的，赠与人在附义务的限度内承担与出卖人相同的责任。赠与人故意不告知瑕疵或者保证无瑕疵，造成受赠人损失的，应当承担损害赔偿责任。

第一百九十二条 受赠人有下列情形之一的，赠与人可以撤销赠与：

（一）严重侵害赠与人或者赠与人的近亲属；

（二）对赠与人有扶养义务而不履行；

（三）不履行赠与合同约定的义务。

赠与人的撤销权，自知道或者应当知道撤销原因之日起 1 年内行使。

第一百九十三条 因受赠人的违法行为致使赠与人死亡或者丧失民事行为能力的，赠与人的继承人或者法定代理人可以撤销赠与。赠与人的继承人或者法定代理人的撤销权，自知道或者应当知道撤销原因之日起 6 个月内行使。

第一百九十四条 撤销权人撤销赠与的，可以向受赠人要求返还赠与的财产。

第一百九十五条 赠与人的经济状况显著恶化，严重影响其生产经营或者家庭生活的，可以不再履行赠与义务。

第十二章 借款合同

第一百九十六条 借款合同是借款人向贷款人借款，到期返还借款并支付利息的合同。

第一百九十七条 借款合同采用书面形式，但自然人之间借款另有约定的除外。

借款合同的内容包括借款种类、币种、用途、数额、利率、期限和还款方式等条款。

第一百九十八条 订立借款合同，贷款人可以要求借款人提供担保。担保依照《中华人民共和国担保法》的规定。

第一百九十九条 订立借款合同，借款人应当按照贷款人的要求提供与借款有关的业务活动和财务状况的真实情况。

第二百条 借款的利息不得预先在本金中扣除。利息预先在本金中扣除的，应当按照实际借款数额返还借款并计算利息。

第二百零一条 贷款人未按照约定的日期、数额提供借款，造成借款人损失的，应当赔偿损失。借款人未按照约定的日期、数额收取借款的，应当按照约定的日期、数额支付利息。

第二百零二条　贷款人按照约定可以检查、监督借款的使用情况。借款人应当按照约定向贷款人定期提供有关财务会计报表等资料。

第二百零三条　借款人未按照约定的借款用途使用借款的，贷款人可以停止发放借款、提前收回借款或者解除合同。

第二百零四条　办理贷款业务的金融机构贷款的利率，应当按照中国人民银行规定的贷款利率的上下限确定。

第二百零五条　借款人应当按照约定的期限支付利息。对支付利息的期限没有约定或者约定不明确，依照本法第六十一条的规定仍不能确定，借款期间不满一年的，应当在返还借款时一并支付；借款期间一年以上的，应当在每届满一年时支付，剩余期间不满一年的，应当在返还借款时一并支付。

第二百零六条　借款人应当按照约定的期限返还借款。对借款期限没有约定或者约定不明确，依照本法第六十一条的规定仍不能确定的，借款人可以随时返还；贷款人可以催告借款人在合理期限内返还。

第二百零七条　借款人未按照约定的期限返还借款的，应当按照约定或者国家有关规定支付逾期利息。

第二百零八条　借款人提前偿还借款的，除当事人另有约定的以外，应当按照实际借款的期间计算利息。

第二百零九条　借款人可以在还款期限届满之前向贷款人申请展期。贷款人同意的，可以展期。

第二百一十条　自然人之间的借款合同，自贷款人提供借款时生效。

第二百一十一条　自然人之间的借款合同对支付利息没有约定或者约定不明确的，视为不支付利息。自然人之间的借款合同约定支付利息的，借款的利率不得违反国家有关限制借款利率的规定。

第十三章　租赁合同

第二百一十二条　租赁合同是出租人将租赁物交付承租人使用、收益，承租人支付租金的合同。

第二百一十三条　租赁合同的内容包括租赁物的名称、数量、用途、租赁期限、租金及其支付期限和方式、租赁物维修等条款。

第二百一十四条　租赁期限不得超过20年。超过20年的，超过部分无效。租赁期间届满，当事人可以续订租赁合同，但约定的租赁期限自续订之日起不得超过20年。

第二百一十五条　租赁期限6个月以上的，应当采用书面形式。当事人未采用书面形式的，视为不定期租赁。

第二百一十六条　出租人应当按照约定将租赁物交付承租人，并在租赁期间保持租赁物符合约定的用途。

第二百一十七条　承租人应当按照约定的方法使用租赁物。对租赁物的使用方法没有约定或者约定不明确，依照本法第六十一条的规定仍不能确定的，应当按照租赁物的性质使用。

第二百一十八条　承租人按照约定的方法或者租赁物的性质使用租赁物，致使租赁物受到损耗的，不承担损害赔偿责任。

第二百一十九条　承租人未按照约定的方法或者租赁物的性质使用租赁物，致使租赁物受到损失的，出租人可以解除合同并要求赔偿损失。

第二百二十条　出租人应当履行租赁物的维修义务，但当事人另有约定的除外。

第二百二十一条　承租人在租赁物需要维修时可以要求出租人在合理期限内维修。出租人未履行维修义务的，承租人可以自行维修，维修费用由出租人负担。因维修租赁物影响承租人使用的，应当相应减少租金或者延长租期。

第二百二十二条　承租人应当妥善保管租赁物，因保管不善造成租赁物毁损、灭失的，应当承担损害赔偿责任。

第二百二十三条　承租人经出租人同意，可以对租赁物进行改善或者增设他物。

承租人未经出租人同意，对租赁物进行改善或者增设他物的，出租人可以要求承租人恢复原状或者赔偿损失。

第二百二十四条　承租人经出租人同意，可以将租赁物转租给第三人。承租人转租的，承租人与出租人之间的租赁合同继续有效，第三人对租赁物造成损失的,承租人应当赔偿损失。承租人未经出租人同意转租的,出租人可以解除合同。

第二百二十五条 在租赁期间因占有、使用租赁物获得的收益,归承租人所有,但当事人另有约定的除外。

第二百二十六条 承租人应当按照约定的期限支付租金。对支付期限没有约定或者约定不明确,依照本法第六十一条的规定仍不能确定,租赁期间不满一年的,应当在租赁期间届满时支付;租赁期间一年以上的,应当在每届满一年时支付,剩余期间不满一年的,应当在租赁期间届满时支付。

第二百二十七条 承租人无正当理由未支付或者迟延支付租金的,出租人可以要求承租人在合理期限内支付。承租人逾期不支付的,出租人可以解除合同。

第二百二十八条 因第三人主张权利,致使承租人不能对租赁物使用、收益的,承租人可以要求减少租金或者不支付租金。第三人主张权利的,承租人应当及时通知出租人。

第二百二十九条 租赁物在租赁期间发生所有权变动的,不影响租赁合同的效力。

第二百三十条 出租人出卖租赁房屋的,应当在出卖之前的合理期限内通知承租人,承租人享有以同等条件优先购买的权利。

第二百三十一条 因不可归责于承租人的事由,致使租赁物部分或者全部毁损、灭失的,承租人可以要求减少租金或者不支付租金;因租赁物部分或者全部毁损、灭失,致使不能实现合同目的的,承租人可以解除合同。

第二百三十二条 当事人对租赁期限没有约定或者约定不明确,依照本法第六十一条的规定仍不能确定的,视为不定期租赁。当事人可以随时解除合同,但出租人解除合同应当在合理期限之前通知承租人。

第二百三十三条 租赁物危及承租人的安全或者健康的,即使承租人订立合同时明知该租赁物质量不合格,承租人仍然可以随时解除合同。

第二百三十四条 承租人在房屋租赁期间死亡的,与其生前共同居住的人可以按照原租赁合同租赁该房屋。

第二百三十五条 租赁期间届满,承租人应当返还租赁物。返还的租赁物应当符合按照约定或者租赁物的性质使用后的状态。

第二百三十六条 租赁期间届满,承租人继续使用租赁物,出租人没有提出异议的,原租赁合同继续有效,但租赁期限为不定期。

第十四章 融资租赁合同

第二百三十七条 融资租赁合同是出租人根据承租人对出卖人、租赁物的选择,向出卖人购买租赁物,提供给承租人使用,承租人支付租金的合同。

第二百三十八条 融资租赁合同的内容包括租赁物名称、数量、规格、技术性能、检验方法、租赁期限、租金构成及其支付期限和方式、币种、租赁期间届满租赁物的归属等条款。融资租赁合同应当采用书面形式。

第二百三十九条 出租人根据承租人对出卖人、租赁物的选择订立的买卖合同,出卖人应当按照约定向承租人交付标的物,承租人享有与受领标的物有关的买受人的权利。

第二百四十条 出租人、出卖人、承租人可以约定,出卖人不履行买卖合同义务的,由承租人行使索赔的权利。承租人行使索赔权利的,出租人应当协助。

第二百四十一条 出租人根据承租人对出卖人、租赁物的选择订立的买卖合同,未经承租人同意,出租人不得变更与承租人有关的合同内容。

第二百四十二条 出租人享有租赁物的所有权。承租人破产的,租赁物不属于破产财产。

第二百四十三条 融资租赁合同的租金,除当事人另有约定的以外,应当根据购买租赁物的大部分或者全部成本以及出租人的合理利润确定。

第二百四十四条 租赁物不符合约定或者不符合使用目的的,出租人不承担责任,但承租人依赖出租人的技能确定租赁物或者出租人干预选择租赁物的除外。

第二百四十五条 出租人应当保证承租人对租赁物的占有和使用。

第二百四十六条 承租人占有租赁物期间,租赁物造成第三人的人身伤害或者财产损害的,出租人不承担责任。

第二百四十七条　承租人应当妥善保管、使用租赁物。承租人应当履行占有租赁物期间的维修义务。

第二百四十八条　承租人应当按照约定支付租金。承租人经催告后在合理期限内仍不支付租金的，出租人可以要求支付全部租金；也可以解除合同，收回租赁物。

第二百四十九条　当事人约定租赁期间届满租赁物归承租人所有，承租人已经支付大部分租金，但无力支付剩余租金，出租人因此解除合同收回租赁物的，收回的租赁物的价值超过承租人欠付的租金以及其他费用的，承租人可以要求部分返还。

第二百五十条　出租人和承租人可以约定租赁期间届满租赁物的归属。对租赁物的归属没有约定或者约定不明确，依照本法第六十一条的规定仍不能确定的，租赁物的所有权归出租人。

第十五章　承揽合同

第二百五十一条　承揽合同是承揽人按照定作人的要求完成工作，交付工作成果，定作人给付报酬的合同。承揽包括加工、定作、修理、复制、测试、检验等工作。

第二百五十二条　承揽合同的内容包括承揽的标的、数量、质量、报酬、承揽方式、材料的提供、履行期限、验收标准和方法等条款。

第二百五十三条　承揽人应当以自己的设备、技术和劳力，完成主要工作，但当事人另有约定的除外。承揽人将其承揽的主要工作交由第三人完成的，应当就该第三人完成的工作成果向定作人负责；未经定作人同意的，定作人也可以解除合同。

第二百五十四条　承揽人可以将其承揽的辅助工作交由第三人完成。承揽人将其承揽的辅助工作交由第三人完成的，应当就该第三人完成的工作成果向定作人负责。

第二百五十五条　承揽人提供材料的，承揽人应当按照约定选用材料，并接受定作人检验。

第二百五十六条　定作人提供材料的，定作人应当按照约定提供材料。承揽人对定作人提供的材料，应当及时检验，发现不符合约定时，应当及时通知定作人更换、补齐或者采取其他补救措施。承揽人不得擅自更换定作人提供的材料，不得更换不需要修理的零部件。

第二百五十七条　承揽人发现定作人提供的图纸或者技术要求不合理的，应当及时通知定作人。因定作人怠于答复等原因造成承揽人损失的，应当赔偿损失。

第二百五十八条　定作人中途变更承揽工作的要求，造成承揽人损失的，应当赔偿损失。

第二百五十九条　承揽工作需要定作人协助的，定作人有协助的义务。定作人不履行协助义务致使承揽工作不能完成的，承揽人可以催告定作人在合理期限内履行义务，并可以顺延履行期限；定作人逾期不履行的，承揽人可以解除合同。

第二百六十条　承揽人在工作期间，应当接受定作人必要的监督检验。定作人不得因监督检验妨碍承揽人的正常工作。

第二百六十一条　承揽人完成工作的，应当向定作人交付工作成果，并提交必要的技术资料和有关质量证明。定作人应当验收该工作成果。

第二百六十二条　承揽人交付的工作成果不符合质量要求的，定作人可以要求承揽人承担修理、重作、减少报酬、赔偿损失等违约责任。

第二百六十三条　定作人应当按照约定的期限支付报酬。对支付报酬的期限没有约定或者约定不明确，依照本法第六十一条的规定仍不能确定的，定作人应当在承揽人交付工作成果时支付；工作成果部分交付的，定作人应当相应支付。

第二百六十四条　定作人未向承揽人支付报酬或者材料费等价款的，承揽人对完成的工作成果享有留置权，但当事人另有约定的除外。

第二百六十五条　承揽人应当妥善保管定作人提供的材料以及完成的工作成果，因保管不善造成毁损、灭失的，承揽人应当承担损害赔偿责任。

第二百六十六条　承揽人应当按照定作人的要求保守秘密，未经定作人许可，不得留存复制品或者技术资料。

第二百六十七条　共同承揽人对定作人承担连带责任，但当事人另有约定的除外。

第二百六十八条　定作人可以随时解除承揽合

同,造成承揽人损失的,应当赔偿损失。

第十六章　建设工程合同

第二百六十九条　建设工程合同是承包人进行工程建设,发包人支付价款的合同。建设工程合同包括工程勘察、设计、施工合同。

第二百七十条　建设工程合同应当采用书面形式。

第二百七十一条　建设工程的招标投标活动,应当依照有关法律的规定公开、公平、公正进行。

第二百七十二条　发包人可以与总承包人订立建设工程合同,也可以分别与勘察人、设计人、施工人订立勘察、设计、施工承包合同。发包人不得将应当由一个承包人完成的建设工程肢解成若干部分发包给几个承包人。总承包人或者勘察、设计、施工承包人经发包人同意,可以将自己承包的部分工作交由第三人完成。第三人就其完成的工作成果与总承包人或者勘察、设计、施工承包人向发包人承担连带责任。承包人不得将其承包的全部建设工程转包给第三人或者将其承包的全部建设工程肢解以后以分包的名义分别转包给第三人。禁止承包人将工程分包给不具备相应资质条件的单位。禁止分包单位将其承包的工程再分包。建设工程主体结构的施工必须由承包人自行完成。

第二百七十三条　国家重大建设工程合同,应当按照国家规定的程序和国家批准的投资计划、可行性研究报告等文件订立。

第二百七十四条　勘察、设计合同的内容包括提交有关基础资料和文件(包括概预算)的期限、质量要求、费用以及其他协作条件等条款。

第二百七十五条　施工合同的内容包括工程范围、建设工期、中间交工工程的开工和竣工时间、工程质量、工程造价、技术资料交付时间、材料和设备供应责任、拨款和结算、竣工验收、质量保修范围和质量保证期、双方相互协作等条款。

第二百七十六条　建设工程实行监理的,发包人应当与监理人采用书面形式订立委托监理合同。发包人与监理人的权利和义务以及法律责任,应当依照本法委托合同以及其他有关法律、行政法规的规定。

第二百七十七条　发包人在不妨碍承包人正常作业的情况下,可以随时对作业进度、质量进行检查。

第二百七十八条　隐蔽工程在隐蔽以前,承包人应当通知发包人检查。发包人没有及时检查的,承包人可以顺延工程日期,并有权要求赔偿停工、窝工等损失。

第二百七十九条　建设工程竣工后,发包人应当根据施工图纸及说明书、国家颁发的施工验收规范和质量检验标准及时进行验收。验收合格的,发包人应当按照约定支付价款,并接收该建设工程。建设工程竣工经验收合格后,方可交付使用;未经验收或者验收不合格的,不得交付使用。

第二百八十条　勘察、设计的质量不符合要求或者未按照期限提交勘察、设计文件拖延工期给发包人造成损失的,勘察人、设计人应当继续完善勘察、设计,减收或者免收勘察、设计费并赔偿损失。

第二百八十一条　因施工人的原因致使建设工程质量不符合约定的,发包人有权要求施工人在合理期限内无偿修理或者返工、改建。经过修理或者返工、改建后,造成逾期交付的,施工人应当承担违约责任。

第二百八十二条　因承包人的原因致使建设工程在合理使用期限内造成人身和财产损害的,承包人应当承担损害赔偿责任。

第二百八十三条　发包人未按照约定的时间和要求提供原材料、设备、场地、资金、技术资料的,承包人可以顺延工程日期,并有权要求赔偿停工、窝工等损失。

第二百八十四条　因发包人的原因致使工程中途停建、缓建的,发包人应当采取措施弥补或者减少损失,赔偿承包人因此造成的停工、窝工、倒运、机械设备调迁、材料和构件积压等损失和实际费用。

第二百八十五条　因发包人变更计划,提供的资料不准确,或者未按照期限提供必需的勘察、设计工作条件而造成勘察、设计的返工、停工或者修改设计,发包人应当按照勘察人、设计人实际消耗的工作量增付费用。

第二百八十六条　发包人未按照约定支付价款的,承包人可以催告发包人在合理期限内支付价款。

发包人逾期不支付的,除按照建设工程的性质不宜折价、拍卖的以外,承包人可以与发包人协议将该工程折价,也可以申请人民法院将该工程依法拍卖。建设工程的价款就该工程折价或者拍卖的价款优先受偿。

第二百八十七条 本章没有规定的,适用承揽合同的有关规定。

第十七章 运输合同

第一节 一般规定

第二百八十八条 运输合同是承运人将旅客或者货物从起运地点运输到约定地点,旅客、托运人或者收货人支付票款或者运输费用的合同。

第二百八十九条 从事公共运输的承运人不得拒绝旅客、托运人通常、合理的运输要求。

第二百九十条 承运人应当在约定期间或者合理期间内将旅客、货物安全运输到约定地点。

第二百九十一条 承运人应当按照约定的或者通常的运输路线将旅客、货物运输到约定地点。

第二百九十二条 旅客、托运人或者收货人应当支付票款或者运输费用。承运人未按照约定路线或者通常路线运输增加票款或者运输费用的,旅客、托运人或者收货人可以拒绝支付增加部分的票款或者运输费用。

第二节 客运合同

第二百九十三条 客运合同自承运人向旅客交付客票时成立,但当事人另有约定或者另有交易习惯的除外。

第二百九十四条 旅客应当持有效客票乘运。旅客无票乘运、超程乘运、越级乘运或者持失效客票乘运的,应当补交票款,承运人可以按照规定加收票款。旅客不交付票款的,承运人可以拒绝运输。

第二百九十五条 旅客因自己的原因不能按照客票记载的时间乘坐的,应当在约定的时间内办理退票或者变更手续。逾期办理的,承运人可以不退票款,并不再承担运输义务。

第二百九十六条 旅客在运输中应当按照约定的限量携带行李。超过限量携带行李的,应当办理托运手续。

第二百九十七条 旅客不得随身携带或者在行李中夹带易燃、易爆、有毒、有腐蚀性、有放射性以及有可能危及运输工具上人身和财产安全的危险物品或者其他违禁物品。旅客违反前款规定的,承运人可以将违禁物品卸下、销毁或者送交有关部门。

旅客坚持携带或者夹带违禁物品的,承运人应当拒绝运输。

第二百九十八条 承运人应当向旅客及时告知有关不能正常运输的重要事由和安全运输应当注意的事项。

第二百九十九条 承运人应当按照客票载明的时间和班次运输旅客。承运人迟延运输的,应当根据旅客的要求安排改乘其他班次或者退票。

第三百条 承运人擅自变更运输工具而降低服务标准的,应当根据旅客的要求退票或者减收票款;提高服务标准的,不应当加收票款。

第三百零一条 承运人在运输过程中,应当尽力救助患有急病、分娩、遇险的旅客。

第三百零二条 承运人应当对运输过程中旅客的伤亡承担损害赔偿责任,但伤亡是旅客自身健康原因造成的或者承运人证明伤亡是旅客故意、重大过失造成的除外。

前款规定适用于按照规定免票、持优待票或者经承运人许可搭乘的无票旅客。

第三百零三条 在运输过程中旅客自带物品毁损、灭失,承运人有过错的,应当承担损害赔偿责任。旅客托运的行李毁损、灭失的,适用货物运输的有关规定。

第三节 货运合同

第三百零四条 托运人办理货物运输,应当向承运人准确表明收货人的名称或者姓名或者凭指示的收货人,货物的名称、性质、重量、数量,收货地点等有关货物运输的必要情况。因托运人申报不实或者遗漏重要情况,造成承运人损失的,托运人应当承担损害赔偿责任。

第三百零五条 货物运输需要办理审批、检验等手续的,托运人应当将办理完有关手续的文件提交承运人。

第三百零六条 托运人应当按照约定的方式包装货物。对包装方式没有约定或者约定不明确的,适用本法第一百五十六条的规定。托运人违反前款规定的，承运人可以拒绝运输。

第三百零七条 托运人托运易燃、易爆、有毒、有腐蚀性、有放射性等危险物品的，应当按照国家有关危险物品运输的规定对危险物品妥善包装，作出危险物标志和标签，并将有关危险物品的名称、性质和防范措施的书面材料提交承运人。托运人违反前款规定的，承运人可以拒绝运输，也可以采取相应措施以避免损失的发生，因此产生的费用由托运人承担。

第三百零八条 在承运人将货物交付收货人之前，托运人可以要求承运人中止运输、返还货物、变更到达地或者将货物交给其他收货人，但应当赔偿承运人因此受到的损失。

第三百零九条 货物运输到达后，承运人知道收货人的，应当及时通知收货人，收货人应当及时提货。收货人逾期提货的，应当向承运人支付保管费等费用。

第三百一十条 收货人提货时应当按照约定的期限检验货物。对检验货物的期限没有约定或者约定不明确，依照本法第六十一条的规定仍不能确定的，应当在合理期限内检验货物。收货人在约定的期限或者合理期限内对货物的数量、毁损等未提出异议的，视为承运人已经按照运输单证的记载交付的初步证据。

第三百一十一条 承运人对运输过程中货物的毁损、灭失承担损害赔偿责任，但承运人证明货物的毁损、灭失是因不可抗力、货物本身的自然性质或者合理损耗以及托运人、收货人的过错造成的，不承担损害赔偿责任。

第三百一十二条 货物的毁损、灭失的赔偿额，当事人有约定的，按照其约定；没有约定或者约定不明确，依照本法第六十一条的规定仍不能确定的，按照交付或者应当交付时货物到达地的市场价格计算。法律、行政法规对赔偿额的计算方法和赔偿限额另有规定的，依照其规定。

第三百一十三条 两个以上承运人以同一运输方式联运的，与托运人订立合同的承运人应当对全程运输承担责任。损失发生在某一运输区段的，与托运人订立合同的承运人和该区段的承运人承担连带责任。

第三百一十四条 货物在运输过程中因不可抗力灭失，未收取运费的，承运人不得要求支付运费；已收取运费的，托运人可以要求返还。

第三百一十五条 托运人或者收货人不支付运费、保管费以及其他运输费用的，承运人对相应的运输货物享有留置权，但当事人另有约定的除外。

第三百一十六条 收货人不明或者收货人无正当理由拒绝受领货物的，依照本法第一百零一条的规定，承运人可以提存货物。

第四节 多式联运合同

第三百一十七条 多式联运经营人负责履行或者组织履行多式联运合同，对全程运输享有承运人的权利，承担承运人的义务。

第三百一十八条 多式联运经营人可以与参加多式联运的各区段承运人就多式联运合同的各区段运输约定相互之间的责任，但该约定不影响多式联运经营人对全程运输承担的义务。

第三百一十九条 多式联运经营人收到托运人交付的货物时，应当签发多式联运单据。按照托运人的要求，多式联运单据可以是可转让单据，也可以是不可转让单据。

第三百二十条 因托运人托运货物时的过错造成多式联运经营人损失的，即使托运人已经转让多式联运单据，托运人仍然应当承担损害赔偿责任。

第三百二十一条 货物的毁损、灭失发生于多式联运的某一运输区段的，多式联运经营人的赔偿责任和责任限额，适用调整该区段运输方式的有关法律规定。货物毁损、灭失发生的运输区段不能确定的，依照本章规定承担损害赔偿责任。

第十八章 技术合同

第一节 一般规定

第三百二十二条 技术合同是当事人就技术开发、转让、咨询或者服务订立的确立相互之间权利和义务的合同。

第三百二十三条 订立技术合同，应当有利于科学技术的进步，加速科学技术成果的转化、应用和推广。

第三百二十四条 技术合同的内容由当事人约定，一般包括以下条款：

(一)项目名称;

(二)标的的内容、范围和要求;

(三)履行的计划、进度、期限、地点、地域和方式;

(四)技术情报和资料的保密;

(五)风险责任的承担;

(六)技术成果的归属和收益的分成办法;

(七)验收标准和方法;

(八)价款、报酬或者使用费及其支付方式;

(九)违约金或者损失赔偿的计算方法;

(十)解决争议的方法;

(十一)名词和术语的解释。

与履行合同有关的技术背景资料、可行性论证和技术评价报告、项目任务书和计划书、技术标准、技术规范、原始设计和工艺文件,以及其他技术文档,按照当事人的约定可以作为合同的组成部分。技术合同涉及专利的,应当注明发明创造的名称、专利申请人和专利权人、申请日期、申请号、专利号以及专利权的有效期限。

第三百二十五条　技术合同价款、报酬或者使用费的支付方式由当事人约定,可以采取一次总算、一次总付或者一次总算、分期支付,也可以采取提成支付或者提成支付附加预付入门费的方式。约定提成支付的,可以按照产品价格、实施专利和使用技术秘密后新增的产值、利润或者产品销售额的一定比例提成,也可以按照约定的其他方式计算。提成支付的比例可以采取固定比例、逐年递增比例或者逐年递减比例。约定提成支付的,当事人应当在合同中约定查阅有关会计账目的办法。

第三百二十六条　职务技术成果的使用权、转让权属于法人或者其他组织的,法人或者其他组织可以就该项职务技术成果订立技术合同。法人或者其他组织应当从使用和转让该项职务技术成果所取得的收益中提取一定比例,对完成该项职务技术成果的个人给予奖励或者报酬。法人或者其他组织订立技术合同转让职务技术成果时,职务技术成果的完成人享有以同等条件优先受让的权利。职务技术成果是执行法人或者其他组织的工作任务,或者主要是利用法人或者其他组织的物质技术条件所完成的技术成果。

第三百二十七条　非职务技术成果的使用权、转让权属于完成技术成果的个人,完成技术成果的个人可以就该项非职务技术成果订立技术合同。

第三百二十八条　完成技术成果的个人有在有关技术成果文件上写明自己是技术成果完成者的权利和取得荣誉证书、奖励的权利。

第三百二十九条　非法垄断技术、妨碍技术进步或者侵害他人技术成果的技术合同无效。

第二节　技术开发合同

第三百三十条　技术开发合同是指当事人之间就新技术、新产品、新工艺或者新材料及其系统的研究开发所订立的合同。技术开发合同包括委托开发合同和合作开发合同。技术开发合同应当采用书面形式。当事人之间就具有产业应用价值的科技成果实施转化订立的合同,参照技术开发合同的规定。

第三百三十一条　委托开发合同的委托人应当按照约定支付研究开发经费和报酬;提供技术资料、原始数据;完成协作事项;接受研究开发成果。

第三百三十二条　委托开发合同的研究开发人应当按照约定制定和实施研究开发计划;合理使用研究开发经费;按期完成研究开发工作,交付研究开发成果,提供有关的技术资料和必要的技术指导,帮助委托人掌握研究开发成果。

第三百三十三条　委托人违反约定造成研究开发工作停滞、延误或者失败的,应当承担违约责任。

第三百三十四条　研究开发人违反约定造成研究开发工作停滞、延误或者失败的,应当承担违约责任。

第三百三十五条　合作开发合同的当事人应当按照约定进行投资,包括以技术进行投资;分工参与研究开发工作;协作配合研究开发工作。

第三百三十六条　合作开发合同的当事人违反约定造成研究开发工作停滞、延误或者失败的,应当承担违约责任。

第三百三十七条　因作为技术开发合同标的的技术已经由他人公开,致使技术开发合同的履行没有意义的,当事人可以解除合同。

第三百三十八条　技术开发合同履行过程中,因出现无法克服的技术困难,致使研究开发失败或者部分失败的,该风险责任由当事人约定。没有约定或者约定不明确，依照本法第六十一条的规定仍不能确定的，风险责任由当事人合理分担。当事人一方发现前款规定的可能致使研究开发失败或者部分失败的情形时，应当及时通知另一方并采取适当措施减少损失。没有及时通知并采取适当措施，致使损失扩大的，应当就扩大的损失承担责任。

第三百三十九条 委托开发完成的发明创造，除当事人另有约定的以外，申请专利的权利属于研究开发人。研究开发人取得专利权的，委托人可以免费实施该专利。

研究开发人转让专利申请权的，委托人享有以同等条件优先受让的权利。

第三百四十条 合作开发完成的发明创造，除当事人另有约定的以外，申请专利的权利属于合作开发的当事人共有。当事人一方转让其共有的专利申请权的，其他各方享有以同等条件优先受让的权利。合作开发的当事人一方声明放弃其共有的专利申请权的，可以由另一方单独申请或者由其他各方共同申请。申请人取得专利权的，放弃专利申请权的一方可以免费实施该专利。合作开发的当事人一方不同意申请专利的，另一方或者其他各方不得申请专利。

第三百四十一条 委托开发或者合作开发完成的技术秘密成果的使用权、转让权以及利益的分配办法，由当事人约定。没有约定或者约定不明确，依照本法第六十一条的规定仍不能确定的，当事人均有使用和转让的权利，但委托开发的研究开发人不得在向委托人交付研究开发成果之前，将研究开发成果转让给第三人。

第三节　技术转让合同

第三百四十二条 技术转让合同包括专利权转让、专利申请权转让、技术秘密转让、专利实施许可合同。技术转让合同应当采用书面形式。

第三百四十三条 技术转让合同可以约定让与人和受让人实施专利或者使用技术秘密的范围，但不得限制技术竞争和技术发展。

第三百四十四条 专利实施许可合同只在该专利权的存续期间内有效。专利权有效期限届满或者专利权被宣布无效的，专利权人不得就该专利与他人订立专利实施许可合同。

第三百四十五条 专利实施许可合同的让与人应当按照约定许可受让人实施专利，交付实施专利有关的技术资料，提供必要的技术指导。

第三百四十六条 专利实施许可合同的受让人应当按照约定实施专利，不得许可约定以外的第三人实施该专利；并按照约定支付使用费。

第三百四十七条 技术秘密转让合同的让与人应当按照约定提供技术资料，进行技术指导，保证技术的实用性、可靠性，承担保密义务。

第三百四十八条 技术秘密转让合同的受让人应当按照约定使用技术，支付使用费，承担保密义务。

第三百四十九条 技术转让合同的让与人应当保证自己是所提供的技术的合法拥有者，并保证所提供的技术完整、无误、有效，能够达到约定的目标。

第三百五十条 技术转让合同的受让人应当按照约定的范围和期限，对让与人提供的技术中尚未公开的秘密部分，承担保密义务。

第三百五十一条 让与人未按照约定转让技术的，应当返还部分或者全部使用费，并应当承担违约责任；实施专利或者使用技术秘密超越约定的范围的，违反约定擅自许可第三人实施该项专利或者使用该项技术秘密的，应当停止违约行为，承担违约责任；违反约定的保密义务的，应当承担违约责任。

第三百五十二条 受让人未按照约定支付使用费的，应当补交使用费并按照约定支付违约金；不补交使用费或者支付违约金的，应当停止实施专利或者使用技术秘密，交还技术资料，承担违约责任；实施专利或者使用技术秘密超越约定的范围的，未经让与人同意擅自许可第三人实施该专利或者使用该技术秘密的，应当停止违约行为，承担违约责任；违反约定的保密义务的，应当承担违约责任。

第三百五十三条 受让人按照约定实施专利、使用技术秘密侵害他人合法权益的，由让与人承担责任，但当事人另有约定的除外。

第三百五十四条 当事人可以按照互利的原则，在技术转让合同中约定实施专利、使用技术秘密后续改进的技术成果的分享办法。没有约定或者约定不明确，依照本法第六十一条的规定仍不能确定的，一方后续改进的技术成果，其他各方无权分享。

第三百五十五条 法律、行政法规对技术进出口合同或者专利、专利申请合同另有规定的，依照其规定。

第四节　技术咨询合同和技术服务合同

第三百五十六条　技术咨询合同包括就特定技术项目提供可行性论证、技术预测、专题技术调查、分析评价报告等合同。技术服务合同是指当事人一方以技术知识为另一方解决特定技术问题所订立的合同，不包括建设工程合同和承揽合同。

第三百五十七条　技术咨询合同的委托人应当按照约定阐明咨询的问题，提供技术背景材料及有关技术资料、数据；接受受托人的工作成果，支付报酬。

第三百五十八条　技术咨询合同的受托人应当按照约定的期限完成咨询报告或者解答问题；提出的咨询报告应当达到约定的要求。

第三百五十九条　技术咨询合同的委托人未按照约定提供必要的资料和数据，影响工作进度和质量，不接受或者逾期接受工作成果的，支付的报酬不得追回，未支付的报酬应当支付。技术咨询合同的受托人未按期提出咨询报告或者提出的咨询报告不符合约定的，应当承担减收或者免收报酬等违约责任。技术咨询合同的委托人按照受托人符合约定要求的咨询报告和意见作出决策所造成的损失，由委托人承担，但当事人另有约定的除外。

第三百六十条　技术服务合同的委托人应当按照约定提供工作条件，完成配合事项；接受工作成果并支付报酬。

第三百六十一条　技术服务合同的受托人应当按照约定完成服务项目，解决技术问题，保证工作质量，并传授解决技术问题的知识。

第三百六十二条　技术服务合同的委托人不履行合同义务或者履行合同义务不符合约定，影响工作进度和质量，不接受或者逾期接受工作成果的，支付的报酬不得追回，未支付的报酬应当支付。技术服务合同的受托人未按照合同约定完成服务工作的，应当承担免收报酬等违约责任。

第三百六十三条　技术咨询合同、技术服务合同履行过程中，受托人利用委托人提供的技术资料和工作条件完成的新的技术成果，属于受托人。委托人利用受托人的工作成果完成的新的技术成果，属于委托人。当事人另有约定的，按照其约定。

第三百六十四条　法律、行政法规对技术中介合同、技术培训合同另有规定的，依照其规定。

第十九章　保管合同

第三百六十五条　保管合同是保管人保管寄存人交付的保管物，并返还该物的合同。

第三百六十六条　寄存人应当按照约定向保管人支付保管费。当事人对保管费没有约定或者约定不明确，依照本法第六十一条的规定仍不能确定的，保管是无偿的。

第三百六十七条　保管合同自保管物交付时成立，但当事人另有约定的除外。

第三百六十八条　寄存人向保管人交付保管物的，保管人应当给付保管凭证，但另有交易习惯的除外。

第三百六十九条　保管人应当妥善保管保管物。当事人可以约定保管场所或者方法。除紧急情况或者为了维护寄存人利益的以外，不得擅自改变保管场所或者方法。

第三百七十条　寄存人交付的保管物有瑕疵或者按照保管物的性质需要采取特殊保管措施的，寄存人应当将有关情况告知保管人。寄存人未告知，致使保管物受损失的，保管人不承担损害赔偿责任；保管人因此受损失的，除保管人知道或者应当知道并且未采取补救措施的以外，寄存人应当承担损害赔偿责任。

第三百七十一条　保管人不得将保管物转交第三人保管，但当事人另有约定的除外。保管人违反前款规定，将保管物转交第三人保管，对保管物造成损失的，应当承担损害赔偿责任。

第三百七十二条　保管人不得使用或者许可第三人使用保管物，但当事人另有约定的除外。

第三百七十三条　第三人对保管物主张权利的，除依法对保管物采取保全或者执行的以外，保管人应当履行向寄存人返还保管物的义务。第三人对保管人提起诉讼或者对保管物申请扣押的，保管人应当及时通知寄存人。

第三百七十四条　保管期间，因保管人保管不善造成保管物毁损、灭失的，保管人应当承担损害赔偿责任,但保管是无偿的,保管人证明自己没有重大过失的,不承担损害赔偿责任。

第三百七十五条 寄存人寄存货币、有价证券或者其他贵重物品的,应当向保管人声明,由保管人验收或者封存。寄存人未声明的,该物品毁损、灭失后,保管人可以按照一般物品予以赔偿。

第三百七十六条 寄存人可以随时领取保管物。当事人对保管期间没有约定或者约定不明确的,保管人可以随时要求寄存人领取保管物;约定保管期间的,保管人无特别事由,不得要求寄存人提前领取保管物。

第三百七十七条 保管期间届满或者寄存人提前领取保管物的,保管人应当将原物及其孳息归还寄存人。

第三百七十八条 保管人保管货币的,可以返还相同种类、数量的货币。保管其他可替代物的,可以按照约定返还相同种类、品质、数量的物品。

第三百七十九条 有偿的保管合同,寄存人应当按照约定的期限向保管人支付保管费。当事人对支付期限没有约定或者约定不明确,依照本法第六十一条的规定仍不能确定的,应当在领取保管物的同时支付。

第三百八十条 寄存人未按照约定支付保管费以及其他费用的,保管人对保管物享有留置权,但当事人另有约定的除外。

第二十章 仓储合同

第三百八十一条 仓储合同是保管人储存存货人交付的仓储物,存货人支付仓储费的合同。

第三百八十二条 仓储合同自成立时起生效。

第三百八十三条 储存易燃、易爆、有毒、有腐蚀性、有放射性等危险物品或者易变质物品,存货人应当说明该物品的性质,提供有关资料。存货人违反前款规定的,保管人可以拒收仓储物,也可以采取相应措施以避免损失的发生,因此产生的费用由存货人承担。保管人储存易燃、易爆、有毒、有腐蚀性、有放射性等危险物品的,应当具备相应的保管条件。

第三百八十四条 保管人应当按照约定对入库仓储物进行验收。保管人验收时发现入库仓储物与约定不符合的,应当及时通知存货人。保管人验收后,发生仓储物的品种、数量、质量不符合约定的,保管人应当承担损害赔偿责任。

第三百八十五条 存货人交付仓储物的,保管人应当给付仓单。

第三百八十六条 保管人应当在仓单上签字或者盖章。仓单包括下列事项:

(一)存货人的名称或者姓名和住所;

(二)仓储物的品种、数量、质量、包装、件数和标记;

(三)仓储物的损耗标准;

(四)储存场所;

(五)储存期间;

(六)仓储费;

(七)仓储物已经办理保险的,其保险金额、期间以及保险人的名称;

(八)填发人、填发地和填发日期。

第三百八十七条 仓单是提取仓储物的凭证。存货人或者仓单持有人在仓单上背书并经保管人签字或者盖章的,可以转让提取仓储物的权利。

第三百八十八条 保管人根据存货人或者仓单持有人的要求,应当同意其检查仓储物或者提取样品。

第三百八十九条 保管人对入库仓储物发现有变质或者其他损坏的,应当及时通知存货人或者仓单持有人。

第三百九十条 保管人对入库仓储物发现有变质或者其他损坏,危及其他仓储物的安全和正常保管的,应当催告存货人或者仓单持有人作出必要的处置。因情况紧急,保管人可以作出必要的处置,但事后应当将该情况及时通知存货人或者仓单持有人。

第三百九十一条 当事人对储存期间没有约定或者约定不明确的,存货人或者仓单持有人可以随时提取仓储物,保管人也可以随时要求存货人或者仓单持有人提取仓储物,但应当给予必要的准备时间。

第三百九十二条 储存期间届满,存货人或者仓单持有人应当凭仓单提取仓储物。存货人或者仓单持有人逾期提取的,应当加收仓储费;提前提取的,不减收仓储费。

第三百九十三条　储存期间届满，存货人或者仓单持有人不提取仓储物的，保管人可以催告其在合理期限内提取，逾期不提取的，保管人可以提存该物。

第三百九十四条　储存期间，因保管人保管不善造成仓储物毁损、灭失的，保管人应当承担损害赔偿责任。因仓储物的性质、包装不符合约定或者超过有效储存期造成仓储物变质、损坏的，保管人不承担损害赔偿责任。

第三百九十五条　本章没有规定的，适用保管合同的有关规定。

第二十一章　委托合同

第三百九十六条　委托合同是委托人和受托人约定，由受托人处理委托人事务的合同。

第三百九十七条　委托人可以特别委托受托人处理一项或者数项事务，也可以概括委托受托人处理一切事务。

第三百九十八条　委托人应当预付处理委托事务的费用。受托人为处理委托事务垫付的必要费用，委托人应当偿还该费用及其利息。

第三百九十九条　受托人应当按照委托人的指示处理委托事务。需要变更委托人指示的，应当经委托人同意；因情况紧急，难以和委托人取得联系的，受托人应当妥善处理委托事务，但事后应当将该情况及时报告委托人。

第四百条　受托人应当亲自处理委托事务。经委托人同意，受托人可以转委托。转委托经同意的，委托人可以就委托事务直接指示转委托的第三人，受托人仅就第三人的选任及其对第三人的指示承担责任。转委托未经同意的，受托人应当对转委托的第三人的行为承担责任，但在紧急情况下受托人为维护委托人的利益需要转委托的除外。

第四百零一条　受托人应当按照委托人的要求，报告委托事务的处理情况。委托合同终止时，受托人应当报告委托事务的结果。

第四百零二条　受托人以自己的名义，在委托人的授权范围内与第三人订立的合同，第三人在订立合同时知道受托人与委托人之间的代理关系的，该合同直接约束委托人和第三人，但有确切证据证明该合同只约束受托人和第三人的除外。

第四百零三条　受托人以自己的名义与第三人订立合同时，第三人不知道受托人与委托人之间的代理关系的，受托人因第三人的原因对委托人不履行义务，受托人应当向委托人披露第三人，委托人因此可以行使受托人对第三人的权利，但第三人与受托人订立合同时如果知道该委托人就不会订立合同的除外。受托人因委托人的原因对第三人不履行义务，受托人应当向第三人披露委托人，第三人因此可以选择受托人或者委托人作为相对人主张其权利，但第三人不得变更选定的相对人。委托人行使受托人对第三人的权利的，第三人可以向委托人主张其对受托人的抗辩。第三人选定委托人作为其相对人的，委托人可以向第三人主张其对受托人的抗辩以及受托人对第三人的抗辩。

第四百零四条　受托人处理委托事务取得的财产，应当转交给委托人。

第四百零五条　受托人完成委托事务的，委托人应当向其支付报酬。因不可归责于受托人的事由，委托合同解除或者委托事务不能完成的，委托人应当向受托人支付相应的报酬。当事人另有约定的，按照其约定。

第四百零六条　有偿的委托合同，因受托人的过错给委托人造成损失的，委托人可以要求赔偿损失。无偿的委托合同，因受托人的故意或者重大过失给委托人造成损失的，委托人可以要求赔偿损失。受托人超越权限给委托人造成损失的，应当赔偿损失。

第四百零七条　受托人处理委托事务时，因不可归责于自己的事由受到损失的，可以向委托人要求赔偿损失。

第四百零八条　委托人经受托人同意，可以在受托人之外委托第三人处理委托事务。因此给受托人造成损失的，受托人可以向委托人要求赔偿损失。

第四百零九条　两个以上的受托人共同处理委托事务的，对委托人承担连带责任。

第四百一十条　委托人或者受托人可以随时解除委托合同。因解除委托合同给对方造成损失的，除不可归责于该当事人的事由以外，应当赔偿损失。

第四百一十一条　委托人或者受托人死亡、丧失民事行为能力或者破产的，委托合同终止，但当事人另有约定或者根据委托事务的性质不宜终止的除外。

第四百一十二条　因委托人死亡、丧失民事行为能力或者破产，致使委托合同终止将损害委托人利益的，在委托人的继承人、法定代理人或者清算组织承受委托事务之前，受托人应当继续处理委托事务。

第四百一十三条　因受托人死亡、丧失民事行为能力或者破产，致使委托合同终止的，受托人的继承人、法定代理人或者清算组织应当及时通知委托人。因委托合同终止将损害委托人利益的，在委托人作出善后处理之前，受托人的继承人、法定代理人或者清算组织应当采取必要措施。

第二十二章　行纪合同

第四百一十四条　行纪合同是行纪人以自己的名义为委托人从事贸易活动，委托人支付报酬的合同。

第四百一十五条　行纪人处理委托事务支出的费用，由行纪人负担，但当事人另有约定的除外。

第四百一十六条　行纪人占有委托物的，应当妥善保管委托物。

第四百一十七条　委托物交付给行纪人时有瑕疵或者容易腐烂、变质的，经委托人同意，行纪人可以处分该物；和委托人不能及时取得联系的，行纪人可以合理处分。

第四百一十八条　行纪人低于委托人指定的价格卖出或者高于委托人指定的价格买入的，应当经委托人同意。未经委托人同意，行纪人补偿其差额的，该买卖对委托人发生效力。行纪人高于委托人指定的价格卖出或者低于委托人指定的价格买入的，可以按照约定增加报酬。没有约定或者约定不明确，依照本法第六十一条的规定仍不能确定的，该利益属于委托人。委托人对价格有特别指示的，行纪人不得违背该指示卖出或者买入。

第四百一十九条　行纪人卖出或者买入具有市场定价的商品，除委托人有相反的意思表示的以外，行纪人自己可以作为买受人或者出卖人。行纪人有前款规定情形的，仍然可以要求委托人支付报酬。

第四百二十条　行纪人按照约定买入委托物，委托人应当及时受领。经行纪人催告，委托人无正当理由拒绝受领的，行纪人依照本法第一百零一条的规定可以提存委托物。委托物不能卖出或者委托人撤回出卖，经行纪人催告，委托人不取回或者不处分该物的，行纪人依照本法第一百零一条的规定可以提存委托物。

第四百二十一条　行纪人与第三人订立合同的，行纪人对该合同直接享有权利、承担义务。第三人不履行义务致使委托人受到损害的，行纪人应当承担损害赔偿责任，但行纪人与委托人另有约定的除外。

第四百二十二条　行纪人完成或者部分完成委托事务的，委托人应当向其支付相应的报酬。委托人逾期不支付报酬的，行纪人对委托物享有留置权，但当事人另有约定的除外。

第四百二十三条　本章没有规定的，适用委托合同的有关规定。

第二十三章　居间合同

第四百二十四条　居间合同是居间人向委托人报告订立合同的机会或者提供订立合同的媒介服务，委托人支付报酬的合同。

第四百二十五条　居间人应当就有关订立合同的事项向委托人如实报告。居间人故意隐瞒与订立合同有关的重要事实或者提供虚假情况，损害委托人利益的，不得要求支付报酬并应当承担损害赔偿责任。

第四百二十六条　居间人促成合同成立的，委托人应当按照约定支付报酬。对居间人的报酬没有约定或者约定不明确，依照本法第六十一条的规定仍不能确定的，根据居间人的劳务合理确定。因居间人提供订立合同的媒介服务而促成合同成立的，由该合同的当事人平均负担居间人的报酬。居间人促成合同成立的，居间活动的费用，由居间人负担。

第四百二十七条　居间人未促成合同成立的，不得要求支付报酬，但可以要求委托人支付从事居间活动支出的必要费用。

附　　则

第四百二十八条　本法自1999年10月1日起施行,《中华人民共和国经济合同法》、《中华人民共和国涉外经济合同法》、《中华人民共和国技术合同法》同时废止。

中华人民共和国招标投标法

颁布时间:1999年8月30日实施时间:2000年1月1日

颁布单位:全国人大常委会

(1999年8月30日第九届全国人民代表大会常务委员会第十一次会议通过1999年8月30日中华人民共和国主席令第二十一号公布自2000年1月1日起施行。

第一章　总　　则

第一条　为了规范招标投标活动,保护国家利益、社会公共利益和招标投标活动当事人的合法权益,提高经济效益,保证项目质量,制定本法。

第二条　在中华人民共和国境内进行招标投标活动,适用本法。

第三条　在中华人民共和国境内进行下列工程建设项目包括项目的勘察、设计、施工、监理以及与工程建设有关的重要设备、材料等的采购,必须进行招标:

(一)大型基础设施、公用事业等关系社会公共利益、公众安全的项目;

(二)全部或者部分使用国有资金投资或者国家融资的项目;

(三)使用国际组织或者外国政府贷款、援助资金的项目。

前款所列项目的具体范围和规模标准,由国务院发展计划部门会同国务院有关部门制订,报国务院批准。

法律或者国务院对必须进行招标的其他项目的范围有规定的,依照其规定。

第四条　任何单位和个人不得将依法必须进行招标的项目化整为零或者以其他任何方式规避招标。

第五条　招标投标活动应当遵循公开、公平、公正和诚实信用的原则。

第六条　依法必须进行招标的项目,其招标投标活动不受地区或者部门的限制。任何单位和个人不得违法限制或者排斥本地区、本系统以外的法人或者其他组织参加投标,不得以任何方式非法干涉招标投标活动。

第七条　招标投标活动及其当事人应当接受依法实施的监督。

有关行政监督部门依法对招标投标活动实施监督,依法查处招标投标活动中的违法行为。

对招标投标活动的行政监督及有关部门的具体职权划分,由国务院规定。

第二章　招　　标

第八条　招标人是依照本法规定提出招标项目、进行招标的法人或者其他组织。

第九条　招标项目按照国家有关规定需要履行项目审批手续的,应当先履行审批手续,取得批准。

招标人应当有进行招标项目的相应资金或者资金来源已经落实,并应当在招标文件中如实载明。

第十条　招标分为公开招标和邀请招标。

公开招标,是指招标人以招标公告的方式邀请不特定的法人或者其他组织投标。

邀请招标,是指招标人以投标邀请书的方式邀请特定的法人或者其他组织投标。

第十一条　国务院发展计划部门确定的国家重点项目和省、自治区、直辖市人民政府确定的地方重点项目不适宜公开招标的,经国务院发展计划部门或者省、自治区、直辖市人民政府批准,可以进行邀请招标。

第十二条　招标人有权自行选择招标代理机

构,委托其办理招标事宜。任何单位和个人不得以任何方式为招标人指定招标代理机构。

招标人具有编制招标文件和组织评标能力的,可以自行办理招标事宜。任何单位和个人不得强制其委托招标代理机构办理招标事宜。

依法必须进行招标的项目,招标人自行办理招标事宜的,应当向有关行政监督部门备案。

第十三条 招标代理机构是依法设立、从事招标代理业务并提供相关服务的社会中介组织。

招标代理机构应当具备下列条件:

(一)有从事招标代理业务的营业场所和相应资金;

(二)有能够编制招标文件和组织评标的相应专业力量;

(三)有符合本法第三十七条第三款规定条件、可以作为评标委员会成员人选的技术、经济等方面的专家库。

第十四条 从事工程建设项目招标代理业务的招标代理机构,其资格由国务院或者省、自治区、直辖市人民政府的建设行政主管部门认定。具体办法由国务院建设行政主管部门会同国务院有关部门制定。从事其他招标代理业务的招标代理机构,其资格认定的主管部门由国务院规定。

招标代理机构与行政机关和其他国家机关不得存在隶属关系或者其他利益关系。

第十五条 招标代理机构应当在招标人委托的范围内办理招标事宜,并遵守本法关于招标人的规定。

第十六条 招标人采用公开招标方式的,应当发布招标公告。依法必须进行招标的项目的招标公告,应当通过国家指定的报刊、信息网络或者其他媒介发布。

招标公告应当载明招标人的名称和地址、招标项目的性质、数量、实施地点和时间以及获取招标文件的办法等事项。

第十七条 招标人采用邀请招标方式的,应当向3个以上具备承担招标项目的能力、资信良好的特定的法人或者其他组织发出投标邀请书。

投标邀请书应当载明本法第十六条第二款规定的事项。

第十八条 招标人可以根据招标项目本身的要求,在招标公告或者投标邀请书中,要求潜在投标人提供有关资质证明文件和业绩情况,并对潜在投标人进行资格审查;国家对投标人的资格条件有规定的,依照其规定。

招标人不得以不合理的条件限制或者排斥潜在投标人,不得对潜在投标人实行歧视待遇。

第十九条 招标人应当根据招标项目的特点和需要编制招标文件。招标文件应当包括招标项目的技术要求、对投标人资格审查的标准、投标报价要求和评标标准等所有实质性要求和条件以及拟签订合同的主要条款。

国家对招标项目的技术、标准有规定的,招标人应当按照其规定在招标文件中提出相应要求。

招标项目需要划分标段、确定工期的,招标人应当合理划分标段、确定工期,并在招标文件中载明。

第二十条 招标文件不得要求或者标明特定的生产供应者以及含有倾向或者排斥潜在投标人的其他内容。

第二十一条 招标人根据招标项目的具体情况,可以组织潜在投标人踏勘项目现场。

第二十二条 招标人不得向他人透露已获取招标文件的潜在投标人的名称、数量以及可能影响公平竞争的有关招标投标的其他情况。

招标人设有标底的,标底必须保密。

第二十三条 招标人对已发出的招标文件进行必要的澄清或者修改的,应当在招标文件要求提交投标文件截止时间至少15日前,以书面形式通知所有招标文件收受人。该澄清或者修改的内容为招标文件的组成部分。

第二十四条 招标人应当确定投标人编制投标文件所需要的合理时间;但是,依法必须进行招标的项目,自招标文件开始发出之日起至投标人提交投标文件截止之日止,最短不得少于20日。

第三章 投 标

第二十五条 投标人是响应招标、参加投标竞争的法人或者其他组织。

依法招标的科研项目允许个人参加投标的,投标的个人适用本法有关投标人的规定。

第二十六条　投标人应当具备承担招标项目的能力；国家有关规定对投标人资格条件或者招标文件对投标人资格条件有规定的，投标人应当具备规定的资格条件。

第二十七条　投标人应当按照招标文件的要求编制投标文件。投标文件应当对招标文件提出的实质性要求和条件作出响应。

招标项目属于建设施工的，投标文件的内容应当包括拟派出的项目负责人与主要技术人员的简历、业绩和拟用于完成招标项目的机械设备等。

第二十八条　投标人应当在招标文件要求提交投标文件的截止时间前，将投标文件送达投标地点。招标人收到投标文件后，应当签收保存，不得开启。投标人少于3个的，招标人应当依照本法重新招标。

在招标文件要求提交投标文件的截止时间后送达的投标文件，招标人应当拒收。

第二十九条　投标人在招标文件要求提交投标文件的截止时间前，可以补充、修改或者撤回已提交的投标文件，并书面通知招标人。补充、修改的内容为投标文件的组成部分。

第三十条　投标人根据招标文件载明的项目实际情况，拟在中标后将中标项目的部分非主体、非关键性工作进行分包的，应当在投标文件中载明。

第三十一条　两个以上法人或者其他组织可以组成一个联合体，以一个投标人的身份共同投标。

联合体各方均应当具备承担招标项目的相应能力；国家有关规定或者招标文件对投标人资格条件有规定的，联合体各方均应当具备规定的相应资格条件。由同一专业的单位组成的联合体，按照资质等级较低的单位确定资质等级。

联合体各方应当签订共同投标协议，明确约定各方拟承担的工作和责任，并将共同投标协议连同投标文件一并提交招标人。联合体中标的，联合体各方应当共同与招标人签订合同，就中标项目向招标人承担连带责任。

招标人不得强制投标人组成联合体共同投标，不得限制投标人之间的竞争。

第三十二条　投标人不得相互串通投标报价，不得排挤其他投标人的公平竞争，损害招标人或者其他投标人的合法权益。

投标人不得与招标人串通投标，损害国家利益、社会公共利益或者他人的合法权益。

禁止投标人以向招标人或者评标委员会成员行贿的手段谋取中标。

第三十三条　投标人不得以低于成本的报价竞标，也不得以他人名义投标或者以其他方式弄虚作假，骗取中标。

第四章　开标、评标和中标

第三十四条　开标应当在招标文件确定的提交投标文件截止时间的同一时间公开进行；开标地点应当为招标文件中预先确定的地点。

第三十五条　开标由招标人主持，邀请所有投标人参加。

第三十六条　开标时，由投标人或者其推选的代表检查投标文件的密封情况，也可以由招标人委托的公证机构检查并公证；经确认无误后，由工作人员当众拆封，宣读投标人名称、投标价格和投标文件的其他主要内容。

招标人在招标文件要求提交投标文件的截止时间前收到的所有投标文件，开标时都应当当众予以拆封、宣读。

开标过程应当记录，并存档备查。

第三十七条　评标由招标人依法组建的评标委员会负责。

依法必须进行招标的项目，其评标委员会由招标人的代表和有关技术、经济等方面的专家组成，成员人数为5人以上单数，其中技术、经济等方面的专家不得少于成员总数的2/3。

前款专家应当从事相关领域工作满八年并具有高级职称或者具有同等专业水平，由招标人从国务院有关部门或者省、自治区、直辖市人民政府有关部门提供的专家名册或者招标代理机构的专家库内的相关专业的专家名单中确定；一般招标项目可以采取随机抽取方式，特殊招标项目可以由招标人直接确定。

与投标人有利害关系的人不得进入相关项目的评标委员会；已经进入的应当更换。

评标委员会成员的名单在中标结果确定前应当保密。

第三十八条 招标人应当采取必要的措施,保证评标在严格保密的情况下进行。

任何单位和个人不得非法干预、影响评标的过程和结果。

第三十九条 评标委员会可以要求投标人对投标文件中含义不明确的内容作必要的澄清或者说明,但是澄清或者说明不得超出投标文件的范围或者改变投标文件的实质性内容。

第四十条 评标委员会应当按照招标文件确定的评标标准和方法,对投标文件进行评审和比较;设有标底的,应当参考标底。评标委员会完成评标后,应当向招标人提出书面评标报告,并推荐合格的中标候选人。

招标人根据评标委员会提出的书面评标报告和推荐的中标候选人确定中标人。招标人也可以授权评标委员会直接确定中标人。

国务院对特定招标项目的评标有特别规定的,从其规定。

第四十一条 中标人的投标应当符合下列条件之一:

(一)能够最大限度地满足招标文件中规定的各项综合评价标准;

(二)能够满足招标文件的实质性要求,并且经评审的投标价格最低;但是投标价格低于成本的除外。

第四十二条 评标委员会经评审,认为所有投标都不符合招标文件要求的,可以否决所有投标。

依法必须进行招标的项目的所有投标被否决的,招标人应当依照本法重新招标。

第四十三条 在确定中标人前,招标人不得与投标人就投标价格、投标方案等实质性内容进行谈判。

第四十四条 评标委员会成员应当客观、公正地履行职务,遵守职业道德,对所提出的评审意见承担个人责任。

评标委员会成员不得私下接触投标人,不得收受投标人的财物或者其他好处。

评标委员会成员和参与评标的有关工作人员不得透露对投标文件的评审和比较、中标候选人的推荐情况以及与评标有关的其他情况。

第四十五条 中标人确定后,招标人应当向中标人发出中标通知书,并同时将中标结果通知所有未中标的投标人。

中标通知书对招标人和中标人具有法律效力。中标通知书发出后,招标人改变中标结果的,或者中标人放弃中标项目的,应当依法承担法律责任。

第四十六条 招标人和中标人应当自中标通知书发出之日起30日内,按照招标文件和中标人的投标文件订立书面合同。招标人和中标人不得再行订立背离合同实质性内容的其他协议。

招标文件要求中标人提交履约保证金的,中标人应当提交。

第四十七条 依法必须进行招标的项目,招标人应当自确定中标人之日起15日内,向有关行政监督部门提交招标投标情况的书面报告。

第四十八条 中标人应当按照合同约定履行义务,完成中标项目。中标人不得向他人转让中标项目,也不得将中标项目肢解后分别向他人转让。

中标人按照合同约定或者经招标人同意,可以将中标项目的部分非主体、非关键性工作分包给他人完成。接受分包的人应当具备相应的资格条件,并不得再次分包。

中标人应当就分包项目向招标人负责,接受分包的人就分包项目承担连带责任。

第五章 法律责任

第四十九条 违反本法规定,必须进行招标的项目而不招标的,将必须进行招标的项目化整为零或者以其他任何方式规避招标的,责令限期改正,可以处项目合同金额5‰以上10‰以下的罚款;对全部或者部分使用国有资金的项目,可以暂停项目执行或者暂停资金拨付;对单位直接负责的主管人员和其他直接责任人员依法给予处分。

第五十条 招标代理机构违反本法规定,泄露应当保密的与招标投标活动有关的情况和资料的,或者与招标人、投标人串通损害国家利益、社会公共利益或者他人合法权益的,处5万元以上25万元以下的罚款,对单位直接负责的主管人员和其他直接责任人员处单位罚款数额5%以上10%以下的罚款;有违法所得的,并处没收违法所得;情节严重的,暂停直至取消招标代理资格;构成犯罪的,依法追究刑事责任。给他人造成损失的,依法承担赔偿责任。

前款所列行为影响中标结果的,中标无效。

第五十一条　招标人以不合理的条件限制或者排斥潜在投标人的,对潜在投标人实行歧视待遇的,强制要求投标人组成联合体共同投标的,或者限制投标人之间竞争的,责令改正,可以处1万元以上5万元以下的罚款。

第五十二条　依法必须进行招标的项目的招标人向他人透露已获取招标文件的潜在投标人的名称、数量或者可能影响公平竞争的有关招标投标的其他情况的,或者泄露标底的,给予警告,可以并处1万元以上10万元以下的罚款;对单位直接负责的主管人员和其他直接责任人员依法给予处分;构成犯罪的,依法追究刑事责任。

前款所列行为影响中标结果的,中标无效。

第五十三条　投标人相互串通投标或者与招标人串通投标的,投标人以向招标人或者评标委员会成员行贿的手段谋取中标的,中标无效,处中标项目金额5‰以上10‰以下的罚款,对单位直接负责的主管人员和其他直接责任人员处单位罚款数额5%以上10%以下的罚款;有违法所得的,并处没收违法所得;情节严重的,取消其一年至二年内参加依法必须进行招标的项目的投标资格并予以公告,直至由工商行政管理机关吊销营业执照;构成犯罪的,依法追究刑事责任。给他人造成损失的,依法承担赔偿责任。

第五十四条　投标人以他人名义投标或者以其他方式弄虚作假,骗取中标的,中标无效,给招标人造成损失的,依法承担赔偿责任;构成犯罪的,依法追究刑事责任。

依法必须进行招标的项目的投标人有前款所列行为尚未构成犯罪的,处中标项目金额5‰以上10‰以下的罚款,对单位直接负责的主管人员和其他直接责任人员处单位罚款数额5%以上10%以下的罚款;有违法所得的,并处没收违法所得;情节严重的,取消其1年至3年内参加依法必须进行招标的项目的投标资格并予以公告,直至由工商行政管理机关吊销营业执照。

第五十五条　依法必须进行招标的项目,招标人违反本法规定,与投标人就投标价格、投标方案等实质性内容进行谈判的,给予警告,对单位直接负责的主管人员和其他直接责任人员依法给予处分。

前款所列行为影响中标结果的,中标无效。

第五十六条　评标委员会成员收受投标人的财物或者其他好处的,评标委员会成员或者参加评标的有关工作人员向他人透露对投标文件的评审和比较、中标候选人的推荐以及与评标有关的其他情况的,给予警告,没收收受的财物,可以并处3 000元以上5万元以下的罚款,对有所列违法行为的评标委员会成员取消担任评标委员会成员的资格,不得再参加任何依法必须进行招标的项目的评标;构成犯罪的,依法追究刑事责任。

第五十七条　招标人在评标委员会依法推荐的中标候选人以外确定中标人的,依法必须进行招标的项目在所有投标被评标委员会否决后自行确定中标人的,中标无效。责令改正,可以处中标项目金额5‰以上10‰以下的罚款;对单位直接负责的主管人员和其他直接责任人员依法给予处分。

第五十八条　中标人将中标项目转让给他人的,将中标项目肢解后分别转让给他人的,违反本法规定将中标项目的部分主体、关键性工作分包给他人的,或者分包人再次分包的,转让、分包无效,处转让、分包项目金额5‰以上10‰以下的罚款;有违法所得的,并处没收违法所得;可以责令停业整顿;情节严重的,由工商行政管理机关吊销营业执照。

第五十九条　招标人与中标人不按照招标文件和中标人的投标文件订立合同的,或者招标人、中标人订立背离合同实质性内容的协议的,责令改正;可以处中标项目金额5‰以上10‰以下的罚款。

第六十条　中标人不履行与招标人订立的合同的,履约保证金不予退还,给招标人造成的损失超过履约保证金数额的,还应当对超过部分予以赔偿;没有提交履约保证金的,应当对招标人的损失承担赔偿责任。

中标人不按照与招标人订立的合同履行义务,情节严重的,取消其二～五年内参加依法必须进行招标的项目的投标资格并予以公告,直至由工商行政管理机关吊销营业执照。

因不可抗力不能履行合同的,不适用前两款规定。

第六十一条 本章规定的行政处罚，由国务院规定的有关行政监督部门决定。本法已对实施行政处罚的机关作出规定的除外。

第六十二条 任何单位违反本法规定，限制或者排斥本地区、本系统以外的法人或者其他组织参加投标的，为招标人指定招标代理机构的，强制招标人委托招标代理机构办理招标事宜的，或者以其他方式干涉招标投标活动的，责令改正；对单位直接负责的主管人员和其他直接责任人员依法给予警告、记过、记大过的处分，情节较重的，依法给予降级、撤职、开除的处分。

个人利用职权进行前款违法行为的，依照前款规定追究责任。

第六十三条 对招标投标活动依法负有行政监督职责的国家机关工作人员徇私舞弊、滥用职权或者玩忽职守，构成犯罪的，依法追究刑事责任；不构成犯罪的，依法给予行政处分。

第六十四条 依法必须进行招标的项目违反本法规定，中标无效的，应当依照本法规定的中标条件从其余投标人中重新确定中标人或者依照本法重新进行招标。

第六章 附 则

第六十五条 投标人和其他利害关系人认为招标投标活动不符合本法有关规定的，有权向招标人提出异议或者依法向有关行政监督部门投诉。

第六十六条 涉及国家安全、国家秘密、抢险救灾或者属于利用扶贫资金实行以工代赈、需要使用农民工等特殊情况，不适宜进行招标的项目，按照国家有关规定可以不进行招标。

第六十七条 使用国际组织或者外国政府贷款、援助资金的项目进行招标，贷款方、资金提供方对招标投标的具体条件和程序有不同规定的，可以适用其规定，但违背中华人民共和国的社会公共利益的除外。

第六十八条 本法自2000年1月1日起施行。

第八章 保 险 法

中华人民共和国保险法

第一章 总 则

第一条 为了规范保险活动，保护保险活动当事人的合法权益，加强对保险业的监督管理，促进保险事业的健康发展，制定本法。

第二条 本法所称保险，是指投保人根据合同约定，向保险人支付保险费，保险人对于合同约定的可能发生的事故因其发生所造成的财产损失承担赔偿保险金责任，或者当被保险人死亡、伤残、疾病或者达到合同约定的年龄、期限时承担给付保险金责任的商业保险行为。

第三条 在中华人民共和国境内从事保险活动，适用本法。

第四条 从事保险活动必须遵守法律、行政法规，遵循自愿和诚实信用的原则。

第五条 经营商业保险业务，必须是依照本法设立的保险公司。其他单位和个人不得经营商业保险业务。

第六条 在中华人民共和国境内的法人和其他组织需要办理境内保险的，应当向中华人民共和国境内的保险公司投保。

第七条 保险公司开展业务，应当遵循公平竞争的原则，不得从事不正当竞争。

第八条 国务院金融监督管理部门依照本法负责对保险业实施监督管理。

第二章 保险合同

第一节 一般规定

第九条 保险合同是投保人与保险人约定保险权利义务关系的协议。

投保人是指与保险人订立保险合同，并按照保险合同负有支付保险费义务的人。

保险人是指与投保人订立保险合同,并承担赔偿或者给付保险金责任的保险公司。

第十条 投保人和保险人订立保险合同,应当遵循公平互利、协商一致、自愿订立的原则,不得损害社会公共利益。除法律、行政法规规定必须保险的以外,保险公司和其他单位不得强制他人订立保险合同。

第十一条 投保人对保险标的应当具有保险利益。

投保人对保险标的不具有保险利益的,保险合同无效。

保险利益是指投保人对保险标的具有的法律上承认的利益。

保险标的是指作为保险对象的财产及其有关利益或者人的寿命和身体。

第十二条 投保人提出保险要求,经保险人同意承保,并就合同的条款达成协议,保险合同成立。保险人应当及时向投保人签发保险单或者其他保险凭证,并在保险单或者其他保险凭证中载明当事人双方约定的合同内容。

经投保人和保险人协商同意,也可以采取前款规定以外的其他书面协议形式订立保险合同。

第十三条 保险合同成立后,投保人按照约定交付保险费;保险人按照约定的时间开始承担保险责任。

第十四条 除本法另有规定或者保险合同另有约定外,保险合同成立后,投保人可以解除保险合同。

第十五条 除本法另有规定或者保险合同另有约定外,保险合同成立后,保险人不得解除保险合同。

第十六条 订立保险合同,保险人应当向投保人说明保险合同的条款内容,并可以就保险标的或者被保险人的有关情况提出询问,投保人应当如实告知。

投保人故意隐瞒事实,不履行如实告知义务的,或者因过失未履行如实告知义务,足以影响保险人决定是否同意承保或者提高保险费率的,保险人有权解除保险合同。

投保人故意不履行如实告知义务的,保险人对于保险合同解除前发生的保险事故,不承担赔偿或者给付保险金的责任,并不退还保险费。

投保人因过失未履行如实告知义务,对保险事故的发生有严重影响的,保险人对于保险合同解除前发生的保险事故,不承担赔偿或者给付保险金的责任,但可以退还保险费。

保险事故是指保险合同约定的保险责任范围内的事故。

第十七条 保险合同中规定有关于保险人责任免除条款的,保险人在订立保险合同时应当向投保人明确说明,未明确说明的,该条款不产生效力。

第十八条 保险合同应当包括下列事项:

(一)保险人名称和住所;

(二)投保人、被保险人名称和住所,以及人身保险的受益人的名称和住所;

(三)保险标的;

(四)保险责任和责任免除;

(五)保险期间和保险责任开始时间;

(六)保险价值;

(七)保险金额;

(八)保险费以及支付办法;

(九)保险金赔偿或者给付办法;

(十)违约责任和争议处理;

(十一)订立合同的年、月、日。

第十九条 投保人和保险人在前条规定的保险合同事项外,可以就与保险有关的其他事项作出约定。

第二十条 在保险合同有效期内,投保人和保险人经协商同意,可以变更保险合同的有关内容。

变更保险合同的,应当由保险人在原保险单或者其他保险凭证上批注或者附贴批单,或者由投保人和保险人订立变更的书面协议。

第二十一条 投保人、被保险人或者受益人知道保险事故发生后,应当及时通知保险人。

被保险人是指其财产或者人身受保险合同保障,享有保险金请求权的人,投保人可以为被保险人。

受益人是指人身保险合同中由被保险人或者投保人指定的享有保险金请求权的人,投保人、被保险人可以为受益人。

第二十二条 保险事故发生后,依照保险合同请求保险人赔偿或者给付保险金时,投保人、被保险人或者受益人应当向保险人提供其所能提供的与确认保险事故的性质、原因、损失程度等有关的证明和资料。

保险人依照保险合同的约定,认为有关的证明和资料不完整的,应当通知投保人、被保险人或者受益人补充提供有关的证明和资料。

第二十三条 保险人收到被保险人或者受益人的赔偿或者给付保险金的请求后,应当及时作出核定;对属于保险责任的,在与被保险人或者受益人达成有关赔偿或者给付保险金额的协议后十日内,履行赔偿或者给付保险金义务。保险合同对保险金额及赔偿或者给付期限有约定的,保险人应当依照保险合同的约定,履行赔偿或者给付保险金义务。

保险人未及时履行前款规定义务的,除支付保险金外,应当赔偿被保险人或者受益人因此受到的损失。

任何单位或者个人都不得非法干预保险人履行赔偿或者给付保险金的义务,也不得限制被保险人或者受益人取得保险金的权利。

保险金额是指保险人承担赔偿或者给付保险金责任的最高限额。

第二十四条 保险人收到被保险人或者受益人的赔偿或者给付保险金的请求后,对不属于保险责任的,应当向被保险人或者受益人发出拒绝赔偿或者拒绝给付保险金通知书。

第二十五条 保险人自收到赔偿或者给付保险金的请求和有关证明、资料之日起六十日内,对其赔偿或者给付保险金的数额不能确定的,应当根据已有证明和资料可以确定的最低数额先予支付;保险人最终确定赔偿或者给付保险金的数额后,应当支付相应的差额。

第二十六条 人寿保险以外的其他保险的被保险人或者受益人,对保险人请求赔偿或者给付保险金的权利,自其知道保险事故发生之日起 2 年不行使而消灭。

人寿保险的被保险人或者受益人对保险人请求给付保险金的权利,自其知道保险事故发生之日起五年不行使而消灭。

第二十七条 被保险人或者受益人在未发生保险事故的情况下,谎称发生了保险事故,向保险人提出赔偿或者给付保险金的请求的,保险人有权解除保险合同,并不退还保险费。

投保人、被保险人或者受益人故意制造保险事故的,保险人有权解除保险合同,不承担赔偿或者给付保险金的责任,除本法第六十四条第一款另有规定外,也不退还保险费。

保险事故发生后,投保人、被保险人或者受益人以伪造、变造的有关证明、资料或者其他证据,编造虚假的事故原因或者夸大损失程度的,保险人对其虚报的部分不承担赔偿或者给付保险金的责任。

投保人、被保险人或者受益人有前三款所列行为之一,致使保险人支付保险金或者支出费用的,应当退回或者赔偿。

第二十八条 保险人将其承担的保险业务,以承保形式,部分转移给其他保险人的,为再保险。

应再保险接受人的要求,再保险分出人应当将其自负责任及原保险的有关情况告知再保险接受人。

第二十九条 再保险接受人不得向原保险的投保人要求支付保险费。

原保险的被保险人或者受益人,不得向再保险接受人提出赔偿或者给付保险金的请求。

再保险分出人不得以再保险接受人未履行再保险责任为由,拒绝履行或者迟延履行其原保险责任。

第三十条 对于保险合同的条款,保险人与投保人、被保险人或者受益人有争议时,人民法院或者仲裁机关应当作有利于被保险人和受益人的解释。

第三十一条 保险人或者再保险接受人对在办理保险业务中知道的投保人、被保险人或者再保险分出人的业务和财产情况,负有保密的义务。

第二节 财产保险合同

第三十二条 财产保险合同是以财产及其有关利益为保险标的的保险合同。

本节中的财产保险合同,除特别指明的外,简称合同。

第三十三条 保险标的的转让应当通知保险人,经保险人同意继续承保后,依法变更合同。但是,货物运输保险合同和另有约定的合同除外。

第三十四条　货物运输保险合同和运输工具航程保险合同,保险责任开始后,合同当事人不得解除合同。

第三十五条　被保险人应当遵守国家有关消防、安全、生产操作、劳动保护等方面的规定,维护保险标的的安全。

根据合同的约定,保险人可以对保险标的的安全状况进行检查,及时向投保人、被保险人提出消除不安全因素和隐患的书面建议。

投保人、被保险人未按照约定履行其对保险标的安全应尽的责任的,保险人有权要求增加保险费或者解除合同。

保险人为维护保险标的的安全,经被保险人同意,可以采取安全预防措施。

第三十六条　在合同有效期内,保险标的危险程度增加的,被保险人按照合同约定应当及时通知保险人,保险人有权要求增加保险费或者解除合同。

被保险人未履行前款规定的通知义务的,因保险标的危险程度增加而发生的保险事故,保险人不承担赔偿责任。

第三十七条　有下列情形之一的,除合同另有约定外,保险人应当降低保险费,并按日计算退还相应的保险费:

(一)据以确定保险费率的有关情况发生变化,保险标的危险程度明显减少;

(二)保险标的的保险价值明显减少。

第三十八条　保险责任开始前,投保人要求解除合同的,应当向保险人支付手续费,保险人应当退还保险费。保险责任开始后,投保人要求解除合同的,保险人可以收取自保险责任开始之日起至合同解除之日止期间的保险费,剩余部分退还投保人。

第三十九条　保险标的的保险价值,可以由投保人和保险人约定并在合同中载明,也可以按照保险事故发生时保险标的的实际价值确定。

保险金额不得超过保险价值;超过保险价值的,超过的部分无效。

保险金额低于保险价值的,除合同另有约定外,保险人按照保险金额与保险价值的比例承担赔偿责任。

第四十条　重复保险的投保人应当将重复保险的有关情况通知各保险人。

重复保险的保险金额总和超过保险价值的,各保险人的赔偿金额的总和不得超过保险价值。除合同另有约定外,各保险人按照其保险金额与保险金额总和的比例承担赔偿责任。

重复保险是指投保人对同一保险标的、同一保险利益、同一保险事故分别向二个以上保险人订立保险合同的保险。

第四十一条　保险事故发生时,被保险人有责任尽力采取必要的措施,防止或者减少损失。

保险事故发生后,被保险人为防止或者减少保险标的的损失所支付的必要的、合理的费用,由保险人承担;保险人所承担的数额在保险标的损失赔偿金额以外另行计算,最高不超过保险金额的数额。

第四十二条　保险标的发生部分损失的,在保险人赔偿后30日内,投保人可以终止合同;除合同约定不得终止合同的以外,保险人也可以终止合同。保险人终止合同的,应当提前15日通知投保人,并将保险标的未受损失部分的保险费,扣除自保险责任开始之日起至终止合同之日止期间的应收部分后,退还投保人。

第四十三条　保险事故发生后,保险人已支付了全部保险金额,并且保险金额相等于保险价值的,受损保险标的的全部权利归于保险人;保险金额低于保险价值的,保险人按照保险金额与保险价值的比例取得受损保险标的的部分权利。

第四十四条　因第三者对保险标的的损害而造成保险事故的,保险人自向被保险人赔偿保险金之日起,在赔偿金额范围内代位行使被保险人对第三者请求赔偿的权利。

前款规定的保险事故发生后,被保险人已经从第三者取得损害赔偿的,保险人赔偿保险金时,可以相应扣减被保险人从第三者已取得的赔偿金额。

保险人依照第一款行使代位请求赔偿的权利,不影响被保险人就未取得赔偿的部分向第三者请求赔偿的权利。

第四十五条　保险事故发生后,保险人未赔偿保险金之前,被保险人放弃对第三者的请求赔偿的权利的,保险人不承担赔偿保险金的责任。

保险人向被保险人赔偿保险金后,被保险人未经保险人同意放弃对第三者请求赔偿的权利的，该行为无效。

由于被保险人的过错致使保险人不能行使代位请求赔偿的权利的，保险人可以相应扣减保险赔偿金。

第四十六条 除被保险人的家庭成员或者其组成人员故意造成本法第四十四条第一款规定的保险事故以外，保险人不得对被保险人的家庭成员或者其组成人员行使代位请求赔偿的权利。

第四十七条 在保险人向第三者行使代位请求赔偿权利时，被保险人应当向保险人提供必要的文件和其所知道的有关情况。

第四十八条 保险人、被保险人为查明和确定保险事故的性质、原因和保险标的的损失程度所支付的必要的、合理的费用，由保险人承担。

第四十九条 保险人对责任保险的被保险人给第三者造成的损害，可以依照法律的规定或者合同的约定，直接向该第三者赔偿保险金。

责任保险是指以被保险人对第三者依法应负的赔偿责任为保险标的的保险。

第五十条 责任保险的被保险人因给第三者造成损害的保险事故而被提起仲裁或者诉讼的，除合同另有约定外，由被保险人支付的仲裁或者诉讼费用以及其他必要的、合理的费用，由保险人承担。

第三节 人身保险合同

第五十一条 人身保险合同是以人的寿命和身体为保险标的的保险合同。

本节中的人身保险合同，除特别指明的外，简称合同。

第五十二条 投保人对下列人员具有保险利益：

(一)本人；

(二)配偶、子女、父母；

(三)前项以外与投保人有抚养、赡养或者扶养关系的家庭其他成员、近亲属。

除前款规定外，被保险人同意投保人为其订立合同的，视为投保人对被保险人具有保险利益。

第五十三条 投保人申报的被保险人年龄不真实，并且其真实年龄不符合合同约定的年龄限制的，保险人可以解除合同，并在扣除手续费后，向投保人退还保险费，但是自合同成立之日起逾2年的除外。

投保人申报的被保险人年龄不真实，致使投保人支付的保险费少于应付保险费的，保险人有权更正并要求投保人补交保险费，或者在给付保险金时按照实付保险费与应付保险费的比例支付。

投保人申报的被保险人年龄不真实，致使投保人实付保险费多于应付保险费的，保险人应当将多收的保险费退还投保人。

第五十四条 投保人不得为无民事行为能力人投保以死亡为给付保险金条件的人身保险，保险人也不得承保。

父母为其未成年子女投保的人身保险，不受前款规定限制，但是死亡给付保险金额总和不得超过金融监督管理部门规定的限额。

第五十五条 以死亡为给付保险金条件的合同，未经被保险人书面同意并认可保险金额的，合同无效。

依照以死亡为给付保险金条件的合同所签发的保险单，未经被保险人书面同意，不得转让或者质押。

父母为其未成年子女投保的人身保险，不受第一款规定限制。

第五十六条 投保人于合同成立后，可以向保险人一次支付全部保险费，也可以按照合同约定分期支付保险费。

合同约定分期支付保险费的，投保人应当于合同成立时支付首期保险费，并应当按期支付其余各期的保险费。

第五十七条 合同约定分期支付保险费，投保人支付首期保险费后，除合同另有约定外，投保人超过规定的期限60日未支付当期保险费的，合同效力中止，或者由保险人按照合同约定的条件减少保险金额。

第五十八条 依照前条规定合同效力中止的，经保险人与投保人协商并达成协议，在投保人补交保险费后，合同效力恢复。但是，自合同效力中止之日起2年内双方未达成协议的，保险人有权解除合同。

保险人依照前款规定解除合同，投保人已交足2年以上保险费的，保险人应当按照合同约定退还保险单的现金价值;投保人未交足2年保险费的,保险人应当在扣除手续费后,退还保险费。

第五十九条　保险人对人身保险的保险费,不得用诉讼方式要求投保人支付。

第六十条　人身保险的受益人由被保险人或者投保人指定。

投保人指定受益人时须经被保险人同意。

被保险人为无民事行为能力人或者限制民事行为能力人的,可以由其监护人指定受益人。

第六十一条　被保险人或者投保人可以指定一人或者数人为受益人。

受益人为数人的,被保险人或者投保人可以确定受益顺序和受益份额;未确定受益份额的,受益人按照相等份额享有受益权。

第六十二条　被保险人或者投保人可以变更受益人并书面通知保险人。保险人收到变更受益人的书面通知后,应当在保险单上批注。

投保人变更受益人时须经被保险人同意。

第六十三条　被保险人死亡后,遇有下列情形之一的,保险金作为被保险人的遗产,由保险人向被保险人的继承人履行给付保险金的义务:

(一)没有指定受益人的;

(二)受益人先于被保险人死亡,没有其他受益人的;

(三)受益人依法丧失受益权或者放弃受益权,没有其他受益人的。

第六十四条　投保人、受益人故意造成被保险人死亡、伤残或者疾病的,保险人不承担给付保险金的责任。投保人已交足2年以上保险费的,保险人应当按照合同约定向其他享有权利的受益人退还保险单的现金价值。

受益人故意造成被保险人死亡或者伤残的,或者故意杀害被保险人未遂的,丧失受益权。

第六十五条　以死亡为给付保险金条件的合同,被保险人自杀的,除本条第二款规定外,保险人不承担给付保险金的责任,但对投保人已支付的保险费,保险人应按照保险单退还其现金价值。

以死亡为给付保险金条件的合同,自成立之日起满2年后,如果被保险人自杀的,保险人可以按照合同给付保险金。

第六十六条　被保险人故意犯罪导致其自身伤残或者死亡的,保险人不承担给付保险金的责任。投保人已交足2年以上保险费的,保险人应当按照保险单退还其现金价值。

第六十七条　人身保险的被保险人因第三者的行为而发生死亡、伤残或者疾病等保险事故的,保险人向被保险人或者受益人给付保险金后,不得享有向第三者追偿的权利。

第六十八条　投保人解除合同,已交足2年以上保险费的,保险人应当自接到解除合同通知之日起30日内,退还保险单的现金价值;未交足2年保险费的,保险人按照合同约定在扣除手续费后,退还保险费。

第三章　保险公司

第六十九条　保险公司应当采取下列组织形式:

(一)股份有限公司;

(二)国有独资公司。

第七十条　设立保险公司,必须经金融监督管理部门批准。

第七十一条　设立保险公司,应当具备下列条件:

(一)有符合本法和公司法规定的章程;

(二)有符合本法规定的注册资本最低限额;

(三)有具备任职专业知识和业务工作经验的高级管理人员;

(四)有健全的组织机构和管理制度;

(五)有符合要求的营业场所和与业务有关的其他设施。

金融监督管理部门审查设立申请时,应当考虑保险业的发展和公平竞争的需要。

第七十二条　设立保险公司,其注册资本的最低限额为人民币2亿元。

保险公司注册资本最低限额必须为实缴货币资本。

金融监督管理部门根据保险公司业务范围、经营规模,可以调整其注册资本的最低限额。但是,不得低于第一款规定的限额。

第七十三条　申请设立保险公司,应当提交下列文件、资料：

（一）设立申请书，申请书应当载明拟设立的保险公司的名称、注册资本、业务范围等；

（二）可行性研究报告；

（三）金融监督管理部门规定的其他文件、资料。

第七十四条 设立保险公司的申请经初步审查合格后，申请人应当依照本法和公司法的规定进行保险公司的筹建。具备本法第七十一条规定的设立条件的，向金融监督管理部门提交正式申请表和下列有关文件、资料：

（一）保险公司的章程；

（二）股东名册及其股份或者出资人及其出资额；

（三）持有公司股份10%以上的股东资信证明和有关资料；

（四）法定验资机构出具的验资证明；

（五）拟任职的高级管理人员的简历和资格证明；

（六）经营方针和计划；

（七）营业场所和与业务有关的其他设施的资料；

（八）金融监督管理部门规定的其他文件、资料。

第七十五条 金融监督管理部门自收到设立保险公司的正式申请文件之日起6个月内，应当作出批准或者不批准的决定。

第七十六条 经批准设立的保险公司，由批准部门颁发经营保险业务许可证，并凭经营保险业务许可证向工商行政管理机关办理登记，领取营业执照。

第七十七条 保险公司自取得经营保险业务许可证之日起6个月内无正当理由未办理公司设立登记的，其经营保险业务许可证自动失效。

第七十八条 保险公司成立后应当按照其注册资本总额的20%提取保证金，存入金融监督管理部门指定的银行，除保险公司清算时用于清偿债务外，不得动用。

第七十九条 保险公司在中华人民共和国境内外设立分支机构，须经金融监督管理部门批准，取得分支机构经营保险业务许可证。

保险公司分支机构不具有法人资格，其民事责任由保险公司承担。

第八十条 保险公司在中华人民共和国境内外设立代表机构，须经金融监督管理部门批准。

第八十一条 保险公司有下列变更事项之一的，须经金融监督管理部门批准：

（一）变更名称；

（二）变更注册资本；

（三）变更公司或者分支机构的营业场所；

（四）调整业务范围；

（五）公司分立或者合并；

（六）修改公司章程；

（七）变更出资人或者持有公司股份10%以上的股东；

（八）金融监督管理部门规定的其他变更事项。

保险公司更换董事长、总经理，应当报经金融监督管理部门审查其任职资格。

第八十二条 保险公司的组织机构，适用公司法的规定。

第八十三条 国有独资保险公司设立监事会。监事会由金融监督管理部门、有关专家和保险公司工作人员的代表组成，对国有独资保险公司提取各项准备金、最低偿付能力和国有资产保值增值等情况以及高级管理人员违反法律、行政法规或者章程的行为和损害公司利益的行为进行监督。

第八十四条 保险公司因分立、合并或者公司章程规定的解散事由出现，经金融监督管理部门批准后解散。保险公司应当依法成立清算组，进行清算。

经营有人寿保险业务的保险公司，除分立、合并外，不得解散。

第八十五条 保险公司违反法律、行政法规，被金融监督管理部门吊销经营保险业务许可证的，依法撤销。由金融监督管理部门依法及时组织清算组，进行清算。

第八十六条 保险公司不能支付到期债务，经金融监督管理部门同意，由人民法院依法宣告破产。保险公司被宣告破产的，由人民法院组织金融监督管理部门等有关部门和有关人员成立清算组，进行清算。

第八十七条 经营有人寿保险业务的保险公司

被依法撤销的或者被依法宣告破产的，其持有的人寿保险合同及准备金，必须转移给其他经营有人寿保险业务的保险公司；不能同其他保险公司达成转让协议的，由金融监督管理部门指定经营有人寿保险业务的保险公司接受。

第八十八条　保险公司依法破产的，破产财产优先支付其破产费用后，按照下列顺序清偿：

（一）所欠职工工资和劳动保险费用；

（二）赔偿或者给付保险金；

（三）所欠税款；

（四）清偿公司债务。

破产财产不足清偿同一顺序清偿要求的，按照比例分配。

第八十九条　保险公司依法终止其业务活动，应当注销其经营保险业务许可证。

第九十条　保险公司的设立、变更、解散和清算事项，本法未作规定的，适用公司法和其他有关法律、行政法规的规定。

第四章　保险经营规则

第九十一条　保险公司的业务范围：

（一）财产保险业务，包括财产损失保险、责任保险、信用保险等保险业务；

（二）人身保险业务，包括人寿保险、健康保险、意外伤害保险等保险业务。

同一保险人不得同时兼营财产保险业务和人身保险业务。

保险公司的业务范围由金融监督管理部门核定。保险公司只能在被核定的业务范围内从事保险经营活动。

本法施行前已设立的保险公司，按照第二款实行分业经营的办法，由国务院规定。

第九十二条　经金融监督管理部门核定，保险公司可以经营前条规定的保险业务的下列再保险业务：

（一）分出保险；

（二）分入保险。

第九十三条　除人寿保险业务外，经营其他保险业务，应当从当年自留保险费中提取未到期责任准备金；提取和结转的数额，应当相当于当年自留保险费的50％。

经营有人寿保险业务的保险公司，应当按照有效的人寿保险单的全部净值提取未到期责任准备金。

第九十四条　保险公司应当按照已经提出的保险赔偿或者给付金额，以及已经发生保险事故但尚未提出的保险赔偿或者给付金额，提取未决赔款准备金。

第九十五条　除依照前二条规定提取准备金外，保险公司应当依照有关法律、行政法规及国家财务会计制度的规定提取公积金。

第九十六条　为了保障被保险人的利益，支持保险公司稳健经营，保险公司应当按照金融监督管理部门的规定提存保险保障基金。

保险保障基金应当集中管理，统筹使用。

第九十七条　保险公司应当具有与其业务规模相适应的最低偿付能力。保险公司的实际资产减去实际负债的差额不得低于金融监督管理部门规定的数额；低于规定数额的，应当增加资本金，补足差额。

第九十八条　经营财产保险业务的保险公司当年自留保险费，不得超过其实有资本金加公积金总和的四倍。

第九十九条　保险公司对每一危险单位，即对一次保险事故可能造成的最大损失范围所承担的责任，不得超过其实有资本金加公积金总和的10％；超过的部分，应当办理再保险。

第一百条　保险公司对危险单位的计算办法和巨灾风险安排计划，应当报经金融监督管理部门核准。

第一百零一条　除人寿保险业务外，保险公司应当将其承保的每笔保险业务的20％按照国家有关规定办理再保险。

第一百零二条　保险公司需要办理再保险分出业务的，应当优先向中国境内的保险公司办理。

第一百零三条　金融监督管理部门有权限制或者禁止保险公司向中国境外的保险公司办理再保险分出业务或者接受中国境外再保险分入业务。

第一百零四条　保险公司的资金运用必须稳健，遵循安全性原则，并保证资产的保值增值。

保险公司的资金运用，限于在银行存款、买卖政府债券、金融债券和国务院规定的其他资金运用形式。

保险公司的资金不得用于设立证券经营机构和向企业投资。

保险公司运用的资金和具体项目的资金占其资金总额的具体比例,由金融监督管理部门规定。

第一百零五条 保险公司及其工作人员在保险业务活动中不得有下列行为:

(一)欺骗投保人、被保险人或者受益人;

(二)对投保人隐瞒与保险合同有关的重要情况;

(三)阻碍投保人履行本法规定的如实告知义务,或者诱导其不履行本法规定的如实告知义务;

(四)承诺向投保人、被保险人或者受益人给予保险合同规定以外的保险费回扣或者其他利益。

第五章 保险业的监督管理

第一百零六条 商业保险的主要险种的基本保险条款和保险费率,由金融监督管理部门制订。

保险公司拟订的其他险种的保险条款和保险费率,应当报金融监督管理部门备案。

第一百零七条 金融监督管理部门有权检查保险公司的业务状况、财务状况及资金运用状况,有权要求保险公司在规定的期限内提供有关的书面报告和资料。

保险公司依法接受监督检查。

第一百零八条 保险公司未按照本法规定提取或者结转各项准备金,或者未按照本法规定办理再保险,或者严重违反本法关于资金运用的规定的,由金融监督管理部门责令该保险公司采取下列措施限期改正:

(一)依法提取或者结转各项准备金;

(二)依法办理再保险;

(三)纠正违法运用资金的行为;

(四)调整负责人及有关管理人员。

第一百零九条 依照前条规定,金融监督管理部门作出限期改正的决定后,保险公司在限期内未予改正的,由金融监督管理部门决定选派保险专业人员和指定该保险公司的有关人员,组成整顿组织,对该保险公司进行整顿。

整顿决定应当载明被整顿保险公司的名称、整顿理由、整顿组织和整顿期限,并予以公告。

第一百一十条 整顿组织在整顿过程中,有权监督该保险公司的日常业务。该保险公司的负责人及有关管理人员,应当在整顿组织的监督下行使自己的职权。

第一百一十一条 在整顿过程中,保险公司的原有业务继续进行,但是金融监督管理部门有权停止开展新的业务或者停止部分业务,调整资金运用。

第一百一十二条 被整顿的保险公司经整顿已纠正其违反本法规定的行为,恢复正常经营状况的,由整顿组织提出报告,经金融监督管理部门批准,整顿结束。

第一百一十三条 保险公司违反本法规定,损害社会公共利益,可能严重危及或者已经危及保险公司的偿付能力的,金融监督管理部门可以对该保险公司实行接管。

接管的目的是对被接管的保险公司采取必要措施,以保护被保险人的利益,恢复保险公司的正常经营。

被接管的保险公司的债权债务关系不因接管而变化。

第一百一十四条 接管组织的组成和接管的实施办法,由金融监督管理部门决定,并予公告。

第一百一十五条 接管期限届满,金融监督管理部门可以决定延期,但接管期限最长不得超过二年。

第一百一十六条 接管期限届满,被接管的保险公司已恢复正常经营能力的,金融监督管理部门可以决定接管终止。

接管组织认为被接管的保险公司的财产已不足以清偿所负债务的,经金融监督管理部门批准,依法向人民法院申请宣告该保险公司破产。

第一百一十七条 保险公司应当于每一会计年度终了后三个月内,将上一年度的营业报告、财务会计报告及有关报表报送金融监督管理部门,并依法公布。

第一百一十八条 保险公司应当于每月月底前将上一月的营业统计报表报送金融监督管理部门。

第一百一十九条 经营人身保险业务的保险公

司，必须聘用经金融监督管理部门认可的精算专业人员，建立精算报告制度。

第一百二十条 保险人和被保险人可以聘请依法设立的独立的评估机构或者具有法定资格的专家，对保险事故进行评估和鉴定。

第一百二十一条 保险公司应当妥善保管有关业务经营活动的完整账簿、原始凭证及有关资料。

前款规定的账簿、原始凭证及有关资料的保管期限，自保险合同终止之日起计算，不得少于十年。

第六章 保险代理人和保险经纪人

第一百二十二条 保险代理人是根据保险人的委托，向保险人收取代理手续费，并在保险人授权的范围内代为办理保险业务的单位或者个人。

第一百二十三条 保险经纪人是基于投保人的利益，为投保人与保险人订立保险合同提供中介服务，并依法收取佣金的单位。

第一百二十四条 保险代理人根据保险人的授权代为办理保险业务的行为，由保险人承担责任。

经营人寿保险代理业务的保险代理人，不得同时接受两个以上保险人的委托。

第一百二十五条 因保险经纪人在办理保险业务中的过错，给投保人、被保险人造成损失的，由保险经纪人承担赔偿责任。

第一百二十六条 保险代理人、保险经纪人办理保险业务时，不得利用行政权力、职务或者职业便利以及其他不正当手段强迫、引诱或者限制投保人订立保险合同。

第一百二十七条 保险代理人、保险经纪人应当具备金融监督管理部门规定的资格条件，并取得金融监督管理部门颁发的经营保险代理业务许可证或者经纪业务许可证，向工商行政管理机关办理登记，领取营业执照，并缴存保证金或者投保职业责任保险。

第一百二十八条 保险代理人、保险经纪人应当有自己的经营场所，设立专门账簿记载保险代理业务或者经纪业务的收支情况，并接受金融监督管理部门的监督。

第一百二十九条 保险公司应当设立本公司保险代理人登记簿。

第一百三十条 本法第一百零五条、第一百零七条、第一百一十七条的规定，适用于保险代理人和保险经纪人。

第七章 法律责任

第一百三十一条 投保人、被保险人或者受益人有下列行为之一，进行保险欺诈活动，构成犯罪的，依法追究刑事责任：

(一)投保人故意虚构保险标的，骗取保险金的；

(二)未发生保险事故而谎称发生保险事故，骗取保险金的；

(三)故意造成财产损失的保险事故，骗取保险金的；

(四)故意造成被保险人死亡、伤残或者疾病等人身保险事故，骗取保险金的；

(五)伪造、变造与保险事故有关的证明、资料和其他证据，或者指使、唆使、收买他人提供虚假证明、资料或者其他证据，编造虚假的事故原因或者夸大损失程度，骗取保险金的。

有前款所列行为之一，情节轻微，不构成犯罪的，依照国家有关规定给予行政处罚。

第一百三十二条 保险公司及其工作人员在保险业务中隐瞒与保险合同有关的重要情况，欺骗投保人、

被保险人或者受益人，或者拒不履行保险合同约定的赔偿或者给付保险金的义务，构成犯罪的，依法追究刑事责任；不构成犯罪的，由金融监督管理部门对保险公司处以1万元以上5万元以下的罚款；对有违法行为的工作人员，给予处分，并处以1万元以下的罚款。

保险公司及其工作人员阻碍投保人履行如实告知义务，或者诱导其不履行如实告知义务的，或者承诺向投保人、被保险人或者受益人给予非法的保险费回扣或者其他利益的，由金融监督管理部门责令改正，对保险公司处以1万元以上5万元以下的罚款；对有违法行为的工作人员，给予处分，并处以1万元以下的罚款。

第一百三十三条 保险代理人或者保险经纪人在其业务中欺骗投保人、被保险人或者受益人的，由金融监督管理部门责令改正，并处以1万元以上5

万元以下的罚款;情节严重的,吊销经营保险代理业务许可证或者经纪业务许可证。构成犯罪的,依法追究刑事责任。

第一百三十四条　保险公司的工作人员利用职务上的便利,故意编造未曾发生的保险事故进行虚假理赔,骗取保险金的,依法追究刑事责任。

第一百三十五条　违反本法规定,擅自设立保险公司或者非法从事商业保险业务活动的,依法追究刑事责任,并由金融监督管理部门予以取缔。情节轻微,不构成犯罪的,给予行政处罚。

第一百三十六条　违反本法规定,超出核定的业务范围从事保险业务的,由金融监督管理部门责令改正,责令退还收取的保险费,有违法所得的,没收违法所得,并处以违法所得1倍以上5倍以下的罚款;没有违法所得的,处以10万元以上50万元以下的罚款;逾期不改正或者造成严重后果的,责令停业整顿或者吊销经营保险业务许可证。

第一百三十七条　违反本法规定,未经批准,擅自变更保险公司的名称、章程、注册资本、公司或者分支机构的营业场所等事项的,由金融监督管理部门责令改正,并处以一万元以上10万元以下的罚款。

第一百三十八条　违反本法规定,有下列行为之一的,由金融监督管理部门责令改正,并处以5万元以上30万元以下的罚款;情节严重的,可以限制业务范围、责令停止接受新业务或者吊销经营保险业务许可证:

(一)未按照规定提存保证金或者违反规定动用保证金的;

(二)未按照规定提取或者结转未到期责任准备金或者未按照规定提取未决赔款准备金的;

(三)未按照规定提取保险保障基金、公积金的;

(四)未按照规定办理再保险分出业务的;

(五)违反规定运用保险公司资金的;

(六)未经批准设立分支机构或者代表机构的;

(七)未经批准分立、合并的。

第一百三十九条　违反本法规定,有下列行为之一的,由金融监督管理部门责令改正,逾期不改正的,处以1万元以上10万元以下的罚款:

(一)未按照规定报送有关报告、报表、文件和资料的;

(二)未按照规定将拟定险种的保险条款和保险费率报送备案的。

第一百四十条　违反本法规定,有下列行为之一的,由金融监督管理部门责令改正,处以10万元以上50万元以下的罚款:

(一)提供虚假的报告、报表、文件和资料的;

(二)拒绝或者妨碍依法检查监督的。

第一百四十一条　违反本法规定,有下列行为之一的,由金融监督管理部门责令改正,处以5万元以上30万元以下的罚款:

(一)超额承保,情节严重的;

(二)为无民事行为能力人承保以死亡为给付保险金条件的保险的。

第一百四十二条　违反本法规定,未取得经营保险代理业务许可证或者经纪业务许可证,非法从事保险代理业务或者经纪业务活动的,由金融监督管理部门予以取缔,没收违法所得,处以违法所得5倍以上10倍以下的罚款。构成犯罪的,依法追究刑事责任。

第一百四十三条　对违反本法规定尚未构成犯罪的行为负有直接责任的保险公司高级管理人员和其他直接责任人员,金融监督管理部门可以区别不同情况予以警告,责令予以撤换,处以5 000元以上3万元以下的罚款。

第一百四十四条　违反本法规定,给他人造成损害的,应当依法承担民事责任。

第一百四十五条　对不符合本法规定条件的设立保险公司的申请予以批准的,或者对不符合保险代理人、保险经纪人条件的申请予以批准的,给予行政处分;情节严重,构成犯罪的,依法追究刑事责任。

第一百四十六条　金融监督管理部门工作人员在对保险业的监督管理工作中滥用职权、徇私舞弊、玩忽职守,构成犯罪的,依法追究刑事责任;不构成犯罪的,给予行政处分。

第八章　附　　则

第一百四十七条　海上保险适用海商法的有关规定;海商法未作规定的,适用本法的有关规定。

第一百四十八条　设立外资参股的保险公司,

或者外国保险公司在中国境内设立分公司，适用本法规定，法律、行政法规另有规定的，适用其规定。

第一百四十九条　国家支持发展为农业生产服务的保险事业，农业保险由法律、行政法规另行规定。

第一百五十条　本法规定的保险公司以外的其他性质的保险组织，由法律、行政法规另行规定。

第一百五十一条　本法施行前按照国务院规定经批准设立的保险公司继续保留，其中不完全具备本法规定的条件的，应当在规定的期限内达到本法规定的条件。具体办法由国务院规定。

第一百五十二条　本法自1995年10月1日起施行。

第二篇 物流标准

第一章 概　述

中国加入 WTO 以后，为现代制造业带来了新的机遇，高速发展的现代物流业具有广阔的市场空间，先进的物流技术装备面临着巨大的需求。

经过几十年来的发展，我国物流行业逐渐形成了一个新兴的行业，为了推进中国物流业的发展，加快我国现代物流的发展，时不我待，刻不容缓。

但由于我国现代物流正处于发展的起步阶段，在现代物流理念、物流体系与管理体制、物流技术研究与应用、物流市场化程度等方面与发达国家相比还有不小的差距，物流理论上没有形成系统，对实践具有较强指导性的书刊也不多，且较零散。而在现代物流发展的实践中，生产企业或是物流专业公司都需要一套指导物流实践，具有较强实用性的、系统性的、理论性的工具书。中国机械工程学会物流工程分会和中国铁道出版社共同组织编写国内首部《中国现代物流大全》，旨在全面、系统、综合反映现代物流理论和实践，为各层面的物流工作者提供一套具有较强实用性的工具书。在其中的第五卷中我们收录了与物流相关的国内外标准题录，在其中我们列出了包括：术语、电子数据交换、条码、仓储设备、装卸搬运、工业车辆、包装和环保等，为物流从业人员查阅提供方便。书中的国内标准我们采用了国家公布的物流方面的国家标准和行业标准，国外标准收录了国际标准组织、日本、德国、美国、俄罗斯等物流方面的标准。

第二章　国内物流标准

第一节　物流术语

GB/T 18354—2001　物流术语

GB/T 14915—1994　电子数据交换术语

GB/T 12905—2000　条码要语

GB/T 17271—1998　集装箱运输术语

GB/T 18041—2000　民用航空货物运输术语

GB/T 3716—2000　托盘术语

GB/T 6974.1—1986　起重机械名词术语 起重机械类型

GB/T 6974.2—1986　起重机械名词术语 主要参数

GB/T 6974.3—1986　起重机械名词术语 一般概念

GB/T 6974.4—1986　起重机械名词术语 机构和零部件

GB/T 6974.5—1986　起重机械名词术语 安全指示装置

GB/T 6974.6—1986　起重机械名词术语 流动式起重机

GB/T 6974.7—1986　起重机械名词术语 铁路起重机

GB/T 6974.8—1986　起重机械名词术语 浮式起重机

GB/T 6974.9—1986　起重机械名词术语 塔式起重机

GB/T 6974.10—1986　起重机械名词术语 门座起重机

GB/T 6974.11—1986　起重机械名词术语 桅杆起重机

GB/T 6974.12—1986　起重机械名词术语 桥式起重机

GB/T 6974.13—1986 起重机械名词术语 门式起重机

GB/T 6974.14—1986 起重机械名词术语 缆索起重机

GB/T 6974.15—1986 起重机械名词术语 悬挂单轨系统

GB/T 6974.16—1986 起重机械名词术语 冶金起重机

GB/T 6974.17—1986 起重机械名词术语 堆垛起重机

GB/T 6974.18—1986 起重机械名词术语 港口起重机

GB/T 6974.19—1986 起重机械名词术语 集装箱起重机

GB/T 14250—1993 衡器术语

JB/T 3301—1983 汽车起重机和轮胎起重机术语

JB/T 5319.1—1991 有轨巷道堆垛起重机 术语

GB/T 5756—1986 输送带与传送带术语

GB/T 7679.2—1987 矿山机械名词术语 装载机械设备

GB/T 7920.3—1996 施工升降机 术语

GB/T 8706—1988 钢丝绳术语

GB/T 8843—2002 工程船术语

GB/T 10168—1988 挖掘装载机术语

GB/T 14521.4—1993 运输机械术语 带式输送机

GB/T 14521.5—1993 运输机械术语 埋刮板输送机

GB/T 14521.6—1993 运输机械术语 板式输送机

GB/T 14521.7—1993 运输机械术语 螺旋输送机

GB/T 14521.8—1993 运输机械术语 液体输送机

GB/T 14521.9—1993 运输机械术语 提升机

GB/T 15663.5—1995 煤矿科技术语 提升运输

JB/T 7011—1993 悬挂输送机 术语

GB/T 3730.1—2001 汽车和挂车类型的术语和定义

GB/T 3730.3—1992 汽车和挂车的术语及其定义 车辆尺寸

GB/T 5140—1985 叉车 挂钩型货叉 术语

GB/T 6104—1985 机动工业车辆名词术语

GB/T 17350—1998 专用汽车和专用半挂车术语和代号

GB/T 7024—1997 电梯、自动扶梯、自动人行道术语

GB/T 17446—1998 流体传动系统及元件 术语

GB/T 6931.1—1986 带传动基本术语

GB/T 6931.2—1986 V带传动术语

GB/T 6931.3—1986 同步带传动术语

GB/T 13483—1992 包装术语 印刷

GB/T 8487—1987 港口装卸术语

JT/T 392—1999 港口装卸工属具术语

GB/T 15604—1995 粉尘防爆术语

第二节 电子数据交换

GB/T 17703.1—2002 国际物流政府管理报文 第1部分:联合国标准国际物流政府管理报文

GB/T 17703.2—1999 国际物流政府管理报文 第2部分:一般原产地证明书报文

GB/T 17703.3—1999 国际物流政府管理报文 第3部分:普惠制原产地证明书报文

GB/T 14005—1993 用于行政、商业和运输业电子数据交换的应用级语法规则

GB/T 14805.1—1999 用于行政、商业和运输业电子数据交换的应用级语法规则(语法版本号:4) 第1部分:公用的语法规则及语法服务目录

GB/T 14805.2—1999 用于行政、商业和运输业电子数据交换的应用级语法规则(语法版本号:4) 第2部分:批式电子数据交换专用的语法规则

GB/T 14805.3—1999 用于行政、商业和运输业电子数据交换的应用级语法规则(语法版本号:4)第3部分:交互式电子数据交换专用的语法规则

GB/T 14805.4—2000 用于行政、商业和运输业电子数据交换的应用级语法规则(语法版本号:4) 第4部分:批式电子数据交换语法和服务报告报文(报文类型为CONTRL)

GB/T 14805.5—1999 用于行政、商业和运输

业电子数据交换的应用级语法规则（语法版本号：4）第5部分：批式电子数据交换安全规则（真实性、完整性和源抗抵赖性）

GB/T 14805.6—1999 用于行政、商业和运输业电子数据交换的应用级语法规则（语法版本号：4）第6部分：安全鉴别和确认报文（报文类型为AUTACK）

GB/T 14805.7—1999 用于行政、商业和运输业电子数据交换的应用级语法规则（语法版本号：4）第7部分：批式电子数据交换安全规则（保密性）

GB/T 14805.8—1999 用于行政、商业和运输业电子数据交换的应用级语法规则（语法版本号：4）第8部分：电子数据交换中的相关数据

GB/T 14805.9—2001 用于行政、商业和运输业电子数据交换的应用级语法规则（语法版本号：4）第9部分：安全密钥和证书管理报文（报文类型为KEYMAN）

GB/T 15420—1994 国际航运货物装卸费用和船舶租赁方式条款代码

GB/T 15424—1994 电子数据交换用支付方式代码

GB/T 15634—1995 用于行政、商业和运输业电子数据交换的段目录

GB/T 15634.1—1999 用于行政、商业和运输业电子数据交换的段目录 第1部分：批式电子数据交换段目录

GB/T 15634.2—2001 用于行政、商业和运输业电子数据交换的段目录 第2部分：交互式电子数据交换段目录

GB/T 15635—1995 用于行政、商业和运输业电子数据交换的复合数据元目录

GB/T 15635.1—1999 用于行政、商业和运输业电子数据交换的复合数据元目录 第1部分：批式电子数据交换复合数据元目录

GB/T 15635.2—2001 用于行政、商业和运输业电子数据交换的复合数据元目录 第2部分：交互式电子数据交换复合数据元目录

GB/T 15947—2001 用于行政、商业和运输业电子数据交换的报文设计规则

GB/T 16520—1996 消息处理 电子数据交换消息处理业务

GB/T 16651—1996 消息处理系统 电子数据交换消息处理系统

GB/T 16703—1996 用于行政、商业和运输业电子数据交换语法实施指南

GB/T 16833—1997 用于行政、商业和运输业电子数据交换的代码表

GB/T 16833—2002 用于行政、商业和运输业电子数据交换的代码表

GB/T 16834—1997 用于行政、商业和运输业电子数据交换的标准报文和目录文件的编写规则

GB/T 16968.1—1997 用于行政、商业和运输业电子数据交换的技术评审指南 第1部分：批式电子数据交换技术评审审核表

GB/T 16968.2—1998 用于行政、商业和运输业电子数据交换的技术评审指南 第2部分：交互式电子数据交换技术评审审核表

GB/T 17539—1998 电子数据交换标准化应用指南

GB/T 17549—1998 用于行政、商业和运输业电子数据交换的业务与信息模型化框架

GB/T 17629—1998 电子数据交换的国际商用交换协议样本

GB/T 17699—1999 用于行政、商业和运输业电子数据交换的数据元目录

ZBBZH/L 联合国用于行政、商业和运输业的电子数据交换手册（UN/EDIFACT UNTDID D.94A）

JT/T 450—2001 交通固定资产投资主要统计指标分类与代码

JT/T 452.1—2001 公路收费非接触式IC卡 第一部分：物理特性

第三节 商品条码

GB 12904—1998 商品条码

GB 12904—2003 商品条码

GB/T 12907—1991 库德巴条码

GB/T 12908—2002 信息技术 自动识别和数据采集技术条码符号规范 三九条码

GB/T 14257—2002 商品条码符号位置

GB/T 14258—1993 条码符号印制质量的检验

GB/T 15425—2002 EAN·UCC系统128条码

GB/T 16830—1997 储运单元条码

GB/T 16986—1997 条码应用标识

GB/T 18347—2001 128条码

第四节 集装箱

GB/T 1413—1998 系列1集装箱 分类、尺寸和额定质量

GB/T 1835—1995 集装箱角件的技术条件

GB/T 1836—1997 集装箱代码、识别和标记

GB/T 1992—1985 集装箱名词术语和试验方法

GB 3218—1982 5D型通用集装箱的技术条件

GB/T 10454—2000 集装袋

GB/T 10290—1988 集装箱在铁路上的装卸和拴固

GB/T 11577—1989 船用集装箱紧固件

GB/T 11601—2000 集装箱进出港站检查交接要求

GB 11602—1989 集装箱港口装卸作业安全规程

GB/T 12418—2001 钢质通用集装箱修理技术要求

GB/T 12419—1990 集装箱公路中转站站级划分及设备配备

GB/T 12420—1990 5D型集装箱吊具技术条件

GB/T 13145—1991 机械式冷藏集装箱 堆场技术管理要求

GB/T 14461—1993 包装容器：10 t柔性集装袋

GB/T 15119—1994 集装箱常用残损代码

GB/T 15140—1994 航空货运集装单元技术要求

GB/T 15419—1994 国际集装箱货运交接方式代码

GB/T 15846—1995 集装箱门框密封条

GB/T 16299—1996 飞机底舱集装箱技术条件和试验方法

GB/T 16561—1996 集装箱设备交接单

GB/T 16563—1996 系列1：液体、气体及加压干散货罐式集装箱技术要求和试验方法

GB/T 16564—1996 系列1：平台式、台架式集装箱技术要求和试验方法

GB/T 16956—1997 船用集装箱绑扎件

GB/T 17272.1—1998 集装箱在船舶上的信息箱位坐标代码

GB/T 17272.2—1998 集装箱在船舶上的信息电传数据代码

GB/T 17273.1—1998 集装箱设备数据交换通信代码

GB/T 17274—1998 系列1：无压干散货集装箱技术要求和试验方法

GB/T 17382—1998 系列1集装箱 装卸和拴固

GB/T 17423—1998 系列1集装箱 罐式集装箱的接口

GB/T 17448—1998 集装袋运输包装尺寸系列

GB/T 17770—1999 集装箱 空/陆/水(联运)通用集装箱技术要求和试验方法

GB/T 17894—1999 集装箱自动识别

GB/T 18156—2000 海上国际集装箱货物交付单证

GB/T 18433—2001 航空货运保温集装箱热性能要求

TB 1940—1987 1 t拆解成集装箱的技术条件

TB/T 2108—1989 集装箱吊具技术条件

TB/T 2113—1990 铁路10 t集装箱箱门密封胶条技术条件

TB 2114—1990 铁路10 t通用集装箱型式尺寸和技术条件

TB 2115—1990 铁路10 t通用集装箱角件技术条件

TB/T 2174—1990 铁路车站集装箱货运作业标准

TB/T 2222—1991 铁道集装箱专用平车技术条件

TB/T 2223—1991 铁道集装箱专用平车用锁

头

TB/T 2459—1993 一次性沥青集装袋

TB/T 2618—1995 集装箱在铁路国境站的检查交接

TB/T 2619—1995 集装箱运输成本的计算方法

TB/T 2689.3—1996 铁路货物集装化运输 一次性集装袋

TB/T 2941—1999 铁路集装箱验收标准

JT/T 69.2—1993 汽车运价信息分类及代码——集装箱运输

JT/T 244—1995 无动力自动转锁集装箱吊具

JT/T 295—1995 岸边集装箱起重机修理技术规范

JT/T 331.4—1996 港口码头劳动定员标准 集装箱码头

JT/T 447.2—2001 内河货运船舶船型主尺度系列 集装箱船

JT/T 466—2001 集装箱船装/卸报告报文

JT 4541.4—1992 长江下游水网货驳船型系列 100 吨级集装箱驳船

SN/T 0183—1993 出口商品运输包装提把式集装袋检验规程

SN/T 0264—1993 出口商品运输包装 柔性集装袋检验规程

SN/T 0893—2000 海运出口危险货物塑编集装袋性能检验规程

SN/T 0981—2000 进出口用冷藏集装箱安全与卫生检验规程

SN/T 0982—2000 进出口用集装箱安全与卫生检验规程

SN/T 1102—2002 出入境集装箱检验检疫规程

SN/T 1124—2002 集装箱熏蒸规程

MH/T 6006.1—1997 机场运输飞机集装单元拖车 第 1 部分:飞机集装箱单箱拖车

SJ 20379—1993 CAF60PD 集装箱型方舱规范

CJ/T 5025—1997 垃圾容器 5 t车用集装箱

JB/T 4780—2002 液化天然气罐式集装箱

YZ/T 0075—2002 有轮邮政集装箱

GJB 4361—2002 军用集装箱类型、尺寸和额定质量

GJB 4362—2002 军用集装箱代码、识别和标记

CB 3326—1987 集装箱导轨或紧固件间公差

YZ/Z 0001.2—1999 邮件盛装容器标牌 国内集装箱部分

第五节 托　盘

GB/T 2934—1996 联运通用平托盘 主要尺寸及公差

GB/T 4995—1996 联运通用平托盘 性能要求

GB/T 4996—1996 联运通用平托盘 试验方法

GB/T 10486—1989 铁路货运钢制平托盘

GB/T 15234—1994 塑料平托盘

GB/T 16470—1996 托盘包装

GB/T 18832—2002 箱式、立柱式托盘

GB/T 18928—2002 托盘缠绕裹包机

TB 1895—1987 客车蓄电池托盘

TB/T 2335—1993 铁路一次性托盘及集装货物加固技术条件

GJB 1918—1994 托盘单元货载

GJB 830—1990 钢制平托盘技术条件

GJB 183—1986 军用平托盘基本尺寸和额定载重量

GJB 184—1986 军用立柱式托盘和箱式托盘基本尺寸和额定载重量

JB/T 3298—1996 手动液压托盘搬运车

JB/T 3341—1999 托盘堆垛车 基本参数

JB/T 3773.1—1999 托盘搬运车 基本参数

JB/T 3773.2—1999 托盘搬运车 整机试验方法

JB/T 3773.3—1999 托盘搬运车 技术条件

JB/T 4036—1993 滚动轴承运输用托盘和大木箱

JB/T 9017—1999 气垫托盘

JB/T 9510—1999 托盘扭力天平

QB/T 2297—1997 微波炉用玻璃托盘

HB 6—23—1983 卵形托盘仪表减震垫

EJ 224—1984 带托盘薄壁前室(PBS)

EJ 225—1984 带托盘防护前室(PFS 25)

EJ 226—1984　带托盘防护前室(PFS 50)

HBm 92—1990　CBY手动液压托盘搬运车

BB/T 0015—1999　纸浆模塑蛋托盘

BB/T 0020—2001　组合型塑木平托盘

SN/T 0806—1999　出口商品运输包装 蜂窝纸板托盘包装检验规程

MT/T 375.6—2002　矿用菱镁混凝土制品 锚杆托盘

EJ/T 224—1984　带托盘薄壁前室(PBS)

EJ/T 225—1984　带托盘防护前室(PFS 25)

EJ/T 226—1984　带托盘防护前室(PFS 50)

第六节　货　　架

JB/T 5323—1991　立体仓库焊接式钢结构货架 技术条件

SB/T 10166—1993　金属轻型组合货架

JB/T 5323—1991　立体仓库焊接式钢结构货架 技术条件

JB/T 9018—1999　有轨巷道式高层货架仓库设计规范

CECS 23—1990　钢货架结构设计规范

第七节　仓　　库

GB 15745—1995　小型民用爆破器材仓库安全标准

GB 50154—1992　地下及覆土火药炸药仓库设计安全规范(附条文说明)

GB/T 17913—1999　粮食仓库磷化氢环流熏蒸装备

GB/T 18768—2002　数码仓库应用系统规范

SBJ 01—1988　商业仓库设计规范(不全:电气部分)

GJB 2268—1996　后方弹药仓库电气防爆技术要求

GJB 2269—1996　后方弹药仓库防雷技术要求

GJB 2270—1996　后方军械仓库消防技术要求

TB/T 2631—1995　铁路物资仓库技术管理规定 查看

HG/T 20568—1994　化工固体物料堆场及仓库设计规定

JB/T 9018—1999　有轨巷道式高层货架仓库设计规范

第八节　起重机械

GB/T 783—1987　起重机械最大起重量系列

GB 181—1963　50 kg/m钢轨型式尺寸

GB/T 790—1995　电动桥式起重机跨度和起升高度系列

GB/T 3811—1983　起重机设计规范

GB/T 5031—1994　塔式起重机性能试验

GB 5144—1994　塔式起重机安全规程

GB 5226.2—2002　机械安全 机械电气设备 第32部分:起重机械技术条件

GB/T 5905—1986　起重机试验规范和程序

GB/T 5972—1986　起重机械用钢丝绳检验和报废实用规范

GB/T 6067—1985　起重机械安全规程

GB/T 6068.1—1985　汽车起重机和轮胎起重机试验规范 一般要求

GB/T 6068.2—1985　汽车起重机和轮胎起重机试验规范 合格试验

GB/T 6068.3—1985　汽车起重机和轮胎起重机试验规范 稳定性的确定

GB/T 6068.4—1985　汽车起重机和轮胎起重机试验规范 结构试验

GB/T 7592—1987　通用桥式起重机 限界尺寸

GB 7950—1999　臂架型起重机 起重力矩限制器 通用技术条件

GB/T 9462—1999　塔式起重机技术条件

GB/T 10183—1988　桥式和门式起重机制造及轨道安装公差

GB/T 11885—1999　自动轨道衡

GB 12602—1990　起重机械超载保护装置安全技术规范

GB/T 13330—1991　150 t以下履带起重机性能试验方法

GB/T 13752—1992　塔式起重机设计规范

GB 14249.1—1993　电子衡器安全要求

GB/T 14249.2—1993　电子衡器通用技术条件

GB/T 14405—1993　通用桥式起重机

GB/T 14406—1993　通用门式起重机

GB/T 14407—1993　通用桥式和门式起重机司机室技术条件

GB/T 14560—1993　150 t以下履带起重机技术条件

GB 14734—1993　港口浮式起重机安全规程

GB/T 14743—1993　港口轮胎起重机技术条件

GB/T 14744—1993　港口轮胎起重机试验方法

GB/T 14783—1993　轮胎式集装箱门式起重机技术条件

GB 15052—1994　起重机械危险部位与标志

GB/T 15360—1994　岸边集装箱起重机试验方法

GB/T 15361—1994　岸边集装箱起重机技术条件

GB/T 15362—1994　轮胎式集装箱门式起重机试验方法

GB/T 16562—1996　港口高塔柱式轨道起重机技术条件

GB/T 16905—1997　集装箱正面吊运起重机试验方法

GB/T 17495—1998　港口门座起重机技术条件

GB/T 17496—1998　港口门座起重机修理技术规范

GB/T 17806—1999　塔式起重机可靠性试验方法

GB/T 17807—1999　塔式起重机结构试验方法

GB/T 17908—1999　起重机和起重机械 技术性能和验收文件

GB/T 17909.1—1999　起重机 起重机操作手册 第1部分:总则

GB 17992—1999　集装箱正面吊运起重机安全规程

GB/T 18438—2001　港口起重机 验收试验规则

GB/T 18439—2001　港口起重机 稳定性基本要求

GB/T 18440—2001　港口起重机 技术性能和验收文件

GB/T 18441—2001　港口起重机 供需必备文件

GB/T 18453—2001　起重机 维护手册 第1部分:总则

GB/T 18874.1—2002　起重机 供需双方应提供的资料 第1部分: 总则

GB/T 18874.5—2002　起重机 供需双方应提供的资料 第5部分:桥式和门式起重机

GB/T 18875—2002　起重机 备件手册

GB 50256—1996　电气装置安装工程起重机电气装置施工及验收规范(附条文说明)

JB/T 1114—1994　手动梁式起重机

JB/T 1115—1994　手动桥式起重机

JB/T 1306—1994　电动单梁起重机

JB/T 1375—1992　汽车起重机和轮胎起重机分类

JB/T 2603—1994　电动单梁悬挂起重机

JB/T 2960—1999　巷道堆垛起重机 型式与基本参数

JB/T 3695—1994　电动葫芦桥式起重机

JB/T 3775—1994　手动梁式悬挂起重机

JB/T 4030.1—2000　汽车起重机和轮胎起重机试验规范 作业可靠性试验

JB/T 4030.2—2000　汽车起重机和轮胎起重机试验规范 行驶可靠性试验

JB/T 4030.3—2000　汽车起重机和轮胎起重机试验规范 液压系统试验

JB/T 4315—1997　起重机电控设备

JB 5318—1991　大型履带起重机 技术条件

JB/T 5242—1991　汽车起重机和轮胎起重机回转机构 试验规范

JB 5319.2—1991　有轨巷道堆垛起重机 安全规范

JB/T 5663.1—1991　电动葫芦门式起重机形式和基本参数

JB/T 5663.2—1991　电动葫芦门式起重机 技术条件

JB/T 5897—1991　防爆桥式起重机

JB/T 5898—1991　淬火起重机

JB/T 5899—1991　料耙起重机

JB/T 6042—1992　汽车起重机专用底盘 技术

条件

JB/T 6128—1992　水电站门式起重机

JB/T 6391.1—1992　起重机滑接输电装置 型式和基本参数

JB/T 6391.2—1992　起重机滑接输电装置 技术条件

JB/T 6392.1—1992　起重机车轮 型式尺寸、踏面形状与轨道的匹配

JB/T 6392.2—1992　起重机车轮技术条件

JB/T 6471—1992　起重机电控设备产品型号编制方法

JB/T 6748—1993　起重机控制台

JB/T 7016—1993　有轨巷道堆垛起重机技术条件

JB/T 7017—1993　起重机用液压缓冲器

JB/T 7566—1994　起重机动力制动调速电控设备

JB/T 7688.1—1995　冶金起重机技术条件 通用要求

JB/T 7688.2—1995　冶金起重机技术条件 平炉加料桥式起重机

JB/T 7688.3—1995　冶金起重机技术条件 地面加料起重机

JB/T 7688.4—1995　冶金起重机技术条件 料箱起重机

JB/T 7688.5—1995　冶金起重机技术条件 夹钳起重机

JB/T 7688.6—1995　冶金起重机技术条件 整模起重机

JB/T 7688.7—1995　冶金起重机技术条件 揭盖起重机

JB/T 7688.8—1995　冶金起重机技术条件 脱锭起重机

JB/T 7688.9—1995　冶金起重机技术条件 板坯翻转起重机

JB/T 7688.10—1995　冶金起重机技术条件 锻造起重机

JB/T 7688.11—1995　冶金起重机技术条件 加热炉装取料起重机

JB/T 7688.12—1995　冶金起重机技术条件 料箱 电磁起重机

JB/T 7688.13—1995　冶金起重机技术条件 料箱 抓斗起重机

JB/T 7688.14—1999　冶金起重机技术条件 板坯搬运起重机

JB/T 7688.15—1999　冶金起重机技术条件 铸造起重机

JB 8112—1999　一般起重机用锻造卸扣 D形卸扣和弓形卸扣

JB/T 8715—1998　汽车起重机和轮胎起重机回转机构 验收规范

JB 8716—1998　汽车起重机和轮胎起重机 安全规程

JB/T 8905.1—1999　起重机用三支点减速器

JB/T 8905.2—1999　起重机用底坐式减速器

JB/T 8905.3—1999　起重机用立式减速器

JB/T 8905.4—1999　起重机用套装式减速器

JB/T 8906—1999　旋臂起重机

JB/T 8907—1999　绝缘桥式起重机 技术条件

JB/T 8956—1999　YZTD系列塔式起重机用多速三相异步电动机 技术条件

JB/T 9003—1999　起重机 三合一减速器

JB/T 9005.1—1999　起重机用铸造滑轮 绳槽断面

JB/T 9005.2—1999　起重机用铸造滑轮 直径的选用系列与匹配

JB/T 9005.3—1999　起重机用铸造滑轮 型式、轮毂和轴承尺寸

JB/T 9005.4—1999　起重机用铸造滑轮 A型

JB/T 9005.5—1999　起重机用铸造滑轮 B型

JB/T 9005.6—1999　起重机用铸造滑轮 C型

JB/T 9005.7—1999　起重机用铸造滑轮 D型

JB/T 9005.8—1999　起重机用铸造滑轮 E型

JB/T 9005.9—1999　起重机用铸造滑轮 F型

JB/T 9005.10—1999　起重机用铸造滑轮 技术条件

JB/T 9006.1—1999　起重机用铸造卷筒 直径和槽形

JB/T 9006.2—1999　起重机用铸造卷筒 型式和尺寸

JB/T 9006.3—1999 起重机用铸造卷筒 技术条件

JB/T 9737.1—2000 汽车起重机和轮胎起重机液压油 固体颗粒污染等级

JB/T 9737.2—2000 汽车起重机和轮胎起重机液压油 固体颗粒污染测量方法

JB/T 9737.3—2000 汽车起重机和轮胎起重机液压油 选择与更换

JB/T 9738—2000 汽车起重机和轮胎起重机技术要求

JB/T 9739.1—2000 汽车起重机和轮胎起重机 平衡阀

JB/T 9739.2—2000 汽车起重机和轮胎起重机 滑轮

JB/T 10170—2000 汽车起重机和轮胎起重机起升机构试验规范

JB/T 10219—2001 防爆梁式起重机

JB/T 10221—2000 YZRSW 系列塔式起重机用涡流制动绕线转子双速三相异步电动机 技术条件

JB/T10381—2002 柔性组合式悬挂起重机

JB/T 50103—1998 通用桥式起重机 可靠性考核评定规范

JT/T 70.1—1993 港口门座起重机电气设备技术条件 电控设备

JT/T 70.2—1993 港口门座起重机电气设备技术条件 集电器

JT/T 70.3—1993 港口门座起重机电气设备技术条件 磁滞联轴器

JT/T 70.4—1993 港口门座起重机电气设备技术条件 联动控制台

JT/T 70.5—1993 港口门座起重机电气设备技术条件 成套电阻器

JT/T 79—1994 港口集装箱大型起重机械检测技术规范

JT/T 81—1994 港口门座起重机基本参数系列

JT/T 82—1994 港口轮胎起重机基本系数系列

JT/T 83—1994 港口浮式起重机基本参数系列

JT/T 90—1994 港口起重机风载荷规范

JT/T 99—1994 港口门座起重机试验方法

JT/T 232—1995 集装箱正面吊运起重机技术条件

JT 278—1995 船舶起重机安全技术操作规程

JT/T 295—1995 岸边集装箱起重机修理技术规范

JT/T 314.1—1997 港口电动起重机能源利用检测规程 第 1 部分:臂架型起重机

JT/T 314.2—1998 港口电动起重机能源利用检测规程 第 2 部分:桥架型起重机

JT/T 337—1997 港口固定起重机、台架起重机试验方法

JT 421—2000 港口固定起重机安全规程

JT/T 474—2002 港口轮胎起重机修理技术规范

JT 5017—1986 港口门座起重机技术条件

JT 5018—1986 岸边集装箱起重机技术条件

JT 5019—1986 港口轮胎式集装箱门式起重机技术条件

JT 5021—1986 港口起重机轨道式行走台车基本参数及组合系列

JT 5023—1988 港口电动轮胎起重机技术条件

JT 5024—1989 港口起重机金属结构静载及动载试验方法

JT 5027—1989 港口起重机用钢丝绳使用技术条件

JT 5033—1992 船舶起重机司机安全技术考核标准

JT/T 5036.1—1993 内河港口固定起重机、台架起重机基本参数系列

JT/T 5036.2—1993 内河港口固定起重机、台架起重机技术条件

LY/T 1074—1992 林用门式起重机技术条件

LY/T 1075—1992 林用门式起重机型式与基本参数

LY 1076—1992 林用门式起重机使用安全规程

CB/T 3491—1992 船用臂架起重机 金属结构制造技术要求

CB/T 3012—1992 机舱起重机

CB/T 3490—1992 船用臂架起重机涂装技术要求

CB/T 3492—1992 船用臂架起重机安装技术要求

CB/T 3669—1995 船用起重机回转支承

CB/T 3883—1999 船用液压臂架起重机工厂试验方法

TB/T 1357—1992 铁路货场门式起重机技术条件

TB/T 1418—1989 铁路货场门式起重机起重量、跨度系列

TB/T 1428—1990 铁路货场桥式、门式起重机防风制动装置技术条件

TB/T 1936.2—1987 铁路装卸作业标准 桥式、龙门式起重机作业

TB /T 1936.3—1987 铁路装卸作业标准 回转式起重机作业

TB/T 2334—1993 铁路货场集装箱门式起重机技术条件

TB/T 2666—1995 门式起重机检测工艺和方法

EJ/T 801—1993 核电厂专用起重机设计准则

YB/T 5055—1993 起重机钢轨

JG/T 5037—1993 塔式起重机分类

JG/T 5112—1999 塔式起重机 钢结构制造与检验

SN/T 0250—1993 出口汽车起重机和轮胎起重机检验规程

DL 454—1991 水利电力建设用起重机试验方法

SY/T 4093—1995 滩海石油设施上起重机选用与安装技术规范

JG/T 53—1999 塔式起重机车轮技术条件

JG/T 54—1999 塔式起重机司机室技术条件

JG/T 55—1999 履带起重机结构试验方法

JG/T 63—1999 塔式起重机结构试验方法

JG/T 71—1999 塔式起重机可靠性试验方法

JG/T 72—1999 塔式起重机用限矩型液力偶合器

JG/T 100—1999 塔式起重机操作使用规程

JG 5055—1994 履带起重机安全规程

JG/T 5095—1997 管道起重机

DLJS 2—6—1981 施工机械安全技术操作规程 第六册 汽车式起重机 轮胎式起重机

DLJS 2—7—1981 施工机械安全技术操作规程 第七册 门式起重机

DLJS 2—8—1981 施工机械安全技术操作规程 第八册 塔式起重机

DLJS 2—9—1981 施工机械安全技术操作规程 第九册 缆索起重机

SJ/T 31046—1994 桥式起重机完好要求和检查评定方法

SL/T 241—1999 水利水电建设用起重机技术条件

SLJJ 1—6—1981 施工机械安全技术操作规程 第六册 汽车式起重机 轮胎式起重机

SLJJ 1—7—1981 施工机械安全技术操作规程 第七册 门式起重机

SY/T 10003—1996 海上平台起重机规范

QJ 1569.2—1988 起重机械技术鉴定通用技术条件

QJ 1569.3—1988 起重机械大修理验收通用技术条件

LD 48—1993 起重机械吊具与索具安全规程

LD 64—1994 起重机械防碰装置安全技术规程

LD 67—1994 起重机械安全监测内容和方法

DL/T 5161.14—2002 电气装置安装工程 质量检验及评定规程 第 14 部分:起重机电气装置施工质量检验

JJ 27—1984 塔式起重机技术条件

第九节 运输机械

GB/T 524—1989 普通平带

GB/T 987—1991 带式输送机 基本参数与尺寸

GB/T 988—1991 带式输送机 滚筒 基本参数

与尺寸

GB/T 990—1991 带式输送机 托辊 基本参数与尺寸

GB/T 1171—1996 一般用普通 V 带

GB/T 1190—2001 工程机械轮胎技术要求

GB/T 2883—2002 工程机械轮辋规格系列

GB/T 3091—2001 低压流体输送用焊接钢管

GB/T 3684—1983 运输带导电性规范和试验方法

GB/T 3685—1996 输送带酒精喷灯燃烧性能规范和试验方法

GB/T 3690—1994 织物芯输送带拉伸强度和伸长率测定方法

GB/T 4140—1993 输送用平顶链和链轮

GB/T 4217—2001 流体输送用热塑性塑料管材 公称外径和公称压力

GB/T 4489—2002 平型传动带的尺寸与公差

GB/T 4490—1994 输送带尺寸

GB/T 4652—1984 双臂式装载机 试验方法

GB/T 4873—1985 信息处理用连续格式纸 尺寸和输送孔

GB/T 5269—1999 传动及输送用双节距精密滚子链和链轮

GB/T 5752—2002 输送带标志

GB/T 5753—1994 钢丝绳芯输送带覆盖层厚度的测定

GB/T 5754—1986 钢丝绳芯输送带纵向拉伸强度的测定

GB/T 5755—2000 钢丝绳芯输送带钢丝绳粘合强度的测定

GB/T 5845.6—1986 城市公共交通标志 缆车(索道)标志

GB/T 6759—2002 织物芯输送带的层间粘合强度试验方法

GB 6946—1993 钢丝绳铝合金压制接头

GB/T 7389—1987 船用起货绞车

GB/T 7679.3—1987 矿山机械名词术语 提升机械设备

GB/T 7983—1987 输送带成槽性试验方法

GB/T 7984—2001 输送带 具有橡胶或塑料覆盖层的普通用途织物芯输送带

GB/T 7985—1987 输送带带芯抗撕裂性试验方法

GB/T 7986—1997 输送带滚筒摩擦试验方法

GB/T 8163—1999 输送流体用无缝钢管

GB/T 8350—1987 输送链、附件和链轮

GB 8903—1988 电梯用钢丝绳

GB/T 8918—1996 钢丝绳

GB 9075—1988 架空索道用钢丝绳检验和报废规范

GB/T 9482—1988 农业机械机具和设备 散装物料机械装载尺寸

GB/T 9711.1—1997 石油天然气工业 输送钢管交货技术条件 第 1 部分:A 级钢管

GB/T 9711.2—1999 石油天然气工业 输送钢管 交货技术条件 第 2 部分:B 级钢管

GB/T 9770—2001 普通用途钢丝绳芯输送带

GB/T 10052—1996 施工升降机分类

GB 10053—1996 施工升降机检验规则

GB/T 10054—1996 施工升降机技术条件

GB 10055—1996 施工升降机安全规则

GB/T 10056—1996 施工升降机试验方法

GB/T 10169—1988 挖掘装载机参数

GB/T 10170—1988 挖掘装载机技术条件

GB/T 10175—1988 装载机额定工作载荷

GB/T 10400—1989 装载机的作用力和倾翻载荷的测量方法

GB/T 10595—1989 带式输送机 技术条件

GB/T 10596.1—1989 埋刮板输送机 型式与基本参数

GB/T 10596.2—1989 埋刮板输送机 技术条件

GB/T 10596.3—1989 埋刮板输送机 试验方法

GB/T 10599—1998 多绳摩擦式提升机

GB/T 10822—1989 一般用途难燃输送带

GB 11341—1989 悬挂输送机安全规程

GB 12141—1989 货运架空索道安全规范

GB 12352—1990 客运架空索道安全规范

GB/T 12736—1991 输送带机械接头强度的测

定 静态试验方法

GB/T 12738—1991 连续搬运设备 架空索道术语

GB/T 12739—1991 循环式货运架空索道 驱动机 型式和基本参数

GB/T 12740—1991 单线循环式货运架空索道货车 型式和基本参数

GB/T 12741—1991 单线循环式货运架空索道托索轮 型式和基本参数

GB/T 12753—2002 输送带用钢丝绳

GB/T 12771—2000 流体输送用不锈钢焊接钢管

GB/T 12927—1991 船用起货设备检验规则和试验方法

GB 13329—1991 建筑卷扬机安全规程

GB/T 13527.1—1992 软聚氯乙烯管(流体输送用)

GB/T 13561.3—1992 港口连续装卸设备安全规程——带式输送机

GB/T 13561.4—1992 港口连续装卸设备安全规程——埋刮板输送机

GB/T 13561.5—1992 港口连续装卸设备安全规程——斗式提升机

GB/T 13676—1992 双线往复式客运架空索道设计规范

GB/T 13677—1992 单线固定拖索器客运架空索道设计规范

GB/T 13678—1992 单线脱挂拖索器客运架空索道设计规范

GB/T 13792—1992 带式输送机托辊用电焊钢管

GB/T 14164—1993 石油天然气输送管用热轧宽钢带

GB/T 14291—1993 矿用流体输送电焊钢管

GB/T 14784—1993 带式输送机安全规范

GB/T 14976—2002 流体输送用不锈钢无缝钢管

GB/T 15388.1—1994 双线循环式货运架空索道设计规范

GB/T 15388.2—1994 单线循环式货运架空索道设计规范

GB/T 15560—1995 流体输送用塑料管材液压瞬时爆破和耐压试验方法

GB/T 15902—1995 织物芯输送带弹性模量试验方法

GB/T 15910—1995 热力输送系统节能监测方法

GB/T 16412—1996 输送带丙烷燃烧器燃烧试验方法

GB 16490—1996 振动给料机安全规范

GB/T 16591—1996 输送无水氨用橡胶软管及软管组合件

GB/T 16666—1996 泵类及液体输送系统节能监测方法

GB/T 17044—1997 钢丝绳芯输送带覆盖层与带芯层粘合强度试验方法

GB/T 17119—1997 连续搬运设备 带承载托辊的带式输送机 运行功率和张力的计算

GB/T 17482—1998 输送用模锻易拆链

GB/T 18476—2001 流体输送用聚烯烃管材耐裂纹扩展的测定 切口管材裂纹慢速增长的试验方法(切口试验)

GB/T 18743—2002 流体输送用热塑性塑料管材 简支梁冲击试验方法

GB/T 50270—1998 连续输送设备安装工程施工及验收规范

JB/T 2604—1994 电磁振动给料机 技术条件

JB/T 2646—1992 单绳缠绕式矿井提升机

JB/T 2647—1995 带式输送机包装技术条件

JB/T 2712—1999 组合机床 自动线零件输送带 步距

JB/T 2789—1994 双线循环式货运架空索道货车 型式和基本参数

JB/T 2790—1994 循环式货运架空索道导向轮 型式和基本参数

JB/T 2792—1994 循环式货运架空索道牵引索、运载索的张紧装置型式和基本参数

JB/T 2793—1994 双线循环式货运架空索道摇摆式鞍座 型式和基本参数

JB 2959—1981 DY 移动带式输送机 型式与

基本参数

JB/T 3277—1991 矿井提升机和矿用提升绞车 液压站

JB/T 3566.1—1999 循环式货运架空索道 托索轮 技术条件

JB/T 3566.2—1999 循环式货运架空索道 驱动机 技术条件

JB/T 3566.3—1999 循环式货运架空索道 导向轮 技术条件

JB/T 3566.4—1999 循环式货运架空索道 牵引索张紧装置 技术条件

JB/T 3566.5—1999 单线循环式货运架空索道 货车 技术条件

JB/T 3666—1996 吊式圆盘给料机

JB/T 3667—1996 座式圆盘给料机

JB/T 3721—1999 矿用提升机盘形制动器闸瓦

JB/T 3812—1999 矿用提升机和矿用绞车 盘形制动器用蝶形弹簧

JB/T 3813—1999 轻型板式给料机

JB/T 3926.1—1999 垂直斗式提升机 型式与基本参数

JB/T 3926.2—1999 垂直斗式提升机 技术条件

JB/T 3926.3—1999 垂直斗式提升机 Q 型料斗参数尺寸

JB/T 3926.4—1999 垂直斗式提升机 H 型料斗参数尺寸

JB/T 3926.5—1999 垂直斗式提升机 Zd 型料斗参数尺寸

JB/T 3926.6—1999 垂直斗式提升机 Zh 型料斗参数尺寸

JB/T 3926.7—1999 垂直斗式提升机 Sd 型料斗参数尺寸

JB/T 3926.8—1999 垂直斗式提升机 Sh 型料斗参数尺寸

JB/T 3926.9—1999 垂直斗式提升机 J 型料斗参数尺寸

JB/T 3926.10—1999 垂直斗式提升机 T 型料斗参数尺寸

JB/T 3926.11—1999 垂直斗式提升机 传动滚筒参数尺寸

JB/T 3926.12—1999 垂直斗式提升机 胶带螺钉参数尺寸

JB/T 3926.13—1999 垂直斗式提升机 圆环链链轮参数尺寸

JB/T 3926.14—1999 垂直斗式提升机 链环钩参数尺寸

JB/T 3927—1999 移动带式输送机

JB/T 3929—1999 通用悬挂输送机 技术条件

JB/T 4040—1999 重型板式给料机

JB/T 4255—1999 中型板式给料机

JB/T 4263—2000 交流传动矿井提升机电控设备 技术条件

JB/T 5321.2—1991 积放式悬挂输送机 技术条件

JB/T 5322.2—1991 封闭轨积放式悬挂输送机技术条件

JB/T 5363—1991 螺旋给料机 技术条件

JB/T 5863—1991 交流传动钢绳芯带式输送机 电控设备

JB/T 6132—1992 埋刮板输送机

JB/T 6328—1992 交流传动钢绳芯带式输送机电控设备 试验方法

JB/T 6572—1993 振动料斗给料机 技术条件

JB/T 6754.1—1993 直流传动矿井提升机电控设备 第一部分 机组电控设备

JB/T 6754.2—1993 直流传动矿井提升机电控设备 第二部分 晶闸管电控设备

JB/T 7012—1993 辊子输送机

JB/T 7013—1993 鳞板输送机

JB/T 7014—1993 平板式输送机

JB/T 7018—1993 单轨小车悬挂输送机安全规程

JB/T 7054—1993 瓶装啤酒灌装线滚子输送链

JB/T 7330—1994 电动滚筒

JB/T 7331—1994 通用悬挂输送机型式及基本参数

JB/T 7336—1994 单轨小车悬挂输送机 技术

条件

JB/T 7364—1994 倍速输送链

JB/T 7555—1994 惯性振动给料机

JB/T 7679—1995 螺旋输送机

JB/T 7854—1995 气垫带式输送机

JB/T 8114.1—1999 电磁振动给料机 型式和基本参数

JB 8516—1997 矿井提升机和矿用提升绞车安全要求

JB 8519—1997 矿井提升机和矿用提升绞车盘形制动器

JB/T 8546—1997 双铰接输送链

JB/T 8568—1997 滚动轴承 输送链用圆柱滚子滚轮轴承

JB/T 8607—1997 连续式铸型输送机 技术条件

JB/T 8710—1998 液压防爆提升机和提升绞车

JB/T 8722—1998 滚动轴承 煤矿输送机械轴承

JB/T 8883—2001 农业机械用夹持输送链

JB/T 8908—1999 波状挡边带式输送机

JB 8918—1999 液压防爆提升机和提升绞车安全要求

JB/T 8920—1999 工程塑料内链节锰型输送链

JB/T 9013—1999 封闭轨悬挂输送机 技术条件

JB/T 9014.1—1999 连续输送设备 散粒物料性能术语及其分类

JB/T 9014.2—1999 连续输送设备 散粒物料物理性能试验方法的一般规定

JB/T 9014.3—1999 连续输送设备 散粒物料粒度和颗粒组成的测定

JB/T 9014.4—1999 连续输送设备 散粒物料密度的测定

JB/T 9014.5—1999 连续输送设备 散粒物料湿度(含水率)的测定

JB/T 9014.6—1999 连续输送设备 散粒物料温度的测定

JB/T 9014.7—1999 连续输送设备 散粒物料堆积角的测定

JB/T 9014.8—1999 连续输送设备 散粒物料抗剪强度的测定

JB/T 9014.9—1999 连续输送设备 散粒物料外摩擦系数的测定

JB/T 9015—1999 带式输送机用逆止器

JB/T 9016.1—1999 悬挂输送机 牵引可拆链

JB/T 9016.2—1999 悬挂输送机 链轮

JB/T 9154—1999 埋刮板输送机用叉型链、刮板和链轮

JB/T 9155—2000 输送用金属丝编织网带

JB/T 9981—1999 矩形槽或梯形槽电机振动给料机 型式与基本参数

JB/T 9983—1999 筒形槽电机振动给料机 型式与基本参数

JB/T 10131—1999 饲养场设备 厩用粪肥刮板输送机

JB/T 10347—2002 摩擦式提升机 摩擦衬垫

JB/T10380—2002 圆管带式输送机

MT 15—1991 矿用刮板输送机型式与参数

MT 23—1975 矿用吊挂带式输送机型式与基本参数

MT/T 72—1998 边双链刮板输送机用刮板

MT/T 73 1992 煤矿用带式输送机托辊尺寸系列

MT/T 100—1995 刮板输送机用液力偶合器检验规范

MT/T 101—2000 刮板输送机用减速器检验规范

MT/T 102—1985 刮板输送机中部槽试验规范

MT/T 103—1995 矿用刮板输送机出厂检验规范

MT/T 104—1993 刮板输送机型式检验规范

MT/T 105—1993 刮板输送机通用技术条件

MT 147—1995 煤矿用阻燃抗静电织物整芯输送带

MT/T 148—1997 刮板输送机用减速器

MT/T 149—1987 刮板输送机热轧矿用槽帮

钢型式、尺寸

MT/T 150—1997 刮板输送机和转载机包装通用技术条件

MT/T 152—1997 中心单链刮板输送机刮板

MT/T 153—1987 中心单链刮板输送机蛙形链接头

MT/T 154.4—1995 煤矿用带式输送机型号编制方法

MT/T 183—1988 刮板输送机中部槽

MT/T 184—1988 工作面用刮板输送机档板型式、基本参数和尺寸

MT/T 185—1988 工作面用刮板输送机铲煤板型式、基本参数和尺寸

MT/T 186—1988 工作面用刮板输送机电缆槽基本参数

MT/T 187.1—1988 刮板输送机紧固件螺栓技术条件

MT/T 187.2—1988 刮板输送机紧固件U型螺栓

MT/T 187.3—1988 刮板输送机紧固件棱头螺栓A型

MT/T 187.4—1988 刮板输送机紧固件棱头螺栓B型

MT/T 187.5—1988 刮板输送机紧固件长头螺栓

MT/T 187.6—1988 刮板输送机紧固件梯形头螺栓

MT/T 187.7—1988 刮板输送机紧固件半圆头方颈螺栓

MT/T 187.8—1991 刮板输送机紧固件非金属嵌件六角锁紧螺母

MT/T 187.10—1996 刮板输送机紧固件E型螺栓

MT/T 208—1995 刮板输送机用液力偶合器

MT/T 212—1990 煤矿用输送带的成槽性

MT/T 231—1991 矿用刮板输送机驱动链轮

MT/T 248—1991 摩擦提升机用衬垫摩擦系数测试方法

MT/T 317—2002 煤矿用输送带整体带芯

MT/T 318.1—1997 煤矿用输送带机械接头技术条件

MT 319—1992 煤矿用输送带U形扣接头

MT/T 323—1999 中双链刮板输送机用刮板

MT/T 400—1995 煤矿用带式输送机滚筒尺寸系列

MT/T 407—1995 煤矿地面立井提升机综合后备保护装置通用技术条件

MT/T 414—1995 煤矿用带式输送机基本参数和尺寸

MT 449—1995 煤矿用钢丝绳牵引输送带阻燃抗静电性试验方法和判定规则

MT 450—1995 煤矿用钢丝绳芯输送带阻燃抗静电性试验方法和判定规则

MT/T 464—1995 矿用刮板输送机通用安全技术条件

MT/T 465—1995 矿用刮板输送机驱动链轮检验规范

MT/T 466—1995 刮板输送机用液力偶合器易爆塞

MT/T 467—1996 煤矿用带式输送机设计计算

MT 478—1996 YBS系列刮板输送机用隔爆型三相异步电动机

MT/T 495—1995 刮板输送机用紧链器

MT/T 496—1995 综采用刮板输送机产品质量分等

MT/T 497—1995 综采用刮板输送机井下工业性试验规范

MT/T 527—1995 机械振动给料机

MT/T 529—1995 煤矿用伸缩带式输送机参数

MT/T 543—1996 滑槽带式输送机

MT 559—1996 煤矿用带式输送机橡胶缓冲托辊安全性能检验规范

MT/T 571.1—1996 煤矿用带式输送机电控系统

MT/T 627—1996 煤矿带式输送机易熔合金式自动喷水灭火系统通用技术条件

MT/T 645—1997 煤矿用带式输送机滚筒与相邻槽形托辊组之间的距离计算公式

MT/T 653—1997 煤矿用带式输送机托辊组布置的主要尺寸

MT/T 654—1997 煤矿用带式输送机安全规范

MT/T 655—1997 煤矿用带式输送机托辊轴承技术条件

MT/T 656—1997 煤矿用带式输送机机架型式与基本尺寸

MT 668—1997 煤矿用阻燃钢丝绳芯输送带技术条件

MT 669—1997 煤矿用阻燃钢丝绳牵引输送带技术条件

MT/T 681—1997 煤矿用带式输送机减速器技术条件

MT/T 758—1997 煤矿带式输送机电气式自动喷水灭火系统通用技术条件

MT/T 812—1999 刮板输送机用刮板检验规范

MT/T 817—1999 煤矿用带式输送机电控装置

MT 820—1999 煤矿井下用带式输送机技术条件

MT 821—1999 煤矿井下用带式输送机托辊技术条件

MT/T 823—1999 煤矿用转载带式输送机

MT 830—1999 煤矿用织物叠层阻燃输送带

MT/T 857—2000 煤矿用带式输送机托辊组与相邻零、部件的相关尺寸

MT/T 864—2000 刮板输送机铸造槽帮型式、尺寸

MT 872—2000 煤矿用带式输送机保护装置技术条件

MT/T 876—2000 煤用无压给料三产品重介质旋流器

MT/T 901—2000 煤矿井下用伸缩带式输送机

MT/T 912—2002 煤矿用下运带式输送机制动器技术条件

MT/T 914—2002 煤矿用织物整芯阴燃输送带

HG 2014—1991 钢丝绳牵引难燃输送带

HG/T 2194—1991 帆布芯输送带布层接头规定

HG/T 2297—1992 耐热输送带

HG/T 2410—1992 输送带取样

HG 2539—1993 钢丝绳芯难燃输送带

HG/T 2648—1994 输送带滚筒摩擦试验机技术条件

HG/T 2649—1995 返碱埋刮板输送机

HG 2805—1996 煤矿井下用织物芯阻燃输送带

HG/T 2818—1996 轻型输送带

HG/T 2820—1996 输送带用锦纶和涤锦浸胶帆布

HG/T 3046—1999 织物芯输送带外观质量规定

HG/T 3056—1986(1997) 输送带贮存和搬运通则

HG/T 3092—1988(1997) 燃气输送管及配件用橡胶密封圈胶料

HG/T 3093—1988(1997) 石油基油类输送管道及连接件用橡胶密封制品胶料

HG/T 3097—1989(1997) 110 ℃以下热水输送管橡胶密封圈材料规范

HG/T 3042—1989(1997) 内燃机燃油系统输送常规液体燃油用纯胶管和橡胶软管

HG/T 3646—1999 普通用途防撕裂钢丝绳芯输送带

HG/T 3647—1999 耐寒输送带

HG/T 3659—1999 快速粘接输送带用氯丁胶粘剂

HG/T 3665—2000 内燃机燃油系统输送含氧燃油用纯胶管及橡胶软管

HG/T 3666—2000 内燃机燃油系统输送氧化燃油用纯胶管及橡胶软管

HG/T 20662—1999 化工粉体物料机械输送

设计技术规定(附条文说明)

HG/T 21611.1—1996 钢筋混凝土带式输送机栈桥通用图(非预应力梁板构件图)(图)

GJB 1072—1991 履带式装甲输送车通用规范

GJB 1446.27—1992 舰船系统界面要求 武器控制 武器输送

GJB 1999—1994 二代装甲输送车基型底盘参数

GJB 2618—1996 输送液体氧化剂橡胶软管规范

GJB 4099—2000 自行火炮弹药输送车部队试验规程

LY/T 1031—1991 螺旋输送机

LY/T 1056—1991 林业架空索道设计规范

LY 1129—1993 林用架空索道 型式与基本参数

LY 1130—1993 林用架空索道 导向滑车

LY 1131—1993 林用架空索道 复式滑车

LY 1132—1993 林用架空索道 钢丝绳的选择、检验与报废

LY 1133—1993 林用架空索道 安全规程

LY/T 1134—1993 原木纵向板链输送机 型式与基本参数

LY/T 1135—1993 原木材纵向板链输送机技术条件

LY/T 1136—1993 原木纵向圆环链输送机 型式与基本参数

LY/T 1137—1993 原木纵向圆环链输送机技术条件

LY/T 1169—1995 林用架空索道架设拆转技术规范

LY 1383—1999 林用索道索系

LY/T 1479—1999 原木索式输送机 型式与基本参数

LY/T 1480—1999 原木索式输送机 技术条件

LY/T 1481—1999 原木纵向可拆链输送机 型式与基本参数

LY/T 1482—1999 原木纵向可拆链输送机 技术条件

SY/T 0015.1—1998 原油和天然气输送管道穿跨越工程设计规范 穿越工程

SY/T 0015.2—1998 原油和天然气输送管道穿跨越工程设计规范 跨越工程

SY/T 5037—2000 低压流体输送管道用螺旋缝埋弧焊钢管

SY/T 5038—1992 普通流体输送管道用螺旋缝高频焊钢管

SY/T 5604—2002 电缆输送射孔施工技术规程及质量评定

SY 5737—1995 原油管道输送安全规定

SY/T 5922—1994 天然气输送管道运行管理规范

SY/T 5991—1994 套管、油管及输送钢管螺纹保护器

SY/T 5992—1994 输送钢管静水压爆破试验方法

SY/T 6045—1995 天然气输送企业计量器具配备规范

SY/T 6069—1994 原油管道输送数据采集与监控系统技术规范

SY/T 6412—1999 油管输送射孔工艺规程

SY/T 6469—2000 原油管道加降凝剂输送工艺技术规范

SY/T 6475—2000 石油天然气输送钢管尺寸及单位长度重量

SY/T 6476—2000 输送钢管落锤撕裂试验方法

SY/T 6477—2000 含缺陷油气输送管道剩余强度评价方法 第1部分:体积型缺陷

SY 6506—2000 含硫气田干气输送安全生产管理规定

SY/T 6530—2002 非腐蚀性气体输送用管线管内涂层

SY/T 6567—2003 天然气输送管道系统节能经济运行规范

JT/T 29.13—1993 交通行业工人技术等级标准 港口 皮带输送机操作工

JT/T 89—1994 港口吸粮机气力输送系统基本参数系列

JT/T 323—1997 波状挡边带式输送机技术

条件

JT/T 326—1997 港口带式输送机能源利用检测规程

JT/T 463—2001 港口气垫带式输送机

JC/T 347—1991 箱式给料机

JC/T 347.1—1995 箱式给料机 产品质量分等

JC/T 459.1—1992 水泥工业用环链斗式提升机 型式与基本参数

JC/T 459.2—1992 水泥工业用环链斗式提升机 技术条件

JC/T 460.1—1992 水泥工业用胶带斗式提升机 型式与基本参数

JC/T 460.2—1992 水泥工业用胶带斗式提升机 技术条件

JC/T 820—1988(1996) 水泥工业用空气输送斜槽

JC/T 821—1988(1996) 水泥工业用熟料板链斗式输送机

JG/T 93—1999 滑模液压提升机

JG/T 95—1999 混凝土输送管型式与尺寸

JG/T 5021—1993 气卸散装水泥输送车 卸料管快速接头

JG/T 5033—1993 高空作业吊篮提升机

JG/T 5059.1—1995 气卸散装水泥输送车技术条件

JGJ 88—1992 龙门架及井架物料提升机安全技术规范

SB/T 10081—1992 粮食斗式提升机

SB/T 10082—1992 粮食带式输送机

SB/T 10099—1992 茶叶皮带输送机和斗式提升机型式与主参数

SB/T 10257—1995 刮板输送机

SB/T 10258—1995 水平螺旋输送机

SC/T 6006.1—2001 渔业码头用皮带输送机型式、基本参数与技术要求

SC/T 6006.2—2001 渔业码头用皮带输送机传动滚筒基本参数、尺寸与技术要求

SC/T 6006.3—2001 渔业码头用皮带输送机改向滚筒基本参数、尺寸与技术要求

SC/T 6006.4—2001 渔业码头用皮带输送机平型托辊基本参数、尺寸与技术要求

SC/T 6006.5—2001 渔业码头用皮带输送机滑块式螺旋拉紧装置基本参数、尺寸与技术要求

SC/T 6006.6—2001 渔业码头用皮带输送机挡鱼板基本参数、尺寸

SC/T 6006.7—2001 渔业码头用皮带输送机辅助装置锥形托辊基本参数、尺寸与技术要求

SC/T 6006.8—2001 渔业码头用皮带输送机辅助装置连接板基本参数、尺寸

SC/T 6007—2001 理鱼用带式输送机型式、基本参数与技术要求

YC/T 85.1—1996 烟草机械 振动式输送机 第1部分:型式与基本参数

YC/T 85.2—1996 烟草机械 振动式输送机 第2部分:技术条件

YC/T 86.1—1996 烟草机械 带式输送机 第1部分:型式与基本参数

YC/T 86.2—1996 烟草机械 带式输送机 第2部分:技术条件

YC/T 114—1996 烟草机械 YF23型滤棒气力输送系统

YZ/T 0058—2001 带式输送机安装工程质量检验评定标准

YZ/T 0059—2001 推挂输送机安装工程质量检验评定标准

YB/T 020—1992 定量圆盘给料装置

YD/T 763—1995 邮政推式悬挂输送机

YD/T 890.1—1997 邮政带式输送机——固定式胶带机

TB/T 2881—1998 燃油输送泵试验台技术条件

CB/T 3644—1994 海洋平台输送管路的识别颜色和符号

CB 963—1980 内部输送绞车

SHS 03042—1992 垂直螺旋振动输送机维护检修规程

FZ/T 92047—1995 平焊管法兰(输送钢管用)

QJ 2115—1991 液体战略导弹(火箭)输送系统增压计算方法

Q/CNPC 42—2001 原油输送管道节能经济运

行规范

CECS 98—1998 浆体长距离管道输送工程设计规程

GH/T 1026—2000 气力输送装置的测定

NY/T 368—1999 种子提升机试验鉴定方法

NY/T 646—2002 螺旋输送机质量评价规范

第十节 工业车辆

GB/T 1332—1991 载货汽车定型试验规程

GB/T 2933—1995 充气轮胎用车轮和轮辋的术语、规格代号和标志

GB/T 2977—1997 载重汽车轮胎系列

GB/T 2981—2001 工业车辆充气轮胎技术要求

GB/T 2982—2001 工业车辆充气轮胎规格、尺寸、气压与负荷

GB/T 4095—1995 载货汽车辐板式车轮在轮毂上的安装尺寸

GB/T 4501—1998 载重汽车轮胎耐久性试验方法 转鼓法

GB/T 4606—1984 道路车辆 半挂车鞍座 50 号牵引销主要尺寸和安装,互换性尺寸

GB/T 4607—1984 道路车辆 半挂车鞍座 90 号牵引销主要尺寸和安装,互换性尺寸

GB/T 4781—1984 牵引车与全挂车的机械连接装置互换性

GB/T 5141—1985 平衡重式叉车 稳定性 基本试验

GB/T 5142—1985 前移式和插腿式叉车 稳定性试验

GB/T 5143—2001 乘架式高起升车辆 护顶架技术要求和试验方法

GB/T 5182—1996 叉车 货叉 技术要求和试验

GB/T 5183—1985 叉车货叉的尺寸

GB/T 5184—1996 叉车 挂钩型货叉和货叉架安装尺寸

GB/T 6327—1996 载重汽车轮胎强度试验方法

GB 7258—1997 机动车运行安全技术条件

GB/T 7593—1987 机动工业车辆 控制符号

GB 9744—1997 载重汽车轮胎

GB/T 10082—1996 重型轨道车 技术条件

GB/T 10827—1999 机动工业车辆 安全规范

GB 11798.1—2001 机动车安全检测设备 检定技术条件

GB/T 12939—2002 工业车辆轮辋规格系列

GB 13308—1998 起重滑车 安全要求

GB 13392—1992 道路运输危险货物车辆标志

GB/T 13872—2002 货运挂车产品质量检查试验规程

GB/T 13873—1992 货运挂车试验方法

GB/T 15087—1994 汽车 牵引车与全挂车机械连接装置 强度试验

GB/T 15088—1994 汽车 半挂车牵引座牵引销 强度试验

GB/T 17275—1998 货运全挂车通用技术条件

GB 17907—1999 机械式停车设备 通用安全要求

GB/T 17910—1999 工业车辆 叉车货叉在使用中的检查和修复

GB/T 17938—1999 工业车辆 电动车辆牵引用铅酸蓄电池 优先选用的电压

GB 18320—2001 农用运输车 安全技术要求

GB/T 18321—2000 农用运输车 噪声限值

GB 18322—2000 农用运输车 自由加速烟度限值

GB 18564—2001 汽车运输液体危险货物常压容器(罐体)通用技术条件

GB/T 18566—2001 运输车辆能源利用检测评价方法

GB/T 18849—2002 机动工业车辆制动器性能和零件强度

GB/T 19047—2003 增强型载重汽车轮胎

GB 50067—1997 汽车库、修车库、停车场设计防火规范

JB/T 2390—1984 平衡重式叉车 基本参数

JB/T 3244—1999 前移式叉车 基本参数

JB/T 3299—1999 手动插腿式液压叉车

JB/T 3340—1999 插腿式叉车 基本参数

JB/T 3811.1—1999 固定平台搬运车 基本参数

JB/T 3811.2—1999 固定平台搬运车 技术条件

JB/T 4185—1986 半挂车通用技术条件

JB 5497—1991 窄轨矿车 试验方法和检验规则

JB/T 5498—1991 底卸式矿车

JB/T 6127—1992 电动平车技术条件

JB/T 7015—1993 回转式翻车机

JB/T 7313—1994 起升车辆 基本型式和额定起重量系列

JB/T 7332—1994 手动单轨小车

JB/T 7338—1994 桥式螺旋卸车机

JB/T 8713—1998 机械式停车设备 类别、型式与基本参数

JB/T 8909—1999 简易升降类机械式停车设备

JB/T 8910—1999 升降横移类机械式停车设备

JB/T 9007.1—1999 起重滑车 型式、基本参数和尺寸

JB/T 9007.2—1999 起重滑车 技术条件

JB/T 9012—1999 侧面式叉车

JB/T 9868.1—1999 散装饲料运输车 型式与参数

JB/T 9068.2—1999 散装饲料运输车 技术条件

JB/T 9868.3—1999 散装饲料运输车 试验方法

JB/T 10215—2000 垂直循环类机械式停车设备

JT/T 69.1—1993 汽车运价信息分类及代码——货物运输

JT/T 69.2—1993 汽车运价信息分类及代码——集装箱运输

JT/T 84—1994 港口牵引车基本参数系列

JT/T 85—1994 港口平板车基本参数系列

JT/T 316—1997 货运挂车产品质量分等

JT/T 328—1997 货运半挂车通用技术条件

JT/T 448—2001 汽车悬架装置检测台

JT/T 455—2001 环行线圈车辆检测器

JT/Z 3001—1988 公路养护机械装备

JT 3104—1982 货运挂车系列型谱

JT 3130—1985 汽车危险货物运输规则

JT 3134—1988 汽车零担货运站站级与建设要求

JT 3136.1—1989 全挂车转盘基本参数系列

JT 3136.2—1989 全挂车转盘通用技术条件

JT 3137.1—1989 半挂车牵引座基本系列

JT 3137.2—1989 半挂车牵引座通用技术条件

JT 3140.1—1989 路面机械类组划分

JT 3140.2—1989 路面机械类主参数系列

JT/T 3142—1990 汽车旅客运输班车客运服务质量标准

JT/T 3143—1990 汽车货物运输质量标准

JT/T 3144—1991 汽车运输企业行车安全管理标准

JT 3145—1991 汽车危险货物运输、装卸作业规程

JT 3147—1992 货运挂车侧面防护装置

JT/T 3166—1993 汽车前照灯检测仪

JT 5026—1989 港口牵引车技术条件

JT 5029—1991 港口叉车司机通用安全技术考核标准

QC/T 310—1999 半挂车支承装置

QC/T 24—1992 邮件运输车技术条件

QC/T 651—2000 矿用自卸汽车整车产品质量检验评定方法

MT 215—1990 电动翻车机

MT 216—1990 装罐推车机

TB 3—1974 铁道机车车辆 货车部分(一)

TB/T 2620—1995 叉车货叉的检验和修复

TB 2139—1990 轻型轨道车技术条件

TB/T 2043—1996 货车常用紧固件

TB/T 2116.2—1990 铁路货运作业标准 铁路车站整车货物运输作业

JG/T 5105—1998 机械式停车设备分类

JG/T 134—2000 竖直循环式停车设备

JG 5106—1998 机械式停车场安全规范 总则

CB 963—1980 内部输送绞车

CB/T 3758—1995 起货吊钩滑车

CB/T 3759—1995 钢索滑车

LD/T 2—1993(19DY) 汽车运输劳动定员标准

HB 4443—1990 气瓶运输车

GJB 3648—1999 履带式多用工程车设计定型试验规程

QC/T 459—1999 随车起重运输汽车技术条件

DBJ 08—60—1997 机械式停车库设计规定

第十一节 升降台

JB/T 9229.1—1999 剪叉式升降台 型式和基本参数

JB/T 9229.2—1999 剪叉式升降台 技术条件

JB/T 9229.3—1999 剪叉式升降台 试验方法

JB 5320—2000 剪叉式升降台 安全规程

JJ 46—1986 液压装修升降台

CB 3013—1977 船用升降机

HB 3142—1987 升降机构

第十二节 电梯

GB/T 7025.1—1997 电梯主参数及轿厢、井道、机房的型式与尺寸 第1部分:Ⅰ、Ⅱ、Ⅲ类电梯

GB/T 7025.2—1997 电梯主参数及轿厢、井道、机房的型式与尺寸 第2部分:Ⅳ类电梯

GB/T 7025.3—1997 电梯主参数及轿厢、井道、机房的型式与尺寸 第3部分:Ⅴ类电梯

GB 7588—1995 电梯制造与安装安全规范

GB/T 10058—1997 电梯技术条件

GB/T 10059—1997 电梯试验方法

GB 10060—1993 电梯安装验收规范

GB/T 13435—1992 电梯曳引机

GB/T 18775—2002 电梯维修规范

JJ 45—1986 电梯、液压梯产品型号编制方法

第十三节 流体传动系统

GB/T 13561.2—1992 港口连续装卸设备安全规程——气力卸船机

GB 17957—2000 气动工具一般安全要求

JB/T 8884—1999 气动元件 产品型号编制方法

YC/T 114—1996 烟草机械 YF23型滤棒气力输送系统

GH/T 1026—2000 气力输送装置的测定

第十四节 包装

GB/T 3797—1989 电控设备 第二部分:装有电子器件的电控设备

JB 4263—1986 交流传动矿井提升机 电控设备技术条件

GB 190—1990 危险货物包装标志

GB 191—2000 包装储运图示标志

GB/T 4857.22—1998 包装 运输包装件 单元货物稳定性试验方法

GB/T 5398—1999 大型运输包装件试验方法

GB/T 5606.2—1996 卷烟、包装、标志与贮运

GB/T 6388—1986 运输包装收发货标志

GB/T 9174—1988 一般货物运输包装通用技术条件

GB/T 10819—1989 运输包装用木制底盘

GB/T 12123—1989 中华人民共和国国家标准销售包装设计程序

GB/T 12339—1990 防护用内包装材料

GB 12463—1990 危险货物运输包装 通用技术条件

GB/T 13201—1997 圆柱体运输包装尺寸系列

GB/T 13385—1992 包装图样要求

GB/T 13757—1992 袋类运输包装尺寸系列

GB/T 14013—1992 移动通信设备 运输包装

GB/T 14187—1993 包装容器 纸桶

GB/T 15172—1994 运输包装件抽样检验

GB/T 15233—1994 包装 单元货物尺寸

GB/T 15545—1995 不定形耐火材料包装、标志、运输和储存

GB/T 15554—1995 丝织物包装和标志

GB/T 16470—1996 托盘包装 查看

GB/T 16471—1996 运输包装件尺寸界限 查看

GB/T 16472—1996 货物类型、包装类型和包装材料类型代码

GB/T 17306—1998 包装标准 消费者的需求

GB 18191—2000 包装容器 危险品包装用塑料桶

GB 18455—2001 包装回收标志

GB/T 18923—2002 运输包装件质量界限

JB/T 2647—1995 带式输送机包装技术条件

JB/T 5000.13—1998 重型机械通用技术条件 包装

JB/T 5947—1991 工程机械 包装通用技术条件

JB 7233—1994 包装机械安全要求

GJB 2711—1996 军用运输包装件试验方法

GJB 2683—1996 影响运输性、包装和装卸设备设计的产品特性

GJB 2353—1995 设备和零件的包装程序

HB 5870—1985 航空辅机产品运输包装通用技术条件

HB 5871.1—1985 航空辅机产品运输包装件试验方法 通则

HB 5871.2—1985 航空辅机产品运输包装件试验方法 吊摆试验

HB 5871.3—1985 航空辅机产品运输包装件试验方法 公路运输试验

HB 5871.4—1985 航空辅机产品运输包装件试验方法 自由跌落试验

HB 5871.5—1985 航空辅机产品运输包装件试验方法 堆垛试验

HB 5871.6—1985 航空辅机产品运输包装件试验方法 压力试验

HB 5871.7—1985 航空辅机产品运输包装件试验方法 喷水试验

HB 5872—1985 航空辅机产品运输包装设计

TB/T 2336—1993 铁路行李、包裹运输包装技术条件

TB/T 2337—1993 铁路行李、包裹运输包装标志

TB/T 2617—1994 铁路零担货物运输包装管理办法

TB/T 2974—2000 国际铁路联运出口货物运输包装质量要求

QB 1123—1991 纸/塑不织布复合包装袋

QJ 326—1978 紧固零件 紧固件包装、标志与保管

JT/T 385—1999 水路、公路运输货物包装基本要求

QJ 629—1981 机械产品包装箱 木盒

QJ 630—1981 机械产品包装箱 抽式木箱

QJ 631—1981 机械产品包装箱 提式木箱

QJ 632—1981 机械产品包装箱 轻便木箱

QJ 633—1981 机械产品包装箱 存式木箱

QJ 634—1981 机械产品包装箱 中型木箱

QJ 635—1981 机械产品包装箱 重型木箱

QJ 636—1981 机械产品包装箱 笼式木箱

QJ 637—1981 机械产品包装箱 条形木箱

QJ 638—1981 机械产品包装箱技术条件

QJ 2847—1996 机械产品木制包装箱规范

SN/T 0183—1993 出口商品运输包装提把式集装袋检验规程

SN/T 0262—1993 出口商品运输包装 瓦楞纸箱检验规程

SN/T 0263—1993 出口商品运输包装 聚苯乙烯泡沫箱检验规程

SN/T 0264—1993 出口商品运输包装 柔性集装袋检验规程

SN/T 0265—1993 出口商品运输包装 闭口钢桶检验规程

SN/T 0266—1993 出口商品运输包装 钙塑瓦楞箱检验规程

SN/T 0267—1993 出口商品运输包装麻袋检验规程

SN/T 0268—1993 出口商品运输包装 纸塑复合袋检验规程

SN/T 0269—1993 出口商品运输包装 钢塑复合桶检验规程

SN/T 0270—1993 出口商品运输包装 纸板桶检验规程

SN/T 0271—1993 出口商品运输包装 塑料容器检验规程

SN/T 0272—1993 出口商品运输包装 开口钢桶检验规程

SN/T 0274—1993 出口商品运输包装 塑料编织袋检验规程

SN/T 0275—1993 出口商品运输包装 复合塑料编织袋检验规程

SN 0324—1994 海运出口危险货物小型气体容器包装检验规程

SN/T 0370—1995 空运出口危险货物包装检验规程 总则

SN/T 0371—1995 空运出口危险货物包装检验规程 性能检验

SN/T 0372—1995 空运出口危险货物包装检验规程 使用鉴定

SN 0449.3—1995 海运出口危险货物包装检验规程 使用鉴定

SN/T 0503—1995 出口商品运输包装竹胶合板箱检验规程

SN/T 0510—1995 进出口定重包装商品重量的抽样检查和均值估计方法

SN/T 0805.1—1999 铁路运输出口危险货物包装检验规程 总则

SN/T 0805.2—1999 铁路出口危险货物包装检验规程 性能检验

SN/T 0805.3—1999 铁路运输出口危险货物包装检验规程 使用鉴定

SN/T 0806—1999 出口商品运输包装 蜂窝纸板托盘包装检验规程

SN/T 0987.1—2001 出口危险货物中型散装货物包装容器检验规程 总则

SN/T 0987.5—2001 出口危险货物中型散装货物包装容器性能检验规程 木质中型散货箱

SN/T 0987.7—2001 出口危险货物中型散装货物包装容器性能检验规程 纤维板中型散货箱

SN/T 0987.6—2001 出口危险货物中型散装货物包装容器性能检验规程 柔性中型散货箱

SN/T 0987.3—2001 出口危险货物中型散装货物包装容器 性能检验规程 复合中型散货箱

SN/T 0987.2—2001 出口危险货物中型散装货物包装容器检验规程 使用鉴定

SN/T 0987.8—2001 出口危险货物中型散装货物包装容器性能检验规程 金属中型散货箱

SN/T 0994—2001 出口固定式水泥包装机检验规程

SN/T 1025—2001 出口商品运输包装瓦楞纸箱用纸检验规程

YC/T 21—1994 烟草种子包装 查看

YC/T 23—1994 卷烟包装设计基本原则

MT/T 150—1997 刮板输送机和转载机包装通用技术条件

HG/T 3171—1999 杠杆式固体物料包装机技术条件

HG/T 3171—1989 杠杆式固体物料包装机技术条件

QJ 2248—1992 地面设备产品包装运输通用规范

YB/T 0083—1996 冶金标准品的包装、运输及储存

YB/T 025—2002 包装用钢带

HJBZ 12—2000 包装制品

SJ/T 10466.12—1993 搬运、贮存、包装、交付质量控制指南

SB/T 0987.4—2001 出口危险货物中型散装货物包装容器性能检验规程 刚性塑料中型散货箱

第十五节 港口装卸

GB 11602—1989 集装箱港口装卸作业安全规程

GB/T 12918—1991 油船排油监控系统技术条件

GB 14735—1993 港口装卸用吊钩使用技术条件

GB 14736—1993 港口装卸用吊环使用技术条件

GB 14737—1993 港口装卸用链式吊索使用技术条件

GB 14738—1993 港口装卸用钢丝绳吊索使用技术条件

GB 14739—1993 港口装卸用纤维绳吊索使用技术条件

GB 18434—2001 油船油码头安全作业规程

JT/T 3—1993 港口机械减速器专用油脂 特0号润滑脂技术条件

JT/T 7—1994 船舶液货舱容积测量与计算

JT/T 8—1994 港口码头泊位代码

JT 0015—1986 港口装卸机械分类代码

JT 0019—1988 运输货物分类和代码

JT/T 24—2002 中国港口代码

JT/T 27.2—1993 交通行业工人技术等级标准 公路运输与公路养护 超重型汽车列车驾驶员

JT/T 27.3—1993 交通行业工人技术等级标准 公路运输与公路养护 超重型汽车列车挂车工

JT/T 27.4—1993 交通行业工人技术等级标准 公路运输与公路养护 公路运输起重工

JT/T 27.9—1993 交通行业工人技术等级标准 公路运输与公路养护 汽车客运危险品检查员

JT/T 27.12—1993 交通行业工人技术等级标准 公路运输与公路养护 汽车客运行包装卸工

JT/T 27.13—1993 交通行业工人技术等级标准 公路运输与公路养护 汽车货运站场调度员

JT/T 27.14—1993 交通行业工人技术等级标准 公路运输与公路养护 汽车货运站务员

JT/T 27.15—1993 交通行业工人技术等级标准 公路运输与公路养护 公路货运装卸工

JT/T 27.17—1993 交通行业工人技术等级标准 公路运输与公路养护 汽车货运库工

JT/T 27.40—1993 交通行业工人技术等级标准 公路运输与公路养护 汽车检测工

JT/T 27.49—1993 交通行业工人技术等级标准 公路运输与公路养护 公路监控设备操作工

JT/T 29.1—1993 交通行业工人技术等级标准 港口 内燃装卸机械司机

JT/T 29.2—1993 交通行业工人技术等级标准 港口 电动装卸机械司机

JT/T 29.3—1993 交通行业工人技术等级标准 港口 内燃装卸机械修理工

JT/T 29.4—1993 交通行业工人技术等级标准 港口 电动装卸机械修理工

JT/T 29.5—1993 交通行业工人技术等级标准 港口 装卸机械电器修理工

JT/T 29.8—1993 交通行业工人技术等级标准 港口 港口装卸工

JT/T 29.9—1993 交通行业工人技术等级标准 港口 港口理货员

JT/T 29.12—1993 交通行业工人技术等级标准 港口 流体装卸操作工

JT/T 33.22—1993 交通行业工人技术等级标准 公路工程与航务工程 吊车(机)操作工

JT/T 0037.1—1993 海上交通事故统计信息分类与代码 总则

JT/T 0037.2—1993 海上交通事故统计信息分类与代码 事故级别

JT/T 0037.3—1993 海上交通事故统计信息分类与代码 事故分类

JT/T 0037.4—1993 海上交通事故统计信息分类与代码 事故原因

JT/T 0037.5—1993 海上交通事故统计信息分类与代码 气象海况

JT/T 69.1—1993 汽车运价信息分类及代码——货物运输

JT/T 69.2—1993 汽车运价信息分类及代码——集装箱运输

JT/T 69.3—1997 汽车运价信息分类及代码 货运站收费

JT/T 69.4—1997 汽车运价信息分类及代码 客运站收费

JT/T 84—1994 港口牵引车基本参数系列

JT/T 86—1994 港口装卸机械基本参数名称、含义及符号

JT/T 87—1994 港口装卸机械常用零部件图形符号

JT/T 88—1994 港口装卸机械名称、代号及型号

JT/T 92—1994 港口牵引车牵引试验方法

JT/T 148—1994 汽车运价信息分类及代码——旅客运输

JT/T 155—1994 汽车举升机技术条件

JT/T 219—1996 船用通信、导航设备安装、使用、维护、修理技术要求 全球定位系统(GPS) 接收机

JT/T 233—1995 港口装卸用带式吊索使用技术条件

JT/T 234—1995 半剪式散货抓斗技术条件

JT/T 235—1995 异步启闭式多颚板废钢、块料双索抓斗技术条件

JT/T 236—1995 单索木材抓斗技术条件

JT/T 241.1—1995 海洋航区代码 海洋航区名称代码

JT/T 241.2—1995 海洋航区代码 海船航区分级代码

JT/T 244—1995 无动力自动转锁集装箱吊具

JT 245—1995 港口钢材装卸作业安全技术要求

JT/T 246—1995 快卸式起重连接环

JT/T 248—1995 港口供电技术规范

JT/T 275—1995 液态沥青运输车

JT/T 330—1997 港口件杂货物装卸作业安全技术要求

JT/T 331.4—1996 港口码头劳动定员标准 集装箱码头

JT/T 331.5—1996 港口码头劳动定员标准 散货码头

JT/T 331.6—1996 港口码头劳动定员标准 油码头

JT/T 331.7—1996 港口码头劳动定员标准 客运码头

JT/T 372—1998 港口装卸机械电气设备安装规范

JT/T 373—1998 斗轮式堆取料机修理技术规范

JT/T 385—1999 水路、公路运输货物包装基本要求

JT/T 386—1999 汽油车排放气体测试仪技术条件

JT/T 389—1999 厢式挂车技术条件

JT 399—1999 港口大型装卸机械防风安全要求

JT/T 403—1999 港口散货抓斗基本类型及参数系列

JT/T 414—2000 道路运政管理信息系统 信息结构体系

JT/T 415—2000 道路运政管理信息系统 编目编码规则

JT/T 430—2000 港口收费信息分类与代码

JT/T 451—2001 港口溢油应急设备配备要求

JT/T 467—2002 船舶甲板机械 系缆绞盘

JT 2012—1988 港口装卸区域照明照度及其测量方法

JT 2019—1991 油船作业安全技术要求

JT 2023—1992 港口作业救生衣

JT/T 2028—1993 港口重大件装卸作业技术要求

JT 4108—1979 电动甲板机械技术要求

JT 4109—1979 电动绞缆机和甲板机械用减速箱技术要求

JT/T 4540.1—1992 长江中、下游推船船型系列 882 kW 推船

JT/T 4540.2—1992 长江中下游推船船型系列 588 kW 推船

JT/T 4540.3—1992 长江中下游推船船型系列 400 kW 推船

JT/T 4540.4—1992 长江中下游推船船型系列 277 kW(A型)推船

JT/T 4540.5—1992 长江中下游推船船型系列 272 kW(B型)推船

JT/T 4540.6—1992 长江中下游推船船型系列 220 kW 推船

JT/T 4540.7—1992 长江中下游推船船型系列 200 kW 推船

JT/T 4540—1992 长江中下游推船船型系列

JT 5014.4—1983 港口装卸机械液压液力元件修理技术要求

JT 5020—1986 港口装卸机械司机室

JT 5021—1986 港口起重机轨道式行走台车基本参数及组合系列

JT 5022—1986 港口轨道安装技术条件

JT 5024—1989 港口起重机金属结构静载及动载试验方法

JT 5025—1989 环眼吊钩

JT 5027—1989 港口起重机用钢丝绳使用技

术条件

JT 5026—1989 港口牵引车技术条件

JT 5028—1990 轧制滑轮

JT 5029—1991 港口叉车司机通用安全技术考核标准

JT/T 5030.1—1991 港口机械圆柱齿轮减速器产品分类

JT/T 5030.2—1991 港口机械圆柱齿轮减速器A系列技术条件

JT/T 5031—1991 长撑杆双颚抓斗参数系列

JT 5032—1992 港口用钢丝绳铝合金压制接头

JT/T 5035—1993 港口货物堆垛技术要求

JT/T 5036.1—1993 内河港口固定起重机、台架起重机基本参数系列

JT/T 5036.2—1993 内河港口固定起重机、台架起重机技术条件

第十六节 环 保

GB 15577—1995 粉尘防爆安全规程

GB 16297—1996 大气污染物综合排放标准

GB 16710.1—1996 工程机械 噪声限值

GB/T 16710.2—1996 工程机械 定置试验条件下机外辐射噪声的测定

GB/T 16710.3—1996 工程机械 定置试验条件下司机位置处噪声的测定

GB/T 16710.4—1996 工程机械 动态试验条件下机外辐射噪声的测定

GB/T 16710.5—1996 工程机械 动态试验条件下司机位置处噪声的测定

GB 17918—1999 港口散粮装卸系统粉尘防爆安全规程

GB/T 17919—1999 粉尘爆炸危险场所用收尘器防爆导则

GB 18599—2001 一般工业固体废物贮存、处置场污染控制标准

JT 2006—1984 港口装卸作业煤粉尘浓度控制标准

JT/T 2014—1990 港口粉尘浓度测定方法

JT/T 2015—1990 港口煤炭作业除尘用水水质标准

HCRJ 039—1999 工业粉尘湿式除尘装置认定技术条件

LD 84—1995 生产性粉尘作业危害程度分级检测规程

LD/T 98—1996 空气中粉尘浓度光散射式测定法

TB 1860—1991 铁道产品安全卫生环保标准编写的基本规定

TB/T 2305—1992 铁路安全卫生环保管理标准编写的基本规定

第三章 国外物流标准

第一节 ISO 物流标准

一、托 盘

ISO 445:1996 Ed.2 TC 51

搬运货物用平托盘 术语(两种语言版)

Pallets for materials handling-Vocabulary(Bilingual edition)

ISO 6780:1998 Ed.1 TC 51

通用联运平托盘 主要尺寸和公差

General-purpose flat pallets for through transit of goods-Principal dimensions and tolerances

修改 1:1994

AMD 1:1994

ISO 8611:1991 Ed.2 TC 51

通用联运平托盘 试验方法

General-purpose flat pallets for through transit of goods-Test methods

技术勘误:1:1991

Cor.1:1991

ISO/TR 10232:1989 Ed.1 TC 51
通用联运平托盘　额定值和最大工作载荷
General-purpose flat pallets for through transit of goods-Design rating and maximum working load
技术勘误　1:1992
Cor　1:1992

ISO/TR 10233:1989 Ed.1 TC 51
通用联运平托盘　性能要求
General-purpose flat pallets for through transit of goods-Perfor-mance requirements

ISO/TR 11444:1995 Ed.1 TC 51
锯木结构的托盘质量要求
Quality of sawn woods used for the construction of pallets

ISO/TR 12776:1995 Ed.1 TC 51
托盘　滑板式托盘
Pallets-Slip sheets

ISO 12777—1:1994 Ed.1 TC 51
托盘连接件的试验方法　第1部分:托盘用钉子、其他榫钉型紧固件和U形钉的抗弯试验

ISO 4170:1995 Ed.3 TC 20/SC 9
航空货运设备　联运托盘网
Air cargo equipment-Interline pallet nets

ISO 4171:1993 Ed.2 TC 20/SC 9
航空货运设备　联运托盘
Air cargo equipment-Interline pallets

ISO 4115:1997 Ed.3 TC 20/SC 9
航空货运设备　空中/地面用托盘网
Air cargo equipment-Air/land pallet nets

ISO 4117:1993 Ed.2 TC 20/SC 9
空运和空运/地面运输用托盘　规范和试验
Air and air/land cargo pallets-Specification and testing

二、集 装 箱

ISO 668:1995 Ed.5 TC 104
系列1集装箱　分类、尺寸和额定值
Series 1 freight containers-Classification, dimentsions and trtiongs

ISO 830:1999 Ed.2 TC 104
集装箱　词汇(两种语言版)
Freight containers-Vocabulary(Bilingual edition)

ISO 1161:1984 Ed.1 TC 104
系列1集装箱　角件　技术要求
Series 1 freight containers-Corner fittings-Specification
技术勘误　1:1990
Cor　1:1990

ISO 1496—1:1990 Ed.5 TC 104/SC 1
系列1集装箱　技术要求与试验　第1部分:一般用途通用货物集装箱
Series 1 freight containers-Specification and testing-Part 1:General cargo containers for general purposes
修改　1:1993
AMD　1:1993
修改　2:1998
AMD　2:1998

ISO 1496—2:1996 Ed.4 TC 104/SC 2
系列1集装箱　技术要求与试验　第2部分:保温集装箱
Series 1 freight containers-Specification and testing-Part 2:Thermal containers
技术勘误　1:1997
Cor　1:1997

ISO 10368:1992 Ed.1 TC 104
保温集装箱工况的遥测
Freight thermal containers-Remote condition monitoring

ISO 10374:1991 Ed.1 TC 104/SC 4

集装箱 自动识别

Freight containers-Automatic identification

修改 1:1995

AMD 1:1995

ISO/TR 15069:1997 Ed.1 TC 104/SC 1

系列1集装箱 装卸与加固 ISO 3874 附录A的基本原理

Series 1 freight containers-Handling and securing-Rationale for ISO 3874 Annex A

ISO/TR 15070:1996 Ed.1 TC 104/SC 1

系列1集装箱 结构检验标准的基本原理

Series 1 freight containers-Rationale for structural test criteria

ISO 1496—3:1995 Ed.4 TC 104/SC 2

系列1集装箱 技术要求与试验 第3部分:液体、气压及加压干散货用罐式集装箱

Series 1 freight containers-Specification and testing-Part 3: Tank containers for liquids, gases and pressurized dry bulk

ISO 1496—4:1991 Ed.1 TC 104/SC 2

系列1集装箱 技术要求与试验 第4部分:无压干散货集装箱

Series 1 treight containers-Specification and testing-Part 4: Non-pressurized containers for dry bulk

修改 1:1994

AMD 1:1994

ISO 1496—5:1991 Ed.2 TC 104/SC 1

系列1集装箱 技术要求与试验 第5部分:平台式和台架式集装箱

Series 1 freight containers-Specification and testing-Part 5: Planform and platform-based containers

修改 1:1993

AMD 1:1993

修改 2:1994

AMD 2:1994

ISO 3874:1997 Ed.5 TC 104/SC 1

系列1集装箱 装卸与加固

Series 1 freight containers-Handling and securing

修改 1:2000

AMD 1:2000

ISO 6517:1992 Ed.2 TC 20/SC

航空货运设备 大型飞机底舱专用并经合格审定的基座定的集装箱

Air cargo equipment-Base-restrained certified containers ex sively for the lower deck of high-capacity aircraft

ISO 8058:1999 Ed.2 TC 20/SC

航空货运 隔热集装箱 热效率要求

Air cargo-Insulated container-Thermal efficiency requiremen

ISO 8097:1995 Ed. 3 TC 20/SC

航空器 需审定的航空货运集装单元装置的最低适航性求和试验条件

Aircraft-Minimum airworthiness requirements and test conditi for certified air cargo unit load devices

ISO 9469:1991 Ed.1 TC 20/SC

航空货运设备 运输马匹用集装单元

Air cargo equipment-Unit load devices for transportation of hot

ISO 10327:1995 Ed.1 TC 20/SC

航空器 航空货运用合格的航空集装箱 规范和试验

Air craft-Cerified aircraft container for air cargo-Specificat and testing

ISO 11242:1996 Ed.1 TC 20/SC 9

航空器 货运集装箱压力均衡要求

Aircraft-Pressure equalization requirements for cargo containers

ISO 8323:1985 Ed.1 TC 20/SC 9

集装箱　空/陆/水(联运)通用集装箱　技术要求与试验

Freight containers-Air/surface(intermodal) general purpose containers-Specification and tests

ISO 9669:1990　Ed.1　TC 104/SC 2

系列 1 集装箱　罐式集装箱接口

Series 1 freight containers-Interface connections for tank containers

修改　1:1992

AMD　1:1992

ISO 4118:1996　Ed.2　TC 20/SC 9

航空运输用的非适航审定的底舱集箱　规范和试验

Non-certified lower-deck containers for air transport-Specification and testing

技术勘误　1:1999

Cor　1:1999

ISO 4128:1985　Ed.1　TC 20/SC 9

航空器　按空运标准型式制造的集装箱

Aircraft-Air mode modular containers

ISO 9711—1:1990　Ed.1　TC 104/SC 4

集装箱　与船载集装箱有关的信息　第 1 部分:箱位坐标

Freight containers-Information related to containers on board vessels-Part 1:Bay plan system

ISO 9711—2:1990　Ed.1　TC 104/SC 4

集装箱　与船载集装箱有关的信息　第 2 部分:电报数据传输

Freight containers-Information related to containers on board vessels-Part 2:Telex data transmission

ISO 9897:1997　Ed.1　TC 104/SC 4

集装箱　集装箱设备的数据交换(CECEX):一般通讯代码

Freight containers-Container equipment data exchange (CEDEX)-Ceneral communication codes

ISO 6346:1995　Ed.3　TC 104/SC 4

集装箱　代码、识别和标记

Freight containers-Coding, identification and marking

ISO 8456:1985　Ed.1　TC 101

散状物料用贮存设备　安全规则

Storage equipment for loose bulk materials-Safety code

三、起 重 机

ISO 2374:1983　Ed.1　TC 96/SC 2

起重机械　基本型的最大起重量范围

Lifting appliances-Range of maximum capacities for basic models

ISO 4301—1:1986　Ed.2　TC 96

起重机和起重机械　分级　第 1 部分:总则

Cranes and lifting appliances-Classification-Part 1:General

ISO 7363:1986　Ed.1　TC 96

起重机和起重机械　技术性能和验收文件

Cranes and lifting appliances-Technical characteristics and acceptance documents

ISO 7752—1:1983　Ed.1　TC 96

起重机械　控制装置　布置形式和特性　第 1 部分:一般原则

Lifting appliances-Controls-Layout and characteristics-Part 1:General principles

ISO 4301—2:1985　Ed.1　TC 96/SC 6

起重机械　分级　第 2 部分:流动式起重机

Lifting appliances-Classification-Part 2:Mobile cranes

ISO 4301—3:1993　Ed.1　TC 96/SC 7

起重机　分级　第 3 部分:塔式起重机

Crances-Classification-part 3:Tower crane

ISO 4301—4:1989　Ed.1　TC 96/SC 8

起重机和相关设备　分级　第 4 部分:臂架式起重

机

Cranes and related equipment-Classification-Part 4: Jib cranes

ISO 4301—5:1991　Ed.1　TC 96/SC 9

起重机　分级　第5部分:桥式和门式起重机

Cranes-Classification-Part 5: Overhead travelling and portal bridge cranes

ISO 4302:1981　Ed.1　TC 96

起重机　风载荷估算

Cranes-Wind load assessment

ISO 4304:1987　Ed.1　TC 96

除流动式和浮式起重机以外的起重机　稳定性一般要求

Cranes other than mobile and floating cranes-General requirements for stability

ISO 4305:1991　Ed.2　TC 96

流动式起重机　稳定性的确定

Mobile cranes-Determination of stability

ISO 4306—1:1990　Ed.3　TC 96/SC 2

起重机　词汇　第1部分:总则(三种语言版)

Cranes-Vocabulary-Part 1: General(Trlingual edition)

ISO 4306—2:1994　Ed.3　TC 96/SC 6

起重机　词汇　第2部分:流动式起重机(三种语言版)

Cranes-Vocabulary-Part 2: Mobile cranes (Trilingual ediuon)

ISO 4306—3:1991　Ed.2　TC 96/SC 7

起重机　词汇　第3部分:塔式起重机(三种语言版)

Granes-Vocabulary-Part 3: Tower cranes (Trilingual edition)

ISO 4310:1981　Ed.1　TC 96

起重机　试验规范和程序

Cranes-Test code and procedures

ISO 7296—1:1991　Ed.1　TC 96/SC 2

起重机　图形符号　第1部分:总则

Cranes-Graphic symbols-Part 1: General

ISO 7296—2:1996　Ed.1　TC 96/SC 6

起重机　图形符号　第2部分:流动式起重机

Cranes-Graphical symbols-Part 2: Mobile cranes

ISO 7752—2:1985　Ed.1　TC 96/SC 6

起重机械　控制装置　布置形式和特性　第2部分:流动式起重机的基本布置和要求

Lifting appliances-Controls-Layout and characteristics-Part 2: Basic arrangement and requirements for mobile cranes

补充　1:1986

ADD　1:1986

ISO 7752—3:1993　Ed.1　TC 96/SC

起重机　控制装置　布置形式和特性　第3部分:塔式起重机

Cranes-Controls-Layout and characteristics-Part 3: Tow cranes

ISO 7752—4:1989　Ed.1　TC 96/SC

起重机　控制装置　布置形式和特性　第4部分:臂架:起重机

Cranes-Controls-Layout and characteristics-Part 4: Jib cran

ISO 7752—5:1985　Ed.1　TC 96/SC

起重机械　控制装置　布置形式和特性　第5部分:桥式和门式起重机

Lifting appliances-Controls-Layout and characteristics-Part Overhead traveling cranes and portal bridge cranes

ISO 8087:1985　Ed.1　TC 96/SC

流动式起重机　卷筒和滑轮尺寸

Mobile cranes-Drum and sheave sizes

ISO 8306:1985　　Ed.1　TC 96/SC
起重机　桥式和门式起重机　起重机轨道的公差
Cranes-Overhead travelling cranes and portal bridge cranes erances for cranes and tracks

ISO 8566—1:1992　　Ed.1　TC 96/SC 9
起重机　司机室　第1部分:总则
Cranes-Cabins-Pan 1:General

ISO 8566—2:1995　　Ed.1　TC 96/SC 6
起重机　司机室　第2部分:流动式起重机
Cranes-Cabins-Part 2:Mobile cranes

ISO 8566—3:1992　　Ed.1　TC 96/SC 7
起重机　司机室　第3部分:塔式起重机
Cranes-Cabins-Part 3:Tower cranes

ISO 8566—4:1998　　Ed.1　TC 96/SC 8
起重机　司机室　第4部分:臂架式起重机
Cranes-Cabins-Pan 4:Jib cranes

ISO 8566—5:1992　　Ed.1　TC 96/SC 9
起重机　司机室　第5部分:桥式和门式起重机
Cranes-Cabins-Part 5: Overhead travelling and portal bridge cranes

ISO 8686—1:1989　　Ed.1　TC 96
起重机　载荷和载荷组合的设计原则　第1部分:总则
Cranes-Design principles for loads and load combinations-Part 1:General

ISO 8686—3:1988　　Ed.1　TC 96/SC 7
起重机　载荷和载荷组合的设计原则　第3部分:塔式起重机
Cranes-Design principles for loads and load combinations-Part 3:Tower cranes

ISO 8686—5:1992　　Ed.1　TC 96/SC 9
起重机　载荷和载荷组合的设计原则　第5部分:桥式和门式起重机
Cranes-Design principles for loads and load combinations-Part 5: Overhead travelling and portal bridge cranes

ISO 9373:1989　　Ed.1　TC 96/SC 4
起重机和相关设备　试验中参数测量的精度要求
Cranes and related equipment-Accuracy requirements for easuring parameters during testing

ISO 9374—1:1989　　Ed.1　TC 96/SC 8
起重机　应提供的资料　第1部分:总则
Cranes-Information to be provided-Part 1:General

ISO 9374—4:1989　　Ed.1　TC 96/SC 8
起重机　应提供的资料　第4部分:臂架式起重机
Cranes-Information to be provided-Part 4:Jib cranes

ISO 9374—5:1991　　Ed.1　TC 96/SC 9
起重机　应提供的资料　第5部分:桥式和门式起重机
Cranes-Information to be provided-Part 5: Overhead travelling cranes and portal bridge cranes

ISO 9926—1:1990　　Ed.1　TC 96/SC 5
起重机　司机培训　第1部分:总则
Cranes-Training of drivers-Part 1:General

ISO 9927—1:1994　　Ed.1　TC 96/SC 5
起重机　检查　第1部分:总则
Cranes-Inspections-Part 1:General

ISO 9928—1:1990　　Ed.1　TC 96/SC 5
起重机　起重机操作手册　第1部分:总则
Cranes-Crane driving manual-Part 1:General

ISO 9942—1:1994　　Ed.1　TC 96/SC 5
起重机　信息标牌　第1部分:总则

Cranes-Information labels-Part 1:General

ISO 9942—3:1999　Ed.1　TC 96/SC 7
起重机　信息标牌　第3部分:塔式起重机
Cranes-Information labels-Part 3:Tower cranes

ISO 10245—1:1994　Ed.1　TC 96/SC 8
起重机　限制器和指示器　第1部分:总则
Cranes-Limiting and indicating devices-Part 1:General

ISO 10245—2:1994　Ed.1　TC 96/SC 6
起重机　限制器和指示器　第2部分:汽车起重机
Cranes-Limiting and indicating devices-Part 2: Mobile cranes

ISO 10245—3:1999　Ed.1　TC 96/SC 7
起重机　限制器和指示器　第3部分:塔式起重机
Cranes-Limiting and indicating devices-Part 3: Tower cranes

ISO 10245—5:1995　Ed.1　TC 96/SC 9
起重机　限制器和指示器　第5部分:桥式和门式起重机
Cranes-Limiting and indicating devices-Part 5: Overhead travelling and portal bridge cranes

ISO 10972—1:1998　Ed.1　TC 96/SC 9
起重机　机构要求　第2部分:总则
Cranes-Requirements for mechanisms-Part 1:General

ISO 10973:1995　Ed.1　TC 96/SC 5
起重机　备件手册
Cranes-Spare Parts manual

ISO 11630:1997　Ed.1　TC 96/SC 4
起重机　车轮位置的测量
Cranes-Measurement of wheel alignment

ISO 11660—1:1999　Ed.1　TC 96/SC 7
起重机　走道、扶手和护栏　第1部分:总则
Cranes-Access,guards and restraints-Part 1:General

ISO 11660—2:1994　Ed.1　TC 96/SC 6
起重机　走道、扶手和护栏　第2部分:流动式起重机
Cranes-Access, guards and restraints-Part 2: Mobile cranes

ISO 11660—3:1999　Ed.1　TC 96/SC 7
起重机　走道、扶手和护栏　第3部分:塔式起重机
Cranes-Access, guards and restraints-Part 3: Tower cranes

ISO 11661:1998　Ed.1　TC 96/SC 7
流动式起重机　额定起重能力曲线
Mobile cranes-Presetation of rated capacity charts

ISO 11662—1:1995　Ed.1　TC 96/SC 6
流动式起重机　起重机性能参数测定　第1部分:卸载和工作半径
Mobile cranes-Experimental determination of crane performance-Part 1:Tipping loads and radii

ISO 11994:1997　Ed.1　TC 96/SC 2
起重机　可用性　词汇(三种语言版)
Crancs-Availability-Vocabulary(Trilingual edition)

ISO 12210—1:1998　Ed.1　TC 96/SC 8
起重机　工作和非工作状态下的锚定装置　第1部分:总则
Cranes-Anchoring devices for in-service and out-of-service condi-tions-Part 1:General

ISO 12210—4:1998　Ed.1　TC 96/SC 8
起重机　工作和非工作状态下的锚定装置　第4部分;臂架式起重机
Cranes-Anchoring devices for in-service and out-of-service conditions-Part 4:Jib cranes
技术勘误 1:2000
Cor 1:2000

ISO 12478—1:1997 Ed.1 TC 96/SC 5
起重机　维护手册　第1部分:总则
Cranec-Maintenance manual-Part 1:General

ISO 12480—1:1997 Ed.1 TC 96/SC 5
起重机　安全使用　第1部分:总则
Granes-Safe use-Part 1:General

ISO 12482—1:1995 Ed.1 TC 96/SC 5
起重机　状态监控　第1部分:总则
Cranes-Condition monitoring-Part 1:General

ISO 12485:1998 Ed.1 TC 96/SC 7
塔式起重机　稳定性要求
Tower cranes-Stability requirements

ISO 13200:1995 Ed.1 TC 96/SC 6
起重机　安全标志和危险图示　总则
Cranes-Safety signs and hazard pictorials-Ceneral pnin-ciples

ISO 15513:2000 Ed.1 TC 96/SC 5
起重机　对起重机司机(操作者)、吊装工、信号员和顾问资格的要求
Cranes-Competency requiremenis for crane drivers(op-erators). slingers, signallers and assessors

ISO/TS 15696:2000 Ed.1 TC 96/SC 2
起重机　等同术语表(三种语言版)
Cranes-List of equivalent termes(Trilingual esition)

ISO 1834:1999 Ed.2 TC 111/SC
起重用短环链　验收总则
Short link chain for lifting purposes-Ceneral conditions of actance

ISO 1835:1980 Ed.1 TC 111/SC
起重用短环链　吊链等用M(4)级非校准链条
Short link chain for lifting purposes-Grade M(4), non-calibrated, for chain slinge etc.

ISO 1837:1973 Ed.1 TC 111/SC 3
起重吊钩　术语
Lifting hooks-Nomenclature

ISO 2262:1984 Ed.2 TC 105
一般用途钢丝绳套环　规范
General purpose thimbles for use with steel wire ropes-Specification

ISO 2308:1972 Ed.1 TC 111/SC 3
起重能力30 t以下的货运集装箱吊钩　基本要求
Hooks for lifting freight containers of up to 30 tonnes capacity-Basic requirements

ISO 2415:1987 Ed.2 TC 111/SC 3
起重用锻造卸扣　D形弓形卸扣
Forged shackles for general lifting purposes-Dee shack-les and bow shackles

ISO 3056:1986 Ed.2 TC 111/SC 1
非校准起重圆环链和吊链　使用和维护
Non-calibrated round steel link lifting chain and chain slings-Use and maintenance

ISO 3075:1980 Ed.1 TC 111/SC 1
起重用短环链　吊链等用S(6)级非校准链条
Short link chain for lifting purposes-Grade S(6), non calibrated, for chain slings etc

ISO 3076:1984 Ed.1 TC 111/SC 1
起重用短环链　吊链等用T(8)级非校准链条
Short link chain for lifting purposes-Grade T(8), non-calibrated, for chain slings etc

ISO 3077:1984 Ed.2 TC 111/SC 1
起重用短环链　用于葫芦和其他起重设备的T(8)级校准链条
Short link chain for lifting purposes-Grade T(8), cali-brated, for chain hoists and other lifting appliances

ISO 3266:1984 Ed. 1 TC 111/SC 3
一般起重用的吊环螺钉
Eyebolts for general lifting purposes

ISO 4308—1:1986 Ed. 2 TC 96/SC;
起重机和起重机械 钢丝绳选择 第1部分:总则
Cranes and lifting appliances-Selection of wire ropes-Pa General

ISO 4308—2:1988 Ed. 1 TC 96/SC 6
起重机和起重机械 钢丝绳的选择 第2部分;流动式起重机 利用系数
Cranes and lifting appliances-Selection of wire ropes-Pat 7:Mobile cranes-Coefficient of utilization

ISO 4309:1990 Ed. 2 TC 96/SC 3
起重机 钢丝绳 检查和报废实用规范
Cranes-Wire ropes-Code of practice for examination and discard

ISO 4778:1981 Ed. 1 TC 111/TC 1
焊接吊链 M(4)、S(6)和T(8)级
Chain slings of welded construction-Grades M(4),S(6) and T(8)

ISO 4779,1986 Ed. 1 TC 111/SC 3
M(4)级链条配用的锻制环眼起重吊钩
Forged steel lifting hooks with point and eye for use with steel chains of grade M(4)

ISO 7592:1983 Ed. 1 TC 111/SC 1
起重钢制圆环校准链 正确使用和维护指南
Calibrated round steel link lifting chains-Guidelines to proper use and maintenance

ISO 7593:1986 Ed. 1 TC 111/SC 1
非焊接吊链 T(8)级
Chain slings assembled by methods other than welding-Grade T(8)

ISO 7597:1987 Ed. 1 TC 111/SC 1
T(8)级链条配用的锻制环眼吊钩
Forged steel lifting books with point and eye for use with steel chains of grade T(8)

ISO 8539:1986 Ed. 1 TC 111/SC 3
使用T(8)级链条的锻造吊具
Forged steel lifting components for use with grade T (8) chain

四、输送机设备

ISO 1819:1977 Ed. 1 TC 101
连续搬运设备 安全规则 一般规则
Continuous mechanical handling equipment-Safety code-Ceneral rules

ISO 2148:1974 Ed. 1 TC 101
连续搬运设备 术语(两种语言版)
Continuous handling equipment-Nomenclature (Bilingual edition)

ISO 3435:1977 Ed. 1 TC 101
连续搬运设备 散状物料的分类和符号表示
Continuous mechanical handling equipment-Classification and tymbolization of bulk materials

ISO 3569:1976 Ed. 1 TC 101
连续搬运设备 成件货物的分类
Continuous mechanical handling equipment-Classification of unit books

ISO 5049—1:1994 Ed. 2 TC 101
移动式散料连续搬运设备 第1部分:钢结构设计规则
Mobile equipment for continuous handling of bulk materials-Partl:Rules for the design of steel structures

ISO 7149:1982 Ed. 1 TC 101
连续搬运设备 安全规则 专用规则
Continuous mechanical handling equipment-Safety

code-Special rules

ISO 1049:1975 Ed.1 TC 101
松散物料连续搬运设备 矩形槽和梯形槽振动输送机和给料机
Continuous mechanical handling equipment for loose bulk materials Vibrating conveyors and feeders with rectangnlar or trapezoidal trough

ISO 1050:1975 Ed.1 TC 101
松散物料连续搬运设备 螺旋输送机
Continuous mechanical handling equipment for loose bulk materials Screw conveyors

ISO 1807:1975 Ed.1 TC 101
松散物料连续搬运设备 矩形槽或梯形槽摆动输送机和摇动或往复给料机
Continuous mechanical handling equipment for loose bulk materials Oscillating conveyors and shaking or reciprocating feeders with rectangular or trapezoidal trough

ISO 1815:1975 Ed.1 TC 101
松散物料连续搬运设备 管式振动给料机和输送机
Continuous mechanical handling equipment for loose bulk materials Vibrating feeders and conveyors with tubular trough

ISO 2109:1975 Ed.1 TC 101
连续搬运设备 松散物料用的轻型带式输送机
Continuous mechanical handling equipment-Light duty belt con veyors for loose bulk materials

ISO 2139:1975 Ed.1 TC 101
松散物料连续搬运设备 管式摆动输送机和摇动或往复给料机
Continuous mechanical handling equipment for loose bulk materials Oscillating conveyors and shaking or reciprocating feeders with tubular trough

ISO 2140:1975 Ed.1 TC 101
松散物料连续搬运设备 挡板输送机
Continuous mechanical handling equipment for loose bulk materials Apron conveyors

ISO 2406:1974 Ed.1 TC 101
连续搬运设备 移动式和携带式输送机 结构规范
Conveyors mechanical handlin equipment-Mobile and portable conveyors-Constructional specifications

ISO/TR 5045:1979 Ed.1 TC 101
连续搬运设备 带式输送机安全规则 挤压部位防护实例
Continuous mechanical handling equipment-Safety code for belt conveyors-Examples for guarding of mip points

ISO/TR 5046:1977 Ed.1 TC 101
连续搬运设备 链式输送机和提升机的安全规则 挤压部位防护实例
Continuous mechanical handling equipment-Safety code for conveyors and elevators with chain-elements-Examples for guarding of nip points

ISO/TR 5047:1982 Ed.1 TC 101
连续搬运设备 带承载装置或载荷承载器的链式输送机防止由承载器引起损伤的保护实例
Continuous mechanical handling equipment-Chain conveyors with bearing devices or load carriers-Examples of protection against injuries by load carriers

ISO 5048:1989 Ed.2 TC 101
连续搬运设备 带承载托辊的带式输送机 运行功率和张力的计算
Continuous mechanical handling equipment-Belt conveyors with carrying idlers-Calculation of operating power and tensile forces

ISO 7119:1981 Ed.1 TC 101
松散物料连续搬运设备 螺旋输送机 驱动功率设计规则

Continuous mechanical handling equipment for loose bulk materials Screw conveyors-Design rules for drive power

ISO 7189:1983 Ed.1 TC 101

连续搬运设备 挡板输送机 设计规则

Continuous mechanical handling equipment-Apron conveyors-Design rules

ISO/TR 8435:1984 Ed.1 TC 101

连续搬运设备 带式输送机安全规则 托辊上挤压点保护实例

Continuous mechanical handling equipment-Safety code for belt conveyors-Examples for protection of pinch points on idlers

ISO 1987 Ed.1 TC 101

连续搬运设备 螺旋输送机安全规则 挤压及剪切点防护

Cortinuous mechanical handling equipment-Safety code for screw nveyors-Examples of guards for trapping and shearing points

ISO 9851:1990 Ed.1 TC 101

连续搬运设备 电动单轨悬挂输送机 定义和安全规则

Continuous mechanical handling equipment-Overhead electrical monorail conveyors-Definitions and safety rules

ISO 251:1987 Ed.2 TC 41/SC 3

输送带 宽度和长度

Conveyor belts-Widths and lengths

ISO 252:1988 Ed.1 TC 41/SC3

输送带 层间粘合强度 试验方法和要求

Conveyor belts-Ply adhesion between constitutive elements-Test methods and requirements

SO 252-1:1999 Ed.2 TC 41/SC 3

织物传输带 层与层之间的粘合强度 第1部分:试验方法

Textile conveyor belts-Adhesive strength between constitutive ele-ments-Part 1:Methods of test

ISO 282:1992 Ed.2 TC 41/SC 3

输送带 取样

Conveyor belts-Sampling

ISO 283:1990 Ed.2 TC 41/SC 3

输送带 全厚度拉伸强度和伸长率 规范和试验方法

Conveyor belts-Full thickness tensile strength and elongation-Specifications and method of tcst

ISO 283—1:2000 Ed.1 TC 41/SC 3

织物输送带 全厚度拉伸试验 第1部分:在标准负荷下拉伸强度、拉断伸长及定伸的测定

Textile conveyor belts-Full thickness tensile testing-Part 1:De-termination of tensile strength,elongation at break and elongation at the reference load

ISO 284:1982 Ed.2 TC 41/SC 3

输送带 导电率 规范和试验方法

Conveyor belts-Electrical conductivity-Specification and method of test

ISO 340:1988 Ed.2 TC 41/SC 3

输送带 阻燃性 规范和试验方法

Conveyor belts-Flame retardation-Specifications and test method

ISO 432:1989 Ed.2 TC 41/SC 3

多层芯输送带 结构特性

Ply type conveyor belts-Characteristics of construction

ISO 433:1991 Ed.2 TC 41/SC 3

输送带 标志

Conveyor belts-Marking

ISO 505:1999 Ed.2 TC 41/SC 3
输送带 织物输送带抗撕裂强度的固定方法
Conveyor belts-Method for the determination of the tear propa-tion resistance of textile conveyor belts

ISO 583:1990 Ed.2 TC 41/SC 3
织物芯输送带 总厚度和涂层厚度的公差 直接测量法
Conveyor belts with a textile carcass – Tolerances on total thicknand thickness of covers-Direct measurement method

ISO 583—1:1999 Ed.1 TC 41/SC 3
织物芯输送带 总厚度和物厚度 第1部分:试验方法
Conveyor belts with a textile carcass-Total thickness and thick. ness of elements-Part 1:Methods of test

ISO 610:1990 Ed.2 TC 82/SC 2
刮板输送机和刨煤机用高强度钢链带(无接头无形连接)
High-tensile steel chains(round link)for chain conveyors and ploughs

ISO 703:1988 Ed.2 TC 41/SC 3
输送带 成槽性 挠性驱动特性和试验方法
Conveyor belts-Troughability-Characteristics of transver flesi bility and test method

ISO 703—1:1999 Ed.1 TC 41/SC 3
输送带 挠性驱动和成槽性 第1部分:试验方法
Conveyor belts-Transverse flexibility and troughability-Part 1:Test method

ISO 1082:1990 Ed.2 TC 82/SC 2
采矿 链式输送机的钩接式连接器组件
Mining-Shackle type connector units for chain conveyors

ISO 1120:1984 Ed.2 TC 41/SC 3
输送带 机械接头的强度测定 静态试验法
Conveyor belts-Determination of strength of mechanical fastenings-Static test method

ISO 1275:1995 Ed.3 TC 100
传动和输送机用双节距的精密滚子链和链轮
Double-pitch precision roller chains and sprockets for transmission and conveyors

ISO 1535:1975 Ed.1 TC 101
松散物料连续搬运设备 槽形带式输送机(携带式输送机除外)输送带
Continuous mechanical handling equipment for loose bulk materials-Troughed belt conveyors (other than portable conveyorsÜ-Belts

ISO 1536:1975 Ed.1 TC 101
松散物料连续搬运设备 槽形带式输送机(携带式输送机除外)输送带滚筒
Continuous mechanical handling equipment for loose bulk materials-Troughed belt conveyors (other than portable conveyors)-Belt pulleys

ISO 1537:1975 Ed.1 TC 101
松散物料连续搬运设备 槽形带式输送机(携带式输送机除外)托辊
Continuous mechanical handling equipment for loose bulk materials-Troughed belt conveyomÍother than portable conveyors)-1dlers

ISO 1816:1975 Ed.1 TC 101
松散物料成件货物连续搬运设备 带式输送机 电动滚筒的基本特性
Continuous mechanical handling equipment for loose bulk materials and unit loads-Belt conveors-Basic characteristics of motorized driving pulleys

ISO 1977:2000 Ed.1 TC 100
输送链、附件及链轮
Conveyor chains, attachments and sprockets

ISO 3684:1990 Ed.2 TC 41/SC3
输送带 带轮最小直径的测定
Conveyors belts-Determination of minimum pulley diameters

ISO 3870:1976 Ed.1 TC 41
带轮 中心距长达300 m的输送松散物料用的输送带(织物骨架型)拉紧装置调节
Conveyor belts (fabric carcass), with length between pulley cen-tres up to 300m, for loose bulk materials-Adjustment of take-up device

ISO 4123:1979 Ed.1 TC 101
带式输送机 承载托辊缓冲环和回程托辊圆盘 主要尺寸
Belt conveyors-Impact rings for carrying idlers and discs for return idlers-Main dimensions

ISO 4195—1:1987 Ed.1 TC 41/SC3
输送带 耐热性 第1部分:试验方法
Conveyor belts-Heat resistance-Part 1: Test method

ISO 4195—2:1988 Ed.1 TC 41/SC3
输送带 耐热性 第2部分:规范
Conveyor belts-Heat resistance-Part 2: Specifications

ISO 4348:1983 Ed.2 TC 100
输送用平顶链和链轮
Flat-top chains and associated chain wheels for conveyors

ISO 5284:1986 Ed.2 TC 41
输送带 同义术语表(三种语言版)
Conveyor belts-List of equivalent terms (Trilingual edition)

ISO 5285:1978 Ed.1 TC 41
输送带 储存和搬运指南
Conveyor belts-Guide to storage and handling

ISO 5293:1981 Ed.1 TC 41
输送带 三个等长导辊的距离变换公式
Conveyor belts-Formula for transition distance on three equal length idler rolls

ISO 5612:1990 Ed.2 TC 82/SC:
采矿 刮板输送机的刮料板
Mining-Scraper bars for chain conveyors

ISO 5613:1984 Ed.1 TC 82/SC2
采矿 刮板输送机的传动链轮组件
Mining-Drive sprocket assemblies for chain conveyors

ISO 6973:1986 Ed.1 TC 100
输送用模锻易拆链
Drop-forged rivetless chains for conveyors

ISO 7590:1990 Ed.3 TC 41/SC 3
钢丝绳芯输送带 涂层厚度的测量
Steel cord conveyor belts-Cover thickness measurement

ISO 7622—1:1984 Ed.1 TC 41/SC3
钢丝绳芯输送带 纵向牵引力试验 第1部分:伸长率测量
Steel cord conveyor belts-Longitudinal traction test - Part 1: Measurement of elongation

ISO 7622—2:1984 Ed.1 TC 41/SC3
钢丝绳芯输送带 纵向牵引力试验 第2部分:拉伸强度的测量
Steel cord conveyor belts-Longitudinal traction test-Part 2: Measuremcnt of tensile strength

ISO 7623:1996 Ed.2 Tc 41/SC 3
钢丝绳芯输送带 绳芯与涂层之间粘合力试验 原始试验和热处理
Steel cord conveyor belts-Cord-to-coating bond test-Initial test and after thermal treatment

ISO 8094:1984 Ed.1 TC 41/SC 3
钢丝绳芯输送带 绳芯与涂层间粘合强度试验
Steel cord conveyor belts-Adhesion strength test of the cover to the core layer

ISO/TR 8865:1990 Ed.1 TC 82/SC 2
采矿 刮板输送机链轮组件尺寸验证方法指南
Mining-Guidance on methods of verifying dimensions of sprocket assemblies for chain conveyors

ISO 9856:1989 Ed.1 TC 41/SC 3
输送带 弹性模量的测定
Conveyor belts-Determination of elastic modulus

ISO 10247:1990 Ed.1 TC 41/SC 3
输送带 面层的特性 分类
Conveyor belts-Characteristics of covers-Classification

ISO/TR 10357:1989 Ed.1 TC 41/SC 3
输送带 三个等长导辊传动距离计算公式(新方法)
Conveyor belts-Formula for transition distance on three equal length idler rollers(new method)

ISO 15147:1999 Ed.1 TC 41/SC 3
轻型输送带 切割轻型输送带的宽度和长度公差
Light conveyor belts-Tolerances on widths and lengths of cut light conveycr belts

ISO 2327:1972 Ed.1 TC 101
松散物料气力输送装置 输送管
Pneumatic handling appliances for loose bulk materials-Piping

ISO 2384:1974 Ed.1 TC 101
松散物料连续搬运设备 气力输送用弯管尺寸
Continuous mechanical handling equipment for loose bulk materiais-Dimensions of bends for use in pneumatic handling

ISO 5031:1977 Ed.1 TC 101
松散物料连续搬运设备 气力输送用接头和软管 安全规则
Continuous mechanical handling equipment ofr loose bulk materials-Couplings and hose components used in pneumatic handling-Safety code

ISO 2326:1972 Ed.1 TC 101
松散物料连续搬运设备 空气滑槽
Continuous mechanical handling equipment for loose bulk materials-Aeroslides

ISO 2365:1974 Ed.1 TC 101
松散物料连续搬运设备 铁路货车翻车机(回转式、侧卸式和端部卸载式) 安全规则
Continuous mechanical handling equipment for loose bulk materials-Wagon tipplers handling rail-borne wagons(rotary, side dis-charge and end discharge)-Safety code

ISO/TR 5046:1977 Ed.1 TC 101
连续搬运设备 链式输送机和提升机的安全规则 挤压部位防护实例
Continuous mechanical handling equipment-Safety code for con-veyors and elevators with chain-elements-Examples guarding of nip points

ISO 5050:1981 Ed.1 TC 101
连续搬运设备 校准圆环链垂直斗式提升机 一般特性
Continuous mechanical handling equipment-Vertical bucket elevatrs with caliûbrated round steel link chains-Ceneral characteris-tecs

ISO 5051:1981 Ed.1 TC 101
连续搬运设备 斗式提升机的平后壁深料斗 主要尺寸
Continuous mechanical handling equipment-Deep elevator bucket with flat rear wall-Main dimensions

ISO 7190:1981 Ed.1 TC 101

连续搬运设备 斗式提升机 分类(两种语言版)
Continuous mechanical handling equipment-Bucket elevators-Classification(Bilingual edition)

ISO 16369:2000 Ed.1 TC 214
升降工作平台 桅杆爬升式工作平台
Elevating work platforms-Mast-climbing work platforms

五、工业车辆

ISO 509:1996 Ed.1 TC 110/SC 2
托盘搬运车 基本尺寸
Pallet tnucks-Principal dimensions

ISO 938:1975 Ed.1 TC 110/SC 2
手动托盘搬运车 基本尺寸
Hand-operated stillage trucks-Principal dimensions

ISO 1044:1993 Ed.3 TC 110/SC 2
工业车辆 电动车辆牵引用铅酸蓄电池 优先选用的电压
Industrinl trucks-Lead--acid rtaction batteries for electic trucks-Prefrred voltages

ISO 1074:1991 Ed.2 TC 110/SC 2
平衡式叉车 稳定性试验
Counterbalanced fork-lift trucks-Stability tests

ISO 1756:1975 Ed.1 TC 110/SC 2
工业车辆 托盘尺寸 连接装置
Industrial trucks-Dimensions of stillages-Connection gauge

ISO 2163:1975 Ed.1 TC 110/SC 1
工业车辆 车轮和脚轮 术语(两种语言版)
industrial trucks-Wheels and castors-Vocabulary(Bilingual edl-tion)

ISO 2175:1981 Ed.1 TC 110/SC 3
非机动设备用工业车轮 尺寸和额定承载能力
Industrial wheel for non-powered equipment-Dimensions and nominal load capacities

ISO 2184—1:1972 Ed.1 TC 110/SC 3
工业用脚轮 盖板尺寸 第1部分:四螺孔矩形盖板
Industrial castors-Dimensions of top plates-Part 1:Oblong top-platse with 4 bolt holes

ISO 2328:1993 Ed.2 TC 110/SC 2
叉车 挂钩型货叉和货叉架 安装尺寸
Firk-lift trucks-Hook-on type fork arms and fork arm carnages Mounting dimensions

ISO 2330:1995 Ed.2 TC 110/SC 2
叉车 货叉 技术要求和试验方法
Fork-lift trucks-Fork arms-Technical characteristics and testing

ISO 2331:1974 Ed.1 TC 110/SC 2
叉车 挂钩型货叉 术语(三种语言版)
Fork lift trucks-Hook-on rtpe fork arms-Vocabulary (Trilingual edition)

ISO 3101:1981 Ed.2 TC 110
车轮和脚轮 三个紧固螺栓孔的三角形上盖板
Wheels and castors-Triangular top plates with three fixing holes

ISO 3102:1981 Ed.2 TC 110
非机动设备用车轮和脚轮 回转脚轮的偏心距
Wheels and castors for non-powered equipment-Off-set for swivel castrs

ISO 3184:1998 Ed.2 TC 110/SC 2
前移式和插腿式叉车 稳定性试验
Reach and straddle fork-lift trucks-Stability tests
技术勘误 1:2000
Cor.1:2000

ISO 3287:1999 Ed.2 TC 110/SC 2

机动工业车辆 操作控制符号和其他图示符号

Powered indrstrial trucks-Symbols for operator controls and other displays

ISO 3691:1980 Ed.2 TC 110

机动工业车辆 安全规则

Powered industrial trucks-Safety code

修改 1:1983

AMD 1:1983

ISO 3739—3:1995 Ed.1 TC 31/SC 7

工业车辆轮胎和轮辋 第3部分:轮辋

Industrial tyres and rims-Part 3:Rims

ISO 5053:1987 Ed.1 TC 110/SC 1

机动工业车辆 术语(两种语言版)

Powered industrial trucks-Terminology(Bilingual edition)

ISO 5057:1993 Ed.1 TC 110/SC 2

工业车辆 叉车货叉在使用中的检查和修复

Industrial trucks-Inspection and repair of fork arms in service on fork-lift rtucks

ISO 5766:1990 Ed.2 TC 110/SC 2

托盘堆码车和高起升平台车 稳定性试验

Pallet stackers and high-lift platform trucks-Stability tests

ISO 5767L1992 Ed.2 TC 110/SC 2

工业车辆在门架前倾条件下堆垛作业 附加稳定性试验

Industrial trucks operating in special condition of stacking with anst tilted forward-Additional stability test

修改 1:1999 AMD 1:1999

ISO 6055:1997 Ed.2 TC 110/SC 2

乘驾式高起升车辆 护顶架 规范和试验方法

High-lift rider trucks-Overhead guards-Specification and testing

ISO 6292:1996 Ed.1 TC 110/SC 2

机动工业车辆和牵引车 制动器性能和零件强度

Powered industrial trucks and tractors-Brake performance and component strength

ISO 8379:1998 Ed.1 TC 110/SC 2

越野叉车 稳定性试验

Rough terrain trucks-Stability tests

ISO 10525:1997 Ed.1 TC 110/SC 2

6 m及6 m以上长度平衡重式货运集装箱搬运车 附加稳定性试验

Counterbalanced trucks handling freight containers of 6 m(20 ft) length and above-Additional stability tests

ISO 10658:1996 Ed.1 TC 110/SC 2

工业车辆在由动力装置侧移载荷条件下堆垛作业 附加稳定性试验

Industrial trucks operating in special conditions of stacking with load laterally displaced by powered devices-Additional stability test

ISO 13562—1:2000 Ed.1 TC 110/SC 2

伸缩臂式工业车辆 第1部分:稳定性试验

Industrial variable-reach rucks-Part 1: Stability tests

ISO 13562—2:2001 Ed.1 TC 110/SC 2

伸缩臂式工业车辆 第2部分:6 m及以上长度货运集装箱叉车附加稳定性试验

Industrial variable-reach trucks-Part 2: Additional stability tests for trucks handling freight containers of 6 m length and above

ISO 15870:2000 Ed.1 TC 110/SC 2

机动工业车辆 安全标志和危险图示 一般原则

Powered industrial trucks-Safety signs and hazard pictorials-General principles

ISO 15871:2000 Ed.1 TC 110/SC 2
工业车辆 集装箱搬运和抓斗臂操作用指标灯规范
Industrial trucks-Specification for indicator lights for container handling and grappler arm operations

ISO 5998:1986 Ed.2 TC 127
履带式和轮式装载机的额定工作载荷
Earth-moving machinery-Rated operating load for crawler and wheel loaders

ISO 5010:1992 Ed.2 TC 127/SC 2
轮胎式机械 转向要求
Earth-moving machinery-Rubber-tyred machines-Steering reluirements

ISO 6483:1980 Ed.1 TC 127/SC 1
土方机械 自卸车车厢 容量标定
Earth-moving machinery-Dumper bodies-Volumetic rating

技术勘误 1:1994 Cor.1:1994

ISO 6484:1986 Ed.2 TC 127/SC 1
土方机械 升运式铲运机 容量标定
Earth-moving machinery-Elevating scrapers-Volumetric ratings

ISO 6485:1980 Ed.1 TC 127/SC 1
土方机械 自行式铲运机的容量标定
Earth-moving machinery-Tractor-scraper volumetric rating

ISO 6682:1986 Ed.2 TC 127/SC 2
操纵的舒适区域和可及范围
Earth-moving machinervy-Zones of comfort and reach-for controls

修改 1:1989

AMD 1:1989

ISO 6683:1981 Ed.2 TC 127/SC 2
座椅安全带和座椅安全带固定器
Earth-moving machinery-Seat belts and seat belt anchorages

修改 1:1990

AMD 1:1990

ISO 6746—1:1987 Ed.2 TC 127/SC 4
尺寸的定义和符号 第1部分:主机
Earh-moving machinery-Definitions of dimensions and symbols-Part 1:Base machine

ISO 6746—2:1987 Ed.2 TC 127/SC 4
尺寸的定义和符号 第2部分:工作装置
Earth-moving machinery-Definitions of dimensions and symbols Part 2:Equioment

ISO 6747:1998 Ed.3 TC 127/SC
推土机 术语和商业规格
Earth-moving machinery-Tractor-dozers-Terminology and co mercial specifications

ISO 6749:1984 Ed.2 TC 127/SC
防护与贮存
Earth-moving machinery-Preservation and storage

ISO 6750:1904 Ed.2 1C 127/SC
操作和保养 说明书的格式和内容
Earth-moving machinery-Operation and maintenance-Fonand content of manuals

ISO 7096:2000 Ed.3 TC 127/SC
司机座椅振动的实验室测定
Earth-moving machinery-Laboratory evaluation of operator s vibration

ISO 7129:1997 Ed.3 TC 127/SC
推土机、平地机和铲运机刀片 主要形状和本尺寸
Earth-moving machinery-Cuting edges used on tractors-doze graders and scrapers-Principal shapes and basic dimensions

ISO 7130:1981 Ed.1 TC 127/SC

司机培训指南

Earth-moving machinery-Guide to procedure for operator train

ISO 7131:1997 Ed.2 TC 127/SC

装载机 术语和商业规格

Earth-moving machinery-Loaders-Terminology and commer specifications

ISO 7132:1990 Ed.2 TC 127/SC 4

自卸车 术语和商业规格

Erath-moving machinery-Dumpers-Terminology and commercial specifications

ISO 7133:1994 Ed.2 TC 127/SC 4

铲运机 术语和商业规格

Earth-moving machinery-Tactor-scrapers-Terminology and commercial specifications

ISO 7134:1993 Ed.2 TC 127/SC 4

平地机 术语和商业规格

Earth-moving machinery-Graders-Terminoiogy and commercial specifications

ISO 7135:1993 Ed.1 TC 127/SC 4

液压挖掘机 术语和商业规格

Earth-moving machinery-Hydraulic excavators-Terminology and commercial specifications

ISO 7136:1998 Ed.2 TC 127/SC 4

吊管机 定义和商业规格

Earth-moving machinery-Pipelayers-Defmitions and-commercial specifications

ISO 7451:1997 Ed.2 TC 127/SC 1

ISO 13459:1997 Ed.1 TC 127/SC 2

自卸车 教练员座椅/工作空间

Earth-moving machinery-Dumpers-Trainer seat/enclosure

ISO 13539:1998 Ed.1 TC 127/SC 4

挖沟机 定义和商业规格

Earth-moving machinery-Trenchers-Definitions and commercial specifications

ISO 13766:1999 Ed.1 TC 127

电磁兼容性

Earth-moving machinery-Electromagneric compatibility

液压挖掘机铲斗和挖掘装载机铲斗的容量标定

Earth-moving machinery-Volumetric ratings for hydraulic excava-tor buckets and backhoe loader buckets

技术勘误 1:1998 Cor.1:1998

ISO 7457:1997 Ed.2 TC 127/SC 1

轮式机械转向尺寸的测业

Earth-moving machinery-Determination of turning dimensions of wheeled machines

ISO 7464:1983 Ed.1 TC 127/SC 1

牵引力的测试方法

Earth-moving machinery-Method of test for the measurement of drawbar pull

ISO 7546:1983

装载机和前装式挖掘机铲斗 容量标定

Earth-moving machinery-Loader and front loading excava buckets-Volumertic ratings

ISO 7852:1983 Ed.1 TC 127/SC

防松螺栓头 形状和尺寸(螺纹尺寸除外)

Earth-moving machinery-Plough bolt heads-Shapes and dime sions(excluding thread dimensions)

ISO 8152:1984 Ed.1 TC 127/SC

操作和保养 技工的培训

Earth-moving machinery-Operatuib mbintenane-Training mechanics

ISO 8313:1989 Ed.2 TC 127/SC
装载机 作用力和倾翻载荷的测量方法
Earth-moving machinery-Loaders-Methods of measuring to forces and tipping loads

ISO 8643:1997 Ed.2 TC 127/SC
液压挖掘机和挖掘装载机动臂下降控制装置要求和试验
Earth-moving machinery-Hydraulic excavator and backhoe load boom-lowering control device-Requirements and tests

ISO 8811:2000 Ed.1 TC 127/SC
压路机和夯实机 术语和商业规格
Earth-moving machinery-Rollers and compactors-Terminolog and commercial specifications

ISO 8812:1999 Ed.1 TC 127/SC
挖掘装载机 定义和商业规格
Earth-moving machinery-Backhoe loaders-Definitions and com mercial specifications

ISO 8813:1992 Ed.1 TC 127/SC
装有侧臂的吊管机、轮式拖拉机和装载机的提升能力
Earth-moving machinery-Lift capacity of pipelayers and wheele tractors or loaders equipped with side boom

六、包 装

ISO/Guide 41:1984 Ed.1 COP
包装标准 消费者的需求
Standards for packaging-Consumer requirements

ISO 780:1997 Ed.4 TC 122
包装 货物搬运的图形标志
Packaging-Pictorial marking for handling of goods

ISO 3394:1984 Ed.2 TC 122
刚性的矩形包装件尺寸 运输包装
Dimensions of rigjd rectanguiat packages-Transport packages

ISO 3673:1983 Ed.1 TC 122/SC 1
包装 单元货物大小 尺寸
Packaging-Unit load sizes-Dimensions

ISO 8317:1989 Ed.1 TC 122/SC 3
防儿童拆开的包装 可再次包装的要求和试验程序
Child-resistant packaging-Requirements and testing procedures for reclosable packages

ISO 11683:1997 Ed.2 TC 122
包装 触摸危险标志 要求
Packaging-Tactile warnings of danger-Requirements

ISO 15394:2000 Ed.1 TC 122
包装 航运、运输和可接受标签的两维符号和条码
Packaging-Bar code and teo-dimensional symbols for shipping, transport and receiving labels

ISO 6590—1:1983 Ed.1 TC 122/SC 2
包装 袋 名词和种类 第1部分:纸袋(三种语言版)
Packaging-Sacks-Vocabulary and types-Part 1: Paper sacks (Trilingual edition)

ISO 6590—2:1986 Ed.1 TC 122/SC 2
包装 袋 名词和种类 第2部分:热塑柔性薄膜袋(三种语言版)
Packaging-Sacks-Vocabulary and types-Part 2: Sacks made from thermoplastic flexible film (Trilingual edition)

ISO 6591—1:1984 Ed.1 TC 122/SC 2
包装 袋 说明及测量方法 第1部分:空纸袋
Packaging-Sacks-Description and method of measurement-Part 1: Empty paper sacks

ISO 6591—2:1985 Ed.1 TC 122/SC 2
包装 袋 说明及测量方法 第2部分:热塑柔性

薄膜空袋

Packaging-Sacks-Description and method of measurement-Part 2: Empty sacks made from thermoplastic flexible film

ISO 6599—1:1983 Ed.1 TC 122/SC 2

包装 袋 试验条件 第1部分:纸袋

Packaging-Sacks-Conditionitg for tesing-Part 1: Paper sacks

ISO 7023:1983 Ed.1 TC 122/SC 2

包装 袋 空纸袋检验抽样方法

Packaging-Sacks-Method of sampling empty sacks for tesing

ISO 7965—1:1984 Ed.1 TC 122/SC 2

袋 跌落试验 第1部分发:纸袋

Packaging-Sacks-Drop test-Part 1:Paper sacks

ISO 7965—2:1993 Ed.1 TC 122/SC 2

袋 跌落试验 第2部分:热塑柔性薄膜袋

Sacks-Drop test-Part 2:Sacks made from thermoplastic fiexiblc fiim

ISO/TR 8281—1:1983 Ed.1 TC 122

包装 用平面尺寸估计满装的容量 第1部分:纸袋

Packaging-Estimating the filled volume using the flat dimensions -Part 1:Paper sacks

ISO 8351—1:1994 Ed.1 TC 122/SC 2

包装 袋 分类方法 第1部分:纸袋

Packaging-Method of specification for sacks-Part 1: Papcr sacks

ISO 8351—2:1994 Ed.1 TC 122/SC 2

包装 袋 分类方法 第2部分:热塑柔性薄膜袋

Packaging-Method of specification for sacks-Part 2: Sacks madc from thermoplastic flexible film

ISO 8367—1:1993 Ed.1 TC 122/SC 2

包装 一般用途包装袋的尺寸公差 第1部分:纸袋

Packaging-Dimensional tolerances for general purpose sacks-Part 1:Paper sacks

ISO 8367—2:1993 Ed.1 TC 122/SC 2

包装 一般用途包装袋的尺寸公差 第2部分;热塑柔性薄膜袋

Packaging-Dimensional tolerances for general purpose sacks-Part 2: Sacks made from thermoplastic flexible film

ISO 9884—1:1994 Ed.1 TC 34/SC 3

茶叶袋 规范 第1部分:茶叶码垛和容器运输的标准袋

Tea sacks-Specification-Part 1: Reference sack for palletize and containerized transport of tea

ISO 9884—2:1999 Ed.1 TC 34/SC

茶叶袋 规范 第2部分:茶叶码垛和容器运输袋的性能规范

Tea sacks-Specification-Part 2: Performance specification fo sacks for palletized and containerized transport of tea

ISO 11897:1999 Ed.1 TC 122/SC

包装 热塑柔性薄膜袋 折边处的撕裂扩展试验

Packaging-Sacks made from thermoplastic flexible film-Tea propagation on edge folds

ISO 15119:2000 Ed.1 TC 122/SC

包装 袋 已填充袋摩擦系数的测定

Packaging-Sacks-Determination of the friction of filled sacks

ISO 2569:1994 Ed.3 TC 87

软木塞 词汇(两种语言版)

Cork stoppers-Vocabulary(Bilingual edition)

ISO 3863:1989 Ed.2 TC 87

圆柱形软木塞 尺寸特性、取样、包装和标记

Cylindrical cork stoppers-Dimensional characteristics, sampling, packaging and marking

ISO 4707:1981 Ed.1 TC 87

软木 塞子 尺寸特征的检验取样

Cork-Stoppers-Sampling for inspection of dimensional charac-teristics

ISO 4710:2000 Ed.2 TC 87

软木 汽酒圆柱塞 特性

Cork-Cylindrical stoppers for sparkling wines and gas-ified wines-Characteristics

ISO 7348:1992 Ed.1 TC 63/SC 1

玻璃容器 制造 术语(三种语言版)

Glass containers-Manufacture-Vocabulary (Trilingual edition)

ISO 7458:1984 Ed.1 TC 63/SC 2

玻璃容器 耐内压力 试验方法

Glass containers-Internal pressure resistance-Test methods

ISO 7459:1984 Ed.1 TC 63/SC 2

玻璃容器 抗热震性和热震耐久性 试验方法

Glass containers-Thermal shock resistance and thermal shock endurance-Test methods

ISO 8106:1985 Ed.1 TC 63/SC 2

玻璃容器 用重量法测定容量 试验方法

Glass containers-Determination of capacity by gravime-tric method Test method

ISO 8113:1985 Ed.1 TC 63/SC 2

玻璃容器 抗垂直负荷性 试验方法

Glass containers-Resistance to vertical load-Test meth-od

ISO 8162:1985 Ed.1 TC 63/SC 3

玻璃容器 高冠形瓶口 尺寸

Glass containers-Tall crown finishes-Dimensions

ISO 8163:1985 Ed.1 TC 63

玻璃容器 低冠形瓶口 尺寸

Glass containers-Shallow crown finishes-Dimensions

ISO 8164:1990 Ed.1 TC 63/SC 3

玻璃容器 520 ml欧式啤酒瓶尺寸

Glass containers-520 ml Euro-form bottles-Dimensions

ISO 9008:1991 Ed.1 TC 63/SC 2

玻璃瓶 垂直度 试验方法

Glass bottles-Verticality-Test method

ISO 9009:1991 Ed.1 TC 63/SC 2

玻璃容器 以容器底作基准的瓶口高度和不平行度 试验方法

Glass containers-Heigth and non-parallelism of finish with refer-ence to container base-Test methods

ISO 9056:1990 Ed.1 TC 63/SC 3

玻璃容器 防盗瓶口系列 尺寸

Glass containers-Series of pilferproof finish-Dimensions

ISO 9057:1991 Ed.1 TC 63/SC 3

玻璃容器 加压液体用28 mm强化瓶口 尺寸

Glass containers-28 mm tamper-evident finish for pres-surized liq-uids-Dimensions

ISO 9058:1992 Ed.1 TC 63/SC 3

玻璃容器 公差

Glass containers-Tolerances

ISO 9100:1992 Ed.1 TC 63/SC 3

广口玻璃容器 真空凸缘瓶口 尺寸

Wide-mouth glass containest-Vacuum lug finishes-Di-mensions

ISO 9727:1991 Ed.1 TC 87

圆形天然软木塞 物理试验 参照方法

Cylindrical stoppers of natural cork-Physical tests -Reference methods

ISO 9885:1991 Ed.1 TC 63/SC 2

广口玻璃容器 封台面顶部平面度偏差 试验方法

Wide-mouth glass containers-Deviation from flatness of top seal-ing surface-Test methods

ISO 10718:1993 Ed.1 TC 87

软木塞 可在酒类介质中生长的酵母、霉菌和细菌群落形成单位的计数

Cork stoppers -Enumeration of colony-forming units of yeasts, moulds and bacteria capable of growth in an alcoholic medium

ISO 2206:1987 Ed.2 TC 122/SC 3

包装 满装的运输包装 试验时包装件的标识

Packagng-Complete, filled transport packages-Identification of Parts when testing

ISO 2233:2000 Ed.4 TC 122/SC 3

包装 满装的运输包装和单元货物 试验条件

Packaging-Complete, filled transport packages and unit loads-Conditioning for testing

ISO 2234:2000 Ed.3 TC 122/SC 3

包装 满装的运输包装和单元货物 静载荷法堆积试验

Packaging-Complete, filled transport packages and unit loads-Stacking tests using a static load

ISO 2244:2000 Ed.3 TC 122/SC 3

包装 满装的运输包装和单元货物 水平冲击试验

Packaging-Ccmplete, filled transport packages and unit loads-Horizontal impact tests

ISO 90—2:1997 Ed.2 TC 52/SC 4

薄壁金属容器 尺寸、容量的定义和测定 第2部分:一般用途的容器

Light gauge metal containers-Definitions and determination of di-mensions and capacities-Part 2: General use containers

ISO 1361:1997 Ed.4 TC 52/SC 4

薄壁金属容器 顶开圆罐 内径

Light-gauge metal containers-Round open-top cans-Internal di-aneters

ISO/TR 8610:1984 Ed.1 TC 52

薄壁金属容器 用于乳类及乳制品的两端经焊接的抽气圆罐 容量和相应直径

Light gauge metal containers-Round vent-hole cans with soldered ends for milk and milk products-Capacities and related diameters

ISO 10193:2000 Ed.1 TC 52/SC 5

一般用途小容量金属容器 容积达40 000 ml的圆筒形及圆锥形容器的标称填充容积

General use light gauge metal containers-Nominal filling volumes of prund cylindrical and tapered containers of up to 40 000 ml

ISO/TR 10194:1989 Ed.1 TC 52/SC 5

一般用途的非圆形薄壁金属容器 公称灌装容量和公称横载面积

Non-round-general use light gauge metal containers-Nominal filling volumes and nominal cross-sections

ISO 10653:1993 Ed.1 TC 52/SC 4

薄壁金属容器 顶开圆罐 按装盖后的公称总容量定义的罐

Light-gauge metal containers-Round open-top cans-Cans defined by their nominal gross lidded capacities

ISO 10654:1993 Ed.1 TC 52/SC 4

薄壁金属容器 顶开圆罐 按公称灌装容量定义的用于充气液体产品的罐

Light-gauge metal containers-Round open-top cans-Cans for liquid products with added gas, defined by their nominal filling volumes

ISO/TR 11761:1992 Ed.1 TC 52/SC 4
薄壁金属容器 顶开圆罐 按结构类型对罐尺寸的分类
Light-gauge metal containers-Round open-top cans-Classifica-tion of can sizes by construction tyoe

ISO/TR 11762:1992 Ed.1 TC 52/SC 4
薄壁金属容顺 用于充气液体产品的顶开圆罐 按结构类型对罐尺寸的分类
Light-gauge metal containers-Round open-top cans for liquid products with added gas-Classification of can si-zes by construc-tion type

ISO/TR 1176:1992 Ed.1 TC 52/SC 4
薄壁金属容器 非圆形顶开罐 按公称容量定义的罐
Light gauge metal containers-Non-round open-top cans-Cans defined by their nominal capacities

ISO 12048:1994 Ed.1 TC 122/SC 3
包装 满装的运输包装 使用压力试验机的压力试验和堆积试验
Packaging-Complete, filled transport packages-Com-pression and stacking tests using a compression tester

ISO 90—1:1997 Ed.2 TC 52/SC 4
薄壁金属容器 尺寸 容量的定义和测定 第1部分:顶开罐
Light gauge metal containers-Definitions and determi-nation of dimensions and capacities-Part 1: Open-top cans

ISO 2247:2000 Ed.3 TC 122/SC 3
包装 满装的运输包装和单元货物 固定低频率振动试验
Packaging-Complete,filled transport packages and unit loads-Vibration tests at fixed low freqency

ISO 2248:1985 Ed.2 TC 122/SC 3
包装 满装的运输包装 坠落垂直冲击试验
Packaging-Complcte, filled transport packages-Vertical impact test by dropping

ISO 2873:2000 Ed.3 TC 122/SC 3
包装 满装的运输包装和单元货物 低压试验
Packaging-Complete,filled transport packages and unit loads-Low pressure test

ISO 2875:2000 Ed.3 TC 122/SC 3
包装 满装的运输包装和单元货物 喷水试验
Packaging-Complete,filled transport packages and unit loads-Water-spray test

ISO 2876:1985 Ed.2 TC 122/SC 3
包装 满装的运输包装 滚动试验
Packaging-Complete, filled rtansport packages-Rolling test

ISO 4178:1980 Ed.1 TC 122
满装的运输包装 分类检验 记录的信息
Complete, filled transport packages-Distrbution trials-Infouns tion to be recorded

ISO 4180—1:1980 Ed.1 TC 122
满装的运输包装 性能试验计划编制的一般规则,第1部分:一般原则
Complete, filled transport packages-General rules for the coavp lation of performande test schedules-Part 1: General principks

ISO 90—3:2000 Ed.2 TC 52/SC 6
薄壁金属容器 尺寸、容器的定义和测定 第3部分:喷雾罐
Light gauge metal containers-Definitions and determi-nation of dimensions and capacities-Part 3: Aerosol cans

ISO 10154:1991 Ed.1 TC 52/SC 6

薄壁金属容器　镀锡版缩颈三片喷雾罐　顶端尺寸
Light gauge metal containers-Three-piece necked-in tinplate aerosol cans-Dimensions of the top ten

第二节　美国物流标准

一、底座固定的滚筒式绞车起重机(包括修订件)

ANSI/ASME B30.7A—95
　落地式滚筒绞车　附录 B30.7—1994
ANSI/ASME B30.7B—96
　落地式滚筒绞车　附录 B30.7—1994
ANSI/ASME B30.7C—97
　落地式滚筒绞车　附录 B30.7—1994
ANSI/ASME B30.8—93
　水上起重机和水上桅杆起重机(包括修订件)
ANSI/ASME B30.8 INT—93
　水上起重机和水上桅杆起重机手册
ANSI/ASME B30.8A—94
　浮动起重机和吊车　附录 B30.8—1993
ANSI/ASME B30.8B—95
　浮动起重机和吊车　附录 B30.8—1993
ANSI/ASME B30.8C—98
　浮动起重机和吊车　附录 B30.8—1993
ANSI/ASME B30.9—96
　吊环(包括修订件)
ANSI/ASME B30.9 INT—96
　吊环手册
ANSI/ASME B30.9A—97
　吊环　附录 B30.9—1996
ANSI/ASME B30.9B—98
　吊环　附录 B30.9—1996
ANSI/ASME B30.10—93
　吊钩(包括修订件)
ANSI/ASME B30.10 INT—93
　吊钩手册
ANSI/ASME B30.10A—96
　吊钩　附录 B30.10—93
ANSI/ASME B30.10B—98
　吊钩　附录 B30.10—93
ANSI/ASME B30.11—98
　单轨悬挂吊车(包括修订件)
ANSI/ASME B30.12—92
　悬挂在旋翼机上的装卸车(包括修订车)
ANSI/ASME B30.12A—94
　悬挂于旋翼机的吊运负载
　附录 B30.12—1992
　桥式和门式起重机(支承桥、梁、沿轨道上翼缘行走的起重机)(包括修订件)
ANSI/ASME B30.2 INT—96
　桥式和门式起重机手册
ANSI/ASME B30.2A—97
　桥式和门式起重机补充 30.2—1996(沿轨道上翼缘行走桥架、单梁或多梁、轨道上翼缘行走的单架空单轨吊车)
ANSI/ASME B30.2B—98
　桥式和门式起重机补充 30.2—1996(沿轨道上翼源行走桥梁、单梁或 多梁、轨道上翼缘行走的单架空单轨吊车)
ANSI/ASME B30.3—96
　塔式起重机(包括修订件)
ANSI/ASME B30.3 INT—96
　塔式起重机手册
ANSI/ASME B30.3A—97
　施工用塔式起重机
ANSI/ASME B30.4—96
　桥门塔式转柱起重机(包括修订件)
ANSI/ASME B30.4 INT—96
　桥门塔式支座起重机手册
ANSI/ASME B30.4A—98
　龙门塔式基座起重机
　附录 B30.4—199
ANSI/ASME B30.5—94
　流动式机车起重机(包括修订件)
ANSI/ASME B30.5 INT—94
　流动式机车起重机手册
ANSI/ASME B30.5A—95
　移动式起重机和机车起重机
　附录 B30.5—1994
ANSI/ASME B30.5B—96
　移动式起重机和机车起重机

附录 B30.5—1994

ANSI/ASME B30.5C—98

移动式起重机和机车起重机

附录 B30.5—1994

ANSI/ASME B30.6—95

桅杆起重机(包括修订件)

ANSI/ASME B30.6A—98

桅杆式起重机 附录 B30.6—1995

ANSI/ASME B30.13—96

存储/检索(S/R)机及其辅助设备(包括修订件)

ANSI/ASME B30.13 INT—96

存储/检索(S/R)机及其辅助设备手册

ANSI/ASME B30.13A—97

储藏回收吊车及组合设备

附录 B30.12—1992

ANSI/ASME B30.13B—98

储藏回收吊车及组合设备

附录 B30.13—1996

ANSI/ASME B30.14—96

侧臂式拖拉机安全性标准(包括修订件)

ANSI/ASME B30.14A—97

侧悬臂牵引车 附录 B30.14—1996

ANSI/ASME B30.16—98

悬吊式滑动起重机(包括修订件)

ANSI/ASME B30.16 INT—93

悬吊式滑动起重机手册

ANSI/ASME B30.16A—94

架空式绞车(轨上滑动)附录 B30.16—1993

ANSI/ASME B30.16B—95

架空式绞车(轨上滑动)附录 B30.16—1993

ANSI/ASME B30.16C—97

架空式绞车(轨上滑动)附录 B30.16—1993

ANSI/ASME B30.16D—97

架空式绞车(轨上滑动)附录 B30.16—1993

ANSI/ASME B30.17—98

悬吊门式起重机(支承桥、单梁滑动式起重机)(包括修订件)

ANSI/ASME B30.17 INT—92

悬吊龙门起重机手册

ANSI/ASME B30.17A—94

桥式及门式起重机(沿轨道上翼缘行走桥架、单梁、轨上滑动绞车) 附录 B30.17—1992

ANSI/ASME B30.17B—95

桥式及门式起重机(沿轨道上翼缘行走桥架、单梁、轨上滑动绞车) 附录 B30.17—1992

ANSI/ASME B30.17C—96

桥式及门式起重机(沿轨道上翼缘行桥架、单梁、轨上滑动绞车) 附录 B30.17—1992

ANSI/ASME B30.17D—97

桥式及门式起重机(沿轨道上翼缘行桥架、单梁、轨上滑动绞车) 附录 B30.17—1992

ANSI/ASME B30.18—98

堆垛用起重机(支承桥、单梁滑动式重机)(包括修订件)

ANSI/ASME B30.18A—95

堆垛机(沿轨道上翼和下翼行走的桥梁,沿上翼缘或下翼行走的架空单车的多梁)

附录 B30.18—1993

ANSI/ASME B30.18B—96

堆垛机(沿轨道上翼和下翼行走的桥梁,沿上翼缘或下翼行走的架空单车的多梁)

附录 B30.18—1993

ANSI/ASME B30.18C—97

堆垛机(沿轨道上翼和下翼行走的桥梁,沿上翼缘或下翼行走的架空单车的多梁)

附录 B30.18—1993

ANSI/ASME B30.19—93

缆索起重机(包括修订件)

ANSI/ASME B30.19A—94

架空索道 附录 B30.19—1993

ANSI/ASME B30.19B—95

架空索道 附录 B30.19—1993

ANSI/ASME B30.19C—98

架空索道 附录 B30.19—1993

ANSI/ASME B30.20—93

吊钩下的提升装置(包括修订件)

ANSI/ASME B30.20 INT—93

吊钩提升装置手册

ANSI/ASME B30.20A—96

吊钩提升装置　附录 B30.20—1993

ANSI/ASME B56.1—93

低提升和高提升装卸车(包括修订件)

ANSI/ASME B56.1 INT—93

低提升和高提升装卸车的安全标准手册

ANSI/ASME B56.1A—95

低程和高程铲车　附录 B56.—1993

ANSI/ASME B56.5—93

工业轨道式车辆和载人工业车辆自动化功能的安全性标准(包括修订件)

ANSI/ASME B56.5 INT—93

工业轨道式车辆和载人工业车辆自动化功能的安全性标准手册

ANSI/ASME B56.5A—94

电气制导的工业车辆和人工驾驶工业车辆的自动功能　附录 B56.1—1993

ANSI/ASME B56.6—92

粗糙地形叉式装卸车

ANSI/ASME B56.6 INT—93

粗糙地形叉式装卸车手册

ANSI/ASME B56.6A—94

粗糙地形叉式装卸车　附录 B56.—1993

ANSI/ASME B56.6B—98

粗糙地形叉式装卸车　附录 B56.6—1993

ANSI/ASME B56.7—87

工业用汽车式起重机(包括修订件)

ANSI/ASME B56.8—93

人和重物运载工具的安全性标准(包括修订件)

ANSI/ASME B56.8 INT—93

人和重物运载工具的安全性标准手册

ANSI/ASME B56.8A—94

人员及负载运载装置　附录 B56.8—1993

ANSI/ASME B56.9—92

人力操纵的工业牵引拖拉机的安全性标准(包括修订件)

ANSI/ASME B56.9A—92

驾驶员操纵的工业牵引车的安全标准

附录 B56.9—1992

ANSI/ASME B56.10—92

人力操纵的高提升工业装卸车的安全性标准(包括修订件)

ANSI/ASME B56.11.1—92

双轮或双层旋臂式和固定式工业用脚轮(包括修订件)

ANSI/ASME B56.11.3—92

机动工业车辆用装卸控制符号(包括修钉件)

ANSI/ASME B56.11.4—92

机动工业叉车用吊钩式叉头及叉架(包括修订件)

ANSI/ASME B56.11.4A—94

机动的工业叉式装卸车用钩式叉头及叉式运载装置　附录 B56.11.4—1992

ANSI/ASME B56.11.5—92

低提升、高提升不平地机动工业装卸车的噪声测量(包括修订件)

ANSI/ASME B56.11.5A—94

粗糙地面机动工业运货车和低程和高程提升机所发噪声的测量　附录 B56.11.5—1992

ANSI/ASME B30.12B—98

悬挂于旋翼机的吊运负载

附录 B30.12—1992

ANSI/ASME B30.21—94

手动操纵杆式起重机(包括修订件)

ANSI/ASME B30.21 INT—94

手动操纵杆式起重机手册

ANSI/ASME B30.21A—95

手动操纵杆式起重机　附录 B30.21—1994

ANSI/ASME B30.21B—97

手动操纵杆式起重机　附录 B30.21—1994

ANSI/ASME B30.22—93

铰链轴臂式起重机(包括修订件)

ANSI/ASME B30.22 INT—93

铰链轴臂式起重机手册

ANSI/ASME B30.22A—94

铰链轴臂式起重机　附录 B30.22—1993

ANSI/ASME B30.22B—95

铰链轴臂式起重机　附录 B30.22—1993

ANSI/ASME B30.22C—97

铰链轴臂式起重机　附录 B30.22—1993

ANSI/ASME B30.25—98

废料处理机

ANSI/ASME B29.4M—94

双节距输送机滚子链、连接件及链轮

ANSI/ASME B29.15M—97

钢制滚动输送机链、附件和链轮齿特别注识

ANSI/ASME B29.24M—95

桥式起重机用滚子载重链

ANSI/ASME B29.25M—94

开口桶形钢枢轴型传输机链、链连接件及链轮

ANSI/ASME B29.26M—96

动力传输滚链疲劳测试

ANSI/ASME B30.20B—96

吊钩提升装置　附录 B30.20—1993

ANSI/ASME B30.20C—98

吊钩提升装置　附录 B30.20—1993

第三节　德国 DIN 物流标准

一、起 重 机

DIN 15001 T.1—73

起重机.术语.按结构型式分类

采用:ISO 4306—1—90,EQV

DIN 15001 T.2—75

起重机.术语.按用途分类

DIN 15002—80

起重机.承载装置.名称

DIN 15018T.1—84

起重机.钢结构的原理.计算

采用:ISO 4301—4—89,EQV;

ISO 8686—1—89,EQV;

ISO/DIS 4301—5—86,EQV;

ISO/DIS 8686—1—86,

EQV;

ISO/DIS 8686—5—91,

EQV

DIN 15018 T.2—84

起重机.钢结构.设计与制造的原则

DIN 15018 T.3—84

起重机.钢结构的原理.车基起重机的计算

采用:ISO 8686—1—89,EQV;

ISO/DIS 8686—1—86,EQV;

ISO/DIS 8686—5—91,

EQV

DIN 15019 T.2—79

起重机.无轨道移动式起重机的稳定性,试验载荷与计算

采用:ISO 4305—91,EQV

DIN 15020 T.1—74

起重机.钢索传动原则.计算和设计

采用:ISO 4308—1—86,EQV;

ISO 4308—2—88,EQV;

DIN 15020 T.2—74

起重机.钢索传动原则.使用中的维修

采用:ISO 4308—2—88,EQV;

ISO 4309—90,EQV

DIN 15021—79

起重机.承载能力

DIN 15022—79

起重机.提升高度.作业速度

DIN 15023—79

起重机.带悬臂的旋转式起重机和龙门起重机.工作半径

DIN 15024—68

起重机和系列起重器具.双轨起重机的轨距

DIN 15025—78

起重机.起重机驾驶室内操纵杆的配置与操纵方向

采用:ISO 7752—4—89,EQV;

ISO 7752—5—85,EQV;

ISO/DIS 7752—3—88,

EQV

DIN 15026—78

起重机.危险位置标志

DIN 15120—76

系列起重设备.移动式升降台.计算原理及稳定性

DIN 15315—83

升降机.钢丝绳接头

DIN 15316—56

升降机.平衡锤镶装

DIN 15400—90

起重机用吊钩.机械性能.承载能力.应力和材料

采用:GB 10051.1—88,EQV

DIN 15401 T.1—82

起重机用吊钩.单钩.毛坯

DIN 15401 T.2—83

起重机用吊钩.单钩.带螺纹轴的制品

DIN 15402 T.1—82

起重机用吊钩.双钩.毛坯

DIN 15402 T.2—83

起重机用吊钩.双钩.带螺纹轴的制品

DIN 15403—69

起重机用吊钩.圆螺纹

DIN 15404 T.1—89

起重机用吊钩.锻制吊钩的交货技术条件

DIN 15404 T.2—89

起重机用吊钩.片式钩的交货技术条件

DIN 15405 T.1—79

起重机用吊钩.锻制吊钩使用中的检查

DIN 15405 T.2—88

起重机用吊钩.片式钩使用中的检查

DIN 15406—69

起重机用吊钩.自由锻制吊钩的裂纹

DIN 15407 T.1—77

起重机用吊钩.用于铁水包及钢水包的叠片铆合式单钩.装配.主要尺寸

DIN 15407 T.2—89

起重机用吊钩.用于铁水包及钢水包的叠片铆合式单钩.零件

DIN 15408—82

起重机.双绳轮的下轮.总成

DIN 15409—82

起重机.四绳轮的上轮.总成

DIN 15410—82

系列起重装置.电动起重机的下滑轮.单辊和双辊.安装

DIN 15411—83

起重机.下滑轮用起重吊钩的吊挂装置

DIN 15412 T.1—83

起重机的下滑轮.挺杆.毛坯

DIN 15412 T.2—83

起重机的下滑轮.挺杆.成品

DIN 15417—82

起重机的下绳轮.带滑动轴承的D型绳轮

DIN 15418—T.1—82

起重机的下绳轮.无内轴套深滚道滚珠轴承的C型绳轮

DIN 15418 T.2—82

起重机的下绳轮.无内轴套深滚道滚珠轴承的C型绳轮的间隔轴套

DIN 15418 T.3—82

起重机的下滑轮.无内轴套深滚道滚珠轴承的C型绳轮的油封盖

DIN 15421 T.1—82

起重机的下滑轮.带深滚道滚珠轴承和内轴套的B型绳轮

DIN 15421 T.2—82

起重机的下滑轮.带深滚道滚珠轴承和内轴套的B型绳轮的内轴套和隔离轴套

DIN 15421 T.3—82

起重机的下滑轮.带深滚道滚珠轴承和内轴套的B型绳轮的油封盖

DIN 15422 T.1—82

起重机的下滑轮.带滚柱轴承和内轴套的A型绳轮

DIN 15422 T.2—82

起重机的下滑轮.带滚柱轴承和内轴套的A型绳轮的内轴套和隔离轴套

DIN 15422 T.3—82

起重机的下滑轮.带滚柱轴承和内轴套的A型绳轮的油封盖

DIN 15428—78

起重机.负载悬吊装置.交货技术条件

DIN 15429—78

起重机.负载悬吊装置.使用中的检查

DIN 15430—89

传动技术.电动液压的升降设备.尺寸和要求

DIN 15450—78

起重机.行走机构驱动万向接头的计算

DIN 15453—78

起重机.万向节轴.安装.保养.运输和贮存的守则

DIN 15460—79

建筑材料用的起重机吊篮.安全要求

DIN 20180—91

矿口浴室衣服升降机用滑车

DIN 21383—88

吊架装置.螺栓

DIN 21386—88

吊架装置.圆钢丝绳用环

DIN 21389—88

吊架装置.夹环

DIN 15030—77

起重机.起重设备的验收试验.原则

DIN 15049—58

具有电动绞车.或类似提升装置的起重机.带滑动轴承的轨道导轮

DIN 15050—58

人工操作起重机.有滚柱轴承的轨道轮

DIN 15053—76

起重机.传动.连接尺寸.外形尺寸.输出力矩

DIN 15055—82

冶金.轧钢设备及起重机.油压过盈配合.应用.尺寸.结构

DIN 15058—74

起重机.轴支座

DIN 15061 T.1—77

起重机.索轮槽剖面

DIN 15061 T.2—77

起重机.钢丝绳卷筒上的槽形

DIN 15062 T.1—82

起重机.绳轮.选择范围和直径与宽度的配置

DIN 150062 T.2—82

起重机.绳轮.轴承和轮毂的尺寸

DIN 15063—77

起重机.绳轮.交货技术条件

DIN 15071—77

起重机.轨道轮轴承负荷的计算

DIN 15072—77

起重机.轨道轮的踏面轮廓和与各种起重机轨道配合的轨道轮直径

DIN 15073—77

起重机.轨道轮.一览表

DIN 15074—78

起重机.有轮缘和滑动轴承无齿环的轨道轮

DIN 15075—77

起重机.有轮缘和滑动油承有齿环的轨道轮

DIN 15076—77

起重机.有轮缘和轮胎.有滑动轴承无齿环的轨道轮

DIN 15077—77

起重机.有轮缘和轮胎.滑动轴承有齿环的轨道轮

DIN 15078—77

起重机.有轮缘.有滚柱轴承无齿环的轨道轮

DIN 15079—77

起重机.有轮缘.有滚柱轴承有齿环的轨道轮

DIN 15080—77

起重机.有轮缘和轮胎.滚柱轴承无齿环的轨道轮

DIN 15081—77

起重机.有轮缘和轮胎.滚柱轴承和齿环的轨道轮

DIN 5684 T.1—84

起重机用圆钢链.质量等级 5.经检验符合量规允差

DIN 5684 T.2—84

起重机用圆钢链.质量等级 6.经检验符合量规允差

DIN 5684 T.3—84

起重机用圆钢链.质量等级 8.经检验符合量规允差

采用:ISO 3077—84,EQV;

ISO/DIS 3077—88,EQV

DIN 5699 —74

用圆钢链的斗式提升机.平辊和锯齿形辊的链卡箍

DIN 6899—88

纤维绳索用钢制套环

DIN 7355—70

系列起重机. 钢绞盘

DIN 7540—80

环钩. 质量等级 5

DIN 7541—84

起重机. 质量等级 5. 大眼环钩

DIN 24902 T. 11—82

公共信息用图形符号. 升降机

DIN 30785—77

起重作业中的吊具. 类型和术语

DIN 32979—92

升降机. 安全技术要求. 检验

DIN 43649—85

起重磁铁的功率铭牌. 文字说明

DIN 82019—93

带螺纹. 托叉和圆眼的双钩吊钩

DIN 695—86

制动链. 钩链. 环链. 零件. 质量等级 2

DIN 1142—82

钢丝绳终端满足安全要求的绳扣

DIN 3090—89

索环. 钢丝绳用型钢索环

采用:ISO 2262—84, IDT

DIN 3091—88

索环. 钢丝绳用实心索环

DIN 3095 T. 1—88

扣眼. 带箍的 F1 扣眼钢箍. 安全技术要求. 检验

DIN 3095 T. 2—88

扣眼. 带箍的 F1 扣眼钢箍. 安全技术要求. 检验

DIN 4132—81

起重机轨道. 钢支承结构. 计算. 设计与制造原则

DIN 4132—Bb. 1—81

起重机轨道. 钢支承结构. 计算. 设计与制造原则. 说明

DIN 4212—86

钢筋混凝土和预应力混凝土制起重机轨道. 设计和施工

DIN 15413—83

起重机的下滑轮. 起重吊钩螺母

DIN 15414—83

起重机的下滑轮. 安全板

DIN 15100—67

系列起重机. 名称

DIN 15082 T. 1—77

起重机. 轨道轮. 可用法兰连接的齿环

DIN 15082 T. 2—77

起重机. 与齿环压配合的带滚柱轨承的轨道轮

DIN 15085—77

起重机. 轨道轮. 交货技术条件

DIN 15086—77

起重机. 有滚柱轴承的轨道轮. 内轴套端的小平面

DIN 15090—82

起重机. 驱动及随动总成. 组装

DIN 15091—82

起重机. 驱动及随动总成. 主动轮轴

DIN 15092—82

起重机. 驱动和随动总成. 密封盖

DIN 15093—82

起重机. 驱动和随动总成. 主动轮

采用:GB 4628—84, REF

DIN 15094—82

起重机. 驱动和随动总成. 轴承保持架圈

DIN 15095—82

起重机. 驱动和随动总成. 安全垫圈. 套筒. 接套

DIN 15004—78

汽车起重机(汽车吊). 主要部件的名称

DIN 15006—81

汽车起重机(汽车吊). 地面手动操纵起重机的操纵杆的配置与操纵方向

DIN 15012—92

起重机. 指令装置调节部件用图形符号

DIN 15069—77

起重机. 起动盘

DIN 15070—77

起重机. 行走轮的计算原理

DIN 15003—70

起重机. 承载装置. 载重和力. 概念

采用:ISO 4306—1 DAD 2—87,

DIN 15019 T. 1—79

起重机.除无轨道移动式起重机和浮吊之外所有起重机的稳定性

采用:ISO 4304—87,EQV

DIN 24900 T.21—79

机械制造的图形符号载重汽车起重机

采用:ISO/DIS 7296—1—89,EQV

二、输送机

DIN 20633—92

矿山用单轨架空道.两端带叉架的锁紧装置

DIN 20635—90

矿山用单轨架空道.悬挂用钩环

DIN 20636—90

矿山用单轨架空道.悬挂爪.要求和检验

DIN 20637—86

矿山用单轨架空道.经检验长链节架空圆钢链

DIN 22101—82

连续输送机.松散物料用皮带输送机.计算和设计原则

采用:ISO 5048—89,EQV

DIN 22102 T.1—91

松散物料用带织物层的输送机皮带.尺寸.要求.标志

采用:ISO 251—87,EQV

DIN 22102 T.2—91

松散物料用带织物层的输送机皮带.检验

采用:ISO/DIS 282—91,EQV

DIN 22102 T.3—91

松散物料用带织物层的输送机皮带.固定式皮带连接

DIN 22103—89

耐火输送带.要求.检验

采用:ISO 340—82,EQV

DIN 22104—89

布衬垫抗静.电运输带.要求.检验

采用:ISO 284—82,EQV

DIN 22107—84

连续输送机.松散物料皮带输送机的支承辊.主要尺寸

采用:ISO 1537—75.EQV

DIN 22114—93

地下煤矿用皮带输送机.重型支架

DIN 22257—90

链式刮板输送机用刮板.外链带.尺寸.要求.检验

采用:ISO 5612—90,EQV

DIN 30790—91

滚动容器.具有可拆卸板的滚动托盘.尺寸和安全技术要求

DIN 32601—81

地面输送机械.采购车.名称.安全技术要求.检验

DIN 32601 T.2—86

地面输送机械.机械运输带上用采购车.安全技术要求.检验

DIN 32601 T.3—93

地面输送机械.机械输送带上用带装物平台的采购车.安全技术要求和检验

DIN 15221—78

连续输送机.链式输送机.用防护设备解决卷料部位安全的示例

采用:ISO/TR 5046—77,IDT

DIN 15222—78

连续输送机.带承重装置或刮板的链式输送机.用刮板或横隔板解决防止故障的示例

DIN 15126—89

输送工程.桥式装卸机测量.计算液压及电气设备

DIN 15160 T.1—89

动力地面运输工具.安全技术要求.检验

DIN 15184—91

动力地面运输工具.台架操作用地面输送工具.安全技术要求和检验

DIN 15201 T.1—77

连续输送机.名称.图例.图形符号

采用:ISO 2148—74,EQV

DIN 15201 T.2—81

连续输送机.辅助设备.名称.图例

DIN 15207 T.1—88

连续输送机.输送带用托辊.松散材料托辊的主要尺寸

采用:ISO 1537—75,EQV

DIN 15207 T.2—88

连续输送机.货物输送带用支承托辊.成组货件输送带用支承托辊的主要尺寸

DIN 15209—84

连续输送机.带式输送机用支承棍用缓冲环

采用:ISO 4123—79,EQV

DIN 15210—84

连续输送机.带式输送机用返载皮带支承辊的支环

采用:ISO 4123—79,EQV

DIN 15237—80

连续输送机.加因皮带构件的定位螺钉和凹垫圈

DIN 15261 T.1—86

连续输送机.螺旋输送机.连接尺寸

采用:ISO 1050—75,IDT

DIN 15261 T.2—86

连续输送机.螺旋输送机.螺旋叶片

采用:ISO 1050—75,IDT

DIN 15262—83

连续输送机.松散物料用螺旋输送机.计算原则

DIN 20597—92

矿山用单轨架空道.锯齿盘

DIN 20599—84

矿山用单轨架空道缆绳位置.滑轮平台架.小吊自由尺寸

DIN 20619—83

矿山用单轨架空道.带悬架的卷绳滚筒

DIN 20622—90

矿山用单轨架空道.轨道悬挂和它的支座用轨道连接 140E/76.截面 1140E 型轨道的允许悬挂负荷

DIN 20629 T.1—90

矿山用单轨架空道.索传动式单轨架空道的轨道悬吊

DIN 20629 T.2—90

矿山用单轨架空道.轨架空道的轨道悬吊

DIN 15233—80

连续输送机.斗式提升机.中深斗

DIN 15234—80

连续输送机.斗式提升机.带平面后壁的深斗

DIN 15235—80

连续输送机.斗式提升机.带弯曲后壁的深斗

DIN 15236 T.1—80

连续输送机.斗式提升机.传送带上斗的固定

DIN 15236 T.4—80

连续输送机.斗式提升机.圆钢链上链斗的固定

DIN 15223—78

连续输送机.皮带输送机.解决惰轮上狭窄点部位安全的示例

采用:ISO/TR 8435—84,IDT

DIN 15224—83

连续输送机.螺旋输送机.解决窄点和进料位置安全的示例

采用:ISO/TR 9172—87,IDT

DIN 15231—80

连续输送机. 斗式提升机.扁斗

DIN 15232—80

连续输送机. 斗式提升机.扁圆斗

DIN 762 T.1—92

连续输送机的圆钢链.质量等级 2.经量规检验合格链环节距5 d

DIN 762 T.2—92

连续输送机的圆钢链.质量等级 3.经量规检验合格、链环节距5 d

DIN 764 T.1—92

连续输送机的圆钢链.质量等级 2.经量规检验合格.链环节距3.5 d

DIN 764 T.2—92

连续输送机的圆钢链.质量等级 3.经量规检验合格.链环节距3.5 d

DIN 6651—87

管道风动传送系统.系统类型.传动类型.公称内径

DIN 6651 T.2—91

管道风动传送系统.概念

DIN 6654—79

管道风动传送系统.图形符号.外文名称

DIN 6656—88

管道风动传送系统.冷拔钢制传送管

DIN 6657—88

管道风动传送系统.套管.冷拔钢运输管用套管

DIN 6660—87

管道风动传送系统.无增塑剂聚氯乙烯(硬聚氯乙烯)传送管

DIN 6661—79

管道风动传送系统.无增塑剂聚氯乙烯(硬聚氯乙烯)套管

DIN 6662—88

管道风动传送系统.无增塑聚氯乙烯(PVC—U)气动输送管道构件.交货技术条件

DIN 6663—83

管道风动传送系统.无增塑剂聚氯乙烯(硬聚氯乙烯)管道传送系统的部件.加工说明

DIN 6664—87

管道风动传送系统.无增塑剂聚氯乙烯(硬聚氯乙烯)90°传送管弯头

DIN 6665—78

管道风动传送系统.传送管和90°传送管弯头的检验量规

DIN 6666—85

管道风动传送系统.钢制90°传送管弯头.尺寸.交货技术条件

DIN 6667—85

管道风动传送系统.钢制厚壁传送管用焊接套管

DIN 15136—57

地面运输车辆.叉车.装载机和堆垛机的悬挂装置.名称

DIN 15137—82

地面运输车辆.叉车装卸车.承载能力.主要尺寸

DIN 15138 T.1—63

地面运输车辆.稳定性.概述.一般原理

DIN ISO 2331—83

叉式起重车.钩接式叉臂.术语

采用:ISO 2331—74,IDT

DIN ISO 3435—79

连续机械装卸设备.松散物料的分类和符号

采用:ISO 3435—77,IDT

DIN ISO 3569—78

连续机械装卸设备.成组货件的分类

采用:ISO 3569—76,IDT

DIN 15138 T.2—63

地面运输车辆.带可倾斜升降装置的座式与立式叉车的稳定性

采用:ISO 1074—91,EQV

DIN 15160 T.2—89

带驾驶座的地面运输机动车.脚踏板的结构和要求的规定

DIN 15173—86

地面运输工具.叉车.叉子支架和附加设备.ISO叉车支架的连接尺寸

采用:ISO 2328—77,EQV

DIN 15174—88

地面运输工具.带ISO叉架的叉车用叉臂.主要尺寸

采用:ISO 2329—83,EQV

DIN 15178—86

地面运输工具.带ISO叉架的叉车用叉尖.叉钩.叉制动器

DIN 15350—92

台架货物存放和取出操作设备.钢支承结构的规范 计算

DIN 30722 T.2—93

滚动式倾卸车.变换装载装置.滚子容器.32吨以下滚动式倾卸车.钢制1570型带滚子容器

DIN 30722 T.3—93

滚动式倾卸车.变换装载装置.滚动容器.10 t以下滚动式倾卸车.钢制900型带滚子容器

DIN 30723—86

翻斗卸货车辆.翻斗卸货装置.要求

第四节　日本JIS物流标准

JIS Z0111:1999　物流用语

JIS Z0106:1997　托盘用语

JIS Z0108:1996　标准包装用语

JIS Z0110:1998　工业用货架用语

JIS Z1613:1994　国际货物集装箱用语

JIS B0136:1993　起重机用语、构造、性能

JIS B0148:1998　卷扬设备用语

JIS B0140:1993　输送机用语—种数

JIS B0141:1993　输送机用语—部件附属设备

JIS B0146—1:2000　起重机用语第一部:一般

JIS B0146—2:2000　起重机用语第二部:移动式起重机

JIS B8941:1999　主体自动仓库用语

JIS D0105:1987　自用汽车的普通货台用语

JIS D6201:1999　铲车用语

JIS D6801:1994　无人搬运车系统用语

JIS X500:1995　数据传输用语

一、物流一般

JIS Z0105:1998　包装货物—包装

JIS Z0150:1998　一般货物的搬运指示标识

JIS Z0152:1996　包装物品的搬运注意标识

JIS Z0161:1984　单元货板尺寸

JIS Z0170:1998　单元货板的稳定性试验方法

JIS Z0650:1995　单元货板系统通则

JIS X0502:1994　物流商品条码用

JIS X7011—1:1999　行政、商业和输送用电子数据交换 CEDIFAXC;

二、业务级拟文现定

公用拟文现定和公用拟文用

JIS XT011—2 1999　EDI 用构文规定

JIS XT011—3 1999　对话型 EDI 用拟文规定

JIS XT011—4 2000　EDI 拟文运用通知

JIS XT011—8 1999　EDI 有关数据

三、有关硬件

(一)起重机

JIS B8801:1974　桥吊

JIS B8820:1995　起重机的额定负载额定速度和旋转斗径

JIS B8802:1995　链葫芦

JIS e9620:1999　电动葫芦

JIS B8812:1999　链葫芦用环链

JIS B8813:1999　电动绞车

JIS B8815:1999　电动链葫芦

JIS B8819:1999　链式绞车

(二)输送机

JIS B8803:1990　带式输送机用滚子

JIS B8814:1992　带式输送机用滑轮

JIS B8804:1995　全国制滚子输送机

JIS B8805:1992　胶带输送机计算公式

JIS B8808:1995　可移式带式输送机

JIS B8825:1999　分选输送机

JIS B8950:1988　单元荷重用垂直输送机

JIS B8951:1990　托盘

(三)工业车辆

JIS D6001:1999　铲车的安全基准

JIS D6202:1995　铲车的性能表格式

JIS D6011:1999　铲车的稳定度和安定度试验

JIS D6021:1999　铲车的门架

JIS D6022:1999　铲车的识别记号

JIS D6023:1999　铲车制动的性能和试验方法

JIS D6024:1998　铲车的货叉及安装尺寸和构造

JIS D6003:1995　安全

JIS D6802:1997　无人搬运车系统设计规则

JIS D6803:1994　无人搬运车系统设计规则

JIS D6804:1994　无人搬运车系统设计规则

JIS D6805:1994　无人搬运特性、性能试验方法

(四)小型搬运车辆

JIS B8924:1999　手推车的主要尺寸

JIS B8930:1999　托盘车的主要尺寸

JIS B8920:1993　手推车的主要尺寸

JIS B8922:1999　工业用车辆

JIS B8923:1999　工业用车辆

JIS B8925:1995　带台盘提升的手推车

JIS B8926:1995　手提升机

(五)汽　车

JIS D1701:1995　冷藏、冷冻车的保冷车体性能试验方法

JIS D4001:1995　冷藏、冷冻车的保冷车体

JIS D4002:1989　汽车载荷内尺寸

(六)托盘、集装箱

JIS Z0601:1990　一条龙输送用木制平托盘

JIS Z0602:1988　平托盘试验方法

JIS Z0604:1989　木制平托盘

JIS Z0605:1989　金属制平托盘

JIS Z0606:1993 塑料制平托盘
JIS Z0607:1995 塑料制平托盘
JIS Z0608:1997 纸制平托盘
JIS Z0610:1998 箱式托盘
JIS Z0612:1977 一条龙输送用箱式托盘试验方法
JIS Z0614:1991 可控箱式托盘
JIS Z0615:1990 托盘支架
JIS Z0616:1991

(七)集装箱

JIS Z1610:1997 国内货物集装箱—外部尺寸和公用标准
JIS Z1629:1996 货物集装箱:上部的吊具及固紧装置
JIS Z1625:1995 国内保冷集装箱
JIS Z1612:1995 国内保冷集装箱保冷性能试验方法
JIS Z1614:1994 国际货物集装箱—外部尺寸和最大总质量
JIS Z1615:1987 国际大型集装箱的标码识别和表示方法
JIS Z1616:1955 国际货物集装箱—角配件
JIS Z1618:1994 国际一般货物集装箱
JIS Z1619:1994 国际冷冻集装箱
JIS Z1621:1973 国际大型顶开式集装箱
JIS Z1622:1974 国际大型顶开式集装箱
JIS Z1624:1994 国际罐式集装箱
JIS Z1625:1995 国际站分式集装箱
JIS Z1626:1987 国际大型集装箱的使用
JIS Z1651:1994 柔性集装箱(软式)

(八)保管设备、其他

JIS Z0620:1998 工业用货架
JIS B8942:1994 主体自动仓库系统设计通则
JIS B8943:1998 主体堆垛机系统设计通则
JIS B8612—1:1999 冷冻、冷藏 第一部:一般条件
JIS B8612—2:1999 第二部:冷冻、冷藏 特殊条件
JIS B8611—1:1999 冷冻、冷藏 试验方法:第一部:尺寸面积和容积的计算
JIS B8691—2:1999 冷冻、冷藏 试验方法 第二部:一般试验条件
JIS B8611—3 1999 第三部 温度试验
JIS B8611—4 1999 第四部 除霜试验
JIS B8611—5 1999 第五部 结露试验
JIS B8611—8 1999 第六部 消耗电量试验
JIS B8611—8 1999 第八部 接触事故试验

第五节 俄罗斯物流标准

504—78 桥式支座起重机:跨度
1575—87 起重机,基本参数系列
2103—89E 一般用移动带式输送机:技术条件
2105—75 锻制和冲制吊钩:技术条件
2224—93 钢丝绳用钢套环:技术条件
4751—73 带环螺栓:技术条件
6619—75 单钩和双钩层式吊钩:技术条件
6627—74 单钩吊钩:坏件:型式:结构及尺寸
6628—73 双钩吊钩:坏件:型式:结构及尺寸
7075—80E 手动桥式支座吊车:技术条件
7352—88 电动高架起重机:型式
7890—93 一般用单梁电动悬式起重机:技术条件
8288—74 一般用料斗的平闸板:基本及连接尺寸
8415—78 料斗用扇形闸板:基本参数和连接尺寸
9078—84 平面托盘:型式:基本参数及尺寸
9557—87 800 mm×1 200 mm木质平托盘:技术条件
9570—84 箱式和柱式托盘:型式:基本参数及尺寸
11112—70 架空索道悬式运料车:技术条件
12612—79 装锭用吊车:基本参数
12613—79 脱锭用吊车:基本参数
12614—79 装料箱用吊车:基本参数
12840—80 单面吊钩用安全锁:型式及尺寸
12847—67 吊起重装置载货小车:型式,基本参数及尺寸
13188—67 载货小车:型式:基本参数及尺寸
13524—68 无轨运输用实心橡胶轮胎;技术要求
13556—91 建筑用塔式起重机:技术要求

13716—73 容器和器械用吊索装置:技术条件
14110—97 多回转式半刚性吊索:技术条件
14114—85 容器和器具用起吊装置:安装用起吊接头:结构及尺寸
14115—85 容器和设备用起吊装置:安装用起吊加长接头:结构及尺寸
14116—85 容器和器具用起吊装置:安装用起吊接头:技术条件
15516—76 一般用无驱动可移式辊筒传送带:型式:基本参数及尺寸
15539—81 工业容器用的抓货装置:型式:基本参数及尺寸
16215—80E 一般用叉式装卸机:一般技术条件
16553—88 起重堆垛机:型式
18343—80 砖和陶砖用托盘:技术条件
18962—97 露天电气化无轨运输机:一般技术条件
19191—73 自动制动旋转紧线器:技术条件
19494—74 手动定置旋臂式起重机型式:基本参数及尺寸
19811—90 定置旋臂式起重机:型
20278—90E 冶金铸造用吊车:参数尺寸
21005—75 航空用机油箱:型式:基本参数及尺寸
21133—87 土豆、蔬菜、水果及瓜类的专用箱底板:技术条件
21650—76 包装和散装货物运输的紧固用具:一般技术要求
21901—76 航空运货用集装箱:一般技术条件
22045—89E 电动单梁桥式起重机:技术条件
22322—77 制品装入木箱用衬垫物:一般技术条件
22477—77 棚车内固定包裹物品用装置:一般技术要求
22584—96 电动缆索滑轮组:技术条件
22644—77 传送带:基本参数及尺寸
22645—77 传送带:滚筒支承:型式及基本尺寸
22646—77 传送带:滚筒:型式:基本尺寸
22661—77 毛重 2.5(3.0)和5.0 t输送机用抓取装置:技术条件
22831—77 载重量3.2 t, 尺寸1 200 mm × 1 600 mm及1 200 mm × 1 800 mm的木制平托盘:技术条件
22859—77 汽车用液压千斤顶:技术条件
23002—87 集装箱运输统一体系:布箱

第三篇 物流专业用语(中、日、英对照)

第一章 概 述

被视为继原材料与劳力成本和市场营销之外的"第三利润源泉",物流学是自20世纪中期新发展起来的一门实践性很强的综合性交叉学科。

它融合了经济学、运筹学,技术科学及管理科学,揭示了物品从供应地向接收地实体流动过程中的运输、储存、装卸、搬运、配送、流通加工、包装、信息处理等物流各要素的内在联系。

近年来,围绕物流这门技术和应用的开展,出版的图书很多,但词书专业用语的出版较少,尤其是中、英、日对照性的词书出版更是空白。

现在《中国现代物流大全》第五卷中编撰入《现代物流专业用语的中、英、日对照》旨在满足广大物流从业人员查阅英文和日文资料撰写文章、业务文件、开展内外交流的需要。本部分编入的用语包括有关物流软件和物流硬件两大部分。在物流软件部分中收录了物流基础与理论、物流管理、物流操作和物流人才各方面的相关词汇;在上述各部分的细分类中选用参考了国家技术监督局发布的"物流术语"(GB/T 18354-2001)中的部分有代表性、时代性、新颖性的词汇说明;而在物流硬件的盛载物品的装置、工业车辆、起重机械、输送机械、分拣设备、包装设备、IT-ID设备、仓库设备、环保设备等类词汇均选用附入有代表性装置设备的基本构造简图以便于理解和查阅。书中的中文定名采用国家审定公布的标准词汇,而未于审定公布者,则根据词义业务的习惯予以定名。此外鉴于在物流技术和商务文件中的英文词汇中使用缩略语较多,我们在编写中也在常见惯用的英文词汇中列入常见的缩略语。

物流学科正在方兴未艾地发展,先进的理论和实践成果层出不穷。一定会不断出现新的专业用语词汇,这有待于在日后继续补充和完善。

本部分共收录了物流相关词汇,共计约4 000条。

第二章 有关物流基础与理论的专业术语

物流 物品从供应地向接收地的实体流动过程。根据实际需要,将运输、储存、装卸、搬运、包装、流通加工、配送、信息处理等基本功能实施有机结合。

物流	logistics, physical distribution (PD), material flow	ロシステイックス,物流;マテリアル·フロー
物品	article	物,もの
物流活动	logistics activity	物流活動
物流作业	logistics operation	物流作業
物流技术	logistics technology	物流技术
物流工程	logistics engineering	物流エンジニァリング
物流系统	logistics system	物流システム
物流企业	logistics enterprise	物流企業
物流中心	logistics center	物流センター
物流网络	logistics network	物流ネットワーク
物流信息	logistics information	物流情報
物流模数	logistics modulus	物流モジェール
物流环境	logistics enviroment	物流環境

物流中心 从事物流活动的场所或组织，应基本符合下列要求：

a)主要面向社会服务；b)物流功能健全；c)完善的信息网络；d)辐射范围大；e)少品种，大批量；f)存储、吞吐能力强；g)物流业务统一经营、管理。

物流设施	logistics installation	物流施設
物流联盟	logistics alliance	物流協調，物流同盟
物流战略	logistics strategy	物流戦略
物流成本	logistics cost	物流コスト
物流单证	logistics documents	物流書類
物流审计	logistics audit	物流監査
物流管理	logistics management	物流管理
物流渠道	logistics channel	物流通路
物流费用	logistics fees	物流料金
物流效应	logistics requirements	物流要件
物流服务	logistics service	物流サービス

生产物流 生产过程中，原材料、在制品、半成品、产成品等在企业内部的实体流动。

生产物流	production logistics	生産物流
供应物流	supply logistics	調達物流
销售物流	distribution logistics	販売物流
企业物流	internal logistics, bussiness logistics	企業内物流
社会物流	external logistics, societal logistics	社会物流
军事物流	military logistics	军事物流
国内物流	domestic logistics	国内物流
国际物流	international logistics	国際物流
回收物流	retrieval logistics, returned logistics	回收物流
废弃物物流	waste material logistics	廢弃物物流
绿色物流	enviroment logistics	環境物流
定制物流	customized logistics	定制物流
精益物流	lean logistics	精益物流
第三方物流	third-part logistics(TPL)	第三方物流
虚拟物流	virtual logistics	仮想物流
物流系统化	logestics systemization	物流体系化
物流系统仿真	logestics system simulation	物流システム·シミユレーション

虚拟物流 以计算机网络技术进行物流运作与管理，实现企业间物流资源共享和优化配置的物流方式。

物流成本管理	logistics cost management	物流コスト管理
物流成本递减	decreasing logistics cost	物流コスト減少して行く
物流反应时间	logistics response time	物流反応時間
物流配送平台	logistics flow platform	物流プラトホーム
物流配送服务	logistics delivery service; materical delivery service	物流配送サビース
物流系统分析	logistics system analysis	物流システム分析
物流信息交换	logistics data interchange	物流データ交換
物流信息网络	logistics information network	物流情報ネットワーク
物流信息系统	logistics informiation system	物流情報システム
物流资源计划	logistics resource planning	物流資源計画
物流资源配置	logistics resource allocation	物流資源配給割当
物流需求规划	logistics requirement planning	物流需求計画
物流全球化	globalization of logistics	物流のグローバ化
物流一体化	logistics integratioin	物流統合化
系统	system	システム
系统化	systimatize; systimatization	システム化
系统分析	system analysis	システム
系统工程	system engineering	システム·エンジニアリング
物流系统	logistics system	ロジスティクス·システム
单元载荷系统	unit load system	ユニットロード·システム
货盘系统；托盘系统	pallet system	パレット·システム

全球电子数据交换标准	global Electronic data interchange standard (GEDIS)	国際標準EDIシステム
效率高的系统	efficient system	効率的なシステム
通关手续处理系统	customs house formalities processing system	通關手续处理システム
物流管理系统	logistics management system	ロジステクス·マネジ×ント·システム
温度管理系统	temperature management system	温度管理システム
信息支持系统	information support system	情報支援システム
自动导引拣货系统	auto guided picking system(AGP)	自動ガイド·ピッキング·システム
开放系统	open system	オープンシステム
智能化运输系统	intelligent transport system(ITS)	高度道路交通システム
自动电子收费系统	electronic toll collection system(ETC)	自動料金収受システム
仓库管理系统	warehouse management system(WMS)	倉庫管理システム;物流センター管理システム
计算机系统	computer system	コンピェータ·システム
邮件处理系统	mail processing system	郵便処理システム
数字化分拣系统	digital picking system(DPS)	テジタルピッキングシステム
订单拣货系统	order picking system	オーダーピッキングシステム
智能系统	intelligent system	インテリジェント·システム
配送中心系统	distribution center system	配送センター·システム
市场信息处理系统	marketing information processing system	マーケティング情報処理システム
物流信息系统	logistics information system	物流情報システム
管理、规划和设计总系统	total management planning and design planning and design sysem	トータル管理·計画．設计システム
设备管理和控制系统	facility control system(FCS)	設備管理·制御システム
无线系统	wireless system	無線システム
物流网络信息系统	logistics network information system	物流ネット·ワーク情報システム
决策支持系统	decision support system(DSS)	決定支援システム
遥控信息系统	remote information system	リモート情報システム
卫星通讯系统	satellite communication system	衛星通信システム
数据通讯系统	data communication system	データ通信システム
在线控制系统	on-line control system	オン·ライン制御システム
磁带系统	magnetic tape system	磁気テープ·システム
磁盘系统	magnetic disc system	磁気ディスタンスァム
插卡系统	card system	カードシステム
地理信息系统	geographic information system(GIS)	地理情報システム
自动识别系统	automatic identificatioin system	自動認識システム
信息处理系统	information processing system	情報処理システム
全球定位系统	global positianal system(GPS)	グローバル位置確定システム
订单处理系统	order processing system	受注処理システム
手持轻便型现场操作系统	handy terminal navigation system	ハンディナビシステム
物流信息规划系统	logistics information planning system(LIPS)	物流情报計画システム
无线电频率识别系统	radio frequency identification (RFID) system	無線周波数認識システム
标笺系统	label system	ラベルシステム
传统的采购系统	traditional procurement system	伝统的な调達システム
项目采购系统	project procurement system	プロジェクト调達シスタム
计算机信息处理系统	computer orinted information system	コンピユータ情報処理システム
再循环(利用)系统	recycling system	リサイクル·システム
检查系统	inspection system	計測システム
无人搬运车系统	autonomous going vehicle system	無人搬送车システム
分类系统	sorting system	仕分けシステム
净化系统	clean system	クリーンシステム

货上架系统	stocktaking system	棚卸システム
进货检查系统	receiving inspection systelm	入荷検品システム
出货检查系统	shipping inspection system	出荷検品システム
卸货系统	unloading system	荷卸レシステム
记账登册系统	book keeping system	帳簿管理システム
装货系统	loading system	積込みシステム
捆包整理系统	packaging and combination system	捆包システム
储存保管系统	storage system	保管システム
管理	management	管理
供应链管理	supply chain management (SCM)	サプライ·チェーン·マネジ×ント
质量控制质量管理	quality control (QC)	品質管理;品質制御
环境管理	environment management	環境マネジ×ント
总体质量管理	total quality management (TQM)	トータル品質マネジ×ント
物资管理	material management (MM)	资材管理
物料搬运管理	material handling management	荷役管理
连续补充程序	continuous replenishment program (CRP)	連続補充プログラムー
供应链规划	supply chain planning (SCP)	サプライ·チエーン,計画
供应链实施	supply chain execution (SCE)	サプテイ·チェーン·實行
即时管理;准时制	just in time (JIT)	ジャスト·イン·タイム
集成化供应链管理	integrated supply chain management	统合サプラィ·チェーン·マネジ×ント
销售人管理库存	vendor managed inventory (VMI)	売る人管理库存
电子物流	electronic logistics	e·ロジスティクス
电子商务	electronic business	e·ビジネス
操作研究;作业管理	operations research (OR)	オベレーションス·リサーチ
最短路线法	shortest route method	最短ル-ト方法
飞石法	stepping stone method	飛び石法
线性规划法	lineor programming	線性計画法
层次分析法	analytic hierarchy process (AHP)	階级分析法
作业基准原价管理	activity based costing (ABC)	活動基準原価管理
作业基准管理	activity based management (ABM)	活動基準管理
协力工程	concurrent engineering (CE)	コンカレント·エンジニアリング
最佳方法	optimum ways	最適方法
最适合方法;扫除算法	sweep algorithm	スウィープ法
限制条件理论	thecry of contraints	制约条件の理論
工业工程	industrial engineering (IE)	工業エンジニアリング
效果	effect	效果
界限	boundary	限界
空间的利用	space utilisation	スペース活用
作业效率	work efficiency	作業效率
总资产利益率	return asset (ROA)	総资产利益率
资本利益率	return on equity (ROE)	资本利益率
成本效率	cost efficiency	コスト效率
物流模型	logestics model	物流モデル
系统模型	system model	システム·モデル
仿真模型	simulation model	シミュレーション·モデル
物流软件	logestics software	物流ソフトウェア
配车计划支援软件	distribution planning support software	配车計画支援ソフトウェア
模块化设计	modular design	モジェール化·デザイン
物流成本仿真模型	physical distribution cost simulation model	物流コスト·シミェレーション·モデル
多层次在库模型	multi-echelon inventory models	多階層在库モデル
系统仿真器	system simulator	システム·シミュレータ

配送仿真器	distribution simulators	配送·シミェレータ
处理仿真器;过程仿真器	process simulator	プロセス·シミュレータ
配车计划	problem of vehicle scheduling	配车計画
系统设计	system design	システム·デザイン
一般目的系统仿真器	general purpose system simulator (GPSS)	一般目的システムシミェレータ
电子产品码	eletronic product code (EPC)	電子産品コードー
双向识别技术	technology of interactive identification	双方向認識技術
有效用户响应	effective customer response (ECR)	有效得意先应答
快速响应	quick response (QR)	快速应答

第三章　有关物流作业的专业用语

第一节　物流作业:运输

运输:用设备和工具将物品从一地点向另一地点运送的物流活动。其中包括集货、分配、搬运、中转、装入,卸下、分散等一系列操作。

运输	transportation	输送
水路运输	waterborne transportation	水上输送
公路运输	highway transportation	道路输送
铁路运输	railway transportation	铁道输送
航空运输	aircraft transportation	航空输送
管道运输	pipeline transportation	管道输送
联合运输	combined transport	连合输送
直达运输	through transport	直通输送
中转运输	transfer transport	移転输送
集装箱运输	container transport	コンテナ输送
定温运输	transportation under controlled temperature	定温度输送
散装运输	bulk carrier	バグ输送
集装运输	containerized transprot	コンテナ化输送
甩挂运输	drop and pull transport	ドロップープル输送
门到门	door to door	ドア　ドア直送
货物船	cargo boat, freight vessel, freighter	货物船,荷船
定期船	liner boat	定期船
杂货船	general cargo boat; general cargo cerrier	雑货船,一般货物船
油轮、油船	oil tanker; oil carrier	油タンク船
运煤船	coal carrier, collier	石炭運搬船
矿砂运输船	ore carrier	オアー·キャリヤー
液化石油气运输船	liquefied petroleum gas (L. P. G) tank ship	L. P. G. タンク船
链斗挖泥船	dipper ship	ジッパーせん(ジジッパーパー船)
矿砂/油船	ore/oil carrier	オアー·オイル·キャリヤー
井甲板船	well deck vessel	ウェル甲板船;凹甲板船
无甲板船,敞舱船	pen-boat; undecked boat	オープン·ボート
顶轮、顶推船	push boat	押船
垃圾船、粪船	sewage boat, sludge vessel, sludge boat	污物船
沿海小型货轮	sea truck	海上トラック
游艇,快艇	yacht	快走船
高速交通艇	runaboat	快走艇
海洋观测船	marine research ship	海洋観測船

鲜果船	fruit carrier	果実運搬船
运输汽油船	gasoline tanker	ガソリン船
活鱼运输船	live fish carrier	活魚運搬船
渔船	fishing vessel;fishing boat	漁船
海运	shipping	シッピング,海運
船	ship	シップ
运洋船	ocean-going ship	オーシシャン·ゴーイング·シップ;外航船
远洋班轮	ocean liner	オーシャン·テイナ
远洋拖轮	ocean tug	オーシャン·タッグ
运河驳	canal barge	運河はしけ
运输船,运输舰	transpoot	運送船
客船	passenger boat	パッセンガーボート
定期客轮,班轮	passenger liner	パッセンガー·ライナー
不定期货船	ocean tramper	オーシャン·トテムパー
远洋载驳货船,远洋驳船运输船	ocean-going barge carrier	オーシャン·ゴーイング·パージ·キャリヤ
通讯艇	advice boat	アドバイス·ボート
气艇,飞艇,飞船	airship	エアシップ
气垫船	air cushion vehicle	エアクッション·ベヒクル
海洋气象观测船	ocean weather ship	海洋气候観測船
可折艇	folding boat	折たたみボート
海峡渡船	channel boat,cross channel vessel	海峡連络船
远洋船	foreign going vessel	外航船
明轮船	paddle wheel ship	外車船
明轮蒸汽机船	paddle steamer	外車汽船
全集装箱船	full container ship;container cargo ship	フルコンテナー,シップ
半集装箱船	semi-container ship	セミ·コンテナーシップ
部分集装箱船	partial container freighter	部分的のコンテナ货物運送船
蜂窝形集装箱船	cellular ship	区画式·シップ
高速集装箱船	speed up of container ship;	高速度コンテナー·シップ
滚装集装箱船	drive-on/drive-off ship	ドライブ-オン/ドライブ·オフシップ
滚装式全集装箱船	ro-ro full container ship	ローローフル·コンテナーシップ
混合集装箱船	combination container ship	组合形コンテナーシップ
混合式集装箱船	hybrid container ship	混合形コンテナ·シップ
混合型集装箱船	composite container ship	合成形コンテナー·シップ
集装箱班轮	container liner	コンテナー·テイナー
集装箱货船	cargo container ship	货物コンテナ·シップ
集装箱接运船	feeder container ship	供給コンテナ·シップ
集装箱两用船	convertible cantainer transport	变换でまゐコンテナ·输送
集装箱散货混装船	conbulker	コンバルク
集装箱散货两用船	conbulker	コンバルク
集装箱载驳船	bange container liner	艀コンテナ·テイナー
全蜂窝(箱格)式集装箱船	fully cellular container vessel	フル区画式コンテナ船
全格栅式集装箱船	full cellularised container ship	フル区画式コンテナシップ
快速帆船	gray hound	グレイ·ハウンド
闭遮甲板船	closed shelter decker	クローズド·ジェルターデッカー
军队运输船,运兵船	troopship	军隊输送船
电缆敷设船	cable,layer,cable ship	ケーブル船
轻合金船	light aelloy ship	軽合金船
轻甲板船	spar deck ressel,spar decker	軽甲板船
检疫船	quarantine vessel	検疫船

核动力商船	atomic powered ship	原子力推進商船
核动力集装箱船	nuclear container ship	原子カコンテナー船
组合船	built-up ship	構造船
钢船	steel ship, steel boat, steel vessel	鋼船
谷物运输船	grain carrier	穀物運搬船
护航船队	convoy	護送船団
联络艇	commuter	コンミューター
碎浪艇	surf boat	サーフ·ボート
水面船	surface boat	サーフェース·ボート;水上船
破冰船	ice breaker; ice boat	砕水船;アイス·ブレーカー;アイス·ボート
沉船	sunken vessel	サンクン·ベッセル
自航船	self-propelled ship	自航船
自航驳船	self-propelled barge	自航はしけ
全集装箱船	full container ship; cellular ship	フル·コンテナ船
运洋集装箱船	tremsocean container ship	海洋コンテナ船
杂货集装箱船	break-bulk container ship	雑货エンテナ船
运输船	carring vessel; carrier	運搬船
运鱼船	fish carrier	運搬渔船
破冰油轮	icebreaking tanker	アイスブレーキング·タンカー
应急艇	accident boat	アクシデント·ボート
煤渣(灰)船	ash boat	アシェ船
移民船	emigrant ship; immigrant ship	移民船
供水船	water boat	ウォーター·ボート
链式提斗挖泥船	elevator dredger	エレヴェーター·ドレッジャー
沿海航行船	coaster; coasting vessel	沿岸航路船
横帆船	square rigged vessel	横帆船
大型油轮	large tanker	大形タンク
巡逻艇	guard boat	ガード·ボート
客货船	mixed boat	货客船
内河拖轮	river tug	河川引船
内河蒸汽机船	river steamer	河川气船
汽油船	gasoline tanker	ガソリン船
可折艇	collapsible boat	コテプシブル·ボート
水泥船	concrete ship; pastered ship	コンクリート船
集装箱船	container ship	コンテナ船
救助拖轮	salvage tug	サルヴェージ·タッグ
自动平舱船	self-trimming ship	自然ならし船
自动平煤船	self-trimming collier	自然ならし石炭船
遮阳甲板船	shade deck vessel	遮影甲板船
小船	ship	舟;ひう
全实船;标准强力船;	full scantling vessel	重構船
重甲板船	heavy deck vessel; heavy decker	重甲板船
商船	merchantship; merchant vessel	商船
商船队	merchant fleet	商船隊
消防船	fire boat	消防船
深吃水船	heary draught vessel	深喫水船
刮板式挖泥船	scraper ship	スケレーパー船
螺旋桨船	screw ship	スクリュー·プロペラ船
铲斗式挖泥船	scoop dredge; scoop dreager	スコップ·ドレッジ
拖网渔船	stern trawler	スターン·トロール船
储存船	stock boat	ストック船

渔船队	fishing fleet	渔船隊
大型油轮	king size-tanker	キング·サイズ·タンカー
组合船	fabricated ship	组立船
船舶	craft	クラフト
不稳定船,易倾船	crank ship	クランク·シップ
快速横帆船	cliper	クリッパー
运粮船	grain carrier	グレーン·キャリヤー
海峡渡船	cross channel vessel	クロス·チャンネル·ベッセル
高稳性船	stiff vessel	轻頭船
现有船	existing ship	现存船
运煤船	coal carrier	コール·キャリヤー
航次租船	trip charter	航海用(或傭)船
航海实习船	navigation training ship	航海練習船
公用船	public ship	公船
高速船	high speed vessel	高速船
远洋拖轮	Ocean going tug	航洋引船
小型油轮	small tanker	小形タンカー
小艇;小渔船	cog	コグ
橡皮艇	rubber diaghy;rubber dingey	ゴム·ディンギー
平底渔船	coble	コブル
双体船	catamaran	カタマラン船
双体载驳货船;双体载驳运输船	catamaran barge carrier	カタマラン·バージ·キャリヤ
牲口运输船	cattle carrier	家畜運搬船
平底河船	gabbard	ガッバード
运河驳	canal barge	カナル·バージ
运河船	canal boat	カナル·ボート
机动救生艇	mechanically propelled lifeboat	机械推进装置付救命艇
定期租船	time charter	期间用船
限制吃水船	vessel with freeboard	喫水制限船
汽艇	steam launch	汽艇
机动艇;摩托艇	motor boat	機動艇
客船	passenger boat	客船
舱室级船	cabin ship	キャビン·シップ
货物运输船	carrier	キャリヤ
供水船	water boat;water tender	给水船
供煤船	coaling ship	给炭船
渔业调查船	fisheries research boat	渔業調查船
渔业指导船	fisheries guidance boat	渔業指導船
渔业试验船	fisheries examination boat	渔業試験船
渔船	fishing boat;fishing vessel	渔船
轻甲板船	spar deck vessel	スパー·デッキ船
高速艇	speed boat	スピート·ボート
慢速船	slug	スラグ
帆船	sailing ship	セーリング·シップ
烧煤船	coal burning vessel	石炭だき船
运输水泥船	cement carrier;cement tanRer	セメント運搬船
自卸船	self-unloading ship	セルフ·アンローディング·シップ
浅吃水船	shallow draft vessel	浅喫水船
鲜鱼运输船	fresh fish carrier	鲜鱼運搬船
囤船;平底船	pontoon	台船
母船;型船	type ship	タイプ·シップ

中型油轮	midium tanker	中形タンク
超大型油轮	super tanker	超大形タンク
钢筋混凝土船;水泥船	ferro-concrete vessec	铁筋コンクリート船
拖轮	towing boat	トウイング·ボート
同型船;姐妹船	sister ship	同形船
渡船,渡轮	ferry boat	渡船
火车渡轮	train ferry	トレーン·フュリー
国内航行船	coasting trading ship	内航船
内河船	inland water ship	内水船
遇难船	shipwreck	難船
载驳货船	barge-carrying ship	バージ·キャリヤーシップ
高速气囊船	high speed captured air bubble craft	ハイ·スピード·キャプチャード·エア·ベッブル·クラフト
高速气垫船	high speed hovercraft	ハイ·スピード·ホーバークラフト
滑行快艇	high speed planing boat	ハイ·スピード·プラニング·ラート
水翼船	hydrofoil	ハイドロフォイル
引水船;领港船	pilot vessel	パイロット·バッセル
链斗式挖泥船	bucket dredger	バケット船
平底驳船	barge; lighter	艀
散货船	bulk carrier; bulk	ばらづみかもつ船
废船;老朽船;仓库船	hulk	ハルク
矿砂运输船	bulk/ore carrier	バルク·オア·キャリヤー
母型船	parant ship	パレント·シップ
供油船	bunkering tanker	バンカリング·タンカー
杂货船	piece ship	ピース·シップ
灯标船	beacon boat	ビーコン·ボート
飞船	airship	飛行船
飞艇	flying boat	飛行艇
标准船	standard ship	標準船
靶船	target ship	標的船
平底船	punt	ピント
顶轮	pusher boat	プッシャーボート
顶推船;顶轮	push boat	プッシェ·ボート
顶椎驳	pusher barge	プッシャーバージ
肥型船;宽体船	full ship	フル·シップ
气垫船	hover craft	ホーバークラフト
气垫渡船	hovercraft ferry	ホーバークラフト·フェーリー
护岸工程船	mad boat	マッド·ボート
混合船;客货船	mixed boat	ミックスド·ボート
内燃机船	motor ship	モータ·シップ
机帆船	motor sailor	モータ·セーテー
摩托艇	motor launch	モータ·ランチ
木材运输船	lumber carrier; timber carrier; lumber ship	木材運搬船
邮船	mail steamer	郵便船
游艇	pleasure yaeht	游览ヨット
载驳货船	lighter aboard ship (LASH)	ライタ·アボード·シップ
轻型气垫船	light hovercraft	ライト·ホーバークラフト
赛艇	racer	レーサー
竞赛艇	racing boat	レーシング·ボート
滑座艇	sliding seat boat	滑席艇
滑行艇	hydroplane	滑走艇
大木船	galley	ガレー

河船	river boat	川船
游览船	sightseeing ship	観光船
绞吸式挖泥船	cuttersuction dredger	カッター·サクション·ドレッジャー
帆布艇	canvas boat	カンバス·ボート
轻快小艇	gig	ギグ
起重船、浮吊	floating crane	起重機船
母船、型船	type ship	基準船
机帆船	sailing vessel withauxi liary engine	機帆船
捕鲸船	catcher boat	キャッチャー·ボート
供应船、交通服务船	tender	给仕船
救助船	salvage boat, rescue ship	救難船;救助船
救生筏	life raft	救命いかだ
救生艇	life boat	救命艇
军粮舰	supply	给糧艦
军粮船	victualler	给糧船
抓斗挖泥船	grab dredger	グラブ船
独木舟	dug-out canoe	刳船
冷藏船	cold storage boat	冷藏運搬船
冷冻船	refrigerated carrier	冷凍運搬船
单舱船	one compartment ship	ワン·コンパートメント·シップ
单甲板船	one decker	ワン·デッカー
空载吃水	light draft	軽荷喫水
空载吃水线	light draft line	軽荷喫水線
设计速度	clesigned speed	計画速力
设计纵倾	designed trim	計画トリム
设计排水量	designed displacement	計画、排水量
设计深度	designed depth	計画深ち
空载排水量	light displacement	軽荷排水量
空载状态	light(load)condition	軽荷状態
经济航速	economical speed	经济速力
倾斜角	angle of rake, rake angle	倾斜角
型吃水	form draft, form draught, geometrical draft	形状喫水
船型阻力,型阻	form resistance	形状抵抗
续航力,续航半径	radius of action	航続距離
载重吨位	clead weight tonnage	載貨重量トン数
载货状态	loading condition	載货状態
积载图	stowage plan	载货图
自航船	self-propelled ship	自航船
自航驳船	self-propelled barge	自航はしけ
汽车渡轮	automobile ferry	自動車渡船
货车分类	truck classification	货車分類
重型货车	heavy duty truck	重型式自動车
轻型货车	light duty truck	軽型式自動车
厢型货车	van, covered truck	箱荷车,有がい
专用货车	exclusive use of motor carrier	専用的な自動车
商用汽车	commercial vehicle	商業用自動车
自用汽车	private truck	自家用货物自動车
备用汽车	auxiliary vehicle	補助自動车
水陆两用汽车	amphibian truck	アンフィビアン·トラック
轻型货车;小吨位货车	pick up truck	軽型式自動車
载动物的货车	livestock trucks	家畜類用货物自動車

长途车辆	linehaul truck	長い距離输送货物自動车
隔热厢车	insulated van	热隔离すゐ箱荷车
敞篷货车	convertible truck	コンバーチブル型の货物自動車
高乘载车辆(超载客车辆)	high occupancy vehicle (HOV)	高乘率自動車
加班车	extra-running vehicle	臨時増発自動車
旧车	used car	使い古したカー
汽车	motor vehicle	自動車
货车	truck;lorry(英)	货物自動車
地方载运车辆	local vehicle	区間自動車
供出租的车辆	motor for hire	贷自動車
机动车;汽车	autocar	オートカー
全拖车,全挂车	full-trailer	フルトレーラー
半拖车、半挂车	semi-trailer	ヤミトレーラー
加长车体	long body	ロングボデー
拖拉机	tractor	トラクター
牵引车	truck tractor	トラック·トラクター
货车,车辆	car	カー
自倾卸车	car dumper	カー·ダンパー
运输车,客车	carriage	キャリッジ
侧卸卡车	side dumper	サイド·ダンパー
微型汽车	baby car	
出租汽车	taxi	タクシー
公共汽车	bus	バス
面包车	micro bus	マイクロバス
轨道车,内燃机车	track car	トラック·カー
搅拌机卡车	truck mixer	トラック·ミキサー
无轨电车	trolley-bus	トロリー·バス
消防车,救火车	motor fire brigade vehicle	消防自動車
气垫车	aio cushion vehicle	エア·クッション·ベヒクル
载车汽车;大卡车	autotruck	オート トラック
公路车辆	load vehicle	道路自動車
公路货车	goods load vehicle	道路货物自動車
气动卸载车	pneumatic discharge vehicle	気動荷卸し自動車
牵引车	tractor;truck tractor	トラクター
拖车	trailer	付随车;トレーテ
半拖车	semi trailer	ヤミ·トレーテ;半付随車
车队	fleet	車隊
车辆	vehicle	車両
商用拖车	commer cial trailer	商業用附随车
报废汽车	revo red vehicle	廢止すろ自動車
消防车;救火车	motor fire brigade vehicle	消防自動車
车斗卸载	dump body	荷おろし装置
城际运送	intercity freight	都市間輸送
联运	intercharge;interliming	交替連合輸送
绕道行驶	detour	遠回りする輸送
长途运输	linehaul shipment	引っ张り輸送;長い輸送
单程运输	one-way trip	片道輸送
无固定班次	supplemental	调整可能时間表
复合运输	intermodal transportation	综合輸送
汽车运输	motor transportation	自動車輸送

第二节 物流作业:搬运

搬运:在同一场所内,对物品进行水平移动为主的物流作业。

搬运	handling, carrying, material handling	運搬,荷役
物料搬运	material handling (MH)	物料運搬
物料搬运方法	material handling method	物料運搬方法
物料搬运科学	material handling science	物料運搬科学
物料搬运管理	material handling management	物料運搬管理
搬运作业	material handling operation	運搬作業
搬运设备	material handling equipment (MHE)	運搬機器
物料搬运原则	material handling principle	物料運搬の原則
配置的原则	layout principle	配置の原則
速度的原则	speed principle	スピードの原則
节约空间的原则	space saving principle	スパス活用の原則
安全的原则	safety principle	安全の原則
减轻自重的原则	dead weight principle	自重軽減の原則
标准化的原则	standardization principle	標準化の原則
维修的原则	repair principle	補修の原則
灵活性原则	flexibility fundamental principle	融通性の原則
重力化原则	gravity prirciple	重力化の原則
机械化原则	mechanization principle	機械化の原則
自动化原则	automation principle	自動化の原則
将物活化的原则	live load principle	活性荷物の原則
减轻疲劳的原则	reduce fatigue rule	疲劳軽減の原則
单元载荷方式	unit load system	単位荷物方式
定时搬运方式	diagram bandling system	定時運搬方式
均衡搬运方式	balanced handling system	均衡運搬方式
作业单纯化	work simplification	作業单纯化
托盘化	palletization system	バレット化
一条龙搬运方式	trailer train system	トレーラ列車方式
尽可能少转载点的原则	terminal principle	つぎ目の原則
动态调整方式	pendulum system	振子方式
原价效率测定原则	measure efficiency in cost rule	原価效率測定の原則
单元件货用搬运设备	unit handling equipment	ユニツト用運搬機
散料用搬运设备	bulk handling equipment	バラもの用運搬機
搬运量	material handling capacity	運搬量
搬运距离	material handling distance	運搬距離
物料搬运系统	material handling system	物料搬送システム
自动物料搬运	automatic material handling	自動物料運搬

第三节 物流作业:装卸

装卸:物品在指定的地点以人力或机械设备装货或卸载。

装卸	loading and unloading; handling	積卸し
装货	goods loaded	積荷
卸载	goods unloaded	荷卸し
卸货;卸载	unloading	荷揚げ
装卸作业	loading and unloading operation; handhing operation	ハンドリング·オペレーション
货物搬运和装卸	cargo handling	货物積卸しおよび運搬
货物装卸设备	cargo handling appliance; handling equipment	货物荷役設備

货物装卸作业	cargo handling operation	货物荷役作業
货物装卸场	cargo apron	カーゴ·エプロン
装卸工艺	cargo handling technology	カーゴ·ハンドリングエ芸
港口卸货能力	port discharge capacity	ポート荷卸し·カパシーティ
装卸程序	handling procedure	ハンドリング·手順
装卸场;装卸区	loading area;loading bay	装てん面積;積荷面積
装货场	loading yard	積荷·ヤード
货车装卸场	team yard	チーム·ヤード
装卸机械利用率	coefficient of utilization of cargo-handing machines	货物ハンドリング設備の利用系数
装卸货日期	lay days	船積み時間
集装箱装卸系统	container handling system	コンテナ·ハンドリング·システム
集装箱装卸作业	container handing operation	コンテナハンドリングオパレーション
集装箱装卸工艺	handling method of container	コンテナ·ハンドリング·メソッド
集装箱码头货物的装卸系统	cargohandling system in container terminal	コンテナ·タミナールのカーゴ·ハンドリングシステム
跨运车集装箱装卸系统	straddle carrier handling system for container	コンテナ·ストラドキャリアハンドリング·システム
跨运车集装箱装卸作业	container handling operation of straddle carrier	コンテナ·ストラドキャリアハンドリング·オパレーション
跨运车集装箱装卸工艺	container handling method of straddle carrier	コンテナ·ストラドキャリアハンドリング·メソッド
装卸作业机械化	mechanization of loading and unloading operation	積卸し·オパレーションの機械化
装卸率	bandling rate;loading discharging rate	積卸し率
装卸能力	loading and unloading capacity	積卸しカパシーティ
装卸期限	lay day	船積み期間
装卸效率	efficiency in loading and unloading	積卸し効率
装卸站	loading and un loading station	積卸しステーション
装货站台	loading dock	積荷ドック
装载容积	cubic capacity;volume capacity	载货容積
装载时间	loading time	積荷時間
装载速度	loading rate	積荷率
装卸及运输	handling and transportation	積卸しおよび輸送
卸载机;卸货机	unloader	アンローダ
卸船机	shipunloader	シープ·アンローダ
装货机;装载机	loader	荷積機;荷の積込機;ローダ
装船机	shiploader	シープ·ローダ
装卸作业方案	program of loading and unloading operation	積卸しオパレーションのプログラム
装载重量	loaded weight;weight of load	積荷重量
即期装船	prompt loading	即発積荷
流动装载	flow loading	流れ積荷
模拟化集装箱自动装卸	modular automated container handling	モジェールによって自動コンテナ·ハンドリング
单元装卸	unit loading and unloading	ユニッート·積卸し

第四节　物流作业:储存

储存:保护、管理、贮藏物品。

储存	storing	貯蔵
地带;区域;面积范围	area	区域,範圍;領域
料堆	material pile	材料積重ね;材料たい積
危险货物箱堆场	hazardous cargo container yard	危険货物コンテナ構内
防火的	fire proof	防火の;耐火性の

腐烂变质;耗损	deterioration	悪変;変質
防摇摆	anti-swing	スイング止の
防滚的	anti-rolling	揺れ止の
防滑的	anti-skid	スキッド止の
防渗漏	anti-seep	しみ出しの防止の
防锈的	anti-rust	すび止,错止の
防撞装置	anti-crash device	冲撃防止装置
抗震(的)	anti-knock	ノッケ止の
防腐;耐蚀	anti-corrosion	腐食の防止
防尘装置	anti-dust device	ダストの防止装置
防冻的	anti-freezing	氷结の防止;凍ることの防止
环境温度	ambient temperature	包囲した温度;取り巻く温度
全天候	all-weather	全天候;全天気
物品储备	article reserves	物品保存する
冷藏区	chill space	冷藏スペース
冷冻区	freeze space	冷冻スペース
控温储存区	humidity controlled space	湿度制御スペース
温度可控区	temperature cantrolled space	温度制御スペース
收货区;收货场所	receiving space	受り取るスペース
发货区	shipping space	積送リスパース
料棚	good shed	货物小屋;货物なヤ;物置き
货场	good yard	货物·ヤード
堆放场地	stock yard	置場;
储存空间	store space	贮藏スペース
储放面积区	storing area	贮藏区域
作业区	work zone	作業地带
堆场空间,堆场	yard space	ヤード·スペース
堆场的位置;堆场所在	yard location	ヤード所在
堆场设计,堆场规划	yard plan	ヤード計画
码头	wharf	波止場;埠頭
码头的廊道	wharf gallery	波止場の通廊
储藏,囤贮;堆存	stockpile	材料をたくわえる
无储存位	no location	無位置
切勿挤压	do not crush	押しっぶす禁止!
切勿坠落	do not drop	落す禁止!
勿放潮处,勿放湿处	do not stow in damp place	湿氣のあるところ置く禁止!
不可倒置	do not turn over;keep up right	倒す禁止!
切勿倾倒	do not turn upside down	転倒した禁止!
勿放顶上	do not stake on top	顶上にかける禁止!
切勿靠近易燃品、氧化物和爆炸品堆存	do not store near inflammables, oxidizers and explosives	燃えヤすもの、酸化剂上爆药の近くに置く禁止!
切勿靠近蒸汽管或其他热源装置堆存	do not store near steam pipes or other source of heat	蒸気,パイプとほかの热源の近くに置く禁止
切勿抛掷	do not cast	投げる禁止
怕光	keep in dark place	暗いところに置く保持
不得靠近,不得接近	keep off	近づげなこよ!
装在甲板上	keep on deck	甲板上に格纳する
在途储存	in-transit storage	途中贮藏
切勿接近食品或饲料	keep away from food or feed	食料と饲料の近くに置く禁止!
远离热源	keep away from neat	热源から離れる
保持冷藏,放置凉处	keep cool	冷藏を保持する
保持干燥,切勿受潮	keep dry	乾燥を保持する

平堆平放;请勿倒放	keep flat	倒す禁止
在冷处保管	keep in cool place	冷氣のあるところ保管する
干处保管	keep in dry place	乾燥ところに保管する
切勿坠落	no dropping	落下する禁止
切勿投掷	no dumping	投げる禁止
切勿平放	not to be laid off	横たえる禁止
怕压	not to be stowed under heavy cargo	上に重量货物で積載する禁止
勿颠倒	not to be tipped	傾斜する禁止
竖放	stand on end	立ち上がることを保持する
必须平放	stow level	水平に積載する
放于冷处	stow in cool place	冷氣ところに積載する
勿近锅炉	stow away from boiler	ボイラの近くに置く禁止
废物处理	waste treatment	廃棄物処理
警告	warning	警告;训戒
警告性标志	warning mark	警告の標志
注意	attension;caution	注意
危险	danger	危険
禁止	do not	禁止
地上储存	aboveground storage	地面上貯藏
缓冲储存区	buffer storage zone	バッファー貯藏面積

保管:对物品进行保存及对其数量、质量进行管理控制的活动。

保存;保管;储货栈	storage	倉庫保管;保管;貯藏
保管决策	storage decision	倉庫保管決定
保管计划	storage plan	倉庫保管計画
保管效率;仓储效率	storage efficiency	倉庫保管效率
保管费率	storage rate;storage expenses	倉庫保管费用率
经常储存,循环储存	cycle stock	サイクル貯藏
安全储存	safety stock	安全貯藏
基本储存	base stock	基本貯藏
经销商的储存	distriautor′s stock	配給者の貯藏
多余储存	excess stock	エキセス貯藏
扩充储存保管	extended storage	擴張したストレージ
周期盘点	cycle counting	サイクル勘定

第五节　物流作业:堆垛

堆垛:将物品整齐、规则地摆放成货垛的作业。

堆码;堆垛;堆置	stacking	スタッキング
块式堆码	block stacking	ブロック·スタッキンク
整齐堆放	block pattern;row pattern	ブロック·パターン
货垛	goods stack	货物スタック
堆垛架	stacking rack	スタッキンク·ラック
集装箱堆垛区	stack of containers	コンテナのスタック
堆码高度	stack height	スタック高さ
净堆叠高度	clear stacking height	纯スタッキンク高さ
双层堆垛作业	double stack operation;double stack service	二重スタック操作;二重スタック·サビース
堆垛托盘	stacking pallet	スタッキング·パレット
拆码;拆堆;拆垛	destack	デスタック
堆垛费	stacking charge	スタッキング·费用
堆码能力	stacking capability	スタッキング·カパシーティ

存取系统	staker/retriever system	スタッカー/レトリーバ·システム
码垛	tiering	積み重ねる
层数	tier number	層ナンバー
层位	tier	層;階
自动堆垛仓库	automated stack warehouse	自動スタック倉庫
自动堆垛起重机	automated stacking crane	自動スタッキング·クレーン
自动堆垛机	automatic piler	自動的な積重ね設備
缓冲堆垛	buffer stock	缓衝式ストック
缓冲堆垛场地	buffer storage yard	缓衝ストレージ·ヤード
车式堆垛机	car piler	カーパイラ
托盘拆垛机	depalletizer	デパレタイザ
双层堆垛码头拖车	double-stack terminal trailer	二重スタック·タミナル·
双层堆垛集装箱运输	double-stack troffic	二重スタック·トラフイック
双层堆垛铁路车辆	double-stack rail	二重スタック·レール·カー
空托盘堆垛机	empty pallet stacker	空パレット·スタッカー
料棚	goods shed	貨物置場
货架	goods shelf	商品たな
高垛叉车	high stacking truck	ハイ·スタッキング·トテッグ
双层叠放	one on one stacking	ワン·オン·ワン·スタッキング

第六节　物流作业　检验

检验　根据合同或标准,对物品的品质、数量、包装等进行检查、验收的总称。

检验	inspection	検查;点検;検分
测量	measurement;survey	測量;測定
测量仪器	measuring instrument	測定器械
测试	test	試験;検查;考查
国内检疫	internal quarantine	國内験疫
工厂检验	works inspection	工場験查
工厂试验	factory test	制造工场试験
出口检验	export inspection	輸出検查
工厂验收试验	factory acceptance test	製造工場受取試験
动物检疫	veterinary control and inspection	獣醫の動物に検疫
动物免疫证书	zoological certificate	動物の免许状
残损检验证书	inspection certificate on damaged cargo	危険货物の検查免许状
动植物检疫	animal or plant quarantine	動植物の検疫
动植物检疫证书	animal and plant quarantine certificate	動植物の検疫認可證明書
国产集装箱检验合格证	certificate of domestic container	國内コンテナ検查免许状
毒品	poison	毒藥;病毒
检验日期	date of survey	検疫日期
检验费	survey fee	検查费用
资格证书;合格证书	qualification	资格证明書;免许状
检疫费	quarantine dues;quarantine fee	検疫费用
检疫港	quarantine harbor	検疫港
检疫规定	inspection and guarantine regulation	検疫期限
检疫期	quarantine period of health	検查と検疫条例
健康检验证书	inspection certificate	健康的な查証明書
健康证书	health certificate	健康疹断証明書
检疫手续	quarantine formalities	検疫手順
检疫站	quarantine station	検疫·ステーション
检疫证明	quarautine certificate vaccination certificate	検疫免许穀

进口检疫	import quarantine	輸入検疫
数量检验证书	inspection certificate of quantity	数量の検査認可書
卫生检验证书	sanitary inspection certificate	衛生検査免許狀
卫生检疫规定	health ond sanitary regulation	健康と卫生規定
X 射线集装箱检测系统	X-ray container	コンテナX射线検査システム
熏蒸/消毒证书	fumigation/disinfection certificate	薫蒸消毒免许狀
薰蒸	fumigation	薫蒸;薫蒸消毒
消毒、杀菌	disinfection	消毒;殺菌
故障	failure;malfunction	失败
故障分析	failure analysis	失败分析
故障分析和控制	trouble shooting	操作中に故障を發見して修理する
边境检查站	frontier inspection station	边境の検査ステーション
货运集装箱检验大纲	feright container certification scheme	货物コンテナ認可検査案
集装箱植物动物检疫、检查	container plants and animal guarantine、checking	コンテナ中の動植物検疫試验
海关检查	customs search;rummage	税関の臨検
海关免验结关	customs cleared without examination	税関無試験通関
海关验货单	customs examination list	税関試験リスト
合格证书	fualification certificate	资格免许狀
合格试验	qualification test	资格試験
集装箱货物试验	packaging container test	コンテナ中货物検查
集装箱鉴定证书	inspection certificate of container	コンテナ検查認可書
集装箱卫生检疫、检查	container guarantine,checking	コンテナ衛生検疫検查
规定;条例	regulation	規则;規定;条例
检验报告	inspection report;survey report	検查レーポト
检验地点	place of survey	検查地
检验堆存空箱	supervise stored empty container	検查貯藏する空コンテナ
检检局	inspection buerau	検查官厅
严格的检查	a close inspection;a careful inspection	嚴密を検查
停船检疫	guarantine	検疫停船期间
隔离	isolation;guarantine	隔離
证明文件,认可证	certificate	證明書;免許狀;認可證
失职	failure in duty	職務怠慢
大纲;草案	scheme	概要;大要;案
临检;搜查	rummage	カき回して捜す;臨検
违禁品	contraband	禁制品

分拣　将物品按品种,出入库先后顺序分门别类堆放的作业。

拣选　按订单或出库单的要求,从储存场选出物品,并放置在指定地点的作业。

分拣	sorting	分類する;区分する
拣选	order picking	オーダー·ピッキング
集货	goods collection	货物收集する
分货	sortation	货物を区分する

第七节　物流作业:配送

配送　在经济合理区域范围内,根据用户要求,对物品进行拣选、加工、包装、分割、组配等作业,并按时送达指定地点的物流活动。

配送;分配分布	distributon	配分;配给 ;配布
配送中心;物流中心	distribution center	配送ヤンター
共同配送	joint distribution	共通配送

直销物流中心	distribution center built by catalog saler	直接販売物流センター
制造物流中心	distribution ceter built by maker	制造商の物流センター
零售物流中心	distribution center built by retailer	小売商の物流センター
批发物流中心	distributicn center built by wholesaler	卸し売リ商の物流センター
分销渠道	distribution channel	配送チャンネル
配送资源计划	distribution resource planning	配送資源計画
配送需求计划;分销需求计划	distribution reguirements planning	配送需求計画
配送服务	distribution service	配送サビース
配送物流	distribution logistics	配送物流
一线配送基地	front distribution center(FDC)	前綫配送基地
地域配送中心	regional distribution center(RDC)	地域配送センタ-
专用配送中心	speciallized distribution center(SDC)	専用配送センター

第八节　物流作业:包装　流通加工

包装:为在流通过程中保护产品、方便储运、促进销售,按一定技术方法而采用的容器、材料及辅助物的总体名称。也指为了达到上述目的而采用容器,材料和辅助物的过程中施加一定技术方法等的操作活动。

包装	package, packaging	包装
运输包装	transport packaging	輸送包装
销售包装	sales packaging	販売包装
工业包装	industrial packaging	工業包装
商业包装	commercial packaging	商業包装
中性包装	neutral packaging	中立包装
商品包装	consumer packaging	商品包装
防潮包装	moisture-proof packaging; damp-proof packaging	防湿包装
真空包装	vacuum packaging	真空包装
保鲜包装	freshness-keeping packaging	鮮变保持包装
无菌包装	aseptic packaging	無菌包装
单件包装	individual packaging	個装
定牌包装	packing of nominated brand	公称商標包装
托盘包装	palletiging	パレット包装
无菌化包装	semi-aseptic packaging	無菌化包装
软包装	flexible packaging	軟包装;フレキシブル包装
为保护货物的内部所施的包装	inner packaging	内装
为保护货物的外部所施的包装	out packaging; external packaging	外装
将物品转到消费者手中的包装	consumer packaging	消费者包装
供应给各事业单位,量多的,但不定时的包装	institutional packaging	業務包装
合理包装,适当包装	appropoiate packaging	適正包装
集合后包装	assemply packaging	集合包装
抗静电包装	antistatic packaging	带電防止包装
换气包装(抽去空气充入惰性气体)	gas exchange packaging	ガス置换包装
带状压模封包装(用于药片、胶囊)	strip packaging	ストリップ包装
三面密封包装	three sides seal packaging	三方シール包装
四面密封包装	four sides seal packaging	四方シール包装
曲颈瓶式包装	retortable container packaging	レトルト包装
泡泡塑面包装	blister packaging	ブリスタ包装

垫座式包装	pillowtype packaging	ピロータイプ包装
用薄的包装材料包装物品、宁扭封色	twist wrapping	ひねり包装
套抽式;套筒式包装	sleeve packaging	スリーブ包装
网套式包装	shrink packaging	シユリンク包装
用弹力拉紧包装	stretch packaging	ストレッチ包装
防止被辗压损害的包装	tamper-proof packaging; tamper-resistant paekaging	改ぎん防止包装
防止引发儿童事故的包装	child-proof packaging; child resistant	チヤイルドブルフ包装
毯子外裹	blanket wrapping	ブランケット·ラッビング
多小包合一后包装	multi-pack	マルチバツク
袋入箱盒	bag in box	バツグ·イン·ボツクス
包皮;封套	wrapping	上包み;ラツビング
予包装;简易包装	pre-packaging	プリバツケージ
压实捆紧后包装	baling packaging; bale packing	バール包装
包装作业	packaging operation	包装作業
开捆、拆包	unpacking	開こん(捆)
打包、捆包	packing	こん(捆)包
标准化	standardization	標准化
计数	counter	計数
捆绑	banding	バンド;ひもを缚る
包装破损	broken package	ブロークン·バツケージ
包装破裂	breakage of packing	包装の破損
习惯包装	customary packing	習慣的な包装
有缺陷的包装	defective packing	欠陷のある包装
开窗包装	die cut pack	ロが·ある包装
包装不良	improper packing	不都合な包装
集成包装	integral packaging	総合包装
易拆卸的包装	knocked down packing	取りこわせる包装
防漏包装	leakage-proof packing	漏损防止包装
不退回的包装	non-retunable packing	返却できない包装
包件的数量与种类	number and-kind of packages	包装物品の数量と種類
包装测试	package testing	包装試験
成捆堆装法	packaged stacking	バール·スタッキング
包装区	packaging area	包装面積
包装和标志	packing and marks	包装と標志
打包;装箱	packing and crating	こん(捆)包
包装通知单	packing instructions	包装通達
装箱单;包装货物详单	packing list	包装リスト
装箱单	packing slip	包装スリツプ
包装说明书;装箱清单	packing specification	包装仕様
复用包装	reusable package	再使用の包装
旧包装	second hand packing	利用古包装物
收缩包装;热缩塑料包装	shrink wrap	收缩させゐ包装
薄膜包装	shrink-pack	缩ます包装
小包装	small packing	小形包装
未包装的	unpacked	包装しない
防水包装	water proof packing	防水包装
防潮纸包装	waterproof paper packing	防水纸包装

流通加工　物品在从生产地到使用地的过程中,根据需要施加包装、分割、计量、分拣、刷标志、拴标签、

组装等简单作业的总称。

流通加工	distribution processing	流通工序
协作贸易	cooperating trade	協力贸易
装配;组装	assemble	组み合わせゐ
装配;组装;兑成组配	assembly	组立,集合
组装区	assembly area	组立区域
组装线	assembly line	组立作業列,流れ作業列
装配工场	assembly shop; assembly plant	组立工場
装配图;兑图	assembly drawing	组立図
装配设计方案	assembly layout	组立配置
加工出口区	export processing zone	输出作業工序地域

第四章 有关物流管理的专业用语

第一节 物流管理:物流战略管理

物流战略管理 物流组织根据已制定的物流战略,付诸实施和控制的过程。

物流战略管理	logistics strategy management	物流戦略管理
物流战略规划	logistics strategy planning	物流戦略計画
战略	strategy	戦略
产品战略	product strategy	制品戦略
战略模型	strategy model	戦略モデル
物流系统工程	logistics systemic engineering	物流システム.エンジニアリング
总系统	total system	トータルなシステム
系统工程	systemic engineering	システム·エンジニアリング
物流信息规划系统	logistics information planning system(LIPS)	物流情報計画システム
全方位	all way	全方向
工厂选址	plant side selection	プラント·サイトセレクッョン
仓库选址	warehouse side selection	ウェア·サイト·セレクション
店铺选址	store side selection	ストア·サイト·セレクッョン
选址	side selection	サイト·セレクション
竞争策略	competitive strategy	競争戦略
应变计划	contingency plan	偶然事項の準備すること
竞争优势	competitive advantage	競争の優越
竞争者分析	competitor analysis	競争者分析
核心竞争力	core competence	核心能力
资本收益	capital gains	资本收益
銷售能力	ability of sell	売りの能力
活动分析	active analysis	能動的の分析
适应性	adaptability	適応性;融通性
资本流动	capital flow	资本の移り行く
吸收外资	absorb foreigh capital	吸収外资
地点优势	advantage of location	位置の好都合
年产量	annual production	一年の生產量
年度运输计划	annual transport plan	一年の輸送計画
年报;年刊	annual	年報;年鑒
年表;年鉴	annauls	年史;年譜
年度增长	annual increment	年增額

年度增长率	annual rate of increase	年增加率
年度需要量	annual requirement	年要求すること
存取控制	access control	立入り制御
购销渠道	buying selling channels	売買チャンネル
广告	advertisement	広告
根据法律	according to the law	法律による
资本市場	capital market	資本市場
资本化率	capitalization rate	資本金化率
投资成本	capitalized cost	資本金コスト
相容性	compatibility	適合性;一致性
比较优势	comparatire advantage	比較上の優越
计划的编制	compilation of plan	計画作成
重心	center of gravity	中心
中央商务区(集金融贸易、展销、购物、文化服务功能于一体)	central business district(CBD)	中央商業施設地区
竞争	competition	競争
有竞争力的	competitive	競争によってきめられる
物流的设计	design for logistics	物流の設計
设计方案	design precept	設計規則
设计参数	design parameter	設計パラメータ
设计方法(程序)	design procedure	設計手順
设计标准	design standard	設計標準
发展;研制;开发;改进	development	開発
发展趋势	development trend	開発の傾向
发展时间;开发时间	development time	開発の時間
决定性因素	determining factor	決定的な要素
方向	direction	方向
争议	dispute	論争
多样性	diversity	多様性
使用年限,寿命	durability	使う年限
萧条季节	dull season	不景氣の時節
倾销	dumping	投売り
动态定位	dynamic slotting	動的な追迹すること
动态系统分析	dynamic systems analysis	動的なシステム分析
经济评估	economic appraisal	经済評価
经济效果	economic effect	经済效果
经济预测	economic forecast	经済予測
经济基础	economic foundation	经済基礎
经济调查	economic investigation;economic survey	经済調査
经济物流数量	economic logistics guantity	经済物流量
经济管理	economic management	经済管理
经济政策	economic policy	经済政策
经济复苏	economic resurgence	经済生专返り;经済復活
规模经济	economies of scale	規模である经済
距离经济	economy of distance	相違ガある经済
经济萧条	economic depression	经済不振;经済不景氣
经济援助	economic aid	经済援助
经济分析	economic analysis	经済分析
经济技术协作	ecnomic and technical assistance	经済技術協力
经济核算	economic accounting	经済会計
高效率	high efficient	高效率

划时代的	epoch-making	新時代の始まり
环境服务	environmental serviee	環境サービス
专家系统	expert system	専門家システム
优惠条件	favorable terms	有利な情況
优惠价格	favorable price	有利な值段
优惠汇率	favorable exchange	有利な爲替相場
可行性发析	feasibility analysis	可能性分析
可行性研究	feasibility study	可能性研究
机动关税	flexibility tariff	变通性の関税
机动价格	flexibility of price	価格の適応性
灵活性	flexibility	变通性;適応性
对外贸易	foreign trade	外国貿易
外汇	foreign exchange	外国爲替
外汇管制	foreign exchcmge control	外国爲替制限管理
外汇市场	foreign exchonge market currency	外国爲替市場
外汇兑换	foreign currency exchange	外国流通爲替
基本条件	fundamental condition	基本条件
基本法则	fundamental law	基本法律
保护贸易	protected trade	保護貿易
保护贸易政策	protectionist policy;protective trade policy	保護貿易政策
保护贸易制度	protective system	保護貿易システム
保障	guarantee	保証
必要条件	necessary condition	必要な条件
产品质量	pocduct quality	産品の品質
产业结构	structure of industry	産業の構造
促销	promotion	販売の振興
促销产品	promotional product	産品販売の助長
促进	promotion	促進
大量销售	mass selling	多量販売
大规模生产	mass production	大量生産;量産
大规模销售	mass marketing;large retailing	大規模の販売
弹性制造系统	flexible manufacturing system(FMS)	柔軟生産システム
调节	adjustment	調節
调整	adjustment	調整
多层次营销	multilevel marketing	多平面市場
多边贸易	multi-trade	多方貿易
多边贸易谈判	multilateral trade negotiations	多国貿易相談
多边贸易保护	multinational safeguard	多国貿易保護
多角贸易	polyangular trade	多角の貿易;多地域貿易
计算机安全	computer security	コンピューターの安全
计算机保障	computer security	コンピェーターーの保障
季节性波动	seasonal fluctuation	季節の変動
价值分析	value analysis	価值分析
价值工程	value engineering	価值エンジニアリング
价值链	value chain	価值チェーン
商品流动分析	commodity flow analysis	商品流分析
市场定位	market positioning	市場の有利な位置を取为
市场发展	market development	市場開発
市场分析	market analysis	市場分析
市场潜力	market potential	市場の潜在力
市场渗透	market penetration	市場浸透

市场行情	market guotation	市場相場
市场预测	market forecasting	市場予測
市场占有率;市场分额	warket share	市场の取り分
市场政策	market policy	市場政策
市场形象	warket presence	市場の存在
薄利多销	small profits and good return	薄利多売
市场导向	market orientation	市場定位
市场报告	market report	市场レポート
市场报导	marketing information	市場情報
市场调查	market research	市場調査
市场跌落	falling market	落ちる市場
市场供求	market supply amol demand	市場供給と市場需求
市场规模	market size	市場規模
市场经济	market economy	市場经済
市场气氛	market sentiment	市場の感受
市场原则	market principle	市場の基準
双边贸易	bilateral trade	双方の貿易
双边协定	bilateral agreement	双務協議
投资回报率	return on investment	投資の報酬
统筹安排	unified planning and overall arrangement	
信息交换	message exchange	情報交換
信息经济	infonomics	情報经済
信息系统安全	information systems security	情報システム安全
形势	situation	状况;形勢
需求预测	demand forecasting	要求予測
增长率	growth rate	増長率

第二节　物流管理:资源计划

制造资源计划(MRPⅡ)　从整体最优的角度出发运用科学的方法,对企业的各种资源和企业生产经营各环节实行合理有效地计划、组织、控制和协调,达到既能连续均衡生产,又能最大限度地降低各种物品的库存量,进而提高企业经济效益的管理方法。

制造资源计划	manufacturing resource planning (MRPⅡ)	生產資源計画
资源	resource	資源;財源;財力;資産;資金
配送资源计划	distribution resource planning (DRP)	配送資源計画
物流资源计算	logistics resource planing(LRP)	物流資源計画
企业资源计划	enterprise resource planing (ERP)	企業資源計画
出口资源	export resources of economy	经済輸出資源
资源回收	assets recovery	資源,活用;資源再生;資源取出し
资产,财产	assets	資産;財産
固定资产	permanent assets;fixed assets	固定資産
流动资产	current assets;liguid assets;floating assets	流動資産
纯资产	net assets	纯資産
生产;制造;总产量;作业量	production	生產;製作;産出
生产线;流水作业	production line	生产綫;流れ作業
生产计划	production planning	生産計画
生产导向	production orientation	生產定位
生产力	productivity	生產性;生產力,多産
生产组合;生产社会化	a production society	生産组合
工业管理	industrial management	工業管理

工业工程	industrial engineering (IE)	工業エンジニアリング
目标管理	management by objectives (MBO)	目標管理
管理信息系统	management information system	管理情報システム
管理入门;管理门槛	management threshold	管理発端;管理出発点
量产	mass production	大量生産
主生产计划排表	master production scheduling(MPS)	主生産スケジェール
组织图	organization chart	组織図
组织分析	organizational analysis	组織分析
组织行为	organizational behavior	组織行爲
组织设计	organizational design	组織設計
组织发展	organizational development	组織発展
组织记忆	organizational memory	组織記憶
组织理论	organizational theory	组織理論
组织基准	organizational normal	组織標準
组织改变	organizational change	组織変り
组织措施	organizational measure	组織処置;组織手段
工厂制造;工厂生产	factory production	工場生産
弹性制造系统	flexible manufacturing system(FMS)	フレキシブル制作システム
成批生产	lot production	多数生产
现代化计划	modernization plan	現代化計画
程序	procedure	手顺;手続き;順序
程序控制	procedure control	手順制御
过程;工艺	process	方法;処置;手順過程;制法
程序法	procedure law	手続き法則
生产过程自动化;工序自动化	process automation	過程自動化;手順自動化
工艺流程图	process chart	過程図表
加工标准	process criterion	手順規準
流程工程	process engineering	過程工程;プロセスエンジニアリング
生产过程	process of production	生産過程
加工;处理	processing	加工;処理
生产;制造	produce	作り出す,制造する;生産する
产品价值	produce value	産品価値
产品	product	産品
产品数据管理	product data management	産品データ管理
产品生命周期	product life cycle	産品生命周期
产品质量	product quality	産品品質
产品说明	produet specification	産品仕様
产品标准	product standard	産品標準
生产观念	production concept	生産概念
生产设备	production equipment	生産設備
生产支持	prodution support	生産サーポト

第三节　物流管理:成本管理

物流成本管理:对物流相关费用进行的计划、协调与控制。

物流成本管理	logistics cost control	物流コスト制御
成本管理	management through cost	コスト管理
成本	cost	コスト
物流成本	logistics cost	物流コスト
成本对象	cost object	原価対象

会计成本	accounting cost	会計コスト
现金成本	cash cost	现金コスト
制成品成本	cost of goods	商品のコスト
代理成本	agent cost	代理コスト
共同成本	common cost	共有コスト
迟延订单成本	back order cost	遲延オーダ·コスト
沉没成本	sunk cost	沈没したコスト,暗コスト
制定收费现则	rule of rate making	料金を決める基準
中介费	brokerage	仲介手数料,仲立料,口钱
首付,初付	origin prepaid	前纳费用
车辆滞留费	detention charges	車両留置费用
装卸费	loading and unloading fees	荷役费用
市价	market price	市価,相場
制造成本	manufactary cost	生産コスト
保管成本	storage cost	保管コスト
包装成本	package cost;packing cost	包装コスト
搬运成本	material handling cost	運搬コスト
预算	budget	予算
资产	capital assets	資産
资本预算	capital budget	資本予算
资本预算评估	capital budgeting	資本予算を組む(立てる)
资本资产	papital goods	資本財産
开价	asking price	言い值段
关税	customs tariff	税関税金
发票	commercial invoice	商業の領收書
索赔	claim	損害賠償を要求する
损坏赔偿	compensation of damage	損害賠償
交货前付款	cash before delivery	引換する前に费用を払い
交货时付款	cash on delivery(COD)	引換する同時に费用を払い
预付货款	cash in advance(CIA)	あらがじあ現金で立替元ている
预付现金订金	cash with order (CWO)	オーダとき現金で
到货价格	delivered price	運貨込み值段
竞争导向确定价	competition orienteal pricing	競争価格
财务报告	financial report	財務レーポト
采购成本	purchasing cost	購買コスト
仓储费率	warehouse rate	倉庫使用料
仓储费	godown charges;storage expenses	貯藏费用
仓库费	stopping charge	滞留場料金
差价	price difference	価格差
长期利率	long-term interests rate	長期利子率
超长费	long lengths charges	長尺度貨物料金
超长附加费	long length additional long	長尺度貨物付加的な料金
超程运费	distance freight	長距離運賃
超重附加费	heavy lift additional	過重量物リフト付加的な料金
超重货物附加费	ertra charges on heary lifts	過重量貨物の附加的な料金
超长货物附加费	extra charges on long length	长尺度貨物の附加的な料金
成交价格	concluded price;transaction value;strect	缔结価格
承兑手续费	acceptance commission	引受け手数料
包装运费	package freight	包装運貨
保管费	custodian fee;stopping charge	保管者の報酬
保护关税	protective tariff	保護関税

保险费	premium;premium on insurance	保険の掛金;保険料
保险费率	rate of premium	保険料率
保险价值	insurance value;insured value	保険価値
保险金额	sum insured;insured amount	保険総额
保险赔偿金	insurance indemnity	保険賠償金;保険補償金
保险税	insurance tax	保険税
保险索赔	insurance claim	保険支払請求;保険賠償の要求
保险退费	return of premium	保険戻し金
保养费	maintanance expense;upkeep cost	维修费用
保证金	guarantee deposit;guarantee fund	保証金預金
报关费	customs clearing charge;customs charge declaration inwards	税関申告料金
报价	offer;make an offer	申し込み值段
空头支票	kiting cheque	から手形
扣款	chargeback	税金引後
扣税后	after tax	税引後
扣税前	before tax	税引前
储存成本	stock-holding cost	貯藏保持コスト
冷冻费	icing charge	冷凍用料金
离岸价格;船上交货价格	free on board(FOB)	フリ·オン·ボード;積込渡し
理箱费	container tally charge	コンテナ勘定料金
利润	profit	利益;利润
利息	interest	利子
联合运费率;共同费率	joint rate	ジョイント·レート
联合运价表	joint tariff	ジョイント税率表
联运费率	combination rate	联合セ·レート
联运运费	through freight	貫通運賃
零担货运费率	less than carload rate	貨車貸切极い運賃率
流动资金	circulation fund	流通资金
毛利润	gross profit	统益金
领航费	pilotage	水先案内料
领港费	pilotage	ス港案内料
码头接货费	terminal receiring charge	タシナル受付れ料
码头费	dock charges;dock dues;quay dues	ドック料金
码头使用费	wharfage;pierdues	波止場使用料
卖出汇率	selling rate	販売率
卖价	selling price	売価;販売価格
贸易差额	trade balance;balance of trade;trade gap	贸易の平衡
贸易赤字	trade deficit	貿易不足额;貿易赤字
贸易逆差	unfavorable balance of trade;trade deficit	貿易の逆のバランス
免付佣金	free of commission	免手数料
免利息	free of interest	免利子
免付所得税	free of income tax	免所得税
免　税	duty free;tax free;free of customs;zero rates of duty	無税;免税
免关税	be duty-free	無関税
目的港交货费	destination delivery charge	目的港渡し料金
目的地交货价格	free delivery price	目的地渡し值段
纳税后利润	after-tax profit;profit after taxes	税引后收益
纳　税	payment of duties;taxation	纳税

赔　款	indemnity	賠償金
批发价格	trade price	貿易価格
平舱费	trimming charge	船倉内荷繰作業料
平均成本	average cost	平均コスト
凭提单付款	cash against bill of lading	船荷證券で現金を払ぃ
普通关税率;普通运价表	general tariff	普通の税率表
清舱费	cleaning tank charges	シープ·タンクの清潔料金
起重费	heavy lift charges	荷役料金
牵引费	haul charges	引ぃて運搬料金
工商所得税	business income tax	營業所得税
工商统一税	industrial and commercial consolidated tax	工業と商業統合した税
统一公债	a consolidation of publics loans	公債の统合
购买地价格	price loco	现場值段
购买价格折扣	purchase price discount	割引購買價格
跟单汇票	documentary bill;docu-mentary draft	荷爲替手形
核　算	account	計算;勘定;会計
个人账户	private account	私人の勘定書
个人支票	personal cheque	私人の小切手
固定汇率	fixed rate	定期金利率
固定费用	standing charges	固定した费用
保税仓库交货价	ex bond	保税倉庫渡し
管理费用	administration expenses	行政管理费用
合理价格	reasonable price	合理価格
合理降价	reasonable cost down	合理的に価格が下つて
核心产品利益	core product-benefit	核心產品
回　扣	discount;rebate	割引(額)
汇　兑	exchange	为替;引き替える
汇　款	remittance	送金(高);送り高
汇　率	exchange rate;rate of exchange	爲替率
汇　票	bill of exchange;draft	爲替手形
汇入款项	inward remittance	内に向かう送金;受取送金
会计成本	accounting cost	會計コスト
会计管理	management through accounting	會計管理
会计科目	caption of account	會計の見出し
货币贬值	currency adjustment factor	通貨調整要素
基础保险费	basic premium	基本保険料
即期付款	payment at sight	一覽させる支払い
即期汇率	spot exchange rate	即时爲替率
即期汇票	sight draft	一覽払爲替手形
即期票据	bill at sight	一覽払爲替手形
即期信用证	sight L/C	一覽払 L/C
季节性关税	seasonal duty	季節性関税
记　账	on account	勘定を請求する
价　格	price	価格
价格暴涨	flag-up in prices	価格が飛び上った
价格弹性	price flexibility	価格柔軟性;価格变通性
价格回升	recovery in prices	価格回復
价格利润率	price earnings ratio	価格利益を得る率
价格平衡	price equilibrium	価格平衡;価格均衡
价格伸缩性	flexibility of price	価格の变通性

价格预测	price expectation	価格予測
价格指数	index number of price	価格指数
价格战	rate war	価格戰争
价目表	price catalogue; quotatiou table	価格目録;価格カタログ
海运运费率	ocean freight rate	海上運賃率
海运运费	ocean freight	海上運賃
航空运费	airfreight	空中運賃
回程运费	backfreight; home-freight	戻って運賃
回航付款	cash by return steamer	汽船戻って支払う
火车上交货价格	free on train; free on rail(s) (f,o,r)	貨車渡し
客车上交货价格	free on coach	大型バス渡し;客車渡し
交货前付款	cush before delivery	受渡し前支払う
结关费	customs clearing charges	税関勘定を清算する;税関の借金を支払う
进港费	inward charge	入港料
紧急关税	emergency tariff	緊急関税
进口费用	cost of import	輸入コスト
进口附加费	import charge	輸入課税金
进口附加税	import surtax	輸入付加税
进口税	import duty	輸入税金
费用总和	aggregation of charges	費用総額
分保佣金	ceding commission	割譲手数料
分等运输率	class rate	等级率
分期付款	installment	分割払い
分区运价表	zone tariff; zonal rate	地帯運賃率
服务费	service charge	サビース料
服务费用成本	service cost	サビースコスト
服务管理费	service and administration expenses	サビース行政管理费
付　款	payment	支払い;支弁;纳付
付款方式	method of payment	支払い方法
付　讫	paid	支払い済み
付现金	payment in cash	現金支払い
附加费用	surcharge; additional charge; accessory charge	付加料
附加税	surtax	付加税
附加营业税	supplementary business tax	付加營業税

第四节　物流管理:仓库管理

仓库管理:对库存物品和仓库设施及其布局等进行规划、控制的活动。

仓库管理	warehouse management	倉庫管理
管　理	mangement	管理
仓库管理系统	warehouse management system	倉庫管理システム
在库管理软件	inventory management software	在庫管理ソフト
仓库和库存管理系统	warehouse and stock management system	倉庫 & 在庫管理システム
仓库活动报告	warehouse activity report	倉庫活動レポート
仓库信息网络	warehouse information network	倉庫情報ネットーワック

仓库环境管理	warehouse enviroment management	倉庫環境管理
仓库电子保护	warehouse electronic portection	倉庫電子保護
仓库布局	warehouse layout	倉庫設計,倉庫レーアウト
库存控制	inventory control	在庫制御
连续库存补充计划	continuous replenishment program(CRP)	連続在庫品補充計画
库存状况表	inventory status report	在庫状况レポート
仓库功能	warehouse function	倉庫機能
库存调整报告	stock adjustments report	在庫調整レポート
保管系统	storage system	保管システム

ABC 分类管理　将库存物品按品种和占有资金的多少分为特别重要的库存(A类),一般重要的库存(B类)和不重要的库存(C类)3个等级,然后针对不同等级进行管理与控制。

ABC 分类管理	ABC classification	ABC 分類
ABC 存货控制系统	ABC control system	ABC 制御システム
先进先出	first in first out (FIFO)	先入れ先出し
ABC 分析法	ABC method of analy-sis	ABC 解析法
存货管理	inventory management	在庫管理
存资周转期	inventory turnover period	在庫運転期間
仓储控制系统	warehouse control system	倉庫制御システム
仓库至仓库条款	warehouse to warehouse	倉庫から倉庫まで規則
仓库至仓库风险	warehouse to warehouse risks	倉庫から倉庫までリスク
最大最小存货量控制系统	max-min system	最大量-最小量システム
最大存货量	maxium stock	貯藏最大量
减少存货投资	minimizing inventory investment	在庫投資を最小限度に少なくする
最小存货	minimum stock	貯藏最小量
存料最低量	minimum quantity of stores	貯藏の最低量
存货卡片	stock card	貯藏カード

零库存技术　在生产与流通领域按照准时制(J1T)组织物资供应,使整个过程库存最小化的技术的总称。

零库存技术	zero-inventory technology	ゼロ在庫技術;ゼロ在庫品技術
零库存	zero stock, zero inventory	ゼロ貯藏;ゼロ在庫
零库存物流	zero-inventory logistics	ゼロ在庫物流
成品库存	finished goods inventory	完成品在庫
过期存货	expire inventory	在庫品期滿になる
在途存货	in-transit inventory	輸送中在庫
存货卡	inventory card	在庫カード
库存控制;库存管理	inventory control	在庫制御
存货估价;存货计价	inventory valuation	在庫查定;在庫評価
存货周转	inventory turnover	在庫運転
存货指数	inventory index	在庫インデックス;在庫指数
存货管理辅助	inventory management assistant	在庫管理アッシスタント
存货盘点表	inventory count sheet	在庫勘定シート
减少存货	inventory cutting	在庫削減する
存货风险成本	inventory risk cost	在庫リスク·コスト
存货政策	inventory policy	在庫政策

库存控制　在保障供应的前提下,使库存物品的数量最少所进行的有效管理的技术经济措施。

库存控制	inventory contorl	在庫品管理
初期存货	beginning inventory	初期在庫品目録

平均库存	average inventory	平均在庫品目録
周期存货	cycle inventory	サイクル在庫品目録
完全存货	complete inventory	完全在庫品目録
期末存货;期末存盘	ending inventory	结末在庫品目録
现有存货	closing inventory	缔切在庫品目録
合并库存	aggregate inventory	集合在庫品目录
账面盘存;账面存货	book inventory	账面在庫品目録
季节性存货	seasonal inventory	季節性在庫品目録
原材料存货	material inventory	材料在庫品目録
无库存	no inventory	無在庫品目録
做在库品目录	make an inventory;draw up an inventory	在庫品目録を作る
调查在库品	stock taking	在庫品調べ;たな卸し

第五节　物流管理:订货管理

计算机辅助订货系统(**CAO**)　基于库存和客户需求信息,利用计算机进行自动订货管理的系统。

计算机辅助订货系统	computer assisted ordering (CAO)	コンピュータ補助オーダー·システム
订货单;订单;汇票;指令	order	オーダー,注文;注文書;注文品
经济订货批量	economic order quantity (EOQ)	经済注文数量
定量订货方式	fixed-quantity system (FQS)	定量オーダーシステム
定期订货方式	fixed-interval system (FIS)	定期オーダーシステム
电子订货系统	electronic order system (EOS)	電子オーダーシステム
准时制	just in time (JIT)	ジャスト·イン·ダイム
准时制物流	just-in time logistics	ジャスト·イン·ダイム,物流
订单处理	order processing	オーダ処置
订货处理周期;订货周期时间	order cycle time	注文周期时間
接受订货、接受订单	accept an order	注文,受取り
订单输入	order entry	注文記入;注文登録
订单管理软件	order management software	注文管理·ソフトゥェア
购货确认书	order note	注文預り証;注文约束手形
订货量	order quantity	注文数量
订单处理系统	order processing system	注文処置システム
拣选订货	order picking	注文ピッキング
订单拣货区	order pick storage area	注文ピック·ストレージ·エリア
发货人要求;托运人指示	order of shipper	運送人の指令
订单号码	order number	注文番号
分割订单	order splitting	注文分割
下订单的成本	ordering cost	注文コスト
法令;规定;条列	ordinance	法令;布告
订单空白本	order form;order blank	注文用書
订单记入本	order·clerk	注文記入賬
订单本	order book	注文控元賬;注文事務员
市场;行情;市价	market	市場;商况;市況;市価;相場
市场分析	market analysis	市場分析
市场预测	mardet forecasting	市場預測
市场定位	market positioning	市場定位;市場形勢
市场潜力	market potential	市場潜在力、市場可能力

市场渗透	market penetration	市場透轍;市場洞察
市场形象	market presence	市場存在;市場ふうさい
市场经济	market economic	市場經済
市场行情	market quotation	市場相場
市场报告	market report	市場レポート
市场调查	market research	市場研究;市場調査
市场占有率;市场份额	market share	市場取り分
市场供求	market supply and demand	市場供給と需求
市场规模	market size	市場規模
市场原则	market principle	市場法則
市场价格	market price;market rate	市場価格;市価;相場
市场发展	market development	市場發展
市场订单	market order	市場注文;市場オーダー
市场导向	market orientation	市場適応;市場定位
市场气氛;市场情绪	market sentiment	市场情绪
市场价值	market value	市場価值;市価
销售渠道;推销途径	market channel	市場径路.市場チャネル
适销性;可销性	market ability	市場の売れる能力
海外市场	market abroad	国外市場
市场需求曲线	market demand curve	市場需要曲線
销路好的;适合市场销路的;	marketable	市場向きの;売れる
易销货物	marketable goods	市場向きの貨物
营销;销售;市场开发	marketing	市場で売買すること;市場取引き;販売
营销管理;销售管理	marketing maragement	販売;管理
营销组合	marketing mix	販売混ざる;販売混同
市场政策;销售政策	marketing policy	販売政策
销售调查;市场调查	marketing research	販売調査
销售技术	marketing techniques	販売技術

第六节　物流管理:供应链管理

供应链管理(SCM).利用计算机网络技术全面规划供应链中的商流.物流.信息流.资金流等,并进行计划、组织、协调和控制。

供应链	supply chain (SC)	サプライ·チェーン
供应链管理	supply chain managemait (SCM)	サプライ·チェーンマネジメント
连锁店	a chain store	連鎖店
百货店	department store	デパート,百貨店
超级市场	supermarket	スーパーマーケット
传统的销售系统	traditional marketing oriented system	伝統の販売システム
销售公司销售系统	subsidiary marketing oriented system	販売会社システム
直销系统	direct marketing oriented system	直販システム
杂货店	a general store	雑貨店
一线配送基地	front distribution center (FDC)	前線配送基地
地区配送中心	regional distribution center (RDC)	地区中核拠点
零售业	retail trade	小売り業
批发业	wholesale business	卸し業
厂　家	maker	メーカー
销售、卖	sell	販売,売り
零　售	sell by retail	小売り

批　发	sell by whole sale	卸し売りする
供应链最佳化	supply chain optimization	SCMの最適化
供应链软件	supply chain software	サプライ・チェーン.ソフトウェア
供应渠道	supply channal	サプライ・チャンネル
供应链位置	supply chain position	サプライ・チェーン・ポジション
集散中心市场	terminal market	ターミナル・マケット
集中采购	centralized purchasing	集中購入
按计划	on plan	計画による
供应商	supplier	供給する人
供应物流	supply logistics	サプライ物流
供　应	supply	サプライ
供应弹性	supply elasticity	サプライの伸缩性
供应管理	supply management	サプライ管理
管理机构	administration frame-work	管理の構成
管理信息系统	management information system	管理情報システム
集中货物	cargo consolidation	統合貨物
集中市场策略	concentrated marketing strategy	集中市場戦略
连锁商店业务	chain store operation	連鎖店業務
连锁易货	link barter	連鎖現物交易
消费者市场	consumer market	消費者市場
消费者行为	consumer behavior	消費者行爲

第七节　物流管理:第三方物流

第三方物流　由供方和需方以外的物流企业提供物流服务的业务模式。

第三方物流	third-part logistics (TPL)	第三方物流
第三方物流服务商	third-part logistics service provider	第三方物流サビス供給商
第三方物流公司	third-part logistics company	第三方物流会社
第四方物流	fourth party logistics (FPL)	第四方物流

第八节　物流管理:进出口管理

进出口管理　货物进口与出口管理。

进出口管理	import/export management	輸入/輸出管理
进出口	import/export	輸入/輸出
进出口许可证	import/export license	輸入/輸出
进出口联锁制	linksystem of import-export	輸入出連鎖制度
进出口指数	index number of import and exports	輸入出指数
进出口总额	total export-import volume	輸出入総額
进出口管理委员会	export and import board	輸出および輸入管理委員会
贸易协定	commercial agreement	商業協議
贸易合同	commercial contract	商業契约
禁　运	embargo	通商停止
禁止进口	import embargo	輸入禁止
禁止出口	place an embargo	輸出禁止
配额制度	quota system	割当て制度
易货贸易系统	barter system	交換貿易制
易货贸易	barter; barter trade	物物交換貿易
进　口	import	輸入
进口贸易;输入贸易	import trade	輸入貿易

进口商品	import commodity	輸入商品
进口报单;进口申明书	import declaration	輸入申告
进口报关单;进口登记	import entry	輸入登録
进口许可证	import permit	輸入許可証
进口价格	import price	輸入価格
进口配额;进口限额	import quota	輸入割りあて量
进口配额制	import quotas system	輸入割当て制度
进口附加费;进口附加税	import surcharge	輸入付加费用
进口管制	import control	輸入管理;輸入制御
进口信用证;进口信用状;进口信用证书	import credit(L/C)	輸入信用貸
进口税;输入税	import duty	輸入税金;輸入関税
进口许可证	import license	輸入許可證
进口许可证制度	import license system	輸入許可證制度
进口舱单	import manifest	輸入積荷目录;輸入積荷明细書
进口附加税	import surtaxes	輸入付加税
进口商行	import house	輸出商社
进口信用证;输入信用状	import letter of credit	輸出信用認可書
出　口	cxport	輸出
出口货物、出口商品	export commodities	輸出商品
出口申报单	export declaration	輸出申告
出口报单;出口登记	export entry	輸出登録(記入);輸出通関手続
出口许可证	export permit	輸出許可証(免許状)
出口单据	export documents	輸出書類
出口订单	export order	輸出注文
出口市场	export market	輸出市場;輸出マケット
出口许可证	export license	輸出許可證(認可書;免許)
出口商品保险	export insurance	輸出保険
出口税;输出税	export duty	輸出険税
外销退税	export drawback	輸出戻し税
出口商	export merchant	輸出商人
出口限额;出口配额	export quotas	輸出割りあて量
出口补贴	export subsidies	輸出補助
出口信贷	export credit	輸出信用貸
出口管制	export control	輸出制御;輸出管理
出口信用保证;出口信用担保	export credit guarantee	輸出信用保証
出口资源	export resources of economy	輸出经济資源
出口总额	total export	輸出総額
海　关	customs house	税関
报关行,海关代理人	customs house broker	税関仲立人
报关手续	customs house formalities	税関手続
报关单	customs manifest	税関荷物目録
海关,海关管理处	customs office	税関事務所
海关许可证	customis permit	税関許可證
关税;海关税	customs duties	関税
关税配额制度	customs quota(s) system	税関割当て制度
关税税率	customs duty rate	関税率
海关估价	customs valuation	税関価格査定
关税税则	customs tariff	関税表
海关发票	customs invoice	税関送り状

报关费	customs charges	税関費用
结关;报关单	customs clearance	税関通関手続
报关费;结关费	customs clearing charges	税関清算費用
海关申报单;报关	customs declaration	税関申告
海关退税	customs drawback	税関戻し税
海关规费;海关税	customs dues	税関手数料
关　税	customs fees	関税
海关手续	customs procedures	税関手続

第五章　有关物流服务专业用语

物流管理　物流服务

服务;服务机构,业务	service	サービス
后服务	afterservice	アフター·サービス
销售后服务	after-sales service	アフター·セールス·サービス
物流服务	logostics sevvice	物流サービス
服务期限	duration of service	サービス期限
服务水平	service level	サービス·レベル
24 h营业	24hours drive	24 時間稼働
协定;协议;契约	agreement	協定;契约;合意;協约
全面合作	all-round cooperation	全面的な協力
消费者;用户	consumer	消費者;使用者
买主;买方	buyer	購買者;買主;買方;
应用服务供应商	application service provider	應用サービス·供給者
仲裁机关	arbitraticn body	仲裁機関
仲裁委员会	arbitration commission	仲裁委員会
仲裁条款	arbitration clause	仲裁条项
仲裁协议	arbitration agreement	仲裁協约
仲裁;公断	arbitration	仲裁;居中調停;仲裁裁判
理赔	ckaun settlement	賠償授予
索赔管理	claim administration	賠償を要求する管理
赔偿;权利要求索赔	claim	支払請求;要求する
申请查询单、赔偿要求询问单	claim tracer	賠償を要求する照会状
赔偿已付	claim paid	賠償を支払い済み
收到赔偿	claim received	賠償受取り
消费者行为	consumer behavior	消費者行爲
消费者抵制	consumer boycott	消費者不買同盟
方便商品	convenience products	便利な商品
便利商店	convenience store;convenienc shop	便利な商店;便利なストア
用户服务	customer service	得意先サピース
顾客	customer	顧客;得意先;取引先;客
客户关系管理	castomer relationsnip management	得意先の関係管理
客户支持服务	customer support service	得意先サポート·サピース
顾客价值	costomer value	得意先価値
提供海关快速服务	customs clearance service	税関の清算サピース
拨号上网	dial in;dial－up	ダイヤル·イン
门到门	door to door	ドアードア
寿命,使用年限	durability	耐久性;持続力
保证期限	duration of guaranty	保證の持ちのよさ

使用期限;服务期限	duration of service	サビースの期限
有效客户响应	efficient customer response	有效得意先反応
最终用户	enduser	最终使用者
特快货运服务	express goods service	货物運送急便サビース
快递邮件服务	express mail service	速達郵便サビース
简化手续	facilitation	簡易化
环保产品;绿色产品	green products	環境產品;グリーン産品
保险公司	insurance company	保険会社
保险	insurance	保険
保险凭证	insurance centificate	保険証明書
保险索赔	insurance claim	保険の賠償を要求する
保险契约	insurance contract	保険契约
保险赔偿金	insurance indemnity	保険賠償金
保险市场	insurance market	保険市場
保险费	insurance on premium	保険挂金;保険料
保险单	insurance policy	保険証券
保险事故;保险风险	insurance risk	保険率;保険金額
保险税	insurance tax	保険税金
保险价值	insurance value	保険价值
找保金额	insured amount	保険た加入しを金額
物流服务业	logestics service industry	物流サビース業
一站式物流服务	one-stop	ワンーストツプ物流サビース;一貫式物流サビース
在线服务	online service	オン·ライン·サビース
质量保证	quality assurance	品質保証
品质证明书	quality certificate	品質证証書
质量管理	quality control	质量
管理换货,更换货物	replacement of goods	物の置換元
安全保证系统	safety assurance system	安全保険システム
安全系数	safety factor	安全系数
安全;防护装置	safety	安全
安全信号	safety signal	安全信号
服务费	service charge	サビース費用
服务利润链	service porfit chain	サビース收益チェン
服务响应物流	service response logistics	サビース反応物流
使用说明书;使用手册	service manual	サビース·マニュアル
服务年限	service life	サビースの時間制限
服务管理费	service and admini-stration expenses	サビースと行政管理費用
星期日和节假日	sunday and holiday	日曜日と法定休日
星期日和节假日除外	sunday and holiday excepted	日曜日と法定休日の外は
星期日和节假日包括在内	sunday and holiday included	日曜日と法定休日を含まれた
第三方物流通服务	third party logistics service	第三方物流(3PL)サビース
使用者;用户	user	使用者
增值物流服务	value-added logistics service	価值增加物流サビース
电　力	electric power	电力
化　学	chemistry	化学
机　械	machinery	機械
纺　织	textile	纖维
食　品	foodstuff	食品
化　工	chemical plant & engineering	化工機

石　化	petrochemical	石油化学
铁　路	railroad	鐵道
航空、船舶	aircraft、vessel	航空機、船舶
造　船	shipbuilding	造船
汽　车	automobile	自動车
港　口	harbor service	港湾
建　筑	building	建築
土　木	civil engineering	土木
农　林	agricultuve and forestry	農林
电　厂	eletric power plant	發電プラント
畜　牧	livestock farming	牧畜
政府机构	government office	官公庁
相关的公司	affiliat	関連公社
贸易公司	trading	商社
学　校	schools	学校
医　院	hospitals	病院
公　园	parks	公園
饲　料	feed	飼料
肥　料	fertilizer	肥料
纸　浆	paper film	纸
钢　铁	steel	鐵鋼
金　属	metal	金屬
电　线	electric wire	电线
住宅小区	residintal areas	住宅团地
百货店、购物中心	department, shopping centers store	デパート·ショッピングセンター
旅店、宾馆	hotel	ホテル
商务中心	commercial center	オフィスビル
电　子	electronics	電子業
半导体	semiconductor	半導體業
制药业	pharmaceutical	製薬業
证券业	Security & Bonds	証券業

第六章　有关物流装备专业用语

第一节　物　　品

经济活动中涉及到实体流动的物质资料。

物　品	article	物品;品物;品
货物;商品	goods	商品;貨物
捆包货;捆;包	bale	バール
小　袋	pouch	パウチ
盆	tray	トレイ
袋;包;麻袋;粗布袋	sack;bag(美)	袋
篓;筐;篮笼	basket	かご
瓶(液状或半液状货物容器)	bottle, container	瓶;ボトル
桶;琵琶桶	barrel	たる
纸箱;纸盒	carton	カートン
罐	can	缶

圆　筒	drum	ドラム
箱	box	箱
木　箱	wood box	木箱
塑料箱	plastics box	プラスチック箱
有撑扳的袋	gusset bag	ガ·セット袋
装袋的箱	bag in box	バッグインボックス
货物;船货	cargo	船荷
杂货;统货	general cargo	一般货物
空运货物	air borne goods;aerial cargo	空輸貨物
成批货物	lot cargo	一组商品,一山商品
保税货物	goods in bond	保税品
混装货物	consolidated cargo	统合した貨物
商品	commodity	日用品;必需品;商品
产品	product	産物;製品
副产品	by-product	付製品
消费品	consumer goods	消費品
耐用消费品	consumer durables	耐久力のある消費品
危险品	hazardous goods	危険品
危险货物;危险品	dangerous goods;dangerous load	危険货物
走私货;违禁品	contraband	禁制品
爆炸物	explosives	爆藥
化学品;化工品	chemicals	化学制品
劣货	faulty goods	欠点のある品
甲板货物	deck cargo	甲板貨物
重量货物	dead weight cargo	重荷;重量品
假冒商品	faked commodities	僞造品;まやかし物
展览品及其出售品	exhibition & its selling goods	展示品 & 販売品
装饰品	decoration	装飾物
回头货	counter-cargo	打返し貨物
散货	bulk cargo;bulk;cargo in bulk	ばら荷
散料	bulk material	ばら材料
散装油	oil,in bulk	ばら·オイル
散装胶浆	bulk latex	バーグ·ラテックス
散装油料	bulk oil	バーグ·オイル
散装矿砂	bulk ore	バーグ·オア
液体货物	liquid cargo	液体貨物
液体散装集装箱	liquid cargo container	液体貨物コンテナ
建筑材料	building materials	ビルディング·材料
谷物	cereals	穀类
油燃料	oil·fuel	油燃料
木材;木料	lumber	ひき材
干货	dry cargo	ドライ·カーゴ
干果	dried fruit	ドライ果物
干菜	dried vegetable	ドライ野菜
干海味	dried seafood	ドライ海産食物
鲜货	fresh cargo	鮮貨物
鲜水果	fresh fruit	鮮果物
鲜蔬菜	fresh vegetable	鮮野菜
活鱼	live fish	生きた魚
垫舱物料	dunnage materials	荷敷;安価な貨物
粗麻袋	burlap	黄麻布袋

袋装货	cargo in bag	貨物袋;袋形貨物
卷装货	cargo in roll	巻き包む貨物
捆装货	cargo in bundle	包みにする貨物;束ねる貨
篓;筐;板条箱	crate	木わく
玻璃瓶	glass bottle	ガラス瓶
玻璃器皿	glass ware	ガラス製品
活牲畜	livestock	家畜
婴儿产品	infant products	幼児用品;兒童用品
手工艺品	handicraft	手细工品;手工品
免税货物;赠品	free goods	免税貨;贈品
易碎物品	fragile goods	こわれヤすい品;もろい品
小礼品	gift	贈り物;進物
食品	foodstuff	食糧,食料品
家畜	domestic animal	家畜
农产品	farm products	農産品
制成品	finished products	仕上がった產品
半成品	finished process goods	半完成品
成品	finished goods	完成品
流行产品	fashion products	流行產品
湿货	wet cargo	湿つた貨物
冷冻货	frozen cargo	冷凍貨物
冷冻货物	frozen goods	冷凍品
冷冻蔬菜	frozen vegetables	冷凍野菜
合格品	qualified product	合格品
产品制品	product	製品
起溢货物	over flow cargo	オーバ·フローカーゴ
轻货	light cargo	ライト·カーゴ
滚装货物	mobile cargo	モービル·カーゴ
商品货物	merchan dise	商品;製造品
中间产品	intermidiate goods	中間制品
易燃货物	inflammable cargo	インフレマブル·カーゴ
药品	medicines & drugs	藥品
麻布制品	linen goods	リンネル製品
办公用品	office appliance	事務用品
包裹及邮件	parcel & post	小包、小荷物 & 郵便
非耐用品	non-durable goods	非耐久カのある貨物
无税货物	non-dutiable goods	非税品
天然橡胶	natural rubber	天然ゴム
天然气	natural gas	天然ガス
投保的货物	insured cargo	保険付貨物
软件包;件	package	箱;カーご
零部件	part	部分品
塑料制品	plastic goods	プラスチック制品
毒品	poison	毒藥
印刷品	printed matter	印刷物
稀有金属	rare metal	珍しい金屬
稀有轻金属	rare light metal	珍しい輕金属
藤制品	rattan ware	とう属幹ヤ皮细工品
生毛皮	raw furskins	原毛皮
生丝	raw silk	生系品
人造纤维;人造丝	rayon	レーョン;人绢織物

原料	raw material	原材料
稀有贵金属	rare precious metal	珍しい貴金属
回运货物	return cargo	戻し貨物
橡胶制品	rubber goods	ゴム品
货样箱	sample case	サンプル箱;見本箱
废钢	scrap steel	廢くず鐵
废料	scrap material	廢材料
过境货物;转口货物	sailing goods	出港品
旧货	second hand goods	古物
敏感商品	sensitive goods	敏感な商品
退关货	shut-out cargo	税関締出し貨物
软货物;非耐用品	soft goods	柔らかい品
走私品	smuggled goods	密輸品
特别货物	special cargo	特殊貨物
零配件	spare parts	挂替品;予備品
现货	spot goods	現物
钢材制品	steel	鐵鋼制品
石制品	stoneware	炻器
草、柳、蒲制品	straw, willow, rush products	麦わら、やなぎ、灯心草属制品
合成纤维	synthetic fiber	合成纖維
合成橡胶	synthetic rubber	合成ゴム
合成树脂	synthetic resin	合成樹脂
有形货物	tangible goods	有形品
箱、罐、槽	tank	タンク
纺织品	textiles	織物
玩具	toy	おもちヤ;小間物
转口货物	transit goods	通過貨物
行李箱;衣箱	trunk	トランク
贵重货物	valuable cargo	貴重貨物
小手袋	vanity-case	化粧箱
旅行袋	travelling bag	旅行バン
手袋	hand bag	カバン
钱包	purse; moneybag	財布
制品	ware	商品,细工品,製品
加工原料品	finished stores	加工原料品
部分完成品	finished parts	完成部分品
箱	case	箱、筒、袋
整袋箱	full container load (FCL)	フル·コンテナ·ロード
拼箱货	less than container load (LCL)	混合貨物コンテナ

第二节 盛载物品的装置

1. 托盘 用于集装、堆放、搬运和运输的放置作为单元负荷的货物和制品的水平平台装置。

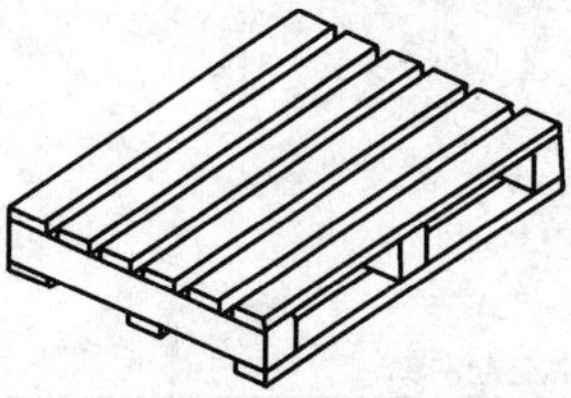
单面使用托盘

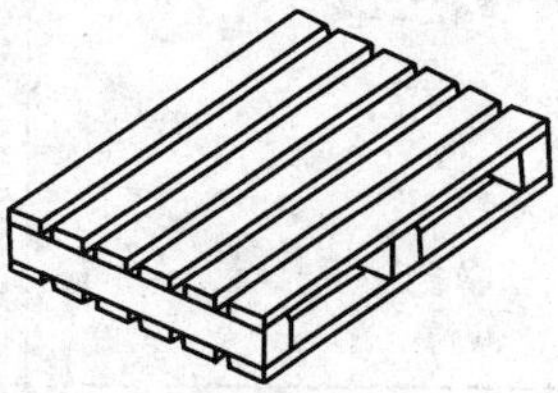
双面使用托盘

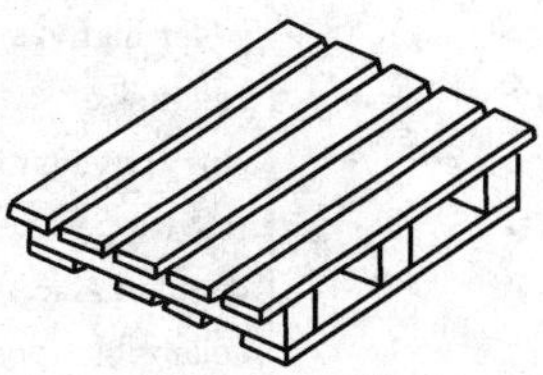
翼形托盘

托盘	pallet	パレット
平托盘	flat pallet	平パレット
箱式托盘	box pallet; fixed box pallet; collapsible box pallet; demountable box pallet	ボックスパレット
塑料托盘	plastic pallet	プラスチックパレット
平板式托盘	platen pallet	プラテンパレット
罐式托盘	tank pallet	タンクパレット
滑垫式托盘	skid	スキッド
滚轮式托盘	roll pallet; wheeled pallet	ロールパレット
滚轮箱式托盘	roll box pallet; wheeled box pallet	ロールボックスパレット
滚轮保冷箱托盘	cold roll box pallet	コールドロールボックスパレット
柱式托盘	post pallet; fixed post pallet; collapsible post pallet; demountable post pallet	ポストパレット
板状托盘,滑动板	sheet pallet; slip sheet	シートパレット
筒仓式托盘	silo pallet	サイロパレット
单面托盘	single-decked pallet	単面形パレット
双面托盘	double-deck pallet	両面形パレット
单面使用托盘	non-reversible pallet	正面使用形パレット
可双面使用托盘	reversible	両面使用形パレット
双面叉托盘	two-way pallet	二方差しパレット
四面叉托盘	four-way pallet	四方差しパレット
底部开闭式箱式托盘	drop-bottom box pallet	底面開閉式ボックスパレット
可倾倒箱式托盘	pour box pallet	ポァボックス·パレット
超轻量托盘	super-light pallet	超軽量パレット
翼形托盘	wing pallet	翼形パレット
桶状物用托盘	pallet for drum	ドラム用パレット
空托盘	empty pallet	空パレット
纸托盘	paper pallet	ペーパーパレット
金属托盘	metal pallet	メタル·パレット
周转箱、周转筐	plastic container	プラスチック·コンテナ
零件盒	plastic bin	プラスチック·ビン
防静电箱	conductive container	コンダクティヴ·コンテナ
木托盘	wood pallet	ウッドパレット;木材パレット
十字形托底托盘	cruciform perimeter base pallet	十字形ぺりメーターベースパレット
仓库笼	palletainer	パレッテナ
垫板	pallet board	パレット·ボード
最大堆载质量	rating load; rating(R)	最大積載質量
上部盘面	top deck	上面デッキ
下部盘面	bottom deck	下面デッキ
盘面板	deck board	デッキ·ボード
盘面边部板	edge board; lead board	エッジ·ボード
横梁	stringer; bear	けた
柱	post	ポスト
托盘长度	pallet length	パレット長さ
托盘宽度	pallet width	パレット幅
托盘高度	pallet high	パレット高さ
托盘大小(尺寸)	pallet size	パレット大きさ
叉入口	entry; free entry	差込口
固定式	fixed type	固定式
卸脱式	demountable type	取外し式
折叠式	collapsible type	折りたたみ式

物品堆叠模式:有多种在托盘上的堆叠模式。

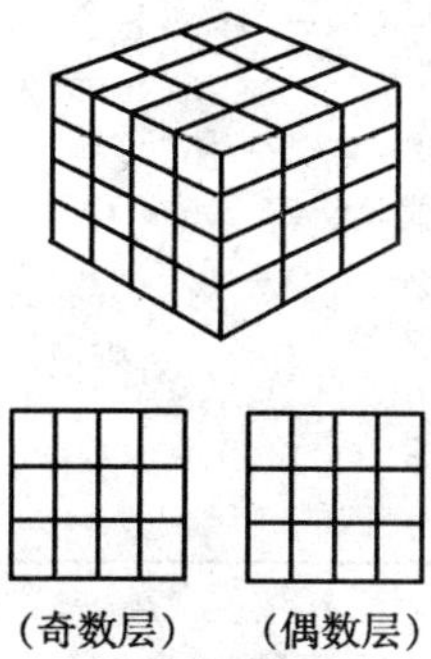

方块状堆叠

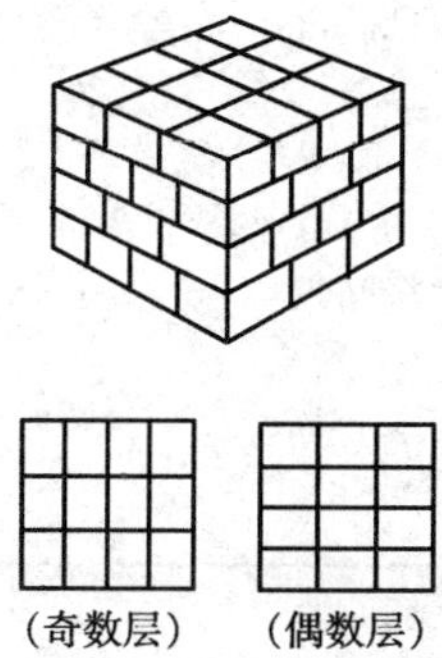

纵横交错层堆垛

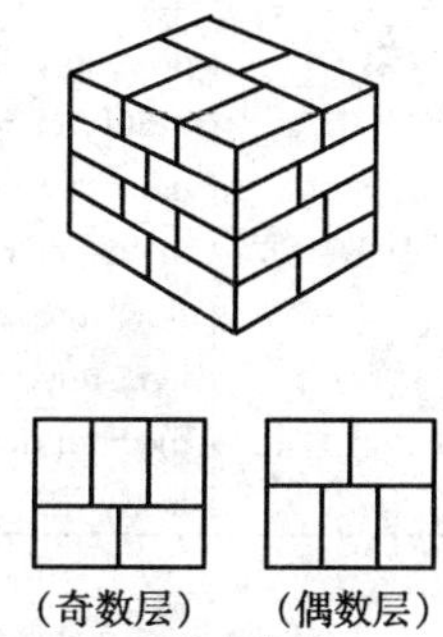

砌砖式堆叠

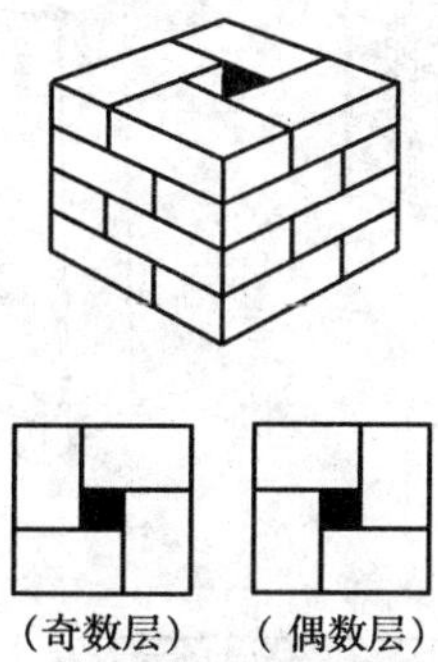

中空式堆叠

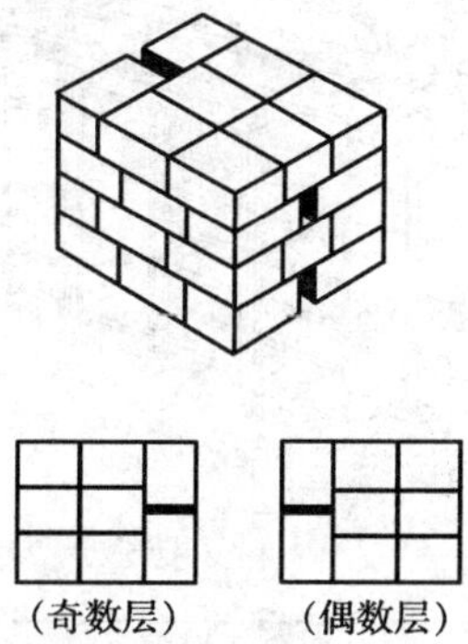

开缝式堆叠

托盘上堆叠模式	palletizing patterns	パレット積付パターン
方块状堆叠	block pattern (row pattern)	ブロック積み
纵横交错层堆叠	alternate tiers row pattern	交互列積み
砌砖体堆叠	brick pattern	れかが積み
中空式堆叠	pinwheel pattern	ピンホイール積み
开缝式堆叠	split pattern	スプリット積み

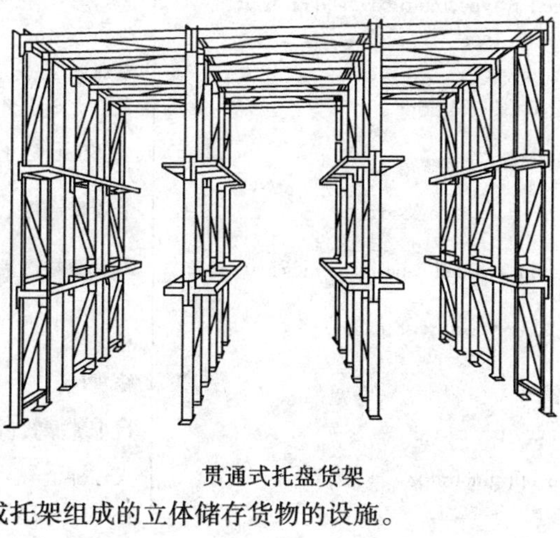
贯通式托盘货架

2. 货架　用支架、隔板或托架组成的立体储存货物的设施。

(搁物、挂物、行李)架	rack, goods shelf	ラック
托盘货架	pallet rack	パレット·ラック
贯通式托盘货架	drive-through pallet racking	ドライブ·スルーパレット·ラック
驶进式托盘货架	drive-in pallet racking	ドライブ·インーパレット·ラック
悬支架型货架	cantilever racking	カンテイレバーラッキング
单元型货架	unit type rack	ユニット式ラック
堆叠而成多层货架	multi-tier rack, rack mezzanine	積層ラック
流动货架	flow-through rack	流動ラック
轻型货架	light duty rack	輕量ラック
中型货架	medium duty rack	中量ラック
重型货架	heary duty rack	重量ラック

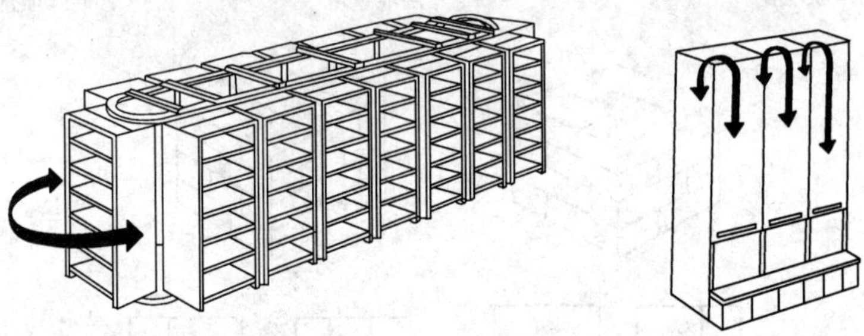

回转转架

回转货架	rotary rack	回轉ラック, ロータリーラック
斜置物品货架	lean rack, rest arm rack	立掛ラック
可抽出搁板的货架	slide rack	スライド·ラック
列, 排	bank, line, row	列
隔(跨、分隔段)	bay	连
层数、层	level	段
搁板	shelf	棚
搁板的层数	number of shelf per bay	棚段数
一隔单元	one bay, single bay	单体
二隔单元以上的连接	connection type, multi bay. add on bay	连结形
一列(排)型	single unit type	单列形
双列货架型	double unit type	復列形
动态托盘货架	dynamic pallet racking	ダイナミック, パレットラッキング
安全停止器(用于流动货架的出库侧)	safty stopper	飛び出し防止ストツパ
实际货架保管物品的总质量	total mass, total payload	全積載物質量
最大的承载质量(包括托盘的自重)	maximum payload capacity per shclf	最大積載質量
一个托盘带货质量(包括托盘自重)	mass of unit load with pallet	パレット当たリ質量
货架的质量与保管能力质量之和	gross mass	総質量
一台台车的装载质量	load mass per cart	台車装載質量
一片支柱(包括支柱斜撑、水平杆件)	frame, upright frame	支柱枠
柱	column	柱
斜撑　斜拉杆	diagonal lattice	筋かい
水平杆件	horizontal brace	水平材

支柱的连接件	tie ban	支柱つなぎ
后(背)部柱间连接件	back tie, cross stay	背面つなぎ
顶部柱间连接件	top tie, top horizontal brace	上端つなぎ
支撑杆	brace	ブレース
梁	beam	ビーム
副梁	sub-beam	サブビーム
搁架板	deck, shelf board	棚　板
搁架支撑	rail support shelf support	棚　受　け
搁物悬支架	arm	アーム
滑动可拉台面	slide table	スライドテーブル
顶部盖板	top board	天板(てんいた)
侧面板	end board	側板(かわいた)
后(背部)板	back board solid back sheet	背板(せい)
搁板的突出长度	rail proyection length	棚突出し長さ
搁板的间隔	shelf spacing	棚　間　隔
二搁板之间的间距	horizontal rail clearance	棚内のり間隔
有效的搁板间隔	vertical clearance	有效棚間隔
宽度的间隙	side clearance	幅すき間
高度的间隙	upper clearance	高ちすき間
深度的间隙	depth clearance	奥行きすき間
立柱的宽度	column width	柱幅
梁的宽度	width of beam	ビーム幅
搁板厚度	flange height of shelf board	棚板厚
挠曲、沉弯	deflection of beam, deflection of shelf	たわみ
支柱的倾斜	slant, inclination	倒れ
垂直负荷	vertical load	铅直荷重
水平负荷	horizontal load	水平荷重
实际存放质量与最大存放质量之比	carry efficiency load effucuency	積載率
保证安全的最大存放质量	load capacity safety load	耐荷重
多层货架的每层的承载质量,以 kg/m^2 表示	load carrying capcity of tier	層耐荷重
一隔段的承载质量	load carrying capa city per bay	間口当たり耐荷重
一列货架的承载质量	load capacity per bank	列当たり耐荷重
多列货架开挡部承载负荷(双列)	double bank	復列間口積載荷重
每个搁板的承载质量单位:kg/段	load capacity per shelf	段当たり積載荷重
总存放量	capacity, storage capacity	総収容数
层(多层货架上下方向的区分)	stratum	層
从层上搭接出来的搁架	stratum shelf	層棚
搁架高度易于调节的构造	adjustable beam type	棚可変形
水平驱动型(流动货架上水平驱动的输送机型)	horigontal drive type	水平驱動形
重力输送机型(用于流动货架)	gravity conveyor type	グラビティコンベヤ形
重力台车型(用于流动货架)	gravity cart type	グラビティ台车形
货物进出开口部	bay, compartment	間口
深度	length, depth	奥行き

直置地面(在货架的空间内)	direct storage ground placement	直置
货物伸出货架	over hang	オーバハング
高度	height, upright frame height	高さ
总高	overall height	全高
存货最高高度	maximum height of storge	格納最高高さ
最上层高度	height of uppermost level	最上段高さ
最下层高度	height of lowermost level	最下段高さ
最下层搁板下的高度	clearance under lowermost shelf	最下段棚下高さ
隔段开口尺寸	width	間口寸法
有效的隔段开口尺寸	horigontal clearance, effective width	有效間口
货架深部尺寸	overall depth	奥行寸法
有效深部	effetive depth	有效奥行き
前面挡条(杆)	front stopper, front stap rail	前当たり(ま元あたり)
侧面挡条(杆)	side stopper, side stop rail	側当たり(がわあたり)
后面(背面)挡条	rear stopper, stop rail	背当たり(セあたり)
用于调整货架水平的视垫材料	liner	テイナ
止销	safety pin, set pin, locking pin	止ぬピン
锚定器(将货架固定在地面上)	anchor	ァンカー
立杆的底板	base plate bearing plate	ベスプレート
栏杆;护栏	hand rail	固定手すリ
钢结构部	main frame struture	架構部
物品出入部的安全护栏	skid safety fence	スライド安全さく
附件	attachment	アタッチメント
导轨	guide rail	ガイドレール
分隔板	divider	仕切板
可拉出的小箱	drawer	抜き差し
保护柱脚的部件	protector	ブロテクタ
货架避免叉车碰伤的保护标记	guard post	ラックガード
桶状物品支撑件	drum support	ドラムサポート
对有支脚的保管物品支撑件	skid support	スキッドサポート
保管物品其下部有货叉口的支撑件	fork spacer	フォークスパーサ
货架停止工作传感器(一旦杆出有物品落下)	protrusion sensor	はみ出しセンサ
入库导引标记(用于流动货架)	entry guide	ェントリガィド

3. 仓库、立体仓库、自动化仓库

仓库　保管、储存物品的建筑物和场所的总称

仓库,货栈	warehouse	倉庫
库房	storehouse	倉庫,贮藏所
仓库、场台	depot	倉庫,置场
主仓库	master warehouse	主倉庫
自家仓库	private warehouse	自家倉庫
单层仓库	single-story warehouse	一層倉庫
公用仓库	public warehouse	公共倉庫
商品仓库	merchandise warehouse	商品倉庫
定温仓库	warehouse under controlled temperature	定温倉庫
港口仓库	harbous warehouse	港湾倉庫
多地域仓库	multi-regional warehouse	多地域的倉庫
熏蒸仓库	fumigation warehouse	薫蒸倉庫
展出用仓库	display warehouse	展示用倉庫
虚拟仓库	virtual warehouse	仮想倉庫

保税仓库	boned warehouse	保税倉庫
出口监管仓库	export supervised warehouse	输出监督倉庫
仓库面积	warehouse floor area	倉庫面積
贮藏所	storehouse	贮藏所
位置	location	位置
空间、场所	space	スーペス
货台	dock	プラットフオーム
货台装卸区	dock spot	プラットフオーム場所
货台门封	dock shelter	プラットフオームえん護物
货台升降板,货台调整板	dock leveler	プラットフオーム升降板
货台门	dock door	プラットフオームドーア
货台照明	dock light	プラットフオーム光源
货台(月台)缓冲垫	dock buffer	プラットフオーム緩冲装置
货台防撞器	dock bumper	プラットフオーム緩冲機
天花板高度	ceiling height	天井张り高さ
防火墙	firewalls	防火壁
紧急火炎出口	fire exit	火災非常口
消防软管	fire hose	消火ホース
灭火器	fire extinguisher	消火器
防火结构	fire proof construction	防火構造
防火帘	fireproof curtain	防火幕
防火涂料	fire retardent paint	防火涂料
库房、堆栈	shed	上屋(ぅわや)

自动化仓库 由计算机进行管理和控制无需人工搬运作业而实现收发作业的仓库。

单侧进出库方式	one side station type	片侧入出庫方式
双侧进出库方式	both side station type	両侧入出庫方式
中间进出库方式	middle side station type	中間入出庫方式
同一层进出库方式	single-level station type	同一階入出庫方式
多层进出库方式	multi-level station type	復数階入出庫方式
直线轨道方式	straight travelling type	直綫レール方式
L型转返轨道方式	L-turn travelling type	Lターンレール方式
通道转换方式	aisle transfer type	トラバーサ方式
单货位存储	single-deep storage	シングルストレージ
双货位存储	double-deep storage	ダブルストレージ
多货位存储	mulit-deep storage	マルナストレーン

立体仓库 采用高层货架配以货箱或托盘储存货物。用巷道堆垛起重机及其他机械进行作业的仓库。

立体仓库	stereoscopic warehouse	立体倉庫
自动化仓库	automatic warehouse, automated warehouse	自動倉庫
自动存取系统	automated storage and retrieval system (AS/RS)	一般立体倉庫
原材料自动化立库	raw materials AS/RS	原材料立体倉庫
零部件自动化立库	parts AS/RS	部件立体倉庫
工艺流程间自动化立库	in process AS/RS	工程間立体倉庫
流通自动化立库	distribution AS/RS	流通立体倉庫
低温立体自动仓库	low temperature AS/RS	低温立体倉庫
高温立体自动仓库	high temperature AS/RS	高温立体倉庫
防爆立体自动仓库	explosion-protected AS/RS	防爆立体倉庫
成品自动化立库	finished goods AS/RS	製品立体倉庫
进库站	storage station	入庫ステーション
出库站	retrival station	出庫ステーション
进出库站	storage and retrieval station	入出庫ステーション
进出库台	storage and retrieval table	入出庫台
站	station	ステーション
台	table	台,テーブル

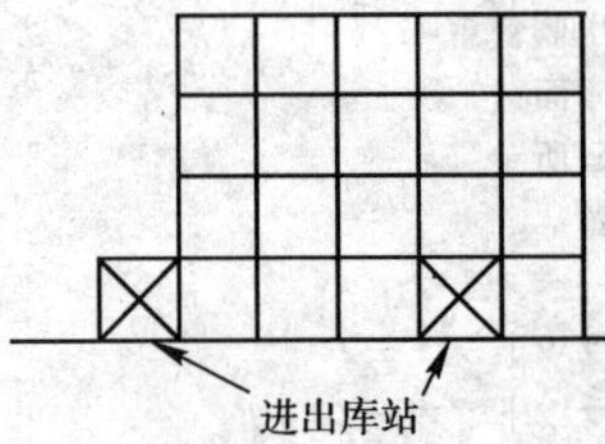

同一层进出库方式

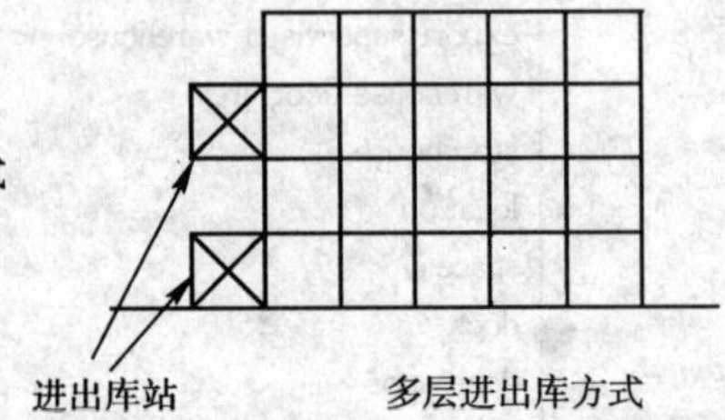

多层进出库方式

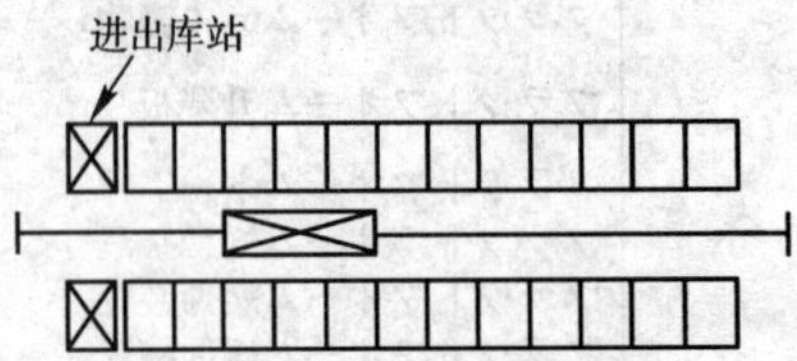

单侧进出库方式

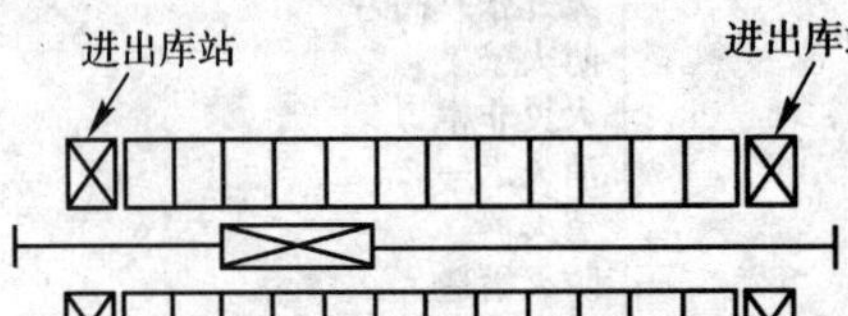

双侧进出库方式

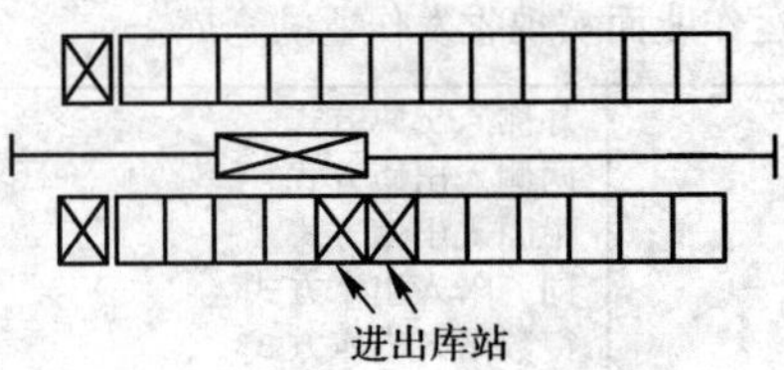

中间进出库方式

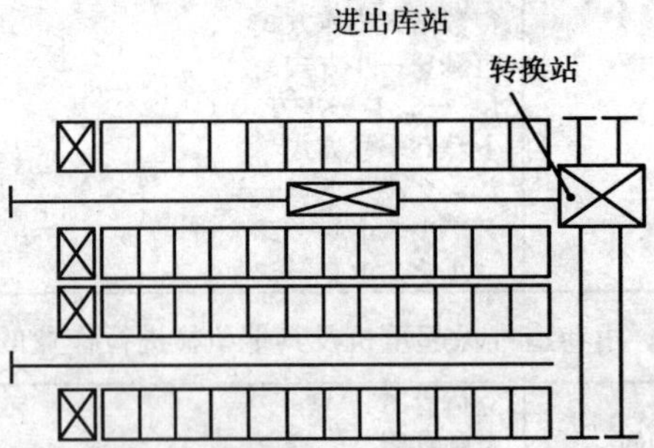

通道转换方式

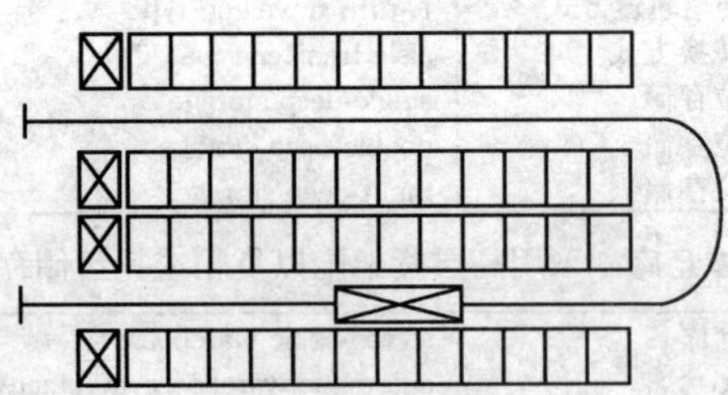

凵型转返轨道方式

4. 集装箱(货柜)

集装箱是一种运输装置，应满足下列要求

(1)具有足够的强度，可长期反复使用；

(2)适于一种或多种运输方式运送，途中转运时，箱内货物不需换装；

(3)具有快速装卸和搬运的装置附件，特别便于从一种运输方式转移到另一种运输方式；

(4)便于货物的装满和卸空；

(5)具有1 m^3 及以上的容积。

它不包括车辆和一般包装。

货柜,集装箱,容器	container; freight container	コンテナ
硬质集装箱	solid container	ノリッドコンテナ
标准集装箱	standard container	標準コンテナ
船用集装箱	seatainer	海上コンテナ
保温集装箱	insulated container; heat insulated container; thermal container	保温コンテナ
冷藏集装箱	reefer container; refrigerated container; refrigerating container	冷藏コンテナ
冷藏和加热集装箱	refrigerated and heated container	冷藏、加热コンテナ
罐式干散货集装箱	tank-type dry-bulk container	タンク·タイプドテイ·バクコンテナ
罐式集装箱	tank container	タンクコンテナ
侧壁全开式集装箱	open side container	オープンサイドコンテナ
侧开门集装箱	side door container	サイドードアコンテナ
侧开式集装箱	side open container	サイドーオプンコンテナ
薄壳式集装箱	monocogue container	薄皮式コンテナ
半集装箱	semi-container	セミーコンテナ
半高集装箱	half-height container	ハーフハイトコンテナ
拆解式货物集装箱	demountable cargo container	脱出し物コンテナ
帆布集装箱	canvas container	カンバスコンテナ
封闭式通风集装箱	closed ventilated container	密閉式通風コンテナ
封闭式机械通风集装箱	closed container mechanically ventilated	密閉式機械通風コンテナ
服装集装箱	garments container	衣装コンテナ;着物コンテナ
服装挂式集装箱	dress hanger container	着物ハンガーコンテナ
国际标准集装箱	ISO freight container	国際標準コンテナ
储料集装箱	storage container	ストレージコンテナ
敞口集装箱	open-hatch container	オープンーハッチコンテナ
敞顶集装箱	open top container; open way container	オープントップコンテナ
超高集装箱	overheight container	オーバーハイトコンテナ
刚性集装箱	rigid container	刚性コンテナ
干货集装箱	dry cargo container; dry container	ドテイ货物コンテナ
动物集装箱	animal container; live stock container	動物コンテナ
大型集装箱	large cube container	大形コンテナ
大型折叠式集装箱	large size folding or collapsible container	大形折叠みコンテナ
干散货集装箱	dry bulk container	ドテイバクコンテナ
国际海运集装箱	international marine container	国際海上コンテナ
国际集装箱	tramping- container	国際コンテナ
国际贸易用货物集装箱	freight container for international trade	国際贸易用コンテナ
国家标准集装箱	GB freight container	国内標準コンテナ
国内集装箱	domestic container	国内コンテナ
货物集装箱	cargo container	货物コンテナ
胶合板集装箱	plywood container	合板コンテナ
经熏蒸检验的集装箱	fumigation proof container	くん蒸保证コンテナ
绝热集装箱	insulated container	断热コンテナ
开顶软顶集装箱	open-top soft top container	オープンートップソフトートップコンテナ
可双层码放的集装箱	double-stack containers	ダブルースタックコンテナ
空集装箱	empty container; unloaded container	ガらにすゐコンテナ
空陆水联运集装箱	airsurface (intermodal) container	航空陆路水路连合输送コンテナ
空箱	empty	ガらにすゐボックス

集装箱种类	variety of container	コンテナ種類
20 ft 集装箱换算单位	twentn-foot equivalent unit(TEU)	20フートコンテナ換算コニット
框架式集装箱	rack container	テックコンテナ
冷藏式机械冷冻集装箱	built-in type reefer container	冷藏式机械冷冻コンテナ
框架式油罐集装箱	tank frame container	フレームタイプコンテナ
两用罐式集装箱	dual purpose tank container	デェアル用途タンクコンテナ
联运集装箱	intermodal container	连合输送コンテナ
密闭集装箱	sealed container	密闭コンテナ
内柱式集装箱	interral post type container	内部ポストコンテナ
平板式集装箱	flashing bed container	フテッシングベッドコンテナ
平架集装箱	flat rack container	フテット·テックコンテナ
平台式集装箱	platform container	プテットオムコンテナ
普通货物集装箱	general cargo container	普通货物コンテナ
普通集装箱	ordinary container	普通コンテナ
气体罐式集装箱	tank container for gases	ガスクンクコンテナ
汽车专用集装箱	special container for automobile carrier	自动车専用コンテナ
全侧开式集装箱	full side for access container	フルサイドオープンコンテナ
散货集装箱	bulktainer; bulk freight container; solid bulk container; bulkcargo container	バクコンテナ
实顶侧开集装箱	open wall container with roof	オープカベコンテナ
特种集装箱	special container	特殊コンテナ
40 ft 集装箱换算单位	forty-foot equivalent unit(FEU)	40フートコンテナ換算ユニット
特种货物集装箱	special cargo container	特殊貨物コンテナ
铁路集装箱	railway container	鐵道コンテナ
通用标准集装箱	current standard container	通用標準コンテナ
拖车式集装箱(驮背式)	piggy back container	寄生コンテナ;背にのってコンテナ
外置式冷藏集装箱	clipon reefer container	グリップオーン冷藏コンテナ
外柱式集装箱	outside post type con-tainer; exterior post type container	アウトサイド·ポスト·タイプコンテナ
危险货物集装箱	dangerous cargo container	危険貨物コンテナ
危险品集装箱	hazardous container	危険品コンテナ
温控集装箱	controlled temperation container	温度制御コンテナ
网式集装箱	net container	ネット·タイプコンテナ
纤维板集装箱	fiberboard container	フアイバーボードコンテナ;繊維板コンテナ
台架式集装箱	platform based container	プラットホーム·タイプコンテナ
小型金属集装箱	small metal container	小形金属コンテナ
小型折叠式集装箱	small-size collapsible (or folding) container	小形折畳みコンテナ
一次使用不回收的集装箱	non-returnable container	使い捨てコンテナ
远洋集装箱	shipping container	遠洋コンテナ
重力自卸式散货集装箱	bulk container with gravity dischage	重力荷御しバクコンテナ
专用集装箱	special container; specific purpose container	専門用途コンテナ
租用的集装箱	purpose container rental container	賃借コンテナ
空运集装箱;航空集装箱	aircraft container; air mode container	航空コンテナ
集装箱定位销	container location pin	コンテナ位置ぎめピン
集装箱索具	container rope sling	コンテナ·ロープ掛け
集装箱箱位检测器	position detector	位置検出器

集装箱自动定位装置	automatic container locating device	コンテナ自動位置ぎめ装置
集装箱门楣	door header	ドア·カしら
集装箱门槛	door sill	コンテナ敷居;コンテナしきい;ドア·シル
集装箱门铰链	door hinge	コンテナ丁番;コンテナちようばん
集装箱上侧梁	top side rail	トップ·サイド·レール
集装箱门锁装置	door locking device	ドア·ロッキング装置
集装箱门框尺寸	door opening dimen sion	ドア開口寸法
集装箱内部容积	internal volume of container;container bale capacity	コンテナ内部容積
集装箱自重	container tare weight	コンテナ自重
集装箱外形尺寸	over dimension of container	コンテナ外形寸法
集装箱上端梁	top end transverse member	トップ·エンド横材
集装箱下侧梁	bottom side rail	底部サイド·レール
集装箱下端梁	bottom end transverse member	底部エンド横部材
下角件	lower corner fitting	下部角仕上
上角件	top corner fitting	トップ·カど仕上;トップ角仕上
集装箱内部尺寸	internal dimension of container	コンテナ内部寸法
集装箱公称尺寸	nominal dimension of container	コンテナ正規寸法
额定重量	rating	定格能力
载　重	payload	積載重量
堆码能力	stacking capacity	スタッキング·カパシーティ
拴固能力	restraint capacity	拘束能力
箱底承载能力	floor loading capacity	底部積載能力
刚　性	rigidity	剛性
风雨密闭性	weather proffness	风雨に耐ぇる性
零部件	components	構成要素
角　柱	corner post	角ポスト
顶　板	roof sheet	屋根シート
顶　梁	roof bow	屋根首部
底　板	floor	フロア
底　梁	floor bearer	フロア·ベアラー
叉　槽	fork lift pockets	フォクリフト·ホケット
端　壁	end wall	エンド·ウォール
侧　壁	side wall	サィド·ウォール
端　门	end door	エンド·ドア
侧　门	side door	サィド·ドア
箱门密封垫	door seal gasket	ドア·シール·カスケッド
箱门搭扣件	door holder	ドア·ホルダー
抓臂起吊槽部	grappler arm lifting areas	つかむ·アムリフティング面積
鹅颈槽	gooseneck tunnel	グーズネック·トンネル
罩　布	cover	カバー
角结构	corner structure	角構造
箱底结构	base structure	底部構造
端框架	end frame	エンド·フレーム
箱　顶	roof	屋根
前　端	front	フロント
左　侧	left	レフト

右　侧	right	ライト
纵　向	longitudinal	縦方向
横　向	transverse	横方向
开　口	opening	開口
后　端	rear	リア

5.柔性集装袋　用柔软的布料制成可折叠式的运送大量散料的输送袋。

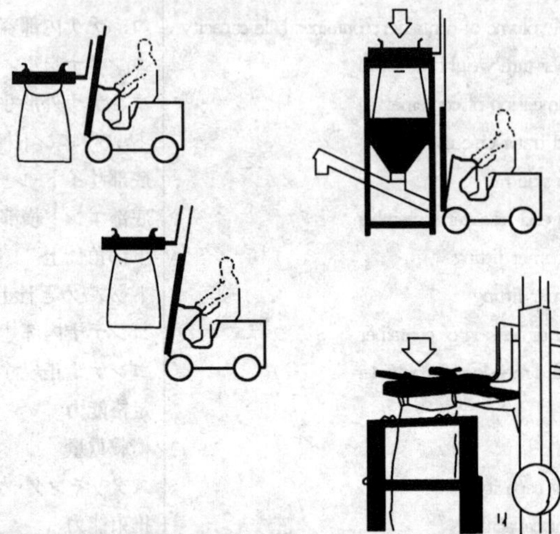

柔性集装袋;软性集装箱	flexible container、flexible Intermediate bulk container, flecon	フレキシブルコンテナ,フレコン
帆布集装箱	canvas container	帆布制コンテナ
散料输送	bulk handling	バルクハンドリング
牛皮纸袋	kraft paper bag	クラフトし袋
集装袋	container bag	コンテナ·バッグ
重量传感器	load cell	ロードセル
一次性用	one way use, one way type	ワンウェイタイ用,ワンウェイタプ
里衬型	lining type	ランニングタイプ
一次性使用软性集装箱	one way flexible container	ワンウェイ·フレキシブルコンテナ

第三节　小　型　设　备

1. 小型搬运车辆及设备

登车桥,胎调整板	dock leveler	ドック·レベラー
电动纸张搬运车	parer reverser	ペーパーリバースル
工具车	tools trolley	工具·トロリー
卷绕式绞车	drum hoist	ドラム·ホイスト
轻小型起重设备	series lifting equipment	シリーズ·リフティング·装備
滑　车	pulley block	プーリ·ブロック
起重葫芦	hoist	ホイスト
手拉葫芦	chain block	チェーン·ブロック
钢丝绳手扳葫芦	rope lever block	ロープ·レバー·ブロック
环链手扳葫芦	chain lever block	チエーン·レバー·ブロック
电动葫芦	electric hoist	電動·ホイスト
气动葫芦	pneumatic hoist	氣動·ホイスト

摩擦式绞车	friction hoist	摩擦式ホイスト
手动液压平台车	hand-hydraulic table truck	ハントーハィドロリック·テーブルトラック
手动托盘搬运车	hand pallet truck	ハントパレットトラック
高起升托盘搬运车	high lifting pallet truck	ハイ·リフティング·パレット·トラック
手推车	platform truck	プラットホム·トラック
铝合金手推车	aluminium platform truck	アルシニウム·プラットホーム·トラック
塑料手推车	plastic truck	プラスチック·トラック
登高车	climbing trolley	クライミング·トロリー
电动液压托盘搬运车	electrio pallet truck	エレクリック·パレット·トラック
水平台车	level cart	レベル·荷車
手推液压堆高车	hand-hydraulic stacker	ハントーハドロリック·スタッカー
半自动电动堆高车	semi-electric stacker	セミーエレクトリック·スタッカー
电动液压推高机	electric stacker	エレクトリック·スタッカー
电动油桶堆垛机	drum stacker	ドラム·スタッカー
托盘翻转车	pallet tilter	パレット·ティルター
油桶搬运翻转车	drum dolly	ドラム·ドリー
电动牵引油桶搬运车	drum lifter/rotator	ドラム·リワター/ローテーター
油桶搬运车	drum lifter	ドラム·リフター
油桶翻转夹具	drum rotator	ドラム·ローテーター
油桶搬运夹具	drum equipment	ドラム·エクイップメント
电动油桶搬运车	drum lifter/tractor	ドラム·リフター/トラクター
绞　盘	capstan	絞盤
悬挂单轨系统	underslung monorail system	アンダハング·モノレール·システム
升降机	lift,elevator	リフト(エレベータ)
支承起重机	supported crane	支持クレーン
悬挂起重机	underslung crane	アンダハング·クレーン
仓库起重机	warehouse crane	倉庫クレーン
贮料场起重机	storage yard crane	貯藏場クレーン

2. 叉车:用于托盘货物装卸和搬运的工业车辆。它的门架可作前后倾动带有可升降的货叉。

叉车	forklift truck forklift;	フオーク·リフトトラック
集装箱叉车	container fork lift truck	コンテナフオーク·リフト·トラック
集装箱侧面叉车	container side fork lift truck	コンテナ·サイド·フオーク·リフトトラック
空箱集装箱叉车	empty container lift truck	ガらのコンテナ·フオークリフト·トラック
电动平衡重式叉车	electric counterbalanced folk lift truck	電動钧合重リ付フオーク·リフト·トラック
前向叉车	front loading fork-lift;reach truck	フロント·ロティーング·フオークリスト·トラック
柴油机/液化气平衡重式叉车	diesel/LPG counterbalanced folk lift truck	デイーゼル/LPG钧合重リ付フオークリフト·トラック
集装箱正面吊	container reach stacker	コンテナ·リーチ·スタッカー
陀螺导引无人叉车	gyro guided	ジヤイロ誘導方式無人フオークリフト
装载机(用于散货)	shovel loader	ショベルローダ
属具	attachment	アタッチトント
侧移器	sideshifter	サイドシフト
纸卷夹	paper roll clamp	ペーパ·ロール·クランプ
多用平夹	appliance clamp	用品クランプ
烟包夹	tobacco-carton clamp	タバコーカートン·クランプ
纸箱夹	large surface clamp	大表面クランプ

桶夹	drum clamp	ドラム·クランプ
软包头	bale clamp	ベール·クランプ
三托盘夹	triple pallet haneller	三パレット·ハンドル
回转夹	rotary clamp	回轉クランプ
转向手轮	steering handle	ステアリング·ハンドル
链轮	chain wheel	チエーン·ホイール
链条	chain	チエーン
升降倾斜机构	lift raking mechanism	升降倾斜機構
发动机	engine	エンジン
门架倾斜装置	mast raking device	マスト倾斜装置
升降滚子	lift rollor	升降ローラー
侧向滚子	side rollor	サイド·ローラー
电阻控制	resistance control	抵抗コントロール
柴油机驱动	diesel engine driving	デイーゼル機関驅動
汽油机驱动	gasoline driring	ガソリン機関驅動
蓄电池驱动	battery driving	蓄電池驅動
举升用油缸	lift cilinder	リフト·シリンダー
执行操作杆	mission lever	ミッシヨンレバー
举升操作杆	lift lever	リフトレバー
倾重力操作杆	tilting lever	テイルトレバー
操作席	chair	座席
起动踏板	start pedal	スターターペダル
离合器踏板	clutch pedal	クラッチーペダル
制动器踏板	brake pedal	ブレーキ·ペダル
加速器踏板	accelerator pedal	アクヤルペタル
轮胎	tire	タイヤ
油压泵	hydraulic pump	油压ポンプ
齿轮泵	gear pump	ギヤー·ポンプ
叶片承	vane pump	ペーン·ポンプ
内侧门架	imnerside mast	内側マスト
外侧门架	outside mast	外側マスト
门架	mast	マスト
货叉	fork	フオーク;ホーク
装载量	capacity	積載量
载荷中心	load center	荷重中心;ロード·センタ
行走速度	travelling speed	走行速度
最小旋转半径	minimum turning radius	最小旋回半径
总长	overall length	全長
总宽	overall width	全幅
总高	overall height	全高
货叉的长度	fork length	ホークの長さ

3. 无人搬运车、自动导引车(AGV)

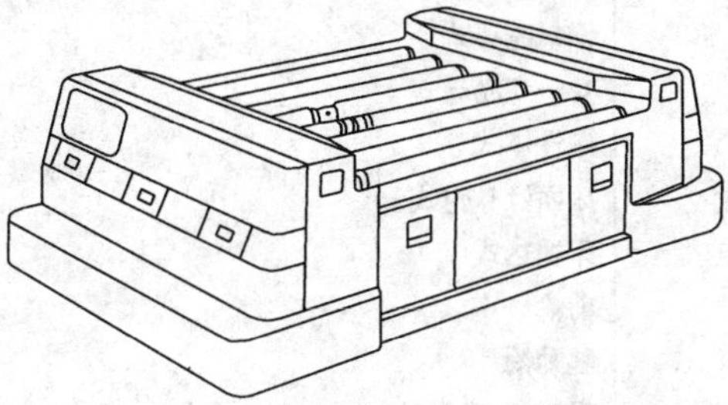

自动导引车、无人搬运车(AGV)

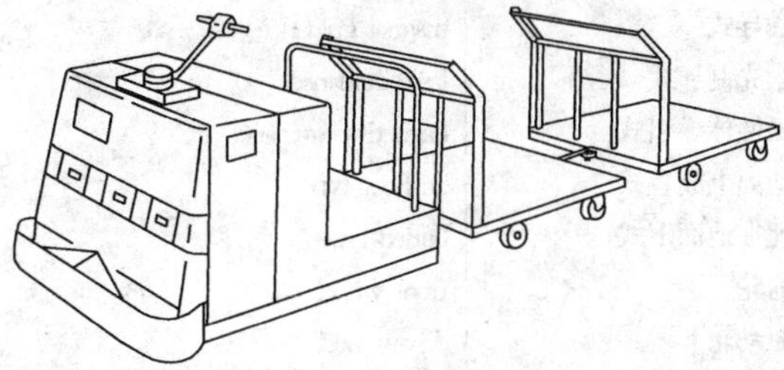

无人牵引车

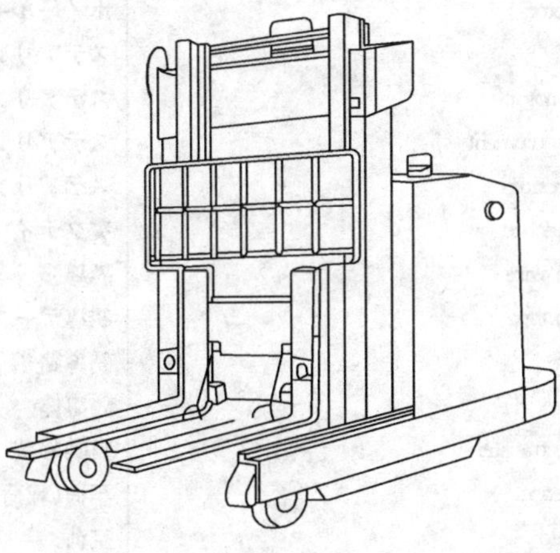

无人叉车

无人搬运车	autonomous going vehicle(AGV)	無人搬送車
自动导引车	automatic guided vehicle(AGV)	無人搬送車
智能化搬运车	autonomous handling vehicle(AHV)	智能化搬送車
无人牵引车	automotic guided tractor	無人けん引车
无人铲车	automatic guided fork lift truck	無人フォークリフト
前轮转向方式	front wheel steering	前輪ステアリング方式
二轮速度差方式	powered wheels steering	二輪速度差方式
独立的转向方式	individual steering	独立ステアリング方式
自动移载方式	automatic transfer	自動移載式
手动移载方式	manual transfer	手動移載式
滑动货叉式	slide-fork top	ステイドフオーク式
链输送机式	chain-conveyor top	チエーンコンバヤ式
滚道输送机式	roller-conveyor top	ローラコンバヤ式
推拉式	puish-pull device top	プッシェプル式
提举式	lifter deck	リフトアップ式
固定行驶通道式	fixed guidepath	固定経路式
可调整通道式	adjustable guide-path	半固定経路式
自定(自主)行走式	autonomous travel	自律走行式
地面指令式	guidance by ground side device	地上援助式
有导引指令式	guidance by guidepath	ガイド式
无导引路式	guidance without guidepath	ガイドレス式
被动导引式	passive guidance	パッシブ式

电磁导引式	electromagnetic guidance	電磁誘導式
光导式	optical reflection guidance	光学誘導式
磁导式	magnet guidance	磁氣誘導式
激光制导式	laser guidance	レーザ誘導式
磁性体导引式	hagnetism guidance	磁性体式
地面上放置式	on-floor type	床面はり付式
埋在地面下式	buried type	床埋込式
前轮	front wheel	前輪
驱动轮	drive wheel	驅動輪
从动轮	idler wheel	從屬輪(從動輪)
驱动电机	drive motor	ドライブモータ
带驱动电机的车轮	wheel motor	ホイールモータ
转向功能	steering	ステアリング機能
转向电机	steering motor	ステアリングモータ
转向装置	steering equipment	ステアリング装置
转向控制	steering control	ステアリング制御
主动导引式	active guidance	アクテイプ式
导线线	guidepath wire	誘導綫
导路条带	guidepath tape	誘導テープ
导路	guidepath	誘導路
导引材料	guide material	誘導体
自动移载	automatic transfer	自動移載
有载	load persence	车荷(載荷)
空载	emply loaid	空荷
移载装置	trnsfer equipment	移載装置
装载	loading	荷積み(载荷)
卸载	unloading	荷卸し(脱荷)
由地面装载	loading from floor	直積み(直積み載荷)
卸车地面上	unloading on floor	直置き
堆垛	stacking	段積み
分放	dispensing(destacking)	段ばらし
爬行(徐行)距离	creep distance	アプローチ距离
装卸起点	home position for forking	荷役原点
自动连接	automatic couplimg	自動連结
自动脱开	automatic uncoupling	自動切離
牵引车	tractor	けん引车
拖车	trailer	トレーラ
连结器	coupler	連结器
护扳(罩)	skirt	スカート
车上控制装置	onboard controller	車上制御装置
手动操作箱	manual operatian box	手動操作箱
速度控制	speed control	速度制御
车上操作台	onboard operator	车上操作バネル
位置决定面	centering cone	センタリングコーン(位置決めコーン)
操作模式	operation mode	連動モード
自动操作	automatie mode	自動運轉

手动(半自动操作)	manual mode (semi-automatic mode)	手動運轉(半自動)
离线操作	off-line mode	オフライン運轉
在线操作	on-line mode	オンテイン運轉
手动操作	manual operate	手動操作
车上操作	onboard operate	車上操作
执行程序	programmed navigation	パターン運用
运送车辆的最多台数	maxium number of vehicles	運行可能台数
操作的时间	operation hours	稼働时間
利用率/利用时间	utilization	稼働率/稼動時間
负载率	duty ratio	負荷率
干搅时间	block time	干涉时間
能力仿真	simulation	能力シミユレーシヨン
循环时间	cycle time	サイクルタイム
运送的模式	working cycle	搬送パターン
总的运送量	total number of transports per timeunit	搬送処理量
运送件数	unit of transfer	搬送単位
运送能力	transport capacity	搬送能力
必需的输送量	necesstiy of transport	必要搬送量
来自信息	from-to information	情報によゐ
AGV 进入导路	set AGV on guidepath	入綫
AGV 离开导路	remove AGV off guidepath	離綫
中停	interruption	割込み(緊急割込み)
计划入库	scheduled storing	計画入库
计划出库	scheduled retrieving	計画出库
依次入库	storing with free time	逐次入库
依次出库	retrieving with free time	逐次出库
运送指令	ordering	搬送要求
目的地指令	distination order	行先指标
作业指令	operation order	作業指令
装货移载指示	picking order	積み移載指标
卸下移载指标	deposite order	卸し移載指示
目的地监视	traffic monitoring	行先监视
监视周围的设备	monitoring for peripheral equipment	周辺機器異常监视
监视	monitoring	モニタリング
数据设定	data input	データ設定
车上设定	onboard data input	車上設定
地面遥控数据输入	remote data input	地上設定
单数据设定	single data input	単一設定
多数据设定	multi data input	復数設定
集中控制	concentrated coutrol	集中制御
引入控制	call in control	呼出し(呼込み)制御
间断区控制	blocking zone control	プロッキング制御
跟踪控制	tracking control	トラッキング制御
通路图	route map	マップ
自主分散控制	autonomous and delivered control	自律分散制御
车辆编号控制	control by vehicle number	号車管理

配车管理	dispatch control	配車管理
交通管制	traffic control	交通管制
十字路口控制	crossing control	合流(点)制御
间歇控制	blocking control	待ち合わせ(制御)
尾追控制	push out control	追い出し制御
通路连锁控制	closing	ルート閉鎖制御
车辆运行控制装置	vehicle controller	車輌運行制御装置
地面控制装置	ground side controller	地上制御装置
现场操作台	local operation box	现场操作監
运送要求操作台	operation box for call in	搬送要求操作箱
目的地设定操作台	operation box for destinatiou selling	行先設定操作箱
光通讯装置	optical radio comunication equipmeut	光空間通信装置
感应无线通讯装置	iuductive radio communication equipmeut	誘導無線通信装置
无线通讯装置	radio communication equipment	無線通信装置
连续通讯方式	continuous communication method	常时(連続)通信方式
定点通讯方式	fixed point communication method	定点通信方式
导引传感器	guide sensor	誘導用检出器
地面发信器	field-oscillator	地上側發振器
导引信号	guide sigual	誘導信号
标记传感器	mark sensor	マークセンサ
标记	mark	マーク
信号线	signal wire	信号线
信号检出器	signal detector	信号檢出器
电池电压下降检出	under voltage detection of batteries	バッテリ電压低下检出
地面码	floor code	フロアコード
积载信号	transfer ordering signal	移载信号
要求装载信号	load rodering signal	積み要求信号
要求卸载信号	deliver ordering signal	卸し要求信号
有载检出	load presence detector	在荷(載荷)検出
移载检出	transfer detector	移载検出
高度检出器	height detector	揚高検出
通过检出	through detector	通過検出器
断线检出	detection of guidewire malfunction	断線検出
手动充电装置	mauual battery charger	手動充電装置
自动充电装置	automatic battery charger	自動充電装置
地面侧向移载装置	load transfer equipment	地上側移载装置
移载联锁装置	transfer interlocking equipment	移載インタロック装置
移载控制装置	transfer controller	移載制御装置
站上输送机	station conveyor	ステーションコンベヤ
交换用电池	interchangeable battery	交換用バッテリ
电池交换用公车	cart for battery exchange	バッテリ交換台車
自动充电	automatic battery charge	自動充電
手动充电	manual battery charge	手動充電
车上充电	onboard battery charge	車上充電
地面充电	offboard battery charge	地上充電
自动电池交换	automatic battery exchange	自動バッテリ交換

手动电池交换	manual battery exchange	手動バッテリ交換
电池充电自动连接	automatic connection between charge and battery	バテツリ自動接続
电池充电手动连接	manual connection between charge and battery	バテツリ手動接続
停止	stop	停止
启动	start	発進
前进	forward travel	前進
后退	reverse travel	後進
横向移行	traverse	横行
就地回转	spin turn,pivot turn	スピンターン
行进方向	travelling dierction	進行方向
死机条件	dead lock condition	デッドロック
正常停止	regular stop	正常停止
异常停止	irregular stop	異常停止
暂时停止	temporary stop	一時停止
停止点	stop poimt	停止点
待等	waiting	待機
程序转向	program steering	ブログラムステアリング
分道	diverge	分岐
合道	merge	合流
导道中心最小旋转半径	minimum turning radius	誘導路中心最小旋回半径
行走区域	travel area	走行领域
操作区域	operation area	運転领域
安全区域	safety area	安全领域
轨迹图	locus chart	軌迹図
原点	home position	原点
等待点	waiting point	待機点
十字路口	crossing	交き(叉)(交差)
站	station	ステーション
发出站	home station(home position)	ホームステーション
运行的通路	travelling route	搬送ルート
返回,返回点	switch-back(switch-back point)	スイッチバック(スイッチバック点)
专用通道	exclusive path	専用通路
避撞点(避撞停留站)	shunting point (shunting station)	待避点(待避ステーション)
识别标记	adderss	アドレス(番地)
通路	route	経路
出发点	initial point	立上げ点
车重	vehicle weight	自重
车的总质量	gross velhicle mass	車両総質量
额定负荷	rated capacity	定格荷重
许用负荷	load capacity	許容荷重
车轮负荷	load on wheel	輪荷重
额定速度	rated speed	定格速度
行走速度	travelling speed	走行速度
高速行驶时速度	high speed	高速走行速度
中速行驶时速度	medium speed	中速走行速度
低速行驶时速度	low speed	低速走行速度
微速行驶时速度	creeping speed	微速走行速度
额定牵引力	rated tractive force	定格けん引力

牵引质量	towing load mass	けん引質量
最大牵引力	maximum tractive force	最大けん引力
爬坡能力	gradability	登坂能力
行走精度	travelling accuracy	走行精度
停止精度	stopping accuracy	停止精度
高精度停止	fine positionary	高精度停止
移载精度	transfer accuracy	移載精度
收敛距离	astringent distance	收れん距离
准确位置	correct position	正对(定位置)
额定电池容量	rated battery capacity	定格バッテリ容量
升降速度	elevating speed	昇降速度
升降行程	elevating length	昇降ストローク
轮距	wheel base	ホイールベス
左右车轮的中心距	tread	トレッド
车体尺寸	vehicle dimeusions	車体寸法
车体宽度	vehicle width	車体幅
车体长度	vehicle length	車体长
车体高度	vehicle height	車体高
移载高度	transfer height	移载高さ
制造标牌		銘板
接碰缓冲器	contact bumper	障害物接解バンパ
接近捡出装置(非接触)	non contact obstruction detector	接近検出装置
联锁装置	interlocking device	インタロック装置
自动门控制装置	autodoor coutorl device	オートドア制御装置
防碰装置	collision avoidance	衝突防止装置
警报装置	controller warning device	警報装置
货物尺寸扦出装置	load size checker	荷幅検出器
自动操作指示灯	status indicator	自動運転表示灯
紧急停止按钮	emergency stop button	非常停止ボタン
接近警报装置	proximity warning device	接近警報装置
异常警报灯	malfunctional warning lamp	異常警報灯
	emergency stop lamp	非常停止表示灯
异常报警器	malfunctional warning sound alarm	異常警音器
启动蜂鸣器	start alarm	発進警音器
行走蜂鸣器	travelling alarm	走行警報器
行进方向指示灯	direction indicator	進行方向表示灯
超外伸	overhang	オーバハング
异常停止	emergency stop	非常停止
紧急停止	urgency stop	緊急停止
离形导路,进入不可控制区域	out of track	脱线
超速	over speed	オーバスピード
慢慢行驶	yield traval	徐行
超行驶	over run	オーバラン
警灯	warning lamp	警報灯
警声	warning sound	警報音
警报显示	warning display	警報表示
警声蜂鸣	warning sound alarm	警音器
移载装置异常	transfer device fail	移载異常

安全标记	safety sign	安全標識
报警声	warning voice	警報メッセージ
超时间检出	overtime detection	オーバタイム検出
行走超时间检出	running overtime detection	走行オーバタイム検出
移载超时间检出	transfer overtime detection	移載オーバタイム検出
重复移载	double occupied detection	二重移載
错误(系统)显示	malfunction indication	エラー表示
货物位置异常	load condition fail	荷姿異常
货物正规位置检出	load tolerance detection	荷正規位置検出

第四节　输 送 设 备

1. 输送机种类

输送机	conveyor	コンベヤ
单元物品(件货)用输送机	unit load conveyor	かさ物用コンベヤ
散料用输送机	loose bulk material conveyor	ばち物用コンベヤ
固定式输送机	fixed conveyor	定置形コンベヤ
移动式输送机	mobile conveyor	移動形コンベヤ
可移式输送机	portable conveyor	可搬形コンベヤ、ポータブルコンベヤ
空气斜槽	air slide	エアスライド
槽式输送机	trough type conveyor	トラフ式コンベヤ
折叠式输送机	accordion conveyor	アコーディオン・コンベヤ
扇动式输送机	agitated conveyor	扇動形コンベヤ
高架输送机;架空输送机	overhead conveyor	天井形コンベヤ
流体输送机	fluid conveyor	流体コンベヤ
斗式提升机	bucket elevator	バケットエレベータ
带式输送机;传送带	belt conveyor	ベルトコンベヤ
螺旋输送机	screw conveyor;auger conveyor	スクリェコンベヤ
振动输送机	vibrating conveyor	振動コンベヤ
链式输送机	chain conveyor	チエーンコンベヤ
气力输送机;气流式输送机	air conveyor	エア・コンベヤ
气垫输送机	air cushion conveyor;air slide conveyor	空気フイルムコンベヤ;エア・クッヨンコンベヤ
气冷链式输送机	air cooledchain conveyor	空気冷却式チエーンコンベヤ
鳞板输送机;平板输送机	apron conveyor	エプロン・コンベヤ
捆包输送机	bale conveyor	バール・コンベヤ
带条式输送机	band conveyor	バンド・コンベヤ
鼓风式输送机	blast conveyor	爆風コンベヤ
斗式输送机	bucket conveyor	バケット・コンベヤ
帆布带输送机	canvas conveyor	カンバス・コンベヤ
滑槽式输送机	chute conveyor	シユート・コンベヤ
重力式输送机	gravity conveyor	重力コンベヤ;フリローラコンベヤ
重力滚子输送机	gravity roller conveyor	重力・ローラ・コンベヤ;フルーローラ・コンベヤ
重力滚轮输送机	gravity wheel conveyor	重力・ホイールコンベヤ,フリ・ホイールコンベヤ
条板式输送机	slat conveyor	スラットコンベヤ
提升式输送机	elevetor conveyor	エレベータコンベヤ

拐弯式输送机	curve conveyor	カーブコンベヤ
小型传送带;小型输送机	baby conveyor	小型コンベヤ
铰接输送机	articulated conveyor	關節式のユンベヤ
磁性带输送机	magnetic belt conveyor	磁気ベルトコンベヤ
气力输送机	pneumatic conveyor	ニユーマチック·コンベヤ
废料输送机	refuse conveyor	廃物·コンベヤ
垂直输送机	vertical conveyor	垂直コンベヤ
堆场用输送机	yard conveyor	溝内コンベヤ 中庭コンベヤ

2. 带式输送机:使用无端的运转输送带来传送承载其上的件货的输送设备。

带式输送机	belt conveyor	ベルトコンベヤ
胶带式输送机	rubber belt conveyor	ゴムベルトユベヤ
织物带式输送机	fabric belt conveyor	織物ベルトコンベヤ
树脂制带式输送机	resin belt conveyor	樹脂ベルトコンベヤ
钢带式输送机	steel band conveyor	スチールベルトコンベヤ
金属丝钢带式输送机	wire mesh conveyor	金鋼ベルトコンベヤ
螺旋状带式输送机	spiral belt conveyor	スパイラルベルトコベヤ
可弯曲带式输送机	curved belt conveyor	カーブベルトコンベヤ
转角带式输送机	corner conveyor	コーナベルトコンベヤ
平板状带式输送机	flat belt conveyor	フラット形ベルトコンベヤ
双带夹持式带式输送机	blenket belt conveyor	ツインベルトコンベヤ
可伸缩带式输送机	extendable/telescopic belt conveyor	伸缩ベルトコンベヤ
水平殆式输送机	horizontal belt conveyor	水平ベルトコンベヤ
倾斜带式输送机	raking belt conveyor	倾斜ベルトコンベヤ
皮带轮,滚筒	belt pulley;drum	ベルトプーリ;ドラム
传动滚筒	driving pulley	ドライビング·プーリ
改向滚筒	bend pulley	ベンドプーリ
头部滚筒	head pulley;head drum	ヘッド·プーリ; ヘッド·ドラム
尾部滚筒	tail pulley;tail drum	テール·プーリ; テール·ドラム
拉紧滚筒	take-up pulley	テーク·アップ·プーリ
笼形滚筒	cage pulley	ケージ·プーリ
磁性滚筒	magnetic pulley	マグネチック·プーリ
包胶滚筒	pulley with facing rubber	ゴム貼リドラム;ゴム貼リ
电动滚筒	motorized pulley	電動プーリ;電動ドラム
鼓形滚筒	crown face pulley	冠状ドらム;冠状プーリ
翼形滚筒	winged pulley	翼形ドラム;翼形プーリ
真空滚筒	vacuum pulley	真空ドラム;真空プーリ
陶瓷滚筒	pulley with ceramic coat	セラミック掛·ドラム;ヤラミック掛プーリ
卸料装置	discharger	放荷装置
卸料小车	tripper	トリッパ
手动卸料车	mannal tripper	手動トリッパ
电动卸料车	electric tripper	電動トリッパ
犁式卸料器	plough tripper	すき形トリッパ
单侧犁式卸料器	side plough tripper	サイドすき形トリッパ
松紧装置;张紧;拉紧	take-up	テーク·アップ
托辊,辊子	idler;roller	アイドラ,ローラ
承载托辊	carrying idler	キャリアローラ
回程托辊	return idler	リターンローラ
平形托辊	flat idler;flat roller	平形ローラ

槽形托辊	troughing idler	トラフ形ローラ
过渡托辊	transitionidler	過渡ローラ
调心托辊	centring idler	調心ローラ
导向托辊	guide idler	ガイドローラ
缓冲托辊	impact idler	缓衝ローラ
吊挂托辊	suspension idler	サスペンションローラ
梳形托辊	idlerwith rubberrings	ゴム·リング付ローラ
螺旋托辊	spiral idler	スパイラル·ローラ
又侧犁式卸料器	two side plaugh tripper	両側すき形トリッパ
输送带翻转装置	belt turnover device	ベルトの逆轉防止装置
输送带跑偏防止装置	protective device against side running of conveyor belt	ベルトの片寄りを防ぐ装置
防止输送带纵向撕裂装置	belt brocken protector	ベルト·くずお折れた防止装置
检测输送带速度装置	speed detector	ベルト速度换出装置
输送带打滑检测装置	belt slip detector	ベルトのスリット防止装置
皮带	belt	ベルト
输送带	conveyor belt	コンベヤ·ベルド
皮带卷筒	drum	ベルト車;ドラム
驱动皮带卷筒	driving drum	ドライビング·ベルト車
供料斗	loading hopper	ドライビング·ドラム 積込ホッパ
上侧承载部	trough carrier	上側キャリヤ
下侧回程部	return carrier	下側キャリヤ
进料溜槽	loading chute	積込シュート
卸料溜槽	discharge chute	放荷シュート
供料装置	feeder	フイーダ
皮带的连结方法	belt connecting method	ベルトの継ぎ方
载荷溜槽	load chute	負荷シュート
皮带清扫装置	belt cleaner	ベルト清掃装置
旋转刷式	rotary brush	回轉ブラシ式
皮带刮料器	belt scraper	ベルトスクレーバ
装料设备	loading equipment	負荷設備
挡板	skirt	スカート
驱动装置	driving equipment	驱動裝置
输送量	capacity	運搬量
带宽	belt width	ベルトの幅
有效带宽	useful belt width	ベルトの有效幅
带速	belt speed	ベルトの速度
输送带垂度	belt sagging	ベルトのたるみ
转动滚筒轴功率	power of driving pulley	ベルト車の驅動出力
电动机的总功率	total power of motors	電動機の総出力
单电动机功率	power of motor	電動機の出力
功率比	power ratio	出力率
静安全系数	static safety	静的な安全系数
动安全系数	coefficient dynamic safety coefficient	動的な安全系数
运行阻力系数	traveling resistance coeffic ient	走行抵抗系数
传动滚筒表面摩擦系数	surface friction coefficient of driving pully	ト"ライフ"·ト"ラムの表面摩擦系数"
围包角	wrap angle	ドラムとベルトの接触角; ドラムとベルトの巻付角
启动加速度	starting acceleration	始動加速度
制动时间	braking period	制動時間
主要阻力	major resistance	主要抵抗

运行阻力	traveling resistance	走行抵抗
附加阻力	additional resistance	付加抵抗
特殊阻力	special resistance	特殊抵抗
皮带的最大倾斜角	maximum belt rake angle	ベルトの最大倾斜角
安装尺寸,装配尺寸	fitting dimension	取付寸法
元件重量;部件重量	unit weight; product weight	製品重量
皮带的张力	belt tension force	ベルトの张力
皮带卷筒的宽度	belt drum width	ベルト車の幅
皮带张紧装置	belt take up	ベルト紧张装置
螺杆式张紧装置	screw type take up	ネジ式テークアップ
重锤式张紧装置	weight type take up	重锤式テークアップ
皮带卷筒的直径	belt drum diameter	ベルト车の直径
皮带引紧侧的张力	belt tension side force	ベルトの引張侧张力
皮带松弛侧的张力	belt slack side	ベルトの弛み侧张力
被输送物料的堆积密度	material bulk density	運搬物の见掛の比重

管状带式输送机 在普通带式输送机的上、下运行分支,由6个托辊构成的正六边形支承截面使上,下输送带卷成管状,以实现可弯曲、封闭和往复输送。

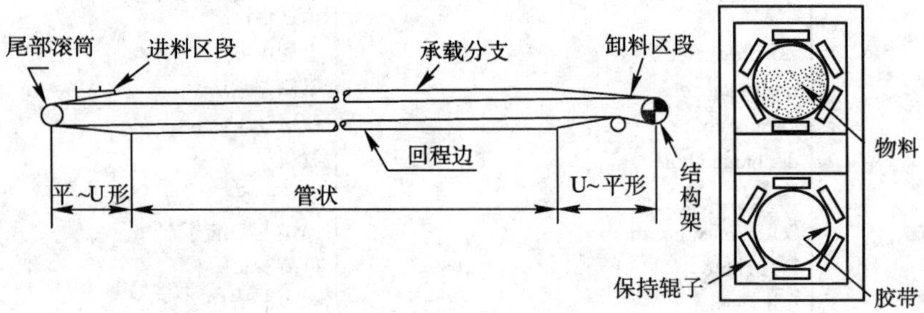

管状带式输送机	pipe conveyor	パイプコンベヤ
管状	pipe shape	円筒形
承载分支	carring side	キャリヤ側、
回程分支	return side	リターン側、
保持辊子	hold-on roller	保持ローラー
镶隔板	panel	バネル
头轮、头部滚筒	head pulley	ヘッドプリ
尾轮、尾部滚筒	tail pulley	テールプリ
充满率、充满系数	fill efficiency	充満率
管状带直径	pipe diameter	パイプ径
输送量	capacity	運搬量
大倾角输送	steep inclined transport	急傾斜输送
可弯曲输送	curved transport	カーブ輸送
节省空间	save space	省スペース
清扫成本	cleaning cost	清掃コスト
泄漏落料	leakage	荷こぼれ
飞扬	scattering	飛散
转弯半径	radius of curvature	カーブ半径
结构架	frame	フレーム
进料区段	material loading area	投入部
卸料区段	discharging area	排出部

槽型	trough type	トラフ型
直线输送	straight line conveyance	直线輸送
弯曲输送	curved conveyance	曲线輸送
耐久性	durability	耐久性
配置、规划	layout	レイアウト

3. 链式输送机:

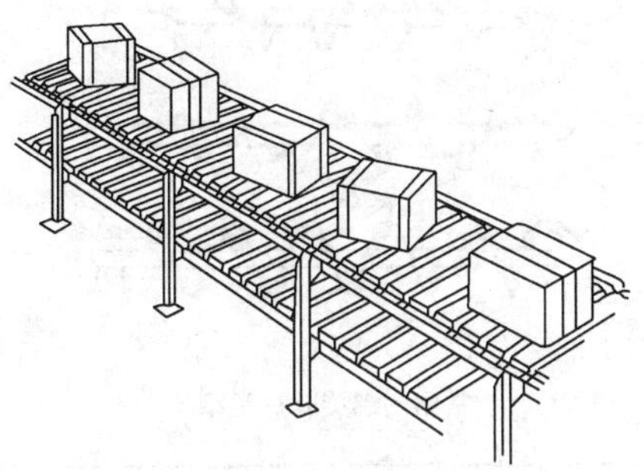

板条链式输送机

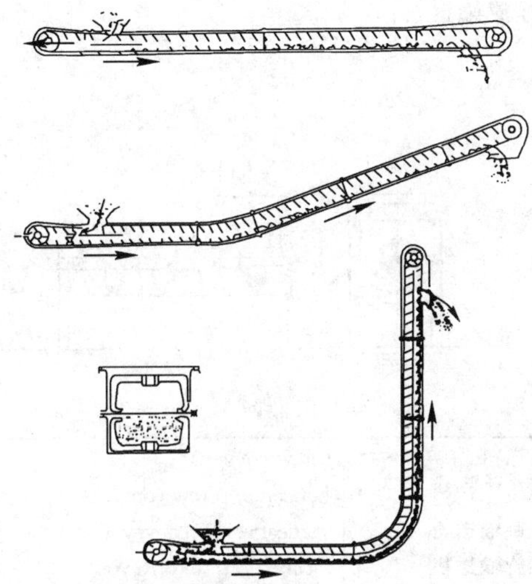

埋刮板输送机

链式输送机	chain conveyor	チェーンコンベヤ
板条链式输送机	slat chain conveyor	スラトコンベヤ
平顶板式输送机	flat top conveyor	フラット・トップコンベヤ
钢丝网链式输送机	wire mesh chain conveyor	鋼チェーンコンベヤ
过杆(跨接)式输送机	cross barconveyor slide	クロスーベコンベヤ
滑链式输送机	chain conveyor	スライドコンベヤ
鳞板输送机	apron conveyor	エプロンコンベヤ
平板盘式输送机	pan conveyor	パンコンベヤ
可弯拐链式输送机	curved conveyor	カーフドコンベヤ
抠轴料斗链式输送机	pivoted bucket conveyor	ビボッラッド・バケット
拖链式输送机;刮板式链输送机	drag chain coveyor	ドラグチエーンコンベヤ
铲运链式输送机	scraper conveyor; flight conveyor	スクレーパコンベヤ
埋刮板输送机	continous stream conveyor;masse conveyor	フロコンベヤ
托盘式输送机	pallet type conveyor	パレットコンベヤ
推链式输送机	pusher chain conveyor	ブッシヤコンベヤ
台车型链式输送机	car type conveyor	台車コンベヤ
牵引链式输送机	tow conveyor	トウコンベヤ
小车链式输送机	trolley conveyor	トロリコンベヤ
链轮	sprocket wheel	スプロケット・ホイール
链;链条	chain	チエーン
箱壳型链式输送机	case conveyor	ケースコンベヤ
箱、壳	case	ケース
导轨	guide rail	ガイド・レール
倾角	angle of rake;rake angle	傾斜角

张力	tension	張力
摩擦阻力	friction drag; friction resistance	摩擦抵抗
截面积;剖面积	sectional area	断面積
水平输送机	horizontal conveyor	水平コンベヤ
倾斜输送机	inclining conveyor	傾斜コンベヤ
L型输送机	L type conveyor	L型コンベヤ
断面形状	form of section area	断面形状

4. 螺旋输送机:

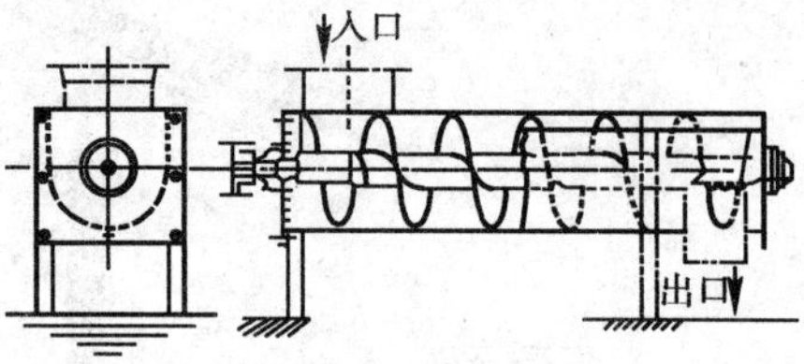

螺旋输送机

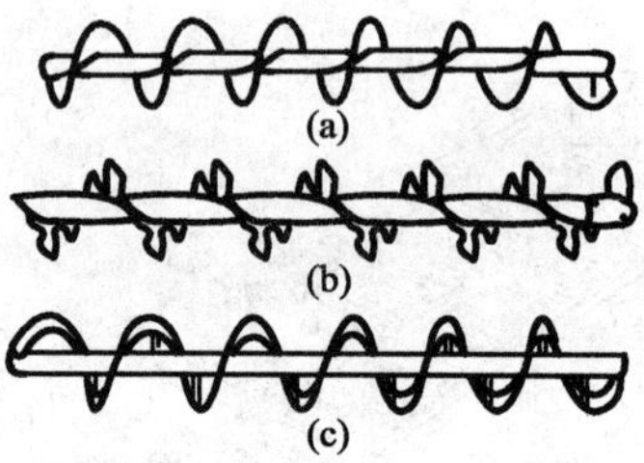

常用的螺旋叶片类型

螺旋输送机	screw conveyor	スクリエーコンベヤ
水平螺旋输送机	horizontal screw conveyor	水平スクリエーコンベヤ
垂直螺旋输送机	vertical screw conveyor	鉛直スクリエ:コンベヤ
倾斜螺旋输送机	inclined screw conveyor	傾斜スクリエーコンベヤ
可移动式螺旋输送机	mobile screw conveyor	可移性スクリエーコンベヤ
可弯曲螺旋输送机	flexible screw conveyor	可撓性スクリエ:コンベヤ
多排螺旋输送机	multi-screw conveyor	多列型スクリエーコンベヤ
螺旋钢丝输送机	screw wireconveyor	ねじワイヤコンベヤ
螺旋输送机	auger conveyor	オーガ·コンベヤ
叶片	vane, blade	羽根
叶片入口角	blade inlet angle; inlet blade angle	羽根入口角
标准形螺旋、实体螺旋	general type screw, solid screw	標準形スクリユー
带形螺旋	ribbon screw	リボンスクリユー
桨叶形螺旋	puddle screw	バドル付きスクリュー
锯齿形螺旋	cut-flight screw	カットフライトスクリュー
弹簧螺旋	spring screw	スプリングスクリュー
变螺距螺旋	variable pitch screw	变ピッチ形スクリュー
变直径螺旋	variable diameter screw	变径形スクリュー
螺旋转速	rotational speed of screw	スクリューの回転数
螺旋的外径	diameter of screw	スクリェーの外径
螺旋的螺距	pitch of screw	スクリュのピッチ
临界转速	critical rotational speed	臨界回転数
螺旋的叶片	vane of screw	スクリューの羽根
槽体·壳体	trough	トラフ
盖板	cover	カバー
螺旋钢丝圈	hilical coil	ヘリカルコイル
中间轴承	mediate bearing	中間軸受
螺旋轴	screw shaft	スクリユーの軸
卸料口	outlet	排出口
进料口	inlet	取入口
充满率	filling rate	充満率

5. 振动输送机

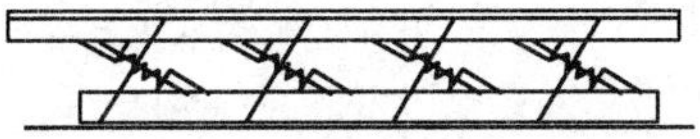

(a)水平形

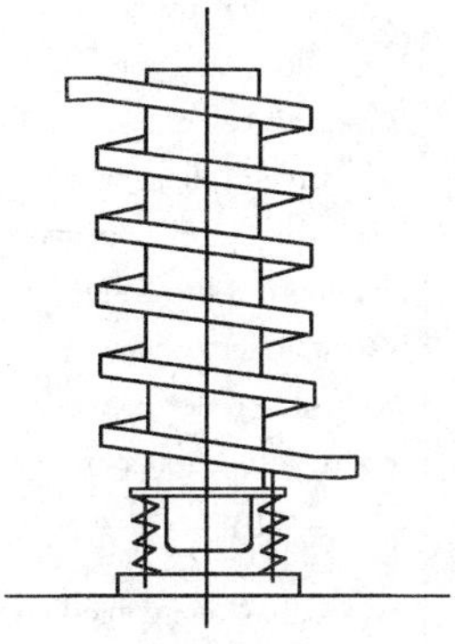

(b)垂直形

振动输送机	vibrating conveyor; oscillating conveyor	振動コンベヤ
机械式振动输送机	mechanical vibrating conveyor; mecharical oscillating conveyor	機械振動コンベヤ
电磁式振动输送机	electromagnetic vibrating conveyor	電磁振動コンベヤ
电动式振动输送机	electrodynamic vibrating conveyor	電動振動コンベヤ
振动	vibration; oscillation	振動
偏心	eccentricity	偏心;へんしん
振动频率	vibration frequency	振動周波数
振荡器	oscillator	発振器
偏心重量	eccentric weight	偏心おもり
偏心负载	eccentric load	偏心荷重
偏心距离	eccentricity, eccentric arm; eccentric radius	偏心距
循环	circle	サイクル
振动供料器	vibrating feeder	振動フィーダ

6. 滚子式输送机

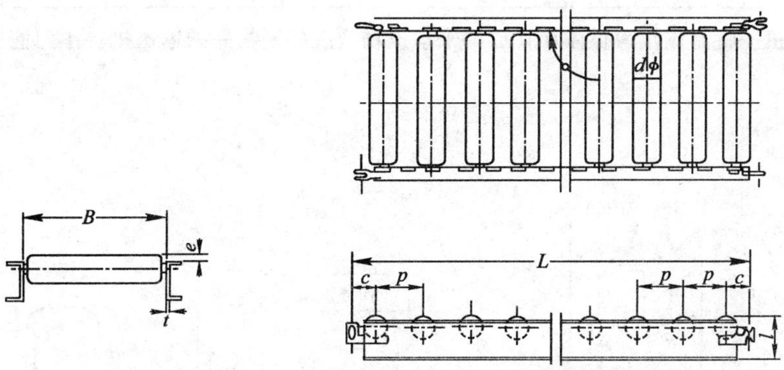

滚子输送机

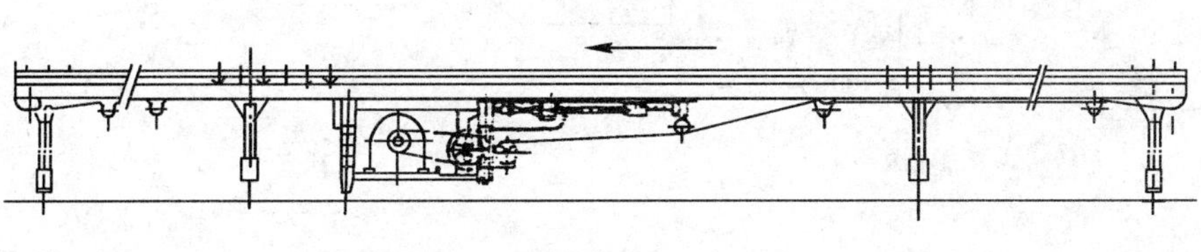

皮带传动式滚子输送机

滚子式输送机辊道	roller conveyor	ローラコンベヤ
滚子	roller	ローラ
重力滚子输送机	gravity roller conveyor	フリーローラコンベヤ
有驱动滚子输送机	live roller conveyor	驅動ローラコンベヤ
滚轮式输送机	wheel conveyor	ホイールコンベヤ
皮带驱动式滚子输送机	belt driven roller conveyor	ベルト驅動ローラコンベヤ
链条驱动式滚子输送机	chain driven roller conveyor	チコーン驅動ローラコンベヤ
铝材滚子输送机	aluminum roller conveyor	アルミ·ローラ·コンベヤ
算盘子式滚子输送机	abacus roller conveyor	アバカス·ローラ·コンベヤ
可伸缩的滚子输送机	extensible roller conveyor	伸長性のあゐローラ·コンベヤ
积放式滚子输送机	accumulating roller conveyor	積み重ねゐローラコンベヤ
皮筋带驱动式滚子输送机	PU belt driven roller conveyor	PUベルト驅動ローラーコンベヤ
可伸缩驱动辊道	extendable/telescopic live roller conveyor	伸缩驅動ローラコンベヤ
辊轮式输送机	wheel conveyor	ホイールコンベヤ
算盘球式输送机	soloban conveyor	ソロバンコンベヤ
辊子长度	roller length	ローラ長さ
辊子节距	roller pitch	ローラピッチ
辊子宽度	roller width	ローラ幅
起动摩擦系数	starting friction coefficient	起動摩擦系数
构架	flame	フレーム
锥形辊子	taper roller	ラーバのっいたローラ
齿轮传动	gear driving	齒車驅動
伞齿轮	bevel gear	カさ齿车
啮合	jaw	カみ合い;嚙合
减速装置	reduction gear	減速装置
限位开关	limit switch	リミットスイッチ
辊子链	roller chain	ローラ·チエーン
上下型分叉器	up and down type diverter	アップダウン式ダィバータ
道面上分叉器	face diverter	フエイスダイバータ
导向索	guide rope	ガイドロープ
导向辊子	guide roller	がイドローラ
橡胶辊子	rubber roller	ゴムローラ

7. 流体输送机 将流体作为媒体在管道中来运送物料或成型物品的输送机。作为输送介质是有压空气和水。

(1)气力输送

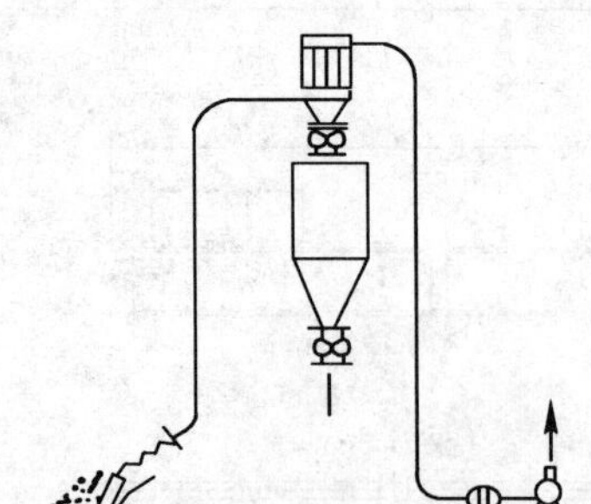

吸送式气力输送

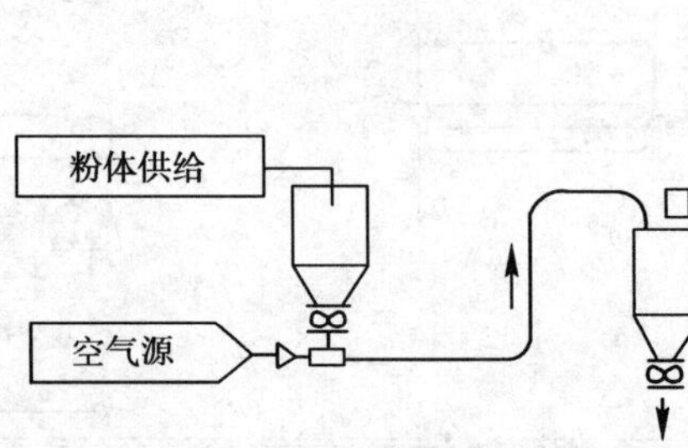

压送式气力输送

流体输送机	fluid conveyor	流体コンベヤ
气力输送机	pneumatic conveyor;air conveyor	空気コンベヤ;エァコンベヤ
真空(吸送)式气力输送机	pneumatic conveyor of suction type	真空(吸引)式空気輸送機
压送式气力输送机	pneumatic conveyor of pressure type	压送式空気輸送機
低压压送式	lowpositive pressure type	低压压送式
高压压送式	high positive pressure type	高压压送式
气力输送装置及相关连的设备	pneumatic conveyor systems and related eguipment	空気輸送装置および関連機器
粉粒体输送系统	granule transport system	粉粒体輸送装置
垂直气力输送系统	vertical pneumatic conveyor system	垂直空気輸送装置
高浓度气力输送	high density pneumatic transport	高濃度空気輸送
流　体	fluid	流体
气　体	gas	気体
湿空气	moistair;wetair	湿り空気
阻　力	drag force	抗力
升　力	tangential force	扬力
脉　动	slugging	脈動
密　度	density	密度
粘　度	viscosity	粘度
动粘度	kinematic viscosity	動粘度
压缩性	compressibility	压缩性
压缩率	modules of compressiúbility	压缩率
音　速	sound speed	音速
标准大气	standard atmospher	標準大気
状态式	equation of state	狀態式
气体常数	gas constant	ガス定数
饱和水蒸气量	satulated humidity	飽和水蒸気量
非压缩性流动	incompressible flow	非压缩性流動
能　量	energy	エネルギ
声　波	sound wave	音波
射　流	jet	噴流
固气混合比	solid-airmixture ratio;sold-gas loading ratio	混合比
压力损失	pressure drop	压力損失
压降比:压损比	relative pressure drop	压力降下率(比);压損比
风　量	air flowrate	風量,輸送空気量
悬浮速度	suspension velocity	浮游速度
输送气流速度	air velocity	輸送空気速度
最佳风速	optimum air velocity	最適風速
雷诺数	reynolds number	Reynolds 数
管道摩擦系数	friction	管摩擦系数
流动状态(模式)	flow pattern	流動様式
悬　浮	suspension	浮游
层　流	laminal flow	層流
紊　流	turbulent flow	乱流
栓流,栓料流	plug flow	栓状流;プラグ流
溢塞临界	blockage critical	閉塞限界
等温变化	isothermal change	等温変化
绝热变化	adiabatic change	断熱変化

压　力	pressure	压力
空气量;风量	air flow rate	空氣量
容器容积	tauk volume	タンク容積
空气泄漏量	air leakage volume	空氣漏れ量
临界速度	critical velocity	限界速度
最小速度	minimum transport velocity	最小速度
未速度	terminal velocity	终速度
自由沉降速度	free falling velocity	自由沉降速度
固定层	fixed bed	固定層
堆积层	sedimentation bed	たい積層
弗鲁特数	froude number	フルード数
加速距离	acceleration length	加速距離
滑动层	sliding bed	しゆう動層
碰撞次数	number of collisions	衝突回数
浓度分布	concentration distribution	濃度分布
体积浓度	volumetric concentration	体積濃度
当量长度	equivalent length	相当長さ
总压力损失	total pressure drop	全压力損失
马格努斯效应	magnus effect	Magnus 效果
附加压力损失	additional pressure drop	付加压力損失
相似性	similarity	相似性
因次分析	dimensional analysis	次元解析
气流的速度分布	velocity distribution of gas	気流の速度分布
效率	efficiency	效率
进料阀	receiver valve	受入孔弁
转换阀	change-over valve	切换弁
调节阀	flowgate	調整弁
插板阀	slide valve	スライド弁
球　阀	ball valve	ボール弁
蝶　阀	butterfly valve	ちよう形弁
旋塞阀;龙头	cock	コック
闸扳阀	sluice valve	仕切弁
旋转阀	rotary valve	ロータリ弁
挡　扳	damper	ダンバ
膜片阀	diaphragm valve	ダイヤフラム弁
舌板阀	flap valve	フラップバルブ
电磁阀	solenoid valve	電磁弁
安全阀	safety valve;relief valve	
压力开关	pressure switch	压力スイッチ
真空开关	vacuum switch	真空スイッチ
循环定时器	cycle time	サイクルタイマ
灰　箱	clust box	ダスト箱
气流干燥	flash drying	気流乾燥
附属设备	attachment	附属装置
赛勒泵(下出料)	cera pump	セラーポンプ
发送罐	blow tank	ブロータンク
福洛克骚泵(上出料)	fluxo transpotor	フラクソポンプ
昆尼翁泵(螺旋泵)	Kinyon pump	キニヨン·ポンプ
弯　管	bend	ベンド;曲管
挠性管;软管	flexible pipe	可とう管
分叉管	Y-piece	分岐管

输送管	transport pipe	輸送管
伸缩管	telescopic pipe	テレスコヒック・パイプ
水平输送管	horizontal transport pipe	水平輸送管
垂直输送管	vertical transport pipe	鉛直輸送管
铝质管	aluminum pipe	アルミニラム管
弯　头	elbow	エルボ
摆动式卸料器	tipper seal discharger	傾動式排出機
供料器	feeder	混入機
卸料装置	discharger	排出機
喷射式供料器	injection feeder	インゼクション・フイーダ-
锁气阀	airlock valve	エアーロック・バルブ
旋转供料器	rotary feeder	ロータリ・フイーダー
壳　体	casing	ケーシング
机械式密封	mechanical seal	メカニカルシール
迷宫式密封	labyrinth seal	ラビリンスシール
油　封	oil seal	オイルシール
注入黄油	grease filling	グリース封入
侧　盖	side cover	サイドカバ
防止咬料构造	cuttings preventing mechanism	噛这防止機構
供料加速部	feed nozzle	加速室
空气泄漏量	airleakage volume	リーク量
卫生型	sanitary type	サニタリ型
耐磨损型	abrasion-resistant type	耐摩耗型
换衬套	replaceable sleeve	スリーブ交換
防止粘附型	abhesion preventive type	付着対策型
叶　片	blade	羽根
星形供料器	star feeder	スターフイーダ
叶片供料器	vane feede	ベーンフイーダ
回转卸料机	rotary discharger	回轉排出機
法兰连接	flange joint	フランジ继手
里　衬	liner	ライナ
手　孔	hand hole	ハンド・ホール
真空泵	vacuum pump	真空ポンプ
罗茨鼓风机	Roots blower	ルーツブロワ
涡轮鼓风机	turbo blower	ターボブロワ
空气压缩机	air compressor	コンプレッサー
通风机	fan	フアン
回转压缩机	rotary compressor	ロータリーコンプレッサー
喷射泵	ejector	エゼクタ
泵	pump	ポンプ
气　源	air source	空氣源
旋风(离心)分离器	cyclone	サイクロン
分离器	separator	分離器,分離機;レシーバ
袋式过滤器	bag filter	バッグフィルタ
消音器;消声器	silencer	サイレンサ;消音器
电收尘器	electric precipitator(EP)	電気集塵機
电磁振动器	magnetic vibrator	電磁バイブレータ
料位检测器	level inspector	レベル検知器
吸　嘴	suction nozzle	吸入ノズル
吹送嘴	blast nozzle	押入みノズル
喇叭口	bell mouth	ベルマうス
罐	tank	タンク

(2)容器式管道输送：

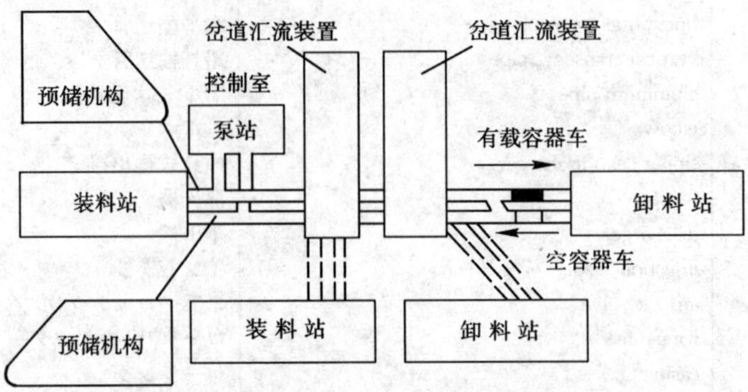

容器、盒；容器车	capsule	カプセル
管　线	pipe line	パイプ·ライン
容器式输送技术	capsule transportation technology	カプセル輸送技術
气力式容器输送	pneumatic capsule tpansportation	空気カプセル輸送
水力式容器输送	hydraulic capsule transportation	水力カプセル輸送
流体容器输送	fluid capsule transportation	流体カプセル輸送
货运管线	freight pipeline	貨物運送パイプ·ライン
气力式容器管线	pneumatic capsule pipeline(PCP)	空気カプセル·パイプライン
水力式容器管线	hydraulic capsule pipeline (HCP)	水力カプセル·パイプライン
系　统	system	システム
胶　轮	rubber wheel	ゴム·ホイール
容器集装箱	capsule container	カプセルコンテナ
容器(车)装卸设备	capsule handling ezuipment	カプセルハンドリング装置
容器(车)装卸区域	capsule handling gone	カプセルハンドリング·ゾーン
装入容器(车)设备	loading equipment	ローデング装置
旋转供入方式	revolver type	レボルバー方式
横移供入方式	traverser type	トラバーサ方式
旋向供入方式	turning type	ターニング方式
卸出容器(车)设备	unloading equipment	アンローデング装置
短节段系统	short tact system	短タクトシステム
制动区域	brake zone	制動ゾーン
站	station	ステーション
鼓风机	blower	ブロワ
轴　承	bearing	軸受
显示装置	display	デイスプレイ
物料装卸设备	material handling ezuipment	マテリアル·ハンドリング装置
直线电机	linear motor	リニアモータ
导向轮	guide wheel	ガイド·ホイール
承载轮	load wheel	ロード.ホイール
电磁振动供料器	magnetic vibrating feeder	電磁フィーダ
电动供料器	electric vibrating feeder	電動フィーダ
容器(车)管道输送系统	capsule-tube transportsystem	カプセルチエーブ輸送システム

(3)水力输送

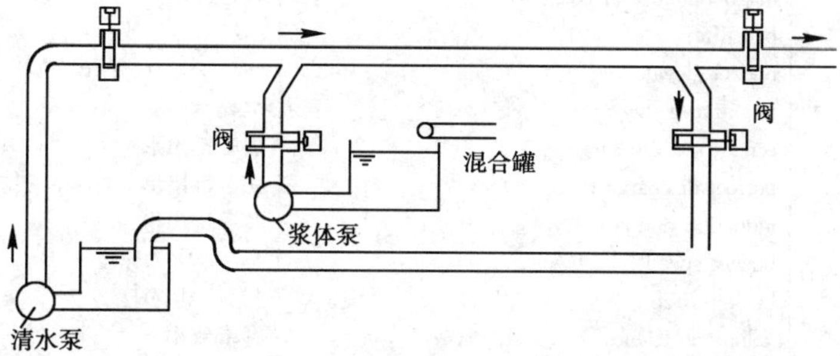

浆体输送系统

水力输送	hydraulic transport	水力输送
浆体输送	slurry transport	スラリ輸送
煤油混合	coal oil mixture(COM)	石炭·油混合
煤水混合	coal water mixture(CWM)	石炭·水混合
浆体泵	slurry pump	スラリ·ボンプ
水力提升装置	hydrohoist	ハイドロ·ホイスト
固液两相流	solid-liguid two phase flow	固液二相流
清水泵	clear-water pump	清水ボンプ
浆体阀	slurry valve	スラリ·バルブ
混合罐	mixing tank	ミキシング·タンク
浓　度	concentration	濃度
分散剂	dispersing agents	分散剤
稳定剂	stabiliging agents	安定剤
表面活性剂	surfactants	表面活性剤

8. 提升机:大倾角或垂直地将件货、散料运送的设备。

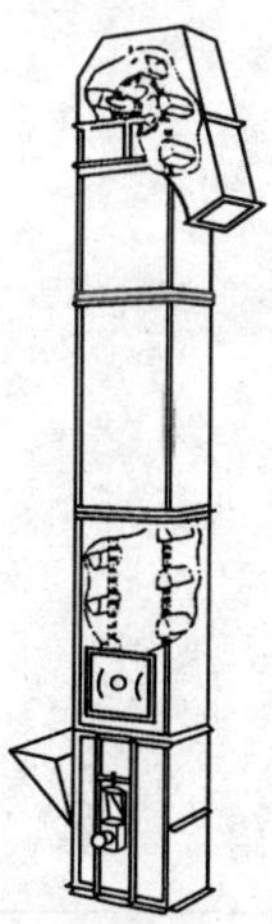

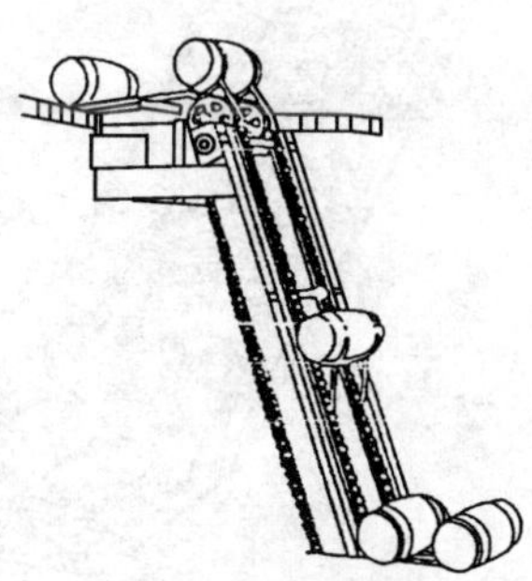

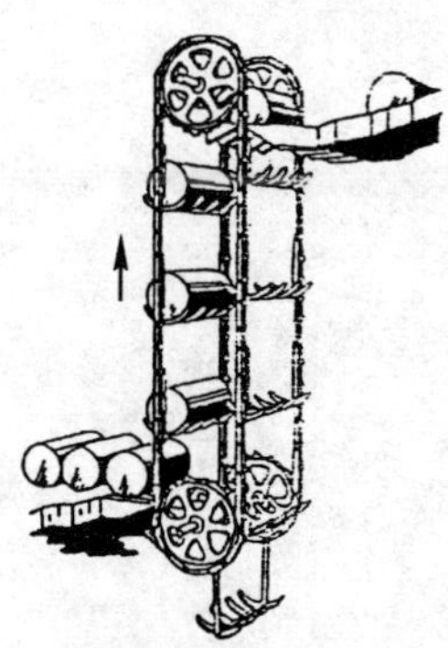

带悬臂链式提升机　垂直盘架提升机

斗式提升机

提升机 带悬臂链式提升机	elevator chain elevator with arms, barrel or drum elevator	エレベーティングコンベヤ;エレベータアーム付きチエーンエレベーティングコンベヤ;ドラム用エレベータ
垂直盘架提升机	tray elevator	垂直トレーコンベヤ
摆动式盘架提升机	swing tray elevator conveyor	揺動形トレーエレベーティングコンベヤ
垂直铰接台面提升机	vertical articulated platform conveyor	垂直スラットコンベヤ,ケースエレベータ
垂直往复提升装置	vertical reciprocating conveyor, vertical reversible platform elevator	垂直往复コンベヤ

磁力式提升机	magnetic elevator conveyor	磁力式エレベーティングコンベヤ
带式提升机	belt lifter	ベルトリフタ
斗式提升机	bucket elevator	バケットコンベヤ
提升输送机	elevating conveyor	エレベータコンベヤ
离心卸料	centrifugal discharge type	遠心排出形
完全卸料	perfect discharge type	完全排出形
导出卸料	induction discharge type	誘導排出形
料斗速度	bucket speed	バケットの速度
料斗节距	bucket pitch	バケットのピッチ
容积效率	volume efficiency	容積效率
磨　损	wear	摩　耗
噪音;噪声	noise	噪音
可靠性	reliability	信赖性
料　斗	bucket	バケット
驱动装置	driving gear	驅動装置
张紧装置	take up	テーク,アップ
连续料斗	continuous bucket	連續バケット
能　耗	energy consumption	動力消费
链　条	chain	チエーン
销接头;铰链连接	pin joint;hinged joint	ピン継手
传动轮轴	driving axle	驅動車軸
传动力矩	driving torgue	驅動トルク
滑槽;滑道	shoot;chute	シェート
传动机构	driving device	運転装置

自动扶梯:是连续地运送大量旅客的链式输送机设备。

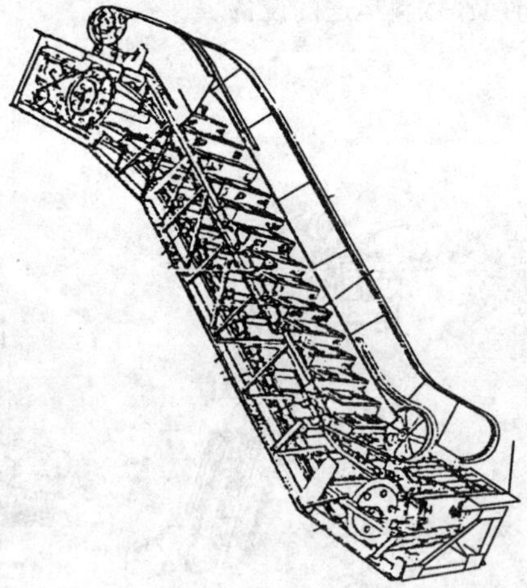

自动扶梯	escalator	エスカレーター
梯级;踏板	footstep	踏段
扶　手	hand rail	ハンド.レール
驱动装置	driving machine	驅動機械
链　轮	sprocket	スプロケット
梯级链	footstep chain	踏段チェーン
轨　道	rail	レール
扶手驱动轮	handrail driving wheel	ハンド.レール驅動車

电磁制动器	electromagnetic brake	电磁ブレーキ
过载继电器	overload relay	過負荷継電器
框架;构架	frame	フレーム

带式提升机:用硬带和软带的同步运转将夹持的物品作提升的设备。

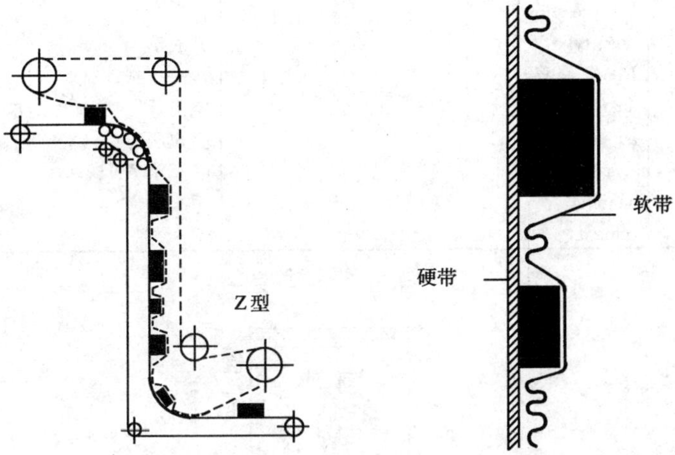

带式提升机	belt lifter	ベルトリフター
硬　带	hard belt	ヘードベルト
软　带	soft belt	ソフレベルト
物品进入部	loading part	導入部
标准带速	standard belt speed	標準ベルト速度
向　上	upward	上流
向　下	downward	下流
任意、随机、无规则	random	ランダム
小件物品	small articles	小包
邮　包	mail bags	郵袋
报纸捆包	newspaper bundles	新闻捆包

电梯:用于载人或运货的垂直升降设备。

电梯	elevator	エレベータ
吊　厢	cabin; basket	カご
起升卷扬机	hoisting winch	巻上機
配　重	balance weight	っりあいわもり;钓合おもり
钢丝绳	wire rope	ワイヤ·ロープ
调速器	governor	調速機
导　轨	rail	レール
货用电梯	a freight elevator	貨物エレベータ
电梯垂直通道	elevator shaft	エレベータ通路

9. 空气斜槽

空气斜槽	air slide	エろー·スライド
流态化	fluidization	流動化
帆　布	canvas	カンパス
厚的尼龙	thick nylon	厚手ナイロン
棉　布	cotton	木棉
吸湿性	absorbent	吸湿性

潮　解	deliquescence	潮解
多孔板	multiple hole plate	多孔板
闭塞;堵塞	choking	閉そく
大容量	large capacity	大容量
曲率半径	radius of curvature	曲率半径
附　着	adhesion	付着性
低　压	low pressure	低圧
敞开式	open type	開放形
罗茨鼓风机	Roots blower	ルーツブロワ
空气耗量	air flow rate	空氣量
空气压力	air pressure	空氣压力
粉煤灰;飞灰	flyash	フライアッシュ
铝矾土;矾土	alumina	アルミナ
水　泥	cement	ヤメント

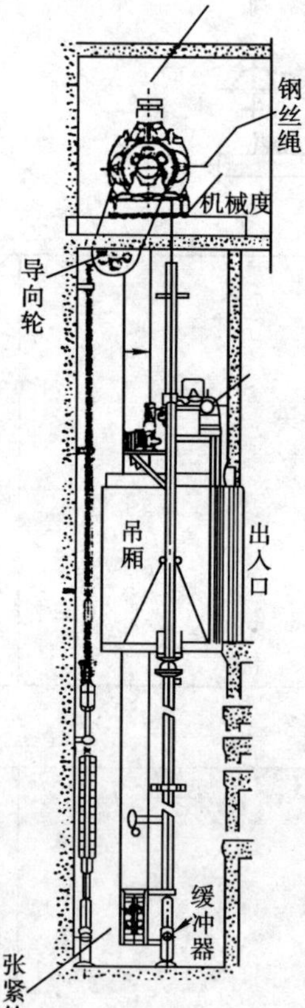

电梯装置

第五节　起 重 设 备

1. 堆垛起重机

堆垛起重机、自动存取机	stacker crane, storage and retrieval machine (S/R machine)	スタッカクレーン
行走装置	travel unit	走行装置
行走导轨	travelling guide rail	走行ガイドレール
上部构架	upper frame	上部フレーム

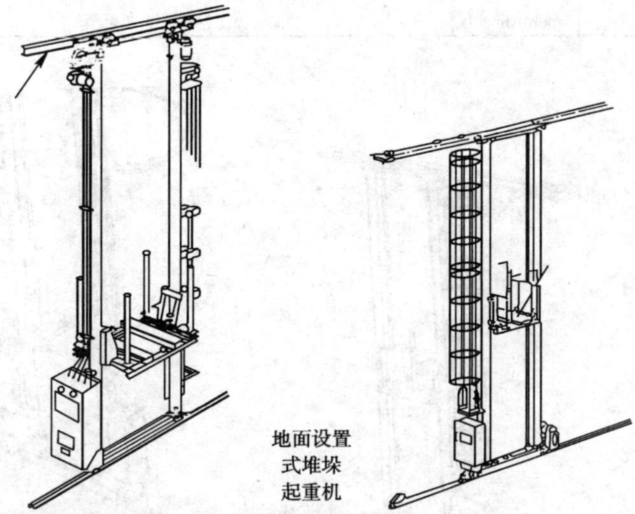

中部构架	middle frame	中門フレーム
下部构架	lower frame	下部フレーム
行走轨道	travelling rail	走行レール
货台导轨	guide rail for carriage	荷台ガイドレール
货叉装置	fork unit	フオーク装置
钢丝绳	wire rope	ワイヤーローフ゜
升降装置	hoist unit	昇降装置
货　台	carriage	荷台

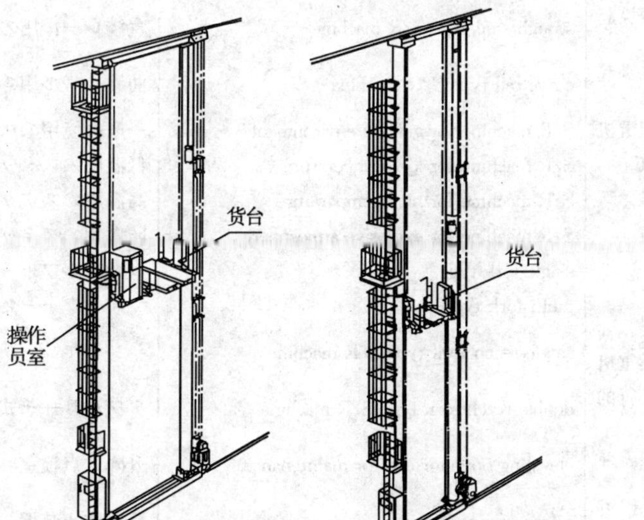

货叉移载式	fork type	フオーク移載式
输送机移载式	conveyor type	コンベヤ移載式
台车移载式	vehicle type	台車移載式
用人来放置或取出式	picking type	ピッキング式
人货升降式堆垛机	S/R machine with cab on the carriage	人荷昇降式
仅货升降式堆垛机	S/R machine without cab on the carriage	荷昇降式
悬置式	suspended type	懸垂型

设在地面上式	floor type	床上型
司机操作室	operator cab	運転室

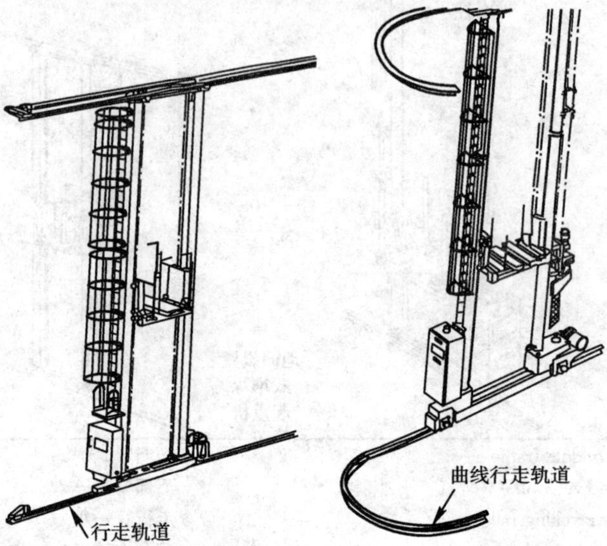

直线轨道行走式　　曲线轨道行走式

单支柱型	single mast type	シングルマスト式
双支柱型	double mast type	ダブルマスト
直线轨道行走的堆垛起重机	straight rail type S/R machine	直綫レール用のスタッカクレーン
曲线轨道行走的堆垛起重机	curve rail type S/R machina	曲綫レール用のスタッカクレーン
一般环境用堆垛起重机	S/R machine for general environment	一般環境用のスタッカクレーン
低温用堆垛起重机	S/R machine for low temperature	低温用のスタッカクレーン
高温用堆垛起重机	S/R machine for high temperature	高温用のスタッカクレーン
防爆用堆垛起重机	S/R machine for explosive atmosphere	防爆用のスタッカクレーン
单货叉式	single-fork type	シングルフォーク式
多货叉式	multi-fork type	マルチフォーク式
用货叉将一个单元货位作进出库用堆垛起重机	single-reach fork type S/R machine	シングルリーチ式のスタッカクレーン
货叉可将双货位移行的堆垛起重机	double-reach fork type S/R machine	ダブルリーチ式のスタッカクレーン
升降式维修室	elevating operator cab for maintenance	升降式点検室
防止维修室(货台式、升降式)下落装置	safety gear	落下防止装置
货物超尺寸倒塌捡出装置	over size detector	荷崩扎検知装置
货位异常检出装置	incorrect positioning detector	荷位置异常検知装置
超行走捡出装置	over run detector	オーバラン防止装置
过载防止设备	over load detector	過負荷防止装置
防止货物重位装置	double occupation detector	二重格纳防止装置
防护栏杆	face guard	フエースガード

上部护罩	overhead guard	ヘッドガード
缓冲装置	shock absorber	缓衝装置
堆料机、堆码机	stacker	スタッカ
堆垛机	stack machine	スタッカ·マシン
强制减速装置	forcd decelerating device	强制减速装置
行走终端位置强制停止装置	forced shut-down device for travelling	走行终端限强制停止装置
升降终端位置强制停止装置	forced decelerating device for hoisting	升降终端限强制停止装置
堆垛机总高	overall S/R machine height	スタッカクレーン全高
堆垛机全长	overall S/R machine length	スタッカクレーン全長
堆垛机总宽	overall S/R machine width	スタッカクレーン全幅
堆垛机轮距	wheel base	スタッカクレーンホイールベース
轨道高度	rail height	レール高さ
堆垛机货叉上下行程	hoisting stroke	スタッカクレーン揚程
货叉最低位	forking lower limit	フオーク下限寸法
货叉最高位	forking upper limit	フオーク上限寸法
货叉行程	forking stroke	フオークストローク
堆垛机前部(后部长度)	frontward length(backward length)	スタッカクレーン前方(后方)長さ
行　走	travelling	走行
升　降	hoisting	昇降
叉　货	forking	フオーキング
进货操作	storing motion	入庫動作
出货操作	retrieving motion	出庫動作
最大负荷	maximum load	最大荷重
平均负荷	average load	平均荷重
起重负荷	hoisting load	フリ上げ荷重
额定负荷	rated load	定格荷重
垂直的动负荷	vertical dynamic load	垂直動荷重
垂直静负荷	vertical static load	垂直静荷重
水平动负荷	horizontal dynamic load	水平動荷重
碰撞负荷	baffer load	衝突荷重
地震负荷	seismic load	地震荷重
热负荷	load due to temperature variation	热荷重
风负载	wind load	風荷重
车轮负荷	wheel load	車輪荷重
额定速度	rated speed	定額速度
停止精度	positionary accuracy	停止精度
立体自动仓库系统能力	system throughput	立体自動倉庫システム能力
基准的进出库能力	S/R machine performance	基準入出庫能力
单一循环时间	single cycle time	単一サイクルタイム
复合循环时间	combined cycletime	復合サイクルタイム

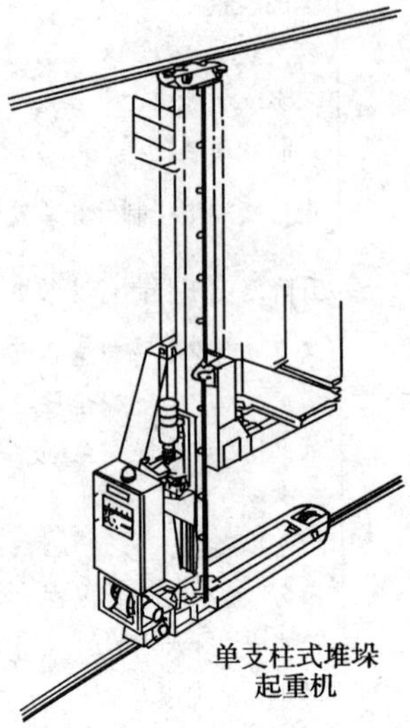

单支柱式堆垛起重机

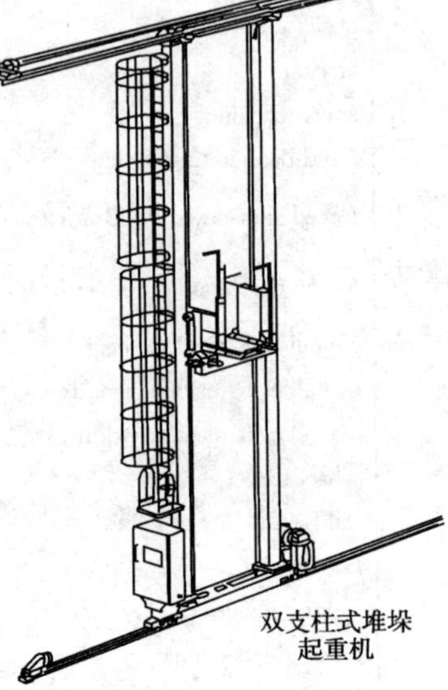

双支柱式堆垛起重机

2. 集装箱起重机

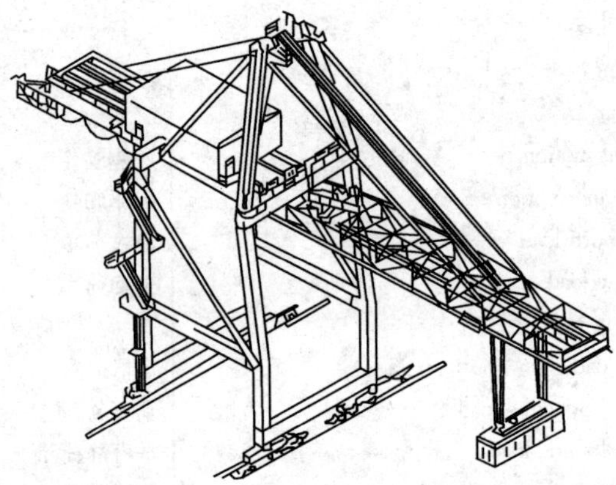

集装箱起重机;岸桥	container crane	コンテナクレーン
集装箱装卸系统	container handling system	コンテナ·ハンドリング·システム
岸边集装箱起重机	dockside container crane;	ドックサイド·コンテナ·クレーン
集装箱吊具	shore(s)container crane spreader	コンテナ·スプレッタ
A 型架式集装箱起重机	A frame type container crane	Aフレーム·タイプコンテナクレーン
A 型门架岸边集装箱起重机	A por-tainer	Aボルーテナ
船用集装箱龙门起重机	shipstainer;gantry crane on board.	シップテナ;ボード·ガントリー·クレーン
高塔柱轨道式集装箱起重机	rail-mounted crane with tower pattern frame	タワー·パターン·フレーム·レール走行クレーン
轨道式集装箱门式起重机	rail mounted transtainer	レール走行トランステナ
H 型码头集装箱起重机	H-portainer	H-ボルーテナ
搬运集装箱用叉车	fork lift truck for container handling	コンテナ運搬用フオークリフト·トラック
集装箱侧面叉车	container side fork lift	コンテナ·サイド·フオークリフト
集装箱拆箱叉车	container stuffing and destuffing fork lift	スタフィング&アンスタフングフオークリフト

集装箱叉式装卸车	container fork lift	コンテナ・フォークリフト
国际标准集装箱适用的平板车	flashingcar car for ISO container	ISOコンテナフラッシェング・カー
侧面吊装型集装箱自装自卸车	self-loading and self unloading truck with side hoisting	サイド.ホイスティング・自ローティング&アンローティング・トラック
20 ft长集装箱拖车	trailer for 20 footer	20フート・トレーラー
20 ft集装箱平架底盘车	flashing framechassis for twenty-footcontainer	40フートコンテナ・フラッシュングフレーム・シヤーシー
底盘车集装箱装卸工艺	handling methods of chassis	シヤーシーの運搬方法
底盘车集装箱装卸作业	operation of chassis	シヤーシーの操作
集装箱搬运半挂车	container transporting semi-trailer	コンテナ輸送用半トレーラー
高架轮胎式集装箱起重机	mobile container crane	モビールコンテナ・クレーン
集装箱搬运起重机	travelift	移動リフト
集装箱侧面吊运机	side container crane	サイド・コンテナクレーン
集装箱底盘车	container chassis trailer;chassis	コンテナ.シヤーシー トレーラー;シヤーシー
集装箱吊运车	container handling vehicle	コンテナ・ハンドリング・ベヒクル
集装箱堆垛机	container stacker	コンテナ・スタッカー
集装箱堆垛起重机	stack tainer	スタッカテナ
集装箱装卸机	container handler	コンテナ・ハンドラー
集装箱装卸起重机	container handling crane	コンテナ・ハンドリング・クレーン
集装箱装卸桥式起重机	container handling overhead crane	コンテナ・ハンドリング・天井クレーン
集装箱龙门起重机	container gantry crane	コンテナ・ガントリー・クレーン
集装箱门架式起重机	container portal crane	コンテナ門形クレーン
集装箱门式起重机	gantry container crane	ガントリー・コンテナ・クレーン
集装箱固定吊具	container fixed spreader	コンテナ・固定スプレッタ
集装箱伸缩吊具	container telescopic spreader	コンテナ・テレスコピック・スプレッタ
集装箱无动力吊具	container non-power spreader	コンテナ・無動力・スプレッタ
集装箱有动力吊具	container power spreader	コンテナ動力付スプレッタ
集装箱组合吊具	container composite spreader	コンテナ・コンポジット・スプレッタ
集装箱正面吊运起重机	front handling mobile crane	フロント・ハンドリングモビール・クレーン
集装箱正面吊车	container frontal fork lift	コンテナ・フロントルフオーク・リフト
集装箱装卸桥	container bridge;container loading bridge	コンテナ橋形クレーン
空集装箱吊具	non-load container spreader	空コンテナ・スプレッタ
绳索小车集装箱起重机	container crane with rope-troley	ロープトロリ式コンテナ・クレーン
双箱式集装箱起重机	twin lift container crane	トウイン・リフト・コンテナクレーン

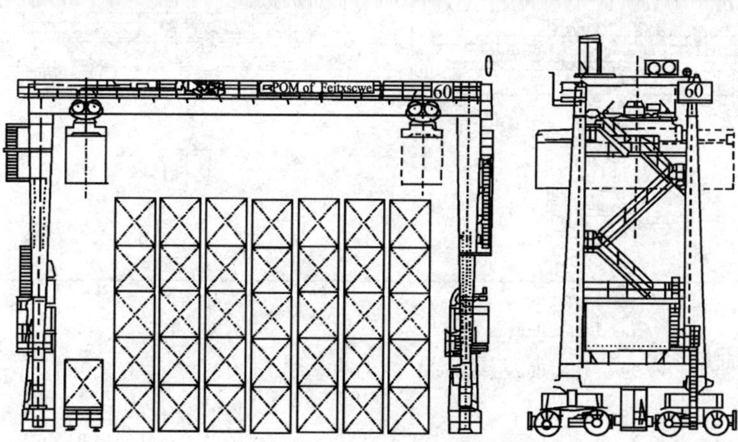

轮胎式集装箱及龙门式起重机

轮胎式集装箱门式起重机	rubber-typed trans-tainer	タイヤ式トランステーナ

轮胎式集装箱龙门式起重机	rubber typed trans-tainer crane	タイヤ式トランステーナクレーン
自动集装箱车	automat container car	自動コンテナ車輛
铁路集装箱起重机	railway container crane	鐵道コンテナクレーン
跨式起重机	straddle crane	ストラドル·クレーン
轮胎式集装箱起重机	rubber-tyred container crane	タイヤ式コンテナクレーン
集装箱跨运车	container straddle carrier	コンテナ·ストラドル·キャリア
跨运车	straddle carrier;straddle truck	ストラドル·キャリアストラドル·トラック
轮胎式集装箱龙门式起重机	rubber tire typed transfer gantry crane(RTG)	タイヤ式トランスフろ·ガントリ·クレーン
集装箱清洗机	container washing machine	コンテナ·ウオシユング·マシン
额定起重量	rated hoisting capacity	定格荷重
轨　距	span,gauge of rail	レールスパン
大车移行总距离	total travelling distance	全横行距離
起升高度	lifting height	揚程
轨面以上	above rail head	レール面上
轨面以下	below rail head	レール面下
起升速度	hoisting speed	巻上速度
小车行走速度	trolley travelling speed	横行速度
大车行走速度	gantry travelling speed	走行速度
独立司机室的移动速度	independent cab travelling speed	独立運転室移動速度
小　车	trolley	トロリ

3. 通用起重机械设备

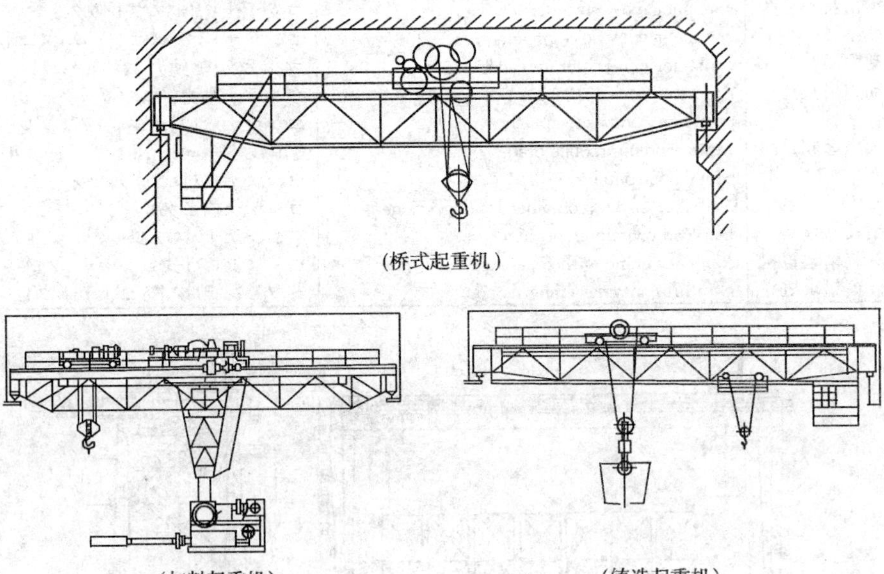

(桥式起重机)

(加料起重机)　(铸造起重机)

桥架式起重机	overhead type crane	天井式クレーン
桥式起重机;行车	overhead travelling crane	天井クレーン
钢丝绳小车式桥式起重机	overhead travelling crane with rope trolly	ロープトロリ式天井クレーン
回转桥式起重机	overhead slewing crane	旋回天井クレーン
回转小车式桥式起重机	overhead travelling crane with slewing trolley	旋回トロリ式天井クレーン
带可伸缩梁的桥式起重机	overhead travelling crane with shuttle girde	滑り出し式天井クレーン
绞车(葫芦)式桥式起重机	overhead travelling crane with hoist	ホイスト式天井クレーン

抓斗式桥式起重机	overhead travelling crane with grab	クラブ式天井クレーン
带可回转载人小车桥式起重机	overhead travelling crane with slewing man-trolley	旋回マントロリ式天井クレーン
堆垛式桥式起重机	overhead travelling stacking crane	スタッカ式天井クレーン
起重机;吊车	crane	クレーン
锻造起重机	forge crane	鍛造クレーン
脱锭起重机	stripper crane	ストリッパー・クレーン
加料起重机	charging crane	装入クレーン;チヤージングクレーン
铸造起重机	ladle crane	レードルクレーン;鑄なベクレーン
淬火起重机	quenching crane	燒入れクレーン
带叉钩起重机	overhead travelling crane with fork	クロークレーン;
绞车(卷扬机)	winch	ウィンチ
电动绞车	electric-winch	電動ウィンチ
码头起重机	wharf crane	ウオーフ・クレーン
吊货小滑车	cargo gin block	カゴ・ジン・ブロック

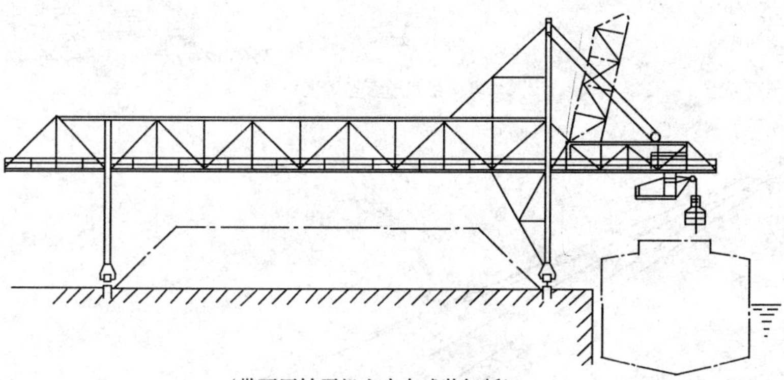

(带可回转司机室小车式装卸桥)

龙门起重机;装卸桥	gantry crane; bridge crane	橋形クレーン
绞车(葫芦)式装卸桥	gantry crane with hoist; bridge crane with hoist	ホイスト式橋形クレーン
抓斗式装卸桥	gantry crane with crab; bridge crane with crab	クラブ式橋形クレーン
钢丝绳小车式装卸桥	gantry crane with rope-trolleys bridge crane with rope-trolley	ロープトロリ式橋形クレーン
带司机室小车式装卸桥	gantry crane with man-trolley; bridge crane with man-trolley	マントロリ式橋形クレーン
可伸缩梁式装卸桥	gantry crane with shuttle girder; bridge crane with shuttle girder	すべり出し式橋形クレーン
带可回转司机室小车式装卸桥	gantry crane with slewing man-trolley; bridge crane with slewing man-trolley	旋回マントロリ式橋形クレーン
带臂架起重机式装卸桥	gantry crane with jib crane	ジブクレーン式橋形クレーン
带俯仰机构起重机式装卸桥	gantry crane with level luffing crane; bridge crane with level luffing crane	引込み・クレーン式橋形クレーン
半门式装卸桥	semi-portal bridge crane	片脚橋形クレーン
缆索起重机	cable crane	ケーブルクレーン
门式缆索起重机	portal cable crane	門型ケーブル・クレーン
固定式缆索起重机	fixed cable crane	固定ケーブルクレーン
可移行式缆索起重机	travelling cable crane	走行ケーブルクレーン
浮式起重机;浮吊	floating crane	浮きクレーン
固定式浮吊吊臂	floating crane with non-slewing jib	固定ジプ式浮きクレーン
旋臂式浮吊;旋转式浮吊	floating crane with slewing jib	旋回式浮きクレーン
铁路起重机	railway crane	鐵道クレーン
塔式起重机	tower crane	タワークレーン

甲板起重机	deck crane	デッキ·クレーン

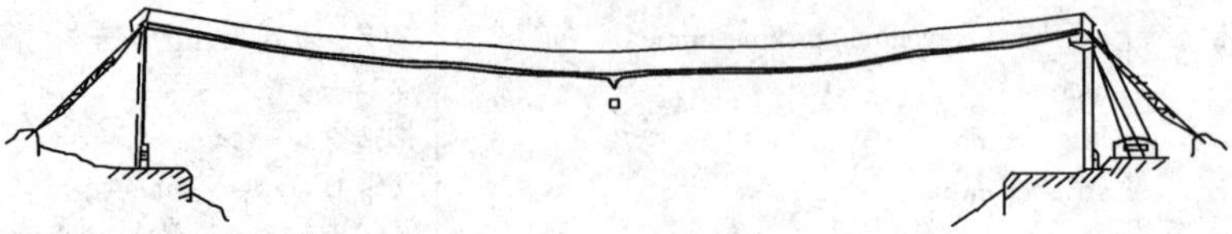

（缆索起重机）

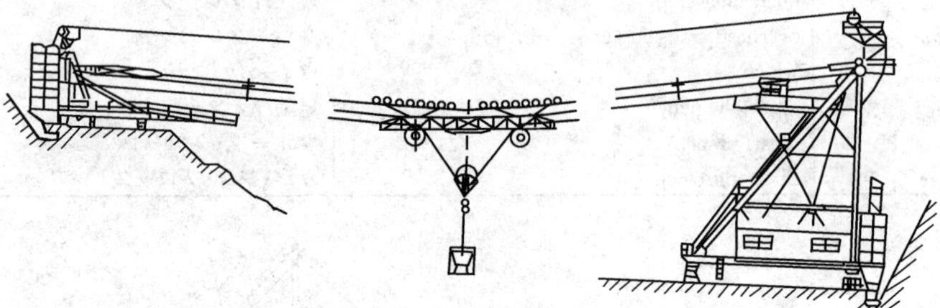

（可移行式缆索起重机）

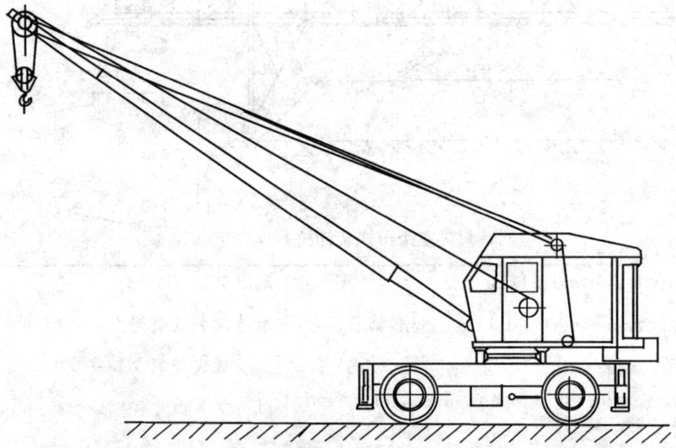

（轮胎起重机）

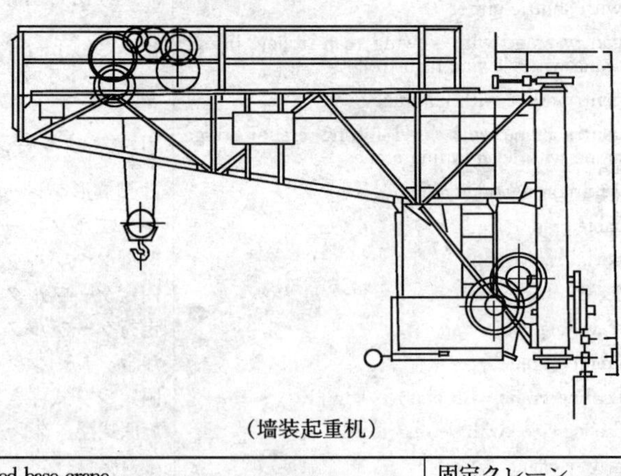

（墙装起重机）

固定式起重机	fixed base crane	固定クレーン

可移行起重机 便携式起重机	portable crane	ポータブルクレーン
行走式起重机	travelling crane	走行クレーン
自行式起重机	self-propelled crane	自走クレーン
牵引式起重机	trailer crane	けん(牽)引クレーン
手动式起重机	manual crane	手動クレーン
电动式起重机	electric crane	電動クレーン
油压式起重机; 液压式起重机	hydraulic crane	油圧クレーン
旋转式起重机	slewing crane	旋回クレーン
臂架式起重机;悬臂式起重机	jib type crane	ジブ付クレーン
带吊钩起重机	hook crane	フック付クレーン
带蟹斗装置起重机	crabbing crane	フかみ装置付クレーン
带电磁吸盘起重机	lifting magnet crane	リフティング-マグネット付クレーン
悬臂起重机	cantilever crane	片持ちはリクレーン
壁行起重机;墙装起重机	wall crane	壁クレーン
转柱臂架起重机	pillar jib crane	柱形ジブクレーン
吊杆式起重机;桅杆起重机	derrick crcne	デリッククレーン
旋转塔式起重机	rotary tower crane	回轉タワー·クレーン
牵索桅杆式起重机	guy-derrick crane	ガイデリック·クレーン
刚性拉撑式桅杆吊	rigid-braced derrick crane	スチフレッグ·デリッククレーン

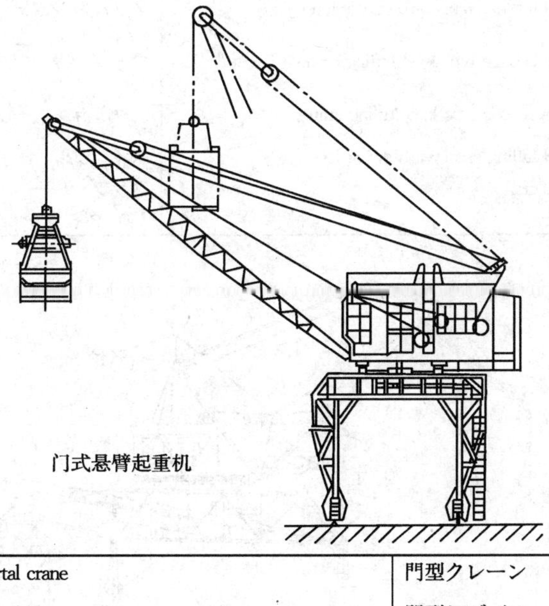

门式悬臂起重机

门式起重机	portal crane	門型クレーン
门式悬臂起重机;高架悬臂起重机	portal jib crane	門型ジブ·クレーン
门式施转起重机	portal slewing crane	門型旋回クレーン
锤头起重机;塔式悬臂起重机	hammer-head crane	フち形クレーン
塔式臂架起重机	portal tower jib crane	塔形ジブクレーン
高立柱旋转臂架起重机	portal slewing jib crane	高脚ジブクレーン
半门式旋转臂架起重机	semi-portal slewing crane	片門型旋回クレーン
轮胎式起重机	wheel crane	木イールクレーン

攀升式起重机	climbing crane	クライシング·クレーン
动臂起重机	whip crane	ウイップ·クレーン

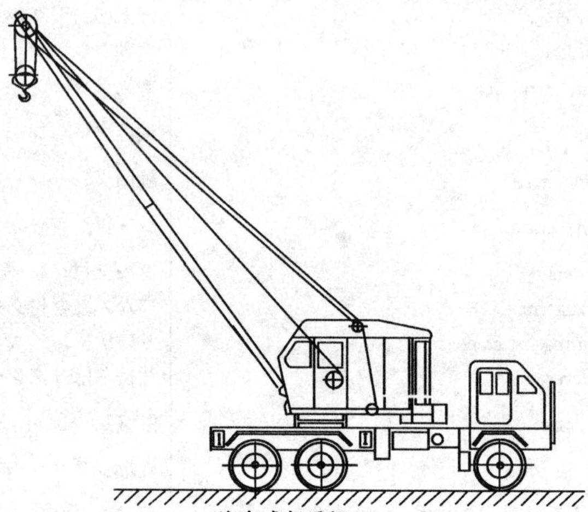

(汽车式起重机)

汽车起重机	truck crane	トラック·クレーン
履带起重机	crawler crane	クローラクレーン
可移式起重机	mobile crane	モビールクレーン
水平俯仰起重机;水平变幅起重机	level luffing crane	引込クレーン
四连杆组合臂架式水平变幅起重机	level luffing crane with double lever jib	ダブルリンク式引込クレーン
绳索补偿型水平变幅起重机	rope balance type level luffing crane	ロープバランス式引込クレーン
张紧绳索式水平变幅起重机	tension rope type lerel luffing crane	テンションロープ式引込クレーン
摆杆式水平变幅起重机	level luffing crane with swing lever	スイングレバー式引込クレーン
抓斗起重机	grab crane	グラブ·クレーン
千斤顶	jack	ジヤッキ

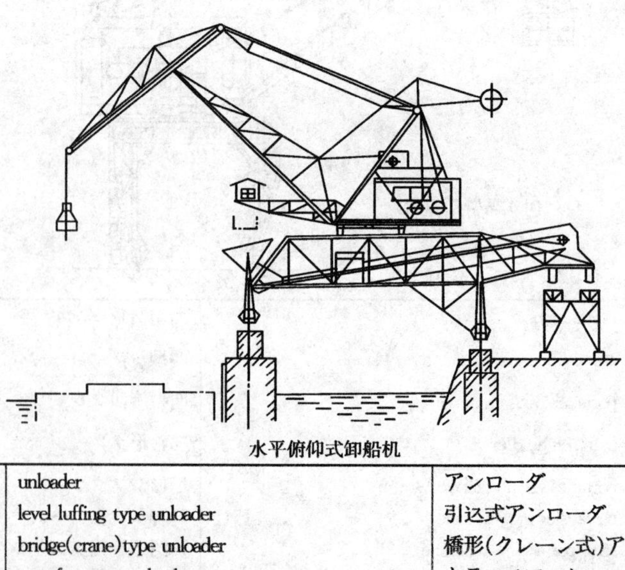

水平俯仰式卸船机

卸船机	unloader	アンローダ
水平俯仰式卸船机	level luffing type unloader	引込式アンローダ
装卸桥式卸船机	bridge(crane)type unloader	橋形(クレーン式)アンローダ
龙门式起重机	transfer crane unloader	トランスファクレーン

岸壁起重机	guay crane	岸壁クレーン
鹅颈式起机	goose neck crane	グーズ·ネック·クレーン
液压千斤顶	hydraulic jack	水压ジヤッキ
螺旋千斤顶	screw jack	スクリユージヤッキ
齿条千斤顶	rack pinion jack	ラック·小歯車ジヤッキ
自行车式起重机	walking crane	步行クレーン
冶金起重机	metallurgy crane	冶金クレーン
堆垛起重机	stacking crane	スタッキング·クレーン
安装起重机	erection crane	组立クレーン
救援起重机	salvage crane	海灘救助クレーン
随车起重机	lorry crane	車体上に付きクレーン
辐射式起重机	radial crane	輻射式クレーン
内燃起重机	diesel crane	内燃機關クレーン
蒸汽动力起重机	steam crane	蒸気機關クレーン
回转式起重机	slewing crane	回転式クレーン
全回转式起重机	full-circle slewing crane	全回転式クレーン
非全回转式起重机	limited slewing crane	回転制限式クレーン
非回转式起重机	non-slewing crane	非回転式クレーン
车间起重机	workshop crane	工作場クレーン
机器房起重机	machine house crane	機器室クレーン
建筑起重机	building crane	建造クレーン
工程起重机	construction crane	構造クレーン·工事クレーン
港口起重机	port crane	港湾クレーン
船厂起重机	ship yard crane	造船所クレーン:
船台起重机	shipway crane	造船台クレーン
船坞起重机	dock crane	ドーク·クレーン
舾装起重机	crane for finishing shipbuilding	造船台组立クレーン
坝顶起重机	dam crane	ダム·クレーン
船上起重机	shipboard crane	般側クレーン

4. 装载和卸载设备(装船机和卸船机)

不发尘装载设备	dust free loading equipment	ダストフリローディング装备
装载机	loader	ローダ
装船机	shiploader	シップローダ
码头	wharf	岸壁
伸缩溜筒	telescoping chute	テレスコピックシユート
旋转梭动式	quadrant type	旋回シヤトル式
行走梭动式	travelling & shuttling type	走行シヤトル式
旋转行走梭动式	travelling & slewing(shuttling)type	旋回走行シヤトル式
行走距离	travelling length	走行距離
装船设备	ship loading eqsuipment	船積设備
高的可靠性	high reliability	信頼性の高い
舶舶大型化	increasing ship size	船舶大型化
由铁路车皮卸货	unloading from waggon	貨車からの荷おろし
从汽车上卸货	unloading from truck	トラックからの荷おろし
自卸车	car dumper	カーダンバ
从大船卸货	unloading from large siqed vessel	大型船カらの荷揚
对小船装货	discharging to small-siqed vessel	小型船への積込
临时储存	temporary storage	一時貯藏
海岸线	shore line	海岸線
室内储存系统	closed storage system	屋内貯藏システム
筒仓储存	silo storage	サイロ貯藏

棚(庫)房储存	shed storage	建屋貯藏
圆顶(拱顶)仓储存	dome storage	ドーム貯藏
料池储存	pool storage	プール貯藏
料(斗)仓储存	bunker storage	バンカ貯藏
海上运输系统	ocean transportation system	外航輸送
陆上运输系统	inland transportation system	陆上輸送
内河运输系统	domestic transportation system	内航輸送
中转基地	distribution system	中继基地
室外存放	open storage	野積貯藏
浮式贮仓	floating storage	バージ式
皮带秤	belt scale	ベルトスケール
取样器	sampler	サンプリング
料筛	screen	スクリーン
磁选设备	magnet separator	マグネットセバレータ
破碎设备	crusher	クラッシャ
在库文挡	stock file	在庫実積ファイル
出料文挡	delivery file	払出実積ファイル
进货文挡	receipt file	受入実積ファイル
靠岸时间(码头)	berthing time	接岸時間
在港等靠时间	queuing time at port	バース待ち時間
设备使用率	equipment work data	設備稼動率
进出港条件	in/out port restrictions	入出港条件
最优化考虑	optimigation	最適能力の决定
综合成本评价	total cost evaluation	総合コスト評價
系统仿真	systenl simulation	システムシミユレーシヨン
海洋与气象条件	sea and weather conditions	气·海象条件
船型	ship size	船型
泊位数	numbers of berth	バース数
作业条件	operation condition	作業条件
故障	non-predictable break-downs	故障
卸船机	unloader;shipunloader	アンローダ
机械式连续卸船机	mechanical continuous loader	連続機械式アンローダ
气力式卸船机	pneumatic unloader	空気式アンローダ
链式卸船机	chain type unloader	チエーン式アンローダ
螺旋式卸船机	screw type unloader	スクリユー式アンローダ
双夹带式卸船机	twin belt type unloader	二重ベルト式アンローダ
双连杆水平变幅式卸船机	double link type level luffing unloader	引込クレーン(ダブルリンク)式アンローダ
链斗式连续卸船机	bucket chain type continuous unloader	バケットチエン式連続アンローダ
大容量连续式卸船机	large capacity conti-nuous unloader	大容量連続式アンローダ
桥式卸船机	gantry un loader continuous	橋形アンローダ
抓斗卸船机	grab unloader	グラブンローダ
模型试验机	model plant	モデル試験機
主要尺寸	main dimension	主要寸法
卸船能力	unloading capacity	荷揚げ能力
最大卸载船型	ship max D. W. T	最大対象船型
最大旋转半径	maximum slewing radius	最大旋回半径
起升高度	lift	揚程
轨面上	above rail	レール面上
轨面下	below rail	レール面下
跨距	span	スペン
起升	hoisting	卷上下

俯仰,变幅	lufting	引込
行走	travelling	走行
旋转	slewing	旋回
操作室、司机室	operators cab	運転室
外伸距	outreach	アウトリーチ
臂架	boom	ブーム
机房	machinery house	機械室
挖料装置	digging element	掘削装置

5. 取料机,堆取料机:将料场的堆贮散料出料设备和同时可堆放或取料的堆场设备。

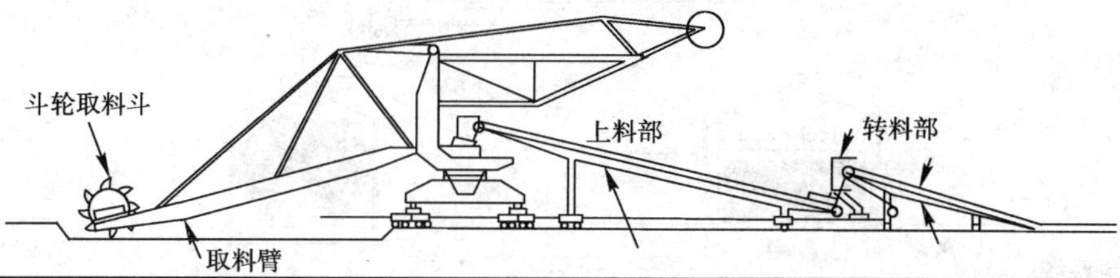

取料机	reclaimer	リクレーマ
斗轮直径	bucket wheel diameter	バケットホイール径
堆取料机	stacker-reclaimer	スタッカ·リクレーマ
堆料模式操作	stacking moade	積付モード運転
出料模式操作	reclaiming mode	払出モード運転
旁路直送模式	by-passing mode	直送モード運転
旋转输送机臂	slewing conveyor boom	旋回コンベヤブーム
分路溜槽	two-way chute	分岐シュート
场地输送机皮带	yard conveyor belt	ヤードコンベヤベルト
卸料小车构架	tripper frame	トリッパ構造
斗轮	bucket wheel	バケットホイール
拖曳式输送机构架	trailer conveyor frame	トレーラコンベヤ構造

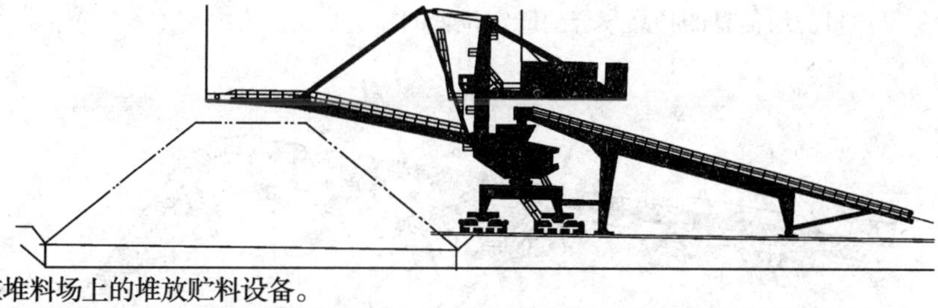

堆料机:在堆料场上的堆放贮料设备。

堆料机	stacker	スタッカ
轨距	rail span	レールスペン
吊臂的升降	boon hoisting	俯仰
存贮的堆场宽度	applicate stockpile width	対象贮炭山幅
四转半径	slewing radius	回転半径
宽度	width	幅
高度	height	高さ
贮料容量	stockpile capacity	贮炭容量
有效贮料量	effective storage capacity	有效贮炭量
位置检出	address sensor	位置検出
可编程控制器	programmable contoller	プログラマブルコントローラ
贮料堆形状	stockpile	贮炭山形状

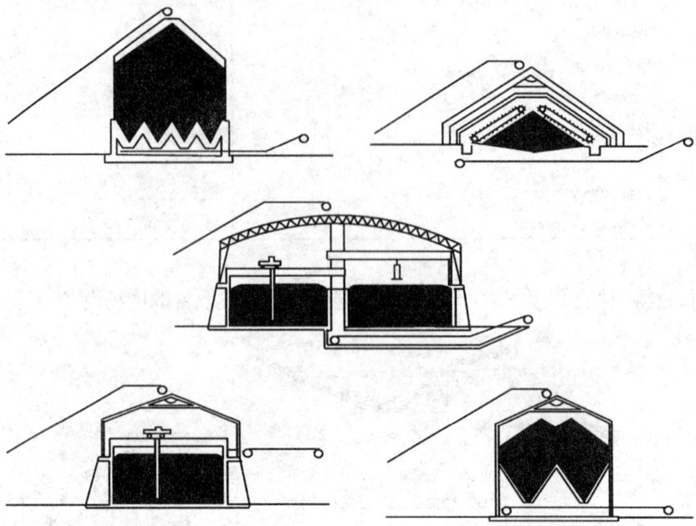

室内贮料系统

筒仓式储存 库房式储存	silo storage shed storage	サイロ贮藏 建屋贮藏
穹顶仓式储存	dome storage	ドーム贮藏
料池式储存	pool storage	プール贮藏
漏斗仓式储存	bunker storage	バンカ贮藏
卸料小车	discharge wagon	デイスチャージ·ワゴン
进料输送机	feed conveyor	受入れコンベヤ
出料输送机	discharge conveyor	払出コンベヤ
伸缩溜槽	telescopic chute	チレスコピック·シエート
挡料墙	retaining wall	擁壁
先入先出	first in-first out	先入先出

第六节　分类、捡选输送机

分别将已确定发送目的地信息的物品集合到所定位置的输送机。

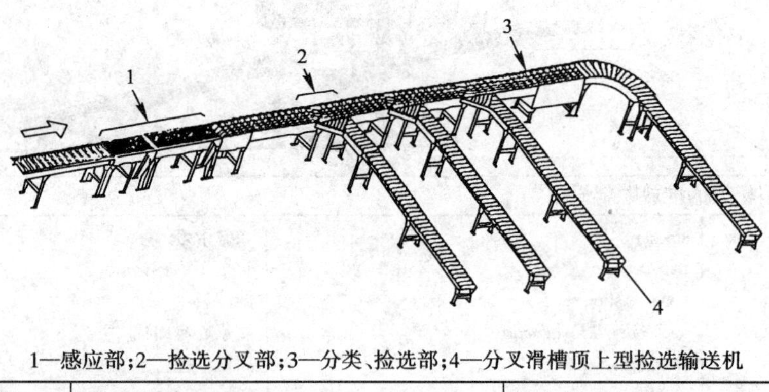

1—感应部；2—捡选分叉部；3—分类、捡选部；4—分叉滑槽顶上型捡选输送机

分类、拣选输送机 推出型拣选输送机	sorting conveyor push-off type sorting conveyor	仕分けコンベヤ プッシヤ式仕分けコンベヤ
挡板导出型拣选输送机	aiverter type sorting conveyor	ダイバータ式仕分けコンベヤ
滑移导出型拣选输送机	slidng shoe type sorting conveyor	スライドシz一式仕分けコンベヤ
小输送带导出型拣选输送机	cross-belt type sorting conveyor	ベルトキヤリヤ式仕分けコンベヤ
倾落式拣选输送机	tilting type sorting conveyor	チルト式仕分けコンベヤ

开底式拣选输送机	bottom discharge type sorting conveyor	底開き式仕分けコンベヤ
侧落式拣选输送机	tilted belt type sorting conveyor	斜行ベルト式仕分けコンベヤ
切换方向式拣选输送机	swich conveyor type sorting conveyor	连続コンベヤ式仕分けコンベヤ
顶上型拣选输送机	pop-uptype sorting conveyor	浮出コし式仕分けコンベヤ

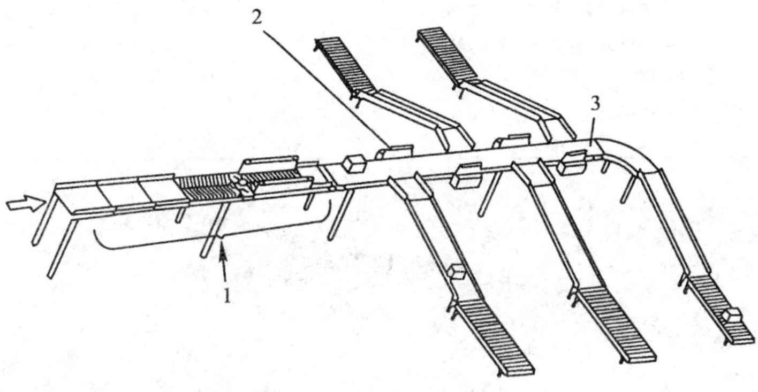

1—感应部;2—挡板导出部;3—分叉溜槽部

挡板导出型拣选输送机

捡选分叉部	sorting divergent division	仕分け分岐部
分叉溜槽部	divergent chute division	分岐シュート部
感应部	induction division	インタクシヨン部
轮子顶上型	pop-up of wheel type	ホイール浮出し式
滚子顶上型	pop-up of rollertype	ローラ浮出し式
皮带顶上型	pop-up of belt type	ベルト浮出し式
链顶上型	pop-up of chain type	チユーン浮出し式
挡板导出型	diverter type	ダイバータ式
推出挡导型	push-out diverter type	押出しダイバータ式
拨入挡导型	pull-in diverter type	引込みタイバータ式
驱动带挡导型	drive belt diverter type	驅動ベルトダイバータ式

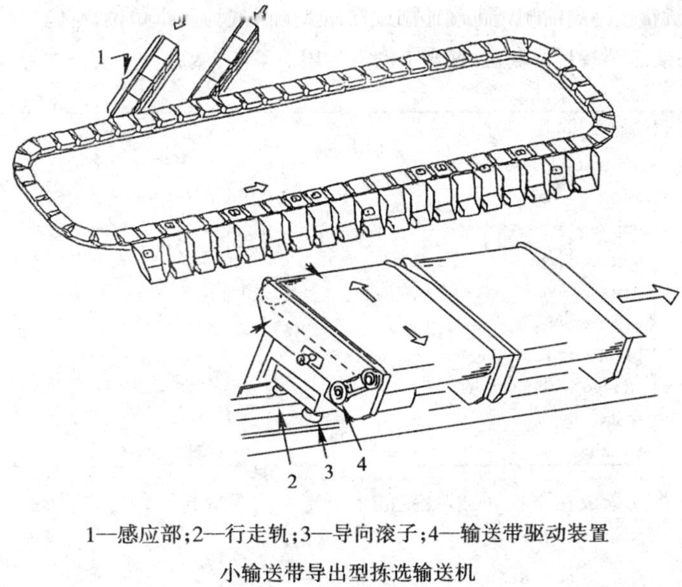

1—感应部;2—行走轨;3—导向滚子;4—输送带驱动装置

小输送带导出型拣选输送机

行走轨道	travelling rail	走行レール
导向滚子	guide roller	ガイドローラ
输送带驱动装置	belt drive device	ベルト驅動装置
滑移挡块	sliding shoe	スライドシユー
输送机链	conveyer chain	コンベヤチエーン
推出式	push-out type	プッシャ式
翻落装置	dumping device	倾倒装置
倾落条板	tilting slat	チルトスラット
倾落盘	tilting tray	チルト·トレイ
底开式	bottom open type	底開き式

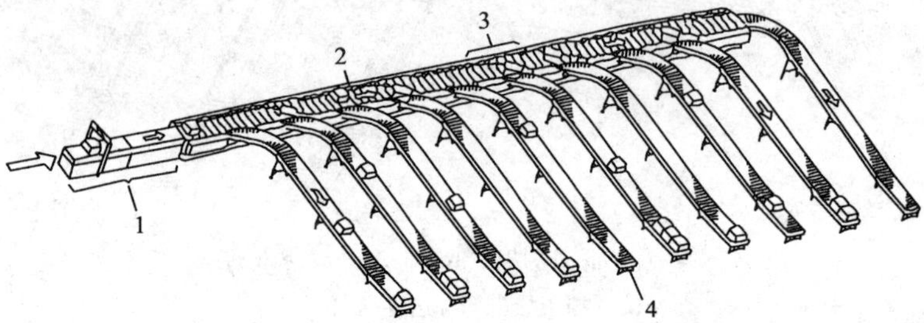

1—感应部;2—滑挡块;3—捡选分叉部;4—分叉溜槽

滑移导出型拣选输送机

底开盘式	bottom open tray type	底開き式トレイ
闸板	gate	ゲート
悬置式捡选输送机	overhead type sorting conveyor	ホバベッド式仕分けコンベヤ
垂直捡选输送机	vertical sorting conveyor	垂直仕分コンベヤ
回转输送机	rotation conveyor	旋回コンベヤ
回转装置	rotating device	旋回装置

第七节　堆码打包机

将物品或包装的货物按一定的规则正确地摆放在托盘上合成为一个单位货物。

高台位式打包机:装载装置设在高位,托盘上摆放一层后下降,然后再摆放合成为一个货载的打包机。

打包机(捆包机)	palletizer	パレタイザ
高台位式打包机	upper-level palletizer	高床式パレタイザ
托盘	pallet	パレット
单元货载	unit load	ユニットロード
单元货载尺寸	unit load size	ユニットロードサイズ
货物的状态	shape of loaded pallet	荷姿
托盘化	palletization	パレチゼーシヨン
托盘上码放模式	palletizing patterns	パレット積付パターン
无托盘直接堆放	storage without pallet	じか積み
堆、叠、垛	stack(pile)	はぺ
堆放货载	stacking	積付

低台位式打包机:将托盘放在下位,装载装置的上下来实现摆放合一的打包设备。

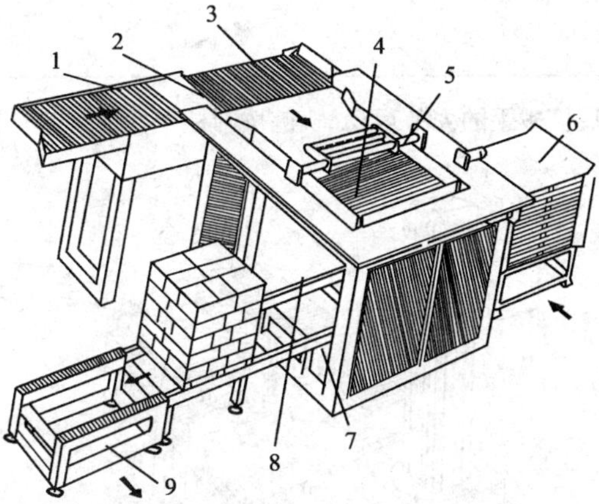

1—供给用于打包物品的输送机;2—调整位置输送机;
3—移载物品装置;4—堆叠物品装置;
5—整理成所需模式装置;6—空托盘的贮放器;
7—空托盘的供给输送机;8—升降装置;
9—已叠垛的托盘移出输送机

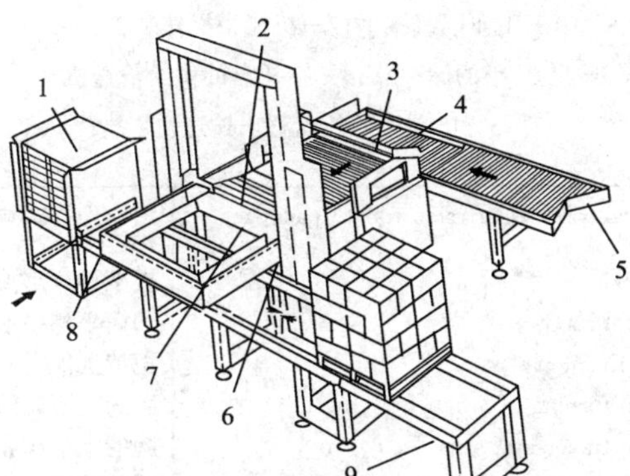

1—空托盘的储存器;2—整理成所需的模式装置;
3—调整位置输送机;4—移动物品装置;
5—供给用于打包物品的输送机;6—升降装置;
7—堆叠物品装置;8—空托盘的供给输送机;
9—已叠垛的托盘移出输送机

低台位式打包机 装卸	floor-level palletizer loading and unloading	低床式パレタイザ 積卸し
机械式打包机	mechanical palletizer	機械式パレタイザ
调整位置输送机	position-adjusting conveyor	整列コンベヤ
供给用于打包物品的输送机	supplying conveyor	供給装置
移载物品装置	position transferring unit	移載装置
整理成所需的模式装置	pattern-completing device	整形装置
空托盘的贮放	pallet magazine	パレットマガジン
升降装置	lifting and lowering unit	昇降装置

堆叠物品装置	stacking device	積付装置
已叠垛完成的托盘移出输送机	lifting and lowering unit	實パレット払出コンベヤ

圆柱坐标式机械手打包机:机械手的关节运动、轨迹按圆柱坐标进行的打包机。

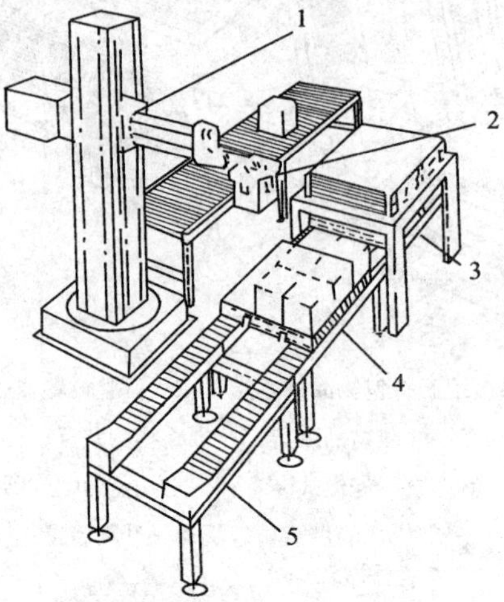

1—工业用机械手;2—机械手操作装置;
3—空托盘的储存器;4—空托盘的供给输送机;
5—已叠垛的托盘移出输送机

圆柱坐标式机械手打包机	cylindrical robot (Cartesian robot) palletizer	円筒坐標式ロボットパレタイザ
板坐标机械手	polar robot	极坐標ロボット
圆柱坐标机械手	cylindrical robot	円筒坐標ロボット
握住物品功能	holding function	把持機能
臂部的上下方向旋转	up-down turning of arm	腕的上下旋回
臂部的上下移动	up-down traverse of arm	腕的上下移動
臂部的伸缩	out-in traverse of arm	腕的伸缩
臂部的左右旋转	right-left turning of arm(rotatinon of arm)	腕的左右旋回
臂部的左右移动	right-left traverse of arm	腕的左右移動
臂部的回转	revolution of arm	腕的回轉
手臂部的屈伸	bending of larm	腕的屈伸

直角坐标式机械手打包机:机械手的关节运动、轨迹按直角坐标进行的打包机。

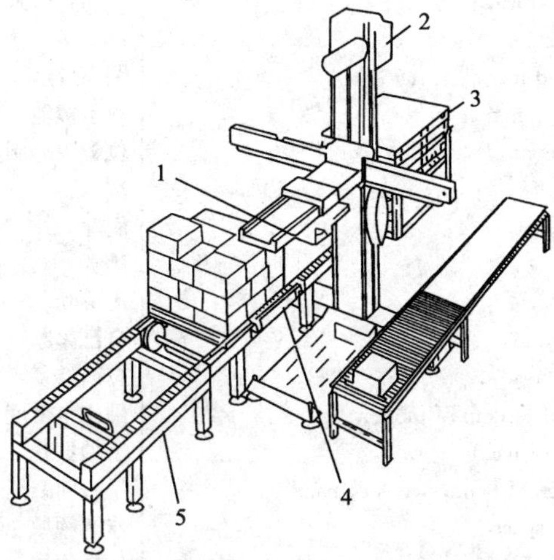

1—机械手操作装置;2—工业用机械手;
3—空托盘的储存器;4—空托盘的供给输送机;
5—已叠垛的托盘移出输送机

直角坐标式机械手打包机	rectangular robot palletizer	直角坐標式ロボットパレタイザ
直角坐标机械手	rectangular robot	直角坐標ロボット
工业机械手	industrial robot	産業用ロボット
机械手操纵装置	manipulator	マニピュレータ
关节	revolute joint	關節
臂	arm	腕
肘节	wrist	手首
手	hand	手
无指保持物品	hold without fingers	保持
供给空托盘的输送机	pallet comveyor	空パレット供給コンベヤ
机械手操纵装置功能	manipulator function	マニピユレータ機能

关节式机械手打包机:机械手的关节运动轨迹、按关节动作进行的打包机。

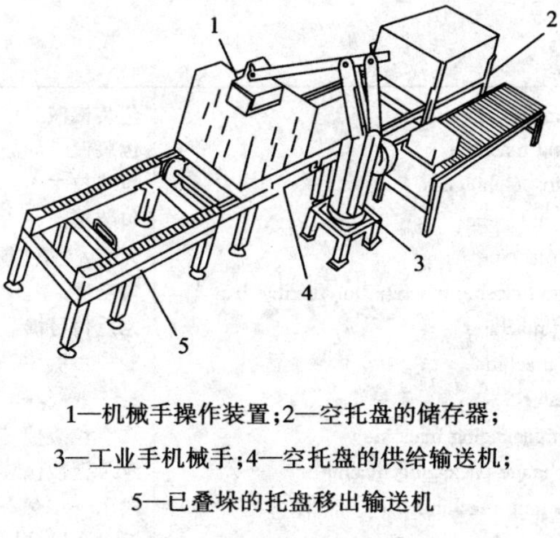

1—机械手操作装置;2—空托盘的储存器;
3—工业手机械手;4—空托盘的供给输送机;
5—已叠垛的托盘移出输送机

关节式机械手	articulated robot	関節式ロボット
打包机	palletizer	パレタイザ
关节机械手	artiwlated robot	関節ロボット
演示功能	teaching function	教示機能
位置控制	positon control	位置決め制御
教示	teaching	教示
信息存贮	storage	記録
感觉	sense	感覚
传感器	sensor	センサ
自诊断	self-diagnosis	自己診断
自复正	self-recovery	自己修复
动作的自由度	degree of feedom of motion	動作自由度
手的屈伸	bending of hand	手の振り
手的回转	revolution of hand, swivel of nand	手の回転
作业空间	working space	作業领域
操作空间	operational space	作動领域
程序操作空间	programmed working space, programmed oper-rating space	プログラム作業领域
运动空间	motion space	可動领域
操作距离	operating distance	作動距離
操作角度	operating angle	作動角度
最大移行速度	maximum path velocity	最大速度
动作时间	acting time	動作時間
位置精度	position accuracy	位置決め精度
可移运重量	weight capacity	可搬重量
移运的净重量	net weight capacity	正味可搬重量
最大允许移运重量	maximum allowable weight capacity	最大許容可搬重量
物品转向装置	product-turning device	方向轉換装置
自动托盘供送装置	automatic pallet feeder	自動パレット供給装置
拆包机	depalletizer	デパレタイザ
安全隔罩	save cover	安全カバ
安全防护拦		安全柵
门	door	扉

第八节 包 装 设 备

1. 包装机械

包装机械	packaging machinery	包装機械
包装机	wrapping machine	包装機
包装技术	packaging techinigues	包装技术
包装机	packing machine	包装機
充填机	fillimg machine	充てん(填)機
装袋机;充袋机	filling and closing machine for flexible bag	袋詰機
装盖机;封盖机	capping machine	ふた付け機
密封机	sealing machine	シール機
热封机	heat sealer	ヒート·シーラ
真空包装机	vacuum packaging machine	真空包装機
换气包装机	gas exchange packaging machine	ガス置換包装機
箱(盒)包装机	case packing machine	段ポールケーサ
贴标笺机	labelling machine	ラベルは(贴)り机
箱、盒容器组装机	case forming machine	ケース组立機

从套(箱)中取出物品设备	uncaser	アンケーサ
将托盘上的货物用热装冷缩薄膜包装设备	pallet shrink wrapping machine	ペレット・シユリンク包装機
将托盘上的货物用弹性伸展膜包装设备	pallet stretch wrapping machine	パレット・ストレッチ包装機
用绳捆紧设备	tying machine	ひも掛け機
用捆带条捆包设备	strapping machine	ベンド掛け機
钉定机	stapler;stapling machine	ステープラ
自动包装设备	automatic packaging machine	自动包装设备
木箱盖板打钉机	nailing machine	くギ打ち機
手动紧绳工具	wire machine	ワイヤ缔め具
粘胶带封贴机	gummed tape dispensen	テプのりづけ器
包装货物的放置寿命	shelf life	シェフテイフ
包装废弃的东西	packaging waste	包装废弃物
重量检查设备	weight checker	ウェイト・チェツカ
总质量	gross mass	総質量
包装物品中内包装物品的质量	net mass	正味質量
包装容器和包装材料的质量	tare mass	風袋質量
再循环利用	recycle;recycling	り・サイクル
易损性	fragility	易損性
组合的纸版箱	die cut box	打拔箱;扳き箱
热装冷缩薄膜	shrink film	シユリンク・フイルム
弹性伸展薄膜	stretch film	ストレッチ・フイルム
铸膜	casted film	キヤスト・フイルム
带有角撑件的袋	gusset bag	ガセット袋
较小型的袋	pouch	パワチ
柔性散料用集装袋	flexible intermediate bulk container	フレキシブルコンテナ
易损性	fragility	易損性
货物集装箱	freight container	货物コンテナ

2. 包装材料

包装材料	packaging material	包装材料
纸	paper	纸
纸板,板纸	board,paperboard	板纸
牛皮纸	kraft paper	クラフト纸
拉伸牛皮纸	extensible kraft paper	クラフト伸张纸
皱纹纸	crepe paper	クレープ纸
半透明纸	glassine paper	クラシン・ベーバ
薄纸	thin paper,printing	薄葉纸
衬和瓦楞纸合成物	liner and corrugating medium	段ボール原纸
玻璃纸	cellophane,regenerated cellulose	セロハン
蜡纸	paraflin paper	パラフイン纸;ろう纸
防锈纸	non-tarnish paper; anti-tarnish paper	防セベ(錆)纸
白板纸	white lined board	白板纸
衬扳、衬片	liner	ライナー
瓦楞纤维板	corrugated fiber-board	段ボール
单面瓦楞纤维纸板	single faced corrugated filberboard single wall corrugated fiberboard	片面段ボール
双面瓦楞纤维纸板	double faced corrugated filberboard single wall corrugated fiberboard	両面段ボール

防水瓦楞纤维纸板	water-proof corru-gated fiberboard	防水段ボール
塑料薄膜（厚度＜0.25 mm）	plastic film	プラスチックフイルム
塑料薄板（厚度＜0.25 mm）	plastic sheet	プラスチックシート
延伸薄膜	oriented film	延伸フイルム
发泡塑料	cellular plastic	發泡プラスチック
发泡聚苯乙稀纸	polystyrene paper	發泡ポリスチレンペーバー
塑料网兜	plastic net	プラスチックホット
塑料外用装鱼肉加工品袋	casing	ケーシング
树脂袋,塑料袋	potyethylene heavy duty bag	樹脂袋
中空塑料制品容器	blow molded container	中空成形容器
曲颈瓶形袋	retortable pouch	レトルトパウチ
复合膜	composite film	複合フイルム
食品保存用薄膜	wrap film	ラップフイルム
挤压成型容器	injection molded container	射出成形容器
聚氯乙稀	polyvinyl chloride	ポリ鹽化ビニル
聚乙稀	polyethylene	ポリエチレン
聚稀烃	polyolefine	ポリオレフイン
聚丙稀	polypropylene	ポリプロビレン
乙稀醋酸树脂	EVA resin, etrhylene-vimyl acetate copolymer	ユチレン酢酸ビニル樹脂
聚乙稀醇树脂	polyvinylalcohol resin	ポリビニルアルコール樹脂
聚乙烯对苯二(甲)酸盐	polyeltylene terephrthalate	ポリェチレンラレフタレート
胶黏剂	adhesive	接着剂
压合胶黏剂	pressure sensitive adhesive	粘着剂
热熔性胶黏剂	hot melt aohesire jointing material	ホットソルトセ,ちヤくざべ接合材
防渗透材料	barrier materid	バリヤ材
缓冲材料	cusioning material	缓衝材
隔热材料	heatinsulating material	断热材
脱氧剂	free-oxygen absor; free-oxygen scavenger	脱酸素剤
防锈剂	anti-corrosive agent	防セベ(錆)剤
防静电剂	antistatic agent	带電防止剤
用于加强固定用带状包装材料	strapping	ストラッピング
镂花模版	stencil	ステンシル
印刷墨水	printing ink	印刷インキ
电晕处理	corona treatment	コロナ处理
表面附有金属薄膜的纸	metallized paper	金属蒸着纸
板纸、用杂纸等低挡回收纸作原料制成	chip board	チップボール
较硬的纤维纸板	solid fiberboard	ソリッドフアイバボード
聚酰胺,尼龙	poly amide	ポリアミド
耐油纸	greaseproof paper	耐油纸
硫酸纸	vegetable parchment	硫酸纸
不用织机用天然,再生自然合成纤维处理的不织布	non-wovens	不織布
合成纸	synthetic paper	合成纸
帆布、油布、漆布纸(具有防潮、防水性能)	tarpaulin paper	ターポリン纸
牛皮纸袋	kraft paper sack	ケラフト纸袋
模压纸浆产品	moulded pulp product	パルプモールド

充填	filling	充てん(填)
装箱	cartoning	カートニング
封口	seal	封かん(缄)
绑扎	ligation clipping	结さつ(紥)
捆缚	tying, bundling	结束
贴标签	marking, labelling	表示
聚碳酸酯	polycarbonate	ポリカーボネート
聚偏二氯乙稀	polyvimylidene chloride	ポリ盐化ビニリデン
乙稀与聚乙稀醇的复合体	etfhylene-vinylalcohol copolymer	コール共重合体
离子链树脂	ionomner	アイホノマー
尿烷(氨基甲酸乙酯)人造橡胶树脂	urethane resin	ウレタン樹脂
环氧树脂	epoxy resin	ユポキン樹脂
可降解的材料	degradable	分解できる材料
捆包材料	pocking material	こん(捆)包材料
金属罐(盒、箱)	metal can	金属缶
两部分组成的罐(罐体和盖)	two piece can	ツーピース缶
三部分组成的罐(罐体、罐底、顶盖)	three piece can	スリーピース缶
圆罐、柱形罐	pound can, cylindrical can	丸缶
进缘向内弯曲的罐	necked in can	ネックドイン缶
带卷边的罐	beaded can	ビード缶
三部分组成的罐其罐体的侧部封焊	soldered can	はんだ缶
焊接罐	welded can	溶接缶
胶粘接罐	cemented can; adhesive bonded can	接着缶
易于打开盖的罐	easy opening end can	イージーオープンェンド缶
冲击成形罐	impact can	インバクト缶
玻璃瓶	glass bottle	がラス瓶
定量盛装瓶	measuved volumed bottle	丸正瓶
回收再利用瓶	roturnable bottle	リターナブル瓶
不回收一次性用瓶	non-returnable bottle	ワンウユイ瓶
强化处理过的瓶	strengthened bottle	强化瓶
耐压瓶	strengrhened bottle for gaspressure	耐圧瓶
轻质瓶	light weight bottle	軽量瓶
已有损伤的瓶	souffed bottle	すれ瓶
容器	container	容器
装气溶胶的容器	aerosol container	ユアゾール容器
一次性容器	one-way container; non-returnable container	使い捞て容器
刚性容器	rigid container	剛性容器
半刚性容器	semi-rigid container	半剛性容器
可挤压容器	sqgueezable container	スクイーズ容器
可折叠、缩小体积的容器	folding container	折叠み容器
筐、篮、笼	baeket	カご籠
木桶,圆柱体,圆桶	barrel	たる(樽)
瓶	bottle, container	瓶,ボトル
罐	can	缶
合成罐	composite can	ユンポジット缶
桶	dryn	ドラム
纸质容器	paper container	纸器

纸板箱	carton	カートン
复合纸质容器	composite paper container	複合紙容器
液体用纸容器	paper container for liguid	液体用紙容器
箱	box	箱
盘式容器	tray	トレイ
袋	sack,bag	袋
软包装	flexible packaging	軟包装
安瓿,针剂瓶,小玻璃瓶	ampoule	アンプル

第七章 有关物流信息技术专业用语

第一节 电子商务

利用计算机和网络系统开展各项商务活动。

电子商务	electronic business	eビジネス
互联网,英特网	internet	ィンターネット
数据交换	data interchange(DI)	データ交换
企业与行政机构的电子商务	business to administration(B to A;B2A)	商業対官庁のe
企业与消费者的电子商务	business to consumer(B to C;B2C)	商業対消費者のe
企业与企业的电子商务	business to business(B to B;B2B)	商業対商業のe
宽带	broad band	広幅バンド
宽带网络	broad band network	広幅バンド·ネットワーク
企业对员工的电子商务	business to employee(B to E;B2E)	商業対従業員のe
自动化	automation	自動化
人工智能	artificial intelligence	人工知力
计算机中心	computer center	コンピェーターセンター
计算机网络	computer network	コンピューター.ネットワーク
计算机安全;计算机保障	computer security	コンピューター安全;コンピユーター防衛
计算机病毒	computer virus	コンピューター病毒
消费者对政府的电子商务	consumer to administration	消費者对官庁のe
消费者对企业的电子商务	consumer to business	消費者対商業のe
消费者对消费者的电子商务	consumer to consumer	消費者対消費者のe
接受消费者顾客的予约系统	consumer reservation systam	消費者予约システム
信用卡	credit card	信用カード
数据库	data bank	データ·バンク
数据处理	data hamdling;data processing	データハンドリング;データ処理
数据流	data steram	データ流
数字化分拣系统	data pick system	データピッキングシステム
数字信用卡	digital credit card	数字信用カード
网上品牌	branding	商標
电子商务;电子商业	business	商業;実業
电子现金	cash	现金
电子产品目录	catalog	カタログ
电子网上招商	channel	チヤンネル
电子支票	check	小切手
电子商贸	commerce	通商

电子通关	clearance	通関手続
电子商务系统	commerce system	通商システム
计算机辅助采购及物流支持	computer aided acquisition and logistic support	コンピューター補助獲得および物流支援
计算机辅助订单栋货	camputer aided order picking	コンピューター補助注文·ピッキング
计算机辅助栋货系统	computer aided picking system	コンピューター補助ピッキング·システム
计算机存货控制	computer inventory control	コンピューター在庫制御
计算机辅助订单	computer-assisted ordering(CAO)	コンピューター補助注文
计算机对计算机下订单	computer to-computer ordering	コンピューター対コンピユーター注文する
计算机辅助物流支持	computer aided logistic support	コンピューター補助物流支持
计算机辅助设计	comlputer aided design(CAD)	コンピューター·補助设计
计算机集成制造系统	computer integrated mauufacturing system	コンピューター统合生产システム
计算机辅助制造	computer aided manufacture(CAM)	コンピューター補助生産
计算机辅助工程	computer aided engineering(CAE)	コンピューター補助エンジニアォリング
计算机辅助工艺设计	computer aided process planning(CAPP)	コンピューター補助工程計画
数据库管理系统	database management system	データ·ベース管理システム
数据库	database	データ·ベース
数据处理	data processing system	データ処理システム
数据收集系统	data gathering system	データ集合システム
电子购物	e-shopping	e-買物
电子装运监督	e-tracking	e-追迹
电子订货系统	e-ordering system	e-注文システム
电子转账系统	e-funds transfer system	e-资金振替システム
电子货币	e-money	e-金錢
电子邮件	e-mail	e-郵便
新品导入	e-procurement	e-新産品取り計い
网上促销	e-promotion	e-販売促進
电子贸易	e-trade	e-贸易
磁带	magnetic tape	マゲネテイック·テープ
邮购	mail order	郵便注文
信汇	mail transfer	郵便振替
全球一次购物	one-stop shopping	
在线;联机	online	オン·ライン
在线银行	online bank	オン·ライン銀行
在线商务会谈	online business meeting	オン·ライン商業出会い
在线商务模式	online business models	オン·ライン商業モラル
网上购物	online buying	オン·ライン購買
在线娱乐	online entertainment	オン·ライン娯樂
国际互联网付款系统	first virtual's internet payment system	国際仮想·インターネット支払いシステム

第二节　电子数据交换

通过电子方式,采用标准化的格式,利用计算机网络进行结构化数据的传输和交换

电子数据交换	electronic data interchange(EDI)	電子データ交換
电子数据交换信用证	EDI credit	電子データ交換信用
电子数据交换单据	EDI document	電子データ交換書類
电子数据交换界面	electronic data interface	電子データ·インターフエース
在 POS 端的电子转账	electronic funds transfer at point of sale	POS 電子資金書换元え
光纤通信	fiber-optic communication	光纖维通信
磁盘	disk	ディスク
软盘	diskette	ディスケット

信息技术	information technology	情報技術
自动化管理	automated management	自動化管理
数字化	digitize	デジタイザー;数学化
自动化跟踪	automated tracking	自動追迹
自动辨识	auto discrimination	自動認識
防毒软件	anti-virus software	防毒ーソフトウエア
信息;情报;资料	information	情報
信息高速公路	info bahn	情報バーン
信息经济	infonomics	情報经济
信息库	information bank	情報银行
信息流	information flow	情報流
信息高速公路	information highway; information superhighway	情報ハイウェー
信息系统安全	information system security	情報システム安全
信息处理	informational processing	情報の処理
因特网数据中心	internet data center	インターネット·データ,センター
网络经济	imternet economic	インターネット経済
网络销售公司	internet sales company	インターネット·会社
互联网络;英特网	internetwork	インターネットワーク
兼容性	interoperability	相互操作可能性
微软网络	microsoft network	マイクロソフト·ネット·ワーク
网络;网络系统	network	ネット·ワーク
网络终端	network terminal	ネット·ワーク·ターミナル
集线器	network concentrator	ネット·ワーク·コンセントラータ
路由器	network path-control device	ネット·ワーク·進路制御装置
便携式数据终端设备	portable data terminal	携带式データ·ターミナル
便携式数据文件储存卡(片)	portable data file	携带式データ·ファイル

第八章　物流中的IT、ID设备:条码

第一节　IT、ID设备

激光	laser	レーザ
激光扫描仪	laser scanner	レーザ·スキヤナー
激光视盘机	laser video compact disk player	レーザ·ビデォ·コンパクト·ディスク·プレーヤー
激光打印机	laser printer	レーザ·パリンター
微处理机	microprocessor	マイクロ·プロセスサー
微机;微型计算机	microcomputer	マイクロ·コンビユータ
手机;移动电话	mobile phone	携帯電話
调制解调器	modem	モデム
监视器	monitor	モニター
鼠标	mouse	マウス
笔记本电脑	notebook computer	ノート·ブーク·コンビユータ
光学字符识别技术	optical character recognition	光学チヤレクター認識技術
光缆	optical fiber cable	光学フェイバー·ケーブル
光导纤维	optical fiber	光学フェイバー
光学仪器	optical instrument	光学機械
光学符号读取器	optical mark reader	光学マーク·リーダー

光学扫描机	optical scanner	光学スキヤナー
继电器	relay	リレー
卫星	satellite	人工衛星
卫星地面站	satallite earth station	人工衛星地上ステシヨーン

第二节　条　码

由一组规则排列的条、空及字符组成的,用以表示一定信息的代码。

条码;条码	bar code	バーコード
条码颜色	bar code color	バーコード·カラー
条码密度	bar code density	バーコード·密度
条码标签	bar code label	バーコード·レツテル
条码阅读器	bar code reader	バーコード·リーダー
条码扫描器	bar code scanner	バーコード·走查装置
条码种类	bar code symbology	バーコード·象徵表示法
128 码	code 128	128コード
宽度;行宽	breadth	横幅
检查码	check digit	検査デジタ;検査数字
39 码	code 39	39コード
国家代码	country code	国家·コード
欧洲条码系统	European article number	ヨーロツパ·バーコード·システム
通用商品码	universal product code	全般的な産品コード
标签;标记;符号	label	レツテル
磁条卡	cards incorporating a magnetic stripe	マクネチツク·ストリツプ付コード

第九章　有关物流人才的专业用语

从事物流工作的人	logistics man	物流マン
零售商	retailer	小売り商
批发商	wholesalers, a whole dealer	卸し売り商人,卸し業者
供应商	supplier	供給[補充]する人
业务代表	sales representative	販売(売却)代表
承租人	lassee	賃借人
出租人	lessor	賃貸人
中间人	middle man	仲立人,中間商
卖主	vendor	売主
小商贩	store keeper	小売商人
富商	a merchant prince	豪商
商人	merchant	商人
销售人	dealer, vender	販売人
卖方	seller	売り手,売り方
顾客	customer	得意先
调解人	pacificator	和者,仲裁者
法人	artifical person; juri dical person	法人
产业购買者	industrial buyer	産業買主,産業購買者
操作人员;管理者	operator	運転手;技手;经營者;運營者
经销商	distributor	配給者;配布者
首席执行官;总裁	chief executive officer(CEO)	最高执行官

董事	director	取締役
物流主管	chief logistics officer(CLO)	物流主催
产品经理	product manager	産品经理
管事;事务长	chief steward	総支配人;事務长
内部审计主管	chief internal auditor	総内部会计監査长
财务主管	chief financial officer(CFO)	総財務长
会计师;会计员	accountant	会計係;会計士;主計
合股人;同事	partner	共同者;仲間
经理;经营人;管理人	manager	经理
信息主管	chief information officer(CIO)	公認情報士
厂商代理人	manufacture′s agent	製造業メーカーの代理人
制造者;生产者	producer	生産者;製作者
持票人;支票持有人	check holder	小切手持主
采购员;采购承办人	purchasing agent	購買係り
采购经纪人	purchase broker	購買仲立人
商务参赞	commercial counsellor	商務顧問;商務商談相手
代表;代理人	representative	代表;代理人
司机	dirver	運転手
开长途车司机	over the road driver	長距離運転手
卡车司机	trucker	トラック運転手
车主兼司机	owner-operator	オーナードライバ
公务员、职员	officer	公務員;官公吏;役人;職員
直达托运人	drop shipper	直送荷主;直送荷送り人
货主	shipper	荷主,荷送り人
运送人;承运人	carrier	運送人、配達人;運ぶ人;運搬人
押运人	care taker	世話人
运送中介人	freight broker	货物運送仲立人
承揽货物运送的人	freight agent	貨物取极人
安排货物运送的人	freighter	貨物運送業者
承运人的代理人	agent of carrier	運ぶ人の代理人
运输代理人	carrier agent	運送代理人;配送代理人
租船经纪人	chartering broker	用船者仲立人
租船代理人	chartering agent	用船者代理人
船舶承租人	charterer	用船者;用船主
船长;舰长;队长	captain	船長;艦長
船主、船东	ship holder	シップーホルダー
二船东	disponen towner	次船长
代理人;代理商	agent	代理行爲者;代理人;代理商
总代理	the general agent	総代理人
代理人;经纪人	broker	場外取引仲買人;仲立人
承租人	charterer	使用主
发货人;委托人	consignor	送り主;荷主,委托者
收货人;代售人	consignee	荷受人;受托者
联运经营者	cimbined transport operator	联合運送经営者
受益人;受款人	beneficiary	利益を受计る人;受益者
代办人;代理人	commision agant	手数料代理人
契约承运人	contract carrier	契约運送人
信用证受益人	credit beneficiary	信用状受益者
集装箱所有人	container owner	コンテナ持主;コンテナ所有主
货物检查员	cargo surveyor	货物検查官
运输与物流师	certified in transportation and logistics	公認輸送 & 物流士

专业物流师	ceretified profesional logistician	公認専門物流士
注册会计师;会计师	certified public accountamt(C.P.A)	公認会計士
包装师	certified packaging professional	公認包装専門士
独家代理	exclusive agent	独占権代理人
包销商	exclusive distributor	独占権配给者
蓝领工人	blue-collar worker	工员、现業员
临时工	casual labor pergon employed,temporarily	臨時仕事,臨時雇
堆码工	stacker	積み重ねる人
包装工	packer	包装業者,荷造り人
码头装卸工	longshoreman	荷橸げ人足
安装工;装配工	mounter	乗せる人
修理工	repairman	修理工;修理業者
装配工	fitter	组立てェ;整備係

第十章　有关物流环保技术的专业用语

防止粉尘飞扬措施	prevention of dust dispersion	炭じん飛散防止対策
发尘部	dust emission	発じん
收尘装置	dust collector	集じん装置
输送机罩壳	conveyor covering	コンベヤカバー
喷水系统	water spray system	散水システム
平均风速分布	average wing velocity	平均風速分布
风洞试验	wind tunnel test	風洞實験
粉尘飞扬现象	dust dispersion phenomena	粉じん飛散现象
扩散	diffusion	拡散
沉降	falling	沉降
悬浮粉尘浓度	airborne dust concentration	浮游炭じん濃度
表面水份	surface moisture	表面水分
发尘控制	dust suppression	発じん抑制
化学抑尘剂	dust setting chemicals	粉じん定着剂
防风网	wind break net	防風ネット
平均颗粒径	average particle size	平均粒径
环境影响评价	evaluation of environmental influence	環境影響評価
现场气象条件	site weather condition	现地氣象条件
环境预测程度	environmental forecasting procedure	環境予测手顺
通风设备	ventilation equipment	换気設備
防爆考虑	anti-explosion consideration	爆発防止対策
可燃气体	inflammable gas	可燃性ガス
爆炸浓度	explosive density	爆発濃度
点火源	ignition source	着火源
爆炸	explosion	爆発
静电	static electricity	静電氣
降压口	pressure relief opening on a roof	压力放散口
粉尘防爆设备	dust exposion-proof equipment	粉じん防爆仕様機器
粉尘爆炸试验装置	dust explosion test equipment	爆発性試験装置
噪声控制基准	noise control regulation	噪音规制基準
设备噪声数据	noise power level data generated from each machine	機器噪音データ
预测噪声分布图	map of equi-noise level	予测噪音分布图
噪声传播仿真	forecasting calculation of outdoor noise propagation	噪音傳播シミュレーション

噪声目标值设定	noise level target	噪音目標值の設定
降噪对策	noise suppression	噪音防止対策
隔音壁	noise barriers	遮音壁
开孔板	panching metal	パンチンゲメタル
玻璃纤维棉	glass wool	グラスウール
波纹状钢板	corrugated wall	波板铁板
橡胶衬里	rubber lining	ゴムライニング
防止自燃措施	prevention of spontaneous combustion	自然発火防止対策
自然氧化	spontaneous oxidation	自然氧化
发热	heat generating	發热
干燥	drying	干燥
急激地温升	immediately temperature rising	急激地温度上昇
散热	heat radiation	放热
温度维持	temperature preservation	一定温度保持
临界温度	critical temperature	危険温度
热扩散	heat radiation	热拡散
喷水、撒水	water sprinkling	散水
升温特性	temperatuve rising charactevistics	昇温特性
防寒措施	consideration for cold weather	寒冷地対策
冻结煤	frozen coal	凍结炭
隔热和加热	insulation and heating	断热およびヒータ
表面除雪	clearing snow from the top	表面の除雪
溶化	melting	融解
大倾角的溜漕	steep slope chute	急勾配のシュート
机械振动器	mechanical vibrator	機械的振動
空气炮	air blastor	エアガン
减少摩擦	decreasing friction	摩擦低减
湿式除尘装置	wet type dust collector	湿式集じん装置
干式除尘装置	dry type dust collector	干式集じん装置
环境控制设备	environmental control equipment	環境改善装置
防止公害设备	purification and pollution control equipment	公害防止装置
降尘设备	dust collector	除じん装置
空气脱湿装置	air dehumidifier	空氣除湿装置
净化室	clean room	クリーンルーム
袋式过滤器	bag filter	バックフイルタ
分离器	separator	分離器
受料器	receiver	レシーバ
旋风(离心)分离器	cyclone	サイクロン
电除尘装置	electric precipitator(EP)	電氣集塵機
不发尘(无尘)	dust loss	ダストロス
吸风罩	hood	フード
风管	duct	ダクト
分级装置	classifier	分级器
超音速气流粉碎	supersonic jet mill	超音速ジエットミル
流态化干燥设备	flowdryer	流動乾燥械
管系过滤器	line filter	ラインフイルタ
进气过滤器	suction filter	サクションフィルタ
系统规划	system planning	システム計画
建设规划	construction plan	建設計画
可行性研究	feasibility study	フイジビリティ·スタディ
总体评价、综合评价	total evaluation	総合評価

运用管理规划	operatiin management plam	運用管理計画
附带设备规划	auxiliarg facilities plan	付帯設備計画
堆场基本规划	basic yard plan	ヤード基本計画
总体布置	total layout	全体レイアウト
设备细部设计	detail plant design	プラント詳細設計
工程规划	construction process plan	工程計画
设备选购	procurement	設備調達
设备制造	mauufacturing	機器製作
安装	erection	据付
试运转	commissioning	試運転
营运,投用	commercial operation	營業運転
环境条件	environmental condition	環境条件
购买计划	purchasing plan	購入計画
项目基本条件	basic conditiou of the project	プロジェクト基本条件
远景规划	future plan	将来計画
年操作量的确定	investigation of annual hamdling amount	年間取极量の検計

第四篇 物流相关组织机构

第一章 国内物流组织机构

中国机械工程学会物流工程分会

中国机械工程学会物流工程分会是中国机械工程学会直属的专业学术组织，是全国从事物流工程和物料搬运专业科研、设计、生产、教学以及使用部门的科技工作者的学术性群众团体。

本会的主要任务是：开展国内外学术交流，促进物流工程和物料搬运技术及装备的开发与应用；物流中心、物流园区、配送中心等的可行性研究、规划与设计；组织国内外物流技术、物流管理、物流设施、物料搬运新产品、新工艺信息发布与交流；接受政府部门和企事业单位的委托，提供技术论证、技术咨询和技术服务；编辑出版科技书刊，组织技术培训；开展国际科技交流等。

本会成立于1980年10月。学会每年召开一次理事会，并举行各种专题学术会议，新技术推广会议和信息发布会议，根据需要举办技术培训班；每四年召开一次学术年会，进行论文交流，并出版年会论文集。学会还编辑出版了多种物流专业学术书籍。

学会拥有一批物流专家，并与北京科技大学、北方交通大学、上海交通大学等高等院校在物流研究方面有很好的合作。学会在我国物流界具有一定的影响。

目前，学会的团体会员共有400多个。这些团体会员分布在全国各地，是物流工程和物料搬运行业的主力军，有物流工程系统集成商和物料搬运设备生产厂商，最终用户，研究院所和高等院校以及从事物流业的企业。

学会根据物流工程和物料搬运技术领域内不同的学科和工作的需要设立了七个专业委员会和两个工作委员会以及20个省、直辖市的地方物流工程（物料搬运）专业委员会与学会保持非常紧密的业务联系。

学会还开办了北京汉鼎技术开发公司，主要从事物流工程、物流规划和物料搬运领域新技术开发、新产品推广，技术咨询和技术服务，销售各种机电设备。

学会挂靠单位是北京起重运输机械研究所，学会秘书处设在所内。欢迎您经常与我们保持联系，并进行各种形式的合作。

联系人：周云

地　址：北京市雍和宫大街52号

　　邮编：100007

电　话：(010)64002961　64032277－2262

　　传真：(010)64002961

E－mail：mhi－bjhd@263. netwuliu@cmes. org

社团名称：中国物流与采购联合会

法定代表人：丁俊发

业务范围：行业管理　书刊编辑　业务培训

　　专业展览　国际合作　咨询服务

住　　所：北京市西城区月坛北街25号

电　　话：68391389　68582957

邮　　编：100834

代　　码：50001705-2

登记证号：社证字第3096号

业务主管单位：中华人民共和国国家计划与发展改革委员会

社团名称：中国仓储协会

法定代表人：徐文彩

业务范围:行业管理　信息交流　业务培训
　　展览展示　刊物编辑　国际合作
　　咨询服务
住　　所:北京市复兴门内大街 45 号
电　　话:66095320
邮　　编:100801
代　　码:50001597-0
登记证号:社证字第 3446 号
业务主管单位:中华人民共和国国家计划与发展改革委员会

社团名称:中国交通运输协会
法定代表人:郭生海
业务范围:行业管理　信息交流　业务培训
　　书刊编辑　国际合作　咨询服务
住　　所:北京市广安门内大街 315 号 B 座 6-7 层
电　　话:63691468　63691943
邮　　编:100053
代　　码:50000601-1
登记证号:社证字第 3694 号
业务主管单位:中华人民共和国国家计划与发展改革委员会

社团名称:中国国际货运代理协会
法定代表人:罗开福
业务范围:行业协调　信息交流　业务培训
　　书刊编辑　国际合作　咨询服务
住　　所:北京市朝阳区安慧里四区 15 号楼
电　　话:64916438　64917613
邮　　编:100044
代　　码:50001879-2
登记证号:社证字第 4506 号
业务主管单位:中华人民共和国商务部

社团名称:中国船东协会
法定代表人:王晓梅
业务范围:行业管理　业务培训　信息交流
　　国际合作　咨询服务
住　　所:北京市东长安街 6 号
电　　话:65286463
邮　　编:100740
代　　码:50001389-5
登记证号:社证字第 4223 号
业务主管单位:中华人民共和国交通部

社团名称:中国道路交通安全协会
法定代表人:杜连柱
业务范围:行业管理　业务培训　书刊编辑
　　国际合作　学术研究　举办展览
　　咨询服务
住　　所:北京市西城区群利胡同 9 号
电　　话:66511218　66511412
邮　　编:100035
代　　码:50001671-1
登记证号:社证字第 4401 号
业务主管单位:中华人民共和国公安部

社团名称:中国地方铁路协会
法定代表人:华茂崑
业务范围:信息交流　业务培训　书刊编辑
　　专业展览　国际合作　咨询服务
住　　所:北京市复兴路 10 号铁道部综合楼
电　　话:51847519
邮　　编:100844
代　　码:50000625-7
登记证号:社证字第 4561 号
业务主管单位:中华人民共和国铁道部

社团名称:中国电子商务协会
法定代表人:宋玲
业务范围:信息交流　学术研讨　业务培训
　　专业展览　书刊编辑　国际合作
　　咨询服务
住　　所:北京市万寿路 27 号 3 号楼 301 室
电　　话:68208289
邮　　编:100846
代　　码:50001875-X
登记证号:社证字第 4494 号
业务主管单位:中华人民共和国信息产业部

社团名称:中国副食流通协会
法定代表人:徐志军
业务范围:行业管理　信息交流　业务培训　刊物编辑　咨询服务
住　　所:北京市西城区复兴门内大街 45 号
电　　话:68361003
邮　　编:100801
代　　码:50001460-1
登记证号:社证字第 3439 号
业务主管单位:中华人民共和国国家计划与发展改革委员会

社团名称:中国港口协会
法定代表人:屠德铭
业务范围:行业管理　信息交流　业务培训　国际合作　咨询服务
住　　所:上海市中山东路 12 号
电　　话:021-63641494
邮　　编:200002
代　　码:50000147-2
登记证号:社证字第 3626 号
业务主管单位:中华人民共和国交通部

社团名称:中国包装技术协会
法定代表人:邱纯甫
业务范围:信息交流　举办展览　业务培训　国际合作　书刊编辑　咨询服务　经业务主管单位同意或授权进行管理　行业统计
住　　所:北京市朝阳区建国路 99 号
电　　话:65816688-3106/3116/3118
邮　　编:100020
代　　码:50000188-6
登记证号:社证字第 4583 号
业务主管单位:中华人民共和国商务部

社团名称:中国公路学会
法定代表人:李居昌
业务范围:学术交流　咨询服务　业务培训　出版刊物
住　　所:北京市东城区建国门内大街 11 号
电　　话:65293139　65293138
邮　　编:100736
代　　码:50000397-X
登记证号:社证字第 3019 号
业务主管单位:中国科学技术协会

社团名称:中国机械工程学会
法定代表人:宋天虎
业务范围:学术研究　国际合作　书刊编辑　专业展览　业务培训　咨询服务
住　　所:北京市复外三里河路 46 号
电　　话:68595316　68595317　68595318　68595319　68595320　68595315
邮　　编:100823
代　　码:50000409-1
登记证号:社证字第 4347 号
业务主管单位:中国科学技术协会

社团名称:中国机械工业标准化技术协会
法定代表人:王金弟
业务范围:行业管理　信息交流　业务培训　国际合作　咨询服务
住　　所:北京市首体南路 2 号
电　　话:68931736
邮　　编:100044
代　　码:50001188-1
登记证号:社证字第 3189 号
业务主管单位:中华人民共和国国家经济贸易委员会

社团名称:中国机械工业供销协会
法定代表人:叶大蓉
业务范围:行业管理　信息交流　业务培训　专业展览　刊物编辑　国际合作　咨询服务
住　　所:北京市西城区三里河 46 号
电　　话:68595084
邮　　编:100823
代　　码:50001449-2

登记证号:社证字第 3371 号
业务主管单位:中华人民共和国国家计划与发展改革委员会

社团名称:中国交通企业管理协会
法定代表人:朱有亮
业务范围:理论研究　信息交流　专业培训　书刊编辑　国际合作　咨询服务
住　　所:北京市建国门内大街 11 号
电　　话:65293054
邮　　编:100736
代　　码:50001110-1
登记证号:社证字第 4220 号
业务主管单位:中华人民共和国交通部

社团名称:中国连锁经营协会
法定代表人:郭戈平
业务范围:行业管理　信息交流　业务培训　国际合作　咨询服务
住　　所:北京市西城区月坛北街 25 号
电　　话:68391404
邮　　编:100834
代　　码:50001338-5
登记证号:社证字第 3728 号
业务主管单位:中华人民共和国国家计划与发展改革委员会

社团名称:中国煤炭运销协会
法定代表人:刘彩英
业务范围:行业管理　协调　咨询服务　政策调研
住　　所:北京市和平里北街 21 号
电　　话:64277576
邮　　编:100713
代　　码:50000992-5
登记证号:社证字第 3039 号
业务主管单位:中华人民共和国国家计划与发展改革委员会

社团名称:中国民用航空协会
法定代表人:岳玉庆
业务范围:信息交流　行业管理　咨询服务　业务培训　举办展览　国际合作
住　　所:北京市东四西大街 155 号
电　　话:67319858
邮　　编:100710
代　　码:50000268-6
登记证号:社证字第 3092 号
业务主管单位:中国民用航空总局

社团名称:中国汽车流通协会
法定代表人:张连友
业务范围:行业管理　信息交流　咨询服务　业务培训　国际交流
住　　所:北京市宣武区马连道北路 1 号
电　　话:68392281
邮　　编:100055
代　　码:50000041-0
登记证号:社证字第 3100 号
业务主管单位:中华人民共和国国家计划与发展改革委员会

社团名称:中国商业联合会
法定代表人:张庶平
业务范围:信息交流　国际合作　商业展览　业务培训　书刊编辑　咨询服务
住　　所:北京市复兴门内大街 45 号
电　　话:66094543
邮　　编:100801
代　　码:50001665-8
登记证号:社证字第 3353 号
业务主管单位:中华人民共和国商务部

社团名称:中国商业企业管理协会
法定代表人:陈重信
业务范围:专业交流　业务培训　刊物编辑　国际合作　咨询服务
住　　所:北京市复兴门内大街 45 号
电　　话:66095626
邮　　编:100080

代　　码:50000159-5
登记证号:社证字第 3347 号
业务主管单位:中华人民共和国商务部

社团名称:中国食品和包装机械工业协会

法定代表人:何南至业务范围:行业管理　技术交流　咨询服务　培训　展览
住　　所:北京市西城区月坛南街 26 号
电　　话:68523242　68596475
邮　　编:100825
代　　码:50000071-X
登记证号:社证字第 3245 号
业务主管单位:中华人民共和国国家计划与发展改革委员会

社团名称:中国蔬菜流通协会

法定代表人:戴中久
业务范围:行业管理　信息交流　刊物编辑　业务培训　国际合作　咨询服务
住　　所:北京市复兴门内大街 45 号
电　　话:66094388
邮　　编:100801
代　　码:50000368-9
登记证号:社证字第 3356 号
业务主管单位:中华人民共和国国家计划与发展改革委员会

社团名称:中国水产流通与加工协会

法定代表人:郑国标
业务范围:行业管理　信息交流　业务培训　展览展示　刊物编辑　国际合作　咨询服务
住　　所:北京市朝阳区麦子店街 22 号楼
电　　话:64195143
邮　　编:100026
代　　码:50001719-1
登记证号:社证字第 3780 号
业务主管单位:中华人民共和国农业部

社团名称:中国水利电力物资流通协会

法定代表人:刘忠述
业务范围:技术交流　国际合作　业务培训　行业管理　咨询服务　书刊编辑
住　　所:北京市宣武区白广路北口综合楼
电　　话:63203324
邮　　编:100053
代　　码:50001254-2
登记证号:社证字第 3181 号
业务主管单位:中华人民共和国国家计划与发展改革委员会

社团名称:中国铁道物资流通协会

法定代表人:董峰贵
业务范围:行业管理　信息交流　业务培训　专业展览　国际合作　咨询服务
住　　所:北京市宣武区南滨河路乙 25 号
电　　话:51873258
邮　　编:100055
代　　码:50001704-4
登记证号:社证字第 3177 号
业务主管单位:中华人民共和国国家计划与发展改革委员会

香港物流协会

地址:香港九龙之路 78 号生产力促建局大楼 4/F
电话:(852)27779656
传真:(852)29006262
网址:www.hkla.org.hk

香港运输物流管理学会

地址:香港尖沙咀宝勤巷 22-24 号,云龙大厦 17 楼 A 室
电话:(852)35250485
传真:(852)35250541
网址:www.hkit/m.org.hk

第二章　国外物流组织机构

第一节　美　　国

American Marketing Association(AMA)　美国营销协会

美国营销协会总部设于芝加哥。其网址为 http://www.ama.org。

American Production and Inventory Control Society(APICS)　美国生产与库存管理协会

成立于1957年亦称美国产业管理学会,其目标在促进生产和存货管理的改进。1983年成立 the International Society of Inventory Research,研究总体(产业和政府)与个体(个别物料或公司)的存货管理。举办产业管理师(cerifnion in production and inventory management(CPIM))的认证考试,台设有考场。会员有70 000个。其网址为 http://www.apics.org。

Grocery Palletcouncil　美国托盘协会

为美国一协会对托盘大小和规格,提供标准规定。

Institute of Transportation Engineers(ITE)　美国运输工程师协会

美国的运输工程师协会。其网址为 http://www.ite.org。

Intelligent Transportation Society of America(ITSA)　美国智能型运输协会

在美国非营利的组织,提倡各种方法,使公路行驶更安全,并经济有效地利用能源。其网址为 http://www.itsa.org。

International Warehouse and Logistics Association(IWLA)　美国仓库物流协会

美国仓库物流协会,总部位于 Park Ridge, Illinois, USA,由 Canadian Association of Warehousing and Distribution Services 和 the American Warehouse Association 合并。其网址为 http://www.warehouselogistics.org。

Logistics Management Institute(LMI)　美国物流管理协会

美国物流管理协会。其网址为 http://www.lmi.org。

Materials Handling and Management Society (MHMS)　美国物料搬运与管理协会

美国物料搬运和管理协会举办物料搬运师(professional certification in materials handling(PCMH))和物料管理师(professional certification in materials management(PCMM))的考试,美国物料搬运和管理协会会员有1 000个。其网址为 http://www.mhia.org。

American Society of Transportation & Logistics (AST&L)　美国运输和物流协会

美国运输和物流协会成立于1946年,出版运输期刊(transportation journal)与举办运输与物流师(certified in transportation and logistics(CTL))认证考试,会员有1 500个。其网址为 http://www.astl.org。

American Trucking Associations(ATA)　美国卡车协会

美国卡车业全国性组织,在美国有51个分会(50州和DC),会员有4 500个。其网址为 http://www.trucking.org。

Council of Logistics Management(CLM)　美国物流协会

在美国物流界一个专业团体,1963年成立,原来名称为 National Council of Physical Distribution Management(NCPDM),后来改为现在的名称,会员有15 500个,其网址为 http://www.clml.org。

Society of Logistics Engineers　美国物流工程师协会

美国物流工程师协会。其网址为 http://www.enre.umd.edu。

The Institute of Packaging Professional(IoPP)　美国包装协会

美国包装协会有针对特别产品的包装而组成的委员会,例如电脑包装,并举办包装师(certified packaging professionals(CPP))的考试。

The International Society of Logistics(SOLE) 美国国际物流协会

美国一物流组织,在 1966 年以 the Society of Logistics Engineers 的名称成立,缩写为 SOLE。举办专业物流师(certified professional logistician)的考试,其网址为 http://www.sole.org。

Motor Freight Carriers Association(MFCA) 美国货运协会

美国汽车货运组成的协会。

National Association of Purchasing Management, Inc.(NAPM) 美国采购协会

美国采购协会会员有44 000个。网址为 http://www.napm.org。

National Wooden Pallet and Container Association(NWPCA) 美国木托盘和容器协会

美国木托盘和容器协会。其网址为 http://pallet-mall.com.

Reusable Plastic Container & Pallet Association (RPCPA) 美国回收塑料容器与托盘协会

美国回收塑料容器与托盘协会。其网址为 http://www.mhia.org。

Reverse Logistics Executive Council(RLEC) 美国逆向物流协会

美国逆向物流协会位于美国内华达州。其网址为 http://www.rlec.org。

Truckload Carriers Association(TCA) 美国整车货运协会

美国整车货运协会。其网址为 http://www.truckload.org。

Warehousing Education and Research Council (WERC) 美国仓储教育和研究协会

为美国促进仓储知识和教育的专业团体,会员有3 800个。其网址为 http://www.werc.org。

American Management Association(AMA) 美国管理协会

美国管理协会成立于 1923 年其网址为 http://www.amanet.org。

Information Systems Audit and Control Association(ISACA) 美国信息系统审计和控制协会

美国信息系统会计和控制协会成立于 1969 年,约有16 000会员,举办注册信息系统审师(CISA)考试,参见 certified information systems auditor。其网址为 http://www.isaca.org/。

Institute of Industry Engineers(IIE) 美国工业工程师协会

美国工业工程师协会会员有22 000个。其网址为 http://www.iienet.org。

International Association of Refrigerated Warehouse(IARW) 美国国际冷冻仓库协会

美国国际冷冻仓库协会。其网址为:http://www.iarw.org。

American Society for Testing and Materlals (ASTM) 美国物料测试协会

美国物料测试协会有发行一些物料测试的规格书。其网址为 http://www.astm.org。

American Society of Mechanical Engineers (ASME) 美国机械工程师协会

美国机械工程师协会。其网址为 http://www.asme.org。

Society of Manufacturing Engineers 美国制造工程师协会

美国制造工程师协会。其网址为 http://www.sme.org。

National Frozen Food Association(NFFA) 美国冷冻食品协会

美国冷冻食品协会。其网址为 http://www.nffa.org。

National Motor Freight traffic Association (NMFTA) 美国汽车货运运费协会

美国汽车货运运费协会会员有2 500个。其网址为 http://www.erols.com。

National Private Truck Council(NPTC) 美国自用卡车协会

美国自用卡车协会。其网址为 http://www.nptc.org。

Transportation Research Board(TRB) 美国运输研究委员会

美国运输研究委员会会员有6 400个。其网址为 http://www.nas.edu。

American National Standard Institute(ANSI)

美国国家标准局。

由美国商业团体和工业团体 1918 年成立的机构,设定数据交换和通信的标准,以利电子资料交换。网址为 http://www.ansi.org。

Institute of Internal Auditors(IIA) 美国内部审计协会

美国内部审计协会成立于 1941 年,位于美国佛罗里达州奥兰多市,举办内部审计师的试。其网址为 http://www.theiia.org。

第二节 加 拿 大

Canadian Professional Logistics Institute(CPLI) 加拿大专业物流协会

加拿大专业物流协会。其网址为 http://www.loginstitute.ca。

Canadian Association of Logistics Management (CALM) 加拿大物流管理协会

加拿大物流管理协会会员有1 000个。其网址为 http://www.infochain.org.ca。

Canadian Materials Handling and Distribution Society(CMHDS) 加拿大物料搬运与流通协会

加拿大物料流通协会。其网址为 http://www.cdn-mhds.org.ca/。

第三节 澳洲、亚太、欧洲

The Logistics Association of Australia(LAA) 澳洲物流协会

澳洲物流协会会员有4 150个。其网址为 http://www.logassoc.asn.au。

Asian-Pacific Logistics Federation 亚太物流联盟

1995 年 11 月成立,会员国有日本、中国、韩国、澳大利亚、新西兰、马来西亚、印尼、新加坡等国。

Singapore Institute of Materials Management (SIMM) 新加坡物料管理协会

新加坡物料管理协会。其网址为 http://www.simm.com.sg。

European loqistics Association(ELA) 欧洲物流协会

欧洲物流协会其网址为 http://www.logistikselskabet.dk。

Article Numbering Association(ANA) 欧洲商品条码协会

商品条码协会成立于 1977 年,开始以欧洲国家为主体,所推广的条码称为 EAN(European Article Number)。其网址为 http://www.ana.org.uk。

第四节 日 本

Japan Institute of Logistics Systems(JILS) 日本物流系统协会

日本物流系统协会成立于 1992 年,举办物流技术管理士认证,上课的内容有企业经营、物流系统设计的基础、输配送管理、库存管理、物流成本管理、物流中心管理等。其网址为 http://www.logistics.or.jp。

Japan Logistics Fellowships Society 日本物流同友会

日本物流同友会。其网址为 http://www.logistics.or.jp。

Japan Trucking Association 日本汽车货运协会

日本汽车货运协会于 1954 年成立。网址为 http://www.jta.or.jp。

The japan Warehousing Association Inc.(JWA) 日本仓库协会

日本仓库协会于 1967 年成立。

日本运搬车辆机器协会

Tel:(03)(5958)5381

Fax:(03)(5958)5382

日本产业机械工业会运搬机械部会

Tel:(03)(3434)6821

Fax:(03)(3434)4767

日本クレーン协会 Japanese crane society 网址为http//www.cranenet.or.jp

日本エレベータ协会 Japanese elevator society 网址为 http//:www.elekyo.or.jp

日本建设机械化协会

网址为 http://wwwjcmanet.or.jp

日本港湾协会

网址为 http://www.phaj.or.jp

日本包装技术协会

Tel:(03)(3543)1189

Fax:(03)(3543)8970

日本粉体工业技术协会

日本 MH 协会　Japanese material Hangling society

网址为 http://www.jmhs.gr.jp

第五篇 物流相关出版物

第一章 物流相关书籍

序号	著者	题名	出版年	出版社
1	克里斯托弗 M. 著	物流与供应链管理：降低成本与改善服务的战略:	2003	电子工业出版社
2	(美)约翰·科伊尔	企业物流管理：供应链视角	2003	电子工业出版社
3	(英)戴维·J. 布隆伯格 (David J. Bloomberg)	综合物流管理入门	2003	机械工业出版社
4	(美)Roger G. Schroeder 著	运营管理新概念与案例	2003	清华大学出版社
5	(意)M. Grazia Speranza,(瑞士)Paul Stahly 编	配送物流新趋势	2003	清华大学出版社
6	(美)Ravi Anupindi 等著	企业流程管理	2003	
7	黄福华 编著	现代商业企业物流运作管理	2003	湖南科学技术出版社
8	黄福华,袁世军 编著	现代企业物流运作管理案例选评	2003	湖南人民出版社
9	赵林度著	供应链与物流管理理论与实务	2003	机械工业出版社
10	吕炳泉等编著	现代生产企业物流运作管理	2003	湖南科学技术出版社
11	丁力编著	第三方物流企业运作管理	2003	湖南科学技术出版社
12	(美)道格拉斯·兰伯特(Douglas Lambert)等著	物流管理	2003	电子工业出版社
13	(英)彼得·贝利(Peter Baily)等著	采购原理与管理	2003	电子工业出版社
14	李苏剑 编著	企业物流管理理论与案例	2003	机械工业出版社
15	牛鱼龙 主编	第三方物流:模式与运作	2003	海天出版社
16	牛鱼龙 主编	世界物流经典案例	2003	海天出版社
17	江超群,董威 著	现代物流运营管理	2003	广东经济出版社
18	孙健 著	海尔物流	2003	广东经济出版社
19	(美)大卫·伯特(David Burt)等著	世界级供应管理	2003	电子工业出版社

20	(美)戴尔·尼夫(Dale Neef)	电子采购：从构想到实施	2002	中信出版社
21	Weele Arjan J van 著	采购与供应链管理：分析、规划及其实践	2002	清华大学出版社
22	金真,唐浩 编著	现代物流：新的经济增长点	2002	中国物资出版社
23	欧阳文霞 主编	物流信息技术	2002	人民交通出版社
24	孙宏岭 编著	高效率配送中心的设计与经营	2002	中国物资出版社
25	(美)德博拉·L. 贝尔斯(Debora L.Bayles)	电子商务物流与实施	2002	机械工业出版社
26	胡美芬 编著	物流相关法规与国际公约	2002	四川人民出版社
27	赵刚 编著	物流信息系统	2002	四川人民出版社
28	赵刚 编著	现代物流基础	2002	四川人民出版社
29	周城 主编	物流信息化解决方案	2002	四川人民出版社
30	郭世华 著	物流经理实务手册	2002	机械工业出版社
31	刘伟 编著	供应链管理	2002	四川人民出版社
32	现代物流管理课题组 编	保管与装卸管理	2002	广东经济出版社
33	缪六莹 编著	物流运输管理实务	2002	四川人民出版社
34	现代物流管理课题组 编	供应链管理	2002	广东经济出版社
35	现代物流管理课题组 编	物流信息管理	2002	广东经济出版社
36	现代物流管理课题组 编	物流成本管理	2002	广东经济出版社
37	夏晓东 编著	企业物流管理	2002	四川人民出版社
38	现代物流管理课题组 编	物流客户管理	2002	广东经济出版社
39	现代物流管理课题组 编	物流库存管理	2002	广东经济出版社
40	周全申 编著	现代物流技术与装备实务	2002	中国物资出版社
41	(日)花房陵 著；聂永有译	物流构造	2002	文汇出版社
42	(日)汤浅和夫 编著；张鸿译	物流管理	2002	文汇出版社
43	王焰 编著	一体化的供应链：战略、设计与管理	2002	中国物资出版社
44	(日)汤浅和夫编著；门峰译	IT 物流	2002	文汇出版社
45	(日)汤浅和夫 著；孙玉生译	供应链下的物流管理	2002	海天出版社

46	郝聚民 编著	第三方物流	2002	四川人民出版社
47	赵刚 编著	物流运筹	2002	四川人民出版社
48	许胜余 编著	物流配送中心管理	2002	四川人民出版社
49	徐文静 著	物流战略规划与模式	2002	机械工业出版社
50	陈代芬,姜宏 主编	国际物流报关实务	2001	人民交通出版社
51	胡怀邦 主编	现代物流管理学	2001	中山大学出版社
52	姜宏 主编	物流运输技术与实务	2001	人民交通出版社
53	马健平 编著	现代物流配送管理	2001	中山大学出版社
54	裴少峰等 编著	现代物流技术学	2001	中山大学出版社
55	秦同瞬,杨承新 主编	物流机械技术	2001	人民交通出版社
56	孙宏岭,戚世钧 编著	现代物流活动绩效分析	2001	中国物资出版社
57	张宗成 主编	现代物流信息化	2001	中山大学出版社
58	(日)中田信哉,(日)桥本雅隆 著	物流入门	2001	海天出版社
59	窦志铭 主编	物流商品养护技术	2001	人民交通出版社
60	(日)中田信哉 著;陶庭义 译	物流·配送	2001	上海远东出版社
61	俞仲文,陈代芬 主编	物流配送技术与实务	2001	人民交通出版社
62	郝渊晓,蔡燕农 主编	物资市场经济活动分析	1992	
63	尹章伟	商品包装知识与技术问答	2001	化学工业出版社
64	杨福馨	包装材料的回收利用与城市环境	2002	化学工业出版社
65	(美)罗克波特出版公司 编	包装设计	2000	中国轻工业出版社
66	袁玉明,冯国,林楠,陈国栋 编	产品包装设计案例精粹	2002	中国铁道出版社
67	沈大林 主编	包装作品设计与制作	2002	电子工业出版社
68	董前程	简明包装工手册	1999	机械工业出版社
69	苏士哲	英汉物流管理词典	2001	清华大学出版社
70	张耀平 编译	21世纪初英美澳运输与物流战略	2001	人民交通出版社
71	王之泰	现代物流管理		中国工人出版社
72	刘恩沛	常见商品仓储保管手册		对外经济贸易大学出版社
73	张铎,鲍新中 等编	仓储规划与技术	1999	清华大学出版社
74	胡双增,张明	物流系统工程	2000	清华大学出版社
75	陈启申	MRPⅡ制造资源计划基础	2000	企业管理出版社
76	马士华,林勇,陈志祥	供应链管理	2000	机械工业出版社

77	杰伊·海泽 和 巴里.雷德	生产与作业管理教程	1999	华夏出版社
78	郭继伟	货仓、采购、生管、物控管理实例与问答	2000	广东经济出版社
79	陈福军	如何做物流管理	2000	大连理工出版社
80	大卫·辛奇·利维	供应链设计与管理	2001	上海远东出版社
81	闫培金,王成 主编	企业物流内控精要	2001	中国环境科学出版社
82	张永煊 主编	运输企业理税顾问	2002	中国时代经济出版社
83	路透 编	商品、能源和交通运输市场导论	.	北京大学出版社
84	姚丽娟	中国交通运输地图册		哈尔滨地图出版社
85	陆化普	智能运输系统	2002	人民交通出版社
86	国家安全生产,劳动保护法制教育丛书编委会	交通运输安全生产法规读本	2001	中国劳动出版社
87	熊才启	集装单元运输标准应用指南	2000	中国标准出版社
88	陈海宽 等编	交通运输服务贸易与物流	2002	中国海关出版社
89	倪云虎,陈方中 编	国际运输与保险自学辅导与同步练习 上下 2002	2002	浙江人民出版社
90	屈韬	外贸单证处理技巧	2003	广东经济出版社
91	海关总署政策法规司编制	中国海关报关实用手册(2002)	2002	中国海关出版社
92		常用海关法律法规	1999	人民法院出版社
93	中国人民共和国海关总署政策法规司编	中华人民共和国海关进出口税则	2002	经济管理出版社
94		国际航空运输法	1996	中国民航出版社
95	张铎 张耀平	国际物流学	2000	清华大学出版社
96	张国宝	英汉 . 汉英铁路运输词汇		中国铁道出版社
97		中国铁路与城市交通地图册		广东省地图出版社
98	铁道部运输局,中国铁道企协运输委员会,人民铁道报社编	中国铁路货运导引	2001	中华工商联合出版社
99	李军	物流配送——车辆优化调度理论与方法	2001	中国物资出版社
100	铁路运输市场营销			中国铁道出版社
101	汝宜红,田源,徐杰编著	配送中心规划	2002	北方交通大学出版社
102	吴清一	物流基础	2000	清华大学出版社
103	(日)菊池康也	物流管理	1999	清华大学出版社
104	宋华,胡左浩	现代物流与供应链管理	2000	经济管理出版社

105	王成 主编	现代物流管理实务与案例	2001	企业管理出版社
106	丁立言,张铎 主编	物流配送	2002	清华大学出版社
107	(美)罗杰·布莱克威尔,季建华,任建立,赵平 等	重构新千年零售业供应链	2000	上海远东出版社
108	唐纳德 J·鲍尔索克斯,戴维 J·克劳斯	物流管理:供应链过程的一体化	1999	机械工业出版社
109	张铎	电子商务与物流	2000	清华大学出版社
110	马丁·克里斯托弗	物流竞争—后勤与供应链管理	2000	北京出版社
111	张晓年,颜永年,吴耀华,荆明	现代生产物流及仿真	1998	清华大学出版社
112	王之泰	现代物流学	1995	中国物资出版社
113	何明珂	物流系统论	2001	中国审计出版社
114	詹姆士·R·斯托克(James R. Stock)	战略物流管理	2003	中国财政经济出版社
115	书缘工作室	电子商务法律	2001	人民邮电出版社
116	夏春玉	现代商品流通理论与政策	1998	东北财经大学出版社
117	德博拉·L·贝尔斯著;赵凤山,简学 等译	电子商务物流与实施	2002	机械工业出版社
118	郎会成,蔡连侨 编	物流经理业务手册:掌握工作方法与技巧的捷径	2002	上海人民出版社
119	骆温平 编	第三方物流——理论、操作与案例	2001	上海社会科学院出版社
120	嵇成舒 主编	电子商务物流应用	2002	电子工业出版社
121	牟旭东,陈健	物流——第三利润源泉	2002	上海远东出版社
122	陈利秋,李培亮	物流管理操典	2002	广东经济出版社
123	(澳)约翰·加托纳 (英)安德鲁·伯杰 马士华 游知	网际时代的供应链管理	2002	电子工业出版社
124	(美)罗纳德·H·巴罗	企业物流管理 供应链的规划组织和控制	2002	机械工业出版社
125	(美)菲利普凯明斯基	供应链设计与管理:概念、战略与案例研究	2001	上海远东出版社
126	(英)麦克贝思(英)弗格森,季建华 等	开发供应商伙伴关系——供应链一体化方案	2001	上海远东出版社
127	(美)大卫·波维特,仲伟俊	价值网 VALUENETS——打破供应链、挖掘隐利润	2001	人民邮电出版社
128	邓爱民	国内外物流经典案例——企业家之桥	2001	人民交通出版社
129	绎明宇,苏彦生	物流企业管理	2000	清华大学出版社

130	宋远方	供应链管理与信息技术	2000	经济科学出版社
131	(加)米歇尔 (美)哈罗德	采购与供应管理	2001	机械工业出版社
132	陈义仁	现代物资管理	2001	广东经济出版社
133	丁立言,张铎 主编	供应链管理实用建模方法及数据挖掘	2001	清华大学出版社
134	吴清一 主编	2002年中国物流发展蓝皮书	2002	《物流技术与应用》编辑部
135	深圳平湖物流基地	现代物流论丛——实践篇	2002	广东旅游出版社
136	深圳平湖物流基地	现代物流论丛——理论篇	2000	广东旅游出版社

第二章 物流期刊与报刊

第一节 物流期刊

序号	主办单位	刊物名称	创刊年	出版周期
1	国内贸易局物流技术研究所 中国物资流通协会物流技术经济委员会 中国物资流通技术开发协会 全国物资流通科技情报站	物流技术	1981	双月刊
2	中国市场杂志社 中国经济规律研究会国际物流交流中心 北京捷通时代文化交流中心	中外物流快讯	2002	周刊
3	中国物流与采购联合会、 中国物资流通协会主办余平 总编辑	中国物流与采购	2002	半月刊
4	中国物流与采购联合会	市场周刊,新物流	2002	周刊
5	中国印刷科学技术研究所	电子商务技术	2001	月刊
6	中国物流与采购联合会 主办	机电信息	2001	月刊
7	香港亚视通资讯有限公司 主办	国际智能交通	2001	月刊
8	开益国际咨询研究中心	港口经济	2000	双月刊
9	江苏省物流与采购信息中心	市场	1945	周刊
10	国内贸易局 中国物资流通协会 余平 总编辑	中国物资流通	1997	月刊
11	吴清一 主编	物流技术与应用	1996	双月刊
12	上海市商业委员会主办	国际商业技术	1995	双月刊
13	国内贸易局物流技术研究所 中国物资流通协会物流技术经济委员会 中国物资流通技术开发协会 全国物资流通科技情报站	物流技术	1981	月刊

14	全国商品储运科技情报中心站 唐林德 主编	物流科技	1990	双月刊
15	中国物流研究会仓储专业委员会 主办	仓储管理与技术	1986	双月刊
16	中国机械工业联合会 彭湘德 主编	机械工程自动化与计算机应用文摘	1983	季刊
17	中国力学学会 四川省力学学会 中物院流体物理研究所 谈庆明 主编	爆炸与冲击	1984	双月刊
18	香港讯通出版有限公司	现代物流	2001	双月刊
19	中国远洋运输总公司	中国远洋航务公告	1995	月刊
20	信息时报 广州咨询信息业协会 广州瞬息通物流有限公司	物流	2000	月刊
21	中国交通运输协会	中国航务周刊	1993	周刊
22	中国印刷科学技术研究所	电子商务技术	2001	月刊
23	国家国内贸易局技术开发中心;中国计算机用户协会	市场与电脑	1995	月刊
24	中国对外贸易经济合作部 国际贸易经济合作研究院	国际贸易	1982	月刊
25	上海海运学院	集装箱化	1990	月刊
26	北京起重运输机械研究所	起重运输机械	1961	月刊
27	北京物资学院	中国流通经济	1987	双月刊

第二节　物 流 报 刊

序号	主办单位	名称	出版年	出版周期
1	中国对外贸易经济合作部	国际商报	1992	日报
2	交通部长江航务管理局	中国水运报	1984	周3报
3	中华人民共和国交通部	中国交通报	1984	周5报
4	中国社会科学院工业经济研究所	中国经营报	1985	周报
5	中科院成都分院	电脑商情报	1992	周报
6	中国对外贸易经济合作部	国际经贸消息	1958	周6报
7	中国物流与采购联合会	物资信息报	1985	日报
8	中国商报新闻出版总社	中国商报	1985	周3报
9	中国包装总公司、中国包装技术协会	中国包装报	1985	周5报
10	中国船舶工业集团公司、中国船舶重工集团公司、中国船舶工业行业协会	中国船舶报	1990	周报
11	国家信息产业部	中国电子报	1984	周3报
12	中华人民共和国国家发展计划委员会	中国经济导报	1995	周3报

第六篇 物流业界名录

北京市

物流与速递

公司名称:海陆物流(中国)有限公司
地　　址:北京市朝阳区东三环北路 8 号亮马河大厦 906 室
邮政编码:100004
电　　话:010-65900054

公司名称:美商海陆联运(中国)有限公司
地　　址:北京市朝阳区东三环北路 8 号亮马河大厦 903104 室
邮政编码:100004
电　　话:010-65900056

公司名称:德利得物流有限公司
地　　址:北京市建国门内大街 18 号恒基中心办三座 605 室
邮政编码:100005
电　　话:010-65187915 65187905

公司名称:北京海义发物流有限公司
地　　址:北京市朝阳区机场辅路(南皋路)草场地 92 号
邮政编码:100015
电　　话:010-64328882 84560229

公司名称:万通国际物流有限公司
地　　址:北京市朝阳区酒仙桥北路 5 号
邮政编码:100015
电　　话:010-64374972

公司名称:中外运-敦豪国际航空快件有限公司
地　　址:北京市朝阳区酒仙桥路 2 号
邮政编码:100015
电　　话:010-64662211

公司名称:北京森峰速递服务有限责任公司
地　　址:北京市朝阳区霄云路甲九号 C
邮政编码:100016
电　　话:010-64632127

公司名称:中外运北空-联合包裹国际快递有限公司
地　　址:北京市朝阳区光华路 12 号科伦大厦 B 座
邮政编码:100020
电　　话:010-65812088

公司名称:北京国际货物流通中心
地　　址:北京市朝阳区十八里店吕家营
邮政编码:100023
电　　话:010-67646862

公司名称:北京和众奥顺达物流有限公司
地　　址:北京市朝阳十八里店十八里店村 1998 号
邮政编码:100023
电　　话:010-67474290

公司名称:北京陆港国际物流有限公司
地　　址:北京市朝阳区东四环南路甲 1 号
邮政编码:100023
电　　话:010-64422978

公司名称:嘉里京泰物流有限公司
地　　址:北京市朝阳区东四环南路甲 1 号朝阳口岸办公楼 2 楼
邮政编码:100023
电　　话:010-87696688 87690534

公司名称:北京华商国际物流有限公司
地　　址:北京市朝外三间房东路 2 号
邮政编码:100024
电　　话:010-65759259

公司名称:北京外红国际物流有限公司
地　　址:北京市朝阳区三间房东路 2 号
邮政编码:100024
电　　话:010-65755325

公司名称:北京山九北海物流有限公司
地　　址:北京市朝阳区姚家园 113 号东院
邮政编码:100025
电　　话:010-65949970

公司名称:北京双臣一城快运有限公司
地　　址:北京市朝阳区大望京南
邮政编码:100026
电　　话:010-64362244

公司名称:民航快递有限责任公司
地　　址:北京市朝阳区农展馆南路 5
邮政编码:100026
电　　话:010-65069700

公司名称:北京小红马快递服务有限公司
地　　址:北京市朝阳区霄云路甲 9 号 C
邮政编码:100027
电　　话:010-84516743/45

公司名称:中外运-天地快件有限公司
地　　址:北京市朝阳区香河园中里甲 8 号
邮政编码:100028
电　　话:010-64652227

公司名称:北京世佳物流有限公司
地　　址:北京市北四环中路 6 号深蓝华亭 D 座 1503,1504 室
邮政编码:100029
电　　话:010-82848284

公司名称:中国远洋运输(集团)总公司
地　　址:北京市西城区复兴门内大街 158 号
邮政编码:100031
电　　话:010-66492993

公司名称:中铁联合物流有限公司
地　　址:北京市海淀区羊坊店路 17 号
邮政编码:100038
电　　话:010-51820409

公司名称:中国对外贸易运输(集团)总公司
地　　址:北京市海淀区西直门北大街甲 43 号金运大厦
邮政编码:100044
电　　话:010-62295900

公司名称:中外运国际联运公司
地　　址:北京市海淀区西直门北大街甲 43 号金运大厦
邮政编码:100044
电　　话:010-62295783

公司名称:中外运空港物流有限公司
地　　址:北京市顺义天竺地区办事处空港工业区 A 区
邮政编码:100044
电　　话:010-62295742

公司名称:北京中铁外服快运公司
地　　址:北京市西城区月坛三里河东路 9 号
邮政编码:100045
电　　话:010-63248393

公司名称:北方物流有限责任公司

地　　址:北京市宣武区广安门内大街338号中经信国际大厦701室
邮政编码:100053
电　　话:010-63510633

公司名称:**北京泰宏实业公司**
地　　址:北京市宣武区龙泉胡同1号
邮政编码:100054
电　　话:010-63513154

公司名称:**北京京泰物流置业有限公司**
地　　址:北京市崇文门外大街3B北京新世界中心北办公楼12A
邮政编码:100062
电　　话:010-67089988-179

公司名称:**北京中铁快运物流科技有限公司**
地　　址:北京市丰台新村科学城10地块2号楼401室
邮政编码:100070
电　　话:010-63241655

公司名称:**北京绿得物流中心**
地　　址:北京市丰台区丰体南路10号
邮政编码:100071
电　　话:010-63845370 63832098

公司名称:**马士基(中国)航运有限公司**
地　　址:北京市方庄芳群园四区24号金城中心三层
邮政编码:100078
电　　话:010-65058866

公司名称:**北京旭日快递服务有限公司**
地　　址:北京市海淀牡丹园小区西里10号楼16层1605
邮政编码:100083
电　　话:010-62045198

公司名称:**百福东方快运服务有限公司**
地　　址:北京市朝阳区安华西里二区10号楼
邮政编码:100100
电　　话:010-64984177

公司名称:**北京远洋货运公司**
地　　址:北京市东城区安定门外东后巷28号一号楼
邮政编码:100710
电　　话:010-64216661

公司名称:**奇力物流(集团)总公司**
地　　址:北京市顺义区天竺镇府前一街3号
邮政编码:101300
电　　话:010-64585588

公司名称:**北京太平洋物流有限公司**
地　　址:北京市顺义区牛山街工业区1路3号
邮政编码:101301
电　　话:010-69411651

公司名称:**大田-联邦快递有限公司**
地　　址:北京市天竺空港工业区A区办公楼
邮政编码:101312
电　　话:010-64685599

公司名称:**北京百利威物流有限公司**
地　　址:北京市世界公园南芦花路1号
邮政编码:102613
电　　话:010-63745542

公司名称:**九九星快递服务有限公司**
地　　址:北京市朝阳区左家庄11号
邮政编码:110100
电　　话:010-64729999-2007

物流信息服务

公司名称:**安世软件工程技术(北京)有限公司**
地　　址:北京市光华路7号汉威大厦11层
邮政编码:100004
电　　话:010-65611940-1946

公司名称:北京甲骨文软件系统有限公司
地　　址:北京市朝阳区国贸大厦2座2208室
邮政编码:100004
电　　话:010-65386688

公司名称:北京数码方舟软件有限公司
地　　址:北京市建国门北大街8号华润大厦6层
邮政编码:100005
电　　话:010-85191288

公司名称:光彩未来软件技术有限公司
地　　址:北京市建国门内大街7号光华长安大厦1座15层
邮政编码:100005
电　　话:010-65102565

公司名称:世纪智能软件有限公司
地　　址:北京市建国门内大街8号中粮广场B座
邮政编码:100005
电　　话:010-65269741

公司名称:智才计算机软件工程有限公司
地　　址:北京市东城区安定门外大街68号二层
邮政编码:100011
电　　话:010-64228889-8109

公司名称:北京嘉维克网络科技有限公司
地　　址:北京市朝阳区亮马桥路39号第一上海中心501A
邮政编码:100016
电　　话:010-84510992 84510995

公司名称:SAP中国有限公司
地　　址:北京市朝阳光华路1号嘉里中心南楼12层
邮政编码:100020
电　　话:010-65618868

公司名称:北京泛亚电脑软件有限公司
地　　址:北京市朝阳朝外大街22号泛利大厦1610
邮政编码:100020
电　　话:010-65882646

公司名称:北京帕赛菲克软件有限公司
地　　址:北京市朝阳区朝外大街18号910室
邮政编码:100020
电　　话:010-65881585

公司名称:美商网计算机信息科技(北京)有限公司
地　　址:北京市朝阳区外大街20号联合大厦1603室
邮政编码:100020
电　　话:010-65884307

公司名称:思爱普(北京)软件系统有限公司
地　　址:北京市朝阳光华路1号嘉里中心南12层
邮政编码:100020
电　　话:010-65618868

公司名称:耀德计算机软件(北京)有限公司
地　　址:北京市海淀区白石桥路7号理工大厦B105
邮政编码:100020
电　　话:010-65320926

公司名称:北京开思软件技术有限公司
地　　址:北京市建国门大街永安东里8号华杉国际大厦14层
邮政编码:100022
电　　话:010-85288201

公司名称:永德软件服务(北京)有限公司
地　　址:北京市工体北路甲2号盈科中心A栋1302室
邮政编码:100027
电　　话:010-65391406

公司名称:北京核心软件有限公司
地　　址:北京市北三环东路8号静安中心5021室

邮政编码:100028
电　　话:010-62641401

公司名称:北京东方龙马软件发展有限公司
地　　址:北京市安定路39号长新大厦4层
邮政编码:100029
电　　话:010-64447558

公司名称:北京小络物流软件开发公司
地　　址:北京市芍药居北里绿雅阁113号楼1层105室
邮政编码:100029
电　　话:010-84619464

公司名称:北京奉杰科技有限公司
地　　址:北京市西长安街88号北京首都时代广场1023
邮政编码:100031
电　　话:010-83913525

公司名称:北京索福威尔软件技术有限公司
地　　址:北京市西长安街88号首都时代广场1023
邮政编码:100031
电　　话:010-83913522

公司名称:北京易选择科技有限公司
地　　址:北京市复兴门内大街158号远洋大厦F102A
邮政编码:100031
电　　话:010-66412500

公司名称:北京东大阿尔派软件股份有限公司
地　　址:北京市金融街35号国体大厦A座3层
邮政编码:100032
电　　话:010-88091417

公司名称:尼红软件(北京)有限公司
地　　址:北京市西城区西直门南小街98号
邮政编码:100035
电　　话:010-66186011

公司名称:集讯软件系统工程(北京)有限公司
地　　址:北京市西城区万通新世纪广场B座1802
邮政编码:100037
电　　话:010-68579088

公司名称:科联软件(北京)有限公司
地　　址:北京市阜外大街2号万通新世界A座709室
邮政编码:100037
电　　话:010-68579128

公司名称:北京赛迪网信息技术有限公司
地　　址:北京市复兴路戊12号恩菲科技大厦中区6层
邮政编码:100038
电　　话:010-63951781

公司名称:北京金软科技开发公司
地　　址:北京市石景山区玉泉路玉泉大厦901
邮政编码:100039
电　　话:010-68186395

公司名称:英孚美软件(中国)有限公司
地　　址:北京市首体南路6号新世纪饭店8号楼6层
邮政编码:100044
电　　话:010-68492768

公司名称:sun电子计算机中国有限公司北京办事处
地　　址:北京市南礼士路66号建威大厦16层
邮政编码:100045
电　　话:010-68492828

公司名称:赛贝斯软件(北京)有限公司
地　　址:北京市西城区复兴门大街A2号
邮政编码:100045
电　　话:010-68568488

公司名称:中铁网索信息技术发展有限公司
地　　址:北京市海淀区北蜂窝路 18 号
邮政编码:100045
电　　话:010-68083395

公司名称:北京大友软件系统有限公司
地　　址:北京市中关村北京大学畅春园东侧楼房
邮政编码:100080
电　　话:010-62752484

公司名称:北京凯思软件集团
地　　址:北京市海淀区中关村南四街四号 4 号楼
邮政编码:100080
电　　话:010-62587081

公司名称:北京市北大集软计算机应用工程公司
地　　址:北京市海淀区西苑操场路乙 2 号
邮政编码:100080
电　　话:010-62752483/62616179

公司名称:北京市大船电子技术公司
地　　址:北京市中关村
邮政编码:100080
电　　话:010-62528644

公司名称:北京天下华彩网络软件有限公司
地　　址:北京市知春路 49 号希格玛大厦首层 102 区
邮政编码:100080
电　　话:010-88096906

公司名称:北京星盈数据传输系统有限公司
地　　址:北京市颐和园路 1 号北大资源宾馆 1620 室
邮政编码:100080
电　　话:010-62750965

公司名称:北京优尼泰克信息系统工程公司
地　　址:北京市海淀区白石桥路丁 34 号
邮政编码:100080
电　　话:010-62183597

公司名称:北京中科软件有限公司
地　　址:北京市中关村大街 1 号海龙大厦 11 层
邮政编码:100080
电　　话:010-82660088-665

公司名称:普莱特姆软件(北京)有限公司
地　　址:北京市北太平庄 25 号豪威大厦 208 室
邮政编码:100080
电　　话:010-62381125-280

公司名称:微软(中国)有限公司
地　　址:北京市知春里 49 号希格玛大厦 6 层
邮政编码:100080
电　　话:010-62617711

公司名称:中国科学院北京软件工程研制中心
地　　址:北京市海淀区中关村南四街 4 号
邮政编码:100080
电　　话:010-62629965

公司名称:北京达宇软件有限公司
地　　址:北京市海淀区白石桥路 28 号
邮政编码:100081
电　　话:010-68482674

公司名称:北京华远软件工程有限公司
地　　址:北京市海淀区学院南路 68 号汇智楼
邮政编码:100081
电　　话:010-62175373

公司名称:北京杰合伟业软件技术有限公司
地　　址:北京市海淀区学院南路 68 号吉安大厦 601
邮政编码:100081
电　　话:010-68977740 68917741

公司名称:北京捷鸿高级软件技术开发有限公司
地　　址:北京市海淀区学院路四道口二号

邮政编码:100081
电　　话:010-62255365

公司名称:北京四通软件工程有限公司
地　　址:北京市中关村南大街12号
邮政编码:100081
电　　话:010-68919991

公司名称:第三波软件(北京)有限公司
地　　址:北京市大慧寺路8号泰诚商务会馆115
邮政编码:100081
电　　话:010-62189404

公司名称:金蝶软件北京公司
地　　址:北京市海淀白石桥11号理工科技大厦9层
邮政编码:100081
电　　话:010-68914165

公司名称:万维明星软件技术公司
地　　址:北京市中关村南大街34号中关村科技发展大厦C座7层
邮政编码:100081
电　　话:010-62140742

公司名称:北京百思特电信科技发展公司
地　　址:北京市海淀区北四环中路229号
邮政编码:100083
电　　话:010-82883900-620

公司名称:北京思元软件有限公司
地　　址:北京市海淀中关村南四街4号
邮政编码:100083
电　　话:010-82304959

公司名称:北京天地生软件有限公司
地　　址:北京市海淀区学院路20号910信箱
邮政编码:100083
电　　话:010-62098104

公司名称:目标软件(北京)有限公司
地　　址:北京市学院路38号长城电脑大厦B4010室
邮政编码:100083
电　　话:010-68910901

公司名称:系统软件联合中(中国)有限公司
地　　址:北京市北四环西路21号三层315号
邮政编码:100083
电　　话:010-62322603

公司名称:亚太平洋软件技术(北京)有限公司
地　　址:北京市海淀区学院路30号
邮政编码:100083
电　　话:010-62317716

公司名称:北京科利华晓军管理软件有限责任公司
地　　址:北京市2657信箱
邮政编码:100084
电　　话:010-82899735

公司名称:清华紫光股份有限公司测控公司
地　　址:北京市海淀区清华大学紫光大楼内
邮政编码:100084
电　　话:010-62556532

公司名称:时训电子软件(北京)有限公司
地　　址:北京市海淀上地中黎科技园2号楼D-401
邮政编码:100085
电　　话:010-62986517

公司名称:安捷伦科技软件有限公司
地　　址:北京市花园路四号通恒大厦601室
邮政编码:100088
电　　话:010-62385150

公司名称:北京太上企业软件有限公司
地　　址:北京市北三环西路18号
邮政编码:100088
电　　话:010-64910903

公司名称:北京中联兴达软件工程有限公司
地 址:北京市海淀区文慧园北路9号
邮政编码:100088
电 话:010-62270888

公司名称:北京森泰克数据通信技术有限公司
地 址:北京市海淀区中关村南大街32号
邮政编码:100089
电 话:010-62148800-1622

公司名称:北京格锐通网络科技有限公司
地 址:北京市亚运村育慧里5号3-305室
邮政编码:100101
电 话:010-64989254

公司名称:特博深信息科技(北京)有限公司
地 址:北京市安定门外安立路汇欣大厦B-0816室
邮政编码:100101
电 话:010-64875201

公司名称:北京友合报关数据中心
地 址:北京市首都国际机场二号综合楼一层
邮政编码:100621
电 话:010-64566361

公司名称:北京市北大青鸟软件系统工程公司
地 址:北京市海淀区成府路207号
邮政编码:100871
电 话:010-62751779

货运代理

公司名称:中航狮威国际货运代理有限公司
地 址:北京市光华路7号汉威大厦西区501号
邮政编码:100004
电 话:010-65611908

公司名称:永顺国际货运代理有限公司
地 址:北京市东城区大华路2号
邮政编码:100005
电 话:010-65266863

公司名称:万迅国际运输公司
地 址:北京市东城区朝内大街137号
邮政编码:100010
电 话:010-64038361

公司名称:北京阳光国际货运有限公司
地 址:北京市朝阳区和平里小黄庄北街2号
邮政编码:100013
电 话:010-84279385

公司名称:合力国际货运服务有限公司
地 址:北京市朝阳区西坝河东里77楼底商2号
邮政编码:100015
电 话:0e10-84562370

公司名称:华诚国际运输服务有限公司
地 址:北京市朝阳区亮马桥路27号
邮政编码:100016
电 话:010-84564817

公司名称:华圣国际运输服务有限公司
地 址:北京市朝阳亮马桥路39号第一上海中心5层
邮政编码:100016
电 话:010-84534488

公司名称:新达国际运输代理有限公司
地 址:北京市朝阳区亮马桥路32号高澜大厦
邮政编码:100016
电 话:010-64621848

公司名称:中包国际货运公司
地 址:北京市朝阳区霄云里4号楼
邮政编码:100016
电 话:010-64617633

公司名称:中国外轮代理总公司
地 址:北京市朝阳区麦子店西路3号
邮政编码:100016
电 话:010-64671188

公司名称:北京北欧国际空运货运有限公司
地　　址:北京市朝阳区朝外大街联合大厦 1002
邮政编码:100020
电　　话:010-65886301

公司名称:北京金轮国际运输代理有限公司
地　　址:北京市朝阳光华路乙 12 号 1708
邮政编码:100020
电　　话:010-65052255-1750

公司名称:北京招商国际运输公司
地　　址:北京市朝阳区三里屯
邮政编码:100020
电　　话:010-64679504

公司名称:天航国际运输有限公司
地　　址:北京市朝外大街 10 号昆泰大厦 1701-1702
邮政编码:100020
电　　话:010-65669962

公司名称:鑫威达国际运输服务有限公司
地　　址:北京市东三环南里 17 号京瑞大厦 B 座 100
邮政编码:100021
电　　话:010-67655973

公司名称:北京中太国际保税发展有限公司
地　　址:北京市朝阳区小羊坊尊爵府别墅
邮政编码:100023
电　　话:010-873010-78

公司名称:北京格林国际货运代理有限公司
地　　址:北京市团结湖南里甲 5 号京龙大厦 806
邮政编码:100026
电　　话:010-65098282

公司名称:超马赫国际运输代理有限公司
地　　址:北京市麦子店街 37 号盛福大厦 19 层
邮政编码:100026
电　　话:010-85275757

公司名称:大通国际运输有限公司
地　　址:北京市朝阳区东三环北路霄云路 21 号
邮政编码:100027
电　　话:010-64618899

公司名称:华协国际珍品货运服务有限公司
地　　址:北京市东直门南大街 14 号保利大厦 2048-2053
邮政编码:100027
电　　话:010-65001188-3262

公司名称:中国北京外轮代理公司
地　　址:北京市东城区东直门南大街 10 层 202 室
邮政编码:100027
电　　话:010-64169988

公司名称:捷格国际货运代理有限公司
地　　址:北京市北三环东路 2 号中旅大厦 1810
邮政编码:100028
电　　话:010-84514398

公司名称:金鹰国际货运代理有限公司
地　　址:北京市朝阳区左家庄 1 号国门大厦 6A 室
邮政编码:100028
电　　话:010-64621166

公司名称:新时代国际运输服务有限公司
地　　址:北京市朝阳区北三环东路 8 号静安中心 8062 室
邮政编码:100028
电　　话:010-64560407

公司名称:中旅国际货运代理公司
地　　址:北京市朝阳区中旅大厦 516
邮政编码:100028
电　　话:010-64612539

公司名称:中旅一塞玛欧运国际货运有限公司

地　　址:北京市朝阳西坝河东里 18 号三元大厦 701 室
邮政编码:100028
电　　话:010-84603304

公司名称:北京永卓国际货运代理有限公司
地　　址:北京市东城区胜古中路安贞苑大厦
邮政编码:100029
电　　话:010-64441413

公司名称:北京中工美国际货物运输代理有限责任公司
地　　址:北京市西城区复兴门内大街 101 号
邮政编码:100031
电　　话:010-66054101

公司名称:鸿捷国际货运代理有限公司
地　　址:北京市宣武门西大街甲 129 号金隅大厦 1714-1717
邮政编码:100031
电　　话:010-66411778

公司名称:中国船务代理公司
地　　址:北京市海淀区西直门北大街甲 43 号金运大厦 A1311
邮政编码:100044
电　　话:010-62295712

公司名称:中电国际货运代理有限责任公司
地　　址:北京市宣武区广安门南滨河路 31 号
邮政编码:100055
电　　话:010-64015511-2111

公司名称:北京外运陆运公司
地　　址:北京市丰台区东五里店
邮政编码:100071
电　　话:010-63831408

公司名称:北京京利达货物运输代理有限责任公司
地　　址:北京市丰台区新发地潘家庙 558 号汉龙南站 47-48 号
邮政编码:100076
电　　话:010-63717979

公司名称:北京鑫八达货运代理有限公司
地　　址:北京市丰台区新发地汉龙货运中心 1107、1108 室
邮政编码:100076
电　　话:010-63737349

公司名称:北京外运海捷公司
地　　址:北京市丰台区马家堡路 55 号
邮政编码:100077
电　　话:010-67259035

公司名称:中国外运北京公司
地　　址:北京市丰台区马家堡 55 号
邮政编码:100077
电　　话:010-67268478

公司名称:通用技术集团国际仓储运输公司
地　　址:北京市海淀区西三环北路 21 号
邮政编码:100089
电　　话:010-68991982

公司名称:中国对外贸易运输(集团)总公司空运发展股份有限公司
地　　址:北京市西三环北路 21 号久凌大厦
邮政编码:100089
电　　话:010-68405610

公司名称:中钢集团国际货运公司
地　　址:北京市东城区东四西大街 46 号
邮政编码:100711
电　　话:010-65133322-5208

公司名称:北京远洋国际货运公司
地　　址:北京市东城区东长安街 6 号
邮政编码:100740
电　　话:010-65283428

公司名称:中远国际货运有限公司
地　　址:北京市东城区东长安街 6 号
邮政编码:100740
电　　话:010-65121188/65264571

公司名称:中纺国际货运公司
地　　址:北京市东城区东安门大街 82 号
邮政编码:100747
电　　话:010-65244092

公司名称:爱地国际运输代理有限责任公司
地　　址:北京市顺义竺镇府前二街 9 号
邮政编码:101312
电　　话:010-64597777

运　　输

公司名称:北京外航服务公司
地　　址:北京市朝阳区首都机场
邮政编码:100004
电　　话:010-64567976

公司名称:北京外企航空服务公司
地　　址:北京市汉威大厦 A101
邮政编码:100004
电　　话:010-65613330

公司名称:国旅太古航空服务有限公司
地　　址:北京市朝阳区建内大街 7 号光华长安大厦 1 座 907
邮政编码:100005
电　　话:010-65101881

公司名称:北京路邮货运有限责任公司
地　　址:北京市东城区沙滩北街甲 31 号 115 室
邮政编码:100009
电　　话:010-64172982

公司名称:北京朝日航空服务公司
地　　址:北京市朝阳区日坛东路 9 号
邮政编码:100020
电　　话:010-65922168

公司名称:中远国际航空货运代理有限公司
地　　址:北京市白家庄路 3 号白家庄商务中心
邮政编码:100020
电　　话:010-65926646-501

公司名称:北京和众运输集团
地　　址:北京市朝阳区南磨房大郊亭
邮政编码:100022
电　　话:010-67722065-317

公司名称:北京市外事运输公司
地　　址:北京市朝阳区百子湾
邮政编码:100022
电　　话:010-67718205

公司名称:北京奥顺达集装箱运输公司
地　　址:北京市朝阳区十八里店乡 1998 号
邮政编码:100022
电　　话:010-67471661

公司名称:北京市奥顺达集装箱运输公司
地　　址:北京市松榆南里
邮政编码:100022
电　　话:010-67319155

公司名称:中国外运北京空运公司
地　　址:北京市朝阳区红庙
邮政编码:100026
电　　话:010-65077284

公司名称:胜利船务(中国)有限公司
地　　址:北京市朝阳区东三环北路 3 号
邮政编码:100027
电　　话:010-64669817

公司名称:八达运输有限公司
地　　址:北京市朝阳区新东路 9 号
邮政编码:100027

电　　话:010-64167580

公司名称:**北京麒麟货物运输中心**
地　　址:北京市朝阳区工体北路 58 号
邮政编码:100027
电　　话:010-64155130

公司名称:**保利国际航空运输服务有限责任公司**
地　　址:北京市东外南大街
邮政编码:100027
电　　话:010-65008221

公司名称:**怡达货运有限公司**
地　　址:北京市朝阳区北三环东路 8 号
邮政编码:100028
电　　话:010-64689215

公司名称:**北京华北民航通运客货代理公司**
地　　址:北京市西坝河东里 28 号
邮政编码:100028
电　　话:010-64626260

公司名称:**百威华洋国际海运服务有限公司**
地　　址:北京市朝阳区惠新里甲 240 号通联大厦 402 室
邮政编码:100029
电　　话:010-64898746 64899700

公司名称:**海皇船务(中国)有限公司**
地　　址:北京市复兴门北大街金融街投资广场 A 座 1808 室
邮政编码:100032
电　　话:010-66211516

公司名称:**中国海洋航空公司**
地　　址:北京市海淀区翠微路 30 号
邮政编码:100036
电　　话:010-68214675

公司名称:**中机海川国际船舶公司**
地　　址:北京市西城区阜外大街 1 号
邮政编码:100037
电　　话:010-68343167

公司名称:**京铁集装箱运输中心**
地　　址:北京市海淀区羊坊店北蜂窝路 6 号
邮政编码:100038
电　　话:010-63445130

公司名称:**中国集装箱控股公司**
地　　址:北京市西城区木樨地北里甲 11 号国宏大厦 C 座 14 层
邮政编码:100038
电　　话:010-63906476

公司名称:**北京市全路通铁路运输有限公司**
地　　址:北京市海淀羊坊店铁路宿舍 102
邮政编码:100038
电　　话:010-63243398

公司名称:**北京首钢汽车运输有限责任公司**
地　　址:北京市石景山区老古城
邮政编码:100043
电　　话:010-68292219

公司名称:**中国经贸船务有限公司**
地　　址:北京市西直门北大街甲 43 号金运大厦
邮政编码:100044
电　　话:010-62295631

公司名称:**中国租船公司**
地　　址:北京市西直门北大街甲 43 号金运大厦
邮政编码:100044
电　　话:010-62295689

公司名称:**中外运汽车运输有限公司**
地　　址:北京市西直门北大街甲 43 号金运大厦
邮政编码:100044
电　　话:010-62295957

公司名称:中化国际仓储运输有限公司
地　　址:北京市西城区月坛复兴门外大街 A2 号
邮政编码:100045
电　　话:010-68568254

公司名称:北京凯立达公路运输股份有限公司
地　　址:北京市六里桥南里
邮政编码:100050
电　　话:010-63852828

公司名称:北京京铁北方铁路运输服务公司
地　　址:北京市东城区前门东大街
邮政编码:100051
电　　话:010-67011449

公司名称:北京京铁机械运输公司
地　　址:北京市丰台区右安门外南河沿 35 号
邮政编码:100054
电　　话:010-63538576

公司名称:北京市第二汽车运输公司
地　　址:北京市宣武区广外马连道
邮政编码:100055
电　　话:010-63464080

公司名称:中集北京集装箱公司
地　　址:北京市宣武区 15 号
邮政编码:100055
电　　话:010-63482532

公司名称:中铁集装箱运输中心
地　　址:北京市丰台区六里桥北里
邮政编码:100073
电　　话:010-63447762

公司名称:中铁特种货物运输中心
地　　址:北京市丰台区六里桥
邮政编码:100073
电　　话:010-63447740

公司名称:北京零担运输公司
地　　址:北京市丰台区沙子口路 78 号
邮政编码:100075
电　　话:010-67213115

公司名称:北京市化工物品汽车运输公司
地　　址:北京市丰台区南三环中路 34 号
邮政编码:100075
电　　话:010-67223111

公司名称:北京中关村航空客运代理处
地　　址:北京市海淀区中关村科学院南路 5 号
邮政编码:100080
电　　话:010-62572942

公司名称:北京中铁华通运输有限责任公司
地　　址:北京市海淀区北下关大柳树北 2 号
邮政编码:100081
电　　话:010-63447748

公司名称:北京市京北运输公司
地　　址:北京市海淀区龙翔路 4 号
邮政编码:100083
电　　话:010-62078970

公司名称:北京市海淀汽车运输公司
地　　址:北京市海淀区蓝靛厂路
邮政编码:100089
电　　话:010-88455026

公司名称:中国外运空运发展有限公司
地　　址:北京市西三环北号 21 号久凌大厦 1712 室
邮政编码:100089
电　　话:010-68405625

公司名称:中外运空运发展股份有限公司
地　　址:北京市海淀区西三环北路 21 号久凌大厦 17～18 层
邮政编码:100089
电　　话:010-68405610

公司名称:北京市京运长途货物运输公司
地　　址:北京市海淀区清河西三旗
邮政编码:100096
电　　话:010-82903936

公司名称:中恒运输发展有限公司
地　　址:北京市朝阳区春秀路
邮政编码:100101
电　　话:010-64171244

公司名称:中成国际运输公司
地　　址:北京市安定门西滨河路
邮政编码:100710
电　　话:010-64248454

公司名称:北京市第一汽车运输公司
地　　址:北京市通州区东总屯
邮政编码:101149
电　　话:010-81524876

储　　运

公司名称:中丝国际仓储运输公司
地　　址:北京市东城区北河沿大街 105 号
邮政编码:100006
电　　话:010-65138097

公司名称:北京达特储运有限责任公司
地　　址:北京市北三环东路 12 号惠亚大厦 1108
邮政编码:100013
电　　话:010-64205695

公司名称:北京市北冠储运有限责任公司
地　　址:北京市朝阳区孙河北甸东
邮政编码:100015
电　　话:010-64381663

公司名称:北京中达储运联合企业公司
地　　址:北京市朝阳区孙河
邮政编码:100015
电　　话:010-64376644-339

公司名称:中艺国际储运公司
地　　址:北京市朝外吉祥里 103 号中国工艺
邮政编码:100020
电　　话:010-65531102

公司名称:北京金粟物资储运公司
地　　址:北京市朝阳区南磨房百子湾 5 号
邮政编码:100022
电　　话:010-67783431-3114

公司名称:北京市广渠路商业储运公司
地　　址:北京市朝阳区广渠路
邮政编码:100022
电　　话:010-67718881-2015

公司名称:中国地质物资供销北京储运公司
地　　址:北京市朝阳区南磨房石门村 1 号
邮政编码:100022
电　　话:010-67723331-3014

公司名称:北京东安储运公司
地　　址:北京市朝阳区黑庄户
邮政编码:100024
电　　话:010-65891866

公司名称:北京机电设备总公司青年路储运经营公司
地　　址:北京市朝阳区姚家园 118 号
邮政编码:100025
电　　话:010-85779596

公司名称:北京冠达储运公司
地　　址:北京市朝阳区麦子店正街 94 号
邮政编码:100026
电　　话:010-65022168

公司名称:华力环球运输有限公司
地　　址:北京市朝阳区麦子店街 78 号 B 座
邮政编码:100026
电　　话:010-65921133

公司名称:北京惠利储运公司
地　　址:北京市东城区东中街
邮政编码:100027
电　　话:010-64169548

公司名称:北京市友谊包装运输公司
地　　址:北京朝阳区三里屯西六街5号
邮政编码:100027
电　　话:010-65324827、65324806

公司名称:中服嘉运国际储运公司
地　　址:北京市朝阳区惠新东街4号
邮政编码:100029
电　　话:010-64968226

公司名称:北京铁总储运贸易公司
地　　址:北京市大兴县大东庄
邮政编码:100036
电　　话:010-63215197

公司名称:北京市商业储运公司
地　　址:北京市宣武区大栅栏西街56号
邮政编码:100051
电　　话:010-63015099

公司名称:北京市京都图书储运公司
地　　址:北京市宣武区南新华街15号
邮政编码:100052
电　　话:010-63462320

公司名称:北京市华联达储运服务中心
地　　址:北京市丰台区榆树庄东老庄77号
邮政编码:100054
电　　话:010-63538579

公司名称:北京市马连道商业储运公司
地　　址:北京市宣武区广安门外马连道路10号
邮政编码:100055
电　　话:010-63406621

公司名称:北京市商业储运公司马连道分公司
地　　址:北京市宣武区马连道路10号
邮政编码:100055
电　　话:010-63463192

公司名称:北京市物资储运总公司
地　　址:北京市丰台区六里桥甲1号悦都大酒店
邮政编码:100055
电　　话:010-63476918

公司名称:北京物通储运公司
地　　址:北京市宣武区广外马连道胡同1号
邮政编码:100055
电　　话:010-63267658

公司名称:北京敬业储运有限责任公司
地　　址:北京市丰台区平管路5号
邮政编码:100071
电　　话:010-63843810

公司名称:北京联意通储运有限责任公司
地　　址:北京市丰台区新村西站文化中心
邮政编码:100071
电　　话:010-63256829

公司名称:北京市崇文区汇丰储运公司
地　　址:北京市丰台区西管头168号
邮政编码:100071
电　　话:010-63811176

公司名称:北京市五里店储运公司
地　　址:北京市丰台区卢沟桥小屯路113号
邮政编码:100071
电　　话:010-63858110

公司名称:北京市华通储运公司
地　　址:北京市丰台区南苑三星庄37号
邮政编码:100075
电　　话:010-67223054

公司名称:北京燕顺物资储运有限公司
地　　址:北京丰台区大红门南顶村 32 号
邮政编码:100075
电　　话:010-67213627

公司名称:北京市新都储运公司
地　　址:北京市丰台区南苑乡马家堡
邮政编码:100077
电　　话:010-67215622

公司名称:北京红狮四方储运有限公司
地　　址:北京市丰台区东铁营宋庄路 38 号
邮政编码:100078
电　　话:010-67621261

公司名称:北京市帮达贸易储运公司
地　　址:北京市海淀区四季青远大路 22 号
邮政编码:100081
电　　话:010-88430184

公司名称:中国物资储运总公司
地　　址:北京市海淀区民族大学北路 18 号
邮政编码:100081
电　　话:010-68461991

公司名称:北京市四季京联运输公司
地　　址:北京市海淀区四季青昆明湖南路
邮政编码:100089
电　　话:010-88430813

公司名称:中国新良储运贸易公司
地　　址:北京市西城区复兴门内大街 45 号
邮政编码:100801
电　　话:010-66070898

公司名称:北京四通储运公司
地　　址:北京市怀柔县大中富乐
邮政编码:101400
电　　话:010-69622396

仓　　储

公司名称:北京海义仓储有限公司
地　　址:北京市西城区旧鼓楼大街 6 号
邮政编码:100009
电　　话:010-64032184

公司名称:北京连首物资仓储公司
地　　址:北京市朝阳区广渠路 29 号
邮政编码:100022
电　　话:010-67326123

公司名称:北京市助友旅游物资仓储公司
地　　址:北京市朝阳区百子湾水南庄铁路北
邮政编码:100022
电　　话:010-67714696

公司名称:北京市连首仓储公司
地　　址:北京市朝阳区周庄第三生产队
邮政编码:100023
电　　话:010-67762825

公司名称:北京孙家坡储运库有限公司
地　　址:北京市朝阳焦化厂东侧
邮政编码:100023
电　　话:010-67386061

公司名称:北京市双东升仓储中心
地　　址:北京市朝阳区黑庄户双树南
邮政编码:100024
电　　话:010-65894395

公司名称:北京环宇天马仓储有限公司
地　　址:北京市朝阳区光华路甲 1 号
邮政编码:100026
电　　话:010-65811135

公司名称:北京太阳宫仓储有限公司
地　　址:北京市朝阳区太阳宫尚家楼甲 60 号
邮政编码:100028

电　　话:010-64641466

公司名称:天津港储运股份有限公司北京公司
地　　址:北京市朝阳区华严北里 10 号京民大厦
邮政编码:100029
电　　话:010-62020011-3322

公司名称:中化国际仓储运输有限公司
地　　址:北京市西城区月坛复兴门外大街 A2 号
邮政编码:100045
电　　话:010-68568254

公司名称:北京大仓仓储有限责任公司
地　　址:北京市宣武区广安门内大街 316 号
邮政编码:100053
电　　话:010-63515464

公司名称:北京鼎新仓储有限责任公司
地　　址:北京市宣武区广外车站西街 17 号
邮政编码:100055
电　　话:010-60261273

公司名称:北京安顺仓储有限责任公司
地　　址:北京市丰台区花乡黄土岗新房子四合庄
邮政编码:100070
电　　话:010-67696822-85

公司名称:北京广纳仓储有限公司
地　　址:北京市丰台区新村东老庄 76 号
邮政编码:100071
电　　话:010-63736240

公司名称:北京市联顺通仓储服务中心
地　　址:北京市丰台区卢沟桥张仪村 309 号
邮政编码:100071
电　　话:010-68249416

公司名称:北京市周庄子仓储中心
地　　址:北京市丰台区卢沟桥前泥洼村甲 4 号
邮政编码:100071

电　　话:010-63832456

公司名称:北京中铁运通仓储贸易公司
地　　址:北京市丰台区大红门永外苗圃东里 2 号
邮政编码:100075
电　　话:010-67211320-2103

公司名称:北京广集仓储公司
地　　址:北京市海淀区清河安宁庄
邮政编码:100085
电　　话:010-62913961-3226

公司名称:北京影器商贸仓储公司
地　　址:北京市西城区新德街 20 号
邮政编码:100088
电　　话:010-62011246

公司名称:北京市上地仓储公司
地　　址:北京市海淀区东北旺唐家岭
邮政编码:100094
电　　话:010-62973209

公司名称:北京鹏宇仓储公司
地　　址:北京市朝阳区首都机场
邮政编码:100621
电　　话:010-64564441

公司名称:北京通州张家湾国家粮食储备库
地　　址:北京市通州区张家湾西定福庄
邮政编码:101113
电　　话:010-69571226

公司名称:北京中集空港仓储有限公司
地　　址:北京市顺义区后沙峪地区空港工业区
邮政编码:101300
电　　话:010-68392613

公司名称:北京空港国际仓储有限公司
地　　址:北京市顺义区空港工业区
邮政编码:101312

电　　话:010-64570286

公司名称:北京空港果蔬仓储中心
地　　址:北京市顺义区天竺地区办事处天竺村
邮政编码:101312
电　　话:010-64575768

公司名称:北京市空港国际仓储有限公司
地　　址:北京市顺义天竺地区办事处天竺路10号
邮政编码:101312
电　　话:010-64570033-1403

公司名称:北京天海仓储有限公司
地　　址:北京市密云县城西双井
邮政编码:101500
电　　话:010-89098447

公司名称:北京市百货公司仓库
地　　址:北京市昌平区沙河松兰堡村北
邮政编码:102206
电　　话:010-80761012

物流设备

公司名称:北京华腾世纪信息技术有限公司
地　　址:北京市雍和宫大街52号西楼2层
邮政编码:
电　　话:010-84033004

公司名称:美国万博赛信息科技有限公司
地　　址:北京市西客站西配楼东方联发大厦6915室
邮政编码:100000
电　　话:010-63951934

公司名称:山特维克-汤姆洛克中国有限公司
地　　址:北京市朝阳区东三环北路5号北京发展大厦320室
邮政编码:100004
电　　话:010-68516253

公司名称:施耐德电气(中国)有限公司
地　　址:北京市朝阳区东三环北路8号亮马大厦1801室
邮政编码:100004
电　　话:010-65906907

公司名称:依纳(香港)有限公司北京办事处
地　　址:北京市东城区建国门内大街18号恒基中心一号楼1504室
邮政编码:100005
电　　话:010-65183828/29/30

公司名称:北京起重运输机械研究所
地　　址:北京市雍和宫大街52号
邮政编码:100007
电　　话:010-64032277-2264

公司名称:中起物料搬运工程有限公司
地　　址:北京市东城区雍和宫大街52号
邮政编码:100007
电　　话:010-64032277

公司名称:北京自动化所工业机器人及应用技术工程研究中心
地　　址:北京市德胜门外教场口1号
邮政编码:100011
电　　话:010-62024304 62044443 62032

公司名称:北京希望立体停车设备制造有限公司
地　　址:北京市朝阳区草场地
邮政编码:100015
电　　话:010-64370877

公司名称:德国弗兰德集团中国总代表处
地　　址:北京市朝阳区亮马桥路50号燕莎中心办公楼C-415
邮政编码:100016
电　　话:010-64622151/52/53/54

公司名称:北京天网联科技有限公司
地　　址:北京市朝阳区呼家楼京广中心3711

邮政编码:100020
电　　话:010-65973166

公司名称:北京起重机器厂
地　　址:北京市广渠门外大街31号
邮政编码:100022
电　　话:010-67717082

公司名称:北京双泰气动设备有限公司
地　　址:北京市朝阳区建外大街永安东里平房
邮政编码:100022
电　　话:010-65955989

公司名称:北京威岗滑道输送设备有限公司
地　　址:北京市朝阳区高碑店乡西店生产队(队部院内)
邮政编码:100022
电　　话:010-65513525

公司名称:北京瑞德信通用机械设备制造有限公司
地　　址:北京市朝阳区团结湖北路2号
邮政编码:100026
电　　话:010-65821545

公司名称:北京韩中停车设备有限公司
地　　址:北京市东三环北路3号幸福大厦13层
邮政编码:100027
电　　话:010-64684015 64684016

公司名称:中港国际港口装备工程分公司
地　　址:北京市东直门外春秀路9号
邮政编码:100027
电　　话:010-64154455

公司名称:北京博瑞智得技术有限公司
地　　址:北京市西城区永宁胡同10号三层
邮政编码:100031
电　　话:010-66082944 13801032917

公司名称:北京珠穆朗玛电子商务网络服务有限公司
地　　址:北京市西城区金融大街33号通泰大厦B座9层
邮政编码:100032
电　　话:010-68714962

公司名称:香港现代(国际)机械设备有限公司
地　　址:北京市西城区金融大街33号通泰大厦C-602室
邮政编码:100032
电　　话:010-66210901-3

公司名称:北京东方科特自动化设备有限公司
地　　址:北京市海淀区复兴路甲23号城乡华懋十层1018室
邮政编码:100036
电　　话:010-68298273 68220587

公司名称:北京嘉颖科萌贸易有限公司
地　　址:北京市复兴路61号恒信大厦222室
邮政编码:100036
电　　话:010-68234171

公司名称:北京康维尔新技术开发中心
地　　址:北京市丰台饭店写字楼407房
邮政编码:100038
电　　话:010-63955025 63846948

公司名称:华埠特克科技集团公司
地　　址:北京市复兴路2号
邮政编码:100038
电　　话:010-63289021-29

公司名称:北京天矗升降机械有限公司
地　　址:北京市石景山区京原路3号
邮政编码:100043
电　　话:010-81201180 68661760

公司名称:北京交通大学物流研究所
地　　址:北京市西直门外上园村
邮政编码:100044

电　　话:010-51687079

公司名称:北京盟特自动化系统有限公司
地　　址:北京市海淀区三里河路1号西苑饭店5138
邮政编码:100044
电　　话:010-68368678 68333155

公司名称:通用数据系统有限公司
地　　址:北京市首都体育馆南路6号新世纪写字楼868室
邮政编码:100044
电　　话:010-68492840

公司名称:北京迪亿佳起重输送机械制造公司
地　　址:北京市宣武区南菜园甲34号
邮政编码:100054
电　　话:010-83515278

公司名称:北京龙格自动化系统工程有限公司
地　　址:北京市宣武区广安门南大街80号中加大厦B座603
邮政编码:100054
电　　话:010-83520018 83521600 835213

公司名称:北京起重设备厂
地　　址:北京市宣武区南菜园甲34号
邮政编码:100054
电　　话:010-63540561

公司名称:北京市叉车总厂
地　　址:北京市丰台区右安门外大街158号
邮政编码:100054
电　　话:010-63531115-242

公司名称:北京华德晖商业设施有限责任公司
地　　址:北京市宣武区广安门外红莲南里丙8号
邮政编码:100055
电　　话:010-86362151 13901357271

公司名称:北京铁路装卸机械厂
地　　址:北京市宣武区广安门外大街122号
邮政编码:100055
电　　话:010-63264239 63216228 63264665

公司名称:北京华盾塑料公司
地　　址:北京市丰台区黄土岗马家楼119号
邮政编码:100070
电　　话:010-63561596

公司名称:北京汉拿工程机械有限公司
地　　址:北京市卢沟桥南里2号
邮政编码:100072
电　　话:010-83893377-3607

公司名称:北京永丰祥科瑞科技发展有限公司
地　　址:北京市西三环南路丰益桥北路东
邮政编码:100073
电　　话:010-63400057 63400058

公司名称:北京众邦恒信仓储设备有限公司
地　　址:北京市崇文区永外桃园东里15号百万庄园写字楼3306室
邮政编码:100075
电　　话:010-87254806

公司名称:北京捷利物流有限公司
地　　址:北京市海淀区知春路63号卫星大厦1103
邮政编码:100080
电　　话:010-62566892

公司名称:北京思锐韦尔测控技术有限公司
地　　址:北京市海淀区中关村南三街8号中科院物理所专家宾馆219-221室
邮政编码:100080
电　　话:010-62570227,62570177

公司名称:北方江山自动立体车库有限公司
地　　址:北京市海淀区车道沟10号
邮政编码:100081

电　　话:010-68964390

公司名称:北京金轮特种行走机械开发公司
地　　址:北京市德胜门外北沙滩1号
邮政编码:100083
电　　话:010-64882578

公司名称:北京贝格尔科技开发公司
地　　址:北京市海淀区上地飘芳园2号楼6-602
邮政编码:100085
电　　话:010-62817102

公司名称:北京高立开元数据有限
地　　址:北京市海淀区上地五街5号
邮政编码:100085
电　　话:010-86280097 86280100

公司名称:北京建达蓝德科技有限公司
地　　址:北京市海淀区上地五街5号高立二千大厦1层
邮政编码:100085
电　　话:010-86280080-8702

公司名称:北京蓝德电子科技有限公司
地　　址:北京市海淀区上地五街5号高立二千大厦1层
邮政编码:100085
电　　话:010-86280080-1001

公司名称:用友软件(集团)公司
地　　址:北京市上地开拓路15号
邮政编码:100085
电　　话:010-62986688

公司名称:北京华伟易通科技有限公司
地　　址:北京市西城区黄寺大街24号明湖大厦B座420室
邮政编码:100088
电　　话:

公司名称:交通部水运科学研究所
地　　址:北京市海淀区西土城路8号
邮政编码:100088
电　　话:010-62079116

公司名称:北京科美物料搬运工程有限公司
地　　址:北京市海淀区北洼路32号A座304号
邮政编码:100089
电　　话:010-68426777

公司名称:北京维深科技发展有限公司
地　　址:北京市海淀区西郊板井市农林科院培训中心三层
邮政编码:100089
电　　话:010-88456106/07/08/09

公司名称:中元国际工程设计研究院
地　　址:北京市西三环北路5号
邮政编码:100089
电　　话:010-68428811-3328

公司名称:北京优瑞智能化系统设备有限公司
地　　址:北京市海淀区西三旗东路
邮政编码:100096
电　　话:010-82912982 82916825

公司名称:力士乐(北京)液压有限公司
地　　址:北京市海淀区清河西三旗东北京行星减速厂院内
邮政编码:100096
电　　话:010-82913551

公司名称:中邮科技物流公司(北京鸿渤嘉业物流科技有限责任公司
地　　址:北京市海淀区建材城西路65号
邮政编码:100096
电　　话:010-82915763

公司名称:北京鸿安停车库制造有限公司
地　　址:北京市朝阳区安翔北11号创业大厦一层

邮政编码:100101
电　　话:010-64870436 64870433

公司名称:北京美创西伯瑞传动控制技术有限公司
地　　址:北京市朝阳区安翔里 27 号楼 2007 室
邮政编码:100101
电　　话:010-64855316

公司名称:北京威腾挂车厂
地　　址:北京市朝阳区德胜门外北沙滩大屯路 4 号
邮政编码:100101
电　　话:010-62050652

公司名称:科尼起重机公司北京办事处
地　　址:北京市安慧里四区 15 号楼中国五矿大厦 823 室
邮政编码:100101
电　　话:010-64916666-2823

公司名称:首钢城市自动化停车设施工程公司
地　　址:北京市朝阳区安外大屯甲 1 号
邮政编码:100101
电　　话:010-64949842 6494226-268

公司名称:西门子中国有限公司 I&S
地　　址:北京市朝阳区望京中环南路 7 号
邮政编码:100102
电　　话:010-64721888

公司名称:SMC(中国)有限公司
地　　址:北京市经济技术开发区万源街 7 号
邮政编码:100176
电　　话:010-67882111

公司名称:北京燕京通达输送机械有限公司
地　　址:北京市通州区通榆大街 67 号
邮政编码:101100
电　　话:010-69510117

公司名称:北京起重机器厂第三分厂
地　　址:北京市通州区胡各庄镇北京第三分厂
邮政编码:101117
电　　话:010-89522789

公司名称:北京大兆停车设备有限公司
地　　址:北京市顺义区南法信镇晨光工业区文明街 2 号
邮政编码:101300
电　　话:010-69477370 69477371

公司名称:北京紫微起重运输设备厂
地　　址:北京市顺义县城西紫微星实业总公司院内
邮政编码:101300
电　　话:010-69471669

公司名称:北京中技克美谐波传动有限现任公司
地　　址:北京市顺义区后沙峪地区空港工业区 B 区
邮政编码:101312
电　　话:010-80492902

公司名称:北京市新兴超越科技开发公司
地　　址:北京市昌平区沙河镇巩华城大街 88 号
邮政编码:102206
电　　话:010-69734232

公司名称:北京金威停车设备有限公司
地　　址:北京市昌平区百善镇政府街西侧
邮政编码:102211
电　　话:010-61737849 61730149

公司名称:新星恒力机械制造有限公司
地　　址:北京市昌平区崔村镇麻峪村
邮政编码:102212
电　　话:010-60721266

公司名称:北京兰龙物流仓储设备厂
地　　址:北京市门头沟区滨河路 37 号
邮政编码:102300
电　　话:010-69845984

公司名称：北京市国营长阳电瓶车制造厂
地　　址：北京市房山区长阳镇杨庄子
邮政编码：102442
电　　话：010-80351596

公司名称：首钢总公司液压机械厂
地　　址：北京市大兴区西红门高米店
邮政编码：102600
电　　话：010-60268462

公司名称：北京北起起重运输机械厂
地　　址：北京市大兴区狼垡甲5号
邮政编码：102613
电　　话：010-61222334 61222566

上　海　市

物流与速递

公司名称：上海申龙物流公司
地　　址：上海市河南中路521号
邮政编码：200001
电　　话：021-63292948

公司名称：上海通达物流经营公司
地　　址：上海市贵州路263号312～319室
邮政编码：200001
电　　话：021-63221666

公司名称：中外运上海(集团)有限公司
地　　址：上海市福建中路188号中外运大厦
邮政编码：200001
电　　话：021-63757001

公司名称：日本快速有限公司上海办事处
地　　址：上海市黄浦区中山东一路3号409室
邮政编码：200002
电　　话：021-63218060

公司名称：上海精裕捷星物流有限公司
地　　址：上海市延安东路100号联谊大厦503-504室
邮政编码：200002
电　　话：021-63211318

公司名称：上海市建筑材料供应总公司物流中心
地　　址：上海市北京东路255号4栋楼
邮政编码：200002
电　　话：021-63235493

公司名称：住金物流株式会社上海事务所
地　　址：上海市黄浦区金陵东路2号光明大厦2208室
邮政编码：200002
电　　话：021-63239220

公司名称：上海招商新港物流有限公司
地　　址：上海市虹口区黄浦路9号
邮政编码：200003
电　　话：021-63566756

公司名称：快可达速递有限公司
地　　址：上海市卢湾区永嘉路36号
邮政编码：200020
电　　话：021-64467728

公司名称：上海永邦快递服务有限公司
地　　址：上海市卢湾区瑞金一路82号
邮政编码：200020
电　　话：021-62725397

公司名称：依美利国际物流(上海)有限公司
地　　址：上海市茂名南路205号瑞金大厦1107室
邮政编码：200020
电　　话：021-64726394

公司名称：TNT天地物流有限公司
地　　址：上海市蒲汇塘路100号

邮政编码:200030
电　　话:021-64690615

公司名称:上海长发多功能物流中心有限公司
地　　址:上海市徐汇区高安路24号
邮政编码:200030
电　　话:021-57401317

公司名称:上海天地公路快件运输有限公司
地　　址:上海市徐汇区蒲汇塘路100号
邮政编码:200030
电　　话:021-64381313

公司名称:上海大众物流有限公司
地　　址:上海市武宁路423号1号楼7F
邮政编码:200031
电　　话:021-52914515

公司名称:上海蒙云物流中心
地　　址:上海市普陀区梅岭南路395号
邮政编码:200031
电　　话:021-6263600

公司名称:马士基物流(中国)有限公司
地　　址:上海市南京西路1266号恒隆广场37楼
邮政编码:200040
电　　话:021-33074666

公司名称:上海市中铁高新快件有限公司
地　　址:上海市常德路1091号
邮政编码:200040
电　　话:021-62729988

公司名称:邮政国际商业信函有限公司
地　　址:上海市静安区常鹿路73号
邮政编码:200040
电　　话:021-64241165

公司名称:大福盈物流(上海)有限公司
地　　址:上海市静安区安远路187号7楼1座

邮政编码:200041
电　　话:021-62663911

公司名称:连捷快递有限公司
地　　址:上海市延平路
邮政编码:200042
电　　话:021-62311222

公司名称:上海集运物流发展有限公司
地　　址:上海市镇宁路525号新东纺大酒店708室
邮政编码:200050
电　　话:021-62261539

公司名称:上海日生食品物流有限公司
地　　址:上海市中山北路2907号
邮政编码:200062
电　　话:021-62549778

公司名称:华东中铁快运有限公司
地　　址:上海市天目西路290号东部12楼
邮政编码:200070
电　　话:021-63545000

公司名称:中济快运有限公司
地　　址:上海市中山北路2052号2508室
邮政编码:200070
电　　话:021-52917525

公司名称:上海铁路局特快件运输公司
地　　址:上海市天目东路220号2楼
邮政编码:200071
电　　话:021-63931222

公司名称:万事邦商务快递中心
地　　址:上海市闸北区天目东路235号
邮政编码:200071
电　　话:021-63243928

公司名称:上海快捷便配送有限公司
地　　址:上海市市闸北区江场路1240号

邮政编码:200072
电　　话:021-56779797

公司名称:上海上组物流有限公司
地　　址:上海市闸北区共和新路 3050 号
邮政编码:200072
电　　话:021-80066940

公司名称:上海龙飞国际物流有限公司
地　　址:上海市虹口区黄浦路 99 号 901 室
邮政编码:200080
电　　话:021-63068575

公司名称:上海招新物流有限公司
地　　址:上海市黄浦路 99 号上海滩国际大厦 1908 室
邮政编码:200080
电　　话:021-63565789

公司名称:中国上海外轮代理公司
地　　址:上海市吴淞路 531 号
邮政编码:200080
电　　话:021-63647688

公司名称:中储上海物流有限公司
地　　址:上海市四川北路 2261 号嘉兰大厦 13 楼 A 座
邮政编码:200081
电　　话:021-63248943

公司名称:上海神源国际物流有限公司保税分公司
地　　址:上海市虹口区赤峰路 376 号二楼
邮政编码:200083
电　　话:021-65530378

公司名称:东方国际物流有限公司
地　　址:上海市北苏州路 1040 号 4 楼
邮政编码:200085
电　　话:021-63641336

公司名称:震旦速递服务部
地　　址:上海市虹口区天宝西路 408 号
邮政编码:200086
电　　话:021-65039920

公司名称:友谊集团物流有限公司
地　　址:上海市共青路 310 号
邮政编码:200090
电　　话:021-5680350

公司名称:富士物流(上海)有限公司
地　　址:上海市外高桥保税区奥纳路 158 号协泰大楼综合楼 5F-C 部位
邮政编码:200120
电　　话:021-58667545

公司名称:上海新驿快件公司
地　　址:上海市浦东新区张杨路 501 号
邮政编码:200120
电　　话:021-58301111-31032

公司名称:上海远州物流有限公司
地　　址:上海市浦东新区上南路恒大桥东首
邮政编码:200124
电　　话:021-58423642

公司名称:上海近铁物流有限公司
地　　址:上海市保税区巴圣路 360 号 22 厂房东部位
邮政编码:200131
电　　话:62084088-118

公司名称:阿尔卑斯物流(上海)有限公司
地　　址:上海市外高桥保税区新灵路 258 号
邮政编码:200131
电　　话:021-50461700

公司名称:大通国际物流(上海)有限公司
地　　址:上海市外高桥保税区冰克路 500 号 4 号
邮政编码:200131
电　　话:021-58694126

公司名称:敦吉电子物流中心(上海)有限公司
地　　址:上海市美盛路177号3号楼二层
邮政编码:200131
电　　话:021-64950798

公司名称:海盟国际物流(上海)有限公司
地　　址:上海市外高桥保税区富特西一路383号A2号楼3楼B座
邮政编码:200131
电　　话:021-58663410

公司名称:鸿霖物流(上海)有限公司
地　　址:上海市保税区巴圣路360号23号厂房东部区
邮政编码:200131
电　　话:021-50481133

公司名称:环运物流(上海)有限公司
地　　址:上海市保税区英伦路300号4号仓库
邮政编码:200131
电　　话:021-50480516

公司名称:金霖国际物流(上海)有限公司
地　　址:上海市外高桥保税区希雅路33号四楼C座
邮政编码:200131
电　　话:021-50461676

公司名称:近铁物流有限公司
地　　址:上海市保税区巴圣路360号22厂房东部位
邮政编码:200131
电　　话:021-50481346

公司名称:美星仓储物流(上海)有限公司
地　　址:上海市华申路27号B1楼8楼A部位
邮政编码:200131
电　　话:021-58667693

公司名称:日立物流(上海)有限公司
地　　址:上海市外高桥保税区杨高北路2001号展示交易中心
邮政编码:200131
电　　话:021-64720098

公司名称:瑞达国际物流(上海)有限公司
地　　址:上海市外高桥保税区日樱北路499号铁联3号
邮政编码:200131
电　　话:021-50461000

公司名称:瑞加国际物流(上海)有限公司
地　　址:上海市巴圣路360号22号楼一层
邮政编码:200131
电　　话:021-50480944

公司名称:上海青旅东洋物流有限公司
地　　址:上海市保税区美盛路168号A楼第三层C-12部位
邮政编码:200131
电　　话:021-58669610

公司名称:上海外红国际物流有限公司
地　　址:上海市外高桥保税区B区芬辛路1号
邮政编码:200131
电　　话:021-58698073

公司名称:上海叶轮物流有限公司
地　　址:上海市外高桥保税区新海关法赛路281号
邮政编码:200131
电　　话:021-50480451

公司名称:施耐德(上海)物流有限公司
地　　址:上海市外高桥保税区F区地块高安展示厅北部位
邮政编码:200131
电　　话:021-50480386

公司名称:中菲物流(上海)有限公司

地　　址:上海市外高桥保税区英伦路 300 号
邮政编码:200131
电　　话:021-50480563

公司名称:上海申龙物流有限公司
地　　址:上海市浦东凿山路 284 号
邮政编码:200133
电　　话:021-63292948

公司名称:艾剃捷工业品物流(上海)有限公司
地　　址:上海市外高桥保税区希雅路 330 号 7 号楼 2 楼 A 部位
邮政编码:200137
电　　话:021-50461155

公司名称:上海通运国际物流有限公司
地　　址:上海市外高桥保税区新灵路 588 号
邮政编码:200137
电　　话:021-50460522

公司名称:斯堪的亚电子物流(上海)有限公司
地　　址:上海市希雅路 F7-2 地块 10 号厂房 1 层 C 部位
邮政编码:200137
电　　话:021-50461795

公司名称:通运国际物流有限公司
地　　址:上海市外高桥保税区新灵路 588 号
邮政编码:200137
电　　话:021-50460522

公司名称:运球国际物流(上海)有限公司
地　　址:上海市外高桥保税区希雅路 11 号 B 幢 3 层 C 部位
邮政编码:200137
电　　话:021-64400456

公司名称:上海迪邦快递有限公司
地　　址:上海市徐汇区徐汇区漕溪路 250 号银海大楼 702
邮政编码:200233
电　　话:021-64826338

公司名称:上海友道速递有限公司
地　　址:上海市徐汇区老沪闵路 167 号
邮政编码:200233
电　　话:021-64080452

公司名称:上海市沪南运输公司南菱物流中心
地　　址:上海市闵行区闵行区剑川路 1550 号
邮政编码:200240
电　　话:021-64635679

公司名称:上海顶通物流有限公司
地　　址:上海市普陀区祁莲山路 430 号
邮政编码:200331
电　　话:021-62503799

公司名称:交运物流
地　　址:上海市真北路 3128 号
邮政编码:200333
电　　话:021-62849849

公司名称:上海交运物流有限公司
地　　址:上海市真北路 3128 号
邮政编码:200333
电　　话:021-63636199

公司名称:上海商业物流中心
地　　址:上海市普陀区曹杨路 1450 号
邮政编码:200333
电　　话:021-62548881

公司名称:上海商业物流中心公路运输公司
地　　址:上海市普陀区曹杨路 1450 号
邮政编码:200333
电　　话:021-62346276

公司名称:上海商业物流中心货物配送分公司
地　　址:上海市普陀区曹杨路 1450 号

邮政编码:200333
电　　话:021-62548881

公司名称:国枫快递有限公司
地　　址:上海市长宁区水城路47弄8号204室
邮政编码:200336
电　　话:021-62424557

公司名称:威高物流(上海)有限公司
地　　址:上海市娄山关路83号新虹桥中心大厅1007号
邮政编码:200336
电　　话:021-52573235

公司名称:上海晟隆物流服务有限公司
地　　址:上海市杨浦区军工路1203号
邮政编码:200433
电　　话:021-65484125

公司名称:上海神源国际物流有限公司
地　　址:上海市虹口区灵丘路147号3楼
邮政编码:200434
电　　话:021-65544939

公司名称:中外运一敦豪国际航空快件有限公司上海分公司
地　　址:上海市纪念路303号
邮政编码:200434
电　　话:021-65366110

公司名称:上海江鸿物流有限公司
地　　址:上海市宝山区长江西路226号
邮政编码:200441
电　　话:021-56147240

公司名称:上海南华国际物流有限公司
地　　址:上海市长江南路189号
邮政编码:200441
电　　话:021-56446666

公司名称:上海外运张华浜公司
地　　址:上海市宝山区逸仙路2960号
邮政编码:200940
电　　话:021-56821223

公司名称:上海上组物流有限公司(南方办事处)
地　　址:上海市闵行区沪闵路7388号五楼
邮政编码:201100
电　　话:021-64122501

公司名称:中外运-天地快件有限公司上海分公司
地　　址:上海市航新路777号
邮政编码:201105
电　　话:021-64211111

公司名称:上海铁路闵行储运有限公司
地　　址:上海市闵行区马桥镇吴会村
邮政编码:201111
电　　话:021-64302392

公司名称:上海新金桥国际物流有限公司
地　　址:上海市浦东新区浦东金藏路257号
邮政编码:201206
电　　话:021-58348756

公司名称:百岁物流有限公司
地　　址:上海市浦东沪南公路5419号
邮政编码:201317
电　　话:021-58224455

公司名称:上海海欣物流有限公司
地　　址:上海市松江区洞泾镇
邮政编码:201601
电　　话:021-57698221

公司名称:上海金回速递服务有限公司
地　　址:上海市松江县松金公路二号桥
邮政编码:201611
电　　话:021-63295245

公司名称:上海华友物流有限公司
地　　址:上海市曹安路16号桥
邮政编码:201812
电　　话:021-62961091

物流信息服务

公司名称:上海业成软件技术有限公司
地　　址:上海市黄浦区延安东路700号港泰广场608室
邮政编码:200001
电　　话:021-53850833

公司名称:立通网络软件(上海)有限公司
地　　址:上海市延安东路58号高登金融大厦13楼
邮政编码:200002
电　　话:021-63618899

公司名称:上海菱通软件技术有限公司
地　　址:上海市静安区成都北路500号峻岭广场28号
邮政编码:200003
电　　话:021-63615261

公司名称:英创软件(上海)有限公司
地　　址:上海市肇嘉滨路288号中福商务楼406室
邮政编码:200030
电　　话:021-64374002-806

公司名称:英资达(上海)软件科技有限公司
地　　址:上海市徐汇区肇家浜路798号20楼
邮政编码:200030
电　　话:021-64675989

公司名称:上海瑞克科技发展有限公司
地　　址:上海市定西路1118号810室
邮政编码:200050
电　　话:021-62257122

公司名称:上海新晨信息系统有限公司
地　　址:上海市长宁区江苏路369号兆丰世贸大厦10楼G座
邮政编码:200050
电　　话:021-52400380

公司名称:上海永信计算机服务有限公司
地　　址:上海市长寿路97号世纪商务大厦22楼E-H座
邮政编码:200060
电　　话:021-62996799

公司名称:上海凡丰科技有限公司
地　　址:上海市普陀区曹杨路510号10楼
邮政编码:200063
电　　话:021-62444100

公司名称:上海现代物流投资发展有限公司
地　　址:上海市中山北路2550号三楼
邮政编码:200063
电　　话:021-62578468 62570000-3300

公司名称:上海惠康物流信息系统有限公司
地　　址:上海市海门路609号远虹大厦314室
邮政编码:200086
电　　话:021-65375656

公司名称:科乐美软件(上海)有限公司
地　　址:上海市世纪大道88号1501-1503室
邮政编码:200120
电　　话:021-50470573

公司名称:上海致全计算机系统有限公司
地　　址:上海市浦东大道T20号国际航运金融大厦18楼D座
邮政编码:200120
电　　话:021-64200588

公司名称:上海大潮电子技术有限公司
地　　址:上海市桂平路555号45号楼206室

邮政编码:200233
电　　话:021-64951356-219

公司名称:上海巧软软件有限公司
地　　址:上海市龙漕路200弄28号
邮政编码:200233
电　　话:021-64517901

公司名称:上海中和软件有限公司
地　　址:上海市国权路525号
邮政编码:200433
电　　话:021-65103021

公司名称:上海雷鸣软件有限公司
地　　址:上海市虹口区四平路311号恒城花苑甲楼502室
邮政编码:518052
电　　话:021-65079784

货运代理

公司名称:凯阳国际货运代理有限公司上海分公司
地　　址:上海市西藏中路18号港陆广场30楼3005室
邮政编码:200001
电　　话:021-53852146

公司名称:上海经贸国际货运实业有限公司
地　　址:上海市黄浦区福建中路205号1101室
邮政编码:200001
电　　话:021-65591600

公司名称:天津振华国际货运有限公司上海分公司
地　　址:上海市西藏中路18号港陆广场901室
邮政编码:200001
电　　话:021-53853399

公司名称:香港阳凯有限公司上海代表处
地　　址:上海市西藏中路18号港陆广场30楼3001室
邮政编码:200001
电　　话:021-53852099

公司名称:泛太国际货运(上海)有限公司
地　　址:上海市四川中路126弄18号元芳商务中心301室
邮政编码:200002
电　　话:021-63511195

公司名称:环发(天津)国际货运代理有限公司上海分公司
地　　址:上海市延安东路55号
邮政编码:200002
电　　话:021-63373006

公司名称:上海爱尔思国际货运公司
地　　址:上海市北京东路270号5楼
邮政编码:200002
电　　话:021-63292929

公司名称:上海轻工国际集团国际货运有限公司
地　　址:上海市圆明园路209号二楼
邮政编码:200002
电　　话:021-63216858

公司名称:伟航货运代理有限公司
地　　址:上海市南京东路66号503室
邮政编码:200002
电　　话:021-63239213

公司名称:中成国际运输上海公司
地　　址:上海市福州路53号
邮政编码:200002
电　　话:021-56450060

公司名称:嘉宏国际运输代理有限公司
地　　址:上海市威海路48号中国民生银行大厦9层
邮政编码:200003
电　　话:021-53857636

公司名称:锦江国际船务代理有限公司
地　　址:上海市延安东路 1200 号 15 楼
邮政编码:200003
电　　话:021-63902288

公司名称:立信国际货运有限公司上海办事处
地　　址:上海市南市区中山东二路 555 号外滩商城 305 室
邮政编码:200010
电　　话:021-52341155

公司名称:上海华盛空运有限公司
地　　址:上海市浦东新区浦东大道 691 弄 27 号
邮政编码:200020
电　　话:021-62693229

公司名称:天津泛艺国际货运代理服务有限公司上海分公司
地　　址:上海市巨鹿路 137 号鑫兴大厦 4 楼 C 座
邮政编码:200020
电　　话:021-63865288

公司名称:国旅国际货运公司
地　　址:上海市普安路 128 号淮海大厦东楼 2601 室
邮政编码:200021
电　　话:021-63861918

公司名称:青旅国际货运有限公司
地　　址:上海市衡山路 2 号
邮政编码:200031
电　　话:021-64666928

公司名称:美国 YC 国际有限公司上海代表处
地　　址:上海市北京西路 1277 号
邮政编码:200040
电　　话:021-62790049

公司名称:华诚国际运输服务有限公司上海分公司
地　　址:上海市南京西路 555 号 905 室
邮政编码:200041
电　　话:021-62553555

公司名称:全球货运有限公司上海办事处
地　　址:上海市南京西路 1168 号 13 楼
邮政编码:200041
电　　话:021-52925088

公司名称:上海天原国际货运有限公司
地　　址:上海市长宁区延安西路 895 号 21 楼
邮政编码:200050
电　　话:021-62105001-196

公司名称:上海东铁货运代理有限公司
地　　址:上海市西藏北路 499 号乙(二楼)
邮政编码:200071
电　　话:021-66541265

公司名称:上海华夏永盛国际货运有限公司
地　　址:上海市宝山路 450 弄 2 号 701 室
邮政编码:200071
电　　话:021-56626725

公司名称:北京惠航国际货运代理有限责任公司上海分公司
地　　址:上海市四川北路 1318 号 1706 室
邮政编码:200080
电　　话:021-63070568

公司名称:大通国际运输有限公司上海分公司
地　　址:上海市黄浦路 195 号
邮政编码:200080
电　　话:021-62689090

公司名称:东方威球国际货运代理有限公司
地　　址:上海市黄浦区黄浦路 99 号上海滩国际大厦 704
邮政编码:200080
电　　话:021-63560336

公司名称:泛成国际货运有限公司
地　　址:上海市黄浦路 99 号 10 楼
邮政编码:200080
电　　话:021-63647566

公司名称:江苏锡轮国际货运有限公司上海办事处
地　　址:上海市吴淞路 531 号 504 室
邮政编码:200080
电　　话:021-63644202

公司名称:美国定航国际货运服务有限公司上海代表处
地　　址:上海市黄浦路 99 号上海滩国际大厦 909 室
邮政编码:200080
电　　话:021-63649553

公司名称:上海民生国际货物运输代理有限公司
地　　址:上海市虹口区海宁路 137 号 7 楼
邮政编码:200080
电　　话:021-63066773

公司名称:中纺国际货运上海公司
地　　址:上海市虹口区吴淞路 297 号甲六楼
邮政编码:200080
电　　话:021-63562900

公司名称:中国外运金陵公司
地　　址:上海市虹口区九龙路 473 号
邮政编码:200080
电　　话:021-63246241-416

公司名称:中国外运钱塘公司
地　　址:上海市海宁路 358 号国际商厦 9 楼-11 楼
邮政编码:200080
电　　话:021-63249988

公司名称:中新国际运输服务有限公司上海分公司
地　　址:上海市东大名路 359 号 5 楼 H 座
邮政编码:200080
电　　话:021-65454087

公司名称:中远国际货运有限公司
地　　址:上海市东大名路 378 号
邮政编码:200080
电　　话:021-58369085

公司名称:奥地利吉布达·伟士国际货运公司上海代表处
地　　址:上海市四平路 257 号 26 层 E 室
邮政编码:200081
电　　话:021-65211770

公司名称:奥吉国际货运有限公司
地　　址:上海市杨树浦路 88 号 1006 房
邮政编码:200082
电　　话:021-65138778

公司名称:汉克国际货运有限公司
地　　址:上海市杨树浦路 18 号 23 楼
邮政编码:200082
电　　话:021-65129933

公司名称:浦东国际货运有限公司
地　　址:上海市浦东新区东方路 135 号 903 室
邮政编码:200082
电　　话:021-68351133

公司名称:上海汉克国际货运有限公司
地　　址:上海市杨树浦路 18 号 23 楼
邮政编码:200082
电　　话:021-65729933

公司名称:上海交运国际货运有限公司
地　　址:上海市杨树浦路 18 号 2018 室
邮政编码:200082
电　　话:021-55970243

公司名称:上海市对外服务有限公司国际货运分公司

地　　址:上海市海门路 609 号 3004 室
邮政编码:200082
电　　话:021-65842704

公司名称:上海亚东国际货运有限公司
地　　址:上海市浦东新区桂林西街 85 弄 25 号 102 室
邮政编码:200082
电　　话:021-65370107

公司名称:英雪纳国际货运有限公司
地　　址:上海市杨树浦路 88 号 1137 室
邮政编码:200082
电　　话:021-65010665

公司名称:中国外轮理货总公司上海分公司
地　　址:上海市东余杭路 1322 号
邮政编码:200082
电　　话:021-65868388

公司名称:上海联集国际货运有限公司
地　　址:上海市北苏州路 1040 号 511-521 室
邮政编码:200085
电　　话:021-63566426

公司名称:上海捷洋国际货运有限公司
地　　址:上海市岳州路 58 号 8 楼
邮政编码:200086
电　　话:021-65017976

公司名称:厦门象屿集团国际货运有限公司上海分公司
地　　址:上海市四平路 198 号轻工国际大厦 10 楼
邮政编码:200086
电　　话:021-65078340

公司名称:华扬国际运输服务有限公司上海分公司
地　　址:上海市商城路 618 号良友大厦 1608 室
邮政编码:200120
电　　话:021-58885100

公司名称:外联发国际货运有限公司
地　　址:上海市冰克路 500 号
邮政编码:200131
电　　话:021-58694372

公司名称:上海亚明货运有限公司
地　　址:上海市浦东新区浦东大道 1638 号 2207 室
邮政编码:200135
电　　话:021-68534375

公司名称:香港精英通运有限公司上海代表处
地　　址:上海市漕溪路 250 号银海大楼 A1111 室
邮政编码:200233
电　　话:021-64824661

公司名称:上海大鹏国际货运有限公司
地　　址:上海市虹桥机场空港一路
邮政编码:200335
电　　话:021-32165828

公司名称:东环国际货运有限公司
地　　址:上海市延安西路 3295 号 5 号楼 301 室
邮政编码:200336
电　　话:021-62623571

公司名称:上海锦海捷亚国际货运有限公司
地　　址:上海市遵义南路 88 号 25 楼
邮政编码:200336
电　　话:021-62190058

公司名称:上海太平洋星辉国际货运有限公司
地　　址:上海市遵义南路 88 号协泰中心 15 楼
邮政编码:200336
电　　话:021-62193115

公司名称:上海韩进货运有限公司
地　　址:上海市苏杭路 33 号
邮政编码:200432
电　　话:021-56448186

公司名称:杭州富华国际货运有限公司上海分公司
地　　址:上海市宝山区逸仙路80号甲
邮政编码:200434
电　　话:021-56440843

公司名称:上海远新国际运输有限公司
地　　址:上海市宝山区共和新路4969号
邮政编码:200435
电　　话:021-56832566

公司名称:上海华航国际货运有限公司
地　　址:上海市宝山区逸仙路2580号
邮政编码:200940
电　　话:021-56820914

公司名称:上海中汽国际货运代理公司
地　　址:上海市宝山区逸仙路2960号
邮政编码:200940
电　　话:021-56823490

公司名称:上海日内瓦国际货运有限公司
地　　址:上海市闵行区沪青平路248弄3号
邮政编码:201105
电　　话:021-64201275

公司名称:上海宝升国际货运有限公司
地　　址:上海市宝山区友谊路39号
邮政编码:201900
电　　话:021-56690254

公司名称:上海外轮代理公司崇明货运公司
地　　址:上海市崇明县城桥镇新崇南路7号
邮政编码:202150
电　　话:021-596231590

运　　输

公司名称:长锦商船(中国)船务有限公司
地　　址:上海市黄浦区福州路318号501室
邮政编码:200001
电　　话:021-63235234

公司名称:赫伯罗特船务(中国)有限公司
地　　址:上海市黄浦区福州路318号百腾大厦1509室
邮政编码:200001
电　　话:021-63912255

公司名称:美国总统轮船(中国)有限公司
地　　址:上海市西藏中路18号港陆广场27楼
邮政编码:200001
电　　话:021-63851881

公司名称:南星海运株式会社上海代表处
地　　址:上海市西藏中路18号港陆广场1505
邮政编码:200001
电　　话:021-53530585

公司名称:商船三井(中国)有限公司
地　　址:上海市福州路318号百腾大厦20楼
邮政编码:200001
电　　话:021-53060088

公司名称:以星轮船(中国)船务有限公司
地　　址:上海市黄浦区广东路500号世界贸易大厦1906室
邮政编码:200001
电　　话:021-63500808

公司名称:意大利邮船海外有限公司上海代表处
地　　址:上海市北京东路668号外滩京城C座30楼A1室
邮政编码:200001
电　　话:021-53086690

公司名称:霍治集装罐国际运输有限公司
地　　址:上海市延安东路588号东海商业中心211楼C座
邮政编码:200001
电　　话:021-63519641

公司名称:日邮集运服务(中国)有限公司
地　　址:上海市西藏中路18号19楼
邮政编码:200001
电　　话:021-53852877

公司名称:新加坡思多而特运输集团有限公司上海办事处
地　　址:上海市黄浦区延安东路588号东海商业中心18B
邮政编码:200001
电　　话:021-63523818

公司名称:中外运集装箱运输有限公司
地　　址:上海市福建中路188号2401室
邮政编码:200001
电　　话:021-63757000

公司名称:达飞轮船(中国)船务有限公司
地　　址:上海市延安东路100号联谊大厦28楼
邮政编码:200002
电　　话:021-63234845

公司名称:上海港船务代理公司
地　　址:上海市南苏州路333号17F
邮政编码:200002
电　　话:021-63600146

公司名称:通用海洋货柜亚洲私人有限公司上海代表处
地　　址:上海市中山东一路12号外滩12号大楼201室
邮政编码:200002
电　　话:021-63600101

公司名称:上海轮胎橡胶(集团)运输有限公司
地　　址:上海市永安路3弄21号
邮政编码:200002
电　　话:021-63733052

公司名称:上海汽车运输代理公司
地　　址:上海市黄浦区北京东路270号
邮政编码:200002
电　　话:021-63231996

公司名称:香港宏光货运有限公司上海办事处
地　　址:上海市黄浦区延安东路100号联谊大厦2703室
邮政编码:200002
电　　话:021-63287362

公司名称:有利集运(中国)有限公司
地　　址:上海市河南南路16号中汇大厦701室-702室
邮政编码:200002
电　　话:021-33074666

公司名称:上海市纺织运输公司
地　　址:上海市南市区紫华路50号
邮政编码:200010
电　　话:021-63263870

公司名称:上海梧柏汽车运输有限公司
地　　址:上海市南市区中山南路1891号
邮政编码:200011
电　　话:021-63141002

公司名称:上海伊起运输有限公司
地　　址:上海市江阴街212号512室
邮政编码:200011
电　　话:021-63083645

公司名称:瑞可运通(香港)有限公司上海办事处
地　　址:上海市卢湾区雁荡路107号雁荡大厦21楼G座
邮政编码:200020
电　　话:021-63753980

公司名称:香港亨利货运有限公司上海代表处
地　　址:上海市淮海中路775号新华联大厦西楼10楼ABC座

邮政编码:200020
电　　话:021-64156565

公司名称:东展油运有限公司
地　　址:上海市徐家汇路585号2221室
邮政编码:200023
电　　话:021-53961616

公司名称:上海九日汽车服务公司
地　　址:上海市普陀区金沙江路119号
邮政编码:200030
电　　话:021-62609621

公司名称:沪南汽车运输公司
地　　址:上海市中山南二路557号
邮政编码:200032
电　　话:021-64046690

公司名称:上海国际展览运输有限公司
地　　址:上海市静安区康定路460弄2号1楼
邮政编码:200040
电　　话:021-62718447

公司名称:上海申铁货运服务有限公司
地　　址:上海市秣陵路203号448室
邮政编码:200070
电　　话:021-56234915

公司名称:上海市联运总公司东联空运分公司
地　　址:上海市恒丰路270号
邮政编码:200070
电　　话:021-63801093

公司名称:国铁运贸有限公司
地　　址:上海市秣陵路203号
邮政编码:200070
电　　话:021-56236245

公司名称:交运大件起重运输有限公司
地　　址:上海市共和新路3050号
邮政编码:200072
电　　话:021-56650550

公司名称:上海大件运输服务公司
地　　址:上海市汶水路155号
邮政编码:200072
电　　话:021-56776695

公司名称:中集上海集装箱公司
地　　址:上海市共和新路3421号
邮政编码:200072
电　　话:021-56651773

公司名称:德国瑞克麦斯轮船公司上海办事处
地　　址:上海市黄浦路99号1209室
邮政编码:200080
电　　话:021-63640102

公司名称:景华船务有限公司驻上海办事处
地　　址:上海市四川北路1318号11楼1110室
邮政编码:200080
电　　话:021-63575086

公司名称:日本振兴船舶株式会社驻上海代表处
地　　址:上海市黄浦路53号海湾大厦1016室
邮政编码:200080
电　　话:021-53930553

公司名称:上海集装箱码头有限公司货运公司
地　　址:上海市虹口区黄浦路53号海湾大厦12楼
邮政编码:200080
电　　话:021-3930088

公司名称:上海仁川国际渡轮有限公司
地　　址:上海市虹口区东大名路700号1606室
邮政编码:200080
电　　话:021-65966011

公司名称:太平船务(中国)有限公司上海分公司

地　　址:上海市黄浦路 99 号 6 楼
邮政编码:200080
电　　话:021-63936900

公司名称:上海钱景国际货运有限公司
地　　址:上海市甘河路 8 号明道大厦 1408 室
邮政编码:200080
电　　话:021-63566508

公司名称:泰国宏海箱运有限公司驻上海代表处
地　　址:上海市黄浦路 99 号 2203 室
邮政编码:200080
电　　话:021-63643277

公司名称:中海集装箱运输有限公司
地　　址:上海市东大名路 700 号
邮政编码:200080
电　　话:021-65966666

公司名称:东车轮船(中国)船务有限公司
地　　址:上海市虹口区四平路 257 号喜临门大厦 29 楼 F 室
邮政编码:200081
电　　话:021-65213441

公司名称:上海外轮代理崇明国际货运有限公司
地　　址:上海市海门路 609 号 3004 室
邮政编码:200082
电　　话:021-65842704

公司名称:长江货运公司
地　　址:上海市东大名路 1062 弄 2 号 2103 室
邮政编码:200082
电　　话:021-65869342

公司名称:上海交运便捷货运有限公司
地　　址:上海市东大名路 1062 弄 1 号楼 8 楼
邮政编码:200082
电　　话:021-65376537

公司名称:上海交运集装箱发展有限公司
地　　址:上海市杨树浦路 18 号 2017 室
邮政编码:200082
电　　话:021-55970369

公司名称:上海联合国际船舶代理有限公司
地　　址:上海市临平北路 55 号二、六楼
邮政编码:200086
电　　话:021-65229966

公司名称:上海东海航运公司
地　　址:上海市杨浦区宁国南路 20 号五楼
邮政编码:200090
电　　话:021-65394498

公司名称:沪东汽车运输公司
地　　址:上海市内江路 301 号
邮政编码:200090
电　　话:021-65668142

公司名称:上海森力汽车运输公司
地　　址:上海市杨浦区周家嘴路 2994 弄 22 号
邮政编码:200090
电　　话:021-65432048

公司名称:上海市纺织运输公司杨浦分公司
地　　址:上海市宁武路 2 号
邮政编码:200090
电　　话:021-65431714

公司名称:中远集装箱运输有限公司
地　　址:上海市长阳路 1555 号
邮政编码:200090
电　　话:021-65841888

公司名称:舒尔泰汽车运输有限公司
地　　址:上海市控江路 1023 弄 2 号楼 806 室
邮政编码:200093
电　　话:021-65430271

公司名称:上海二十一世纪冷藏运输有限公司
地　　址:上海市控江路16号
邮政编码:200093
电　　话:021-65681160

公司名称:长江轮船公司
地　　址:上海市浦东张杨路800号
邮政编码:200122
电　　话:021-58351688

公司名称:韩进海运(中国)有限公司
地　　址:上海市浦东新区张杨路828号华都大厦20层
邮政编码:200122
电　　话:021-58201030

公司名称:胜利船务(中国)有限公司
地　　址:上海市浦东新区张杨路828号华都大厦20层D座
邮政编码:200122
电　　话:021-58208060

公司名称:商行浦光汽车运输公司
地　　址:上海市浦东新区塘严路70号
邮政编码:200127
电　　话:021-58896026

公司名称:亨达航空货运集团上海公司
地　　址:上海市闵行区沪青平公路146号
邮政编码:200131
电　　话:021-62691122

公司名称:唯特利管道设备(上海)有限公司
地　　址:上海市保税区丹格路168号B6区002地块
邮政编码:200131
电　　话:021-58692078

公司名称:申佳运输公司
地　　址:上海市浦东大道2311号
邮政编码:200135
电　　话:021-58511788

公司名称:江海国际集装箱货运公司
地　　址:上海市杨高北一路66号
邮政编码:200137
电　　话:021-58677434

公司名称:上海沪汉货运有限公司
地　　址:上海市江安路99弄1号梅花园1号楼101室
邮政编码:200233
电　　话:021-54180298

公司名称:上海运律运输有限公司
地　　址:上海市徐汇区中山西路1538号
邮政编码:200233
电　　话:021-64692263

公司名称:上海赛特运输有限公司
地　　址:上海市闵行区江川路825号
邮政编码:200245
电　　话:021-64300991

公司名称:汇源货运配载有限公司
地　　址:上海市真南路1189号北方停车场交易楼312室
邮政编码:200331
电　　话:021-62503107

公司名称:吉力货运配载有限公司
地　　址:上海市昌平路71号
邮政编码:200331
电　　话:021-63170901

公司名称:上海伟鑫货运有限公司
地　　址:上海市真南路1611弄1号218室
邮政编码:200331
电　　话:021-63639966

公司名称:通耀(华西)货运服务有限公司
地　　址:上海市真南路 1189 号交易楼 412 室
邮政编码:200331
电　　话:021-62840807

公司名称:沪西汽车运输公司
地　　址:上海市真北路 1038 号
邮政编码:200333
电　　话:021-62656892

公司名称:上海铁路分局货运服务公司
地　　址:上海市府村路 420 号
邮政编码:200333
电　　话:021-56241530

公司名称:创业货运有限公司
地　　址:上海市遵义南路 88 号协泰中心 2306 室
邮政编码:200336
电　　话:021-62191678

公司名称:上海东方货运有限公司
地　　址:上海市娄山关路 85 号东方国际大厦 B 座 4 楼
邮政编码:200336
电　　话:021-62956479

公司名称:联达运输有限公司
地　　址:上海市通南路 155 号
邮政编码:200431
电　　话:021-56823800

公司名称:上海大龙国际集装箱货运有限公司
地　　址:上海市宝山区江杨南路 595 号
邮政编码:200431
电　　话:021-56990013

公司名称:宏开升集装箱有限公司
地　　址:上海市长江西路 720 号
邮政编码:200431
电　　话:021-56824011

公司名称:上海长荣集装箱货运有限公司
地　　址:上海市军路 404 号
邮政编码:200432
电　　话:021-56442347

公司名称:上海东方海外集装箱货运有限公司
地　　址:上海市军工路 4049 号
邮政编码:200432
电　　话:021-56442148

公司名称:上海港集装箱股份有限公司
地　　址:上海市军工路 4049 号吉发大厦 15 楼
邮政编码:200432
电　　话:021-56443578

公司名称:胜狮集装箱货运有限公司
地　　址:上海市军工路 4049 号
邮政编码:200432
电　　话:021-56442108

公司名称:上海市南市汽车运输公司
地　　址:上海市宝山区逸仙路 470 号
邮政编码:200434
电　　话:021-65427333

公司名称:联谊集装箱储运公司
地　　址:上海市场中路 1800 号
邮政编码:200435
电　　话:021-56797061

公司名称:上海市钢铁汽车运输股份有限公司
地　　址:上海市长江西路 360 号
邮政编码:200441
电　　话:021-56829000

公司名称:黄国苏特恩斯国际集装罐运输有限公司
地　　址:上海市长江南路 109 号
邮政编码:200441
电　　话:021-56447447

公司名称:上海陆海英之杰国际集装箱货运有限公司
地　　址:上海市宝山区逸仙路 2626 号
邮政编码:200441
电　　话:021-56448888

公司名称:上海石化汽车运输货运分公司
地　　址:上海市金山区卫五路 94-98 号
邮政编码:200540
电　　话:021-57940750

公司名称:上海渤海运输公司
地　　址:上海市宝山区泰和路 1288 号
邮政编码:200940
电　　话:021-56670707

公司名称:上海万通货运有限公司
地　　址:上海市逸仙路 4089
邮政编码:200940
电　　话:021-56445834

公司名称:上海新浦运输有限公司
地　　址:上海市顾路镇曹路工业区
邮政编码:200940
电　　话:021-56444547

公司名称:上海国际集装箱汽车运输有限公司
地　　址:上海市宝山区逸仙路 3757 号
邮政编码:200940
电　　话:021-56443223

公司名称:上海华发国际集装箱货运有限公司
地　　址:上海市宝山区逸仙路 3320 号
邮政编码:200940
电　　话:021-56820682

公司名称:上海通捷集装箱运输代理有限责任公司
地　　址:上海市宝山区安达路 240 号
邮政编码:200940
电　　话:021-568203450

公司名称:首浦集装箱货运有限公司
地　　址:上海市宝山区蕴川路 3111 号
邮政编码:200941
电　　话:021-56930458

公司名称:上海恒阳货物运输有限公司
地　　址:上海市沪闵路 7388 号美食街 607 号
邮政编码:201100
电　　话:021-64121611

公司名称:上海经贸协调联运有限公司
地　　址:上海市桃江路 8 号宝庆大厦 7 楼
邮政编码:201101
电　　话:021-65591600

公司名称:南方运输有限公司
地　　址:上海市沪闵路 7388 号南方停车场出口处
邮政编码:201102
电　　话:021-64125275

公司名称:上海予达货运有限公司
地　　址:上海市莲花路 310 弄 58 号 101 室
邮政编码:201102
电　　话:021-64803558

公司名称:广路运输有限公司
地　　址:上海市银都路 3188 号外环线南方停车场边
邮政编码:201108
电　　话:021-64580438

公司名称:上海汇达汽车运输公司
地　　址:上海市南汇县惠南镇城南路 99 号
邮政编码:201300
电　　话:021-58015345

公司名称:上海市朝阳农工商汽车服务总公司
地　　址:上海市南汇县朝阳农场
邮政编码:201324
电　　话:021-58260190

公司名称:上海捷安集装箱运输有限公司
地　　址:上海市金山区朱泾镇亭枫公路548号
邮政编码:201500
电　　话:021-56449231

公司名称:上海豪鑫汽车运输公司
地　　址:上海市金山县漕泾镇营房村1组
邮政编码:201507
电　　话:021-57251387

公司名称:上海金山外运发展有限公司
地　　址:上海市金山区亭卫公路2028号
邮政编码:201508
电　　话:021-57242521

公司名称:上海松江区汽车运输公司
地　　址:上海市松江区乐都路35号
邮政编码:201600
电　　话:021-57823149

公司名称:上海青浦汽车运输有限公司
地　　址:上海市青浦区沪青平公路5710号
邮政编码:201700
电　　话:021-59729748

公司名称:上海外轮代理嘉定货运有限公司
地　　址:上海市嘉定区城中路287号107-108号
邮政编码:201800
电　　话:021-59529460

公司名称:铁路翔铁运贸发展有限公司
地　　址:上海市嘉定区嘉定南翔客站
邮政编码:201802
电　　话:021-59126677

公司名称:富锦汽车运输公司
地　　址:上海市宝山区牡丹江路1875号
邮政编码:201900
电　　话:021-56601310

公司名称:中国海运集团总公司
地　　址:上海市东大名路700号
邮政编码:659662
电　　话:021-65966208

储　　运

公司名称:商业物流中心铁路储运第二分公司
地　　址:上海市黄浦区宁波路349号
邮政编码:200001
电　　话:021-63508786

公司名称:上海五金机械总公司储运经营公司
地　　址:上海市黄浦区九江路445号8楼
邮政编码:200001
电　　话:021-63222010

公司名称:上海中土畜储运包装公司
地　　址:上海市福州路567号4101室
邮政编码:200001
电　　话:021-63517320-147

公司名称:包装景荣储运有限公司
地　　址:上海市黄浦区圆明园路97号
邮政编码:200002
电　　话:021-63212999-521

公司名称:上海家纺储运公司
地　　址:上海市黄浦区北京东路57号
邮政编码:200002
电　　话:021-63218500-31

公司名称:上海商业储运有限公司
地　　址:上海市四川中路133号
邮政编码:200002
电　　话:021-63215170

公司名称:上海市工艺品进出口公司浦东储运公司
地　　址:上海市黄浦区江西中路261号
邮政编码:200002
电　　话:021-63297204

公司名称:上海市联运总公司爱尔思国际货运公司
地　　址:上海市北京东路270号5楼
邮政编码:200002
电　　话:021-63292929

公司名称:上海市联运总公司通联水运分公司
地　　址:上海市南苏州路381号
邮政编码:200002
电　　话:021-63214532

公司名称:日本陆运产业株式会社上海代表处
地　　址:上海市南京西路128号
邮政编码:200003
电　　话:021-63508669

公司名称:上海市联运总公司海运分公司
地　　址:上海市陆家浜路471号3楼
邮政编码:200010
电　　话:021-63080782

公司名称:上海市粮食储运公司
地　　址:上海市南市区中山南路77号(旧81号)
邮政编码:200010
电　　话:021-63263100

公司名称:上海全国土特产食品(集团)公司配销中心
地　　址:上海市卢湾区成都南路45号
邮政编码:200020
电　　话:021-637214460

公司名称:上海熙可储运有限公司
地　　址:上海市淮海中路283号香港广场南楼1304-1305室
邮政编码:200021
电　　话:021-63906310

公司名称:上海经贸世邦储运有限公司
地　　址:上海市瑞金南路1号23楼A座海兴广场
邮政编码:200023
电　　话:021-64185090

公司名称:欣凯实业总公司储运部
地　　址:上海市徐汇区建国西路641号
邮政编码:200030
电　　话:021-64715581

公司名称:中国物资储运上海沪南公司
地　　址:上海市徐汇区中山南二路717号
邮政编码:200032
电　　话:021-64177900

公司名称:威海储运中心(本部)
地　　址:上海市静安区北京西路605弄42号
邮政编码:200041
电　　话:021-62586709

公司名称:上海康诚仓储有限公司
地　　址:上海市中山北路1855号
邮政编码:200061
电　　话:021-62242239

公司名称:上海励仁储运公司
地　　址:上海市普陀区中江路311号
邮政编码:200062
电　　话:021-62591630

公司名称:上海市装卸储运总公司盘湾里公司
地　　址:上海市普陀区中山北路3900号
邮政编码:200063
电　　话:021-62548757

公司名称:南市包装储运公司
地　　址:上海市闸北区江场路1275号
邮政编码:200072
电　　话:021-56656749

公司名称:上海港高阳国际安装储运有限公司
地　　址:上海市虹口区东大名路610号
邮政编码:200080

电　　话:65418950-639

公司名称:上海宏基储运有限公司
地　　址:上海市虹口区海南路 10 号
邮政编码:200080
电　　话:63240040-2141

公司名称:上海市化工轻工总公司储运公司
地　　址:上海市物华路 58 号 6 楼
邮政编码:200080
电　　话:021-65021258

公司名称:上海中化国际仓储运输有限公司
地　　址:上海市虹口区黄浦路 106 号 303 室
邮政编码:200080
电　　话:021-65012199

公司名称:中国物资储运上海公司
地　　址:上海市虹口区四川北路 1510 号
邮政编码:200080
电　　话:021-63063591

公司名称:轶龙储运有限公司
地　　址:上海市长春路 158 号虹叶花苑 1 号楼 19 楼 A 座
邮政编码:200081
电　　话:021-56968399

公司名称:上海中太储运有限公司
地　　址:上海市浦东草高支路 30 号
邮政编码:200082
电　　话:021-65898537

公司名称:中国物资储运上海东南公司
地　　址:上海市虹口区东大名路 815 号
邮政编码:200082
电　　话:021-65126478

公司名称:上海时运储运服务有限公司
地　　址:上海市临平北路 60 弄 1 号 906 室
邮政编码:200086
电　　话:021-65073800

公司名称:上海中艺国际储运有限公司
地　　址:上海市银欣路 38 号
邮政编码:200086
电　　话:021-53937359

公司名称:上海友谊集团储运公司
地　　址:上海市杨浦区共青路 310 号
邮政编码:200090
电　　话:021-65430424

公司名称:上海富林储运有限公司
地　　址:上海市虹口区天宝路 886 号二楼 AB 座
邮政编码:200092
电　　话:021-65152760

公司名称:申宏冷藏储运有限公司
地　　址:上海市周家嘴路 4395 号
邮政编码:200093
电　　话:021-65671818

公司名称:上海浦东新区中集国际贸易储运有限公司
地　　址:上海市浦东新区东方路 818 号众城大厦 11 楼 C 座
邮政编码:200120
电　　话:021-58208432

公司名称:中化国际仓储运输有限公司
地　　址:上海市浦东新区世纪大道 88 号金茂大厦 18 层
邮政编码:200121
电　　话:021-50498899

公司名称:南林储运公司
地　　址:上海市浦东新区三林联丰村
邮政编码:200124
电　　话:021-58428324

公司名称:上海港机储运实业公司
地　　址:上海市浦东新区浦东南路 3500 号
邮政编码:200125
电　　话:021-58395139

公司名称:上海外贸仓储浦东储运公司
地　　址:上海市浦东新区浦东南码头路八号
邮政编码:200125
电　　话:021-58893545

公司名称:上海外贸储运浦东公司
地　　址:上海市浦东新区浦东南码头路 8 号
邮政编码:200125
电　　话:021-58893545-102

公司名称:上海华都储运公司
地　　址:上海市浦东新区耀华路北朱家宅 168 号
邮政编码:200126
电　　话:021-58477288

公司名称:上海荣达仓储运输公司
地　　址:上海市浦东新区莲南路 300 号
邮政编码:200126
电　　话:021-58860888

公司名称:上海中储浦东物资公司
地　　址:上海市浦东新区白莲泾毛家宅 12 号
邮政编码:200126
电　　话:021-58744411

公司名称:盖世仓储(上海)有限公司
地　　址:上海市富特西一路 333 号 5 层 C-4 部位
邮政编码:200131
电　　话:021-68869900

公司名称:国巨仓储贸易(上海)有限公司
地　　址:上海市保税区富特西一路 383 号 A 幢二楼 C 部位
邮政编码:200131
电　　话:021-50643368

公司名称:上海昶宏储运物资公司
地　　址:上海市上海杨高北路 889 号外高桥保税区冰克路 500 号
邮政编码:200131
电　　话:021-58694372

公司名称:上海高安国际储运有限公司
地　　址:上海市浦东新区外高桥保税区英伦路 300 号
邮政编码:200131
电　　话:021-50481588

公司名称:铁联国际储运有限公司
地　　址:上海市外高桥保税区日樱北路 499 号
邮政编码:200131
电　　话:021-50461188

公司名称:综合信兴仓运(上海)有限公司
地　　址:上海市外高桥保税区富特北路 80 号
邮政编码:200131
电　　话:021-58660964

公司名称:上海国储实业公司
地　　址:上海市浦东新区同高路 88 号
邮政编码:200137
电　　话:021-58481687

公司名称:上海凌盛储运公司(本部)
地　　址:上海市浦东新区上海凌桥三岔港 145 号
邮政编码:200137
电　　话:021-58642001

公司名称:上海浦东高桥仓储运输公司
地　　址:上海市浦东新区外高桥江海路 100 号
邮政编码:200137
电　　话:021-58672235

公司名称:上海申保储运公司
地　　址:上海市浦东高桥大同路 153 号
邮政编码:200137

电　　话:021-58672042

公司名称:上海依飞驰集装箱储运有限公司
地　　址:上海市浦东新区浦东高桥杨高路 558 号
邮政编码:200137
电　　话:021-58610728

公司名称:上海市佳龙物资储运有限公司
地　　址:上海市徐汇区龙吴路 2390 号
邮政编码:200232
电　　话:021-64367356

公司名称:兰生股份储运分公司
地　　址:上海市闵行区漕宝路 1300 号
邮政编码:200233
电　　话:021-64701600

公司名称:上海新兴技术开发区物资储运公司
地　　址:上海市徐汇区虹梅路 1698 号
邮政编码:200233
电　　话:021-64850879

公司名称:上海上航储运公司
地　　址:上海市徐汇区朱梅路 15 号
邮政编码:200237
电　　话:021-64102979

公司名称:上海剑昌物资储运公司
地　　址:上海市闵行区闵行剑川路 646 号
邮政编码:200240
电　　话:021-64630306

公司名称:上海医药工业销售公司储运公司
地　　址:上海市普陀区真南路 3375 号
邮政编码:200331
电　　话:021-62508078

公司名称:上海华联配送实业有限公司曹杨分公司
地　　址:上海市普陀区曹杨路 1475 号
邮政编码:200333
电　　话:021-62548345

公司名称:上海市捷强烟草糖酒集团第二配销中心
地　　址:上海市普陀区礼泉路 35 号
邮政编码:200333
电　　话:021-621488940

公司名称:上海市联运总公司集装箱分公司
地　　址:上海市铜川路 311 号
邮政编码:200333
电　　话:021-62571005

公司名称:上海中百实业公司储运经济开发公司
地　　址:上海市普陀区曹杨路 1481 弄 4 号
邮政编码:200333
电　　话:021-62545442

公司名称:上海春秋储运有限责任公司
地　　址:上海市平塘路 171 号
邮政编码:200335
电　　话:021-62397028

公司名称:上海华翼储运有限公司
地　　址:上海市长宁区虹桥路 2550 号空港一路
邮政编码:200335
电　　话:021-62684469

公司名称:上海华铁置业国际集装箱储运有限公司
地　　址:上海市宝山区通南路 288 号
邮政编码:200431
电　　话:021-56992220

公司名称:上海金轮国际集装箱储运公司
地　　址:上海市宝山区长江路 355 号
邮政编码:200431
电　　话:021-56821768

公司名称:上海钱塘外贸储运公司
地　　址:上海市宝山区长江路 415 弄 12 号
邮政编码:200431

电　　话:021-56820721

公司名称:上海欣而达储运有限公司
地　　址:上海市宝山区江杨南路 564 号
邮政编码:200431
电　　话:021-56738320

公司名称:上海新锦储运有限公司
地　　址:上海市宝山区长江南路 415 号
邮政编码:200431
电　　话:021-56144662

公司名称:上海新贸海国际集装箱储运有限公司
地　　址:上海市宝山区长江西路 350 号
邮政编码:200431
电　　话:021-56823737

公司名称:上海伊格尔储运公司
地　　址:上海市杨浦区军工路 1707 号
邮政编码:200432
电　　话:021-65345286

公司名称:上海远洋国际集装箱储运有限公司
地　　址:上海市宝山区军工路 4059 号
邮政编码:200432
电　　话:021-5442500

公司名称:上海三百储运公司
地　　址:上海市杨浦区国权路 83 号
邮政编码:200433
电　　话:021-65431620

公司名称:上海商贸储运发展公司
地　　址:上海市杨浦区政德东路 115 号
邮政编码:200433
电　　话:021-65485417

公司名称:中国冶金进出口上海公司储运分公司
地　　址:上海市杨浦区军工路 1300 号
邮政编码:200433
电　　话:021-65481622

公司名称:上海梅山冶金公司浦东储运分公司
地　　址:上海市宝山区殷高路 1 号
邮政编码:200434
电　　话:021-65425559

公司名称:上海古南储运公司
地　　址:上海市浦东新区高南工业小区
邮政编码:200434
电　　话:021-65427420-47

公司名称:上海海兴远仓集装箱储运有限公司
地　　址:上海市宝山区上海宝山长江南路 58 号
邮政编码:200434
电　　话:021-56145678

公司名称:上海华联配送实业有限公司逸仙路分公司
地　　址:上海市宝山区逸仙路 485 号
邮政编码:200434
电　　话:021-65422385

公司名称:上海启宝储运有限公司
地　　址:上海市宝山区逸仙路 801 号
邮政编码:200434
电　　话:021-65448780

公司名称:上海西麦克商储有限公司
地　　址:上海市宝山区殷高路 1 号
邮政编码:200434
电　　话:021-65310961

公司名称:莱斯储运发展有限公司
地　　址:上海市宝山区 128 纪念路 1033 号
邮政编码:200435
电　　话:021-56990521

公司名称:上海春驹货柜储运有限公司
地　　址:上海市浦东南路 2304 号

邮政编码:200435
电　　话:021-56911874

公司名称:上海市货柜储运总公司
地　　址:上海市闸北区场中路 1915 号
邮政编码:200435
电　　话:021-56791577-65

公司名称:上海佐川急便金洋仓储联运有限公司
地　　址:上海市宝山区南蕴藻路 121 号
邮政编码:200435
电　　话:021-56744973

公司名称:上海隆申泰国际集装箱储运有限公司
地　　址:上海市宝山区南大路 257 号
邮政编码:200436
电　　话:62503880 * 325

公司名称:中国外运上海储运公司
地　　址:上海市宝山区庙行镇场北村
邮政编码:200436
电　　话:021-56991674

公司名称:中国物资储运上海大场公司
地　　址:上海市宝山区南大路 139 号
邮政编码:200436
电　　话:021-56681975

公司名称:国联有限公司储运公司
地　　址:上海市江杨南路 987 号
邮政编码:200439
电　　话:021-56834491

公司名称:上海外贸仓储江湾储运公司
地　　址:上海市宝山区逸仙路 1328 号
邮政编码:200439
电　　话:021-65420105

公司名称:中国外运钱塘公司上海钱塘外贸储运公司
地　　址:上海市长江路 415 弄 168 号
邮政编码:200441
电　　话:021-56441628

公司名称:上海东旺物资储运公司
地　　址:上海市宝山区泰和路 717 弄 65 号
邮政编码:200940
电　　话:021-56672447

公司名称:上海华安集装箱储运有限公司
地　　址:上海市宝山区逸仙路 3718 号
邮政编码:200940
电　　话:021-56441732

公司名称:上海华和国际储运有限公司
地　　址:上海市宝山区逸仙路 4088 号
邮政编码:200940
电　　话:021-56820878

公司名称:上海聚银集装箱储运有限公司
地　　址:上海市宝山区吴淞鹤岗路 301 号 304 室
邮政编码:200940
电　　话:021-56450627

公司名称:上海中创国际集装箱储运有限公司
地　　址:上海市逸仙路 2593 号
邮政编码:200940
电　　话:021-56440380

公司名称:天宝储运有限公司
地　　址:上海市铁山路 158 号
邮政编码:200940
电　　话:021-56846975

公司名称:南京日捆储运实业有限公司上海办事处
地　　址:上海市虹井路金汇花园 73 号 402 室
邮政编码:201103
电　　话:021-64065527

公司名称:五方航运物资储运有限公司

地　　址:上海市沪青平公路 206 弄 8 号 305 室
邮政编码:201105
电　　话:021-64208950

公司名称:华宇货运集团总公司
地　　址:上海市闵行区华翔路 2239 号
邮政编码:201107
电　　话:021-62216657

公司名称:上海宏港散装液体储运有限公司
地　　址:上海市龙吴路 4100 号
邮政编码:201108
电　　话:021-64738484

公司名称:上海江川实业总公司储运港区
地　　址:上海市闵行区彭渡村二组
邮政编码:201111
电　　话:021-64306234

公司名称:上海三联储运公司
地　　址:上海市闵行区鲁汇镇永丰村
邮政编码:201112
电　　话:021-64111182

公司名称:浦东新区装储运公司
地　　址:上海市浦东新区川沙镇川环西路 524 号
邮政编码:201200
电　　话:021-58982318

公司名称:上海浦菱储运有限公司
地　　址:上海市浦东新区浦东南路 2304 号
邮政编码:201203
电　　话:021-50801103-306

公司名称:上海市金桥出口加工区物资储运公司
地　　址:上海市浦东新区浦东伟绩路 257 号
邮政编码:201206
电　　话:021-58992986

公司名称:上海龙桥码头仓储运输公司
地　　址:上海市浦东新区杨园镇龙桥村
邮政编码:201208
电　　话:021-58631759

公司名称:上海浦东新区杨波装卸储运中心
地　　址:上海市浦东新区东高路 510 号
邮政编码:201208
电　　话:021-58658327

公司名称:上海更新储运贸易有限公司
地　　址:上海市南汇县宣桥镇南首
邮政编码:201314
电　　话:021-58181145

公司名称:上海浦江联运公司(本部)
地　　址:上海市奉贤县南奉公路 89 号
邮政编码:201400
电　　话:021-57420213

公司名称:吉运物资储运有限公司
地　　址:上海市金山县朱行镇运河村
邮政编码:201506
电　　话:021-57271720

公司名称:上海市松江装卸储运公司
地　　址:上海市松江县松米公路大浜堆场
邮政编码:201611
电　　话:021-57833804

公司名称:上海市松江工业区储运有限公司
地　　址:上海市松江工业区洞泾路 8 号
邮政编码:201613
电　　话:021-57831993

公司名称:上海外贸仓储解放岛储运公司
地　　址:上海市闵行区纪王镇解放岛
邮政编码:201812
电　　话:021-62210322

公司名称:宝山区华洋储运(集团)有限公司

地　　址:上海市宝山区城一村 17 号乙
邮政编码:201900
电　　话:021-56691256

公司名称:宝胜储运有限公司
地　　址:上海市宝山区密山二村 52 号 103 室
邮政编码:201900
电　　话:021-56782149

公司名称:上海联威集装箱储运有限公司
地　　址:上海市宝杨路 2488 号
邮政编码:201900
电　　话:021-56124321

公司名称:上海宝山储运公司
地　　址:上海市宝山区蕴川路 1860 号
邮政编码:201901
电　　话:021-56808611

公司名称:上海宝铁储运公司
地　　址:上海市宝山区杨行镇城西一村
邮政编码:201901
电　　话:021-66680673

公司名称:上海北宗集装箱储运有限公司
地　　址:上海市宝山区宝山杨行北宗村严江
邮政编码:201901
电　　话:021-56801268

公司名称:上海沪宝储运公司
地　　址:上海市宝山区杨泰路 765 号
邮政编码:201901
电　　话:021-56800344

公司名称:上海康德利集装箱储运有限公司
地　　址:上海市宝山区泰和路 1800 号
邮政编码:201901
电　　话:021-56801982

公司名称:上海龙达国际集装箱储运有限公司
地　　址:上海市泰和路 1175 号
邮政编码:201901
电　　话:021-56845275

公司名称:上海日中大黄储运有限公司
地　　址:上海市蕴川路 889 号
邮政编码:201901
电　　话:021-56800272

公司名称:上海深宝储运贸易有限公司
地　　址:上海市宝山区杨泰路 750 号
邮政编码:201901
电　　话:021-56805805

公司名称:上海淞宝储运有限公司
地　　址:上海市宝山区杨行镇钱湾村
邮政编码:201901
电　　话:021-56802604

公司名称:上海外运淞宝储运有限公司
地　　址:上海市泰和路 2062 号
邮政编码:201901
电　　话:021-56805130

公司名称:上海杨宝物资储运公司
地　　址:上海市宝山区宝安公路 88 号
邮政编码:201901
电　　话:021-56807321

公司名称:上海中日大黄储运有限公司
地　　址:上海市宝山区蕴川路 889 号
邮政编码:201901
电　　话:021-56800272

公司名称:上海亚太国际集装箱储运有限公司
地　　址:上海市蕴川路 489 号
邮政编码:201907
电　　话:021-56490100

仓　储

公司名称:上海可尼德仓储有限公司
地　　址:上海市降江路 338 号 1508 室
邮政编码:200001
电　　话:021-63606928

公司名称:食品集团公司仓储运输公司
地　　址:上海市黄浦区四川中路 147 号
邮政编码:200002
电　　话:021-63214780

公司名称:上海复发中记冷藏有限公司
地　　址:上海市龙吴路 4100 号
邮政编码:200010
电　　话:021-63188200

公司名称:上海宝安贸易仓储有限公司
地　　址:上海市外高桥保税区 D5-009 地块
邮政编码:200040
电　　话:021-52986118

公司名称:良申仓储实业有限公司
地　　址:上海市静安区南苏州路 1455 号
邮政编码:200041
电　　话:021-62550027

公司名称:上海盈业仓储有限公司
地　　址:上海市长宁区寓园路 865 弄 36 号 402 室
邮政编码:200050
电　　话:021-62517459

公司名称:上海长江有色金属仓储贸易有限公司
地　　址:上海市中山北路 2550 号 3 楼/外高桥保税区冰克路 500 号 A 幢 A-4
邮政编码:200063
电　　话:021-62439296-76

公司名称:长城仓储有限公司
地　　址:上海市汶水路 301 号
邮政编码:200072
电　　话:021-66522789

公司名称:上海航道仓储公司
地　　址:上海市杨浦区共青路 82 弄 10 号
邮政编码:200090
电　　话:021-65201325

公司名称:上海华复仓储贸易公司
地　　址:上海市杨浦区共青路 41 号
邮政编码:200090
电　　话:021-65432342

公司名称:上海华荣石油化工仓储有限公司
地　　址:上海市四平路 1188 号 805 室
邮政编码:200092
电　　话:021-65018826

公司名称:哈曼上海仓储国际贸易有限公司
地　　址:上海市外高桥保税区芬辛路 20 号 A 楼三层 E-K 部位
邮政编码:200120
电　　话:021-38870148

公司名称:上海国储天威仓储有限公司
地　　址:上海市浦东新区松林路 300 号期货大厦 2205 室
邮政编码:200122
电　　话:021-68402666

公司名称:三灵金属材料仓储中心
地　　址:上海市上南路 4160 号
邮政编码:200124
电　　话:021-58411726

公司名称:上海浦发仓储有限公司
地　　址:上海市南码头中路八号
邮政编码:200125
电　　话:021-58893545

公司名称:上海三钢艾南仓储有限公司
地　　址:上海市浦东新区浦三路 1181 号
邮政编码:200125
电　　话:021-58814718

公司名称:上海中铁仓储有限公司
地　　址:上海市浦东新区杨新路 60 号
邮政编码:200126
电　　话:021-56977889

公司名称:上海耀星仓储有限公司
地　　址:上海市浦东新区耀华路 528 号
邮政编码:200127
电　　话:021-58470683

公司名称:上海源深仓储公司
地　　址:上海市浦东新区峨山路 98 号
邮政编码:200127
电　　话:021-58730078

公司名称:埃肯国际仓储贸易(上海)有限公司
地　　址:上海市外高桥保税区 F 区市场商务楼二层 250 室
邮政编码:200131
电　　话:021-50476600

公司名称:浦世天存储(上海)有限公司
地　　址:上海市外高桥保税区荷丹路 68 号
邮政编码:200131
电　　话:021-64186110

公司名称:上海大友国际仓储有限公司
地　　址:上海市外高桥保税区 B 区 07 地块芬平路 1 号
邮政编码:200131
电　　话:021-58663936

公司名称:上海虹港仓储公司
地　　址:上海市浦东新区外高桥保税区富特北路 197 号
邮政编码:200131
电　　话:021-58661064

公司名称:上海华展仓储贸易有限公司
地　　址:上海市外高桥保税区华申路 168 号
邮政编码:200131
电　　话:021-58665362

公司名称:上海华庄仓储有限公司
地　　址:上海市外高桥保税区 B 区日滨路 88 号
邮政编码:200131
电　　话:021-58695666

公司名称:上海住友仓储有限公司
地　　址:上海市外高桥保税区华申路 80 号高航一号楼三楼 301 室
邮政编码:200131
电　　话:021-58662032

公司名称:通用汽车仓储贸易(上海)有限公司
地　　址:上海市保税区 B 区日滨路 76 号
邮政编码:200131
电　　话:021-58690088

公司名称:悉沪肉类冷藏(上海)有限公司
地　　址:上海市外高桥保税区日京路 169 号二楼 B 部位
邮政编码:200131
电　　话:021-58660710

公司名称:浦东新区生产资料总公司仓储公司
地　　址:上海市浦东新区钦洋镇西华村诸王塘 73 号
邮政编码:200135
电　　话:021-58632030

公司名称:上海纺织物资供应公司浦东仓储公司
地　　址:上海市浦东新区浦东泾南路 126 号
邮政编码:200135
电　　话:021-58339789

公司名称:上海浦东中舟仓储公司
地 址:上海市浦东新区唐陆路1268号
邮政编码:200135
电 话:021-58605655

公司名称:上海源生实业公司仓栈
地 址:上海市浦东新区浦东大道1838号
邮政编码:200135
电 话:021-58858962

公司名称:高桥仓储运输公司
地 址:上海市浦东新区外高桥江海路100号
邮政编码:200137
电 话:021-58672235

公司名称:嘉汉木业仓储贸易(上海)有限公司
地 址:上海市保税区奥纳路181号联成综合楼七层B部位
邮政编码:200137
电 话:021-62312036

公司名称:上海港城危险品仓储有限公司
地 址:上海市浦东新区浦兴路5819号
邮政编码:200137
电 话:021-58614811

公司名称:上海金昌仓储公司
地 址:上海市浦东新区浦东草高路1934号
邮政编码:200137
电 话:021-58642133

公司名称:上海乐意海运仓储有限公司
地 址:上海市随塘路28号
邮政编码:200137
电 话:021-58483668

公司名称:上海新元仓储有限公司
地 址:上海市港城路828号
邮政编码:200137
电 话:021-58617520

公司名称:上海住鑫物资储运有限公司
地 址:上海市徐汇区老沪闵路383号
邮政编码:200231
电 话:021-64705270

公司名称:上海吴泾冷藏公司
地 址:上海市龙漕路222号(商务西楼)
邮政编码:200233
电 话:021-64848495

公司名称:长桥仓储贸易公司
地 址:上海市徐汇区老沪闵路1070号
邮政编码:200237
电 话:021-64102430

公司名称:上海市化工轻工总公司长桥仓储贸易公司
地 址:上海市徐汇区老沪闵路1070号
邮政编码:200237
电 话:021-64102430

公司名称:上海市土产物资总公司朱行仓储公司
地 址:上海市徐汇区罗秀路
邮政编码:200237
电 话:021-64770369

公司名称:上海新闵仓储公司
地 址:上海市闵行区闵行新闵路底
邮政编码:200240
电 话:021-64357641

公司名称:高汇自动化立库实业有限公司
地 址:上海市真南路450号同济大学
邮政编码:200331
电 话:021-62504239

公司名称:上海申灵仓储公司
地 址:上海市普陀区桃浦镇金光村
邮政编码:200331
电 话:021-62503562

公司名称:上海新杨仓储有限公司
地　　址:上海市普陀区南大路 2088 号
邮政编码:200331
电　　话:62508888-8208

公司名称:上海万安仓储实业公司
地　　址:上海市普陀区真北路 801 号
邮政编码:200333
电　　话:021-62652869

公司名称:化轻总公司虹桥仓储公司
地　　址:上海市长宁区陵园路 121 号
邮政编码:200335
电　　话:021-64386010

公司名称:上海东亚运输仓储有限公司
地　　址:上海市浦东新区耀华支路 100 号甲
邮政编码:200432
电　　话:021-56441708

公司名称:永康仓储有限公司
地　　址:上海市杨浦区军工路 1300 号
邮政编码:200433
电　　话:021-65483939

公司名称:国际集团仓储有限公司
地　　址:上海市宝山区吉浦路 521 号
邮政编码:200434
电　　话:021-65447060

公司名称:上海凉城仓储包装有限公司
地　　址:上海市虹口区车站北路 609 号
邮政编码:200434
电　　话:021-65449081

公司名称:上海安达联运总公司仓储分公司
地　　址:上海市闸北区共和新路 3588 号
邮政编码:200435
电　　话:021-56912620

公司名称:上海庙行仓储实业公司
地　　址:上海市宝山区共和新路 4730 号
邮政编码:200435
电　　话:021-56991061

公司名称:上海申发仓储实业公司
地　　址:上海市宝山区纪蕴路 100 号
邮政编码:200435
电　　话:021-56992563

公司名称:化工轻工总公司桃浦仓储公司
地　　址:上海市宝山区南大路 478 号
邮政编码:200436
电　　话:021-62506616

公司名称:上海申桥投资发展有限公司申桥仓储分公司
地　　址:上海市宝山区沪太支路 2016 弄 100 号
邮政编码:200436
电　　话:021-56682414

公司名称:塘南仓储有限公司
地　　址:上海市闸北区沪太支路 615 弄 28 号
邮政编码:200436
电　　话:021-56688675

公司名称:中成上海物流仓库
地　　址:上海市中山北一路 1250 号沪办大厦 1 号楼 1106 精通
邮政编码:200441
电　　话:021-56441631

公司名称:上海石化长治实业有限公司仓库
地　　址:上海市金山县金山卫石化地区松金路亭卫公路口
邮政编码:200540
电　　话:021-57936374

公司名称:上海华发仓储贸易公司
地　　址:上海市宝山区安达路 31 号

邮政编码:200940
电　　话:021-56821124

公司名称:上海华海仓储运输有限责任公司
地　　址:上海市宝山区逸仙路3063号
邮政编码:200940
电　　话:021-56821616-52827

公司名称:上海新华仓储公司
地　　址:上海市宝山区泰和路杨盛河桥堍西浜村
邮政编码:200940
电　　话:021-56801966

公司名称:南莘仓储公司
地　　址:上海市闵行区莘朱路二号桥
邮政编码:201100
电　　话:021-64922571

公司名称:闵行区华漕仓储服务公司
地　　址:上海市闵行区华漕镇华美路1号
邮政编码:201106
电　　话:021-62202990

公司名称:上海申联仓储公司
地　　址:上海市闵行区申兴路519号
邮政编码:201108
电　　话:021-64895803

公司名称:上海电气(集团)仓储有限公司
地　　址:上海市闵行区沪闵路2018号
邮政编码:201109
电　　话:021-64906088

公司名称:上海惠农仓储有限公司
地　　址:上海市闵行区鲁汇镇鲁惠路1号
邮政编码:201112
电　　话:021-64111954

公司名称:中国木材公司华东储运公司仓库
地　　址:上海市闵行区杜行镇勤俭村
邮政编码:201112
电　　话:021-64110165

公司名称:上海爱舒制衣有限公司仓储实业公司
地　　址:上海市闵行区陈行镇东首
邮政编码:201114
电　　话:021-64112039

公司名称:上海陈浦仓储有限公司
地　　址:上海市闵行区闵行区陈行镇浦江村
邮政编码:201114
电　　话:021-64112012

公司名称:上海菱华仓储服务有限公司
地　　址:上海市张江高科技园区A2-30地块
邮政编码:201203
电　　话:5080-0107

公司名称:上海良申仓储实业有限公司
地　　址:上海市浦东新区莲安西路125弄125号
邮政编码:201204
电　　话:021-58912528

公司名称:飞腾仓储有限公司
地　　址:上海市金桥镇三桥村
邮政编码:201206
电　　话:021-50314762

公司名称:金立仓储有限公司
地　　址:上海市金穗路1891号
邮政编码:201206
电　　话:021-58544075

公司名称:陆欣仓储有限公司
地　　址:上海市金桥出口加工区金穗路363号
邮政编码:201206
电　　话:021-58992470

公司名称:镇兵仓储有限公司
地　　址:上海市顾高路488号向南300米张家宅

48 号
邮政编码:201208
电　　话:021-38980084

公司名称:浦东新区生贸总公司民健仓储公司
地　　址:上海市浦东新区浦东上川公路 4698 号
邮政编码:201209
电　　话:021-58633710

公司名称:上海和美仓储有限公司
地　　址:上海市浦东康桥路 1385 号
邮政编码:201315
电　　话:021-58120098

公司名称:上海大中仓储有限公司
地　　址:上海市南汇县下沙镇大中窑车站东首
邮政编码:201317
电　　话:021-58148338

公司名称:上海建锋物资仓储有限公司
地　　址:上海市松江县车墩得胜村
邮政编码:201611
电　　话:021-57601522

公司名称:上海华寅仓储有限公司
地　　址:上海市松江区九亭镇小寅村
邮政编码:201615
电　　话:021-57638703

公司名称:上海东华行仓储有限公司
地　　址:上海市青浦县华民经济发展区
邮政编码:201708
电　　话:021-64397947

公司名称:上海造纸南翔仓储有限公司
地　　址:上海市嘉定区南翔工业开发区济翔路 501 号
邮政编码:201802
电　　话:021-59177869

物流设备

公司名称:美国吉尼公司上海代表处
地　　址:上海市西藏中路 18 号港陆广场 1203 室
邮政编码:200001
电　　话:021-53853768 53853769

公司名称:胜斐尔仓储系统(昆山)有限公司
地　　址:上海市北京东路 668 号上海科技京城西楼 17D 室
邮政编码:200001
电　　话:021-53531084 53083678

公司名称:村田机械(株)中国销售代理
地　　址:上海市北京东路 40 号友谊大楼 706 室
邮政编码:200002
电　　话:021-53080661

公司名称:启豪系统(中国)有限公司
地　　址:上海市苏州路 333 号华隆大厦 16 号楼 C 座
邮政编码:200002
电　　话:021-636181061

公司名称:上海维拓机械工程有限公司
地　　址:上海市黄浦区中山东一路 13 号
邮政编码:200002
电　　话:021-57761887

公司名称:易格斯拖链轴承仓储贸易(上海)有限公司
地　　址:上海市卢湾区淮海中路 1 号柳林大厦 1 号 1808 室
邮政编码:200021
电　　话:021-63869430

公司名称:上海金燕仓储设备有限公司
地　　址:上海市中山南一路 538 号 408 室
邮政编码:200023
电　　话:021-63025116 63024469

公司名称:德马格起重机械(上海)有限公司
地　　址:上海市天钥桥路30号美罗大厦606室
邮政编码:200030
电　　话:021-64267088

公司名称:上海拓野物流设备有限公司
地　　址:上海市虹桥路808号
邮政编码:200030
电　　话:021-64869918 64869921

公司名称:协固国际股份有限公司
地　　址:上海市槽溪北路38号3楼H座
邮政编码:200030
电　　话:021-64401088

公司名称:派克汉尼汾香港有限公司上海办事处
地　　址:上海市淮海中路1325号百富勤广场1101室
邮政编码:200031
电　　话:021-64459339

公司名称:上海乐克欣建筑工业有限公司
地　　址:上海市徐汇区岳阳路58#凯悦大楼405室
邮政编码:200031
电　　话:021-64748503 64669986

公司名称:上海麦克曼输送设备有限公司
地　　址:上海市徐汇区斜土路1755号510室
邮政编码:200032
电　　话:021-6401145

公司名称:百特科货运装卸技术私人有限公司
地　　址:上海市延安中路841号 东方海外大厦907室
邮政编码:200040
电　　话:021-62892045

公司名称:芬兰百科特货运装卸技术公司中国代表处
地　　址:上海市延安中路841号1608室
邮政编码:200040
电　　话:021-62892045 62793777

公司名称:诺新仓储设备有限公司
地　　址:上海市常德路809号316室
邮政编码:200040
电　　话:021-50800107

公司名称:上海诺新仓储设备有限公司
地　　址:上海市常德路809号好顺商务中心316室
邮政编码:200040
电　　话:021-62278671

公司名称:优集系统(香港)有限公司
地　　址:上海市南京西路1515号嘉里中心1601-1605
邮政编码:200040
电　　话:021-62898000

公司名称:科尼起重机(上海)有限公司
地　　址:上海市遵义路107号安泰大楼1205-1206室
邮政编码:200051
电　　话:021-62375180

公司名称:台朔重工(广州)有限公司上海办事处
地　　址:上海市中山西路179号虹桥世家花园3楼
邮政编码:200051
电　　话:021-62283105

公司名称:上海先达条码技术有限公司
地　　址:上海市江宁路1306号燕兴大厦8楼
邮政编码:200060
电　　话:021-62463399

公司名称:日东电子设备有限公司
地　　址:上海市曹杨路362弄15号金阳大厦1101-1103室

邮政编码:200063
电　　话:021-62441231

公司名称:上海银天自动化工程有限公司
地　　址:上海市中山北路 2280 号银天大楼
邮政编码:200063
电　　话:021-62057718-8308 8306

公司名称:安博起重设备贸易(上海)有限公司
地　　址:上海市汉中路 158 号汉中广场 1505 室
邮政编码:200070
电　　话:021-63548400

公司名称:南京菲尼克斯电气有限公司上海代表处
地　　址:上海市天目西路 218 号嘉里不夜城 A 座 1203 室
邮政编码:200070
电　　话:021-63546924

公司名称:上海倍加福自动化有限公司
地　　址:上海市中山北路谈家桥路 163 弄 9 号
邮政编码:200070
电　　话:021-56525989 56526663

公司名称:上海富霖仓储设备有限公司
地　　址:上海市沪太路 655 弄金纺大厦 3 号楼 703 室
邮政编码:200070
电　　话:021-56538937

公司名称:上海振达仓储实业公司
地　　址:上海市长安路 920 号三楼
邮政编码:200070
电　　话:021-63546880

公司名称:英国多福制动器有限公司上海代表处
地　　址:上海市天目中路 307 号
邮政编码:200070
电　　话:021-63175972 63175973

公司名称:德国 LUTZE 公司(中国)
地　　址:上海市灵石路 896 弄 20 号
邮政编码:200072
电　　话:021-56523683 56523336 转 812

公司名称:上海大陆起重机械制造有限公司
地　　址:上海市平型关路 481 号
邮政编码:200072
电　　话:021-59946765

公司名称:上海大学鑫升科技开发经营公司
地　　址:上海市广延路 350 弄 11 号 504 室
邮政编码:200072
电　　话:021-56337397

公司名称:上海电力环保设备总厂
地　　址:上海市广中路 1001 号
邮政编码:200072
电　　话:021-56650088

公司名称:上海柯耐楚克起重运输机械有限公司
地　　址:上海市广中路 701 号
邮政编码:200072
电　　话:021-56772298

公司名称:上海起重运输机械厂
地　　址:上海市闸北区广中路 701 号
邮政编码:200072
电　　话:021-56650077

公司名称:上海起重运输机械厂 ΩH 成套输送系统工程部
地　　址:上海市广中路 701 号
邮政编码:200072
电　　话:021-56650077-1177 56652356

公司名称:上海万荣起重机械设备有限公司
地　　址:上海市平型关路 481 号
邮政编码:200072
电　　话:021-56770960

公司名称:上海哈帝仓储设备有限公司
地　　址:上海市广灵四路341弄1号
邮政编码:200083
电　　话:021-56085609

公司名称:上海市机械设备成套集团科贸公司
地　　址:上海市甘肃路140号
邮政编码:200085
电　　话:021-63251662

公司名称:金诺标准件有限公司
地　　址:上海市长阳路2481号
邮政编码:200090
电　　话:021-65438699

公司名称:上海中立升降机厂
地　　址:上海市北张家浜路68号
邮政编码:200122
电　　话:021-58300461

公司名称:上海港机股份有限公司
地　　址:上海市浦东区浦东南路3500号
邮政编码:200125
电　　话:021-58392564

公司名称:上海海昌港机研究所
地　　址:上海市浦东南路3456号江天宾馆804室
邮政编码:200125
电　　话:(021)58705870-2804

公司名称:上海振华港口机械股份有限公司
地　　址:上海市浦东南路3470号
邮政编码:200125
电　　话:021-58396666

公司名称:丹麦克瑞斯普蓝公司上海办事处
地　　址:上海市浦东大道1089号中信五牛城B座启泰阁7楼H室
邮政编码:200135
电　　话:021-38820229

公司名称:科赛物流设备系统(上海)有限公司
地　　址:上海市外高桥保税区西雅路350号
邮政编码:200137
电　　话:021-50460971

公司名称:上海环宇科技有限公司
地　　址:上海市桂林路585号华利公寓103室
邮政编码:200233
电　　话:021-64518016 64517493

公司名称:上海铭星国际贸易有限公司
地　　址:上海市徐汇区宜山路758号
邮政编码:200233
电　　话:021-64516312

公司名称:上海上尚自动化技术有限公司
地　　址:上海市虹梅路漕河泾新兴技术开发区2008号虹梅大楼2F
邮政编码:200233
电　　话:021-64956231 649562321-15

公司名称:上海上杨仓储设备有限公司
地　　址:上海市徐汇区虹梅路1488号
邮政编码:200233
电　　话:021-64369206

公司名称:上海天睿物流设备有限公司
地　　址:上海市宜山路822号414室
邮政编码:200233
电　　话:021-54260656

公司名称:太禾金属结构件制造有限公司日本冈村制作所华东区总代
地　　址:上海市虹梅南路1755号梅陇工业园A区1号
邮政编码:200237
电　　话:021-64530300 64530200 642829

公司名称:大福自动化物流设备(上海)有限公司
地　　址:上海市娄山关路83号新虹桥中心大厦

2450 室
邮政编码:200336
电　　话:021-62368600

公司名称:瑞集(上海)仓储设备有限公司
地　　址:上海市龙漕路 222 号双冠商务中心 306 室
邮政编码:200421
电　　话:021-64844177

公司名称:上海晓宝企业发展有限公司晓宝仓储设备分公司
地　　址:上海市杨浦区闸殷路 155 号
邮政编码:200432
电　　话:021-65050011

公司名称:晓宝仓储设备分公司
地　　址:上海市闸殷路 155 号
邮政编码:200432
电　　话:021-65749234

公司名称:林德-厦门叉车有限公司上海分公司
地　　址:上海市吴中路 2325 号
邮政编码:201101
电　　话:021-64783311

公司名称:欧麟物流有限公司
地　　址:上海市漕宝路 1555 号雅典园 6 号 101 室
邮政编码:201101
电　　话:021-64192701

公司名称:上海丰田叉车(合中叉车有限公司)
地　　址:上海市南大路 373 号
邮政编码:201101
电　　话:021-54495050

公司名称:世仓物流设备(上海)有限公司
地　　址:上海市闵行区中春路 7333 弄 93 号
邮政编码:201101
电　　话:021-54865626

公司名称:上海冠恒工业设备有限公司
地　　址:上海市虹梅路有 3211 号泰豪大厦 2F
邮政编码:201103
电　　话:021-64466092

公司名称:上海源流科技有限公司
地　　址:上海市虹梅路 3211 号泰豪大厦 5 楼
邮政编码:201103
电　　话:021-64461108

公司名称:上海源流科技有限公司
地　　址:上海市虹梅路 3211 号泰豪大厦 5 楼
邮政编码:201103
电　　话:021-64461108

公司名称:上海精星仓储设备工程有限公司(原上海金星货架厂)
地　　址:上海市闵行区莘庄工业区申南路 505 号
邮政编码:201108
电　　话:021-64897202

公司名称:上海十通储存设备有限公司
地　　址:上海市闵行区龙吴路 3188 号
邮政编码:201108
电　　话:021-64341812

公司名称:上海航谊叉车厂
地　　址:上海市浦东新区王港乡大丰村工业小区内
邮政编码:201201
电　　话:021-58580830

公司名称:上海豪力起重机械有限公司
地　　址:上海市浦东新区和庆镇东川公路 5708 号
邮政编码:201201
电　　话:021-58971138 58971717

公司名称:上海市合庆起重设备厂
地　　址:上海市合庆镇北首
邮政编码:201201
电　　话:021-56651437

公司名称:上海海斯特叉车制造有限公司
地　　址:上海市浦东金桥出口加工区桥路588号
邮政编码:201206
电　　话:021-58340066

公司名称:上海正源起重设备有限公司
地　　址:上海市南汇县祝桥镇三八桥
邮政编码:201323
电　　话:021-58107599

公司名称:上海力卡塑料托盘制造厂
地　　址:上海市金山区漕泾镇新农贸市场北面
邮政编码:201507
电　　话:021-57251540 57255603

公司名称:上海日豪塑料制品有限公司
地　　址:上海市金山区漕泾镇共建路138号
邮政编码:201507
电　　话:021-87251542

公司名称:力至优叉车(上海)有限公司
地　　址:上海市松江工业区佘山分区兴业路6号
邮政编码:201602
电　　话:021-57792111

公司名称:上海图龙仓储设备有限公司
地　　址:上海市松江区佘山镇河东街4号
邮政编码:201602
电　　话:021-57658997

公司名称:上海雄风起重设备厂
地　　址:上海市松江区佘山镇朱姚村
邮政编码:201602
电　　话:021-57792855

公司名称:上海叉车有限公司
地　　址:上海市青浦区青安路694号
邮政编码:201700
电　　话:021-59201462

公司名称:上海柳工叉车有限公司
地　　址:上海市青浦区青安路694号
邮政编码:201700
电　　话:021-59201462(总机) 59200002

公司名称:上海青浦起重运输设备厂有限公司
地　　址:上海市青浦工业园区华青路815号
邮政编码:201700
电　　话:021-69211558

公司名称:上海三捷物流设备厂
地　　址:上海市青浦区徐泾陆家角475号
邮政编码:201702
电　　话:021-59760563

公司名称:上海起帆 斯凯特 佩纳机械有限公司
地　　址:上海市青浦区朱家角沪青平公路6098-6099号
邮政编码:201713
电　　话:021-59240052-32

公司名称:上海市黄渡起重机械厂
地　　址:上海市嘉定区黄渡镇曹安路4618号
邮政编码:201804
电　　话:021-59596451

公司名称:上海协通输送机械有限公司
地　　址:上海市嘉定区嘉戬公路303号
邮政编码:201822
电　　话:021-59512843

公司名称:上海冶金起重设备厂
地　　址:上海市宝扬路3320号
邮政编码:201901
电　　话:021-56805214 56801555

公司名称:上海贝尔有限公司
地　　址:上海市浦东宁桥路388号
邮政编码:210206
电　　话:021-58541240

天　津　市

物流与速递

公司名称:**国航天津特快专递服务部**
地　　址:天津市塘沽区开发区洞庭路政法大楼
邮政编码:300000
电　　话:022-25325760

公司名称:**天津市航铁物流服务有限公司**
地　　址:天津市河北区建国道84号
邮政编码:300010
电　　话:022-24450334

公司名称:**天津中国外运集团**
地　　址:天津市和平区曲阜道80号
邮政编码:300042
电　　话:022-23112375

公司名称:**天津天汽物流有限公司**
地　　址:天津市开发区欣园小区15号
邮政编码:300050
电　　话:022-25192566

公司名称:**大田(集团)有限责任公司**
地　　址:天津市河西区围堤道127号天信大厦23层
邮政编码:300074
电　　话:022-28408333

公司名称:**天津市航铁物流服务**
地　　址:天津市河北区建国道84号
邮政编码:300100
电　　话:022-24450334

公司名称:**天津宝运国际物流有限公司**
地　　址:天津市河北区中山路290号万科中心大厦24层
邮政编码:300141
电　　话:022-26228888 26225588

公司名称:**雅思柏民航快递有限公司**
地　　址:天津市河东区六纬路147号
邮政编码:300170
电　　话:022-23666624

公司名称:**天津市物流货运中心**
地　　址:天津市河北区金钟河大街与外环经交口北侧
邮政编码:300240
电　　话:022-26150283 26335987 26755779

公司名称:**天津市塘沽滨海物流**
地　　址:天津市塘沽区金光路3399号
邮政编码:300455
电　　话:022-25394676

公司名称:**天津市塘沽滨海物流有限责任公司**
地　　址:天津市塘沽区金光路3399号
邮政编码:300455
电　　话:022-25394676

公司名称:**天津港保税区三环物流实业发展有限公司**
地　　址:天津港保税区南一路29号B-206室
邮政编码:300456
电　　话:022-25706453

公司名称:**天津天保国际物流**
地　　址:天津港保税区海滨6路29号
邮政编码:300456
电　　话:022-25761615

公司名称:**天津天保国际物流有限公司**
地　　址:天津港保税区海滨6路29号
邮政编码:300456

电　　话:022-25761065

公司名称:天津市双沣物流有限公司
地　　址:天津市开发区阳光花园二期 3-102
邮政编码:300457
电　　话:022-25280230

物流信息服务

公司名称:天津奥特玛特物流设备
地　　址:天津市南开区双峰道红勘标志大厦
邮政编码:300073
电　　话:022-27389448

公司名称:天津 UNT 优尼泰国际电脑公司
地　　址:天津市河西区围堤道 146 号
邮政编码:300201
电　　话:022-88239318

货运代理

公司名称:天津船务代理
地　　址:天津市和平区曲阜道 80 号
邮政编码:300000
电　　话:022-23304246

公司名称:天津中海国际货运
地　　址:天津市开发区第二大街兆发新村 8 号
邮政编码:300000
电　　话:022-25325510

公司名称:天津中远国际航空货运代理
地　　址:天津市河北区远洋广场 1 号远洋大厦 22 层
邮政编码:300000
电　　话:022-24205826

公司名称:天津中远国际货运有限公司
地　　址:天津市河北区龙门大厦 E 区三门 4-5 楼
邮政编码:300010
电　　话:022-24305423

公司名称:天津市天航国际船务代理公司
地　　址:天津市河东区海河东路邮政公寓后
邮政编码:300010
电　　话:022-24303047

公司名称:天津天荣国际货运开发有限公司
地　　址:天津市南京路 58 号外贸化工大楼 5 楼
邮政编码:300020
电　　话:022-23305840

公司名称:天津天船国际船舶代理公司
地　　址:天津市和平区保定道 33 号新华大厦 2505 室
邮政编码:300040
电　　话:022-23128815

公司名称:天津(中国)外轮代理
地　　址:天津市河西区徐州道 5 号外代大厦 4 楼
邮政编码:300042
电　　话:022-23303562

公司名称:天津华城国际货运服务有限公司
地　　址:天津市河西区南京路 58 号
邮政编码:300042
电　　话:022-23129604

公司名称:天津全运国际运输服务有限公司
地　　址:天津市和平区建设路 89 号乙区 1 门 202
邮政编码:300042
电　　话:022-23110176

公司名称:威球国际货运服务(天津)有限公司
地　　址:天津市河西区南京路 66 号凯旋门大厦 B 座 20B
邮政编码:300042
电　　话:022-23133055

公司名称:国际航空(天津)服务中心
地　　址:天津市和平区南京路 113 号
邮政编码:300050

电　　话:022-23394803

公司名称:嘉华(天津)中际运输服务有限公司
地　　址:天津市和平区重庆道 106 号
邮政编码:300050
电　　话:022-23319567

公司名称:亚克国际运输(天津)有限公司
地　　址:天津市开发区欣园小区五栋
邮政编码:300050
电　　话:022-23288198

公司名称:中阳货运服务(天津)有限公司
地　　址:天津市和平区南京路 129 号市贸广场 B 座 1001 室
邮政编码:300050
电　　话:022-27113045

公司名称:天津市外企航空服务中心
地　　址:天津市和平区民园街南京路 129 号
邮政编码:300051
电　　话:022-27113322

公司名称:天津天虹货运代理
地　　址:天津市和平区岳阳道鼎合里 5 门 101
邮政编码:300051
电　　话:022-23123114

公司名称:华夏环球国际运输有限公司
地　　址:天津市和平区南京路 305 号
邮政编码:300052
电　　话:022-27313907

公司名称:天津北方英特国际贸易货运有限公司
地　　址:天津市河西区紫金山路 67 号
邮政编码:300061
电　　话:022-28359885

公司名称:富得天津国际贸易运输服务有限公司
地　　址:天津市河西区气象路 52 号
邮政编码:300074
电　　话:022-23345157

公司名称:天津大田航空代理
地　　址:天津市河南西区围堤道 127 号天信大厦
邮政编码:300074
电　　话:022-28408333-350

公司名称:天津国际船务代理
地　　址:天津市河西区围堤道 212 号
邮政编码:300074
电　　话:022-23519221

公司名称:天津华捷国际运输代理有限公司天津分公司
地　　址:天津市河西区友谊路 6 号 601 室
邮政编码:300074
电　　话:022-28130945

公司名称:天津市天海国际船务代理公司
地　　址:天津市河西区马场街围堤道 212 号
邮政编码:300074
电　　话:022-23519221

公司名称:天津市天海货运代理公司
地　　址:天津市河西区马场街围堤道 212 号
邮政编码:300074
电　　话:022-23519221

公司名称:新海安(天津)国际货物分拨有限公司
地　　址:天津市南开区东方路 138 号新安购物广场商务中心 5 楼
邮政编码:300090
电　　话:022-27012789

公司名称:天津市第一运输公司
地　　址:天津市河东区万辛庄街
邮政编码:300161
电　　话:022-24147155

公司名称:天津市第一运输公司货运代理公司
地　　址:天津市河东区万辛庄街
邮政编码:300161
电　　话:022-24316596

公司名称:天津市国际集装箱大型物件公路货物运输代理
地　　址:天津市东丽区程林街
邮政编码:300163
电　　话:022-24370737

公司名称:新泰船务管理(天津)有限公司
地　　址:天津市河东区 11 经路 81 号天星河畔广场 1910 室
邮政编码:300171
电　　话:022-24109761

公司名称:天津万方国际货运服务有限公司
地　　址:天津市南开区风荷园 12 号楼 3 门 103
邮政编码:300193
电　　话:022-27382632

公司名称:天津中通国际货运代理
地　　址:天津市河西区黄埔南友谊公寓 A10186 门
邮政编码:300201
电　　话:022-28362522

公司名称:天津天峰国际运输有限公司
地　　址:天津市河西区友谊北路 51 号合众大厦 B 座 18-02 室
邮政编码:300204
电　　话:022-83280288

公司名称:天峰国际运输有限公司
地　　址:天津市河西区东楼街南楼胜利楼增 1 号
邮政编码:300211
电　　话:022-28332591

公司名称:天泰航仓(天津)有限公司
地　　址:天津市经济技术开发区
邮政编码:300300
电　　话:022-24901853

公司名称:天津开普特国际航空服务有限公司
地　　址:天津市东丽区
邮政编码:300300
电　　话:022-24901386

公司名称:天津市天纺货运代理部
地　　址:天津市东丽区新立镇
邮政编码:300300
电　　话:022-24392247

公司名称:青岛远洋国际货运公司天津塘沽分公司
地　　址:天津市塘沽新村街浙江路惠安里二栋四门
邮政编码:300450
电　　话:022-25306874

公司名称:天津港保税区托福国际贸易货运服务有限公司
地　　址:天津市塘沽区新港路 25 号 4 门 101
邮政编码:300450
电　　话:022-25309938

公司名称:天津华捷国际运输代理有限公司塘沽分公司
地　　址:天津市塘沽区新港路鸿运小区 2 栋 2 门 201
邮政编码:300450
电　　话:022-62040509

公司名称:天津经济技术开发区宏远货运代理公司
地　　址:天津市塘沽区解放路街
邮政编码:300450
电　　话:022-25300677

公司名称:天津经济技术开发区远东货运代理公司
地　　址:天津市塘沽区解放路街
邮政编码:300450

电　　话:022-25305238

公司名称:天津开发区通海海运代理公司
地　　址:天津市塘沽区新村街营口道27号
邮政编码:300450
电　　话:022-25890774

公司名称:天津市塘沽中铁货运代理有限公司
地　　址:天津市塘沽区营口道39号
邮政编码:300450
电　　话:022-25873242

公司名称:天津市天海城信货运代理有限公司
地　　址:天津市塘沽区三槐路街三槐路82号
邮政编码:300450
电　　话:022-25894974

公司名称:天津市通汇报关行
地　　址:天津市塘沽区新村街营口道14号
邮政编码:300450
电　　话:022-25301847

公司名称:天津天山国际货运
地　　址:天津市塘沽区三槐路25号
邮政编码:300450
电　　话:022-25718295

公司名称:天津经济技术开发区英立货运代理公司
地　　址:天津市塘沽区杭州道街新北公路23号
邮政编码:300451
电　　话:022-25214547

公司名称:天津市塘沽经济技术开发区中汽货运公司
地　　址:天津市塘沽区杭州道街中心北路4号
邮政编码:300451
电　　话:022-25348548

公司名称:天津塘沽津港货运公司
地　　址:天津市塘沽区向阳街
邮政编码:300451
电　　话:022-25825021

公司名称:莱克国际贸易(天津)有限公司
地　　址:天津市塘沽区塘沽区胡家园
邮政编码:300454
电　　话:022-25343176

公司名称:天津外运通港货运服务公司
地　　址:天津市塘沽区湖北路6号
邮政编码:300454
电　　话:022-25350978

公司名称:天津经济技术开发区津晶运输公司
地　　址:天津市塘沽区西沽街河南里1号
邮政编码:300455
电　　话:022-25387943

公司名称:天津开发区晶达物资贸易储运代理公司
地　　址:天津市塘沽区大梁子街兴化道1号
邮政编码:300455
电　　话:022-25386681

公司名称:港桥国际货运服务(天津)有限公司
地　　址:天津市塘沽区滨海街新开里
邮政编码:300456
电　　话:022-25798441

公司名称:天保名门(天津)国际货运代理有限公司
地　　址:天津市塘沽区海滨6路29号
邮政编码:300456
电　　话:022-25761916

公司名称:天津晨得国际运输服务有限公司
地　　址:天津市塘沽区新港二号路37号
邮政编码:300456
电　　话:022-25794990

公司名称:天津港保税区鑫贸货运服务有限公司
地　　址:天津市塘沽区塘沽新港港航路2号

邮政编码:300456
电　　话:022-25708444

公司名称:**天津港货运**
地　　址:天津市塘沽新港2号路35号综合业务楼六楼
邮政编码:300456
电　　话:022-25706813

公司名称:**天津港货运公司**
地　　址:天津市塘沽区滨海街新开里
邮政编码:300456
电　　话:022-25792425

公司名称:**天津市滨海货运代理公司**
地　　址:天津市塘沽区三槐路街
邮政编码:300456
电　　话:022-25793482

公司名称:**天津振华国际货运有限公司**
地　　址:天津市塘沽新港临港路69号
邮政编码:300456
电　　话:022-25793709

公司名称:**天津中储新港货运代理公司**
地　　址:天津市塘沽区三槐路街
邮政编码:300456
电　　话:022-25784074

公司名称:**铁宇国际运输(天津)有限公司**
地　　址:天津市大港保税区新港大道156号
邮政编码:300456
电　　话:022-25764736

公司名称:**维林货运服务(天津)有限公司**
地　　址:天津市保税区海滨九路40号
邮政编码:300456
电　　话:022-65750012

公司名称:**中国天津外轮代理公司**
地　　址:天津市河西区大营门街徐州道5号
邮政编码:300456
电　　话:022-23191008

公司名称:**中国外轮理货总公司天津分公司**
地　　址:天津市塘沽区新港街二号门内
邮政编码:300456
电　　话:022-25707162

公司名称:**天津丰田国际货运有限公司**
地　　址:天津市开发区渤海路39号
邮政编码:300457
电　　话:022-25327977

公司名称:**天津惠高国际货运服务有限公司**
地　　址:天津市经济技术开发区恂园里16门402-403号
邮政编码:300457
电　　话:022-25798887 25322311

公司名称:**新船(天津)货运服务有限公司**
地　　址:天津开发区晓园新村17号607室
邮政编码:300457
电　　话:022-28013369

运　　输

公司名称:**天津瀚洋运输服务有限公司**
地　　址:天津市河北区建国道21号美泽大厦505室
邮政编码:300010
电　　话:022-24456088(12线)

公司名称:**天津航运有限责任公司**
地　　址:天津市河东区海河东路邮政公寓后
邮政编码:300010
电　　话:022-24303046

公司名称:**天津市第二运输公司**
地　　址:天津市和平区甘肃路街
邮政编码:300020

电　　话:022-27301933

公司名称:天津市水运公司
地　　址:天津市和平区小白楼街营口 93 号
邮政编码:300040
电　　话:022-27125786

公司名称:大通国际运输有限公司天津公司
地　　址:天津市和平区营口道 81 号
邮政编码:300040
电　　话:022-27218794

公司名称:天津市交通运输贸易公司
地　　址:天津市和平区解放桥街
邮政编码:300041
电　　话:022-23393044

公司名称:长青国际贸易运输服务(天津)有限公司
地　　址:天津港保税区
邮政编码:300042
电　　话:022-23308881

公司名称:天津轮船实业发展集团股份有限公司
地　　址:天津市和平区南营门街海光寺居委会南京路
邮政编码:300052
电　　话:022-27353789

公司名称:天津轻丰货运有限公司
地　　址:天津市河西区宾不道安达公寓 2 门 202
邮政编码:300060
电　　话:022-23926317

公司名称:天津市海运股份有限公司天津市海运公司
地　　址:天津市和平区新兴街河沿路金泉里 13 号
邮政编码:300070
电　　话:022-23345987

公司名称:翔达空运代理公司
地　　址:天津市和平区气象台路 47 号
邮政编码:300070
电　　话:022-23359872

公司名称:天津外贸航空代理中心
地　　址:天津市河北区鸿顺里街黄纬路 17 号
邮政编码:300141
电　　话:022-28224794

公司名称:天津国际集装箱大型物件运输公司
地　　址:天津市东丽区程林街
邮政编码:300163
电　　话:022-24370737

公司名称:天津市起重运输公司
地　　址:天津市河东区大桥道街
邮政编码:300170
电　　话:022-24312584

公司名称:天津市汽车运输四场
地　　址:天津市河东区大桥道街
邮政编码:300170
电　　话:022-24315787

公司名称:天津市丽兴实业公司汽车运输公司
地　　址:天津市东丽区程林街杜诗庄村
邮政编码:300180
电　　话:022-24390898

公司名称:天津经济技术开发区国际联运公司
地　　址:天津市南开区八里台街水上公园路 1 号
邮政编码:300191
电　　话:022-23535462

公司名称:天津美国纵横联运
地　　址:天津市和平区南京路 129 号天津世贸广场 B 座 1104-1105 室
邮政编码:300201
电　　话:022-27113148

公司名称:天津市天通海运公司
地　　址:天津市河西区下瓦房街
邮政编码:300202
电　　话:022-28332414

公司名称:天津天河海运有限公司
地　　址:天津市河西区徽州道 62 号
邮政编码:300204
电　　话:022-28301976

公司名称:天津光电运输公司
地　　址:天津市河西区泰山路 6 号
邮政编码:300211
电　　话:022-28332901

公司名称:天津津港运输企业发展有限公司
地　　址:天津市河西区解放南路郁江道 33 号
邮政编码:300221
电　　话:022-28302079

公司名称:天津市兰德运输公司
地　　址:天津市河西区东海街延水道 2 号
邮政编码:300221
电　　话:022-28308959

公司名称:天津津宇运业有限公司
地　　址:天津市河北区普济河道 101 号
邮政编码:300232
电　　话:022-26344224

公司名称:天津大港商业运输公司
地　　址:天津市大港区板厂路 66 号
邮政编码:300270
电　　话:022-25990175

公司名称:天津市大港区古林运输公司
地　　址:天津市大港区上古林乡上古林村
邮政编码:300270
电　　话:022-25992828

公司名称:天津市大港区商业运输公司
地　　址:天津市大港区板厂路 66 号
邮政编码:300270
电　　话:022-25990175

公司名称:天津石化运输公司
地　　址:天津市大港区胜利街
邮政编码:300271
电　　话:022-27356622

公司名称:天津市港电汽车运输公司
地　　址:天津市大港区千米桥
邮政编码:300272
电　　话:022-25990612

公司名称:天津大港油田通达运输公司
地　　址:天津市大港区油田街
邮政编码:300280
电　　话:022-25923403

公司名称:天津市华铁商贸运输公司
地　　址:天津市东丽区丰年村街驯海路 1 号
邮政编码:300300
电　　话:022-24397805

公司名称:天津市军电运输公司
地　　址:天津市东丽区小东庄镇
邮政编码:300300
电　　话:022-24406910

公司名称:中国国际航空公司天津分公司
地　　址:天津市东丽区天津宾海国际机场
邮政编码:300300
电　　话:022-24901190

公司名称:渤海石油运输公司
地　　址:天津市东丽区赤土镇李场运输队
邮政编码:300301
电　　话:022-24880388

公司名称:天津市中远经贸运输公司
地　　址:天津市津南区双闸村
邮政编码:300353
电　　话:022-28616059

公司名称:天津市恒辰汽车实业公司
地　　址:天津市北辰区果园新村街京津公路 342 号
邮政编码:300400
电　　话:022-26390964

公司名称:天津市汽车运输二场
地　　址:天津市北辰区天穆镇
邮政编码:300400
电　　话:022-26340491

公司名称:天津市粮贸运输公司
地　　址:天津市河北区铁东路街志成路四号
邮政编码:300402
电　　话:022-26300225

公司名称:天津市汽车运输七场
地　　址:天津市河北区铁东路街
邮政编码:300402
电　　话:022-26300917

公司名称:天津市塘沽海运服务公司
地　　址:天津市塘沽区解放路街
邮政编码:300450
电　　话:022-25893916

公司名称:天津远洋运输公司
地　　址:天津市塘沽区新河街新村街浙江路 29 号
邮政编码:300450
电　　话:022-25894371

公司名称:天津市塘沽运输总公司
地　　址:天津市塘沽区解放路街
邮政编码:300450
电　　话:022-25892459

公司名称:天津海荣集装箱有限公司
地　　址:天津市塘沽杭州道街三槐路培新里 3 号
邮政编码:300450
电　　话:022-25882248

公司名称:天津华星国际集装箱储运有限公司
地　　址:天津市塘沽区三槐路 82 号
邮政编码:300450
电　　话:022-25717045

公司名称:天津市塘沽海联实业公司
地　　址:天津市塘沽区新村街
邮政编码:300451
电　　话:022-25345204

公司名称:天津市塘沽物资局运输公司
地　　址:天津市塘沽区新村街车站北五号
邮政编码:300451
电　　话:022-25344261

公司名称:天津市塘沽运输总公司集装箱货运部
地　　址:天津市塘沽区新村街
邮政编码:300451
电　　话:022-25343097

公司名称:中国汽车运输天津公司
地　　址:天津市塘沽区塘汉路 10 号
邮政编码:300451
电　　话:022-25213818

公司名称:天津开发区华港集装箱货运公司
地　　址:天津市塘沽区中心桥乡中心桥村
邮政编码:300454
电　　话:022-25367564

公司名称:天津港保税区华铁多式联运北方有限公司
地　　址:天津市保税区通达路
邮政编码:300456
电　　话:022-25321479

公司名称:天津市港船运输公司
地　　址:天津市塘沽区新港机厂街 1 号
邮政编码:300456
电　　话:022-25793995

公司名称:天津远洋船务公司
地　　址:天津市塘沽区船闸路 1 号
邮政编码:300456
电　　话:022-25794034

公司名称:瑞华星(天津)集装箱服务有限公司
地　　址:天津市塘沽区新港路 96 号
邮政编码:300456
电　　话:022-25793583

公司名称:天津华富贸易货运有限公司
地　　址:天津新港机厂街 1 号
邮政编码:300456
电　　话:022-25793804

公司名称:天津市塘沽区港强集装箱货运公司
地　　址:天津市塘沽区新港 2 号路
邮政编码:300456
电　　话:022-25709307

公司名称:津日集装箱服务有限公司
地　　址:天津市塘沽区新港十三米第 21 号泊位
邮政编码:300456
电　　话:022-25700076

公司名称:天津东方海陆集装箱码头
地　　址:天津市新港东突堤东方海陆大楼
邮政编码:300456
电　　话:022-25700388

公司名称:天津港保税区新通海集装箱运输服务有限公司
地　　址:天津市塘沽区新港东突堤
邮政编码:300456
电　　话:022-25700352

公司名称:天津港东方集装箱公司
地　　址:天津市塘沽区新港街新港东突堤南侧
邮政编码:300456
电　　话:022-25700392

公司名称:天津港集装箱公司
地　　址:天津市塘沽区新港十三米
邮政编码:300456
电　　话:022-25700925

公司名称:天津港集装箱货运有限公司
地　　址:天津市保税区
邮政编码:300456
电　　话:022-25700341

公司名称:天津市塘沽区港强集装箱货运公司
地　　址:天津市塘沽区新港 2 号路
邮政编码:300456
电　　话:022-25709307

公司名称:天津经济技术开发区运输服务公司
地　　址:天津市开发区
邮政编码:300457
电　　话:022-25345280

公司名称:天津经济技术开发区中汽运输公司
地　　址:天津市开发区欣园里 1 号
邮政编码:300457
电　　话:022-25325320

公司名称:中国外运天津集团集装箱公司
地　　址:天津市开发区 8 号路 91 区 174 号
邮政编码:300457
电　　话:022-23301819

公司名称:天津市津海运输公司
地　　址:天津市静海县大邱庄镇津海
邮政编码:301606
电　　话:022-28899268

储　运

公司名称:天津市天联储运公司
地　　址:天津市河北区光复道街
邮政编码:300010
电　　话:022-24462843

公司名称:天津集盛物资储运公司
地　　址:天津市河东区大王庄街
邮政编码:300012
电　　话:022-24213995

公司名称:天津市粮食储运贸易公司
地　　址:天津市河东区大王庄街六纬路 1 号楼
邮政编码:300012
电　　话:022-24210281

公司名称:天津中粮国际仓储运输公司
地　　址:天津市河东八径路 23 号方达大厦 5 层
邮政编码:300012
电　　话:022-24303693

公司名称:中国物资储运天津公司
地　　址:天津市河东区大王庄街
邮政编码:300012
电　　话:022-24307921

公司名称:天津达贸储运贸易公司
地　　址:天津市和平区小白楼街营口道 5 号
邮政编码:300040
电　　话:022-23312450

公司名称:天津市河北华业储运中心
地　　址:天津市和平区重庆道保园里 2 号
邮政编码:300050
电　　话:022-23116735

公司名称:天津市供销合作总社储运公司
地　　址:天津市西青区中北斜乡东姜井村南
邮政编码:300112
电　　话:022-27365569

公司名称:天津市广通储运贸易公司
地　　址:天津市西青区中北斜乡东姜井村南
邮政编码:300112
电　　话:022-27362665

公司名称:天津市国泰粮食储运贸易公司
地　　址:天津市红桥区邵公庄街西青道 136 号
邮政编码:300122
电　　话:022-27325965

公司名称:天津中药集团股份有限公司储运分公司
地　　址:天津市红桥区杨庄子团结路 18 号
邮政编码:300122
电　　话:022-27320094-118

公司名称:天津市金马储运公司
地　　址:天津市河东区张贵庄路 166 号
邮政编码:300161
电　　话:022-24316663

公司名称:天津市通达储运贸易公司
地　　址:天津市河东区万辛庄街张贵庄路 184 号
邮政编码:300161
电　　话:022-24384019

公司名称:中国外运天津集团第一汽车运输公司
地　　址:天津市河东区万辛庄街张贵庄路 89 号
邮政编码:300161
电　　话:022-24313030

公司名称:华北石化销售天津实业公司瑞丰仓储运输分公
地　　址:天津市东丽区张贵庄路程林庄街办事处后
邮政编码:300162
电　　话:022-24374535-3009

公司名称:天津市外贸文体通源储运贸易公司

地　　址:天津市东丽区程林街工业区
邮政编码:300163
电　　话:022-24370506

公司名称:天津市津冶贸易储运公司
地　　址:天津市河东区大王庄街十一经路 47 号
邮政编码:300170
电　　话:022-24311992

公司名称:天津市铁路物资储运部
地　　址:天津市河东区大桥道街
邮政编码:300170
电　　话:022-24314936

公司名称:天津市大直沽粮食储运贸易公司
地　　址:天津市河东区十四经路 9 号
邮政编码:300171
电　　话:022-24311482

公司名称:天津市商业储运公司
地　　址:天津市河东大王庄街新大楼居委会六纬路
邮政编码:300171
电　　话:022-24313031

公司名称:天津市津东储运公司
地　　址:天津市东丽区程林街
邮政编码:300180
电　　话:022-24310608

公司名称:天津外贸食品恒丰公司储运综合公司
地　　址:天津市河东区广宁路街津塘路 111 号
邮政编码:300180
电　　话:022-24380716

公司名称:天津市亨通储运公司
地　　址:天津市南开区澄江路街宝山南里二
邮政编码:300190
电　　话:022-23362240

公司名称:天津嘉远国际储运
地　　址:天津市河西区友谊路 11 号货建大楼 208
邮政编码:300201
电　　话:022-28366185

公司名称:天津市商业对外储运公司
地　　址:天津市河西尖山街郁江里居委会解放南路
邮政编码:300221
电　　话:022-28332451

公司名称:天津市津东丽大储运公司
地　　址:天津市东丽区大毕庄镇大毕庄
邮政编码:300240
电　　话:022-26790541

公司名称:天津工艺品进出口(集团)公司艺鑫储运贸易公司
地　　址:天津市大港区板桥农场板桥
邮政编码:300270
电　　话:022-25992525

公司名称:天津商业储运中心
地　　址:天津市东丽区华明镇范庄村居委会范庄村西
邮政编码:300300
电　　话:022-24881637

公司名称:天津市安达储运总公司
地　　址:天津市东丽区新立镇外环线铁路立交桥
邮政编码:300300
电　　话:022-24391921

公司名称:天津市津东三环汽车储运公司
地　　址:天津市东丽区新立镇新立村
邮政编码:300300
电　　话:022-24990230

公司名称:天津市汽车工业销售安达储运有限公司
地　　址:天津市东丽区外环线路张贵庄铁路立交

桥东
邮政编码:300300
电　　话:022-24391921

公司名称:天津外贸轻工华迪储运贸易公司
地　　址:天津市东丽区新立镇驯海路
邮政编码:300300
电　　话:022-24393184

公司名称:天津裕华经济贸易总公司张贵庄储运分公司
地　　址:天津市东丽区丰年村街张贵庄飞机场东
邮政编码:300300
电　　话:022-24990170

公司名称:天津市东丽区泰森储运公司
地　　址:天津市东丽区军粮城镇东封村
邮政编码:300301
电　　话:022-24361481

公司名称:天津市东铁储运公司
地　　址:天津市东丽区军粮城镇杨台村
邮政编码:300301
电　　话:022-24361336

公司名称:天津市电线总厂储运服务公司
地　　址:天津市西青区中些斜乡曹庄北解放台
邮政编码:300380
电　　话:022-27394514

公司名称:天津工艺品进出口(集团)公司艺达储运贸易公司
地　　址:天津市北辰区果园新村街北仓道
邮政编码:300400
电　　话:022-26391477

公司名称:天津华辰储运有限公司
地　　址:天津市北辰区经济开发小区
邮政编码:300400
电　　话:022-26972161

公司名称:天津市普济道粮食储运贸易公司
地　　址:天津市北辰区天穆镇普济河道
邮政编码:300400
电　　话:022-26340861

公司名称:天津市安通储运公司
地　　址:天津市北辰区青光镇铁锅店
邮政编码:300401
电　　话:022-27391548

公司名称:天津开发区粮贸储运有限公司
地　　址:天津市河北区铁东路街志成路四号
邮政编码:300402
电　　话:022-26300115

公司名称:森美远东(天津)储运有限公司
地　　址:天津市塘沽区新港二号路
邮政编码:300450
电　　话:022-24109701

公司名称:天津滨海新技术产业集团金兴储运公司
地　　址:天津市塘沽区烟台道 15 号
邮政编码:300450
电　　话:022-25893004

公司名称:天津江南煤炭运销有限公司
地　　址:天津市塘沽滨海街新港 3 号路花园别墅 1 号楼
邮政编码:300450
电　　话:022-25786763

公司名称:天津京海储运中心
地　　址:天津市塘沽区三槐路 86 号
邮政编码:300450
电　　话:022-25715345

公司名称:天津市东丽区富通储运公司
地　　址:天津市东丽区军粮城镇唐山村
邮政编码:300450
电　　话:022-25897279

公司名称:天津市交运储运公司
地　　址:天津市塘沽区新村街
邮政编码:300450
电　　话:022-25896424

公司名称:天津市塘沽储运公司
地　　址:天津市塘沽区向阳街建材路 17 号
邮政编码:300450
电　　话:022-25894617

公司名称:天津市塘沽区天达储运公司
地　　址:天津市塘沽区解放路街新华路 87 号
邮政编码:300450
电　　话:022-25892045

公司名称:天津塘沽区胡家圆集装箱储运公司
地　　址:天津市塘沽区湖北路 3 号
邮政编码:300450
电　　话:022-25898447

公司名称:天津市经济技术开发区中汽储运公司
地　　址:天津市塘沽区塘汉路 10 号
邮政编码:300451
电　　话:022-25213818

公司名称:天津市塘沽粮食储运公司
地　　址:天津市塘沽区新村街
邮政编码:300451
电　　话:022-25341834

公司名称:天津市塘沽区中糖储运贸易公司
地　　址:天津市塘沽区唐汉路 13 号
邮政编码:300451
电　　话:022-25213789

公司名称:天津裕华经济贸易总公司塘沽储运分公司
地　　址:天津市塘沽区向阳街建材路 19 号
邮政编码:300451
电　　话:022-25323072

公司名称:东沽水产储运公司
地　　址:天津市塘沽区东沽津沽路 9 号
邮政编码:300452
电　　话:022-25311111

公司名称:天津国际石油储运有限公司
地　　址:天津市塘沽区新港南疆路 3080 号
邮政编码:300452
电　　话:022-25708547

公司名称:天津市塘沽南港储运有限公司
地　　址:天津市塘沽区东沽街草头沽
邮政编码:300452
电　　话:022-25311588

公司名称:天津市塘沽区海疆储运联营公司
地　　址:天津市塘沽区东沽街津沽公路 11 号
邮政编码:300452
电　　话:022-25311942

公司名称:天津市塘沽区津丰储运公司
地　　址:天津市塘沽区东沽娘娘庙后街 2 号
邮政编码:300452
电　　话:022-25311141

公司名称:天津市塘沽区塘北储运公司
地　　址:天津市塘沽区北塘街新北路增 1 号
邮政编码:300453
电　　话:022-5898301

公司名称:中国外运天津集团新河储运公司
地　　址:天津市塘沽区新河街湖北路 6 号
邮政编码:300454
电　　话:022-25897426

公司名称:天津南疆储运总公司
地　　址:天津市塘沽区新城镇新城村
邮政编码:300455
电　　话:022-25330634

公司名称:天津市塘沽区华福储运总公司
地　　址:天津市塘沽区邓善沽乡
邮政编码:300455
电　　话:022-25390214

公司名称:国对外贸易运输(集团)总公司天津储运公司
地　　址:天津市塘沽区新港四号路望海楼北港
邮政编码:300456
电　　话:022-25795902

公司名称:航一实业总公司亚航储运公司
地　　址:天津市塘沽区新港街办医街 28 号
邮政编码:300456
电　　话:022-25798240

公司名称:天津港保税区津日冷藏集装箱储运有限公司
地　　址:天津市塘沽区新港十三米 21 号
邮政编码:300456
电　　话:022-25700076

公司名称:天津港储运股份有限公司
地　　址:天津市塘沽区新港街
邮政编码:300456
电　　话:022-25706205

公司名称:天津开发区三环(津港储运)实业有限公司
地　　址:天津市塘沽区新港街
邮政编码:300456
电　　话:022-25706113

公司名称:天津开发区霞辉国际储运有限公司
地　　址:天津市塘沽区晓园新村 41 号
邮政编码:300456
电　　话:022-25795507

公司名称:天津临港集装箱储运有限公司
地　　址:天津市塘沽区港医路 6 号
邮政编码:300456
电　　话:022-25790178

公司名称:天津外供储运公司
地　　址:天津市塘沽区三槐路街春光路 56 号
邮政编码:300456
电　　话:022-25795738

公司名称:天津中国外运储运
地　　址:天津新港四号路港务局卡口北
邮政编码:300456
电　　话:022-25795902

公司名称:中国对外贸易运输(集团)总公司天津储运公司
地　　址:天津市塘沽区新港四号路望海楼北港
邮政编码:300456
电　　话:022-25795902

公司名称:中国外运天津储运公司
地　　址:天津新港四号路港务局卡口北
邮政编码:300456
电　　话:022-25795902

公司名称:中化天津进出口新港储运公司
地　　址:天津市塘沽区新港二号门内厂西路北侧
邮政编码:300456
电　　话:022-25793285

公司名称:天津滨海化工储运开发有限公司
地　　址:天津开发区微山路 12 号
邮政编码:300457
电　　话:022-25718945

公司名称:天津经济技术开发区总公司储运公司
地　　址:天津市天津开发区泰达大街 4 号
邮政编码:300457
电　　话:022-25326022

公司名称:天津开发区海泰储运有限公司

地　　址:天津市开发区渤海路 39 号
邮政编码:300457
电　　话:022-25325187

公司名称:天津泰达国际仓储运输有限公司
地　　址:天津市塘沽开发区渤海路 21 号
邮政编码:300457
电　　话:022-25321482

公司名称:天津五金矿产进出口开发区贸储公司
地　　址:天津市塘沽区向阳街建材路 21 号
邮政编码:300457
电　　话:022-25322602

公司名称:天津市静海粮食储运贸易公司
地　　址:天津市静海县城关乡
邮政编码:301600
电　　话:022-28942471-2024

仓　储

公司名称:天津利丰仓储运输服务公司
地　　址:天津市和平区小白楼街唐山道 26 号
邮政编码:300040
电　　话:022-23395105

公司名称:天津市西营门国家粮食储备库
地　　址:天津市西青区中北斜乡西姜井村
邮政编码:300112
电　　话:022-27365726

公司名称:天津市宏源仓储服务中心
地　　址:天津市红桥区西沽街团结路 9 号
邮政编码:300132
电　　话:022-27321494

公司名称:天津市红桥国家粮食储备库
地　　址:天津市红桥区西沽街子牙河南路 114 号
邮政编码:300133
电　　话:022-27323620

公司名称:天津市化工原料总公司仓储公司
地　　址:东丽区程林街南大桥居委会张贵庄路南
邮政编码:300162
电　　话:022-24373240

公司名称:天津服装进出口公司程林庄仓库
地　　址:天津市东丽区程林庄首 211 号
邮政编码:300163
电　　话:022-24373347

公司名称:祥海轮船仓储分公司
地　　址:天津市河东区十一经路 76 号
邮政编码:300170
电　　话:022-24381612

公司名称:天津市双林仓储公司
地　　址:天津市津南区双林农场
邮政编码:300222
电　　话:022-28341779

公司名称:天津长芦塘沽仓储中心
地　　址:天津市塘沽区三槐路街
邮政编码:300450
电　　话:022-25894064

公司名称:天津市塘沽区安达仓储公司
地　　址:天津市塘沽区三槐路街
邮政编码:300450
电　　话:022-25897716

公司名称:天津市塘沽区仓储服务公司
地　　址:天津市塘沽区解放路街 4 号 4004 室
邮政编码:300450
电　　话:022-25890770

公司名称:天津华海仓储包装有限公司
地　　址:天津市塘沽开发区塘汉路 17 号
邮政编码:300451
电　　话:022-25213628

公司名称:天津市塘沽区新河集团仓储公司
地　　址:天津市塘沽区新河街
邮政编码:300451
电　　话:022-25344447

公司名称:天津市塘沽津晋三江联营仓储公司
地　　址:天津市塘沽区东沽街闸南路 169 号
邮政编码:300452
电　　话:022-25314891

公司名称:天津市塘沽区南江德发仓储有限公司
地　　址:天津市塘沽区东沽街灯塔路 18 号
邮政编码:300452
电　　话:022-25313514

公司名称:天津市塘沽区南疆仓储公司
地　　址:天津市塘沽区东沽街东沽灯塔路 8 号
邮政编码:300452
电　　话:022-25311079

公司名称:天津万利储存有限公司
地　　址:天津市塘沽区南疆路 2000 号
邮政编码:300452
电　　话:022-25703087

公司名称:天津中大仓储加工有限公司
地　　址:天津市塘沽区东沽街草头沽
邮政编码:300452
电　　话:022-25311145

公司名称:天津商业进出口物资接运公司仓库
地　　址:天津市塘沽区杭州道街迎宾里居委会新北公路
邮政编码:300453
电　　话:022-25212715

公司名称:天津市塘沽区北环仓储公司
地　　址:天津市塘沽区北塘街
邮政编码:300453
电　　话:022-25211437

公司名称:天津市塘沽区天和仓储公司
地　　址:天津市塘沽区北塘街
邮政编码:300453
电　　话:022-25210504

公司名称:交通部一航局四公司储运场
地　　址:天津市塘沽区滨海街新港 6 号
邮政编码:300456
电　　话:022-25794194

公司名称:天保国际仓储发展有限公司
地　　址:天津市保税区国贸路 63 号
邮政编码:300456
电　　话:022-25701152

公司名称:天津港保税区三环国际仓储服务有限公司
地　　址:天津市塘沽区新港街
邮政编码:300456
电　　话:022-25707657

公司名称:天津港长青仓储服务公司
地　　址:天津市塘沽区新港街
邮政编码:300456
电　　话:022-25708315

公司名称:天津港康德仓储公司
地　　址:天津市开发区厦门路 83 区 192 号
邮政编码:300456
电　　话:022-25709410

公司名称:天津万兴保税仓有限公司
地　　址:天津市保税区西二路 23 号
邮政编码:300456
电　　话:022-28351588

公司名称:天津海晶总公司海联仓储分公司
地　　址:天津市塘沽区向阳街临港路
邮政编码:300457
电　　话:022-25784340

公司名称:天津经济技术开发区晋煤运销有限公司
地　　址:天津市开发区
邮政编码:300457
电　　话:022-25327779

公司名称:天津万嘉康集装箱仓储有限公司
地　　址:天津开发区洞庭路23号
邮政编码:300457
电　　话:022-25325143

公司名称:天津武清国家粮食储备库
地　　址:天津市武清县杨村镇京津公路大街26号
邮政编码:301700
电　　话:022-29341802

物流设备

公司名称:天津市万事达仓储设施制造有限公司
地　　址:天津市红桥区西青道84号
邮政编码:
电　　话:022-27727690 27727662

公司名称:天津岛津液压有限公司
地　　址:天津新技术产业园区长江道7号
邮政编码:300100
电　　话:022-274744569

公司名称:天津天马机械有限公司
地　　址:天津市南开区黄河道向阳路街6号
邮政编码:300111
电　　话:022-27366085

公司名称:天津市鼎盛工程机械有限公司
地　　址:天津市红桥区丁字沽3号路
邮政编码:300131
电　　话:022-26371541

公司名称:联合液压技术(天津)有限公司
地　　址:天津市河北区律伟路律笛里7号楼27门203
邮政编码:300142
电　　话:022-26269404

公司名称:天津市减速机总厂
地　　址:天津市河东区程林庄路8号
邮政编码:300160
电　　话:022-24329816

公司名称:天津市叉车总厂
地　　址:天津市津塘路2号桥172号
邮政编码:300180
电　　话:022-24392004

公司名称:天津市叉车总厂
地　　址:天津市河东区津塘公路172号
邮政编码:300180
电　　话:022-24390681

公司名称:天津市中外建输送机械有限公司
地　　址:天津市河东区津塘路2号桥172号
邮政编码:300180
电　　话:022-24978724 24959210

公司名称:天津市华特起重机械科技发展有限公司
地　　址:天津市河西区围堤道70号(天惠小区)5门201室
邮政编码:300220
电　　话:022-28242067

公司名称:天津市起重设备二厂
地　　址:天津市津南区葛沽镇小高庄村
邮政编码:300352
电　　话:022-28690085

公司名称:法国巴士德新技术(天津)有限公司
地　　址:天津市新技术华苑产业园区火炬大厦711
邮政编码:300384
电　　话:022-83710641 83711156

公司名称:科赛物流系统设备(天津)有限公司

地　　址:天津市北辰经济开发区双源道18号606
邮政编码:300400
电　　话:022-26975555 26975876

公司名称:天津市宏业停车设备有限公司
地　　址:天津市北辰区京津公路马庄114
邮政编码:300400
电　　话:022-26824553

公司名称:斯巴克斯(天津)工业皮带公司
地　　址:天津市北辰区新宜白大道(武警六支队对面)
邮政编码:300402
电　　话:022-26711188

公司名称:天津津广机械有限公司
地　　址:天津市北辰区津围公路兴幗大道
邮政编码:300402
电　　话:022-26995923 13802094582

公司名称:天津太平洋机电技术及设备有限公司
地　　址:天津市北辰区宜兴埠畜牧研究所路
邮政编码:300402
电　　话:022-26345815

公司名称:天津港机械厂
地　　址:天津市塘沽区新港2号路卡子门内
邮政编码:300456
电　　话:022-25707945

公司名称:SEW-传动设备(天津)有限公司
地　　址:天津市经济技术开发区第七大街46号
邮政编码:300457
电　　话:022-25322612

公司名称:北京市清河机械厂
地　　址:天津市京山线茶淀站东街
邮政编码:300481
电　　话:022-67238347 63047201

公司名称:天津市运输机械厂
地　　址:天津市宁河县芦台卢汉路26号
邮政编码:301500
电　　话:022-25592695

重　庆　市

物流与速递

公司名称:重庆长安民生物流有限公司
地　　址:重庆市江北区金岗大厦23楼
邮政编码:400020
电　　话:023-67865955

公司名称:重庆顺康物流有限责任公司
地　　址:重庆市沙坪坝区上桥张家湾5号
邮政编码:400037
电　　话:023-65209875

物流信息服务

公司名称:重庆长江港航技术开发公司
地　　址:重庆市渝中区陕西路三巷4号
邮政编码:400011
电　　话:023-63849101

公司名称:重庆福斯特科技发展有限公司
地　　址:重庆市渝中区大坪石油路48-3号
邮政编码:400042
电　　话:023-63852819

公司名称:重庆市立佳商务咨询有限公司
地　　址:重庆市南坪正街54号机械成套局办公楼5-8室
邮政编码:400060
电　　话:023-62811360

货运代理

公司名称:中国重庆外轮代理有限责任公司
地　　址:重庆市渝中区信义街 19 号
邮政编码:400011
电　　话:023-63844510

公司名称:重庆长航货运代理有限责任公司
地　　址:重庆市渝中区陕西路 2 号
邮政编码:400011
电　　话:023-63706680

公司名称:重庆港运输代理总公司
地　　址:重庆市渝中区千厮门
邮政编码:400011
电　　话:023-63835049

公司名称:重庆港运输理总公司货运代理分公司
地　　址:重庆市渝中区朝千路 3 号
邮政编码:400011
电　　话:023-38365049

公司名称:重庆鸿达客货代理有限公司
地　　址:重庆市渝中区朝天门大厦裙楼长江侧平台
邮政编码:400011
电　　话:023-63706083

公司名称:重庆铁路货运代理有限责任公司
地　　址:重庆市渝中区南区路 232 号美瑜君悦大酒店 8 楼
邮政编码:400014
电　　话:023-61642583

公司名称:重庆外运永川公司
地　　址:重庆市肖家冲凉亭子 31 号
邮政编码:400015
电　　话:023-49801218

公司名称:中国外运重庆公司
地　　址:重庆市江北区建新北路 41-2 号
邮政编码:400020
电　　话:023-67852991

公司名称:重庆外运开发贸易公司
地　　址:重庆市江北区建新北路 41-2 号
邮政编码:400020
电　　话:023-67852097

公司名称:重庆会通华联国际运输服务限公司
地　　址:重庆市江北区建新北路 65 号 17 楼
邮政编码:400063
电　　话:023-69018022

公司名称:四川外运万县公司
地　　址:重庆万县市天城区万开路 118 号
邮政编码:404000
电　　话:023-68220865

公司名称:涪陵市综合运输贸易公司
地　　址:重庆涪陵市枳城人民西路 45 号
邮政编码:408000
电　　话:023-62246926

公司名称:四川外运涪陵公司
地　　址:重庆涪陵市枳城涪南路 7 号
邮政编码:408000
电　　话:023-62222320

运　　输

公司名称:四川省重庆汽车运输总公司
地　　址:重庆市市中区临江路 60 号
邮政编码:400010
电　　话:023-63842759

公司名称:重庆长江轮船公司
地　　址:重庆市渝中区陕西路 2 号
邮政编码:400011
电　　话:023-63841001

公司名称:重庆港船务公司
地　　址:重庆市渝中区朝千路
邮政编码:400011
电　　话:023-63835551

公司名称:重庆港理货总公司
地　　址:重庆市渝中区信义街4号
邮政编码:400011
电　　话:023-63843756

公司名称:重庆联运总公司港航分公司
地　　址:重庆市渝中区朝天门丰碑街46号
邮政编码:400011
电　　话:023-63833469

公司名称:重庆轮船总公司
地　　址:重庆市渝中区道门口21号
邮政编码:400011
电　　话:023-63841867

公司名称:重庆长川货运有限公司
地　　址:重庆市渝中区新华路3号
邮政编码:400011
电　　话:023-63846034

公司名称:重庆南方运输服务公司
地　　址:重庆市渝中区朝天门信义街28号
邮政编码:400011
电　　话:023-63849101

公司名称:重庆中交运输公司
地　　址:重庆市渝中区中大街7号
邮政编码:400012
电　　话:023-63843863

公司名称:重庆铁路集装箱公司
地　　址:重庆市渝中区中山支路16号
邮政编码:400014
电　　话:023-63853152

公司名称:重庆铁路运输贸易公司
地　　址:重庆市渝中区两路口街道中山支路16号
邮政编码:400014
电　　话:023-63855233

公司名称:长江邮政船务有限公司
地　　址:重庆市上清寺
邮政编码:400015
电　　话:023-63608431

公司名称:重庆红陵交通实业公司
地　　址:重庆市渝中区上清寺路73号
邮政编码:400015
电　　话:023-63863136

公司名称:重庆市公路运输总公司第三分公司
地　　址:重庆市渝中区化龙桥208号
邮政编码:400015
电　　话:023-63861421

公司名称:重庆市公路运输总公司零担运输分公司
地　　址:重庆市渝中区大溪沟河街66号
邮政编码:400015
电　　话:023-63893885

公司名称:重庆江北航运公司
地　　址:重庆市水土镇和平路
邮政编码:400020
电　　话:023-68230315

公司名称:重钢集团中兴实业公司运输分公司
地　　址:重庆市江北区中兴段1号
邮政编码:400020
电　　话:023-67853800

公司名称:重庆市公路运输总公司第四分公司
地　　址:重庆市渝中区桥北村84号
邮政编码:400020
电　　话:023-67854686

公司名称:重庆外贸国际货运实业公司
地　　址:重庆市江北区建北三村嘉陵大厦B住
邮政编码:400020
电　　话:023-67516945

公司名称:重庆通用汽车运输公司
地　　址:重庆市江北区玉带山
邮政编码:400021
电　　话:023-67610178

公司名称:重庆市粮食储运公司运贸分公司
地　　址:重庆市江北区勤俭路74号
邮政编码:400024
电　　话:023-67552506

公司名称:重庆市绿洲运输总公司
地　　址:重庆市沙坪坝区天陈路44#
邮政编码:400030
电　　话:023-65313185

公司名称:重庆铁路南海运输服务公司
地　　址:重庆市沙坪坝区渝碚路
邮政编码:400030
电　　话:023-65300884

公司名称:重庆市公路运输总公司第七分公司
地　　址:重庆市渝中区上桥五星村60号
邮政编码:400037
电　　话:023-65219549

公司名称:重庆东集装箱公司
地　　址:重庆市沙坪坝区上桥村
邮政编码:400037
电　　话:023-65202104

公司名称:重庆东方运输公司
地　　址:重庆市渝中区大坪正街二巷2号
邮政编码:400042
电　　话:023-68816867

公司名称:四川省重庆汽车运输总公司货运分公司
地　　址:重庆市渝中区化龙桥正街211号
邮政编码:400043
电　　话:023-63862741

公司名称:四川省重庆汽车运输总公司三分公司
地　　址:重庆市渝中区滩子口86号
邮政编码:400050
电　　话:023-68422130

公司名称:重庆市公路运输总公司第二分公司
地　　址:重庆渝中区黄桷坪搬运西村152号
邮政编码:400053
电　　话:023-68426723

公司名称:重庆铁路金大运输贸易公司
地　　址:重庆市九龙坡区铁路二村222号
邮政编码:400053
电　　话:023-68425275

公司名称:重庆铁路利达运输贸易总公司
地　　址:重庆市渝中区中山支路
邮政编码:400053
电　　话:023-63850221

公司名称:重庆铁路南海运输有限责任公司
地　　址:重庆市沙坪坝火车北站
邮政编码:400053
电　　话:023-65300884

公司名称:重庆江南汽车运输公司
地　　址:重庆市巴南区李家沱马王坪正街10号
邮政编码:400054
电　　话:023-62856898

公司名称:重庆市公路运输总公司第八分公司
地　　址:重庆市渝中区李家沱新坪村202号
邮政编码:400054
电　　话:023-62851453

公司名称:重庆远东实业总公司运输公司
地　　址:重庆市南岸区南坪台湾花园B座5楼
邮政编码:400060
电　　话:023-62511762

公司名称:重庆中北汽车公司货运分公司
地　　址:重庆市南岸区南坪北路10-3号
邮政编码:400060
电　　话:023-62815129

公司名称:重庆市公路运输总公司第六分公司
地　　址:重庆市渝中区敦厚七段87号
邮政编码:400066
电　　话:023-62803281

公司名称:重庆市公路运输总公司大件分公司
地　　址:重庆市渝中区西郊路37号
邮政编码:400081
电　　话:023-68423469

公司名称:重庆市公路运输总公司危险品运输分公司
地　　址:重庆市渝中区茄子溪新街226号
邮政编码:400082
电　　话:023-68834169

公司名称:重庆大渡口运输公司
地　　址:重庆市大渡口区钢花路126号
邮政编码:400084
电　　话:023-68833886

公司名称:重庆长城运输(集团)有限公司
地　　址:重庆市璧城镇璧渝路284号
邮政编码:400700
电　　话:023-41422377

公司名称:重庆联运总公司五分公司
地　　址:重庆市渝中区龙凤
邮政编码:400700
电　　话:023-68863531

公司名称:重庆市北碚区缙云运输公司
地　　址:重庆市北碚区碚峡路39号
邮政编码:400700
电　　话:023-68863539

公司名称:重庆市北碚区汽车运输公司
地　　址:重庆市北碚区碚峡路76号
邮政编码:400700
电　　话:023-68862776

公司名称:重庆交通运业有限责任公司
地　　址:重庆市莱园坝正街38号
邮政编码:400704
电　　话:023-63601360-2377

公司名称:民航重庆机场货运公司
地　　址:重庆市渝北区
邮政编码:401120
电　　话:023-67856138

公司名称:重庆机场运输服务总公司
地　　址:重庆市渝北区双凤街100号
邮政编码:401120
电　　话:023-67856138

公司名称:重庆隆盛国际集装箱有限公司
地　　址:重庆市渝北区花奔西路1号
邮政编码:401147
电　　话:023-67607390

公司名称:四川省轮船公司重庆分公司
地　　址:重庆市江北城正街59号
邮政编码:401538
电　　话:023-67551696

公司名称:四川省永川汽车运输总公司
地　　址:重庆市永川市青城路18号
邮政编码:402160
电　　话:023-49862430

公司名称:重庆长途汽车运输有限责任公司
地　　址:重庆市永川青城路
邮政编码:402160
电　　话:023-49862430

公司名称:重庆外贸永川运输贸易公司
地　　址:重庆市永川市凉亭子 31 号
邮政编码:402160
电　　话:023-49861218

公司名称:江津市公路运输公司
地　　址:重庆市江津市汽车渡口
邮政编码:402260
电　　话:023-67522304

公司名称:江津市汽车运输公司
地　　址:重庆市江津市南郊路 19 号
邮政编码:402260
电　　话:023-67521349

公司名称:江津市运输总公司
地　　址:重庆市江津市通泰街 40 号
邮政编码:402260
电　　话:023-67521478

公司名称:开县汽车运输公司
地　　址:重庆市人民路
邮政编码:402260
电　　话:023-52262539

公司名称:重庆市九洲货运公司
地　　址:重庆市沙坪坝区新体村 25 号
邮政编码:402260
电　　话:023-65322434

公司名称:重庆市汽车运输(集团)有限责任公司
地　　址:重庆市临江路
邮政编码:402284
电　　话:023-63845765

公司名称:江津市轮船二公司
地　　址:重庆市江津市光华路 9 号
邮政编码:402289
电　　话:023-67331593

公司名称:江津市四通轮船有限责任公司
地　　址:重庆市江津市通海路 3 号
邮政编码:402289
电　　话:023-67331555

公司名称:江津市轮船一公司
地　　址:重庆市江津市石梯巷 148 号
邮政编码:402293
电　　话:023-67381090

公司名称:长寿县汽车运输有限公司
地　　址:重庆市凤城镇长寿路 77 号
邮政编码:402360
电　　话:023-40244827

公司名称:丰都县汽车运输公司
地　　址:重庆市丰都县
邮政编码:402368
电　　话:023-70612597

公司名称:荣昌县公路运输公司
地　　址:重庆市荣昌县海螺街居委
邮政编码:402460
电　　话:023-46733795

公司名称:荣昌县经贸运输总公司
地　　址:重庆市荣昌县外南街居委
邮政编码:402460
电　　话:023-46732452

公司名称:荣昌县汽车运输公司
地　　址:重庆市荣昌县外西尾街居委
邮政编码:402460
电　　话:023-46732412

公司名称:铜梁县汽车运输公司
地　　址:重庆市铜梁县大北街 9 号
邮政编码:402560
电　　话:023-45632042

公司名称:铜梁县航运公司
地　　址:重庆市铜梁县
邮政编码:402564
电　　话:023-45855243

公司名称:铜梁县水运公司
地　　址:重庆市铜梁县
邮政编码:402564
电　　话:023-45855044

公司名称:潼南县汽车运输公司
地　　址:重庆市潼南县大同街 199 号
邮政编码:402660
电　　话:023-45551031

公司名称:万州区物资贸易运输公司
地　　址:重庆市白岩路
邮政编码:402760
电　　话:023-58222424

公司名称:重庆长城运输有限公司
地　　址:重庆市璧山县交通路 112 号
邮政编码:402760
电　　话:023-42237744

公司名称:四川东方轮船公司
地　　址:重庆市渝中区胜利路 203 号
邮政编码:404000
电　　话:023-68233762

公司名称:四川三峡物资产业集团轮船公司
地　　址:重庆市万州市天城区环城路左堂巷 11 号
邮政编码:404000
电　　话:023-68223803

公司名称:四川省川东轮船公司
地　　址:重庆万州市天城区东堡坎 53 号
邮政编码:404000
电　　话:023-68222279

公司名称:万州市船舶航运公司
地　　址:重庆万州市龙宝区胜利路 235 号
邮政编码:404000
电　　话:023-68223257

公司名称:万州市第二运输公司
地　　址:重庆市渝中区胜利路 81 号
邮政编码:404000
电　　话:023-68223758

公司名称:万州市联合运输二公司
地　　址:重庆万州市龙宝区胜利支路 14 号
邮政编码:404000
电　　话:023-68223552

公司名称:万州市汽车运输总公司
地　　址:重庆市渝中区和平路 79 号
邮政编码:404000
电　　话:023-68223247

公司名称:万州市汽车运输总公司第二公司
地　　址:重庆万州市龙宝区易家庄
邮政编码:404000
电　　话:023-68223285

公司名称:万州市运输公司
地　　址:重庆市渝中区智和巷 51 号
邮政编码:404000
电　　话:023-68222030

公司名称:忠县汽车运输公司
地　　址:重庆市忠州镇人民路
邮政编码:404000
电　　话:023-54222882

公司名称:万州市联合运输公司六公司
地　　址:重庆市渝中区环城路 97 号
邮政编码:404000
电　　话:023-68222487

公司名称:万州市汽车运输总公司第三公司
地　　址:重庆万州市龙宝区万利路 45 号
邮政编码:404001
电　　话:023-67521648

公司名称:重庆三峡库区运输总公司
地　　址:重庆市万州区沙河路
邮政编码:404001
电　　话:023-58352937

公司名称:万州市汽车运输总公司一公司
地　　址:重庆万州市龙宝区沙河路 48 号
邮政编码:404100
电　　话:023-68352014

公司名称:万州市三峡运输总公司
地　　址:重庆市渝中区沙河路 20 号
邮政编码:404100
电　　话:023-68352812

公司名称:梁平县交通汽车运输公司
地　　址:重庆万州市梁平县北正街 143 号
邮政编码:404200
电　　话:023-52222475

公司名称:忠县忠州运贸公司
地　　址:重庆万州市忠县人民路 47 号
邮政编码:404300
电　　话:023-67222986

公司名称:开县交通第一汽车运输公司
地　　址:重庆万州市开县新盛街
邮政编码:404400
电　　话:023-52222635

公司名称:开县交通汽车运输公司
地　　址:重庆万州市开县体育场
邮政编码:404400
电　　话:023-52211725

公司名称:云阳县水运公司
地　　址:重庆万州市云阳县江西街 12 号
邮政编码:404500
电　　话:023-55222230

公司名称:云阳县汽车运输公司
地　　址:重庆万州市云阳县人民路 59 号
邮政编码:404500
电　　话:023-68223930

公司名称:奉节县港航运输公司
地　　址:重庆万州市奉节县西门路 151
邮政编码:404600
电　　话:023-56522385

公司名称:奉节县汽车运输公司
地　　址:重庆万州市奉节县小箭道 6 号
邮政编码:404600
电　　话:023-54822715

公司名称:巫山县长江航运公司
地　　址:重庆万州市巫山县聚鹤街 72 号
邮政编码:404700
电　　话:023-55222833

公司名称:巫山县轮船总公司
地　　址:重庆万州市巫山县集仙街 119 号
邮政编码:404700
电　　话:023-57222565

公司名称:巫山县三峡航运总公司
地　　址:重庆万州市巫山县起云街附 3 号
邮政编码:404700
电　　话:023-55222155

公司名称:巫山县水运公司
地　　址:重庆万州市巫山县集仙街 121 号
邮政编码:404700
电　　话:023-55222599

公司名称:重庆市庆港运输有限公司
地　　址:重庆市巫山县巫峡镇朝云街 1 号
邮政编码:404700
电　　话:023-57222913

公司名称:巫溪县汽车运输公司
地　　址:重庆万州市巫溪县宁河街 1 号
邮政编码:404800
电　　话:023-68522127

公司名称:城口县汽车运输公司
地　　址:重庆万州市城口县
邮政编码:404900
电　　话:023-48222891

公司名称:涪陵市水运公司
地　　址:重庆涪陵市枳城中山西路 102 号
邮政编码:408000
电　　话:023-62222231

公司名称:四川省涪陵市粮油航运贸易总公司
地　　址:重庆涪陵市枳城人民西路 96 号
邮政编码:408000
电　　话:023-62224482

公司名称:四川省涪陵市物资航运公司
地　　址:重庆涪陵市枳城麒麟街 22 号
邮政编码:408000
电　　话:023-62223589

公司名称:涪陵龙电实业发展有限公司运输分公司
地　　址:重庆涪陵市李渡区
邮政编码:408000
电　　话:023-63650053

公司名称:涪陵市运输公司
地　　址:重庆涪陵市枳城人民西路 98 号
邮政编码:408000
电　　话:023-62223257

公司名称:合川汽车运输集团合川有限责任公司
地　　址:重庆合川市
邮政编码:408000
电　　话:023-42731600

公司名称:四川涪陵汽车运输总公司
地　　址:重庆枳城涪陵市人民西路 108 号
邮政编码:408000)
电　　话:023-62222479

公司名称:重庆路航汽车运输公司
地　　址:重庆市古南镇石佛岗
邮政编码:408000
电　　话:023-48662976

公司名称:重庆市万州汽车运输总公司
地　　址:重庆市和平路
邮政编码:408000
电　　话:023-58233088

公司名称:垫江县运输公司
地　　址:重庆涪陵市垫江县工农路 88 号
邮政编码:408300
电　　话:023-40512556

公司名称:南川市汽车运输总公司
地　　址:重庆涪陵市南川市南涪路 56 号
邮政编码:408400
电　　话:023-71422472

公司名称:武隆县航运公司
地　　址:重庆涪陵市武隆县建设 4 组 16 号
邮政编码:408500
电　　话:023-77724532

公司名称:武隆县汽车运输公司
地　　址:重庆市涪陵市武隆县建设街
邮政编码:408500
电　　话:023-77723814

公司名称:黔江地区轮船公司
地　　址:重庆黔江地区彭水苗族土家族自治县
邮政编码:408600
电　　话:023-78442423

公司名称:彭水县汽车运输公司
地　　址:重庆市黔江地区彭水苗族土家族自治县
邮政编码:408600
电　　话:023-78443345

公司名称:酉阳县汽车运输公司
地　　址:重庆市黔江酉阳土家族苗族自治县胜利路
邮政编码:408800
电　　话:023-75552225

公司名称:酉阳县轮船公司
地　　址:重庆市黔江地区酉阳土家族苗族自治县新华街2125号
邮政编码:408817
电　　话:023-79676026

公司名称:秀山县汽车运输公司
地　　址:重庆市黔江秀山土家族苗族自治县广场路14号
邮政编码:408900
电　　话:023-75662140

储　　运

公司名称:重庆市粮食储运公司
地　　址:重庆市市中区五一路82号
邮政编码:400010
电　　话:023-63844446

公司名称:重庆市水产总公司储运贸易分公司
地　　址:重庆市市中区八一路23号
邮政编码:400010
电　　话:023-63843803

公司名称:重庆联运总公司二分公司
地　　址:重庆市渝中区打铜街28号
邮政编码:400011
电　　话:023-63837375

公司名称:重庆商业储运公司
地　　址:重庆市渝中区陕西路
邮政编码:400011
电　　话:023-63830610

公司名称:重庆市商业储运公司
地　　址:重庆市渝中区朝天门陕西路17号
邮政编码:400011
电　　话:023-63842382

公司名称:重庆中远国际货运有限公司
地　　址:重庆市江北区嘉陵三村6号金岗大厦22楼
邮政编码:400020
电　　话:023-67874015

公司名称:重庆巨龙储运有限公司
地　　址:重庆市沙坪坝区覃家岗肖家湾54号
邮政编码:400037
电　　话:023-65211802

公司名称:重庆梨园铁路储运有限责任公司
地　　址:重庆市梨树湾
邮政编码:400037
电　　话:023-65321092

公司名称:重庆联运总公司货运分公司
地　　址:重庆市渝中区大坪茶亭村51号
邮政编码:400041
电　　话:023-68817393

公司名称:重庆外贸储运贸易公司
地　　址:重庆市九龙坡区磨盘山1号
邮政编码:400041
电　　话:023-68610745

公司名称:中国物资储运重庆公司
地　　址:重庆市市中区大坪正街一巷三号
邮政编码:400042
电　　话:023-68810366

公司名称:重庆华铁储运有限公司
地　　址:重庆市九龙坡区西站村
邮政编码:400052
电　　话:023-65209247

公司名称:重庆市商业储运公司上桥商业储运中心
地　　址:重庆市九龙坡区华岩
邮政编码:400052
电　　话:023-65217035

公司名称:重庆联运总公司第一集装分公司
地　　址:重庆市渝中区新市场铁路二村312号
邮政编码:400053
电　　话:023-68427762

公司名称:重庆市商业储运公司九龙坡分公司
地　　址:重庆市九龙坡区九龙坡黄坪正街
邮政编码:400053
电　　话:023-68423294

公司名称:重庆市商业储运公司南岸分公司
地　　址:重庆市南岸区上新街涂山路
邮政编码:400064
电　　话:023-62870237

公司名称:重庆丽泽商品储运公司
地　　址:重庆市大渡口区陈家坝15号
邮政编码:400082
电　　话:023-68837521

公司名称:重庆市农副产品公司储运公司
地　　址:重庆市永川市火车站南路65号
邮政编码:402160
电　　话:023-66873626

公司名称:重庆联运总公司涪陵分公司
地　　址:重庆市渝中区建涪五组构树湾
邮政编码:408000
电　　话:023-62235881

公司名称:重庆市涪陵中立货物联运有限公司
地　　址:重庆市涪陵
邮政编码:408000
电　　话:023-72275147

公司名称:黔江县储运公司
地　　址:重庆市黔江地区黔江土家族苗族自治县南沟
邮政编码:408700
电　　话:023-65222524

仓　　储

公司名称:重庆市棉麻总公司仓储分公司
地　　址:重庆市市中区五一路264号
邮政编码:400010
电　　话:023-63841361

公司名称:重庆大班石化仓储有限公司
地　　址:重庆市渝中区新华路83号三楼
邮政编码:400011
电　　话:023-63734163

公司名称:中国外运重庆公司
地　　址:重庆市江北区建新北路41-2号
邮政编码:400020
电　　话:023-67852991

公司名称:沙坪坝区华渝货物储运站
地　　址:重庆市沙坪坝区上桥村
邮政编码:400037

电　　话:023-65215962

公司名称:重庆粮油食品进出口公司仓储交易公司
地　　址:重庆市九龙坡区滩子口 42 号
邮政编码:400050
电　　话:023-68422467

公司名称:重庆市九龙仓储货运有限公司
地　　址:重庆市九龙坡区九龙村
邮政编码:400050
电　　话:023-68425384

公司名称:重庆市渝丰物资总公司储运分公司
地　　址:重庆市九龙坡区西郊路 23 号
邮政编码:400050
电　　话:023-68422385

公司名称:重庆港九龙坡港埠公司仓储运输分公司
地　　址:重庆市渝中区铁路二村 227 号
邮政编码:400053
电　　话:023-68422188

物流设备

公司名称:重庆起重机厂
地　　址:重庆市九龙坡区中梁山人和场
邮政编码:400052
电　　话:023-65269384

公司名称:重庆瑞力士机械有限公司
地　　址:重庆市中梁山人和场
邮政编码:400052
电　　话:023-65210034

公司名称:重庆齿轮箱有限责任公司
地　　址:重庆市江津德感东方红大街
邮政编码:402263
电　　话:023-47211040

河　北　省

物流与速递

公司名称:北京中铁快运有限公司石家庄分公司
地　　址:河北省石家庄市建设北大街 297 号
邮政编码:050000
电　　话:0311-6680828

公司名称:河北省快速货运有限公司
地　　址:河北省石家庄市建设南大街 118 号
邮政编码:050021
电　　话:0311-6112810

公司名称:河北省邮政干线运输局
地　　址:河北省石家庄市桥东区放射路 116 号
邮政编码:050021
电　　话:0311-6013975

公司名称:河北中外运物流有限公司
地　　址:河北省石家庄市联盟路 683 号
邮政编码:050000
电　　话:0311-7726384

公司名称:华运物流秦皇岛公司
地　　址:河北省秦皇岛市海港区和平大街 338 号
邮政编码:066004
电　　话:0335-3062032

公司名称:石家庄中铁快运有限公司
地　　址:河北省石家庄市兴凯路 281 号
邮政编码:050000
电　　话:0311-7067698

货运代理

公司名称:河北冀铁运输代理有限公司
地　　址:河北省石家庄市华西路 40 号
邮政编码:050000

电　　话:0311-7028384

公司名称:河北省对外贸易运输石家庄第一公司
地　　址:河北省石家庄市建设北大街 41 号
邮政编码:050000
电　　话:0311-6046690

公司名称:河北省国际运货代理公司
地　　址:河北省石家庄市水源街 24 号
邮政编码:050000
电　　话:0311-7046143

公司名称:石家庄市新华亨达货物代理处
地　　址:河北省石家庄市联盟路 63 号
邮政编码:050000
电　　话:0311-7757379

公司名称:中国外贸运输公司河北省分公司
地　　址:河北省石家庄市红军大街 371 号
邮政编码:050000
电　　话:0311-7041041

公司名称:中国外运秦皇岛公司石家庄分公司
地　　址:河北省石家庄市和平西路 448 号
邮政编码:050000
电　　话:0311-7044464

公司名称:中航狮威国际货运代理有限公司
地　　址:河北省石家庄市中山东路
邮政编码:050000
电　　话:0311-6981214

公司名称:秦皇岛联港货运代理有限公司
地　　址:河北省秦皇岛海港区河北大街东段 46 号
邮政编码:066003
电　　话:0335-3095938

公司名称:张家口市货运配载服务中心
地　　址:河北省张家口市桥西区古宏庙街 9 号
邮政编码:075000
电　　话:0313-8015421

运　输

公司名称:天津远洋运输公司石家庄货运分公司
地　　址:河北省石家庄市和平西路 589 号
邮政编码:050000
电　　话:0311-7786474

公司名称:大通国际运输有限公司河北分公司
地　　址:河北省石家庄市兴凯路
邮政编码:050000
电　　话:0311-7822190

公司名称:河北省快速货运有限公司石家庄分公司
地　　址:河北省石家庄市汇通路 124 号
邮政编码:050000
电　　话:0311-6110158

公司名称:国际集装箱汽车运输联合公司
地　　址:河北省石家庄市和平西路
邮政编码:050000
电　　话:0311-7044552

公司名称:河北省国际集装箱公司
地　　址:河北省石家庄市体育大街南头
邮政编码:050000
电　　话:0311-5814097 5814098

公司名称:河北省国际集装箱开发公司
地　　址:河北省石家庄市体育南大街
邮政编码:050000
电　　话:0311-5814095

公司名称:河北外运集装箱运输公司
地　　址:河北省石家庄市西三庄街 12 号
邮政编码:050000
电　　话:0311-7781894

公司名称:石家庄国际集装箱多式联运有限公司

地　　址:河北省石家庄市建设南大街 118 号
邮政编码:050000
电　　话:0311-6024549

公司名称:石家庄零担集装箱运输公司
地　　址:河北省石家庄市放射路 79 号
邮政编码:050000
电　　话:0311-7027206

公司名称:石家庄铁路集装箱运输中心
地　　址:河北省石家庄市黎明街 65 号
邮政编码:050000
电　　话:0311-7014871

公司名称:中国集装箱公司石家庄分公司
地　　址:河北省石家庄市正定大街 42 号
邮政编码:050000
电　　话:0311-6823264

公司名称:石家庄市大型物资运输二公司
地　　址:河北省石家庄市桥东区栗康 36 号
邮政编码:050011
电　　话:0311-6033229

公司名称:河北省快速货运有限公司
地　　址:河北省石家庄市建设南大街 118 号
邮政编码:050021
电　　话:0311-6112810

公司名称:石家庄运输总公司
地　　址:河北石家庄市桥东区放射路 79 号
邮政编码:050021
电　　话:0311-6013353

公司名称:河北国际集装箱运输总公司
地　　址:河北省石家庄长安区体育南大街 80 号
邮政编码:050021
电　　话:0311-7781894

公司名称:河北国际集装箱运输总公司石家庄公司

地　　址:河北省石家庄市桥东区石滦路
邮政编码:050021
电　　话:0311-6011108

公司名称:石家庄铁路运达集装箱公司
地　　址:河北省石家庄市桥东区放射路 48 号
邮政编码:050021
电　　话:0311-6012429

公司名称:石家庄铁路运输服务开发公司
地　　址:河北省石家庄市桥东区彭后街 22 号
邮政编码:050021
电　　话:0311-6104041

公司名称:石家庄市第一运输公司
地　　址:河北省石家庄桥东区建设北大街 50 号
邮政编码:050041
电　　话:0311-6979650

公司名称:石家庄铁路货装总公司
地　　址:河北省石家庄市新华区新华路 265 号
邮政编码:050051
电　　话:0311-7890489

公司名称:石家庄市大型物资运输一公司
地　　址:河北省石家庄市新华区石岗路 188 号
邮政编码:050061
电　　话:0311-7776677

公司名称:石家庄市汽车运输公司
地　　址:河北省石家庄市高新技术产业区
邮政编码:050081
电　　话:0311-3629710

公司名称:河北省对外贸易运输石家庄市公司
地　　址:河北石家庄市桥西区新石南路 49 号
邮政编码:050091
电　　话:0311-3832191

公司名称:石家庄市通达运输场

地　　址:河北省石家庄市仓安路 51 号
邮政编码:050091
电　　话:0311-3833016

公司名称:石家庄市重型货物运输公司
地　　址:河北石家庄市桥西区中华南大街新石北路 6 号
邮政编码:050091
电　　话:0311-3833704

公司名称:石家庄市矿区汽车运输公司
地　　址:河北省石家庄市井陉矿区贾庄村
邮政编码:050100
电　　话:0311-2079538

公司名称:鹿泉市运输公司
地　　址:河北省石家庄市鹿泉市站前街
邮政编码:050200
电　　话:0311-2012415

公司名称:新乐市运输公司
地　　址:河北省石家庄市新乐市新开路 99 号
邮政编码:050700
电　　话:0311-8581015

公司名称:晋州市汽车运输公司
地　　址:河北省石家庄市晋州市光明路 71 号
邮政编码:052260
电　　话:0311-4322331

公司名称:河北省对外贸易运输衡水公司
地　　址:河北省衡水市京大路 8 号
邮政编码:053000
电　　话:0318-2022469

公司名称:河北省衡水运输总公司
地　　址:河北省衡水市新华东路 30 号
邮政编码:053000
电　　话:0318-2032947

公司名称:衡水运输股份有限公司
地　　址:河北省衡水市河平东路
邮政编码:053000
电　　话:0318-2025946

公司名称:河北衡水铁运实业开发总公司
地　　址:河北省衡水市站前路 87 号
邮政编码:053000
电　　话:0318-2038006

公司名称:河北省冀州市运输公司
地　　址:河北省衡水市冀州市迎宾大街 28 号
邮政编码:053200
电　　话:0318-8612301

公司名称:邢台市第三运输公司
地　　址:河北省邢台市桥西区
邮政编码:054000
电　　话:0319-2624111

公司名称:邢台运输总公司第四分公司
地　　址:河北省邢台市桥东区
邮政编码:054000
电　　话:0319-3037657

公司名称:河北省邢台运输总公司
地　　址:河北省邢台市桥东区
邮政编码:054001
电　　话:0319-3178294

公司名称:邢台市第四运输公司
地　　址:河北省邢台市桥东区
邮政编码:054001
电　　话:0319-3178062

公司名称:邢台市运输总公司
地　　址:河北省邢台市桥西区中兴路 190 号
邮政编码:054001
电　　话:0319-2622188

公司名称:邢台运输总公司第一分公司
地　　址:河北省邢台市桥东区
邮政编码:054001
电　　话:0319-3178294

公司名称:邢台市集装箱运输公司
地　　址:河北省邢台市桥西区
邮政编码:054001
电　　话:0319-3038204

公司名称:河北省沙河市第一运输公司
地　　址:河北省邢台市沙河市京广路 31 号
邮政编码:054100
电　　话:0319-8831642

公司名称:邯郸市第一运输总公司汽车六公司
地　　址:河北省邯郸市邯山区农林路 12 号
邮政编码:056001
电　　话:0310-6023069

公司名称:河北省邯郸市第一运输总公司
地　　址:河北省邯郸市邯山区陵园路 11 号
邮政编码:056001
电　　话:0310-3022309

公司名称:中国通用航空公司邯郸分公司
地　　址:河北省邯郸市邯山区
邮政编码:056001
电　　话:0310-6011304

公司名称:沧州交通运输集团有限公司
地　　址:河北省沧州市新华区交通大街
邮政编码:061000
电　　话:0317-3041811

公司名称:沧州市交通局汽车运输六场
地　　址:河北省沧州市运河区北环中路 14 号
邮政编码:061000
电　　话:0317-3041793

公司名称:沧州市粮食局运输贸易公司
地　　址:河北省沧州市新华区交通大街 29 号
邮政编码:061000
电　　话:0317-3042273

公司名称:沧州市大型物资运输公司
地　　址:河北省沧州市新华区南环东路 4 号
邮政编码:061001
电　　话:0317-3044387

公司名称:河北冀乐阿塞依国际集装箱有限公司
地　　址:河北省沧州西环路 16 号
邮政编码:061001
电　　话:0317-2022557

公司名称:河北省沧州市海运有限公司
地　　址:河北省沧州市黄骅市新村
邮政编码:061113
电　　话:0317-5768246

公司名称:泊头冀港运输有限公司
地　　址:河北省泊头市富镇京富路 1 号
邮政编码:062157
电　　话:0317-8345050

公司名称:任丘市运输二公司
地　　址:河北省沧州市任丘市建设路
邮政编码:062550
电　　话:0317-2223173

公司名称:任丘市运输一公司
地　　址:河北省沧州市任丘市建设路
邮政编码:062550
电　　话:0317-2222338

公司名称:唐山金山海运有限公司
地　　址:河北省唐山市路北区学院路 48 号
邮政编码:063000
电　　话:0315-2238855

公司名称:河北省对外贸易运输唐山分公司
地　　址:河北唐山市路北区建设南路 81 号
邮政编码:063000
电　　话:0315-2823404

公司名称:河北国际集装箱运输总公司唐山公司
地　　址:河北唐山市路北区龙王庙
邮政编码:063000
电　　话:0315-3271164

公司名称:唐山市运输企业(集团)公司
地　　址:河北省唐山市路南区胜利路 4 号
邮政编码:063001
电　　话:0315-2861236

公司名称:唐山钢铁集团公司唐钢汽车运输公司
地　　址:河北省唐山市路北区滨河路 9 号
邮政编码:063016
电　　话:0315-2702228

公司名称:京唐港务局
地　　址:河北省唐山市乐亭县曹庄
邮政编码:063611
电　　话:0315-2914059

公司名称:遵化市矿山运输公司
地　　址:河北省唐山市遵化市文化北路
邮政编码:064200
电　　话:0315-6611045

公司名称:遵化市运输总公司
地　　址:河北省唐山市遵化市建设南路
邮政编码:064200
电　　话:0315-6612945

公司名称:河北省对外贸易运输廊坊公司
地　　址:河北省廊坊市安次区新开路 7 号
邮政编码:065000
电　　话:0316-2012644

公司名称:中国汽车运输廊坊公司
地　　址:河北省廊坊市安次区廊万路 11 号
邮政编码:065000
电　　话:0316-2115417

公司名称:秦皇岛市航运公司
地　　址:河北省秦皇岛市海港区迎宾路 91 号
邮政编码:066000
电　　话:0335-30679978

公司名称:海港运输公司
地　　址:河北省秦皇岛市海港区海阳路 268 号
邮政编码:066000
电　　话:0335-3061350

公司名称:秦皇岛第一运输公司
地　　址:河北省秦皇岛海港区河北大街中段 5 号
邮政编码:066000
电　　话:0335-3032025

公司名称:秦皇岛海通物资公司运输分公司
地　　址:河北省秦皇岛市海港区韩庄路 1 号
邮政编码:066000
电　　话:0335-3033361

公司名称:秦皇岛货物零担运输公司
地　　址:河北省秦皇岛海港区河北大街中段 11 号
邮政编码:066000
电　　话:0335-3032725

公司名称:秦皇岛市第二运输公司
地　　址:河北省秦皇岛市海港区建设大街 59 号
邮政编码:066000
电　　话:0335-3061306

公司名称:河北远洋运输公司
地　　址:河北省秦皇岛市海港区港城大街西 5 号
邮政编码:066001
电　　话:0335-3066301

公司名称:中国外轮理货总公司秦皇岛分公司
地　　址:河北省秦皇岛市海港区南山街 8 号
邮政编码:066002
电　　话:0335-3093455

公司名称:中国外运秦皇岛公司
地　　址:河北省秦皇岛市海港区友谊路 38 路
邮政编码:066002
电　　话:0335-3414760

公司名称:秦皇岛港货运总公司
地　　址:河北省秦皇岛市海港区海滨路 20 号
邮政编码:066002
电　　话:0335-3092113

公司名称:秦皇岛市新港港务总公司
地　　址:河北省秦皇岛市海港区东港路 45 号
邮政编码:066003
电　　话:0335-3025940

公司名称:山海关开发区铁路运输公司
地　　址:河北省秦皇岛市山海关区船厂路
邮政编码:066200
电　　话:0335-5082288

公司名称:承德市粮食局运输贸易公司
地　　址:河北省承德市双桥区新居宅 264 号
邮政编码:067000
电　　话:0314-2082534

公司名称:河北省承德运输总公司
地　　址:河北省承德市双桥区旱河沿 17 号
邮政编码:067000
电　　话:0314-2027485

公司名称:河北省对外贸易分公司承德支公司
地　　址:河北省承德市双桥区高庙
邮政编码:067000
电　　话:0314-2182797

公司名称:承德运输总公司三公司
地　　址:河北省承德市平泉县东方
邮政编码:067500
电　　话:0314-6023061

公司名称:河北省承德运输公司五公司
地　　址:河北省承德市隆化县兴洲路 54 号
邮政编码:068150
电　　话:0314-7062683

公司名称:保定美瑞华运输实业有限公司
地　　址:河北省保定市建国路 9 号
邮政编码:071000
电　　话:0312-2023975

公司名称:保定市第三运输公司
地　　址:河北省保定市南市区支农路 100 号
邮政编码:071000
电　　话:0312-2122715

公司名称:保定市第一运输公司
地　　址:河北省保定市北市区建国路 17 号
邮政编码:071000
电　　话:0312-2022807

公司名称:保定市运输总公司
地　　址:河北省保定市北市区建国路 2 号
邮政编码:071000
电　　话:0312-2023975

公司名称:河北省保定运输总公司
地　　址:河北省保定市北市区建华北路 188 号
邮政编码:071000
电　　话:0312-2026960

公司名称:河北省对外贸易运输保定公司
地　　址:河北省保定市南市区三丰中路
邮政编码:071000
电　　话:0312-2122518

公司名称:涿州汽车运输公司
地　　址:河北省保定市涿州市迎宾路3号
邮政编码:072750
电　　话:0312-3633814

公司名称:定州市运输公司
地　　址:河北省保定市定州市西关北街
邮政编码:073000
电　　话:0312-2312543

公司名称:张家口汽车货物运输公司
地　　址:河北省张家口桥西区西沙河大街102号
邮政编码:075000
电　　话:0313-2017253

公司名称:张家口市公路运输公司
地　　址:河北省张家口市桥西区西沙河街97号
邮政编码:075000
电　　话:0313-2014158

公司名称:张家口市粮油运输贸易公司
地　　址:河北张家口市桥东区胜利南路52号
邮政编码:075000
电　　话:0313-4063806

公司名称:张家口市运输公司
地　　址:河北省张家口市桥西区南茶坊15号
邮政编码:075000
电　　话:0313-2014321

公司名称:张家口运输集团公司
地　　址:河北省张家口桥西区西沙河大街103号
邮政编码:075000
电　　话:0313-2013645

公司名称:张家口市大型货物运输集团公司
地　　址:河北省张家口市桥东区建国路副19号
邮政编码:075000
电　　话:0313-2015109

公司名称:张家口市大型物资起重运输公司
地　　址:河北省张家口市桥西区西坝岗30号
邮政编码:075000
电　　话:0313-2017507

公司名称:张家口市集装箱零担运输公司
地　　址:河北省张家口市桥西区西沙河103号
邮政编码:075000
电　　话:0313-2015856

公司名称:张家口市特种货物运输公司
地　　址:河北省张家口市平门街4号
邮政编码:075000
电　　话:0313-2017618

公司名称:张家口燕兴联合运输公司
地　　址:河北省张家口市桥东区马路东西街
邮政编码:075041
电　　话:4061905-2394

公司名称:张家口运输集团公司第七运输公司
地　　址:河北省张家口市涿鹿县城东风路74号
邮政编码:075600
电　　话:0313-6521982

公司名称:张家口市第六汽车运输公司
地　　址:河北省张家口市阳原县工业街
邮政编码:075800
电　　话:0313-7512418

储　　运

公司名称:河北省物资储运总公司
地　　址:河北省石家庄市和西路
邮政编码:050000
电　　话:0311-3651140

公司名称:河北外运石家庄储运公司
地　　址:河北省石家庄市光华路外贸街8号
邮政编码:050000
电　　话:0311-6043160

公司名称:石家庄中储物资配送有限公司
地　　址:河北省石家庄市石岗路 18 号
邮政编码:050000
电　　话:0311-7048029/7048026

公司名称:中国物资储运公司石家庄公司
地　　址:河北省石家庄市石岗大街 18 号
邮政编码:050000
电　　话:0311-7084147

公司名称:中国物资储运总公司河北分公司
地　　址:河北省石家庄市石岗大街 18 号
邮政编码:050000
电　　话:0311-7043422

公司名称:石家庄商业储运公司
地　　址:河北省石家庄市桥东区仓丰路 18 号
邮政编码:050021
电　　话:0311-6011483

公司名称:中国外运河北元氏储运公司
地　　址:河北省石家庄市元氏县元南
邮政编码:051130
电　　话:0311-4623939

公司名称:衡水市储运开发总公司
地　　址:河北省衡水市育才街 28 号
邮政编码:053000
电　　话:0318-2022403

公司名称:邢台市储运公司
地　　址:河北省邢台市桥东区
邮政编码:054001
电　　话:0319-3178640

公司名称:邯郸市商贸储运公司
地　　址:河北省邯郸市邯山区贸易街 113 号
邮政编码:056001
电　　话:0310-3023443

公司名称:河北外运邯郸公司
地　　址:河北省邯郸市邯山区浴新南
邮政编码:056001
电　　话:0310-6029103

公司名称:邯郸市复兴区大院储运总公司
地　　址:河北省邯郸市复兴区铁院路 12 号
邮政编码:056003
电　　话:0310-4042400

公司名称:沧州储运公司
地　　址:河北省沧州市新华区解放东路 20 号
邮政编码:061000
电　　话:0317-3041452

公司名称:遵化市物资局储运公司
地　　址:河北省唐山市遵化市建设南路 33 号
邮政编码:064200
电　　话:0315-6614661

公司名称:遵化市物资物资局储运公司
地　　址:河北省唐山市遵化市建设南路 33 号
邮政编码:064200
电　　话:0315-6614661

公司名称:廊坊市中储物资公司
地　　址:河北省廊坊市安次区建设路
邮政编码:065000
电　　话:0316-2013124

公司名称:廊坊开发区中糖储运贸易有限公司
地　　址:河北省廊坊市安次区云鹏道
邮政编码:065001
电　　话:0316-6084418

公司名称:河北省秦皇岛海洋渔业总公司储运分公司
地　　址:河北省秦皇岛市海港区东港路 19 号
邮政编码:066000
电　　话:0335-3013354

公司名称:河北省秦皇岛海洋渔业总公司储运分公司
地　　址:河北省秦皇岛市海港区东港路 19 号
邮政编码:066000
电　　话:3013354-8802

公司名称:秦皇岛集装箱联合运输总公司
地　　址:河北省秦皇岛市海港区友谊路 221 号
邮政编码:066000
电　　话:0335-3039718

公司名称:秦皇岛开发区华北储运有限公司
地　　址:河北省秦皇岛市海港区
邮政编码:066000
电　　话:0335-3013181

公司名称:秦皇岛市联运总公司
地　　址:河北省秦皇岛市海港区港城大街东段
邮政编码:066000
电　　话:0335-3601597

公司名称:秦皇岛市海港宏源联营储运公司
地　　址:河北省秦皇岛市海港区中心庄
邮政编码:066001
电　　话:0335-3011447

公司名称:秦皇岛市华兴储运公司
地　　址:河北省秦皇岛市海港区后马坊
邮政编码:066001
电　　话:0335-3063906

公司名称:中国物资储运秦皇岛货运代理公司
地　　址:河北省秦皇岛海港区燕山大街迎春里 31 栋 3 单元
邮政编码:066001
电　　话:0335-3060241

公司名称:秦皇岛市进出口粮食储运公司
地　　址:河北省秦皇岛市海港区海滨路 57 号
邮政编码:066002
电　　话:0335-3413992

公司名称:中国外运秦皇岛汽车运输公司
地　　址:河北省秦皇岛市海港区友谊南路 1 号
邮政编码:066002
电　　话:0335-3412673

公司名称:承德商业运销公司
地　　址:河北省承德市双桥区
邮政编码:067000
电　　话:0314-2062651

公司名称:保定市联运公司
地　　址:河北省保定市南市区利民路 3 号
邮政编码:071000
电　　话:0312-2126591

公司名称:保定市三半储运公司
地　　址:河北省保定市北市区建华路
邮政编码:071000
电　　话:0312-2034502

公司名称:保铁实业开发总公司顺达储运公司
地　　址:河北省保定市满城县育才
邮政编码:072150
电　　话:0312-7071378

公司名称:张家口市仓储转运公司
地　　址:河北省张家口市桥东区宣化路
邮政编码:075000
电　　话:0313-2012230

公司名称:张家口市粮油储运公司
地　　址:河北省张家口市桥东区胜利南路 21 号
邮政编码:075000
电　　话:0313-2014429

仓　　储

公司名称:河北省物资储运总公司
地　　址:河北省石家庄市和西路
邮政编码:050000
电　　话:0311-3651140

公司名称:河北外运石家庄储运公司
地　　址:河北省石家庄市光华路外贸街 8 号
邮政编码:050000
电　　话:0311-6043160

公司名称:石家庄中储物资配送有限公司
地　　址:河北省石家庄市石岗路 18 号
邮政编码:050000
电　　话:0311-7048029/7048026

公司名称:中国物资储运公司石家庄公司
地　　址:河北省石家庄市石岗大街 18 号
邮政编码:050000
电　　话:0311-7084147

公司名称:中国物资储运总公司河北分公司
地　　址:河北省石家庄市石岗大街 18 号
邮政编码:050000
电　　话:0311-7043422

公司名称:石家庄商业储运公司
地　　址:河北省石家庄市桥东区仓丰路 18 号
邮政编码:050021
电　　话:0311-6011483

公司名称:中国外运河北元氏储运公司
地　　址:河北省石家庄市元氏县元南
邮政编码:051130
电　　话:0311-4623939

公司名称:衡水市储运开发总公司
地　　址:河北省衡水市衡水市育才街 28 号
邮政编码:053000
电　　话:0318-2022403

公司名称:邢台市储运公司
地　　址:河北省邢台市桥东区
邮政编码:054001
电　　话:0319-3178640

公司名称:邯郸市商贸储运公司
地　　址:河北省邯郸市邯山区贸易街 113 号
邮政编码:056001
电　　话:0310-3023443

公司名称:河北外运邯郸公司
地　　址:河北省邯郸市邯山区浴新南
邮政编码:056001
电　　话:0310-6029103

公司名称:邯郸市复兴区大院储运总公司
地　　址:河北省邯郸市复兴区铁院路 12 号
邮政编码:056003
电　　话:0310-4042400

公司名称:沧州储运公司
地　　址:河北省沧州市新华区解放东路 20 号
邮政编码:061000
电　　话:0317-3041452

公司名称:遵化市物资局储运公司
地　　址:河北省唐山市遵化市建设南路 33 号
邮政编码:064200
电　　话:0315-6614661

公司名称:遵化市物资物资局储运公司
地　　址:河北省唐山市遵化市建设南路 33 号
邮政编码:064200
电　　话:0315-6614661

公司名称:廊坊市中储物资公司
地　　址:河北省廊坊市安次区建设路
邮政编码:065000
电　　话:0316-2013124

公司名称:廊坊开发区中糖储运贸易有限公司
地　　址:河北省廊坊市安次区云鹏道
邮政编码:065001
电　　话:0316-6084418

公司名称:河北省秦皇岛海洋渔业总公司储运分公司
地　　址:河北省秦皇岛市海港区东港路 19 号
邮政编码:066000
电　　话:0335-3013354

公司名称:河北省秦皇岛海洋渔业总公司储运分公司
地　　址:河北省秦皇岛市海港区东港路 19 号
邮政编码:066000
电　　话:3013354-8802

公司名称:秦皇岛集装箱联合运输总公司
地　　址:河北省秦皇岛市海港区友谊路 221 号
邮政编码:066000
电　　话:0335-3039718

公司名称:秦皇岛开发区华北储运有限公司
地　　址:河北省秦皇岛市海港区
邮政编码:066000
电　　话:0335-3013181

公司名称:秦皇岛市联运总公司
地　　址:河北省秦皇岛市海港区港城大街东段
邮政编码:066000
电　　话:0335-3601597

公司名称:秦皇岛市海港宏源联营储运公司
地　　址:河北省秦皇岛市海港区中心庄
邮政编码:066001
电　　话:0335-3011447

公司名称:秦皇岛市华兴储运公司
地　　址:河北省秦皇岛市海港区后马坊
邮政编码:066001
电　　话:0335-3063906

公司名称:中国物资储运秦皇岛货运代理公司
地　　址:河北省秦皇岛海港区燕山大街迎春里 31 栋 3 单元
邮政编码:066001
电　　话:0335-3060241

公司名称:秦皇岛市进出口粮食储运公司
地　　址:河北省秦皇岛市海港区海滨路 57 号
邮政编码:066002
电　　话:0335-3413992

公司名称:中国外运秦皇岛汽车运输公司
地　　址:河北省秦皇岛市海港区友谊南路 1 号
邮政编码:066002
电　　话:0335-3412673

公司名称:承德商业运销公司
地　　址:河北省承德市双桥区
邮政编码:067000
电　　话:0314-2062651

公司名称:保定市联运公司
地　　址:河北省保定市南市区利民路 3 号
邮政编码:071000
电　　话:0312-2126591

公司名称:保定市三半储运公司
地　　址:河北省保定市北市区建华路
邮政编码:071000
电　　话:0312-2034502

公司名称:保铁实业开发总公司顺达储运公司
地　　址:河北省保定市满城县育才
邮政编码:072150
电　　话:0312-7071378

公司名称:张家口市仓储转运公司
地　　址:河北省张家口市桥东区宣化路
邮政编码:075000
电　　话:0313-2012230

公司名称:张家口市粮油储运公司
地　　址:河北省张家口市桥东区胜利南路 21 号
邮政编码:075000

电　　话:0313-2014429

物流设备

公司名称:总装军械研究所储存供应技术研究室
地　　址:河北省石家庄市北新街 169 号
邮政编码:050000
电　　话:0311-7994081 7994082
单位简介:总装军械研究所储存供应技术研究室是从事军事物流理论和技术的专业研究室,有科研人员 14 名,其中高级工程师 7 名,具有硕士以上学历人员比例达 60%。研究室的重点研究方向包括储存技术、包装技术、装卸搬运技术、安全防护技术、自动识别技术、环境监控技术研究。主要研究领域与任务为: 1. 包装工程研究-包装新技术、新材料、新结构应用研究,重点是物资防护包装、集合包装和缓冲包装研究; 2. 机电工程研空-重点进行仓库和野战条件下装卸搬运机械研究、仓库自动化设备和特种车辆研究。3. 信息与管理工程-进行装备物资保障信息化研究,标识信息自动化识别技术研究和信息管理自动化研究。

公司名称:石家庄市新型传动机械厂
地　　址:河北省石家庄市石栾路
邮政编码:050000
电　　话:0311-5808452 6673817

公司名称:石家庄铁路起重机械厂
地　　址:河北省石家庄市桥东区工人街四号
邮政编码:050000
电　　话:0311-6973647

公司名称:石家庄中储起重设备厂
地　　址:河北省石家庄市石岗大街 125 号
邮政编码:050000
电　　话:0311-7048293

公司名称:石家庄市长安输送机械厂
地　　址:河北省石家庄市青园街 12 号
邮政编码:050011
电　　话:0311-6049420

公司名称:石家庄天同停车设备有限公司
地　　址:河北省石家庄市中山东路 457 号
邮政编码:050031
电　　话:0311-5050670-8002

公司名称:河北省石油化工规划设计院
地　　址:河北省石家庄市师范街 2 号
邮政编码:050051
电　　话:0311-7025806

公司名称:石家庄市新工减速机企业(集团)公司
地　　址:河北省石家庄市和平西路 595 号
邮政编码:050071
电　　话:0311-7783772

公司名称:石家庄市制动器厂
地　　址:河北省石家庄市新石北路 368 号
邮政编码:050091
电　　话:0311-3826381 3836506

公司名称:邢台市通泰输送机械制造总厂
地　　址:河北省邢台市桥西区建设路 15 号
邮政编码:054000
电　　话:0319-2023329 2024435

公司名称:邢台建筑起重机械有限公司(原任县起重机械厂)
地　　址:河北省邢台市任县新兴东路 65 号
邮政编码:055150
电　　话:0319-7512654 7512610

公司名称:唐山市麒麟冶金机械制造有限公司
地　　址:河北省唐山市建华东道 26 号
邮政编码:063000
电　　话:0315-2019548

公司名称:唐山开元电器有限公司(原唐山自动焊接

设备有限公司)
地　　址:河北省唐山市路北区长宁道10号
邮政编码:063020
电　　话:0315-3296257 3295244

公司名称:朗艾道(唐山)机械有限公司
地　　址:河北省唐山市缸窑路2号
邮政编码:063027
电　　话:0315-3203404-824

公司名称:唐山冶金矿山机械厂
地　　址:河北省唐山市缸么路4号
邮政编码:063027
电　　话:0315-3203417 3203248

公司名称:唐山起重输送机械厂
地　　址:河北省丰南市宣庄
邮政编码:063307
电　　话:0315-8522706

公司名称:秦皇岛市长安起重机电研究所
地　　址:河北省秦皇岛市河北大街东段立交桥
邮政编码:066000
电　　话:0335-3035288

公司名称:秦皇岛市液压件厂
地　　址:河北省秦皇岛市东岗路351号
邮政编码:066003
电　　话:0335-3011080

公司名称:曼内斯曼德马泰克(秦皇岛)有限公司
地　　址:河北省秦皇岛经济技术开发区淮河道20号
邮政编码:066004
电　　话:0335-8059125

公司名称:曼内斯曼德马泰克(秦皇岛)有限公司
地　　址:河北省秦皇岛经济技术开发区
邮政编码:066004
电　　话:0335-8059125

公司名称:山海关北方博大起重机械有限公司
地　　址:河北省山海关市关城南路109号
邮政编码:066200
电　　话:0335-5071178

公司名称:山海关大力神起重机械公司
地　　址:河北省秦皇岛山海关区关城南路80号
邮政编码:066200
电　　话:0335-5051305

公司名称:山海关大力神起重输送机械有限公司
地　　址:河北省秦皇岛山海关关城南路80号
邮政编码:066200
电　　话:0335-5055011

公司名称:承德悬挂输送机股份有限公司
地　　址:河北省承德市下二道河子路8号
邮政编码:067000
电　　话:0314-2154851

公司名称:河北省承德千斤顶总厂
地　　址:河北省承德市西大街路北142号
邮政编码:067000
电　　话:0314-2185487

公司名称:河北省承德市汽车挂车制造厂
地　　址:河北省承德市双桥区石洞子沟路14号
邮政编码:067000
电　　话:0314 - 2065745

公司名称:承德输送机集团有限责任公司
地　　址:河北省承德市双塔山
邮政编码:067001
电　　话:0314-4320246

公司名称:承德威伯输送机械有限公司
地　　址:河北省承德市双塔山镇
邮政编码:067001

电　　话:0314-4040140

公司名称:保定起重运输设备厂
地　　址:河北省保定市清苑县东吕乡东吕村
邮政编码:071100
电　　话:0312-8151159

公司名称:河北巨力集团有限公司
地　　址:河北省保定市徐水县振兴西路
邮政编码:072550
电　　话:0312-8685687

公司名称:河北省徐水吊索具有限公司
地　　址:河北省徐水康明南路 11 号
邮政编码:072550
电　　话:0312-8683825

公司名称:涿州科华钢结构设备有限公司
地　　址:河北省涿州市范阳东路 66 号
邮政编码:072750
电　　话:0312-3850853 3850939 3858082

公司名称:张家口市起重机械厂
地　　址:河北省张家口市工业大街 85 号
邮政编码:075000
电　　话:0313-4061924 4061587

公司名称:张家口市千斤顶厂
地　　址:河北省张家口市桥西区北瓦盆窑 48 号
邮政编码:075000
电　　话:0313-8037311

公司名称:张家口煤矿机械有限公司圆环链分厂
地　　址:河北省张家口市工业区 51 号
邮政编码:075025
电　　话:0313-2056580

公司名称:张家口市宣化区传动机械厂
地　　址:河北省张家口市宣化区西门口 46 号
邮政编码:075100
电　　话:0313-3014124

山　西　省

货运代理

公司名称:太原市通达运输代理总公司
地　　址:山西省太原市南城区青年路新南 46 号
邮政编码:030001
电　　话:0351-4051704

公司名称:太原通源汽车配件销售公司运输代理部
地　　址:山西省太原市南城区平阳路 239 号
邮政编码:030006
电　　话:0351-7076083

公司名称:山西大汇国际汽车运输有限公司
地　　址:山西省太原市北城区东华门七号
邮政编码:030012
电　　话:0351-3075611

公司名称:中国对外贸易运输(集团)总公司山西公司
地　　址:山西省太原市晋祠路 7 号
邮政编码:030024
电　　话:0351-6041190

公司名称:阳泉市经贸货运公司
地　　址:山西省阳泉市城区桃南东路 322
邮政编码:045000
电　　话:0353-2033720

公司名称:阳泉市外贸包装货运公司
地　　址:山西省阳泉市矿区南楼西
邮政编码:045000
电　　话:0353-4012530

运　输

公司名称:山西晋通运输有限公司
地　　址:山西省太原市北城区府东街 82 号
邮政编码:030001
电　　话:0351-4012141

公司名称:山西润宇运输有限公司
地　　址:山西省太原市水西关 44 号
邮政编码:030002
电　　话:0351-7089356

公司名称:太原钢城企业公司汽车运输公司
地　　址:山西省太原市北城区古城
邮政编码:030003
电　　话:0351-3016106

公司名称:山西省太原汽车运输公司
地　　址:山西省太原市南城区太榆路 50 号
邮政编码:030006
电　　话:0351-7074016

公司名称:太原市联运总公司
地　　址:山西省太原市南城区建设南路 447 号
邮政编码:030006
电　　话:0351-7040869

公司名称:太原市联运总公司汽车运输分公司
地　　址:山西省太原市南城区建设南路 447 号
邮政编码:030006
电　　话:0351-7075032

公司名称:太原津港国际集装箱货运有限公司
地　　址:山西省太原市建设南路 447 号
邮政编码:030006
电　　话:0351-7040877

公司名称:太原市粮油运输公司
地　　址:山西省太原市北城区新兰路 3 号
邮政编码:030008
电　　话:0351-3059248

公司名称:山西晋安运输公司
地　　址:山西省太原市北城区涧河路晋安东街
邮政编码:030009
电　　话:0351-3073261

公司名称:山西省太原市第四运输公司
地　　址:山西省太原市北城区西涧河 160 号
邮政编码:030009
电　　话:0351-3083439

公司名称:太原通顺安汽车运输有限公司
地　　址:山西省太原市北城区新建路 328 号
邮政编码:030009
电　　话:0351-3041832

公司名称:山西晋恒实业有限公司
地　　址:山西省太原市王村南街 248 号
邮政编码:030012
电　　话:0351-7235554

公司名称:山西省汽车运输总公司
地　　址:山西太原市南城区南内环街 61
邮政编码:030012
电　　话:0351-4168165

公司名称:太原晋阳运输公司
地　　址:山西省太原市南城区南内环街 39 号
邮政编码:030012
电　　话:0351-4173149

公司名称:太原市大型货物运输公司
地　　址:山西省太原市北城区敦化南路 92 号
邮政编码:030013
电　　话:0351-3074723

公司名称:山西兴通集装箱有限责任公司
地　　址:山西太原市北城区建北路 66 号
邮政编码:030013

电　　话:0351-3071137

公司名称:太原东发生铁集运有限公司
地　　址:山西省太原市北城区建设北路 534 号
邮政编码:030013
电　　话:0351-3071407

公司名称:太原铁路分局并铁集装箱运输中心
地　　址:山西省太原市北城区建设北路 482 号
邮政编码:030013
电　　话:0351-3072121

公司名称:太原市第三运输公司
地　　址:山西省太原市河西区和平南路 26 号
邮政编码:030024
电　　话:0351-6065708

公司名称:太原食品集团汽车运输公司
地　　址:山西省太原市南城区许坦东街 19 号
邮政编码:030031
电　　话:0351-7073883

公司名称:物资储运经销公司运输分公司
地　　址:山西省太原市南城区许坦东街 18 号
邮政编码:030031
电　　话:0351-7064724

公司名称:太原化工物资总公司仓储第二运输分公司
地　　址:山西省太原市北城区双塔南巷 64 号
邮政编码:030045
电　　话:0351-4374030

公司名称:太原市第五运输公司
地　　址:山西省太原市南城区南十方甲字 18 号
邮政编码:030045
电　　话:0351-7074567

公司名称:多种经营总公司运输公司
地　　址:山西省太原市河西区河南
邮政编码:030053

电　　话:0351-6125941

公司名称:山西省榆次市运输四公司
地　　址:山西省晋中地区榆次市榆太路 166
邮政编码:030600
电　　话:0354-2424547

公司名称:山西省太谷县运输公司
地　　址:山西省晋中地区太谷县南河街 35 号
邮政编码:030800
电　　话:0354-6222105

公司名称:山西省祁县运输公司
地　　址:山西省晋中地区祁县新建南路 229 号
邮政编码:030900
电　　话:0354-5223036

公司名称:介休市城区运输公司
地　　址:山西省晋中地区介休市新建东路
邮政编码:031200
电　　话:0354-7221557

公司名称:介休市第二运输公司
地　　址:山西省晋中地区介休市文明街 11 号
邮政编码:031200
电　　话:0354-7222632

公司名称:霍州市汽车运输公司
地　　址:山西省临汾地区霍州市南环路 11 号
邮政编码:031400
电　　话:0357-5622038

公司名称:汾阳市运输公司
地　　址:山西省吕梁地区汾阳县英雄街 2 号
邮政编码:032200
电　　话:0358-7223506

公司名称:孝义市第一运输公司
地　　址:山西省吕梁地区孝义市新义东街
邮政编码:032300

电　　话:0358-7621373

公司名称:山西省忻州地区粮油运输公司
地　　址:山西省忻州地区忻州市新建北路 25 号
邮政编码:034000
电　　话:0350-3031603

公司名称:忻州汽车运输公司
地　　址:山西省忻州地区忻州市长征街一号
邮政编码:034000
电　　话:0350-3033031

公司名称:忻州汽车运输公司货运分公司
地　　址:山西省忻州地区忻州市逯家庄
邮政编码:034000
电　　话:0350-3032321

公司名称:忻州市公路铁路联合运输公司
地　　址:山西忻州地区忻州市益民街 36 号
邮政编码:034000
电　　话:0350-3031199

公司名称:山西省原平汽车运输公司
地　　址:山西省忻州地区原平市前进东街
邮政编码:034100
电　　话:0350-8223144

公司名称:大同市第五运输公司
地　　址:山西省大同市矿区口泉泉新路 16 号
邮政编码:037001
电　　话:0352-4041280

公司名称:大同市南郊运输公司
地　　址:山西省大同市南郊区落里湾
邮政编码:037001
电　　话:0352-4040295

公司名称:大同鸿运通运业有限公司
地　　址:山西省大同市大庆路 18 号
邮政编码:037002

电　　话:0352-6030908

公司名称:大同矿务局汽车运输公司
地　　址:山西省大同市矿区平家
邮政编码:037003
电　　话:0352-7014360

公司名称:大同市粮油运输公司
地　　址:山西省大同市城区红旗街
邮政编码:037003
电　　话:0352-4022086

公司名称:大同市第八运输公司
地　　址:山西省大同市城区雁同西路 2 号
邮政编码:037005
电　　话:0352-6023714

公司名称:大同市第一运输公司
地　　址:山西省大同市城区新建北路 8 号
邮政编码:037005
电　　话:0352-6023057

公司名称:大同市矿业运输公司
地　　址:山西省大同市南郊区五里店
邮政编码:037005
电　　话:0352-2023441

公司名称:山西省大同市汽车运输公司
地　　址:山西大同市城区雁同西路 20 号
邮政编码:037005
电　　话:0352-6024516

公司名称:大同铁路万通集团煤炭集运公司
地　　址:山西省大同市城区站北街 14 号
邮政编码:037005
电　　话:0352-2067482

公司名称:山西云海运输有限公司
地　　址:山西省大同市站北街 14 号
邮政编码:037005

电　　话:0352-2891811

公司名称:大同市第七运输公司
地　　址:山西省大同市城区北关东马路 2 号
邮政编码:037006
电　　话:0352-6023435

公司名称:大同市第三汽车运输公司
地　　址:山西省大同市城区振华南街 3 号院
邮政编码:037006
电　　话:0352-2021351

公司名称:山西雁联运输有限公司
地　　址:山西省大同市城区振华南街 3 号
邮政编码:037006
电　　话:0352-2091771

公司名称:大同新悦运输有限公司
地　　址:山西大同市云岗镇村东
邮政编码:037007
电　　话:0352-3025914

公司名称:国际连锁(店)集团山西汽车服务有限公司
地　　址:山西大同市新建南路经济开发区
邮政编码:037044
电　　话:0352-5024345

公司名称:朔州市朔城区第三运输公司
地　　址:山西省朔州市朔城区马邑路 192 号
邮政编码:038500
电　　话:0349-2022025

公司名称:朔州市朔城区粮油运输公司
地　　址:山西省朔州市朔城区东大街 116 号
邮政编码:038500
电　　话:0349-2022915

公司名称:朔州市朔城区汽车运输公司
地　　址:山西朔州市朔城区鄯阳街 48 号
邮政编码:038500

电　　话:0349-2022201

公司名称:临汾地区汽车运输公司
地　　址:山西省临汾地区临汾市新开路
邮政编码:041000
电　　话:0357-3016546

公司名称:临汾地区商品公路开发总公司
地　　址:山西省临汾地区临汾市解放东路
邮政编码:041000
电　　话:0357-2012737

公司名称:临汾市第三运输公司
地　　址:山西省临汾地区临汾市五一东路 44 号
邮政编码:041000
电　　话:0357-2012528

公司名称:山西省临汾汽车运输公司
地　　址:山西临汾地区临汾市向阳路 1 号
邮政编码:041000
电　　话:0357-2012991

公司名称:侯马市第二汽车运输公司
地　　址:山西省临汾地区侯马市道西南街 19 号
邮政编码:043000
电　　话:0357-4224836

公司名称:侯马市粮油运输公司
地　　址:山西省临汾地区侯马市新田东路
邮政编码:043000
电　　话:0357-4224803

公司名称:侯马市汽车运输公司
地　　址:山西省临汾地区侯马市紫金山北街
邮政编码:043000
电　　话:0357-4224814

公司名称:山西省侯马汽车运输公司
地　　址:山西省临汾地区侯马市新田路 46 号
邮政编码:043005

电　　话:0357-4223653

公司名称:新绛县汽车运输公司
地　　址:山西省运城地区新绛县原村
邮政编码:043100
电　　话:0359-7523002

公司名称:运城市第一汽车运输公司
地　　址:山西省运城地区运城市八一路 115 号
邮政编码:044000
电　　话:0359-2023003

公司名称:运城市特种运输超重公司
地　　址:山西省运城地区运城市八一西路 165 号
邮政编码:044000
电　　话:0359-2023218

公司名称:永济市联合运输公司
地　　址:山西省运城地区永济县条山街
邮政编码:044500
电　　话:0359-8025878

公司名称:永济市汽车运输公司
地　　址:山西省运城地区永济县迎新东街 11 号
邮政编码:044500
电　　话:0359-8022359

公司名称:山西煤炭运销总公司阳泉分公司
地　　址:山西阳泉市城区南山北路 3 号
邮政编码:045000
电　　话:0353-2023135

公司名称:山西省阳泉市第三汽车运输公司
地　　址:山西省阳泉市城区朝阳街 8 号
邮政编码:045000
电　　话:0353-2032326

公司名称:阳泉粮油运输公司
地　　址:山西省阳泉市城区泉中路 209 号
邮政编码:045000

电　　话:0353-2034344

公司名称:阳泉市第四汽车运输公司
地　　址:山西省阳泉市城区桃南东路 322
邮政编码:045000
电　　话:0353-2022009

公司名称:阳泉市第一汽车运输公司
地　　址:山西阳泉市城区桃南东路 29 号
邮政编码:045000
电　　话:0353-2022861

公司名称:阳泉市联运公司
地　　址:山西省阳泉市城区德胜东街 188
邮政编码:045000
电　　话:0353-2160231

公司名称:阳泉市第二汽车运输公司
地　　址:山西省阳泉市郊区南窑庄
邮政编码:045011
电　　话:0353-5053351

公司名称:阳泉市郊区煤炭汽车运输公司
地　　址:山西省阳泉市郊区上千亩坪
邮政编码:045011
电　　话:0353-5053697

公司名称:阳泉市郊区汽车运输公司
地　　址:山西省阳泉市郊区上千亩坪
邮政编码:045011
电　　话:0353-5053319

公司名称:阳泉市郊区千亨汽车运输公司
地　　址:山西省阳泉市郊区下千亩坪
邮政编码:045011
电　　话:0353-5053371

公司名称:长治市城区联运公司
地　　址:山西省长治市城区华丰南路 3 号
邮政编码:046000

电　　话:0355-6062779

公司名称:长治市老区建设促进会潞州煤运公司
地　　址:山西省长治市城区府上街 31 号
邮政编码:046000
电　　话:0355-2020489

公司名称:长治市粮油运输公司
地　　址:山西省长治市天晚集 9 号
邮政编码:046000
电　　话:0355-3032457

公司名称:长治市煤炭运输公司
地　　址:山西省长治城区城东路 54 号
邮政编码:046000
电　　话:0355-3032734

公司名称:山西省长治汽车运输公司
地　　址:山西省长治市城区府后街 28 号
邮政编码:046000
电　　话:0355-2024227

公司名称:山西省长治市第四运输公司
地　　址:山西省长治市城区延安北路 188 号
邮政编码:046000
电　　话:0355-2026270

公司名称:山西省长治市第一汽车运输公司
地　　址:山西省长治市城区英雄街 91 号
邮政编码:046000
电　　话:0355-2023226

公司名称:长治市易达集装箱有限公司
地　　址:山西省长治城区五一路长安街
邮政编码:046000
电　　话:0355-6062653

公司名称:山西省长治开元汽运有限责任公司
地　　址:山西省长治市城区太行东街 43 号
邮政编码:046011

电　　话:0355-2025117

公司名称:山西省长治市第三运输公司
地　　址:山西省长治市城区马坊头
邮政编码:046012
电　　话:0355-3032160

公司名称:潞城市第二汽车运输公司
地　　址:山西省长治市潞城县南关村
邮政编码:047500
电　　话:0355-6762478

公司名称:潞城市煤焦汽运公司
地　　址:山西省长治市潞城县邯长西街 25 号
邮政编码:047500
电　　话:0355-6762438

公司名称:潞城市汽车运输公司
地　　址:山西省长治市潞城县南关村
邮政编码:047500
电　　话:0355-6762368

公司名称:山西省黎城县运输公司
地　　址:山西省长治市黎城县古楼街
邮政编码:047600
电　　话:0355-6564225

公司名称:晋城市汽车运输公司
地　　址:山西省晋城市城区新市西街 81 号
邮政编码:048000
电　　话:0356-3035206

公司名称:晋城市联运集装箱公司
地　　址:山西省晋城市城区晓庄
邮政编码:048000
电　　话:0356-3034748

公司名称:山西省陵川县汽车运输公司
地　　址:山西省晋城市陵川县西关
邮政编码:048300

电　　话:0356-6202890

储　运

公司名称:山西东方储运公司
地　　址:山西太原市北城区新兰路 12 号
邮政编码:030008
电　　话:0351-3059403

公司名称:山西晋安综合开发总公司储运分公司
地　　址:山西太原市北城区晋安东街 2 号
邮政编码:030009
电　　话:3073261-2544

公司名称:太原机车车辆厂货物储运公司
地　　址:山西太原市北城区解放北路 84 号
邮政编码:030009
电　　话:3045411-3411

公司名称:太原市果品茶叶副食总公司仓储贸易分公司
地　　址:山西太原市南城区新建路 438 号
邮政编码:030009
电　　话:0351-3098774

公司名称:太原市煤炭实业联合公司
地　　址:山西省太原市南城区莱园西街 100 号
邮政编码:030012
电　　话:0351-3082478

公司名称:大型货运东站储运站
地　　址:山西太原市北城区大东关 30 号
邮政编码:030013
电　　话:0351-3072082

公司名称:太原晋太运输联合公司
地　　址:山西省太原市北城区建设北路 361 号
邮政编码:030013
电　　话:0351-3173407

公司名称:太原市粮食局二库储运公司
地　　址:山西太原市北城区小东门街 161 号
邮政编码:030013
电　　话:3075811-165

公司名称:太原铁路东特建北储运公司
地　　址:山西省太原北城区大东关街北巷东站
邮政编码:030013
电　　话:0351-3075207

公司名称:山西省化工供销总公司储运分公司
地　　址:山西太原市南城区太原市晋祠路三段
邮政编码:030021
电　　话:6322970-2750

公司名称:十二工程局物资总公司储运公司
地　　址:山西太原市河西区西线街 27 号
邮政编码:030024
电　　话:6066357-202

公司名称:太原市市物资经销储运总公司
地　　址:山西太原市河西区和平南路光华街 5 号
邮政编码:030024
电　　话:0351-6066378

公司名称:山西煤矿装备总公司储运经营公司
地　　址:山西太原市南城区北营南街 34 号
邮政编码:030031
电　　话:4045343-53219

公司名称:太原食品集团储运有限公司
地　　址:山西太原市南城区北营北路 6 号
邮政编码:030031
电　　话:0351-7073734

公司名称:山西省吕梁地区商业储运公司
地　　址:山西省吕梁地区离石县货源街
邮政编码:033000
电　　话:0358-8223238

公司名称:忻州运通贸易实业公司储运分公司

地　　址:山西忻州地区忻州市云中路东一巷 3 号
邮政编码:034000
电　　话:0350-3023924

公司名称:大同市粮油储运公司运销分公司
地　　址:山西省大同市城区操场城西街 7 号
邮政编码:037005
电　　话:0352-6021716

公司名称:大同铁路万通集团韩家岭储运公司
地　　址:山西省大同市城区新华街
邮政编码:037005
电　　话:0352-2067735

公司名称:中国汽车运输总公司大同联营公司
地　　址:山西省大同市城区花园西路 4 号
邮政编码:037006
电　　话:0352-2033550

公司名称:中国汽车运输总公司大同联营公司货物转运站
地　　址:山西省大同市城区花园西路 4 号
邮政编码:037006
电　　话:0352-2033550

公司名称:山西省临汾地区外贸侯马储运经销公司
地　　址:山西省临汾地区侯马市呈王路 8 号
邮政编码:043000
电　　话:0357-4223970

公司名称:山西省运城地区外贸包装储运公司
地　　址:山西省运城地区运城市道北路 8 号
邮政编码:044000
电　　话:0359-2020825

公司名称:阳泉开发区王珑储运公司
地　　址:山西省阳泉市郊区李家庄
邮政编码:045000
电　　话:0353-4042723

公司名称:阳泉市化工轻工总公司储运分公司
地　　址:山西省阳泉市郊区义东沟
邮政编码:045000
电　　话:0353-2032027

公司名称:长治金属储运公司
地　　址:山西省长治城区长安街
邮政编码:046000
电　　话:0355-6062249

公司名称:山西省长治市粮油储运公司
地　　址:山西省长治市城区西大街令公巷 55 号
邮政编码:046000
电　　话:0355-2024300

公司名称:山西省长治市供销社储运公司
地　　址:山西省长治市城区五一路 47 号
邮政编码:046013
电　　话:0355-6062942

公司名称:晋城市粮油储备储运公司
地　　址:山西省晋城市城区瑞丰路 491 号
邮政编码:048000
电　　话:0356-2023515

公司名称:晋城市木材总公司储运公司
地　　址:山西省晋城市城区红星街西段 175 号
邮政编码:048000
电　　话:0356-2022860

仓　　储

公司名称:山西省太原化工物资总公司仓储第一分公司
地　　址:山西省太原市北城区化工南路 71 号
邮政编码:030009
电　　话:0351-3073345

物流设备

公司名称:山西东方智能物流股份有限公司
地　　址:山西省太原市新兰路 12 号

邮政编码:030008
电　　话:0351-3158789 3153918

公司名称:**太原奥特仓储物流技术设备公司**
地　　址:山西省太原市东岗路 310 号
邮政编码:030012
电　　话:0351-7042616

公司名称:**太原刚玉仓储设备有限公司**
地　　址:山西省太原市东岗路 310 号
邮政编码:030012
电　　话:0351-7042616

公司名称:**太原重型机械(集团)有限公司**
地　　址:山西省太原市万柏林区玉河街 53 号
邮政编码:030024
电　　话:0351-6365908

公司名称:**太原市输送机械厂**
地　　址:山西省太原市尖草坪区向阳店
邮政编码:030041
电　　话:0351-3059264 3159237

公司名称:**山西省大同市煤矿机械修造厂**
地　　址:山西省大同市同云路 2 号
邮政编码:037034
电　　话:0352-2190562 2190670

公司名称:**山西长治起重设备厂**
地　　址:山西省长治县正东街 289 号
邮政编码:047100
电　　话:0355-8089408 8089219

内蒙古自治区

物流与速递

公司名称:**中国对外贸易运输(集团)总公司内蒙古公司**
地　　址:内蒙古呼和浩特市内蒙党校 5 号楼 3 楼
邮政编码:010010
电　　话:0471-6202564

公司名称:**中国外运内蒙古公司**
地　　址:内蒙古呼和浩特市新城区东风路电动巷 5 号
邮政编码:010010
电　　话:0471-4961420

公司名称:**呼和浩特市邮政局**
地　　址:内蒙古呼和浩特市新城区中山路 10 号
邮政编码:010020
电　　话:0471-6922550

公司名称:**民航快递内蒙古有限责任公司**
地　　址:内蒙古呼和浩特市回民区贝尔路 16 号
邮政编码:010020
电　　话:0471-6910691

公司名称:**中国对外贸易运输(集团)总公司二连公司**
地　　址:内蒙古二连浩特市友谊南路 2 号
邮政编码:011100
电　　话:0479-7522410

货运代理

公司名称:**内蒙古迅达国际汽车运输有限公司**
地　　址:内蒙古自治区呼和浩特市新城西街 47 号
邮政编码:010010
电　　话:0471-6956225

公司名称:**内蒙古中环国际货物运输代理有限责任公司**
地　　址:内蒙古呼和浩特市中山西路 126 号国贸大厦 13 楼
邮政编码:010020
电　　话:0471-6297946

公司名称：内蒙古鑫诺运输代理中心
地　　址：内蒙古呼和浩特市锡林北路 9 号
邮政编码：010050
电　　话：0471-6244032

公司名称：满洲里市国际运输有限公司
地　　址：内蒙古呼伦贝尔盟满洲里市一道街 62 号
邮政编码：021400
电　　话：0470-6221556

公司名称：通辽通铁货物运输代理中心
地　　址：内蒙古通辽市通辽铁路分局货物运输代理中心
邮政编码：028000
电　　话：0475-2231072

运　　输

公司名称：内蒙古浪潮货物零担快运公司
地　　址：内蒙古呼和浩特市新城北街铁路远红外检测站院内
邮政编码：010020
电　　话：0471-4814050 4814060

公司名称：内蒙古荣宝商运有限公司
地　　址：内蒙古呼和浩特市新城区迎宾南路 20 号
邮政编码：010020
电　　话：0471-6952006

公司名称：呼和浩特市联运公司
地　　址：内蒙古呼和浩特市回民区光明路
邮政编码：010050
电　　话：0471-3964786

公司名称：呼运(集团)有限责任公司
地　　址：内蒙古呼和浩特市光明路 4 号
邮政编码：010050
电　　话：0471-3911029

公司名称：内蒙古呼运(集团)总公司
地　　址：内蒙古呼和浩特市回民区光明路 4 号
邮政编码：010050
电　　话：0471-3961166

公司名称：内蒙古铁路集装箱运输开发公司
地　　址：内蒙古呼和浩特市新城区锡林北路 112 号
邮政编码：010050
电　　话：0471-6244092

公司名称：呼和浩特大型物质运输公司
地　　址：内蒙古呼和浩特市回民区海拉尔西路 209 号
邮政编码：010051
电　　话：0471-3965827

公司名称：呼和浩特市粮油储运公司运输分公司
地　　址：内蒙古呼和浩特市新城区百货库西巷 110 号
邮政编码：010051
电　　话：0471-4964408

公司名称：呼和浩特市燃料总公司煤炭运输公司
地　　址：内蒙古呼和浩特市新城区兴安北路
邮政编码：010051
电　　话：0471-4962809

公司名称：中国国际航空公司内蒙古分公司
地　　址：内蒙古呼和浩特市新城区机场
邮政编码：010070
电　　话：0471-4942212

公司名称：土默特左旗运输总公司
地　　址：内蒙古呼和浩特市土默特左旗向阳路
邮政编码：010100
电　　话：0471-8112655

公司名称：二连浩特市货运公司
地　　址：内蒙古锡林郭勒盟二连浩特市团结路
邮政编码：011100
电　　话：0479-7523694

公司名称:二连浩特市交通运输总公司
地　　址:内蒙古锡林郭勒盟二连浩特市友谊路
邮政编码:011100
电　　话:0479-7523649

公司名称:阿巴嘎旗运输公司
地　　址:内蒙古锡林郭勒盟阿巴嘎旗巴音查干街
邮政编码:011400
电　　话:0479-2022831

公司名称:包头市达茂旗运输公司
地　　址:内蒙古包头市新胜街
邮政编码:011900
电　　话:0472-8423875

公司名称:内蒙古自治区乌兰察布盟运输总公司
地　　址:内蒙古乌兰察布盟集宁市交通路 3 号
邮政编码:012000
电　　话:0474-8222554

公司名称:乌盟供销社企业(集团)总公司运销分公司
地　　址:内蒙古乌兰察布盟集宁市恩和路 63 号
邮政编码:012000
电　　话:0474-8223880

公司名称:包头市第二运输公司
地　　址:内蒙古包头市昆都伦区青年路 22 号街坊
邮政编码:014010
电　　话:0472-2123260

公司名称:包头市第三运输公司
地　　址:内蒙古包头市昆都伦区团结大街 22 号街坊
邮政编码:014010
电　　话:0472-2125039

公司名称:包头铁路运输服务公司
地　　址:内蒙古包头市昆都伦区阿尔丁
邮政编码:014011
电　　话:0472-5157904

公司名称:包头石油分公司汽车运输公司
地　　址:内蒙古包头市青山区万青路
邮政编码:014030
电　　话:0472-5153109

公司名称:包头市财茂运输有限责任公司
地　　址:内蒙古包头市郊区
邮政编码:014030
电　　话:0472-3149488

公司名称:内蒙古包头市第四运输公司
地　　址:内蒙古包头市青山区迎宾道
邮政编码:014030
电　　话:0472-3133310

公司名称:包头市北方运输公司
地　　址:内蒙古包头市郊区
邮政编码:014040
电　　话:0472-4164994

公司名称:包头市第一运输公司
地　　址:内蒙古包头市东河区北二里半 112 号
邮政编码:014040
电　　话:0472-4144240

公司名称:包头市交建运输公司
地　　址:内蒙古包头市昆都伦区团结大街 16 号
邮政编码:014040
电　　话:0472-2125860

公司名称:包头市燃料公司运输分公司
地　　址:内蒙古包头市东河区环城西路
邮政编码:014040
电　　话:0472-4142520

公司名称:包头市运输总公司
地　　址:内蒙古包头市东河区西脑包前街 189 号
邮政编码:014040

电　　话:0472-4171133

公司名称:包头市运输总公司零担货运公司
地　　址:内蒙古包头市东河区西脑包前街 189 号
邮政编码:014040
电　　话:0472-4171133

公司名称:包头东集装箱集散站
地　　址:内蒙古包头市东河区西二里半民航站院内
邮政编码:014040
电　　话:0472-4173902

公司名称:包头铁路煤炭运销公司
地　　址:内蒙古包头市东河区巴彦塔拉大街西段包铁三小门口东侧
邮政编码:014040
电　　话:0472-4168826

公司名称:包头市运输总公司货运公司
地　　址:内蒙古包头市郊区沙河镇
邮政编码:014060
电　　话:0472-7148993

公司名称:达拉特旗汽车运输总公司
地　　址:内蒙古伊克昭盟达拉特旗
邮政编码:014300
电　　话:0477-5212875

公司名称:达拉特旗汽车运输总公司货运公司
地　　址:内蒙古伊克昭盟达拉特旗长征
邮政编码:014300
电　　话:0477-5212577

公司名称:巴运集团总公司
地　　址:内蒙古巴彦淖尔盟临河市胜利南路 35 号
邮政编码:015000
电　　话:0478-8213976

公司名称:内蒙古乌海市联合运输公司
地　　址:内蒙古乌海市海勃湾区新华西
邮政编码:016000
电　　话:0473-2021313

公司名称:乌海市新兴运输(集团)有限公司
地　　址:内蒙古乌海市海勃湾区千里山
邮政编码:016000
电　　话:0473-2023746

公司名称:乌海市新兴运输有限公司货运分公司
地　　址:内蒙古乌海市海勃湾区公园南路
邮政编码:016000
电　　话:0473-2023617

公司名称:乌海市运输公司
地　　址:内蒙古乌海市海勃湾区公园南路
邮政编码:016000
电　　话:0473-2021443

公司名称:乌海市大发铁路运输有限责任公司
地　　址:内蒙古乌海市海勃湾区新华西
邮政编码:016000
电　　话:0473-2882725

公司名称:伊克昭盟煤炭集团公司运输公司
地　　址:内蒙古伊克昭盟东胜市伊金霍洛西街
邮政编码:017000
电　　话:0477-8327934

公司名称:伊克昭盟汽车运输总公司
地　　址:内蒙古伊克昭盟东胜市杭锦北路 8 号
邮政编码:017000
电　　话:0477-8322245

公司名称:杭锦旗兴达汽车运输有限公司
地　　址:内蒙古伊克昭盟杭锦旗
邮政编码:017400
电　　话:0477-6621146

公司名称:海拉尔地区公路货运有限公司

地　　址:内蒙古呼伦贝尔盟海拉尔市东头道街 49 号
邮政编码:021000
电　　话:0470-8333957

公司名称:陈巴尔虎旗地方煤炭企业集团总公司运输公司
地　　址:内蒙古呼伦贝尔盟陈巴尔虎旗第二居委会
邮政编码:021025
电　　话:0470-6761560

公司名称:鄂温克族自治旗运输公司
地　　址:内蒙古呼伦贝尔盟鄂温克族自治旗第十二居委会
邮政编码:021100
电　　话:0470-8812751

公司名称:新巴尔虎右旗运输公司
地　　址:内蒙古呼伦贝尔盟新巴尔虎右旗克尔伦街
邮政编码:021300
电　　话:0470-6401223

公司名称:满洲里市经济合作区运输公司
地　　址:内蒙古呼伦贝尔盟满洲里市东五道街
邮政编码:021400
电　　话:0470-6227271

公司名称:额尔古纳市运输有限责任公司
地　　址:内蒙古呼伦贝尔盟额尔古纳市第三居委会
邮政编码:022250
电　　话:0470-6822640

公司名称:内蒙古根河市运输公司
地　　址:内蒙古呼伦贝尔盟根河市东爱国街居委会
邮政编码:022350
电　　话:0470-5223107

公司名称:鄂伦春自治旗运输公司
地　　址:内蒙古呼伦贝尔盟鄂伦克自治旗第十六居委会
邮政编码:022450
电　　话:0470-5623257

公司名称:赤峰环宇交通工业总公司
地　　址:内蒙古赤峰市红山区钢铁街
邮政编码:024000
电　　话:0476-8334443

公司名称:赤峰汽车运输总公司
地　　址:内蒙古赤峰市红山区火花路 10 号
邮政编码:024000
电　　话:0476-8335686

公司名称:赤峰市对外贸易运输公司
地　　址:内蒙古赤峰市红山区三中街
邮政编码:024000
电　　话:0476-8663175

公司名称:赤峰市对外贸易运销公司
地　　址:内蒙古赤峰市红山区三中街
邮政编码:024000
电　　话:0476-8663175

公司名称:赤峰市粮油供应总公司粮油运输公司
地　　址:内蒙古赤峰市红山区红星路
邮政编码:024000
电　　话:0476-8333714

公司名称:敖汉旗运输公司
地　　址:内蒙古赤峰市敖汉旗新西街
邮政编码:024300
电　　话:0476-4332014

公司名称:巴林右旗汽车运输公司
地　　址:内蒙古赤峰市巴林右旗团结
邮政编码:025150
电　　话:0476-6222417

公司名称:巴林左旗运输公司
地　　址:内蒙古赤峰市巴林左旗临潢路
邮政编码:025450
电　　话:0476-7883246

公司名称:阿鲁科尔沁旗运输公司
地　　址:内蒙古赤峰市阿鲁科尔沁旗天山
邮政编码:025550
电　　话:0476-7213305

公司名称:通辽市第二货运公司
地　　址:内蒙古哲里木盟通辽市昆都伦大街东段
邮政编码:028000
电　　话:0475-8235564

公司名称:通辽市货运公司
地　　址:内蒙古哲里木盟通辽市南顺大街 8 号
邮政编码:028000
电　　话:0475-8232172

公司名称:通辽市运输公司
地　　址:内蒙古哲里木盟通辽市西顺路中段
邮政编码:028000
电　　话:0475-8234342

公司名称:哲盟运输总公司
地　　址:内蒙古哲里木盟通辽市南顺大街 14-1 号
邮政编码:028000
电　　话:0475-8232684

公司名称:通辽铁路分局集装箱运输中心
地　　址:内蒙古哲里木盟通辽市昆都伦大街 5 号
邮政编码:028000
电　　话:0475-8250344

公司名称:科左后旗货运公司
地　　址:内蒙古哲里木盟科尔沁左翼后旗
邮政编码:028100
电　　话:0475-5212639

公司名称:库伦旗货运公司
地　　址:内蒙古哲里木盟库伦旗阿其玛街
邮政编码:028200
电　　话:0475-4917600

公司名称:库伦旗运输公司
地　　址:内蒙古哲里木盟库伦旗南街
邮政编码:028200
电　　话:0475-4912746

公司名称:奈曼旗货运公司
地　　址:内蒙古哲里木盟奈曼旗振兴街
邮政编码:028300
电　　话:0475-4212785

公司名称:乌兰浩特市货运公司
地　　址:内蒙古兴安盟乌兰浩特市兴安
邮政编码:137400
电　　话:0482-8215002

公司名称:扎赉特旗运输公司
地　　址:内蒙古兴安盟扎赉特旗音德尔路
邮政编码:137600
电　　话:0482-6122644

公司名称:莫力达瓦旗粮食运输公司
地　　址:内蒙古呼伦贝尔盟莫力达瓦达斡尔族自治旗塔城南路 17 号
邮政编码:162850
电　　话:0470-4612894

公司名称:莫力达瓦旗运输公司
地　　址:内蒙古呼伦贝尔盟莫力达瓦达斡尔族自治旗布西居委会
邮政编码:162850
电　　话:0470-4613807

公司名称:阿拉善左旗运输公司
地　　址:内蒙古阿拉善盟阿拉善左旗腾格里路
邮政编码:750300

电　　话:0483-222055

储　运

公司名称:呼市安达商务储运有限责任公司
地　　址:内蒙古呼和浩特市新城区护城河路甲 2 号
邮政编码:010010
电　　话:0471-4951717

公司名称:内蒙古德美多或联运有限责任公司
地　　址:内蒙古呼和浩特市新城区新城西街 141 号
邮政编码:010010
电　　话:0471-6933344

公司名称:呼市百货纺织集团公司仓储运输部
地　　址:内蒙古呼和浩特市新城区东库街 139 号
邮政编码:010050
电　　话:0471-6962077

公司名称:内蒙古呼运集团呼市浩特零担储运公司
地　　址:内蒙古呼和浩特市回民区光明路 4 号
邮政编码:010050
电　　话:0471-3961166

公司名称:中国外运内蒙古呼和浩特运销公司
地　　址:内蒙古呼和浩特市新城区东库东街 169 号
邮政编码:010050
电　　话:0471-4963583

公司名称:呼和浩特储运贸易总公司
地　　址:内蒙古呼和浩特市新城区八一市场
邮政编码:010051
电　　话:0471-6964627

公司名称:内蒙古西域外运储运中心
地　　址:内蒙古呼和浩特市回民区海拉尔西路 197 号
邮政编码:010051
电　　话:0471-3964074

公司名称:内蒙古呼市五金交电化工(集团)公司储运分公司
地　　址:内蒙古呼和浩特市新城区巴彦路 15 号
邮政编码:010051
电　　话:0471-4961044

公司名称:呼和浩特分公司储运公司
地　　址:内蒙古呼和浩特市新城区毫沁营
邮政编码:010070
电　　话:0471-6954477

公司名称:呼和浩特石油分公司储运分公司
地　　址:内蒙古呼和浩特市郊区毫沁营
邮政编码:010070
电　　话:0471-4962931

公司名称:中国外运内蒙古呼和浩特储运公司
地　　址:内蒙古呼和浩特市新城区京包公路南
邮政编码:010070
电　　话:0471-4951167

公司名称:内蒙古第二物资储运经销公司
地　　址:内蒙古乌兰察布盟集宁市解放路 57 号
邮政编码:012000
电　　话:0474-8224524

公司名称:包头铁路第二物资供销储运公司
地　　址:内蒙古包头市昆都伦区站东
邮政编码:014010
电　　话:0472-5145474

公司名称:包头西站储运公司
地　　址:内蒙古包头市昆都伦区林荫路 8 号
邮政编码:014011
电　　话:0472-2130169

公司名称:包头北站物资经销储运公司
地　　址:内蒙古包头市昆都伦区张家营子

邮政编码:014014
电　　话:0472-2187294

公司名称:包头市对外经济贸易运销公司
地　　址:内蒙古包头市东河区沙彦道5号
邮政编码:014040
电　　话:0472-4141476

公司名称:包头市木材总公司储运分公司
地　　址:内蒙古包头市东河区巴彦塔拉西大街
邮政编码:014040
电　　话:0472-4171609

公司名称:包头市外贸包装储运公司
地　　址:内蒙古包头市东河区银匠窑子外贸五矿仓库
邮政编码:014040
电　　话:0472-4145017

公司名称:包头铁路材料供销储运公司
地　　址:内蒙古包头市东河区巴彦塔拉大街
邮政编码:014040
电　　话:0472-4165691

公司名称:包头铁路物资储运供销公司
地　　址:内蒙古包头市东河区站北路
邮政编码:014040
电　　话:0472-4173001

公司名称:内蒙古自治区包头市商业储运公司
地　　址:内蒙古包头市东河区巴彦塔拉西大街
邮政编码:014040
电　　话:0472-4142507

公司名称:包头市富铁储运贸易公司
地　　址:内蒙古包头市郊区哈林格尔乡和平村和平三队南侧
邮政编码:014070
电　　话:0472-5961813

公司名称:伊克昭盟外贸运销公司
地　　址:内蒙古伊克昭盟东胜市乌审西街1号
邮政编码:017000
电　　话:0477-8324325

公司名称:呼伦贝尔盟石油储运公司
地　　址:内蒙古呼伦贝尔盟海拉尔市建设中路
邮政编码:021008
电　　话:0470-8223902

公司名称:满洲里海铁永晖储运有限公司
地　　址:内蒙古自治区满洲里市海铁永晖
邮政编码:021400
电　　话:0470-6226401

公司名称:满洲里市东方储贸经营有限责任公司
地　　址:内蒙古呼伦贝尔盟满洲里市三道街140号
邮政编码:021400
电　　话:0470-6222259

公司名称:满洲里市合作区建设开发总公司建材储运公司
地　　址:内蒙古呼伦贝尔盟满洲里市合作区体园小区8号楼2单元
邮政编码:021400
电　　话:0470-6225192

公司名称:满洲里市化建储运经贸公司
地　　址:内蒙古呼伦贝尔盟满洲里市二道街
邮政编码:021400
电　　话:0470-6225717

公司名称:满洲里市能达国际公路联运仓储贸易公司
地　　址:内蒙古呼伦贝尔盟满洲里市东五道街
邮政编码:021400
电　　话:0470-6221773

公司名称:满洲里市燃料有限责任公司储运公司

地　　址:内蒙古呼伦贝尔盟满洲里市道南一道街
邮政编码:021400
电　　话:0470-6211347

公司名称:满洲里市中洲经贸储运公司
地　　址:内蒙古呼伦贝尔盟满洲里市湖东小区
邮政编码:021400
电　　话:0470-6227674

公司名称:中机国际仓储运输公司满洲里分公司
地　　址:内蒙古呼伦贝尔盟满洲里市一道街经贸大厦
邮政编码:021400
电　　话:0470-6226542

公司名称:大兴安岭林管局农工商联合公司货运贸易中心
地　　址:内蒙古呼伦贝尔盟鄂伦克自治旗第十七居委会
邮政编码:022456
电　　话:0470-5712914

公司名称:哲盟经贸仓储包装国际联运公司
地　　址:内蒙古哲里木盟通辽市东郊
邮政编码:028000
电　　话:0475-8237144

公司名称:科右前旗粮油购销储运公司
地　　址:内蒙古兴安盟乌兰浩特市都林
邮政编码:137400
电　　话:0482-8310425

公司名称:阿荣旗公铁联运总公司
地　　址:内蒙古呼伦贝尔盟阿荣旗建设街
邮政编码:162750
电　　话:0470-4212201

仓　　储

公司名称:内蒙古兴垦经济开发公司仓库
地　　址:内蒙古呼和浩特市新城区白塔
邮政编码:010010
电　　话:0471-4960282

公司名称:呼和浩特储运贸易总公司兴安仓储公司
地　　址:内蒙古呼和浩特市新城区兴安北路5
邮政编码:010050
电　　话:0471-4962596

公司名称:呼和浩特储运贸易总公司兴海仓储公司
地　　址:内蒙古呼和浩特市新城区八一市场
邮政编码:010050
电　　话:0471-3964580

公司名称:呼和浩特西郊国家粮食储备库
地　　址:内蒙古呼和浩特市回民区巴彦北路
邮政编码:010050
电　　话:0471-3964254

公司名称:呼和浩特储运贸易总公司兴华仓储公司
地　　址:内蒙古呼和浩特市新城区八一市场
邮政编码:010051
电　　话:0471-3965626

公司名称:呼市新城区国家粮食储备库
地　　址:内蒙古呼和浩特市新城区东库街31
邮政编码:010051
电　　话:0471-6281351

公司名称:卓资县卓资山粮库
地　　址:内蒙古乌兰察布盟卓资县新民街
邮政编码:012300
电　　话:0474-4901079

公司名称:卓资县国家粮食储备库
地　　址:内蒙古乌兰察布盟卓资县四站南街
邮政编码:012314
电　　话:0474-4604314

公司名称:内蒙古东胜国家粮食储备局
地　　址:内蒙古伊克昭盟东胜市大桥路西3号

邮政编码:017000
电 话:0477-8325800

公司名称:海拉尔第二粮库
地 址:内蒙古呼伦贝尔盟海拉尔市沟沿街
邮政编码:021000
电 话:0470-8332578

公司名称:满洲里市经济发展总公司仓储公司
地 址:内蒙古呼伦贝尔盟满州里市合作区商贸园
邮政编码:021400
电 话:0470-6225361

公司名称:牙克石市第三粮库
地 址:内蒙古呼伦贝尔盟牙克石市 301 国道 1127 公里处道北
邮政编码:022150
电 话:0470-7204261

公司名称:内蒙古拉布大林国家粮食储备库
地 址:内蒙古呼伦贝尔盟额尔古纳市拉布大林镇
邮政编码:022250
电 话:0470-6823352

公司名称:赤峰汽车运输公司零担货物运输站
地 址:内蒙古赤峰市红山区清河路
邮政编码:024000
电 话:0476-8222717

公司名称:内蒙古赤峰林东国家粮食储备库
地 址:内蒙古赤峰市巴林左旗上京路南段 180 号
邮政编码:025420
电 话:0476-7882613

公司名称:哲里木盟通辽国家粮食储备库
地 址:内蒙古自治区通辽市科尔信区新建大街 19 号
邮政编码:028000
电 话:0475-8234165

公司名称:内蒙古乌兰浩特市国家粮食储备中转库
地 址:内蒙古兴安盟乌兰浩特市都林
邮政编码:137400
电 话:0482-8312211

物流设备

公司名称:包头北方奔驰重型汽车有限责任公司
地 址:内蒙古包头市青山区
邮政编码:014032
电 话:0472-3647346

公司名称:包头万里输送设备集团有限责任公司
地 址:内蒙古包头市东河区南二里半
邮政编码:014040
电 话:0472-4603424 4604308

辽 宁 省

物流与速递

公司名称:锦州义兴物流配送中心有限公司
地 址:辽宁省锦州经济技术开发区杏山镇经贸大街 1 号
邮政编码:121007
电 话:0416-3581806 3583701

公司名称:沈阳市安信快运服务有限公司
地 址:辽宁省沈阳市沈河区太清宫街 61 号
邮政编码:110015
电 话:024-22719570

公司名称:大连瑞诚国际物流有限公司
地 址:辽宁省大连市中山区人民路 96 号

邮政编码:113001
电　　话:0411-2808444

公司名称:大连中铁快运有限公司
地　　址:辽宁省大连市沙河口区成仁街
邮政编码:116000
电　　话:0411-4346611

公司名称:辽宁北方快速货运集团有限责任公司大连分公司
地　　址:辽宁省大连市沙河口区华北路
邮政编码:116000
电　　话:0411-4422325 4414913

公司名称:大连大成国际物流有限公司
地　　址:辽宁省大连市中山区明泽街16号
邮政编码:116001
电　　话:0411-2822194

公司名称:大连速递总公司
地　　址:辽宁省大连市中山区长江路134号
邮政编码:116001
电　　话:0411-2805415

公司名称:中外运东北运有限公司
地　　址:辽宁省大连市中山区五五路35号
邮政编码:116001
电　　话:0411-2703638

公司名称:中外运敦豪国际航空快件有限公司辽宁分公司
地　　址:辽宁省大连市中山区朝阳街68号
邮政编码:116001
电　　话:0411-2725882

公司名称:中外运天地快件有限公司辽宁分公司
地　　址:辽宁省大连市中山区长江路35号
邮政编码:116001
电　　话:0411-2800519 2800515

公司名称:大连友和物流有限公司
地　　址:辽宁省大连西岗区胜利路104-6号
邮政编码:116021
电　　话:0411-4355942

公司名称:大连佳菱物流有限公司
地　　址:辽宁省大连市甘井子区西北路
邮政编码:116033
电　　话:0411-6429119

公司名称:大连商业储运物流配送服务中心
地　　址:辽宁省大连市甘井子区郭家街
邮政编码:116033
电　　话:0411-6652600

公司名称:大连盛川物流有限公司
地　　址:辽宁省大连市革镇堡后革街437号
邮政编码:116035
电　　话:0411-6427599

公司名称:大九国际流通有限公司
地　　址:辽宁省大连保税区黄海西二路102号
邮政编码:116600
电　　话:0411-7311631

公司名称:大连保税区华宇国际贸易有限公司
地　　址:辽宁省大连市中山区延安路
邮政编码:116600
电　　话:0411-2650012

公司名称:大连朝阳综合物流有限公司
地　　址:辽宁省大连市金州区海青岛村
邮政编码:116600
电　　话:0411-7598698

公司名称:大连多摩物流有限公司
地　　址:辽宁省大连市经济技术开发区
邮政编码:116600
电　　话:0411-7630640

公司名称:大连国际流通有限公司
地 址:辽宁省大连市金州区海青岛
邮政编码:116600
电 话:0411-7311633

公司名称:大连金门物流有限公司
地 址:辽宁省大连市大窑湾保税区
邮政编码:116600
电 话:0411-7310300

公司名称:大连经济技术开发区大窑湾国际物流公司
地 址:辽宁省大连市金州区海青岛村
邮政编码:116600
电 话:0411-7514531

公司名称:大连日通外运物流有限公司
地 址:辽宁省大连市保税区海天路6号
邮政编码:116600
电 话:0411-7316830

公司名称:朝阳(大连)综合物流有限公司
地 址:辽宁省大连市大窑湾港务公司综合库西侧
邮政编码:116601
电 话:0411-7598698

公司名称:大连韩通物流有限公司
地 址:辽宁省大连市经济技术开发区
邮政编码:116601
电 话:0411-7598589

物流信息服务

公司名称:长春高新商用信息技术有限公司
地 址:辽宁省沈阳市和平区南五马路135号金字大厦12层
邮政编码:110005
电 话:024-23244300

公司名称:大连保税区华光电子科贸有限公司
地 址:辽宁省大连市中山区玉光街
邮政编码:116001
电 话:0411-2656595

公司名称:大连第二仪表厂高新技术开发公司
地 址:辽宁省大连市沙河口区白云山庄
邮政编码:116001
电 话:0411-4305660

公司名称:大连北方真空技术应用公司
地 址:辽宁省大连市甘井子区促进路
邮政编码:116015
电 话:0411-2892676

公司名称:大连高新园区捷丰科技有限公司
地 址:辽宁省大连市沙河口区黑石礁西村
邮政编码:116023
电 话:0411-4691683

公司名称:大连保税区中电自动化装备有限公司
地 址:辽宁省大连市金州区海青岛
邮政编码:116600
电 话:0411-7629073

公司名称:大连电业高技术装备发展公司
地 址:辽宁省大连市中山区长江路
邮政编码:116600
电 话:0411-3635759

公司名称:大连经济技术开发区迅达电子公司
地 址:辽宁省大连市中山区天津街
邮政编码:116600
电 话:0411-2654581

货运代理

公司名称:大连中远国际航空货运代理有限公司
地 址:辽宁省沈阳市南三经街20号
邮政编码:110003
电 话:024-23254107

公司名称:沈阳市太平洋联运代理有限公司
地　　址:辽宁省沈阳和平区和平北大街 44-1 号
邮政编码:110003
电　　话:024-22701473

公司名称:辽宁中旅国际货运有限公司
地　　址:辽宁省沈阳市皇姑区岐山中路 50 号
邮政编码:110014
电　　话:024-22722082

公司名称:沈阳市鼎办国际运输服务有限公司
地　　址:辽宁省沈阳市沈河区文艺路 44 号
邮政编码:110015
电　　话:024-24813760

公司名称:沈阳中储迅达货运代理公司
地　　址:辽宁省沈阳市东陵区营盘路
邮政编码:110168
电　　话:024-23819450

公司名称:营口国际货运代理公司
地　　址:辽宁省营口市站前区东双桥里 23 号
邮政编码:115000
电　　话:0417-2835130

公司名称:营口海运总公司船舶代理分公司
地　　址:辽宁省营口站前区红革街货场里 38 号
邮政编码:115002
电　　话:0417-3843054

公司名称:营口市联运总公司货运代理公司
地　　址:辽宁省营口市站前区红革街 22-5
邮政编码:115002
电　　话:0417-3840396

公司名称:营口港铁国际运输有限公司
地　　址:辽宁省营口市鲅鱼圈区神井子村
邮政编码:115007
电　　话:0417-6259845

公司名称:营口港务局船货代理总公司
地　　址:辽宁省营口市鲅鱼圈区新港大街 1 号
邮政编码:115007
电　　话:0417-6268488

公司名称:营口外运志诚公司
地　　址:辽宁省营口市鲅鱼圈区天山大街 15 号
邮政编码:115007
电　　话:0417-6256772

公司名称:中国外运辽宁营口公司
地　　址:辽宁省营口市鲅鱼圈区天山大街 15 号
邮政编码:115007
电　　话:0417-6252704

公司名称:北京惠航国际货运代理有限责任公司大连分公司
地　　址:辽宁省大连市中山区人民路
邮政编码:116000
电　　话:0411-2800094 2641123

公司名称:大连保税区中基国际货运代理有限公司
地　　址:辽宁省大连市中山区鲁迅路
邮政编码:116000
电　　话:0411-2700006

公司名称:大连泛华国际运输有限公司
地　　址:辽宁省大连市沙河口区白山路
邮政编码:116000
电　　话:0411-4312945

公司名称:大连高原货运代理有限公司
地　　址:辽宁省大连市中山区港湾街
邮政编码:116000
电　　话:0411-2724085

公司名称:大连海龙货运代理有限公司
地　　址:辽宁省大连市中山区港湾街
邮政编码:116000

电　　话:0411-2707368

公司名称:大连黑龙江货运代理公司
地　　址:辽宁省大连市沙河口区西南路
邮政编码:116000
电　　话:0411-4674854

公司名称:大连鸿远货运代理有限公司
地　　址:辽宁省大连市沙河口区集贤北街
邮政编码:116000
电　　话:0411-2723919/4320764

公司名称:大连辉裕货运代理有限公司
地　　址:辽宁省大连市中山区民意街
邮政编码:116000
电　　话:0411-2816771

公司名称:大连汇成国际代理公司
地　　址:辽宁省大连市沙河口区连华街
邮政编码:116000
电　　话:0411-4313093

公司名称:大连金马货运代理中心
地　　址:辽宁省大连市沙河口区桃山街
邮政编码:116000
电　　话:0411-4347561

公司名称:大连经济技术开发区鑫通货运公司
地　　址:辽宁省大连市西岗区长春路
邮政编码:116000
电　　话:0411-3690114/2816242

公司名称:大连克里斯货运代理有限公司
地　　址:辽宁省大连市中山区鲁迅路
邮政编码:116000
电　　话:0411-2803664

公司名称:大连商业货运代理公司
地　　址:辽宁省大连市中山区大众街
邮政编码:116000

电　　话:0411-2728021

公司名称:大连天周货运代理有限公司
地　　址:辽宁省大连市西岗区沈阳路
邮政编码:116000
电　　话:0411-3696338

公司名称:大连通达航空货运代理有限公司
地　　址:辽宁省大连市中山区春华街
邮政编码:116000
电　　话:0411-2728808/2728848

公司名称:大连外轮代理公司
地　　址:辽宁省大连市中山区港湾街
邮政编码:116000
电　　话:0411-2701113

公司名称:大连外轮代理公司开发区环美公司
地　　址:辽宁省大连市中山区人民路
邮政编码:116000
电　　话:0411-2720557

公司名称:大连永裕货运代理有限公司
地　　址:辽宁省大连市西岗区胜利路
邮政编码:116000
电　　话:0411-4390104

公司名称:大连远征货运代理有限公司
地　　址:辽宁省大连市中山区解放路
邮政编码:116000
电　　话:0411-2809454

公司名称:大连中民货物联运中转代理行
地　　址:辽宁省大连市西岗区建设街
邮政编码:116000
电　　话:0411-4629792

公司名称:大连中仪国际货运代理有限公司
地　　址:辽宁省大连市西岗区建民街
邮政编码:116000

电　　话:0411-3697765

公司名称:大通国际运输有限公司大连分公司
地　　址:辽宁省大连市中山路五五路
邮政编码:116000
电　　话:0411-2711808

公司名称:德诚国际货运代理有限公司大连办事处
地　　址:辽宁省大连市中山区鲁迅路
邮政编码:116000
电　　话:0411-2701745 2720685 2720785

公司名称:东急货运(中国)有限公司
地　　址:辽宁省大连市中山区人民路
邮政编码:116000
电　　话:0411-2643434

公司名称:海程邦达国际货运代理有限公司大连分公司
地　　址:辽宁省大连市中山区民意街
邮政编码:116000
电　　话:0411-2802087

公司名称:华捷国际运输代理有限公司大连办事处
地　　址:辽宁省大连市中山区港湾街
邮政编码:116000
电　　话:0411-2712458

公司名称:华力环球运输有限公司大连分公司
地　　址:辽宁省大连市中山区港湾街
邮政编码:116000
电　　话:0411-2725670/2725821/2706271

公司名称:华扬国际运输服务有限公司大连分公司
地　　址:辽宁省大连市中山区民功街
邮政编码:116000
电　　话:0411-2717018

公司名称:江苏环球国际货运公司大连分公司
地　　址:辽宁省大连市中山区人民路
邮政编码:116000
电　　话:0411-2725386

公司名称:辽宁港捷国际货运代理有限公司
地　　址:辽宁省大连市中山区人民路
邮政编码:116000
电　　话:0411-2718866

公司名称:辽宁国际货运有限公司
地　　址:辽宁省大连市中山区人民路
邮政编码:116000
电　　话:0411-2805922

公司名称:辽宁金祥国际船务代理公司
地　　址:辽宁省大连市中山区人民路
邮政编码:116000
电　　话:0411-2805836

公司名称:辽宁利通国际货运有限公司
地　　址:辽宁省大连市中山区明泽街 16 号
邮政编码:116000
电　　话:0411-2825566

公司名称:内蒙古(大连)国际货运代理公司
地　　址:辽宁省大连市中山区人民路
邮政编码:116000
电　　话:0411-2641449

公司名称:青岛远洋运输公司大连办事处
地　　址:辽宁省大连市中山区民寿街
邮政编码:116000
电　　话:0411-2647371

公司名称:上海铁洋多式联运有限公司大连分公司
地　　址:辽宁省大连市中山区人民路
邮政编码:116000
电　　话:0411-2728139

公司名称:沈阳力通国际货运服务公司大连分公司
地　　址:辽宁省大连市中山区港湾街

邮政编码:116000
电　　话:0411-2720601 2720340

公司名称:沈阳外运大连公司
地　　址:辽宁省大连市中山区港湾街
邮政编码:116000
电　　话:0411-2713918 2719631

公司名称:源诚华盛(青岛)国际货运有限公司大连办事处
地　　址:辽宁省大连市中山区港湾街
邮政编码:116000
电　　话:0411-2821799 2704879

公司名称:中钢集团国际货运公司辽宁分公司
地　　址:辽宁省大连市中山区解放路
邮政编码:116000
电　　话:0411-2300211 2301588

公司名称:中国外轮理货公司大连分公司
地　　址:辽宁省大连市中山区港湾街
邮政编码:116000
电　　话:0411-2657577

公司名称:中外运辽宁通达国际货运代理中心
地　　址:辽宁省大连市中山区福寿街
邮政编码:116000
电　　话:0411-2643710

公司名称:大连邦联货运代理中心
地　　址:辽宁省大连市中山区长江路 42-44 号
邮政编码:116001
电　　话:0411-2802087

公司名称:大连保税区五洲货运代理有限公司
地　　址:辽宁省大连中山区同兴街 67 号万科1904
邮政编码:116001
电　　话:0411-816060

公司名称:大连北方国际运输代理有限公司
地　　址:辽宁省大连市中山区安乐街 28 号
邮政编码:116001
电　　话:0411-2818388

公司名称:大连北方货运代理公司
地　　址:辽宁省大连市中山区安乐街 28 号
邮政编码:116001
电　　话:0411-2647249

公司名称:大连渤海饭店集团船务货运代理公司
地　　址:辽宁省大连市中山区荣盛街 27 号
邮政编码:116001
电　　话:0411-3640737

公司名称:大连仓储国际货运代理公司
地　　址:辽宁省大连市中山区七七街 27 号
邮政编码:116001
电　　话:0411-2640907

公司名称:大连港汇报关行大连港汇国际货运代理有限公司
地　　址:辽宁省大连市中山区鲁迅路 38-3-1102
邮政编码:116001
电　　话:0411-2727941

公司名称:大连国际货运有限公司
地　　址:辽宁省大连市中山区职工街 28 号
邮政编码:116001
电　　话:0411-2652293

公司名称:大连海润国际货运代理有限责任公司
地　　址:辽宁省大连市中山区人民路 21 号
邮政编码:116001
电　　话:0411-2633270

公司名称:大连海运国际货运代理有限公司
地　　址:辽宁省大连市中山区港湾街
邮政编码:116001
电　　话:0411-2702345

公司名称:大连海运集团公司好运国际船务代理公司
地　　址:辽宁省大连市中山区天津街 51 号
邮政编码:116001
电　　话:0411-2632014

公司名称:大连航空货运代理公司
地　　址:辽宁省大连市中山区五五路 35 号
邮政编码:116001
电　　话:0411-2703638

公司名称:大连恒达货运代理有限公司
地　　址:辽宁省大连中山区长江路 12 号海港大厦 120 号
邮政编码:116001
电　　话:0411-2628793

公司名称:大连恒运国际货运代理公司
地　　址:辽宁省大连市中山区民主广场 3-1 号
邮政编码:116001
电　　话:0411-2638078

公司名称:大连华航船务货运代理有限公司
地　　址:辽宁省大连市中山区人民路 65 号
邮政编码:116001
电　　话:0411-2651997

公司名称:大连华通货运代理有限公司
地　　址:辽宁省大连市中山区大安街 21-1 号
邮政编码:116001
电　　话:0411-2700440

公司名称:大连华讯国际运输有限公司
地　　址:辽宁省大连市中山区宏大路 18 号万达大厦 1002 室
邮政编码:116001
电　　话:0411-2808010

公司名称:大连佳伟口岸货运代理公司
地　　址:辽宁省大连市中山区长江路 29 号
邮政编码:116001
电　　话:0411-2623960

公司名称:大连京大国际货运代理公司
地　　址:辽宁省大连市中山区长江路
邮政编码:116001
电　　话:0411-2659938

公司名称:大连日益货运代理公司
地　　址:辽宁省大连市甘井子区岔鞍村
邮政编码:116001
电　　话:0411-2711561

公司名称:大连市中山区发斯特货运代理有限公司
地　　址:辽宁省大连市中山区长江路 12 号
邮政编码:116001
电　　话:0411-2652954

公司名称:大连外代服务公司
地　　址:辽宁省大连市中山区人民路 97 号
邮政编码:116001
电　　话:0411-2644153

公司名称:大连外代货运公司
地　　址:辽宁省大连市中山区人民路 97 号
邮政编码:116001
电　　话:0411-2637051

公司名称:大连外经货运代理有限公司
地　　址:辽宁省大连市中山区明泽街 76-2 号
邮政编码:116001
电　　话:0411-3636183

公司名称:大连兴达船务货运代理公司
地　　址:辽宁省大连市中山区常青街 2 号
邮政编码:116001
电　　话:0411-2641916

公司名称:大连伊铁国际运输有限公司
地　　址:辽宁省大连市中山区鲁迅路九号

邮政编码:116001
电　　话:0411-2551542

公司名称:大连运输公司国际货物代理公司
地　　址:辽宁省大连市中山区长江路 12 号
邮政编码:116001
电　　话:0411-2641253

公司名称:大连中储船务代理有限公司
地　　址:辽宁省大连市中山区青林街 49 号
邮政编码:116001
电　　话:0411-2730683

公司名称:大连中储租船代理有限公司
地　　址:辽宁省大连市中山区五五路 6 号
邮政编码:116001
电　　话:0411-2710963

公司名称:大连中物货运代理公司
地　　址:辽宁省大连市中山区金城街 10 号
邮政编码:116001
电　　话:0411-2659624

公司名称:大连中转国际货物运输代理有限公司
地　　址:辽宁省大连市中山区普照街 32 号
邮政编码:116001
电　　话:0411-2634768

公司名称:东北交通物资大连货运代理中心
地　　址:辽宁省大连市中山区民意街 18 号
邮政编码:116001
电　　话:0411-2652397

公司名称:辽宁成大国际货运有限公司
地　　址:辽宁省大连市中山区人民路 35 号
邮政编码:116001
电　　话:0411-2640872

公司名称:辽宁富德国际货运有限公司
地　　址:辽宁省大连市中山区鲁迅路 72 号

邮政编码:116001
电　　话:0411-2730660/2700141/2708678

公司名称:辽宁华曦国际货运有限公司
地　　址:辽宁省大连市中山区人民路 95 号
邮政编码:116001
电　　话:0411-2809417

公司名称:辽宁华艺国际货运代理有限公司
地　　址:辽宁省大连市中山区民生街 8 号
邮政编码:116001
电　　话:0411-2813225

公司名称:辽宁利盟国际货运有限公司
地　　址:辽宁省大连市中山区民主广场 3 号
邮政编码:116001
电　　话:0411-2812661

公司名称:辽宁万宁国际运输公司
地　　址:辽宁省大连市中山区昆明街 11 号
邮政编码:116001
电　　话:0411-2634626

公司名称:辽宁五矿国际运输公司
地　　址:辽宁省大连市中山区港湾广场 1 号
邮政编码:116001
电　　话:0411-2805533

公司名称:辽宁信隆国际货运公司
地　　址:辽宁省大连市中山区中山广场 2 号
邮政编码:116001
电　　话:0411-2643244

公司名称:辽宁运明国际运输有限公司大连分公司
地　　址:辽宁省大连市中山区人民路 92 号
邮政编码:116001
电　　话:0411-2823184

公司名称:中纺国际货运大连公司
地　　址:辽宁省大连市中山区人民路 35 号

邮政编码:116001
电　　话:0411-2637830

公司名称:中国大连外轮代理有限公司
地　　址:辽宁省大连市中山区港湾街2号深业大厦11-12楼
邮政编码:116001
电　　话:0411-2641688

公司名称:中国外运辽宁公司
地　　址:辽宁省大连市中山区人民路89号
邮政编码:116001
电　　话:0411-2551000

公司名称:中国外运辽宁通达国际货运代理中心
地　　址:辽宁省大连市中山区五五路6号
邮政编码:116001
电　　话:0411-2701038

公司名称:大连港货运经贸公司
地　　址:辽宁省大连市中山区港湾街1号
邮政编码:116004
电　　话:0411-2622024

公司名称:大连港通运公司
地　　址:辽宁省大连市中山区港湾街1号
邮政编码:116004
电　　话:0411-2625828

公司名称:大连海运货运代理公司
地　　址:辽宁省大连市西岗区沿海街2号
邮政编码:116011
电　　话:0411-3633173

公司名称:大连开发区海北货运代理公司
地　　址:辽宁省大连市西岗区北海街24号
邮政编码:116011
电　　话:0411-2637952

公司名称:大连三环海民货运代理公司
地　　址:辽宁省大连市西岗区九三街91号
邮政编码:116011
电　　话:0411-3641389

公司名称:大连远东货运代理有限公司
地　　址:辽宁省大连市西岗区香一街17号
邮政编码:116011
电　　话:0411-2657768

公司名称:大连海轮船舶货运代理商行
地　　址:辽宁省大连市西岗区石道街曙光巷23号
邮政编码:116013
电　　话:0411-2673495

公司名称:大连渤海船务货代理公司
地　　址:辽宁省大连市甘井子区红旗镇湾家村
邮政编码:116021
电　　话:0411-4203123

公司名称:大连宏达货运代理公司
地　　址:辽宁省大连市甘井子区湾家村
邮政编码:116021
电　　话:0411-2644133

公司名称:大连联运市场港务公司货运代理公司
地　　址:辽宁省大连市西岗区海防街33号
邮政编码:116021
电　　话:0411-3623591

公司名称:大连市联运公司货运公司
地　　址:辽宁省大连市西岗区海防街33号
邮政编码:116021
电　　话:0411-4412089

公司名称:大连顺达航运代理公司
地　　址:辽宁省大连甘井子区甘井子华东路91号
邮政编码:116021
电　　话:0411-2717867

公司名称:国际货运代理公司

地　　址:辽宁省大连市西岗区海防街 33 号
邮政编码:116021
电　　话:0411-4418903

公司名称:大连华南国际货运代理有限公司
地　　址:辽宁省大连市甘井子区华东路 131 号
邮政编码:116031
电　　话:0411-2706998

公司名称:大连中远国际货运有限公司金远公司
地　　址:辽宁省大连市甘井子区后盐村
邮政编码:116031
电　　话:0411-6681761

公司名称:大连交航大件货物运输代理公司
地　　址:辽宁省大连市西岗区长江路
邮政编码:116033
电　　话:0411-3691238/3685886

公司名称:大连良运货运代理处
地　　址:辽宁省大连市甘井子区大连门广场 2 号
邮政编码:116033
电　　话:0411-6642069

公司名称:大连宇航国际运输代理有限责任公司
地　　址:辽宁省大连市中山区港湾街
邮政编码:116033
电　　话:0411-6655184

公司名称:大连市顺达货运代理责任有限公司
地　　址:辽宁省大连市旅顺口区韩家村
邮政编码:116041
电　　话:0411-6260159

公司名称:大连市旅顺港务局货运代理公司
地　　址:辽宁省大连市旅顺口区后山羊村
邮政编码:116045
电　　话:0411-6200081

公司名称:大连北方鑫德货运代理公司
地　　址:辽宁省大连市金州区马桥子
邮政编码:116600
电　　话:0411-7613728

公司名称:大连经济技术开发区国际贸易货运代理公司
地　　址:辽宁省大连市金州区辽宁街 33 号
邮政编码:116600
电　　话:0411-7622846

公司名称:大连外运公司开发区联合代理公司
地　　址:辽宁省大连市金州区辽宁路 33 号
邮政编码:116600
电　　话:0411-2710747

公司名称:大连远通国际货运有限公司
地　　址:辽宁省大连市经济技术开发区辽河中二路 1 号
邮政编码:116600
电　　话:0411-7307469

公司名称:中国国际运输大连公司
地　　址:辽宁省大连市金州区长春路
邮政编码:116601
电　　话:0411-2635481

公司名称:丹东中铁外服报关行
地　　址:辽宁省丹东市振兴区站后中
邮政编码:118000
电　　话:0415-3142752

运　　输

公司名称:沈阳铁路局集装箱运输公司
地　　址:辽宁省沈阳市和平区胜利北街 2 号
邮政编码:110001
电　　话:024-23408859

公司名称:中国铁路物资总公司沈阳市分公司
地　　址:辽宁省沈阳市和平区胜利南街 18 号
邮政编码:110001

电　　话:024-22021655

公司名称:沈阳铁路分局集装箱运输公司
地　　址:辽宁省沈阳市和平区总站路 100 号
邮政编码:110002
电　　话:024-22026612

公司名称:东北国际航空服务公司
地　　址:辽宁省沈阳市和平区十四纬路 25 号
邮政编码:110003
电　　话:024-23215957

公司名称:辽宁北方航空客货代理总公司
地　　址:辽宁省沈阳市小河沿路 3-1 号
邮政编码:110003
电　　话:024-23412288-6457

公司名称:沈阳市第一运输总公司
地　　址:辽宁省沈阳市和平区河北街 15 号
邮政编码:110005
电　　话:024-23386534

公司名称:沈阳市山河运输有限公司
地　　址:辽宁省沈阳市和平区南京南街 158-3 号
邮政编码:110005
电　　话:024-23381794

公司名称:沈阳工业品贸易中心运输开发公司
地　　址:辽宁省沈阳市沈河区友好大街 7 号
邮政编码:110013
电　　话:024-22527600

公司名称:沈阳市第二运输总公司
地　　址:辽宁省沈阳市沈河区友好街 53 号
邮政编码:110013
电　　话:024-88500750

公司名称:中国集装箱沈阳公司
地　　址:辽宁省沈阳市铁西区腾飞二街 22 号
邮政编码:110021

电　　话:024-25892741

公司名称:沈铁路通运输中心
地　　址:辽宁省沈阳市北二东路 5 号
邮政编码:110025
电　　话:024-25615697

公司名称:沈阳市珠江运输公司
地　　址:辽宁省沈阳市皇姑区珠江街 2 号
邮政编码:110031
电　　话:024-86213460

公司名称:沈阳多摩运输有限公司
地　　址:辽宁省沈阳市于洪区黄河北大街 150 号
邮政编码:110034
电　　话:024-86520624

公司名称:沈阳市顺达运输有限公司
地　　址:辽宁省沈阳市于洪区白山路 118 号
邮政编码:110034
电　　话:024-86780226

公司名称:长白集团汽车运输总公司
地　　址:辽宁省沈阳市大东区善邻路 36 号
邮政编码:110043
电　　话:024-88416802

公司名称:沈阳桃仙国际机场汽车运输公司
地　　址:辽宁省沈阳市大东区小河沿路 3 号
邮政编码:110043
电　　话:024-88296574

公司名称:中捷友谊厂运输总公司
地　　址:辽宁省沈阳市大东区珠林路 25 号
邮政编码:110043
电　　话:88854941-2755

公司名称:沈阳市汽车运输总公司
地　　址:辽宁省沈阳市沈河区小北街 204 号
邮政编码:110044

电　　话:024-88870529

公司名称:沈阳钢铁总厂运输公司
地　　址:辽宁省沈阳市苏家屯区钢山路22号
邮政编码:110112
电　　话:024-89570234

公司名称:沈阳铁路大件运输队
地　　址:辽宁省沈阳市新城子区虎石台村
邮政编码:110122
电　　话:024-89872002

公司名称:沈阳市货物运输公司
地　　址:辽宁省沈阳市于洪区沈大路
邮政编码:110141
电　　话:024-25813165

公司名称:沈阳市辽沈运输公司
地　　址:辽宁省沈阳市于洪区沈大路北官村
邮政编码:110141
电　　话:024-25835010

公司名称:中国汽车运输沈阳公司
地　　址:辽宁省沈阳市东陵区长白街9号
邮政编码:110166
电　　话:024-23388401

公司名称:辽河油田沈油工贸实业总公司运输公司
地　　址:辽宁省盘锦市兴隆台区沈兴街
邮政编码:110316
电　　话:0427-7560291

公司名称:辽阳市第二运输公司
地　　址:辽宁省辽阳市文圣区北哨街20号
邮政编码:111000
电　　话:0419-3132749

公司名称:辽阳市第三运输公司
地　　址:辽宁省辽阳市白塔区胜利路27号
邮政编码:111000

电　　话:0419-2122400

公司名称:辽阳市第四运输公司
地　　址:辽宁省辽阳市文圣区小南门157号
邮政编码:111000
电　　话:0419-4125147

公司名称:辽阳市运输公司
地　　址:辽宁省辽阳市文圣区小南门157号
邮政编码:111000
电　　话:0419-4123328

公司名称:灯塔市粮油运输公司
地　　址:辽宁省辽阳市灯塔县文化街17号
邮政编码:111300
电　　话:0419-8182385

公司名称:灯塔市运输公司
地　　址:辽宁省辽阳市灯塔县文化街91号
邮政编码:111300
电　　话:0419-8182675

公司名称:辽宁铁岭市联运公司
地　　址:辽宁省铁岭市银州区工人28号
邮政编码:112000
电　　话:0410-4841475

公司名称:铁岭市运输总公司
地　　址:辽宁省铁岭市银州区工人11号
邮政编码:112000
电　　话:0410-4844527

公司名称:铁岭市运输总公司货运公司
地　　址:辽宁省铁岭市银州区工人139号
邮政编码:112000
电　　话:0410-2652243

公司名称:抚顺电力运输公司
地　　址:辽宁省抚顺市新抚区西五街19号
邮政编码:113008

电　　话:0413-2622171

公司名称:抚顺市第二运输公司
地　　址:辽宁省抚顺新抚区浑河南路中段 86 号
邮政编码:113008
电　　话:0413-2622051

公司名称:抚顺市第一运输公司
地　　址:辽宁省抚顺市顺城区长春街 6 号
邮政编码:113126
电　　话:0413-7641050

公司名称:鞍山市粮油运输公司
地　　址:辽宁省鞍山市铁东区南建国路 26 号
邮政编码:114001
电　　话:0412-2227173

公司名称:鞍山钢铁集团公司汽车公司
地　　址:辽宁省鞍山市铁东区和平路 8 号
邮政编码:114002
电　　话:0412-6726344

公司名称:鞍山市大型货物运输公司
地　　址:辽宁省鞍山市铁西区兴盛路 171 号
邮政编码:114014
电　　话:0412-8231901

公司名称:鞍山市迅捷货运有限公司
地　　址:辽宁省鞍山市旧堡区四方台路 75 号
邮政编码:114041
电　　话:0412-5573225

公司名称:鞍山物资储运经营总公司
地　　址:辽宁省鞍山市旧堡区日新街 90 号
邮政编码:114041
电　　话:0412-5571181

公司名称:海城市运输公司
地　　址:辽宁省鞍山市海城市站前委四组 12 号
邮政编码:114200
电　　话:0412-3332576

公司名称:海城市西柳运输集团有限公司
地　　址:辽宁省鞍山市海城市西柳居委会四组 2 号
邮政编码:114219
电　　话:0412-3857202

公司名称:营口市海运货物联运公司
地　　址:辽宁省营口市站前区新华小区八楼 5 单元 62 号
邮政编码:115000
电　　话:0417-2832105

公司名称:营口外运汽车运输分公司
地　　址:辽宁省营口市站前区大庆路更新里 17 号
邮政编码:115001
电　　话:0417-3842772

公司名称:营口海运总公司
地　　址:辽宁省营口站前区红革街货场里 38 号
邮政编码:115002
电　　话:0417-2836636

公司名称:盖州市第三运输公司
地　　址:辽宁省营口市盖州市西关
邮政编码:115200
电　　话:0417-7814103

公司名称:捷士国际联运(香港)有限公司大连办事处
地　　址:辽宁省大连市中山区解放街
邮政编码:116000
电　　话:0411-2800099 2804058

公司名称:北京北欧国际空运货运有限公司大连分公司
地　　址:辽宁省大连市中山区港湾街
邮政编码:116000
电　　话:0411-2719037

公司名称:大连和顺船务有限公司
地　　址:辽宁省大连市中山区安阳街
邮政编码:116000
电　　话:0411-2649947 2807103

公司名称:大连华龙企业集团船舶劳务公司
地　　址:辽宁省大连市西岗区连平街
邮政编码:116000
电　　话:0411-3640489

公司名称:大连吉粮海运(总)公司
地　　址:辽宁省大连市沙河口区中山路 650 号
邮政编码:116000
电　　话:0411-4660589 4688585 4660663

公司名称:大连经济技术开发区东联船舶货物代理公司
地　　址:辽宁省大连市中山区顺阳街
邮政编码:116000
电　　话:0411-2704459 2705852

公司名称:大连开发区协生船务有限公司
地　　址:辽宁省大连市中山区港湾街
邮政编码:116000
电　　话:0411-2798417 2798428

公司名称:大连新辉船务有限公司
地　　址:辽宁省大连市中山区勤俭街
邮政编码:116000
电　　话:0411-2715503 2714258

公司名称:大连远东国际船务有限责任公司
地　　址:辽宁省大连市西岗区黄河路
邮政编码:116000
电　　话:0411-3780378

公司名称:大连中洋航运公司
地　　址:辽宁省大连市中山区七星街
邮政编码:116000
电　　话:0411-4590152

公司名称:关东集团海南东方船务有限公司大连办事处
地　　址:辽宁省大连市中山区玉光街
邮政编码:116000
电　　话:0411-2647919

公司名称:韩进海运(中国)有限公司大连分公司
地　　址:辽宁省大连市中山区职工街
邮政编码:116000
电　　话:0411-2657122

公司名称:交通部大连轮船公司海运服务公司
地　　址:辽宁省大连市中山区葵英街新建巷
邮政编码:116000
电　　话:0411-2202808

公司名称:康利船务有限公司大连办事处
地　　址:辽宁省大连市中山区南山路
邮政编码:116000
电　　话:0411-2658345

公司名称:南京长江油运公司大连分公司
地　　址:辽宁省大连市中山区学士街
邮政编码:116000
电　　话:0411-2704974

公司名称:山东省烟台海运总公司大连办事处
地　　址:辽宁省大连市中山区人民路
邮政编码:116000
电　　话:0411-2551289

公司名称:上海海运(集团)公司驻大连办事处
地　　址:辽宁省大连市沙河口至诚北一街
邮政编码:116000
电　　话:0411-4640409

公司名称:中国外运辽宁海运进口公司
地　　址:辽宁省大连市中山区人民路 85 号
邮政编码:116000
电　　话:0411-2551080

公司名称:中海发展股份有限公司货轮公司大连分公司
地　　址:辽宁省大连市中山区民主广场
邮政编码:116000
电　　话:0411-2810760

公司名称:辽宁省大连市联运公司零担货运公司
地　　址:辽宁省大连市西岗区海防街
邮政编码:116000
电　　话:0411-4412083

公司名称:辽宁对外贸易总公司汽车运输公司
地　　址:辽宁省大连市中山区中南路
邮政编码:116000
电　　话:0411-2891779

公司名称:中恒运输发展有限公司大连分公司
地　　址:辽宁省大连市中山区人民路
邮政编码:116000
电　　话:0411-2718100 2593227 2718097

公司名称:大连大商集团商业运输公司
地　　址:辽宁省大连市甘井子区郭家街头
邮政编码:116000
电　　话:0411-6301953 6300954

公司名称:北京近铁运通运输有限公司大连分公司
地　　址:辽宁省大连市西岗区中山路
邮政编码:116000
电　　话:0411-3691800

公司名称:大连铁道实业公司
地　　址:辽宁省大连市甘井子区友谊街
邮政编码:116000
电　　话:0411-2648392

公司名称:中国铁路对外服务总公司大连分公司
地　　址:辽宁省大连市中山区安民街
邮政编码:116000
电　　话:0411-2801974

公司名称:朝阳商船(中国)有限公司
地　　址:辽宁省大连宏誉商业大厦1204-1207室
邮政编码:116001
电　　话:0411-2715538

公司名称:大连海运总公司
地　　址:辽宁省大连市西岗区沿海街2号
邮政编码:116001
电　　话:0411-2545493

公司名称:大连金山船务有限公司
地　　址:辽宁省大连市中山区鲁迅路
邮政编码:116001
电　　话:0411-2724336

公司名称:大连辽海船务公司
地　　址:辽宁省大连市西岗区沿海街2号
邮政编码:116001
电　　话:0411-2807564

公司名称:大连远洋运输公司
地　　址:辽宁省大连市中山区七七街29号
邮政编码:116001
电　　话:0411-2639600 2636161

公司名称:大连中油销售海运有限公司
地　　址:辽宁省大连市中山区人民路68号
邮政编码:116001
电　　话:0411-2726798

公司名称:海南东大海洋运输公司大连办事处
地　　址:辽宁省大连市中山区人民路
邮政编码:116001
电　　话:0411-2719676

公司名称:华冈船务(香港)有限公司大连办事处
地　　址:辽宁省大连市中山区明泽街16号
邮政编码:116001

电　　话:0411-2713727

公司名称:辽宁船务代理公司
地　　址:辽宁省大连市中山区人民路 89 号
邮政编码:116001
电　　话:0411-2801291

公司名称:中国外运辽宁集装箱船务公司
地　　址:辽宁省大连市中山区人民路 85 号
邮政编码:116001
电　　话:0411-2551008

公司名称:大连国际集装箱服务有限公司
地　　址:辽宁省大连市中山区人民路 68 号宏益大厦 1003、1004 室
邮政编码:116001
电　　话:0411-2714848 2709145

公司名称:大连华迅国际运输有限公司
地　　址:辽宁省大连市中山区宏大路 18 号
邮政编码:116001
电　　话:0411-2644637

公司名称:大连腾捷集装箱转运有限责任公司
地　　址:辽宁省大连市甘井子区华北路
邮政编码:116001
电　　话:0411-6511514

公司名称:大连铁路分局集装箱运输公司
地　　址:辽宁省大连市中山区安民街 11 号
邮政编码:116001
电　　话:0411-2801978

公司名称:大连五环化学品转运有限公司
地　　址:辽宁省大连市中山区港湾街 1 号
邮政编码:116001
电　　话:0411-2628884

公司名称:大连铁运公司
地　　址:辽宁省大连市中山区安民街 11 号
邮政编码:116001
电　　话:0411-2825756

公司名称:大连北连集装箱运输有限公司
地　　址:辽宁省大连市中山区安乐街 28 号
邮政编码:116001
电　　话:0411-2637327

公司名称:大连港铁路运输服务公司
地　　址:辽宁省大连市中山区北斗街
邮政编码:116004
电　　话:0411-4411595/4411597

公司名称:大连市中转货运公司
地　　址:辽宁省大连市西岗区博爱街 9-3 号
邮政编码:116011
电　　话:0411-3691200

公司名称:大连医药集团运输公司
地　　址:辽宁省大连市西岗区建设街道双兴街 41 号
邮政编码:116011
电　　话:0411-3686294

公司名称:东北制药集团公司大连货运公司
地　　址:辽宁省大连市西岗区博爱街 9-3 号
邮政编码:116011
电　　话:0411-3691200

公司名称:大连海运(集团)公司海运服务公司
地　　址:辽宁省大连市中山区学士街
邮政编码:116013
电　　话:0411-2703756

公司名称:大连吉美船务有限公司
地　　址:辽宁省大连中山区中南路怡和街 20 号
邮政编码:116015
电　　话:0411-2894231

公司名称:大连北方运输服务公司

地　　址:辽宁省大连市沙河口区东北路77号
邮政编码:116021
电　　话:0411-4644184

公司名称:大连渤海公路运输公司
地　　址:辽宁省大连市甘井子区红旗镇湾家村
邮政编码:116021
电　　话:0411-4210278

公司名称:大连宏达国际企业集团运输总公司
地　　址:辽宁省大连市甘井子区湾家村
邮政编码:116021
电　　话:0411-4214845

公司名称:大连一汽货运公司
地　　址:辽宁省大连市沙河口区白云山庄106号
邮政编码:116021
电　　话:0411-4307733

公司名称:大连运输公司
地　　址:辽宁省大连市泡崖村
邮政编码:116021
电　　话:0411-6491575

公司名称:中国外运辽宁汽车运输公司
地　　址:辽宁省大连市甘井子区革镇堡后革村
邮政编码:116021
电　　话:0411-6428215

公司名称:辽宁省大连市联运公司
地　　址:辽宁省大连市西岗区海防街33号
邮政编码:116021
电　　话:0411-4412147

公司名称:大连华侨集装箱运输有限公司
地　　址:辽宁省大连市沙河口区西南路574号
邮政编码:116021
电　　话:0411-4345067

公司名称:大连船务公司

地　　址:辽宁省大连市西岗区海运街12号
邮政编码:116021
电　　话:0411-4418685

公司名称:大连交运实业公司
地　　址:辽宁省大连市沙河口区海州街58号
邮政编码:116023
电　　话:0411-4673608/4673118

公司名称:大连中远国际货运有限公司汽运部
地　　址:辽宁省大连市甘井子区华北路
邮政编码:116031
电　　话:0411-3212012/6512013/6513981

公司名称:大连南洋集装箱运输公司
地　　址:辽宁省大连市甘井子区中沟村
邮政编码:116031
电　　话:0411-6602068

公司名称:大连中兴集装箱货运有限公司
地　　址:辽宁省大连市甘井子区椒北路96号
邮政编码:116031
电　　话:0411-6674361

公司名称:大连铁路甘井子站运输实业总公司
地　　址:辽宁省大连市甘井子区工兴路
邮政编码:116031
电　　话:0411-6673074

公司名称:大连华鑫国际船务公司
地　　址:辽宁省大连市甘井子区甘海路
邮政编码:116033
电　　话:0411-6670087

公司名称:大连商业运输公司
地　　址:辽宁省大连市甘井子区郭家街
邮政编码:116033
电　　话:0411-6652600

公司名称:大连运输集团公司第三分公司

地　　址:辽宁省大连市甘井子区华北路
邮政编码:116033
电　　话:0411-6651103/6651102/6652956

公司名称:辽宁省食品进出口公司汽车运输公司
地　　址:辽宁省大连市沙河口区春一街 41 号
邮政编码:116033
电　　话:0411-6641723

公司名称:大连腾达集装箱运输公司
地　　址:辽宁省大连市甘井子区西北路 853 号
邮政编码:116033
电　　话:0411-6593638

公司名称:大连运输公司大件公司
地　　址:辽宁省大连市甘井子区华北路 411 号
邮政编码:116033
电　　话:0411-6601177

公司名称:大连运输公司集装箱分公司
地　　址:辽宁省大连市甘井子区华北路 411 号
邮政编码:116033
电　　话:0411-6590813

公司名称:中国外运辽宁集装箱公司
地　　址:辽宁省大连市甘亍子区南关岭棋盘村
邮政编码:116033
电　　话:0411-6428283

公司名称:大连保税区华商集装箱运输公司
地　　址:辽宁省大连市金州区泰华大厦 333 房间
邮政编码:116033
电　　话:0411-6609147

公司名称:大连市旅顺口区运输公司
地　　址:辽宁省大连市旅顺口区新开街 3 号
邮政编码:116041
电　　话:0411-6610941

公司名称:大连运输公司旅顺分公司
地　　址:辽宁省大连旅顺口区向阳街西山巷 1 号
邮政编码:116041
电　　话:0411-6613398

公司名称:大连市旅顺经济开发区运输公司
地　　址:辽宁省大连市旅顺口区隋家村
邮政编码:116046
电　　话:0411-6200155

公司名称:大连旅顺海运公司
地　　址:辽宁省大连市旅顺口区寺沟村
邮政编码:116050
电　　话:0411-6610464

公司名称:大连市旅顺瑞鑫大件运输公司
地　　址:辽宁省大连市旅顺口区小南村
邮政编码:116050
电　　话:0411-6233503

公司名称:辽宁省大连海洋渔业集团公司冷运公司
地　　址:辽宁省大连市甘井子区大连湾李家
邮政编码:116113
电　　话:0411-7600318

公司名称:普兰店市第二运输公司
地　　址:辽宁省大连市普兰店县西海街 2 号
邮政编码:116200
电　　话:0411-9612968

公司名称:普兰店市第五运输公司
地　　址:辽宁省大连市普兰店县南荒村
邮政编码:116200
电　　话:0411-9612190

公司名称:普兰店市第三运输公司
地　　址:辽宁省大连市普兰店县建设街 5 号
邮政编码:116222
电　　话:0411-9400709

公司名称:本溪市汽车零担货运公司

地　　址:辽宁省本溪市平山区永丰穗溪巷
邮政编码:117000
电　　话:0414-2845302

公司名称:本溪钢铁公司铁路运输公司
地　　址:辽宁省本溪市平山区钢铁路 5 号
邮政编码:117001
电　　话:0414-7823556

公司名称:本溪北龙铁路运输有限公司
地　　址:辽宁省本溪市平山区北台镇
邮政编码:117017
电　　话:0414-2529169

公司名称:本溪市第二运输公司
地　　址:辽宁省本溪市平山区广裕路 108 号
邮政编码:117021
电　　话:0414-2857637

公司名称:本溪市运输公司
地　　址:辽宁省本溪市平山区光华街 25 号
邮政编码:117021
电　　话:0414-2855647

公司名称:丹东海运总公司
地　　址:辽宁省丹东市振兴区兴五路港湾街 10 号
邮政编码:118000
电　　话:0415-3156178

公司名称:丹东市边境运输公司
地　　址:辽宁省丹东市元宝区通江街 18 号
邮政编码:118000
电　　话:0415-2123890

公司名称:凤城市运输公司
地　　址:辽宁省凤城市市场街道凤北路 199 号
邮政编码:118100
电　　话:0415-8123124

公司名称:东港市供销运输公司
地　　址:辽宁省丹东市东港市镇北街 84 号
邮政编码:118300
电　　话:0415-7122491

公司名称:东港市粮食运输公司
地　　址:辽宁省丹东市东港市镇北路 830 号
邮政编码:118300
电　　话:0415-7123136

公司名称:东港市运输公司
地　　址:辽宁省丹东市东港市花园街 131 号
邮政编码:118300
电　　话:0415-7124667

公司名称:东港市第二运输公司
地　　址:辽宁省丹东市东港市通达路 56 号
邮政编码:118313
电　　话:0415-7512663

公司名称:锦州航运总公司
地　　址:辽宁省锦州市凌河区中央大街 2 段 1-5
邮政编码:121000
电　　话:0416-3125772

公司名称:锦州市粮油运输贸易总公司
地　　址:辽宁省锦州市凌河区解放东路 39 号
邮政编码:121000
电　　话:0416-2812454

公司名称:锦州市第二运输公司
地　　址:辽宁省锦州市古塔区宜昌路 2 段 1
邮政编码:121001
电　　话:0416-2324231

公司名称:锦州市集装箱运输公司
地　　址:辽宁省锦州市古塔区宜昌路 2 段 3 号
邮政编码:121004
电　　话:0416-2324495

公司名称:锦州港工程运输公司

地　　址:辽宁省锦州市天桥镇下朱口 54 号
邮政编码:121007
电　　话:0416-3127123

公司名称:锦州汽车运输公司
地　　址:辽宁省锦州市太和区太安里 100 号
邮政编码:121016
电　　话:0416-5179414

公司名称:凌海市第二运输公司
地　　址:辽宁省锦州市凌海市锦凌
邮政编码:121200
电　　话:0416-8122838

公司名称:凌海市运输公司
地　　址:辽宁省锦州市凌海市建设
邮政编码:121200
电　　话:0416-8123868

公司名称:凌海市第三运输公司
地　　址:辽宁省锦州市凌海市站前
邮政编码:121204
电　　话:0416-8452544

公司名称:北宁市第三运输公司
地　　址:辽宁省锦州市北宁市钟秀
邮政编码:121300
电　　话:0416-6623693

公司名称:北宁市粮油运输公司
地　　址:辽宁省锦州市北宁市西环路
邮政编码:121300
电　　话:0416-6622902

公司名称:北宁市民政运输公司
地　　址:辽宁省锦州市北宁市八家子
邮政编码:121300
电　　话:0416-6622270

公司名称:北宁市第二运输公司
地　　址:辽宁省锦州市北宁市国强
邮政编码:121308
电　　话:0416-66522551

公司名称:北宁市运输公司
地　　址:辽宁省锦州市北宁市富国街
邮政编码:121308
电　　话:0416-6652036

公司名称:朝阳市汽车运输总公司
地　　址:辽宁省朝阳市双塔区新华路 3 段 17 号
邮政编码:122000
电　　话:0421-2815875

公司名称:朝阳市汽车运输总公司朝阳货运分公司
地　　址:辽宁省朝阳市双塔区友谊大街四段 4 号
邮政编码:122000
电　　话:0421-2915271

公司名称:凌源市运输公司
地　　址:辽宁省朝阳市凌源市南大街
邮政编码:122500
电　　话:0421-6824916

公司名称:阜新市粮油运输贸易总公司
地　　址:辽宁省阜新市海州区阜新市振兴路
邮政编码:123000
电　　话:0418-2855679

公司名称:阜新市运输总公司
地　　址:辽宁省阜新市海州区解放大街 28 号
邮政编码:123000
电　　话:0418-2823274

公司名称:盘锦市运输总公司
地　　址:辽宁省盘锦市双台子区红旗街
邮政编码:124000
电　　话:0427-3834503

公司名称:辽河油田通达实业总公司通达运输公司

地　　址:辽宁省盘锦市兴隆台区于楼街
邮政编码:124120
电　　话:0427-7581265

公司名称:盘锦市航运公司
地　　址:辽宁省盘锦市大洼县码头
邮政编码:124208
电　　话:0427-8866559

储　　运

公司名称:沈阳储运集团公司
地　　址:辽宁省沈阳市大东区联合路 50 号
邮政编码:110001
电　　话:024-88522386 88503068

公司名称:沈阳市建业集装箱储运公司
地　　址:辽宁省沈阳市和平区哈尔滨路 12 号
邮政编码:110001
电　　话:024-23400037

公司名称:沈阳铁路局沈阳材料总厂储运公司
地　　址:辽宁省沈阳市和平区胜利南街 14 号
邮政编码:110001
电　　话:024-22034318

公司名称:上海浦菱储运有限公司沈阳分公司
地　　址:辽宁省沈阳市南京北街 21 号
邮政编码:110002
电　　话:024-22534759

公司名称:沈阳铁路储运公司
地　　址:辽宁省沈阳市和平区和平南大街 60 号
邮政编码:110005
电　　话:024-25894716

公司名称:沈阳铁路局储运总公司
地　　址:辽宁省沈阳市和平区新华路 11 号
邮政编码:110005
电　　话:024-23854697

公司名称:中国物资储运沈阳公司
地　　址:辽宁省沈阳市和平区南八马路 54 号
邮政编码:110005
电　　话:024-23864410

公司名称:中国物资储运沈阳公司
地　　址:辽宁省沈阳市和平区南八马路 54 号
邮政编码:110005
电　　话:024-23864410

公司名称:中国外运沈阳集团公司
地　　址:辽宁省沈阳市沈河区青年大街 35 号
邮政编码:110014
电　　话:024-22827828

公司名称:中国燕兴东北公司储运公司
地　　址:辽宁省沈阳市东陵区南塔街 99 号
邮政编码:110015
电　　话:024-23909796

公司名称:沈阳铁路分局物资经销总公司储运公司
地　　址:辽宁省沈阳市铁西区凌空 1 街 13 号
邮政编码:110021
电　　话:024-23780336

公司名称:东北金城储运公司沈阳公司
地　　址:辽宁省沈阳市铁西区北二西路 53 号
邮政编码:110026
电　　话:024-25821928

公司名称:辽宁省轻工储运公司
地　　址:辽宁省沈阳市铁西区北一西路六巷二号
邮政编码:110026
电　　话:024-25820181

公司名称:沈阳市机电设备总公司储运公司
地　　址:辽宁省沈阳市铁西区北一西路 19 巷 8 号
邮政编码:110026
电　　话:024-25821127

公司名称:沈阳市陵东汽车储运公司
地　　址:辽宁省沈阳市于洪区上岗子
邮政编码:110032
电　　话:024-86892890

公司名称:沈阳航天物资储运公司
地　　址:辽宁省沈阳市皇姑区乐山路二号
邮政编码:110034
电　　话:024-86801119

公司名称:沈阳储运集团公司第二分公司
地　　址:辽宁省沈阳市大东区联合路 50 号
邮政编码:110041
电　　话:024-88521486/88504147

公司名称:沈阳市东铁东物资联运站
地　　址:辽宁省沈阳市大东区锦园路积安 2 号
邮政编码:110041
电　　话:024-88424325

公司名称:沈阳市文化钟表总公司储运公司
地　　址:辽宁省沈阳市大东区联合路 64 号
邮政编码:110041
电　　话:024-88873208

公司名称:沈阳航空工业供销储运公司
地　　址:辽宁省沈阳市大东区湾江街 73
邮政编码:110042
电　　话:024-24830745

公司名称:辽宁包装进出口沈阳销售储运公司
地　　址:辽宁省沈阳市大东区东贸路 40 号
邮政编码:110043
电　　话:024-88842661

公司名称:沈阳储运总公司第一分公司
地　　址:辽宁省沈阳市大东区东贸路 20 号
邮政编码:110043
电　　话:024-88417631

公司名称:沈阳市东明储运铁西中心
地　　址:辽宁省沈阳市铁西区东边城街 41 号
邮政编码:110043
电　　话:024-88853972

公司名称:沈阳市东明储运中心
地　　址:辽宁省沈阳市大东区东边城街 41 号
邮政编码:110043
电　　话:024-88503972

公司名称:沈阳市大东区物资储运公司
地　　址:辽宁省沈阳大东区机校街再生北巷九号
邮政编码:110044
电　　话:024-88124286

公司名称:沈阳铁路分局沈阳东站储运公司
地　　址:辽宁省沈阳市大东区北海街 193 号
邮政编码:110044
电　　话:024-88091741

公司名称:沈阳铁路分局储运总公司
地　　址:辽宁省沈阳市东陵区望花北街 68 号
邮政编码:110045
电　　话:024-88261520

公司名称:沈阳铁路局沈阳工程处储运公司
地　　址:辽宁省沈阳市新城子区虎石台村
邮政编码:110122
电　　话:024-22023497

公司名称:沈阳集装箱仓储联运中心
地　　址:辽宁省沈阳市于洪区沈新路 105 号
邮政编码:110141
电　　话:024-25813800

公司名称:沈阳胜宝旺集装箱储运有限公司
地　　址:辽宁省沈阳开发区沈新路 105 号
邮政编码:110141
电　　话:024-25818322

公司名称:沈阳铁路分局沈阳西站储运公司
地　　址:辽宁省沈阳市于洪区北陈村
邮政编码:110149
电　　话:024-89310231

公司名称:沈阳市和平区房产局储运公司
地　　址:辽宁省沈阳市东陵区长白西路 18 号
邮政编码:110166
电　　话:024-23730622

公司名称:辽宁机电设备总公司辽宁储运公司
地　　址:辽宁省沈阳市东陵区南塔街孤家子 9 号
邮政编码:110168
电　　话:024-23819446

公司名称:辽宁省机电设备总公司辽宁储运公司
地　　址:辽宁省沈阳市东陵区南塔街孤家子 9 号
邮政编码:110168
电　　话:024-23819921

公司名称:辽阳大型货物储运公司
地　　址:辽宁省辽阳市白塔区繁荣路中段 18 号
邮政编码:111000
电　　话:0419-2382569

公司名称:铁岭市粮食储运公司
地　　址:辽宁省铁岭市银州区工人 132 号
邮政编码:112000
电　　话:0410-4844960

公司名称:铁岭市商业储运公司
地　　址:辽宁省铁岭市银州区工人 29 号
邮政编码:112000
电　　话:0410-4843251

公司名称:清电经济技术开发总公司储运公司
地　　址:辽宁省铁岭市清河区向阳 25 号
邮政编码:112003
电　　话:0410-2113709

公司名称:抚顺石油化工公司储运公司
地　　址:辽宁省抚顺市望花区演武街 14 号
邮政编码:113001
电　　话:0413-6686986

公司名称:抚顺市机电设备总公司储运公司
地　　址:辽宁省抚顺市新抚区高山路 46 号
邮政编码:113006
电　　话:0413-7673523

公司名称:抚顺市轻工储运公司
地　　址:辽宁省抚顺市新抚区华山街 5 号
邮政编码:113015
电　　话:0413-2331218

公司名称:鞍钢实业发展总公司供销实业储运分公司
地　　址:辽宁省鞍山市铁西区鞍钢厂区
邮政编码:114011
电　　话:0412-6725528

公司名称:鞍山市供销储运公司
地　　址:辽宁省鞍山市旧堡区四方台路 43 号
邮政编码:114041
电　　话:0412-8211839

公司名称:鞍山物资储运经营总公司
地　　址:辽宁省鞍山市旧堡区日新街 90 号
邮政编码:114041
电　　话:0412-5571181

公司名称:海城市外贸公司三里储运公司
地　　址:辽宁省鞍山海城市三里居委会四组 1 号
邮政编码:114200
电　　话:0412-3336657

公司名称:海城外贸他山储运公司
地　　址:辽宁省鞍山市海城市他山村委会
邮政编码:114221
电　　话:0412-3870559

公司名称:营口海运总公司储运公司
地　　址:辽宁省营口市站前区朝阳街成福里一号
邮政编码:115000
电　　话:0417-2835006

公司名称:营口市物资储运公司
地　　址:辽宁省营口市站前区陵园街大庆里 5 号
邮政编码:115001
电　　话:0417-3835421

公司名称:营口站储运服务总公司
地　　址:辽宁省营口市站前区站前里一号
邮政编码:115001
电　　话:0417-3847780

公司名称:营口渔港鞍营永发储运有限公司
地　　址:辽宁省营口市西市区渔市场里 14 号
邮政编码:115004
电　　话:0417-4835330

公司名称:营口经济技术开发区东丰储运公司
地　　址:辽宁省营口市鲅鱼圈区西关屯
邮政编码:115007
电　　话:0417-6256972

公司名称:营口经济技术开发区吉海储运公司
地　　址:辽宁省营口市鲅鱼圈区西关屯村
邮政编码:115007
电　　话:0417-6252163

公司名称:营口经济技术开发区神茂储运公司
地　　址:辽宁省营口市鲅鱼圈区神井子村
邮政编码:115007
电　　话:0417-6253006

公司名称:营口市鲅鱼圈区富程储运公司
地　　址:辽宁省营口市鲅鱼圈区西关屯村
邮政编码:115007
电　　话:0417-6251580

公司名称:营口市鲅鱼圈区全兴储运库
地　　址:辽宁省营口市鲅鱼圈区神井子村
邮政编码:115007
电　　话:0417-62541284

公司名称:营口外运仓储分公司
地　　址:辽宁省营口市鲅鱼圈区天山大街 15 号
邮政编码:115007
电　　话:0417-6252704-3063

公司名称:大石桥市外贸仓储运输公司
地　　址:辽宁省营口市大石桥市和平
邮政编码:115100
电　　话:0417-5813912

公司名称:大连宏业物资储运公司
地　　址:辽宁省大连市沙河口区宏业街 18 号
邮政编码:116000
电　　话:0411-4628697 4628685

公司名称:大连康阳储运有限公司
地　　址:辽宁省大连市甘井子区南关岭镇
邮政编码:116000
电　　话:0411-6428538

公司名称:大连市建筑材料总公司储运公司
地　　址:辽宁省大连市西岗区岐山街
邮政编码:116000
电　　话:0411-3632951

公司名称:大连金轮储运公司
地　　址:辽宁省大连市中山区武汉街 10 号
邮政编码:116001
电　　话:0411-6586744

公司名称:大连食储转运公司
地　　址:辽宁省大连市中山区富贵街 23 号
邮政编码:116001
电　　话:0411-2746451

公司名称:大连市中山区华强储运经贸有限公司
地　　址:辽宁省大连市中山区五五路 3 号
邮政编码:116001
电　　话:0411-2645190

公司名称:大连市中转货运公司仓储转运公司
地　　址:辽宁省大连市中山区吉庆街 106 号
邮政编码:116001
电　　话:0411-2636978

公司名称:大连新华储运服务公司
地　　址:辽宁省大连市中山区迎宾路 199 号
邮政编码:116001
电　　话:0411-2896053

公司名称:大连中粮国际仓储运输公司
地　　址:辽宁省大连市中山区一德街 9 号
邮政编码:116001
电　　话:0411-2648311

公司名称:大连港华储运有限公司
地　　址:辽宁省大连市中山区港湾 1 号
邮政编码:116004
电　　话:0411-2626658

公司名称:大连华洋海陆联运有限公司
地　　址:辽宁省大连市西岗区长虹街 5 号
邮政编码:116011
电　　话:0411-3638277

公司名称:大连保税区三侍储运国际贸易有限公司
地　　址:辽宁省大连金州区保税区泰华大厦 351
邮政编码:116021
电　　话:0411-2643449

公司名称:大连海信经贸联运公司
地　　址:辽宁省大连市西岗区香锦街 21 号
邮政编码:116021
电　　话:0411-4406097

公司名称:大连宏业物资储运公司
地　　址:辽宁省大连市沙河口区宏业街 18 号
邮政编码:116021
电　　话:0411-4628685

公司名称:大连大起经贸储运中心
地　　址:辽宁省大连市沙河口区五一路 97 号
邮政编码:116022
电　　话:0411-4601203

公司名称:大连机械进出口公司储运公司
地　　址:辽宁省大连市甘井子区金龙路 13 号
邮政编码:116031
电　　话:0411-6602989

公司名称:大连通达储运公司
地　　址:辽宁省大连市甘井子区东山街 1 号
邮政编码:116031
电　　话:0411-6672447

公司名称:辽宁省土产品进出口公司储运公司
地　　址:辽宁省大连市甘井子区桥南泉水村
邮政编码:116031
电　　话:0411-6600655

公司名称:辽宁土产品进出口公司储运公司
地　　址:辽宁省大连市甘井子区华北路
邮政编码:116031
电　　话:0411-6600654

公司名称:辽宁省机械设备进出口公司储运公司
地　　址:辽宁省大连市甘井子区羊圈子村
邮政编码:116031
电　　话:0411-6681918

公司名称:大连北市企业集团公司储运公司
地　　址:辽宁省大连市甘井子区南关岭村
邮政编码:116033
电　　话:0411-6683097

公司名称:大连大德储运公司
地　　址:辽宁省大连市甘井子区南松街 50 号
邮政编码:116033
电　　话:0411-6652519

公司名称:大连大实储运总公司
地　　址:辽宁省大连市甘井子区石家沟 15 号
邮政编码:116033
电　　话:0411-6650318

公司名称:大连粮食进出接运总公司储运公司
地　　址:辽宁省大连市甘井子区华北路 284 号
邮政编码:116033
电　　话:

公司名称:大连粮食进出口总公司储运公司
地　　址:辽宁省大连市甘井子区华北路 284 号
邮政编码:116033
电　　话:0411-6601196

公司名称:大连中化储运公司
地　　址:辽宁省大连市甘井子区西北路
邮政编码:116033
电　　话:0411-6429969 6428990 6428798

公司名称:东北金城大连储运公司
地　　址:辽宁省大连市甘井子区周水子郭家 11 号
邮政编码:116033
电　　话:0411-6651786

公司名称:辽宁轻工业品进出口公司储运贸易分公司
地　　址:辽宁省大连市甘井子区大辛寨子村
邮政编码:116033
电　　话:0411-6300717

公司名称:中国外运辽宁储运公司大连公司
地　　址:辽宁省大连市甘井子区棋盘村
邮政编码:116033
电　　话:0411-6681293

公司名称:大连北海储运有限责任公司
地　　址:辽宁省大连市甘井子区西北路
邮政编码:116035
电　　话:0411-6428752 6428095

公司名称:大连富华物资储运公司
地　　址:辽宁省大连市甘井子区棋盘磨
邮政编码:116035
电　　话:0411-6430288 6430654

公司名称:大连金丰储运公司
地　　址:辽宁省大连市甘井子区南棋路
邮政编码:116035
电　　话:0411-6430358

公司名称:大连万顺物资储运公司
地　　址:辽宁省大连市甘井子区棋盘子村
邮政编码:116035
电　　话:0411-6898718

公司名称:大重集团公司大连储运公司
地　　址:辽宁省大连市沙河口区汉阳街 10 号
邮政编码:116035
电　　话:0411-6682024

公司名称:辽宁工艺品进出口公司储运贸易分公司
地　　址:辽宁省大连市甘井子区西北路 855 号
邮政编码:116035
电　　话:0411-6428097 6428693 6428641

公司名称:辽宁机械进出口公司储运贸易公司
地　　址:辽宁省大连市甘井子区革镇堡后革村
邮政编码:116035
电　　话:0411-6429940

公司名称:辽宁省机械进出口公司储运贸易公司
地　　址:辽宁省大连市甘井子区后革村
邮政编码:116035
电　　话:0411-6681197

公司名称:辽宁五金矿产进出口公司仓储运输公司
地　　址:辽宁省大连市后革镇堡
邮政编码:116035
电　　话:0411-6428584 6429282 6428615

公司名称:中国外经辽宁储运公司
地　　址:辽宁省大连市甘井子区后革村
邮政编码:116035
电　　话:0411-6681361

公司名称:中国外运辽宁储运公司
地　　址:辽宁省大连市甘井子区后革镇堡
邮政编码:116035
电　　话:0411-6428361

公司名称:大连北市储运有限公司
地　　址:辽宁省大连市甘井子区南关岭镇
邮政编码:116037
电　　话:0411-6429868

公司名称:大连市旅顺港务局储运公司
地　　址:辽宁省大连市旅顺口区后三羊村
邮政编码:116041
电　　话:0411-6200006

公司名称:旅顺龙头纺织品储运公司
地　　址:辽宁省大连市旅顺口区东北山
邮政编码:116051
电　　话:0411-6280066

公司名称:大连市大连湾长通储运公司
地　　址:辽宁省大连市甘井子区大连湾乡
邮政编码:116113
电　　话:0411-7600342

公司名称:大连享成实业总公司集装箱储运公司
地　　址:辽宁省大连市甘井子区大连湾前盐村
邮政编码:116113
电　　话:0411-6606572

公司名称:大连保税区连海贸易储运有限公司
地　　址:辽宁省大连市金州区海青岛
邮政编码:116600
电　　话:0411-7612067

公司名称:大连经济技术开发区吉祥物资储运公司
地　　址:辽宁省大连市金州区长春路
邮政编码:116600
电　　话:0411-7697531

公司名称:大连经济技术开发区通达储运公司
地　　址:辽宁省大连市金州区沈阳路6号
邮政编码:116600
电　　话:0411-7613274

公司名称:大连经济技术开发区湾港储运公司
地　　址:辽宁省大连市金州区五彩城F区3栋13号
邮政编码:116600
电　　话:0411-2627655

公司名称:大连经济技术开发区中储储运公司
地　　址:辽宁省大连市金州区嫩江路19号
邮政编码:116600
电　　话:0411-7616429

公司名称:本溪市百货公司储运公司
地　　址:辽宁省本溪市明山区地工路29号
邮政编码:117002
电　　话:0414-4835197

公司名称:丹东国际集装箱储运有限公司
地　　址:辽宁省丹东市振兴区偿五路十号
邮政编码:118000
电　　话:0415-3120171

公司名称:丹东市储运有限责任公司
地　　址:辽宁省丹东市振兴区六纬路13-3
邮政编码:118000

电　　话:0415-2124452

公司名称:丹东市储运总公司
地　　址:辽宁省丹东市振兴区二经街15号楼
邮政编码:118000
电　　话:0415-2127045

公司名称:丹东市东港华合储运贸易公司
地　　址:辽宁省丹东市振兴区七经街69号
邮政编码:118000
电　　话:0415-2125585

公司名称:丹东市粮运贸易总公司
地　　址:辽宁省丹东市振兴区振八街19-7号
邮政编码:118000
电　　话:0415-3125457

公司名称:丹东铁路分局储运公司
地　　址:辽宁省丹东市振兴区七经街2号
邮政编码:118000
电　　话:0415-2125607

公司名称:丹东铁路分局储运公司
地　　址:辽宁省丹东市振兴区七经街2号
邮政编码:118000
电　　话:0415-2125607

公司名称:丹东铁路沙河镇储运有限公司
地　　址:辽宁省丹东市元宝区沙河镇
邮政编码:118001
电　　话:0415-4133254

公司名称:丹东市永立仓储运输公司
地　　址:辽宁省丹东市振安区套外村
邮政编码:118006
电　　话:0415-4171687

公司名称:凤城市储运总公司
地　　址:辽宁省丹东市凤城市翰墨大街52号
邮政编码:118100

电　　话:0415-8123386

公司名称:东港市粮油综合储运公司
地　　址:辽宁省丹东市东港市前阳村
邮政编码:118301
电　　话:0415-7162106

公司名称:锦州广厦储运公司
地　　址:辽宁省锦州市太和区营盘
邮政编码:121000
电　　话:0416-4187731

公司名称:锦州市糖业烟酒总公司储运分公司
地　　址:辽宁省锦州市古塔区汉口街29号
邮政编码:121000
电　　话:0418-4168731

公司名称:锦州市五交化公司储运分公司
地　　址:辽宁省锦州市古塔区汉口街52
邮政编码:121000
电　　话:0418-4167336

公司名称:锦州市进出口公司储运分公司
地　　址:辽宁省锦州市太和区桃园北里2号
邮政编码:121004
电　　话:0416-5179255

公司名称:锦州经济技术开发区储运公司
地　　址:辽宁省锦州市天桥镇绵羊路
邮政编码:121007
电　　话:0418-5142462

公司名称:朝阳市糖业烟酒储运公司
地　　址:辽宁省朝阳市龙城区中山大街2段59号
邮政编码:122000
电　　话:0421-3814307

公司名称:阜新铁路工务段粮食储运经营公司
地　　址:辽宁省阜新市海州区振兴路65号
邮政编码:123000

电　　话:0418-2852751

仓　储

公司名称:沈阳市仓储公司
地　　址:辽宁省沈阳市于洪区沈新路105号
邮政编码:110141
电　　话:024-25812535

公司名称:沈阳市中运仓储处
地　　址:辽宁省沈阳市东陵区长白街9号
邮政编码:110166
电　　话:024-23730612

公司名称:辽宁铁岭市外贸仓储公司
地　　址:辽宁省铁岭市银州区铁西83号
邮政编码:112000
电　　话:0410-4840171

公司名称:鞍山融丰仓储运输有限公司
地　　址:辽宁省鞍山市旧堡区四方台路41号
邮政编码:114041
电　　话:0412-5573112

公司名称:营口市外贸仓储公司
地　　址:辽宁省营口站前区大庆路更新里26号
邮政编码:115001
电　　话:0417-3842202

公司名称:营口市百货仓储公司
地　　址:辽宁省营口站前区跃进街营百里1号
邮政编码:115002
电　　话:0417-3840099

公司名称:营口市仓储经贸公司
地　　址:辽宁省营口市站前区跃进街太和西里1-2
邮政编码:115002
电　　话:0417-3840096

公司名称:大连郭家街仓储公司
地　　址:辽宁省大连市甘井子区郭家街
邮政编码:116000
电　　话:0411-6300471/6301261

公司名称:大连华兴仓储公司
地　　址:辽宁省大连市甘井子区友谊街
邮政编码:116000
电　　话:0411-6500467/6602031

公司名称:大连货代中非仓储公司
地　　址:辽宁省大连市甘井子区朱棋路
邮政编码:116000
电　　话:0411-6428684

公司名称:大连吉港仓储公司
地　　址:辽宁省大连市甘井子区革镇堡
邮政编码:116000
电　　话:0411-6429106

公司名称:大连嘉宏仓储有限公司
地　　址:辽宁省大连市西岗区滨海西路
邮政编码:116000
电　　话:0411-2402389/2402385

公司名称:大连隆达仓储公司
地　　址:辽宁省大连市甘井子区泡崖街
邮政编码:116000
电　　话:0411-6491713

公司名称:大连农江农垦仓储运输公司
地　　址:辽宁省大连市中山区长江路
邮政编码:116000
电　　话:0411-3722410

公司名称:大连石林丰仓储公司
地　　址:辽宁省大连市甘井子区革镇堡中革村
邮政编码:116000
电　　话:0411-6429097

公司名称:大连鑫源仓储有限公司
地　　址:辽宁省大连市甘井子区朱棋路

邮政编码:116000
电　　话:0411-6491863

公司名称:大连信威仓储发展公司
地　　址:辽宁省大连市中山区民意街
邮政编码:116000
电　　话:0411-2642418 2642498

公司名称:大连友谊国家粮食储运库
地　　址:辽宁省大连市甘井子区朱棋路
邮政编码:116000
电　　话:0411-6429950

公司名称:大连港东方仓储公司
地　　址:辽宁省大连市中山区港湾街1号
邮政编码:116001
电　　话:0411-2622750

公司名称:中化国际仓储运输有限公司大连公司
地　　址:辽宁省大连中山区民寿街4号14-3
邮政编码:116001
电　　话:0411-2654073

公司名称:大连船舶香炉礁仓储公司
地　　址:辽宁省大连市西岗区海防街1号
邮政编码:116021
电　　话:0411-4414704

公司名称:大连大良仓储贸易公司
地　　址:辽宁省大连市革镇堡羊圈子村
邮政编码:116021
电　　话:0411-6428680

公司名称:大连市联运公司仓储公司
地　　址:辽宁省大连市沙河口区白山路27号
邮政编码:116021
电　　话:0411-4413090

公司名称:大连金泰仓储贸易中心
地　　址:辽宁省大连市甘井子区金龙路13号
邮政编码:116031
电　　话:0411-6602549 6580110

公司名称:大连北海中转仓储公司
地　　址:辽宁省大连市沙河口区香周路250号
邮政编码:116033
电　　话:0411-6652024

公司名称:大连北市工业总公司仓储公司
地　　址:辽宁省大连市甘井子区南关岭村
邮政编码:116033
电　　话:0411-6429189/6871904

公司名称:大连仓鑫储运库
地　　址:辽宁省大连甘井子区友谊街华北路285号
邮政编码:116033
电　　话:0411-6606917/6605958

公司名称:大连光明仓储公司
地　　址:辽宁省大连市甘井子区南林街175号
邮政编码:116033
电　　话:0411-6651868

公司名称:大连宏图经销公司仓储公司
地　　址:辽宁省大连市甘井子区新甘井子街6号
邮政编码:116033
电　　话:0411-6602722

公司名称:大连三环仓储实业公司
地　　址:辽宁省大连市甘井子区泉水街5号
邮政编码:116033
电　　话:0411-6601432

公司名称:大连商业储运联营公司盐岛仓储
地　　址:辽宁省大连市甘井子区前盐村
邮政编码:116033
电　　话:0411-6602429

公司名称:大连市住宅办公室仓储公司

地　　址:辽宁省大连市甘井子区兴华街 24 号
邮政编码:116033
电　　话:0411-6603117

公司名称:大连水晶仓储公司
地　　址:辽宁省大连市甘井子区西南路 4 号
邮政编码:116033
电　　话:0411-6651898

公司名称:大连天华企业集团仓储公司
地　　址:辽宁省大连市甘井子区大辛寨子村
邮政编码:116033
电　　话:0411-6641535

公司名称:大连辛寨子经济开发区保税仓储公司
地　　址:辽宁省大连市甘井子区大辛寨子村
邮政编码:116033
电　　话:0411-6308188

公司名称:大连鑫源物资仓储公司
地　　址:辽宁省大连市沙河口区昌平街
邮政编码:116033
电　　话:0411-4631351

公司名称:大连友谊仓储公司
地　　址:辽宁省大连市甘井子区华北路 194 号
邮政编码:116033
电　　话:0411-6600025/6599474

公司名称:黑龙江省轻工业进出口公司大连仓储公司
地　　址:辽宁省大连市甘井子区砬子山村
邮政编码:116033
电　　话:0411-6651447

公司名称:大连后革仓储公司
地　　址:辽宁省大连市甘井子区后革镇
邮政编码:116035
电　　话:0411-6428130/6429963

公司名称:大连中革联营仓储公司
地　　址:辽宁省大连市甘井子区中革镇堡村
邮政编码:116035
电　　话:0411-6428107

公司名称:大连山水仓储公司
地　　址:辽宁省大连市甘井子区姚西街 192 号
邮政编码:116037
电　　话:0411-6870182

公司名称:中国烟草辽宁进出口公司大连仓储中心
地　　址:辽宁省大连市甘井子区大房身村
邮政编码:116100
电　　话:0411-6700241

公司名称:大连恒泉仓储公司
地　　址:辽宁省大连市甘井子区前关村
邮政编码:116110
电　　话:0411-7601254

公司名称:大连双海储运仓库
地　　址:辽宁省大连市甘井子区毛营子村
邮政编码:116113
电　　话:0411-7600688

公司名称:大连腾达物资加工仓储公司
地　　址:辽宁省大连市甘井子区苏家村
邮政编码:116113
电　　话:0411-7680200

公司名称:大连中盛扶余仓库储联营公司
地　　址:辽宁省大连市甘井子区后盐村
邮政编码:116113
电　　话:0411-7601274

公司名称:大连经济技术开发区恒通保税物资仓储公司
地　　址:辽宁省大连市金州区十里岗
邮政编码:116600
电　　话:0411-7610634

公司名称:大连经济技术开发区龙绥仓储公司
地　　址:辽宁省大连市金州区金马大厦 3-3B
邮政编码:116600
电　　话:0411-7680424

公司名称:大连经济技术开发区松源粮油加工仓储公司
地　　址:辽宁省大连市金州区十里岗 21 号
邮政编码:116600
电　　话:0411-7620000

公司名称:大连集装箱码头有限公司
地　　址:辽宁省大连市窑湾港区
邮政编码:116601
电　　话:0411-7597373

公司名称:丹东市储运总公司第二仓储公司
地　　址:辽宁省丹东市元宝区通江 27 号
邮政编码:118000
电　　话:0415-2124049

公司名称:丹东市储运总公司第六仓储公司
地　　址:辽宁省丹东市元宝区经山街 143 号
邮政编码:118000
电　　话:0415-4142327

公司名称:丹东市储运总公司第一仓储公司
地　　址:辽宁省丹东市振兴区八道街 135 号
邮政编码:118000
电　　话:0415-4144569

公司名称:丹东市储运总公司第三仓储公司
地　　址:辽宁省丹东市振安区黄海大街 93 号
邮政编码:118001
电　　话:0415-6221713

公司名称:丹东市储运总公司第五仓储公司
地　　址:辽宁省丹东市元宝区通乡后街 104 号
邮政编码:118001
电　　话:0415-4143540

公司名称:丹东市储运总公司第四仓储公司
地　　址:辽宁省丹东市振兴区桃源街 24-1
邮政编码:118002
电　　话:0415-6161003

公司名称:锦州林港仓储公司
地　　址:辽宁省锦州市天桥镇天桥
邮政编码:121007
电　　话:0416-3127123

公司名称:锦州运威仓储有限公司
地　　址:辽宁省锦州市天桥镇绵阳路
邮政编码:121007
电　　话:0416-3124807

公司名称:锦州中孚仓储有限公司
地　　址:辽宁省锦州市天桥镇阜新路
邮政编码:121007
电　　话:0416-5141880

公司名称:朝阳市五金交电化工总公司仓储公司
地　　址:辽宁省朝阳市双塔区光明街 3 段 5 号
邮政编码:122000
电　　话:0421-2814765

公司名称:辽宁朝阳八里国家粮食储备库
地　　址:辽宁省朝阳市双塔区新华路一段一号
邮政编码:122000
电　　话:0421-2812957

公司名称:辽宁新华书店朝阳储运站
地　　址:辽宁省朝阳市双塔区中山大街 3 段 24 号
邮政编码:122000
电　　话:0421-2812204

公司名称:辽宁北票国家粮食储备库
地　　址:辽宁省朝阳市北票市骆驼营
邮政编码:122100
电　　话:0421-5821746

物流设备

公司名称:沈阳胶带总厂
地　　址:辽宁省沈阳市皇姑区黄河北大街乐山西
邮政编码:10034
电　　话:024-6807355

公司名称:东电华兴皮带运输机厂
地　　址:辽宁省沈阳市
邮政编码:110000
电　　话:024-25834169

公司名称:东祥液压件厂
地　　址:辽宁省沈阳市长青街98号甲8号
邮政编码:110000
电　　话:024-24235321

公司名称:丰信链式输送设备制造有限责任公司
地　　址:辽宁省沈阳市
邮政编码:110000
电　　话:024-24711494

公司名称:启明起重设备有限公司
地　　址:辽宁省沈阳市步云山路33-2号1-1-1门
邮政编码:110000
电　　话:024-22511744

公司名称:日本株式会社SRC沈阳办事处
地　　址:辽宁省沈阳市和平区中华路126号801
邮政编码:110001
电　　话:024-23862893

公司名称:沈阳圣杰工业机械有限公司
地　　址:辽宁省沈阳市和平区南五马路39号1-301
邮政编码:110001
电　　话:024-23519898,23529898

公司名称:株式会社JRC沈阳办事处
地　　址:辽宁省沈阳市和平区青年大街386号A座1868室
邮政编码:110003
电　　话:

公司名称:沈阳电动滚筒制造厂
地　　址:辽宁省沈阳市和平区砂南路一号
邮政编码:110005
电　　话:024-23318817

公司名称:沈阳新淞机器人自动化股份有限公司
地　　址:辽宁省沈阳市南塔街114号
邮政编码:110016
电　　话:024-23970188 23970186

公司名称:沈阳市第一制动器厂
地　　址:辽宁省沈阳市铁西区南九西路九号
邮政编码:110024
电　　话:024-25732675

公司名称:沈阳市自动化立体仓库制造厂
地　　址:辽宁省沈阳市铁西区云峰北街27号
邮政编码:110025
电　　话:024-5875945

公司名称:沈飞仓储物流设备制造有限公司
地　　址:辽宁省沈阳市皇姑区松山路11号
邮政编码:110034
电　　话:024-86597219

公司名称:沈阳矿山机械集团公司
地　　址:辽宁省沈阳市大东区大东路178号
邮政编码:110042
电　　话:024-24325453

公司名称:沈阳矿山集团山普通用机械制造有限公司
地　　址:辽宁省沈阳市大东区大东路178号
邮政编码:110042
电　　话:024-24836761

公司名称:长白计算机股份有限公司沈阳胶带机控制设备厂
地　　址:辽宁省沈阳市大东区地坛街25号
邮政编码:110043
电　　话:024-88416736

公司名称:沈阳华德(集团)机械制造有限公司
地　　址:辽宁省沈阳市大东区联合路176甲
邮政编码:110044
电　　话:024-88093011

公司名称:沈阳起重运输机械有限责任公司
地　　址:辽宁省沈阳市大东区沈铁路69号
邮政编码:110044
电　　话:024-88093164 88317041H

公司名称:沈阳市兴港电缆卷线器厂
地　　址:辽宁省沈阳市大东区望花南街机校巷甲1号
邮政编码:110044
电　　话:024-88121611 88442149

公司名称:福尔波·西格林(沈阳)轻型带有限公司
地　　址:辽宁省沈阳市经济技术开发区莫愁湖街5号
邮政编码:110141
电　　话:024-25813813 25816723

公司名称:沈阳北方胶带输送机厂
地　　址:辽宁省沈阳市于洪区青海路68号
邮政编码:110141
电　　话:024-25891840

公司名称:沈阳皆爱喜输送设备有限责任公司
地　　址:辽宁省沈阳市经济技术开发区3号街6甲1号
邮政编码:110141
电　　话:024-25370291 25367583

公司名称:沈阳泰温机械有限公司
地　　址:辽宁省沈阳市经济技术开发区六号街八号路
邮政编码:110141
电　　话:024-25818334 13940025834

公司名称:沈阳市皮带运输机厂
地　　址:辽宁省沈阳市东陵区白塔镇54号
邮政编码:110167
电　　话:024-23780497

公司名称:菲力普自动化(沈阳)有限公司
地　　址:辽宁省沈阳市东陵区桃仙镇古台南屯
邮政编码:110169
电　　话:024-23792152

公司名称:辽宁国能集团铁岭精工机械有限公司智能物流事业部
地　　址:辽宁省铁岭市银州区汇工街98号
邮政编码:112002
电　　话:0410-4501507

公司名称:开原门桥起重机有限公司
地　　址:辽宁省开原市解放路石台街
邮政编码:112300
电　　话:0410-3612850 3610557

公司名称:开原起重机有限公司(开原起重机总厂)
地　　址:辽宁省开原市解放路578号
邮政编码:112300
电　　话:0410-3612566 3622724

公司名称:开原起重机总厂
地　　址:辽宁省铁岭市开原城郊乡67号
邮政编码:112300
电　　话:0410-3622039

公司名称:抚顺叉车制造有限公司
地　　址:辽宁省抚顺市和平路西段92号
邮政编码:113001
电　　话:0413-6689607

公司名称:抚顺叉车制造有限公司
地　　址:辽宁省抚顺市望花区和平路西段 92 号
邮政编码:113001
电　　话:0431-6689607 6686892

公司名称:抚顺市起重机总厂
地　　址:辽宁省抚顺市顺城区瑷大路 3 号
邮政编码:113126
电　　话:0413-7652204

公司名称:辽宁清原第一缓冲器厂
地　　址:辽宁省清原县镇西街
邮政编码:113300
电　　话:0413-3022438

公司名称:营口起重机总厂
地　　址:辽宁省营口市站前区钢铁街旱河桥里 39 号
邮政编码:115001
电　　话:0417-3842766

公司名称:营口市电磁铁除铁器研究所
地　　址:辽宁省营口市站前区春光街 15 号
邮政编码:115001
电　　话:0417-3830805

公司名称:大连天力起重设备厂
地　　址:辽宁省大连市西岗区鞍山路
邮政编码:116000
电　　话:0411-3694098

公司名称:大连新海起重机厂
地　　址:辽宁省大连市沙河口区香周路
邮政编码:116000
电　　话:0411-6645218

公司名称:大连鑫城起重机械厂
地　　址:辽宁省大连市沙河口区富工街
邮政编码:116000
电　　话:0411-4629505

公司名称:大连星海起重设备维修厂
地　　址:辽宁省大连市西岗区双盛街
邮政编码:116000
电　　话:0411-3699004 3699001

公司名称:大连中南起重自控设备有限公司
地　　址:辽宁省大连市中山区中青街 10 号
邮政编码:116001
电　　话:0411-2890970

公司名称:盛鸿软件(大连)有限公司
地　　址:辽宁省大连市中山区独立街 19 号远大大厦 B2301
邮政编码:116001
电　　话:0411-2820988

公司名称:大连叉车总厂
地　　址:辽宁省大连市沙河口区振工街 6 号
邮政编码:116021
电　　话:0411-4606868

公司名称:大连铁道学院起重机厂
地　　址:辽宁省大连市沙河口区黄河路 794 号
邮政编码:116021
电　　话:0411-4608387/4604323

公司名称:大连通达起重设备安装维修有限公司
地　　址:辽宁省大连市沙河口区富滨街 19 号
邮政编码:116021
电　　话:0411-4327925

公司名称:大连冶金起重电器厂
地　　址:辽宁省大连市沙河口区黄浦路
邮政编码:116021
电　　话:0411-4687407

公司名称:大连大起集团有限责任公司
地　　址:辽宁省大连市沙河口区五一路 97 号
邮政编码:116022
电　　话:0411-4604934-2147

公司名称:大连起重机器厂高新技术开发总公司
地　　址:辽宁省大连市沙河口区五一路 97 号
邮政编码:116022
电　　话:0411-4620454

公司名称:大连重工集团有限公司
地　　址:辽宁省大连市沙河口区汉阳街 10 号
邮政编码:116022
电　　话:0411-4604201

公司名称:大连理工大学机械工程学院工程机械研究所
地　　址:辽宁省大连市
邮政编码:116023
电　　话:0411-4708409-8019 4708423-801

公司名称:大连三兹和包装机械有限公司
地　　址:辽宁省大连市沙河口区孙家沟邮局 281 信箱
邮政编码:116023
电　　话:0411-4775224

公司名称:大连经济技术开发区液力调速成套设备公司
地　　址:辽宁省大连市甘井子区东纬路 99 号
邮政编码:116033
电　　话:0411-6661163

公司名称:大连迅达输送机械厂
地　　址:辽宁省大连市沙河口区新桥 44 号
邮政编码:116033
电　　话:0411-6653459

公司名称:大连起重矿山机械厂
地　　址:辽宁省大连市甘井子区营城子镇金龙寺桥北
邮政编码:116036
电　　话:0411-6691268 6693071

公司名称:大连营城液力偶合器厂
地　　址:辽宁省大连市甘井子区营城子
邮政编码:116036
电　　话:0411-6690271 6693897

公司名称:大连大锻锻造有限公司
地　　址:辽宁省大连市甘井子区南关岭姚家街 272 号
邮政编码:116037
电　　话:0411-6872400

公司名称:大连雅旅液压机械制造有限公司
地　　址:辽宁省大连市师营旅顺口区帅营街道
邮政编码:116050
电　　话:0411-6233030

公司名称:旅顺冶金起重机器厂
地　　址:辽宁省大连市旅顺口区龙头镇姜家村
邮政编码:116051
电　　话:0411-6280186

公司名称:大连思创物流设备有限公司
地　　址:辽宁省大连市经济技术开发区东北大街 171-7 号
邮政编码:116600
电　　话:0411-7327698

公司名称:大连因德屹链传动制造有限公司
地　　址:辽宁省大连高新园区七贤岭产业化基地
邮政编码:116600
电　　话:0411-4208800

公司名称:丹东建工机械厂
地　　址:辽宁省丹东市振兴区桃园街 1171 号
邮政编码:118002
电　　话:0415-3128544

公司名称:锦州叉车总厂
地　　址:辽宁省锦州市古塔延安路二段 118 号
邮政编码:121000
电　　话:0416-2328300

公司名称:锦州叉车有限责任公司
地　　址:辽宁省锦州市古塔区延安路二段 118 号
邮政编码:121001
电　　话:0416-2328300 2128210

公司名称:锦州重型机械股份有限公司
地　　址:辽宁省锦州市达和区重型里 20 号
邮政编码:121005
电　　话:0416-3093105 3093067

公司名称:朝阳振动机械厂
地　　址:辽宁省朝阳市中山大街二段 77 号
邮政编码:122000
电　　话:0421-3815906

公司名称:朝重(集团)有限责任公司
地　　址:辽宁省朝阳市黄河路三段 22 号
邮政编码:122000
电　　话:0421-2814979

公司名称:首钢东华机械厂
地　　址:辽宁省兴城市
邮政编码:215218
电　　话:0429-5751306

吉　林　省

物流与速递

公司名称:长春市联运公司金东方物流
地　　址:吉林省长春市二道区惠工路 65 号
邮政编码:130032
电　　话:0431-4724844

公司名称:长春市朝阳轿车仓储配送中心
地　　址:吉林省长春市东山村
邮政编码:130112
电　　话:0431-7974702-2034

货运代理

公司名称:中国外运吉林公司汽车运输贸易公司
地　　址:吉林省长春市朝阳区红旗街 18 号
邮政编码:130021
电　　话:0431-5956441

公司名称:中国航空货运代理公司吉林公司
地　　址:吉林省长春市南关区解放大路 87 号
邮政编码:130041
电　　话:0431-8959445

公司名称:延吉新大陆货运代理有限责任公司
地　　址:吉林省延吉市参花街 59 号
邮政编码:133000
电　　话:0433-2566853

运　　输

公司名称:吉林省福明运输有限公司
地　　址:吉林省长春市朝阳区天宝街 6 号
邮政编码:130021
电　　话:0431-5657344

公司名称:中国外运吉林公司汽车运输贸易公司
地　　址:吉林省长春市朝阳区红旗街 18 号
邮政编码:130021
电　　话:0431-5956441

公司名称:中国外运吉林集团公司
地　　址:吉林省长春市朝阳区天宝街 6 号
邮政编码:130021
电　　话:0431-5657639

公司名称:中国外运吉林集团公司港澳运输公司
地　　址:吉林省长春市朝阳区天宝街 6 号
邮政编码:130021
电　　话:0431-5658104

公司名称:中国外运吉林集团公司运兴贸易公司

地　　址:吉林省长春市朝阳区天宝街 6 号
邮政编码:130021
电　　话:0431-5657454

公司名称:中国外运吉林集团公司运兴贸易公司
地　　址:吉林省长春市朝阳区天宝街 6 号
邮政编码:130021
电　　话:0431-5657454

公司名称:中国外运吉林集团陆海联运公司
地　　址:吉林省长春市朝阳区天宝街 6 号
邮政编码:130021
电　　话:0431-8964085

公司名称:中国外运吉林集团公司国际集装箱运输公司
地　　址:吉林省长春市朝阳区天宝街 6 号
邮政编码:130021
电　　话:0431-5657338

公司名称:长春市联运总公司第一运输公司
地　　址:吉林省长春市二道河子区同康路
邮政编码:130031
电　　话:0431-4712173

公司名称:长春市联运总公司大件运输公司
地　　址:吉林省长春市二道河子区金钱路 1 号
邮政编码:130032
电　　话:0431-4714573

公司名称:长春市联运总公司公路零担运输公司
地　　址:吉林省长春二道河子区远达大街 89 号
邮政编码:130032
电　　话:0431-4732062

公司名称:长春市联运总公司集装箱运输公司
地　　址:吉林省长春市二道河子区惠工路 49 号
邮政编码:130032
电　　话:0431-4737426

公司名称:长春市交通建筑运输总公司第三运输分公司
地　　址:吉林省长春市南关区永吉街 4 号
邮政编码:130042
电　　话:0431-8674256

公司名称:长春市交通建筑运输总公司第五运输分公司
地　　址:吉林省长春市南关区自由大路 61 号
邮政编码:130042
电　　话:0431-8684563

公司名称:长春市交通建筑运输总公司第一运输分公司
地　　址:吉林省长春市南关区永宁路 8 号
邮政编码:130042
电　　话:0431-2959824

公司名称:长春市天源运输有限责任公司
地　　址:吉林省长春市朝阳区重庆路 83-7 号
邮政编码:130051
电　　话:0431-8923525

公司名称:长春铁路集装箱运输经营处
地　　址:吉林省长春市宽城区人民大街 1 号
邮政编码:130051
电　　话:0431-2701565

公司名称:长春铁路分局汽车运输公司
地　　址:吉林省长春市绿园区东天光路 2 号
邮政编码:130052
电　　话:0431-2937364

公司名称:德惠市第一货运公司
地　　址:吉林省长春市胜利街
邮政编码:130300
电　　话:0431-7222842

公司名称:德惠市公路运输公司
地　　址:吉林省长春市建设街

邮政编码:130300
电　　话:0431-7222351

公司名称:德惠市粮食运输公司
地　　址:吉林省长春市建设街
邮政编码:130300
电　　话:0431-7222064

公司名称:榆树市二运输公司
地　　址:吉林省长春市榆树市华昌
邮政编码:130400
电　　话:0431-3622532

公司名称:榆树市三运输公司
地　　址:吉林省长春市榆树市正阳
邮政编码:130400
电　　话:0431-3623289

公司名称:榆树市运输总公司
地　　址:吉林省长春市榆树市正阳
邮政编码:130400
电　　话:0431-3623672

公司名称:九台市第二货运公司
地　　址:吉林省长春市九台市南山
邮政编码:130500
电　　话:0431-2324281

公司名称:九台市第一货运公司
地　　址:吉林省长春市九台市民乐路 98 号
邮政编码:130500
电　　话:0431-2324481

公司名称:九台市粮食运输公司
地　　址:吉林省长春市九台市民康路 105 号
邮政编码:130500
电　　话:0431-2324311

公司名称:九台市运输公司
地　　址:吉林省长春市九台市团结
邮政编码:130500
电　　话:0431-2325232

公司名称:吉林市联运公司
地　　址:吉林省昌邑区青年路延庆小区 1 号
邮政编码:132001
电　　话:0432-4848370

公司名称:吉林市第二货运公司
地　　址:吉林省吉林市昌邑区九台街 8 号
邮政编码:132001
电　　话:0432-2555029

公司名称:吉林市第三货运公司
地　　址:吉林省昌邑上海路维昌街佳阳 17 号
邮政编码:132001
电　　话:0432-2452857

公司名称:吉林市第四货运公司
地　　址:吉林省吉林市昌邑区东江路 20 号
邮政编码:132001
电　　话:0432-2452022

公司名称:吉林市铁路分局汽车运输公司
地　　址:吉林省市昌邑区四川路 179 号
邮政编码:132001
电　　话:0432-2521164

公司名称:吉林铁路分局运输公司
地　　址:吉林省吉林市昌邑区中兴
邮政编码:132001
电　　话:0432-2538191

公司名称:吉林市吉铁运输有限公司
地　　址:吉林省吉林市中康路 7 号
邮政编码:132001
电　　话:0432-2648947

公司名称:中国铁路对外服务公司吉林中铁快运部
地　　址:吉林省吉林市昌邑区中兴街 9 号

邮政编码:132001
电　　话:0432-2525860

公司名称:吉林市第七货运公司
地　　址:吉林省吉林市昌邑哈达湾街西河路 19 号
邮政编码:132002
电　　话:0432-2738771

公司名称:吉林市运输公司
地　　址:吉林省吉林市船营区长春路 170 号
邮政编码:132011
电　　话:0432-4842030

公司名称:吉林市第五货运公司
地　　址:吉林省吉林市船营区西安路桂平胡同 3 号
邮政编码:132012
电　　话:0432-4843084

公司名称:磐石市货运二公司
地　　址:吉林省吉林市磐石市西环路
邮政编码:132300
电　　话:0432-5222910

公司名称:磐石市粮油运输公司
地　　址:吉林省吉林市磐石市磐石大街 279 号
邮政编码:132300
电　　话:0432-5224392

公司名称:磐石市第三货运公司
地　　址:吉林省吉林市磐石市黄河路
邮政编码:132348
电　　话:0432-5224101

公司名称:桦甸市第二货运公司
地　　址:吉林省吉林市桦甸市光明路 28 号
邮政编码:132400
电　　话:0432-6223219

公司名称:桦甸市粮运公司
地　　址:吉林省吉林市桦甸市光明路
邮政编码:132400
电　　话:0432-6222383

公司名称:桦甸市汽车运输公司
地　　址:吉林省吉林市桦甸市大兴街 212
邮政编码:132400
电　　话:0432-6223139

公司名称:蛟河市第一货运公司
地　　址:吉林省吉林市蛟河市站北街 8 号
邮政编码:132500
电　　话:0432-7222463

公司名称:蛟河市林业汽车运输公司
地　　址:吉林省吉林市蛟河市春光路 1 号
邮政编码:132500
电　　话:0432-7222623

公司名称:蛟河市第二货运公司
地　　址:吉林省吉林市蛟河市中岗街
邮政编码:132507
电　　话:0432-7201303

公司名称:舒兰市运输公司
地　　址:吉林省舒兰市舒兰大街 40 号
邮政编码:132600
电　　话:0432-8223663

公司名称:延边航运公司
地　　址:吉林省延吉市参花街 5 号
邮政编码:133000
电　　话:0433-2520734

公司名称:延边运输总公司
地　　址:吉林省延吉市北山街爱丹路 93 号
邮政编码:133000
电　　话:0433-2512975

公司名称:中国外运吉林集团公司延边公司

地　　址:吉林省延吉市昌盛街 31 号
邮政编码:133001
电　　话:0433-2853629

公司名称:图们市第二运输公司
地　　址:吉林省图们市光明街
邮政编码:133100
电　　话:0433-7222247

公司名称:图们市运输公司
地　　址:吉林省延边图们市图们大路
邮政编码:133100
电　　话:0433-7223283

公司名称:图铁分局外贸运输总公司
地　　址:吉林省图们市光明街
邮政编码:133100
电　　话:0433-7224003

公司名称:珲春市粮油运输公司
地　　址:吉林省延边朝鲜族自治州珲春市新安
邮政编码:133300
电　　话:0440-2513584

公司名称:珲春市运输总公司
地　　址:吉林省延边朝鲜族自治州珲春市河南街
邮政编码:133300
电　　话:0440-2513686

公司名称:吉林省国际合发客货联合运输有限公司
地　　址:吉林省珲春市河南街
邮政编码:133300
电　　话:0432-7514834

公司名称:龙井市第二运输公司
地　　址:吉林省龙井市安民街
邮政编码:133400
电　　话:0433-3223556

公司名称:龙井市粮食运输公司
地　　址:吉林省龙井市六道河路 37 号
邮政编码:133400
电　　话:0433-3223684

公司名称:龙井市运输总公司
地　　址:吉林省延边龙井市建设街 142 号
邮政编码:133400
电　　话:0433-3223482

公司名称:和龙林业局运输公司
地　　址:吉林省延边朝鲜族自治州和龙市华宾路
邮政编码:133500
电　　话:0433-4224753

公司名称:和龙市运输公司
地　　址:吉林省延边朝鲜族自治州和龙市
邮政编码:133500
电　　话:0433-4223373

公司名称:敦化市第二货运公司
地　　址:吉林省延边朝鲜族自治州敦化市航空路
邮政编码:133700
电　　话:0433-6222918

公司名称:敦化市第一货运公司
地　　址:吉林省延边朝鲜族自治州敦化市翰章北大街
邮政编码:133700
电　　话:0433-6223647

公司名称:敦化市运输公司
地　　址:吉林省延边朝鲜族自治州敦化市翰章北大街
邮政编码:133700
电　　话:0433-6223649

公司名称:吉林省通化市第二货运公司
地　　址:吉林省东昌区通化市新桥路 8 号
邮政编码:134000
电　　话:0435-3617114

公司名称:通化市运输公司
地　　址:吉林省通化市东昌区新岭 22 号
邮政编码:134000
电　　话:0435-3617377

公司名称:集安市货运公司
地　　址:吉林省通化市集安市建设南街
邮政编码:134200
电　　话:0435-6223478

公司名称:集安市粮油运输公司
地　　址:吉林省通化市集安市莲花胡同 2
邮政编码:134200
电　　话:0435-6222967

公司名称:集安市运输公司
地　　址:吉林省通化市集安市胜利西路 73
邮政编码:134200
电　　话:0435-6223090

公司名称:中国外运公司吉林省集安市分公司
地　　址:吉林省通化市集安市鸭江路 92 号
邮政编码:134200
电　　话:0435-6224277

公司名称:吉林省白山市第二运输公司
地　　址:吉林省白山市八道江区红旗街 109 号
邮政编码:134300
电　　话:0439-3227501

公司名称:吉林省白山市第一运输公司
地　　址:吉林省白山市八道江区红旗街 109 号
邮政编码:134300
电　　话:0439-3227501

公司名称:白山市铝业运输公司
地　　址:吉林省白山市八道江区浑江大街 69 号
邮政编码:134302
电　　话:0439-3323560

公司名称:梅河口市货运公司
地　　址:吉林省通化市梅河口市新华大街 15 号
邮政编码:135000
电　　话:0435-3225397

公司名称:梅河口市粮油运输公司
地　　址:吉林省通化市梅河口市新华街
邮政编码:135000
电　　话:0435-3227550

公司名称:四平市联运公司
地　　址:吉林省四平市铁东区平东东路 65 号
邮政编码:136001
电　　话:0434-3387559

公司名称:四平市道路货物运输中心
地　　址:吉林省四平市铁东区和平路 10 号
邮政编码:136001
电　　话:0434-3379059

公司名称:四平市第二货运公司
地　　址:吉林省四平市铁东区南一马路
邮政编码:136001
电　　话:0434-3385714

公司名称:四平市第一货运公司
地　　址:吉林省四平市铁东区和平路 48 号
邮政编码:136001
电　　话:0434-3386335

公司名称:四平市运输公司
地　　址:吉林省四平市铁东区七马路
邮政编码:136001
电　　话:0434-3516657

公司名称:公主岭市公铁联运公司
地　　址:吉林省四平市公主岭市东顺
邮政编码:136100
电　　话:0434-6214652

公司名称:公主岭市客货运输中心
地　　址:吉林省四平市公主岭市铁北 70 号
邮政编码:136100
电　　话:0434-6214297

公司名称:吉林省辽源市一货运公司
地　　址:吉林省辽源市龙山区友谊大路 8
邮政编码:136200
电　　话:0437-3226448

公司名称:辽源市大件运输安装公司
地　　址:吉林省辽源市龙山区北寿大街 255
邮政编码:136200
电　　话:0437-3223296

公司名称:辽源市第三货运公司
地　　址:吉林省辽源市龙山区友谊大路 43
邮政编码:136200
电　　话:0437-3222394

公司名称:辽源市运输总公司
地　　址:吉林省辽源市龙山区友谊大路 10
邮政编码:136200
电　　话:0437-3222433

公司名称:吉林省辽源市联运公司
地　　址:吉林省辽源市龙山区西宁大路
邮政编码:136200
电　　话:0437-3226787

公司名称:吉林省辽源市第四货运公司
地　　址:吉林省辽源市西安区仙城大街 64
邮政编码:136201
电　　话:0437-3615294

公司名称:双辽市货运公司
地　　址:吉林省四平市双辽县东春
邮政编码:136400
电　　话:0434-7223450

公司名称:白城市包装运输公司
地　　址:吉林省白城市洮北区九一三路 12 号
邮政编码:137000
电　　话:0436-3223987

公司名称:白城市第二货物运输公司
地　　址:吉林省白城市洮北区白阿街 45 号
邮政编码:137000
电　　话:0436-3232227

公司名称:白城市第一货运公司
地　　址:吉林省白城市洮北区和平街 20 号
邮政编码:137000
电　　话:0436-3237556

公司名称:白城市客货运输公司
地　　址:吉林省白城市洮北区中兴西大路
邮政编码:137000
电　　话:0436-3325860

公司名称:白城市联运公司
地　　址:吉林省白城市洮北区辽北路 10 号
邮政编码:137000
电　　话:0436-3227216

公司名称:洮南市第一运输公司
地　　址:吉林省白城市洮南市通达路 7 号
邮政编码:137100
电　　话:0436-6222550

储　　运

公司名称:铁道部第十三工程局储运中心
地　　址:吉林省长春市长沈路 40 号
邮政编码:130011
电　　话:0432-5957241

公司名称:吉林省机械进出口公司储运分公司
地　　址:吉林省长春市朝阳区长沈公路 104 号
邮政编码:130021
电　　话:0431-5931051

公司名称:长春铁路分局长春东站储运公司
地　　址:吉林省长春市二道河子区惠工路36号
邮政编码:130032
电　　话:0431-4715148

公司名称:吉林省林业物资总公司储运公司
地　　址:吉林省长春市二道河子区远达大街河东路5号
邮政编码:130032
电　　话:0431-4716507

公司名称:吉林省石油化工物资储运公司
地　　址:吉林省长春市二道河子区远达大街河东路11号
邮政编码:130032
电　　话:0431-4717548

公司名称:长春铁路分局储运公司
地　　址:吉林省长春市宽城区辽宁路18-1号
邮政编码:130051
电　　话:0431-2712397

公司名称:长春市绿园区储运公司
地　　址:吉林省长春市宽城区凯旋路56号
邮政编码:130052
电　　话:0431-2937689

公司名称:长春市双阳区联运公司
地　　址:吉林省长春市双阳区泰山路
邮政编码:130600
电　　话:0431-4223472

公司名称:吉林市铁实储运公司
地　　址:吉林省吉林市昌邑区延安街付179号
邮政编码:132001
电　　话:0432-2774241

公司名称:吉林市金属材料总公司储运公司
地　　址:吉林省吉林市船营区新生街4号
邮政编码:132012
电　　话:0432-4847227

公司名称:延边天池股份有限公司储运公司
地　　址:吉林省延吉市光明街34号
邮政编码:133000
电　　话:0433-2512536

公司名称:图们铁路分局延吉储运公司
地　　址:吉林省延边朝鲜族自治州延吉市站前街63号
邮政编码:133001
电　　话:0433-2853878

公司名称:延边物资总公司储运公司
地　　址:吉林延边朝鲜族自治州延吉市铁北路1号
邮政编码:133001
电　　话:0433-2812068

公司名称:中国外运吉林集团图们长大货物储运公司
地　　址:吉林省延边朝鲜族自治州图们市友谊街53号
邮政编码:133100
电　　话:0433-7226455

公司名称:通化铁路储运公司
地　　址:吉林省通化市和平路48-3号
邮政编码:134002
电　　话:0435-3518834

公司名称:四平市商业储运公司
地　　址:吉林省四平市铁东区南一马路104号
邮政编码:136000
电　　话:0434-3388413

公司名称:辽源市化工轻工总公司储运分公司
地　　址:吉林省辽源市龙山区西宁大路132
邮政编码:136200
电　　话:0437-3225290

公司名称:辽源市木材总公司储运公司
地　　址:吉林省辽源市龙山区友谊路谊春胡同 2
邮政编码:136200
电　　话:0437-3222255

公司名称:白城铁路商贸储运公司
地　　址:吉林省白城市白城辖区辽北路 34-1 号
邮政编码:137000
电　　话:0436-3222254

物流设备

公司名称:吉林市机械厂
地　　址:吉林省吉林市黄旗街 28 号
邮政编码:132012
电　　话:0432-4862176-2034

公司名称:国家电力公司吉林水工机械厂
地　　址:吉林省吉林市吉丰东路 86 号
邮政编码:132013
电　　话:0432-4627967

公司名称:集安通用机械厂
地　　址:吉林省集安市建设北街 3 号
邮政编码:134200
电　　话:0435-6222160 6222348

公司名称:四平金丰起重机械制造有限公司
地　　址:吉林省四平市平东东路 218 号
邮政编码:136001
电　　话:0434-3381886 3320986

黑龙江省

物流与速递

公司名称:哈尔滨电信实业有限公司网络物流配送总公司
地　　址:黑龙江省哈尔滨市南岗区隆顺街 22 号
邮政编码:150000
电　　话:0451-2325899

货运代理

公司名称:哈尔滨瑞威运输代理有限公司
地　　址:黑龙江省哈尔滨南岗区民益街 109 号
邮政编码:150001
电　　话:0451-3609905

公司名称:哈尔滨铁路局运输代理中心
地　　址:黑龙江省省哈尔滨市南岗区铁路街 8 号 1811 室
邮政编码:150006
电　　话:0451-6428114

公司名称:哈尔滨港务局国内货运代理公司
地　　址:黑龙江省哈尔滨市太平区海员街 1 号
邮政编码:150050
电　　话:0451-8611971

公司名称:佳木斯瑞威运输代理有限公司
地　　址:黑龙江省佳木斯市站前路 133 号
邮政编码:154002
电　　话:0454-8143374

公司名称:中国外运绥芬河公司
地　　址:黑龙江省牡丹江市绥芬河市大直路
邮政编码:157300
电　　话:0453-3922247

公司名称:齐齐哈尔威瑞运输代理有限责任公司
地　　址:黑龙江省齐齐哈尔市铁峰区站前大街 49 号
邮政编码:161000
电　　话:0452-2923654

运　输

公司名称:哈尔滨市装卸运输总公司南岗公司
地　　址:黑龙江省哈尔滨市南岗区文华街 6 号

邮政编码:150001
电　　话:0451-2626071

公司名称:黑龙江国际汽车运输股份有限公司
地　　址:黑龙江省哈尔滨市南岗区花园街 252 号
邮政编码:150001
电　　话:0451-3653847

公司名称:哈尔滨国际航空服务公司
地　　址:黑龙江省哈尔滨市南岗区一曼街 82 号
邮政编码:150001
电　　话:0451-2533629

公司名称:哈尔滨市第二运输总公司运输十一公司
地　　址:黑龙江省哈尔滨市南岗区铁路街 138 号
邮政编码:150006
电　　话:0451-3638966

公司名称:哈尔滨市铁龙运输公司
地　　址:黑龙江省哈尔滨市南岗区铁路 38
邮政编码:150006
电　　话:0451-6432277

公司名称:哈尔滨市运输总公司第三分公司
地　　址:黑龙江省哈尔滨市南岗区文道街 51 号
邮政编码:150006
电　　话:0451-6257146

公司名称:哈尔滨铁路局运输总站
地　　址:黑龙江省哈尔滨市南岗区松花江 11
邮政编码:150006
电　　话:0451-3636917

公司名称:哈尔滨铁路自备货车运输服务公司
地　　址:黑龙江省哈尔滨市南岗区
邮政编码:150006
电　　话:0451-3624680

公司名称:哈尔滨市第二运输总公司运输十三公司
地　　址:黑龙江省哈尔滨市道里区安心街 26 号

邮政编码:150016
电　　话:0451-4513909

公司名称:哈尔滨轮船公司
地　　址:黑龙江省哈尔滨市道里区九站街 14-2 号
邮政编码:150018
电　　话:0451-4613262

公司名称:哈尔滨船务公司
地　　址:黑龙江省哈尔滨市道外区江畔路 142 号
邮政编码:150020
电　　话:0451-8612618

公司名称:黑龙江北方船务有限责任公司
地　　址:黑龙江省哈尔滨市道外区江畔路 142 号
邮政编码:150020
电　　话:0451-8612453

公司名称:黑龙江水路运输代理公司
地　　址:黑龙江省哈尔滨市道外区江畔路 142 号
邮政编码:150020
电　　话:0451-8612497

公司名称:中国黑龙江外轮代理公司
地　　址:黑龙江省哈尔滨市道外区江畔路 122 号
邮政编码:150020
电　　话:0451-8612639

公司名称:哈尔滨市装卸运输总公司北环公司
地　　址:黑龙江省哈尔滨市道外区升平街 104 号
邮政编码:150020
电　　话:0451-8392325

公司名称:哈尔滨市装卸运输总公司道外公司
地　　址:黑龙江省哈尔滨市道外区太昌街 13 号
邮政编码:150020
电　　话:0451-8686906

公司名称:哈尔滨天龙运输有限公司
地　　址:黑龙江省哈尔滨市道外区三电街 1 号

邮政编码:150024
电　　话:0451-4617702

公司名称:哈尔滨市第二运输总公司运输八公司
地　　址:黑龙江省哈尔滨市道外区南十七道街 14 号
邮政编码:150026
电　　话:0451-8684838

公司名称:哈尔滨市第二运输总公司运输九公司
地　　址:黑龙江省哈尔滨市道外区北马路 102 号
邮政编码:150026
电　　话:0451-8326464

公司名称:哈尔滨市集装箱公司
地　　址:黑龙江省哈尔滨市道外区北马路 102 号
邮政编码:150026
电　　话:0451-8326464

公司名称:中集哈尔滨集装箱公司
地　　址:黑龙江省哈尔滨市道外区振江街 29 号
邮政编码:150026
电　　话:0451-8681442

公司名称:哈尔滨市第二运输总公司运输十二公司
地　　址:黑龙江省哈尔滨市香坊区通天街 125 号
邮政编码:150030
电　　话:0451-5302662

公司名称:哈尔滨市粮油运输公司
地　　址:黑龙江省哈尔滨市香坊区红旗大街 13 号
邮政编码:150030
电　　话:0451-5302753

公司名称:哈尔滨市集装箱运输公司
地　　址:黑龙江省哈尔滨市香坊区互助街 35 号
邮政编码:150030
电　　话:0451-5306130

公司名称:哈尔滨市第二运输总公司运输五公司
地　　址:黑龙江省哈尔滨市香坊区中山路 81 号
邮政编码:150036
电　　话:0451-5661243

公司名称:哈尔滨市第二运输总公司运输三公司
地　　址:黑龙江省哈尔滨市南岗区文景街 77 号
邮政编码:150040
电　　话:0451-2622438

公司名称:哈尔滨市第二运输总公司运输十公司
地　　址:黑龙江省哈尔滨市南岗区文昌街 84 号
邮政编码:150040
电　　话:0451-2623934

公司名称:哈尔滨铁路集装箱运输服务公司
地　　址:黑龙江省哈尔滨市南岗区文明 52
邮政编码:150040
电　　话:0451-2633147

公司名称:哈尔滨热电厂粉煤灰运输公司
地　　址:黑龙江省哈尔滨市动力区安通街 125 号
邮政编码:150046
电　　话:0451-2681197

公司名称:哈尔滨松江运输公司
地　　址:黑龙江省哈尔滨市动力区通乡街 174 号
邮政编码:150046
电　　话:0451-2381321

公司名称:哈尔滨港务局汽车运输公司
地　　址:黑龙江省哈尔滨市太平区海员街 1 号
邮政编码:150050
电　　话:0451-8611886

公司名称:哈尔滨市第二运输总公司运输四公司
地　　址:黑龙江省哈尔滨市太平区南元大街 20 号
邮政编码:150050
电　　话:0451-7681667

公司名称:哈尔滨市第二运输总公司运输一公司

地　　址:黑龙江省哈尔滨市太平区延光街 56 号
邮政编码:150050
电　　话:0451-7682619

公司名称:哈尔滨市厢习快运有限责任公司
地　　址:黑龙江省哈尔滨市太平区大有坊街 30 号
邮政编码:150050
电　　话:0451-7671832

公司名称:哈尔滨市运输总公司第二分公司
地　　址:黑龙江省哈尔滨市太平区东直路 457 号
邮政编码:150050
电　　话:0451-7682634

公司名称:黑龙江利航汽车运输有限公司
地　　址:黑龙江省哈尔滨市道外区江畔路 122 号
邮政编码:150050
电　　话:0451-8611768

公司名称:哈尔滨市第二运输总公司运输六公司
地　　址:黑龙江省哈尔滨市平房区新疆三道街 3 号
邮政编码:150060
电　　话:0451-6802179

公司名称:哈尔滨市第三运输公司
地　　址:黑龙江省哈尔滨市平房区新疆街 69 号
邮政编码:150060
电　　话:0451-6801273

公司名称:哈尔滨市北方大件运输公司
地　　址:黑龙江省哈尔滨市道里区尚志大街 31 号
邮政编码:150070
电　　话:0451-4308377

公司名称:哈尔滨市第二运输总公司运输七公司
地　　址:黑龙江省哈尔滨市道里区乡政街 52 号
邮政编码:150070
电　　话:0451-4305939

公司名称:哈尔滨市第二运输总公司直属分公司
地　　址:黑龙江省哈尔滨市道外区乡政街 5 号
邮政编码:150070
电　　话:0451-6686559

公司名称:哈尔滨市运输总公司
地　　址:黑龙江省哈尔滨市道里区尚志大街 31 号
邮政编码:150070
电　　话:0451-4312717

公司名称:哈尔滨市运输总公司第一分公司
地　　址:黑龙江省哈尔滨市道里区城乡路 272 号
邮政编码:150070
电　　话:0451-4308377

公司名称:哈尔滨市装卸运输总公司道里公司
地　　址:黑龙江省哈尔滨市道里区松发街 56 号
邮政编码:150070
电　　话:0451-4605608

公司名称:哈尔滨市第二运输总公司运输二公司
地　　址:黑龙江省哈尔滨市道里区建国街 293 号
邮政编码:150076
电　　话:0451-4601147

公司名称:哈尔滨市装卸运输总公司康安公司
地　　址:黑龙江省哈尔滨市道里区民桥街 43 号
邮政编码:150076
电　　话:0451-4602977

公司名称:哈尔滨友谊集装箱汽车运输有限公司
地　　址:黑龙江省哈尔滨市南岗区和兴三道街 180 号
邮政编码:150076
电　　话:0451-4681013

公司名称:哈市粮油供销公司运输分公司
地　　址:黑龙江省哈尔滨市道里区康安路 17
邮政编码:150076
电　　话:0451-4304383

公司名称:中国外运黑龙江国际集装箱公司
地　　址:黑龙江省哈尔滨市道里区康安路
邮政编码:150088
电　　话:0451-6661474

公司名称:阿城市运输公司
地　　址:黑龙江省哈尔滨市阿城市民权大街
邮政编码:150300
电　　话:0451-3721668

公司名称:尚志市第二运输公司
地　　址:黑龙江省松花江地区尚志市兴仁街
邮政编码:150601
电　　话:0451-3324010

公司名称:尚志市运输公司
地　　址:黑龙江省松花江地区尚志市大直街
邮政编码:150601
电　　话:0451-3323645

公司名称:黑龙江省级绥化地区联气运输公司
地　　址:黑龙江省绥化地区肇东市铁东区肇兰路93号
邮政编码:151100
电　　话:0455-7713104

公司名称:肇东市第二运输公司
地　　址:黑龙江省绥化地区肇东市北一道街
邮政编码:151100
电　　话:0455-7713291

公司名称:肇东市公路运输公司
地　　址:黑龙江省绥化地区肇东市向阳路2号
邮政编码:151100
电　　话:0455-7712721

公司名称:安达市货运公司
地　　址:黑龙江省绥化地区安达市第五居民委
邮政编码:151400
电　　话:0455-7224613

公司名称:绥化市第三运输公司
地　　址:黑龙江省绥化地区绥化市木材10号
邮政编码:152000
电　　话:0455-8222327

公司名称:伊春光明集团运输公司
地　　址:黑龙江省伊春市伊春区青山路
邮政编码:153000
电　　话:0458-3615047

公司名称:伊春运输公司
地　　址:黑龙江省伊春市伊春区东河街
邮政编码:153000
电　　话:0458-3602736

公司名称:佳木斯船务公司
地　　址:黑龙江省佳木斯市前进区和平路10号
邮政编码:154002
电　　话:0454-8221731

公司名称:佳木斯港务局
地　　址:黑龙江省佳木斯市前进区和平街1号
邮政编码:154002
电　　话:0454-8681090

公司名称:佳木斯航运公司
地　　址:黑龙江省佳木斯市向阳区沿江路18号
邮政编码:154002
电　　话:0454-8222638

公司名称:黑龙江国际汽车运输股份有限公司佳市分公司
地　　址:黑龙江省佳木斯市向阳区中山路168号
邮政编码:154002
电　　话:0454-8241593

公司名称:佳木斯市货运三公司
地　　址:黑龙江省佳木斯市永红区福丰街305号
邮政编码:154002
电　　话:0454-8222666

公司名称:佳木斯市货运四公司
地　　址:黑龙江省佳木斯市永红区友谊路 96 号
邮政编码:154002
电　　话:0454-8581810

公司名称:佳木斯市货运一公司
地　　址:黑龙江省佳木斯市永红区长安路 653 号
邮政编码:154002
电　　话:0454-8582185

公司名称:中国黑龙江佳大运输有限公司
地　　址:黑龙江省佳木斯市向阳区中山路 148 号
邮政编码:154002
电　　话:0454-8694314

公司名称:佳木斯市集装箱运输公司
地　　址:黑龙江省佳木斯市前进区中山路 199 号
邮政编码:154002
电　　话:0454-8249682

公司名称:佳木斯市货运七公司
地　　址:黑龙江省佳木斯市郊区建国路 101 号
邮政编码:154005
电　　话:0454-8392505

公司名称:佳木斯市货运五公司
地　　址:黑龙江省佳木斯市东风区长安路 212 号
邮政编码:154005
电　　话:0454-8391889

公司名称:佳木斯对外汽车运输公司
地　　址:黑龙江省佳木斯市前进区中山路 199 号
邮政编码:154007
电　　话:0454-8249682

公司名称:佳木斯市货运二公司
地　　址:黑龙江省佳木斯市前进区胜利路 69 号
邮政编码:154007
电　　话:0454-8225057

公司名称:鹤岗市货运二公司
地　　址:黑龙江省鹤岗市向阳区老站路 3 号
邮政编码:154100
电　　话:0454-3224400

公司名称:鹤岗市货运六公司
地　　址:黑龙江省鹤岗市向阳区南翼路 38 号
邮政编码:154100
电　　话:0454-3237476

公司名称:鹤岗市货运一公司
地　　址:黑龙江省鹤岗市向阳区南翼路 38 号
邮政编码:154100
电　　话:0454-3224722

公司名称:鹤岗市二运公司
地　　址:黑龙江省鹤岗市工农区团结路 45 号
邮政编码:154101
电　　话:0454-3423053

公司名称:鹤岗市兴运物业公司
地　　址:黑龙江省鹤岗市工农区北四道街 4 号
邮政编码:154101
电　　话:0454-3438469

公司名称:鹤岗市运输公司
地　　址:黑龙江省鹤岗市工农区工交路 45 号
邮政编码:154101
电　　话:0454-3437496

公司名称:鹤岗市货运四公司
地　　址:黑龙江省鹤岗市南山区跃进路 46 号
邮政编码:154103
电　　话:0454-3382313

公司名称:鹤岗市货运五公司
地　　址:黑龙江省鹤岗市东山区东岗路 28 号
邮政编码:154106
电　　话:0454-3225420

公司名称:七台河市运输公司
地　　址:黑龙江省七台河市桃山区东进路 42 号
邮政编码:154602
电　　话:0453-8262845

公司名称:七台河市第二运输公司
地　　址:黑龙江省七台河市新兴区红旗街 53 号
邮政编码:154603
电　　话:0453-8331054

公司名称:七台河市货运总站
地　　址:黑龙江省七台河市新兴区河南街 7 号
邮政编码:154603
电　　话:0453-8331653

公司名称:七台河市装卸运输公司
地　　址:黑龙江省七台河市新兴区兴华街
邮政编码:154603
电　　话:0453-8332101

公司名称:双鸭山市货运公司
地　　址:黑龙江省双鸭山市尖山区西平行路 372 号
邮政编码:155100
电　　话:0454-4226719

公司名称:双鸭山市运输公司
地　　址:黑龙江省双鸭山市尖山区西平行路 372 号
邮政编码:155100
电　　话:0454-4226819

公司名称:富锦市第二航运公司
地　　址:黑龙江省佳木斯市富锦市繁荣街
邮政编码:156100
电　　话:0454-2323861

公司名称:富锦市第一航运公司
地　　址:黑龙江省佳木斯市富锦市建设街
邮政编码:156100
电　　话:0454-2322328

公司名称:富锦市航运公司
地　　址:黑龙江省佳木斯市富锦市繁荣街
邮政编码:156100
电　　话:0454-2325263

公司名称:富锦市第二货物运输公司
地　　址:黑龙江省佳木斯市富锦市向阳街
邮政编码:156100
电　　话:0454-2322558

公司名称:富锦市第一货物运输公司
地　　址:黑龙江省佳木斯市富锦市中央大街
邮政编码:156100
电　　话:0454-2325899

公司名称:富锦市马克西姆汽车运输有限公司
地　　址:黑龙江省佳木斯市富锦市中央大街
邮政编码:156100
电　　话:0454-2323651

公司名称:富锦市运输公司
地　　址:黑龙江省佳木斯市富锦市中央大街
邮政编码:156100
电　　话:0454-2325264

公司名称:中国外运黑龙江富锦公司
地　　址:黑龙江省佳木斯市富锦市新开路
邮政编码:156100
电　　话:0454-2325522

公司名称:中国外运黑龙江省同江公司
地　　址:黑龙江省佳木斯市同江市南一街
邮政编码:156400
电　　话:0454-2922377

公司名称:黑龙江省饶河县航运有限责任公司
地　　址:黑龙江省双鸭山市饶河县第二居委会
邮政编码:156700

电　　话:0454-5623880

公司名称:牡丹江市第四运输公司
地　　址:黑龙江省牡丹江市西安区西三条路 93 号
邮政编码:157000
电　　话:0453-6228202

公司名称:牡丹江铁路分局集装箱运输中心
地　　址:黑龙江省牡丹江市西安区光华 181 号
邮政编码:157000
电　　话:0453-6265871

公司名称:黑龙江省牡丹江市集装箱运输公司
地　　址:黑龙江省牡丹江市爱民区牡丹江市纺织三路
邮政编码:157009
电　　话:0453-6825946

公司名称:牡丹江桦林集团运输公司
地　　址:黑龙江省牡丹江市桦林镇
邮政编码:157032
电　　话:0453-6275951

公司名称:海林市二运输公司
地　　址:黑龙江省牡丹江市海林市英雄街 197 号
邮政编码:157100
电　　话:0453-7222625

公司名称:海林市运输公司
地　　址:黑龙江省牡丹江市海林市英雄街
邮政编码:157100
电　　话:0453-7223276

公司名称:绥芬河市汽车运输总公司
地　　址:黑龙江省牡丹江市绥芬河市通天路
邮政编码:157300
电　　话:0453-3925037

公司名称:宁安市运输公司
地　　址:黑龙江省牡丹江市宁安市通江路 32 号
邮政编码:157400
电　　话:0453-7622354

公司名称:鸡西市煤炭运输公司
地　　址:黑龙江省鸡西市鸡冠区利民路 75 号
邮政编码:158100
电　　话:0453-2670915

公司名称:鸡西市运输公司
地　　址:黑龙江省鸡西市鸡冠区利民路 5 号
邮政编码:158100
电　　话:0453-2637979

公司名称:密山市对外运输公司
地　　址:黑龙江省鸡西市光复街
邮政编码:158300
电　　话:5223615

公司名称:密山市二运公司
地　　址:黑龙江省鸡西市学府街
邮政编码:158300
电　　话:0453-5222776

公司名称:齐齐哈尔市第二运输公司第六分公司
地　　址:黑龙江省齐齐哈尔市铁锋区红星路 19 号
邮政编码:161000
电　　话:0452-2310577

公司名称:齐齐哈尔市第二运输公司第三分公司
地　　址:黑龙江省齐齐哈尔市铁锋区木海街
邮政编码:161000
电　　话:0452-2124209

公司名称:齐齐哈尔市第二运输公司第五分公司
地　　址:黑龙江省齐齐哈尔市建华区南民乐 12 号
邮政编码:161000
电　　话:0452-2552719

公司名称:齐齐哈尔市交通公路货运有限公司
地　　址:黑龙江省齐齐哈尔铁锋区橡胶厂胡同 9 号

邮政编码:161000
电　　话:0452-2425689

公司名称:齐齐哈尔市交通公路运输公司
地　　址:黑龙江省齐齐哈尔市铁锋区龙沙路103号
邮政编码:161000
电　　话:0452-2425855

公司名称:齐齐哈尔市运输公司第四分公司
地　　址:黑龙江省齐齐哈尔市铁锋区龙沙路103号
邮政编码:161000
电　　话:0452-2426587

公司名称:齐齐哈尔铁路分局自备车运输公司
地　　址:黑龙江省齐齐哈尔市铁锋区站前32
邮政编码:161002
电　　话:0452-2126705

公司名称:齐齐哈尔市第二运输公司第二分公司
地　　址:黑龙江省齐齐哈尔市龙沙区安顺街
邮政编码:161005
电　　话:0452-2426355

公司名称:齐齐哈尔市第二运输公司第一分公司
地　　址:黑龙江省齐齐哈尔市龙沙区民航路28号
邮政编码:161005
电　　话:0452-2347237

公司名称:齐齐哈尔市齐纸运输公司
地　　址:黑龙江省齐齐哈尔市龙沙区新立街
邮政编码:161005
电　　话:0452-2347931

公司名称:齐齐哈尔市齐纸装卸运输公司
地　　址:黑龙江省齐齐哈尔市龙沙区长青路27号
邮政编码:161005
电　　话:0452-2347931

公司名称:齐齐哈尔市运输公司
地　　址:黑龙江省齐齐哈尔市龙沙区安顺路93号
邮政编码:161005
电　　话:0452-2475308

公司名称:齐齐哈尔市船务公司
地　　址:黑龙江省齐齐哈尔市富拉尔基区新电街10号
邮政编码:161041
电　　话:0452-6882881

公司名称:黑龙江富电实业集团有限公司运输公司
地　　址:黑龙江省齐齐哈尔市富拉尔基区新电街1号
邮政编码:161041
电　　话:0452-6814389

公司名称:齐齐哈尔市富拉尔基区北方运输有限责任公司
地　　址:黑龙江省齐齐哈尔市富拉尔基区建富路76号
邮政编码:161041
电　　话:0452-6913267

公司名称:齐齐哈尔市富拉尔基区环球运输有限公司
地　　址:黑龙江省齐齐哈尔市富拉尔基区建富路72号
邮政编码:161041
电　　话:0452-6913695

公司名称:齐齐哈尔市万里汽车运输公司
地　　址:黑龙江省齐齐哈尔市富拉尔基区红岸大街7号
邮政编码:161041
电　　话:0452-6802214

公司名称:黑龙江北疆企业集团有限公司运输公司
地　　址:黑龙江省齐齐哈尔市碾子山区绣锦胡同1号

邮政编码:161046
电　　话:0452-6672379

公司名称:大庆市粮食运输公司
地　　址:黑龙江省大庆市萨尔图区中九路13号
邮政编码:163001
电　　话:0459-6322604

公司名称:大庆市惠迪运输有限公司
地　　址:黑龙江省大庆市萨尔图区经三街
邮政编码:163311
电　　话:0459-4683060

公司名称:中国外运黑龙江大庆公司
地　　址:黑龙江省大庆市萨尔图区东风新村经三街5号
邮政编码:163311
电　　话:0459-4668768

公司名称:大庆石油化工厂运输股份公司
地　　址:黑龙江省大庆市龙凤区卧里屯
邮政编码:163714
电　　话:0459-6763381

公司名称:北安市第二运输公司
地　　址:黑龙江省黑河市北安市建民路
邮政编码:164000
电　　话:0456-6684541

公司名称:黑河市第二运输公司
地　　址:黑龙江省黑河市爱辉区官渡路76号
邮政编码:164300
电　　话:0456-8226146

公司名称:黑河市运输公司
地　　址:黑龙江省黑河市黑河市市直辖西兴路60号
邮政编码:164300
电　　话:0456-8223641

公司名称:黑龙江东华运输有限公司
地　　址:黑龙江省克东镇春和街
邮政编码:164800
电　　话:0452-4323689

储　　运

公司名称:哈尔滨市边贸物资联运总公司
地　　址:黑龙江省哈尔滨市南岗区革新街127号
邮政编码:150001
电　　话:0451-2604076

公司名称:哈尔滨市电子仪表工业供销总公司储运处
地　　址:黑龙江省哈尔滨市道里区前进路71号
邮政编码:150015
电　　话:0451-4838173

公司名称:哈尔滨轻工储运公司
地　　址:黑龙江省哈尔滨市道外区太古
邮政编码:150020
电　　话:0451-8682060

公司名称:哈尔滨市联运公司
地　　址:黑龙江省哈尔滨市道外区长春街95号
邮政编码:150020
电　　话:0451-8685357

公司名称:省果品副食储运中心
地　　址:黑龙江省哈尔滨市道外区中马路27号
邮政编码:150020
电　　话:0451-8320574

公司名称:黑龙江省森工物资储运公司
地　　址:黑龙江省哈尔滨市香坊区香坊区
邮政编码:150030
电　　话:0451-5302086

公司名称:哈尔滨爱迪储运工程有限责任公司
地　　址:黑龙江省哈尔滨市南岗区赣水路26号
邮政编码:150036

电　　话:0451-2318260

公司名称:哈尔滨市化工储运工司
地　　址:黑龙江省哈尔滨市香坊区化工路188号
邮政编码:150038
电　　话:0451-7673076

公司名称:黑龙江省机电设备总公司储运公司
地　　址:黑龙江省哈尔滨市动力区南果园街4号
邮政编码:150040
电　　话:0451-5305534

公司名称:哈尔滨东站货物储运有限责任公司
地　　址:黑龙江省哈尔滨市太平区
邮政编码:150056
电　　话:0451-6464010

公司名称:哈尔滨市公路零担货物储运公司
地　　址:黑龙江省哈尔滨市太平区延兴街56(44)号
邮政编码:150056
电　　话:0451-7684108

公司名称:中国邮电器材哈尔滨公司储运分公司
地　　址:黑龙江省哈尔滨市太平区先锋路132号
邮政编码:150056
电　　话:0451-7683012

公司名称:哈尔滨远东储运实业公司
地　　址:黑龙江省哈尔滨市道里区河松街30号
邮政编码:150076
电　　话:0451-4605388

公司名称:黑龙江省金属材料总公司储运分公司
地　　址:黑龙江省哈尔滨市南岗区马家街87号
邮政编码:150080
电　　话:0451-6662087

公司名称:中国外运哈尔滨公司储运分公司
地　　址:黑龙江省哈尔滨市道里区金山堡变兴路12号
邮政编码:150088
电　　话:0451-4303363

公司名称:肇东市粮食储运公司
地　　址:黑龙江省绥化地区肇东市二道街二合路七号
邮政编码:151100
电　　话:0455-7714160

公司名称:伊春市嘉荫县储运公司
地　　址:黑龙江省伊春市嘉荫县繁荣街
邮政编码:153200
电　　话:0458-2622245

公司名称:佳木斯商业储运公司
地　　址:黑龙江省佳木斯市向阳区中山190号
邮政编码:154002
电　　话:0454-8227046

公司名称:佳木斯市化轻材料储运公司
地　　址:黑龙江省佳木斯市永红区友谊路12号
邮政编码:154002
电　　话:0454-8581798

公司名称:佳木斯铁路三达经济贸易公司西站储运分公司
地　　址:黑龙江省佳木斯市永红区长青
邮政编码:154002
电　　话:0454-8441861

公司名称:黑龙江省佳木斯市联运总公司
地　　址:黑龙江省佳木斯市前进区林海路6号
邮政编码:154007
电　　话:0451-8246492

公司名称:黑龙江省宝泉岭管局商业储运公司
地　　址:黑龙江省鹤岗市萝北县
邮政编码:154211
电　　话:0454-3762334

公司名称:七台河市粮油储运公司
地　　址:黑龙江省七台河市桃山区祥和街 2 号
邮政编码:154600
电　　话:0453-8264153

公司名称:中国外运黑龙江饶河公司
地　　址:黑龙江省双鸭山市饶河县第三居委会
邮政编码:156700
电　　话:0454-5623275

公司名称:黑龙江省牡丹江市第一货运公司
地　　址:黑龙江省牡丹江市平安街 54 号
邮政编码:157000
电　　话:0451-6227319

公司名称:牡丹江铁路分局储运公司
地　　址:黑龙江省牡丹江市西安区光华 148
邮政编码:157000
电　　话:0453-6237298

公司名称:黑龙江省牡丹江商业储运公司
地　　址:黑龙江省牡丹江市郊区牡丹江市西十一条路西(黄花三角线附近)
邮政编码:157003
电　　话:0453-6223443

公司名称:牡丹江市机电设备总公司储运公司
地　　址:黑龙江省牡丹江市爱民区牡丹江市新荣街 88 号
邮政编码:157009
电　　话:0453-6523496

公司名称:牡丹江林业物资公司储运分公司
地　　址:黑龙江省牡丹江市爱民区东祥伦街 29 号
邮政编码:157011
电　　话:0453-6522972

公司名称:牡丹江食品总公司储运分公司
地　　址:黑龙江省牡丹江市阳明区牡丹江市光华街 50 号
邮政编码:157013
电　　话:0453-6332221

公司名称:牡丹江市物资储运公司
地　　址:黑龙江省牡丹江市阳明区牡丹江市光华街 59 号
邮政编码:157013
电　　话:0453-6331916

公司名称:牡丹江物资贸易大厦储运公司
地　　址:黑龙江省牡丹江市阳明区牡丹江市裕民路
邮政编码:157013
电　　话:0453-6331250

公司名称:绥芬河车站多种经营装卸储运服务公司
地　　址:黑龙江省牡丹江市绥芬河市站前路 22
邮政编码:157300
电　　话:0453-3921773

公司名称:鸡西矿务局储运公司
地　　址:黑龙江省鸡西市鸡冠区红旗路 10 号
邮政编码:158100
电　　话:0453-2721890

公司名称:密山市联运公司
地　　址:黑龙江省鸡西市光复路
邮政编码:158300
电　　话:0453-5222597

公司名称:齐齐哈尔市联运中心
地　　址:黑龙江省齐齐哈尔铁锋区龙沙路浙民公寓 2 单元
邮政编码:161000
电　　话:0452-2123139

公司名称:齐车辆厂实业开发总公司富达物资储运公司
地　　址:黑龙江省齐齐哈尔市铁锋区中华东路
邮政编码:161002

电　　话:0452-2512981

公司名称:齐齐哈尔市电力物资经销公司储运服务分公司
地　　址:黑龙江省齐齐哈尔市铁锋区站前北大街1号
邮政编码:161002
电　　话:0452-2484186

公司名称:齐齐哈尔市长城储运公司
地　　址:黑龙江省齐齐哈尔市龙沙区新立街20号
邮政编码:161005
电　　话:0452-2347951

公司名称:齐齐哈尔市齐糖储运公司
地　　址:黑龙江省齐齐哈尔市龙沙区新立街20号
邮政编码:161005
电　　话:0452-2347951

公司名称:大庆市信义储运有限公司
地　　址:黑龙江省大庆市萨尔图区勤奋北路
邮政编码:163211
电　　话:0459-5814217

公司名称:大庆市卧龙储运公司
地　　址:黑龙江省大庆市龙凤区化安路18
邮政编码:163714
电　　话:0459-6745775

公司名称:黑河市供销储运公司
地　　址:黑龙江省黑河市火车站南
邮政编码:164300
电　　话:0456-8224894

公司名称:黑河市口岸储运公司
地　　址:黑龙江省黑河市黑龙江文化街43号
邮政编码:164300
电　　话:0456-8222880

公司名称:黑龙江省黑河市储运有限责任公司
地　　址:黑龙江省黑河市西兴路81号
邮政编码:164300
电　　话:0456-8224491

仓　　储

公司名称:哈尔滨华通仓储物流有限公司
地　　址:黑龙江省哈尔滨市太平区先峰路130号
邮政编码:150056
电　　话:0451-2400198

公司名称:哈市粮油供销公司仓储分公司
地　　址:黑龙江省哈尔滨市道里区康安路17
邮政编码:150076
电　　话:0451-4308955

公司名称:哈尔滨市联发仓储公司
地　　址:黑龙江省哈尔滨市道里区变兴路1号
邮政编码:150088
电　　话:4305476-8048

公司名称:黑龙江省供销仓储有限公司
地　　址:黑龙江省哈尔滨市动力区外径路5号
邮政编码:155049
电　　话:0451-5670523

公司名称:同江市口岸仓储公司
地　　址:黑龙江省佳木斯市同江市哈同街
邮政编码:156400
电　　话:0454-2922808

公司名称:黑龙江省黑河金粟经济贸易仓储公司
地　　址:黑龙江省黑河市中央街361号
邮政编码:164300
电　　话:0456-8224900

物流设备

公司名称:哈尔滨建筑大学机电系
地　　址:黑龙江省哈尔滨市南岗区西大直街66号
邮政编码:150006
电　　话:0451-5660955-337

公司名称:哈尔滨重型机器厂
地　　址:黑龙江省哈尔滨市动力区香槟路 4 号
邮政编码:150040
电　　话:0451-2627853

公司名称:哈尔滨电力设备总厂
地　　址:黑龙江省哈尔滨市动力区南果园街 8 号
邮政编码:150046
电　　话:0451-5302208

公司名称:哈尔滨煤矿机械厂
地　　址:黑龙江省哈尔滨市道里区城乡路 365 号
邮政编码:150070
电　　话:0451-4316547

公司名称:佳木斯电机厂
地　　址:黑龙江省佳木斯市光复路 464 号
邮政编码:154002
电　　话:0454-8300361 8300754

公司名称:鹤岗长河起重运输机械制造有限公司
地　　址:黑龙江省鹤岗市工农区南大营起重路 11 号
邮政编码:154101
电　　话:0454-3343872 3344563(总机)3

公司名称:鹤岗市鹤起机械制造有限公司
地　　址:黑龙江省鹤岗市工农区起重路 11 号
邮政编码:154101
电　　话:0468-3350177 3350966

公司名称:黑龙江省富锦起重机有限公司
地　　址:黑龙江省富锦市富福路西段
邮政编码:156101
电　　话:0454-2324129 2322210 2349210

公司名称:齐齐哈尔起重运输机械厂
地　　址:黑龙江省齐齐哈尔市曙光大街北
邮政编码:161002
电　　话:0452-2511310

公司名称:哈尔滨铁路局工业公司昂昂溪起重机厂
地　　址:黑龙江省齐齐哈尔市昂昂溪区铁北西局宅
邮政编码:161031
电　　话:0452-6322240

江　苏　省

物流与速递

公司名称:中国外运南京公司
地　　址:江苏省南京市白下区白下路 257 号
邮政编码:210001
电　　话:025-454868

公司名称:南京奶业集团物流管理中心
地　　址:江苏省南京童卫路 5 号
邮政编码:210014
电　　话:025-4440660

公司名称:南京新干线物流有限公司
地　　址:江苏省南京市建宁路 28 号
邮政编码:210015
电　　话:025-5821960-806

公司名称:南京山九长发物流有限公司
地　　址:江苏省南京市应天路 188 号
邮政编码:210017
电　　话:025-6403976

公司名称:中国外运江苏集团公司
地　　址:江苏省鼓楼区南京市虎踞路 57 号
邮政编码:210029
电　　话:025-3327555

公司名称:南京天盈物流有限公司

地　　址:江苏省南京市下关区郭家山 23 号
邮政编码:210037
电　　话:025-5503859

公司名称:南京新港物流有限公司
地　　址:江苏省南京经济技术开发区
邮政编码:210038
电　　话:025-3226685

公司名称:南京王家湾物流中心
地　　址:江苏省南京市玄武区东方城 108 号
邮政编码:210042
电　　话:025-5472312

公司名称:南京王家湾物流中心有限责任有限公司
地　　址:江苏省南京东方城 108 号
邮政编码:210042
电　　话:025-5476211 5477280 5472312

公司名称:中国外运江苏集团公司镇江公司
地　　址:江苏省镇江市中山西路 98 号
邮政编码:212004
电　　话:0511-5233014

公司名称:中国外运江苏集团公司常州公司
地　　址:江苏省天宁区常州市县学街 15 号
邮政编码:213003
电　　话:0519-8103300

公司名称:中国外运江苏集团公司兰陵公司
地　　址:江苏省天宁区常州市政成桥东新港路口
邮政编码:213013
电　　话:0519-8811560

公司名称:中国物流公司常州公司
地　　址:江苏省常州市常焦路 28 号
邮政编码:213021
电　　话:0519-5308946

公司名称:中国外运江苏集团公司无锡公司
地　　址:江苏省无锡市崇安区健康路 4 号
邮政编码:214001
电　　话:0510-2721260

公司名称:中国外运江苏集团无锡公司惠兴公司
地　　址:江苏省崇安区无锡市健康路 4 号
邮政编码:214001
电　　话:0510-2751432

公司名称:中国外运江苏集团公司锡惠公司
地　　址:江苏省无锡市城南路 21 号
邮政编码:214028
电　　话:0510-5211979

公司名称:中国外运江苏集团公司靖江公司
地　　址:江苏省靖江市靖城镇新西北路 88 号
邮政编码:214500
电　　话:0523-4832909

公司名称:昆山华东国际物流服务有限公司
地　　址:江苏省昆山经济技术开发区长江南路 1 号
邮政编码:215000
电　　话:0520-7319586

公司名称:苏州时顺物流有限公司
地　　址:江苏省苏州市西园路底苏浒路口
邮政编码:215001
电　　话:0512-5348009

公司名称:中国外运江苏集团公司苏州公司
地　　址:江苏省苏州市金阊区西环路 6 号国际经贸大厦
邮政编码:215004
电　　话:0512-8299218

公司名称:中国外运江苏集团公司苏州公司运通分公司
地　　址:江苏省苏州市金阊区西环路 6 号国际经贸楼

邮政编码:215004
电　　话:0512-8299408

公司名称:中国外运江苏集团公司富昌公司
地　　址:江苏省苏州市沧浪区南门路45号
邮政编码:215007
电　　话:0512-5256041

公司名称:苏州赛山物流有限公司
地　　址:江苏省苏州市新区塔园路168号
邮政编码:215011
电　　话:0512-5362082

公司名称:苏州市寒山物流有限公司
地　　址:江苏省苏州新区塔园路168号
邮政编码:215011
电　　话:0512-5362082

公司名称:苏州高新物流中心情况
地　　址:江苏省苏州新区长江路748号
邮政编码:215029
电　　话:0512-5363088-8114

公司名称:中国外运江苏集团公司东吴公司
地　　址:江苏省苏州市郊区浒关镇上塘南街1号
邮政编码:215151
电　　话:0512-5391274

公司名称:昆山华东国际物流服务有限公司
地　　址:江苏省昆山经济技术开发区长江南路1号
邮政编码:215300
电　　话:0520-7319586

公司名称:昆山华东国际物流服务中心
地　　址:江苏省昆山开发区长江南路1号
邮政编码:215300
电　　话:0520-7317728

公司名称:中国外运江苏集团常熟市公司
地　　址:江苏省常熟市珠江东路8号5楼
邮政编码:215500
电　　话:0520-2782027

公司名称:华运物流连云港公司
地　　址:江苏省连云港市市新浦区海连东路
邮政编码:222001
电　　话:0518-5802518

公司名称:中国外运江苏集团公司淮阴公司
地　　址:江苏省市辖区淮阴市淮海北路27号
邮政编码:223001
电　　话:0517-3943261

公司名称:中国外运江苏集团公司盐城公司
地　　址:江苏省盐城市建军中路80号
邮政编码:224001
电　　话:0515-8832665

公司名称:中国外运江苏集团公司扬州公司
地　　址:江苏省扬州市广陵区江都路86号
邮政编码:225003
电　　话:0514-7244787

公司名称:中国外运江苏集团公司南通公司
地　　址:江苏省南通市崇川区青年西路41号
邮政编码:226006
电　　话:0513-3517227

货运代理

公司名称:南京坤鹏航空服务有限公司
地　　址:江苏省南京市云南北路81号(绅和商贸网络写字楼7楼)
邮政编码:210001
电　　话:025-3246183

公司名称:江苏日新外运国际运输有限公司
地　　址:江苏省南京市三元巷7号江苏建筑大厦16楼
邮政编码:210001

电　　话:025-2306566

公司名称:江苏省苏迈克斯国际货运有限公司
地　　址:江苏省白下区南京市中华路 50 号
邮政编码:210001
电　　话:025-2250302

公司名称:江苏泛星国际货运有限公司
地　　址:江苏省南京市户部街 15 号兴业大厦
邮政编码:210002
电　　话:025-6895206

公司名称:江苏纺织国际仓储运输公司
地　　址:江苏省南京市白下区马府街 23 号
邮政编码:210002
电　　话:025-4521959

公司名称:江苏国际船舶代理公司
地　　址:江苏省南京市中山北路 236 号
邮政编码:210003
电　　话:025-3405100

公司名称:江苏海运国际货运公司
地　　址:江苏省南京市中山北路 236 号
邮政编码:210003
电　　话:025-8809260

公司名称:南京江陵国际船舶代理公司
地　　址:江苏省南京市中山北路 324 号
邮政编码:210003
电　　话:025-8752004

公司名称:南京外轮代理公司
地　　址:江苏下关区南京市中山北路 330 号
邮政编码:210003
电　　话:025-8801872

公司名称:南京东沛进出口货运有限责任公司
地　　址:江苏南京市建邺路 199 号东沛大厦
邮政编码:210004
电　　话:025-2336111-6226

公司名称:江苏船务代理公司
地　　址:江苏省南京市三元巷 7 号 6 楼
邮政编码:210005
电　　话:025-4452474

公司名称:南京国际货运有限公司
地　　址:江苏省南京市鼓楼区管家桥 85 号华荣大厦 12A2
邮政编码:210005
电　　话:025-4522889

公司名称:五矿国际货运江苏公司
地　　址:江苏省南京市中山南路 101 号金銮大厦 15 层
邮政编码:210005
电　　话:025-4509500

公司名称:江苏恒信国际货运有限公司
地　　址:江苏省南京市珠江路 185 号
邮政编码:210008
电　　话:025-7712459

公司名称:南京市汽车运输总公司运输代理公司
地　　址:江苏省南京市鼓楼区中山北路 26 号
邮政编码:210008
电　　话:025-3379543

公司名称:南京远洋国际货运部
地　　址:江苏省南京市下关区中山北路 507 号二楼
邮政编码:210011
电　　话:025-8821732

公司名称:江苏民航货运代理有限公司
地　　址:江苏省白下区南京市瑞金路 50 号
邮政编码:210016
电　　话:025-4621611

公司名称:省民航货运代理有限公司
地　　址:江苏省南京市白下区瑞金路50号
邮政编码:210016
电　　话:025-4408583

公司名称:金陵饭店国际货运有限责任公司
地　　址:江苏省南京市建邺区汉中西路58号
邮政编码:210029
电　　话:025-6522318

公司名称:南京中远外代货柜有限公司
地　　址:江苏省南京市新港大道66号
邮政编码:210038
电　　话:025-5573699

公司名称:镇江船务总公司海运货物代理分司
地　　址:江苏省镇江市市辖区长江路
邮政编码:212002
电　　话:0511-5281874

公司名称:镇江国际货运代理公司
地　　址:江苏省市辖区镇江市正东路37号
邮政编码:212002
电　　话:0511-4421927

公司名称:江苏国际船舶代理公司镇江公司
地　　址:江苏省镇江市京口区轮联大厦5楼
邮政编码:212003
电　　话:0511-5223314

公司名称:江苏省中国镇江外轮代理公司丹阳营业部
地　　址:江苏省丹阳市云阳交管所二楼
邮政编码:212300
电　　话:0511-6518720

公司名称:常州汽车运输总公司货运代理分公司
地　　址:江苏省常州市天宁区76号
邮政编码:213003
电　　话:0519-8103008

公司名称:常州中新货运代理有限公司
地　　址:江苏省常州市东横街2号
邮政编码:213003
电　　话:0519-6620701

公司名称:常州公路运输总公司货运公司
地　　址:江苏省常州市郊区常锡路103-1号
邮政编码:213004
电　　话:0519-8813403

公司名称:中国上海外轮代理无锡公司
地　　址:江苏省无锡市解放西路17号
邮政编码:214005
电　　话:0510-2702662

公司名称:无锡市宝龙物资储运经营公司
地　　址:江苏省无锡市塘南路117号
邮政编码:214026
电　　话:0510-5756770

公司名称:中国江阴外轮代理公司
地　　址:江苏省江阴市虹桥北路213-215号
邮政编码:214431
电　　话:0510-6817013

公司名称:江阴市长盛货物代理有限公司
地　　址:江苏省江阴市通江路398号
邮政编码:214433
电　　话:0510-6883306

公司名称:苏州新文海国际货运代理有限公司
地　　址:江苏省苏州市沧浪区西美巷19号
邮政编码:215002
电　　话:0512-5230922

公司名称:中国汽车运输国际货运代理公司苏州公司
地　　址:江苏省苏州市沧浪区民路142号
邮政编码:215002
电　　话:0512-5237615

公司名称:中国上海外轮代理公司苏州营业处
地　　址:江苏苏州市金阊区养育巷229号
邮政编码:215002
电　　话:0512-5247634

公司名称:苏州市华威国际货运代理公司
地　　址:江苏省苏州市三香路175号6楼
邮政编码:215004
电　　话:0512-8289844

公司名称:苏州市通运货运代理有限公司
地　　址:江苏省苏州市平江区南显子巷7号
邮政编码:215005
电　　话:0512-5225859

公司名称:苏州市环球货运代理公司
地　　址:江苏省苏州沧浪区养蚕里贸易大楼4楼
邮政编码:215007
电　　话:0512-5304081

公司名称:苏州中远国际货运公司
地　　址:江苏苏州市沧浪区人民路人民新村3弄3楼
邮政编码:215007
电　　话:0512-5300155

公司名称:苏州工业园区国际货运公司
地　　址:江苏省苏州市东环路128号4楼
邮政编码:215021
电　　话:0512-7155495

公司名称:苏州工业园区国际货运有限公司
地　　址:江苏省苏州市东环路128号中新城4F
邮政编码:215021
电　　话:0512-7241849 7241678

公司名称:苏州工业园区国际货运有限公司
地　　址:江苏省苏州市东环路128号4楼
邮政编码:215021
电　　话:0512-7155495

公司名称:昆山飞力国际货运有限公司
地　　址:江苏省昆山经济技术开发区长江南路号
邮政编码:215300
电　　话:0520-7309220

公司名称:江苏省太仓市港船代理有限责任公司
地　　址:江苏省苏州市太仓市城厢镇体育西路45号
邮政编码:215400
电　　话:0512-3514666

公司名称:苏州金陵国际集装箱货运有限公司
地　　址:江苏省太仓市上海路12号
邮政编码:215400
电　　话:0520-3560364

公司名称:常熟市汽车货运公司
地　　址:江苏省常熟市虞山镇青墩路33号
邮政编码:215500
电　　话:0520-2720253

公司名称:中国外轮代理总公司常熟分公司
地　　址:江苏省常熟市海虞北路
邮政编码:215500
电　　话:0512-2887355

公司名称:江苏国际船舶代理公司张家港公司
地　　址:江苏省张家港市口岸大厦6楼
邮政编码:215633
电　　话:0520-8335819

公司名称:张家港华港国际货运代理有限公司
地　　址:江苏省张家港市港区镇
邮政编码:215633
电　　话:0520-8330397

公司名称:金山桥对外贸易包装运输有限责任公司
地　　址:江苏省徐州市市辖区青年路
邮政编码:221003
电　　话:0516-3755352

公司名称:徐州丸全外运有限公司
地 址:江苏省徐州市北郊八里屯
邮政编码:221007
电 话:0516-7767147

公司名称:江苏国际船舶代理公司连云港分公司
地 址:江苏省连云港市连云区云海饭店二楼
邮政编码:222042
电 话:0518-2315753

公司名称:连云港凯达国际货运有限公司
地 址:江苏省连云港市连云区庙岭港区
邮政编码:222046
电 话:0518-2383720

公司名称:连云港力发船舶货运代理公司
地 址:江苏省连云港市连云区中山路 99 号
邮政编码:222046
电 话:0518-2383768

公司名称:中国连云港外轮代理公司盐城办事处
地 址:江苏省盐城市市辖区建军东路 76 号
邮政编码:224001
电 话:0515-8335988

公司名称:盐城市五州国际货运代理有限公司
地 址:江苏省盐城市市辖区毓龙东路 22 号
邮政编码:224002
电 话:0515-8337231

公司名称:盐城市盐阜国际货运代理有限公司
地 址:江苏省盐城市大丰市卮鳟跗? 5 号
邮政编码:224100
电 话:0515-3511484

公司名称:上海远洋国际货运公司扬州公司
地 址:江苏省扬州市广陵区江都路 11 号
邮政编码:225003
电 话:0514-7233027

公司名称:中国外轮理货公司南通分公司
地 址:江苏省南通市崇川区 58 号
邮政编码:226004
电 话:0513-3518406

公司名称:南通港务局货运公司
地 址:江苏省崇川区南通市人民西路 120 号
邮政编码:226005
电 话:0513-3510557

公司名称:南通外轮服务公司
地 址:江苏省崇川区南通市人民西路 120-2 号
邮政编码:226005
电 话:0513-3510450

公司名称:北方国际运输代理南通有限公司
地 址:江苏省南通市跃龙南路 28 号跃龙搂 3 楼 A 座
邮政编码:226006
电 话:0513-5507706

公司名称:江苏国际船舶代理公司南通公司
地 址:江苏省南通市崇川区外环西路
邮政编码:226006
电 话:0513-3508112

公司名称:南通国贸货运代理有限公司
地 址:江苏省南通市通开发区中兴路星辰园
邮政编码:226009
电 话:0513-5102092

运 输

公司名称:连云港市汽车运输总公司
地 址:江苏省连云港市新浦区通灌路 34 号
邮政编码:122200
电 话:0518-5452211

公司名称:连云港市第五运输公司
地 址:江苏省连云港市连云区中山东路 1 号
邮政编码:122204

电　　话:0518-2331436

公司名称:连云港市第二运输公司
地　　址:江苏省连云港市市云台区海滨路 47 号
邮政编码:122206
电　　话:0518-5440261

公司名称:南京长江油运船务公司
地　　址:江苏省南京市下关区中山北路 324 号
邮政编码:210003
电　　话:025-8806311

公司名称:南京长江油运公司
地　　址:江苏省南京市下关区中山北路 324 号
邮政编码:210003
电　　话:025-8801614

公司名称:南京石油运输有限公司
地　　址:江苏省南京市下关区中山北路 324 号
邮政编码:210003
电　　话:025-8752130

公司名称:江苏铁路实业有限公司
地　　址:江苏省南京市中山北路 285 号
邮政编码:210003
电　　话:025-3341216

公司名称:南京超迅航运服务有限责任公司
地　　址:江苏省南京市建邺区大辉复巷 4 号 401
邮政编码:210004
电　　话:025-4513714

公司名称:中国铁路物资总公司江苏省分公司
地　　址:江苏省南京市中山北路 285 号
邮政编码:210005
电　　话:025-3342144

公司名称:江苏省联运公司
地　　址:江苏省南京市秦淮区中华路 276 号
邮政编码:210006
电　　话:025-6625497

公司名称:南京市环球联运公司
地　　址:江苏省南京市秦淮区江宁路 20 号
邮政编码:210006
电　　话:025-6628702

公司名称:南京市汽车运输总公司
地　　址:江苏省南京市鼓楼区中山北路 26 号
邮政编码:210008
电　　话:025-3301186

公司名称:南京华盛船务有限公司
地　　址:江苏省南京市山西路老莱市 21＃402 室
邮政编码:210009
电　　话:025-3708914

公司名称:杨子联运公司
地　　址:江苏省南京市下关区龙江路 131 号
邮政编码:210011
电　　话:025-8805088

公司名称:江苏省海洋运输总公司
地　　址:江苏省南京市下关区中山北路 507 号
邮政编码:210011
电　　话:025-8804297

公司名称:江苏省航运公司
地　　址:江苏省南京市下关区中山北路 507 号
邮政编码:210011
电　　话:025-8808530

公司名称:南京江海航运(集团)公司
地　　址:江苏省南京市下关区中山北路 483 号
邮政编码:210011
电　　话:025-8800083

公司名称:南京江海集团金陵海运公司
地　　址:江苏省南京市下关区江边路 12 号
邮政编码:210011

电　　话:025-8817164

公司名称:南京江海集团杨子航运有限责任公司
地　　址:江苏省南京市下关区江边路8号
邮政编码:210011
电　　话:025-8768380

公司名称:南京市海运公司
地　　址:江苏省南京市下关区中山北路507号
邮政编码:210011
电　　话:025-8817164

公司名称:南京远洋运输股份有限公司
地　　址:江苏省南京市下关区中山北路507号
邮政编码:210011
电　　话:025-8802148

公司名称:南京货运中心
地　　址:江苏省南京市下关区热河南路
邮政编码:210011
电　　话:025-8756377

公司名称:南京兴运运输实业有限公司
地　　址:江苏省南京市鼓楼区虎踞路45号
邮政编码:210011
电　　话:025-8763325

公司名称:金兴水陆运输有限公司
地　　址:江苏省南京市下关区新河二村128号
邮政编码:210011
电　　话:025-8750668

公司名称:快达联运公司
地　　址:江苏省南京市兴安路15号
邮政编码:210011
电　　话:025-8875920

公司名称:陵江联运公司
地　　址:江苏省南京市中山北路645-1号
邮政编码:210011

电　　话:025-8880227

公司名称:南京铁路东方快车运输有限公司
地　　址:江苏省下关区南京市中山北路509号
邮政编码:210011
电　　话:025-8816154

公司名称:南京市汽车运输总公司第三运输公司
地　　址:江苏省南京市雨花台区集合村路88号
邮政编码:210012
电　　话:025-6622258

公司名称:南京铁路运发贸易公司
地　　址:江苏省南京市下关区多伦路118号
邮政编码:210013
电　　话:025-8755407

公司名称:南京华厦海运公司
地　　址:江苏省南京市下关区下关建宁路293号
邮政编码:210015
电　　话:025-8802690

公司名称:江苏外运集装箱站有限公司
地　　址:江苏省南京市栖霞区燕子矶镇新胜村
邮政编码:210015
电　　话:025-5567746

公司名称:南京市汽车运输总公司第二运输公司
地　　址:江苏省南京市雨花台区丁墙村6-1号
邮政编码:210018
电　　话:025-2414004

公司名称:南京航空实业公司
地　　址:江苏省南京市玄武区珠江路238号
邮政编码:210018
电　　话:025-3601925

公司名称:南京应天国际海洋总公司
地　　址:江苏省南京市鼓楼区牌楼巷39#
邮政编码:210024

电　　话:025-6656745

公司名称:南京顺通联运公司
地　　址:江苏省南京市鼓楼区虎踞路 45 号
邮政编码:210029
电　　话:025-6619500

公司名称:江苏金陵汽车运输总公司
地　　址:江苏省南京市鼓楼区汉中路 278 号
邮政编码:210029
电　　话:025-6607642

公司名称:江苏金陵汽车运输总公司
地　　址:江苏省南京市汉中路 278 号
邮政编码:210029
电　　话:025-6611270

公司名称:江苏金陵汽车运输总公司
地　　址:江苏省南京市汉中路 278 号
邮政编码:210029
电　　话:025-6611270

公司名称:江苏省汽车运输公司
地　　址:江苏省南京市鼓楼区汉中路 280 号
邮政编码:210029
电　　话:025-6613376

公司名称:南京金陵汽车运输有限公司
地　　址:江苏省南京市汉中路 278 号
邮政编码:210029
电　　话:025-6611270

公司名称:江苏省铁路发展股份有限公司
地　　址:江苏省南京市汉中陆 120 号青华大厦 28 楼
邮政编码:210029
电　　话:025-4709958-801

公司名称:南京通运汽车运输公司
地　　址:江苏省南京市栖霞区甘家巷东家边
邮政编码:210033
电　　话:025-5563719

公司名称:南京水陆运输公司
地　　址:江苏省南京市鼓楼区上新河河口大街 48 号
邮政编码:210036
电　　话:025-6617596

公司名称:南京市金陵联运公司
地　　址:江苏省南京市下关区小市街 92 号
邮政编码:210037
电　　话:025-5514564

公司名称:南京市联运总公司
地　　址:江苏省南京市下关区建宁路 51 号
邮政编码:210037
电　　话:025-5625619

公司名称:江苏苏惠集装箱运输有限公司
地　　址:江苏省南京市新生圩
邮政编码:210038
电　　话:025-2306999-1153

公司名称:南京国际集装箱装卸有限公司
地　　址:江苏省南京市新生圩
邮政编码:210038
电　　话:025-5562100

公司名称:南京腾达联运公司
地　　址:江苏省南京市栖霞区摄山镇摄山村
邮政编码:210043
电　　话:025-5761390

公司名称:南京煤炭工业汽车运输公司
地　　址:江苏省南京市栖霞区马群街 25 号
邮政编码:210049
电　　话:025-4432542

公司名称:南京三江水陆联运公司

地　　址:江苏省南京市栖霞区营防乡三江口
邮政编码:210057
电　　话:025-5703482

公司名称:南京长江联运公司
地　　址:江苏省南京市栖霞区长江乡大道河
邮政编码:210059
电　　话:025-5704086

公司名称:江苏远洋运输公司
地　　址:江苏省南京市鼓楼区湖南路 185 号
邮政编码:210091
电　　话:025-3221262

公司名称:南京天宝汽车运输公司
地　　址:江苏省南京市江宁县淳化镇青龙山
邮政编码:211123
电　　话:025-2290433

公司名称:仪征市航运公司
地　　址:江苏省仪征市渡江路 34 号
邮政编码:211400
电　　话:0514-3452350

公司名称:仪征市地方汽车运输公司
地　　址:江苏省仪征市石塔路
邮政编码:211400
电　　话:0514-3443884

公司名称:仪征市汽车运输总公司
地　　址:江苏省仪征市工农路 210 号
邮政编码:211400
电　　话:0514-3441521

公司名称:江苏省仪征市第四运输公司
地　　址:江苏省仪征市原种场内
邮政编码:211401
电　　话:0514-3630430

公司名称:江苏省镇江汽车运输总公司

地　　址:江苏省镇江市市辖区健康路 2 号
邮政编码:212001
电　　话:0511-5017730

公司名称:镇江港务联运总公司
地　　址:江苏省镇江市市辖区长江路 201 号
邮政编码:212002
电　　话:0511-5271481

公司名称:镇江船务总公司长江公司
地　　址:江苏省镇江市市辖区长江路
邮政编码:212002
电　　话:0511-5275877

公司名称:镇江市海运公司
地　　址:江苏省镇江市市辖区长江路 83 号
邮政编码:212002
电　　话:0511-5271228

公司名称:镇江市航运公司
地　　址:江苏省镇江市市辖区长江路 98 号
邮政编码:212002
电　　话:0511-5281993

公司名称:镇江站铁路集装箱有限公司
地　　址:江苏省镇江市镇句路 62 号
邮政编码:212002
电　　话:0511-6562718

公司名称:镇江铁路货运服务公司
地　　址:江苏省镇江市市辖区镇句路 62 号
邮政编码:212002
电　　话:0511-5627622

公司名称:镇江铁路运装有限责任公司
地　　址:江苏省镇江市市辖区长江路 146 号-1
邮政编码:212002
电　　话:0511-5278262

公司名称:镇江市货运中心

地　　址:江苏省镇江市市辖区正东路 37 号
邮政编码:212003
电　　话:0511-4425914

公司名称:镇江市汽车货运公司
地　　址:江苏省镇江市市辖区下桃花坞 6 号
邮政编码:212003
电　　话:0511-4424875

公司名称:镇江市大港运输总公司
地　　址:江苏省镇江市市辖区大港开发区
邮政编码:212132
电　　话:0511-3372442

公司名称:扬中市第二运输公司
地　　址:江苏省镇江市
邮政编码:212219
电　　话:0511-8541776

公司名称:丹阳货物运输公司
地　　址:江苏省丹阳市丹凤北路 15 号
邮政编码:212300
电　　话:0511-6522319

公司名称:江苏省丹阳市运输总公司
地　　址:江苏省丹阳市中山路 140 号
邮政编码:212300
电　　话:0511-6523694

公司名称:江苏省镇江市汽车运输总公司丹阳公司
地　　址:江苏省丹阳市丹凤北路 224 号
邮政编码:212300
电　　话:0511-6522425

公司名称:丹阳市航运公司
地　　址:江苏省丹阳市中山路 136 号
邮政编码:212300
电　　话:0511-6525858

公司名称:句容市汽车运输总公司
地　　址:江苏省句容市宁杭路 51 号
邮政编码:212400
电　　话:0511-7222298

公司名称:句容市钼铜矿汽车运输公司
地　　址:江苏省句容市铜山钼铜矿
邮政编码:212411
电　　话:0511-7751330

公司名称:江苏省湾山煤矿运输公司
地　　址:江苏省句容市亭子乡
邮政编码:212412
电　　话:0511-7731090

公司名称:句容市航运二公司
地　　址:江苏省句容市下蜀镇渔业村
邮政编码:212413
电　　话:0511-8322422

公司名称:句容市航运公司
地　　址:江苏省句容市下蜀镇桥头北大道河
邮政编码:212413
电　　话:0511-7761105

公司名称:武进市汽车运输服务公司
地　　址:江苏省常州市天宁区永宁路
邮政编码:213002
电　　话:0519-8103985

公司名称:常州达扬国际集装箱运输有限公司
地　　址:江苏省常州市天宁区关河东路 6 号
邮政编码:213002
电　　话:0519-8103906

公司名称:江苏省常州轮船运输公司
地　　址:江苏省常州市钟楼区西瀛里 226 号
邮政编码:213003
电　　话:0519-6601060

公司名称:常州公路运输总公司

地　　址:江苏省常州市天宁区武青北路 72 号
邮政编码:213003
电　　话:0519-8103733

公司名称:常州汽车运输总公司
地　　址:江苏省常州市天宁区博爱路 76 号
邮政编码:213003
电　　话:0519-8100265

公司名称:常州港远国际集装箱运输服务公司
地　　址:江苏省常州市钟楼区公园路 70 号
邮政编码:213003
电　　话:0519-6641448

公司名称:常州市航运公司
地　　址:江苏省常州市天宁区青龙路 2 号
邮政编码:213004
电　　话:0519-8812689

公司名称:常州康达华集装箱货运有限公司
地　　址:江苏省常州市采菱路 41 号
邮政编码:213004
电　　话:0519-8811181

公司名称:常州高新技术产业开发区安达汽运公司
地　　址:江苏省常州市戚墅堰区常戚路 15 号
邮政编码:213013
电　　话:0519-8830002

公司名称:常州江南航空公司
地　　址:江苏省常州市钟楼区机场路 23 号
邮政编码:213016
电　　话:0519-6601294

公司名称:常州海运有限责任公司
地　　址:江苏省常州市高新技术开发区通江大道 581 号
邮政编码:213022
电　　话:0519-5406504

公司名称:常州汽车运输总公司国际集装箱货物公司
地　　址:江苏省常州市红塔村
邮政编码:213022
电　　话:0519-5210276

公司名称:武进市汽车货运公司
地　　址:江苏省武进市湖塘镇
邮政编码:213161
电　　话:0519-6552587

公司名称:金坛市航运公司
地　　址:江苏省金坛市金城镇龙山路 3 号
邮政编码:213200
电　　话:0519-2822997

公司名称:江苏省金坛市公路运输实业总公司
地　　址:江苏省金坛市金城镇东环二路 39 号
邮政编码:213200
电　　话:0519-2822362

公司名称:金坛市汽车运输公司
地　　址:江苏省金坛市金城镇北环西路 57 号
邮政编码:213200
电　　话:0519-2822209

公司名称:金坛市第五航运公司
地　　址:江苏省金坛市河头镇
邮政编码:213212
电　　话:0519-2521039

公司名称:金坛市第三航运公司
地　　址:江苏省金坛市社头镇桥西
邮政编码:213231
电　　话:0519-2711113

公司名称:金坛市第十一航运公司
地　　址:江苏省金坛市涑渎乡
邮政编码:213232
电　　话:0519-2731714

公司名称:金坛市第九航运公司
地　　址:江苏省金坛市洮西乡集镇
邮政编码:213233
电　　话:0519-2721059

公司名称:金坛市第三运输公司
地　　址:江苏省金坛市指前镇
邮政编码:213234
电　　话:0519-2751128

公司名称:金坛市南方装卸运输公司
地　　址:江苏省金坛市薛埠镇
邮政编码:213245
电　　话:0519-2661352

公司名称:金坛市第二航运公司
地　　址:江苏省金坛市直溪镇汪桥路 16 号
邮政编码:213251
电　　话:0519-2441544

公司名称:金坛市第六航运公司
地　　址:江苏省金坛市建昌镇沿河北路 34 号
邮政编码:213252
电　　话:0519-2461297

公司名称:金坛市第四航运公司
地　　址:江苏省金坛市茅麓乡石马镇
邮政编码:213254
电　　话:0519-2432029

公司名称:金坛市第二运输公司
地　　址:江苏省金坛市西阳镇
邮政编码:213255
电　　话:0519-2481277

公司名称:江苏省溧阳市联运服务公司
地　　址:江苏省溧阳市昆仑南路 165
邮政编码:213300
电　　话:0519-7228741

公司名称:溧阳鸿运麦克林运输有限公司
地　　址:江苏省溧阳市平陵中路 381 号
邮政编码:213300
电　　话:0519-7224486

公司名称:溧阳市集装箱运输公司
地　　址:江苏省溧阳市昆仑南路 165
邮政编码:213300
电　　话:0519-7219210

公司名称:无锡润源国际运输有限公司
地　　址:江苏省无锡市健康路 4 号国际贸易中心 2 楼
邮政编码:214001
电　　话:0510-2721196

公司名称:中国集装箱无锡公司
地　　址:江苏省无锡市崇安区锡沪路 183 号
邮政编码:214011
电　　话:0510-2404692

公司名称:无锡苏华国际集装箱服务有限公司
地　　址:江苏省无锡市南长街 732 号
邮政编码:214023
电　　话:0510-5757814

公司名称:无锡市联运公司
地　　址:江苏省无锡市北塘区锡澄路 138 号
邮政编码:214041
电　　话:0510-3112279

公司名称:无锡化工集团公司货物运输公司
地　　址:江苏省无锡市锡澄路 274 号
邮政编码:214041
电　　话:0510-3104284

公司名称:无锡招商运输有限公司
地　　址:江苏省无锡市北塘区招商城
邮政编码:214043
电　　话:0510-2731684

公司名称:江苏省港航集团江南公司
地　　址:江苏省无锡市梁溪大桥堍
邮政编码:214061
电　　话:0510-6765342

公司名称:锡山市金锡运输总公司
地　　址:江苏省锡山市东亭镇
邮政编码:214101
电　　话:0510-8705517

公司名称:锡山市粮食运输公司
地　　址:江苏省锡山市东亭镇锡沪路四号
邮政编码:214101
电　　话:0510-8701205

公司名称:宜兴市航运公司
地　　址:江苏省宜兴市宜城镇
邮政编码:214200
电　　话:0510-7935530

公司名称:宜兴市汽车运输总公司
地　　址:江苏省宜兴市宜城镇
邮政编码:214200
电　　话:0510-7935798

公司名称:宜兴市粮油运输公司
地　　址:江苏省宜兴市宜城镇
邮政编码:214206
电　　话:0510-7997968

公司名称:宜兴市航空服务公司
地　　址:江苏省宜兴市电影院对面
邮政编码:214207
电　　话:0510-7902870

公司名称:江苏钢绳集团公司汽车运输分公司
地　　址:江苏省江阴市通江北路 203 号
邮政编码:214400
电　　话:0510-6885279

公司名称:江阴市车辆运输服务公司
地　　址:江苏省江阴市澄江镇环城南路 37 号
邮政编码:214400
电　　话:0510-6882440

公司名称:江阴市汽车运输公司
地　　址:江苏省江阴市澄江镇朝阳路 122 号
邮政编码:214431
电　　话:0510-6802725

公司名称:江阴市海运公司
地　　址:江苏省江阴市澄江镇通江北路 350 号
邮政编码:214433
电　　话:0510-6806877

公司名称:靖江市航运公司
地　　址:江苏省靖江市横港北路 4 号
邮政编码:214500
电　　话:0523-4833485

公司名称:江苏靖江运输实业总公司
地　　址:江苏省靖江市车站路 2 号
邮政编码:214500
电　　话:0523-4813137

公司名称:靖江汽车运输总公司
地　　址:江苏省靖江市江平路 325 号
邮政编码:214500
电　　话:0523-4832374

公司名称:靖江市对外运输贸易公司
地　　址:江苏省靖江市靖城镇新西路 88 号
邮政编码:214500
电　　话:0523-4836940

公司名称:靖江市粮油运输公司
地　　址:江苏省靖江市环城南路
邮政编码:214500
电　　话:0523-4833207

公司名称:靖江市联运总公司集装箱公司
地　　址:江苏省靖江市南环路
邮政编码:214500
电　　话:0523-4817891

公司名称:吴县市航运公司
地　　址:江苏省苏州市沧浪区胥门外大街2号
邮政编码:215002
电　　话:0512-5305212

公司名称:苏州市航运公司
地　　址:江苏省苏州市金阊区金门路5号
邮政编码:215003
电　　话:0512-5223915

公司名称:江苏省苏州市汽车货运公司
地　　址:江苏省苏州市金阊区金门路口
邮政编码:215003
电　　话:0512-5225861

公司名称:中国外运江苏集团公司苏州公司海运分公司
地　　址:江苏省苏州市金阊区西环路6号国际经贸楼
邮政编码:215004
电　　话:0512-8296479

公司名称:中国外运江苏集团公司苏州公司陆运分公司
地　　址:江苏省苏州市金阊区西环路6号国际经贸楼
邮政编码:215004
电　　话:0512-8623965

公司名称:中国外运江苏集团公司苏州公司航空快件公司
地　　址:江苏省苏州市金阊区西环路6号国际经贸楼
邮政编码:215004
电　　话:0512-8622716

公司名称:中国外运江苏集团公司苏州公司空运分公司
地　　址:江苏苏州市金阊区西环路6号国际经贸楼
邮政编码:215004
电　　话:0512-8299986

公司名称:苏州糖烟酒总公司运输分公司
地　　址:江苏省金阊区苏州市南新路53号
邮政编码:215005
电　　话:0512-7276392

公司名称:中国汽车运输总公司苏州集装箱运输公司
地　　址:江苏省苏州市沧浪区南环西路(南环加油站对面)
邮政编码:215007
电　　话:0512-8209049

公司名称:江苏省苏州市联运公司铁公水联运分公司
地　　址:江苏省苏州市白洋湾火车西站
邮政编码:215008
电　　话:0512-7232526

公司名称:江苏省苏州市联运公司铁路集装箱分公司
地　　址:江苏省苏州市爱河桥路31号
邮政编码:215008
电　　话:0512-5332903

公司名称:苏州工业园区新运货运有限公司
地　　址:江苏省苏州市葑门路10-1号
邮政编码:215021
电　　话:0512-7256098

公司名称:吴县市农工商汽车货运公司
地　　址:江苏省吴县市吴中西路水香路252号
邮政编码:215128
电　　话:0512-5258918

公司名称:吴县市汽车运输公司
地　　址:江苏省吴县市东吴北路 38 号
邮政编码:215128
电　　话:0512-5252059

公司名称:吴江汽车货运公司
地　　址:江苏省吴江市吴江松陵交通北路 82 号
邮政编码:215200
电　　话:0512-3451392

公司名称:太仓市航运公司
地　　址:江苏省太仓市城厢镇码头弄 8 号
邮政编码:215400
电　　话:0512-3524346

公司名称:太仓市粮油物资运输公司
地　　址:江苏省太仓市城厢镇城北东路 93 号
邮政编码:215400
电　　话:0512-3523627

公司名称:太仓市汽车运输服务总公司
地　　址:江苏省太仓市城厢镇生产村 32 号
邮政编码:215400
电　　话:0512-3522650

公司名称:太仓市汽车运输公司
地　　址:江苏省太仓市生产村
邮政编码:215400
电　　话:0512-3525318

公司名称:常熟日新中外运运输有限公司
地　　址:江苏省常熟市海虞北路 7 号海关大楼南三楼
邮政编码:215500
电　　话:0520-2885049

公司名称:常熟市航运公司
地　　址:江苏省常熟市健康巷 26 号
邮政编码:215500
电　　话:0512-2772926

公司名称:张家港市第二航运公司
地　　址:江苏省张家港市锦丰镇港东
邮政编码:215600
电　　话:0520-8550135

公司名称:张家港市汽车运输实业总公司
地　　址:江苏省张家港市杨舍镇城西路 35 号
邮政编码:215600
电　　话:0520-8222267

公司名称:江苏宏宝集团汽车运输公司
地　　址:江苏省张家港市大新镇
邮政编码:215636
电　　话:0520-8760198

公司名称:大地集团粮油运输公司
地　　址:江苏省徐州市铜山县黄河东路
邮政编码:221000
电　　话:0516-3461794

公司名称:公路运输总公司
地　　址:江苏省徐州市市辖区中山北路 43 号
邮政编码:221002
电　　话:0516-5745975

公司名称:江苏国际海运物资公司
地　　址:江苏省南京市鼓楼区中山北路 236 号
邮政编码:221003
电　　话:025-3341990

公司名称:江苏省商业海运总公司
地　　址:江苏省南京市鼓楼区中山北路 101 号
邮政编码:221004
电　　话:025-3305906

公司名称:外贸物资运输公司
地　　址:江苏省徐州市市辖区淮海西路 245 号
邮政编码:221006
电　　话:0516-5764751

公司名称:集装箱运输公司
地　　址:江苏省徐州市市辖区铜沛路
邮政编码:221006
电　　话:0516-5752914

公司名称:江苏金马燃化集团运输公司
地　　址:江苏省徐州市贾汪区青山泉镇马庄村
邮政编码:221137
电　　话:0516-6676642

公司名称:徐州市轮船运输公司
地　　址:江苏省徐州市人民南路 99 号
邮政编码:221300
电　　话:0516-6224913

公司名称:新沂市第二航运公司
地　　址:江苏省新沂市新店乡
邮政编码:221426
电　　话:0516-8761118

公司名称:新沂市航运公司
地　　址:江苏省新沂市窑湾镇沿河路 79
邮政编码:221434
电　　话:0516-8551026

公司名称:新沂市第五航运公司
地　　址:江苏省新沂市堰头乡
邮政编码:221435
电　　话:0516-8591146

公司名称:江阴市航运实业总公司
地　　址:江苏省江阴市澄江镇人民中路 326 号
邮政编码:221440
电　　话:0510-6882449

公司名称:连云港市商贸铁路运输公司
地　　址:江苏省连云港市新浦区海连东路
邮政编码:222001
电　　话:0518-5804784

公司名称:连云港市联运总公司
地　　址:江苏省连云港市新浦区解放东路北
邮政编码:222002
电　　话:0518-5455447

公司名称:连云港市汽车货运公司
地　　址:江苏省连云港市新浦区海连东路 236 号
邮政编码:222002
电　　话:0518-5804037

公司名称:连云港市粮油汽车运输公司
地　　址:江苏连云港市海州区幸福路中段
邮政编码:222023
电　　话:0518-5400423

公司名称:连云港市连云海陆运输公司
地　　址:江苏连云港市连云区陶庵办事处一楼
邮政编码:222042
电　　话:0518-2331095

公司名称:江苏连云港海运公司
地　　址:江苏省连云港市连云区
邮政编码:222042
电　　话:0518-2310668

公司名称:连云港远洋运输公司
地　　址:江苏省连云港市连云区中山北路
邮政编码:222042
电　　话:0518-2310285

公司名称:连云港东堡集团物资运输分公司
地　　址:江苏省连云港市连云区解放西路 19 号
邮政编码:222042
电　　话:0518-2315874

公司名称:连云港市新连运输有限公司
地　　址:江苏省连云港市连云区墟沟大岭头
邮政编码:222042
电　　话:0518-2312148

公司名称:连云港市大港集装箱运输有限公司
地　　址:江苏省连云港市云台区开发区
邮政编码:222047
电　　话:0518-6234158

公司名称:连云港市第六运输公司
地　　址:江苏省连云港市云台区南城镇新大街 10 号
邮政编码:222062
电　　话:0518-5911330

公司名称:淮阴市汽车货运总公司
地　　址:江苏省淮阴市市辖区人民南路 7 号
邮政编码:223001
电　　话:0517-3942663

公司名称:淮阴市汽车运输公司
地　　址:江苏省淮阴市市辖区清扬路 58 号
邮政编码:223001
电　　话:0517-3934676

公司名称:江苏省港航集团运河公司
地　　址:江苏省淮阴市市辖区港口路 18 号
邮政编码:223002
电　　话:0517-3961479

公司名称:江苏省农垦运输公司
地　　址:江苏省淮阴市市辖区运北东路 1 号
邮政编码:223002
电　　话:0517-3962974

公司名称:淮安市航运公司
地　　址:江苏省淮安市淮安运河街 124 号
邮政编码:223200
电　　话:0517-5912115

公司名称:淮安市第二船运公司
地　　址:江苏省淮安市流均镇
邮政编码:223223
电　　话:0517-5620001

公司名称:淮安市第七航运公司
地　　址:江苏省淮安市博里乡集镇
邮政编码:223225
电　　话:0517-5968176

公司名称:淮安市徐杨水陆运输公司
地　　址:江苏省淮安市徐杨乡新建村
邮政编码:223238
电　　话:0517-5942193

公司名称:宿迁市联运公司
地　　址:江苏省宿迁市宿城镇运河西岸 7 号
邮政编码:223800
电　　话:0517-4212268

公司名称:宿迁市航运公司
地　　址:江苏省宿迁市运河路 20 号
邮政编码:223801
电　　话:0517-4212686

公司名称:宿迁市第三航运公司
地　　址:江苏省宿迁市皂河镇街北居委会
邮政编码:223821
电　　话:0517-4511091

公司名称:盐城市航运实业总公司
地　　址:江苏省盐城市市辖区建军东路水电巷 2 号
邮政编码:224000
电　　话:0515-8331564

公司名称:盐城市第二航运公司
地　　址:江苏省盐城市盐都县建军中路 191 号
邮政编码:224001
电　　话:0515-8363654

公司名称:盐城市陆上运输总公司
地　　址:江苏省盐城市东城根路 108 号
邮政编码:224001
电　　话:0515-8241427

公司名称:盐城市汽车货运公司
地　　址:江苏省盐城市市辖区建新东河边 43 号
邮政编码:224001
电　　话:0515-8322495

公司名称:盐城市土产总公司汽车运输公司
地　　址:江苏省盐城市市辖区东闸八组
邮政编码:224001
电　　话:0515-8333220

公司名称:盐城国际集装箱运输公司
地　　址:江苏省盐城市市直属建新东河 41 号
邮政编码:224001
电　　话:0515-8365190

公司名称:江苏省盐城市联运公司
地　　址:江苏省盐城市建军东路 121 号
邮政编码:224002
电　　话:0515-8333757

公司名称:盐城市海运公司
地　　址:江苏省盐城市市辖区通榆中路 36 号
邮政编码:224002
电　　话:0515-8334493

公司名称:盐城汽车运输总公司
地　　址:江苏省盐城市市辖区建军中路 1 号
邮政编码:224002
电　　话:0515-8363415

公司名称:盐城市第二汽车运输公司
地　　址:江苏省盐城市盐都县南洋路 30 号
邮政编码:224002
电　　话:0515-8334143

公司名称:盐城市陆运公司货运分公司
地　　址:江苏省盐城市城区东城根路 108 号
邮政编码:224002
电　　话:0515-8364493

公司名称:东台市航运公司
地　　址:江苏省东台市东台
邮政编码:224200
电　　话:0515-5621194

公司名称:江苏省东台市航运公司
地　　址:江苏省东台市东台镇寺街 135 号
邮政编码:224200
电　　话:0515-5213709

公司名称:东台市汽车运输公司
地　　址:江苏省东台市新东路 52 号
邮政编码:224200
电　　话:0515-5213507

公司名称:扬州苏北联运有限公司
地　　址:江苏省扬州市市辖区立新路 13 号
邮政编码:225001
电　　话:0514-7815128

公司名称:江苏省扬州汽车运输总公司
地　　址:江苏省扬州市广陵区渡江面路 1 号
邮政编码:225001
电　　话:0514-7812409

公司名称:江苏省扬州集装箱联运公司
地　　址:江苏省扬州市广陵区渡江南路 10 号
邮政编码:225001
电　　话:0514-7295014

公司名称:扬州市联运总公司集装化分公司
地　　址:江苏省扬州市广陵区通港南路
邮政编码:225001
电　　话:0514-7887235

公司名称:扬州市郊区水陆运输公司
地　　址:江苏省扬州市城北乡渔业村
邮政编码:225002
电　　话:0514-7617248

公司名称：江苏省扬州船务集团总公司
地　　址：江苏省扬州市广陵区江都路 15 号
邮政编码：225003
电　　话：0514-7225154

公司名称：扬州江扬船舶集团扬州海运公司
地　　址：江苏省扬州市广陵区运河南路 15 号
邮政编码：225003
电　　话：0514-7234170

公司名称：扬州市海运公司运贸分公司
地　　址：江苏省扬州市广陵区运河南路 15 号
邮政编码：225003
电　　话：0514-7234170

公司名称：扬州市汽车运输公司
地　　址：江苏省扬州市广陵区解放南路 20 号
邮政编码：225003
电　　话：0514-7234702

公司名称：扬州市水陆联运公司
地　　址：江苏省扬州市广陵区运河南路 15 号
邮政编码：225003
电　　话：0514-7234170

公司名称：扬州运发集装箱运输有限公司
地　　址：江苏省扬州市广陵区江都路 86 号
邮政编码：225003
电　　话：0514-7244440

公司名称：扬州振海集装箱运输公司
地　　址：江苏省扬州市广陵区江都路 15 号
邮政编码：225003
电　　话：0514-7221456

公司名称：扬州市经济开发区通港运输公司
地　　址：江苏省扬州市市辖区开发东路 8 号
邮政编码：225009
电　　话：0514-7886529

公司名称：江都市航运总公司
地　　址：江苏省江都市江都镇东方红路 40 号
邮政编码：225200
电　　话：0514-6554637

公司名称：江都市轮船运输公司
地　　址：江苏省江都市江都镇人民路 50 号
邮政编码：225200
电　　话：0514-6552846

公司名称：江都市第二汽车运输公司
地　　址：江苏省江都市人民路 51 号
邮政编码：225200
电　　话：0514-6552810

公司名称：江都市汽车货运公司
地　　址：江苏省江都市江都镇淮扬路 57 号
邮政编码：225200
电　　话：0514-6553868

公司名称：江都市汽车运输有限公司
地　　址：江苏省江都市江都镇引江路 35 号
邮政编码：225200
电　　话：0514-6553007

公司名称：江都市汽车运输总公司
地　　址：江苏省江都市江都镇引江路 35 号
邮政编码：225200
电　　话：0514-6553805

公司名称：江都市运输服务公司
地　　址：江苏省江都市人民路 50 号
邮政编码：225200
电　　话：0514-6550524

公司名称：江苏省江都市商业汽车运输公司
地　　址：江苏省江都市七闸河西
邮政编码：225200
电　　话：0514-6532557

公司名称:江都市联运集装箱公司
地　　址:江苏省江都市江都镇淮扬路57号对面
邮政编码:225200
电　　话:0514-6552017

公司名称:江都市联运总公司宜陵分公司
地　　址:江苏省扬州市江都市宜陵镇
邮政编码:225231
电　　话:7656131

公司名称:泰兴市汽车运输总公司
地　　址:江苏省泰州市泰兴市泰兴镇大庆路
邮政编码:225400
电　　话:0514-7633086

公司名称:姜堰市航运公司
地　　址:江苏省姜堰市姜堰镇中干河东路北首
邮政编码:225500
电　　话:0523-8212325

公司名称:姜堰市汽车运输总公司
地　　址:江苏省姜堰市姜堰镇人民北路
邮政编码:225500
电　　话:0523-8212450

公司名称:姜堰市第二航运公司
地　　址:江苏省姜堰市王石乡林野村
邮政编码:225501
电　　话:0523-8351188

公司名称:姜堰市第四汽车运输公司
地　　址:江苏省姜堰市白米镇通扬西路
邮政编码:225505
电　　话:0523-8331027

公司名称:姜堰市内河航运公司
地　　址:江苏省姜堰市娄庄镇娄东村
邮政编码:225506
电　　话:0523-8691237

公司名称:姜堰市第一运输公司
地　　址:江苏省姜堰市洪林乡洪杨村
邮政编码:225507
电　　话:0523-8601118

公司名称:姜堰市第六航运公司
地　　址:江苏省姜堰市溱潼乡姜溱北路
邮政编码:225508
电　　话:0523-8616476

公司名称:姜堰市水运公司
地　　址:江苏省姜堰市俞垛乡俞北村
邮政编码:225509
电　　话:0523-8651077

公司名称:姜堰市第三航运公司
地　　址:江苏省姜堰市兴太乡甸北村
邮政编码:225539
电　　话:0523-8631206

公司名称:姜堰市第五航运公司
地　　址:江苏省姜堰市兴太乡兴西村
邮政编码:225539
电　　话:0523-8631347

公司名称:高邮市水运公司
地　　址:江苏省高邮市通湖路9号
邮政编码:225600
电　　话:0514-4640582

公司名称:高邮市第二汽车运输公司
地　　址:江苏省高邮市文游中路128号
邮政编码:225600
电　　话:0514-4614728

公司名称:高邮市汽车运输公司
地　　址:江苏省高邮市通湖路106号
邮政编码:225600
电　　话:0514-4612575

公司名称:高邮市运输公司
地　　址:江苏省高邮市北门大街4号
邮政编码:225600
电　　话:0514-4612295

公司名称:兴化市粮油运输总公司
地　　址:江苏省兴化市丰收南路5号
邮政编码:225700
电　　话:0523-3232792

公司名称:兴化市汽车运输总公司
地　　址:江苏省兴化市阳山西路
邮政编码:225700
电　　话:0523-3232969

公司名称:南通联运总公司
地　　址:江苏省南通市崇川区城港新村54号
邮政编码:226001
电　　话:0513-3527468

公司名称:南通新东方空运有限责任公司
地　　址:江苏省南通市崇川区南通人民西路48号
邮政编码:226001
电　　话:0513-3518880

公司名称:南通江海通(集团)总公司
地　　址:江苏省南通市港匣区通沙汽渡西首
邮政编码:226003
电　　话:0513-5563921

公司名称:南通港务局集装箱码头有限公司
地　　址:江苏省南通市崇川区跃龙南路214号
邮政编码:226004
电　　话:0513-5589841

公司名称:南通鑫泰联运公司
地　　址:江苏省南通市越江路口中房停车场内北2号楼
邮政编码:226005
电　　话:0513-5603830 5603590

公司名称:南通汽运实业集团总公司
地　　址:江苏省南通市崇川区姚港路2号
邮政编码:226006
电　　话:0513-5511460

公司名称:南通华洋运输有限公司
地　　址:江苏省南通市经济技术开发区石化路南首
邮政编码:226009
电　　话:0513-3595166

公司名称:海门市海门航运分公司
地　　址:江苏省海门市静海路38号
邮政编码:226100
电　　话:0513-2212918

公司名称:海门市航运实业总公司
地　　址:江苏省海门市静海路38号
邮政编码:226100
电　　话:0513-2212676

公司名称:海门市汽车货运公司
地　　址:江苏省海门市海门镇人民中路
邮政编码:226100
电　　话:0513-2212991

公司名称:通州市航运公司
地　　址:江苏省通州市交通路10号
邮政编码:226300
电　　话:0513-6515737

公司名称:通州市外贸国际联运公司
地　　址:江苏省通州市新金西路97号
邮政编码:226300
电　　话:0513-6514876

公司名称:如皋市第六航运公司
地　　址:江苏省如皋市皋市如城环西路30号
邮政编码:226500
电　　话:0513-7513795

公司名称:如皋市航运公司
地　　址:江苏省如皋市皋市普庆路一号
邮政编码:226500
电　　话:0513-7512929

公司名称:如皋市四通运贸总公司
地　　址:江苏省如皋市城西乡许庄
邮政编码:226572
电　　话:0513-7553286

储　　运

公司名称:江苏省机械进出口集团无锡储运公司
地　　址:江苏省无锡市北郊塘头村
邮政编码:201046
电　　话:0510-3113940

公司名称:南京日捆储运实业有限公司
地　　址:江苏省南京市白下区三十四标 34 号
邮政编码:210002
电　　话:025-2411199

公司名称:南京市成明联运服务公司
地　　址:江苏省南京市鼓楼区东妙峰巷 45-13 号
邮政编码:210003
电　　话:025-8813557

公司名称:江苏宝华仓储运输有限公司
地　　址:江苏省南京市建邺路 100 号鸿信大厦 23 楼
邮政编码:210004
电　　话:025-4468888

公司名称:江苏金茂储运有限公司南京分公司
地　　址:江苏省南京市鼓楼区管家桥 87 号华荣大厦七楼 C-1 座
邮政编码:210005
电　　话:025-4542146

公司名称:南京航生储运有限公司
地　　址:江苏省南京市长江路 20 号扬子饭店 518 房
邮政编码:210005
电　　话:025-4504369

公司名称:江苏光华储运公司
地　　址:江苏省南京市白下区石门坎 2 号
邮政编码:210007
电　　话:025-4581790

公司名称:南京润宁储运有限公司
地　　址:江苏省南京市白下区石门坎街 2 号
邮政编码:210007
电　　话:025-4610241

公司名称:南京华商储运发展有限责任公司
地　　址:江苏省南京市下关区下关姜家园 211 号
邮政编码:210011
电　　话:025-8804058

公司名称:南京二轻储运经营公司
地　　址:江苏省南京市雨花台区中华门外养回红村 170 号
邮政编码:210012
电　　话:025-2415042

公司名称:南京红花储运集团公司
地　　址:江苏省南京市秦淮区吴家山 18 号
邮政编码:210012
电　　话:025-2641031

公司名称:南京市大件起重运输总公司联运仓储公司
地　　址:江苏省南京市雨花台区雨花东路 49 号
邮政编码:210012
电　　话:025-2401758

公司名称:南京市雨花储运公司
地　　址:江苏省南京市雨花台区雨花镇丁墙村
邮政编码:210012
电　　话:025-2416691

公司名称:金大储运公司
地　　址:江苏省南京市大庙村 76 号
邮政编码:210015
电　　话:025-8879192

公司名称:南京食品公司储运分公司
地　　址:江苏省南京市下关区宝塔桥西街
邮政编码:210015
电　　话:025-8806925

公司名称:南京市宁杭工贸联运有限公司
地　　址:江苏省玄武区南京市佛心桥 19 号
邮政编码:210016
电　　话:025-4413485

公司名称:江苏省联运公司集装化联运分公司
地　　址:江苏省南京市栖霞区合班村 69 号
邮政编码:210028
电　　话:025-5510204

公司名称:南京市建材工业供销公司储运分公司
地　　址:江苏省南京市下关区五塘村 2 号
邮政编码:210028
电　　话:025-5505029

公司名称:南京新华储运公司
地　　址:江苏省南京市玄武区中央门外十字街 23 号
邮政编码:210028
电　　话:025-5417249

公司名称:南京市土产总公司储运公司
地　　址:江苏省南京市建邺区凤凰东街 64 号
邮政编码:210029
电　　话:025-6611479

公司名称:南京纺织储运公司
地　　址:江苏省南京市建邺区螺丝桥大街 249 号
邮政编码:210036
电　　话:025-6618873

公司名称:中国物资储运南京公司
地　　址:江苏省南京市下关区中央门外河道路 1 号
邮政编码:210037
电　　话:025-5503093

公司名称:南京华美国际集装箱储运有限公司
地　　址:江苏省南京市栖霞区杨梅塘村
邮政编码:210038
电　　话:025-5567408

公司名称:南京金晖储运有限公司
地　　址:江苏南京经济技术开发区(燕子矶笆斗村)开心公路 92 号
邮政编码:210038
电　　话:025-5566114

公司名称:南京金晖储运有限公司
地　　址:江苏省南京市中央门外太新路 92 号
邮政编码:210038
电　　话:025-5566114

公司名称:南京瑞晖石油化工储运有限公司
地　　址:江苏省南京经济技术开发区(燕子矶笆斗村)开心公路 92 号
邮政编码:210038
电　　话:025-5566114

公司名称:南京中燕储运公司
地　　址:江苏省南京市栖霞区燕子矶镇
邮政编码:210038
电　　话:025-5317666

公司名称:南京金宏达储运有限公司
地　　址:江苏省玄武区南京市龙蟠路 51-8 号
邮政编码:210042
电　　话:025-5097806

公司名称:南京恒达实业公司储运分公司
地　　址:江苏省南京市大厂区凤凰南路 160 号

邮政编码:210044
电　　话:025-7746694

公司名称:南京南奇化工储运有限公司
地　　址:江苏省南京市大厂区新乐小区 1 号商信楼 205 室
邮政编码:210048
电　　话:025-7796314

公司名称:镇江市恒达物资储运公司
地　　址:江苏省镇江市市辖区林隐路磷肥厂
邮政编码:212001
电　　话:0511-4425112

公司名称:镇江市恒伟储运商贸有限公司
地　　址:江苏省镇汇市解放路 22 号京城大厦四楼
邮政编码:212001
电　　话:0511-4434773

公司名称:江苏省供销贸易总公司储运公司
地　　址:江苏省镇江市长江路 94 号
邮政编码:212002
电　　话:0511-6527171

公司名称:镇江市汽车工业销售储运公司
地　　址:江苏省镇江市市辖区 72 号
邮政编码:212003
电　　话:0511-8826255

公司名称:江苏外贸包装镇江储运公司
地　　址:江苏省镇江市市辖区中山西路 98 号
邮政编码:212004
电　　话:0511-5242159

公司名称:镇江华银储运开发有限公司
地　　址:江苏省镇江市经济开发区
邮政编码:212009
电　　话:0511-8883280

公司名称:华东列电实业总公司物资储运公司
地　　址:江苏省镇江市市辖区七里甸
邮政编码:212017
电　　话:0511-5622817

公司名称:镇江市大港开发区储运公司
地　　址:江苏省镇江市大港区沿江路
邮政编码:212132
电　　话:0511-3337188

公司名称:丹阳市百货总公司储运分公司
地　　址:江苏省丹阳市西环路 9 号
邮政编码:212300
电　　话:0511-6525283

公司名称:丹阳市木材总公司储运分公司
地　　址:江苏省丹阳市中山路 186 号
邮政编码:212300
电　　话:0511-6523037

公司名称:丹阳市糖烟酒总公司储运分公司
地　　址:江苏省丹阳市轮船站路
邮政编码:212300
电　　话:0511-6511040

公司名称:句容市联运公司
地　　址:江苏省句容市宁杭路 51 号
邮政编码:212400
电　　话:0511-7222597

公司名称:句容市商业储运公司
地　　址:江苏省句容市华阳镇宁杭路 31 号
邮政编码:212400
电　　话:0511-7222770

公司名称:常州市纺织品站储运公司
地　　址:江苏省常州市劳动中路 28 号
邮政编码:213002
电　　话:0519-8881344

公司名称:武进市常顺储运公司

地　　址:江苏省武进市永宁路
邮政编码:213002
电　　话:0519-8810650

公司名称:武进市交通储运公司
地　　址:江苏省常州市天宁区关河里
邮政编码:213002
电　　话:0519-8109591

公司名称:常州市金属回收公司储运分公司
地　　址:江苏省常州市飞龙路
邮政编码:213004
电　　话:0519-5675313

公司名称:常州市盛通实业总公司石油储运分公司
地　　址:江苏省常州市天宁区 02 号
邮政编码:213004
电　　话:0519-8816104

公司名称:常州市燃料公司储运分公司
地　　址:江苏省常州市天宁区朝阳街
邮政编码:213011
电　　话:0519-8815715

公司名称:常州市华电实业公司储运公司
地　　址:江苏省常州市郊区 205 号
邮政编码:213012
电　　话:0519-3260452

公司名称:江苏省供销社常州储运公司
地　　址:江苏郊区常州市新闸连江桥东
邮政编码:213012
电　　话:0519-3260829

公司名称:常州市外贸储运公司
地　　址:江苏省常州市常戚路 15 号
邮政编码:213013
电　　话:0519-8814287

公司名称:常州市顺达储运服务公司
地　　址:江苏省常州市外环路五星桥南堍
邮政编码:213016
电　　话:0519-3327559

公司名称:常州储运有限公司
地　　址:江苏省常州市五角场北路 2 号
邮政编码:213017
电　　话:0519-8813593

公司名称:常州储运总公司
地　　址:江苏常州市天宁区天宁朝阳五角场北路 2 号
邮政编码:213017
电　　话:0519-8813423

公司名称:武进市化轻总公司储运公司
地　　址:江苏省武进市天宁区北环
邮政编码:213026
电　　话:0519-5301841

公司名称:武进市横林港务储运公司
地　　址:江苏省武进市横林镇
邮政编码:213101
电　　话:0519-8781414

公司名称:武进市荫沙港务储运公司
地　　址:江苏省武进市小河镇
邮政编码:213128
电　　话:0519-3241037

公司名称:武进市奔牛港务储运公司
地　　址:江苏省武进市奔牛镇
邮政编码:213131
电　　话:0519-3211011

公司名称:武进市连江港务储运公司
地　　址:江苏省武进市吕墅乡
邮政编码:213132
电　　话:0519-3188877

公司名称:无锡市东方储运公司
地　　址:江苏省无锡市崇安区南巷上 218 号
邮政编码:214005
电　　话:0510-2301122

公司名称:无锡市粮油储运公司
地　　址:江苏省无锡市北塘区县前西街 2 号
邮政编码:214005
电　　话:0510-2708008

公司名称:无锡市储运公司
地　　址:江苏省无锡市长降路 57 号
邮政编码:214007
电　　话:0510-2744245

公司名称:锡山市工业供销总公司储运分公司
地　　址:江苏省锡山市 94 号
邮政编码:214011
电　　话:0510-2404410

公司名称:上海外贸储运无锡公司
地　　址:江苏省无锡市南长区南长街 733 号
邮政编码:214023
电　　话:0510-5756325

公司名称:无锡市五汇储运有限公司
地　　址:江苏省无锡市郊区扬名乡五爱村新下甸桥堍
邮政编码:214023
电　　话:0510-5747564

公司名称:无锡市扬名储运公司
地　　址:江苏省无锡市扬名乡芦村吴湾里
邮政编码:214024
电　　话:0510-5740471

公司名称:无锡市南长区储运公司
地　　址:江苏省无锡市南长区塘南路 124 号
邮政编码:214026
电　　话:0510-5748246

公司名称:无锡市南站储运公司
地　　址:江苏省无锡市郊区伯渎港铁路桥旁
邮政编码:214026
电　　话:0510-5015458

公司名称:无锡市兴隆储运公司
地　　址:江苏省无锡市南长区塘南路 121-1 号
邮政编码:214026
电　　话:0510-5750229

公司名称:冶金工业供销公司储运分公司
地　　址:江苏省无锡市郊区景读村
邮政编码:214026
电　　话:0510-2102592

公司名称:无锡市广安储运公司
地　　址:江苏省无锡市国家高新技术开发区 48 号地块
邮政编码:214028
电　　话:0510-521433

公司名称:无锡市生产资料总公司储运分公司
地　　址:江苏省无锡市南长区城南路五号桥
邮政编码:214028
电　　话:0510-5214838

公司名称:上海远洋国际货运公司无锡联运部
地　　址:江苏省无锡市南长区五爱路 34-10#
邮政编码:214031
电　　话:0510-2700679

公司名称:锡山市苏锡运销公司
地　　址:江苏省无锡市北塘区市镇
邮政编码:214041
电　　话:0510-2604549

公司名称:无锡市郊区洪桥储运公司
地　　址:江苏省无锡市郊区蠡园乡洪桥村
邮政编码:214072
电　　话:0510-5710458

公司名称:锡山市储运公司
地　　址:江苏省锡山市市镇
邮政编码:214101
电　　话:0510-8702487

公司名称:宜兴市联运公司
地　　址:江苏省宜兴市宜城镇
邮政编码:214205
电　　话:0510-7983549

公司名称:江阴市安达物资储运公司
地　　址:江苏省江阴市澄江镇环城西路168号
邮政编码:214400
电　　话:0510-6883659

公司名称:江阴市长泾储运公司
地　　址:江苏省江阴市长泾镇河南西街
邮政编码:214411
电　　话:0510-6301106

公司名称:江阴长江石化储运有限公司
地　　址:江苏省江阴市滨江中路
邮政编码:214431
电　　话:0510-6811122

公司名称:江阴集达储运有限公司
地　　址:江苏省江阴市滨江开发区萧山路143号
邮政编码:214431
电　　话:0510-6400625

公司名称:江阴石化储运有限公司
地　　址:江苏省江阴市滨江中路213号
邮政编码:214431
电　　话:0510-6805255

公司名称:江阴市苏江储运公司
地　　址:江苏省江阴市滨江路213号
邮政编码:214431
电　　话:0510-6804621

公司名称:江阴兴澄储运有限公司
地　　址:江苏省江阴市人民东路168号
邮政编码:214432
电　　话:0510-6192164

公司名称:江阴纺织储运公司
地　　址:江苏省江阴市通江南路47号
邮政编码:214433
电　　话:0510-6883287

公司名称:大东港运(江阴)储运有限公司
地　　址:江苏省江阴市滨江开发区萧山路
邮政编码:214434
电　　话:0510-6402027

公司名称:江苏外贸靖江储运有限公司
地　　址:江苏省靖江市十圩东路30号
邮政编码:214500
电　　话:0511-4835215

公司名称:靖江市水上货物配载中心
地　　址:江苏省靖江市靖城横港北路4号
邮政编码:214500
电　　话:0511-4839344

公司名称:吴县市供销储运公司
地　　址:江苏省苏州市金阊区胥江路53号
邮政编码:215002
电　　话:0512-8211107

公司名称:苏州市安达储运联合公司
地　　址:江苏省苏州市创业路钟山路口
邮政编码:215003
电　　话:0512-5221089

公司名称:苏州市航运公司货物储运分公司
地　　址:江苏省苏州市南新路17号
邮政编码:215003
电　　话:0512-5354165

公司名称:苏州市华威储运公司
地　　址:江苏省苏州市三香路175号6楼
邮政编码:215004
电　　话:0512-8228324

公司名称:苏州市供销储运公司
地　　址:江苏省苏州市沧浪区相门后庄1号
邮政编码:215005
电　　话:0512-7252833

公司名称:苏州市家闻大件仓储运输有限公司
地　　址:江苏省苏州市苏浒路28号
邮政编码:215008
电　　话:0512-5312763

公司名称:苏州市郊区物资储运公司
地　　址:江苏省苏州市金阊区新庄西路底
邮政编码:215008
电　　话:0512-5313125

公司名称:苏州市联运公司储运分公司
地　　址:江苏省苏州市平江区梅巷村洋泾角
邮政编码:215008
电　　话:0512-7538564

公司名称:苏州市木材总公司储运分公司
地　　址:江苏省苏州市郊区白洋湾钱家滨
邮政编码:215008
电　　话:0512-5333071

公司名称:苏州市兴运物资储运公司
地　　址:江苏省苏州市苏州西站
邮政编码:215008
电　　话:0512-5336502

公司名称:苏州通洋联运有限公司
地　　址:江苏省苏州市新区狮山路18号华福大厦15楼A1座
邮政编码:215011
电　　话:0512-8097197

公司名称:苏州中海集装箱储运有限公司
地　　址:江苏省苏州工业园区跨塘镇镇北路216号
邮政编码:215122
电　　话:0512-7247550

公司名称:吴县市华侨储运公司
地　　址:江苏省苏州市吴县市新区尹山桥南
邮政编码:215124
电　　话:0512-5251066

公司名称:苏州市寒山仓储公司
地　　址:江苏省苏州市苏州新区枫桥镇东浜村
邮政编码:215129
电　　话:0512-5362082

公司名称:吴县市外贸储运公司
地　　址:江苏省苏州市吴县市陆墓镇齐陆路1-1号
邮政编码:215131
电　　话:0512-7533004

公司名称:苏州市大中储运公司
地　　址:江苏省苏州市金阊区星丰村星丰路1号
邮政编码:215151
电　　话:0512-5393532

公司名称:吴江市联运公司
地　　址:江苏省吴江市苏州市吴江松陵镇交通北路82号
邮政编码:215200
电　　话:0512-3451392

公司名称:昆山石油物资储运公司
地　　址:江苏省昆山市环城北路6号
邮政编码:215300
电　　话:0520-7255462

公司名称:昆山市粮油物资储运公司
地　　址:江苏省昆山市玉山镇娄江桥南堍

邮政编码:215300
电　　话:0520-7255709

公司名称:美孚(太仓)石油化工贮运有限公司
地　　址:江苏省苏州市太仓市浏家港镇茜马路1号
邮政编码:215433
电　　话:0512-3646238

公司名称:太仓市马北储运公司
地　　址:江苏省苏州市太仓市浏家港镇马北村滨江路西
邮政编码:215433
电　　话:0512-3645129

公司名称:常熟市联运储运公司
地　　址:江苏省常熟市元和塘桥堍
邮政编码:215500
电　　话:0520-2751231

公司名称:常熟市外贸储运进出口公司
地　　址:江苏省常熟市沙家浜路5号
邮政编码:215500
电　　话:0512-2812027

公司名称:常熟市物资储运公司
地　　址:江苏省常熟市元和路行灶桥堍
邮政编码:215500
电　　话:0520-2770981

公司名称:中艺国际储运公司常熟公司
地　　址:江苏省常熟市沙家浜路5号
邮政编码:215500
电　　话:0512-2810680

公司名称:常熟市古里储运公司
地　　址:江苏省常熟市古里镇湖口村
邮政编码:215533
电　　话:0512-2521205

公司名称:常熟亚太仓储运输有限公司
地　　址:江苏省常熟市
邮政编码:215536
电　　话:0520-2651818

公司名称:常熟市建华实业公司储运分公司
地　　址:江苏省常熟市建华村
邮政编码:215551
电　　话:0512-2444148

公司名称:常熟市三环经济发展总公司货物储运公司
地　　址:江苏省常熟市莫城镇安定村
邮政编码:215556
电　　话:0512-2451327

公司名称:张家港藤华国际储运有限公司
地　　址:江苏省张家港市中兴镇
邮政编码:215600
电　　话:0520-8380886

公司名称:张家港市供销储运公司
地　　址:江苏张家港市后塍镇城北路2号
邮政编码:215631
电　　话:0520-8771521

公司名称:江苏金茂储运有限公司
地　　址:江苏省张家港市港区镇
邮政编码:215633
电　　话:0520-8393897

公司名称:张家港日兴储运有限公司
地　　址:江苏省张家港市港区镇
邮政编码:215633
电　　话:0520-8331622

公司名称:张家港兴菱化工储运有限公司
地　　址:江苏省张家港市港区镇
邮政编码:215634
电　　话:0520-8331701-2268 翁国华

公司名称:连云港市连云区院前储运总公司
地　　址:江苏省连云港市连云区平山
邮政编码:22042
电　　话:0518-2312673

公司名称:四达物资储运公司
地　　址:江苏省徐州市
邮政编码:221004
电　　话:0516-7777316

公司名称:徐州储运有限责任
地　　址:江苏省徐州市东郊下淀家电市场东三楼
邮政编码:221004
电　　话:0516-7771880

公司名称:徐州市化工总公司储运公司
地　　址:江苏省徐州市中山北路 190 号
邮政编码:221005
电　　话:0516-3757752

公司名称:华芙实业总公司储运公司
地　　址:江苏省徐州市矿区茅村
邮政编码:221006
电　　话:0516-7182260

公司名称:外贸包装徐州储运公司
地　　址:江苏省徐州市
邮政编码:221006
电　　话:0516-5775201

公司名称:邳州市购销储运总公司
地　　址:江苏省邳州市宏兴路 6 号
邮政编码:221300
电　　话:0516-6222248

公司名称:新沂市储运公司
地　　址:江苏省新沂市新安镇
邮政编码:221400
电　　话:0516-8923115

公司名称:连云港市物资储运公司
地　　址:江苏省连云港市新浦区海连东路
邮政编码:222002
电　　话:0518-5802524

公司名称:连云港粮油接运站储运公司
地　　址:江苏省连云港市连云区东大街
邮政编码:222042
电　　话:0518-2310186

公司名称:连云港市陶庵储运公司
地　　址:江苏省连云港市连云区中山中路
邮政编码:222042
电　　话:0518-2310467

公司名称:连云港市源达储运公司
地　　址:江苏省连云港市连云区陶庵办事处连云宾馆东
邮政编码:222042
电　　话:0518-2331105

公司名称:中国外运第一储运公司
地　　址:江苏省连云港市连云区市墟沟北城路 28 号
邮政编码:222042
电　　话:0518-6231090

公司名称:中国外运连云港第二储运公司
地　　址:江苏省连云港市连云区市墟沟中山路
邮政编码:222042
电　　话:0518-2311584

公司名称:连云港港口储运公司
地　　址:江苏省连云港市市连云区墟沟火车站东
邮政编码:222046
电　　话:0518-2382539

公司名称:连云港港口中港储运公司
地　　址:江苏省连云港市市连云区陶庵大松树路
邮政编码:222046

电　　话:0518-2384763

公司名称:**连云港市通港储贸公司**
地　　址:江苏省连云港市市连云区连云镇
邮政编码:222046
电　　话:0518-2331532

公司名称:**连云港建华储运公司**
地　　址:江苏省连云港市连云区中山路荷花街海丰巷38号
邮政编码:222047
电　　话:0518-6238354

公司名称:**连云港市中云储运公司**
地　　址:江苏省连云港市云台区连云港经济技术开发区中云乡
邮政编码:222067
电　　话:0518-2340541

公司名称:**连云港市朝阳东方储运公司**
地　　址:江苏省连云港市云台区朝阳乡沙集村
邮政编码:222068
电　　话:0518-6576019

公司名称:**淮阴市商业储运公司**
地　　址:江苏省淮阴市清杨路48号
邮政编码:223001
电　　话:0517-3971275

公司名称:**江苏分金亭集团总公司储运中心**
地　　址:江苏省泗洪县建设北路58号
邮政编码:223900
电　　话:0527-3223991

公司名称:**盐城市华通实业总公司联运公司**
地　　址:江苏省盐城市市辖区北城路19号
邮政编码:224001
电　　话:0515-8322694

公司名称:**盐城市联运总公司**
地　　址:江苏省盐城市盐都县建军中路191号
邮政编码:224001
电　　话:0515-8363073

公司名称:**盐城储运公司**
地　　址:江苏省盐城市市辖区建军东路大电巷3号
邮政编码:224002
电　　话:0515-8357730

公司名称:**大丰市第二装卸储运公司**
地　　址:江苏省盐城市大新路141号
邮政编码:224100
电　　话:3512425

公司名称:**大丰市第三装卸储运公司**
地　　址:江苏省盐城市工农路西首
邮政编码:224100
电　　话:3512459

公司名称:**扬州市联运总公司配载分公司**
地　　址:江苏省扬州市广陵区南通东路27号
邮政编码:225001
电　　话:0514-7347254

公司名称:**扬州市交通物资联运公司**
地　　址:江苏省扬州市广陵区老虎山路25号
邮政编码:225002
电　　话:0514-7612962

公司名称:**扬州市交通储运公司**
地　　址:江苏省扬州市广陵区南通东路27号
邮政编码:225003
电　　话:0514-7222162

公司名称:**扬州市郊区储运物资公司**
地　　址:江苏省郊区扬州市运河南路11号
邮政编码:225003
电　　话:0514-7225095

公司名称:扬州市木材总公司储运分公司
地　　址:江苏省扬州市广陵区运河南路 71 号
邮政编码:225003
电　　话:0514-7816306

公司名称:扬州秀艺储运有限公司
地　　址:江苏省扬州市江都镇东桥 1 号
邮政编码:225202
电　　话:0514-6881874

公司名称:江苏省泰州市储运公司
地　　址:江苏省泰州市北仓路 50 号
邮政编码:225300
电　　话:0523-6559147

公司名称:南通机电设备总公司储运公司
地　　址:江苏省崇川区南通市任港路 31 号
邮政编码:226001
电　　话:0513-3530307

公司名称:南通市城乡物资储运有限责任公司
地　　址:江苏省南通市北朱家园路一号
邮政编码:226001
电　　话:0513-5553719

公司名称:南通市农业机械总公司储运公司
地　　址:江苏省南通市崇川区人民中路 157 号
邮政编码:226001
电　　话:0513-5511747

公司名称:南通市糖烟酒总公司储运分公司
地　　址:江苏省南通市崇川区万象新路 25 号
邮政编码:226001
电　　话:0513-5512192

公司名称:南通鸿达储运有限公司
地　　址:江苏省南通市开发区港工贸区
邮政编码:226004
电　　话:0513-5586091

公司名称:南通嘉托福储运有限公司
地　　址:江苏省南通市城区跃龙南路 214 号
邮政编码:226004
电　　话:0513-5516126

公司名称:南通市海港商储有限公司
地　　址:江苏省南通市跃龙南路 196 号
邮政编码:226004
电　　话:0513-5517483

公司名称:南通市建港储运公司
地　　址:江苏省南通市崇川区临港路 60 号
邮政编码:226004
电　　话:0513-5517387

公司名称:南通新轮国际储运有限公司
地　　址:江苏省南通市重川路 49 号
邮政编码:226004
电　　话:0513-5701790

公司名称:南通华联储运公司
地　　址:江苏省南通市崇川区任港闸路 1 号
邮政编码:226005
电　　话:0513-3513800

公司名称:南通市石油化工储运
地　　址:江苏省南通市崇川区姚港路 45 号
邮政编码:226006
电　　话:0513-3508386

公司名称:南通远通货柜储运有限公司
地　　址:江苏省南通市开发区港工贸区(集装箱码头对门)
邮政编码:226006
电　　话:0513-5592807

公司名称:中国糖业酒类集团公司南通储运公司
地　　址:江苏省南通市崇川区跃龙南路 179 号
邮政编码:226006
电　　话:0513-5507343

公司名称:南通江海通联运仓储有限责任公司
地　　址:江苏省南通市崇川区外环北路通吕二桥西首
邮政编码:226008
电　　话:0513-5668735

公司名称:通州市通达储运有限公司
地　　址:江苏省通州市通掘路工农桥南首
邮政编码:226300
电　　话:0513-6551384

公司名称:国营海安商业储运公司
地　　址:江苏省南通市海安县海安镇江海西路43号
邮政编码:226600
电　　话:0513-832762

公司名称:扬州市港务总公司仓储联运分公司
地　　址:江苏省扬州市广陵区运河南路13号
邮政编码:321002
电　　话:0514-7232815

仓　储

公司名称:江苏省保税仓有限公司
地　　址:江苏省南京市太平南路575号4-5楼
邮政编码:210001
电　　话:025-6623588

公司名称:南京陆港公共保税仓实业有限公司
地　　址:江苏省南京市白下区中山东路486号9楼
邮政编码:210002
电　　话:025-4513459

公司名称:南京保税仓实业公司
地　　址:江苏省南京市玄武区中山东路145号
邮政编码:210018
电　　话:025-4451833

公司名称:江苏省梅苑物业服务中心
地　　址:江苏省南京市鼓楼区北京西路15-1号
邮政编码:210024
电　　话:025-6635060

公司名称:南京英和仓储服务有限公司
地　　址:江苏省南京市郭家山23号
邮政编码:210037
电　　话:025-5504559

公司名称:南京中储物资公司
地　　址:江苏省南京市中央门外河路道1号
邮政编码:210037
电　　话:025-5550312

公司名称:南京双龙保税仓有限公司
地　　址:江苏省南京市江宁县东山镇岔路口
邮政编码:211101
电　　话:025-2407060

公司名称:江宁县国家粮食储备库
地　　址:江苏省南京市江宁县江宁镇集镇
邮政编码:211161
电　　话:025-2291584

公司名称:常州中绮仓储公司
地　　址:江苏省常州市天宁区劳动东路26号
邮政编码:213001
电　　话:0519-8811386

公司名称:江苏常州延陵国家粮食储备库
地　　址:江苏省常州市天宁区延陵东路85号
邮政编码:213004
电　　话:0519-8814781

公司名称:无锡市引航仓储公司
地　　址:江苏省无锡市新区城南路4号桥
邮政编码:214028
电　　话:0510-5216312

公司名称:无锡市山北商储仓库

地　　址:江苏省无锡市郊区山北商储仓库会北村
邮政编码:214037
电　　话:0510-3700016

公司名称:无锡太湖国家旅游度假区金岛仓储公司
地　　址:江苏省无锡市马山区南堤路
邮政编码:214092
电　　话:0510-5995746

公司名称:中化江苏进出口公司锡山市塘头仓库
地　　址:江苏省锡山市西漳镇塘头桥东 2 号
邮政编码:214171
电　　话:0510-3117665

公司名称:新疆兵团农七师和桥仓储公司
地　　址:江苏省宜兴市苗桥路徐家组 26 号
邮政编码:214211
电　　话:0510-7801224

公司名称:江阴市月城钢材仓储公司
地　　址:江苏省江阴市月城镇
邮政编码:214404
电　　话:0510-6581744

公司名称:无锡滨江国家粮食储备库
地　　址:江苏省江阴市滨江开发区定山路底
邮政编码:214429
电　　话:0510-6402358

公司名称:江阴海联化工仓储有限公司
地　　址:江苏省江阴市滨江中路海联大厦
邮政编码:214431
电　　话:0510-6810408

公司名称:江阴市苏江储运有限公司保税仓
地　　址:江苏省江阴市澄江镇
邮政编码:214431
电　　话:0510-6804621

公司名称:江阴市新星商业仓储有限公司
地　　址:江苏省江阴市朝阳路 212 号
邮政编码:214431
电　　话:0510-6802881

公司名称:江阴远通集装箱仓储有限公司
地　　址:江苏省江阴市滨江中路 201 号
邮政编码:214433
电　　话:0510-6817328

公司名称:中邦粮油仓储(江阴)有限公司
地　　址:江苏省江阴市经济开发区萧山路 1 号
邮政编码:214434
电　　话:0510-6402498

公司名称:苏州蔬菜集团冷藏库
地　　址:江苏省苏州市沧浪区胥门外泰南路 21 号
邮政编码:215002
电　　话:0512-8203164

公司名称:苏州市第二仓储公司
地　　址:江苏省苏州市郊区长青乡繁荣村
邮政编码:215008
电　　话:0512-5331628

公司名称:苏州市花锦仓储有限责任公司
地　　址:江苏省苏州市郊区城北公路 2 号桥西
邮政编码:215008
电　　话:0512-7533371

公司名称:苏州市新益仓储公司
地　　址:江苏省苏州市郊区长青乡新益村
邮政编码:215008
电　　话:0512-5331161

公司名称:苏州市横塘仓储公司
地　　址:江苏省苏州市郊区横山南铁师院路
邮政编码:215009
电　　话:0512-8231201

公司名称:苏州运星仓储有限公司

地　　址:江苏省苏州市新区明星村向阳路71号
邮政编码:215011
电　　话:0512-8245518

公司名称:苏州新区枫津仓储公司
地　　址:江苏省苏州市新区枫桥镇津桥村
邮政编码:215129
电　　话:5236372

公司名称:苏州新区银枫仓储公司
地　　址:江苏省苏州市新区枫桥镇广东村
邮政编码:215129
电　　话:5236011

公司名称:苏州市仓储公司
地　　址:江苏省苏州市郊区浒关开发区长浒大桥阳光路
邮政编码:215151
电　　话:0512-5290726

公司名称:吴江金福利仓储有限公司
地　　址:江苏省苏州市吴江市松陵镇十苏王公路
邮政编码:215200
电　　话:0512-3421782

公司名称:昆山新宁仓储有限公司
地　　址:江苏省昆山市南港镇前进中路68号老海天205室
邮政编码:215300
电　　话:0520-7321158

公司名称:常熟市农业生产资料总公司仓储公司
地　　址:江苏省常熟市虞山镇
邮政编码:215500
电　　话:0520-2752568

公司名称:常熟市物资回收利用总公司湖宾仓储公司
地　　址:江苏省常熟市阜湖路50号
邮政编码:215500
电　　话:0512-2887524

公司名称:江苏常熟国家粮食储备库
地　　址:江苏省常熟市新建路69号
邮政编码:215500
电　　话:0520-2752792

公司名称:常熟威特隆仓储有限公司
地　　址:江苏省常熟市兴隆镇
邮政编码:215513
电　　话:0520-2696778

公司名称:哈德联合(张家港)石油化工仓储有限公司
地　　址:江苏省保税区内
邮政编码:215600
电　　话:0520-8218609

公司名称:张家港奔辉仓储有限公司
地　　址:江苏省张家港市杨舍镇
邮政编码:215600
电　　话:0520-8570381

公司名称:陶氏转运中心(张家港)有限公司
地　　址:江苏省张家港市中兴镇
邮政编码:215631
电　　话:0520-8673648

公司名称:连云港商贸仓储公司
地　　址:江苏省连云港市新浦区海连东路
邮政编码:222001
电　　话:0518-5802519

公司名称:连云港环球保税仓库
地　　址:江苏省连云港市连云区墟沟时代广场404室
邮政编码:222042
电　　话:0518-6238452

公司名称:连云港市连云港蔬港储运货场

地　　址:江苏省连云港市连云区陶庵大松树
邮政编码:222042
电　　话:0518-2331003

公司名称:连云港市连云区路南储运货场
地　　址:江苏省连云港市连云区中山西路云海饭店东侧
邮政编码:222042
电　　话:0518-2316958

公司名称:连云港市外贸粮油朝阳联营仓库
地　　址:江苏省连云港市云台区云台乡朝阳乡张庄村
邮政编码:222068
电　　话:025-5761094

公司名称:连云港市云台区粮油总公司仓储公司
地　　址:江苏省连云港市云台区猴嘴镇大浦路35号
邮政编码:222069
电　　话:0518-5440238

公司名称:连云港苏豫仓储公司
地　　址:江苏省连云港市云台区新墟公路北
邮政编码:222069
电　　话:0518-5440480

公司名称:江苏省淮阴市外贸仓储公司
地　　址:江苏省淮阴市淮海北路27号
邮政编码:223001
电　　话:0517-3994491

公司名称:盐城市物资仓储配送中心
地　　址:江苏省盐城市人民中路32号
邮政编码:224001
电　　话:0515-8323431

公司名称:盐城市外贸仓储公司
地　　址:江苏省盐城市市辖区通榆南路64号
邮政编码:224002
电　　话:0515-8334414

公司名称:阜宁县国家粮食储备库
地　　址:江苏省盐城市阜宁县沟墩镇
邮政编码:224433
电　　话:0515-7451306

公司名称:扬州外贸仓储公司
地　　址:江苏省扬州市广陵区运河北路54号
邮政编码:225003
电　　话:0514-7234787

公司名称:江苏南通运河桥国家粮食储备库
地　　址:江苏省南通市崇川区运河桥北东首
邮政编码:226000
电　　话:0513-5668018

公司名称:南通市大码头仓储公司
地　　址:江苏省南通市崇川区孩儿巷北路77号
邮政编码:226001
电　　话:0513-5510052

公司名称:南通市金田经贸仓储有限公司
地　　址:江苏省南通市崇川区跃龙南路181#
邮政编码:226001
电　　话:0513-5507270

公司名称:南通市棉麻仓储公司
地　　址:江苏省南通市崇川区横河路24号
邮政编码:226001
电　　话:0513-5516002

公司名称:南通市唐闸仓储公司
地　　址:江苏省南通市港匣区河东街43号
邮政编码:226002
电　　话:0513-5544106

公司名称:南通市商业工贸总公司港储公司
地　　址:江苏省南通市港匣区天生港沿江路11号
邮政编码:226003

电　　话:0513-5566700

公司名称:**南通市海港储运商社仓储公司**
地　　址:江苏省南通市崇川区跃龙南路196号
邮政编码:226004
电　　话:0513-5537146

公司名称:**南通市黄泥山仓储堆场**
地　　址:江苏省南通市黄泥山北
邮政编码:226004
电　　话:0513-5705064

公司名称:**南通江海通联运仓储商行**
地　　址:江苏省南通市崇川区外环北路通吕2桥
邮政编码:226005
电　　话:0513-5662480

公司名称:**南通仓储保税有限公司**
地　　址:江苏省南通市开发区港工贸区崇川西路
邮政编码:226009
电　　话:0513-3530052

公司名称:**南通嘉民港储有限公司**
地　　址:江苏省南通市姚港路20号嘉民油库
邮政编码:226374
电　　话:0513-3596339

物流设备

公司名称:**南京菲尼克斯电气有限公司**
地　　址:江苏省南京市江宁开发区菲尼克斯36号
邮政编码:211000
电　　话:025-2121888
传　　真:025-2121555
网　　址:www.phoeniscontact.com.cn
公司简介:南京菲尼克斯电气有限公司1993年由德国菲尼克斯电气集团与中国电力工业部南京电力自动化研究院合资组建,负责德国菲尼克斯电气集团各类产品在中国的销售和服务,引进世界一流的菲尼克斯生产技术和先进的管理经验,专业生产各种高质量的现场总线、信号变送器、防电涌系统及电线连接器接插件等,为电力、电子、通讯、机械、建筑、石油、化工、航空、交通、铁路、汽车、机械等行业提供世界一流产品和优良服务。1997年以来连续被评为江苏省重点外商投资工业企业、"AAA"级资信企业、南京市高利税企业、高新技术企业、外商投资先进企业、三资企业管理工作先进单位,2001年通过ISO 9001质量体系认证。

公司名称:**江苏天奇物流系统工程有限公司**
地　　址:江苏省无锡市洛社镇312国道旁
邮政编码:214187
电　　话:0510-3305938
传　　真:0510-3313751
网　　址:www.mirlogistics.com
公司简介:江苏天奇物流系统工程股份有限公司为经江苏省科学技术委员会认定的高科技企业、江苏省首批知识产权重点保护企业,是国内具有规模和技术进步的物流系统集成、物流系统产品供应商之一,主要从事物流系统的设计、制造、安装及管理;光机电一体化环保工程的设计、施工;机电产品制造及自产产品和相关技术的出口业务,经营本企业和本企业成员生产、科研所需的原辅材料、机械设备、仪器仪表、零配件及相关技术的进口业务;开发了拥有自主知识产权的物流系统集成设计平台,并成功开发了国内第一台摩擦式输送机。生产的智能化宽推钩积放式悬挂输送机被江苏省科技厅认定为江苏省高新技术产品。

公司名称:**南京凯普逊仓储设备制造有限公司**
地　　址:江苏省南京市中山东路三条巷18号
邮政编码:210002
电　　话:025-4505977

公司名称:**南京凯普逊物流仓储设备制造有限公司**

地　　址:江苏省南京市中山东路三条巷18号
邮政编码:210002
电　　话:025-4505977 4509776

公司名称:南京熊猫技术装备有限公司
地　　址:江苏省南京市白下区海福巷118号
邮政编码:210007
电　　话:025-4871950

公司名称:南京金东康条码系统有限公司
地　　址:江苏省南京市珠江路48号新月大厦五楼
邮政编码:210008
电　　话:025-3370105 3375684 3610599

公司名称:南德物料输送技术有限公司
地　　址:江苏省南京市姜家园199号
邮政编码:210011
电　　话:025-8805879

公司名称:南京爱维斯货架制造有限公司
地　　址:江苏省南京市雨花西路19号
邮政编码:210012
电　　话:025-2424345 2426804

公司名称:南京高速齿轮箱厂
地　　址:江苏省南京市中华门外小街
邮政编码:210012
电　　话:025-2415583

公司名称:南京华德货架制造有限公司
地　　址:江苏省南京市中华门外双龙街柴家营86号
邮政编码:210012
电　　话:025-2641198 2643784 2643560

公司名称:南京音飞仓储设备有限公司
地　　址:江苏省南京市宁溧路香叶树66号
邮政编码:210012
电　　话:025-2436618 2432645

公司名称:南京合力货架涂装制造有限公司
地　　址:江苏省南京市郑家营88号
邮政编码:210014
电　　话:025-4230449

公司名称:南京小河物流仓储有限公司
地　　址:江苏省南京市太平门街6号F栋
邮政编码:210016
电　　话:025-4801268 4801048-111,1306

公司名称:南京六维输送仓储设备有限公司
地　　址:江苏省南京市湖西街40号
邮政编码:210017
电　　话:025-6402234 6415548

公司名称:南京六维物流仓储设备制造有限公司
地　　址:江苏省南京市湘西街40号
邮政编码:210017
电　　话:025-6422373

公司名称:南京震晨输送仓储设备有限公司
地　　址:江苏省南京市长虹路132号
邮政编码:210017
电　　话:025-6410244

公司名称:南京腾飞自动化设备厂
地　　址:江苏省南京市太平北路82号长城大厦
邮政编码:210018
电　　话:025-4412270 4824062

公司名称:南京科瑞起重输送机械有限公司
地　　址:江苏省南京市埔东路6号
邮政编码:210031
电　　话:025-8875380 8851726

公司名称:南京新众亚货架有限公司
地　　址:江苏省南京市建邺区积善村19号-1
邮政编码:210036
电　　话:025-6668857 6522816

公司名称:南京新众亚货架有限公司
地　　址:江苏省南京建邺区积善村 19 号-1
邮政编码:210036
电　　话:025-6668857

公司名称:南京东辉物流设备有限公司
地　　址:江苏省南京市江宁经济开发区金箔路 339 号
邮政编码:211100
电　　话:025-2284493

公司名称:江苏华通机械集团公司叉车厂
地　　址:江苏省镇江市矿机路 6 号
邮政编码:212003
电　　话:0511-4425459

公司名称:镇江叉车厂
地　　址:江苏省镇江市矿机路 6 号
邮政编码:212003
电　　话:0511-4422453

公司名称:首钢镇江起重设备厂
地　　址:江苏省镇江市东郊
邮政编码:212006
电　　话:0511-3361775

公司名称:镇江东联赛菲尔仓储设备有限公司
地　　址:江苏镇江市经济技术开发区 21 号健力宝路南端
邮政编码:212009
电　　话:0511-8882278

公司名称:常州市起重机械附件厂(常州市常欣电子衡器厂)
地　　址:江苏省常州市中凉亭
邮政编码:213001
电　　话:0519-6643942

公司名称:常林股份有限公司
地　　址:江苏省常州市常林路 10 号
邮政编码:213002
电　　话:0519-6751888(总机)6758888

公司名称:常州得力叉车有限公司
地　　址:江苏省常州市新市路 100 号
邮政编码:213002
电　　话:0519-6680886

公司名称:常州基腾电气有限公司
地　　址:江苏省常州市常新路 142 号
邮政编码:213002
电　　话:0519-6754942 6750654

公司名称:常州邮政机械厂
地　　址:江苏省常州市钟楼区常新路 18 号
邮政编码:213002
电　　话:0519-6750338

公司名称:常州矿山机械厂
地　　址:江苏省常州市常新路 151 号
邮政编码:213012
电　　话:0519-3260845

公司名称:常州市戚墅堰传动机械厂
地　　址:江苏省常州市戚墅堰区丁堰湾城村
邮政编码:213013
电　　话:0519-8810599

公司名称:江苏常州四维理工自动化设备有限公司
地　　址:江苏省常州市机场路 3 号
邮政编码:213016
电　　话:0519-3277323

公司名称:常州嘉迅仓储有限公司
地　　址:江苏省常州市新区泰山路 1919 号
邮政编码:213022
电　　话:0519-5116022

公司名称:卡特门－瑞福科技(常州)有限公司
地　　址:江苏省常州市特区创新科技楼 A 座北区

二楼
邮政编码:213022
电　　话:0519-5117000

公司名称:常州常东塑料制品有限公司
地　　址:江苏省常州市潞城镇
邮政编码:213025
电　　话:0519-8772188

公司名称:常州东方仓储设备厂
地　　址:江苏省常州市城山桥镇
邮政编码:213119
电　　话:0519-8601654

公司名称:常州市东方仓储设备有限公司
地　　址:江苏省常州市横山桥镇
邮政编码:213119
电　　话:0519-8604229

公司名称:溧阳市长城运输机械厂
地　　址:江苏省溧阳市溧城镇北门外中棠下 26 号
邮政编码:213300
电　　话:0519-7302573 7304764

公司名称:无锡市世南塑料木材制品有限公司
地　　址:江苏省无锡市陆典桥明园路 10 号
邮政编码:214000
电　　话:0510-5106188 5112353

公司名称:无锡市天力起重运输机械厂
地　　址:江苏无锡市郊区旺庄乡春潮村过巷 20 号
邮政编码:214028
电　　话:0510-5210613

公司名称:无锡市华荣机械厂
地　　址:江苏省无锡市梁溪路 155 号
邮政编码:214063
电　　话:0510-5500943 5049026

公司名称:江苏省无锡市顺达悬挂输送机厂
地　　址:江苏省无锡市夏家边湖滨路 288 号
邮政编码:214074
电　　话:0510-5107214

公司名称:江苏无锡华夏自动物流设备厂
地　　址:江苏省无锡市湖滨路 286 号
邮政编码:214074
电　　话:0510-5108975

公司名称:无锡市永大滑导电器有限公司
地　　址:江苏省无锡市湖滨路 286 号
邮政编码:214074
电　　话:0510-5102772

公司名称:无锡远东搬运机有限公司
地　　址:江苏省无锡市湖滨路夏家边
邮政编码:214074
电　　话:0510-5105169

公司名称:无锡远东搬运机有限公司
地　　址:江苏省无锡市湖滨路 292 号
邮政编码:214074
电　　话:0510-5105169 5103772

公司名称:永大集团无锡华夏自动物流设备厂
地　　址:江苏省无锡市湖滨路 288 号
邮政编码:214074
电　　话:0510-5108975

公司名称:锡山市唐城滑导电器厂
地　　址:江苏省锡山市大浮漆塘北村 6 号
邮政编码:214081
电　　话:0510-5556568

公司名称:锡山市传导滑线厂
地　　址:江苏省锡山市东亭
邮政编码:214101
电　　话:0510-8701122 8702122

公司名称:锡山市雪浪输送机械厂

地　　址:江苏省锡山市雪浪镇长广区
邮政编码:214125
电　　话:0510-5181622

公司名称:锡山市雪浪输送机械有限公司
地　　址:江苏省锡山市雪浪镇长广溪
邮政编码:214125
电　　话:0510-5181622 5181740

公司名称:无锡大力起重机械厂
地　　址:江苏省无锡市华庄镇南张村
邮政编码:214131
电　　话:0510-5602317

公司名称:无锡市顺达物流机械厂
地　　址:江苏省无锡市陆区镇中北路83号
邮政编码:214156
电　　话:0510-3953230 5214259

公司名称:无锡起重设备厂
地　　址:江苏省无锡市锡澄路陈家桥
邮政编码:214171
电　　话:0510-3751711

公司名称:锡山市融威起重吊装设备有限公司
地　　址:江苏省锡山市洛社镇徐贵桥村
邮政编码:214187
电　　话:0510-3315258

公司名称:无锡汇丰机器厂
地　　址:江苏省无锡市北外港下镇
邮政编码:214199
电　　话:0510-8761841

公司名称:国营江阴齿轮箱厂
地　　址:江苏省江阴市青果路138号
邮政编码:214400
电　　话:0510-6882539

公司名称:江苏省江阴市特种输送机械制造有限公司
地　　址:江苏省江阴市通运路59号
邮政编码:214400
电　　话:0510-6883748 6882938 689399

公司名称:江阴凯澄起重机械有限公司
地　　址:江苏省江阴市澄江镇君山路73号
邮政编码:214431
电　　话:0510-6801555

公司名称:江阴市机电设计研究所
地　　址:江苏省江阴市澄江西路168号
邮政编码:214431
电　　话:0510-6807123

公司名称:江阴振华港口机械有限公司
地　　址:江苏江阴市澄江镇黄山北黄沙湾62号
邮政编码:214431
电　　话:0510-6803818

公司名称:中日合资江阴凯澄起重机械有限公司
地　　址:江苏省江阴市君山路73号
邮政编码:214431
电　　话:0510-6803662

公司名称:江阴市鼎力起重机械有限公司
地　　址:江苏省江阴市山观镇金童方家村67号
邮政编码:214437
电　　话:0510-6132710 6135577

公司名称:江阴市起重运输机械有限公司
地　　址:江苏省江阴市申港镇镇澄路728号
邮政编码:214443
电　　话:0510-6621033

公司名称:江阴恒力起重机械有限公司
地　　址:江苏省江阴市利港镇
邮政编码:214444
电　　话:0510-6631035

公司名称:江阴市凯达起重机械有限公司
地　　址:江苏省江阴市利港镇巨轮村
邮政编码:214444
电　　话:0510-6635868

公司名称:江苏三马起重机械制造公司
地　　址:江苏省靖江市横港南路3号
邮政编码:214500
电　　话:0523-4833933

公司名称:江苏三马起重机械制造公司
地　　址:江苏省靖江市横港南路3号
邮政编码:214500
电　　话:0523-4833933

公司名称:徐工集团靖江叉车有限公司
地　　址:江苏省靖江市车站路77号
邮政编码:214500
电　　话:0523-4832511 4832810

公司名称:苏州富士达仓储成套设备有限公司
地　　址:江苏省苏州市新区滨河路233号416室
邮政编码:215000
电　　话:0512-8249765

公司名称:苏州电瓶车厂
地　　址:江苏省苏州市金阊区景德路401号
邮政编码:215003
电　　话:0512-5226379

公司名称:苏州福科莱起重工程机械有限公司
地　　址:江苏省苏州市金阊区西园路6号
邮政编码:215008
电　　话:0512-7231606

公司名称:苏州富士达仓储成套设备厂
地　　址:江苏省苏州市新滨河路233号
邮政编码:215008
电　　话:0512-8249765

公司名称:苏州起重机械厂(苏州叉车总厂)
地　　址:江苏省苏州市西园路6号
邮政编码:215008
电　　话:0512-7231606

公司名称:苏州起重机械二厂
地　　址:江苏省苏州市金阊区玻纤路3-3号
邮政编码:215008
电　　话:0512-7239497

公司名称:苏州市格林宝升降机械厂
地　　址:江苏省苏州市西园路40号
邮政编码:215008
电　　话:0512-5512458

公司名称:苏州通港集团港口机械厂
地　　址:江苏省苏州市苏浒路85号
邮政编码:215008
电　　话:0512-7232132

公司名称:苏州市通达链条输送机厂
地　　址:江苏省苏州市苏富路161号
邮政编码:215009
电　　话:0512-8209044

公司名称:苏州市富士达仓储成套设备有限公司
地　　址:江苏省苏州市新区滨河路233号国际企业孵化器大厦308室
邮政编码:215011
电　　话:0512-68249765 68082480

公司名称:苏州易联智能监控技术有限公司
地　　址:江苏省苏州市新区馨泰花园44-302
邮政编码:215011
电　　话:0512-8244323

公司名称:安华物流系统(苏州工业园区)有限公司
地　　址:江苏省苏州市金鸡湖路173号园区科技中心1F
邮政编码:215021

电　　话:0512-7613454

公司名称:江苏苏州市南方升降机厂
地　　址:江苏省苏州望亭镇北 312 国道边
邮政编码:215155
电　　话:0512-65389379

公司名称:苏州康博特液压升降机械有限公司
地　　址:江苏省苏州市相城区望亭镇问渡路 50 号
邮政编码:215155
电　　话:0512-5389180

公司名称:苏州纽康特液压升降机械有限公司
地　　址:江苏省苏州市望亭镇经济开发区问渡路 16 号
邮政编码:215155
电　　话:0512-5381124

公司名称:苏州纽康特液压升降机械有限公司
地　　址:江苏省苏州市望亭经济开发区问渡路 16 号
邮政编码:215155
电　　话:0512-5386588 5381124

公司名称:江苏省吴江市九天升降机厂
地　　址:江苏省吴江市金家坝镇金贤路 12 号
邮政编码:215215
电　　话:0512-3202711

公司名称:伟轮叉车(昆山)有限公司
地　　址:江苏省昆山市张浦镇花园路 188 号
邮政编码:215321
电　　话:0520-7445888

公司名称:康贝尔输送设备(苏州)有限公司
地　　址:江苏省太仓市城乡镇板桥区兴业路 111 号
邮政编码:215413
电　　话:0520-3440189

公司名称:合顺物流设备(常熟)有限公司
地　　址:江苏省常熟市新港镇马桥路 88 号
邮政编码:215546
电　　话:0520-2651008

公司名称:徐州拉姆齐技术发展有限公司
地　　址:江苏省徐州市金山桥开发区科技园
邮政编码:221004
电　　话:0516-7793650 7793651

公司名称:徐州重型机械厂
地　　址:江苏省徐州市铜山路 165 号
邮政编码:221004
电　　话:0516-346136

公司名称:徐州工程机械集团有限公司
地　　址:江苏省徐州市苏堤北路 5 号
邮政编码:221006
电　　话:0516-5755693

公司名称:徐州起重机总厂
地　　址:江苏省徐州市淮海西路 270 号
邮政编码:221006
电　　话:0516-5756940-办公室

公司名称:徐州天能矿山机械有限责任公司
地　　址:江苏省徐州市西郊卧牛山
邮政编码:221006
电　　话:0516-5755840

公司名称:徐州重工机械有限公司
地　　址:江苏省徐州市矿山东路 4 号
邮政编码:221006
电　　话:0516-5758930

公司名称:徐州八达特种汽车起重机有限公司
地　　址:江苏省新沂市郯新路 2 号
邮政编码:221400
电　　话:0516-8923179

公司名称：扬州通华专用车股份有限公司
地　　址：江苏省扬州市经济开发区扬子江中路139号
邮政编码：225009
电　　话：0514-7877888 7872979

公司名称：江苏省泰兴减速机厂(集团)泰兴减速机股份有限公司
地　　址：江苏省泰兴市姚王镇泰姚北路10号
邮政编码：225402
电　　话：0523-7635681

公司名称：江苏运输机械厂
地　　址：江苏省泰州市张甸镇
邮政编码：225507
电　　话：0514-2147207

公司名称：江苏省运输机械总厂
地　　址：江苏省江堰市
邮政编码：225527
电　　话：0523-8551188

公司名称：扬州天宝自动化工程有限公司
地　　址：江苏省扬州市应仁里工业区
邮政编码：225828
电　　话：0514-8772506

公司名称：南通电机制造有限公司
地　　址：江苏省南通市崇川区任港路39号
邮政编码：226006
电　　话：0513-3516161

公司名称：江苏国营如皋电动叉车厂
地　　址：江苏省如皋县如城南门外西边
邮政编码：226500
电　　话：0513-7652101

公司名称：南通中太升降机厂
地　　址：江苏省南通市五里树8号
邮政编码：226500
电　　话：0513-7510221

公司名称：鹏飞集团海安兴宇起重运输机械厂
地　　址：江苏省海安东郊大公镇
邮政编码：226623
电　　话：0513-8755355

浙　江　省

物流与速递

公司名称：上海东盛快运有限公司
地　　址：浙江省杭州市体育场路229号
邮政编码：310000
电　　话：0571-5155644

公司名称：中国外运浙江公司
地　　址：浙江省杭州市拱墅区文一路5号
邮政编码：310005
电　　话：0571-8069518

公司名称：杭州中铁快运有限公司
地　　址：浙江省杭州市秋涛路296号
邮政编码：310010
电　　话：0571-6520354

公司名称：杭州八方物流有限公司
地　　址：浙江省杭州市东宝路5号
邮政编码：310016
电　　话：0571-86073787

公司名称：浙江外运杭州公司
地　　址：浙江省杭州市江干区秋涛路254号
邮政编码：310016
电　　话：0571-6050357

公司名称：中国对外贸易运输总公司浙江嘉兴支公

司

地　　址:浙江省嘉兴市城区城东路外贸弄1号

邮政编码:314000

电　　话:0573-2073416

公司名称:嘉善嘉兴远方物流有限公司

地　　址:浙江省嘉善县谈公北路939号开发区大楼601

邮政编码:314100

电　　话:0573-4185333

公司名称:嘉兴远方物流有限公司

地　　址:浙江省嘉善县谈公北路939号开发区大楼601

邮政编码:314100

电　　话:0573-4185333

公司名称:华光国际运输浙江公司宁波分公司

地　　址:浙江省宁波市海曙区永丰路36号

邮政编码:315010

电　　话:0574-7274231

公司名称:宁波海运天野物流有限公司

地　　址:浙江省鄞县鄞江镇四明东路75号

邮政编码:315151

电　　话:0574-8431162

公司名称:中国外运宁波公司分公司

地　　址:浙江省宁波市奉化市南山130号

邮政编码:315500

电　　话:0574-8597555

物流信息服务

公司名称:宁波威博网络信息工程有限公司

地　　址:浙江省宁波市镲闸街7号

邮政编码:315000

电　　话:0574-87843311

货运代理

公司名称:宁波达升远东货运代理有限公司

地　　址:浙江省宁波市江东北路138号金融大厦1202室

邮政编码:315000

电　　话:0574-87754488

公司名称:中海国际货运代理有限公司驻杭州办事处

地　　址:浙江省杭州市秋涛路18号709-713

邮政编码:310000

电　　话:0571-6821026

公司名称:杭州经济技术开发区华光货运代理有限公司

地　　址:浙江省杭州市江干区经济开发区北房1号

邮政编码:310003

电　　话:0571-7064198

公司名称:杭州兴华国际货运有限公司

地　　址:浙江省杭州市中山北路310号

邮政编码:310003

电　　话:0571-5775857

公司名称:萧山航通货运代理有限公司

地　　址:浙江省杭州市石桥路198号

邮政编码:310003

电　　话:0571-6402488

公司名称:杭州货运代理公司

地　　址:浙江省杭州市金鸡桥弄11号

邮政编码:310005

电　　话:0571-6814287

公司名称:杭州三和国际货运有限公司

地　　址:浙江省杭州市湖墅南路247号

邮政编码:310005

电　　话:0571-8389136

公司名称:杭州环球货运有限公司

地　　址:浙江省杭州市杭海路336号

邮政编码:310006
电　　话:0571-5100108

公司名称:浙江省物产国际货运有限公司
地　　址:浙江省杭州市环城西路 56 号
邮政编码:310006
电　　话:0571-85164644

公司名称:杭州东宇货运代理服务有限公司
地　　址:浙江省杭州市中河路茂泰世纪大楼 6 楼 A3
邮政编码:310009
电　　话:0571-5779092

公司名称:浙江达利国际货运公司
地　　址:浙江省杭州市拱康路康桥货场
邮政编码:310009
电　　话:0571-8016573

公司名称:浙江远达国际货运有限公司
地　　址:浙江省杭州市庆春路 11 号凯旋门商业中心 10 层
邮政编码:310009
电　　话:0571-7225101

公司名称:浙江环宇货运代理有限公司
地　　址:浙江省杭州市环城东路 232 号
邮政编码:310012
电　　话:0571-87040130

公司名称:杭州富华国际货运有限公司
地　　址:浙江省杭州市拱墅区石祥路 292 号
邮政编码:310015
电　　话:0571-8015788

公司名称:萧山市运通货运代理有限公司
地　　址:浙江省萧山市通惠中路 265 号
邮政编码:311201
电　　话:0571-2733597

公司名称:上海远洋国际货运湖州分公司
地　　址:浙江省湖州市湖州市辖区南园路 1 号
邮政编码:313000
电　　话:0572-2061634

公司名称:嘉兴市外轮代理公司
地　　址:浙江省嘉兴市城区越秀冯路 1460 号
邮政编码:314001
电　　话:0573-2066288

公司名称:宁波保税区宇通国际货运公司
地　　址:浙江省宁波市北仑区国际发展大厦 27 楼
邮政编码:315010
电　　话:0574-7277823

公司名称:宁波外运国际航空货运有限公司
地　　址:浙江省宁波市海曙区解放南路 69 号
邮政编码:315010
电　　话:0574-7321409

公司名称:宁波外运华海国际货运有限公司
地　　址:浙江省宁波市海曙区解放南路 69 号
邮政编码:315010
电　　话:0574-7293315

公司名称:宁波致远国际货运有限公司
地　　址:浙江省宁波市永丰路 199 弄 37 号
邮政编码:315010
电　　话:0574-8725159

公司名称:宁波市航运代理公司
地　　址:浙江省宁波市江北区下白沙路 24 号
邮政编码:315020
电　　话:0574-7634785

公司名称:宁波市联运总公司货物联运公司
地　　址:浙江省宁波市江北区倪家堰 30 号
邮政编码:315020
电　　话:0574-7355145

公司名称:宁波大井贸易货代有限公司
地　　址:浙江省宁波市江东区大河路
邮政编码:315040
电　　话:0574-7301301

公司名称:浙江达利国际货运公司舟山分公司
地　　址:浙江省舟山市定海区环城东路 66 号 5 楼
邮政编码:316000
电　　话:0580-2027627

运　　输

公司名称:临海市运通货场快运服务有限公司
地　　址:浙江省临海市远洲路 93 号(国际家园 7 号楼)
邮政编码:
电　　话:0576-5306221

公司名称:杭州长城汽车运输有限公司
地　　址:浙江省杭州市环城东路 23 号
邮政编码:310003
电　　话:0571-7049101

公司名称:杭州武林运输公司
地　　址:浙江省杭州市石桥路 198 号
邮政编码:310003
电　　话:0571-6407124

公司名称:杭州西湖汽车运输有限公司
地　　址:浙江省杭州市闸弄口 22 号
邮政编码:310003
电　　话:0571-6463615

公司名称:杭州中厦汽车运输有限公司
地　　址:浙江省杭州市沈半路 75 号
邮政编码:310003
电　　话:0571-8282469

公司名称:杭州铁路分局艮山门站集装箱运输中心
地　　址:浙江省杭州市绍兴路 64 号
邮政编码:310003
电　　话:0571-5377871

公司名称:浙江远洋运输公司
地　　址:浙江省杭州市下城区环城北路 140 号
邮政编码:310006
电　　话:0571-5158028

公司名称:杭州第一汽车运输总公司
地　　址:浙江省杭州市下城区武林路 55 号
邮政编码:310006
电　　话:0571-7027322

公司名称:杭州长江大件起重运输公司
地　　址:浙江省杭州市上城区浣纱路 53 号
邮政编码:310006
电　　话:0571-5370535

公司名称:杭州通江运输公司
地　　址:浙江省杭州市江城路 514 号
邮政编码:310008
电　　话:0571-6056452

公司名称:杭州铁路分局南星桥站集装箱运输中心
地　　址:浙江省杭州市江干区凤山路 8 号
邮政编码:310008
电　　话:0571-6056433

公司名称:杭州金轮铁路运输贸易公司
地　　址:浙江省杭州市艮山门站货场
邮政编码:310008
电　　话:0571-5379856

公司名称:杭州金叶铁路集装箱公司
地　　址:浙江省杭州市东新路叶水桥 15 号边
邮政编码:310008
电　　话:0571-5378788

公司名称:杭州恒通汽车运输有限公司
地　　址:浙江省杭州市绍兴路 200 号
邮政编码:310009

电　　话:0571-5372137

公司名称:杭州铁路分局集装箱运输中心
地　　址:浙江省杭州市环城东路12号
邮政编码:310009
电　　话:0571-7818781

公司名称:浙江省八达铁路运输贸易公司
地　　址:浙江省杭州市上城区清泰街273号
邮政编码:310009
电　　话:0571-7816785

公司名称:杭州东城汽车运输公司
地　　址:浙江省杭州市章家坝村三组新楼
邮政编码:310010
电　　话:0571-6490708

公司名称:杭州化纤运输公司
地　　址:浙江省杭州市西湖区莫干山路1265号
邮政编码:310011
电　　话:0571-8095773

公司名称:杭州民生汽车运输公司
地　　址:浙江省杭州市拱墅区余杭塘路108号
邮政编码:310011
电　　话:0571-8080296

公司名称:杭州南山运输公司
地　　址:浙江省杭州市杭大路28号二楼
邮政编码:310011
电　　话:0571-7970913

公司名称:杭州港航实业总公司航运公司
地　　址:浙江省杭州市拱墅区小河路26号
邮政编码:310015
电　　话:0571-8095240

公司名称:杭州之江汽车运输公司
地　　址:浙江省杭州市袁浦街
邮政编码:310018

电　　话:0571-7940060

公司名称:杭州钱江汽车运输公司
地　　址:浙江省杭州市江干区九堡镇政府边
邮政编码:310019
电　　话:0571-6901147

公司名称:杭州东风汽车运输公司
地　　址:浙江省杭州市艮山路彭埠镇
邮政编码:310021
电　　话:0571-6011339

公司名称:杭州新塘汽车运输公司
地　　址:浙江省杭州市彭埠镇新塘村
邮政编码:310021
电　　话:0571-6045325

公司名称:杭州城西运输公司
地　　址:浙江省杭州市西湖区转塘镇
邮政编码:310024
电　　话:0571-7094181

公司名称:杭州七堡汽车运输公司
地　　址:浙江省杭州市彭埠镇七堡村
邮政编码:310024
电　　话:0571-6011385

公司名称:杭州市商业储运公司汽车运输分公司
地　　址:浙江省杭州市东新路14号
邮政编码:310024
电　　话:0571-5366804

公司名称:杭州外海汽车运输有限公司
地　　址:浙江省杭州市杭海路七堡
邮政编码:310024
电　　话:0571-6013494

公司名称:杭州迅达汽车运输公司
地　　址:浙江省杭州市机场路62号
邮政编码:310024

电　　话:0571-5041599

公司名称:萧山市金达运输有限公司
地　　址:浙江省萧山市商业城综合市场 1C-3
邮政编码:311203
电　　话:0571-2720209

公司名称:萧山市联丰运输公司
地　　址:浙江省萧山市通惠立交桥北宁税村
邮政编码:311205
电　　话:0571-2831178

公司名称:义乌市联运公司集箱货物联运公司
地　　址:浙江省湖州市德清县火车站
邮政编码:313208
电　　话:0572-6024129

公司名称:海宁市联运公司
地　　址:浙江省嘉兴市海宁市硖石老火车站站北
邮政编码:314400
电　　话:0573-7021224

公司名称:浙江省水产加工储运公司运贸分公司
地　　址:浙江省宁波市江北区大庆北路 21 号
邮政编码:315020
电　　话:0574-7633867

公司名称:宁波市金星特快联运有限公司
地　　址:浙江省宁波市江北区大庆南路 139 号
邮政编码:315020
电　　话:0574-7675822

公司名称:宁波市万达快件联运有限公司
地　　址:浙江省宁波市江北区人民路 356 号
邮政编码:315020
电　　话:0574-7356287

公司名称:中集浙江省集装箱公司宁波公司
地　　址:浙江省宁波市江北区人民路 385 号
邮政编码:315020
电　　话:0574-7353277

公司名称:浙江外运镇海公司
地　　址:浙江省宁波市镇海区环城北路 50 号
邮政编码:315200
电　　话:0574-6266009

公司名称:宁波运成集装箱运输有限公司
地　　址:浙江省宁波市镇海区城关镇镇宁东路 133 号
邮政编码:315200
电　　话:0574-6261580

公司名称:慈溪市公铁联运有限公司
地　　址:浙江省慈溪市北二环线 618-636
邮政编码:315300
电　　话:0574-63814510

公司名称:慈溪市大洋外贸运输有限公司
地　　址:浙江省慈溪市寺山路 269 号
邮政编码:315300
电　　话:3891000-6304

公司名称:慈溪市集装箱公司
地　　址:浙江省慈溪市洋山岗
邮政编码:315318
电　　话:0574-3266887

公司名称:宁波市余姚联运公司
地　　址:浙江省余姚市北河沿路 49 号
邮政编码:315400
电　　话:0574-2635639

公司名称:余姚市外贸仓储运输公司
地　　址:浙江省余姚市子陵路 111 号
邮政编码:315400
电　　话:0574-2634702

公司名称:温岭市温西集装箱有限公司
地　　址:浙江省台州市温岭县西公路 35 号

邮政编码:317527
电　　话:0576-6966280

公司名称:温州长运集团有限公司
地　　址:浙江省温州市飞霞南路朝阳大楼D幢(长运大楼)
邮政编码:325027
电　　话:0577-88829277

储　　运

公司名称:杭州昌盛储运经营公司
地　　址:浙江杭州市上城区中山中路209号
邮政编码:310002
电　　话:0571-7026386

公司名称:杭州华新物资储运有限公司
地　　址:浙江省杭州市石桥路新55号
邮政编码:310002
电　　话:0571-6402424

公司名称:杭州市土特产总公司储运公司
地　　址:浙江省杭州市上城区中山中路196号
邮政编码:310002
电　　话:0571-7080603

公司名称:杭州源航物资储运有限公司
地　　址:浙江省杭州市清春门外三叉村
邮政编码:310002
电　　话:0571-6042161

公司名称:浙江印刷物资储运公司
地　　址:浙江省杭州市通江路20号
邮政编码:310002
电　　话:0571-6062143

公司名称:上海工交储运公司
地　　址:浙江省杭州市拱康路58号
邮政编码:310003
电　　话:0571-8282114

公司名称:杭州打铁关物资储运公司
地　　址:浙江省杭州市拱墅区打铁关村
邮政编码:310004
电　　话:0571-5371983

公司名称:浙江汇丰储运有限公司
地　　址:浙江省杭州市大兜路170号
邮政编码:310004
电　　话:0571-8322411

公司名称:浙江凯喜雅国际仓储运输有限责任公司
地　　址:浙江省杭州市下城区体育场路115号
邮政编码:310004
电　　话:5195588-3808

公司名称:浙江凯喜雅国际储运有限公司
地　　址:浙江省杭州市体育场路117号
邮政编码:310004
电　　话:0571-85196369

公司名称:浙江省机电设备公司储运分公司
地　　址:浙江省杭州市下城区凤起路70
邮政编码:310004
电　　话:0571-5281444

公司名称:浙江浙金储运有限公司
地　　址:浙江省杭州市康桥路333号
邮政编码:310004
电　　话:0571-8042502

公司名称:杭州京杭储运公司
地　　址:浙江省杭州市江干区馒头山路老1号
邮政编码:310008
电　　话:0571-6062738

公司名称:萧山市供销储运公司
地　　址:浙江省杭州市江干区复兴街333
邮政编码:310008
电　　话:0571-6081180

公司名称:浙江石油杭州储运有限责任公司
地　　址:浙江省杭州市环城东路米兰公寓 3-1-301
邮政编码:310008
电　　话:0571-7291576

公司名称:杭州市拱谢物资储运公司
地　　址:浙江省杭州市上城区江城路 644 号
邮政编码:310009
电　　话:0571-7802816

公司名称:浙江省新华书店运贸公司
地　　址:浙江省杭州市西湖区文二路 8 号
邮政编码:310012
电　　话:0571-8088568-2007

公司名称:宁波市经济开发区镇海炼化仓储公司
地　　址:浙江省杭州市拱墅区康桥镇谢村
邮政编码:310015
电　　话:0571-8012620

公司名称:余杭市粮油储运公司
地　　址:浙江省余杭市庙前街
邮政编码:311100
电　　话:0571-6225658

公司名称:萧山市储运物资公司
地　　址:浙江省萧山市城河街 8 号公司三楼
邮政编码:311200
电　　话:0571-2624724

公司名称:萧山市粮油储运有限责任公司
地　　址:浙江省萧山市小南门
邮政编码:311200
电　　话:0571-2623306

公司名称:浙江油品储运有限公司
地　　址:浙江省萧山市五七路口 41 号
邮政编码:311200
电　　话:0571-2807052

公司名称:万向集团浙江储运有限责任公司
地　　址:浙江省杭州市萧山市宁牧村民委员会
邮政编码:311215
电　　话:0571-2716888

公司名称:绍兴储运公司
地　　址:浙江省绍兴市越城区车站路 387 号
邮政编码:312000
电　　话:0575-8024354

公司名称:绍兴市市东储运公司
地　　址:浙江省绍兴市越城区沈家庄
邮政编码:312000
电　　话:0575-8643073

公司名称:浙江省绍兴市通安货物联运有限责任公司
地　　址:浙江省绍兴市五云汽车东站内西侧
邮政编码:312000
电　　话:0575-8647278

公司名称:绍兴中国轻纺城储运公司
地　　址:浙江省绍兴市绍兴县独山
邮政编码:312030
电　　话:0575-4091379

公司名称:上虞市供销储运公司
地　　址:浙江省上虞市曹娥渡江路 8 号
邮政编码:312300
电　　话:0575-2012673

公司名称:浙江天华实业集团嵊州市供销储运公司
地　　址:浙江省绍兴市东桥路 55 号
邮政编码:312400
电　　话:0575-3032591

公司名称:湖州货物储运公司
地　　址:浙江省湖州市辖区环城南路 106 号
邮政编码:313000
电　　话:0572-2023462

公司名称:浙江物产仓储有限公司
地　　址:浙江省德清县武康镇北湖街
邮政编码:313200
电　　话:0572-8082436

公司名称:平湖市储运服务公司
地　　址:浙江省平湖市东门码头
邮政编码:314200
电　　话:0573-5021546

公司名称:海宁仓储服务公司
地　　址:浙江省海宁市勤俭路 97 号
邮政编码:314400
电　　话:0573-7227746

公司名称:宁波东伟沥青储运有限公司
地　　址:浙江省宁波市镇海城关招宝山路 1 号
邮政编码:315000
电　　话:0574-8769501

公司名称:宁波保税区东方储运有限公司
地　　址:浙江省宁波市海曙区环城西路北段 455 号
邮政编码:315010
电　　话:0574-7216178

公司名称:宁波市甬江新区国际储运有限公司
地　　址:浙江省宁波市海曙区共青路 71 号
邮政编码:315010
电　　话:0574-7314664

公司名称:宁波市百货批发公司储运分公司
地　　址:浙江省宁波市江北区大通桥仓储站
邮政编码:315020
电　　话:0574-7635608

公司名称:宁波市港坚码头储运有限公司
地　　址:浙江省宁波市江北区路林
邮政编码:315020
电　　话:0574-7604516

公司名称:宁波市江北快迅储运服务公司
地　　址:浙江省宁波市江北区大庆北路 21 号
邮政编码:315020
电　　话:0574-7635505

公司名称:宁波市商业储运公司
地　　址:浙江省宁波市江北区生宝路 11 号
邮政编码:315020
电　　话:0574-7355818

公司名称:宁波外运华昌储运公司
地　　址:浙江省宁波市江北区倪家堰路 22-24 号
邮政编码:315020
电　　话:0574-7355617

公司名称:浙江省供销社宁波仓储运输公司
地　　址:浙江省宁波市江北区大庆南路 133-137 号
邮政编码:315020
电　　话:0574-7385812

公司名称:宁波市远航集装箱仓储运输有限公司
地　　址:浙江省宁波市江北区繁景花园牡丹阁 482 座
邮政编码:315020
电　　话:0574-7215884

公司名称:宁波市浚港物资储运经营公司
地　　址:浙江省宁波市江北区常红
邮政编码:315021
电　　话:0574-7636888

公司名称:宁波浙东储运总公司
地　　址:浙江省宁波市江北区慈城解放路 112 号
邮政编码:315031
电　　话:0574-7386285

公司名称:宁波海丰仓储有限公司
地　　址:浙江省宁波市江东区江南公路 68 号
邮政编码:315040

电　　话:0574-7400050

公司名称:中国机械设备进出口宁波包装储运公司
地　　址:浙江省宁波江东区丹凤二村二幢二号二楼
邮政编码:315051
电　　话:0574-7339872

公司名称:宁波国储物资储运处
地　　址:浙江省宁波市镇海区城河西路177号
邮政编码:315200
电　　话:0574-6275082

公司名称:宁波海云液化储运有限公司
地　　址:浙江省宁波镇海区城关镇招宝山路1号
邮政编码:315200
电　　话:0574-7695928

公司名称:宁波华宁化工储运有限公司
地　　址:浙江省宁波市镇海区招宝山路1号
邮政编码:315200
电　　话:0574-7695928

公司名称:宁波金海菱液化储运有限公司
地　　址:浙江省宁波市镇海招宝山路1号
邮政编码:315200
电　　话:0574-8769501

公司名称:宁波市镇海联合储运发展公司
地　　址:浙江省宁波市镇海区后海塘
邮政编码:315200
电　　话:0574-6272996

公司名称:宁波中化建韩华化工储运有限公司
地　　址:浙江省宁波市镇海招宝山路1号
邮政编码:315200
电　　话:0574-7695227

公司名称:宁波四海集团储运公司
地　　址:浙江省宁波市慈溪市环城西路199号
邮政编码:315300
电　　话:0574-3812714

公司名称:余姚市运输总公司联运仓储公司
地　　址:浙江省余姚市胜一
邮政编码:315400
电　　话:0574-2635302

公司名称:宁波经济技术开发区外贸仓储运输公司
地　　址:浙江省宁波市北仑区金鸡路T1区
邮政编码:315803
电　　话:0574-6221761

公司名称:杭州商业储运公司
地　　址:浙江省宁波市北仑区算山
邮政编码:315824
电　　话:0574-8688199

公司名称:中国对外贸易运输公司浙江省舟山公司
地　　址:浙江省舟山市定海路城东路66号舟山大厦10楼
邮政编码:316000
电　　话:0580-2025624

公司名称:舟山经济开发区顺昌储运有限公司
地　　址:浙江省舟山市定海区新桥路16号
邮政编码:316000
电　　话:0580-2021234

公司名称:舟山三高石化储运有限公司
地　　址:浙江省舟山市定海区昌国路258号
邮政编码:316000
电　　话:0580-2028018

公司名称:舟山首和中转储运有限公司
地　　址:浙江省舟山市定海解放西路225号千岛大厦5楼
邮政编码:316000
电　　话:0580-2023594

公司名称:舟山中威石油储运有限公司
地　　址:浙江省舟山市兴中路1号
邮政编码:316000
电　　话:0580-2026251

公司名称:临海市供销储运公司
地　　址:浙江省临海市城东大柏叶
邮政编码:317000
电　　话:0576-5113487

公司名称:浙江金龙股份有限公司金华仓储运输公司
地　　址:浙江省金华市婺城区青年路4号
邮政编码:321000
电　　话:0579-2343523

公司名称:金华市运输实业总公司联运分公司
地　　址:浙江省金华市婺城区环城西路
邮政编码:321001
电　　话:0579-2342614

公司名称:义乌市联运有限公司
地　　址:浙江省义乌市稠城车站路41号
邮政编码:322000
电　　话:0579-5531672

公司名称:龙泉市储运公司
地　　址:浙江省龙泉市丽水地区南秦路15号
邮政编码:323700
电　　话:0578-7122756

公司名称:浙江喜德国际储运有限公司
地　　址:浙江省衢州市闹桥
邮政编码:324000
电　　话:0570-3830118

公司名称:江山市粮食局直属粮库储运公司
地　　址:浙江省衢州市江山市路口
邮政编码:324104
电　　话:0570-4048270

公司名称:浙江龙游县供销储运总公司
地　　址:浙江省衢州市龙游县新一路11号
邮政编码:324400
电　　话:0570-7022550

公司名称:温州市粮食储运公司
地　　址:浙江省温州市鹿城区飞霞北路108号
邮政编码:325003
电　　话:0577-8332891

公司名称:温州市南方水产物资储运有限公司
地　　址:浙江省温州市鹿城区十八家路31号
邮政编码:325003
电　　话:0577-8333848

公司名称:中国对外贸易运输总公司浙江省温州公司
地　　址:浙江省温州市隔岸路68号外运大楼
邮政编码:325028
电　　话:0577-88619006

公司名称:瑞安市瑞光储运有限公司
地　　址:浙江省瑞安市周湖104国道线边
邮政编码:325200
电　　话:0577-5650881

公司名称:苍南县仓储运输公司
地　　址:浙江省温州市苍南县龙翔中路527号
邮政编码:325802
电　　话:0577-4205039

仓　　储

公司名称:杭州商业储运公司仓储分公司
地　　址:浙江省杭州市拱墅区朝晖路34号
邮政编码:310004
电　　话:0571-5199462

公司名称:杭州义桥国家粮食储备油库
地　　址:浙江省杭州市拱墅区湖墅北路189号
邮政编码:310011

电　　话:0571-8084375

公司名称:杭州群力外贸仓库
地　　址:浙江省杭州市江干区艮山西路70号
邮政编码:310021
电　　话:0571-6035457

公司名称:余杭市仓储公司
地　　址:浙江省杭州市余杭市苏家村
邮政编码:311100
电　　话:0571-6222631

公司名称:浙江省余杭市兴业仓储代理公司
地　　址:浙江省余杭市史家埭路
邮政编码:311100
电　　话:0571-6222105

公司名称:杭州运河货物储存公司
地　　址:浙江省杭州市余杭市谢村
邮政编码:311112
电　　话:0571-8041713

公司名称:绍兴市绍兴经济开发区稽山仓储公司
地　　址:浙江省绍兴市越城区稽山村
邮政编码:312001
电　　话:0575-8656570

公司名称:绍兴县独山仓储服务有限公司
地　　址:浙江省绍兴市绍兴县独山
邮政编码:312030
电　　话:0575-4095191

公司名称:湖州市振兴物资仓储贸易有限公司
地　　址:浙江省湖州市辖区环城南路
邮政编码:313000
电　　话:0572-2012633

公司名称:浙江德清新安桥仓储实业公司
地　　址:浙江省湖州市德清县宁夏路44号
邮政编码:313201
电　　话:0572-8446288

公司名称:嘉兴市恒通仓储物资公司
地　　址:浙江省嘉兴市城区勤俭路388号
邮政编码:314000
电　　话:0573-2070534

公司名称:嘉兴市秀城区物资仓储公司
地　　址:浙江省嘉兴市城区徐王村小普陀
邮政编码:314000
电　　话:0573-2078184

公司名称:浙江省银粮国家粮食储备库
地　　址:浙江省嘉兴市嘉善县铁路新货场北侧
邮政编码:314100
电　　话:0573-4122293

公司名称:宁波市建筑物资总公司仓储分公司
地　　址:浙江省宁波市江北区人民路555号
邮政编码:315020
电　　话:0574-7356330

公司名称:宁波市针纺织品总公司仓储分公司
地　　址:浙江省宁波市江北区大庆北路64弄5号
邮政编码:315020
电　　话:0574-7357112

公司名称:宁波江东宁江储运仓库
地　　址:浙江省宁波市江东区宁江村
邮政编码:315040
电　　话:0574-7837401

公司名称:宁波浙远福洋仓储公司
地　　址:浙江省宁波市江东区江南公路
邮政编码:315051
电　　话:0574-7708025

公司名称:宁波冠保仓储有限公司
地　　址:浙江省宁波市镇海区城关镇招宝山路1号

邮政编码:315200
电　　话:0574-7695061

公司名称:宁波海翔液体化工仓储有限公司
地　　址:浙江省宁波市镇海区环城西路51号
邮政编码:315200
电　　话:0574-6261397

公司名称:宁波市镇海保税仓库
地　　址:浙江省宁波市镇海区五里牌经济开发区
邮政编码:315200
电　　话:0574-6255438

公司名称:宁波金光粮油仓储有限公司
地　　址:浙江省宁波市经济技术开发区北仑新矸黄河北路1号
邮政编码:315800
电　　话:0574-6888634

公司名称:宁波泛澳文伦液化仓储有限公司
地　　址:浙江省宁波市经济技术开发区G7区(竺山路)
邮政编码:315803
电　　话:0574-6221045

公司名称:龙游县供销储运总公司储运分公司
地　　址:浙江省衢州市龙游县新一呼11号
邮政编码:324400
电　　话:0570-7022550

公司名称:温州市鹿城仓储有限公司
地　　址:浙江省温州市温金大道六虹桥路鹿城仓储基地
邮政编码:325000
电　　话:0577-88625388

公司名称:浙江高翔仓储实业有限公司
地　　址:浙江省渔州市华山北路40号
邮政编码:325000
电　　话:0577-88610267 88624758

物流设备

公司名称:湖州德马物流系统工程有限公司
地　　址:浙江省湖州市环城东路225号万隆大厦5楼
邮政编码:313000
电　　话:0572-2067111
传　　真:0572-2066778
网　　址:www.demon.com.cn
公司简介:各类自动化物流仓储系统工程的方案设计、生产制造、培训服务;各类输送设备、辊子输送机系列、带式输送机系列、网带输送机系列、链板输送机系列、转弯输送机系列、伸缩输送机系列、生产装配流水线、自动包装输送线;各类分拣设备:小型中速自动分类机、高速水平自动分类机、高速自动分类机、全自动分拣系统、数字式拣位系统;各类仓储设备:滑移式货架、重力式货架、组合货架、电动移动式货架、多层阁楼式货架以及自动立体仓库;各类物流、仓储设备零部件。

公司名称:杭州现代起重机械制造厂
地　　址:浙江省杭州市东新路352-5号
邮政编码:310003
电　　话:0571-5378702

公司名称:杭州东亚起重机械制造公司
地　　址:浙江省杭州市凤起路420号
邮政编码:310003
电　　话:0571-5178111

公司名称:杭州邮通传动设备厂
地　　址:浙江省杭州市秋涛路550号
邮政编码:310003
电　　话:0571-8604895

公司名称:杭州起重机械有限公司
地　　址:浙江省杭州市绍兴路161号
邮政编码:310004

电　　话:0571-5375000

公司名称:杭州叉车总厂
地　　址:浙江省杭州市上城区江边路 72 号
邮政编码:310008
电　　话:0571-6809464

公司名称:电力部杭州机械设计研究所
地　　址:浙江省杭州市教工三路 18 号
邮政编码:310012
电　　话:

公司名称:浙江大学材料技术工程公司
地　　址:浙江省杭州市玉古路 117 号
邮政编码:310013
电　　话:0571-7951996 7990686

公司名称:杭州华鼎技术实业有限公司
地　　址:浙江省杭州市经济技术开发区 8 号路华鼎大厦
邮政编码:310018
电　　话:0571-6912089

公司名称:宁波如意股份有限公司
地　　址:浙江省宁海城关桃源北路 656 号科技园区内
邮政编码:310018
电　　话:0571-86912151 86912152

公司名称:杭州大众电瓶车有限公司
地　　址:浙江省杭州市丁桥开发区广发路 36 号
邮政编码:310021
电　　话:0571-88114250

公司名称:杭州鼎力机械有限公司
地　　址:浙江省杭州市笕丁路 138 号
邮政编码:310021
电　　话:0571-88110128 88113118 88110

公司名称:杭州东华链条总厂
地　　址:浙江省杭州市机场路 64-2 号
邮政编码:310021
电　　话:0571-85041448

公司名称:杭州西子起重机械厂
地　　址:浙江省杭州市石桥路 292 号
邮政编码:310021
电　　话:0571-8139888

公司名称:杭州宝鼎实业有限公司
地　　址:浙江省杭州市下城区石桥路 378 号
邮政编码:310022
电　　话:0571-8147902

公司名称:杭州华生电平车厂
地　　址:浙江省杭州市石祥路 78 号
邮政编码:310022
电　　话:0571-85374672 85361593

公司名称:杭州西子立体车库有限公司
地　　址:浙江省杭州市石桥路 288 号
邮政编码:310022
电　　话:0571-88139888

公司名称:杭州新登电动车辆有限公司
地　　址:浙江省富阳市新登镇工厂路 76 号
邮政编码:311404
电　　话:0571-3252365 3252266

公司名称:宁波力达物料搬运设备厂
地　　址:浙江省嵊州市蒋家埠
邮政编码:312451
电　　话:0575-3039818

公司名称:浙江双力集团湖州亚力物流机械有限公司
地　　址:浙江省湖州市环城西路 91 号
邮政编码:313000
电　　话:0572-2053013 2022825-8014 2012

公司名称:长兴诺力机械有限责任公司
地　　址:浙江省长兴县长兴环城东路 165 号
邮政编码:313100
电　　话:0572-6045965 6023656

公司名称:浙江湖州转轮机械集团有限公司
地　　址:浙江省长兴县雉城镇杭长路 57 号
邮政编码:313100
电　　话:0572-6024179

公司名称:嘉善宏昌液压起重工具厂
地　　址:浙江省嘉善县惠民大道 391 号
邮政编码:314112
电　　话:0573-2614916

公司名称:浙江嘉兴上扬仓储设备有限公司
地　　址:浙江省平湖市工业园区
邮政编码:314200
电　　话:0573-5115109 5117588

公司名称:上海华商物流技术工程公司平湖实验厂
地　　址:浙江省平湖市新埭镇
邮政编码:314211
电　　话:0573-5600202

公司名称:嘉兴金鹏工具有限公司
地　　址:浙江省嘉兴市西塘桥
邮政编码:314305
电　　话:0573-7809961

公司名称:桐乡双箭胶带有限公司
地　　址:浙江省桐乡市洲泉镇北
邮政编码:314513
电　　话:0573-8511566

公司名称:宁波减速机厂
地　　址:浙江省宁波市孝闻街 30 号
邮政编码:315010
电　　话:0574-7352823

公司名称:宁波市永兴变速器有限公司
地　　址:浙江省宁波市环城北路西段 518 弄 19 号
邮政编码:315016
电　　话:0574-5373700

公司名称:宁波市东青电器机械研究所
地　　址:浙江省宁波市大庆新村 5 幢 13 号 401 室
邮政编码:315020
电　　话:0574-7662486 01385847831

公司名称:绍兴起重机总厂(绍兴茶叶机械总厂)
地　　址:浙江省绍兴市人民路 358 号
邮政编码:315020
电　　话:0574-7355319

公司名称:杭州力拉带索具有限公司
地　　址:浙江省宁波市鄞县梅墟工业区
邮政编码:315103
电　　话:0574-8351131

公司名称:杭州锦昌起重机械有限公司
地　　址:浙江省鄞县下应镇王家弄村
邮政编码:315105
电　　话:0574-8237781

公司名称:宁波液压马达(集团)有限公司
地　　址:浙江省宁波市开发区金宝路
邮政编码:315200
电　　话:0574-2766158

公司名称:宁波土仓机械制造有限公司
地　　址:浙江省余姚市新建北路 62 号
邮政编码:315400
电　　话:0574-2633563

公司名称:杭州星火输送机械厂
地　　址:浙江省宁波市南屏路 195 号
邮政编码:315731
电　　话:0574-8598333

公司名称:浙江省三门阳光起重电器设备厂
地　　址:浙江省三门县城关西山路 259 号
邮政编码:317100
电　　话:0576-3335452 3337758

公司名称:浙江天成座椅有限公司
地　　址:浙江省天台县开发区
邮政编码:317200
电　　话:0576-3882685

公司名称:浙江省温岭市如意装卸设备厂
地　　址:浙江省温岭市塘下镇梁家桥工业区
邮政编码:317502
电　　话:0576-6552102 6533321

公司名称:金华环铁自动化工程有限公司
地　　址:浙江省金华市双溪西路 335 号
邮政编码:321017
电　　话:0579-2389327

公司名称:宁波甬港起重运输设备有限公司
地　　址:浙江省宁波市衢州沈家开发区东迹大道 15 号
邮政编码:324022
电　　话:0570-2931881

公司名称:温州市久久电器有限公司
地　　址:浙江省温州市新桥高翔工业区高展路 13 号
邮政编码:325006
电　　话:0577-8411459 8411817

公司名称:浙江八达机电有限公司
地　　址:浙江省瑞安市林羊工业区八达路 58 号
邮政编码:325207
电　　话:0577-65590888

公司名称:浙江通力变速机械有限公司
地　　址:浙江省瑞安市林土羊工业区
邮政编码:325207
电　　话:0577-5590000

公司名称:天一传动设备制造公司
地　　址:浙江省鳌江市兴鳌中路 213-215 号
邮政编码:325401
电　　话:0577-3657879 3655879

公司名称:乐清市东方胶塑电器开关厂
地　　址:浙江省乐清市柳市镇苏吕工业区
邮政编码:325604
电　　话:(0577)2790993 2790780

安　　徽　　省

物流与速递

公司名称:安徽省合肥市邮政局
地　　址:安徽省合肥市长江路 120 号
邮政编码:230001
电　　话:0551-2644592

公司名称:安徽省蚌埠商业储运公司联合物流中心
地　　址:安徽省蚌埠市中市区淮河路 715 号
邮政编码:233000
电　　话:0552-2045098

公司名称:蚌埠市货运配载中心
地　　址:安徽省蚌埠市西市区胜利西路 22 号
邮政编码:233000
电　　话:0552-4023403

物流信息服务

公司名称:合肥三佳趋势软件开发有限公司
地　　址:安徽省合肥市巢湖路 75 号 5 层
邮政编码:230000
电　　话:0551-4655754

公司名称:合肥市永信电脑公司
地　　址:安徽省合肥市中市区荣事达大道 100 号振信大厦
邮政编码:230001
电　　话:0551-2640557

公司名称:宏裕电脑系统(合肥)有限公司
地　　址:安徽省合肥市屯溪路 282 号
邮政编码:230001
电　　话:0551-4658999

公司名称:合肥亿利达计算机研究开发有限公司
地　　址:安徽省合肥市屯溪路 59 号工大微机所内
邮政编码:230009
电　　话:0551-4660635

公司名称:合肥科大恒星计算机技术研究有限公司
地　　址:安徽省合肥市金寨路 96 号
邮政编码:230026
电　　话:0551-3603374

公司名称:安徽盛安电脑技术产品有限公司
地　　址:安徽省合肥市金寨路 328 号 405 室
邮政编码:230061
电　　话:0551-2628147

公司名称:合肥软件园管理中心
地　　址:安徽省合肥市长江西路 669 号
邮政编码:230088
电　　话:0551-5324235

公司名称:芜湖易通信息技术有限公司
地　　址:安徽省芜湖市镜湖区黄山路徽商城东 1 号
邮政编码:241000
电　　话:0553-3826554

公司名称:芜湖奥莱姆科技信息产业有限公司
地　　址:安徽省芜湖市开发区银湖别墅 6 幢
邮政编码:241009
电　　话:0553-3117757

公司名称:芜湖麦思科自动化系统有限公司
地　　址:安徽省芜湖市经济技术开发区延安北路 188 号
邮政编码:241009
电　　话:0553-5843771

货运代理

公司名称:安徽远洋国际货运公司
地　　址:安徽省合肥市西市区芜湖路 13-1 号
邮政编码:230001
电　　话:0551-2634038

公司名称:安徽远洋运输公司
地　　址:安徽省合肥市西市区芜湖路 13-1 号
邮政编码:230001
电　　话:0551-2657983

公司名称:合肥安达货运代理有限责任公司
地　　址:安徽省合肥市西市区宣城路 13
邮政编码:230001
电　　话:0551-2650390

公司名称:合肥鹭岛货运代理有限责任公司
地　　址:安徽合肥市西市区芜湖路 13-1
邮政编码:230001
电　　话:0551-2647284

公司名称:安徽国际集装箱联运公司运代部
地　　址:安徽省合肥市西市区宁国路 150 号
邮政编码:230011
电　　话:0551-4653335

公司名称:安徽省交通运输代理有限责任公司
地　　址:安徽省合肥市东市长江东路 1157 号
邮政编码:230011
电　　话:0551-2617445

公司名称:合肥安捷货运代理有限责任公司

地　　址:安徽省合肥东市大通路明光小区 2-204
邮政编码:230011
电　　话:0551-3654059

公司名称:合肥沪皖货运代理有限责任公司
地　　址:安徽省合肥市中市区填海巷 3-311
邮政编码:230011
电　　话:0551-2622669

公司名称:合肥市货物运输配载中心
地　　址:安徽省合肥市东市胜利路 78 号
邮政编码:230011
电　　话:0551-2674397

公司名称:合肥市运输总公司货运代理公司
地　　址:安徽省合肥市东市蚌埠路 1163 号
邮政编码:230011
电　　话:0551-5524374

公司名称:合肥正大货运代理有限责任公司
地　　址:安徽省合肥市东市花冲新村 88
邮政编码:230011
电　　话:0551-4463911

公司名称:中国对外贸易运输(集团)总公司安徽公司
地　　址:安徽省合肥市黄山中路 385 号
邮政编码:230022
电　　话:0551-3669999

公司名称:中国外运安徽公司
地　　址:安徽省合肥市西市区金寨路 162 号
邮政编码:230022
电　　话:0551-3635428

公司名称:安徽省联运公司铁公水联运公司
地　　址:安徽省合肥市东市张洼路
邮政编码:230041
电　　话:0551-5527575

公司名称:合肥市宏达货物运输代理公司
地　　址:安徽省合肥市郊区合瓦路一里井 126 号
邮政编码:230041
电　　话:0551-5525630

公司名称:安徽国际货物运输公司
地　　址:安徽省合肥市中市区益民街 28 号
邮政编码:230061
电　　话:0551-2622558

公司名称:安徽省外运公司宿县地区公司
地　　址:安徽省宿县地区宿州市汴河路 475
邮政编码:234000
电　　话:0557-3026397

公司名称:安徽外运阜阳分公司
地　　址:安徽省阜阳市李庄
邮政编码:236029
电　　话:0558-2264726

公司名称:安徽外运滁州公司
地　　址:安徽省滁州市琅琊区丰乐路 59 号
邮政编码:239000
电　　话:0550-3023482

公司名称:芜湖长江轮船公司运贸代理公司
地　　址:安徽省芜湖市新芜区江岸路 18 号
邮政编码:241000
电　　话:0553-3806223

公司名称:芜湖港货物运输代理公司
地　　址:安徽省芜湖市新芜区江岸路 32 号
邮政编码:241000
电　　话:0553-3833810

公司名称:中国外轮理货总公司芜湖分公司
地　　址:安徽省芜湖市新芜区江岸路 32 号
邮政编码:241000
电　　话:0553-3833390

公司名称:马鞍山市联合运输总公司货运代理公司
地　　址:安徽省马鞍山市金家庄区康复路 103 号
邮政编码:243000
电　　话:0555-2330635

公司名称:中国马鞍山外轮代理公司
地　　址:安徽省马鞍山市金家庄区长江路 84 号
邮政编码:243023
电　　话:0555-2810255

公司名称:铜陵市对外贸易运输公司
地　　址:安徽省铜陵市铜官山区石城路 34 号
邮政编码:244000
电　　话:0562-2832679

公司名称:中国外运安徽黄山公司
地　　址:安徽省黄山市屯溪区徽山路 3 号
邮政编码:245000
电　　话:0559-2513991

公司名称:中国外运安徽安庆公司
地　　址:安徽省安庆市大观区集贤南路 93 号
邮政编码:246001
电　　话:0556-5311514

公司名称:安庆港货运代理贸易公司
地　　址:安徽省安庆市迎江区沿江中路 7 号
邮政编码:246003
电　　话:0556-5514947

公司名称:安庆外轮服务公司
地　　址:安徽省安庆市迎江区沿江中路 2 号
邮政编码:246003
电　　话:5514810-7020

公司名称:中国外轮理货总公司安庆分公司
地　　址:安徽省安庆市迎江区沿江中路 7 号
邮政编码:246003
电　　话:0556-5514810

运　　输

公司名称:安徽海运有限责任公司
地　　址:安徽省合肥市屯溪路迪迈达新村 8 号楼
邮政编码:230001
电　　话:0551-4664516

公司名称:安徽宇环国际船务有限责任公司
地　　址:安徽省合肥市中市区红星路 78 号
邮政编码:230001
电　　话:0551-2677456

公司名称:安徽省合肥航运总公司
地　　址:安徽省合肥市东市合裕路 1243 号
邮政编码:230011
电　　话:0551-4488474

公司名称:合肥商业储运总公司运输分公司
地　　址:安徽省合肥市东市胜利路 45 号
邮政编码:230011
电　　话:0551-2652591

公司名称:合肥市运输总公司
地　　址:安徽省合肥市东市明光路 127 号
邮政编码:230011
电　　话:0551-2674050

公司名称:合肥亚太货运有限责任公司
地　　址:安徽合肥市东市繁昌路 1 号
邮政编码:230011
电　　话:0551-2640065

公司名称:安徽国际集装箱联运公司
地　　址:安徽省合肥市东市蚌埠路 593 号
邮政编码:230011
电　　话:0551-4482576

公司名称:安徽省江海轮船运输公司
地　　址:安徽省合肥市中市区阜阳北路 3 号
邮政编码:230041

电　　话:0551-5547127

公司名称:安徽省合肥汽车运输总公司
地　　址:安徽省合肥市东市嘉山路 62 号
邮政编码:230041
电　　话:0551-5525010

公司名称:安徽省联运公司汽车运输分公司
地　　址:安徽省合肥市东市张洼路
邮政编码:230041
电　　话:0551-5528943

公司名称:合肥市第一粮食运输公司
地　　址:安徽省合肥市中市区颖上路了 28
邮政编码:230041
电　　话:0551-5526983

公司名称:安徽省合肥市集装箱运输公司
地　　址:安徽省合肥市中市区颖上路 25 号
邮政编码:230041
电　　话:0551-5523114

公司名称:安徽省联运公司零担集装箱货运总站
地　　址:安徽省合肥市东市张洼路三角线
邮政编码:230041
电　　话:0551-5522391

公司名称:淮南市航运公司
地　　址:安徽省淮南市田家庵区淮舜北路 63 号
邮政编码:232007
电　　话:0554-3623113

公司名称:安徽省淮南市汽车运输总公司
地　　址:安徽省淮南市田家庵区淮舜南路
邮政编码:232007
电　　话:0554-2682863

公司名称:淮南市运输总公司
地　　址:安徽省淮南市田家庵区淮舜北路 64 号
邮政编码:232007

电　　话:0554-3623697

公司名称:蚌埠市航运公司
地　　址:安徽省蚌埠市中市区华昌
邮政编码:233000
电　　话:0552-2045453

公司名称:安徽省蚌埠市汽车运输总公司
地　　址:安徽省蚌埠市东市区淮河路 1 号
邮政编码:233000
电　　话:0552-3015542

公司名称:蚌埠市运输总公司
地　　址:安徽省蚌埠市中市区朝阳路 90 号
邮政编码:233000
电　　话:0552-2063703

公司名称:蚌埠站商业运输服务公司
地　　址:安徽省蚌埠市东市区淮河路 204 号
邮政编码:233000
电　　话:0552-3069515

公司名称:蚌埠市集装箱中转站
地　　址:安徽省蚌埠市西市区吴湾路北首
邮政编码:233000
电　　话:0552-4081861

公司名称:蚌埠铁路分局运输贸易服务公司
地　　址:安徽省蚌埠市东市区淮河东路 170 号
邮政编码:233000
电　　话:0552-3057399

公司名称:蚌埠铁路分局集装箱运输中心
地　　址:安徽省蚌埠市东市区胜利东路 1590 号
邮政编码:233008
电　　话:0552-2061001

公司名称:蚌埠东站铁路运输贸易公司
地　　址:安徽省蚌埠市东市区曹山
邮政编码:233030

电　　话:0552-3015419

公司名称:安徽三星化工集团运输有限责任公司
地　　址:安徽省阜阳市涡阳县交通路
邮政编码:233600
电　　话:0558-7213799

公司名称:新兴航运有限责任公司
地　　址:安徽省蚌埠市固镇县瓦坊
邮政编码:233700
电　　话:0552-6015177

公司名称:安徽省宿州市航运总公司
地　　址:安徽省宿县地区宿州市汴北
邮政编码:234000
电　　话:0557-3060725

公司名称:宿州市运输公司
地　　址:安徽省宿县地区宿州市胜利
邮政编码:234000
电　　话:0557-3022033

公司名称:淮北市汽车运输公司
地　　址:安徽省淮北市相山区古城路 402 号
邮政编码:235000
电　　话:0561-3024858

公司名称:淮北市汽车运输公司零担货运站
地　　址:安徽省淮北市相山区古城路 402 号
邮政编码:235000
电　　话:0561-3021558

公司名称:淮北市运输总公司
地　　址:安徽省淮北市相山区淮海街 291 号
邮政编码:235000
电　　话:0561-3022142

公司名称:淮北市运输总公司一公司
地　　址:安徽省淮北市相山区东山街 39 号
邮政编码:235000
电　　话:0561-3022147

公司名称:淮北市第三运输公司
地　　址:安徽省淮北市烈山区烈山村
邮政编码:235025
电　　话:0561-4081041

公司名称:淮北市第二运输总公司
地　　址:安徽省淮北市杜集区高岳村
邮政编码:235037
电　　话:0561-4010423

公司名称:安徽省阜阳市运输总公司
地　　址:安徽省阜阳市颍上北路 56 号
邮政编码:236000
电　　话:0558-2266608

公司名称:阜阳市第九运输公司
地　　址:安徽省阜阳市向阳路 126 号
邮政编码:236000
电　　话:0558-2326903

公司名称:阜阳市第三运输公司
地　　址:安徽省阜阳市颍河东路 4 号
邮政编码:236000
电　　话:0558-2322738

公司名称:阜阳市第四运输公司
地　　址:安徽省阜阳市向阳路
邮政编码:236000
电　　话:0558-2323064

公司名称:阜阳市新星汽车运输公司
地　　址:安徽省阜阳市向阳路 73 号
邮政编码:236000
电　　话:0558-2323326

公司名称:阜阳市航运总公司
地　　址:安徽省阜阳市闸西南路 16 号
邮政编码:236013

电　　话:0558-2262938

公司名称:**阜阳市航运公司**
地　　址:安徽省阜阳市颍河东路 60 号
邮政编码:236019
电　　话:0558-2325831

公司名称:**阜阳市石油公司运输公司**
地　　址:安徽省阜阳市桃园行政村
邮政编码:236019
电　　话:0558-2323281

公司名称:**阜阳外运铁路运输服务有限公司**
地　　址:安徽省阜阳市致富路
邮政编码:236021
电　　话:0558-2317853

公司名称:**安徽省阜阳市汽车运输总公司**
地　　址:安徽省阜阳市颍河西路 89 号
邮政编码:236036
电　　话:0558-2263147

公司名称:**阜阳市联运公司**
地　　址:安徽省阜阳市颍河东路 158 号
邮政编码:236037
电　　话:0558-2321214

公司名称:**安徽省六安地区汽车运输总公司**
地　　址:安徽省六安地区六安市皖西西路 66
邮政编码:237005
电　　话:0564-3312103

公司名称:**六安市运输公司**
地　　址:安徽省六安地区六安市皖西路 133 号
邮政编码:237005
电　　话:0564-3213281

公司名称:**安徽省六安市航运公司**
地　　址:安徽省六安地区六安市东市
邮政编码:237010
电　　话:0564-3312467

公司名称:**安徽省巢湖市航运有限责任公司**
地　　址:安徽省巢湖地区巢湖市朝阳路 27 号
邮政编码:238000
电　　话:0565-2313925

公司名称:**巢湖地区水路运输服务中心**
地　　址:安徽省巢湖地区巢湖市沿河路 4 号
邮政编码:238000
电　　话:0565-2312005

公司名称:**安徽省巢湖地区汽车运输总公司**
地　　址:安徽省巢湖地区巢湖市巢柘路 13 号
邮政编码:238000
电　　话:0565-2312066

公司名称:**巢湖地区汽车运输总公司巢湖货运公司**
地　　址:安徽省巢湖地区巢湖市巢柘路 3 号
邮政编码:238000
电　　话:0565-2314536

公司名称:**巢湖地区汽车运输总公司零担货运公司**
地　　址:安徽省巢湖地区巢湖市长江东路 34 号
邮政编码:238000
电　　话:0565-2313042

公司名称:**巢湖市凤凰汽车运输有限公司**
地　　址:安徽省巢湖地区巢湖市长江西路
邮政编码:238000
电　　话:0565-2317670

公司名称:**巢湖市粮油运输公司**
地　　址:安徽省巢湖地区巢湖市城北街道
邮政编码:238000
电　　话:0565-2313709

公司名称:**巢湖市汽车运输公司**
地　　址:安徽省巢湖地区巢湖市长江西路 12 号
邮政编码:238000

电　　话:0565-2313988

公司名称:巢湖市运输公司货运分公司
地　　址:安徽省巢湖地区巢湖市长江西路 14 号
邮政编码:238000
电　　话:0565-2312464

公司名称:芜湖长江轮船公司
地　　址:安徽省芜湖市新芜区江岸路 17 号
邮政编码:241000
电　　话:0553-3806304

公司名称:芜湖航运公司
地　　址:安徽省芜湖市新芜区吉和街 2 号
邮政编码:241000
电　　话:0553-3832674

公司名称:安徽省芜湖汽车运输总公司
地　　址:安徽省芜湖市镜湖区九华山路 302 号
邮政编码:241000
电　　话:0553-3832681

公司名称:芜湖市第一运输总公司
地　　址:安徽省芜湖市新芜区北京路 71 号
邮政编码:241000
电　　话:0553-3834181

公司名称:芜湖市汽车运输总公司
地　　址:安徽省芜湖市新芜区北京路 53 号
邮政编码:241000
电　　话:0553-3833067

公司名称:安徽省芜湖市集装箱运输公司
地　　址:安徽省芜湖市新芜区芜宁路
邮政编码:241000
电　　话:0553-5852731

公司名称:芜湖铁路运输贸易服务公司
地　　址:安徽省芜湖市镜湖区东郊路 280 号
邮政编码:241000

电　　话:0553-3802819

公司名称:芜湖皖华国际集装箱运输服务有限公司
地　　址:安徽省芜湖市长江路 214 号
邮政编码:241001
电　　话:0553-5844187

公司名称:芜湖市水上运输公司
地　　址:安徽省芜湖市马塘区中山南路 157
邮政编码:241002
电　　话:0553-4814720

公司名称:安徽省宣城地区汽车运输总公司
地　　址:安徽省宣城地区宣州市鳌峰东路 24 号
邮政编码:242000
电　　话:0563-3022750

公司名称:宣州市运输公司
地　　址:安徽省宣城地区宣州市石板桥
邮政编码:242000
电　　话:0563-3023524

公司名称:南京铁路宣城运输贸易总公司
地　　址:安徽省宣城地区宣州市济川
邮政编码:242000
电　　话:0563-3015968

公司名称:南陵县江达水上运输有限责任公司
地　　址:安徽省芜湖市南陵县周王村
邮政编码:242403
电　　话:0553-9005569

公司名称:南陵县长江船舶运输有限责任公司
地　　址:安徽省芜湖市南陵县金阁村
邮政编码:242404
电　　话:0553-6871002

公司名称:马鞍山市汽车运输总公司
地　　址:安徽马鞍山市花山区红旗北路 119 号
邮政编码:243000

电　　话:0555-2473873

公司名称:马鞍山市集装箱运输公司
地　　址:安徽省马鞍山市花山区解放路 35 号
邮政编码:243000
电　　话:0555-2473762

公司名称:马鞍山市汽运特种货物运输中心
地　　址:安徽省马鞍山市雨山区宁芜路旁
邮政编码:243041
电　　话:0555-2211078

公司名称:安徽省铜陵市汽车运输总公司
地　　址:安徽省铜陵市铜官山区义安北路 110 号
邮政编码:244000
电　　话:0562-2867939

公司名称:铜陵化学集团公司汽车运输公司
地　　址:安徽省铜陵市郊区谢垅经济开发区
邮政编码:244000
电　　话:0562-2836963

公司名称:铜陵市第二运输公司
地　　址:安徽省铜陵市铜官山区扫把沟
邮政编码:244000
电　　话:0562-3861394

公司名称:铜陵市运输公司
地　　址:安徽省铜陵市铜官山区长江西路沙河新村 22 栋
邮政编码:244000
电　　话:0562-2832186

公司名称:安徽省铜陵市航运总公司
地　　址:安徽省铜陵市铜官山区扫把沟
邮政编码:244021
电　　话:0562-3861800

公司名称:安徽外运黄山汽车运输公司
地　　址:安徽省黄山市屯溪区跃进路 6 号
邮政编码:245000
电　　话:0559-2513016

公司名称:绩溪铁路运输贸易公司
地　　址:安徽省宣城地区绩溪县华阳南路铁路火车站
邮政编码:245300
电　　话:0563-8163535

公司名称:安徽省安庆汽车运输总公司
地　　址:安徽省安庆市大观区纺织南路 1 号
邮政编码:246001
电　　话:0556-5511641

公司名称:安徽省安庆轮船有限公司船务分公司
地　　址:安徽省安庆市迎江区沿江中路 64 号
邮政编码:246003
电　　话:0556-5546449

公司名称:安庆市宝航轮船有限公司
地　　址:安徽省安庆市迎江区人民路 298 号
邮政编码:246003
电　　话:0556-5565044

公司名称:安庆市华昌国际集装箱运输有限责任公司
地　　址:安徽省安庆市迎江区湖心中路 1 号
邮政编码:246003
电　　话:0556-5543029

公司名称:铜陵市安铜汽车运输有限责任公司
地　　址:安徽省铜陵市郊区马安
邮政编码:246131
电　　话:0562-4852143

公司名称:贵池市交通轮船运输公司
地　　址:安徽省池州地区贵池市白洋路 56 号
邮政编码:247100
电　　话:0566-2023722

公司名称:安徽省池州汽运总公司(杰达集团汽运总公司)
地　　址:安徽省池州地区贵池市长江北路 19 号
邮政编码:247100
电　　话:0566-2023474

公司名称:贵池市第二汽车运输公司
地　　址:安徽省池州地区贵池市东湖路 36 号
邮政编码:247100
电　　话:0566-2022617

公司名称:贵池市第一汽车运输公司
地　　址:安徽省池州地区贵池市东湖路 24 号
邮政编码:247100
电　　话:0566-2022024

公司名称:池州地区联运公司
地　　址:安徽省贵池市长江北路城北农贸市场
邮政编码:247100
电　　话:0566-2021283

公司名称:贵池市联运公司
地　　址:安徽省池州地区贵池市翠微路 28 号
邮政编码:247100
电　　话:0566-2023845

储　　运

公司名称:安徽省商业储运公司
地　　址:安徽省合肥市中市区无为路 7 号
邮政编码:230001
电　　话:0551-2632518

公司名称:安徽皖凤储运有限公司
地　　址:安徽省合肥市胜利路 7 号
邮政编码:230001
电　　话:0551-2631851

公司名称:安徽省联运公司
地　　址:安徽省合肥市东市长江东路 1157 号
邮政编码:230011
电　　话:0551-2619519

公司名称:合肥东方储运有限责任公司
地　　址:安徽省合肥市东市明光路 48
邮政编码:230011
电　　话:0551-4462686

公司名称:安徽精益储运有限公司
地　　址:安徽省合肥市金寨路 245 号
邮政编码:230022
电　　话:0551-3363192

公司名称:安徽外运合肥储运公司
地　　址:安徽省合肥市郊区合瓦路 199 号
邮政编码:230041
电　　话:0551-5525216

公司名称:安徽外运直属储运公司
地　　址:安徽省合肥市郊区合瓦路 147 号
邮政编码:230041
电　　话:0551-5525836

公司名称:合肥商业储运总公司
地　　址:安徽省合肥市中市区西马道巷 12 号
邮政编码:230041
电　　话:0551-2654097

公司名称:合肥市农副产品储运公司
地　　址:安徽省合肥市郊区阜阳北路 166 号
邮政编码:230041
电　　话:0551-5527063

公司名称:安徽宇环储运有限公司
地　　址:安徽省合肥市红星路 78 号
邮政编码:230061
电　　话:0551-2844570

公司名称:捷昌储运(合肥)有限公司
地　　址:安徽省合肥市中市区长江路 237 号
邮政编码:230061

电　　话:0551-2818349

公司名称:淮南市水路联运公司
地　　址:安徽省淮南市田家庵区田东
邮政编码:232007
电　　话:0554-2672822

公司名称:安徽省蚌埠市商业储运公司
地　　址:安徽省蚌埠市中市区青年街小区 9 号楼
邮政编码:233000
电　　话:0552-2061230

公司名称:蚌埠市供销储运公司
地　　址:安徽省蚌埠市西市区前进路 480 号
邮政编码:233000
电　　话:0552-4036786

公司名称:蚌埠市联运公司
地　　址:安徽省蚌埠市西市区胜利西路 22 号
邮政编码:233000
电　　话:0552-4017531

公司名称:安徽外运蚌埠储运公司
地　　址:安徽省蚌埠市西市区解放路 1273 号
邮政编码:233010
电　　话:0552-3125598

公司名称:宿县地区外贸包装储运公司
地　　址:安徽省宿县地区宿州市货场路 15
邮政编码:234000
电　　话:0557-3022922

公司名称:淮北外贸包装储运公司
地　　址:安徽省淮北市相山区淮海路 369 号
邮政编码:235000
电　　话:0561-3039080

公司名称:安徽阜阳市联运总公司
地　　址:安徽省阜阳市向阳北路 21 号
邮政编码:236021
电　　话:0558-2323196

公司名称:阜阳外贸储运公司
地　　址:安徽省阜阳市长青路 11 号
邮政编码:236021
电　　话:0558-2325971

公司名称:安徽省六安地区联运公司
地　　址:安徽省六安市中市街皖西西路 77 号
邮政编码:237005
电　　话:0564-3313343

公司名称:安徽省巢湖地区粮油储运总公司
地　　址:安徽省巢湖地区巢湖市岗岭路九号
邮政编码:238000
电　　话:0565-2313334

公司名称:巢湖地区商业储运公司(化工原料公司)
地　　址:安徽省巢湖地区巢湖市岗岭路 8 号
邮政编码:238000
电　　话:0565-2373044

公司名称:滁州市粮油储运总公司
地　　址:安徽省滁州市琅琊区南谯路 145 号
邮政编码:239000
电　　话:0550-3053436

公司名称:安徽外运芜湖朱家桥储运公司
地　　址:安徽省芜湖市鸠江区长江路
邮政编码:241001
电　　话:0553-5841148

公司名称:芜湖市联运公司
地　　址:安徽省芜湖市新芜区五里汀
邮政编码:241001
电　　话:0553-5851308

公司名称:芜湖市东汇储运有限责任公司
地　　址:安徽省芜湖市马塘区中山南路 182 号
邮政编码:241002

电　　话:0553-4816089

公司名称:马鞍山市联合运输总公司
地　　址:安徽省马鞍山市花山区解放路 35 号
邮政编码:243000
电　　话:0555-2473555

公司名称:马钢江东储运公司
地　　址:安徽省马鞍山市雨山区沿江路
邮政编码:243021
电　　话:0555-2810984

公司名称:铜陵市联运总公司
地　　址:安徽省铜陵市铜官山区石城路 41 号
邮政编码:244000
电　　话:0562-2862194

公司名称:群立储运有限责任公司
地　　址:安徽省黄山市屯溪区黄山东路 49 号
邮政编码:245000
电　　话:0559-2513610

公司名称:安徽省安庆市联运公司
地　　址:安徽省安庆市大观区菱湖南路 216 号
邮政编码:246001
电　　话:0556-5514666

公司名称:安徽外运安庆储运贸易公司
地　　址:安徽省安庆市迎江区人民路 3 号
邮政编码:246003
电　　话:0556-5512265

公司名称:安庆港口联运公司
地　　址:安徽省安庆市迎江区水狮营农贸市场大厦四楼
邮政编码:246003
电　　话:0556-5518614

公司名称:安庆市外贸第一储运公司
地　　址:安徽省安庆市迎江区华中东路
邮政编码:246003
电　　话:0556-5200614

公司名称:安徽省安庆市外贸第二储运公司
地　　址:安徽省安庆市大观区十魏路西段
邮政编码:246005
电　　话:0556-5311176

仓　储

公司名称:安徽省合肥汽车运输总公司零担储运公司
地　　址:安徽省合肥市东市嘉山路 75 号
邮政编码:230041
电　　话:0551-5525546

公司名称:安徽省商友发展总公司仓储公司
地　　址:安徽省合肥市中市区阜阳北路 3 号
邮政编码:230041
电　　话:0551-5538150

公司名称:安徽省皖合铁路集装箱联营集散站
地　　址:安徽省合肥市东市张洼路
邮政编码:230041
电　　话:0551-5523390

公司名称:森普国际仓储(安徽)有限公司
地　　址:安徽省合肥市中市区安庆路 228 号
邮政编码:230061
电　　话:0551-2623337

公司名称:安徽省淮南市棉麻总公司仓储分公司
地　　址:安徽省淮南市田家庵区龙湖北路
邮政编码:232007
电　　话:0554-3623630

公司名称:蚌埠市安德集团安德物业发展公司
地　　址:安徽省蚌埠市西市区朝阳路 95 号附 1 号
邮政编码:233000
电　　话:0552-2046808

公司名称:蚌埠市西城商储服务公司
地　　址:安徽省蚌埠市西市区前进路 446 号
邮政编码:233000
电　　话:0552-4021558

公司名称:宿县地区行政公署水利局储运站
地　　址:安徽省宿县地区宿州市五金路 1 号
邮政编码:234000
电　　话:0557-3024772

公司名称:安徽省阜阳市粮油储运站
地　　址:安徽省阜阳市颍河西路 100 号
邮政编码:236011
电　　话:0558-2266289

公司名称:安徽省阜阳三里湾国家粮食储备库
地　　址:安徽省阜阳市颍上路 75 号
邮政编码:236012
电　　话:0558-2265066

公司名称:皖巢湖地区外贸储运仓库
地　　址:安徽省巢湖地区巢湖市巢柘路 65 号
邮政编码:238000
电　　话:0565-2314198

公司名称:滁州市外贸仓库
地　　址:安徽省滁州市琅琊区来安路 19 号
邮政编码:239000
电　　话:0550-3053725

公司名称:马鞍山市保税仓库
地　　址:安徽省马鞍山市花山区健康路 58 号
邮政编码:243000
电　　话:0555-2474348

公司名称:马鞍山市木材公司储运分公司
地　　址:安徽省马鞍山市花山区大站东 20 号
邮政编码:243000
电　　话:0555-2476774

公司名称:马鞍山福顺仓储运输有限公司
地　　址:安徽省马鞍山市采向路马钢建设总公司内
邮政编码:243011
电　　话:0555-2336666

物流设备

公司名称:合肥尤方矿山机器股份有限公司
地　　址:安徽省合肥市滁州路 1 号
邮政编码:230011
电　　话:0551-4486745

公司名称:安徽叉车集团公司 TCM 叉车有限公司
地　　址:安徽省合肥市望江路 21 号
邮政编码:230022
电　　话:0551-3642589,3648005

公司名称:安徽叉车集团公司合肥运输机械厂
地　　址:安徽省合肥市祁门路 122 号
邮政编码:230022
电　　话:0551-3521548

公司名称:安徽合力股份有限公司
地　　址:安徽省合肥市望江西路 15 号
邮政编码:230022
电　　话:0551-3632133-6042

公司名称:安徽梯西埃姆叉车有限公司
地　　址:安徽省合肥市望江路 21 号
邮政编码:230022
电　　话:0551-3642589

公司名称:合肥迈特机械制造有限责任公司
地　　址:安徽省合肥市合作化南路 18 号
邮政编码:230022
电　　话:0551-5130128

公司名称:安徽省桐城市矿山机械制造有限公司
地　　址:安徽省桐城市南门
邮政编码:231404

电　　话:0556-6123188

公司名称:**淮南煤矿机械厂**
地　　址:安徽省淮南市蔡家岗
邮政编码:232058
电　　话:0554-5717631 5717600

公司名称:**中国人民解放军第七四一零工厂**
地　　址:安徽省巢湖市巢拓路 107 号
邮政编码:238013
电　　话:0565-2317411

公司名称:**滁州通力(集团)立体停车设备工程有限公司**
地　　址:安徽省滁州市南谯路 18 号
邮政编码:239000
电　　话:0550-3024691

公司名称:**芜湖爱德运输机械有限公司**
地　　址:安徽省芜湖市芜石路 35 号
邮政编码:241002
电　　话:0553-4814287

公司名称:**铜陵蓝天股份有限公司铜陵运输机器厂**
地　　址:安徽省铜陵市谢家垅(铜陵经济技术开发区)
邮政编码:244000
电　　话:0562-2835498

福　建　省

物流与速递

公司名称:**中国外运福建公司**
地　　址:福建省福州市鼓楼区中山路 23 号
邮政编码:350003
电　　话:0591-7846188

公司名称:**福州开发区东方快车有限公司**
地　　址:福建省福州市晋安区沁园支路 49 号
邮政编码:350013
电　　话:0591-7596844

公司名称:**中国外运福建莆田公司**
地　　址:福建省莆田市涵江区涵华东路 241 号
邮政编码:351111
电　　话:0594-3598161

公司名称:**厦门航空快递公司**
地　　址:福建省厦门市开元区湖滨中路 89 号
邮政编码:361004
电　　话:0592-2119666

公司名称:**裕利集团有限公司**
地　　址:福建省厦门市湖里区东渡濠头
邮政编码:361012
电　　话:0592-5610828

公司名称:**泉州市环球航空快递联营公司**
地　　址:福建省泉州市鲤城区田安南路边防大队一楼
邮政编码:362000
电　　话:0595-2586905

公司名称:**中国外运福建泉州公司**
地　　址:福建省泉州市鲤城区九一路外贸大楼一楼
邮政编码:362000
电　　话:0595-2187152

公司名称:**福建省漳州市坤达快运服务有限公司**
地　　址:福建省漳州市广华新村 5 幢 404 号
邮政编码:363000
电　　话:0996-2931223

公司名称:中国对外贸易运输公司福建分公司漳州支公司
地　　址:福建省漳州市芗城区上街新村 14 号
邮政编码:363000
电　　话:0596-2026096

货运代理

公司名称:中国外运福建公司
地　　址:福建省福州市鼓楼区中山路 23 号
邮政编码:350003
电　　话:0591-7846188

公司名称:福州开发区东方快车有限公司
地　　址:福建省福州市晋安区沁园支路 49 号
邮政编码:350013
电　　话:0591-7596844

公司名称:中国外运福建莆田公司
地　　址:福建省莆田市涵江区涵华东路 241 号
邮政编码:351111
电　　话:0594-3598161

公司名称:厦门航空快递公司
地　　址:福建省厦门市开元区湖滨中路 89 号
邮政编码:361004
电　　话:0592-2119666

公司名称:裕利集团有限公司
地　　址:福建省厦门市湖里区东渡濠头
邮政编码:361012
电　　话:0592-5610828

公司名称:泉州市环球航空快递联营公司
地　　址:福建省泉州市鲤城区田安南路边防大队一楼
邮政编码:362000
电　　话:0595-2586905

公司名称:中国外运福建泉州公司
地　　址:福建省泉州市鲤城区九一路外贸大楼一楼
邮政编码:362000
电　　话:0595-2187152

公司名称:福建省漳州市坤达快运服务有限公司
地　　址:福建省漳州市广华新村 5 幢 404 号
邮政编码:363000
电　　话:0996-2931223

公司名称:中国对外贸易运输公司福建分公司漳州支公司
地　　址:福建省漳州市芗城区上街新村 14 号
邮政编码:363000
电　　话:0596-2026096

运　　输

公司名称:福建省粮食海运公司
地　　址:福建省福州市鼓楼区杨桥东路中闽华通大厦 B 幢 15 层
邮政编码:350001
电　　话:0591-7522166

公司名称:福建省林业航运公司
地　　址:福建省福州市鼓楼区东街 43 号
邮政编码:350001
电　　话:0591-7555564

公司名称:福建省轮船总公司福州集装箱海运分公司
地　　址:福建省福州市鼓楼区东大路 6 号 9 层
邮政编码:350001
电　　话:0591-7540659

公司名称:福州市汽车运输总公司
地　　址:福建省福州市连江路北段 84 号
邮政编码:350001
电　　话:0591-3659397

公司名称:福建外运天健航空货运有限公司
地　　址:福建省福州市鼓楼区福州六一北路 266

号
邮政编码:350001
电　　话:0591-7561154

公司名称:福建船务代理公司
地　　址:福建省福州市鼓楼区中山路 23 号
邮政编码:350003
电　　话:0591-7821564

公司名称:福建燕海恒通(中国)运输有限公司
地　　址:福建省福州市鼓楼区华林路 128 号
邮政编码:350003
电　　话:0591-7843104

公司名称:福建船务企业有限公司
地　　址:福建省福州市台江区国货中路南国大厦
邮政编码:350004
电　　话:0591-3360666

公司名称:中国福州外轮代理公司
地　　址:福建省福州台江区国货西路广安城九号楼
邮政编码:350004
电　　话:0591-3363050

公司名称:福建省汽车运输总公司
地　　址:福建省福州市台江区交通路 35 号
邮政编码:350004
电　　话:0591-3357841

公司名称:闽运零担快件运输公司零担车队
地　　址:福建省福州市台江区工业路 252 号
邮政编码:350004
电　　话:0591-3338217

公司名称:福建联运总公司
地　　址:福建省福州市台江区交通路 39 号
邮政编码:350004
电　　话:0591-3317619

公司名称:福建省商业汽车运输公司
地　　址:福建省福州市仓山区稿峡路 409 号
邮政编码:350007
电　　话:0591-3441923

公司名称:福建联合船务企业有限公司
地　　址:福建省福州市台江区中平路 151 号
邮政编码:350009
电　　话:0591-3259900

公司名称:福建省轮船总公司
地　　址:福建省福州市台江区中平路 151 号
邮政编码:350009
电　　话:0591-3259900

公司名称:福建省水产海运公司
地　　址:福建省福州市台江区江十路 1 号
邮政编码:350009
电　　话:0591-3266037

公司名称:福州市海运联营公司
地　　址:福建省福州市台江区江滨路 56 号
邮政编码:350009
电　　话:0591-3277353

公司名称:福州市水运公司
地　　址:福建省福州市台江区台江路 116 号
邮政编码:350009
电　　话:0591-3269784

公司名称:福州市水运公司海运分公司
地　　址:福建省福州市台江区江滨路 56 号
邮政编码:350009
电　　话:0591-3277353

公司名称:福建省外贸食品运输公司
地　　址:福建省福州市晋安区旧象园路 62 号
邮政编码:350009
电　　话:0591-3662138

公司名称:福建福日集装箱货运公司
地　　址:福建省福州市台江区国货路东段南国大厦十二层官后街13号
邮政编码:350009
电　　话:0591-3369375

公司名称:福建外运集装箱公司
地　　址:福建省福州市台江区鳌峰洲曙光路8号
邮政编码:350009
电　　话:0591-3661401

公司名称:福州榕恒集装箱有限公司
地　　址:福建福州市台江区鳌峰洲港区
邮政编码:350009
电　　话:0591-3674380

公司名称:福建外运福州汽车运输公司
地　　址:福建省福州市晋安区溪口376号
邮政编码:350011
电　　话:0591-7551531

公司名称:福州市汽车运输总公司危险品运输分公司
地　　址:福建省福州市晋安区连江路84号岳峰村
邮政编码:350011
电　　话:0591-3659397

公司名称:福建省汽车总公司货运公司
地　　址:福建省福州市晋安区华林路371号
邮政编码:350013
电　　话:0591-7594190

公司名称:福建省汽车运输总公司集装箱运输公司
地　　址:福建省福州晋安区岳峰村
邮政编码:350014
电　　话:0591-3660048

公司名称:福建省轮船运输公司
地　　址:福建省福州市马尾区马限山1号
邮政编码:350015
电　　话:0591-3685442

公司名称:福州保税区华晖船务有限公司
地　　址:福建省福州市保税区8号小区商贸大楼五层
邮政编码:350015
电　　话:0591-7536789

公司名称:福州鳌峰集装箱业务有限公司
地　　址:福建省福州市马尾罗星路113号
邮政编码:350015
电　　话:0591-3985657

公司名称:福州青州集装箱码头有限公司
地　　址:福建省福州市马尾罗星路113号
邮政编码:350015
电　　话:0591-3985657

公司名称:长乐市汽车运输公司
地　　址:福建省福州市长乐市西关街121号
邮政编码:350200
电　　话:0591-8922371

公司名称:福清市汽车运输公司
地　　址:福建省福州市福清市糖南路4号
邮政编码:350300
电　　话:0591-5222950

公司名称:莆田市汽车运输总公司
地　　址:福建省莆田市城厢区胜利路79-1
邮政编码:351100
电　　话:0594-2292762

公司名称:宁德地区对外贸易运输公司
地　　址:福建省宁德地区宁德市蕉城北路安民弄1号
邮政编码:352100
电　　话:0593-2822652

公司名称:宁德市轮船公司

地　　址:福建省宁德地区宁德市海星村
邮政编码:352108
电　　话:0593-2398368

公司名称:南平市供销运输公司
地　　址:福建省南平市东溪路 4 号
邮政编码:353000
电　　话:0599-8723136

公司名称:南平市航运总公司
地　　址:福建省南平市滨江中路 611 号
邮政编码:353000
电　　话:0599-8833463

公司名称:南平市运输总公司
地　　址:福建省南平市古楼街 28 号
邮政编码:353000
电　　话:0599-8833525

公司名称:南平市运输总公司大重件运输公司
地　　址:福建省南平市横排路 208 号
邮政编码:353000
电　　话:0599-8624261

公司名称:建瓯市航运公司
地　　址:福建省建瓯市通济街 33 号
邮政编码:353100
电　　话:0599-3832093

公司名称:建瓯市交通运输公司
地　　址:福建省建瓯市中山路 440 号
邮政编码:353100
电　　话:0599-3832994

公司名称:建瓯市汽车运输公司
地　　址:福建省建瓯市通济门
邮政编码:353100
电　　话:0599-3832921

公司名称:邵武市运输公司
地　　址:福建省邵武市解放路 290 号
邮政编码:354000
电　　话:0599-6522279

公司名称:建阳市航运公司
地　　址:福建省建阳市中南街民主北路 37 号
邮政编码:354200
电　　话:0599-5822845

公司名称:建阳市运输服务公司
地　　址:福建省建阳市民主南路 56 号
邮政编码:354200
电　　话:0599-5822575

公司名称:南平市汽车运输总公司
地　　址:福建省南平市民主南路 70 号
邮政编码:354200
电　　话:0599-5822261

公司名称:福建省武夷山市国营林业汽车运输公司
地　　址:福建省武夷山市兴山路 5 号
邮政编码:354300
电　　话:0599-5302494

公司名称:福建省武夷山市交通运输公司
地　　址:福建省武夷山市五九南路
邮政编码:354300
电　　话:0599-5302175

公司名称:福安市轮船公司
地　　址:福建省宁德地区福安市下港路 49 号
邮政编码:355001
电　　话:0593-6966212

公司名称:福建省福鼎市海运发展总公司
地　　址:福建省宁德地区福鼎市桐南前店 1 号
邮政编码:355200
电　　话:0593-7852660

公司名称:福建省福鼎市汽车运输公司

地　　址:福建省宁德地区福鼎市南大路 143 号
邮政编码:355200
电　　话:0593-7856380

公司名称:宁德地区汽车运输总公司福鼎运输公司
地　　址:福建省宁德地区南大路 162 号
邮政编码:355200
电　　话:0593-7810587

公司名称:福建省厦门轮船总公司
地　　址:福建省厦门市开元区鹭江道 56 号
邮政编码:361001
电　　话:0592-2022914

公司名称:福建省厦门轮船总公司海运公司
地　　址:福建省厦门市开元区鹭江道旧客运站
邮政编码:361001
电　　话:0592-2022058

公司名称:厦门经济特区船务有限公司
地　　址:福建省厦门市思明区鹭江道 42 号 3-4 楼
邮政编码:361001
电　　话:0592-2013044

公司名称:厦门水运公司内海分公司
地　　址:福建省厦门市开元区洪本部 9 号
邮政编码:361001
电　　话:0592-2022761

公司名称:厦门水运公司外海分公司
地　　址:福建省厦门市开元区湖滨西路 19 号
邮政编码:361001
电　　话:0592-2033304

公司名称:福建省厦门轮船总公司航运分公司
地　　址:福建省厦门市开元区鹭江道 72 号对面
邮政编码:361001
电　　话:0592-2017695

公司名称:厦门海运集装箱联合公司
地　　址:福建省厦门市开元区鹭江道 56 号
邮政编码:361001
电　　话:0592-6016972

公司名称:厦门中旅航空服务有限公司
地　　址:福建省厦门市开元区新华路 70-74 号
邮政编码:361003
电　　话:0592-2049470

公司名称:厦门经济特区运输总公司
地　　址:福建省厦门市开元区湖滨南路西段
邮政编码:361004
电　　话:0592-2053861

公司名称:厦门经济特区运输总公司货运分公司
地　　址:福建省厦门市开元区湖滨南路 8 号
邮政编码:361004
电　　话:0592-2023539

公司名称:厦门市交通运输公司
地　　址:福建省厦门市开元区故宫路 109 号
邮政编码:361004
电　　话:0592-2024827

公司名称:厦门国运集装箱运输有限公司
地　　址:福建省厦门市鸿翔大厦 18 层
邮政编码:361004
电　　话:0592-5151228

公司名称:厦门经济特区运输总公司起重运输公司
地　　址:福建省厦门市开元区湖滨南路八号之二
邮政编码:361004
电　　话:0592-2101892

公司名称:日本大阪商船三井船舶株式会社厦门事务所
地　　址:福建省厦门市湖里区兴隆路信息大厦 15 楼 E 室
邮政编码:361006
电　　话:0592-5622658

公司名称:日本邮船(香港)有限公司厦门代表处
地　　址:福建省厦门市湖里区兴隆路信息大厦15楼C室
邮政编码:361006
电　　话:0592-6038074

公司名称:厦门国际航空港客运发展有限公司
地　　址:福建省厦门市湖里区机场
邮政编码:361006
电　　话:0592-5730054

公司名称:厦门中港集装箱货运有限公司
地　　址:福建省厦门市湖里区湖里港务局海天堆场内
邮政编码:361006
电　　话:0592-6037355

公司名称:厦门铁公海联运有限公司
地　　址:福建省厦门市湖里区高崎中埔联运大楼
邮政编码:361011
电　　话:0592-6028523

公司名称:东稳欣运输(厦门)有限公司
地　　址:福建省厦门市开元区西堤别墅1-84号
邮政编码:361012
电　　话:0592-5112246

公司名称:嘉禾轮船有限公司
地　　址:福建省厦门市湖里区疏港路金龙大厦A幢4楼
邮政编码:361012
电　　话:0592-6018972

公司名称:厦门港船务公司
地　　址:福建省厦门市湖里区东渡路125号
邮政编码:361012
电　　话:0592-6016316

公司名称:厦门港东渡港务公司
地　　址:福建省厦门市湖里区东渡路123号
邮政编码:361012
电　　话:0592-6013077

公司名称:厦门远洋运输公司
地　　址:福建省厦门市开元区湖滨北七星路金星大厦4-5层
邮政编码:361012
电　　话:0592-5084051

公司名称:厦门港集装箱公司
地　　址:福建省厦门市湖里区东渡
邮政编码:361012
电　　话:0592-6014476

公司名称:厦门经济特区运输总公司集装箱运输分公司
地　　址:福建省厦门市开元区(西郭)莲岳路
邮政编码:361012
电　　话:0592-5124161

公司名称:厦门经济特区运输总公司零担集装箱分公司
地　　址:福建省厦门市开元区莲岳路
邮政编码:361012
电　　话:0592-5052901

公司名称:厦门集美航海船舶服务公司
地　　址:福建省厦门市集美区嘉庚路1号
邮政编码:361021
电　　话:0592-5621159

公司名称:泉州船务公司
地　　址:福建省泉州市鲤城区泉秀
邮政编码:362000
电　　话:0595-2598073

公司名称:福建省泉州市汽车运输总公司
地　　址:福建省泉州市鲤城区民权路26号
邮政编码:362000
电　　话:0595-2184825

公司名称:福建省泉州运输公司
地　　址:福建省泉州市鲤城区伍堡街 27 号
邮政编码:362000
电　　话:0595-2397781

公司名称:福建省外运泉州汽车运输公司
地　　址:福建省泉州市鲤城区成洲工业区
邮政编码:362000
电　　话:0595-2584327

公司名称:泉州市粮贸运输公司
地　　址:福建省泉州市鲤城区升文街龙头山
邮政编码:362000
电　　话:0595-2382265

公司名称:泉州港丰集装箱运输有限公司
地　　址:福建省泉州市后诸港新码头
邮政编码:362000
电　　话:0595-2905148

公司名称:福马航运公司
地　　址:福建省泉州市惠安县前亭村
邮政编码:362112
电　　话:0595-7735090

公司名称:晋江第一海运公司
地　　址:福建省泉州市晋江市龙江西路 12 号
邮政编码:362271
电　　话:0595-5586848

公司名称:福建省南安市船务有限公司
地　　址:福建省泉州市南安市菊江村
邮政编码:362343
电　　话:0595-6087261

公司名称:南安市轮船公司
地　　址:福建省泉州市南安市石井村
邮政编码:362343
电　　话:0595-6087233

公司名称:漳州市第一运输公司
地　　址:福建省漳州市芗城区新华北路 45 号
邮政编码:363000
电　　话:0996-2962753

公司名称:漳州市交通运输服务公司
地　　址:福建省漳州市芗城区新华南路 106 号
邮政编码:363000
电　　话:0996-2022230

公司名称:漳州市汽车运输总公司
地　　址:福建省漳州市芗城区新华北路 39 号
邮政编码:363000
电　　话:0996-2026402

公司名称:漳州漳港货运有限公司
地　　址:福建省漳州市芗城区新华北路 37 号
邮政编码:363000
电　　话:0596-2590613

公司名称:福建省漳州市鸿泰集装箱运输有限公司
地　　址:福建省漳州市芗城区元光南路皇宫酒楼 5 楼 D 座
邮政编码:363000
电　　话:0996-2892899

公司名称:龙海市港口运输公司
地　　址:福建省漳州市龙海市锦江道 32 号
邮政编码:363100
电　　话:0996-6523353

公司名称:龙海市汽车运输公司
地　　址:福建省漳州市龙海市九二一北路 20 号
邮政编码:363102
电　　话:0996-6545329

公司名称:龙岩地区汽车运输总公司龙岩货运公司
地　　址:福建省龙岩地区龙岩市宝竹南路 3 号
邮政编码:364000
电　　话:0597-2321363

公司名称:龙岩市第二运输公司
地　　址:福建省龙岩市东门外红星巷1号
邮政编码:364000
电　　话:0597-2321284

公司名称:龙岩市交通运输有限公司
地　　址:福建省龙岩市西安南路蒋厝坂1号
邮政编码:364000
电　　话:0597-2222729

公司名称:龙岩市汽车运输公司
地　　址:福建省龙岩市新旗牌路2号
邮政编码:364000
电　　话:0597-2321262

公司名称:漳平市交通运输公司
地　　址:福建省龙岩地区漳平市和平东路19号
邮政编码:364400
电　　话:0597-7533204

公司名称:三明市联合运输公司
地　　址:福建省三明市梅列区东新四路崇桂新村38栋
邮政编码:365000
电　　话:0598-8223918

公司名称:三明市煤炭运输公司
地　　址:福建省三明市三元区新泉路2号
邮政编码:365001
电　　话:0598-8242998

公司名称:永安市运输公司
地　　址:福建省三明市永安市解放北路35号
邮政编码:366000
电　　话:0598-3632769

储　运

公司名称:福建省闽贸储运公司
地　　址:福建省福州市鼓楼区湖东路157号
邮政编码:350001
电　　话:0591-7553293

公司名称:福建中艺国际储运有限公司
地　　址:福建省福州市鼓楼区五四路久贸中心七层
邮政编码:350001
电　　话:0591-7534517

公司名称:中国外运福建储运公司
地　　址:福建省福州市鼓楼区湖东路157号
邮政编码:350001
电　　话:0591-7553293

公司名称:福州保税区港信贸易储运公司
地　　址:福建省福州市马尾区保税区
邮政编码:350003
电　　话:0591-7837490

公司名称:中国外运福建李厝山储运公司
地　　址:福建省福州市仓山区李厝山路11号
邮政编码:350008
电　　话:0591-3442077

公司名称:福建福日储运有限公司
地　　址:福建省福州市国货路南国大厦十二层
邮政编码:350009
电　　话:0591-3369375

公司名称:福建省福州商业储运公司
地　　址:福建省福州市台江区支前路33号
邮政编码:350009
电　　话:0591-3259101

公司名称:福建省土产畜产进出口福州储运公司
地　　址:福建省福州市台江区鳌峰路54号
邮政编码:350009
电　　话:0591-3651908

公司名称:中国外运福建河西储运公司
地　　址:福建省福州市台江区东滨路4号

邮政编码:350009
电　　话:0591-3266820

公司名称:福建省物资福州储运贸易公司
地　　址:福建省福州市晋安区三八路 56 号
邮政编码:350011
电　　话:0591-7313234

公司名称:福州市物资开发公司储运分公司
地　　址:福建省福州市晋安区东门外三八路 40 号岳峰
邮政编码:350011
电　　话:0591-3349671

公司名称:福州铁联货物配载联运有限公司
地　　址:福建省福州市晋安区三八路车站内鹤林村
邮政编码:350011
电　　话:0591-7553474

公司名称:福州港迅通集装箱储运有限公司
地　　址:福建省福州市郊区福兴路浦东
邮政编码:350014
电　　话:3621493-2015

公司名称:福州市晋安粮油储运公司
地　　址:福建省福州市晋安区福马路凤坂马路顶 109 号
邮政编码:350014
电　　话:0591-3661197

公司名称:福州铁路运输开发公司魁岐储运分公司
地　　址:福建省福州市晋安区魁岐村
邮政编码:350014
电　　话:0591-3621023

公司名称:中国外运福建鼓山储运公司
地　　址:福建省福州市晋安区埠兴村春兰里 99 号
邮政编码:350014
电　　话:0591-3624684

公司名称:中国外运福建樟林储运公司
地　　址:福建省福州市晋安区樟林村 151 号
邮政编码:350014
电　　话:0591-3624097

公司名称:福建省轮船集装箱储运公司
地　　址:福建省福州市马尾区下惠村
邮政编码:350015
电　　话:0591-3683850

公司名称:福建外贸马江储运公司
地　　址:福建省福州马尾区罗星街港口路 36 号
邮政编码:350015
电　　话:0591-3682120

公司名称:福州开发区海天储运公司
地　　址:福建省福州市马尾区渔港路 1 号
邮政编码:350015
电　　话:0591-3684664

公司名称:福州开发区海天储运有限公司
地　　址:福建省福州市马尾罗星路中段 16 号小区
邮政编码:350015
电　　话:0591-3684664

公司名称:福州市通港联运联营公司
地　　址:福建省福州市马尾区港口路 3 号
邮政编码:350015
电　　话:0591-3682312

公司名称:长乐市联运公司
地　　址:福建省福州市长乐市西关街 3 号
邮政编码:350200
电　　话:0591-8922196

公司名称:福建省长乐市阜山海运公司
地　　址:福建省福州市长乐市阜山
邮政编码:350213
电　　话:0591-8695853

公司名称:南平市联运总公司
地　　址:福建省南平市延平市横排路 222 号
邮政编码:353000
电　　话:0599-8634925

公司名称:建瓯市联运公司
地　　址:福建省建瓯市通济门 35 号
邮政编码:353100
电　　话:0599-3832598

公司名称:邵武市联运公司
地　　址:福建省邵武市解放西路 290 号
邮政编码:354000
电　　话:0599-6523941

公司名称:建阳市供销储运公司
地　　址:福建省建阳市水东防洪堤路 3 号
邮政编码:354200
电　　话:0599-5623676

公司名称:武夷山市联运公司
地　　址:福建省武夷山市五九北路 1 号
邮政编码:354300
电　　话:0599-5302282

公司名称:福安市储运公司
地　　址:福建省宁德地区福安市棠发洋村
邮政编码:355000
电　　话:0593-6382636

公司名称:厦门帝元保税储运有限公司
地　　址:福建省厦门市禾祥西路 425 号开元外贸大厦八楼
邮政编码:361004
电　　话:0592-2214975

公司名称:厦门市鹭发达储运有限公司
地　　址:福建省厦门市开元区梧村
邮政编码:361004
电　　话:0592-5052074

公司名称:厦门五交化公司储运部
地　　址:福建省厦门市开元区湖光路 101 号
邮政编码:361004
电　　话:0592-5067292

公司名称:厦门港海天储运有限公司
地　　址:福建省厦门市湖里区东渡二期码头海天港区内
邮政编码:361006
电　　话:0592-6038682

公司名称:厦门海鑫集装箱储运有限公司
地　　址:福建省厦门市湖里区南山路红楼
邮政编码:361006
电　　话:0592-5632126

公司名称:厦门象屿储运有限公司
地　　址:福建省厦门市开元区管委会大楼一楼西侧
邮政编码:361006
电　　话:0592-6036957-105

公司名称:厦门新远货柜储运有限公司
地　　址:福建省厦门市湖里工业区长岸路 1 号
邮政编码:361006
电　　话:0592-5650213

公司名称:厦门中航技储运公司
地　　址:福建厦门市湖里区悦华路 4 号
邮政编码:361006
电　　话:0592-6023625

公司名称:厦门三得利货柜储运有限公司
地　　址:福建省厦门市湖里区寨上仓储区 2 号
邮政编码:361009
电　　话:0592-5626864

公司名称:厦门文山储运有限公司
地　　址:福建省厦门市湖里区高殿中埔
邮政编码:361009

电　　话:0592-5134045

公司名称:厦门北方储运公司
地　　址:福建省厦门市湖里区仙岳路濠头员当仓库院内4号楼
邮政编码:361012
电　　话:0592-6015250

公司名称:厦门港务集装箱储运公司
地　　址:福建省厦门市湖里区东渡路91号
邮政编码:361012
电　　话:0592-6010871

公司名称:厦门和丰仓储运输有限公司
地　　址:福建省厦门市东渡路119号港区内
邮政编码:361012
电　　话:0592-6025995

公司名称:厦门华厦国药储运有限公司
地　　址:福建省厦门市开元区长青北里34号110室
邮政编码:361012
电　　话:0592-5124093

公司名称:厦门建宏集装箱储运有限公司
地　　址:福建省厦门市湖里区东渡路123号
邮政编码:361012
电　　话:0592-6018341

公司名称:厦门经济特区对外贸易集团公司仓储运输公司
地　　址:福建省厦门市开元区湖滨北路西郭仓库
邮政编码:361012
电　　话:0592-5068402

公司名称:厦门市湖里储运公司
地　　址:福建省厦门市湖里区东渡路
邮政编码:361012
电　　话:0592-6013154

公司名称:厦门外贸集团储运公司货代部
地　　址:福建省厦门市开元区湖滨北路西郭仓库
邮政编码:361012
电　　话:0592-5091553

公司名称:厦门中远国际集装箱储运有限公司
地　　址:福建省厦门市湖里区东渡路90号
邮政编码:361012
电　　话:0592-6017182

公司名称:厦门裕雄储运有限公司
地　　址:福建省厦门市海沧台商投资区海沧港区
邮政编码:361023
电　　话:0592-5610828

公司名称:厦门国利达仓储运输有限公司
地　　址:福建省厦门市海沧港区仓储区
邮政编码:361026
电　　话:0592-5616333

公司名称:厦门佳明储运有限公司
地　　址:福建省厦门市海沧澳头
邮政编码:361026
电　　话:0592-6083738

公司名称:福建省泉州市联运公司
地　　址:福建省泉州市鲤城区金山水闸边
邮政编码:362000
电　　话:0595-2282283

公司名称:泉州市粮油储运公司
地　　址:福建省泉州市鲤城区新路埕1号
邮政编码:362000
电　　话:0595-2383510

公司名称:泉州市商业运输贸易公司
地　　址:福建省泉州市鲤城区环城北路
邮政编码:362000
电　　话:0595-2787375

公司名称:晋江市供销储运公司
地　　址:福建省泉州市晋江市下行陈 137 号
邮政编码:362200
电　　话:0595-5682525

公司名称:石狮市航达集装箱储运有限公司
地　　址:福建省石狮市灵秀路 206 号
邮政编码:362700
电　　话:0595-8585562

公司名称:福建省石狮市国际集装箱储运公司
地　　址:福建省石狮市西二环路新海关验关场
邮政编码:362700
电　　话:0595-8585562 8589138

公司名称:福建漳州市对外贸易储运公司
地　　址:福建省漳州市芗城区新华北路 32 号
邮政编码:363000
电　　话:0996-2952358

公司名称:漳州市储运公司
地　　址:福建省漳州市芗城区新华北路 37 号
邮政编码:363000
电　　话:0996-2025584

公司名称:漳州市供销储运公司
地　　址:福建省漳州市芗城区胜利西路 99 号
邮政编码:363000
电　　话:0996-2592405

公司名称:漳州市联合运输总公司
地　　址:福建省漳州市芗城区新华北路 37 号
邮政编码:363000
电　　话:0996-2030208

公司名称:漳州市联运公司
地　　址:福建省漳州市芗城区新华北路 39 号
邮政编码:363000
电　　话:0996-2026402

公司名称:漳州市燃料总公司储运公司
地　　址:福建省福建省漳州市芗城区坑头
邮政编码:363000
电　　话:0996-2021646

公司名称:漳州市商业储运公司
地　　址:福建省漳州市芗城区上街新村 15 号
邮政编码:363000
电　　话:0996-2021614

公司名称:漳州东海联运有限公司
地　　址:福建省漳州市龙海市石坑
邮政编码:363105
电　　话:0996-6851003

公司名称:福建省龙海市天地储运有限公司
地　　址:福建省龙海市角美工业综合开发区 13 区
邮政编码:363107
电　　话:0996 6766133

公司名称:福建龙岩地区商业储运公司
地　　址:福建省龙岩地区龙岩市北环中路 8 号
邮政编码:364000
电　　话:0597-2320181

公司名称:龙岩地区供销社储运公司
地　　址:福建省龙岩地区龙岩市北环中路 7 号
邮政编码:364000
电　　话:0597-2320885

公司名称:龙岩地区联运公司
地　　址:福建省龙岩地区龙岩市登高东路东段
邮政编码:364000
电　　话:0597-2324521

公司名称:三明市供销储运公司
地　　址:福建省三明市梅列区梅列绿园新村 97 栋
邮政编码:365000
电　　话:0598-8267357

公司名称:三明市粮油储运公司
地　　址:福建省三明市梅列区列东街 38 号
邮政编码:365000
电　　话:0598-8222750

公司名称:三明市荆西粮油储运站
地　　址:福建省三明市三元区振兴路 34 号
邮政编码:365003
电　　话:0598-8399181

公司名称:宁化县供销储运公司
地　　址:福建省三明市宁化县西大二路 13 号
邮政编码:365400
电　　话:0598-6823017

仓　　储

公司名称:福州怡昌仓储有限公司
地　　址:福建省福州市晋安区中下路 193 号
邮政编码:350004
电　　话:0591-3621403

公司名称:福建福州鳌峰洲国家粮食储备库
地　　址:福建省福州市台江区东滨路 31 号
邮政编码:350009
电　　话:0591-3662230

公司名称:福建省金纶仓储转运公司
地　　址:福建省福州市晋安区红光村
邮政编码:350014
电　　话:0591-3621207

公司名称:福建帝安保税仓储有限公司
地　　址:福建省福州市马尾区罗星路
邮政编码:350015
电　　话:0591-3683849

公司名称:福建万利保税仓贸有限公司
地　　址:福建省福州市保税区九号小区中 13-2 号
邮政编码:350015
电　　话:0591-7333911

公司名称:福州大裕保税仓储有限公司
地　　址:福建省福州市马尾经五路
邮政编码:350015
电　　话:0591-3685228

公司名称:福州生融仓储有限公司
地　　址:福建省福州市马尾区罗星路
邮政编码:350015
电　　话:0591-3684491

公司名称:福州市粮食局马尾分局中心粮库
地　　址:福建省福州市马尾区旺岐镜
邮政编码:350015
电　　话:0591-3682162

公司名称:元洪国际港口(福建)有限公司
地　　址:福建省福清市元洪投资区
邮政编码:350314
电　　话:0591-5589971

公司名称:福建省莆田市华通液化仓储有限公司
地　　址:福建省莆田市莆田县莆头村委会
邮政编码:351115
电　　话:0594-3693316

公司名称:福州市保税区永安信仓储贸易公司
地　　址:福建省福州市马尾区经三路
邮政编码:360015
电　　话:0591-3682879

公司名称:厦门益源仓储公司
地　　址:福建省厦门市思明区民族路 31 号
邮政编码:361001
电　　话:0592-2024454

公司名称:厦门商业冷冻公司
地　　址:福建省厦门市开元区湖光路 95 号
邮政编码:361004
电　　话:0592-5068086

公司名称:厦门外贸万平仓储贸易公司
地　　址:福建省厦门市思明区民族路 45-47 号
邮政编码:361005
电　　话:0592-2091890

公司名称:厦门伯灵顿仓储有限公司
地　　址:福建省厦门市象屿保税区仓储加工综合楼 E 幢(26H)1-2 楼
邮政编码:361006
电　　话:0592-5658133

公司名称:厦门禾山集团中盛仓储有限公司
地　　址:福建省厦门市湖里区高殿村高崎五组
邮政编码:361009
电　　话:0592-6029542

公司名称:厦门市湖里区县后益忠仓储公司
地　　址:福建省厦门市湖里区县后村
邮政编码:361009
电　　话:0592-5781422

公司名称:厦门市员当新区仓储公司
地　　址:福建省厦门市湖里区濠头村
邮政编码:361012
电　　话:0592-6013230

公司名称:厦门外贸集团仓储有限公司
地　　址:福建省厦门市开元区湖滨北路中段外贸工业大厦
邮政编码:361012
电　　话:0592-5110562

公司名称:厦门仙岳仓储有限公司
地　　址:福建省厦门市开元区莲岳路北侧
邮政编码:361012
电　　话:0592-5083860

公司名称:厦门博堆仓储有限公司
地　　址:福建省厦门市杏林区嵩屿贞庵村 55 号
邮政编码:361026
电　　话:0592-6890359

公司名称:厦门仙姿仓储有限公司
地　　址:福建省厦门市海沧区贞庵
邮政编码:361026
电　　话:0592-13906039698

物流设备

公司名称:林德-厦门叉车有限公司
地　　址:福建省厦门市金尚路 89 号
邮政编码:361009
电　　话:0592-5533800
传　　真:0592-5533242
网　　址:www.linde-xiamen.com.cn
公司简介:林德-厦门叉车有限公司成立于 1993 年,总投资 17 亿元人民币,是具有国际标准的叉车制造中心,是林德集团在德国境外最大的叉车生产基地,生产销售世界叉车第一品牌——林德(LINDE)叉车,包括内燃叉车、电动平衡式叉车、仓储叉车、集装箱叉车和牵引叉车等全系列的物料搬运设备。公司目前已在全国各主要城市设立了销售服务中心,向用户提供专业的物料搬运技术咨询和售后服务,保证选型经济,使用高效。

公司名称:福建省起重运输机总厂
地　　址:福建省福州市城门三角埕
邮政编码:350000
电　　话:0591-3499063

公司名称:福建省煤炭工业总公司
地　　址:福建省福州市省府路 1 号
邮政编码:350001
电　　话:0591-7552708

公司名称:福州矿山机械厂
地　　址:福建省福州市杨桥中路 71 号
邮政编码:350002
电　　话:0591-3711624

公司名称:**闽东电机(集团)股份有限公司**
地　　址:福建省福州市五一中路 57 号
邮政编码:350005
电　　话:0591-3355466

公司名称:**福建装载机厂**
地　　址:福建省福州市新店坂中
邮政编码:350012
电　　话:0591-7911294 7911671-2111

公司名称:**福州起重设备厂**
地　　址:福建省福州市水头村前岐路 17 号
邮政编码:350013
电　　话:0591-7577402

公司名称:**福建起重运输机械总厂**
地　　址:福建省福州市仓山区城门镇
邮政编码:350018
电　　话:0591-3492173

公司名称:**福州起重运输机械厂**
地　　址:福建省福州市关口村 364 号
邮政编码:350101
电　　话:0591-2612486

公司名称:**福州神力起重机械有限公司**
地　　址:福建省福州市闽侯县关口 364 号
邮政编码:350101
电　　话:0591-2612518

公司名称:**南平德赛技术装备有限公司**
地　　址:福建省南平市梅峰路 98 号德赛工业园
邮政编码:353000
电　　话:0599-8825666 8825999

公司名称:**厦门厦工集团有限公司**
地　　址:福建省厦门市乐祥东路 11 号 5 层
邮政编码:361004
电　　话:0592-5170733

公司名称:**格拉默座椅(厦门)有限公司**
地　　址:福建省厦门市湖里工业区悦华西路天安工业村二号厂房
邮政编码:361006
电　　话:0592-6025374 6025375

公司名称:**卡斯卡特(厦门)叉车属具有限公司**
地　　址:福建省厦门市湖里区湖里大道万山 1 号厂房
邮政编码:361006
电　　话:0592-5624600

公司名称:**靠普(厦门)叉车属具有限公司**
地　　址:福建省厦门市龙山工业区谊爱路
邮政编码:361009
电　　话:0592-5513256

公司名称:**厦门叉车总厂**
地　　址:福建省厦门市江头北区
邮政编码:361009
电　　话:0592-5518609-100 5054332

公司名称:**厦门厦工新宇机械有限公司**
地　　址:福建省厦门市开元区洪文石村
邮政编码:361009
电　　话:0592 5027595

公司名称:**厦门立基机械工业有限公司**
地　　址:福建省厦门市杏林区新源路 35 号
邮政编码:361022
电　　话:0592-6212233

公司名称:**佑笙威机械(厦门)有限公司**
地　　址:福建省厦门市杏林区西南路 9 号
邮政编码:361022
电　　话:0592-6214887

公司名称:**厦门东亚机械有限公司**
地　　址:福建省厦门市同安区西科镇下山头工业区

邮政编码:361100
电　　话:0592-7113080

公司名称:厦门银华机械厂
地　　址:福建省厦门市环城东路
邮政编码:361100
电　　话:0592-7022297

公司名称:泉州鲤城昌华机械厂
地　　址:福建省泉州市浮桥官路尾 82 号
邮政编码:362000
电　　话:0595-2482625

公司名称:泉州中侨(集团)机床厂
地　　址:福建省泉州市崇福路中段
邮政编码:362000
电　　话:0595-278315

公司名称:协和(泉州)环保机械设备有限公司
地　　址:福建省泉州市丰泽区东海滨城工业园
邮政编码:362000
电　　话:0595-2191771

公司名称:福建省南安市盛达机械有限公司
地　　址:福建省南安市丰州镇霞美工业区
邮政编码:362302
电　　话:0595-6758822

公司名称:漳州天通仓储有限公司
地　　址:福建省龙海市九湖镇岭兜村
邮政编码:363100
电　　话:0596-2160233

公司名称:诺尔(中国)机械工程有限公司
地　　址:福建省漳州市招商局中银经济开发区
邮政编码:363105
电　　话:0596-6851888

公司名称:漳州普鲁士格诺尔招商局港口机械工程厂
地　　址:福建省漳州市中银经济开发区
邮政编码:363105
电　　话:0596-6851888

公司名称:福建龙岩工程机械(集团)有限公司
地　　址:福建省龙岩市石桥红岭路 11 号
邮政编码:364000
电　　话:0597-2522188

海　南　省

物流与速递

公司名称:海南南方航空快递运输服务有限公司
地　　址:海南省海口市振东区机场东路南兴大厦二楼
邮政编码:570203
电　　话:0898-6710666

公司名称:海南银隆速运服务有限公司
地　　址:海南省海口市振东区沿江三东路中新花园 102
邮政编码:570208
电　　话:0898-6262448

公司名称:中国外运海南公司
地　　址:海南省海口市秀英区滨海大道
邮政编码:570311
电　　话:0898-8662055

货运代理

公司名称:海南省货运代理公司
地　　址:海南省海口市滨海大道新港区 8 号
邮政编码:570105
电　　话:0898-6216612

公司名称:海南达讯航空客货代理公司

地　　址:海南省海口市华海路华山别墅一层
邮政编码:570125
电　　话:0898-8536305

公司名称:海口恒畅货运代理服务有限公司
地　　址:海南省海口市新华区海秀大道79号凤凰新村A-501
邮政编码:570206
电　　话:0898-8921217

公司名称:海口速航船舶货运代理有限公司
地　　址:海南省海口市新华区龙昆南路虹冠大厦一单元1008房
邮政编码:570206
电　　话:0898-6758669

公司名称:海口联通货运代理有限公司(货物联运)
地　　址:海南省海口市秀英区港浮路25号
邮政编码:570311
电　　话:0898-8665940

公司名称:中国外轮理货总公司海口分公司
地　　址:海南省海口市秀英区滨海大道74号
邮政编码:570311
电　　话:0898-8651478

运　　输

公司名称:华能(海南)船务企业有限公司
地　　址:海南省海口市新华区大同路36号
邮政编码:570102
电　　话:0898-6714065

公司名称:洋浦华能海运服务有限公司
地　　址:海南省海口市大同路36号华能大厦16层
邮政编码:570102
电　　话:0898-6714065

公司名称:海南中旅航空服务公司
地　　址:海南省海口市新华区大同路17号
邮政编码:570102
电　　话:0898-6776647

公司名称:海口市航运公司
地　　址:海南省海口市新华区龙华二横路22号
邮政编码:570105
电　　话:0898-6211898

公司名称:海南南方船务有限公司
地　　址:海南省海口市新华区龙昆北路国贸花园九单元1101室
邮政编码:570105
电　　话:0898-6710703

公司名称:海南省海运总公司
地　　址:海南省海口市新华区滨海大道新港路9号
邮政编码:570105
电　　话:0898-6224930

公司名称:海南省海运总公司港澳海运公司
地　　址:海南省海口市新华区新港区1号
邮政编码:570105
电　　话:0898-6223621

公司名称:海南省海运总公司洋浦海运有限公司
地　　址:海南省海口市新华区新港路3号金港大厦北五楼
邮政编码:570105
电　　话:0898-6213396

公司名称:海南省顺祥国际船舶代理公司
地　　址:海南省海口市新华区滨海大道新港区8号
邮政编码:570105
电　　话:0898-6224849

公司名称:海南新港湾轮船公司
地　　址:海南省海口市新华区龙昆北路18号富华别墅1栋
邮政编码:570105
电　　话:0898-6750020

公司名称:海南中汽货物运输有限公司
地　　址:海南省海口市新华区国贸大道锦绣花园六单元
邮政编码:570125
电　　话:0898-6710557

公司名称:海口船务实业有限公司
地　　址:海南省海口市振东区机场东路8号海旅大厦内
邮政编码:570203
电　　话:0898-5350537

公司名称:海口市第二运输公司
地　　址:海南省海口市文明东路129号
邮政编码:570203
电　　话:0898-6223879

公司名称:海南机场股份有限公司
地　　址:海南省海口市振东区海府路12号
邮政编码:570203
电　　话:0898-5357383

公司名称:海南南方航空(集团)海南公司
地　　址:海南省海口市振东区机场东路49号
邮政编码:570203
电　　话:0898-5349434

公司名称:海南国际海运股份有限公司
地　　址:海南省海口市海秀大道67号铨宝大厦12楼
邮政编码:570206
电　　话:0898-6750377

公司名称:海南中意船舶服务有限公司
地　　址:海南省海口市振东区海秀路8号
邮政编码:570206
电　　话:0898-6716047

公司名称:海南省汽车运输公司海口公司
地　　址:海南省海口市振东区海秀路10路
邮政编码:570206
电　　话:0898-6708034

公司名称:海南省汽车运输总公司海口公司
地　　址:海南省海口市振东区海秀大道10号
邮政编码:570206
电　　话:0898-5363841

公司名称:海南邮电运输有限公司
地　　址:海南省海口市振东区南宝路22号
邮政编码:570206
电　　话:0898-6786930

公司名称:海口市水运公司
地　　址:海南省海口市振东区沿江二西路12号
邮政编码:570208
电　　话:0898-6257616

公司名称:中南石化海运有限公司
地　　址:海南省海口市金贸西区文华路8号建信实业1701室
邮政编码:570208
电　　话:0898-8536480

公司名称:吉林林业集团海南海运公司
地　　址:海南省海口市新华区华海路义龙别墅1-2幢
邮政编码:570216
电　　话:0898-6779590

公司名称:海口到达货物联运有限公司
地　　址:海南省海口市新华区滨海大道海监局宿舍前14号
邮政编码:570311
电　　话:0898-8654262

公司名称:海口港铁货联运服务公司
地　　址:海南省海口市秀英区秀英港批发市场8号
邮政编码:570311

电　　话:0898-8655831

公司名称:**海口港船务公司**
地　　址:海南省海口市秀英区秀英码头
邮政编码:570311
电　　话:0898-8668720

公司名称:**海口港集团货运公司**
地　　址:海南省海口市秀英区滨海大道 96 号
邮政编码:570311
电　　话:0898-8662337

公司名称:**海南国际能源船务公司**
地　　址:海南省海口市秀英区海榆西线 22 号
邮政编码:570311
电　　话:0898-8660163

公司名称:**海南南洋船务实业股份有限公司**
地　　址:海南省海口市秀英区滨海大道
邮政编码:570311
电　　话:0898-8666999

公司名称:**海南中海船务有限公司**
地　　址:海南省海口市秀英区滨海大道 96 号
邮政编码:570311
电　　话:0898-8668703

公司名称:**海南中信轮船公司**
地　　址:海南省海口市秀英区滨海大道 288 号花园小区
邮政编码:570311
电　　话:0898-8662624

公司名称:**中国对外贸易运输总公司海南公司**
地　　址:海南海口市秀英区秀英港
邮政编码:570311
电　　话:0898-8662055

公司名称:**海口华夏企业货运有限公司**
地　　址:海南省海口市秀英区滨海大道东方洋大厦 301 室
邮政编码:570311
电　　话:0898-8662665

公司名称:**海口金轮货运有限公司**
地　　址:海南省海口市秀英区书场村 351 号
邮政编码:570311
电　　话:0898-8665438

公司名称:**海口港集装箱公司**
地　　址:海南省海口市秀英区滨海大道 74 号
邮政编码:570311
电　　话:0898-8651175

公司名称:**琼山市航运公司**
地　　址:海南省琼山市东门街 7 号
邮政编码:571100
电　　话:0898-5870750

公司名称:**海南运达(琼港)运输有限公司**
地　　址:海南省琼山市城东大道交通局大院 102 房
邮政编码:571100
电　　话:0898-5872153

公司名称:**琼山市汽车运输公司**
地　　址:海南省琼山市城东大道 54 号
邮政编码:571100
电　　话:0898-5872153

公司名称:**琼山市运输公司**
地　　址:海南省琼山市中山路 16 号
邮政编码:571100
电　　话:0898-5883249

公司名称:**海口美兰国际机场总公司**
地　　址:海南省琼山市
邮政编码:571132
电　　话:0898-5722508

公司名称:文昌市商业运输公司
地　　址:海南省文昌县新风 37 号
邮政编码:571300
电　　话:0898-3222190

公司名称:海南汽车运输总公司琼海分公司
地　　址:海南省琼海市东风街 16 号
邮政编码:571400
电　　话:0898-2822326

公司名称:琼海市供销集运公司
地　　址:海南省琼海市
邮政编码:571400
电　　话:0898-2822675

公司名称:万宁市运输公司
地　　址:海南省万宁市
邮政编码:571500
电　　话:0898-2223257

公司名称:儋州市商业运输公司
地　　址:海南省儋州市建设路 13 号
邮政编码:571700
电　　话:0890-3321010

公司名称:海南汽车运输总公司儋州分公司
地　　址:海南省儋州市人民大道
邮政编码:571700
电　　话:0890-3327665

公司名称:海南省汽车运输总公司临高公司
地　　址:海南省临高县临海路
邮政编码:571800
电　　话:0890-8285142

公司名称:海南省汽车运输总公司三亚公司
地　　址:海南省三亚市解放四路 16 号
邮政编码:572000
电　　话:0898-8272499

公司名称:三亚市航运总公司
地　　址:海南省三亚市建港路 1 号
邮政编码:572000
电　　话:0899-8272997

公司名称:三亚市航运总公司第二公司
地　　址:海南省三亚市南边海
邮政编码:572000
电　　话:0899-8272904

公司名称:三亚市航运总公司第一公司
地　　址:海南省三亚市水居巷
邮政编码:572000
电　　话:0899-8263721

公司名称:三亚市第二运输公司
地　　址:海南省三亚市解放二路
邮政编码:572000
电　　话:0899-8272448

公司名称:三亚凤凰国际机场总公司
地　　址:海南省三亚市
邮政编码:572023
电　　话:0899-8272573

公司名称:海南省汽车运输总公司通什公司
地　　址:海南省通什市海榆北路
邮政编码:572200
电　　话:0899-6622419

公司名称:海南省汽车运输公司保亭公司
地　　址:海南省保亭黎族苗族自治县新兴路
邮政编码:572300
电　　话:0899-3669321

公司名称:海南省汽车运输总公司乐东公司
地　　址:海南省乐东黎族自治县乐安路
邮政编码:572500
电　　话:0899-5523321

公司名称:海南粤港东隆运输公司

地　　址:海南省乐东县政府招待所
邮政编码:572500
电　　话:0899-5521500

公司名称:海南粤港东隆运输公司
地　　址:海南省乐东县政府招待所
邮政编码:572500
电　　话:0899-5521500

公司名称:海南省英歌海盐场汽车运输公司
地　　址:海南省乐东黎族自治县
邮政编码:572537
电　　话:0899-5855260

公司名称:海南汽车运输总公司东方公司
地　　址:海南省东方黎族自治县东海路
邮政编码:572600
电　　话:0890-5522680

公司名称:广州铁路集团海南铁路总公司
地　　址:海南省东方市
邮政编码:572600
电　　话:0898-25522934

储　　运

公司名称:海口市粮油储运公司
地　　址:海南省海口市振东区水巷口 48 号
邮政编码:570101
电　　话:0898-6224743

公司名称:海南省商业储运公司
地　　址:海南省海口市振东区文明东路 187 号
邮政编码:570203
电　　话:0898-6223397

公司名称:海南联运公司
地　　址:海南省海口市新华区海秀路金牛新村
邮政编码:570206
电　　话:0898-67526525

公司名称:海南省农垦金环总公司储运分公司
地　　址:海南省海口市秀英区
邮政编码:570206
电　　话:0898-8662160

公司名称:海口内港理货联运公司
地　　址:海南省海口市振东区海甸三西路
邮政编码:570208
电　　话:0898-6252921

公司名称:海口速达公水铁联运有限公司
地　　址:海南省海口市秀英区海秀大道 100 号
邮政编码:570311
电　　话:0898-8662311

公司名称:海南农垦金环物资实业总公司储运分公司
地　　址:海南省海口市秀英区秀英立交桥往西0.5 公里处
邮政编码:570311
电　　话:0898-8662160

公司名称:海南省供销储运公司
地　　址:海南省海口市秀英区海商路 3 号
邮政编码:570311
电　　话:0898-8662684

公司名称:海南省物资储运公司
地　　址:海南省海口市秀英区海榆西线 8 号
邮政编码:570311
电　　话:0898-8662167

仓　　储

公司名称:海口保税区仓储贸易公司
地　　址:海南省海口市新华区工业大道 168 号
邮政编码:570216
电　　话:0898-6819167

公司名称:海口保税区仓储贸易公司
地　　址:海南省海口市工业大道 168 号保税区投资服务中心三楼

邮政编码:570216
电　　话:0898-66813915

公司名称:三亚市三亚港集团公司
地　　址:海南省三亚市建港路
邮政编码:572000
电　　话:0899-8272830

公司名称:国投洋浦港有限公司
地　　址:海南省洋浦开发区国投洋埔港有限公司
邮政编码:578101
电　　话:0898-28822292

物流设备

公司名称:海南机械设备拆包运国际有限公司
地　　址:海南省海口市华信路华信大厦23层
邮政编码:570105
电　　话:0898-6787300

公司名称:中美海南科慧智能设备制造有限公司
地　　址:海南省海口市金盘工业区建设路10号
邮政编码:570216
电　　话:0898-6816298

江　西　省

物流与速递

公司名称:中国外运江西公司
地　　址:江西省南昌市西湖区站前路200号
邮政编码:330002
电　　话:0791-6246168

货运代理

公司名称:江西京九运输代理有限责任公司
地　　址:江西省南昌市站前路1号
邮政编码:330002
电　　话:0791-6104156 6103377

公司名称:江西物流国际货运有限公司
地　　址:江西省南昌市南京西路2号9楼
邮政编码:330006
电　　话:0791-8615656

公司名称:江西樟树港埠总公司水陆货物运输代理公司
地　　址:江西省樟树市沿江路128号
邮政编码:331200
电　　话:0795-7333291

公司名称:江西九江江海运输总公司货运代理公司
地　　址:江西省九江市浔阳区环城路2号
邮政编码:332000
电　　话:0792-8222269

公司名称:九江港货物运输代理公司
地　　址:江西省九江市浔阳区滨江路37号
邮政编码:332000
电　　话:0792-8221542

公司名称:中国九江外轮代理公司
地　　址:江西省九江市浔阳区滨江路38号
邮政编码:332000
电　　话:0792-8227284

公司名称:瑞昌市客货运输代理公司
地　　址:江西省九江市瑞昌市通江路
邮政编码:332207
电　　话:0792-4886209

公司名称:湖口赣北江海货运代理有限公司
地　　址:江西省九江市湖口县大中居委会港江路57号
邮政编码:332500
电　　话:0792-6332629

公司名称:江西土产进出口公司赣州对外贸易运输公司
地　　址:江西省赣州市马祖岩村
邮政编码:341001
电　　话:0797-8223580

运　　输

公司名称:江西省联运公司
地　　址:江西省南昌市青云谱区井岗山大道 533 号
邮政编码:330001
电　　话:0791-8431589

公司名称:江西省粮油运输公司
地　　址:江西省南昌市青云谱区何坊西路 14 号
邮政编码:330001
电　　话:0791-5211416

公司名称:南昌市第七运输公司
地　　址:江西省南昌市青云谱区南莲路 298 号
邮政编码:330001
电　　话:0791-5231334

公司名称:南昌市第三运输总公司
地　　址:江西省南昌市郊区
邮政编码:330001
电　　话:0791-8451699

公司名称:南昌市第四运输公司
地　　址:江西省南昌市郊区
邮政编码:330001
电　　话:0791-8212569

公司名称:南昌市起重运输公司
地　　址:江西省南昌市青云谱区井岗山大道 195 号
邮政编码:330001
电　　话:0791-5231203

公司名称:南昌市运输总公司二公司
地　　址:江西省南昌市青云谱区井岗山大道 784 号
邮政编码:330001
电　　话:0791-5212357

公司名称:江西外运车队
地　　址:江西省南昌市西湖区洪都中大道 137 号
邮政编码:330002
电　　话:0791-8213665

公司名称:南昌市运输总公司一公司
地　　址:江西省南昌市青云谱区沿江南路 119 号
邮政编码:330002
电　　话:0791-5217364

公司名称:南昌铁路运贸服务公司
地　　址:江西省南昌市西湖区天佑路口 41 号
邮政编码:330002
电　　话:0791-6260974

公司名称:南昌市第六运输公司
地　　址:江西省南昌市西湖区通濠街 23 号
邮政编码:330003
电　　话:0791-6782007

公司名称:南昌市运输总公司四公司
地　　址:江西省南昌市湾里区拓贤大道 409 号
邮政编码:330004
电　　话:0791-3760443

公司名称:江西轮船公司
地　　址:江西省南昌市东湖区沿江路
邮政编码:330006
电　　话:0791-6773349

公司名称:南昌市第二运输总公司
地　　址:江西省南昌市东湖区青山南路 155 号
邮政编码:330006
电　　话:0791-8614175

公司名称:南昌市第五运输公司
地　　址:江西省南昌市东湖区二七北路 94 号

邮政编码:330006
电　　话:0791-8638297

公司名称:南昌市运输总公司
地　　址:江西省南昌市东湖区叠山路 376 号
邮政编码:330006
电　　话:0791-6782617

公司名称:南昌市运输总公司太平洋公司
地　　址:江西省南昌市东湖区叠山路 376 号
邮政编码:330006
电　　话:0791-6781242

公司名称:南昌市第二航运公司
地　　址:江西省南昌市东湖区沿江路八码头
邮政编码:330008
电　　话:0791-6783574

公司名称:南昌市航运公司
地　　址:江西省南昌市西湖区茅竹架 17 号
邮政编码:330009
电　　话:0791-6624072

公司名称:江西远洋运输公司
地　　址:江西省南昌市东湖区省府北二路 104 号
邮政编码:330046
电　　话:0791-6231573

公司名称:江西共青汽车运输有限公司
地　　址:江西省九江市共青城
邮政编码:330220
电　　话:0792-4341388

公司名称:江西共青运输公司
地　　址:江西省九江市北峰区
邮政编码:330401
电　　话:0792-4342394

公司名称:高安市航运公司
地　　址:江西省宜春地区高安县
邮政编码:330800
电　　话:0795-5212527

公司名称:高安市汽车运输公司
地　　址:江西省宜春地区高安县
邮政编码:330800
电　　话:0795-5212393

公司名称:高安市运输公司
地　　址:江西省宜春地区高安县
邮政编码:330800
电　　话:0795-5212028

公司名称:江西省丰城市通联运公司
地　　址:江西省宜春地区丰城市灰堆下 1 号
邮政编码:331100
电　　话:0795-6422949

公司名称:丰城市航运公司
地　　址:江西省宜春地区丰城市卫东街龙王庙 1 号
邮政编码:331100
电　　话:0795-6422491

公司名称:樟树市航运公司
地　　址:江西省宜春地区樟树市北市街 44 号
邮政编码:331200
电　　话:0795-7332743

公司名称:市粮油运输公司
地　　址:江西省宜春地区樟树市共和东路 129 号
邮政编码:331200
电　　话:0795-7332657

公司名称:九江市水路运输服务中心
地　　址:江西省九江市浔阳区杨子巷 23 号
邮政编码:332000
电　　话:0792-8224869

公司名称:江西省九江江海运输总公司
地　　址:江西省九江市浔阳区环城路 2 号

邮政编码:332000
电　　话:0792-8211364

公司名称:九江港江海运输贸易公司
地　　址:江西省九江市浔阳区滨江路37号
邮政编码:332000
电　　话:0792-8232486

公司名称:九江港务局轮船运输公司
地　　址:江西省九江市浔阳区滨江路68号
邮政编码:332000
电　　话:0792-8227787

公司名称:九江市船舶运输公司
地　　址:江西省九江市浔阳区人民路139号
邮政编码:332000
电　　话:0792-8223669

公司名称:九江市航运总公司
地　　址:江西省九江市浔阳区滨江路15号
邮政编码:332000
电　　话:0792-8222408

公司名称:九江市航运总公司水运公司
地　　址:江西省九江市浔阳区滨江路15号
邮政编码:332000
电　　话:0792-8222413

公司名称:九江市商业储运公司汽车队
地　　址:江西省九江市庐山区九莲北路333号
邮政编码:332000
电　　话:0792-8251333

公司名称:江西联合航空公司
地　　址:江西省九江市浔阳区浔阳东路103号
邮政编码:332000
电　　话:0792-8581801

公司名称:九江港集装箱公司
地　　址:江西省九江市浔阳区北经路四支巷2号

邮政编码:332000
电　　话:0792-8227491

公司名称:中外合资九江顺通集装箱运输有限公司
地　　址:江西省九江市浔阳区庐山路96号
邮政编码:332000
电　　话:0792-8229497

公司名称:瑞昌市汽车运输公司
地　　址:江西省瑞昌市赤乌中路
邮政编码:332200
电　　话:0792-4226868

公司名称:瑞昌市第二航运公司
地　　址:江西省瑞昌市槐街121号
邮政编码:332207
电　　话:0792-4886331

公司名称:瑞昌市第一航运公司
地　　址:江西省瑞昌市码头
邮政编码:332207
电　　话:0792-4818542

公司名称:景德镇市联运公司
地　　址:江西省景德镇市珠山区朝阳路268号
邮政编码:333000
电　　话:0798-8441402

公司名称:景德镇市第二运输公司
地　　址:江西省景德镇市昌江区曙光路79号
邮政编码:333000
电　　话:0798-8524060

公司名称:景德镇市第一汽车运输公司
地　　址:江西省景德镇市珠山区新风路69号
邮政编码:333000
电　　话:0798-8552959

公司名称:景德镇市粮油运输公司
地　　址:江西景德镇市珠山区翠云路4号

邮政编码:333000
电　　话:0798-8211582

公司名称:景德镇市商业运输公司
地　　址:江西省景德镇市珠山区新风路 11 号
邮政编码:333000
电　　话:0798-8551684

公司名称:上饶地区航运公司
地　　址:江西省上饶地区波阳县沿河路 176 号
邮政编码:333100
电　　话:0793-6284263

公司名称:乐平市长江航运公司
地　　址:江西省景德镇市乐平县乐平镇沿河街 17
邮政编码:333300
电　　话:0798-6834231

公司名称:江西省乐平市运输公司
地　　址:江西省景德镇市乐平县乐景路 93 号
邮政编码:333300
电　　话:0798-6833948

公司名称:景德镇市第三汽车运输公司
地　　址:江西省景德镇市乐平县乐景路 84 号
邮政编码:333300
电　　话:0798-6832309

公司名称:乐平市煤炭局汽运公司
地　　址:江西省景德镇市乐平县向北大道 56 号
邮政编码:333300
电　　话:0798-6833589

公司名称:乐平市汽车运输公司
地　　址:江西省景德镇市乐平县乐德东路
邮政编码:333300
电　　话:0798-6832459

公司名称:江西省上饶市第二运输公司
地　　址:江西省上饶地区上饶市罗桥公路五号

邮政编码:334000
电　　话:0793-8223305

公司名称:上饶地汽运总公司货运公司
地　　址:江西省上饶地区上饶市带湖路 11 号
邮政编码:334000
电　　话:0793-8222602

公司名称:上饶地区汽运公司
地　　址:江西省上饶地区上饶市带湖路
邮政编码:334000
电　　话:0793-8250711

公司名称:上饶汽运公司零担车队
地　　址:江西省上饶地区上饶市解放路
邮政编码:334000
电　　话:0793-8226610

公司名称:上饶市第三运输公司
地　　址:江西省上饶地区上饶市五桂山 191 号
邮政编码:334000
电　　话:0793-8222153

公司名称:上饶市汽车运输公司
地　　址:江西省上饶市胜利路 97 号
邮政编码:334000
电　　话:0793-8223331

公司名称:上饶市特种车辆运输公司
地　　址:江西省上饶地区上饶市解放路 126 号
邮政编码:334000
电　　话:0793-8223369

公司名称:德兴市航运公司
地　　址:江西省上饶地区德兴市湖田
邮政编码:334200
电　　话:0793-7620037

公司名称:鹰潭市联运公司
地　　址:江西省鹰潭市市辖区南站

邮政编码:335000
电　　话:0701-6462016

公司名称:鹰潭市航运公司
地　　址:江西省鹰潭市市辖区林荫东路 101 号
邮政编码:335000
电　　话:0701-6221078

公司名称:江西省鹰潭市第二运输公司
地　　址:江西省鹰潭市市辖区胜利东路 32 号
邮政编码:335000
电　　话:0701-6221822

公司名称:江西省鹰潭市汽车运输总公司
地　　址:江西省鹰潭市市辖区梅园大道
邮政编码:335000
电　　话:0701-6231727

公司名称:鹰潭市第一运输公司
地　　址:江西省鹰潭市市辖区东风路 4 号
邮政编码:335000
电　　话:0701-6223805

公司名称:鹰潭市交通运输开发公司
地　　址:江西省鹰潭市市辖区交通街 119 号
邮政编码:335000
电　　话:0701-6211057

公司名称:贵溪市粮油运输公司
地　　址:江西省鹰潭市贵溪北街 373
邮政编码:335400
电　　话:0701-3771437

公司名称:贵溪市汽车运输公司
地　　址:江西省鹰潭市贵溪市西街大操 17 号
邮政编码:335400
电　　话:0701-3771009

公司名称:江西省宜春地区汽车运输公司
地　　址:江西省宜春地区宜春市环城西路 26 号

邮政编码:336000
电　　话:0795-3222142

公司名称:宜春地区货物运输公司
地　　址:江西省宜春地区宜春市环城西路 26 号
邮政编码:336000
电　　话:0795-3222014

公司名称:宜春市运输公司
地　　址:江西省宜春地区宜春市中山中路 72 号
邮政编码:336000
电　　话:0795-3272236

公司名称:新余市航运公司
地　　址:江西省新余市渝水区沙滩口 8 号
邮政编码:336500
电　　话:0790-6222469

公司名称:新余市林业汽车运输公司
地　　址:江西省新余市渝水区沿江路 76 号
邮政编码:336500
电　　话:0790-6224811

公司名称:新余市汽车运输总公司货运公司
地　　址:江西省新余市渝水区通济路 36 号
邮政编码:336500
电　　话:0790-6222394

公司名称:新余市汽车运输总公司
地　　址:江西省新余市渝水区赣新东路 89 号
邮政编码:336525
电　　话:0790-6442744

公司名称:萍乡市长运总公司
地　　址:江西省萍乡市城关区跃进北路 114 号
邮政编码:337000
电　　话:0799-6333916

公司名称:萍乡市供销储运公司联合车队
地　　址:江西省萍乡市城关区后埠街西环路 670

号
邮政编码:337000
电　　话:0799-6819153

公司名称:萍乡市粮油运输公司
地　　址:江西省萍乡市城关区凤凰
邮政编码:337055
电　　话:0799-6835195

公司名称:萍乡市汽车运输公司
地　　址:江西省萍乡市城关区东大街新城路二号
邮政编码:337055
电　　话:0799-6833774

公司名称:萍乡市三运输公司
地　　址:江西省萍乡市城关区
邮政编码:337055
电　　话:0799-6833015

公司名称:赣州地区联运中心
地　　址:江西省赣州地区赣州市章贡路4号
邮政编码:341000
电　　话:0797-8223283

公司名称:赣州地区航运总公司
地　　址:江西赣州地区赣州市章贡路4号
邮政编码:341000
电　　话:0797-8222179

公司名称:赣州市航运公司
地　　址:江西省赣州地区赣州市濂溪路53号
邮政编码:341000
电　　话:0797-8222435

公司名称:赣州创业汽车运输有限公司
地　　址:江西赣州地区赣州市西郊路9号
邮政编码:341000
电　　话:0797-8242185

公司名称:赣州地区汽车运输公司
地　　址:江西省赣州地区赣州市红旗大道16号
邮政编码:341000
电　　话:0797-8224240

公司名称:赣州地区商业运输公司
地　　址:江西省赣州地区赣州市储运路38号
邮政编码:341000
电　　话:0797-8225542

公司名称:赣州地区食品集团运输公司
地　　址:江西省赣州地区赣州市洪城巷12号
邮政编码:341000
电　　话:0797-8221696

公司名称:赣州港汽车运输公司
地　　址:江西省赣州地区赣州市渡口路8号
邮政编码:341000
电　　话:0797-8223682

公司名称:赣州市解放运输公司
地　　址:江西省赣州地区赣州市濂溪路103号
邮政编码:341000
电　　话:0797-8223680

公司名称:赣州市粮油汽车运输公司
地　　址:江西省赣州地区赣州市西津路118号
邮政编码:341000
电　　话:0797-8224937

公司名称:赣州市汽车运输公司
地　　址:江西省赣州地区赣州市水东
邮政编码:341000
电　　话:0797-8224952

公司名称:赣州市运输公司
地　　址:江西省赣州地区赣州市大公路128号
邮政编码:341000
电　　话:0797-8222123

公司名称:赣州市运输公司第二分公司

地　　址:江西省赣州地区赣州市中山路 87 号
邮政编码:341000
电　　话:0797-8222169

公司名称:瑞金市航运公司
地　　址:江西省赣州地区瑞金县下坊路 150 号
邮政编码:342500
电　　话:0797-2522130

公司名称:瑞金市联营运输车队
地　　址:江西赣州地区瑞金县红都大道
邮政编码:342500
电　　话:0797-2522639

公司名称:瑞金市粮油运输公司
地　　址:江西省赣州地区瑞金县绵水
邮政编码:342500
电　　话:0797-2523657

公司名称:瑞金市林业汽车运输公司
地　　址:江西省赣州地区瑞金县绵塘
邮政编码:342500
电　　话:0797-2522323

公司名称:瑞金市汽车运输总公司
地　　址:江西省赣州地区瑞金县红都大道 50 号
邮政编码:342500
电　　话:0797-2522383

公司名称:吉安地区水陆货物联运公司
地　　址:江西省吉安地区吉安市中永叔路 2 号
邮政编码:343000
电　　话:0796-8224765

公司名称:吉安轮船运输公司
地　　址:江西省吉安地区吉安市下田候路 32 号
邮政编码:343000
电　　话:0796-8222538

公司名称:吉安地区汽车运输总公司货运分公司
地　　址:江西省吉安市井冈山大道 69 号
邮政编码:343000
电　　话:0796-8223055

公司名称:吉安地区汽车运输总公司货运中心站
地　　址:江西省吉安市井冈山大道 61 号
邮政编码:343000
电　　话:0796-8224178

公司名称:抚州地区轮船公司
地　　址:江西省抚州地区临市川下沿路 68 号
邮政编码:344000
电　　话:0794-8222975

公司名称:临川市航运公司
地　　址:江西省抚州地区临市川太平街 94 号
邮政编码:344000
电　　话:0794-8223313

公司名称:抚州地区汽车运输公司
地　　址:江西省抚州地区临市川赣东大道
邮政编码:344000
电　　话:0794-8222505

公司名称:临川市第二运输公司
地　　址:江西省抚州地区临市川抚北镇货运路 1
邮政编码:344000
电　　话:0794-8222737

公司名称:临川市第一运输公司
地　　址:江西省抚州地区临市川抚北西路 13 号
邮政编码:344000
电　　话:0794-8222827

公司名称:临川市商业运输公司
地　　址:江西省抚州地区临市川六水桥 3 号
邮政编码:344000
电　　话:0794-8222388

公司名称:临川市第四运输公司

地　　址:江西省抚州地区临市川货栈路 3 号
邮政编码:344001
电　　话:0794-8223594

公司名称:临川市水陆运输公司
地　　址:江西省抚州地区临市川红桥街 5 号
邮政编码:344100
电　　话:0794-8449050

储　　运

公司名称:江联运输公司
地　　址:江西省南昌市青云谱区迎宾大道
邮政编码:330001
电　　话:0791-5232424

公司名称:江西省南昌商业储运总公司
地　　址:江西省南昌市洛阳路 61 号
邮政编码:330002
电　　话:0791 6105073

公司名称:江西省轻工贸易储运公司
地　　址:江西省南昌市东湖区董家窑 107 号
邮政编码:330006
电　　话:0791-8635705

公司名称:江西省物资储运总公司
地　　址:江西省南昌市东湖区青山北路李家庄 13 号
邮政编码:330039
电　　话:8623838-613

公司名称:景德镇市物资储运公司
地　　址:江西省景德镇市昌江区曙光路
邮政编码:333000
电　　话:0798-8211362

公司名称:市港联运贸易公司
地　　址:江西省鹰潭市辖区环城西路朱埠杨家
邮政编码:335000
电　　话:0701-6221877

公司名称:宜春地区供销社储运公司
地　　址:江西省宜春地区宜春市中山东路 45 号
邮政编码:336000
电　　话:0795-3272892

公司名称:新余市供销储运公司
地　　址:江西省新余市渝水区胜利北路 29 号
邮政编码:336500
电　　话:0790-6227043

公司名称:新余市联合运输总公司
地　　址:江西省新余市渝水区胜利南路
邮政编码:336500
电　　话:0790-6222655

公司名称:萍乡市供销储运公司
地　　址:江西省萍乡市城关区后埠街西环路 670 号
邮政编码:337000
电　　话:0799-6333729

公司名称:赣州地区供销储运公司
地　　址:江西省赣州地区赣州市西桥路 22 号
邮政编码:341000
电　　话:0797-8223290

公司名称:抚州地区商业储运公司
地　　址:江西省抚州地区临市川抚北镇
邮政编码:344000
电　　话:0794-8352756

仓　　储

公司名称:丰城市地方铁路装运仓储公司
地　　址:江西省丰城市剑光北门江边货场
邮政编码:331100
电　　话:0795-6423848

公司名称:赣州地区糖酒副食品公司仓储公司
地　　址:江西省赣州地区赣州市窑下村 7 号
邮政编码:341000
电　　话:0797-8222109

公司名称:赣州市粮油仓储调运公司
地 址:江西省赣州地区赣州市新赣南路47号
邮政编码:341000
电 话:0797-8224935

物流设备

公司名称:南昌铁路局装卸机械厂
地 址:江西省南昌市洛阳路1号
邮政编码:330002
电 话:0719-4128418

公司名称:江西起重机械总厂
地 址:江西省樟树市共和东路82号
邮政编码:331200
电 话:0795-7333174

公司名称:江西特种电机股份有限公司
地 址:江西省宜春市东风大道6号
邮政编码:336000
电 话:0795-3272270 3277558

山 东 省

物流与速递

公司名称:青岛港盛国际物流冷藏有限公司
地 址:山东省青岛市港夏路2号
邮政编码:266001
电 话:0532-2660110

公司名称:济南市交通物流站
地 址:山东济南市市中区济微路81号
邮政编码:250022
电 话:0531-7100104

公司名称:山东博远物流发展有限公司
地 址:山东省济南市经七路843号泰山国际大厦七楼
邮政编码:250032
电 话:0531-7162566

公司名称:山东鲁能帆茂物流有限公司
地 址:山东省济南市长青县鲁能工业园中川路
邮政编码:250300
电 话:0531-7262801

公司名称:德州资通国际物流中心
地 址:山东省德州市经济开发区天街东路东首
邮政编码:253000
电 话:0534-2753832

公司名称:中国外运山东淄博公司
地 址:山东省淄博市张店区桑北西路5号
邮政编码:255031
电 话:0533-3184848

公司名称:中国外运山东潍坊公司
地 址:山东省潍坊市奎文区四平路19号
邮政编码:261041
电 话:0536-8261873

公司名称:烟台港和国际物流冷藏有限公司
地 址:山东省烟台市海港路22号
邮政编码:264000
电 话:0535-6744011

公司名称:烟台国际空运快递公司
地 址:山东省烟台市芝罘区大海阳路72号
邮政编码:264000
电 话:0535-6279298

公司名称:中国外运山东烟台公司
地 址:山东省烟台市芝罘区建设路2号
邮政编码:264000
电 话:0535-6247380

公司名称:中国外运山东威海公司

地　　址:山东省威海市环翠区青岛北路5号
邮政编码:264200
电　　话:0631-5322391

公司名称:山东省龙口市胜通物流有限公司
地　　址:山东省龙口市龙口开发区河北路37号胜通物流有限公司办公室
邮政编码:265700
电　　话:0535-8882639

公司名称:中国外运山东龙口公司
地　　址:山东烟台市龙口市环海路88号
邮政编码:265700
电　　话:0535-8812142

公司名称:山东中海物流有限公司
地　　址:山东省青岛市中山路6号发展大厦18楼
邮政编码:266001
电　　话:0532-2968122

公司名称:青岛山九亚太物流有限公司
地　　址:山东省青岛市瞿塘峡47号海福楼A座1506
邮政编码:266002
电　　话:0532-2677691

公司名称:青岛菱光物流有限公司
地　　址:山东省青岛市市南区大学路4号
邮政编码:266003
电　　话:0532-2889547

公司名称:中国外运青岛公司
地　　址:山东省青岛市市北区馆陶路9号
邮政编码:266011
电　　话:0532-2822808

公司名称:中国外运山东公司
地　　址:山东省青岛市市北区普集支路24号
邮政编码:266012
电　　话:0532-3831193

公司名称:山东山富国际物流有限公司
地　　址:山东市青岛市杭州支路7号
邮政编码:266021
电　　话:0532-3823520

公司名称:青岛海乾物流有限公司
地　　址:山东省青岛市重庆中路十梅庵路62号
邮政编码:266043
电　　话:0532-4913700 4819777

公司名称:青岛市国际物流中心
地　　址:山东省青岛市李沧区小白干路579号
邮政编码:266043
电　　话:0532-4820954

公司名称:青岛邦达物流有限公司
地　　址:山东省青岛市香港中路18号福泰广场B座18层
邮政编码:266071
电　　话:0532-5755500

公司名称:青岛远洋运输公司
地　　址:山东省青岛市市南区湛流干路中段
邮政编码:266071
电　　话:0532-5815888

公司名称:青岛环宇物流服务中心
地　　址:山东省青岛市重庆中路227号
邮政编码:266100
电　　话:0532-7654918 13012541309

公司名称:青岛代新物流有限公司
地　　址:山东省青岛市胶州市泉州南路8号
邮政编码:266300
电　　话:0532-7231951

公司名称:山东外运曲阜公司
地　　址:山东省济宁市曲阜市鼓楼南大街19号
邮政编码:273100
电　　话:0537-4414581

货运代理

公司名称:山东和丰国际货运代理有限公司
地　　址:山东省青岛市香港中路61号阳光大厦23层G.F座
邮政编码:266071
电　　话:0532-3897085

公司名称:山东经济发展总公司货运代理公司
地　　址:山东济南市市中区经四路385号
邮政编码:250001
电　　话:0531-7911448

公司名称:山东通广运输代理有限责任公司
地　　址:山东省济南市车站街161号6楼
邮政编码:250001
电　　话:0531-2426535

公司名称:济南市国际货物运输代理中心
地　　址:山东省济南市天桥区无影山北路3号
邮政编码:250033
电　　话:5951798-2106

公司名称:山东国际集装箱代理联合公司
地　　址:山东省济南市天桥区凤凰山路108号
邮政编码:250033
电　　话:0531-5951798

公司名称:山东外运德州公司
地　　址:山东省德州市德城区东方红路15号
邮政编码:253011
电　　话:0534-2349059

公司名称:山东省淄博市汽车货物配载中心
地　　址:山东省淄博市张店区柳泉路27号
邮政编码:255000
电　　话:0533-2180541

公司名称:淄博交通运输有限公司快速货运零担分公司
地　　址:山东省淄博市张店昌国东路一号
邮政编码:255020
电　　话:0533-2880310

公司名称:淄博远洋大亚货运有限公司
地　　址:山东省淄博市桓台县果里乡
邮政编码:256410
电　　话:0533-2183097

公司名称:潍坊国际货物过驳运输有限公司
地　　址:山东省潍坊市寒亭区民主西街
邮政编码:261100
电　　话:0536-7251505

公司名称:中国储运青州公司
地　　址:山东省淮坊市青州市玲珑北路30号
邮政编码:262500
电　　话:0536-3222056

公司名称:烟台国际航空运输客货代理总公司
地　　址:山东省烟台市芝罘区西南河路182号
邮政编码:264000
电　　话:0535-6268782

公司名称:中国烟台外轮代理公司
地　　址:山东省烟台市芝罘区北马路155号
邮政编码:264000
电　　话:0535-6246497

公司名称:山东经贸国际运输公司威海公司
地　　址:山东省威海市环翠区文化中路59号
邮政编码:264200
电　　话:0631-5810927

公司名称:山东省国际货运代理威海有限公司
地　　址:山东省威海市环翠区海滨北路39号
邮政编码:264200
电　　话:0631-5215401

公司名称:威海市海运代理公司

地　　址:山东省威海市环翠区昆明路 10 号
邮政编码:264200
电　　话:5208044

公司名称:中国威海外轮代理公司
地　　址:山东省威海市环翠区海滨北路 53 号
邮政编码:264200
电　　话:0631-5229019

公司名称:中国龙口外轮代理公司
地　　址:山东省烟台市龙口市环海路 24 号
邮政编码:265700
电　　话:0535-8842001

公司名称:青岛市国际货代公司
地　　址:山东省青岛市市南区太平路 37 号
邮政编码:266001
电　　话:0532-2876250

公司名称:青岛远东运输代理有限公司
地　　址:山东省青岛市泰安路 8 号铁道大厦四楼
邮政编码:266001
电　　话:0532-2877323

公司名称:山东宏达国际货运有限公司
地　　址:山东省青岛市保定路 18 号
邮政编码:266001
电　　话:0532-2802772

公司名称:山东阳光货运服务有限公司
地　　址:山东省青岛市市南区青铜峡路
邮政编码:266001
电　　话:0532-2819991

公司名称:中储青岛国际货代公司
地　　址:山东省青岛市市北区普集路 18 号
邮政编码:266001
电　　话:0532-3817421

公司名称:山东海丰国际货运有限公司
地　　址:山东省青岛市瞿塘峡路 8 号
邮政编码:266002
电　　话:0532-2661010

公司名称:山东省运通国际货运代理有限公司
地　　址:山东省青岛市市南区太平路 51 号
邮政编码:266002
电　　话:0532-2871510

公司名称:山东天丰国际空运有限公司
地　　址:山东省青岛市瞿塘峡路 8 号
邮政编码:266002
电　　话:0532-2661286

公司名称:中纺国际货运青岛公司
地　　址:山东省青岛市市南区瞿塘峡路 26 号
邮政编码:266002
电　　话:0532-2877748

公司名称:中国青岛外轮代理公司
地　　址:山东省青岛市市南区巫峡路 21 号
邮政编码:266002
电　　话:0532-2651688

公司名称:中国青岛外轮代理公司中运船务代理公司
地　　址:山东省青岛市市南区巫峡路 21 号
邮政编码:266002
电　　话:0532-2652223

公司名称:中国外代国际货运公司
地　　址:山东省青岛市市南区巫峡路 21 号
邮政编码:266002
电　　话:0532-2651688

公司名称:中国民航青岛客货代理公司
地　　址:山东省青岛市市南区江苏路 17 号
邮政编码:266003
电　　话:0532-2880109

公司名称:青岛市东方国际货运代理公司
地　　址:山东省青岛市市北区新疆路 10 号
邮政编码:266011
电　　话:0532-2804437

公司名称:青岛市联运公司货运代理分公司
地　　址:山东省青岛市市北区冠县路 84 号
邮政编码:266011
电　　话:0532-2828350

公司名称:青岛铁君船务代理有限公司
地　　址:山东省青岛市市北区小港一路 12 号
邮政编码:266011
电　　话:0532-2821488

公司名称:青岛友谊国际航空客货代理有限公司
地　　址:山东省青岛市市北区新疆路 12 号
邮政编码:266011
电　　话:0532-5834037

公司名称:山东海员实业公司货运代理分公司
地　　址:山东省青岛市市北区港青路 6 号
邮政编码:266011
电　　话:0532-2821433

公司名称:山东海员实业公司货运代理分公司
地　　址:山东省青岛市市北区港青路 6 号
邮政编码:266011
电　　话:0531-2821433

公司名称:山东省国际海运公司华福货运代理公司
地　　址:山东省青岛市市北区冠县路 70 号
邮政编码:266011
电　　话:0532-2845258

公司名称:青岛市公路客运公司货运代理分公司
地　　址:山东省青岛市市北区辽宁路 133 号
邮政编码:266012
电　　话:0532-3832914

公司名称:山东外运四方公司
地　　址:山东省青岛市四方区遵化路 22 号
邮政编码:266031
电　　话:0532-2653799

公司名称:山东省宏达国际货运代理有限公司
地　　址:山东省青岛市四方区大山村 1 号
邮政编码:266034
电　　话:0532-5622130

公司名称:青岛海程邦达国际货运代理有限公司
地　　址:山东省青岛市香港中路 18 号
邮政编码:266071
电　　话:0532-5755500

公司名称:青岛亨达航空捷运有限公司
地　　址:山东省青岛市市南区湛流干路 49 号
邮政编码:266071
电　　话:0532-5843767

公司名称:青岛亚东国际运输公司
地　　址:山东省青岛市市南区湛流干路 6 号
邮政编码:266071
电　　话:0532-5918467

公司名称:山东永盛国际货运有限公司
地　　址:山东省青岛市市南区香港西路 87 号
邮政编码:266071
电　　话:0532-5021369-235

公司名称:世荣(青岛)国际贸易运输有限公司
地　　址:山东省青岛市世界贸易中心 B 楼 621
邮政编码:266071
电　　话:0532-5918720

公司名称:源诚华盛(青岛)国际货运有限公司
地　　址:山东省青岛市南京路 9 号
邮政编码:266071
电　　话:0532-5753180

公司名称:青岛黄海国际货运公司
地　　址:山东省青岛市四方区小白干路 176 号
邮政编码:266100
电　　话:0532-5625053

公司名称:山东经贸国际运输公司黄岛公司
地　　址:山东省青岛市黄岛区海南岛路 27 号
邮政编码:266555
电　　话:0532-6891777

公司名称:山东外运济宁公司
地　　址:山东省济宁市市中区红星东路 12 号
邮政编码:272117
电　　话:0537-2321888

公司名称:中国对外贸易运输公司山东分公司临沂支公司
地　　址:山东省临沂市兰山区临西一路 113 号
邮政编码:276003
电　　话:0539-8312860

公司名称:中国日照外轮代理公司
地　　址:山东省日照市东港区黄海一路 105
邮政编码:276826
电　　话:0633-8331543

公司名称:中国外轮理货总公司日照分公司
地　　址:山东省日照市东港区黄海一路 109 号
邮政编码:276826
电　　话:0633-8383330

运　　输

公司名称:济南大型汽车运输总公司
地　　址:山东省济南市槐荫区经一纬五路 15 号
邮政编码:250001
电　　话:0531-7934911

公司名称:济南大型汽车运输总公司集装箱公司
地　　址:山东省济南市槐荫区经一路 171 号
邮政编码:250001
电　　话:0531-7934155

公司名称:山东济铁集装箱运输有限公司
地　　址:山东省济南市天桥区站前街 2 号
邮政编码:250001
电　　话:0531-6920931

公司名称:济南锦湖运输有限公司
地　　址:山东省济南市二七南路 1 号
邮政编码:250002
电　　话:0531-2984345

公司名称:山东六通运输有限公司
地　　址:山东省济南市历下区千佛山路 8 号
邮政编码:250014
电　　话:0531-2966888

公司名称:济南白马经济发展总公司运输公司
地　　址:山东省济南市中区白马山南路 13 号
邮政编码:250022
电　　话:0531-7964134

公司名称:济南市第三运输公司
地　　址:山东省济南市槐荫区丁字山路 3 号
邮政编码:250022
电　　话:0531-7954346

公司名称:济南市长途汽车运输公司货运分公司
地　　址:山东省济南市天桥区堤口路 81 号
邮政编码:250031
电　　话:0531-5952266

公司名称:济南市粮油运输公司
地　　址:山东省济南市天桥区官扎营西街 126 号
邮政编码:250031
电　　话:0531-5952035

公司名称:山东省济南汽车运输总公司
地　　址:山东省济南市天桥区济泺路 131 号
邮政编码:250031

电　　话:0531-5952233

公司名称:济南公路主枢纽大桥路货运站
地　　址:山东省济南市济青高速零点立交桥西北侧
邮政编码:250032
电　　话:0531-8271086 8271000 8271088

公司名称:济南市国际集装箱分流中心
地　　址:山东省济南市天桥区无影山壮路3号
邮政编码:250032
电　　话:0531-5705448

公司名称:济南市联运总公司
地　　址:山东省济南市天桥区凤凰山路108号
邮政编码:250033
电　　话:0531-5951798

公司名称:济南市联运总公司国际集装箱货运公司
地　　址:山东省济南市天桥区凤凰山路108号
邮政编码:250033
电　　话:0531-5951798

公司名称:济南市第四运输公司
地　　址:山东省济南市天桥区西杨
邮政编码:250108
电　　话:0531-8961014

公司名称:山东省德州市汽车运输总公司第二分公司
地　　址:山东省德州市德城区人民路1007号
邮政编码:251200
电　　话:0534-7221084

公司名称:聊城地区汽运总公司第五分公司
地　　址:山东省聊城地区聊城市利民西路
邮政编码:252000
电　　话:0635-0822138

公司名称:聊城地区汽运总公司零担货运公司
地　　址:山东省聊城地区聊城市利民西路
邮政编码:252000
电　　话:0635-0822123

公司名称:山东省聊城市第二汽车运输公司
地　　址:山东省聊城市兴华西路新河亭15号
邮政编码:252000
电　　话:0635-3398851

公司名称:德州市粮油运输公司
地　　址:山东省德州市德城区水场路6号
邮政编码:253003
电　　话:0534-2421638

公司名称:山东省德州汽车运输总公司
地　　址:山东省德州市德城区东风西路14号
邮政编码:253005
电　　话:0534-2624050

公司名称:山东省乐陵市运输公司
地　　址:山东省德州市乐陵市振兴东路
邮政编码:253600
电　　话:0534-6421764

公司名称:山东省淄博市联合运输公司
地　　址:山东省淄博市张店区柳泉路27号
邮政编码:255000
电　　话:0533-2289942

公司名称:山东省淄博市公路运输公司
地　　址:山东省淄博市张店区柳泉路17路
邮政编码:255000
电　　话:0533-2289942

公司名称:淄博市联运总公司集装箱中转站
地　　址:山东省淄博市张店区烟厂路2号
邮政编码:255000
电　　话:0533-2283069

公司名称:山东省淄博汽车运输总公司零担运输分

公司

地　　址:山东省淄博市张店区杏园西路 23 号

邮政编码:255020

电　　话:0533-2880310

公司名称:山东省淄博汽车运输总公司国际集箱货运站

地　　址:山东省淄博市张店区中心路 54 号

邮政编码:255021

电　　话:0533-2884273

公司名称:山东省淄博汽车运输总公司

地　　址:山东省淄博市张店区中心路 54 号

邮政编码:255026

电　　话:0533-2183011

公司名称:淄博市联运总公司

地　　址:山东省淄博市张店区杏园东路 16

邮政编码:255029

电　　话:0533-2288899

公司名称:山东铝业公司鲁中实业贸易公司运输公司

地　　址:山东省淄博市张店区五公里路 12 号

邮政编码:255051

电　　话:0533-2981343

公司名称:博山第一运输公司

地　　址:山东省淄博市博山区双山路 128 号

邮政编码:255200

电　　话:0533-4180310

公司名称:山东省淄博联合运输公司博山运贸公司

地　　址:山东省淄博市博山区五龙二七新村 38 号

邮政编码:255200

电　　话:0533-4182204

公司名称:滨州市第二运输公司

地　　址:山东省滨州地区滨州市黄河二路 761 号

邮政编码:256614

电　　话:0543-3323689

公司名称:山东省滨州地区粮油贸易运输公司

地　　址:山东省滨州地区滨州市黄河五路 524 号

邮政编码:256619

电　　话:0543-3324409

公司名称:滨州地区汽车运输总公司三公司

地　　址:山东省滨州地区滨州市黄河四路 565 号

邮政编码:256631

电　　话:0543-3322095

公司名称:滨州地区汽车运输总公司一公司

地　　址:山东省滨州地区滨州市黄河四路 564 号

邮政编码:256631

电　　话:0543-3317564

公司名称:山东省滨州地区汽车运输总公司

地　　址:山东省滨州地区滨州市渤海五路 529 号

邮政编码:256631

电　　话:0543-3323729

公司名称:滨州地区运输总公司九公司

地　　址:山东省滨州地区沾化县富桥路 221 号

邮政编码:256800

电　　话:0543-7322377

公司名称:东营汽车运输总公司

地　　址:山东省东营市东营区胜华路 68 号

邮政编码:257000

电　　话:0543-8222098

公司名称:东营市航运公司

地　　址:山东省东营市东营区黄河路 80 号

邮政编码:257093

电　　话:0546-8334320

公司名称:潍坊长鸿国际海运有限公司

地　　址:山东省潍坊市潍城区胜利西街 341 号

邮政编码:261011

电　　话:0536-8318944

公司名称:潍坊汽车运输总公司零担集装箱公司
地　　址:山东省潍坊市潍城区北宫大街
邮政编码:261021
电　　话:0536-8328667

公司名称:潍坊国际海运公司
地　　址:山东省潍坊市奎文区北海路 523 号
邮政编码:261041
电　　话:0536-8888656

公司名称:潍坊第二汽车运输总公司
地　　址:山东省潍坊市奎文区鸢飞路 478 号
邮政编码:261041
电　　话:0536-8232766

公司名称:潍坊汽车运输总公司
地　　址:山东省潍坊市奎文区健康东街 529 号
邮政编码:261041
电　　话:0536-8251350

公司名称:潍坊市运输总公司
地　　址:山东省潍坊市奎文区四平路中段
邮政编码:261041
电　　话:0536-8234235

公司名称:潍坊国际海陆运输(集团)有限公司
地　　址:山东省潍坊市奎文区北海路 523 号
邮政编码:261041
电　　话:0536-8888656

公司名称:潍坊国际集装箱公路运输总公司
地　　址:山东省潍坊市奎文区健康东街 361 号
邮政编码:261041
电　　话:0536-8230487

公司名称:潍坊航运公司
地　　址:山东省潍坊市寒亭区民主西街 158 号
邮政编码:261100

电　　话:0536-7251417

公司名称:潍坊市第四汽车运输公司
地　　址:山东省潍坊市寒亭区益新街
邮政编码:261100
电　　话:0536-7251211

公司名称:昌邑市联合运输公司
地　　址:山东省潍坊市昌邑市交通街
邮政编码:261300
电　　话:0536-7221717

公司名称:昌邑市第二汽车运输公司
地　　址:山东省潍坊市昌邑市柞山
邮政编码:261322
电　　话:0536-7752011

公司名称:莱州市汽车运输总公司第二运输公司
地　　址:山东省莱州市长胜街
邮政编码:261423
电　　话:0535-2311049

公司名称:青州市长途汽车运输总公司
地　　址:山东省潍坊市青州市东环中路 18 号
邮政编码:262500
电　　话:0536-3222597

公司名称:青州市汽车运输总公司
地　　址:山东省潍坊市青州市龙山路 22 号
邮政编码:262500
电　　话:0536-3224224

公司名称:青州市联运公司
地　　址:山东省潍坊市青州市稷山路 44 号
邮政编码:262500
电　　话:0536-3222297

公司名称:烟台联运总公司
地　　址:山东省烟台市芝罘区建设路付 17-1 号
邮政编码:264000

电　　话:0535-6261778

公司名称:烟台华运汽车运输有限责任公司
地　　址:山东省烟台市芝罘区青年路36号
邮政编码:264000
电　　话:0535-6246822

公司名称:烟台联运总公司汽车运输分公司
地　　址:山东省烟台市芝罘区幸福六村
邮政编码:264000
电　　话:0535-6800247

公司名称:烟台汽运集团公司货运总公司
地　　址:山东省烟台市芝罘区南大街159号
邮政编码:264000
电　　话:6259948-2011

公司名称:烟台汽运集团有限责任公司
地　　址:山东省烟台市芝罘区青年路副13号
邮政编码:264000
电　　话:0535-6243401

公司名称:烟台汽运集团有限责任公司
地　　址:山东省烟台市芝罘区青年路副13号
邮政编码:264000
电　　话:0535-6243401

公司名称:烟台港集装箱公司
地　　址:山东省烟台市芝罘区海港路23号
邮政编码:264000
电　　话:0535-6742449

公司名称:烟台市东方海运公司
地　　址:山东省烟台市芝罘区环山路127号
邮政编码:264001
电　　话:0535-6234594

公司名称:烟台集装箱运输公司
地　　址:山东省烟台市芝罘区幸福南路4号
邮政编码:264002

电　　话:0535-6532025

公司名称:山东省烟台全洲海洋运输公司
地　　址:山东省烟台市牟平区新牟里村
邮政编码:264100
电　　话:0535-6244971

公司名称:威海市联运公司
地　　址:山东省威海市环翠区东城路63号
邮政编码:264200
电　　话:0631-5225019

公司名称:山东省鲁东(集团)航运有限责任公司
地　　址:山东省威海市环翠区统一路6号
邮政编码:264200
电　　话:0896-5203127

公司名称:威海威东航运有限公司
地　　址:山东省威海市昆明路9号
邮政编码:264200
电　　话:0631-5225338

公司名称:山东蓝星玻璃(集团)有限公司运输分公司
地　　址:山东省威海市环翠区新威路128号
邮政编码:264200
电　　话:0896-5223241

公司名称:山东威海汽车运输总公司
地　　址:山东省威海市环翠区东城路74号
邮政编码:264200
电　　话:0896-5224091

公司名称:山东威海汽车运输总公司二公司
地　　址:山东省威海市环翠区烟台中路24号
邮政编码:264200
电　　话:0896-5814581

公司名称:山东威海汽车运输总公司四公司
地　　址:山东省威海市环翠区黄岛路1号

邮政编码:264200
电　　话:0896-5322347

公司名称:山东威海汽车运输总公司一公司
地　　址:山东省威海市环翠区黄岛路1号
邮政编码:264200
电　　话:0896-5322861

公司名称:威海市航空运输服务公司
地　　址:山东省威海市环翠区统一路97-1号
邮政编码:264200
电　　话:0896-5224853

公司名称:威海经技区第一运输公司
地　　址:山东省威海市环翠区蒿泊
邮政编码:264205
电　　话:0896-5341035

公司名称:荣成市海运公司
地　　址:山东省威海市荣城市黄海南路94号
邮政编码:264309
电　　话:0896-7382188

公司名称:山东威海汽车运输总公司三公司
地　　址:山东省威海市文登市文城横山路6号
邮政编码:264400
电　　话:0896-8451814

公司名称:文登市运输公司
地　　址:山东省威海市文登市河南
邮政编码:264400
电　　话:0896-8252476

公司名称:文登市海运公司
地　　址:山东省威海市文登市张家埠
邮政编码:264406
电　　话:0896-8771156

公司名称:乳山市运输公司
地　　址:山东省威海市乳山市胜利街
邮政编码:264500
电　　话:0896-6621268

公司名称:山东威海汽车运输总公司六公司
地　　址:山东省威海市乳山市青山路1号
邮政编码:264500
电　　话:0896-6621732

公司名称:乳山市海运公司
地　　址:山东省威海市乳山市旗杆石
邮政编码:264509
电　　话:0896-6321052

公司名称:海阳市汽车运输公司
地　　址:山东省烟台市海阳县虎山街
邮政编码:265100
电　　话:0535-3222647

公司名称:山东方圆集团运输公司
地　　址:山东省烟台市海阳县海阳路
邮政编码:265100
电　　话:0535-3221111

公司名称:莱阳市交通运输集团总公司
地　　址:山东省烟台市莱阳市旌旗路2号
邮政编码:265200
电　　话:0535-7220105

公司名称:莱阳市运输总公司
地　　址:山东省烟台市莱阳市东古城村
邮政编码:265202
电　　话:0535-7318623

公司名称:栖霞市第二运输公司
地　　址:山东省烟台市迎宾路
邮政编码:265300
电　　话:0535-5212769

公司名称:栖霞市运输总公司
地　　址:山东省烟台市迎宾路970号

邮政编码:265300
电　　话:0535-5211879

公司名称:山东省招远市运输公司
地　　址:山东省烟台市招远市温泉路309号
邮政编码:265400
电　　话:0535-8212282

公司名称:蓬莱市海运公司
地　　址:山东省烟台市蓬莱市钟楼南路28号
邮政编码:265600
电　　话:0535-5643041

公司名称:蓬莱市汽车运输公司
地　　址:山东省烟台市蓬莱市县后路109号
邮政编码:265600
电　　话:0535-5642194

公司名称:山东龙口海运公司
地　　址:山东省烟台市龙口市邹刘
邮政编码:265700
电　　话:0535-8842362

公司名称:龙口市第一汽车运输公司
地　　址:山东省烟台市龙口市环城北路31号
邮政编码:265701
电　　话:0535-8527265

公司名称:华圣国际运输服务有限公司青岛分公司
地　　址:山东省青岛市市南区太平路37号
邮政编码:266001
电　　话:0532-2896970

公司名称:山东鲁艺集装箱货运有限公司
地　　址:山东省青岛市崂山区西韩村308国道北侧
邮政编码:266001
电　　话:0532-7635956

公司名称:青岛阳明国际货运有限公司
地　　址:山东省青岛市巫峡路23号9楼
邮政编码:266002
电　　话:0532-2651991

公司名称:青岛远洋大亚货运有限公司
地　　址:山东省青岛市巫峡路23号科技城三楼
邮政编码:266002
电　　话:0532-2654723

公司名称:中储青岛(国际)集装箱公司
地　　址:山东省青岛市北区夹岭询村308国道191号
邮政编码:266003
电　　话:0532-2862209

公司名称:青岛经济技术开发区鸿源海运贸易公司
地　　址:山东省青岛市市北区小港一路12号
邮政编码:266011
电　　话:0532-2801455

公司名称:青岛轮船公司
地　　址:山东省青岛市市南区中山路183号
邮政编码:266011
电　　话:0532-2834810

公司名称:山东省青岛海运总公司
地　　址:山东省青岛市市北区小港一路10号甲
邮政编码:266011
电　　话:0532-2828152

公司名称:青岛第二汽车运输公司
地　　址:山东省青岛市市北区济宁路33号
邮政编码:266011
电　　话:0532-2824341

公司名称:青岛骏马运输有限公司
地　　址:山东省青岛市北区馆陶路9号
邮政编码:266011
电　　话:0532-2822809

公司名称:青岛东港国际集装箱储运有限公司
地　　址:山东省青岛市北区港夏路 1 号
邮政编码:266011
电　　话:0532-2982304

公司名称:青岛远港国际集装箱码头有限公司
地　　址:山东省青岛市北区港夏路 18 号
邮政编码:266011
电　　话:0532-2985283

公司名称:青岛锦港公路集装箱运输有限公司
地　　址:山东省青岛市市北区泰山路 125 号
邮政编码:266012
电　　话:0532-3836866

公司名称:青岛市零担运输公司
地　　址:山东省青岛市市北区利津路 30 号
邮政编码:266021
电　　话:0532-3823450

公司名称:青岛市石油总公司运输公司
地　　址:山东省青岛市市北区孟庄路 3 号
邮政编码:266021
电　　话:0532-3833095

公司名称:青岛铁路康达运输服务公司
地　　址:山东省青岛市市北区普集路 15 号
邮政编码:266021
电　　话:0532-3836411

公司名称:青岛市东方集装箱实业公司
地　　址:山东省青岛市市南区宁夏路 127 号
邮政编码:266022
电　　话:0532-5822731

公司名称:青岛市果品总公司运输分公司
地　　址:山东省青岛市四方区杭州路 76 号
邮政编码:266031
电　　话:0532-4851868

公司名称:青岛市第一汽车运输公司
地　　址:山东省青岛市四方区鞍山路 3 号
邮政编码:266033
电　　话:0532-5629283

公司名称:青岛黄海运输公司
地　　址:山东省青岛市李沧区振华路 7 号
邮政编码:266041
电　　话:0532-4843128

公司名称:青岛市零担运输公司物资运输分公司
地　　址:山东省青岛市四方区南昌路东段
邮政编码:266042
电　　话:0532-4853387

公司名称:中集青岛集装箱公司
地　　址:山东省青岛市四方区开封路 21 号
邮政编码:266042
电　　话:0532-4856559

公司名称:青岛红星化工集团运输公司
地　　址:山东省青岛市四流北路 35 号
邮政编码:266043
电　　话:4817717

公司名称:山东韩进海运有限公司
地　　址:山东省青岛市东海路 35 号太平洋中心一号楼三层
邮政编码:266071
电　　话:0532-5718293

公司名称:山东外运环世运输有限公司
地　　址:山东省青岛市湛流干路 6 号世贸中心 621 室
邮政编码:266071
电　　话:0532-5918720

公司名称:青岛国际集装箱运输公司快运分公司
地　　址:山东省青岛市四方区小白干路 176 号
邮政编码:266100

电　　话:0532-5616793

公司名称:青岛市木材总公司汽车运输公司
地　　址:山东省青岛市市北区杨家群村
邮政编码:266100
电　　话:0532-7896364

公司名称:国伴捷达集装箱运输有限公司
地　　址:山东省青岛市北区夹岭洵 308 国道 191 号
邮政编码:266100
电　　话:0532-7613476

公司名称:青岛国际集装箱运输公司
地　　址:山东省青岛市四方区小白干路 176 号
邮政编码:266100
电　　话:0532-5617156

公司名称:青岛崂山集装箱储运公司
地　　址:山东省青岛市李沧区德兴路 32 号
邮政编码:266100
电　　话:0532-4870881

公司名称:青岛陆海联合货柜公司
地　　址:山东省青岛市四方区萍乡路 55 号
邮政编码:266100
电　　话:0532-5623968

公司名称:山东海丰国际集装箱储运有限公司
地　　址:山东省青岛市李沧区大崂路 956 号
邮政编码:266100
电　　话:0532-7892462

公司名称:青岛振亚炭黑集团公司运输公司
地　　址:山东省青岛市胶州市涝洼
邮政编码:266300
电　　话:0532-2290344

公司名称:山东省胶州市第二运输公司
地　　址:山东省青岛市胶州市苏州路 91 号
邮政编码:266300
电　　话:0532-7212170

公司名称:胶南市粮油运输公司
地　　址:山东省青岛市胶南市华山街
邮政编码:266400
电　　话:0532-8183685

公司名称:胶南市汽车运输总公司
地　　址:山东省青岛市胶南市珠山路 47 号
邮政编码:266400
电　　话:0532-8182084

公司名称:胶南市汽车运输总公司货运分公司
地　　址:山东省青岛市胶南市虎背路北
邮政编码:266400
电　　话:0532-6163119

公司名称:莱西市第二运输公司
地　　址:山东省青岛市莱西市林泉庄
邮政编码:266601
电　　话:0532-8411676

公司名称:平度市汽车货运公司
地　　址:山东省青岛市平度市福州路 1 号
邮政编码:266700
电　　话:0532-8382502

公司名称:山东泰安市泰山联运公司
地　　址:山东省泰安市泮河路 125 号
邮政编码:271000
电　　话:0538-6625777--8002

公司名称:山东省泰安汽车运输总公司
地　　址:山东省泰安市泰山区迎胜路 1 号
邮政编码:271000
电　　话:0538-8412441

公司名称:山东省泰安汽车运输总公司零担货运分公司

地　　址:山东省泰安市泰山区三里庄路3号
邮政编码:271000
电　　话:0538-8412858

公司名称:泰安市第一汽车运输公司集装箱分公司
地　　址:山东省泰安市泰山区长城路立交桥北
邮政编码:271000
电　　话:0538-841501

公司名称:泰安振通国际集装箱运输有限责任公司
地　　址:山东省泰安市泰山区东岳大街西首
邮政编码:271000
电　　话:0538-8418775

公司名称:山东莱芜汽车运输总公司
地　　址:山东省莱芜市莱城区凤城西大街113号
邮政编码:271100
电　　话:0634-6213949

公司名称:山东莱芜汽车运输总公司货运公司
地　　址:山东省莱芜市莱城区凤城东大街78号
邮政编码:271100
电　　话:0634-6212249

公司名称:山东莱芜运输总公司
地　　址:山东省莱芜市莱城区凤城西大街159号
邮政编码:271100
电　　话:0634-6112760

公司名称:山东莱芜运输总公司货运二公司
地　　址:山东省莱芜市莱城区大桥北路63号
邮政编码:271100
电　　话:0634-6214664

公司名称:山东莱芜运输总公司货运一公司
地　　址:山东省莱芜市莱城区凤城西大街199号
邮政编码:271100
电　　话:0634-6112352

公司名称:山东莱芜运输总公司货运三公司

地　　址:山东省莱芜市钢城区下北港
邮政编码:271103
电　　话:0634-6461228

公司名称:新泰运输总公司
地　　址:山东省泰安市新泰市新安路西首
邮政编码:271200
电　　话:0538-7223749

公司名称:肥城市粮油运输公司
地　　址:山东省泰安市肥城市太平路
邮政编码:271600
电　　话:0538-3212895

公司名称:肥城市汽车运输总公司
地　　址:山东省泰安市肥城市济兖路
邮政编码:271600
电　　话:0538-3212194

公司名称:兖州市汽车运输总公司
地　　址:山东省济宁市兖州县共青团南路
邮政编码:272000
电　　话:0537-3412563

公司名称:济宁市公路运输总公司第二货运公司
地　　址:山东省济宁市市中区车站西路53号
邮政编码:272107
电　　话:0537-2212472

公司名称:济宁市公路运输总公司第一货运公司
地　　址:山东省济宁市市中区车站西路65号
邮政编码:272107
电　　话:0537-2213656

公司名称:济宁市公路运输总公司
地　　址:山东省济宁市市中区新塘子街7号
邮政编码:272111
电　　话:0537-2213832

公司名称:济宁汽车运输总公司第五公司

地　　址:山东省济宁市市中区建设路 33 号
邮政编码:272113
电　　话:0537-2319219

公司名称:济宁市公路运输总公司集装箱运输公司
地　　址:山东省济宁市市中区建设路 25 号
邮政编码:272113
电　　话:0537-2312688

公司名称:济宁汽车运输总公司第六分公司
地　　址:山东省济宁市市中区车站东路 49 号
邮政编码:272115
电　　话:0537-2312943

公司名称:济宁汽车运输总公司国际集装箱联运公司
地　　址:山东省济宁市市中区车站东路 35 号
邮政编码:272115
电　　话:0537-2311532

公司名称:济宁港鲁汽车运输有限公司
地　　址:山东省济宁市中区车站东路 40 号
邮政编码:272127
电　　话:0537-2380027

公司名称:济宁电力汽车运输公司
地　　址:山东省济宁市市中区济阳南路 1 号
邮政编码:272129
电　　话:0537-2213996

公司名称:曲阜市运输公司
地　　址:山东省济宁市曲阜市静轩东路 47 号
邮政编码:273100
电　　话:0537-4411248

公司名称:邹城市运输公司
地　　址:山东省济宁市邹城市平阳路 23 号
邮政编码:273500
电　　话:0537-5213120

公司名称:菏泽交通集团公司第九汽车运输公司
地　　址:山东省菏泽地区定陶县
邮政编码:274100
电　　话:0530-2212397

公司名称:山东省临沂汽车运输总公司
地　　址:山东省临沂市兰山区解放路 6 号
邮政编码:276002
电　　话:0539-8223012

公司名称:临沂汽车运输总公司第一货运分公司
地　　址:山东省临沂市兰山区沂州路 77 号
邮政编码:276004
电　　话:0539-8313639

公司名称:临沂市第二运输公司
地　　址:山东省临沂市兰山区金雀山五路 7 号
邮政编码:276004
电　　话:0539-8312830

公司名称:临沂沂州运输公司
地　　址:山东省临沂市罗庄区朱家岭
邮政编码:276018
电　　话:0539-8241523

公司名称:临沂市第六运输公司
地　　址:山东省临沂市罗庄区沙旦子
邮政编码:276022
电　　话:0539-8581069

公司名称:日照市交通运输股份有限公司
地　　址:山东省日照市东港区日照南路
邮政编码:276800
电　　话:0633-8221025

公司名称:日照市交通运输股份有限公司货运分公司
地　　址:山东省日照市东港区日照南路
邮政编码:276800
电　　话:0633-8221025

公司名称：山东省岚山港安泰运输有限责任公司
地　　址：山东省日照市东港区疏港路
邮政编码：276808
电　　话：0633-8442858

公司名称：日照市盛华实业公司汽车运输分公司
地　　址：山东省日照市东港区海滨一路
邮政编码：276826
电　　话：0633-8331324

公司名称：山东省日照汽车运输总公司
地　　址：山东省日照市东港区黄海二路 11 号
邮政编码：276826
电　　话：0633-8333651

公司名称：山东省石油集团日照运输公司
地　　址：山东省日照市东港区黄海一路东首
邮政编码：276826
电　　话：0633-8332725

公司名称：枣庄市煤炭运输公司
地　　址：山东省枣庄市市中区仙台西路
邮政编码：277101
电　　话：0632-3395151

公司名称：枣庄市轮船公司
地　　址：山东省枣庄市台儿庄区兴隆
邮政编码：277400
电　　话：0632-6611620

公司名称：滕州市起重运输公司
地　　址：山东省滕州市平行路 132 号
邮政编码：277500
电　　话：0635-5513269

公司名称：滕州市汽车运输总公司
地　　址：山东省滕州市荆河西路 75 号
邮政编码：277500
电　　话：0632-5587175

公司名称：山东省济宁汽车运输总公司第八公司
地　　址：山东省济宁市微山县谢桥
邮政编码：277600
电　　话：0537-5221949

公司名称：山东省兰陵企业集团总公司运输公司
地　　址：山东省临沂市苍山县东北圩
邮政编码：277731
电　　话：0539-5581308

公司名称：日照市第三运输实业股份有限公司
地　　址：山东省日照市东港区海滨四路九号
邮政编码：276826
电　　话：0633-8331096

储　　运

公司名称：济南丰源物资储运公司
地　　址：山东省济南市市中区光明中街 38 号
邮政编码：250021
电　　话：0531-7927994

公司名称：济南供销储运总公司
地　　址：山东省济南市槐荫区经七路纬七路 149 号
邮政编码：250021
电　　话：0531-7936741

公司名称：山东省济南储运贸易总公司
地　　址：山东省济南市槐荫区经二路 363 号
邮政编码：250021
电　　话：0531-7934658

公司名称：济南市王冠实业总公司储运公司
地　　址：山东省济南市市中区白马山南路
邮政编码：250022
电　　话：0531-7966348

公司名称：济南金属材料集团总公司储运公司
地　　址：山东省济南市槐荫区张庄路 68 号
邮政编码：250023

电　　话:0531-5977714

公司名称:济南铁路商贸储运公司
地　　址:山东省济南市槐荫区张庄路 172 号
邮政编码:250023
电　　话:0531-5971359

公司名称:山东省济南储运贸易总公司起重运输公司
地　　址:山东省济南市槐荫区张庄路 46 号
邮政编码:250023
电　　话:0531-5965427

公司名称:济南燃料集团总公司五公司黄台物资储运中心
地　　址:山东省济南市历城区北园路 15 号
邮政编码:250100
电　　话:0531-8962717

公司名称:山东省机械工业供销集团总公司储运公司
地　　址:山东省济南市历城区殷陈南路 2 号
邮政编码:250101
电　　话:0531-8987227

公司名称:聊城地区供销社驻禹城储运贸易公司
地　　址:山东省聊城地区禹城汉槐街 24 号
邮政编码:251200
电　　话:0635-7321071

公司名称:山东省临清市联运公司
地　　址:山东省聊城地区临清市太平街
邮政编码:252600
电　　话:0635-2322948

公司名称:德州市联运公司
地　　址:山东省德州市德城区华兴路 6 号
邮政编码:253000
电　　话:0534-2422926

公司名称:淄博站广达实业公司储运分公司
地　　址:山东省淄博市张店区烟厂街一号
邮政编码:255020
电　　话:0533-2180654

公司名称:山东省淄博市储运公司
地　　址:山东省淄博市张店区洪沟 18 号
邮政编码:255028
电　　话:0533-2284616

公司名称:淄博联进国际货运有限公司
地　　址:山东省淄博市张店区新村西路 140 号
邮政编码:255029
电　　话:0533-2172450

公司名称:山东省滨州地区供销社基建储运公司
地　　址:山东省滨州地区滨州市渤海九路 525 号
邮政编码:256618
电　　话:0543-3325792

公司名称:山东省滨州地区商业储运公司
地　　址:山东省滨州地区滨州市小前村
邮政编码:256623
电　　话:0543-3612474

公司名称:淄博铁路运贸总公司史口运贸分公司
地　　址:山东省东营市东营区史口
邮政编码:257000
电　　话:0546-8281032

公司名称:潍坊市储运总公司
地　　址:山东省潍坊市潍城区仓东路 3 号
邮政编码:261011
电　　话:0536-8324033

公司名称:潍坊市机电设备总公司储运公司
地　　址:山东省潍坊市潍城区仓南路 28 号
邮政编码:261011
电　　话:0536-8326337

公司名称:潍坊市建筑材料总公司储运公司
地　　址:山东省潍坊市潍城区春鸢路 6 号
邮政编码:261011
电　　话:0536-8320040

公司名称:潍坊市金属材料总公司储运分公司
地　　址:山东省潍坊市潍城区仓南街 15 号
邮政编码:261011
电　　话:0536-8313175

公司名称:潍坊航空储运公司
地　　址:山东省潍坊市奎文区刘家沙窝
邮政编码:261051
电　　话:0536-8226134

公司名称:潍坊北港储运公司
地　　址:山东省潍坊市寒亭区央子
邮政编码:261108
电　　话:0536-7571709

公司名称:高密市供销储运股份有限公司
地　　址:山东省潍坊市高密市站南街 245 号
邮政编码:261500
电　　话:0536-2322072

公司名称:山东省高密市商业储运有限公司
地　　址:山东省潍坊市经贸街 139 号
邮政编码:261500
电　　话:0536-2323047

公司名称:中国外运山东高密储运公司
地　　址:山东省潍坊市丰收街 22 号
邮政编码:261500
电　　话:0536-2322860

公司名称:潍坊市供销合作社青州供销储运总公司
地　　址:山东省青州市龙山路 55 号
邮政编码:262500
电　　话:0536-3226447

公司名称:烟台市粮油储运公司第一分公司
地　　址:山东省烟台市芝罘区建设路 16 号
邮政编码:264000
电　　话:0535-6247036

公司名称:烟台油脂储运股份有限公司
地　　址:山东省烟台市芝罘区环海路 2 号
邮政编码:264000
电　　话:0535-6243464

公司名称:烟台中兴物资储运有限公司
地　　址:山东省烟台市芝罘区幸福路 21 号
邮政编码:264000
电　　话:0535-6247314

公司名称:烟台北极星储运公司
地　　址:山东省烟台市芝罘区幸福八村
邮政编码:264002
电　　话:0535-6807379

公司名称:烟台市对外供应总公司储运公司
地　　址:山东省烟台市芝罘区新桥大街 2 号
邮政编码:264002
电　　话:0535-6531002

公司名称:烟台市乡镇企业储运公司
地　　址:山东省烟台市芝罘区珠玑村西
邮政编码:264002
电　　话:0535-6531259

公司名称:奥林匹克出版社山东服务公司烟台储运分公司
地　　址:山东省烟台市河东村
邮政编码:264003
电　　话:0535-6215913

公司名称:山东长江集团总公司铁路专用线储运中心
地　　址:山东省威海市文登市长耩
邮政编码:264400

电　　话:0631-8871221

公司名称:山东省乳山市储运公司
地　　址:山东省威海市乳山市夏北村
邮政编码:264500
电　　话:0631-6622221

公司名称:山东省海阳市供销储运公司
地　　址:山东省烟台市海阳县海政路
邮政编码:265100
电　　话:0535-3232738

公司名称:中国外运山东莱阳储运公司
地　　址:山东省烟台市莱阳市丹崖路 4 号
邮政编码:265202
电　　话:0535-7315287

公司名称:烟台物贸集团储运公司
地　　址:山东省烟台市福山区南山路 58 号
邮政编码:265500
电　　话:0535-6363600

公司名称:烟台市福山区东陌堂储运服务公司
地　　址:山东省烟台市福山区东陌堂
邮政编码:265508
电　　话:0535-6489220

公司名称:烟台市福山区都裕储运股份有限公司
地　　址:山东省烟台市福山区贾家疃
邮政编码:265508
电　　话:0535-6481078

公司名称:烟台市福山区回里中转储运有限公司
地　　址:山东省烟台市福山区西回里
邮政编码:265509
电　　话:0535-6491139

公司名称:中国物资储运青岛公司
地　　址:山东省青岛市市南区金口一路 41 号
邮政编码:266003

电　　话:0532-2961243

公司名称:青岛百货总公司储运公司
地　　址:山东省青岛市市北区吴淞路 52 号
邮政编码:266011
电　　话:0532-2833436

公司名称:青岛长荣集装箱储运有限公司
地　　址:山东省青岛市市北区港联路 2 号
邮政编码:266011
电　　话:0532-2985375

公司名称:青岛港货运轮储公司
地　　址:山东省青岛市市北区港夏路 18 号
邮政编码:266011
电　　话:0532-2982447

公司名称:青岛市凯美化工储运有限责任公司
地　　址:山东省青岛市市南区济阳路 8 号
邮政编码:266012
电　　话:0532-2832514

公司名称:青岛市联运公司
地　　址:山东省青岛市市北区大港一路 2 号
邮政编码:266012
电　　话:0532-3819317

公司名称:山东外运太和储运公司
地　　址:山东省青岛市市北区普集支路 24 号
邮政编码:266012
电　　话:0532-3836127

公司名称:中化山东进出口集团公司储运分公司
地　　址:山东省青岛市市北区华阳路 6 号
邮政编码:266012
电　　话:3836666-350

公司名称:青岛铁路安达实业总公司储运公司
地　　址:山东省青岛市市北区普集路 19 号
邮政编码:266021

电　　话:0532-3832727

公司名称:中国外运山东第三储运公司
地　　址:山东省青岛市四方区南京路 259 号
邮政编码:266032
电　　话:0532-5622208

公司名称:中国外运山东青岛第一储运公司
地　　址:山东省青岛市四方区南京路 259 号
邮政编码:266032
电　　话:0532-5622208

公司名称:青岛市对外供应总公司储运分公司
地　　址:山东省青岛市市北区吴淞路 1 号
邮政编码:266034
电　　话:0532-5821857

公司名称:青岛化工仓储运输公司
地　　址:山东省青岛市四方区四流南路 66 号
邮政编码:266042
电　　话:0532-4856134

公司名称:青岛市零担运输公司储运分公司
地　　址:山东省青岛市四方区南昌路东段
邮政编码:266042
电　　话:0532-4853387

公司名称:青岛市物资贸易中心储运分公司
地　　址:山东省青岛市四方区开封路 21 号
邮政编码:266042
电　　话:0532-4851250

公司名称:山东省物产进出口公司经贸储运中心
地　　址:山东省青岛市衡阳路 2 号
邮政编码:266043
电　　话:4845594

公司名称:青岛市崂山进出口总公司储运部
地　　址:山东省青岛市李沧区峰山路 34 号
邮政编码:266100

电　　话:0532-7897981

公司名称:山东国际集装箱储运有限公司
地　　址:山东省青岛市李村镇西山路 26 号
邮政编码:266100
电　　话:7892482

公司名称:山东韩进集装箱储运有限公司
地　　址:山东省青岛市李沧区大崂路 952 号
邮政编码:266100
电　　话:0532-7667071

公司名称:山东省机械进出口公司第一储运公司
地　　址:山东省青岛市李沧区台柳路 629 号
邮政编码:266100
电　　话:0532-7894709

公司名称:中国外运山东第三储运公司
地　　址:山东省青岛市四方区小白干路河西村北
邮政编码:266100
电　　话:0532-7890542

公司名称:山东省机械进出口公司第二储运公司
地　　址:山东省青岛市山东省青岛市城阳区京城路 76 号
邮政编码:266109
电　　话:0532-7869838

公司名称:胶州市松华储运有限公司
地　　址:山东省青岛市胶州市沈家河
邮政编码:266300
电　　话:0532-2291348

公司名称:莱芜市粮油运输公司
地　　址:山东省莱芜市莱城区长勺北路
邮政编码:271100
电　　话:0634-6214014

公司名称:莱芜市外贸运输公司
地　　址:山东省莱芜市莱城区鲁中东大街 108 号

邮政编码:271100
电　　话:0634-6225866

公司名称:肥城市湖屯物资储运开发公司
地　　址:山东省泰安市肥城市东湖屯
邮政编码:271613
电　　话:0538-3611245

公司名称:菏泽地区交通集团总公司储运公司
地　　址:山东省菏泽地区菏泽市人民南路 46 号
邮政编码:274003
电　　话:0530-5333865

公司名称:临沂商业储运公司
地　　址:山东省临沂市兰山区金雀山 6 路 72 号
邮政编码:276004
电　　话:0539-8314383

公司名称:山东临沂粮油储运总公司
地　　址:山东省临沂市兰山区金雀山 6 路 9 号
邮政编码:276004
电　　话:0539-8315925

公司名称:临沂矿务局物资供应公司储运分公司
地　　址:山东省临沂市罗庄区前盛庄
邮政编码:276016
电　　话:0539-8590701

公司名称:山东省烟草公司日照分公司储运贸易公司
地　　址:山东省日照市东港区昭阳路 5
邮政编码:276800
电　　话:0633-8221687

公司名称:日照港务局储运公司
地　　址:山东省日照市东港区黄海一路 109 号
邮政编码:276826
电　　话:0633-8382922

公司名称:日照市宏达进出口物资储运公司
地　　址:山东省日照市东港区海滨三路
邮政编码:276826
电　　话:0633-8333739

公司名称:日照市石臼物资储运公司
地　　址:山东省日照市东港区振兴路
邮政编码:276826
电　　话:0633-8332504

公司名称:山东省日照市开发区北李储运公司
地　　址:山东省日照市东港区海滨六路
邮政编码:276826
电　　话:0633-8332084

公司名称:中国日照外轮代理公司储运公司
地　　址:山东省日照市东港区黄海三路 89
邮政编码:276826
电　　话:0633-8333206

公司名称:枣庄市联运公司
地　　址:山东省枣庄市市中区君山西路 90 号
邮政编码:277101
电　　话:0632-3394800

仓　　储

公司名称:淄博捷达仓储货运有限公司
地　　址:山东省淄博市张店区东四路 39 号甲 5 号
邮政编码:255034
电　　话:0533-2182604

公司名称:潍坊鸢飞仓储有限公司
地　　址:山东省潍坊市潍城区宝通街 188 号
邮政编码:261011
电　　话:0536-8313490

公司名称:潍坊惠通保税有限公司
地　　址:山东省潍坊市奎文区福寿东街东首
邮政编码:261031
电　　话:0536-8883188

公司名称:潍坊鲁海保税仓储有限公司

地　　址:山东省潍坊市奎文区福寿大街
邮政编码:261041
电　　话:0536-8880875

公司名称:青州市供销集团铁运仓储公司
地　　址:山东省潍坊市青州市稷山路42号
邮政编码:262500
电　　话:0536-3224896

公司名称:烟台保税区金来仓储有限公司
地　　址:山东省烟台市芝罘区环海路88号
邮政编码:264000
电　　话:0535-6816789

公司名称:烟台市粮油食品贸易总公司仓储公司
地　　址:山东省烟台市芝罘区幸福南路9号
邮政编码:264002
电　　话:0535-6534635

公司名称:山东省烟台百货采购供应站仓储公司
地　　址:山东省烟台市芝罘区世学路
邮政编码:264005
电　　话:0535-6012941

公司名称:荣成市国家粮食储备库
地　　址:山东省荣城市交通东街
邮政编码:264300
电　　话:0896-7574143

公司名称:山东省龙口市复发中记冷藏有限公司
地　　址:山东省龙口市
邮政编码:265700
电　　话:0535-8857288

公司名称:青岛市商业冷藏公司
地　　址:山东省青岛市市南区红岛路31号
邮政编码:266003
电　　话:0532-2860030

公司名称:青岛港盛国际物流冷藏有限公司
地　　址:山东省青岛市港夏路2号
邮政编码:266011
电　　话:0532-2985355

公司名称:青岛集运保税仓储有限公司
地　　址:山东省青岛市市北区港联路13号
邮政编码:266011
电　　话:0532-2983551

公司名称:青岛市西海岸保税仓库
地　　址:山东省青岛市四方区兴隆路湖岛村
邮政编码:266031
电　　话:0532-4855827

公司名称:青岛再生资源集团公司储运公司
地　　址:山东省青岛市四方区兴隆路82号
邮政编码:266031
电　　话:0532-3725439

公司名称:青岛金属集团有限公司仓储分公司
地　　址:山东省青岛市四流中支路8号
邮政编码:266041
电　　话:4842572

公司名称:青岛生宝仓储有限公司
地　　址:山东省青岛市李沧区小白干路288号
邮政编码:266043
电　　话:0532-7898000

公司名称:青岛油漆股份有限公司仓储分公司
地　　址:山东省青岛市德江路11号
邮政编码:266043
电　　话:4816741-746

公司名称:山东粮油进出口集团仓储中转公司
地　　址:山东省青岛市德江路86号
邮政编码:266043
电　　话:0532-4685047

公司名称:山东省轻工业品进出口公司仓储分公司

地　　址:山东省青岛市印江路7号
邮政编码:266043
电　　话:4816818

公司名称:青岛五金集团公司仓储分公司
地　　址:山东省青岛市市南区田家村456号
邮政编码:266071
电　　话:0532-5821251

公司名称:青岛龙马仓储有限公司
地　　址:山东省青岛市李沧区李村镇环城南路646号
邮政编码:266100
电　　话:0532-7635397

公司名称:青岛市崂山仓储有限公司(海关公共型保税仓库)
地　　址:山东省青岛市李沧区九水路郑庄
邮政编码:266100
电　　话:0532-7602108

公司名称:山东工艺品进出口集团仓储三公司
地　　址:山东省青岛市城阳区赵哥庄1609号
邮政编码:266108
电　　话:0532-4816895

公司名称:青岛天利仓储经营有限公司
地　　址:山东省青岛市小寨子
邮政编码:266109
电　　话:0532-7867568

公司名称:山东工艺品进出口集团仓储一公司
地　　址:山东省青岛市204路13号
邮政编码:266109
电　　话:0532-7869620-3012

公司名称:胶州市经济技术开发区环海保税仓库
地　　址:山东省青岛市胶州市东环路
邮政编码:266300
电　　话:0532-7222046

公司名称:青岛市黄岛区顺通铁路货场有限责任公司
地　　址:山东省青岛市黄岛区黄岛小石头
邮政编码:266500
电　　话:0532-6907034

公司名称:青岛保税区汇利国际储运公司
地　　址:山东省青岛市黄岛区保税区
邮政编码:266555
电　　话:0532-6897547

公司名称:青岛乐意液体仓储有限公司
地　　址:山东省青岛市经济技术开发区北江路7号
邮政编码:266555
电　　话:0532-6891542

公司名称:泰安市泽亿外贸物资有限责任公司
地　　址:山东省泰安市泰山区东岳大街159号
邮政编码:271000
电　　话:0538-8415088

公司名称:日照外贸保税仓库股份有限公司
地　　址:山东省日照市东港区海曲东路70号
邮政编码:276826
电　　话:8333421-8417

公司名称:滕州市仓储公司
地　　址:山东省枣庄市滕州市南环路
邮政编码:277500
电　　话:0632-5584891

公司名称:苍山县国家粮食储备库
地　　址:山东省临沂市苍山县外环路
邮政编码:277700
电　　话:0539-5214766

物流设备

公司名称:山东省邮政机械厂

地　　址:山东省济南市腊山北路16号
邮政编码:250022
电　　话:0531-7985472

公司名称:山东起重机厂
地　　址:山东省青州市青州南路15号
邮政编码:262500
电　　话:0536-3203087

公司名称:山东省栖霞液压件厂
地　　址:山东省栖霞市商业街931号
邮政编码:265300
电　　话:0535-5211342

河　南　省

物流与速递

公司名称:中国对外贸易运输(集团)总公司河南公司
地　　址:河南省郑州市东风路东段10段
邮政编码:450002
电　　话:0371-3943241

公司名称:郑州南方空运速递有限公司
地　　址:河南省郑州市金水区金水路7号
邮政编码:450003
电　　话:0371-5964761

物流信息服务

公司名称:新乡市九州货运信息服务中心
地　　址:河南省新乡市东平道南段
邮政编码:453000
电　　话:0373-5016413

货运代理

公司名称:河南中远国际货运有限公司
地　　址:河南省郑州市二七区陇海中路92号
邮政编码:450000
电　　话:0371-8712961

公司名称:河南省海通货运代理有限公司
地　　址:河南省郑州金水区红专路48号院2号楼4单元52号
邮政编码:450002
电　　话:0371-5993361

公司名称:郑州汽车货运中心
地　　址:河南省郑州市货栈街192号
邮政编码:450004
电　　话:0371-6343164

公司名称:河南中原运输代理有限公司
地　　址:河南省郑州市西中和路6号
邮政编码:450052
电　　话:0371-8354775

公司名称:中国外运河南郑州支公司
地　　址:河南省郑州市金水区金水路80号
邮政编码:450053
电　　话:0371-6220377

公司名称:新乡外运公司
地　　址:河南省新乡市新华区西工房南
邮政编码:453000
电　　话:0373-2021313

公司名称:河南外运新乡国际货运代理部
地　　址:河南省新乡市红旗区中原西路居委会
邮政编码:453002
电　　话:0373-2023619

公司名称:河南外运许昌公司
地　　址:河南省许昌市魏都区兴华路40号
邮政编码:461000
电　　话:0374-3314638

公司名称:河南外运驻马店公司
地　　址:河南省驻马店地区驻马店市东风街道
邮政编码:463000
电　　话:0396-2913313

公司名称:河南省外运信阳公司
地　　址:河南省信阳地区信阳市工区路524号
邮政编码:464000
电　　话:0376-6221724

公司名称:河南省外运周口分公司
地　　址:河南省周口地区周口市荷花路54号
邮政编码:466002
电　　话:0394-8227928

公司名称:中国外运河南公司平顶山代理处
地　　址:河南省平顶山市新华区体育路西16号
邮政编码:467000
电　　话:0375-2925972

公司名称:洛阳中铁运输代理有限公司
地　　址:河南省洛阳市道南路38号15楼
邮政编码:471000
电　　话:0379-2573402

公司名称:中国外运河南洛阳支公司
地　　址:河南省洛阳市西工区九都路72号
邮政编码:471000
电　　话:0379-3933219

公司名称:中国外运洛阳分公司开发区国际货运代理部
地　　址:河南省洛阳市涧西区周山路北栋16门
邮政编码:471000
电　　话:0379-3932471

公司名称:中国外运河南公司洛阳分公司
地　　址:河南省洛阳市西工区道北路105号
邮政编码:471001
电　　话:0379-3938857

公司名称:洛阳海洋货运代理部
地　　址:河南省洛阳市老城区义勇北街4号
邮政编码:471002
电　　话:0379-3925661

公司名称:中国外运河南南阳市公司
地　　址:河南省南阳市卧龙区麒麟路123号
邮政编码:473065
电　　话:0377-3552115

公司名称:河南外运商丘公司
地　　址:河南省商丘地区商丘市凯旋中路4号
邮政编码:476000
电　　话:0370-2511534

运　　输

公司名称:郑州联合运输总公司零担货运站
地　　址:河南省郑州市金水区
邮政编码:450000
电　　话:0371-5938134

公司名称:郑州联合运输总公司国际集装箱中转站
地　　址:河南省郑州市邙山区
邮政编码:450000
电　　话:0371-5934650

公司名称:河南万通集装箱运输有限公司
地　　址:河南省郑州市金水区文化路4号
邮政编码:450002
电　　话:0371-7445538

公司名称:河南路港设备运输有限公司
地　　址:河南省郑州市管城回族区货栈街190号
邮政编码:450003
电　　话:0371-6310804

公司名称:河南亚神经贸货运有限公司
地　　址:河南省郑州市金水区金水路122号
邮政编码:450003
电　　话:0371-5937270

公司名称:中国民用航空河南省管理局
地　　址:河南省郑州市金水区民航路 3 号
邮政编码:450003
电　　话:0371-5954517

公司名称:中国南方航空(集团)河南公司
地　　址:河南省金水区郑州市东郊机场
邮政编码:450003
电　　话:0371-5961496

公司名称:河南中原集装箱运输公司
地　　址:河南省郑州市二七区陇海中路 90 号
邮政编码:450003
电　　话:0371-8712981

公司名称:河南省郑州联开运输公司
地　　址:河南省郑州管城回族区陇海东路 46 号
邮政编码:450004
电　　话:0371-6322537

公司名称:郑州市第二交通运输公司
地　　址:河南省郑州市管城回族区城东路 22 号
邮政编码:450004
电　　话:0371-6319267

公司名称:郑州汽车货运中心站
地　　址:河南省郑州市中原区工人路 165 号
邮政编码:450006
电　　话:0371-6323558

公司名称:郑州达港交通运输有限公司
地　　址:河南省郑州市中原区建设西路 41 号
邮政编码:450007
电　　话:0371-7631901

公司名称:郑州市第三交通运输公司
地　　址:河南省郑州市中原区郑上路 177 号
邮政编码:450007
电　　话:0371-7628395

公司名称:郑州市第一交通运输公司
地　　址:河南省郑州市金水区马李庄
邮政编码:450045
电　　话:0371-5719111

公司名称:河南省铁路煤炭运销公司
地　　址:河南省郑州市二七区大学路 31 号
邮政编码:450052
电　　话:0371-6989012

公司名称:河南省铁路总公司
地　　址:河南省郑州市二七区中原路 93 号
邮政编码:450052
电　　话:0371-7446229

公司名称:河南省铁路总公司运输贸易公司
地　　址:河南省郑州市二七区大学路 31 号
邮政编码:450052
电　　话:0371-6976527

公司名称:郑州铁路集装箱运输中心
地　　址:河南省郑州市二七区陇海中路 106 号
邮政编码:450052
电　　话:0371-8712921

公司名称:郑州铁路局机关运贸公司
地　　址:河南省郑州市二七区京广北路 8 号楼
邮政编码:450052
电　　话:0371-6987800

公司名称:中国铁路对外服务郑州公司
地　　址:河南省郑州市二七区庆丰街 14 号
邮政编码:450052
电　　话:0371-8738620

公司名称:河南省新郑市运输公司
地　　址:河南省郑州市新郑市新建北路 18 号
邮政编码:451150
电　　话:0371-2693175

公司名称:巩义市第二汽运输公司
地　　址:河南省郑州市巩义市交通路中段
邮政编码:451200
电　　话:0371-4355789

公司名称:巩义市第一汽车运输公司
地　　址:河南省郑州市巩义市杜甫路 54 号
邮政编码:451200
电　　话:0371-4359999

公司名称:河南省新密市汽车运输公司
地　　址:河南省郑州市新密市韩庄村
邮政编码:452370
电　　话:0371-9826654

公司名称:新密第一汽车运输公司
地　　址:河南省郑州市新密市东街村
邮政编码:452370
电　　话:0371-9822908

公司名称:新密市第二汽车运输公司
地　　址:河南省郑州市新密市惠沟村
邮政编码:452370
电　　话:0371-9822042

公司名称:新乡汽车运输总公司零集公司
地　　址:河南省新乡市新华区空军院
邮政编码:453000
电　　话:0373-2021238

公司名称:新乡汽车运输总公司三公司
地　　址:河南省新乡市新华区空军院
邮政编码:453000
电　　话:0373-2021230

公司名称:新乡市伯马(集团)股份有限公司汽车运输公司
地　　址:河南省新乡市新华区耐火厂家属院
邮政编码:453000
电　　话:0373-2023901

公司名称:新乡市第二运输公司
地　　址:河南省新乡市新华区解放南路
邮政编码:453000
电　　话:0373-5031592

公司名称:新乡市第一运输公司
地　　址:河南省新乡市新华区解放路 363 号
邮政编码:453000
电　　话:0373-2021640

公司名称:新乡市中南重型运输公司
地　　址:河南省新乡市红旗区印染厂居委会
邮政编码:453000
电　　话:0373-3389190

公司名称:新乡市集装箱公司
地　　址:河南省新乡市郊区八里铺村
邮政编码:453000
电　　话:0373-5031544

公司名称:新乡市零担集装箱联运公司
地　　址:河南省新乡市新华区车站南街
邮政编码:453000
电　　话:0373-2022958

公司名称:焦作市大件运输总公司
地　　址:河南省焦作市山阳区车站街
邮政编码:454000
电　　话:0391-3932962

公司名称:焦作市第三汽车公司
地　　址:河南省焦作市中站区跃进路 23 号
邮政编码:454000
电　　话:0391-2947994

公司名称:焦作市第四汽车运输公司
地　　址:河南省焦作市山阳区焦新路墙北段
邮政编码:454000
电　　话:0391-3936310

公司名称:焦作市第五运输公司
地　　址:河南省焦作市解放区自力街 74 号
邮政编码:454000
电　　话:0391-2924425

公司名称:焦作市汽车运输总公司
地　　址:河南省焦作市解放区建设中路 1 号
邮政编码:454000
电　　话:0391-2923644

公司名称:焦作市运输第七公司
地　　址:河南省焦作市解放区西环路
邮政编码:454000
电　　话:0391-2924362

公司名称:焦作市第六汽车运输公司
地　　址:河南省焦作市解放区环城西路 118 号
邮政编码:454001
电　　话:0391-2924334

公司名称:焦作市第二汽车运输公司
地　　址:河南省焦作市山阳区塔南路 78 号
邮政编码:454002
电　　话:0391-3932555

公司名称:焦作市铁路公司运输处
地　　址:河南省焦作市济水大道中段 555 号
邮政编码:454650
电　　话:0391-6699669

公司名称:孟州市第一汽车运输公司
地　　址:河南省焦作市孟县西街村民委员会
邮政编码:454750
电　　话:0391-8193394

公司名称:河南省安阳汽车运输总公司
地　　址:河南省安阳市北关区西环城路 101 号
邮政编码:455000
电　　话:5923947-2071

公司名称:安阳市运输二公司
地　　址:河南省安阳市铁西区梅元庄
邮政编码:455004
电　　话:0372-3932276

公司名称:林州市汽车运输公司
地　　址:河南省安阳市林州市太行路
邮政编码:456550
电　　话:0372-9812858

公司名称:濮阳市汽车运输公司
地　　址:河南省濮阳市市区京开大道
邮政编码:457000
电　　话:0393-4415975

公司名称:濮阳市汽车运输公司第一分公司
地　　址:河南省濮阳市市区黄河南居委会
邮政编码:457000
电　　话:0393-4415065

公司名称:濮阳市汽运公司货运公司
地　　址:河南省濮阳市市区黄河南居委会
邮政编码:457000
电　　话:0393-4411379

公司名称:濮阳市汽运公司零担公司
地　　址:河南省濮阳市濮阳县和平居委
邮政编码:457000
电　　话:0393-4411373

公司名称:濮阳市第二汽车运输公司
地　　址:河南省濮阳市濮阳县和平居委
邮政编码:457002
电　　话:0393-3211217

公司名称:鹤壁市第一汽车运输公司
地　　址:河南省鹤壁市山城区朝霞街 31 号
邮政编码:458000
电　　话:0392-2623969

公司名称:鹤壁市第一汽车运输公司零担货运站
地　　址:河南省鹤壁市山城区山城路
邮政编码:458000
电　　话:0392-2623585

公司名称:鹤壁市汽车运输公司
地　　址:河南省鹤壁市山城区鹿楼街道
邮政编码:458000
电　　话:0392-2823281

公司名称:鹤壁市汽车运输公司二公司
地　　址:河南省鹤壁市鹤山区新华街
邮政编码:458000
电　　话:0392-2812789

公司名称:鹤壁市汽车运输公司三公司
地　　址:河南省鹤壁市鹤山区中山路
邮政编码:458000
电　　话:0392-2625780

公司名称:鹤壁市汽车运输公司一分公司
地　　址:河南省鹤壁市山城区长风路
邮政编码:458000
电　　话:0392-2622249

公司名称:鹤壁市铁路公司
地　　址:河南省鹤壁市山城区车站路 1 号
邮政编码:458000
电　　话:0392-2622273

公司名称:许昌汽车运输总公司
地　　址:河南省许昌市魏都区新兴路 131 号
邮政编码:461000
电　　话:0374-3312411

公司名称:许昌汽车运输总公司零担货运公司
地　　址:河南省许昌市魏都区新兴路 56 号
邮政编码:461000
电　　话:0374-3316408

公司名称:许昌市运输公司
地　　址:河南省许昌市魏都区兴华路 37 号
邮政编码:461000
电　　话:0374-3315450

公司名称:禹州市粮食局粮油运输公司
地　　址:河南省许昌市禹州市东关村民委员会
邮政编码:461670
电　　话:0374-8184449

公司名称:漯河市公路运输公司
地　　址:河南省漯河市源汇区牛行街 213 号
邮政编码:462000
电　　话:0395-2122195

公司名称:漯河市汽车货物运输公司
地　　址:河南省漯河市源汇区漓江东路居委会
邮政编码:462000
电　　话:0395-2624535

公司名称:漯河市运输公司
地　　址:河南省漯河市源汇区受降路 194 号
邮政编码:462000
电　　话:0395-2122193

公司名称:漯河市装卸运输总公司
地　　址:河南省漯河市源汇区解放路 60 号
邮政编码:462000
电　　话:0395-2123048

公司名称:河南省漯河市大型货物运输公司
地　　址:河南省漯河市源汇区人民路
邮政编码:462000
电　　话:0395-2651113

公司名称:漯河市通达集装箱运输公司
地　　址:河南省漯河市源汇区滨河路 222 号
邮政编码:462000
电　　话:0395-2622580

公司名称:舞钢市第二运输公司
地　　址:河南省平顶山市舞钢市朱兰路
邮政编码:462500
电　　话:0375-8132502

公司名称:舞钢市汽车运输公司
地　　址:河南省平顶山市舞钢市钢城路
邮政编码:462500
电　　话:0375-8123148

公司名称:河南省驻马店地区粮油贸易运输总公司
地　　址:河南省驻马店地区驻马店市东风街道
邮政编码:463000
电　　话:0396-2913050

公司名称:驻马店市第一汽车运输有限公司
地　　址:河南省驻马店地区驻马店市西园街
邮政编码:463000
电　　话:0396-2814569

公司名称:驻马店市运输总公司
地　　址:河南省驻马店地区驻马店市新华街道
邮政编码:463000
电　　话:0396-2913514

公司名称:驻马店市运输总公司汽车运输二公司
地　　址:河南省驻马店市东风街道雪松路东段居
邮政编码:463000
电　　话:0396-2912051

公司名称:河南省驻马店地区运输公司
地　　址:河南省驻马店地区驻马店市东风街道
邮政编码:463003
电　　话:0396-2912053

公司名称:驻马店地区运输公司第三货运分公司
地　　址:河南省驻马店市东风街道东风路东段居
邮政编码:463003
电　　话:0396-2913938

公司名称:泌阳县地方铁路运输公司
地　　址:河南省驻马店地区泌阳县北曹庄村委
邮政编码:463700
电　　话:0396-7922422

公司名称:信阳市运输总公司
地　　址:河南省信阳地区信阳市新华路 74 号
邮政编码:464000
电　　话:0376-6334700

公司名称:周口地区汽车运输总公司
地　　址:河南省周口地区周口市交通路 26 号
邮政编码:466000
电　　话:0394-8222315

公司名称:周口地区汽车运输总公司零担货运公司
地　　址:河南省周口地区周口市交通路 26 号
邮政编码:466000
电　　话:0394-8224391

公司名称:周口市第二运输公司
地　　址:河南省周口地区周口市工农路 16 号
邮政编码:466000
电　　话:0394-8223090

公司名称:周口市第三运输公司
地　　址:河南省周口地区周口市建东街 97 号
邮政编码:466000
电　　话:0394-8223963

公司名称:周口市货物运输公司
地　　址:河南省周口市交通路东段 98 号
邮政编码:466000
电　　话:0394-8221845

公司名称:周口市汽车运输公司
地　　址:河南省周口市中州路北段
邮政编码:466001
电　　话:0394-8222048

公司名称:项城市汽车运输公司
地　　址:河南省周口地区项城市交通东路 11 号
邮政编码:466200
电　　话:0394-4323955

公司名称:平顶山汽车运输总公司
地　　址:河南省平顶山市湛河区中兴路南 49 号
邮政编码:467001
电　　话:0375-4942194

公司名称:平顶山市汽车运输公司第二分公司
地　　址:河南省平顶山市湛河区南环路东段北 24 号
邮政编码:467001
电　　话:0375-3932814

公司名称:平顶山市汽车运输公司第三分公司
地　　址:河南省平顶山市湛河区叶刘村
邮政编码:467001
电　　话:0375-4943216

公司名称:平顶山市汽车运输公司第一分公司
地　　址:河南省平顶山市湛河区南环路南 48 号
邮政编码:467001
电　　话:0375-4944276

公司名称:平顶山市汽车运输公司第八分公司
地　　址:河南省平顶山市新华区西市场 11 号
邮政编码:467092
电　　话:0375-2923485

公司名称:平顶山市汽车运输公司第五分公司
地　　址:河南省平顶山市新华区西市场 15 号
邮政编码:467092
电　　话:0375-2938343

公司名称:汝州市联合运输公司
地　　址:河南省平顶山市汝州市丹阳西路
邮政编码:467500
电　　话:0375-6861173

公司名称:汝州市汽车运输公司
地　　址:河南省平顶山市汝州市洗耳路 20 号
邮政编码:467500
电　　话:0375-6862126

公司名称:河南省洛阳市汽车运输公司
地　　址:河南省洛阳市老城区西关周公路 1 号
邮政编码:471000
电　　话:0379-3954136

公司名称:洛阳市第二汽车运输公司
地　　址:河南省洛阳市老城区黄梅路 6 号
邮政编码:471000
电　　话:0379-3953066

公司名称:洛阳市第一汽车运输公司
地　　址:河南省洛阳市老城区中州中路 54 号
邮政编码:471000
电　　话:0379-3953018

公司名称:洛阳市联合运输总公司
地　　址:河南省洛阳老城区中州东路 318 号 312
邮政编码:471002
电　　话:0379-3976896

公司名称:洛阳铁路分局实业开发总公司运输服务公司
地　　址:河南省洛阳市回族区陇海街 1 号
邮政编码:471002
电　　话:0379-3956825

公司名称:洛阳国际集装箱中转站
地　　址:河南省洛阳市涧西区建设路 157 号
邮政编码:471004
电　　话:0379-4972149

公司名称:洛阳轴承集团运输总公司
地　　址:河南省洛阳市涧西区建设路 96 号
邮政编码:471039
电　　话:0379-4985618

公司名称:河南省偃师市杏园实业总公司运输公司
地 址:河南省洛阳市偃师市杏元村
邮政编码:471900
电 话:0379-7717223

公司名称:河南省偃师市运输公司
地 址:河南省洛阳市偃师市民主街 48 号
邮政编码:471900
电 话:0379-7711751

公司名称:三门峡市联合运输公司
地 址:河南省三门峡市湖滨区黄河东段 50 号
邮政编码:472000
电 话:0398-2869642

公司名称:河南省三门峡市汽车运输总公司
地 址:河南省三门峡市湖滨区崤山东路 6 号
邮政编码:472000
电 话:0398-2863085

公司名称:三门峡市第二运输总公司货运公司
地 址:河南省三门峡市湖滨区东风市场 14 号
邮政编码:472000
电 话:0398-2862476

公司名称:河南仰韶集团有限公司运输公司
地 址:河南省三门峡市渑池县会盟在道北
邮政编码:472400
电 话:0398-4814090

公司名称:灵宝市第二运输公司
地 址:河南省三门峡市灵宝市新灵街
邮政编码:472500
电 话:0398-8662421

公司名称:灵宝市第一运输公司
地 址:河南省三门峡市灵宝市新灵街
邮政编码:472500
电 话:0398-8663315

公司名称:河南省南阳市汽车运输总公司货运中心
地 址:河南省南阳市宛城区仲景路 252 号
邮政编码:473000
电 话:0377-3235960

公司名称:南阳汽车运输公司五分公司
地 址:河南省南阳市宛城区仲景居委会
邮政编码:473000
电 话:0377-3224088

公司名称:南阳汽车运输总公司一分公司
地 址:河南省南阳市卧龙区车站南居委会
邮政编码:473000
电 话:0377-3133795

公司名称:南阳市运输公司第三分公司
地 址:河南省南阳市卧龙区百里溪路 244 号
邮政编码:473001
电 话:0377-3551732

公司名称:南阳运输公司零担货运公司
地 址:河南省南阳市宛城区书院居委会
邮政编码:473011
电 话:0377-3223315

公司名称:南阳运输总公司三分公司
地 址:河南省南阳市宛城区书院居委会
邮政编码:473011
电 话:0377-3222280

公司名称:南阳市环城运输公司
地 址:河南省南阳市宛城区北关村委会
邮政编码:473013
电 话:0377-3227127

公司名称:南阳市第一运输公司
地 址:河南省南阳市宛城区建设东路 1 号
邮政编码:473016
电 话:0377-3223149

公司名称:南阳市联合运输总公司
地　　址:河南省南阳市卧龙区八一路 233 号
邮政编码:473052
电　　话:0377-3131302

公司名称:南阳汽车运输公司二分公司
地　　址:河南省南阳市宛城区向阳居委会
邮政编码:473160
电　　话:0377-3222702

公司名称:河南省开封汽车运输总公司
地　　址:河南省开封市顺河回族区汴京大道东段 145 号
邮政编码:475002
电　　话:0378-2919250

公司名称:开封市郊区运输公司
地　　址:河南省开封顺河回族区公园南路 24 号
邮政编码:475002
电　　话:0378-2923239

公司名称:物资集团铁路运输总公司
地　　址:河南省开封市顺河回族区公园路南段
邮政编码:475002
电　　话:0378-2924827

公司名称:河南省开封市联合运输公司
地　　址:河南省开封市顺河回族区滨河路东段
邮政编码:475002
电　　话:0378-2925482

公司名称:开封市第二运输总公司
地　　址:河南省开封市顺河回族区公园路南段
邮政编码:475003
电　　话:0378-2928274

公司名称:开封市第三运输公司
地　　址:河南省开封市南关区新门关街 17 号
邮政编码:475003
电　　话:0378-5951563

公司名称:开封市电业局光利运输贸易公司
地　　址:河南省开封市南关区五福路 164 号
邮政编码:475003
电　　话:0378-3902423

公司名称:商丘市联运公司
地　　址:河南省商丘地区商丘市民主中路
邮政编码:476000
电　　话:0370-2213468

公司名称:商丘地区汽车运输总公司
地　　址:河南省商丘地区商丘市新建南路
邮政编码:476000
电　　话:0370-2213367

公司名称:商丘地区汽车运输总公司二公司
地　　址:河南省商丘地区民权县车站南路 28 号
邮政编码:476000
电　　话:0370-8514020

公司名称:商丘地区汽车总公司
地　　址:河南省商丘地区商丘市凯旋中路 267 号
邮政编码:476000
电　　话:0370-2212384

公司名称:商丘地区运输总公司货运公司
地　　址:河南省商丘地区商丘市新建路 90 号
邮政编码:476000
电　　话:0370-2212384

公司名称:商丘市第一运输公司
地　　址:河南省商丘地区商丘市手帕厂居委会
邮政编码:476000
电　　话:0370-2512056

公司名称:商丘市汽车运输总公司
地　　址:河南省商丘地区商丘市站前路 142 号
邮政编码:476000
电　　话:0370-2213451

公司名称:商丘市集装箱运输公司
地　　址:河南省商丘地区商丘市前进街居委会
邮政编码:476000
电　　话:0370-2216328

公司名称:商丘地区运输总公司民权货运公司
地　　址:河南省商丘民权县车站南路西 17 号
邮政编码:476800
电　　话:0370-8512050

储　　运

公司名称:中国物资储运郑州公司
地　　址:河南省郑州市二七区铭功路 60 号
邮政编码:450000
电　　话:0371-6222161

公司名称:河南省化工总公司储运公司
地　　址:河南省郑州市金水区沙口路
邮政编码:450003
电　　话:0371-2912786

公司名称:河南省粮油储运公司
地　　址:河南省郑州市金水区黄河路 11 号
邮政编码:450003
电　　话:0371-6318020

公司名称:中国外运河南公司
地　　址:河南省郑州市金水区文化路 115 号
邮政编码:450003
电　　话:0371-3943241

公司名称:中国烟草总公司河南省公司烟草储运公司
地　　址:河南省郑州市金水区政七街 7 号
邮政编码:450003
电　　话:0371-5942575

公司名称:河南省金属材料总公司储运二公司
地　　址:河南省郑州市管城回族区商城东路 9 号
邮政编码:450004
电　　话:0371-6318093

公司名称:河南省金属材料总公司储运一公司
地　　址:河南省郑州市货站北街 7 号
邮政编码:450004
电　　话:0371-6319623

公司名称:河南省木材总公司储运公司
地　　址:河南省郑州市管城回族区货栈街 185 号
邮政编码:450004
电　　话:0371-3736287

公司名称:河南省汽车工业总公司储运分公司
地　　址:河南省郑州市管城回族区货栈街 10 号
邮政编码:450004
电　　话:0371-6319600

公司名称:河南省商业储运公司
地　　址:河南省郑州管城回族区货栈北街 118 号
邮政编码:450004
电　　话:0371-6336664

公司名称:郑州市金属材料总公司储运分公司
地　　址:河南省郑州管城回族区城东南路 25 号
邮政编码:450004
电　　话:0371-5951128

公司名称:中国煤炭物资郑州公司储运贸易分公司
地　　址:河南省郑州中原区桐柏路煤仓西街 4 号
邮政编码:450007
电　　话:0371-7532907

公司名称:郑州市化工轻工总公司储运分公司
地　　址:河南省郑州市管城回族区石化路
邮政编码:450048
电　　话:0371-6711330

公司名称:郑州市田原储运有限公司
地　　址:河南省郑州市二七区康复前街 44 号
邮政编码:450052
电　　话:0371-6963268

公司名称:郑州铁路储运公司
地　　址:河南省郑州市二七区材料厂街 334 号
邮政编码:450052
电　　话:0371-8729650

公司名称:河南省茶叶畜产总公司储运公司
地　　址:河南省郑州市金水区南阳路 41 号
邮政编码:450053
电　　话:0371-3932093

公司名称:河南省建筑材料总公司储运公司
地　　址:河南省郑州市金水区沙口 8 号
邮政编码:450053
电　　话:0371-3551653

公司名称:河南外运郑州储运贸易公司
地　　址:河南省郑州市金水区沙口路 28 号
邮政编码:450053
电　　话:0371-3732728

公司名称:河南中外运久凌储运公司
地　　址:河南省郑州市沙口路 28 号
邮政编码:450053
电　　话:0371-3732728

公司名称:郑州市商业储运公司
地　　址:河南省郑州市金水区南阳路 300 号
邮政编码:450053
电　　话:0371-3935074

公司名称:中国核工业物资供销郑州储运贸易公司
地　　址:河南省郑州市 246 信箱
邮政编码:450053
电　　话:0371-3933448

公司名称:中国糖业酒类集团公司新郑市储运公司
地　　址:河南省郑州市新郑市河赵村
邮政编码:451150
电　　话:0371-2694798

公司名称:河南外运巩义储运贸易公司
地　　址:河南省郑州市巩义市杜甫路中路
邮政编码:451200
电　　话:0371-4352874

公司名称:中牟储运贸易公司
地　　址:河南省郑州市中牟县解放路 111 号
邮政编码:451450
电　　话:0371-2181610

公司名称:新密汇丰福利储运公司
地　　址:河南省郑州市新密市韩庄村
邮政编码:452370
电　　话:0371-9824864

公司名称:新密鸿运煤碳储运公司
地　　址:河南省郑州市新密市卢沟村
邮政编码:452374
电　　话:0371-9631398

公司名称:河南省新乡储运贸易总公司
地　　址:河南省新乡市新华区解放路 328 号
邮政编码:453000
电　　话:0373-2021772

公司名称:新乡储运贸易总公司
地　　址:河南省新乡市新华区向阳路
邮政编码:453000
电　　话:0373-2021772

公司名称:新乡市物资储运中心
地　　址:河南省新乡市新华区新市街居委会
邮政编码:453000
电　　话:0373-2966034

公司名称:新乡市物资联运公司
地　　址:河南省新乡市新华区解放路居委会
邮政编码:453000
电　　话:0373-3381034

公司名称:新乡市金属材料总公司储运公司
地　　址:河南省新乡市红旗区下河线居委会
邮政编码:453002
电　　话:0373-3386574

公司名称:焦作市外贸储运公司
地　　址:河南省焦作市解放区车站街 66 号
邮政编码:454150
电　　话:0391-2912346

公司名称:安阳市郊区相新装卸储运公司
地　　址:河南省安阳市郊区前张村村委会
邮政编码:455000
电　　话:0372-2964407

公司名称:安阳市联运公司
地　　址:河南省安阳市铁西区铁西路南段
邮政编码:455000
电　　话:0372-3936422

公司名称:安阳市燃料总公司物资储运分公司
地　　址:河南省安阳市文峰区能源路
邮政编码:455000
电　　话:0372-5923557

公司名称:安阳市外贸储运贸易中心
地　　址:河南省安阳市文峰区相三路 76 号
邮政编码:455000
电　　话:0372-2964715

公司名称:河南省安阳市货运配载信息服务中心
地　　址:河南省安阳市铁西区铁西路 407 号
邮政编码:455000
电　　话:0372-3931550

公司名称:河南外运安阳储运贸易公司
地　　址:河南省安阳市文峰区相三路 75 号
邮政编码:455000
电　　话:0372-6323525

公司名称:鹤壁市外贸储运贸易公司
地　　址:河南省鹤壁市山城区长风路
邮政编码:458000
电　　话:0379-2622205

公司名称:许昌市联合运输公司
地　　址:河南省许昌市魏都区新兴路 45 号
邮政编码:461000
电　　话:0374-3310335

公司名称:许昌市商业物资储运公司
地　　址:河南省许昌市魏都区文峰路 114 号
邮政编码:461000
电　　话:0374-4361164

公司名称:许昌市物资储运公司
地　　址:河南省许昌市魏都区新兴路 30 号
邮政编码:461000
电　　话:0374-3311377

公司名称:许昌市物资储运总公司
地　　址:河南省许昌市魏都区新兴路西段 30 号
邮政编码:461000
电　　话:0374-3311377

公司名称:漯河市物资储运公司
地　　址:河南省漯河市源汇区湘江路 132 号
邮政编码:462000
电　　话:0395-2624304

公司名称:漯河市市物资储运公司
地　　址:河南省漯河市源汇区湘江路 132 号
邮政编码:462000
电　　话:0395-2624304

公司名称:河南外运漯河储运贸易公司
地　　址:河南省漯河市郾城县路堂村
邮政编码:462311
电　　话:0395-6933079

公司名称:驻马店地区供销合作集团储运有限公司
地　　址:河南省驻马店市东风街道南海路北段居
邮政编码:463000
电　　话:0396-6222886

公司名称:信阳市储运公司
地　　址:河南省信阳地区信阳市工区居委会
邮政编码:464000
电　　话:0376-6222244

公司名称:平煤(集团)物资供应有限责任公司储运分公司
地　　址:河南省平顶山市卫东区程平中路南
邮政编码:467021
电　　话:0375-3935759

公司名称:河南省洛阳市商业仓储公司
地　　址:河南省洛阳市老城区唐宫东路 17 号
邮政编码:471000
电　　话:0379-3953577

公司名称:中国物资储运洛阳公司
地　　址:河南省洛阳市西工区唐宫西路四号
邮政编码:471000
电　　话:0379-3934694

公司名称:洛阳市供销储运贸易公司
地　　址:河南省洛阳市西工区道北路 72 号
邮政编码:471001
电　　话:0379-3933207

公司名称:洛阳市供销储运总公司
地　　址:河南省洛阳市西工区道北路 72 号
邮政编码:471001
电　　话:0379-3937386

公司名称:洛阳市木材总公司储运分公司
地　　址:河南省洛阳市西工区石油路 5 号
邮政编码:471001
电　　话:0379-3919272

公司名称:洛阳市商业储运总公司
地　　址:河南省洛阳市西工区春都路 86 号
邮政编码:471001
电　　话:0379-3938839

公司名称:洛阳轴承集团运输总公司储运分公司
地　　址:河南省洛阳市涧西区建设路 96 号
邮政编码:471003
电　　话:0379-4987690

公司名称:三门峡市物资储运公司
地　　址:河南省三门峡市湖滨区大岭路北段
邮政编码:472000
电　　话:0398-2821274

公司名称:南阳市华阳商业储运公司
地　　址:河南省南阳市卧龙区建西路 17 号
邮政编码:473000
电　　话:0377-2924658

公司名称:南阳市新华储运公司
地　　址:河南省南阳市卧龙区八一路 247 号
邮政编码:473052
电　　话:0377-3132347

公司名称:河南省开封联合运输公司
地　　址:河南省开封市顺河回族区滨河路东段
邮政编码:475002
电　　话:0378-2925482

公司名称:开封市金属材料总公司物资储运公司
地　　址:河南省开封市顺河回族区公园路南段
邮政编码:475002
电　　话:0378-2925766

公司名称:开封市生资总公司物资物资储运公司
地　　址:河南省开封市顺河回族区滨河路东段
邮政编码:475002
电　　话:0378-2922775

公司名称:开封市储运经销总公司
地　　址:河南省开封市南关区演武厅街 78 号
邮政编码:475003
电　　话:0378-5951378

公司名称:开封市木材公司物资储运公司
地　　址:河南省开封市南关区金梁里 58 号
邮政编码:475003
电　　话:0378-3932548

仓　储

公司名称:河南隆华仓储有限公司
地　　址:河南省郑州市金水区货栈街东头
邮政编码:450000
电　　话:0371-6320227

公司名称:郑州市工业品保税仓库
地　　址:河南省郑州市中原区
邮政编码:450000
电　　话:0371-6964692

公司名称:河南省粮油工业总公司物资仓库
地　　址:河南省郑州市管城回族区货栈街 12 号
邮政编码:450004
电　　话:0371-6318090

公司名称:郑州南十里铺储运仓库
地　　址:河南省郑州市管城回族区十里
邮政编码:450061
电　　话:0371-6319707

公司名称:河南新乡铁西国家粮食储备库
地　　址:河南省新乡市新华区立东路 3 号
邮政编码:453000
电　　话:0373-2022305

公司名称:许昌外贸纺织仓储贸易公司
地　　址:河南省许昌市魏都区新兴路 235 号
邮政编码:461000
电　　话:0374-3311660

公司名称:漯河仓储公司
地　　址:河南省漯河市源汇区天桥街居委会解放路
邮政编码:462000
电　　话:0395-2626006

公司名称:平顶山市商业储运公司仓库
地　　址:河南省平顶山市湛河区南环路 12 号
邮政编码:467000
电　　话:0375-4944740

公司名称:洛阳市供销储运总公司仓储分公司
地　　址:河南省洛阳市西工区道北路 72 号
邮政编码:471001
电　　话:0379-3931732

公司名称:三门峡市电业局仓储公司
地　　址:河南省三门峡市湖滨区大岭路北
邮政编码:472000
电　　话:0398-2912239

公司名称:商丘国家储备库
地　　址:河南省商丘地区商丘市凯旋中路 507 号
邮政编码:476000
电　　话:0370-2212424

公司名称:商丘市粮食局转运站
地　　址:河南省商丘地区商丘市新建南路 38 号
邮政编码:476000
电　　话:0370-2212426

物流设备

公司名称:郑州恒科实业有限公司(郑州电子秤厂)
地　　址:河南省郑州市郑汴路 45 号
邮政编码:450004
电　　话:0371-6322607 6315802

公司名称:郑州市扁电缆厂
地　　址:河南省郑州市郑密路 18 号
邮政编码:450052

电　　话:0371-8982155

公司名称:郑州粮机股份有限公司
地　　址:河南省郑州市南阳路177号
邮政编码:450053
电　　话:0371-3733896

公司名称:郑州起重设备厂
地　　址:河南省郑州市丰乐路6号
邮政编码:450053
电　　话:0371-3821219

公司名称:郑州市气垫运输设备厂
地　　址:河南省郑州市南外环6号
邮政编码:450062
电　　话:0371-8906508

公司名称:新乡市天隆输送设备有限责任公司
地　　址:河南省新乡市化工路25号
邮政编码:453000
电　　话:0373-5036789

公司名称:新乡市起重(集团)公司起重设备厂机械销售公司
地　　址:河南省新乡市南干道111号
邮政编码:453003
电　　话:0373-3048164

公司名称:新乡市起重设备厂
地　　址:河南省新乡市南干道东段111号
邮政编码:453003
电　　话:0373-3054082

公司名称:新乡市起重运输机械厂
地　　址:河南省新乡市化工路31号
邮政编码:453003
电　　话:0373-5034041

公司名称:新乡索非玛液压有限公司
地　　址:河南省新乡市新华区解放路41号
邮政编码:453019
电　　话:0373-2011263

公司名称:河南黄河装卸机械厂一分厂
地　　址:河南省新乡市长远县工业区
邮政编码:453400
电　　话:0373-8892512

公司名称:河南省新乡市予中起重设备厂
地　　址:河南省新乡市长垣县位庄村
邮政编码:453400
电　　话:0373-8711786

公司名称:新乡东风起重机械厂
地　　址:河南省新乡市长垣县东关工业区
邮政编码:453400
电　　话:0373-8897300

公司名称:新乡市华北起重机厂
地　　址:河南省新乡市长垣县位庄工业区
邮政编码:453400
电　　话:0373-8791377

公司名称:新乡市起重机械总厂
地　　址:河南省长垣工业区
邮政编码:453400
电　　话:

公司名称:新乡市中原起重机械总厂
地　　址:河南省新乡市长垣县东关工业区
邮政编码:453400
电　　话:0373-8860527

公司名称:新乡市矿山起重机厂
地　　址:河南省新乡市小辛庄村
邮政编码:453423
电　　话:0373-8793028

公司名称:河南卫华起重机有限公司
地　　址:河南省长垣位庄工业区66号

邮政编码:453424
电　　话:0373-8711661

公司名称:焦作起重运输机械有限责任公司
地　　址:河南省焦作市解放中路23号
邮政编码:454000
电　　话:0391-2906301

公司名称:焦作市起重机械总厂
地　　址:河南省焦作市解放中路23号
邮政编码:454000
电　　话:0391-2923069

公司名称:焦作制动器股份有限公司
地　　址:河南省焦作市环城北路1号
邮政编码:454000
电　　话:0391-2922781 2931219

公司名称:焦作中原橡胶有限公司
地　　址:河南省焦作市建设西路57号
邮政编码:454001
电　　话:0391-2631198

公司名称:焦作矿务局机械制造公司
地　　址:河南省焦作市新华北街52号
邮政编码:454150
电　　话:0391-2928011

公司名称:温县起重机械厂
地　　址:河南省焦作市温县西林肇
邮政编码:454894
电　　话:0391-6192967

公司名称:焦作市虹桥制动器有限公司
地　　址:河南省焦作市虹桥工业区
邮政编码:454981
电　　话:0391-7541080 7541060 7541018

公司名称:河南安阳煤矿电机厂 河南安阳防爆振动电机厂
地　　址:河南省安阳市人民大道46号
邮政编码:455000
电　　话:0372-226427

公司名称:河南省鹤壁矿山机械厂
地　　址:河南省鹤壁市汤河街63号
邮政编码:458000
电　　话:0392-2623417

公司名称:河南省鹤壁市通用机械股份有限公司
地　　址:河南省鹤壁市北站路1号
邮政编码:458010
电　　话:0392-2813811

公司名称:河南省鹤壁市起重运输机械总厂
地　　址:河南省鹤壁市长风北路
邮政编码:458020
电　　话:0392-2311342

公司名称:河南省许昌市腾飞起重设备厂
地　　址:河南省许昌市鄢陵县张桥工业区
邮政编码:461224
电　　话:0374-7631164

公司名称:洛阳卡瑞物料搬运设备有限公司
地　　址:河南省洛阳市唐宫东街10号
邮政编码:471009
电　　话:0379-3953785 3908222-3015

公司名称:南阳市起重机械厂
地　　址:河南省南阳市光武路64号
邮政编码:473063
电　　话:0377-3132815

湖　北　省

物流与速递

公司名称：武汉钢铁(集团)公司工业港
地　　址：湖北省武汉市青山区武钢工业港
邮政编码：430082
电　　话：027-86894812(总机) 86522335
传　　真：027-86893818
公司简介：武汉钢铁(集团)公司工业港位于长江主流顶冲部位，武汉河段青山峡南岸，是武钢原料、成品进出口港口和大型原料场，也是长江最大的企业专用港口，年总作业量在3 000万t上下。全港拥有9座码头、5大料场，有运距达7.5 km的全自动胶带运输线，全国第一台大型矿石链斗卸船机，工艺先进能力最大的混匀滚筒式取料机等一流设备。拥有固定资产10亿元、占地面积达201万m^2，绿化面积40万平方米。拥有各类工程技术人员203人，其中高级工程师10人，有300多项科技成果分获国家、湖北省、武汉市及武钢科技成果奖。创造了千吨货在港停时、船舶平均在港停泊天数、全员劳动生产率在全国内河港口保持连年第一的业绩。先后获武钢红旗厂(矿)、武汉青山区文明单位、湖北省、武汉市清洁无公害工厂、湖北省"花园式工厂"、湖北省"五一"劳动奖状等多项荣誉。

物流信息服务

公司名称：奥发软件工程(武汉)有限公司
地　　址：湖北省武汉市武昌区武珞路628号亚贸广场B座1278室
邮政编码：430070
电　　话：027-87876818

公司名称：天舟软件工程新技术(武汉)有限公司
地　　址：湖北省武汉市武昌区武珞路中南花园宏远商务楼301室
邮政编码：430070
电　　话：027-87812294

公司名称：武汉市威普新技术开发公司
地　　址：湖北省武汉市洪山区珞瑜路103号
邮政编码：430070
电　　话：027-87874734

公司名称：武汉鑫讯科技有限公司
地　　址：湖北省武汉洪山区珞瑜路716号华乐大厦4楼
邮政编码：430073
电　　话：027-87440490

公司名称：武汉吟谷高新技术发展有限公司
地　　址：湖北省武汉洪山区磨山茅屋岭3号1001信箱
邮政编码：430074
电　　话：027-87513152

公司名称：武汉邮电科学院
地　　址：湖北省武汉市洪山区邮科院路88号
邮政编码：430074
电　　话：027-87691199

公司名称：武汉吉威科技发展有限公司
地　　址：湖北省武汉市洪山区珞瑜路200-1
邮政编码：430079
电　　话：027-87498609

公司名称：湖北省荆州仓库商品解剂网络
地　　址：湖北省荆州市沙市北京西路378号
邮政编码：434000
电　　话：0716-8113109

货运代理

公司名称:武汉中力运输代理有限公司
地　　址:湖北省武汉市江岸区胜利街 325 号
邮政编码:430010
电　　话:027-82710068

公司名称:武汉安捷国际空运有限公司
地　　址:湖北武汉市江汉北路 34 号 8 楼
邮政编码:430014
电　　话:027-85800688

公司名称:武汉必富国际联运有限公司
地　　址:湖北省武汉市江岸区汉港大厦 21 楼 CD 座
邮政编码:430014
电　　话:027-82836429

公司名称:武汉中远国际货运有限公司
地　　址:湖北省武汉市江岸区武汉市江岸青岛路 7 号
邮政编码:430014
电　　话:027-82818988

公司名称:武汉中远国际货运有限公司
地　　址:湖北省武汉市汉口青岛路国际青年大厦 7 号 8 楼
邮政编码:430014
电　　话:027-82818988

公司名称:南洋国际货运代理有限公司
地　　址:湖北省武汉市台北一路 26 号小南湖大厦 12 楼
邮政编码:430015
电　　话:027-85791485

公司名称:中国湖北国际经济合作运输公司
地　　址:湖北省武汉市武昌区水果湖北环路 63 号
邮政编码:430015
电　　话:027-85782916

公司名称:武汉外运太平国际空运有限公司
地　　址:湖北武汉市江汉区建设大道 526 号
邮政编码:430022
电　　话:027-5818353

公司名称:中国对外贸易运输(集团)总公司湖北公司
地　　址:湖北省武汉市汉口建设大道 605 号
邮政编码:430030
电　　话:027-83620268

公司名称:中国外运湖北公司
地　　址:湖北省武汉市江汉区建设大道 605 号
邮政编码:430030
电　　话:027-83620268

公司名称:中成国际运输武汉公司
地　　址:湖北省武汉市武昌区东湖路 98 号
邮政编码:430071
电　　话:027-87837385

公司名称:武汉中远国际货运有限公司沙市分公司
地　　址:湖北省荆州市北京中路 128 号海联大厦 5 楼
邮政编码:434000
电　　话:0716-8211339

公司名称:中国沙市外轮代理公司
地　　址:湖北省荆州市北京中路 128 号海联大厦 5 楼
邮政编码:434000
电　　话:0716-8228855

公司名称:黄石市黄石港区物资储运公司
地　　址:湖北省黄石市黄石港区新街 10 号
邮政编码:435001
电　　话:0714-6511101

公司名称:巴东港务管理局船舶货物运输代理公司
地　　址:湖北省恩施土家族苗族自治州巴东县葵

花街 110
邮政编码:444300
电　　话:0718-4222023

运　　输

公司名称:武铁分局装运总公司江岸公司
地　　址:湖北省武汉市江岸区黄浦路 6 号
邮政编码:430010
电　　话:027-87823112

公司名称:武汉港务管理局
地　　址:湖北省武汉市江岸区沿江大道 91 号
邮政编码:430014
电　　话:027-82840282

公司名称:中国长江航运(集团)总公司
地　　址:湖北省武汉市沿江大道 89 号
邮政编码:430014
电　　话:027-82766539

公司名称:中国扬子江轮船股份有限公司
地　　址:湖北省武汉市江岸区大道 89 号
邮政编码:430014
电　　话:027-82814543

公司名称:武汉远洋大型汽车运输有限公司
地　　址:湖北省武汉市江汉区新华下路 218 号
邮政编码:430015
电　　话:027-85883451

公司名称:华中航运集团有限公司
地　　址:湖北省武汉市江汉区民权路 2 号
邮政编码:430021
电　　话:027-85838135

公司名称:武汉长伟国际航运实业有限公司
地　　址:湖北武汉市江汉区沿江大道 52 号
邮政编码:430021
电　　话:027-85656223

公司名称:武汉市港口运输总公司
地　　址:湖北省武汉市江汉区沿江大道 57 号
邮政编码:430021
电　　话:027-85821082

公司名称:武汉市第二汽车运输公司
地　　址:湖北省武汉市江汉区前进二路 109 号
邮政编码:430022
电　　话:027-85836350

公司名称:湖北汽车运输总公司
地　　址:湖北省武汉市江汉区新华下路 141 号
邮政编码:430023
电　　话:027-85870212

公司名称:武汉凌云航空运输服务公司
地　　址:湖北省武汉市江汉区建设大道 417 号
邮政编码:430030
电　　话:027-83642960

公司名称:武汉市第一汽车运输公司
地　　址:湖北省武汉市桥口区解放大道 545 号
邮政编码:430033
电　　话:027-83832739

公司名称:武汉粮食汽车运输贸易公司
地　　址:湖北省武汉市桥口韩家墩街 50 号
邮政编码:430034
电　　话:027-83831702

公司名称:武铁分局装运总公司汉西公司
地　　址:湖北省武汉市乔口区汉西一路 72 号
邮政编码:430034
电　　话:027-83824554

公司名称:中国汽车运输武汉公司
地　　址:湖北省武汉市东西湖区
邮政编码:430040
电　　话:027-83892209

公司名称:东啤集团汽车运输分公司
地　　址:湖北省武汉市东西湖区
邮政编码:430047
电　　话:027-83891220

公司名称:武汉市第四汽运公司
地　　址:湖北省武汉市汉阳五里街 316 号
邮政编码:430050
电　　话:027-84842462

公司名称:武汉市汉阳区汽车运输一公司
地　　址:湖北武汉市汉阳区倒口西村 29 号
邮政编码:430050
电　　话:027-84842261

公司名称:武铁分局装运总公司汉阳公司
地　　址:湖北省武汉市汉阳区回民湾货场
邮政编码:430050
电　　话:027-84844937

公司名称:湖北恒达运输有限公司
地　　址:湖北武汉市汉阳区动物园新村 18 号
邮政编码:430051
电　　话:027-84769284

公司名称:湖北省外运汽车运输公司
地　　址:湖北省武汉市汉阳五里墩 517 号
邮政编码:430051
电　　话:027-84874045

公司名称:武铁装运总公司武昌南公司
地　　址:湖北省武汉市武昌区解放桥一号
邮政编码:430060
电　　话:027-87823112

公司名称:武铁分局运输总公司武北公司
地　　址:湖北省武汉市武昌区横堤二街 39 号
邮政编码:430062
电　　话:027-87823112

公司名称:湖北楚天集装箱运输公司
地　　址:湖北省武汉市武昌区八一路六号
邮政编码:430071
电　　话:027-87825174

公司名称:湖北省外运公司白浒山港务公司
地　　址:湖北省武汉市洪山区
邮政编码:430078
电　　话:027-87600304

公司名称:武汉钢铁(集团)公司交通运输公司
地　　址:湖北省武汉市青山区冶金大道 14 号
邮政编码:430080
电　　话:027-86864115

公司名称:武汉市汉南汽车运输总公司
地　　址:湖北省武汉市汉南区沙帽镇育才路 5 号
邮政编码:430090
电　　话:027-84851454

公司名称:武汉市蔡甸商业运输公司
地　　址:湖北武汉市蔡甸区蔡张路 22 号
邮政编码:430100
电　　话:027-84942964

公司名称:武汉市黄陵水运公司
地　　址:湖北省武汉市蔡甸区
邮政编码:430109
电　　话:027-84931296

公司名称:武铁装运总公司武昌公司
地　　址:湖北武汉市洪山区关山路 20 号
邮政编码:430205
电　　话:027-87412916

公司名称:孝感市联运总公司
地　　址:湖北省孝感市孝南区长征路 82 号
邮政编码:432100
电　　话:0712-2822054

公司名称:孝感市航运二公司
地　　址:湖北省孝感孝南区槐荫大道后湖闸 7 号
邮政编码:432100
电　　话:0712-2824776

公司名称:孝感市第一汽车运输公司
地　　址:湖北省孝感市孝南区环城路 4 号
邮政编码:432100
电　　话:0712-2822873

公司名称:孝感市合力运输总公司
地　　址:湖北孝感市市辖区广场街 70 号
邮政编码:432100
电　　话:0712-2827711

公司名称:沙隆达汽车运输公司
地　　址:湖北省荆沙市市辖区北京东路 1 号
邮政编码:434001
电　　话:0716-8314802

公司名称:荆州市汽车运输总公司
地　　址:湖北省荆沙市市辖区北京路 190 号
邮政编码:434002
电　　话:0716-8212263

公司名称:荆州市航运公司
地　　址:湖北省荆沙市荆州区南环路
邮政编码:434100
电　　话:0716-8472732

公司名称:松滋市供销汽车运输公司
地　　址:湖北省荆沙市跃进北路 8 号
邮政编码:434200
电　　话:0716-6222537

公司名称:松滋市粮油运输公司
地　　址:湖北省荆沙市民主街
邮政编码:434200
电　　话:0716-6222419

公司名称:黄石航运公司
地　　址:湖北省黄石市黄石港区天津路 11 号
邮政编码:435000
电　　话:0713-6222379

公司名称:黄石交通运输集团有限责任公司
地　　址:湖北黄石市黄石港区武汉路 227 号
邮政编码:435000
电　　话:0714-6225607

公司名称:黄石中鄂实业公司运输贸易公司
地　　址:湖北黄石市黄石港区交通路 1 号
邮政编码:435000
电　　话:0713-6224237

公司名称:冶钢集团实业总公司汽车运输公司
地　　址:湖北黄石市石灰窑区黄思湾道仕伏
邮政编码:435001
电　　话:0714-6292679

公司名称:冶钢集团有限公司交通运输公司
地　　址:湖北黄石市石灰窑区黄石大道 316 号
邮政编码:435001
电　　话:0713-6292648

公司名称:华新集团丰业总公司水运公司
地　　址:湖北省黄石市黄石港区红旗桥
邮政编码:435002
电　　话:0713-6224971

公司名称:湖北省大冶市汽车运输公司
地　　址:湖北省黄石市大冶市大冶大道 121 号
邮政编码:435100
电　　话:0713-8712736

公司名称:鄂州市第二航运公司
地　　址:湖北省鄂州市鄂城区樊口街内河坊 25 号
邮政编码:436000
电　　话:0711-3612559

公司名称:鄂州市第一航运公司
地　　址:湖北省鄂州市鄂城区南浦路一号
邮政编码:436000
电　　话:0711-3223438

公司名称:湖北大通运业集团股份有限公司
地　　址:湖北省鄂州市鄂城区武昌大道230号
邮政编码:436000
电　　话:0711-3223544

公司名称:湖北鄂州市汽车运输公司
地　　址:湖北省鄂州市鄂城区寒溪路十五号
邮政编码:436000
电　　话:0711-3224978

公司名称:咸宁市水陆运输公司
地　　址:湖北省咸宁地区咸宁市中城街2号
邮政编码:437000
电　　话:0715-8323676

公司名称:咸宁市汽车运输公司
地　　址:湖北省咸宁地区咸宁市环城路19号
邮政编码:437000
电　　话:0715-8322137

公司名称:咸宁地区供销运输公司
地　　址:湖北省咸宁地区马桥路20号
邮政编码:437100
电　　话:0715-8255349

公司名称:咸宁地区汽车运输公司
地　　址:湖北省咸宁地区温泉路20号
邮政编码:437100
电　　话:0715-8258468

公司名称:蒲圻市航运公司
地　　址:湖北省咸宁地区蒲圻市城西一巷24号
邮政编码:437300
电　　话:0715-5222959

公司名称:蒲圻市汽车运输总公司
地　　址:湖北省咸宁地区蒲圻市车站路26号
邮政编码:437300
电　　话:0715-5222348

公司名称:襄樊市航运总公司
地　　址:湖北省襄樊市市辖区丹江路
邮政编码:441000
电　　话:0710-3441402

公司名称:襄樊市新星贸易总公司汽车运输公司
地　　址:湖北省襄樊市市辖区大庆东路12号
邮政编码:441000
电　　话:0710-3442037

公司名称:襄樊市汽车运输三公司
地　　址:湖北省襄樊市襄城区环城东路97号
邮政编码:441021
电　　话:0710-3513240

公司名称:湖北省枣阳市汽车运输公司
地　　址:湖北省襄樊市枣阳市襄阳路79号
邮政编码:441200
电　　话:0710-6223125

公司名称:枣阳市供销社运输公司
地　　址:湖北省襄樊市枣阳市新华路
邮政编码:441200
电　　话:0710-6222913

公司名称:枣阳市粮油运贸公司
地　　址:湖北省襄樊市枣阳市新华路33号
邮政编码:441200
电　　话:0710-6222601

公司名称:枣阳市汽车运输公司
地　　址:湖北省襄樊市枣阳市襄阳路64号
邮政编码:441200
电　　话:0710-6222109

公司名称:宜城市汽车运输总公司
地　　址:湖北省襄樊市宜城市襄沙路67号
邮政编码:441400
电　　话:0710-4212519

公司名称:湖北省十堰市航运局
地　　址:湖北省十堰市丹江口市胡家岭
邮政编码:441900
电　　话:0729-5223377

公司名称:十堰市航运局港埠公司
地　　址:湖北省十堰市丹江口市王大沟5号
邮政编码:441900
电　　话:0729-5227943

公司名称:湖北省亨运集团公司
地　　址:湖北省十堰市茅箭区人民路
邮政编码:442000
电　　话:0719-6881669

公司名称:十堰市汽车运输总公司
地　　址:湖北省十堰市茅箭区王家坡11号
邮政编码:442000
电　　话:0719-6886295

公司名称:宜昌市宜通运输集团海通股份有限公司
地　　址:湖北省宜昌市西陵区东山大道102号
邮政编码:443000
电　　话:0717-6443660

公司名称:宜昌市恒通运输公司集装箱分公司
地　　址:湖北省宜昌市伍家岗区花艳
邮政编码:443001
电　　话:0717-6553909

公司名称:宜昌联运公司
地　　址:湖北省宜昌市伍家岗区常刘路20号
邮政编码:443002
电　　话:0717-6738613

公司名称:中国葛洲坝水利水电工程集团公司运输公司
地　　址:湖北省宜昌市西陵区夜明珠路27号
邮政编码:443002
电　　话:6447448-83961

公司名称:宜昌港船舶运输公司
地　　址:湖北省宜昌市伍家岗区沿江大道281号
邮政编码:443003
电　　话:0717-6443727

公司名称:宜昌市宜通运输集团有限责任公司
地　　址:湖北省宜昌市伍家岗区港窑路5号
邮政编码:443003
电　　话:0717-6443910

公司名称:宜昌三峡运输总公司
地　　址:湖北省宜昌市宜昌县罗河路35号
邮政编码:443100
电　　话:0717-7822528

公司名称:宜昌三峡运输总公司货运公司
地　　址:湖北省宜昌市宜昌县马兰路21号
邮政编码:443100
电　　话:0717-7824707

公司名称:枝江市船舶运输公司
地　　址:湖北省宜昌市枝江县公园路一号
邮政编码:443200
电　　话:0717-4212720

公司名称:枝江市航运公司
地　　址:湖北省宜昌市枝江县沿江大道15号
邮政编码:443200
电　　话:0717-4212126

公司名称:枝江市粮油营运公司
地　　址:湖北省宜昌市枝江县民主大道21号
邮政编码:443200
电　　话:0717-4212609

公司名称:枝江市汽车运输公司
地　　址:湖北省宜昌市枝江县迎宾大道 30 号
邮政编码:443200
电　　话:0717-4212123

公司名称:湖北宜昌飞航实业有限公司陆城航运公司
地　　址:湖北省宜昌市枝城市宜红街 16 号
邮政编码:443300
电　　话:0717-4822523

公司名称:枝城市沿江水陆运输总公司
地　　址:湖北省宜昌市枝城市沿江村
邮政编码:443311
电　　话:0717-4863900

公司名称:枝城市第二汽车运输公司
地　　址:湖北省宜昌市枝城市龙王台
邮政编码:443311
电　　话:0717-4860757

公司名称:枝城港务管理局铁路运输公司
地　　址:湖北省宜昌市枝城市大同路 1 号
邮政编码:443311
电　　话:0717-4860910

公司名称:当阳市汽车货运公司
地　　址:湖北省宜昌市当阳市端直街 35 号
邮政编码:444100
电　　话:0717-3222536

公司名称:当阳市汽车运输总公司
地　　址:湖北省宜昌市当阳市南正街 7 号
邮政编码:444100
电　　话:0717-3222578

公司名称:湖北省恩施自治州航运公司
地　　址:湖北省恩施巴东县车站街
邮政编码:444300
电　　话:0718-4222407

公司名称:恩施市粮油运输公司
地　　址:湖北省恩施市沙湾路 14 号
邮政编码:445000
电　　话:0718-8224990

公司名称:恩施市汽车货运公司
地　　址:湖北省恩施市航空路 62 号
邮政编码:445000
电　　话:0718-8224035

公司名称:恩施自治州对外贸易运输公司
地　　址:湖北省恩施市土桥路二巷 24 号
邮政编码:445000
电　　话:0718-8224906

公司名称:恩施自治州汽车运输总公司
地　　址:湖北省鄂西土家族苗族自治州恩施市挂榜岩 4 号
邮政编码:445000
电　　话:0718-8223205

公司名称:利川市汽车运输一公司
地　　址:湖北省利川市清江大道 20 号
邮政编码:445400
电　　话:0718-7282531

公司名称:湖北省荆门万里交通建设集团货运公司
地　　址:湖北省荆门市月亮湖北路 35 号
邮政编码:448000
电　　话:6333843

储　　运

公司名称:武铁物资供销储运公司
地　　址:湖北省武汉市江岸区沿江大道 262 号
邮政编码:430012
电　　话:027-87823112

公司名称:中国物资储运武汉汉口公司
地　　址:湖北省武汉市江岸区解放大道 1598 号
邮政编码:430012

电　　话:027-82314095

公司名称:中国物资储运武汉江北公司
地　　址:湖北省武汉市江岸区二七路 154 号
邮政编码:430012
电　　话:027-82880020

公司名称:武汉市商业储运公司
地　　址:湖北省武汉市江岸区胜利街 66 号
邮政编码:430014
电　　话:027-82818961

公司名称:武汉市物资储运总公司
地　　址:湖北省武汉市江岸区保华街 31 号
邮政编码:430014
电　　话:027-82816387

公司名称:黄陂物资储运公司
地　　址:湖北省武汉市江岸区胜利街 295 号
邮政编码:430017
电　　话:027-82723970

公司名称:武汉市物资储运总公司
地　　址:湖北省武汉市石区汉西一路 95 号
邮政编码:430034
电　　话:027-83831525

公司名称:武汉市化学工业供销总公司仓储运输公司
地　　址:湖北省武汉市东西湖区沙咀余氏墩
邮政编码:430040
电　　话:027-83892723

公司名称:湖北省纺织置业储运公司
地　　址:湖北省武汉市武昌区杨园(徐东路)纺机村 108 号
邮政编码:430063
电　　话:027-86811312

公司名称:中国物资储运武汉武昌公司
地　　址:湖北省武汉市江汉区堤后街 403 号
邮政编码:430065
电　　话:027-88114202

公司名称:武汉航空工业供销储运公司
地　　址:湖北省武汉市洪山区关山三路 1 号
邮政编码:430074
电　　话:027-87802720

公司名称:潜江市石油公司储运分公司
地　　址:湖北省潜江市解放路 120 号
邮政编码:433100
电　　话:0728-6243982

公司名称:黄石商业储运公司
地　　址:湖北省黄石市石灰窑区市府路 259＃
邮政编码:435000
电　　话:0713-6223306

公司名称:湖北矿山储运公司
地　　址:湖北省黄石市下陆区下陆大道 88＃
邮政编码:435004
电　　话:0713-5317209

公司名称:鄂州市对外贸易包装储运公司
地　　址:湖北省鄂州市鄂城区南浦路 86＃
邮政编码:436000
电　　话:0711-3224249

公司名称:鄂州市麦面公司粮食储运公司
地　　址:湖北省鄂州市鄂城区小北门 14 号
邮政编码:436000
电　　话:0711-3223286

公司名称:黄州区商业储运公司
地　　址:湖北省黄冈市黄州区
邮政编码:436100
电　　话:0713-8352612

公司名称:咸宁地区对外贸易仓储运输公司

地　　址:湖北省咸宁地区咸宁市东门路 22 号
邮政编码:437000
电　　话:0715-8322729

公司名称:襄樊市供销储运公司
地　　址:湖北省襄樊市市辖区利民路 2 号
邮政编码:441000
电　　话:0710-3440112

公司名称:襄樊三利达建材(集团)公司储运公司
地　　址:湖北省襄樊市市辖区岘山路 50 号
邮政编码:441023
电　　话:0710-3514429

公司名称:宜城市商业储运公司
地　　址:湖北省襄樊市宜城市襄沙路 56 号
邮政编码:441400
电　　话:0710-4212143

公司名称:襄铁储运股份有限公司
地　　址:湖北省襄樊市宜城市朱市火车站
邮政编码:441402
电　　话:0710-4333132

公司名称:湖北省商业仓储运输公司十堰公司
地　　址:湖北省十堰市张湾区武当路 9 号
邮政编码:442001
电　　话:0719-6781811-2232

公司名称:宜昌市粮食储运公司
地　　址:湖北省宜昌市西陵区中山路 26 号
邮政编码:443000
电　　话:0717-6746835

公司名称:宜昌市物资储运公司
地　　址:湖北省宜昌市伍家岗区共强
邮政编码:443001
电　　话:0717-6561526

公司名称:中国水利电力葛洲坝集团物资公司储运公司
地　　址:湖北省宜昌市西陵区樵湖二路 9 号
邮政编码:443002
电　　话:0717-6447448-84342

公司名称:荆门市沙洋粮油储运公司
地　　址:湖北省荆门市沙洋区粮棉路 6 号
邮政编码:448000
电　　话:0724-6551327

仓　　储

公司名称:武汉市惠通仓储公司
地　　址:湖北省武汉市江岸区谌家矶 1 号
邮政编码:430011
电　　话:027-82315438

公司名称:武汉国际集装箱转运有限公司
地　　址:湖北省武汉市江汉区东方商都东方大酒店四楼 A1 室
邮政编码:430023
电　　话:027-85623433

公司名称:武汉丰润油脂保税仓库有限公司
地　　址:湖北省武汉市江汉区江汉一路 7-9 号
邮政编码:430070
电　　话:027-7821358

公司名称:县国家粮食储备库
地　　址:湖北省荆沙市京山县
邮政编码:431800
电　　话:0716-7222259

公司名称:湖北安陆国家粮食储备库
地　　址:湖北省安陆市太白大道 21 号
邮政编码:432600
电　　话:0712-5223321

公司名称:黄石市果品干菜公司储运冷藏部
地　　址:湖北省黄石市黄石港区李家坊
邮政编码:435000

电　　话:0714-6223194

公司名称:黄石市公路集装箱中转站
地　　址:湖北省黄石市黄石港区黄石港
邮政编码:435002
电　　话:0714-6516054

公司名称:鄂州市樊口国家粮食储备库
地　　址:湖北省鄂州市鄂城区樊口
邮政编码:436000
电　　话:0711-3612658

公司名称:鄂州市粮食储备公司
地　　址:湖北省鄂州市鄂城区48号
邮政编码:436000
电　　话:0711-3226390

公司名称:湖北浠水国家粮食储备库
地　　址:湖北省黄冈市浠水县车站街39号
邮政编码:436200
电　　话:0713-4233251

公司名称:武穴市国家粮食储备库
地　　址:湖北省黄冈市武穴市石佛寺镇武山路38号
邮政编码:436416
电　　话:0713-6852239

公司名称:宜城市国家粮食储备库
地　　址:湖北省襄樊市宜城市雷河街道
邮政编码:441403
电　　话:0710-4361487

公司名称:枝江市国家粮油储备库
地　　址:湖北省宜昌市枝江县沿江大道124号
邮政编码:443200
电　　话:0717-4213615

公司名称:湖北省当阳市国家粮食储备库
地　　址:湖北省宜昌市当阳市龙凤村
邮政编码:444100
电　　话:0717-3223049

物流设备

公司名称:武汉新概念设备制造有限责任公司
地　　址:湖北省武汉市建设大道418号中奇大厦608室
邮政编码:430030
电　　话:027-83617844

公司名称:武汉四方泵业集团输送机械制造有限公司
地　　址:湖北省武汉市汉阳区五里新村
邮政编码:430050
电　　话:027-84842219 84841670

公司名称:中国人民解放军第七零一一工厂(武汉输送机械厂)
地　　址:湖北省武汉市武昌南湖汽校
邮政编码:430064
电　　话:027-88035450 88034356

公司名称:武钢集团武汉冶金设备制造公司
地　　址:湖北省武汉市青山区青王路10号
邮政编码:430083
电　　话:027-86891010 86891020 8686288

公司名称:京山液压机械有限责任公司
地　　址:湖北省京山县钱场镇汉宜西路1号
邮政编码:431818
电　　话:0724-7572561 7572512

公司名称:湖北省电力输送机械有限责任公司
地　　址:湖北省荆州市沙市区沙岑路(三板桥)
邮政编码:434001
电　　话:0716-8314166

公司名称:湖北省黄石市输送机厂
地　　址:湖北省黄石市龚家巷113号
邮政编码:435000

电　　话:0714-6229032 6223869

公司名称:**黄石市起重机械总厂**
地　　址:湖北省黄石市起重机械总厂
邮政编码:435002
电　　话:0714-225710

公司名称:**湖北省咸宁三合机电制业有限公司**
地　　址:湖北省咸宁市永安大道 59 号
邮政编码:437000
电　　话:0715-8322725

公司名称:**宜昌金轮叉车有限责任公司**
地　　址:湖北省宜昌市西陵二路 31 号
邮政编码:443000
电　　话:(0717)6730620

公司名称:**宜昌三峡输送机械制造总公司**
地　　址:湖北省宜昌市东山村
邮政编码:443000
电　　话:0717-6445067 6440006

公司名称:**中南橡胶集团公司**
地　　址:湖北省宜昌市中南路 55 号
邮政编码:443003
电　　话:0717-6362242

公司名称:**湖北省宜都机电工程股份有限公司**
地　　址:湖北省宜昌市西陵区东山大道 197 号
邮政编码:443007
电　　话:0717-6511951

公司名称:**宜昌和贸仓储器材有限公司**
地　　址:湖北省枝城市清江大道 23 号
邮政编码:443300
电　　话:0717-4823568

湖　南　省

物流与速递

公司名称:**中南林学院**
地　　址:湖南省长沙市韶山南路 116 号号
邮政编码:412006
电　　话:0731-2294107
单位简介:中南林学院给创于 1958 年。2000 年开设"物流工程"专业,具有招收博士、硕士研究生和本科生的资格。该专业现有博导 4 名,专业实验室 6 个。

公司名称:**湖南省邮政运输局**
地　　址:湖南省长沙市东区五里牌
邮政编码:410001
电　　话:0731-4722094

物流信息服务

公司名称:**金城(湖南)计算机系统集成有限公司**
地　　址:湖南省长沙市芙蓉区解放中路 239 号
邮政编码:410001
电　　话:0731-4445599

公司名称:**苏博泰克(湖南)数据系统工程有限公司**
地　　址:湖南省长沙市五一中路 160 号银华大厦 16 层
邮政编码:410006
电　　话:0731-4453191

公司名称:**湖南天达电脑有限公司**
地　　址:湖南省长沙市劳动东路 258 号
邮政编码:410007
电　　话:0731-5558425

公司名称:**劲霸(长沙)计算机网络工程有限公司**
地　　址:湖南省长沙市劳动路 360 号(贺龙体育场内)
邮政编码:410007
电　　话:0731-5131762

公司名称:长沙中安计算机图形技术有限公司
地　　址:湖南省长沙市五一中路 21 号 B 座 301 室
邮政编码:410011
电　　话:0731-4452396

公司名称:湖南国讯银河软件园有限公司
地　　址:湖南省长沙市银盆南路 A115-1 栋国讯大厦
邮政编码:410013
电　　话:0731-8926601

公司名称:湖南工程学院管理工程系
地　　址:湖南省湘潭市东湖路 18 号
邮政编码:411104
电　　话:0732-8680245

货运代理

公司名称:湖南湘通运输代理有限责任公司
地　　址:湖南省长沙市五一东路
邮政编码:410001
电　　话:0731-4232860

公司名称:浩通国际货运代理有限公司
地　　址:湖南省长沙市芙蓉中路 269 号华联大厦 13 楼
邮政编码:410011
电　　话:0731-4300300

公司名称:湖南捷送国际货运有限公司
地　　址:湖南省长沙市建湘南路 162 号凤凰大厦 2052 号
邮政编码:410011
电　　话:0731-2223770

公司名称:湖南省金环国际货运公司
地　　址:湖南省长沙市东区五一东路 18 号
邮政编码:410011
电　　话:0731-4465438

公司名称:湖南外运湘潭市公司
地　　址:湖南省湘潭市雨湖区草塘路 85 号
邮政编码:411100
电　　话:0732-8222574

公司名称:中国对外贸易运输总公司湖南分公司醴陵公司
地　　址:湖南省株洲市醴陵市阳三路 135 号
邮政编码:412205
电　　话:0733-3032209

公司名称:湖南外运益阳市公司
地　　址:湖南省益阳市赫山区化工南路 15 号
邮政编码:413000
电　　话:0737-4222113

公司名称:岳阳外运支公司
地　　址:湖南省岳阳市南区五里村
邮政编码:414000
电　　话:0730-8222319

公司名称:湖南外运常德市公司
地　　址:湖南省常德市鼎城区隆阳路 10 号
邮政编码:415101
电　　话:0736-7383061

公司名称:外运娄底地区公司
地　　址:湖南省娄底地区娄底市扶青路
邮政编码:417000
电　　话:0738-8312750

公司名称:湖南外运衡阳市公司
地　　址:湖南省衡阳市城南区衡祁路 123 号
邮政编码:421001
电　　话:0734-8222792

公司名称:湖南省对外经济贸易运输公司邵阳市公司
地　　址:湖南省邵阳市东区东大路
邮政编码:422001
电　　话:0739-5225160

公司名称:湖南省外运公司永州市公司
地　　址:湖南省永州市潇湘路 23 号
邮政编码:425000
电　　话:07401-8413656

运　输

公司名称:长沙钢铁(集团)有限公司运输公司
地　　址:湖南省长沙市郊区人民路 9 号
邮政编码:410001
电　　话:0731-5563481

公司名称:长沙市第五运输公司
地　　址:湖南省长沙市东区八一东路八十五号
邮政编码:410001
电　　话:0731-4715080

公司名称:长沙市第五运输公司
地　　址:湖南省长沙市远大一路 226 号
邮政编码:410001
电　　话:0731-4720022

公司名称:省供销储运汽车运输公司
地　　址:湖南省长沙东区八一东路师家老屋 1 号
邮政编码:410001
电　　话:0731-4726830

公司名称:长沙市煤炭运输公司
地　　址:湖南省长沙市南区书院路南湖港 16 号
邮政编码:410002
电　　话:0731-5133252

公司名称:湖南省粮油运输公司
地　　址:湖南省长沙市南区望岳村 47 号
邮政编码:410002
电　　话:0731-5202715

公司名称:长沙市水陆联运公司
地　　址:湖南省长沙市北区通太街沿江大道 212 号
邮政编码:410005
电　　话:0731-4444615

公司名称:长沙港务局船务代理公司
地　　址:湖南省长沙市北区五一西路 368 号
邮政编码:410005
电　　话:0731-4426461

公司名称:长沙市长江轮船运输公司
地　　址:湖南省长沙市北区沿江大道 212 号
邮政编码:410005
电　　话:0731-4442897

公司名称:湖南省湘太船务企业有限公司
地　　址:湖南省长沙市北区芙蓉中路
邮政编码:410005
电　　话:0731-4444814

公司名称:湖南省远洋运输公司
地　　址:湖南省长沙市北区芙蓉中路
邮政编码:410005
电　　话:0731-4444826

公司名称:长沙港务局货运公司
地　　址:湖南省长沙市北区五一西路 368 号
邮政编码:410005
电　　话:0731-4429362

公司名称:长沙市第二运输公司
地　　址:湖南省长沙市北区中山西路 111 号
邮政编码:410005
电　　话:0731-4446525

公司名称:长沙市第六运输公司
地　　址:湖南省长沙市北区沿江大道一六九号
邮政编码:410005
电　　话:0731-2222947

公司名称:长沙市第四运输公司
地　　址:湖南省长沙市北区芙蓉北路 544 号
邮政编码:410005

电　　话:0731-4311139

公司名称:长华运输公司
地　　址:湖南省长沙市郊区城南东路 53
邮政编码:410007
电　　话:0731-5560744

公司名称:长沙联运总公司
地　　址:湖南省长沙市北区芙蓉北路 10 号
邮政编码:410008
电　　话:0731-4316767

公司名称:长沙市联运总公司
地　　址:湖南省长沙市北区芙蓉北路 10 号
邮政编码:410008
电　　话:0731-4311351

公司名称:长沙长途汽车货运公司
地　　址:湖南省长沙市北区开福区毛家桥 39 号
邮政编码:410008
电　　话:0731-4486201

公司名称:长沙长途汽车货运总公司零担货运分公司
地　　址:湖南省长沙市北区开福区毛家桥 39 号
邮政编码:410008
电　　话:0731-4486561

公司名称:长沙长途汽车货运总公司普通货运分公司
地　　址:湖南省长沙市北区开福区毛家桥 39 号
邮政编码:410008
电　　话:0731-4486223

公司名称:长沙市第一运输公司
地　　址:湖南省长沙市北区芙蓉北路 411 号
邮政编码:410008
电　　话:0731-4311371

公司名称:湖南省化工汽车运输公司
地　　址:湖南省长沙市北区开福寺路 25 号
邮政编码:410008
电　　话:0731-4487841

公司名称:湖南外运汽车运输公司
地　　址:湖南省长沙市北区开福寺路 11 号
邮政编码:410008
电　　话:0731-4486185

公司名称:长沙长途汽车货运总公司特种货物分公司
地　　址:湖南省长沙市北区开福区毛家桥 39 号
邮政编码:410008
电　　话:0731-4486126

公司名称:长沙市第一运输公司集装箱分公司
地　　址:湖南省长沙市北区幸福桥 205 号
邮政编码:410008
电　　话:0731-4487594

公司名称:长沙铁路总公司长沙北站集装箱运输
地　　址:湖南省长沙市北区芙蓉北路 395 号
邮政编码:410008
电　　话:0731-4311324

公司名称:湖南湘太船务企业有限公司
地　　址:湖南省长沙市芙蓉路 267 号东成大厦 9 楼
邮政编码:410011
电　　话:0731-4417656

公司名称:湖南和泰运输有限公司
地　　址:湖南省长沙市梓园路 51 号
邮政编码:410011
电　　话:0731-5531047

公司名称:湖南省石油航运公司
地　　址:湖南省长沙市西区岳麓区
邮政编码:410013
电　　话:0731-8805322

公司名称:湖南省石油航运公司运输分公司
地 址:湖南省长沙市西区岳麓区
邮政编码:410013
电 话:0731-8805322

公司名称:长沙市第一运输公司大货分公司
地 址:湖南省长沙市郊区车站南路 59 号
邮政编码:410014
电 话:0731-5463014

公司名称:长沙市第一运输公司汽车壹公司
地 址:湖南省长沙市郊区车站南路 59 号
邮政编码:410014
电 话:0731-5564027

公司名称:长沙铁路汽车运输公司
地 址:湖南省长沙市郊区车站南路 14 号
邮政编码:410014
电 话:0731-5564832

公司名称:浏阳市航运公司
地 址:湖南省长沙市浏阳市西河
邮政编码:410300
电 话:0731-3612642

公司名称:浏阳市第二运输公司
地 址:湖南省长沙市浏阳市长南中路 97 号
邮政编码:410300
电 话:0731-3612246

公司名称:浏阳市第三运输公司
地 址:湖南省长沙市浏阳市人民西路 19 号
邮政编码:410300
电 话:0731-3612130

公司名称:湖南平江汽车运输总公司
地 址:湖南省岳阳市平江县东街 27 号
邮政编码:410400
电 话:0730-6223121

公司名称:湖南省湘潭轮船运输公司
地 址:湖南省湘潭市湘潭县
邮政编码:411100
电 话:0732-8223025

公司名称:湘潭航运总公司
地 址:湖南省湘潭市雨湖区十三总航运码头 45 号
邮政编码:411100
电 话:0732-8263431

公司名称:湘潭市水运总公司
地 址:湖南省湘潭市雨湖区窑湾人民路 75 号
邮政编码:411100
电 话:0732-8222204

公司名称:湘潭汽运总公司
地 址:湖南省湘潭市雨湖区建设北路 139 号
邮政编码:411100
电 话:0732-8221935

公司名称:湘潭市石油运输公司
地 址:湖南省湘潭市雨湖区车站路杨家湾 43 号
邮政编码:411100
电 话:0732-8224426

公司名称:湘乡市运输公司
地 址:湖南省湘潭市湘乡市东风
邮政编码:411400
电 话:0732-6771246

公司名称:湖南株洲轮船运输总公司
地 址:湖南省株洲市南区建设南路 3 号
邮政编码:412000
电 话:0733-8225933

公司名称:湖南省株洲市第二汽车运输公司
地 址:湖南省株洲市北区建设北路 37 号
邮政编码:412000
电 话:0733-8331912

公司名称:湖南株洲运输集团交通工程有限责任公司
地　　址:湖南省株洲市东区红旗北路 19 号
邮政编码:412000
电　　话:0733-8431905

公司名称:株洲货运有限责任公司
地　　址:湖南省株洲市北区人民中路 74 号
邮政编码:412000
电　　话:0733-8224586

公司名称:株洲市商业汽车队
地　　址:湖南省株洲市南区荷叶冲
邮政编码:412000
电　　话:0733-8512803

公司名称:株洲运输集团有限责任公司
地　　址:湖南省株洲市东区金钩山路 12 号
邮政编码:412000
电　　话:0733-8412272

公司名称:湖南株洲联运总公司
地　　址:湖南省株洲市北区公园路 26 号
邮政编码:412000
电　　话:0733-8222234

公司名称:湖南省株洲市第三汽车运输公司
地　　址:湖南省株洲市北区清水塘
邮政编码:412004
电　　话:0733-8632189

公司名称:醴陵市航运总公司
地　　址:湖南省株洲市醴陵市解放路 28 号
邮政编码:412200
电　　话:0733-3232805

公司名称:湖南株洲汽车运输公司醴陵货运公司
地　　址:湖南省株洲市醴陵市大桥北路 31 号
邮政编码:412200
电　　话:0733-3233085

公司名称:醴陵市交通运输总公司
地　　址:湖南省株洲市醴陵市解放路 24 号
邮政编码:412200
电　　话:0733-3232610

公司名称:株洲市醴陵林业汽车运输公司
地　　址:湖南省株洲市醴陵市解放路 132 号
邮政编码:412200
电　　话:0733-3232474

公司名称:醴陵市货运总公司
地　　址:湖南省株洲市醴陵市县阳路 71 号
邮政编码:412205
电　　话:0733-3032870

公司名称:绿银集团运输公司
地　　址:湖南省株洲市炎陵县蔬菜
邮政编码:412500
电　　话:0733-6222502

公司名称:湖南省益阳市水运公司
地　　址:湖南省益阳市赫山区团洲
邮政编码:413000
电　　话:0737-4224436

公司名称:湖南省益阳汽车运输总公司
地　　址:湖南省益阳市赫山区长益路 87 号
邮政编码:413000
电　　话:0737-4219237

公司名称:湖南省益阳市粮油运输总公司
地　　址:湖南省益阳市赫山区长益路 9 号
邮政编码:413000
电　　话:0737-4222135

公司名称:湖南省益阳市林业运输公司
地　　址:湖南省益阳市赫山区长益路 71 号
邮政编码:413000
电　　话:0737-4223113

公司名称:益阳货运公司
地　　址:湖南省益阳市赫山区长益路87号
邮政编码:413000
电　　话:0737-4219205

公司名称:湖南省益阳市航运公司
地　　址:湖南省益阳市资阳区福兴街135号
邮政编码:413001
电　　话:0737-4322236

公司名称:湖南省益阳市陆运公司
地　　址:湖南省益阳市赫山区长益路
邮政编码:413002
电　　话:0737-4424735

公司名称:沅江市水运公司长江分公司
地　　址:湖南省益阳市沅江市沿河路4号
邮政编码:413100
电　　话:0737-2721775

公司名称:沅江市水运公司琼湖分公司
地　　址:湖南省益阳市沅江市和平
邮政编码:413100
电　　话:0737-2721916

公司名称:沅江市汽车运输公司
地　　址:湖南省益阳市沅江市枫树汊路34号
邮政编码:413100
电　　话:0737-2721632

公司名称:岳阳市水运总公司
地　　址:湖南省岳阳市南区巴陵西路
邮政编码:414000
电　　话:0730-8317823

公司名称:湖南岳阳汽车运输总公司
地　　址:湖南省岳阳市南区五里牌21号
邮政编码:414000
电　　话:0730-8221811

公司名称:岳阳市物资贸易运输公司
地　　址:湖南省岳阳市南区街河口
邮政编码:414000
电　　话:0730-8314371

公司名称:岳阳市君山水运公司
地　　址:湖南省岳阳市郊区
邮政编码:414005
电　　话:0730-8171297

公司名称:岳阳市君山汽运公司
地　　址:湖南省岳阳市郊区
邮政编码:414005
电　　话:0730-8171105

公司名称:长岭炼油化工总厂运输公司
地　　址:湖南省岳阳市北区
邮政编码:414012
电　　话:0730-8451078

公司名称:临湘市水运公司
地　　址:湖南省岳阳市临湘市新港
邮政编码:414013
电　　话:0730-8461105

公司名称:临湘市汽车运输公司
地　　址:湖南省岳阳市临湘市长安东路18号
邮政编码:414300
电　　话:0730-3723701

公司名称:临湘市联合运输公司
地　　址:湖南省岳阳市临湘市长安东路
邮政编码:414301
电　　话:0730-3723449

公司名称:临湘市联合运输公司
地　　址:湖南省岳阳市临湘市长安东路
邮政编码:414301
电　　话:0730-3723449

公司名称:临湘市汽运总公司
地　　址:湖南省岳阳市临湘市长安东路 16 号
邮政编码:414301
电　　话:0730-3723805

公司名称:汨罗市航运公司
地　　址:湖南省岳阳市汨罗市
邮政编码:414418
电　　话:0730-5720516

公司名称:常德轮船运输总公司
地　　址:湖南省常德市武陵区下南门
邮政编码:415000
电　　话:0736-7222352

公司名称:湖南省常德市航运公司
地　　址:湖南省常德市鼎城区城东东城巷 83 号
邮政编码:415000
电　　话:0736-7795855

公司名称:常德市第三汽车运输公司
地　　址:湖南省常德市武陵区人民西路
邮政编码:415000
电　　话:0736-7284360

公司名称:常德市粮油运输总公司
地　　址:湖南省常德市武陵区人民西路 561 号
邮政编码:415000
电　　话:0736-7284132

公司名称:湖南省常德市第二运输公司
地　　址:湖南省常德市武陵区人民东路 526 号
邮政编码:415000
电　　话:0736-7795027

公司名称:常德市第四运输公司
地　　址:湖南省常德市武陵区德山北路 104 号
邮政编码:415001
电　　话:0736-7313146

公司名称:津市轮船总公司
地　　址:湖南省常德市津市市太子庙 1 号
邮政编码:415400
电　　话:0736-4222632

公司名称:津市市航运总公司
地　　址:湖南省常德市津市市东河街 92 号
邮政编码:415400
电　　话:0736-4223049

公司名称:津市市运输总公司
地　　址:湖南省常德市津市市北大西路 411 号
邮政编码:415400
电　　话:0736-4222927

公司名称:湘西自治州林业汽车运输公司
地　　址:湖南省湘西土家族苗族自治州吉首市武陵东路 9 号
邮政编码:416000
电　　话:0743-8222691

公司名称:湘西自治州汽运总公司货运公司
地　　址:湖南省湘西土家族苗族自治州吉首市环城东路 8 号
邮政编码:416000
电　　话:0743-8223322

公司名称:湘西自治州湘运公司
地　　址:湖南省湘西土家族苗族自治州吉首市武陵路
邮政编码:416000
电　　话:0743-8223337

公司名称:娄底地区联合运输公司
地　　址:湖南省娄底地区娄底市乐坪东街 16 号
邮政编码:417000
电　　话:0738-8313512

公司名称:娄底汽车运输总公司
地　　址:湖南省娄底地区娄底市扶青路

邮政编码:417000
电　　话:0738-8313862

公司名称:娄底市交通运输总公司
地　　址:湖南省娄底地区娄底市娄星
邮政编码:417000
电　　话:0738-8313542

公司名称:涟钢股份有限公司汽车运输公司
地　　址:湖南省娄底地区娄底市黄泥塘
邮政编码:417009
电　　话:0738-8613420

公司名称:涟源市联合运输公司
地　　址:湖南省娄底地区涟源市白马
邮政编码:417100
电　　话:0738-4421949

公司名称:涟源市交通运输总公司
地　　址:湖南省娄底地区涟源市人民路 3 号
邮政编码:417100
电　　话:0738-4423380

公司名称:冷水江市航运公司
地　　址:湖南省娄底地区冷水江市冷新
邮政编码:417500
电　　话:0738-5212225

公司名称:怀化地区长途货运公司
地　　址:湖南省怀化地区怀化市红星南路 373 号
邮政编码:418000
电　　话:0745-2230447

公司名称:怀化汽车运输总公司
地　　址:湖南省怀化地区怀化市迎丰西路 178 号
邮政编码:418000
电　　话:0745-2235891

公司名称:怀化市汽车运输总公司
地　　址:湖南省怀化地区怀化市芷江路汽车西站
邮政编码:418000
电　　话:0745-2233007

公司名称:衡阳市航运总公司
地　　址:湖南省衡阳市城北区湘江北路 29 号
邮政编码:421001
电　　话:0734-8223498

公司名称:衡阳市第二汽车运输总公司
地　　址:湖南省衡阳市城南区雁城路 4 号
邮政编码:421001
电　　话:0734-8225949

公司名称:衡阳市第一汽车运输总公司
地　　址:湖南省衡阳市城南区雁城路 110 号
邮政编码:421001
电　　话:0734-8223894

公司名称:湖南省衡阳汽车运输总公司
地　　址:湖南衡阳市城北区解放路 306 号
邮政编码:421001
电　　话:0734-8224804

公司名称:湖南省衡阳汽车运输总公司南岳分公司
地　　址:湖南省衡阳市南岳区南岳
邮政编码:421001
电　　话:0734-5662320

公司名称:湖南省衡阳市粮油贸易运输公司
地　　址:湖南省衡阳市城南区雁城路 72 号
邮政编码:421001
电　　话:0734-8222965

公司名称:湖南省汽输总公司零担货运分公司
地　　址:湖南省衡阳市城南区雁城路
邮政编码:421001
电　　话:0734-8242294

公司名称:衡阳市联运公司
地　　址:湖南省衡阳市城南区大码头 14 号

邮政编码:421001
电　　话:0734-8223842

公司名称:衡阳站集装箱运输中心
地　　址:湖南省衡阳市江东区湖南路 87 号
邮政编码:421002
电　　话:0734-8318131

公司名称:衡阳铁路货运服务公司
地　　址:湖南省衡阳市江东区苗圃保卫里 1 号
邮政编码:421002
电　　话:0734-8313418

公司名称:衡阳市林业汽车运输公司
地　　址:湖南省衡阳市城南区黄白路
邮政编码:421008
电　　话:0734-8411941

公司名称:湖南省衡阳汽车运输总公司衡山县分公司
地　　址:湖南省衡阳市衡山县人民西路 222 号
邮政编码:421301
电　　话:0734-5812769

公司名称:湖南省衡阳汽车运输总公司白地市分公司
地　　址:湖南省衡阳市祁东县一游街 164 号
邮政编码:421611
电　　话:0734-6352363

公司名称:耒阳市航运公司
地　　址:湖南省衡阳市耒阳市水东江办事处
邮政编码:421800
电　　话:0734-4332026

公司名称:耒阳市汽车运输公司
地　　址:湖南省衡阳市耒阳市车站路 55 号
邮政编码:421823
电　　话:0734-4222397

公司名称:邵阳市第三运输公司
地　　址:湖南省邵阳市西区城西北路 19 号
邮政编码:422000
电　　话:0739-5323552

公司名称:邵阳市航运公司
地　　址:湖南省邵阳市东区双清路 3 号
邮政编码:422001
电　　话:0739-5222020

公司名称:邵阳汽车运输总公司
地　　址:湖南省邵阳市东区三眼井
邮政编码:422001
电　　话:0739-5222031

公司名称:邵阳汽车运输总公司零担公司
地　　址:湖南省邵阳市东区东大路
邮政编码:422001
电　　话:0739-5222031

公司名称:邵阳市第二运输公司
地　　址:湖南省邵阳市东区火车站十井铺
邮政编码:422001
电　　话:0739-5282675

公司名称:邵阳市第六运输公司
地　　址:湖南省邵阳市东区东风路 17 号
邮政编码:422001
电　　话:0739-5224684

公司名称:邵阳市第五运输公司
地　　址:湖南省邵阳市东区水府庙沿江路
邮政编码:422001
电　　话:0739-5222869

公司名称:邵阳市第一运输公司
地　　址:湖南省邵阳市东区昭陵西路 281 号
邮政编码:422001
电　　话:0739-5224736

公司名称:郴州市联运总公司
地　　址:湖南省郴州市北湖区工业大道 44 号
邮政编码:423000
电　　话:0735-2831711

公司名称:郴州市汽车运输总公司
地　　址:湖南省郴州市北湖区国庆北路 28 号
邮政编码:423000
电　　话:0735-2222911

公司名称:郴州市汽车运输总公司郴州零担货运分公司
地　　址:湖南省郴州市北湖区国庆北
邮政编码:423000
电　　话:0735-2222911

公司名称:郴州市永丰储运贸易总公司运输分公司
地　　址:湖南省郴州市协作路 6 号
邮政编码:423000
电　　话:0735-2265769

公司名称:资兴市第一运输公司
地　　址:湖南省郴州市资兴市大兴路 14＃
邮政编码:423401
电　　话:0735-3233361

公司名称:资兴市第二运输公司
地　　址:湖南省郴州市资兴市东江
邮政编码:423403
电　　话:0735-3354512

公司名称:湖南省永州市联运公司
地　　址:湖南省永州市芝山路 42 号
邮政编码:425006
电　　话:0746-6222415

公司名称:湖南省张家界市汽车运输总公司
地　　址:湖南省张家界市永定区回龙路 33 号
邮政编码:427000
电　　话:0744-8222628

公司名称:湘潭市第二汽车运输公司
地　　址:湖南省湘潭市雨湖区车站路 372 号
邮政编码:430302
电　　话:0732-8261346

储　　运

公司名称:长沙铁路储运公司
地　　址:湖南省长沙市东区车站路 16 号
邮政编码:410001
电　　话:0731-2297135

公司名称:长沙市建筑材料总公司储运公司
地　　址:湖南省长沙市南区金盆路 106 号
邮政编码:410002
电　　话:0731-5202741

公司名称:长沙储运供销公司
地　　址:湖南省长沙市北区芙蓉北路 65 号
邮政编码:410005
电　　话:0731-4471503

公司名称:长沙市物资储运工贸总公司储运分公司
地　　址:湖南省长沙市南区湘江铁路边 22 号
邮政编码:410009
电　　话:0731-5212634

公司名称:长沙市金属材料总公司储运贸易分公司
地　　址:湖南省长沙市郊区车站南路 17 号
邮政编码:410014
电　　话:0731-4475518

公司名称:浏阳市商业储运公司
地　　址:湖南省长沙市浏阳市南市街 26 号
邮政编码:410300
电　　话:0731-3612349

公司名称:株洲铁路储运公司
地　　址:湖南省株洲市东区公园路 32 号
邮政编码:412000
电　　话:0733-8224005

公司名称:益阳市长城储运有限公司
地　　址:湖南省益阳市赫山区桃益路 65 号
邮政编码:413000
电　　话:0737-4231330

公司名称:湖南省供销储运总公司岳阳分公司
地　　址:湖南省岳阳市南区城陵矶
邮政编码:414000
电　　话:0730-8561843

公司名称:湖南岳阳联运总公司
地　　址:湖南省岳阳市南区站前街
邮政编码:414000
电　　话:0730-8266729

公司名称:岳阳车站储运服务公司
地　　址:湖南省岳阳市南区火车站
邮政编码:414000
电　　话:0730-8314483

公司名称:岳阳市燃料总公司洞口煤炭储运分公司
地　　址:湖南省岳阳市南区梅溪桥
邮政编码:414000
电　　话:0730-8215731

公司名称:岳阳市物资储运公司
地　　址:湖南省岳阳市南区城陵矶
邮政编码:414000
电　　话:0730-8561925

公司名称:津市市联运公司
地　　址:湖南省常德市津市市北大东路 296 号
邮政编码:415400
电　　话:0736-4232922

公司名称:吉首市联运公司
地　　址:湖南省湘西土家族苗族自治州吉首市文溪路 2 号
邮政编码:416000
电　　话:0743-8223698

公司名称:湘西自治州储运公司
地　　址:湖南省湘西土家族苗族自治州吉首市峒河
邮政编码:416000
电　　话:0743-8222642

公司名称:冷水江市储运公司
地　　址:湖南省娄底地区冷水江市冷新居委会
邮政编码:417500
电　　话:0738-5212225

公司名称:湖南省怀化供销储运总公司
地　　址:湖南省怀化地区怀化市沿河南路 9 号
邮政编码:418000
电　　话:0745-2234131

公司名称:怀化车务段商贸储运总公司
地　　址:湖南省怀化地区怀化市中坡路 1 号
邮政编码:418000
电　　话:0745-2236107

公司名称:怀化地区商业储运总公司
地　　址:湖南省怀化地区怀化市沿河南路 8 号
邮政编码:418000
电　　话:0745-2235015

公司名称:怀化市联运总公司
地　　址:湖南省怀化地区怀化市红星南路 310 号
邮政编码:418000
电　　话:0745-2235751

公司名称:湖南对外衡阳市储运贸易公司
地　　址:湖南省衡阳城北区西站街衡祁路 123 号
邮政编码:421001
电　　话:0734-8223309

公司名称:衡阳市市商业储运总公司
地　　址:湖南省衡阳市城南区罗家井 8 号
邮政编码:421001
电　　话:0734-8222361

公司名称:水口山矿务局储运部
地　　址:湖南省衡阳市常宁县
邮政编码:421513
电　　话:0734-7511418

公司名称:邵阳市供销储运总公司
地　　址:湖南省邵阳市东区东大路
邮政编码:422001
电　　话:0739-5282903

公司名称:郴州物资储运贸易有限责任公司
地　　址:湖南省郴州市北湖区北站路
邮政编码:423000
电　　话:0735-2832385

公司名称:湖南省永州市供销储运公司
地　　址:湖南省永州市冷水滩区辛懔嘛新
邮政编码:425000
电　　话:0746-8412433

公司名称:怀化张家界车务段商贸储运总公司
地　　址:湖南省大庸市永定区西溪坪
邮政编码:427301
电　　话:07483-8512006

仓　　储

公司名称:长沙市湘中进出口公司仓储经营部
地　　址:湖南省长沙市东区谢家冲渡口5号
邮政编码:410002
电　　话:0731-5202494

公司名称:长沙市棉麻土产总公司仓储分公司
地　　址:湖南省长沙市西区咸家湖路附2号
邮政编码:410006
电　　话:0731-8809209

公司名称:长沙铁路北站储贸公司
地　　址:湖南省长沙市北区芙蓉北路395号
邮政编码:410008
电　　话:0731-4311161

公司名称:长沙市物资再生利用总公司仓储分公司
地　　址:湖南省长沙市郊区车站南路15号
邮政编码:410014
电　　话:0731-5563012

公司名称:湘潭站贸易仓储服务公司
地　　址:湖南省湘潭市雨湖区车站路528号
邮政编码:411100
电　　话:0732-8264746

公司名称:湖南外运湘潭市仓储包装公司
地　　址:湖南省湘潭市岳塘区板塘铺吉安路七号
邮政编码:411102
电　　话:0732-8572124

公司名称:湖南茶陵国家粮食储备库
地　　址:湖南省株洲市茶陵县深塘
邮政编码:412409
电　　话:0733-5223270

公司名称:湖南城陵矶富源外贸货仓有限公司
地　　址:湖南省城陵矶港区
邮政编码:414000
电　　话:0730-8210376

公司名称:岳阳南津港仓储站
地　　址:湖南省岳阳市南区小山1号
邮政编码:414000
电　　话:0746-8318843

公司名称:岳阳北站仓储贸易公司
地　　址:湖南省岳阳市南区机务段
邮政编码:414001
电　　话:0746-8511595

物流设备

公司名称:长沙第三机床厂
地　　址:湖南省长沙市韶山中路376号
邮政编码:410007
电　　话:0731-5350705

公司名称:长沙起重机厂
地　　址:湖南省长沙市新建西路 13 号
邮政编码:410007
电　　话:0731-5578066

公司名称:湖南省浦沅工程机械总厂
地　　址:湖南省长沙市新风路 2 号
邮政编码:410007
电　　话:0731-5587111

公司名称:湖南省浦沅集团有限公司
地　　址:湖南省长沙市芙蓉南路 2 号
邮政编码:410007
电　　话:0731-5587111

公司名称:长沙铁路总公司长沙装卸机械厂
地　　址:湖南省长沙市开福区东风路 257 号
邮政编码:410008
电　　话:0731-4237218

公司名称:长沙铁路总公司长沙装卸机械厂
地　　址:湖南省长沙市开福区东风路 257 号
邮政编码:410008
电　　话:0731-4237218

公司名称:长沙中联重工科技发展股份有限公司
地　　址:湖南省长沙市银盆南路 307 号
邮政编码:410013
电　　话:0731-8807471

公司名称:中科院制动离合技术研究中心
地　　址:湖南省长沙市桐梓坡
邮政编码:410013
电　　话:0731-8912649

公司名称:湖南振强仓储器材工业有限公司
地　　址:湖南省湘潭市长潭路 2 号
邮政编码:411104
电　　话:0732-8225993

公司名称:株洲起重机实业有限责任公司
地　　址:湖南省株洲市田心北门
邮政编码:412001
电　　话:0733-8431458

公司名称:株洲起重机实业有限责任公司
地　　址:湖南省株洲市田心红旗北路
邮政编码:412001
电　　话:0733-8431458

公司名称:湖南省岳阳天力电磁设备有限公司
地　　址:湖南省岳阳市第 81 号信箱
邮政编码:414000
电　　话:0730-8268668

公司名称:岳阳鸿升电磁科技有限公司
地　　址:湖南省岳阳市 102 信箱
邮政编码:414000
电　　话:0730-8641351

公司名称:岳阳市科美达电磁机械有限公司
地　　址:湖南省岳阳市 90 号信箱
邮政编码:414000
电　　话:0730-8623111

公司名称:衡阳起重运输机械有限公司
地　　址:湖南省衡阳市狮山路 1 号
邮政编码:421002
电　　话:0734-8378771

公司名称:衡阳起重运输机械有限公司
地　　址:湖南省衡阳市珠晖区狮山路 1 号
邮政编码:421002
电　　话:0734-8378771

公司名称:湖南叉车实业股份有限公司
地　　址:湖南省衡阳市粤新路 5 号
邮政编码:421002
电　　话:0734-8332131

公司名称:湖南德士达叉车制造有限公司
地　　址:湖南省衡阳市粤新路 5 号
邮政编码:421002
电　　话:0734-8371178

公司名称:衡阳市新华通用机械制造厂(衡阳市托辊厂)
地　　址:湖南省衡阳市茶山坳
邮政编码:421006
电　　话:0734-8301892 8301614

公司名称:大扬叉车制造有限公司
地　　址:湖南省衡阳市白沙洲联盟山 108 号
邮政编码:421007
电　　话:0734-8401331-6998

公司名称:衡阳市通用机械厂
地　　址:湖南省衡南市三圹镇振兴路 1 号
邮政编码:421101
电　　话:0734-8722291

广　东　省

物流与速递

公司名称:惠州市迅安快速运送服务有限公司
地　　址:广东省惠州市仲恺高新技术开发区 18 号小区
邮政编码:516000
电　　话:0752-2604566 2390036(16 线)

公司名称:深圳深业物流集团股份有限公司
地　　址:广东省深圳市宝安北路深业物流集团股份有限公司办公大楼
邮政编码:518000
电　　话:0755-2260344、2264321、2262443

公司名称:深圳市联合物流发展有限公司
地　　址:广东省深圳市蛇口太子路新时代广场 1602 室
邮政编码:518000
电　　话:0755-6816959

公司名称:广州市邮政局
地　　址:广东省广州市荔湾区沿江西路 43 号
邮政编码:510000
电　　话:020-81882311

公司名称:广州邮区中心局
地　　址:广东省广州市流花邮政大院
邮政编码:510000
电　　话:020-86662312

公司名称:广州速递公司 EMS
地　　址:广东省广州市站南路 4 号
邮政编码:510011
电　　话:020-86677870

公司名称:UPS 联合包裹运送服务公司广州办事处
地　　址:广东省广州市东风中路 410-412 号
邮政编码:510030
电　　话:020-83486666

公司名称:广州民航快递公司
地　　址:广东省广州市白云机场
邮政编码:510030
电　　话:020-86637348

公司名称:广州市东亚天地快运有限公司
地　　址:广东省广州市东风东路 750 号广联大厦 610 房
邮政编码:510030
电　　话:020-87667240

公司名称:天河区京广快运服务有限公司
地　　址:广东省广州市天河东路信城北街
邮政编码:510091

电　　话:020-38802051

公司名称:广东省远洋运输有限公司
地　　址:广东省广州市黄埔大道 163 号
邮政编码:510095
电　　话:020-87519910

公司名称:广东邮政物流配送服务有限公司广州分公司
地　　址:广东省广州市建设大马路 11 号
邮政编码:510095
电　　话:020-83881626

公司名称:广州民航国际快递运输中心
地　　址:广东省广州市机场路 3 号
邮政编码:510095
电　　话:020-86584298

公司名称:美国环球快递有限公司广州代表处
地　　址:广东省广州市环市东 371 号世贸中心南塔 2312 室
邮政编码:510095
电　　话:020-87772298

公司名称:中外运-敦豪国际航空快件有限公司广东分公司
地　　址:广东省广州市机场路
邮政编码:510095
电　　话:020-86638220

公司名称:中外运-天地快件有限公司广州分公司
地　　址:广东省广州市恒福路 20 号首层
邮政编码:510095
电　　话:020-86185118

公司名称:广东华大物流总公司
地　　址:广东省广州市荔湾路 94 号
邮政编码:510130
电　　话:020-81944539

公司名称:广州华志物流有限公司
地　　址:广东省广州市荔湾北路 94 号
邮政编码:510170
电　　话:020-81947419

公司名称:广东填昌华大物流有限公司
地　　址:广东省广州市芳村区石围塘路 12 号
邮政编码:510360
电　　话:020-81563399

公司名称:广州市伟丰快运有限公司
地　　址:广东省广州市金钟路 28 号
邮政编码:510420
电　　话:020-86641611

公司名称:广东广山物流服务有限公司
地　　址:广东省广州市永福路 89 号
邮政编码:510500
电　　话:020-87633727

公司名称:广东南方邮务有限公司
地　　址:广东省广州市天河东路信成南街
邮政编码:510510
电　　话:020-87569122

公司名称:广州日达速送有限公司
地　　址:广东省广州市新市涌边街
邮政编码:510510
电　　话:020-86305586

公司名称:广州市大路物流有限公司
地　　址:广东省广州市沙河沙太路 163 号恒贵街 48 号
邮政编码:510510
电　　话:020-87799321

公司名称:广州市好来运速递服务有限公司
地　　址:广东省广州市永福路 45 号
邮政编码:510510
电　　话:020-87631923

公司名称:广州市邮政局报刊零售公司
地　　址:广东省广州市沿江东路 466 号
邮政编码:510510
电　　话:020-81882811

公司名称:立威快运公司
地　　址:广东省广州市市桥镇德胜路
邮政编码:510510
电　　话:020-84622271

公司名称:联邦快递广州办事处
地　　址:广东省广州市先烈中路东山广场
邮政编码:510510
电　　话:020-87320232

公司名称:宝供物流企业集团有限责任公司
地　　址:广东省广州市天河区龙东口东路 361 号宝供大厦四楼
邮政编码:510630
电　　话:020-38482230

公司名称:广州黄埔东方劳务综合服务公司
地　　址:广东省广州市黄埔区丰乐二路第 8 号
邮政编码:510700
电　　话:020-82396222 82397222

公司名称:花都稳健物流有限公司
地　　址:广东省广州市花都区建设北路车辆厂内
邮政编码:510800
电　　话:020-86885407

公司名称:广州增城市新塘镇快运服务公司
地　　址:广东省广州增城市新塘镇石角塘街 43 号
邮政编码:511340
电　　话:020-82768380

公司名称:华南地区优质的物流配送基地
地　　址:广东省广州市番禺区石楼利丰大道利联仓行商业中心
邮政编码:511447
电　　话:(020)84846666 转租赁部

公司名称:番禺货物快运公司
地　　址:广东省广州市番禺区市桥镇繁华路
邮政编码:511490
电　　话:020-84880399

公司名称:广州忠达物流有限公司
地　　址:广东省广州番禺区市桥镇东升工业区
邮政编码:511490
电　　话:020-84801734

公司名称:邮递特快专递货运部
地　　址:广东省广州市番禺区市桥镇禺山大道
邮政编码:511490
电　　话:020-84886185

公司名称:番禺区驰宇联运快运有限公司
地　　址:广东省广州市番禺市桥镇繁华路
邮政编码:511495
电　　话:020-84811317

公司名称:广州山九物流有限公司
地　　址:广东省广州市番禺区钟村镇谢村谢石公路旁
邮政编码:511495
电　　话:020-84714537

公司名称:广州大顺发物流有限公司
地　　址:广东省东莞市篁村石鼓龙骏货运市场 C 区
邮政编码:511700
电　　话:0769-2981170

公司名称:中铁快运有限公司东莞分公司
地　　址:广东省东莞市常平镇东莞火车站
邮政编码:511700
电　　话:0769-3330250

公司名称:广州民航速递普宁公司

地　　址:广东省揭阳市流沙
邮政编码:518001
电　　话:0663-2236894

公司名称:香港东方海外货柜航运(中国)有限公司驻深办
地　　址:广东省深圳市罗湖区深南东路97
邮政编码:518001
电　　话:0755-2280190

公司名称:深圳市安必行物流顾问有限公司
地　　址:广东省深圳市罗湖区宝安北路桃园商业大厦710室
邮政编码:518023
电　　话:0755-5922843 2260667

公司名称:深圳市三通物流实业有限公司
地　　址:广东省深圳市福田区上步工业区304号
邮政编码:518028
电　　话:0755-3255761

公司名称:深圳市民航国际商函速递有限公司
地　　址:广东省深圳市福田区华发北路2号一层
邮政编码:518031
电　　话:0755-3222309

公司名称:深圳市北方国际物流有限公司
地　　址:广东省深圳市深南中路国际科技大厦711号
邮政编码:518033
电　　话:0755-3784456

公司名称:近铁国际货运(深圳)有限公司
地　　址:广东省深圳市福田保税区红柳道51-5号
邮政编码:518038
电　　话:0755-3598777

公司名称:日通国际物流(深圳)有限公司
地　　址:广东省深圳市福田保税区B105-36
邮政编码:518038
电　　话:0755-3590001

公司名称:深圳海格物流有限公司
地　　址:广东省深圳市福田保税区国际商贸中心8C栋二层
邮政编码:518038
电　　话:0755-3593777

公司名称:深圳能源物流有限公司
地　　址:广东省深圳市福田保税区桃花路5号
邮政编码:518038
电　　话:0755-3593269、0755-3591868

公司名称:深圳深九国际物流有限公司
地　　址:广东省深圳市福田保税区槟榔道3号
邮政编码:518038
电　　话:0755-3598239

公司名称:深圳市海格物流有限公司
地　　址:广东省深圳市福田保税区国际商贸中心8C栋二层
邮政编码:518038
电　　话:0755-3593777

公司名称:深圳市中海国际物流有限公司
地　　址:广东省深圳市福田保税区蓝花道海福大厦
邮政编码:518038
电　　话:0755-3590189

公司名称:阳江市云翔速递公司
地　　址:广东阳江市马南垌创新路55号
邮政编码:518038
电　　话:0662-3110066

公司名称:全程物流(深圳)有限公司
地　　址:广东省深圳市福田区竹子林公路主枢纽管理控制中心20楼
邮政编码:518040
电　　话:0755-3165688

公司名称：深圳市白沙物流有限公司
地　　址：广东省深圳市南山区沙河西路白沙大厦
邮政编码：518055
电　　话：0755-6620688

公司名称：深圳天白安达物流有限公司
地　　址：广东省深圳市蛇口工业区南港大道招商局蛇口招港集运中心 509 号
邮政编码：518067
电　　话：0775-6678189-535

公司名称：招商局物流集团
地　　址：广东省深圳市蛇口招商大厦七楼
邮政编码：518067
电　　话：0755-6823888 6825668

公司名称：泛亚班拿中国有限公司驻深圳办事处
地　　址：广东省深圳市南山区赤湾大厦 504
邮政编码：518068
电　　话：0755-6694118

公司名称：深圳市赤湾东方物流有限公司
地　　址：广东省深圳市蛇口赤湾石油大厦五楼
邮政编码：518068
电　　话：0755-6820034

公司名称：深圳市赤湾东方物流有限公司
地　　址：广东省深圳市蛇口赤湾石油大厦 5 楼 501 室
邮政编码：518068
电　　话：0755-6820034

公司名称：快一步物流有限公司
地　　址：广东省深圳市车公庙福安大厦
邮政编码：519060
电　　话：0755-3711103

公司名称：珠海九川物流有限公司
地　　址：广东省珠海市红旗双湖北路九川大厦
邮政编码：519090
电　　话：0756-7793888

公司名称：广东龙骏物流有限公司
地　　址：广东省东莞市篁村区石鼓宝石东路 1 号
邮政编码：523081
电　　话：0769-2401100

公司名称：湛江北方国际物流有限公司
地　　址：广东省湛江市调顺岛北堤北方公司
邮政编码：524000
电　　话：0759-3219596

公司名称：湛江开发区联航国际空运快递服务公司
地　　址：广东省湛江市霞山区人民大道中 61 号
邮政编码：524022
电　　话：0759-2240233

公司名称：云浮市邮政广告邮购公司
地　　址：广东省云浮市兴云西路
邮政编码：527300
电　　话：0766-8863923

公司名称：顺丰快递有限公司
地　　址：广东省中山市广源北路
邮政编码：528303
电　　话：0760-3383033

公司名称：中山市捷特航空快递有限公司
地　　址：广东省中山市起湾道孙文东路
邮政编码：528303
电　　话：0760-8321881

公司名称：安得物流有限公司
地　　址：广东省顺德市北工业大道
邮政编码：528311
电　　话：0765-6330140 6330155

物流信息服务

公司名称：广东南方卫星通信服务有限公司
地　　址：广东省广州市先烈中路 80 号汇华商贸大

厦 16-17 楼
邮政编码:510070
电　　话:020-37618868
传　　真:020-37618128 37616018
网　　址:http://www.sst.com.cn
公司简介:广东南方卫星通信服务有限公司(SST)是中国电信集团旗下最大的卫星通信业务运营商,直属于中国电信集团广东省电信公司。是一家主要经营国内、国际VSAT卫星通信业务,全线通(r)物流移动信息管理解决方案、星虹(tm)宽带卫星宽带网、星虹网源(tm)数据中心、星虹网校(tm)远程多媒体平台、OmniSCADA(tm)卫星数据采集系统的高新技术企业。公司成立于1994年,总部设在广州,并在香港、北京、上海、成都、武汉等地设有分支机构或办事处。

公司名称:广州中邮条码有限公司
地　　址:广东省广州市蕃禺区陈涌条码工业楼
邮政编码:511486
电　　话:020-84732887 84761019

公司名称:骏虎软件科技有限公司
地　　址:广东省深圳市罗湖区东门中路鸿基大厦17E座
邮政编码:518000
电　　话:0755-2367688

公司名称:深圳泛华电脑技术有限公司
地　　址:广东省深圳市蛇口工业区新时代广场3311
邮政编码:518000
电　　话:0755-6811360

公司名称:深圳市汇驿科技有限公司
地　　址:广东省深圳市福田区红荔西路22幢万源大厦527
邮政编码:518029
电　　话:0755-3616208

公司名称:深圳市远望软件技术有限公司
地　　址:广东省深圳市八卦六路533幢6楼
邮政编码:518029
电　　话:0755-5847687

公司名称:金蝶软件科技(深圳)有限公司
地　　址:广东省深圳市深南中路国际科技大厦11楼
邮政编码:518033
电　　话:0755-3760389

公司名称:深圳市东方网脉数码科技有限公司
地　　址:广东省深圳市深南大道6007号创展中心大厦1513
邮政编码:518040
电　　话:0755-3867700

货运代理

公司名称:广东南方卫星通信服务有限公司
地　　址:广东省广州市先烈中路80号汇华商贸大厦16楼
邮政编码:510070
电　　话:020-37618868

公司名称:广东南方通信集团公司
地　　址:广东省广州市天河区广州大道北138号
邮政编码:510075
电　　话:020-85262003

公司名称:广州中邮条码有限公司
地　　址:广东省广州市蕃禺区陈涌条码工业楼
邮政编码:511486
电　　话:020-84732887 84761019

公司名称:骏虎软件科技有限公司
地　　址:广东省深圳市罗湖区东门中路鸿基大厦17E座
邮政编码:518000
电　　话:0755-2367688

公司名称:深圳泛华电脑技术有限公司
地　　址:广东省深圳市蛇口工业区新时代广场3311
邮政编码:518000
电　　话:0755-6811360

公司名称:深圳市汇驿科技有限公司
地　　址:广东省深圳市福田区红荔西路22幢万源大厦527
邮政编码:518029
电　　话:0755-3616208

公司名称:深圳市远望软件技术有限公司
地　　址:广东省深圳市八卦六路533幢6楼
邮政编码:518029
电　　话:0755-5847687

公司名称:首届中国华南地区物流产业展览会
地　　址:广东省深圳市中国国际高新技术成果交易中心
邮政编码:518031
电　　话:0755-5851802

公司名称:金蝶软件科技(深圳)有限公司
地　　址:广东省深圳市深南中路国际科技大厦11楼
邮政编码:518033
电　　话:0755-3760389

公司名称:深圳市东方网脉数码科技有限公司
地　　址:广东省深圳市深南大道6007号创展中心大厦1513
邮政编码:518040
电　　话:0755-3867700

运　　输

公司名称:汕头市志全集装箱运输有限公司
地　　址:广东省汕头市西城区三街8号
邮政编码:
电　　话:0754-8739111

公司名称:汕头经济特区运输总公司
地　　址:广东省汕头市天山路紫云庄1-3幢写字楼二楼
邮政编码:505041
电　　话:0754-8888431

公司名称:广州船务企业(股份)有限公司
地　　址:广东省广州市合群一马路97号
邮政编码:510000
电　　话:020-83793094

公司名称:广州国龙船务有限公司
地　　址:广东省广州市海员路97号
邮政编码:510000
电　　话:020-82298485

公司名称:广州海运(集团)有限公司琶洲运贸分公司
地　　址:广东省广州市港前路195号
邮政编码:510000
电　　话:020-82276783

公司名称:广州市第二水上运输公司
地　　址:广东省广州市芳村长堤街
邮政编码:510000
电　　话:020-81809002

公司名称:招商海运有限公司
地　　址:广东省广州市淘金北路淘金苑
邮政编码:510000
电　　话:020-83586627

公司名称:广州港货运总公司
地　　址:广东省广州市长堤大马路185
邮政编码:510000
电　　话:020-81882220

公司名称:广州港货运总公司
地　　址:广东省广州市长堤大马路185
邮政编码:510000

电　　话:020-81882220

公司名称:广州港货运总公司广州分公司
地　　址:广东省广州市丛桂路1号
邮政编码:510000
电　　话:020-81382102

公司名称:中外运华南空运有限公司
地　　址:广东省广州市东风中路410号
邮政编码:510000
电　　话:020-83486486

公司名称:广东南方集装箱运输联合公司
地　　址:广东省广州市沙河天平架
邮政编码:510000
电　　话:020-87226199

公司名称:南方集装箱运输公司
地　　址:广东省广州市区庄村21号
邮政编码:510000
电　　话:020-87777711

公司名称:广州市穗港(万利高)集装箱运输公司
地　　址:广东省广州市越秀区仓边路5号
邮政编码:510030
电　　话:020-83391801

公司名称:广州市穗港集装箱汽车运输有限公司
地　　址:广东省广州市环市东路320号
邮政编码:510030
电　　话:020-83827880

公司名称:广州粤华货柜运输有限公司
地　　址:广东省广州市越秀区连新路雨帽街17号
邮政编码:510030
电　　话:020-83372964

公司名称:中国外运广州公司
地　　址:广东省广州市东山区华东路53华乐大厦南塔20楼
邮政编码:510060
电　　话:020-83805661

公司名称:广州远洋运输公司
地　　址:广东省广州市东山区环市东路412号
邮政编码:510061
电　　话:020-87765567

公司名称:广州源兴(省港)贸易运输公司
地　　址:广东省广州市东山区东华东路莱园东1号之13
邮政编码:510080
电　　话:020-87777261

公司名称:广州铁路集团公司集装箱运输中心
地　　址:广东省广州市东山区中山一路151号
邮政编码:510088
电　　话:020-87124982

公司名称:广州市白云区交通运输公司
地　　址:广东省广州市天河区登峰乡下塘村前街27号
邮政编码:510091
电　　话:020-83572553

公司名称:广州经济技术开发区国际运输实业有限公司
地　　址:广东省广州市东山区环市东路371-375号
邮政编码:510095
电　　话:020-87758508

公司名称:广东州源兴(省港)贸易运输公司
地　　址:广东省广州市白云路113号
邮政编码:510100
电　　话:020-87777261

公司名称:羊城铁路总公司集装箱运输中心
地　　址:广东省广州市东山区白云路38号
邮政编码:510100

电　　话:020-87124322

公司名称:省港利保(炎记)货柜集装箱运输公司
地　　址:广东省广州市东山区东园横 2
邮政编码:510110
电　　话:020-83831457

公司名称:省港伟强运输公司
地　　址:广东省广州市东山区东园横 2
邮政编码:510110
电　　话:020-83831457

公司名称:凯达(粤港)运输公司
地　　址:广东省广州市东山区东园横 2
邮政编码:510110
电　　话:020-83831457

公司名称:广州中协航空联运(国际)有限公司
地　　址:广东省广州市越秀区长堤路 285
邮政编码:510120
电　　话:020-81864065

公司名称:中协航空联运(国际)有限公司
地　　址:广东省广州市长堤大马路 185 号 4 楼
邮政编码:510120
电　　话:020-81919210

公司名称:珠江货柜运输中心
地　　址:广东省广州市长堤大马路 185 号二楼
邮政编码:510120
电　　话:020-81840447

公司名称:广州联合运输总公司
地　　址:广东省广州市越秀区长堤路 185
邮政编码:510120
电　　话:020-81861339

公司名称:广州越联国际运输有限公司
地　　址:广东省广州市越秀区长堤路 185
邮政编码:510120

电　　话:020-81882153

公司名称:广州海运(集团)有限公司
地　　址:广东省广州市荔湾区滨江中路 308 号
邮政编码:510131
电　　话:020-84433577

公司名称:广州市粤航货运有限公司
地　　址:广东省广州市荔湾区文昌北鸿福西街 3 号 3-4 楼
邮政编码:510140
电　　话:020-81707183

公司名称:广州穗中运输公司
地　　址:广东省广州市荔湾区黄沙大道 167 号
邮政编码:510150
电　　话:020-81816370

公司名称:广州市五羊-通诚运业有限公司
地　　址:广东省广州市西湾路 148 号
邮政编码:510160
电　　话:020-86502742

公司名称:中集广州集装箱公司
地　　址:广东省广州市南岸路河柳街 1 号
邮政编码:510160
电　　话:020-81825970

公司名称:广州市经协运输公司
地　　址:广东省广州市越秀区六榕路 113 号
邮政编码:510180
电　　话:020-83328388

公司名称:广州市国营第二运输公司
地　　址:广东省广州市海珠区南华中路 353 号
邮政编码:510220
电　　话:020-84472723

公司名称:广州广联集装箱运输有限公司
地　　址:广东省广州市革新路 118 号

邮政编码:510250
电　　话:020-84318035

公司名称:中国外运广东汽车货柜运输公司
地　　址:广东省广州市海珠区工业大道北55号
邮政编码:510250
电　　话:020-84342490

公司名称:广州市运输公司货运服务公司
地　　址:广东省广州市海珠区江南大道燕子岗路68号
邮政编码:510280
电　　话:020-84415793

公司名称:广州芳村区宏达运输服务部
地　　址:广东省广州市芳村大道中552号府前阁3栋103室
邮政编码:510360
电　　话:020-81525628

公司名称:运达(省港)运输有限公司
地　　址:广东省广州市白云区广源中路1372号4幢
邮政编码:510405
电　　话:020-86575240

公司名称:广州市白云外运公司
地　　址:广东省广州市白云区广园中路1125号
邮政编码:510405
电　　话:020-86584114

公司名称:广州市白云区大朗集装箱储运公司
地　　址:广东省广州市白云区石岗塘阁村
邮政编码:510410
电　　话:020-86200924

公司名称:广州华联集装箱储运公司
地　　址:广东省广州市天河区广源东路1822号
邮政编码:510500
电　　话:020-87792035

公司名称:广州经济技术开发区华东联运发展有限公司
地　　址:广东省广州市黄埔区黄埔青年路85号302号
邮政编码:510507
电　　话:020-87721375

公司名称:香港南洋(国际)船务有限公司
地　　址:广东省广州市天河路351号广东外经贸大厦2217室
邮政编码:510620
电　　话:020-38808552

公司名称:广州中远国际货运有限公司
地　　址:广东省广州市天河北路423号6-8楼
邮政编码:510620
电　　话:020-85510929

公司名称:广州市国营汽车集装箱运输公司
地　　址:广东省广州市黄埔大沙镇骖沙工业区D小区东侧
邮政编码:510660
电　　话:020-82360692

公司名称:广州市汽车集装箱运输公司
地　　址:广东省广州市大沙镇双沙工业区
邮政编码:510660
电　　话:020-82360010

公司名称:广东黄埔外运汽车运输公司
地　　址:广东省广州市黄埔区黄埔港前路乌冲口
邮政编码:510700
电　　话:020-82295083

公司名称:中粮国际船务代理公司
地　　址:广东省广州市黄埔海员路168号103室
邮政编码:510700
电　　话:020-82294874

公司名称:广东黄埔外运汽车运输公司

地　　址:广东省广州市黄埔区黄埔港前路乌冲口
邮政编码:510700
电　　话:020-82295083

公司名称:粤港(洪汽)运输公司
地　　址:广东省广州市黄埔区港前路49号三楼
邮政编码:510700
电　　话:020-82279998

公司名称:广州市黄埔区粤华货运联合有限公司
地　　址:广东省广州市黄埔区茅岗
邮政编码:510700
电　　话:020-82279919

公司名称:广州市黄埔区大沙集装箱运输公司
地　　址:广东省广州市黄埔区鱼茅路北
邮政编码:510700
电　　话:020-82271188

公司名称:广州市黄埔区杰诚运输有限公司
地　　址:广东省广州市黄埔区港湾路15号海关大院内一号
邮政编码:510700
电　　话:020-82270311-1188

公司名称:中国外运广东黄埔公司
地　　址:广东省广州市黄埔区海员路2号
邮政编码:510700
电　　话:020-82279646

公司名称:广州越洋船务有限公司
地　　址:广东省广州市黄埔大道163号
邮政编码:510730
电　　话:020-87577805

公司名称:广州市经济技术开发区国际运输实业有限公司
地　　址:广东省广州市经济技术开发区玉石路1号外运大楼五楼
邮政编码:510730
电　　话:020-82217422

公司名称:广州经济技术开发区东江集装箱仓码有限公司
地　　址:广东省广州市经济技术开发区东江大道
邮政编码:510730
电　　话:020-82223311

公司名称:广州经济技术开发区运通货运有限公司
地　　址:广东省广州经济技术开发区东江大道运通码头
邮政编码:510730
电　　话:020-82212897

公司名称:广州英凯运输有限公司
地　　址:广东省广州经济技术开发区锦秀路100号A202
邮政编码:510730
电　　话:020-82218253

公司名称:中国外运黄埔公司夏港分公司
地　　址:广东省广州市黄埔区夏港路外运大楼
邮政编码:510730
电　　话:020-82210459

公司名称:番禺市陆运公司
地　　址:广东省广州市番禺市沙头东环路
邮政编码:511400
电　　话:020-84802525

公司名称:番禺市汽车运输公司
地　　址:广东省广州市番禺市环城中路
邮政编码:511400
电　　话:020-84822382

公司名称:中国集装箱总公司广州公司番禺支公司
地　　址:广东省广州市番禺市北郊新村十巷1号
邮政编码:511400
电　　话:020-84837567

公司名称:番禺三和运输有限公司
地　　址:广东省番禺市桥镇西环路沙头路段陆发商场内
邮政编码:511400
电　　话:020-84802525

公司名称:广州市珠江航运公司
地　　址:广东省广州市番禺市珠江华侨管理区
邮政编码:511462
电　　话:020-84943709

公司名称:港清汽车运输公司(中外合资)
地　　址:广东省清远市清城区南门街 43 号
邮政编码:511500
电　　话:0663-3335148

公司名称:东莞市水上运输总公司
地　　址:广东省东莞市运河西三路
邮政编码:511700
电　　话:0769-2220065

公司名称:广东省东莞市水上运输总公司
地　　址:广东省东莞市莞城沿江路 8 号
邮政编码:511700
电　　话:0769-2224328

公司名称:中国外运广东东莞公司
地　　址:广东省东莞市莞太大道
邮政编码:511700
电　　话:0769-2463723

公司名称:韶关市汽车运输公司
地　　址:广东省韶关市北江区五里亭前进路 7 号
邮政编码:512000
电　　话:0751-8883577

公司名称:清远市龙腾大型物件起重运输有限公司
地　　址:广东省清远市清城区滨江路 5 号
邮政编码:512023
电　　话:0663-8294740

公司名称:韶关市大型物件运输公司
地　　址:广东省韶关市浈江区南郊一公里
邮政编码:512023
电　　话:0751-8210757

公司名称:韶关市第二运输公司
地　　址:广东省韶关市浈江区南郊一公里
邮政编码:512023
电　　话:0751-8294740

公司名称:韶关市第三运输公司
地　　址:广东省韶关市浈江区浈江路
邮政编码:512023
电　　话:0751-8310847

公司名称:韶关市第一运输公司
地　　址:广东省韶关市浈江区南郊一公里
邮政编码:512023
电　　话:0751-8883308

公司名称:中国外运广东韶关公司
地　　址:广东省韶关市浈江区浈江北路 5 号
邮政编码:512023
电　　话:0751-8866042

公司名称:英德市供销储运公司
地　　址:广东省清远市英德市人民路 2 号
邮政编码:513000
电　　话:0763-2222548

公司名称:汕头市水运总公司
地　　址:广东省汕头市升平区永泰路 172 号
邮政编码:515011
电　　话:0754-8280024

公司名称:汕头经济特区华港集装箱有限公司
地　　址:广东省汕头市南海横路 10 号
邮政编码:515011
电　　话:0754-8454489

公司名称:汕头交通水运公司
地　　址:广东省汕头市升平区西港路 20 号
邮政编码:515021
电　　话:0754-8205029

公司名称:汕头经济特区广澳海运实业公司
地　　址:广东省汕头市达濠区外马路 12 号
邮政编码:515021
电　　话:0754-8278800

公司名称:汕头市汽运集装箱公司
地　　址:广东省汕头市升平区潮汕路 7 号
邮政编码:515021
电　　话:0754-8212088

公司名称:中国外运广东汕头公司
地　　址:广东省汕头市金园区金砂西路 1 号
邮政编码:515031
电　　话:0754-8219065

公司名称:汕头经济特区船务发展总公司
地　　址:广东省汕头市金园区渔港路大洋工业城 6 楼
邮政编码:515041
电　　话:0754-8541225

公司名称:汕头市东源大地货运有限公司
地　　址:广东省汕头市天山路紫云庄 1－3 幢写字楼二楼
邮政编码:515041
电　　话:0754-8888435

公司名称:汕头市国际货运代理公司
地　　址:广东省汕头市龙湖区金砂东路金讯大厦东 4 楼
邮政编码:515041
电　　话:0754-8467213

公司名称:汕头经济特区航空实业发展总公司
地　　址:广东省汕头市龙湖区天山路航空大厦六楼
邮政编码:515041
电　　话:0754-8885011

公司名称:汕头市广梅汕铁路联运有限公司
地　　址:广东省汕头市泰山北路(汕头北站内)
邮政编码:515041
电　　话:0754-8343891

公司名称:汕头市华联多式联运有限公司
地　　址:广东省汕头市天山路 49 号二楼
邮政编码:515041
电　　话:0754-8888432-25

公司名称:汕头经济特区亿峰集装箱运输有限公司
地　　址:广东省汕头泰山路中段(牡丹围水厂旁)
邮政编码:515041
电　　话:0754-8817256

公司名称:汕头保税区集装箱公司
地　　址:广东省汕头市达濠区保税
邮政编码:515071
电　　话:0754-7388650

公司名称:揭阳市汽车运输总公司
地　　址:广东省揭阳市新兴东路
邮政编码:515200
电　　话:0663-8623231

公司名称:澄海市水运公司
地　　址:广东省澄海市澄城镇河东新桥头东侧
邮政编码:515829
电　　话:0754-5751174

公司名称:惠州市航运总公司
地　　址:广东省惠州市惠城区环城西一路 20 号
邮政编码:516001
电　　话:0752-2214817

公司名称:惠州市水运公司
地　　址:广东省惠州市惠城区水门大街 28 号

邮政编码:516001
电　　话:0752-2231991

公司名称:惠州市汽车货运公司货物配载中心
地　　址:广东省惠州市鹅岭东路 12 号
邮政编码:516001
电　　话:0752-2274901

公司名称:惠州市汽车运输总公司
地　　址:广东省惠州市惠城区鹅岭北路 15 号
邮政编码:516001
电　　话:0752-2260050

公司名称:惠州市航空服务公司
地　　址:广东省惠州市惠城区下角东路 11 号
邮政编码:516001
电　　话:0752-2225635

公司名称:惠州市林业汽车运输公司
地　　址:广东省惠州市惠城区江北沿江三路 2 号
邮政编码:516003
电　　话:0752-2803972

公司名称:惠州市大亚湾交通运输公司
地　　址:广东省惠州市惠阳市进港西路 91 号
邮政编码:516081
电　　话:0752-5579569

公司名称:华兴(中港)运输公司
地　　址:广东省汕尾市汕尾大道东海大厦 C 栋北梯 501 室
邮政编码:516600
电　　话:0660-3344811

公司名称:河源市航空服务公司
地　　址:广东省河源市源城区兴源路 24-1 号
邮政编码:517000
电　　话:0762-3330170

公司名称:赫伯罗特船务(中国)有限公司深圳分公司
地　　址:广东省深圳市人民南路嘉里中心
邮政编码:518000
电　　话:0755-5181629

公司名称:深圳船务公司
地　　址:广东省深圳市嘉宾路 23 号金威大厦
邮政编码:518000
电　　话:0755-5589595

公司名称:铁行渣华船务(中国)有限公司深圳分公司
地　　址:广东省深圳市人民南路嘉里中心 29 楼
邮政编码:518000
电　　话:0755-2366236

公司名称:中南石化海运有限公司深圳分公司
地　　址:广东省深圳市人民南路 2008 号
邮政编码:518000
电　　话:0755-5180555

公司名称:深圳船务代理公司
地　　址:广东省深圳蛇口太子路 18 号海景广场
邮政编码:518001
电　　话:0755-6691216

公司名称:深圳市南方远洋运输公司
地　　址:广东省深圳市嘉宾路 23 号航运综合楼
邮政编码:518001
电　　话:0755-5595679

公司名称:深圳金利国际联运公司
地　　址:广东省深圳市罗湖区深南东路 2098 号富丽华大酒店 2703 室
邮政编码:518001
电　　话:0755-2138652

公司名称:深圳招商捷亚货运有限公司
地　　址:广东省深圳市罗湖区春风路 61 号五矿大厦 208 室

邮政编码:518001
电　　话:0755-2222379

公司名称:中国外运深圳公司
地　　址:广东省深圳市罗湖区和平路 50
邮政编码:518001
电　　话:0755-5582709

公司名称:深圳外贸进出口联运公司
地　　址:广东省深圳市罗湖区东门南路
邮政编码:518002
电　　话:0755-2181009

公司名称:深圳利嘉运输公司
地　　址:广东省深圳市罗湖区文锦渡沿河南路惠州大厦 501 号
邮政编码:518002
电　　话:0755-2239188

公司名称:深圳深华运输有限公司
地　　址:广东省深圳市罗湖区东门南路 8 号
邮政编码:518002
电　　话:0755-2230427

公司名称:深圳市南方联运服务公司
地　　址:广东省深圳市罗湖区文锦渡出口报关楼 513 号
邮政编码:518002
电　　话:0755-5104572

公司名称:深圳中集集装箱有限公司
地　　址:广东省深圳市罗湖区宝岗北路物一仓库辅助
邮政编码:518020
电　　话:0755-2428862

公司名称:深圳深物集装箱运输公司
地　　址:广东省深圳市罗湖区宝安北路
邮政编码:518020
电　　话:0755-2416628

公司名称:中国外运深圳公司铁路运输部
地　　址:广东省深圳市罗湖区北站路
邮政编码:518020
电　　话:0755-2433491

公司名称:深圳华胜集装箱运输有限公司
地　　址:广东省深圳市梅园路深圳北站内
邮政编码:518023
电　　话:0755-2410669

公司名称:深圳深物运输有限公司
地　　址:广东省深圳市罗湖区宝安北路担竿岭物运综合大楼 306 室
邮政编码:518023
电　　话:0755-2435262

公司名称:中国外运广东公司深圳分公司
地　　址:广东省深圳市罗湖区宝岗路
邮政编码:518023
电　　话:0755-2435130

公司名称:深圳港中旅货运有限公司
地　　址:广东省深圳市福田区彩田南路海滨广场伟柏花园 1/F、3/F
邮政编码:518026
电　　话:0755-2717168

公司名称:深圳国际航空特快递公司
地　　址:广东省深圳市福田区上步工业区 501 栋
邮政编码:518028
电　　话:0755-3258039

公司名称:深圳远洋运输股份有限公司
地　　址:广东省深圳市福田区华强北路赛格科技工业园 4 栋 7 层 B、C 单元
邮政编码:518028
电　　话:0755-3691888

公司名称:深圳市环国货运公司
地　　址:广东省深圳市罗湖区上步北路银湖路口

邮政编码:518029
电　　话:0755-2436073

公司名称:深圳市南方航空外联有限公司
地　　址:广东省深圳市福田区华强北新世纪酒店
邮政编码:518029
电　　话:0755-3234401

公司名称:深圳彩联储运有限公司
地　　址:广东省深圳市华强北路418栋五楼西门
邮政编码:518031
电　　话:0755-3265349

公司名称:深圳福汉兴国际运输有限公司
地　　址:广东省福田保税区红花路1001号国际商贸中心2栋118号
邮政编码:518038
电　　话:0755-3591917

公司名称:深圳大通国际运输有限公司
地　　址:广东省深圳公庙泰然工业区212栋东座三层、213栋东座首层
邮政编码:518040
电　　话:07553416688

公司名称:深圳新福港运输发展有限公司
地　　址:广东省深圳市福田区福田南路5号皇岗机楼北侧二楼
邮政编码:518045
电　　话:0755-3337008

公司名称:深圳大洋海运股份有限公司
地　　址:广东省深圳市蛇口南油大道新能源A座11楼
邮政编码:518052
电　　话:0755-6649282

公司名称:深圳市航之杰实业有限公司
地　　址:广东省深圳市南山区桃源路
邮政编码:518052
电　　话:0755-6669921

公司名称:香港中旅航空服务有限公司驻深办事处
地　　址:广东省深圳市南山区华侨城指挥部320
邮政编码:518053
电　　话:0755-6602504

公司名称:深圳华溢仓储运输有限公司
地　　址:广东省深圳市南山区登良路花园6座601
邮政编码:518055
电　　话:0755-6620194

公司名称:蛇口船务运输有限公司
地　　址:广东深圳市南山区蛇口工业区大道招商发展中心第6层
邮政编码:518067
电　　话:0755-6053537

公司名称:深圳日祥船务有限公司
地　　址:广东省深圳市南山区蛇口兴华路
邮政编码:518067
电　　话:0755-6866757

公司名称:招商船舶运输(蛇口)有限公司
地　　址:广东省深圳市蛇口明华中心9楼
邮政编码:518067
电　　话:0755-6692816

公司名称:中海通运输有限公司
地　　址:广东省深圳市蛇口港水湾路招商大厦
邮政编码:518068
电　　话:0755-6812888

公司名称:深圳市龙岗区平湖汽车运输公司
地　　址:广东省深圳市龙岗区
邮政编码:518111
电　　话:0755-8851168

公司名称:香洲港务总公司

地　　址:广东省珠海市香洲区凤凰办朝阳路45号
邮政编码:519000
电　　话:0756-2222318

公司名称:珠海市集装箱运输公司
地　　址:广东省珠海市香洲区九洲大道东九洲港码头
邮政编码:519015
电　　话:0756-3333333

公司名称:珠海经济特区联合汽车运输有限公司
地　　址:广东省珠海市拱北友谊路2号
邮政编码:519020
电　　话:0756-8896631 8877257

公司名称:越港汽车货运公司
地　　址:广东省广州市越秀区六榕路121-127号
邮政编码:520280
电　　话:020-83354482

公司名称:榕城(荣光)运输有限公司
地　　址:广东省揭阳市榕城区天福路74号
邮政编码:522000
电　　话:0663-8623244

公司名称:揭阳市水运总公司
地　　址:广东省揭阳市榕城区榕城西环城路25号
邮政编码:522081
电　　话:0663-8625423

公司名称:湛江市经贸船务有限公司
地　　址:广东省湛江市海滨大道南
邮政编码:524000
电　　话:0759-2107865

公司名称:湛江市水运总公司
地　　址:广东省湛江市霞山区洪屋路127号
邮政编码:524000
电　　话:0759-2229002

公司名称:湛江外贸船务公司
地　　址:广东省湛江市人民东一路
邮政编码:524000
电　　话:0759-2284794

公司名称:湛江市国航船务有限公司
地　　址:广东省湛江市霞山区人民大道南18号华侨大厦10层1008室
邮政编码:524001
电　　话:0759-2243095

公司名称:湛江南方集装箱运输公司
地　　址:广东省湛江市霞山区人民大道南18号华侨大厦9层0908室
邮政编码:524001
电　　话:0759-2245784

公司名称:广东省湛江市海运集团公司
地　　址:广东省湛江市霞山区洪屋路142号
邮政编码:524003
电　　话:0759-2285011

公司名称:湛江农垦储运公司
地　　址:广东省湛江市霞山区霞赤西二路5号
邮政编码:524018
电　　话:0759-3191145

公司名称:湛江港务局货运公司
地　　址:广东省湛江市霞山区友谊路1号
邮政编码:524027
电　　话:0759-2281519

公司名称:湛江石油化学工业经营储运公司
地　　址:广东省湛江市赤坎区民主路
邮政编码:524034
电　　话:0759-3328404

公司名称:茂名市第三汽车运输公司
地　　址:广东省茂名市茂南区环市南路37号
邮政编码:525000

电　　话:0668-2262159

公司名称:茂名市第二运输公司
地　　址:广东省茂名市茂南区建设路 50 号
邮政编码:525011
电　　话:0668-2263427

公司名称:茂名市汽车运输公司
地　　址:广东省茂名市茂南区油城三路 214 号
邮政编码:525011
电　　话:0668-2262065

公司名称:茂名市汽车运输公司化州分公司
地　　址:广东省茂名市化州市桔城路
邮政编码:525100
电　　话:0668-7225568

公司名称:茂名市汽车运输总公司高州公司
地　　址:广东省茂名市高州市河西路 47 号
邮政编码:525200
电　　话:0668-6662833

公司名称:广东省茂名市汽车运输总公司电白公司
地　　址:广东省茂名市电白县人民路 29 号
邮政编码:525400
电　　话:0668-5522902

公司名称:肇庆市中铁联运公司
地　　址:广东省肇庆市端州区古塔中路 19 号 6 楼
邮政编码:526060
电　　话:0758-2727791

公司名称:广东省云浮市供销储运公司
地　　址:广东省云浮市云城区星岩路
邮政编码:527300
电　　话:0766-8822548

公司名称:广东外运佛山汽车集装箱运输公司
地　　址:广东省佛山市城区里水华远村
邮政编码:528000
电　　话:0757-3380448

公司名称:三江航运公司
地　　址:广东省三水市乐平镇三江村
邮政编码:528100
电　　话:0757-7388491

公司名称:三水市储运联营公司
地　　址:广东省佛山市三水市河口镇火车站
邮政编码:528133
电　　话:0757-7673812

公司名称:太和化工贸易储运有限公司
地　　址:广东省三水市河口镇 321 国道
邮政编码:528133
电　　话:0757-7675233

公司名称:平洲宏达船务(香港)有限公司
地　　址:广东省南海市永安路
邮政编码:528200
电　　话:0757-6785660

公司名称:广州铁路(集团)公司小塘冷冻储运贸易公司
地　　址:广东省佛山市南海市城区
邮政编码:528222
电　　话:0757-6662303

公司名称:顺德市水运公司
地　　址:广东省佛山市顺德市红星区细岗桥南侧
邮政编码:528300
电　　话:0757-2627541

公司名称:中山市船务公司
地　　址:广东省中山市龙安街
邮政编码:528400
电　　话:0760-3219283

公司名称:中山市铁路集装箱服务公司
地　　址:广东省中山市石岐富华道 63 号

邮政编码：528401
电　　话：0760-8611597

公司名称：中山市水路货物运输公司
地　　址：广东省中山市长堤路
邮政编码：528402
电　　话：0760-8823225

公司名称：中山市兴晖储运公司
地　　址：广东省中山市沙水公路
邮政编码：528427
电　　话：0760-2353231

公司名称：江门市汽车运输总公司
地　　址：广东省江门市蓬江区江门西区大道2号
邮政编码：529000
电　　话：0750-3532824

公司名称：江门市汽车运输总公司
地　　址：广东省江门市蓬江区江门西区大道2号
邮政编码：529000
电　　话：0750-3532824

公司名称：江门市水上运输公司
地　　址：广东省江门市江海区江门江南路9号地下
邮政编码：529040
电　　话：0750-3892596

公司名称：广东省江门市汽车运输总公司恩平公司
地　　址：广东省江门恩平市恩城镇新平中路49号
邮政编码：529400
电　　话：0750-7726526

公司名称：阳江市水运公司
地　　址：广东省阳江市江城区新港路18号
邮政编码：529500
电　　话：0662-3222770

公司名称：阳江市沿海运输公司
地　　址：广东省阳江市江城区新港路31号
邮政编码：529500
电　　话：0662-3222383

公司名称：阳江市汽车运输集团有限公司
地　　址：广东省阳江市东风一路19号
邮政编码：529500
电　　话：0662-3222010

公司名称：鹤山市粤山货运总公司
地　　址：广东省江门市鹤山市沙坪镇前进路7号
邮政编码：529700
电　　话：0750-8882741

公司名称：江门市汽车运输总公司鹤山公司
地　　址：广东省江门市鹤山市人民路23号
邮政编码：529700
电　　话：0750-8882597

储　　运

公司名称：白云大朗储运公司
地　　址：广东省广州市大朗货场南门桥头
邮政编码：510000
电　　话：020-86070287

公司名称：保税区广通达储运有限公司
地　　址：广东省广州市保税区101号
邮政编码：510000
电　　话：020-82221383

公司名称：广东省商业储运公司
地　　址：广东省广州市和平东路44号
邮政编码：510000
电　　话：020-81865124

公司名称：广东省物资储运工贸公司
地　　址：广东省广州市黄沙大道151号
邮政编码：510050
电　　话：020-81836367

公司名称：广州越秀仓储运输公司

地　　址:广东省广州市多宝路 7 号
邮政编码:510060
电　　话:020-81702411

公司名称:广东省经协储运贸易公司
地　　址:广东省广州市东山区东风东路 750 号
邮政编码:510080
电　　话:020-87667242

公司名称:广州侨丰国际联运公司
地　　址:广东省广州市体育东路天盛大厦
邮政编码:510080
电　　话:020-87534430

公司名称:南方工贸总公司储运部
地　　址:广东省广州市东山区农林街中山二路 47 号 1 号楼
邮政编码:510080
电　　话:020-87757285

公司名称:广州海运集团物资供应公司琶洲物资储运分公司
地　　址:广东省广州市新港东路新海大街
邮政编码:510095
电　　话:020-84215458

公司名称:广州中粮国际仓储运输公司
地　　址:广东省广州市东风西路 191 号
邮政编码:510095
电　　话:020-81350085

公司名称:华铁国际集装箱多式联运有限责任公司广州分公司
地　　址:广东省广州市水荫路 2 号
邮政编码:510095
电　　话:020-37603391

公司名称:广东省中旅储运贸易服务公司
地　　址:广东省广州市三元里走马岗
邮政编码:510115
电　　话:020-86570945

公司名称:广州市轻工业品进出口集团公司储运公司
地　　址:广东省广州市越秀区长堤路 87 号
邮政编码:510120
电　　话:83337522-8309

公司名称:广东省化工进出口(集团)仓储运输公司
地　　址:广东省广州市荔湾区沿江西路 61 号
邮政编码:510130
电　　话:020-81903037

公司名称:广东省粤通储运贸易公司
地　　址:广东省广州市荔湾区新基路 26 号
邮政编码:510130
电　　话:020-81889741

公司名称:广州市商业储运公司
地　　址:广东省广州市荔湾区六二三路沙基东约
邮政编码:510130
电　　话:020-81885488

公司名称:广州市商业储运公司贸易分公司
地　　址:广东省广州市荔湾区光复南路 12 号
邮政编码:510130
电　　话:020-81887451

公司名称:广州市商业对外储运公司
地　　址:广东省广州市六二三路沙基东约
邮政编码:510130
电　　话:020-81861687

公司名称:广州市商业储运公司汽车运输公司
地　　址:广东省广州市荔湾区黄沙大道 28 号
邮政编码:510140
电　　话:020-81814771

公司名称:广州市药材公司通达储运公司
地　　址:广东省广州市荔湾区荔湾区上九路 85 号
邮政编码:510140

电　　话:020-81888462

公司名称:广州市荔湾区南方储运公司
地　　址:广东省广州市荔湾区中山七路和安直2号
邮政编码:510145
电　　话:020-87791187

公司名称:广州市联运服务公司货物配载中心
地　　址:广东省广州市白云区沙泰公路军区三所停车场
邮政编码:510150
电　　话:020-87791099

公司名称:广东南方储运公司
地　　址:广东省广州市站前路22号医药大厦6楼
邮政编码:510160
电　　话:020-86433118-3310

公司名称:广东省食品企业集团储运贸易公司
地　　址:广东省广州市荔湾区西村水厂路5号
邮政编码:510160
电　　话:020-81815611

公司名称:广州市荔湾区大远成储运贸易公司
地　　址:广东省广州市荔湾区站西路北街三十号
邮政编码:510160
电　　话:020-81829323

公司名称:广州市荔湾区华润商业储运公司
地　　址:广东省广州市荔湾区流花路中展企68号
邮政编码:510160
电　　话:020-81930679

公司名称:广东省土产公司储运分公司
地　　址:广东省广州市荔湾区中山七路88号
邮政编码:510170
电　　话:020-81913473

公司名称:广东省供销储运包装公司
地　　址:广东省广州市荔湾区中山八路石路基30号
邮政编码:510175
电　　话:020-81814769

公司名称:广东省糖酒储运公司
地　　址:广东省广州市越秀区东风西路235号
邮政编码:510180
电　　话:020-83398455

公司名称:广东省华侨物资储运公司
地　　址:广东省广州市海珠区纺织路东沙街31号
邮政编码:510230
电　　话:020-84447543

公司名称:广东通达储运公司
地　　址:广东省广州市海珠区江南大道229号新安大厦507
邮政编码:510245
电　　话:020-84241306

公司名称:富田一日捆储运(广州)有限公司
地　　址:广东省广州市新港西路82号
邮政编码:510260
电　　话:020-84452680

公司名称:广州市芳村区西朗储运公司
地　　址:广东省广州市芳村区麦村北约68号
邮政编码:510385
电　　话:020-81507343

公司名称:广州市冶金储运发展公司
地　　址:广东省广州市新市冶金仓
邮政编码:510410
电　　话:020-86632920

公司名称:广州龙湖工贸储运有限公司
地　　址:广东省广州市白云区龙湖
邮政编码:510450
电　　话:020-86636238

公司名称:广州市白云东成储运贸易公司
地　　址:广东省广州市白云区大朗车站南
邮政编码:510450
电　　话:020-86071170

公司名称:广州市宏嘉发储运贸易有限公司
地　　址:广东省广州白云区江高镇江人路228号
邮政编码:510450
电　　话:020-86202828

公司名称:美商海陆联运(中国)有限公司广州分公司
地　　址:广东省广州市较场西路2号
邮政编码:510450
电　　话:020-83870245

公司名称:广东华新商储公司
地　　址:广东省广州市天河区沙河红英岗农垦物资储运仓
邮政编码:510507
电　　话:020-87795312

公司名称:广州市外运储运发展公司
地　　址:广东省广州市天河区兴华街
邮政编码:510510
电　　话:020-87708013

公司名称:罗岗火村荔枝山联兴储运中心
地　　址:广东省广州市白云区罗岗火村
邮政编码:510530
电　　话:020-82240177

公司名称:广州市汽车集装箱运输公司铁路联运分公司
地　　址:广东省广州市天河区东圃车陂
邮政编码:510660
电　　话:020-85521450

公司名称:广州经济技术开发区秀丽储运公司
地　　址:广东丰乐市场37号
邮政编码:510700
电　　话:020-82394215

公司名称:广州市黄埔港岸物资储运有限公司
地　　址:广东省广州市黄埔塘上中山大道边
邮政编码:510700
电　　话:020-82285990

公司名称:广州市黄埔港联贸易储运公司
地　　址:广东省广州市黄埔区港前路21号
邮政编码:510700
电　　话:020-82290899

公司名称:广州市黄埔恒盛储运公司
地　　址:广东省广州市天河区珠村新街
邮政编码:510700
电　　话:020-82293160

公司名称:广州市黄埔江东储运贸易公司
地　　址:广东省广州黄埔区港前路尾外运仓对面
邮政编码:510700
电　　话:020-82290863

公司名称:广州市黄埔区骅储运工贸有限公司
地　　址:广东省广州市黄埔区荔香路79号二楼
邮政编码:510700
电　　话:020-82285120

公司名称:广州市黄埔区均铖储运贸易有限公司
地　　址:广东省广州市黄埔区茅岗塘口大街22巷上15号
邮政编码:510700
电　　话:020-82276112

公司名称:广州市黄埔区劳务储运公司
地　　址:广东省广州市黄埔区港湾西四街3号
邮政编码:510700
电　　话:020-82278715

公司名称:广州市黄埔区茅岗储运公司

地　　址:广东省广州市黄埔区茅岗
邮政编码:510700
电　　话:020-82272996

公司名称:广州市黄埔区茅岗储运公司
地　　址:广东省广州市黄埔区茅岗
邮政编码:510700
电　　话:020-82272996

公司名称:广州市黄埔区埔骅储运工贸有限公司
地　　址:广东省广州市黄埔区荔香路49号二楼
邮政编码:510700
电　　话:020-82285120

公司名称:广州市黄埔区顺捷物资储运贸易公司
地　　址:广东省广州市黄埔区蟹山西路东侧
邮政编码:510700
电　　话:020-82297113

公司名称:广州市黄埔区通达储运公司
地　　址:广东省广州市黄埔区大沙茅岗十三队
邮政编码:510700
电　　话:020-82274126

公司名称:广州市黄埔区下沙储运公司
地　　址:广东省广州市黄埔区下沙村
邮政编码:510700
电　　话:020-82390142

公司名称:广州市黄埔义和物资储运有限公司
地　　址:广东省广州市黄埔区茅岗大涌湾
邮政编码:510700
电　　话:020-82288838

公司名称:广州市黄埔永丰工贸储运公司
地　　址:广东省广州市黄埔区鱼茅路
邮政编码:510700
电　　话:020-82285666

公司名称:黄埔顺发储运贸易公司
地　　址:广东省广州市黄埔区港前路12号
邮政编码:510700
电　　话:020-82275753

公司名称:广州广裕储运有限公司
地　　址:广东省广州市黄埔文冲双沙庙沙围
邮政编码:510725
电　　话:020-82393362

公司名称:广州市黄埔区双沙储运公司
地　　址:广东省广州市黄埔区双沙村广深公路边
邮政编码:510725
电　　话:020-82399384

公司名称:广州市黄埔区穗东储运工贸公司
地　　址:广东省广州市黄埔区文冲沙围码头
邮政编码:510725
电　　话:020-82367389

公司名称:广州市黄埔区祥景储运有限公司
地　　址:广东省广州市黄埔区广深路文冲地段南
邮政编码:510725
电　　话:020-82380282

公司名称:广州保税区保通储运有限公司
地　　址:广东省广州市黄埔区保税区纬二路
邮政编码:510730
电　　话:020-82216884

公司名称:广州保税区广保通码头储运有限公司
地　　址:广东省广州市开发区东江大道
邮政编码:510730
电　　话:020-82223940

公司名称:广州经济技术开发区宏通储运有限公司
地　　址:广东省广州市黄埔区黄埔东江大道港奥码头内
邮政编码:510730
电　　话:020-82213493

公司名称:广州市黄埔区庙头储运公司
地　　址:广东省广州市黄埔区庙头村石场路口
邮政编码:510730
电　　话:020-82210269

公司名称:广州市黄埔区庙头储运公司
地　　址:广东省广州市黄埔区庙头村石场路口
邮政编码:510730
电　　话:020-82210269

公司名称:黄埔区威利达物资储运公司
地　　址:广东省广州市黄埔区沙步段商业街
邮政编码:510730
电　　话:020-82275868

公司名称:广州市黄埔区厦园储运公司
地　　址:广东省广州市黄埔区厦园村委会办公楼
邮政编码:510735
电　　话:020-82214912

公司名称:广州市黄埔区宏发储运公司
地　　址:广东省广州市黄埔区笔岗村宏岗社
邮政编码:510760
电　　话:020-82231828

公司名称:广州市黄埔区夏埔储运公司
地　　址:广东省广州市黄埔区黄埔南岗下元华南仓
邮政编码:510760
电　　话:020-82232535

公司名称:广州市黄埔源通储运有限公司
地　　址:广东省广州市黄埔区笔岗方新村
邮政编码:510760
电　　话:020-82240666

公司名称:番禺市联运公司
地　　址:广东省广州市番禺市西环路丹山路段
邮政编码:511400
电　　话:020-84894685

公司名称:番禺市食品集团储运总公司
地　　址:广东省广州市番禺市市新路金边大街 18-19 号
邮政编码:511400
电　　话:020-84893783

公司名称:番禺市安发储运公司
地　　址:广东省广州市番禺市洛溪村北码头
邮政编码:511430
电　　话:020-84583464

公司名称:番禺显顺码头储运有限公司
地　　址:广东省广州市番禺区莲花港内
邮政编码:511440
电　　话:020-84861777

公司名称:粤海(番禺)石油化工储运开发公司
地　　址:广东省广州市番禺市小虎
邮政编码:511455
电　　话:020-84665026

公司名称:清远市清联运输公司
地　　址:广东省清远市清城区小市
邮政编码:511515
电　　话:0663-3361931

公司名称:东莞市商业储运公司
地　　址:广东省东莞市八达路市食品公司大楼
邮政编码:511700
电　　话:0769-2459228

公司名称:广东省韶关市供销社储运总公司
地　　址:广东省韶关市浈江区乐园
邮政编码:512023
电　　话:0751-8291376

公司名称:韶关市商业局储运公司
地　　址:广东省韶关市浈江区南郊三公里
邮政编码:512023
电　　话:0751-8291751

公司名称:英德市供销储运公司
地　　址:广东省清远市英德市人民路2号
邮政编码:513000
电　　话:0763-2222548

公司名称:英德市供销储运公司
地　　址:广东省清远市英德市人民路2号
邮政编码:513000
电　　话:0763-2222548

公司名称:梅州市金海汽车运输发展公司货物配载中心
地　　址:广东省梅州市梅江区梅松路
邮政编码:514000
电　　话:0753-2352014

公司名称:梅州市金海汽车运输发展公司公铁联运分公司
地　　址:广东省梅州市梅江区赤岌二路
邮政编码:514011
电　　话:0753-2352014

公司名称:汕头经济特区联运公司
地　　址:广东省汕头市黄河路30号
邮政编码:515000
电　　话:0754-8466744

公司名称:汕头市粮食运贸公司
地　　址:广东省汕头市升平区西港路43号
邮政编码:515021
电　　话:0754-8222808

公司名称:汕头市汽车运输总公司联运公司
地　　址:广东省汕头市龙湖区潮汕路7号
邮政编码:515021
电　　话:0754-8221869

公司名称:汕头市冷冻仓储运输公司
地　　址:广东省汕头市金园区红领巾路25号
邮政编码:515031
电　　话:0754-8535969

公司名称:汕金属材料总公司储运分公司
地　　址:广东省汕头市金园区汕樟路154号
邮政编码:515041
电　　话:0754-8667424

公司名称:汕头大洋(集团)储运公司
地　　址:广东省汕头市金园区红领巾路81号内
邮政编码:515041
电　　话:0754-8555644

公司名称:汕头经济特区龙湖区东港储运公司
地　　址:广东省汕头市龙湖区嵩山路珠池大厦七楼
邮政编码:515041
电　　话:0754-8897232

公司名称:汕头经济特区免税品企业(集团)储运公司
地　　址:广东省汕头市龙湖区凤凰山路开达工业大厦底层
邮政编码:515041
电　　话:0754-8896760

公司名称:汕头经济特区平野对外运输公司
地　　址:广东省汕头市龙湖区华山路中段海天楼
邮政编码:515041
电　　话:0754-8461630

公司名称:汕头经济特区友力集装箱联运公司
地　　址:广东省汕头市龙湖区黄河路北侧交力工业6楼
邮政编码:515041
电　　话:0754-8892268

公司名称:汕头农投铁路物资储运有限公司
地　　址:广东省汕头市金园区中山东路信业大厦五楼
邮政编码:515041

电　　话:0754-8564622

公司名称:汕头市金园货运配载有限公司
地　　址:广东省汕头市金园区汕樟路 129 号
邮政编码:515041
电　　话:0754-8660517

公司名称:汕头市交通储运公司
地　　址:广东省汕头市龙湖区汕樟路火车北站
邮政编码:515065
电　　话:0754-8330790

公司名称:汕头市神州联运公司
地　　址:广东省汕头市龙湖区火车北站
邮政编码:515065
电　　话:0754-8348532

公司名称:惠州南华储运有限公司
地　　址:广东省惠州市惠城区龙丰上排明华楼二楼
邮政编码:516001
电　　话:0752-3322654

公司名称:惠阳市储运公司
地　　址:广东省惠州市惠城区东平东湖西路 6 号
邮政编码:516002
电　　话:0752-2250560

公司名称:惠州站(铁路)惠金储运公司
地　　址:广东省惠州市惠城区乌石
邮政编码:516023
电　　话:0752-2292739

公司名称:河源市交通联运中心
地　　址:广东省河源市源城区
邮政编码:517000
电　　话:0762-3332238

公司名称:河源市口岸储运公司
地　　址:广东省河源市源城区
邮政编码:517000
电　　话:0762-3360000

公司名称:深圳神彩储运有限公司
地　　址:广东省深圳市皇岗北路彩电工业区 402 栋 1A 层
邮政编码:518000
电　　话:0755-3221482

公司名称:深圳运华仓储联运实业有限公司
地　　址:广东省深圳市罗湖区红岭大酒店 2
邮政编码:518001
电　　话:0755-3700667

公司名称:深圳市金秀国际仓运有限公司
地　　址:广东省深圳市罗湖区深南东路冶金大厦 521 室
邮政编码:518003
电　　话:0755-5427380

公司名称:中国有色金属工业深圳仓储运输公司
地　　址:广东省深圳市罗湖区南湖路
邮政编码:518014
电　　话:0755-2250164

公司名称:中国机械设备进出口深圳包装储运公司
地　　址:广东省深圳市罗湖区
邮政编码:518019
电　　话:0755-5802153

公司名称:深圳深物储运公司
地　　址:广东省深圳市罗湖区宝安北路
邮政编码:518020
电　　话:0755-2263539

公司名称:深圳市长诚储运公司
地　　址:广东省深圳市罗湖区宝岗路
邮政编码:518020
电　　话:0755-2423302

公司名称:深圳市华生生储运有限公司
地　　址:广东省深圳市罗湖区梨园路 6
邮政编码:518020
电　　话:0755-2411659

公司名称:深圳中贸发储运公司
地　　址:广东省深圳市罗湖区清水河一路 10
邮政编码:518020
电　　话:0755-2429988

公司名称:深圳市商业储运公司
地　　址:广东省深圳市罗湖区梅园路
邮政编码:518023
电　　话:0755-2263670

公司名称:深圳中外运储运有限公司
地　　址:广东省深圳市罗湖区犁园路笋岗外运仓
邮政编码:518023
电　　话:0755-2400194

公司名称:深圳东励仓库运输有限公司
地　　址:广东省深圳市福田区园岭花园南国大厦 1-22A
邮政编码:518028
电　　话:0755-2405260

公司名称:深圳石化储运有限公司
地　　址:广东省深圳市福田区红荔西路
邮政编码:518028
电　　话:0755-3256090

公司名称:深圳地洲国际储运有限公司
地　　址:广东省深圳市福田区市花路
邮政编码:518029
电　　话:0755-2431751

公司名称:深圳中电储运服务公司
地　　址:广东省深圳市福田区深南中路 30
邮政编码:518031
电　　话:0755-3360961

公司名称:深圳喜上喜实业有限公司储运贸易行
地　　址:广东省深圳市福田区福华路 13
邮政编码:518033
电　　话:3370029-138

公司名称:合众兴仓储运输(深圳)有限公司
地　　址:广东省深圳市福田保税区红花路 1001 号
邮政编码:518038
电　　话:0755-3591318

公司名称:深圳湖南外贸总代理储运公司
地　　址:广东省深圳市罗湖区
邮政编码:518038
电　　话:0755-2242438

公司名称:深圳利福达国际柜场储运有限公司
地　　址:广东省深圳市福田区福田保税区货柜场
邮政编码:518038
电　　话:0755-3590616

公司名称:深圳市万来储运有限公司
地　　址:广东省深圳市福田区红花路 9
邮政编码:518038
电　　话:0755-3590262

公司名称:综合信兴仓运(深圳)有限公司
地　　址:广东省深圳市福田区海棠街 7C203
邮政编码:518038
电　　话:0755-3590560

公司名称:深圳中航储运公司
地　　址:广东省深圳市中航路中航小区 6
邮政编码:518041
电　　话:0755-3212670

公司名称:深圳市赛格储运企业公司
地　　址:广东省深圳市福田区福田南路皇岗海关 4 楼
邮政编码:518045
电　　话:0755-3395754

公司名称:深圳市利福达国际柜场储运有限公司
地　　址:广东省深圳市福田区海棠街 7C201
邮政编码:518048
电　　话:0755-3590596

公司名称:深圳阳华储运有限公司
地　　址:广东省深圳市南山区西丽火车站前西街 10 号
邮政编码:518055
电　　话:0755-6623440

公司名称:蛇口工业货物联运公司
地　　址:广东省深圳市南山区招商发展中心 6
邮政编码:518067
电　　话:0755-6695126

公司名称:深圳铁和储运有限公司
地　　址:广东省深圳市南山区蛇口南港大道招港集运中心大楼 502、503 室
邮政编码:518067
电　　话:0755-6691121

公司名称:盐平文辉储运(深圳)有限公司
地　　址:广东省深圳市盐田港保税区南片区 1#仓
邮政编码:518081
电　　话:0755-5290439

公司名称:国兰公铁联运公司
地　　址:广东省深圳市宝安北路笋岗仓库 7 号
邮政编码:518101
电　　话:0755-2445943

公司名称:深圳市龙岗区储运开发公司
地　　址:广东省深圳市龙岗区
邮政编码:518112
电　　话:0755-8881346

公司名称:深圳中鹏石油化工储运公司
地　　址:广东省深圳市龙岗区下洞村
邮政编码:518119
电　　话:0755-4207425

公司名称:南港进出口仓储集运公司
地　　址:广东省南海平洲区永安路 10 号
邮政编码:518251
电　　话:0755-6782551

公司名称:珠海市鑫光仓储运输公司
地　　址:广东省珠海市香洲区吉大海洲路
邮政编码:519015
电　　话:3338333-8045

公司名称:珠海经济特区迅达货物储运公司
地　　址:广东省珠海市香洲区拱北石花西路
邮政编码:519020
电　　话:0756-8881592

公司名称:揭阳市交通联运公司
地　　址:广东省揭阳市榕城区榕华大道 44 号
邮政编码:522000
电　　话:0663-8619034

公司名称:揭阳市区商业储运公司
地　　址:广东省揭阳市榕城区榕华大道 69-71 号
邮政编码:522000
电　　话:0663-8627663

公司名称:湛江北方储运公司
地　　址:广东省湛江市调顺岛北堤
邮政编码:524000
电　　话:0759-3351596

公司名称:湛江市商业储运公司
地　　址:广东省湛江市霞山区工农路 39 号
邮政编码:524011
电　　话:0759-2223693

公司名称:南宁铁路分局湛江铁路储运贸易公司
地　　址:广东省湛江市霞山区建设路 30 号

邮政编码:524012
电　　话:0759-2165073

公司名称:中国物资储运湛江集团公司
地　　址:广东省湛江市霞山区人民大道中 27 号 26-29
邮政编码:524022
电　　话:0759-3381852

公司名称:茂名市粮食局储运公司
地　　址:广东省茂名市茂南区计星路
邮政编码:525000
电　　话:0668-2522966

公司名称:茂名市工业储运公司
地　　址:广东省茂名市茂南区公馆
邮政编码:525024
电　　话:0668-2326258

公司名称:茂名市交通物资运输有限公司
地　　址:广东省茂名市茂南区环市西路货运楼
邮政编码:525024
电　　话:0668-2328423

公司名称:茂名永业(集团)储运公司
地　　址:广东省茂名市茂南区环市西路 61 号
邮政编码:525024
电　　话:0668-2327411

公司名称:高州市商业储运公司
地　　址:广东省茂名市高州市南关 163 号
邮政编码:525200
电　　话:0668-6664306

公司名称:广东省肇庆市商业储运公司
地　　址:广东省肇庆市端州区端州三路
邮政编码:526060
电　　话:0758-2721117

公司名称:肇庆市中铁联运公司
地　　址:广东省肇庆市端州区古塔中路 19 号 6 楼
邮政编码:526060
电　　话:0758-2727791

公司名称:佛山联运总公司
地　　址:广东省佛山市南堤路
邮政编码:528000
电　　话:0757-2286499

公司名称:佛山市石湾华泰工贸集团公司储运公司
地　　址:广东省佛山市石湾区三友南路园林宿舍四座首层
邮政编码:528031
电　　话:0757-2715692

公司名称:佛山市石湾商业储运公司
地　　址:广东省佛山市石湾区江湾三路 13 座
邮政编码:528031
电　　话:0757-2272653

公司名称:南海市供销储运公司
地　　址:广东省佛山市南堤路
邮政编码:528031
电　　话:0757-2233903

公司名称:南海市商业储运公司
地　　址:广东省佛山市南堤路
邮政编码:528031
电　　话:0757-2232246

公司名称:佛山市南国实业总公司仓储运输贸易公司
地　　址:广东省佛山市城区罗村
邮政编码:528133
电　　话:0757-2825343

公司名称:南港储运有限公司
地　　址:广东省三水市西南镇西河路
邮政编码:528133
电　　话:0757-7827783

公司名称:东莞市联运集团
地　　址:广东省东莞市寮步镇向西岭下村
邮政编码:528303
电　　话:0769-3303350

公司名称:广东春风图书音像储运有限公司
地　　址:广东省佛山市顺德市南涌路38号
邮政编码:528313
电　　话:0757-3359344

公司名称:中山市中东铁路联运公司
地　　址:广东省中山市坦背镇广珠公路边
邮政编码:528400
电　　话:0760-8322990

公司名称:中山市物资储运公司
地　　址:广东省中山市岐港公路
邮政编码:528401
电　　话:0760-8615395

公司名称:阳江市供销储运公司
地　　址:广东省阳江市江城区龙津路195号
邮政编码:529500
电　　话:0662-3222620

公司名称:阳江市粮食集团物资储运公司
地　　址:广东省阳江市江城区北环路一号
邮政编码:529500
电　　话:0662-3218198

公司名称:鹤山港口储运公司
地　　址:广东省江门市鹤山市沙坪镇鹤山港
邮政编码:529721
电　　话:0750-8820915

仓　　储

公司名称:广州丰艺仓储服务有限公司
地　　址:广东省广州市天河区天沙区六运三街33号102房
邮政编码:510000
电　　话:020-85518818

公司名称:广东省纺织品进出口仓储运输有限公司
地　　址:广东省广州市小北路168号粤纺大厦
邮政编码:510045
电　　话:020-83559325 83558988-2903 8

公司名称:广州市山力冷冻有限公司
地　　址:广东省广州市黄埔双沙华坑路
邮政编码:510240
电　　话:020-82375786

公司名称:广州市赤航仓储公司
地　　址:广东省广州市海珠区赤岗
邮政编码:510310
电　　话:020-8421497

公司名称:广州市第一水上运输公司仓储分公司
地　　址:广东省广州市芳村区鹤洞街海南村渔尾桥西南侧
邮政编码:510370
电　　话:020-81891671

公司名称:广东长通仓库码头有限公司
地　　址:广东省广州市白云区石井心
邮政编码:510430
电　　话:020-86636384 86636482 866363

公司名称:广州市天河广德仓储公司
地　　址:广东省广州市天河区东圃一横路23号
邮政编码:510660
电　　话:020-82303918

公司名称:广东黄埔外运仓码公司
地　　址:广东省广州市黄埔区港前路713号大院
邮政编码:510700
电　　话:020-82273991

公司名称:广州金微货仓有限公司
地　　址:广东省广州市黄埔区塘口村中山大道南

邮政编码:510700
电　　话:020-82288832

公司名称:广州市黄埔区大沙镇储运仓库
地　　址:广东省广州市黄埔区下沙联围
邮政编码:510700
电　　话:020-82386101

公司名称:广州双沙华联仓库有限公司
地　　址:广东省广州市黄埔区双沙村广深公路边
邮政编码:510725
电　　话:020-82389796

公司名称:广州经济技术开发区保税仓公司
地　　址:广东省广州市黄埔区黄埔东江大道文体工业大厦
邮政编码:510730
电　　话:020-82215956

公司名称:广州经济技术开发区南湾储运仓库
地　　址:广东省广州市黄埔区南基村隔墙门口
邮政编码:510730
电　　话:020-82212183

公司名称:广州经济技术开发区埔铁仓储有限公司
地　　址:广东省广州市黄埔区黄埔港前路铁路边
邮政编码:510730
电　　话:020-82218241

公司名称:广州经济技术开发区穗港仓储运输有限公司
地　　址:广东省广州经济技术开发区港前路西头北侧
邮政编码:510730
电　　话:020-82214589

公司名称:广州经济技术开发区运兴仓码有限公司
地　　址:广东省广州市黄埔区黄埔东江大道东江仓内
邮政编码:510730
电　　话:020-82215169

公司名称:广州粤物仓储发展有限公司
地　　址:广东省广州市开发区物资集团大楼
邮政编码:510730
电　　话:020-82215823

公司名称:广州银通保税仓储有限公司
地　　址:广东省增城市新塘镇
邮政编码:511340
电　　话:020-82764190

公司名称:广州南沙照华保税仓有限公司
地　　址:广东省广州市南沙经济技术开发区进港路口
邮政编码:511400
电　　话:020-84875543

公司名称:番禺大业冷冻食品仓储有限公司
地　　址:广东省广州市番禺区莲花山保税加工区港口大道1号
邮政编码:511440
电　　话:020-84864776

公司名称:番禺市口岸实业公司莲花山公共保税仓库
地　　址:广东省广州市番禺市港前路3号
邮政编码:511440
电　　话:020-84861777

公司名称:粤丰仓储有限公司
地　　址:广东省广州市番禺市莲花山
邮政编码:511440
电　　话:020-84861999-3836

公司名称:广东韶关国家粮食储备库
地　　址:广东省韶关市北江区
邮政编码:512032
电　　话:0751-8852995

公司名称:汕头市振达仓储贸易公司
地　　址:广东省汕头市升平区光华路95号
邮政编码:515021
电　　话:0754-8222171

公司名称:广东省对外经济发展汕头公司保税仓
地　　址:广东省汕头市金园区护堤路土产公司中岐仓库
邮政编码:515031
电　　话:0754-8450203

公司名称:汕头经济特区兴隆仓储贸易公司
地　　址:广东省汕头市金园区护堤路金湖桥旁
邮政编码:515031
电　　话:0754-8214386

公司名称:汕头保税区飞马储运有限公司
地　　址:广东省汕头市达濠区保税区2号楼644
邮政编码:515071
电　　话:0754-8222522

公司名称:博罗石湾恒盛集装箱仓储有限公司
地　　址:广东省惠州市博罗县石湾镇
邮政编码:516127
电　　话:0752-6611577

公司名称:惠州盐洲镇海岛公共保税仓库
地　　址:广东省惠州市惠东县盐洲圩
邮政编码:516355
电　　话:0752-8831210

公司名称:惠东县金山仓储实业有限公司
地　　址:广东省惠东县碧海集团公司
邮政编码:516363
电　　话:0752-8501070

公司名称:深圳广信仓储公司
地　　址:广东省深圳市罗湖区桃园路812
邮政编码:518001
电　　话:0755-2260497

公司名称:深圳汉宏货运仓储有限公司
地　　址:广东省深圳市罗湖区建设路友谊大厦七幢九楼B座
邮政编码:518001
电　　话:0755-5156165

公司名称:深圳宏宝集仓库企业有限公司
地　　址:广东省深圳市罗湖区桃园路809
邮政编码:518001
电　　话:0755-2260403

公司名称:深圳宏宝集仓库企业有限公司
地　　址:广东省深圳市罗湖区桃园路809
邮政编码:518001
电　　话:0755-2260403

公司名称:深圳金属材料公司仓储分公司
地　　址:广东省深圳市罗湖区笋岗桃园路
邮政编码:518001
电　　话:0755-2435485

公司名称:深圳市东百东仓储有限公司
地　　址:广东省深圳罗湖区桃园路笋岗仓库811
邮政编码:518001
电　　话:0755-2437787

公司名称:深圳笋岗仓库企业股份有限公司保税仓储公司
地　　址:广东省深圳市罗湖区宝安北路
邮政编码:518001
电　　话:0755-2262443

公司名称:深圳笋岗仓库企业股份有限公司冷冻分公司
地　　址:广东省深圳市罗湖区宝安北路
邮政编码:518001
电　　话:0755-2263171

公司名称:深圳伊戈货运仓储有限公司
地　　址:广东省深圳市人民南路嘉里中心32楼

3203 室
邮政编码:518001
电　　话:0755-5181678

公司名称:深圳益电仓储运输有限公司
地　　址:广东省深圳市罗湖区红岭北路 1
邮政编码:518001
电　　话:0755-2263599

公司名称:深圳金秀国际仓运有限公司
地　　址:广东省深圳市罗湖区深南东路文华大厦西座 25 楼 D
邮政编码:518003
电　　话:0755-5100440

公司名称:深银仓储(深圳)有限公司
地　　址:广东省深圳市罗湖区莲塘鹏基工业区 707 栋
邮政编码:518004
电　　话:0755-5732324

公司名称:深圳宇达仓储贸易公司
地　　址:广东省深圳市罗湖区国商大厦 514
邮政编码:518016
电　　话:2227400-302

公司名称:深圳南洋货仓有限公司
地　　址:广东省深圳市罗湖区布心花园十三栋东楼门
邮政编码:518019
电　　话:0755-5512942

公司名称:深圳市天地仓储公司
地　　址:广东省深圳市罗湖区梅园路 404
邮政编码:518023
电　　话:0755-2410902

公司名称:深圳笋岗仓库企业股份有限公司
地　　址:广东省深圳市罗湖区宝安北路桃园路口
邮政编码:518023
电　　话:0755-2260158

公司名称:深圳物业吉发仓储有限公司
地　　址:广东省深圳市福田区华强北路赛格高科技 4 号建筑七楼 A 单元
邮政编码:518028
电　　话:0755-3763011

公司名称:深圳华储仓储服务公司
地　　址:广东省深圳市福田区华富路海外装饰楼
邮政编码:518031
电　　话:0755-3201170

公司名称:易妥发仓储服务(深圳)有限公司
地　　址:广东省深圳市福田区福田保税区红棉路
邮政编码:518038
电　　话:0755-3590474

公司名称:信华仓储贸易(深圳)有限公司
地　　址:广东省深圳市福田保税区海区道 1 号综合信兴仓运中心 2
邮政编码:518038
电　　话:0755-3592498

公司名称:深圳向福仓储有限公司
地　　址:广东省深圳市福田区上梅林中康路西侧
邮政编码:518049
电　　话:0755-3312933

公司名称:深圳龙盛实业有限公司仓储分公司
地　　址:广东省深圳市南山区妈湾仓储区 6-2 仓
邮政编码:518052
电　　话:0755-6390171

公司名称:深圳南油保税仓有限公司
地　　址:广东省深圳市南山区南油开发区妈湾道 1
邮政编码:518054
电　　话:0755-6646135

公司名称:深圳南油港口仓储发展有限公司
地　　址:广东省深圳市南山区登良路南油商服大厦八楼
邮政编码:518054
电　　话:0755-6391368

公司名称:蛇口保税仓公司
地　　址:广东省深圳市南山区港湾一路 1A
邮政编码:518067
电　　话:0755-6692166

公司名称:深圳基新仓储有限公司
地　　址:广东省深圳市南山区蛇口三突堤
邮政编码:518067
电　　话:0755-6690356

公司名称:深圳克罗仓储实业有限公司
地　　址:广东省深圳市南山区蛇口疏港大道及松岗路交界
邮政编码:518067
电　　话:0755-6891900

公司名称:深圳赤湾仓储有限公司
地　　址:广东省深圳市南山区蛇口赤湾仓储大楼
邮政编码:518068
电　　话:0755-6683683

公司名称:深圳沙头角进出口贸易公司保税仓
地　　址:广东省深圳市罗湖区三家店园敦头
邮政编码:518081
电　　话:0755-5550117

公司名称:深圳恒盛辉仓储有限公司
地　　址:广东省深圳市盐田港后方第十六小区
邮政编码:518083
电　　话:0755-2070988

公司名称:深圳梦丽园仓储有限公司
地　　址:广东省深圳市宝安区龙华镇第十工业区梦丽园
邮政编码:518109
电　　话:0755-7706158

公司名称:深圳和记内陆集装箱仓储有限公司
地　　址:广东省深圳市宝安区观澜镇观澜大道 346 号
邮政编码:518110
电　　话:0755-5290971

公司名称:深圳宝盛仓储有限公司
地　　址:广东省深圳市龙岗区平湖镇水门工业区蓝宝公司厂区内
邮政编码:518111
电　　话:0755-8443772

公司名称:深圳市龙岗区储运开发公司冷冻库
地　　址:广东省深圳市龙岗区
邮政编码:518112
电　　话:0755-8880176

公司名称:誉球空运仓储(深圳)有限公司
地　　址:广东省深圳市宝安区深圳机场航空货站大楼 322 房
邮政编码:518128
电　　话:0755-7500338

公司名称:珠海保税区新和华仓储有限公司
地　　址:广东省珠海保税区
邮政编码:519000
电　　话:0756-3365366

公司名称:珠成海陆运输(集团)有限公司仓码分公司
地　　址:广东省珠海市香洲区海滨南路六号底层
邮政编码:519015
电　　话:0756-3359473

公司名称:珠海九洲港务集团公司
地　　址:广东省珠海市情侣南路 428 号
邮政编码:519015

电　　话:0756-3333333-2026

公司名称:美孚(珠海)石油仓储有限公司
地　　址:广东省珠海港区南水榕树湾
邮政编码:519020
电　　话:0756-8111809

公司名称:珠海保税区良品计划仓储有限公司
地　　址:广东省珠海市湾仔镇连屏村珠海保税区
邮政编码:519030
电　　话:0756-8824419

公司名称:东莞百业保税仓有限公司
地　　址:广东省东莞市寮步镇下岭贝百业工业城
邮政编码:523400
电　　话:0769-2408113

公司名称:湛江商运仓储公司
地　　址:广东省湛江市霞山区百蓬
邮政编码:524012
电　　话:0759-2223350

公司名称:顺德外运集团公司仓储保税公司
地　　址:广东省佛山市顺德市江南大道8号
邮政编码:528303
电　　话:0757-6621369

公司名称:中山市粤昌仓储公司
地　　址:广东省中山市张家边区中山港
邮政编码:528427
电　　话:0760-5596310

物流设备

公司名称:深圳市大福物流设备有限公司
地　　址:广东省深圳市宝安区福永镇凤凰工业区金利路E9栋
邮政编码:
电　　话:0755-83867444

公司名称:广州开发区H&H国际工程贸易公司
地　　址:广东省广州市麓景路广信商业中心10楼
邮政编码:510091
电　　话:020-83573722

公司名称:广州开发区H&H国际工程贸易公司
地　　址:广东省广州市麓景路广信商业中心10楼
邮政编码:510091
电　　话:020-83573722

公司名称:广州叉车厂
地　　址:广东省广州市荔湾路96号广州叉车厂
邮政编码:510170
电　　话:020-81815526

公司名称:广州环鸽起重设备实业有限公司
地　　址:广东省广州市白鹤洞罗冲岗1号
邮政编码:510380
电　　话:020-81500913

公司名称:广州起重设备厂
地　　址:广东省广州市芳村区白鹤洞罗冲岗1号
邮政编码:510380
电　　话:020-81500913

公司名称:广州起重设备配件厂
地　　址:广东省广州市芳村区白鹤洞罗冲岗1号
邮政编码:510380
电　　话:020-81511106

公司名称:广州新建强金属结构厂
地　　址:广东省广州市三元里棠下
邮政编码:510400
电　　话:

公司名称:西恩迪工程设备(山东)有限公司广州分公司
地　　址:广东省广州市黄石东路立交桥边11、12号
邮政编码:510420
电　　话:020-36400807

公司名称:广东省邮电通信设备厂
地　　址:广东省广州市沙河上元岗
邮政编码:510507
电　　话:020-37084625

公司名称:广东广之联商用设施配销有限公司
地　　址:广东省广州市天河区体育东路体育西横街 111 号四楼
邮政编码:510620
电　　话:020-87570123

公司名称:广州奇利仓库设备有限公司
地　　址:广东省广州市天河北 86 号侨宏楼 1701 室
邮政编码:510620
电　　话:020-87533052

公司名称:广州市灿石工业设备有限公司
地　　址:广东省广州市天河北路 84 号 906 室
邮政编码:510620
电　　话:020-87536377/87598148/87580166

公司名称:奇利仓库设备有限公司
地　　址:广东省广州市天河北路 86 号侨宏楼 1701 室
邮政编码:510620
电　　话:020-87533052 87573702

公司名称:广东亿康科技有限公司
地　　址:广东省广州市暨南大学南海楼 7 楼
邮政编码:510632
电　　话:020-85225178

公司名称:永恒力仓储设备厂(广州保税区)有限公司
地　　址:广东省广州市黄埔区公园西路 142-148 号
邮政编码:510700
电　　话:020-82282243

公司名称:领新达嘉(广州)包装设备有限公司
地　　址:广东省广州市经济技术开发区东江大道中农资厂房 A
邮政编码:510730
电　　话:020-82218945-161

公司名称:广州起重机械有限公司
地　　址:广东省广州市花都区水兴镇花都大道
邮政编码:510897
电　　话:020-86790991

公司名称:广州市丰佳柏高资讯设备有限公司
地　　址:广东省广州市番禺区市桥镇桥兴大道 215 号
邮政编码:511400
电　　话:020-84808025 84662001

公司名称:广东番禺金马自动化停车设备有限公司
地　　址:广东省广州市番禺区石镇官南永开发区
邮政编码:511450
电　　话:020-84855063

公司名称:镇泰(中国)工业有限公司
地　　址:广东省广州市番禹区榄核镇良地阜工业区蔡新路
邮政编码:511480
电　　话:020-84926668

公司名称:东莞华大机械有限公司
地　　址:广东省东莞市附城周屋管理区二环路
邮政编码:511705
电　　话:0769-2252790

公司名称:东莞金刚叉车有限公司
地　　址:广东省东莞市篁村石鼓宝石东路 1 号
邮政编码:511716
电　　话:0769-2400211

公司名称:东莞市海狮机械设备贸易有限公司百力机械设备有限公司

地　　址:广东省东莞市长安镇厦岗管理区 107 国道旁
邮政编码:511768
电　　话:0769-5317777

公司名称:**伟轮叉车东莞有限公司**
地　　址:广东省东莞市高海步镇
邮政编码:511784
电　　话:0769-8736868

公司名称:**亚桥软件有限公司**
地　　址:广东省深圳市人民南路嘉里中心 29 层
邮政编码:518001
电　　话:0755-2366000

公司名称:**深圳市南钜物流设备有限公司**
地　　址:广东省深圳市罗湖区松园路九号茂源大厦 403 室
邮政编码:518008
电　　话:0755-5563550

公司名称:**深圳市天络顺自动化设备有限公司**
地　　址:广东省深圳市宝安南路振业大厦 B 栋 826 室
邮政编码:518008
电　　话:0755-25863480 25863481

公司名称:**深圳市瑞沃建设有限公司**
地　　址:广东省深圳市福田区彩田南路中深花园 B 座 30 楼
邮政编码:518026
电　　话:0755-2892222

公司名称:**深圳市许继富通达车库有限公司**
地　　址:广东省深圳市彩田南路中深花园 A 座 19 楼
邮政编码:518026
电　　话:0755-2709268

公司名称:**深圳市特种设备质量安全检测所**
地　　址:广东省深圳市罗湖区红岗路 1032 号 402 室
邮政编码:518029
电　　话:0755-25928408 25922499

公司名称:**维章仓储服务(深圳)有限公司**
地　　址:广东省深圳市福田保税区槟榔道 6 号
邮政编码:518038
电　　话:0755-3591223

公司名称:**深圳市中全交通设备工程有限公司**
地　　址:广东省深圳市福田区泰然工业园 213 栋 6 楼
邮政编码:518040
电　　话:0755-83894182 83894342 83894

公司名称:**深圳鸿安机械有限公司**
地　　址:广东省深圳市南山区直升机场西门 1 号
邮政编码:518051
电　　话:0755-6500576

公司名称:**深圳市英德康工业通讯有限公司**
地　　址:广东省深圳市蛇口公园路花果山大厦 B 座 2003
邮政编码:518067
电　　话:0755-6852622

公司名称:**深圳中集天达空港设备有限公司**
地　　址:广东省深圳市蛇口区海湾路 19 号
邮政编码:518067
电　　话:0755-6688488

公司名称:**贺得自动机械(深圳)有限公司**
地　　址:广东省深圳宝安区观澜镇福民乡长湖头村
邮政编码:518110
电　　话:0755-8018857

公司名称:**怡丰工业设备有限公司**
地　　址:广东省深圳市龙岗镇南联

邮政编码:518116
电　　话:0755-4802638

公司名称:珠海格力机械有限公司
地　　址:广东省珠海市九洲大道中江村
邮政编码:519015
电　　话:0756-3365068

公司名称:广东中兴液力传动有限公司
地　　址:广东省郁南县都城镇河堤路45号
邮政编码:527100
电　　话:0766-7592180 7596083

公司名称:佛山市起重机械厂
地　　址:广东省佛山市普君西路15号
邮政编码:528000
电　　话:0757-3367193 3352387

公司名称:佛山市商业机械厂
地　　址:广东省佛山市燎原路88号之一
邮政编码:528000
电　　话:0757-3352580

公司名称:南海市起重设备厂有限公司
地　　址:广东省南海市桂城军桥东
邮政编码:528200
电　　话:0757-6227479

公司名称:南海先达货架厂
地　　址:广东省南海市桂丹路上柏工业区
邮政编码:528226
电　　话:0757-6443270

公司名称:南海市特种运输机械厂
地　　址:广东省南海市大沥区沥西大道
邮政编码:528231
电　　话:0757-5560314 5551374

公司名称:南海威士海库房设备有限公司
地　　址:广东省南海市贡岐镇沙溪工业城
邮政编码:528248
电　　话:0757-5995497 5993586

公司名称:顺德市万通起重设备厂
地　　址:广东省顺德市伦教镇广珠公路
邮政编码:528308
电　　话:0765-7757348

公司名称:广东省江门市南方输送机械工程有限公司
地　　址:广东省江门市白石区港口路白石区(机械设备大厦内)
邮政编码:529030
电　　话:0750-3376322 3390776 3361828

公司名称:广东省江门市输送机械厂
地　　址:广东省江门市蓬江区堤东路18号
邮政编码:529030
电　　话:0750-3364655 3394252

公司名称:江门市矿山机械厂有限公司
地　　址:广东省江门市竹牌街5号
邮政编码:529051
电　　话:0750-3362007

广西壮族自治区

物流与速递

公司名称:中国外运广西公司
地　　址:广西南宁市新城区七星137号
邮政编码:530022
电　　话:0771-2809876

公司名称:中国对外贸易运输总公司广西公司钦州

分公司
地　　址:广西钦州市钦南区永福大道
邮政编码:535000
电　　话:0777-2824807

公司名称:中国外运广西北海公司
地　　址:广西北海市海城区贵州路
邮政编码:536000
电　　话:0779-3038040

公司名称:中国对外贸易运输公司广西玉林地区支公司
地　　址:广西玉林地区玉林市站前路 3 号
邮政编码:537001
电　　话:0775-3835299

公司名称:中国外运广西公司贵港分公司
地　　址:广西贵港市江北大道
邮政编码:537100
电　　话:0775-4214463

公司名称:中国外运广西桂林公司
地　　址:广西桂林市叠彩区东镇路 10 号
邮政编码:541001
电　　话:0773-2608150

公司名称:柳州市联运总公司国联物流中心
地　　址:广西柳州市飞鹅路 81 号
邮政编码:545007
电　　话:0772-3618838

公司名称:广西柳州外运有限责任公司
地　　址:广西柳州市市郊区潭中大道外运大楼
邮政编码:545005
电　　话:0772-2616545

公司名称:广西翁氏八达物流有限责任有限公司
地　　址:广西柳州市柳邕路 176 号
邮政编码:545005
电　　话:0772-3218889

公司名称:中国外运广西公司柳州分公司
地　　址:广西柳州市郊区潭中大道外运大楼
邮政编码:545005
电　　话:0772-2616545

货运代理

公司名称:广西五金矿产国际货物运输代理公司
地　　址:广西南宁市新城区七星路 137 号
邮政编码:530022
电　　话:0771-5853035

公司名称:中国北海外轮代理公司
地　　址:广西北海市海城区海角路 75 号
邮政编码:536000
电　　话:0779-3035574

公司名称:防城港外经贸国际货物运输代理公司
地　　址:广西防城港市港口区白沙万友谊大道 4 号
邮政编码:538001
电　　话:0770-2826000

公司名称:中国外轮理货总公司防城分公司
地　　址:广西防城港市港口区望海路 2 号
邮政编码:538001
电　　话:0770-2892812

公司名称:中国梧州外轮代理公司
地　　址:广西梧州市万秀区桂江一路 63 号
邮政编码:543000
电　　话:0774-2830381

公司名称:蛇口万通货运代理公司梧州分公司
地　　址:广西梧州市万秀区河堤公园 90 号
邮政编码:543001
电　　话:0774-2033995

公司名称:梧州船务代理公司
地　　址:广西梧州市万秀区东堤路 20 号
邮政编码:543001

电　　话:0774-2026439

公司名称:梧州航运国际船舶代理公司
地　　址:广西梧州市万秀区西江二路3号
邮政编码:543001
电　　话:0774-2035139

公司名称:梧州市对外经济贸易货运代理公司
地　　址:广西梧州市蝶山区蝶山二咱23号
邮政编码:543002
电　　话:0774-387857

公司名称:柳州市国际货物运输代理公司
地　　址:广西柳州市柳南区飞鹅路81号
邮政编码:545007
电　　话:0772-3611888

公司名称:中国外运公司广西分公司河池公司
地　　址:广西河池地区河池市南新西路13号
邮政编码:547000
电　　话:0778-2284192

运　　输

公司名称:南宁地区交通运输公司
地　　址:广西南宁市明秀西路6号
邮政编码:530001
电　　话:0771-3132141

公司名称:南宁市交通运输公司
地　　址:广西南宁市城北区明秀东路32号
邮政编码:530001
电　　话:0771-3122035

公司名称:广西外运南宁集装箱汽运公司
地　　址:广西南宁市城北区明秀西路28号
邮政编码:530001
电　　话:0771-3136507

公司名称:广西壮族自治区商业汽车运输公司
地　　址:广西南宁市城北区明秀西路163号
邮政编码:530003
电　　话:0771-3833082

公司名称:南宁地区供销社汽运公司
地　　址:广西南宁市衡阳西路42号
邮政编码:530003
电　　话:0771-3834445

公司名称:南宁地区运输贸易总公司
地　　址:广西南宁市城北区沈阳路7号
邮政编码:530003
电　　话:0771-3836865

公司名称:南宁市汽车运输公司
地　　址:广西南宁市城北区北大北路26号
邮政编码:530003
电　　话:0771-3821125

公司名称:南宁市水泥散装汽车运输公司
地　　址:广西南宁市城北区大化路6号
邮政编码:530003
电　　话:0771-3212690

公司名称:南宁现代交通集团公司
地　　址:广西南宁市城北区西乡塘东路13号
邮政编码:530003
电　　话:0771-3821135

公司名称:南宁铁路运输贸易公司
地　　址:广西南宁市城北区衡阳西路30号
邮政编码:530003
电　　话:0771-3833057

公司名称:南宁航运总公司
地　　址:广西永新区南宁市北大南路1号
邮政编码:530011
电　　话:0771-3822895

公司名称:南宁市航运公司
地　　址:广西南宁市永新区北大南路15号

邮政编码:530011
电　　话:0771-3835376

公司名称:南宁市航运公司货运分公司
地　　址:广西南宁市永新区大坑码头
邮政编码:530011
电　　话:0771-3832559

公司名称:南宁汽车运输总公司
地　　址:广西南宁市兴宁区友爱南路 4 号
邮政编码:530011
电　　话:0771-2823454

公司名称:南宁汽运总公司长途汽车运输公司
地　　址:广西南宁市兴宁区朝阳路 80 号
邮政编码:530011
电　　话:0771-2825275

公司名称:南宁汽运总公司大件货物运输分公司
地　　址:广西南宁市兴宁区邕武路 10 号
邮政编码:530011
电　　话:0771-5626700

公司名称:南宁汽运总公司零担货运站
地　　址:广西南宁永新区边阳新街华建里 1 号
邮政编码:530011
电　　话:0771-3836249

公司名称:南宁市第二运输总公司
地　　址:广西南宁市永新区华强路 229 号
邮政编码:530011
电　　话:0771-2801794

公司名称:南宁市商业汽车运输公司
地　　址:广西南宁市永新区新阳路 83 号
邮政编码:530011
电　　话:0771-3832482

公司名称:南宁市中转联运公司
地　　址:广西南宁市永新区中华路 113 号
邮政编码:530011
电　　话:0771-2821157

公司名称:广西南宁东城南航集装箱装运有限公司
地　　址:广西南宁市北大路 1 号
邮政编码:530011
电　　话:0771-3152042

公司名称:广西海洋运输公司
地　　址:广西南宁市新城区古城路 37 号
邮政编码:530022
电　　话:0771-2847496

公司名称:南宁市客货综合运输公司
地　　址:广西南宁市新城区民主路 2-5 号
邮政编码:530023
电　　话:0771-5622282

公司名称:南宁港航船务公司
地　　址:广西南宁市江南区南堤路 1 号
邮政编码:530031
电　　话:0771-4826915

公司名称:广西五金矿产进出口集团南宁汽车运输公司
地　　址:广西南宁市江南区亭洪路 61 号
邮政编码:530031
电　　话:0771-4830897

公司名称:广西壮族自治区水产汽车运输公司
地　　址:广西南宁江南区亭高路 2 号(白沙大道中段)
邮政编码:530031
电　　话:0771-4830871

公司名称:南宁华侨投资区汽车运输公司
地　　址:广西南宁市武鸣县里建
邮政编码:530105
电　　话:0771-6301332

公司名称:百色地区林业汽车运输公司
地　　址:广西百色地区百色市石龙村
邮政编码:533000
电　　话:0776-2824714

公司名称:百色地区汽车运输总公司
地　　址:广西百色地区百色市城北一路 29 号
邮政编码:533000
电　　话:0776-2825862

公司名称:百色地区汽车运输总公司货运公司
地　　址:广西百色地区百色市城北一路 29 号
邮政编码:533000
电　　话:2825862-2251

公司名称:百色地区商业运输公司
地　　址:广西百色地区百色市城北路凤凰巷 55 号
邮政编码:533000
电　　话:0776-2824323

公司名称:百色市运输公司
地　　址:广西百色地区百色市解放街 80 号
邮政编码:533000
电　　话:0776-2824826

公司名称:百色市江南运输公司
地　　址:广西百色地区百色市那毕村
邮政编码:533005
电　　话:0776-2781031

公司名称:广西钦州运输总公司
地　　址:广西钦州市钦南区南珠大道 8 号
邮政编码:535000
电　　话:0777-2822772

公司名称:钦州市粮运公司
地　　址:广西钦州市钦南区钦州湾大道
邮政编码:535000
电　　话:0777-2824608

公司名称:钦州市林业汽车运输公司
地　　址:广西钦州市钦南区南珠大道 39 号
邮政编码:535000
电　　话:0777-2824056

公司名称:钦州湾汽车运输公司
地　　址:广西钦州市钦北区山仔部队
邮政编码:535000
电　　话:0777-2820375

公司名称:广西钦州铁路发展总公司
地　　址:广西钦州市钦南区文峰路
邮政编码:535000
电　　话:0777-2823834

公司名称:北海汽车运输总公司
地　　址:广西北海市海城区北部湾中路 4 号
邮政编码:536000
电　　话:0779-2024662

公司名称:北海汽车运输总公司货运公司
地　　址:广西北海市海城区北部湾东路
邮政编码:536000
电　　话:0779-2052221

公司名称:北海市第二运输公司
地　　址:广西北海市海城区银海路 44 号
邮政编码:536000
电　　话:0779-2020096

公司名称:北海市第二运输公司
地　　址:广西北海市海城区银海路 44 号
邮政编码:536000
电　　话:0779-2020096

公司名称:北海市南方货运有限公司
地　　址:广西北海市海角路 232 号
邮政编码:536000
电　　话:0779-3901613

公司名称:北海市三运公司
地　　址:广西北海市海城区北海大道
邮政编码:536000
电　　话:0779-3050520

公司名称:北海市运输公司
地　　址:广西北海市海城区海角路
邮政编码:536000
电　　话:0779-3032510

公司名称:广西北海海运总公司货运公司
地　　址:广西北海市海城区海角路 114 号
邮政编码:536000
电　　话:0779-3032913

公司名称:中国外运广西公司北海汽车运输公司
地　　址:广西北海市海城区贵州路
邮政编码:536000
电　　话:0779-3033019

公司名称:北海通海集装箱有限公司
地　　址:广西北海市五洲大道 8 号北郊水厂旁
邮政编码:536000
电　　话:0779-3030241

公司名称:广西玉林地区运输总公司
地　　址:广西玉林地区玉林市大北路 317 号
邮政编码:537000
电　　话:0775-2823233

公司名称:玉林地区商业汽车运输公司
地　　址:广西玉林地区玉林市城站路 43 号
邮政编码:537000
电　　话:0775-3830515

公司名称:玉林地区运输总公司零担货运汽车总公司
地　　址:广西玉林地区玉林市大北路 233 号
邮政编码:537000
电　　话:0775-2833067

公司名称:玉林市第二运输公司
地　　址:广西玉林地区玉林市
邮政编码:537000
电　　话:0775-2824007

公司名称:玉林市集装箱公司
地　　址:广西玉林地区玉林市玉林镇
邮政编码:537000
电　　话:0775-3838184

公司名称:玉林市运输公司
地　　址:广西玉林地区玉林市万花路 133 号
邮政编码:537000
电　　话:0775-2823299

公司名称:玉林地区林业汽车运输公司
地　　址:广西玉林地区玉林市电厂路 1 号
邮政编码:537005
电　　话:0775-3833947

公司名称:桂平市陆运公司
地　　址:广西桂平县城中
邮政编码:537200
电　　话:0775-3383393

公司名称:广西防城港海运有限公司
地　　址:广西省防城港市港口区兴港大道 16 号
邮政编码:538001
电　　话:0770-2822506

公司名称:桂林地区粮食运输贸易公司
地　　址:广西桂林叠彩区驿前街复兴里 25 号
邮政编码:541001
电　　话:0773-2604927

公司名称:桂林汽车输总公司零担货运分公司
地　　址:广西桂林市叠彩区中山北路 443 号
邮政编码:541001
电　　话:0773-2602632

公司名称:桂林市起重运输公司
地　　址:广西桂林市叠彩区芳华路1号
邮政编码:541001
电　　话:0773-2605336

公司名称:广西壮族自治区桂林汽车运输总公司
地　　址:广西桂林市象山区中山南路427号
邮政编码:541002
电　　话:0773-3832382

公司名称:桂林连通运输集团有限责任公司
地　　址:广西桂林市中山南路427号
邮政编码:541002
电　　话:0773-3821868

公司名称:桂林市第二汽车运输公司
地　　址:广西桂林市象山区沙河路10号
邮政编码:541002
电　　话:0773-3835747

公司名称:梧州市第二水运公司
地　　址:广西梧州市万秀区西江一路1号
邮政编码:543000
电　　话:0774-2824177

公司名称:梧州市第三水运公司
地　　址:广西梧州市万秀区西门码头水筏二楼
邮政编码:543000
电　　话:0774-2822789

公司名称:梧州市水运公司
地　　址:广西梧州市万秀区西江一路12号
邮政编码:543000
电　　话:0774-2825887

公司名称:国营梧州汽车运输总公司
地　　址:广西梧州市万秀区西江二路2-1号
邮政编码:543000
电　　话:0774-2025059

公司名称:梧州第二运输公司
地　　址:广西梧州市万秀区西江一路12号
邮政编码:543000
电　　话:0774-2825427

公司名称:国营广西梧州航运总公司
地　　址:广西梧州市万秀区西江三路3号
邮政编码:543001
电　　话:0774-2024844

公司名称:中国外运梧州汽车运输公司
地　　址:广西梧州市万秀区西堤一路20号
邮政编码:543001
电　　话:0774-2031743

公司名称:广西梧州港联货运有限责任公司
地　　址:广西梧州市蝶山区西堤二路53号
邮政编码:543002
电　　话:0774-3834335

公司名称:国营梧州港联总公司集装箱运输公司
地　　址:广西梧州市蝶山区西堤二路24号
邮政编码:543002
电　　话:0774-3828087

公司名称:国营梧州汽车运输公司货运公司
地　　址:广西梧州市万秀区钱鉴路9号
邮政编码:543004
电　　话:0774-5824239

公司名称:柳州地区柳州港运输公司
地　　址:广西柳州柳北区滨江西路6幢1单元1-3
邮政编码:545001
电　　话:0772-2825792

公司名称:柳州港澳轮船公司
地　　址:广西柳州市鱼峰区北雀路21号
邮政编码:545001
电　　话:0772-2511470

公司名称:广西柳州地区林业汽车运输公司
地　　址:广西柳州市柳北区雅儒路 470 号
邮政编码:545001
电　　话:0772-2800229

公司名称:柳州市农工商运输公司
地　　址:广西柳州市柳北区广雅路 11 号
邮政编码:545001
电　　话:0772-2811744

公司名称:柳州市银鹏经贸运输有限责任公司
地　　址:广西柳州市城中区水南路 37 号
邮政编码:545001
电　　话:0772-2851436

公司名称:柳州市中南汽车运输有限责任公司
地　　址:广西柳州市城中区中山西路 73 号
邮政编码:545001
电　　话:0772-2859638

公司名称:广西柳州钢铁(集团)公司汽车运输公司
地　　址:广西柳州市柳北区北雀路 117 号
邮政编码:545002
电　　话:0772-2592701

公司名称:柳州市郊区运输公司
地　　址:广西柳州市柳北区胜利路
邮政编码:545002
电　　话:0772-2515358

公司名称:柳州市船运总公司
地　　址:广西柳州市鱼峰区驾鹤路 80 号
邮政编码:545005
电　　话:0772-3808266

公司名称:广西柳州汽车运输总公司
地　　址:广西柳州市柳南区文笔路 3 号
邮政编码:545005
电　　话:0772-3831068

公司名称:广西柳州汽车运输总公司货运公司
地　　址:广西柳州市柳南区柳邕路 259 号
邮政编码:545005
电　　话:0772-3834220

公司名称:广西壮族自治区柳州市汽车零担运输公司
地　　址:广西柳州市市郊区潭中路 10 号
邮政编码:545005
电　　话:0772-2612102

公司名称:柳地供销运输贸易公司
地　　址:广西柳州市鱼峰区柳石路 360 号
邮政编码:545005
电　　话:0772-3121340

公司名称:柳州市二运起重集装厢运输公司
地　　址:广西柳州市柳南区红阳路云岭枢 230 号
邮政编码:545005
电　　话:0772-3833698

公司名称:柳州市汽车货运公司
地　　址:广西柳州市柳南区飞鹅路 81 号
邮政编码:545007
电　　话:0772-3611888

公司名称:广西柳铁集装箱运输中心
地　　址:广西柳州市柳南区鹅山路三区 1 号
邮政编码:545007
电　　话:0772-3921712

公司名称:广西铁路自备车运输公司
地　　址:广西柳州市柳南区鹅山路一区 39 号
邮政编码:545007
电　　话:0772-3612281

公司名称:海口柳铁运输服务有限公司
地　　址:广西柳州市柳南区鹅山路一区 40-1 号
邮政编码:545007
电　　话:0772-3612622

公司名称：柳州市联运服务公司
地　　址：广西柳州市柳南区飞鹅路 81 号
邮政编码：545007
电　　话：0774-3612308

公司名称：柳州市联运服务公司货物配载中心
地　　址：广西柳州市柳南区城站路 107 号
邮政编码：545007
电　　话：0774-3612308

公司名称：柳州市联运总公司
地　　址：广西柳州柳南区飞鹅二路北二巷 32-3 号
邮政编码：545007
电　　话：0774-3836257

公司名称：河池地区运输总公司货运公司
地　　址：广西河池地区河池市新建路
邮政编码：547000
电　　话：0778-2283765

公司名称：河池市林业运输公司
地　　址：广西河池市人民路 01 号
邮政编码：547000
电　　话：0778-2283174

公司名称：河池市运输服务公司
地　　址：广西河池市解放北路 18 号
邮政编码：547000
电　　话：0778-2283545

储　运

公司名称：广西物资储运贸易南宁公司
地　　址：广西南宁市城北区西乡塘东路 11 号
邮政编码：530003
电　　话：0771-3834211

公司名称：广西物资贸易储运有限责任公司
地　　址：广西南宁市大学东路 35 号
邮政编码：530003
电　　话：0771-3846373

公司名称：广西壮族自治区供销储运公司
地　　址：广西南宁市城北区北大路 41 号
邮政编码：530003
电　　话：0771-3833718

公司名称：南宁市交通联运公司
地　　址：广西南宁新城区新竹路北二里 13-105 号
邮政编码：530011
电　　话：0771-2433703

公司名称：南宁市水陆联运公司
地　　址：广西南宁市永新区大坑港码头
邮政编码：530011
电　　话：0771-3824073

公司名称：广西外运南宁储运公司
地　　址：广西南宁市五一西路 30 号
邮政编码：530031
电　　话：0771-4860787、4862814

公司名称：南宁市西江储运公司
地　　址：广西南宁市江南区江西岸
邮政编码：530031
电　　话：0771-4826362

公司名称：中国外运广西南宁储运公司
地　　址：广西南宁市江南区五一西路
邮政编码：530031
电　　话：0771-4830787

公司名称：百色地区供销社储运公司
地　　址：广西百色地区百色市城北路凤凰巷
邮政编码：533000
电　　话：0776-2824862

公司名称：百色市港口储运公司
地　　址：广西百色地区百色市城东路
邮政编码：533000
电　　话：0776-2828835

公司名称:广西钦州市物资储运贸易公司
地　　址:广西钦州市钦南区文峰北路
邮政编码:535000
电　　话:0777-2824086

公司名称:钦州市联运公司
地　　址:广西钦州市钦北区北营
邮政编码:535000
电　　话:0777-2824598

公司名称:钦州市商业储运公司
地　　址:广西钦州市钦南区钦州湾大道
邮政编码:535000
电　　话:0777-2823752

公司名称:钦州市三和贸易有限责任公司储运分公司
地　　址:广西钦州钦州市钦南区东风东路龙贡塘桥北
邮政编码:535011
电　　话:0777-2391446

公司名称:北海港东港储运有限公司
地　　址:广西北海市海城区海角路 75 号
邮政编码:536000
电　　话:0779-3052664

公司名称:北海市联营运输公司
地　　址:广西北海市海城区南珠路
邮政编码:536000
电　　话:0779-2052778

公司名称:广西物资集团贵港储运贸易总公司
地　　址:广西贵港市南平路中段
邮政编码:537100
电　　话:0775-4242168、4218929

公司名称:贵港市联合运输公司
地　　址:广西贵港市江北大道
邮政编码:537100
电　　话:0775-4213150

公司名称:防城港市防城区联运公司
地　　址:广西防城港市防城区烟新街
邮政编码:538021
电　　话:0770-3252186

公司名称:防城区北部湾联运总公司
地　　址:广西防城港市防城区茅岭村
邮政编码:538023
电　　话:0770-3092102

公司名称:桂林市联运公司
地　　址:广西桂林市叠彩区中山北路
邮政编码:541001
电　　话:0773-2603836

公司名称:桂林市化工建材总公司储运公司
地　　址:广西桂林市象山区沙河
邮政编码:541002
电　　话:0773-3833577

公司名称:广西物资集团桂林储运总公司
地　　址:广西桂林市相人山路 1 号
邮政编码:541003
电　　话:0773-3602551

公司名称:梧州港口运输联合总公司
地　　址:广西省梧州市西江一路 18 号
邮政编码:543000
电　　话:0774-2826136

公司名称:梧州市商业储运公司
地　　址:广西梧州市万秀区西江一路 19 号
邮政编码:543000
电　　话:0774-2825138

公司名称:国营梧州港口运输联合总公司
地　　址:广西梧州市万秀区西江一路 18 号
邮政编码:543002
电　　话:0774-2823536

公司名称:梧州市梧起集团储运分公司
地　　址:广西梧州市蝶山区莲花山路 8 号
邮政编码:543005
电　　话:0774-5826061

公司名称:柳州两面针股份有限公司储运分公司
地　　址:广西柳州市柳北区长风路 2 号
邮政编码:545001
电　　话:0774-2513750

公司名称:柳州商业储运公司
地　　址:广西柳州市柳北区北站路 14 号
邮政编码:545001
电　　话:0774-2825789

公司名称:广西物资储运贸易柳州公司
地　　址:广西柳州市柳北区红碑路 6 号
邮政编码:545002
电　　话:0774-2517256

公司名称:柳地供销储运服务公司
地　　址:广西柳州市柳南区柳邕路 132 号
邮政编码:545005
电　　话:0774-3805114

公司名称:柳州市交通实业开发公司储运服务分公司
地　　址:广西柳州柳南区探矿机械厂内飞鹅路 55 号
邮政编码:545005
电　　话:0774-3822908

公司名称:柳州市商贸储运公司
地　　址:广西柳州柳南区城站路莱园屯 93 号
邮政编码:545005
电　　话:0774-3831038

仓　　储

公司名称:广西南宁佳叶仓储有限责任公司
地　　址:广西南宁市望州路北二里 29 号
邮政编码:530001
电　　话:0771-5332976

公司名称:广西土产进出口公司南宁仓储供销公司
地　　址:广西南宁市永新区华西 29 号
邮政编码:530011
电　　话:0771-3835260

公司名称:广西广琏码头仓储有限公司
地　　址:广西钦州市钦南区东风路 1 号
邮政编码:535000
电　　话:0777-2834188-438

公司名称:广西钦州边港仓储有限公司
地　　址:广西省钦州市水东工商银行宿舍
邮政编码:535000
电　　话:0777-2392638

公司名称:广西广明码头仓储有限公司
地　　址:广西钦州港鹰岭作业区
邮政编码:535008
电　　话:0777-3888555

公司名称:广西钦州德港仓储有限公司
地　　址:广西省钦州市钦州港房高业区
邮政编码:535008
电　　话:0777-3888763

公司名称:广西钦州恒通保税综合仓储有限公司
地　　址:广西省钦州港区航空公司
邮政编码:535008
电　　话:0777-3888668

公司名称:广西钦州美联码头仓储有限公司
地　　址:广西钦州市钦州港金港商贸城 A 幢
邮政编码:535008
电　　话:0777-3888665

公司名称:钦州宇海国际集装箱码头仓储有限公司
地　　址:广西省钦州市钦州港区管委大院
邮政编码:535008

电　　话:0777-3888709

公司名称:**北海市木材运输仓储中心**
地　　址:广西北海市海城区北海大道
邮政编码:536000
电　　话:0779-3032814

公司名称:**北海市新新仓储公司**
地　　址:广西北海市海城区南万路扎钢厂内
邮政编码:536000
电　　话:0779-3032750

公司名称:**防城港华港仓储有限公司**
地　　址:广西防城港口区沙万路
邮政编码:538001
电　　话:0770-2961023

公司名称:**防城港市昌润码头仓储有限公司**
地　　址:广西防城港口区友宜大道碧波公寓 302
邮政编码:538001
电　　话:0770-2830351

公司名称:**防城港市新宏光仓储有限公司**
地　　址:广西防城港市港口区
邮政编码:538001
电　　话:0770-2832297

公司名称:**防城港天和化工仓储有限公司**
地　　址:广西防城港市港口区北码头一号泊位
邮政编码:538001
电　　话:0770-2891641

公司名称:**防城港亚远仓储有限公司**
地　　址:广西防城港市港口区
邮政编码:538001
电　　话:0770-2824161

公司名称:**广西五金矿产进出口防城港仓储运输公司**
地　　址:广西防城港市港口区中心区大道
邮政编码:538001
电　　话:0770-28229832

公司名称:**广西物资储运贸易柳州公司新风仓库**
地　　址:广西柳州市柳南区城站路 461 号
邮政编码:545007
电　　话:0772-3830037

物流设备

公司名称:**南宁手扶拖拉机厂**
地　　址:广西南宁市北湖路 50 号
邮政编码:530001
电　　话:0771-3115990

公司名称:**广西百矿股份有限公司**
地　　址:广西百色市江凤路 31 号
邮政编码:533000
电　　话:0776-2825901 2829823

公司名称:**广西梧州起重机器(集团)股份有限公司**
地　　址:广西梧州市莲花山路 8 号
邮政编码:543005
电　　话:0774-5825765

公司名称:**广西柳州起重运输机械总公司**
地　　址:广西柳州市荣军路 226 号
邮政编码:545005
电　　话:0772-3126830 3116773

公司名称:**柳州铁路装卸机械厂**
地　　址:广西柳州市城站路东站一区 28 号
邮政编码:545005
电　　话:0772-3800443

公司名称:**广西柳州链条总厂**
地　　址:广西柳州市屏山大道 306 号
邮政编码:545006
电　　话:0772-3124620 3123827

四 川 省

物流与速递

公司名称:成都佳盈(中国)物流有限公司
地　　址:四川省成都市武候大道武青南路33号高新创业服务中心4层
邮政编码:610045
电　　话:028-7425656

公司名称:四川省商业集团有限公司物流中心
地　　址:四川省成都市二仙桥东路12号-14号
邮政编码:610051
电　　话:028-4121231

物流信息服务

公司名称:四川新讯电子系统有限公司
地　　址:四川省成都鼓楼南街117号"世贸中心"B座2205号
邮政编码:610015
电　　话:028-6512270

公司名称:四川华泰技术发展有限公司
地　　址:四川省成都三洞桥61号华业广场912室
邮政编码:610031
电　　话:028-7783309

公司名称:四川托普集团
地　　址:四川省成都市金仙桥街55号
邮政编码:610036
电　　话:028-7659988

公司名称:四川鼎天软件有限公司
地　　址:四川省成都市高新区高朋东路3号
邮政编码:610041
电　　话:028-5183792

公司名称:四川四凯计算机软件有限公司
地　　址:四川省成都市新南路82号
邮政编码:610041
电　　话:028-5433436

公司名称:信邦(成都)软件开发有限公司
地　　址:四川省成都市大石南路36号
邮政编码:610041
电　　话:028-5061004

公司名称:TOSUN杜臣物流有限公司
地　　址:四川成都建设北路三段255号圣灯大楼二楼
邮政编码:610051
电　　话:028-3240098 3268552

公司名称:成都交大杜臣科技有限公司
地　　址:四川省成都市一环路东一段159号电子信息产业大厦12楼
邮政编码:610054
电　　话:028-3260066 3268282

公司名称:住邦(成都)软件开发有限公司
地　　址:四川省成都市金牛大道营门口路88号
邮政编码:610081
电　　话:028-7790128

货运代理

公司名称:中国物资储运成都公司货代中心
地　　址:四川省成都市青羊区光隆街6号
邮政编码:400017
电　　话:028-6744044

公司名称:重庆隆盛集装箱国际货运有限公司
地　　址:四川省重庆渝北区龙溪镇花荟园西路29号C5幛
邮政编码:401147
电　　话:023-67601292

公司名称:成都天航航空代理有限责任公司
地　　址:四川省成都市物候大道花园 13 幢三单元 5A
邮政编码:610041
电　　话:028-5704945

公司名称:成都中铁西南运输代理有限公司
地　　址:四川省成都市二环路北二段 86 号
邮政编码:610081
电　　话:028-2920211

公司名称:四川汉都货运代理有限责任公司
地　　址:四川省成都市汉都大酒店 20 楼 2001 室
邮政编码:610081
电　　话:028-3413173

公司名称:四川外运涪陵公司
地　　址:四川省涪陵市涪南路 7 号
邮政编码:648000
电　　话:0810-2222320

运　　输

公司名称:成都市民众汽车运输贸易公司
地　　址:四川省成都市武侯区永丰立交桥东二区
邮政编码:400013
电　　话:028-5185412

公司名称:四川省成都长途汽车运输公司
地　　址:四川省成都市青羊区青羊正街 229 号
邮政编码:400031
电　　话:028-7769471

公司名称:中国集装箱总公司成都公司
地　　址:四川省成都市成华区府青路三段 16 号
邮政编码:400051
电　　话:028-3252474

公司名称:成都铁路局实业开发总公司供销联运公司
地　　址:四川省成都市金牛区人民北路一段 34 号
邮政编码:400081
电　　话:028-3324670

公司名称:成都铁路分局集装箱运输中心
地　　址:四川省成都市金牛区二环路倍二段 12 号
邮政编码:400081
电　　话:028-3398247

公司名称:四川飞龙运输实业有限公司
地　　址:四川省成都市青羊区太升南路 155 号
邮政编码:610017
电　　话:028-6619541

公司名称:成都成宇运业有限公司
地　　址:四川省成都市五桂桥保和乡东桂村
邮政编码:610066
电　　话:028-4711693

公司名称:崇州市运输总公司
地　　址:四川省成都市
邮政编码:611230
电　　话:028-2272413

公司名称:邛崃市运输公司
地　　址:四川省成都市东街 260 号
邮政编码:611530
电　　话:028-8791126

公司名称:阿坝州林业储运总公司汽车运输公司
地　　址:四川省成都市都江堰市太平街
邮政编码:611830
电　　话:028-7282317

公司名称:都江堰市汽车运输公司
地　　址:四川省成都市都江堰市太平街 165 号
邮政编码:611830
电　　话:028-7283218

公司名称:四川省都江堰市运输二公司
地　　址:四川省都江堰市天乙街 45 号

邮政编码:611830
电　　话:028-7265395

公司名称:乐山汽车运输总公司眉山公司
地　　址:四川省乐山市眉山县
邮政编码:612160
电　　话:0833-8221238

公司名称:眉山第一汽车运输公司
地　　址:四川省乐山市眉山县苏湖路 58 号
邮政编码:612160
电　　话:0833-8221335

公司名称:四川省洪雅县瓦屋山轮船运输公司
地　　址:四川省乐山市洪雅县
邮政编码:612360
电　　话:0833-7403327

公司名称:乐山汽车运输总公司
地　　址:四川省乐山市市中区嘉定南路 22 号
邮政编码:614000
电　　话:0833-2130503

公司名称:乐山汽车运输总公司
地　　址:四川省乐山市市中区致江路 19 号
邮政编码:614000
电　　话:0833-2130757

公司名称:乐山汽车运输总公司运销公司
地　　址:四川省乐山市市中区嘉定南路 22 号
邮政编码:614000
电　　话:0833-2131658

公司名称:乐山市第四汽车运输公司
地　　址:四川省乐山市市中区半边街 169 号
邮政编码:614000
电　　话:0833-2130133

公司名称:乐山市兴达交通运输公司
地　　址:四川省乐山市市中区篦子街

邮政编码:614003
电　　话:0833-2134485

公司名称:峨眉山市第二汽车运输公司
地　　址:四川省乐山市峨眉山市名山路中段 92 号
邮政编码:614200
电　　话:0833-5522756

公司名称:峨眉山市汽车运输公司
地　　址:四川省乐山市峨眉山市名山路东段 6 号
邮政编码:614200
电　　话:0833-5522734

公司名称:西昌汽车运输总公司
地　　址:四川省西昌市长安东路 26 号
邮政编码:615000
电　　话:0834-3223817

公司名称:西昌汽车运输总公司运销公司
地　　址:四川省西昌市胜利北路
邮政编码:615000
电　　话:0834-3221869

公司名称:西昌市公路运输公司
地　　址:四川省西昌市西河西路 8＃
邮政编码:615000
电　　话:0834-3222129

公司名称:西昌市运输公司
地　　址:四川省西昌市三岔口土城巷 13＃
邮政编码:615000
电　　话:0834-3222375

公司名称:凉山州铁路集装箱联营联运公司
地　　址:四川省凉山彝族自治州西昌市长安南路
邮政编码:615031
电　　话:0834-3773326

公司名称:西昌铁路分局集装公司
地　　址:四川省凉山彝族自治州西昌市围墙

邮政编码:615031
电　　话:0834-3772237

公司名称:攀钢集团钢城企业总公司汽车运输公司
地　　址:四川省攀枝花市东区弄弄坪
邮政编码:617023
电　　话:0812-3399346

公司名称:四川省攀枝花汽车运输总公司
地　　址:四川省攀枝花市东区大和北路五村 19 号
邮政编码:617026
电　　话:0812-2222657

公司名称:攀枝花汽车运输总公司四公司
地　　址:四川省攀枝花市仁和区大河中路劳动二村 1 号
邮政编码:617027
电　　话:0812-2222098

公司名称:攀钢(集团)公司汽车运输公司
地　　址:四川省攀枝花市攀钢汽运公司
邮政编码:617063
电　　话:0812-6666036

公司名称:攀枝花汽车运输总公司二公司
地　　址:四川省攀枝花市西区席草坪街 50 号
邮政编码:617065
电　　话:0812-5558071

公司名称:攀枝花电力汽车运输公司
地　　址:四川省攀枝花市东区大河北路 98 号
邮政编码:617067
电　　话:0812-2222511

公司名称:四川省德阳汽车运输公司
地　　址:四川省德阳市市中区岷江西路 311 号
邮政编码:618000
电　　话:0838-2201384

公司名称:德阳铁路运输服务公司
地　　址:四川省德阳市市中区火车南站
邮政编码:618000
电　　话:0838-2203391

公司名称:中国第二重型机械集团公司运输公司
地　　址:四川省德阳市市中区岷江西路 70 号
邮政编码:618013
电　　话:0838-2203909

公司名称:绵竹市第二运输总公司
地　　址:四川省德阳市绵竹县庆云下街 138 号
邮政编码:618200
电　　话:0838-6205805

公司名称:绵竹市运输四公司
地　　址:四川省德阳市绵竹县场镇
邮政编码:618207
电　　话:0838-6680063

公司名称:广汉市第二运输总公司
地　　址:四川省德阳市广汉市西康路
邮政编码:618300
电　　话:0838-5222232

公司名称:广汉市第三运输总公司
地　　址:四川省德阳市广汉市西湖路
邮政编码:618300
电　　话:0838-5222432

公司名称:广汉市第一运输总公司
地　　址:四川省德阳市广汉市小北街
邮政编码:618300
电　　话:0838-5223400

公司名称:绵阳市第二土产公司储运分公司
地　　址:四川省绵阳市涪城区剑南路西段
邮政编码:621000
电　　话:0816-2333809

公司名称:绵阳对外贸易运输公司

地　　址:四川省绵阳市涪城区西河西路 3 号
邮政编码:621000
电　　话:0816-2333568

公司名称:绵阳零担运输公司
地　　址:四川省绵阳市涪城区迎宾路 70 号
邮政编码:621000
电　　话:0816-2336312

公司名称:绵阳汽车运输总公司
地　　址:四川省绵阳市涪城区涪城路 11 号
邮政编码:621000
电　　话:0816-2222243

公司名称:绵阳汽车运输总公司第一公司
地　　址:四川省绵阳市涪城区涪城路 11 号
邮政编码:621000
电　　话:0816-2223193

公司名称:绵阳市涪华汽车运输公司
地　　址:四川省绵阳市涪城区临园中路 66 号
邮政编码:621000
电　　话:0816-2334931

公司名称:四川长虹汽车运输有限责任公司
地　　址:四川省绵阳市涪城区绵兴路 4 号
邮政编码:621000
电　　话:0816-2417260

公司名称:江油汽车运输公司
地　　址:四川省绵阳市江油市大河坝街 6 号
邮政编码:621700
电　　话:0816-3261008

公司名称:江油市汽车运输公司
地　　址:四川省绵阳市江油市江东路 55 号
邮政编码:621700
电　　话:0816-3262536

公司名称:江油长联运输公司
地　　址:四川省绵阳市江油市
邮政编码:621702
电　　话:0816-3659084

公司名称:四川省雅安汽车运输行
地　　址:四川省雅安地区雅安市康藏路 13 号
邮政编码:625000
电　　话:0835-2222836

公司名称:甘孜州康定第二汽车运输公司
地　　址:四川省甘孜藏族自治州康定县东路 17 号
邮政编码:626000
电　　话:0836-2822112

公司名称:甘孜州康定汽车运输总公司
地　　址:四川省甘孜藏族自治州康定县新市前街 29 号
邮政编码:626000
电　　话:0836-2822991

公司名称:康定汽车运输总公司第三分公司
地　　址:四川省甘孜藏族自治州康定县南路 34 号
邮政编码:626000
电　　话:0836-2822493

公司名称:康定汽车运输总公司第一分公司
地　　址:四川省甘孜藏族自治州康定县南路 35 号
邮政编码:626000
电　　话:0836-2822452

公司名称:四川省广元市汽车运输总公司
地　　址:四川省广元市市中区蜀门北路 70 号
邮政编码:628000
电　　话:0839-3222479

公司名称:广元市昭化汽车运输有限责任公司
地　　址:四川省广元市市中区建设
邮政编码:628003
电　　话:0839-8522226

公司名称:广元市昭化汽车运输有限责任公司运输分公司
地　　址:四川省广元市市中区水电
邮政编码:628003
电　　话:0839-8522128

公司名称:四川省遂宁汽车运输总公司
地　　址:四川省遂宁市市中区开善路 90 号
邮政编码:629000
电　　话:0825-2226710

公司名称:四川省遂宁汽车运输总公司第一分公司
地　　址:四川省遂宁市市中区凯旋路 361 号
邮政编码:629000
电　　话:0825-2226036

公司名称:四川省遂宁市第二汽车运输公司
地　　址:四川省遂宁市市中区西山路 15 号
邮政编码:629000
电　　话:0825-2226590

公司名称:四川省遂宁市第三汽车运输公司
地　　址:四川省遂宁市市中区船山路 2 号
邮政编码:629000
电　　话:0825-2225380

公司名称:达川地区商业储运公司汽车运输分公司
地　　址:四川省达川地区达川市通川南路胶房巷 35 号
邮政编码:635000
电　　话:0818-2124241

公司名称:达川市第二运输公司
地　　址:四川省达川地区达川市柴市街 8 号
邮政编码:635000
电　　话:0818-2520924

公司名称:达川市第一运输公司
地　　址:四川省达川地区达川市新桥路 89 号
邮政编码:635000
电　　话:0818-2651542

公司名称:达川市汽车运输公司
地　　址:四川省达川地区达川市通川北路 43 号
邮政编码:635000
电　　话:0818-2371477

公司名称:四川省达川地区汽车运输总公司
地　　址:四川省达川地区达川市通川北路 64 号
邮政编码:635000
电　　话:0818-2376469

公司名称:南充市汽车运输公司
地　　址:四川省南充市顺庆区金泉街 61 号
邮政编码:637000
电　　话:0817-2222345

公司名称:南充市汽车运输三公司
地　　址:四川省南充市顺庆区滨江北路 141 号
邮政编码:637000
电　　话:0817-2224743

公司名称:南充市汽车运输一公司
地　　址:四川省南充市顺庆区滨江北路 47 号
邮政编码:637000
电　　话:0817-2223469

公司名称:广安铁路运输贸易公司
地　　址:四川省广安地区广安县文明路
邮政编码:638592
电　　话:0826-2812025

公司名称:四川省汽车运输华蓥公司
地　　址:四川省广安地区华蓥市东内路 1 号
邮政编码:638650
电　　话:0826-4821155

公司名称:万达实业总公司汽车货运分公司
地　　址:四川省内江市市中区东风路 2#
邮政编码:641000

电　　话:0832-2027400

公司名称:中国外运四川内江支公司
地　　址:四川省内江市市中区环城路
邮政编码:641000
电　　话:0832-2023396

公司名称:内江汽车运输总公司第四公司
地　　址:四川省内江市东兴区平桥村
邮政编码:641003
电　　话:0832-2023586

公司名称:四川省汽车运输自贡公司
地　　址:四川省自贡市自流井区新街滨江路 129 号
邮政编码:643000
电　　话:0813-2203378

公司名称:自贡市长江运输有限公司
地　　址:四川省自贡市自流井区张家沱 6 号
邮政编码:643000
电　　话:0813-2601027

公司名称:自贡市公路运输总公司
地　　址:四川省自贡市自流井区张家沱
邮政编码:643000
电　　话:0813-6010127

公司名称:自贡市公路运输总公司二公司
地　　址:四川省自贡市大安区周家冲 35 号
邮政编码:643000
电　　话:0813-2201274

公司名称:自贡市联运总公司
地　　址:四川省自贡市自流井区火车站路 7 号
邮政编码:643000
电　　话:0813-2307594

公司名称:自贡市联运总公司集装箱分公司
地　　址:四川省自贡市大安区
邮政编码:643000
电　　话:0813-2307602

公司名称:自贡汽车运输总公司
地　　址:四川省自贡市贡井区虎头桥 81 号
邮政编码:643020
电　　话:0813-3301284

公司名称:自贡市汽车运输总公司二公司
地　　址:四川省自贡市贡井区虎头桥 81 号
邮政编码:643020
电　　话:0813-3301728

公司名称:自贡南铁路运输服务公司
地　　址:四川省自贡市沿滩区
邮政编码:643036
电　　话:0813-3600134

公司名称:宜宾地区第二汽车运输公司
地　　址:四川省宜宾地区宜宾市慈善路 43 号
邮政编码:644000
电　　话:0831-8226547

公司名称:宜宾汽车运输公司
地　　址:四川省宜宾地区宜宾市苗圃路 1 号
邮政编码:644000
电　　话:0831-8225130

公司名称:宜宾市交通汽车运输公司
地　　址:四川省宜宾地区宜宾市城墙巷 12 号
邮政编码:644000
电　　话:0831-8226866

公司名称:宜宾市运输总公司
地　　址:四川省宜宾地区宜宾市东街
邮政编码:644000
电　　话:0831-8225095

公司名称:宜宾市直达汽车运输公司
地　　址:四川省宜宾地区宜宾市涠江街 127 号

邮政编码:644000
电　　话:0831-8225851

公司名称:四川省宜宾铁路运输服务公司
地　　址:四川省宜宾地区宜宾市前进路5号
邮政编码:644000
电　　话:0831-9000622

公司名称:芙蓉矿务局汽车运输公司
地　　址:四川省宜宾地区珙县茨梨村
邮政编码:644501
电　　话:0831-4311800

公司名称:泸州汽车运输总公司
地　　址:四川省泸州市泸州市江阳区连江路二段19号
邮政编码:646000
电　　话:0830-3190726

公司名称:泸州市第一航运公司
地　　址:四川省泸州市小市新街子
邮政编码:646100
电　　话:0830-2990586

储　　运

公司名称:成都化工公司储运分公司
地　　址:四川省成都市锦江区福兴街76号
邮政编码:400016
电　　话:028-6622707

公司名称:成都市锦江区恒通储运公司
地　　址:四川省成都市白马寺西藏成办二所院内二幢一楼七号
邮政编码:400031
电　　话:028-3394564

公司名称:成都市糖酒公司储运分公司
地　　址:四川省成都市成华区八里庄41号
邮政编码:400051
电　　话:028-3336967

公司名称:成都市中药材公司仓储运输公司
地　　址:四川省成都市成华区多宝寺南路2号
邮政编码:400067
电　　话:028-4468180

公司名称:成都铁路分局储运公司
地　　址:四川省成都市金牛区二环路北二段12号
邮政编码:400081
电　　话:028-3336419

公司名称:四川省成都五金站储运分公司
地　　址:四川省成都市成华区八里庄12号
邮政编码:400081
电　　话:028-6756385

公司名称:四川省林业物资供销总公司储运分公司
地　　址:四川省成都市金牛区驷马桥横街四号
邮政编码:400081
电　　话:028-3517494

公司名称:成都峨嵋联合储运公司
地　　址:四川省成都市青羊区联工
邮政编码:400091
电　　话:028-7416130

公司名称:中国物资储运成都(集团)公司
地　　址:四川省成都市青羊区兴隆街6号
邮政编码:610017
电　　话:028-6618311

公司名称:成都市成华区交通储运公司
地　　址:四川省成都市成华区成都八里庄西北路3号
邮政编码:610051
电　　话:028-3332578

公司名称:成都市成华区钢管储运贸易公司
地　　址:四川省成都市成华区东桂
邮政编码:610066
电　　话:4443412-4298

公司名称:成都铁路华飞贸易总公司储运公司
地　　址:四川省成都市金牛区二仙桥西北一路10号
邮政编码:610081
电　　话:3313388-52561

公司名称:四川捷达货物联运有限公司
地　　址:四川省成都市一环路北二段1号附5号
邮政编码:610081
电　　话:028-3191319

公司名称:攀枝花市金属材料公司储运贸易公司
地　　址:四川省攀枝花市东区烂泥田新铁二村32号
邮政编码:617023
电　　话:0812-3394737

公司名称:攀枝花市商业储运公司
地　　址:四川省攀枝花市东区商业街一村81号
邮政编码:617026
电　　话:0812-2223601

公司名称:西铁华夏攀枝花储运公司
地　　址:四川省攀枝花市西区河门口
邮政编码:617065
电　　话:0812-5558633

公司名称:德阳市化轻建材公司储运分公司
地　　址:四川省德阳市市中区华山南路一段
邮政编码:618000
电　　话:0838-2205116

公司名称:德阳市五交化储运公司
地　　址:四川省德阳市中区长江西路巴山街2号
邮政编码:618000
电　　话:0838-2206326

公司名称:四川德阳废旧物资回收总公司供销储运分公司
地　　址:四川省德阳市市中区鹿鹤村一组
邮政编码:618000
电　　话:0838-2201871

公司名称:四川省德集团有限责任公司储运分公司
地　　址:四川省德阳市市中区汉江路921仓库
邮政编码:618000
电　　话:0838-2201507

公司名称:什邡市物资储运股份公司
地　　址:四川省德阳市通站路
邮政编码:618400
电　　话:0838-8202582

公司名称:四川国贸股份有限公司储运分公司
地　　址:四川省绵阳市涪城区绵州路中段211号
邮政编码:621000
电　　话:0816-2332888

公司名称:四川省绵阳市工贸总公司商业储运公司
地　　址:四川省绵阳市涪城区迎宾路49号
邮政编码:621000
电　　话:0816-2337419

公司名称:江油市物资储运公司
地　　址:四川省绵阳市江油市棉葛兰村
邮政编码:621709
电　　话:0816-3223131

公司名称:雅安地区商业储运公司
地　　址:四川省雅安地区雅安市县前街106号
邮政编码:625000
电　　话:0835-2220116

公司名称:达川地区商业储运公司
地　　址:四川省达川地区达川市通川南路胶房巷35号
邮政编码:635000
电　　话:0818-2122636

公司名称:达川地区外贸包装储运公司
地　　址:四川省达川地区达县通川南路59号

邮政编码:635000
电　　话:0818-2652508

公司名称:达川地区中贸粮油总公司储运分公司
地　　址:四川省达川地区达川市马踏洞路118号
邮政编码:635002
电　　话:0818-2521191

公司名称:中国物资储运公司重庆公司川东分公司
地　　址:四川省达川地区渠县天星村
邮政编码:635216
电　　话:0818-7344151

公司名称:南充市商业储运联营公司
地　　址:四川省南充市顺庆区北干道340号
邮政编码:637000
电　　话:0817-02223300

公司名称:内江市商业储运公司
地　　址:四川省内江市市中区上南街220号
邮政编码:641000
电　　话:0832-2024160

公司名称:自贡市原源粮油储运公司
地　　址:四川省自贡市自流井区新街自由路73号
邮政编码:643000
电　　话:0813-2203951

公司名称:四川省新华书店自贡储运公司
地　　址:四川省自贡市大安区华大路39号
邮政编码:643010
电　　话:0813-2203264

公司名称:泸州市联运公司
地　　址:四川省泸州市市中区东门口8号
邮政编码:646000
电　　话:0830-2393343

仓　　储

公司名称:四川省成都市青白江国家粮食储蓄库
地　　址:四川省成都市青白江区唐军路30号
邮政编码:400305
电　　话:028-3302291

公司名称:四川华蜀机电仓储公司
地　　址:四川省成都市成华区东风路二段20号
邮政编码:610061
电　　话:028-4443614

公司名称:成都西部现代物流港有限公司
地　　址:四川省成都市洞子口乡王贾桥通安达大楼
邮政编码:610081
电　　话:028-3140176

公司名称:成都合基仓储有限公司
地　　址:四川省成都市金堂县新生村
邮政编码:610400
电　　话:028-4983881

公司名称:西昌铁路分局攀枝花储贸公司
地　　址:四川省攀枝花市东区渡口火车站
邮政编码:617023
电　　话:0812-3391460

公司名称:四川省德阳市粮油食品进出口仓储公司
地　　址:四川省德阳市市中区长江西路三段
邮政编码:618000
电　　话:0838-02202468

公司名称:绵阳市棉麻总公司仓储公司
地　　址:四川省绵阳市涪城区先锋路27号
邮政编码:621000
电　　话:0816-2333710

公司名称:遂宁市粮油食品总公司收储分公司
地　　址:四川省遂宁市市中区遂州北路102号
邮政编码:629000
电　　话:0825-2225433

公司名称:四川宣汉国家粮食储备库
地　　址:四川省达川地区宣汉县大垭口
邮政编码:636154
电　　话:0818-5822031

公司名称:南充市高坪区东站国家粮食储备库
地　　址:四川省南充市高坪区
邮政编码:637000
电　　话:0817-2225170

公司名称:隆昌县商业储运公司中转站
地　　址:四川省内江市隆昌县
邮政编码:642150
电　　话:0832-3923281

公司名称:四川省安岳县国家粮食储备库
地　　址:四川省内江市安岳县解放街
邮政编码:642350
电　　话:0832-4523851

公司名称:四川省自贡市国家粮食储备库
地　　址:四川省自贡市沿滩区上阳村
邮政编码:643030
电　　话:0813-3600057

公司名称:富顺县国家粮食储备库
地　　址:四川省自贡市富顺县两路口
邮政编码:643200
电　　话:0813-7100555

公司名称:宜宾黄桶庄国家粮油储备库
地　　址:四川省宜宾地区宜宾市黄桷庄
邮政编码:644004
电　　话:0831-8270014

公司名称:四川泸州国家粮食储备库(粮油集团储运公司)
地　　址:四川省泸州市大元村
邮政编码:646103
电　　话:0830-8095366

物流设备

公司名称:成都叉车有限公司
地　　址:四川省成都市高新区石羊乡三元村
邮政编码:610041
电　　话:028-5189189

公司名称:成都叉车总厂
地　　址:四川省成都市永丰路3号
邮政编码:610041
电　　话:028-7534931

公司名称:成都市强力塔式起重机厂
地　　址:四川省成都市保和乡天鹅村
邮政编码:610051
电　　话:028-4710808

公司名称:成都美日叉车有限公司
地　　址:四川省成都市青龙乡蒋碑三组
邮政编码:610081
电　　话:028-3517329

公司名称:成都起重机械厂
地　　址:四川省成都市外北天回镇
邮政编码:610083
电　　话:028-3572910

公司名称:成都铁路局双流起重运输机械厂
地　　址:四川省双流县火车站
邮政编码:610211
电　　话:028-5866031

公司名称:四川成华叉车总厂
地　　址:四川省成都市外东华阳镇正东街75号
邮政编码:610213
电　　话:028-5642301

公司名称:柳林液压机械厂
地　　址:四川省成都市温江县柳林乡和平村
邮政编码:611130

电　　话:028-2687695

公司名称:**成都工程机械液压厂**
地　　址:四川省成都市温江县涌泉乡
邮政编码:611136
电　　话:028-2600121

公司名称:**泸州长江液压件厂**
地　　址:四川省泸州市泸州长江液压件厂
邮政编码:616006
电　　话:0830-3582812

公司名称:**德阳启通机械有限公司**
地　　址:四川省德阳中江县城关镇公园街 18 号
邮政编码:618100
电　　话:0838-7250025

公司名称:**四川天力机械集团公司雅安矿山机械厂**
地　　址:四川省雅安市西门南路 19 号
邮政编码:625000
电　　话:0835-2222993 2222992

公司名称:**自贡华迪起重运输机械有限公司**(原自贡市交通机械厂)
地　　址:四川省自贡市富顺县邓井镇
邮政编码:643202
电　　话:0813-716025507 7160655

公司名称:**自贡市华迪起重运输机械有限公司**
地　　址:四川省自贡市邓井关镇邓化路
邮政编码:643202
电　　话:0813-7160255

公司名称:**四川长江工程机械集团有限公司**
地　　址:四川省泸州市江阳南路 1 号楼
邮政编码:646006
电　　话:0830-3192916

贵　州　省

物流与速递

公司名称:**贵州穗黔物流有限公司**
地　　址:贵州省贵阳市黄金路 118 号
邮政编码:550000
电　　话:0851-6500481

货运代理

公司名称:**中国集装箱总公司贵州分公司**
地　　址:贵州省贵阳市南明区南明区东站路 144 号
邮政编码:550002
电　　话:0851-5816607

公司名称:**中国对外贸易运输公司贵州省分公司汽车场**
地　　址:贵州省贵阳市南明区南明区富源中路 391 号
邮政编码:550005
电　　话:0851-3848338

公司名称:**贵州省外运分公司铜仁地区支公司**
地　　址:贵州省铜仁地区铜仁市大庆路
邮政编码:554300
电　　话:0856-6222978

公司名称:**中国对外贸易运输公司贵州省黔南州支公司**
地　　址:贵州省黔南布依族苗族自治州都匀市环城西路 48 号
邮政编码:558000
电　　话:0854-6222976

公司名称:**中国外运贵州安顺支公司**
地　　址:贵州省安顺地区安顺市货场路 2 号
邮政编码:561000

电　　话:0853-6223617

公司名称:中国外运总公司贵州省分公司遵义地区支公司
地　　址:贵州省遵义地区遵义市内环路 100 号
邮政编码:563000
电　　话:0852-6222796

运　输

公司名称:贵州省江海轮船贸易联合总公司
地　　址:贵州省贵阳市南明区兴关路 40 号
邮政编码:550002
电　　话:0851-5823624

公司名称:贵阳市运输公司
地　　址:贵州省贵阳市云岩区黄金路 118 号
邮政编码:550003
电　　话:0851-6825138

公司名称:贵铁公局综合服务总公司
地　　址:贵州省贵阳市云岩区双峰路 8 号
邮政编码:550003
电　　话:0851-6825594

公司名称:贵阳铁路分局
地　　址:贵州省贵阳市云岩区双峰路
邮政编码:550003
电　　话:0851-6515742

公司名称:贵州省贵阳长途汽车运输公司
地　　址:贵州省贵阳市云岩区黔春路 3 号
邮政编码:550008
电　　话:0851-4842571

公司名称:贵州铝厂汽车运输公司
地　　址:贵州省贵阳市白云区粑粑坳街
邮政编码:550014
电　　话:0851-4899073

公司名称:贵州有机化工总厂运输公司
地　　址:贵州省贵阳市
邮政编码:551402
电　　话:0851-2561328

公司名称:毕节地区汽车运输公司
地　　址:贵州省毕节地区毕节市翠屏路 1 号
邮政编码:551700
电　　话:0857-8223005

公司名称:毕节市交通局汽车运输公司
地　　址:贵州省毕节地区毕节市清毕南路 185 号
邮政编码:551700
电　　话:0857-8221617

公司名称:毕节市运销二公司
地　　址:贵州省毕节地区毕节市中华路
邮政编码:551700
电　　话:0857-8222074

公司名称:毕节市运销一公司
地　　址:贵州省贵州省毕节地区毕节市清毕南路
邮政编码:551700
电　　话:0857-8222224

公司名称:贵州水柏铁路有限责任公司
地　　址:贵州省六盘水市钟山区水西路
邮政编码:553000
电　　话:0858-8232991

公司名称:贵州省水城汽车运输公司
地　　址:贵州省六盘水市钟山区红岩路 71 号
邮政编码:553001
电　　话:0858-8221404

公司名称:六盘水市供销运输公司
地　　址:贵州省六盘水市钟山区钟山路
邮政编码:553001
电　　话:0858-8223508

公司名称:六盘水市商业运输公司

地　　址:贵州省六盘水市钟山区钟山西路76号
邮政编码:553001
电　　话:0858-8231497

公司名称:六枝特区汽车运输公司
地　　址:贵州省六盘水市六枝特区
邮政编码:553400
电　　话:0858-5322856

公司名称:贵州省铜仁地区汽车运输总公司
地　　址:贵州省铜仁地区铜仁市陆场路
邮政编码:554300
电　　话:0856-5225580

公司名称:贵州省铜仁市运输公司
地　　址:贵州省铜仁地区铜仁市大庆路
邮政编码:554300
电　　话:0856-5224092

公司名称:贵州省铜仁运输总公司铜仁货运二公司
地　　址:贵州省铜仁地区铜仁市陆场路
邮政编码:554300
电　　话:0856-5225599

公司名称:贵州省铜仁运输总公司铜仁货运公司
地　　址:贵州省铜仁地区铜仁市陆场路
邮政编码:554300
电　　话:0856-5223264

公司名称:贵州省铜仁运输总公司铜仁货运三公司
地　　址:贵州省铜仁地区铜仁市陆场路
邮政编码:554300
电　　话:0856-5225591

公司名称:贵州省铜仁运输总公司铜仁货运五公司
地　　址:贵州省铜仁地区铜仁市陆场路
邮政编码:554300
电　　话:0856-5225589

公司名称:贵州省铜仁运输总公司铜仁货运一公司
地　　址:贵州省铜仁地区铜仁市陆场路
邮政编码:554300
电　　话:0856-5225590

公司名称:贵州省凯里汽车运输公司
地　　址:贵州省凯里市文化北路25号
邮政编码:556000
电　　话:0855-8223098

公司名称:凯里市运输公司
地　　址:贵州省凯里市城西街
邮政编码:556000
电　　话:0855-8221674

公司名称:黔东南州林业汽车运输公司
地　　址:贵州省凯里市金井路73号
邮政编码:556000
电　　话:0855-8223540

公司名称:贵州省都匀汽车运输公司
地　　址:贵州省都匀市剑江北路238号
邮政编码:558000
电　　话:0854-8222404

公司名称:贵州省黔南州交通局运输公司
地　　址:贵州省都匀市关乡街83号
邮政编码:558000
电　　话:0854-8223776

公司名称:贵州省黔西南州运输公司
地　　址:贵州省兴义市西湖路6号
邮政编码:562400
电　　话:0859-3223022

公司名称:南天实业公司汽车运输公司
地　　址:贵州省兴义市北京路1号
邮政编码:562400
电　　话:0859-3222526

公司名称:遵义汽车运输总公司

地　　址:贵州省遵义地区遵义市北京路 1 号
邮政编码:563000
电　　话:0852-8624719

公司名称:遵义市运输公司
地　　址:贵州省遵义地区遵义市万里路
邮政编码:563000
电　　话:0852-8222579

公司名称:赤水市航运公司
地　　址:贵州省遵义地区赤水市市中
邮政编码:564700
电　　话:0852-8821842

公司名称:赤水市河航道处港航公司
地　　址:贵州省遵义地区赤水市市中
邮政编码:564700
电　　话:0852-8821772

公司名称:贵州赤天化集团运输发展有限公司
地　　址:贵州省遵义地区赤水市铁匠炉街 22 号
邮政编码:564708
电　　话:0852-8878299

储　　运

公司名称:贵阳市对外经济贸易储运公司
地　　址:贵州省贵阳市遵义路 6 号海关大楼一楼
邮政编码:550001
电　　话:0851-5886893

公司名称:贵阳大成储运总站
地　　址:贵州省贵阳市云岩区云岩区北京路 109 号
邮政编码:550002
电　　话:0851-6824155

公司名称:贵州省供销储运公司
地　　址:贵州省贵阳市南明区南明区东站路 167 号
邮政编码:550005
电　　话:0851-5826920

公司名称:贵州省商业储运总公司
地　　址:贵州省贵阳市龙家寨倒岩路 118 号
邮政编码:550005
电　　话:0851-3848654

公司名称:贵州省物资储运总公司
地　　址:贵州省贵阳市解放路
邮政编码:550005
电　　话:0851-5523923

公司名称:六盘水市联合运输公司
地　　址:贵州省六盘水市钟山区人民中路
邮政编码:553000
电　　话:0858-8222610

公司名称:贵州省凯里市商业储运公司
地　　址:贵州省黔东西苗族侗族自治州凯里市环城北路
邮政编码:556000
电　　话:0855-6222374

公司名称:安顺地区商业储运公司
地　　址:贵州省安顺地区安顺市南山路 33 号
邮政编码:561000
电　　话:0853-6222105

公司名称:贵州省商业顺发储运公司
地　　址:贵州省安顺地区安顺市外环西南路 24 号
邮政编码:561000
电　　话:0853-6222733

公司名称:贵州省黔西南州供销储运公司
地　　址:贵州省黔西南布依族苗族自治州兴义市田坝街
邮政编码:562400
电　　话:0859-3223013

公司名称:赤水市联合运输公司

地　　址:贵州省遵义地区赤水市市中
邮政编码:564700
电　　话:0852-8821697

物流设备

公司名称:贵阳普天通信机械厂
地　　址:贵州省贵阳市野鸭塘
邮政编码:550008
电　　话:0851-4720073
传　　真:0851-4720467
网　　址:www.yd539.com
单位简介:贵阳普天通信机械厂创建于 1970 年,直属于中国普天信息产业集团公司,是邮政、物流设备及改装汽车专业生产厂家。地处贵阳市西郊,占地 18 万平方米,建筑面积 5 万多平方米,资产总额 7000 多万元。现有职工 623 人,专业技术人员 279 人。
主导产品为:推式悬挂输送机、包刷分拣机、容器传输系统、托盘式分拣机、带式高速包刷分拣机、重件分拣机、多级伸缩胶带机、鳞片式输送机、重型链板机、邮政改装车以及拓展邮政机械以外的物流设备。

公司名称:贵阳输送设备制造厂
地　　址:贵州省贵阳市四方河庙冲路 34 号
邮政编码:550001
电　　话:0851-3812517

云　南　省

物流与速递

公司名称:昆明云空速递服务部
地　　址:云南省昆明市官渡区新民航路
邮政编码:650200
电　　话:0871-7177528

物流信息服务

公司名称:合通英华技术开发(昆明)有限公司
地　　址:云南省昆明南屏街 4 号云南国托大厦 8 层
邮政编码:650021
电　　话:0871-3180959

公司名称:云南省物资流通协会
地　　址:云南省昆明市翠湖北路 76 号
邮政编码:650031
电　　话:0871-5320940

公司名称:金鼎计算机开发公司
地　　址:云南省昆明市丰宁小区 74 幢 3 单 502
邮政编码:650106
电　　话:0871-5145908

货运代理

公司名称:昆明南方旅业航空客货代理中心
地　　址:云南省盘龙区昆明市北京路 604 号
邮政编码:650011
电　　话:0871-3513523

公司名称:昆明云铁运输代理服务有限责任公司
地　　址:云南省昆明市火车站铁路大厦 B 座二楼
邮政编码:650011
电　　话:0871-3553481

公司名称:云南外运迅达货运有限公司
地　　址:云南省昆明市盘龙区北京路 576 号四楼
邮政编码:650011
电　　话:0871-3131338

公司名称:云南外运一迅达货运有限公司
地　　址:云南省昆明市北京路 576 号外贸大楼 14 楼
邮政编码:650011
电　　话:0871-3130053

公司名称:云南银港航空客货代理有限公司
地　　址:云南省昆明市盘龙区环南新村 37 号
邮政编码:650011
电　　话:0871-3511958

公司名称:云南鸿盛航运货代中心
地　　址:云南省昆明市五华区永昌南区 1 幢 6 单元
邮政编码:650034
电　　话:0871-3133803

公司名称:民航云南客货代理公司
地　　址:云南省昆明市盘龙区春城路 130-132 号
邮政编码:650041
电　　话:0871-3512653

公司名称:云南中汽货运代理公司
地　　址:云南省昆明市盘龙区北京路凤凰村 84 号
邮政编码:650051
电　　话:0871-5152441

公司名称:昆明市官渡区外运贸易公司
地　　址:云南省昆明市官渡区朱家村 152 号
邮政编码:650217
电　　话:0871-7174480

公司名称:版纳货运中心
地　　址:云南省西双版纳傣族自治州景洪市江北路 8 号
邮政编码:666101
电　　话:0691-2123919

运　　输

公司名称:中国外运云南公司
地　　址:云南省昆明市盘龙区北京路 576 号五楼
邮政编码:650011
电　　话:0871-3137185

公司名称:云南省昆明汽车运输经贸总公司
地　　址:云南省昆明市五华区西站 16 号
邮政编码:650031
电　　话:0871-5326250

公司名称:云南省铁路运输公司
地　　址:云南省昆明市盘龙区大鼓楼新 38 号
邮政编码:650051
电　　话:0871-5160678

公司名称:云南联运集装箱公司(昆明汽车货运站)
地　　址:云南省昆明市西山区黄土坡
邮政编码:650101
电　　话:0871-8188799

公司名称:昆明昆机集团公司运输公司
地　　址:云南省昆明市官渡区茨坝路 23 号
邮政编码:650203
电　　话:0971-5211077

公司名称:云南省石油总公司第二运输公司
地　　址:云南省官渡区昆明市东郊八公里
邮政编码:650206
电　　话:0871-7171860

公司名称:云南省商业储运汽车运输公司
地　　址:云南省昆明市官渡区东郊黑土凹
邮政编码:650215
电　　话:0871-7171424

公司名称:云南云辉货运有限公司
地　　址:云南省昆明市牛街庄经济技术开发区 45 号
邮政编码:650217
电　　话:0871-7264313

公司名称:中国汽车运输昆明公司
地　　址:云南省昆明市官渡区东郊大石坝
邮政编码:650218
电　　话:0971-7171030

公司名称:云南省外贸万达运输公司

地　　址:云南省昆明市新迎南区新裕巷 22 号
邮政编码:650233
电　　话:0871-3344714、3344745

公司名称:云南省玉溪市金腾汽车运输有限公司
地　　址:云南省玉溪地区玉溪市南环路
邮政编码:653100
电　　话:0877-2066299

公司名称:东川市汽车运输公司
地　　址:云南省东川市金江路 12 号
邮政编码:654100
电　　话:0871-2122231

公司名称:东川矿务局运输公司
地　　址:云南省东川市下深沟居委会
邮政编码:654101
电　　话:0871-2528692

公司名称:红河州交通运输实业总公司
地　　址:云南省建水县北正路
邮政编码:654300
电　　话:0873-7652675

公司名称:红河州交通运输实业总公司汽车货运公司
地　　址:云南省建水县北正路
邮政编码:654300
电　　话:0873-7652787

公司名称:云南省曲靖地区汽车运输总公司
地　　址:云南省曲靖地区曲靖市麒麟北路 289 号
邮政编码:655000
电　　话:0874-3142574

公司名称:云南省曲靖汽车运输经贸总公司
地　　址:云南省曲靖地区曲靖市交通路 50 号
邮政编码:655000
电　　话:0874-3122337

公司名称:宣威市煤炭汽车运输公司
地　　址:云南省曲靖地区宣威市建设街 4 号
邮政编码:655400
电　　话:0874-7122443

公司名称:宣威市汽车运输公司
地　　址:云南省曲靖地区宣威市建设西街 5 号
邮政编码:655400
电　　话:0874-7122429

公司名称:云南省宣威汽车运输经贸总公司
地　　址:云南省曲靖地区宣威市振兴街 103 号
邮政编码:655400
电　　话:0874-7122634

公司名称:云南省曲靖汽车运输经贸总公司第六运输公司
地　　址:云南省曲靖地区陆良县西大街 85 号
邮政编码:655600
电　　话:0874-6222688

公司名称:云南省昭通地区汽车运输经贸总公司
地　　址:云南省昭通地区昭通市龙泉路 144 号
邮政编码:657000
电　　话:0870-2124347

公司名称:昭通市汽车运输公司
地　　址:云南省昭通地区昭通市建设北街 76 号
邮政编码:657000
电　　话:0870-2125695

公司名称:云南省彝良县汽车运输公司
地　　址:云南省昭通地区彝良县环城北路 9 号
邮政编码:657600
电　　话:0870-5120066

公司名称:蒙自汽车运输商贸公司
地　　址:云南省红河哈尼族彝族自治州蒙自县北郊
邮政编码:661100

电　　话:0873-3642324

公司名称:个旧市汽车运输公司
地　　址:云南省个旧市建设路 173 号
邮政编码:661400
电　　话:0873-2124741

公司名称:个旧市石油总公司汽车运输公司
地　　址:云南省个旧市建设路 34 号
邮政编码:661400
电　　话:0873-2122003

公司名称:云南锡业公司汽车运输公司
地　　址:云南省个旧市建设路 158 号
邮政编码:661400
电　　话:0873-2446856

公司名称:西双版纳景清运输有限公司
地　　址:云南省景洪市嘎兰中路 42 号
邮政编码:666100
电　　话:0691-2126901

公司名称:西双版纳州汽车运输公司
地　　址:云南省西双版纳景洪市嘎兰北路 2 号
邮政编码:666100
电　　话:0691-2123521

公司名称:景洪市汽车运输公司
地　　址:云南省西双版纳景洪市江北路 29 号
邮政编码:666101
电　　话:0691-2131393

公司名称:云南大理联运公司
地　　址:云南省大理市龙溪路 11 号
邮政编码:671000
电　　话:0872-2124181

公司名称:大理市汽车运输公司
地　　址:云南省大理白族自治州大理市开发区
邮政编码:671000

电　　话:0872-2122156

公司名称:大理州粮油运输公司
地　　址:云南省大理市幸福路 126 号
邮政编码:671000
电　　话:0872-2125986

公司名称:大理州汽车运输公司
地　　址:云南省大理市经济开发区
邮政编码:671000
电　　话:0872-2125789

公司名称:云南省下关汽车运输经贸总公司
地　　址:云南省大理市建设路 10 号
邮政编码:671000
电　　话:0872-2125631

公司名称:云南省下关邮政汽车运输公司
地　　址:云南省大理白族自治州大理市满江
邮政编码:671002
电　　话:0872-2125050

公司名称:丽江地区运输公司
地　　址:云南省丽江地区丽江纳西族自治县义正
邮政编码:674100
电　　话:0888-5122929

公司名称:楚雄州林业经贸运输总公司
地　　址:云南省楚雄彝族自治州楚雄市万家坝村
邮政编码:675000
电　　话:0878-3122627

公司名称:楚雄彝族自治州汽车运输公司
地　　址:云南省楚雄市鹿城西路 51 号
邮政编码:675000
电　　话:0878-3122351

公司名称:楚雄州汽车运输公司货运经营分公司
地　　址:云南省楚雄市鹿城西路 51 号
邮政编码:675000

电　　话:0878-3122228

公司名称:南涧彝族自治县汽车运输公司
地　　址:云南省南涧彝族自治县振兴南路117号
邮政编码:675700
电　　话:0872-8521415

公司名称:临沧地区汽车联运公司
地　　址:云南省临沧地区临沧县洪桥路298号
邮政编码:677000
电　　话:0883-2123137

公司名称:保山地区粮油汽车运输公司
地　　址:云南省保山市环城南路54号
邮政编码:678000
电　　话:0875-2122263

公司名称:保山市第二汽车运输公司
地　　址:云南省保山市环城东路39号
邮政编码:678000
电　　话:0875-2122327

公司名称:保山市汽车运输公司
地　　址:云南省保山市南关街26号
邮政编码:678000
电　　话:0875-2122645

公司名称:昌宁县汽车运输公司
地　　址:云南省保山地区昌宁县达丙办事处
邮政编码:678101
电　　话:0875-7185246

公司名称:德宏州汽车运输实业总公司
地　　址:云南省德宏潞西县团结大街101号
邮政编码:678400
电　　话:0692-2121488

公司名称:云南德宏交通运输集团公司
地　　址:云南省潞西市芝市团结大街1号
邮政编码:678400
电　　话:0692-2121474

公司名称:云南省德宏汽车运输经贸总公司
地　　址:云南省德宏潞西县团结大街1号
邮政编码:678400
电　　话:0692-2121474

公司名称:云南省畹町市汽车运输公司
地　　址:云南省德宏畹町市建设路1号
邮政编码:678500
电　　话:0692-5152851

公司名称:瑞丽市汽车运输公司
地　　址:云南省瑞丽市南门街10号
邮政编码:678600
电　　话:0692-4141364

储　　运

公司名称:昆明市生产资料服务总公司储运公司
地　　址:云南省昆明市盘龙区环城南路296号
邮政编码:650011
电　　话:0871-3136150

公司名称:云南省副食果品公司综合贸易储运分公司
地　　址:云南省昆明市盘龙区北京路36号
邮政编码:650011
电　　话:0871-3139655

公司名称:云南省商业储运总公司
地　　址:云南省昆明市盘龙区北京路529号
邮政编码:650011
电　　话:0871-3161615

公司名称:昆明火车站兴励仓储货场
地　　址:云南省昆明盘龙区北京路昆明火车站
邮政编码:650011
电　　话:0871-3511590

公司名称:云南民办科技园储运公司

地　　址:云南省昆明市盘龙区护国路 22 号
邮政编码:650021
电　　话:0871-3186960

公司名称:云南亨通国际货运有限公司
地　　址:云南省昆明市东风西路 128 号云南饭店 4 号楼 407
邮政编码:650031
电　　话:0871-3636479

公司名称:云南省供销社储运公司服务分公司
地　　址:云南省昆明市五华区东风西路 26 号
邮政编码:650031
电　　话:0871-5336497

公司名称:中国烟草总公司云南省烟草储运分公司
地　　址:云南省昆明五华区螺峰街高地巷一号
邮政编码:650031
电　　话:0871-5175482

公司名称:云南省供销社储运公司
地　　址:云南省昆明市五华区东风西路 26 号
邮政编码:650032
电　　话:0871-5335223

公司名称:昆明市商业储运公司
地　　址:云南省昆明市盘龙区吴井路 8 号附 1 号
邮政编码:650041
电　　话:0871-3513248

公司名称:云南农机物资储运公司
地　　址:云南省昆明市盘龙区吴井路 242 号
邮政编码:650041
电　　话:0871-7178682

公司名称:云南省物资贸易中心储运经营部
地　　址:云南省昆明市盘龙区东站拓东路口
邮政编码:650041
电　　话:0871-3331622

公司名称:云南省交通物资总公司经贸储运分公司
地　　址:云南省昆明市盘龙区穿金路 5 号
邮政编码:650051
电　　话:0871-5325192

公司名称:昆明市西山云兴仓储运输公司
地　　址:云南省昆明市西山区王家桥
邮政编码:650102
电　　话:0871-8186178

公司名称:昆明吉铁储运有限公司
地　　址:云南省昆明市西山区龙院村
邮政编码:650106
电　　话:0871-8181911

公司名称:云南省土产公司储运分公司
地　　址:云南省昆明市官渡区东郊跑马山
邮政编码:650200
电　　话:0871-7171873

公司名称:云南省汽车工业贸易总公司储运公司
地　　址:云南省昆明市官渡区广卫村
邮政编码:650213
电　　话:0871-7175601

公司名称:水电十四局云腾储运分公司
地　　址:云南省昆明市官渡区东郊凉亭水电十四局运输公司
邮政编码:650215
电　　话:0871-7178681

公司名称:云南电力物资储运公司
地　　址:云南省昆明市官渡区凉亭
邮政编码:650215
电　　话:0871-7171124

公司名称:云南省供销社储运公司凉亭分公司
地　　址:云南省昆明市官渡区东郊凉亭
邮政编码:650215
电　　话:0871-7174206

公司名称:云南省商业储运经营公司
地　　址:云南省昆明市官渡区东郊黑土凹
邮政编码:650215
电　　话:0871-7171303

公司名称:昆明国际经济技术合作公司储运部
地　　址:云南省昆明市官渡区金马寺何家院
邮政编码:650216
电　　话:0871-7172636

公司名称:昆明市联运公司
地　　址:云南省昆明市官渡区金马寺建工三村
邮政编码:650216
电　　话:0871-7174945

公司名称:云南省机械供销总公司储运分公司
地　　址:云南省昆明市官渡区大石坝
邮政编码:650218
电　　话:0871-7331839

公司名称:昆明市前卫仓储服务公司
地　　址:云南省昆明市官渡区解家桥村
邮政编码:650228
电　　话:0871-4159299

公司名称:金马物资储运站
地　　址:云南省昆明市官渡区上凹
邮政编码:650251
电　　话:0871-7171471

公司名称:云南省金属材料总公司安宁储运经营分公司
地　　址:云南省昆明市昆畹公路29公里处
邮政编码:650300
电　　话:0871-8699809

公司名称:晋宁县古城中谊储运站
地　　址:云南省昆明市晋宁县恢厂
邮政编码:650604
电　　话:0871-7891680

公司名称:晋宁县中谊站储运库
地　　址:云南省昆明市晋宁县恢厂
邮政编码:650604
电　　话:0871-7891673

公司名称:云南省供销社储运公司甸尾分公司
地　　址:云南省楚雄彝族自治州禄丰县甸尾
邮政编码:651224
电　　话:0878-4881579

公司名称:云南红河储运实业有限公司
地　　址:云南省弥勒县弥阳镇西山路
邮政编码:652300
电　　话:0873-6128727

公司名称:云南省红河储运公司
地　　址:云南省红河哈尼族彝族自治州弥勒县章保村
邮政编码:652300
电　　话:0873-6128727

公司名称:曲靖金源开发公司金源储运公司
地　　址:云南省曲靖地区曲靖市廖廓北路
邮政编码:655000
电　　话:0874-3122791

公司名称:曲靖市乡镇企业总公司储运公司
地　　址:云南省曲靖地区曲靖市南宁北路
邮政编码:655000
电　　话:0874-3145016

公司名称:云南曲靖国家粮食储备库曲靖粮油储运公司
地　　址:云南省曲靖地区曲靖市麻黄村
邮政编码:655000
电　　话:0874-3147548

公司名称:云南省曲靖地区供销合作社储运公司
地　　址:云南省曲靖市麒麟北路234号
邮政编码:655000

电　　话:0874-3142879

公司名称:昭通市供销社联合社储运公司
地　　址:云南省昭通市环城东路105号
邮政编码:657000
电　　话:0870-2121027

公司名称:云南省个旧市对外经济贸易总公司储运公司
地　　址:云南省红河哈尼族彝族自治州个旧市金湖西路外贸大厦
邮政编码:661400
电　　话:0873-2125331

公司名称:个旧市沙甸汽车联运公司
地　　址:云南省红河哈尼族彝族自治州个旧市十字街
邮政编码:661413
电　　话:0873-2651219

公司名称:思茅市储运公司
地　　址:云南省思茅市环城路北段15号
邮政编码:665000
电　　话:0879-2124476

公司名称:大理市供销贸易公司储运公司
地　　址:云南省大理市双鸳路
邮政编码:671000
电　　话:0872-2134698

公司名称:大理市商业储运公司
地　　址:云南省大理白族自治州大理市环城南路25号
邮政编码:671000
电　　话:0872-2125982

公司名称:大理州供销社储运公司
地　　址:云南省大理白族自治州大理市文化路10号
邮政编码:671000
电　　话:0872-2125470

公司名称:云南省商业储运公司瑞丽公司
地　　址:云南省德宏傣族景颇族自治州瑞丽市瑞宏路
邮政编码:678600
电　　话:0692-4142472

仓　　储

公司名称:云南省棉麻公司仓储服务部
地　　址:云南省昆明市五华区西昌路374号
邮政编码:650031
电　　话:0871-7174268

公司名称:昆明铁路分局材料厂仓储服务部
地　　址:云南省昆明市官渡区杨方凹大麻苴村
邮政编码:650206
电　　话:0871-3845967

公司名称:昆明铁路机械工务厂仓储服务部
地　　址:云南省昆明市官渡区东郊黄龙山
邮政编码:650208
电　　话:0871-7331036

公司名称:云南昆明国家粮食储备中转库
地　　址:云南省昆明市官渡区三瓦村
邮政编码:650208
电　　话:0871-7331339

公司名称:云南省电力局供应公司仓储服务部
地　　址:云南省昆明市官渡区凉亭
邮政编码:650215
电　　话:0871-7172610

公司名称:云南省商业储运经营公司仓储经营部
地　　址:云南省昆明市官渡区东郊黑土凹
邮政编码:650215
电　　话:0871-7174396

公司名称:云南省机电设备总公司仓储经营分公司

地　　址:云南省昆明市呈贡县小洛羊
邮政编码:650501
电　　话:0871-7479327

公司名称:云南省晋宁县恢厂储运站
地　　址:云南省昆明市晋宁县恢厂村
邮政编码:650604
电　　话:0871-7891576

公司名称:曲靖地区生产资料服务公司仓储科
地　　址:云南省曲靖地区曲靖市环城东路
邮政编码:655000
电　　话:0874-3142754

公司名称:曲靖地区物资贸易中心仓储服务部
地　　址:云南省曲靖地区曲靖市麒麟北路 325 号
邮政编码:655000
电　　话:0874-3144473

公司名称:昭通地区国家粮食储备二库
地　　址:云南省昭通地区昭通市篆壕
邮政编码:657000
电　　话:0870-2125066

公司名称:文山州国家粮食储备库
地　　址:云南省云南文山县攀枝花村
邮政编码:663000
电　　话:0876-2124473

公司名称:云南丽江国家粮食储备库
地　　址:云南省丽江纳西族自治县五台
邮政编码:674100
电　　话:0888-5123454

公司名称:云南省临沧地区国家粮食储备库
地　　址:云南省临沧县圈掌街 17 号
邮政编码:677000
电　　话:0883-2123535

物流设备

公司名称:昆明船舶设备集团有限公司
地　　址:云南省昆明市人民东路 3 号船舶大楼
邮政编码:650051
电　　话:0871-3137700
传　　真:0871-3135511
网　　址:www.ksec.com.cn
公司简介:昆明船舶设备集团有限公司是中国船舶重工集团公司控股的子公司,是光、机电和信息技术相结合的,科工贸为一体的,具有进出口经营权的国有大型企业。资产总额 14.88 亿元,职工 5000 余人,其中各类专业技术人员 2400 人,工程技术人员 1200 余人;昆船工业区占地近千亩,建筑面积 55 万平方米。昆船公司已通过 ISO9001 质量标准体系认证。昆船公司建有国家首批认定的企业技术中心,是云南省高新技术企业;拥有博士后工作站和工程硕士培养基地。昆船公司建有能进行巷道堆垛机、工业机器人、自动导引运输车(AGV)输送机系统、控制系统和计算机管理调度系统综合联调的物流试验室。昆船公司通过国内、外的技术合作,集成创新,已成功实施了几十项由计算机管理、调度的包括自动作业机器人系统,激光导引无人运输车系统、自动输送机系统、自动化立体仓库系统等组成的自动化物流系统。

公司名称:昆明起重设备厂
地　　址:云南省昆明市西站建设路 180 号
邮政编码:650033
电　　话:0871-5336814

公司名称:昆明市输送机械厂
地　　址:云南省昆明市西郊人民西路 214 号
邮政编码:650106
电　　话:0871-8181716

公司名称:昆明市长城电梯厂
地　址:云南省昆明市人民西路 117 号
邮政编码:650118
电　话:0871-8337443

公司名称:昆明重型机械工业总公司
地　址:云南省昆明市茨坝路 31 号
邮政编码:650203
电　话:0871-5150091

公司名称:昆明泊乐(风动)机械制造有限公司
地　址:云南省昆明官渡区金马镇刘家营 22 号
邮政编码:650224
电　话:0871-5619781

公司名称:云南省文山壮族苗族自治州通用机械厂
地　址:云南省文山州文山县环城南路
邮政编码:663000
电　话:0876-2122976

陕　西　省

物流与速递

公司名称:西安民生商业配送有限责任公司
地　址:陕西省西安市新城区解放路 103 号
邮政编码:710005
电　话:029-7272529

公司名称:西安市机电设备总公司储运配送公司
地　址:陕西省西安市莲湖区白杨南路 6 号
邮政编码:710016
电　话:029-6264638

公司名称:西安中储物流中心
地　址:陕西省西安市未央区东元路 7 号
邮政编码:710032
电　话:029-6712945

公司名称:陕西省物资储运总公司仓储配送公司
地　址:陕西省西安市莲湖区西郊枣园西路
邮政编码:710077
电　话:029-4243764

货运代理

公司名称:中国外运陕西公司
地　址:陕西省西安市碑林区建国路建国一巷
邮政编码:710001
电　话:029-7424024

公司名称:陕西富山汽车货运有限责任公司
地　址:陕西省西安市碑林区金花南路 1 号
邮政编码:710048
电　话:029-5264287

公司名称:陕西华诚货运有限公司
地　址:陕西省西安市莲湖区柿园路 49 号
邮政编码:710048
电　话:029-7316433

公司名称:陕西恒顺运输代理有限责任公司
地　址:陕西省西安市友谊东路 7 号
邮政编码:710054
电　话:029-2224324

公司名称:中国外运西安公司
地　址:陕西省西安市碑林区雁塔北路 44 号
邮政编码:710054
电　话:029-7216031

公司名称:西安远洋国际货运公司
地　址:陕西省西安市碑林区友谊西路 125 号
邮政编码:710065
电　话:029-5262316

公司名称:西安开通小汽车货运有限责任公司

地　　址:陕西省西安市莲湖区丰庆路13号
邮政编码:710082
电　　话:029-4206024

公司名称:宝鸡市汽车联营运输公司
地　　址:陕西省宝鸡市金台区东风路税务修理厂
邮政编码:721001
电　　话:0917-3214964

公司名称:汉中汽车零担货运公司
地　　址:陕西省汉中地区汉中市人民路口
邮政编码:723000
电　　话:0916-2212026

公司名称:中国外运陕西安康分公司
地　　址:陕西省安康地区安康市城关镇
邮政编码:725011
电　　话:0915-3315062

公司名称:陕西省铜汽车运输公司货运一公司
地　　址:陕西省铜川市郊区顺金路59号副1号
邮政编码:727000
电　　话:0919-4183660

公司名称:铜川市第二汽车运输公司货运公司
地　　址:陕西省铜川市郊区延安路61号
邮政编码:727000
电　　话:0919-4183448

运　输

公司名称:陕西省黄河航运开发公司
地　　址:陕西省西安市莲湖区药王洞12号
邮政编码:710003
电　　话:029-7214783

公司名称:西安市莲湖区第一运输公司
地　　址:陕西省西安市莲湖区土车巷29号
邮政编码:710003
电　　话:029-7279294

公司名称:中集西安市集装箱公司
地　　址:陕西省西安市莲湖区环城北路西段副125号
邮政编码:710014
电　　话:029-8625810

公司名称:中国外运西安公司运输贸易分公司
地　　址:陕西省西安市莲湖区丰禾路4号
邮政编码:710016
电　　话:029-6253557

公司名称:西航运输公司
地　　址:陕西省西安市未央区
邮政编码:710021
电　　话:029-6613888

公司名称:西安西铜运输有限责任公司
地　　址:陕西省西安市未央区红色
邮政编码:710021
电　　话:029-6265001

公司名称:西航天鼎运输分公司
地　　址:陕西省西安市13号信箱天鼎大厦
邮政编码:710021
电　　话:029-6613411-53243

公司名称:西安铁路分局西安车站集装箱运输中心
地　　址:陕西省西安市新城区华清东路33号
邮政编码:710032
电　　话:029-2527668

公司名称:西安市灞桥区运输公司
地　　址:陕西省西安市灞桥区梁家街
邮政编码:710038
电　　话:029-3519171

公司名称:地方国营西安市雁塔区汽车运输公司
地　　址:陕西省西安市雁塔区韩森路西段7号
邮政编码:710043
电　　话:029-3235419

公司名称:西安秦川运输公司
地　　址:陕西省西安市新城区幸福中路 13 号
邮政编码:710043
电　　话:029-3235771

公司名称:西安市联运公司
地　　址:陕西省西安碑林区雁塔路鲁家村甲 1 号
邮政编码:710054
电　　话:029-5533269

公司名称:陕西五羊运输有限公司
地　　址:陕西省西安市碑林区仁义村 12 号
邮政编码:710054
电　　话:029-7898195

公司名称:陕西西铁集装箱运输中心
地　　址:陕西省西安市碑林区友谊东路副 4 号
邮政编码:710054
电　　话:029-2233444

公司名称:西安市碑林区第一运输公司
地　　址:陕西省西安市碑林区含光号中段 48 号
邮政编码:710068
电　　话:029-5264812

公司名称:西安第二汽车运输公司
地　　址:陕西省西安市莲湖区沣惠路 5 号
邮政编码:710077
电　　话:029-4241543

公司名称:西安市莲湖区第二运输公司
地　　址:陕西省西安市莲湖西关正街新发巷付 20 号
邮政编码:710082
电　　话:029-8617147

公司名称:西安市运输总公司
地　　址:陕西省西安市莲湖区环城西路 148 号
邮政编码:710082
电　　话:029-8624661

公司名称:西安咸阳国际机场汽车运输有限责任公司
地　　址:陕西省西安市莲湖区沣镐路 2 号
邮政编码:710082
电　　话:029-8701380

公司名称:西安西站集装箱运输中心
地　　址:陕西省西安市莲湖区西站街 3 号
邮政编码:710082
电　　话:029-8625323

公司名称:西安三桥集装箱集散站
地　　址:陕西省西安市未央区三桥镇货场路口
邮政编码:710086
电　　话:029-4511053

公司名称:西安市阎良区运输公司
地　　址:陕西省西安市阎良区前进路 14 号
邮政编码:710089
电　　话:029-6202043

公司名称:秦都运输公司
地　　址:陕西省咸阳市秦都区西张堡
邮政编码:712000
电　　话:0910-3540402

公司名称:咸阳第三运输公司
地　　址:陕西省咸阳市渭城区新兴路
邮政编码:712000
电　　话:0910-3214204

公司名称:咸阳市汽车运输公司
地　　址:陕西省咸阳市秦都区西兰路 98#
邮政编码:712000
电　　话:0910-3224609

公司名称:咸阳市杨陵区运输公司
地　　址:陕西省咸阳市杨陵区康乐路
邮政编码:712100
电　　话:0910-7012132

公司名称:陕西省渭南联运公司
地　　址:陕西省渭南地区渭南市冷库路
邮政编码:714000
电　　话:0913-2012223

公司名称:渭南市车运输总公司
地　　址:陕西省渭南地区渭南市解放路九十九号
邮政编码:714000
电　　话:0913-2014113

公司名称:渭南市城区运输公司
地　　址:陕西省渭南地区渭南市东风街西段
邮政编码:714000
电　　话:0913-2012595

公司名称:渭南市第二运输总公司
地　　址:陕西省渭南地区渭南市北塘北巷六号
邮政编码:714000
电　　话:0913-2014314

公司名称:华阴市汽车运输公司
地　　址:陕西省渭南地区华阴市太华路
邮政编码:714200
电　　话:0913-4612199

公司名称:韩城市黄河航运开发公司
地　　址:陕西省渭南地区韩城市黄河大街
邮政编码:715401
电　　话:0913-5212738

公司名称:韩城汽车运输有限责任公司
地　　址:陕西省渭南地区韩城市乔南路 63 号
邮政编码:715401
电　　话:0913-5211335

公司名称:延安地区煤炭运输公司
地　　址:陕西省延安地区延安市七里铺
邮政编码:716000
电　　话:0911-2112076

公司名称:延安地区汽车运输公司
地　　址:陕西省延安地区延安市东关
邮政编码:716000
电　　话:0911-2112531

公司名称:延安市汽车运输公司
地　　址:陕西省延安地区延安市七里铺
邮政编码:716000
电　　话:0911-2312064

公司名称:延安联运总公司
地　　址:陕西省延安地区延安市火车站对面
邮政编码:716000
电　　话:0911-2312473

公司名称:榆林地区运输总公司
地　　址:陕西省榆林地区榆林市榆阳中路
邮政编码:719000
电　　话:0912-3282183

公司名称:榆林市汽车运输公司
地　　址:陕西省榆林地区榆林市上郡路 50 号
邮政编码:719000
电　　话:0912-3280771

公司名称:榆林地区新运汽车运输公司
地　　址:陕西省榆林地区府谷县府谷
邮政编码:719400
电　　话:0912-8711256

公司名称:宝鸡市第二运输总公司
地　　址:陕西省宝鸡市渭滨区新建路东段 38 号
邮政编码:721000
电　　话:0917-3214856

公司名称:宝鸡市第三汽车运输公司
地　　址:陕西省宝鸡市金台区东风路 22 号
邮政编码:721000
电　　话:0917-3215909

公司名称:宝鸡市第一汽车运输公司
地　　址:陕西省宝鸡市渭滨区经二路 106 号
邮政编码:721000
电　　话:0917-3212916

公司名称:中集宝鸡集装箱公司
地　　址:陕西省宝鸡市金台区宝十路 43 号
邮政编码:721001
电　　话:0917-3214834

公司名称:汉中地区运输公司
地　　址:陕西省汉中地区汉中市石马路 2 号
邮政编码:723000
电　　话:0916-2212821

公司名称:汉中市第二运输公司
地　　址:陕西省汉中地区汉中市人民路 6 号
邮政编码:723000
电　　话:0916-2214406

公司名称:汉中市粮油运输公司
地　　址:陕西省汉中地区汉中市青龙路
邮政编码:723000
电　　话:0916-2213369

公司名称:汉中卷烟二厂汽车运输公司
地　　址:陕西省汉中地区南郑县大河
邮政编码:723102
电　　话:0916-5364300

公司名称:陕西飞机制造公司运输公司
地　　址:陕西省汉中地区城固县老庄村
邮政编码:723215
电　　话:0916-2202035

公司名称:安康地区航运公司
地　　址:陕西省安康地区安康市
邮政编码:725000
电　　话:0915-3212840

公司名称:安康地区联合运输公司
地　　址:陕西省安康地区安康市
邮政编码:725000
电　　话:0915-3211599

公司名称:安康市汽车运输公司
地　　址:陕西省安康地区安康市
邮政编码:725000
电　　话:0915-3312985

公司名称:商州市汽车运输公司
地　　址:陕西省商洛地区商州市东新路 6 号
邮政编码:726000
电　　话:0914-2315164

公司名称:陕西省铜川市汽车运输公司
地　　址:陕西省铜川市郊区同官路 19 号
邮政编码:727000
电　　话:0919-4183781

公司名称:铜川第二汽车运输公司
地　　址:陕西省铜川市郊区延安路 61 号
邮政编码:727000
电　　话:0919-4186004

公司名称:铜川市第三汽车运输公司
地　　址:陕西省铜川市城区河滨路 15 号
邮政编码:727000
电　　话:0919-2183423

公司名称:铜川市第一汽车运输公司
地　　址:陕西省铜川市郊区延安路 84 号
邮政编码:727000
电　　话:0919-2187427

储　　运

公司名称:陕西省商业储运总公司
地　　址:陕西省西安市新城区丰禾路 11 号
邮政编码:710014
电　　话:029-6263351

公司名称:陕西外运大兴路储运贸易公司
地　　址:陕西省西安市莲湖区大兴路十号
邮政编码:710016
电　　话:029-6261764

公司名称:陕西外运绍平店储运贸易公司
地　　址:陕西省西安市灞桥区灞桥街
邮政编码:710025
电　　话:029-3271497

公司名称:西安航天天虹物资贸易储运实业公司
地　　址:陕西省西安市灞桥区田王街特字一号
邮政编码:710025
电　　话:029-3601163

公司名称:西安市秦林商业储运公司
地　　址:陕西省西安市碑林区金花南路1号
邮政编码:710048
电　　话:029-3233940

公司名称:西安市联运公司国际联运部
地　　址:陕西省西安碑林区雁塔路鲁家村甲1号
邮政编码:710054
电　　话:029-5522334

公司名称:陕西捷瑞通信储运有限公司
地　　址:陕西省西安市雁塔区丈八北路108号
邮政编码:710077
电　　话:029-4257525

公司名称:陕西省物资储运总公司
地　　址:陕西省西安市西郊枣园西路160号
邮政编码:710077
电　　话:029-4615758

公司名称:西安秦汉大件起重储运有限责任公司
地　　址:陕西省西安市莲湖区红光路
邮政编码:710077
电　　话:029-4263174

公司名称:西安市运联实业公司公铁货物储运总站
地　　址:陕西省西安市莲湖区西站街1号
邮政编码:710082
电　　话:029-8614211

公司名称:咸阳市联合运输公司
地　　址:陕西省咸阳市秦都区乐育南路
邮政编码:712000
电　　话:0910-3214037

公司名称:中国物资储运咸阳物资公司
地　　址:陕西省咸阳市渭城区文汇路15#
邮政编码:712000
电　　话:0910-3766797

公司名称:延安地区粮油储运公司
地　　址:陕西省延安地区延安市七里铺
邮政编码:716000
电　　话:0911-2112175

公司名称:延安卷烟厂汽车储运公司
地　　址:陕西省延安地区延安市兰家坪
邮政编码:716000
电　　话:0911-2112191

公司名称:陕西外运宝鸡运销公司
地　　址:陕西省宝鸡市金台区店子街
邮政编码:721001
电　　话:0917-3216008

公司名称:宝鸡联运总公司
地　　址:陕西宝鸡市金台区东风路52号
邮政编码:721004
电　　话:0917-3214272

仓　　储

公司名称:全球数码仓库有限公司
地　　址:陕西省西安市小寨东路196号西安国际贸易中心20层
邮政编码:710061

电　　话:029-5381128

公司名称:中国外运西安公司仓储贸易分公司
地　　址:陕西省西安市莲湖区大兴西路 30 号
邮政编码:710077
电　　话:029-4242404

物流设备

公司名称:陕西伟业仓储设备有限公司
地　　址:陕西省西安长安南路 447 号康德大厦五层
邮政编码:710061
电　　话:029-5362936

公司名称:西安高科迪普物流机械有限公司
地　　址:陕西省西安市高新技术产业区创业大厦 B407
邮政编码:710075
电　　话:029-8210246

公司名称:西安昆仑仓储设备有限公司
地　　址:陕西省西安市高新开发区高新五路 2 号创拓大厦 B-215
邮政编码:710075
电　　话:029-8323830

公司名称:陕西北方起重机械研究所
地　　址:陕西省西安市大庆路 661 号
邮政编码:710077
电　　话:029-4622571

公司名称:宝鸡桥梁厂
地　　址:陕西省宝鸡市清姜路 80 号
邮政编码:721006
电　　话:0917-3351818

甘　肃　省

物流信息服务

公司名称:甘肃省软件技术公司
地　　址:甘肃省兰州市城关区雁儿湾 67 号
邮政编码:730020
电　　话:0931-8695700

货运代理

公司名称:甘肃金龙运输代理有限责任公司
地　　址:甘肃省兰州市城关区和政东街 99 号
邮政编码:730000
电　　话:0931-8883433

公司名称:甘肃利达国际货运有限公司
地　　址:甘肃省兰州市定西路 386 号
邮政编码:730000
电　　话:0931-8631985

公司名称:甘肃省外运兰州公司
地　　址:甘肃省兰州市城关区排洪南路 113 号
邮政编码:730000
电　　话:0931-8497627

公司名称:兰州货运集散中心
地　　址:甘肃省兰州市城关区嘉峪关东路 17 号
邮政编码:730020
电　　话:0931-8497499

公司名称:甘肃新大陆货运代理有限责任公司
地　　址:甘肃省兰州市七里河区五威路 156 号
邮政编码:730050
电　　话:0931-2341599

公司名称:甘肃新大陆货运代理有限责任公司
地　　址:甘肃省兰州市七里河区武威路 156 号
邮政编码:730050
电　　话:0931-2346108

公司名称:甘肃欧亚达货运代理有限公司
地　　址:甘肃省五威市五南镇 198 号
邮政编码:733009
电　　话:0935-2717860

运　输

公司名称:甘肃广兰运输有限公司
地　　址:甘肃省兰州市天水路 6 号
邮政编码:730000
电　　话:0931-8617449

公司名称:甘肃省建筑运输公司
地　　址:甘肃省兰州市城关区平凉路 147 号
邮政编码:730000
电　　话:0931-8418011

公司名称:兰州第二汽车运输公司
地　　址:甘肃省兰州市城关区民主西路 244 号
邮政编码:730000
电　　话:0931-8455409

公司名称:兰州第一汽车运输公司
地　　址:甘肃省兰州市城关区平凉路 286 号
邮政编码:730000
电　　话:0931-8417118

公司名称:兰州市煤炭工业总公司汽车运输公司
地　　址:甘肃省兰州市城关区和平路 29 号
邮政编码:730000
电　　话:0931-8825454

公司名称:甘肃旅游航空服务有限公司
地　　址:甘肃省城关区兰州市天水路 361 号
邮政编码:730000
电　　话:0931-8416737

公司名称:甘肃省供销合作汽车运输公司
地　　址:甘肃省兰州市城关区东岗东路 233 号
邮政编码:730020
电　　话:0931-8490418

公司名称:甘肃西亚实业总公司运输公司
地　　址:甘肃省兰州市城关区焦家湾 245 号
邮政编码:730020
电　　话:0931-8497724

公司名称:兰钢集团运输公司
地　　址:甘肃省兰州市城关区东岗东路 101 号
邮政编码:730020
电　　话:0931-8498811

公司名称:兰州第三汽车运输公司
地　　址:甘肃省兰州市城关区中山路 161 号
邮政编码:730030
电　　话:0931-8488927

公司名称:兰州兰烟汽车运输公司
地　　址:甘肃省兰州市城关区酒泉路 62 号
邮政编码:730030
电　　话:0931-8465311

公司名称:兰州市公路运输服务公司
地　　址:甘肃省兰州市城关区永昌路 219 号
邮政编码:730030
电　　话:0931-8435420

公司名称:兰州市政运输股分公司
地　　址:甘肃省兰州市城关区上徐家湾 246 号
邮政编码:730030
电　　话:0931-7668637

公司名称:兰州九洲货运责任有限公司
地　　址:甘肃省兰州市城关区大桥北路 4#
邮政编码:730046
电　　话:0931-8825421

公司名称:甘肃省粮油汽车运输公司
地　　址:甘肃省兰州市七里河区建西东路 129 号
邮政编码:730050
电　　话:0931-2334318

公司名称:甘肃省商业公路运销公司
地　　址:甘肃省兰州市七里河区西津西路 218 号
邮政编码:730050
电　　话:0931-2342417

公司名称:兰州第一汽车运输公司大件零担运输公司
地　　址:甘肃省兰州市七里河区兰工坪路 22 号
邮政编码:730050
电　　话:0931-2333289

公司名称:兰州电力机械运输公司
地　　址:甘肃省兰州市七里河区光华街 31 号
邮政编码:730050
电　　话:0931-2338549

公司名称:兰州粮油总公司运输公司
地　　址:甘肃省兰州市七里河建兰路吴家园 126 号
邮政编码:730050
电　　话:0931-2333872

公司名称:兰州联运总公司
地　　址:甘肃省兰州市七里河区西津西路 184 号
邮政编码:730050
电　　话:0931-2335709

公司名称:中集甘肃集装箱公司
地　　址:甘肃省兰州市七里河区晏家坪北路 221 号
邮政编码:730050
电　　话:0931-2336989

公司名称:兰州联运总公司安宁分公司
地　　址:甘肃省兰州市安宁区安宁东路 129 号
邮政编码:730070
电　　话:0931-7666682

公司名称:甘肃万轩铝业发展有限公司运输公司
地　　址:甘肃省兰州市安宁区焦家庄 1 号
邮政编码:730079
电　　话:0931-7679921

公司名称:甘肃电力华兴运输公司
地　　址:甘肃省兰州市永登县山岑
邮政编码:730332
电　　话:0931-6909891

公司名称:兰州连铝运输总公司
地　　址:甘肃省兰州市永登县蒋家坪
邮政编码:730335
电　　话:0931-6906886

公司名称:武威汽车运输总公司第二分公司
地　　址:甘肃省武威地区武威市南关
邮政编码:733000
电　　话:0935-2213093

公司名称:武威汽车运输总公司第三分公司
地　　址:甘肃省武威地区武威市南关
邮政编码:733000
电　　话:0935-2213160

公司名称:武威汽车运输总公司第四分公司
地　　址:甘肃省武威地区武威市南关
邮政编码:733000
电　　话:0935-2213189

公司名称:武威汽车运输总公司一分公司
地　　址:甘肃省武威地区武威市南关
邮政编码:733000
电　　话:0935-2213549

公司名称:张掖地区汽车运输公司
地　　址:甘肃省张掖地区张掖市环城西路 170 号
邮政编码:734000
电　　话:0936-8213255

公司名称:张掖市运输公司
地　　址:甘肃省张掖地区张掖市南街

邮政编码:734000
电　　话:0936-8212610

公司名称:张掖市运输综合公司
地　　址:甘肃省张掖地区张掖市环城南路 125 号
邮政编码:734000
电　　话:0936-8214466

公司名称:酒泉地区酒泉汽车运输公司
地　　址:甘肃省酒泉地区酒泉市西关路 47 号
邮政编码:735000
电　　话:0938-2613690

公司名称:酒泉市第二汽车运输公司
地　　址:甘肃省酒泉地区酒泉市西环北路 17 号
邮政编码:735000
电　　话:0938-2613406

公司名称:酒泉市汽车运输总公司
地　　址:甘肃省酒泉地区酒泉市南环东路 1 号
邮政编码:735000
电　　话:0938-2613496

公司名称:甘肃省酒泉地区地方铁路管理处
地　　址:甘肃省酒泉地区酒泉市解放路 66-2 号
邮政编码:735009
电　　话:0937-2612678

公司名称:玉门市汽车运输公司
地　　址:甘肃省酒泉地区玉门市新市区青年路
邮政编码:735200
电　　话:0938-3244664

公司名称:哈密铁路分局柳铁工贸发展总公司
地　　址:甘肃省酒泉地区安西县东大街 1 号
邮政编码:736000
电　　话:0937-5572151

公司名称:敦煌市货运服务中心
地　　址:甘肃省酒泉地区敦煌市党河北路 18 号
邮政编码:736200
电　　话:0938-8823003

公司名称:甘肃省酒泉地区敦煌市汽车运输公司
地　　址:甘肃省酒泉地区敦煌市环城南路 6 号
邮政编码:736200
电　　话:0938-8822287

公司名称:金昌化工总厂汽车运输公司
地　　址:甘肃省金昌市永昌县河雅路
邮政编码:737000
电　　话:0935-7321223

公司名称:金川有色金属公司汽车运输公司
地　　址:甘肃省金昌市金川县兰州路
邮政编码:737100
电　　话:0937-8811557

公司名称:甘肃省金昌农垦公司运输公司
地　　址:甘肃省金昌市永昌县玉皇地
邮政编码:737109
电　　话:0938-7521844

公司名称:甘肃省金昌汽车运输公司
地　　址:甘肃省金昌市永昌县河雅路
邮政编码:737109
电　　话:0935-7321392

公司名称:天水汽车运输公司货运公司
地　　址:甘肃省天水市秦城区泰山东路 56 号
邮政编码:741000
电　　话:0938-8218567

公司名称:天水汽车运输总公司
地　　址:甘肃省天水市秦城区泰山东路 31
邮政编码:741000
电　　话:0938-8212149

公司名称:天水汽车运输总公司运销公司
地　　址:甘肃省天水市秦城区建设路 1 号

邮政编码:741000
电　　话:0938-8212747

公司名称:平凉地区粮油运销公司
地　　址:甘肃省平凉地区平凉市解放北路 15 号
邮政编码:744000
电　　话:0933-8212495

公司名称:平凉市粮食运销公司
地　　址:甘肃省平凉地区平凉市南门巷 34 号
邮政编码:744000
电　　话:0933-8214732

公司名称:平凉市汽车运输公司
地　　址:甘肃省平凉地区平凉市紫金城 31 号
邮政编码:744000
电　　话:0933-8213756

公司名称:华亭县汽车运输公司
地　　址:甘肃省平凉地区华亭县车站街 2 号
邮政编码:744100
电　　话:0933-7721375

储　　运

公司名称:甘肃省供销储运诚信公司
地　　址:甘肃省兰州市城关区东岗东路 255 号
邮政编码:730000
电　　话:0931-8497490

公司名称:甘肃省农业生产资料总公司储运公司
地　　址:甘肃省兰州市城关区定西路 4 号
邮政编码:730000
电　　话:0931-8619059

公司名称:甘肃外贸储运贸易公司
地　　址:甘肃省兰州市城关区定西路口
邮政编码:730000
电　　话:0931-8498975

公司名称:甘肃省供销社储运总公司
地　　址:甘肃省兰州市城关区东岗东路 31 号
邮政编码:730020
电　　话:0931-8498635

公司名称:兰州建东储运公司
地　　址:甘肃省兰州市城关区东岗镇 32 号
邮政编码:730020
电　　话:0931-8657835

公司名称:甘肃信达储运有限责任公司
地　　址:甘肃省兰州市城关区盐场路 89 号
邮政编码:730046
电　　话:0931-8418816

公司名称:甘肃省木材工贸总公司储运公司
地　　址:甘肃省兰州市七里河区西津西路 424 号
邮政编码:730050
电　　话:0931-2323140

公司名称:甘肃省木材总公司储运分公司
地　　址:甘肃省兰州市七里河区西津西路 422 号
邮政编码:730050
电　　话:0931-2343804

公司名称:甘肃省商业储运总公司
地　　址:甘肃省兰州市七里河区西津西路
邮政编码:730050
电　　话:0931-2337821

公司名称:兰州木材总公司储运公司
地　　址:甘肃省兰州市七里河区西津西路 368 号
邮政编码:730050
电　　话:0931-2336569

公司名称:兰州市西固区联合运输公司
地　　址:甘肃省兰州市西固区西固中街 59 号
邮政编码:730060
电　　话:0931-7558112

公司名称:甘肃省金属物资储运供销总公司

地　　址:甘肃省兰州市西固区新冶路18号
邮政编码:730094
电　　话:0931-7523383

公司名称:省粮油储运公司
地　　址:甘肃省兰州市榆中县三角城
邮政编码:730107
电　　话:0931-5283229

公司名称:张掖有色金属公司储运公司
地　　址:甘肃省张掖地区张掖市火车站279号
邮政编码:734012
电　　话:0936-8219962

公司名称:酒泉地区农机总公司储运公司
地　　址:甘肃省酒泉地区酒泉市南环东路21号
邮政编码:735000
电　　话:0937-2612369

公司名称:酒泉工贸公司储运分公司
地　　址:甘肃省酒泉地区酒泉市南盘西路22号
邮政编码:735000
电　　话:0937-2613909

公司名称:甘肃天水商业储运公司
地　　址:甘肃省天水市北道区二马路64号
邮政编码:741020
电　　话:0938-2736783

公司名称:天水市对外贸易总公司储运公司
地　　址:甘肃省天水市北道区新建巷9号
邮政编码:741020
电　　话:0938-2733042

公司名称:天水铁路通达储运货栈
地　　址:甘肃省天水市北道区一马路西
邮政编码:741020
电　　话:0938-2735306

公司名称:甘肃省陇西物资贸易储运总公司
地　　址:甘肃省定西地区陇西县东邻七里埔
邮政编码:748112
电　　话:0932-6622557

仓　　储

公司名称:甘肃达兴仓储贸易公司
地　　址:甘肃省兰州市城关区焦家湾170号
邮政编码:730000
电　　话:0931-8498308

公司名称:甘肃省商运仓储贸易公司
地　　址:甘肃省兰州市七里河区七里河
邮政编码:730050
电　　话:0931-2337821

公司名称:甘肃张掖地区外贸储备公司
地　　址:甘肃省张掖地区张掖市北街50号
邮政编码:734000
电　　话:0936-8215078

公司名称:张掖市蔬菜果品公司恒温库
地　　址:甘肃省张掖地区张掖市环城西路
邮政编码:734000
电　　话:0936-8213962

公司名称:天水富士气调果库
地　　址:甘肃省天水市秦城区长开路18号
邮政编码:741000
电　　话:0938-8384085

公司名称:天水市第一粮库
地　　址:甘肃省天水市秦城区山路65号
邮政编码:741000
电　　话:0938-8383757

公司名称:武山红河冷冻厂
地　　址:甘肃省天水市武山县南干路
邮政编码:741300
电　　话:0938-3421155

公司名称:武山县粮食局恒温库
地　　址:甘肃省天水市武山县冶扶
邮政编码:741306
电　　话:0938-3425374

物流设备

公司名称:兰州第二通用机械厂
地　　址:甘肃省兰州第二通用机械厂
邮政编码:730050
电　　话:

公司名称:兰州通用机器厂
地　　址:甘肃省兰州市七里河区土门墩
邮政编码:730050
电　　话:0931-2335015,2336111

公司名称:天风红山试验机厂
地　　址:甘肃省天水红山路 2 号
邮政编码:741001
电　　话:0938-8215096

公司名称:天水长城控制电器厂
地　　址:甘肃省天水市秦城区南廓路 11 号
邮政编码:741018
电　　话:0938-8383430

公司名称:甘肃省定西起重机厂
地　　址:甘肃省定西县焦家坡新村 3 号
邮政编码:743000
电　　话:0932-8212611 8212307

公司名称:甘肃省平凉市缓冲器厂
地　　址:甘肃省公路街 28 号
邮政编码:744000
电　　话:0933-8711841 13909330657

青　海　省

物流与速递

公司名称:中国外运青海公司
地　　址:青海省西宁市城东区西树林巷 37 号
邮政编码:810007
电　　话:8175420-2042

公司名称:中国外运青海公司格尔木分公司
地　　址:青海省海西蒙古族藏族自治州格尔木市柴达木路 13 号
邮政编码:816000
电　　话:0979-413780

运　　输

公司名称:青海省第一汽车运输公司
地　　址:青海省西宁市城中区南关街 39 号
邮政编码:810000
电　　话:0971-8247923

公司名称:青海西宁方联汽车运输有限责任公司
地　　址:青海省西宁城中区七一路 175 号
邮政编码:810000
电　　话:0971-6145286

公司名称:西宁市第二运输公司
地　　址:青海省西宁市城中区水井巷 9 号
邮政编码:810000
电　　话:0971-8233056

公司名称:青海省联合运输公司
地　　址:青海省西宁市城西区五四大街 40 号
邮政编码:810001
电　　话:0971-6136618

公司名称:青海省联运有限责任公司
地　　址:青海省西宁市五四大街 48 号
邮政编码:810001
电　　话:0971-6133105

公司名称:青海省第六汽车运输公司
地 址:青海省西宁市城西区五四大街七十六号
邮政编码:810001
电 话:0971-6155844

公司名称:青海省第二汽车运输公司
地 址:青海省西宁市城西区昆仑路 37 号
邮政编码:810001
电 话:0971-6143301

公司名称:市粮油运输贸易公司
地 址:青海省西宁市城西区气象巷 17 号
邮政编码:810001
电 话:0971-6144865

公司名称:青海省第五汽车运输公司
地 址:青海省西宁市城北区柴达木路 20
邮政编码:810003
电 话:0971-5131932

公司名称:西宁特殊钢集团有限责任公司汽车运输分公司
地 址:青海省西宁市城北区柴达木西路 52
邮政编码:810005
电 话:0971-6134901

公司名称:青海第八汽车运输公司
地 址:青海省西宁市城东区八一中路 90 号
邮政编码:810007
电 话:0971-8175428

公司名称:西宁客货运输贸易公司
地 址:青海省西宁城东区大众街 298 号
邮政编码:810007
电 话:0971-8177134

公司名称:西宁穆斯林汽车运输有限公司
地 址:青海省西宁市城东区大众街 17 号
邮政编码:810007
电 话:0971-8146381

公司名称:西宁市运输公司
地 址:青海省西宁市城东区大众街 186 号
邮政编码:810007
电 话:0971-8175481

公司名称:果洛藏族自治州汽车运输公司
地 址:青海省西宁城西区南川西路 48 号
邮政编码:810012
电 话:0971-6295618

公司名称:青海省第九汽车运输公司
地 址:青海省西宁市城北区柴达木路 140
邮政编码:810017
电 话:0971-5132684

公司名称:青海省第三汽车运输公司
地 址:青海省西宁市城北区柴达木路 124
邮政编码:810017
电 话:0971-5132581

公司名称:青海省第四汽车运输公司
地 址:青海省西宁市城北区柴达木路 120
邮政编码:810017
电 话:0971-5132853

公司名称:青海省粮油运输公司
地 址:青海省西宁市城北区柴达木路 121
邮政编码:810017
电 话:0971-5132517

公司名称:青海省第七汽车运输公司
地 址:青海省西宁城中区南川东路 67 号
邮政编码:810021
电 话:0971-6250589

公司名称:海北藏族自治州汽车运输公司
地 址:青海省门源回族自治县西大街
邮政编码:810300
电 话:0978-612695

公司名称:青海省门源县汽车运输公司
地　　址:青海省门源回族自治县东大街
邮政编码:810300
电　　话:0978-612087

公司名称:青海省互助县运输公司
地　　址:青海省海东地区互助土族自治县台子路
邮政编码:810500
电　　话:0972-322136

公司名称:青海省海东地区平安县汽车运输公司
地　　址:青海省海东地区平安县化隆路5号
邮政编码:810600
电　　话:0972-613252

公司名称:青海省海东地区平安县联合运输公司
地　　址:青海省海东地区平安县西村
邮政编码:810600
电　　话:0972-613460

公司名称:青海省乐都县交通有限责任公司
地　　址:青海省海东地区乐都县城中
邮政编码:810700
电　　话:0972-623818

公司名称:青海省乐都县汽车运输公司
地　　址:青海省海东地区乐都县东关
邮政编码:810700
电　　话:0972-622237

公司名称:民和回族土族自治县汽车运输公司
地　　址:青海省海东民和回族土族自治县东垣北路
邮政编码:810800
电　　话:0972-522392

公司名称:化隆县汽车运输公司
地　　址:青海省海东地区化隆回族自治县巴燕
邮政编码:810900
电　　话:0972-712226

公司名称:青海省循化县汽车运输公司
地　　址:青海省海东循化撒拉族自治县东门南街105号
邮政编码:811100
电　　话:0972-812254

公司名称:黄南州汽车运输公司
地　　址:青海省黄南藏族自治州同仁县
邮政编码:811300
电　　话:0973-722404

公司名称:青海省湟中雁行运输贸易有限责任公司
地　　址:青海省海东地区湟中县燕尔沟村
邮政编码:811601
电　　话:0972-297080

公司名称:湟源县交通运输总公司
地　　址:青海省海东地区湟源县南大街
邮政编码:812100
电　　话:0972-432317

公司名称:湟源县汽车运输公司
地　　址:青海省海东湟源县东大街南城台38号
邮政编码:812100
电　　话:0972-432524

公司名称:刚察县汽车运输公司
地　　址:青海省海北藏族自治州刚察县西大
邮政编码:812300
电　　话:0978-652519

公司名称:青海湖农场汽车运输公司
地　　址:青海省海北藏族自治州刚察县
邮政编码:812304
电　　话:0978-652391

公司名称:青海省海南州共和县汽车运输公司
地　　址:青海省海南藏族自治州共和县
邮政编码:813000
电　　话:0974-513341

公司名称:青海省海南州汽车运输公司
地　　址:青海省海南藏族自治州共和县顺风巷1号
邮政编码:813000
电　　话:0974-512637

公司名称:果洛州汽车运输公司
地　　址:青海省西宁市城西区
邮政编码:814000
电　　话:0971-382792

公司名称:柴达木第二运输公司格尔木分公司
地　　址:青海省格尔木市金峰路58号
邮政编码:816000
电　　话:0979-413770

公司名称:格尔木市汽车运输公司
地　　址:青海省格尔木市金峰路65号
邮政编码:816000
电　　话:0979-412913

公司名称:西藏驻格尔木交通工业总公司运输公司
地　　址:青海省格尔木市盐桥路21号
邮政编码:816000
电　　话:0979-412502

公司名称:西藏自治区交通厅格尔木运输公司
地　　址:青海省海西蒙古族藏族自治州格尔木市开拓街1号
邮政编码:816000
电　　话:6412296

公司名称:西藏自治区交通厅格尔木运输公司第二分公司
地　　址:青海省格尔木市盐桥路42号
邮政编码:816000
电　　话:0979-413741

公司名称:西藏自治区交通厅格尔木运输公司第一分公司
地　　址:青海省格尔木市金峰西路8号
邮政编码:816000
电　　话:0979-412264

公司名称:西藏自治区驻格尔木交通工业总公司运输公司
地　　址:青海省格尔木市盐桥路21号
邮政编码:816000
电　　话:0979-412520

公司名称:海西州柴达木第三运输公司
地　　址:青海省德令哈市昆仑路6号
邮政编码:817000
电　　话:0977-228637

公司名称:海西州运输总站
地　　址:青海省海西蒙古族藏族自治州德令哈市青新西路10号
邮政编码:817000
电　　话:0977-228055

储　　运

公司名称:青海省化轻建材总公司第三储运公司
地　　址:青海省西宁市城北区朝阳东路26号
邮政编码:810003
电　　话:0971-5130806

公司名称:中国包装进出口公司储备贸易公司
地　　址:青海省西宁市城东区小桥大街84号
邮政编码:810003
电　　话:0971-5130130

公司名称:西宁储运公司
地　　址:青海省西宁市城北区小桥大街64号
邮政编码:810007
电　　话:0971-5130350

公司名称:青海盐湖工业集团有限公司储运公司
地　　址:青海省格尔木市柴达木路27号
邮政编码:816000

电　　话:0979-413309

公司名称:西藏驻格商储公司
地　　址:青海省格尔木市盐桥路 152
邮政编码:816000
电　　话:0979-413226

公司名称:海西州物资储运公司
地　　址:青海省德令哈市河滨路
邮政编码:817000
电　　话:0977-223565

仓　　储

公司名称:大通县水利电力局仓库
地　　址:青海省西宁市大通回族土族自治县
邮政编码:810100
电　　话:0971-2722883

公司名称:平安县石油煤碳公司油库
地　　址:青海省海东地区平安县平化路东
邮政编码:810600
电　　话:0972-613378

公司名称:青海省乐都县煤建公司油库
地　　址:青海省海东地区乐都县东庄
邮政编码:810700
电　　话:0972-622270

公司名称:青海省海南州国家粮食储备库
地　　址:青海省共和县长风路 53 号
邮政编码:813000
电　　话:0974-512932

公司名称:海西州物资总公司格尔木公司仓储公司
地　　址:青海省格尔木市南海路
邮政编码:816000
电　　话:0979-413241

宁夏回族自治区

物流与速递

公司名称:宁夏京通物流有限公司
地　　址:宁夏银川市东环北路 121 号
邮政编码:750001
电　　话:0951-6738954

货运代理

公司名称:中国外运宁夏公司
地　　址:宁夏银川市南黄西街 64 号
邮政编码:750001
电　　话:0951-5044261

运　　输

公司名称:宁夏公路运输建设开发服务中心
地　　址:宁夏银川市城区解放西街
邮政编码:750001
电　　话:0951-6023225

公司名称:银川市物资运输公司
地　　址:宁夏银川市城区东环北路
邮政编码:750001
电　　话:0951-6022758

公司名称:银川市运输二公司
地　　址:宁夏银川市新城区西门桥下
邮政编码:750002
电　　话:0951-5044706

公司名称:宁夏回族自治区粮油运输公司
地　　址:宁夏银川市城区中山北街 178 号
邮政编码:750004
电　　话:0951-6026529

公司名称:宁夏区汽车运输总公司
地　　址:宁夏银川市城区玉皇阁南街 47 号

邮政编码:750004
电　　话:0951-6022167

公司名称:宁夏运通汽车运输有限公司
地　　址:宁夏银川市利民街97号商检大厦6楼
邮政编码:750004
电　　话:0951-5032595-20

公司名称:银川市粮食局运输队
地　　址:宁夏银川市城区东环南路西北侧
邮政编码:750004
电　　话:0951-4091210

公司名称:银川市运输一公司
地　　址:宁夏银川市城区民乐西街19号
邮政编码:750004
电　　话:0951-4101176

公司名称:银川铁路运销贸易公司
地　　址:宁夏银川市城区民族南街1号
邮政编码:750004
电　　话:0951-4104314

公司名称:宁夏回族自治区物资储运公司汽车运输分公司
地　　址:宁夏银川市新城区永青西街
邮政编码:750011
电　　话:0951-3066927

公司名称:宁夏经益运输代理有限公司
地　　址:宁夏银川新城区怀远东路宁夏铁发大厦四层
邮政编码:750011
电　　话:0951-3021936

公司名称:宁夏石油总公司储备运输公司
地　　址:宁夏银川市新城区铁西
邮政编码:750011
电　　话:0951-3066400

公司名称:银川市永青运输有限公司
地　　址:宁夏银川市新城区永青西街33号
邮政编码:750011
电　　话:0951-6021442

公司名称:银川市运输公司
地　　址:宁夏银川新城区新城永青西街33号
邮政编码:750011
电　　话:0951-3066756

公司名称:银川市运输三公司
地　　址:宁夏银川市新城区铁东北街18号
邮政编码:750011
电　　话:0951-3066613

公司名称:银川运输有限公司
地　　址:宁夏银川市新城区永青西街33号
邮政编码:750011
电　　话:0951-3064852

公司名称:中集宁夏集装箱公司
地　　址:宁夏银川市新城区北京东路
邮政编码:750011
电　　话:0951-3015541

公司名称:宁夏宁化商贸运输公司
地　　址:宁夏银川市新城区北京西路
邮政编码:750026
电　　话:0951-2072725

公司名称:宁夏新峰实业有限公司新峰运输公司
地　　址:宁夏银川市永宁县望远
邮政编码:750101
电　　话:0951-8429075

公司名称:宁夏鑫丰汽车运输有限公司
地　　址:宁夏银南地区吴忠市丰宁街1号
邮政编码:751100
电　　话:0953-2012504

公司名称:吴忠市汽车运输公司
地　　址:宁夏银南地区吴忠市
邮政编码:751100
电　　话:0953-2012639

公司名称:吴忠市商业运输公司
地　　址:宁夏银南地区吴忠市
邮政编码:751100
电　　话:0953-2012406

公司名称:宁夏中宁县宁新汽车运输有限公司
地　　址:宁夏银南地区中宁县毛营村
邮政编码:751200
电　　话:0953-5021484

公司名称:中宁县汽车运输公司
地　　址:宁夏银南地区中宁县
邮政编码:751200
电　　话:0953-5790093

公司名称:中宁县第二汽车运输公司
地　　址:宁夏银南地区中宁县鸣沙村
邮政编码:751202
电　　话:0953-5720098

公司名称:中宁县金贵汽车运输有限公司
地　　址:宁夏银南地区中宁县白路村
邮政编码:751202
电　　话:0953-5021029

公司名称:同心县汽车运输公司
地　　址:宁夏银南地区同心县银平西路
邮政编码:751300
电　　话:0953-8022527

公司名称:灵武市运输公司
地　　址:宁夏银南地区灵武县西大街
邮政编码:751400
电　　话:0953-4021247

公司名称:宁夏汽车运输总公司汽车八公司
地　　址:宁夏银南地区灵武县西大街
邮政编码:751400
电　　话:0953-4021141

公司名称:盐池县第二汽车运输公司
地　　址:宁夏银南地区盐池县
邮政编码:751500
电　　话:0953-6012920

公司名称:盐池县农业机械化总公司汽车运输公司
地　　址:宁夏银南地区盐池县
邮政编码:751500
电　　话:0953-6012336

公司名称:盐池县汽车运输公司
地　　址:宁夏银南地区盐池县
邮政编码:751500
电　　话:0953-6012141

公司名称:盐池县第三汽车运输公司
地　　址:宁夏银南地区盐池县
邮政编码:751506
电　　话:0953-6679714

公司名称:盐池县惠安堡镇汽车运输公司
地　　址:宁夏银南地区盐池县
邮政编码:751506
电　　话:0953-6679707

公司名称:盐池县南部山区扶贫汽车运输公司
地　　址:宁夏银南地区盐池县
邮政编码:751506
电　　话:0953-6719271

公司名称:青铜峡市运输公司
地　　址:宁夏银南地区青铜峡市
邮政编码:751600
电　　话:0953-3041115

公司名称:青铜峡市树新林场机械运输公司
地　　址:宁夏银南地区青铜峡市
邮政编码:751601
电　　话:0953-3730039

公司名称:青铜峡铝厂运输公司
地　　址:宁夏银南地区青铜峡市
邮政编码:751603
电　　话:0953-3034877

公司名称:中卫县汽车运输公司
地　　址:宁夏银南地区中卫县东街
邮政编码:751700
电　　话:0953-7012568

公司名称:石嘴山汽车运输公司
地　　址:宁夏石嘴山市大武口区朝阳东街 171 号
邮政编码:753000
电　　话:0952-2012170

公司名称:石嘴山市锦星集装箱运输有限公司
地　　址:宁夏石嘴山市大武口区永康北路 500 号
邮政编码:753000
电　　话:0952-2016856

公司名称:石嘴山市宁冶多种经营公司运输分公司
地　　址:宁夏石嘴山市大武口区冶金路 111 号
邮政编码:753000
电　　话:0952-2012012

公司名称:石嘴山市长兴汽车运输有限公司
地　　址:宁夏石嘴山市石嘴山区 109 国道旁
邮政编码:753200
电　　话:0952-3691811

公司名称:宁夏石嘴山钢铁厂汽车运输公司
地　　址:宁夏石嘴山市石嘴山区河滨
邮政编码:753202
电　　话:0952-3681920

公司名称:平罗县运输公司
地　　址:宁夏石嘴山市平罗县
邮政编码:753400
电　　话:0952-6012495

公司名称:糖厂汽车运输公司
地　　址:宁夏石嘴山市平罗县
邮政编码:753400
电　　话:0952-6012501

公司名称:陶乐县汽车运输公司
地　　址:宁夏石嘴山市陶乐县振兴西街
邮政编码:753500
电　　话:0952-8011342

公司名称:固原地区汽车运输公司
地　　址:宁夏固原地区固原县军民路 28 号
邮政编码:756000
电　　话:0954-2032306

公司名称:固原县汽车运输公司
地　　址:宁夏固原地区固原县东关街 217 号
邮政编码:756000
电　　话:0954-2031896

公司名称:海原县汽车运输公司
地　　址:宁夏固原地区海原县建设路
邮政编码:756100
电　　话:0954-4011156

公司名称:西吉县汽车运输公司
地　　址:宁夏固原地区西吉县东街
邮政编码:756200
电　　话:0954-3012683

公司名称:隆德县汽车运输公司
地　　址:宁夏固原地区隆德县解放路 16 号
邮政编码:756300
电　　话:0954-6011289

公司名称:宁夏泾源县汽车运输公司
地　　址:宁夏固原地区泾源县县城北街
邮政编码:756400
电　　话:0954-5011307

公司名称:彭阳县货运公司
地　　址:宁夏固原地区彭阳县商业街
邮政编码:756500
电　　话:0954-7012283

储　　运

公司名称:宁夏回族自治区物资储运公司
地　　址:宁夏银川市新城区永青西街
邮政编码:750011
电　　话:0951-3066466

公司名称:宁夏区商业储运总公司
地　　址:宁夏银川市新城区北京东路
邮政编码:750011
电　　话:0951-3015946

公司名称:银川车务段大武口工业原料储运部
地　　址:宁夏银川市新城区长城路
邮政编码:750011
电　　话:0951-2012043

公司名称:永宁县粮食局储运公司
地　　址:宁夏银川市永宁县
邮政编码:750100
电　　话:0951-8012064

仓　　储

公司名称:宁夏银川国家粮食储备库
地　　址:宁夏银川市城区长城路中段
邮政编码:750002
电　　话:0951-5026847

公司名称:芦花粮库
地　　址:宁夏银川市郊区芦花村二队
邮政编码:750004
电　　话:0951-9651112

公司名称:通贵粮库
地　　址:宁夏银川市郊区通贵村二队
邮政编码:750004
电　　话:0951-9711010

公司名称:银川市城区尚勇粮库
地　　址:宁夏银川市城区湖滨东街丰收巷4号
邮政编码:750004
电　　话:0951-6022684

公司名称:银川市城区小南门粮油仓库
地　　址:宁夏银川市城区永安巷3号
邮政编码:750004
电　　话:0951-4103743

公司名称:永固粮库
地　　址:宁夏银川市郊区永红二队
邮政编码:750004
电　　话:0951-9731054

公司名称:掌政粮库
地　　址:宁夏银川市郊区掌政四队
邮政编码:750004
电　　话:0951-6031540

公司名称:银川市郊区银新冷库
地　　址:宁夏银川市郊区罗家庄
邮政编码:750005
电　　话:0951-5024342

公司名称:宁夏区商业储运总公司仓储公司
地　　址:宁夏银川市新城区北京东路
邮政编码:750011
电　　话:0951-3015929

公司名称:宁夏水利实业开发物资总公司仓库
地　　址:宁夏银川市新城区双渠口路
邮政编码:750011

电　　话:0951-3066562

公司名称:银川市新城粮库
地　　址:宁夏银川市新城区新城北街 48 号
邮政编码:750011
电　　话:0951-3064714

西藏自治区

货运代理

公司名称:西藏自治区对外贸易运输公司
地　　址:西藏拉萨市城关区林廓西路 42 号
邮政编码:850000
电　　话:0891-6332007

公司名称:西藏自治区外运拉萨分公司
地　　址:西藏拉萨市城关区林廓西路 42 号
邮政编码:850001
电　　话:0891-6334183

运　输

公司名称:西藏昌都地区第二汽车运输公司
地　　址:西藏昌都地区昌都县青石
邮政编码:625500
电　　话:0895-223697

公司名称:西藏自治区公路工程总公司工程运输公司
地　　址:西藏拉萨市城关区夺底路 16 号
邮政编码:850000
电　　话:0891-6335068

公司名称:西藏自治区交通厅拉萨运输总公司第五公司
地　　址:西藏拉萨市城关区娘热路 17 号
邮政编码:850000
电　　话:0891-6322710

公司名称:西藏自治区交通厅拉萨运输总公司第一公司
地　　址:西藏拉萨市城关区纳金路 38 号
邮政编码:850000
电　　话:0891-6335339

公司名称:西藏自治区粮食局汽车队
地　　址:西藏拉萨市城关区纳金路
邮政编码:850000
电　　话:0891-6326385

公司名称:西藏自治区交通厅拉萨运输公司第二公司
地　　址:西藏拉萨市城关区北京中路 200 号
邮政编码:850001
电　　话:0891-6323725

公司名称:西藏自治区交通厅拉萨运输总公司
地　　址:西藏拉萨市城关区北京中路 189 号
邮政编码:850001
电　　话:0891-6324112

公司名称:西藏自治区交通厅拉萨运输总公司三公司
地　　址:西藏拉萨市城关区北京中路
邮政编码:850001
电　　话:0891-6322515

公司名称:拉萨汽车运输总公司第四公司
地　　址:西藏拉萨市城关区娘热路 30 号
邮政编码:850003
电　　话:0891-6322587

公司名称:拉萨市运输总公司
地　　址:西藏拉萨市城关区娘热路 50 号
邮政编码:850003
电　　话:0891-6323225

公司名称：西藏公铁联运公司
地　　址：西藏拉萨市城关区民族路 1 号
邮政编码：850003
电　　话：0891-6332853

公司名称：西藏自治区电力机械工程联运公司
地　　址：西藏拉萨市城关区娘热路 48 号
邮政编码：850003
电　　话：0891-6322641

公司名称：西藏自治区石油专业运输公司
地　　址：西藏拉萨市堆龙德庆县北京西路 228 号
邮政编码：851400
电　　话：0891-6324998

公司名称：那曲地区汽车运输公司
地　　址：西藏那曲地区那曲县色尼东路 59 号
邮政编码：852000
电　　话：0896-22447

公司名称：那曲地区商业局汽车队
地　　址：西藏那曲地区那曲县高原路 100 号
邮政编码：852000
电　　话：0896-22273

公司名称：西藏昌都地区第一汽车运输公司
地　　址：西藏昌都地区昌都县东路大门 17 号
邮政编码：854000
电　　话：0895-21783

公司名称：西藏昌都地区第四汽车运输公司
地　　址：西藏林芝地区波密县扎木路 20 号
邮政编码：855200
电　　话：0894-222754

公司名称：西藏山南地区粮食车队
地　　址：西藏山南地区乃东县娘果路 19 号
邮政编码：856000
电　　话：0893-20288

公司名称：西藏山南地区汽车运输公司
地　　址：西藏山南地区乃东县格桑路 23 号
邮政编码：856000
电　　话：0893-20136

公司名称：日喀则地区商业局车队
地　　址：西藏日喀则地区日喀则市贡觉林路 10 号
邮政编码：857000
电　　话：0892-22627

公司名称：日喀则地区外贸车队
地　　址：西藏日喀则地区日喀则市扎德西路
邮政编码：857000
电　　话：0892-22132

公司名称：日喀则地区运输公司
地　　址：西藏日喀则地区日喀则市北京南路 30 号
邮政编码：857000
电　　话：0892-22428

公司名称：日喀则刚坚总公司汽车队
地　　址：西藏日喀则地区日喀则市吉儿朗卡路 6 号
邮政编码：857000
电　　话：0892-22281

公司名称：日喀则市运输公司
地　　址：西藏日喀则地区日喀则市贡觉林路 14 号
邮政编码：857000
电　　话：0892-22645

公司名称：阿里地区运输公司
地　　址：西藏阿里地区噶尔县一
邮政编码：859000
电　　话：0897-21570

公司名称：西藏林芝地区运输公司
地　　址：西藏林芝地区林芝县川藏路 21 号
邮政编码：860000
电　　话：0894-22771

仓储与储运

公司名称:西藏工业物资运销公司
地　　址:西藏拉萨市城关区娘热路 54 号
邮政编码:850003
电　　话:0891-6324312

公司名称:那曲地区国家粮食储备库
地　　址:西藏那曲地区那曲县羌塘北路 62 号
邮政编码:852000
电　　话:0896-22529

公司名称:日喀则地区粮食储备库
地　　址:西藏日喀则地区日喀则市北京南路
邮政编码:857000
电　　话:0892-22713

公司名称:西藏林芝地区储备库
地　　址:西藏林芝地区林芝县广东路
邮政编码:860000
电　　话:0894-22495

新疆维吾尔自治区

物流与速递

公司名称:中国外运新疆公司
地　　址:新疆乌鲁木齐市新市区阿勒泰路 340 号
邮政编码:830014
电　　话:3718281-1005

公司名称:新疆商业物流中心
地　　址:新疆乌鲁木齐市新市区北站三路 6 号
邮政编码:830015
电　　话:0991-3824363

公司名称:中国外运新疆喀什分司
地　　址:新疆喀什地区喀什市机场路
邮政编码:844000
电　　话:0998-2822738

货运代理

公司名称:中国外运新疆阿拉山口国际货运代理公司
地　　址:新疆博乐市阿拉山口赛里木路
邮政编码:833418
电　　话:0909-6992022

运　　输

公司名称:乌鲁木齐市第二汽车运输公司
地　　址:新疆乌鲁木齐沙依巴克区南昌北路 7 号
邮政编码:830000
电　　话:0991-4815834

公司名称:乌鲁木齐市汽车运输公司
地　　址:新疆乌鲁木齐沙依巴克区西山路 52 号
邮政编码:830000
电　　话:0991-4511889

公司名称:新疆维吾尔自治区煤炭运输公司
地　　址:新疆乌鲁木齐沙依巴克区友好南路 68 号
邮政编码:830000
电　　话:0991-4514781

公司名称:新疆兴安工贸发展总公司运输中心
地　　址:新疆乌鲁木齐沙依巴克区西北路 168 号
邮政编码:830000
电　　话:0991-4845418

公司名称:自治区石油总公司运输分公司
地　　址:新疆乌鲁木齐沙依巴克区平顶山东路 6 号
邮政编码:830000
电　　话:0991-4841955

公司名称:中乌商业国际联运公司

地　　址:新疆乌鲁木齐市沙依巴克区南梁坡 39 号
邮政编码:830000
电　　话:0991-4515416

公司名称:乌市第三运输总公司第二分公司
地　　址:新疆乌鲁木齐市沙依巴克区新兴街南三巷
邮政编码:830002
电　　话:0991-2610618

公司名称:新疆新大地实业开发总公司汽车运输分公司
地　　址:新疆乌鲁木齐天山区碱泉街 3 号
邮政编码:830002
电　　话:0991-2621634

公司名称:乌市第五运输公司
地　　址:新疆乌鲁木齐沙依巴克区过境公路 32 号
邮政编码:830006
电　　话:0991-5813075

公司名称:新疆乌市第三运输总公司
地　　址:新疆乌鲁木齐沙依巴克区仓房沟路 15 号
邮政编码:830006
电　　话:0991-5858392

公司名称:自治区粮油运输工贸总公司
地　　址:新疆乌鲁木齐沙依巴克区珠江路 23 号
邮政编码:830006
电　　话:0991-5814615

公司名称:乌鲁木齐经运客货商贸运输公司
地　　址:新疆乌鲁木齐市新市区北京北路 46 号
邮政编码:830011
电　　话:0991-3716699

公司名称:北疆铁路公司自备车经营管理中心
地　　址:新疆乌鲁木齐市新市区北京北路 4 号
邮政编码:830011
电　　话:0991-3821484

公司名称:乌鲁木齐中铁外服有限公司
地　　址:新疆乌鲁木齐市河南西路 2 号 8 楼
邮政编码:830011
电　　话:0991-3421244

公司名称:新疆商业运输总公司
地　　址:新疆乌鲁木齐新市区阿勒泰路 352 号
邮政编码:830014
电　　话:0991-3715301

公司名称:新疆商业运输总公司第四分公司
地　　址:新疆乌鲁木齐市新市区阿勒泰路 352 号
邮政编码:830014
电　　话:0991-3715301

公司名称:新疆兵团物资储运工贸总公司货运分公司
地　　址:新疆乌鲁木齐市新市区北站
邮政编码:830015
电　　话:0991-3871239

公司名称:新疆第九汽车运输公司
地　　址:新疆乌鲁木齐市新市区迎宾路 29 号
邮政编码:830016
电　　话:0991-3718244

公司名称:新疆木材运输公司
地　　址:新疆乌鲁木齐市新市区迎宾路 38 号
邮政编码:830016
电　　话:0991-3718672

公司名称:新疆地窝堡铁路仓储运输有限公司
地　　址:新疆乌鲁木齐市乌鲁木齐县丰田村
邮政编码:830016
电　　话:0991-3872288

公司名称:新疆兵团供销运输公司
地　　址:新疆乌鲁木齐市天山区五星北路 20 号
邮政编码:830017
电　　话:0991-2613702

公司名称:新疆钢铁运输公司
地　　址:新疆乌鲁木齐市头屯河区八一路1号
邮政编码:830022
电　　话:0991-3891459

公司名称:新疆通久经济发展(集团)公司运输贸易总公司
地　　址:新疆乌鲁木齐市头屯河区站前街
邮政编码:830023
电　　话:0991-3437559

公司名称:乌鲁木齐市第四运输公司
地　　址:新疆乌鲁木齐市沙依巴克区后峡
邮政编码:830035
电　　话:0991-2819892

公司名称:新疆基本建设运输公司
地　　址:新疆乌鲁木齐市新市区河滩北路53号
邮政编码:830054
电　　话:0991-4842681

公司名称:新疆有色冶金运输公司运输分公司
地　　址:新疆乌鲁木齐市新市区鲤鱼山路18号
邮政编码:830054
电　　话:0991-4842082

公司名称:新疆兵团第四运输公司
地　　址:新疆乌鲁木齐市新市区九家湾过境公路226号
邮政编码:830057
电　　话:0991-3711320

公司名称:新疆第一汽车运输公司
地　　址:新疆乌鲁木齐新市区过境公路327号
邮政编码:830057
电　　话:0991-3717444

公司名称:昌吉回族自治州粮油运输公司
地　　址:新疆昌吉回族自治州昌吉市乌伊东路14号
邮政编码:831100
电　　话:0994-2344140

公司名称:昌吉回族自治州汽车运输总公司
地　　址:新疆昌吉回族自治州昌吉市乌伊西路8号
邮政编码:831100
电　　话:0994-2344071

公司名称:新疆昌吉市第二汽车运输公司
地　　址:新疆昌吉回族自治州昌吉市乌伊西路42号
邮政编码:831100
电　　话:0994-2341430

公司名称:新疆路桥汽车运输公司
地　　址:新疆昌吉回族自治州昌吉市绿洲路1号
邮政编码:831100
电　　话:0994-2723490

公司名称:阜康市汽车运输公司
地　　址:新疆昌吉回族自治州阜康市天池南街1号
邮政编码:831500
电　　话:0994-3222523

公司名称:新疆兵团第二汽车运输公司一分公司
地　　址:新疆石河子市石河子市东一路
邮政编码:832000
电　　话:0993-2013453

公司名称:新疆石河子汽车运输公司
地　　址:新疆石河子市石河子市
邮政编码:832000
电　　话:0993-2012193

公司名称:新疆通联实业总公司兵团第二汽车运输公司
地　　址:新疆石河子市石河子市东一路
邮政编码:832000

电　　话:0993-2013111

公司名称:北疆铁路实业开发总公司奎屯集装箱联运公司
地　　址:新疆伊犁哈萨克自治州奎屯市南环西路47号
邮政编码:833320
电　　话:0992-2212966

公司名称:农垦运输总公司二分公司
地　　址:新疆伊犁地区伊宁市公园街四巷7号
邮政编码:835000
电　　话:0999-8122844

公司名称:农垦运输总公司一分公司
地　　址:新疆伊犁地区伊宁市
邮政编码:835000
电　　话:0999-8122984

公司名称:伊宁市运输公司
地　　址:新疆伊犁地区伊宁市先进街1巷24号
邮政编码:835000
电　　话:0999-8024335

公司名称:新疆阿勒泰地区第三运输公司
地　　址:新疆阿勒泰地区布尔津县建新路
邮政编码:836600
电　　话:0906-6522156

公司名称:新疆第三汽车运输公司四分公司
地　　址:新疆阿勒泰地区布尔津县环城南路
邮政编码:836600
电　　话:0906-6521329

公司名称:新疆兵团哈管局运输公司
地　　址:新疆哈密地区哈密市青年北路26号
邮政编码:839000
电　　话:0902-2234283

公司名称:哈密铁路分局环宇发展公司运输服务分公司
地　　址:新疆哈密地区哈密市前进东路西街
邮政编码:839001
电　　话:0902-2237737

公司名称:哈密铁路分局经济开发总公司运输服务公司
地　　址:新疆哈密地区哈密市前进东路西街
邮政编码:839001
电　　话:0902-2233924

公司名称:新疆库尔勒市汽车运输公司
地　　址:新疆巴音郭楞蒙古自治州库尔勒市铁门关路
邮政编码:841000
电　　话:0996-2022585

公司名称:中油塔里木输油(气)有限责任公司
地　　址:新疆库尔勒市建设路
邮政编码:841000
电　　话:0996-2025747

公司名称:新疆巴州第一汽车运输公司
地　　址:新疆巴音郭楞蒙古自治州库尔勒市新城北路
邮政编码:841001
电　　话:0996-2151082

公司名称:新疆库尔勒市商业运输公司
地　　址:新疆库尔勒市天山西路
邮政编码:841023
电　　话:0996-2025544

公司名称:新疆兵团第三汽车运输公司
地　　址:新疆喀什地区喀什市解放南路183号
邮政编码:844000
电　　话:0998-2822981

公司名称:新疆第六汽车运输公司
地　　址:新疆喀什地区喀什市天南路105号

邮政编码:844000
电　　话:0998-2822801

公司名称:新疆六运司零担运输公司
地　　址:新疆喀什地区喀什市解放南路
邮政编码:844000
电　　话:0998-2828301

公司名称:克州第二汽车运输公司
地　　址:新疆图什市天山路 23 院
邮政编码:845350
电　　话:0908-4222628

公司名称:克州第三汽车运输公司
地　　址:新疆阿图什市松他克路 6
邮政编码:845350
电　　话:0908-4223738

公司名称:克州第一汽车运输公司
地　　址:新疆图什市天山路
邮政编码:845350
电　　话:0908-4223753

公司名称:新疆兵团和田农场管理局运输公司
地　　址:新疆和田地区和田市和墨路 182 号
邮政编码:848000
电　　话:0903-2022941

公司名称:新疆和田地区第七运输公司
地　　址:新疆和田地区和田市和墨路 175 号
邮政编码:848000
电　　话:0903-2022711

公司名称:新疆和田地区第一运输公司
地　　址:新疆和田地区和田市奴尔巴格东路 43 号
邮政编码:848000
电　　话:0903-2021310

公司名称:新疆和田地区第一运输公司二分公司
地　　址:新疆和田市古江巴格路 43 号
邮政编码:848000
电　　话:0903-2023323

公司名称:新疆和田地区第一运输公司一分公司
地　　址:新疆和田市古江巴格路 43 号
邮政编码:848000
电　　话:0903-2022628

公司名称:新疆和田地区供销运输公司
地　　址:新疆和田地区和田市古勒巴格 32 号
邮政编码:848000
电　　话:0903-2023785

公司名称:新疆和田地区和田市运输公司
地　　址:新疆和田地区和田市奴尔巴格东路
邮政编码:848000
电　　话:0903-2022194

储　运

公司名称:新疆供销贸易公司储运服务分公司
地　　址:新疆乌鲁木齐市沙依巴克区雅玛里克山青峰路
邮政编码:830000
电　　话:0991-5811656

公司名称:新疆商业储运总公司
地　　址:新疆乌鲁木齐市沙依巴克区扬子江路 38 号
邮政编码:830000
电　　话:0991-5854817

公司名称:新疆自治区机电工业供销总公司储运分公司
地　　址:新疆乌鲁木齐市新市区北京北路 40 号
邮政编码:830000
电　　话:0991-3839267

公司名称:乌鲁木齐市宏英商储有限责任公司
地　　址:新疆乌鲁木齐市水磨沟区新兴街南一巷 32 号

邮政编码:830002
电　　话:0991-2627148

公司名称:新疆农垦外贸储运有限责任公司
地　　址:新疆乌鲁木齐市天山区民主路 67 号
邮政编码:830002
电　　话:0991-2307808

公司名称:乌鲁木齐金龙铁路储运有限责任公司
地　　址:新疆乌鲁木齐市沙依巴克区仓房沟 67 号
邮政编码:830006
电　　话:0991-5811551

公司名称:乌鲁木齐市粮油运输商贸公司
地　　址:新疆乌鲁木齐市沙依巴克区仓房沟 19 号
邮政编码:830006
电　　话:0991-5811698

公司名称:新疆供销合作社联合社储运工贸公司
地　　址:新疆乌鲁木齐市沙依巴克区仓房沟路 92 号
邮政编码:830006
电　　话:0991-5859674

公司名称:新疆物资储运中心
地　　址:新疆乌鲁木齐市沙依巴克区西山路 70 号
邮政编码:830009
电　　话:0991-4515297

公司名称:新疆机电设备总公司储运分公司
地　　址:新疆乌鲁木齐市沙依巴克区太原路 4 号
邮政编码:830011
电　　话:0991-3822032

公司名称:新疆经贸工业商贸公司储运分公司
地　　址:新疆乌鲁木齐市新市区友谊路一号
邮政编码:830011
电　　话:0991-3717331

公司名称:新疆兵团物资储运总公司
地　　址:新疆乌鲁木齐市新市区北站路 5 号
邮政编码:830015
电　　话:0991-3871232

公司名称:新疆商业储运公司第二分公司
地　　址:新疆乌鲁木齐市新市区北站三路 8 号
邮政编码:830015
电　　话:0991-3871356

公司名称:新疆商业储运总公司第一分公司
地　　址:新疆乌鲁木齐市新市区北站路 19 号
邮政编码:830015
电　　话:0991-3871358

公司名称:新疆铁路物资总公司商储中心
地　　址:新疆乌鲁木齐市新市区材料总厂大院
邮政编码:830015
电　　话:0991-3437388

公司名称:新疆维吾尔自治区外贸畜产储运分公司
地　　址:新疆乌鲁木齐市新市区北站三路 6 号
邮政编码:830015
电　　话:0991-3871334

公司名称:新疆有色金属工业公司物资储运公司
地　　址:新疆乌鲁木齐市新市区北站二路副二号
邮政编码:830015
电　　话:0991-3871538

公司名称:新疆地质物资供销总公司储运部
地　　址:新疆乌鲁木齐市沙依巴克区七道湾路 61 号
邮政编码:830028
电　　话:0991-4871490

公司名称:新疆商业对外储运公司阿拉山口分公司
地　　址:新疆博乐市阿拉山口赛里木路
邮政编码:833418
电　　话:0909-6992104

公司名称:新疆石油管理局油气储运公司
地　　址:新疆克拉玛依市克拉玛依区油龙新村
邮政编码:834002
电　　话:0990-6879752

公司名称:塔城地区供销储运公司
地　　址:新疆塔城地区塔城市哈尔墩街15号
邮政编码:834700
电　　话:0901-6222650

公司名称:新疆伊犁哈萨克自治州物资储运中心
地　　址:新疆伊犁地区伊宁市解放路2号
邮政编码:835000
电　　话:0999-8123168

公司名称:伊犁地区供销社储运公司
地　　址:新疆伊犁地区伊宁市解放路305号
邮政编码:835000
电　　话:0999-8122714

公司名称:哈密铁路分局环宇发展公司商贸储运分公司
地　　址:新疆哈密地区哈密市前进东路西街
邮政编码:839001
电　　话:0902-2237737

公司名称:新疆库尔勒南铁储运经贸公司
地　　址:新疆库尔勒市上户街
邮政编码:841001
电　　话:0996-2060228

公司名称:阿克苏地区供销储运公司
地　　址:新疆阿克苏地区阿克苏市市迎宾路35号
邮政编码:843000
电　　话:0997-2122628

公司名称:阿克苏地区粮油储运公司
地　　址:新疆阿克苏地区阿克苏市新华东路31号
邮政编码:843000
电　　话:0997-2128199

公司名称:新疆阿克苏农垦供销合作总公司储运公司
地　　址:新疆阿克苏地区阿克苏市东大街5号
邮政编码:843000
电　　话:0997-2122664

仓　　储

公司名称:新疆供销社房地产开发公司仓储公司
地　　址:新疆乌鲁木齐沙依巴克区仓房沟路92号
邮政编码:830000
电　　话:0991-5859746

公司名称:新疆公共保税仓库
地　　址:新疆乌鲁木齐市新市区北京南路40号
邮政编码:830011
电　　话:0991-3821663

公司名称:乌鲁木齐远大仓储库房
地　　址:新疆乌鲁木齐县河南庄子村
邮政编码:830014
电　　话:0991-3873064

公司名称:新疆生产建设兵团物资储运总公司仓储分公司
地　　址:新疆乌鲁木齐市新市区北站
邮政编码:830015
电　　话:0991-3871233

公司名称:新疆维吾尔自治区外贸仓储公司
地　　址:新疆乌鲁木齐市新市区北站三路14号
邮政编码:830015
电　　话:0991-3871155

公司名称:新疆乌鲁木齐市头屯河区国家粮食储备库
地　　址:新疆乌鲁木齐头屯河区西郊头屯街
邮政编码:830074
电　　话:0991-3960164

公司名称:新疆昌吉国家粮食储备库

地　　址:新疆昌吉健康西路 14 号
邮政编码:831100
电　　话:0994-2343030

公司名称:博州粮油边贸公司新西贸易仓储分公司
地　　址:新疆博尔塔拉蒙古自治州博乐市青得里大街 75 号
邮政编码:833400
电　　话:0909-2222690

公司名称:新疆和田地区国家粮食储备库
地　　址:新疆古勒巴格路
邮政编码:848000
电　　话:0903-2022479

香港特别行政区

物流与速递

公司名称:文邦传递服务公司
地　　址:TCL 工业中心
电　　话:0852-24023100

公司名称:飞捷速递
地　　址:安昌工厂大厦
电　　话:0852-27810831

公司名称:便利速递服务有限公司
地　　址:北河大厦
电　　话:0852-27290996

公司名称:天诚速递公司
地　　址:昌发大厦
电　　话:0852-27259992

公司名称:环美物流(香港)有限公司
地　　址:好收成空运中心
电　　话:0852-23331000

公司名称:安创有限公司
地　　址:鸿力工业中心
电　　话:0852-27535552

公司名称:金晖速递公司
地　　址:鸿力工业中心
电　　话:0852-27960338

公司名称:保达速递公司
地　　址:华达工业中心
电　　话:0852-24298056

公司名称:中天快递服务公司
地　　址:华达工业中心
电　　话:0852-24236580

公司名称:敦豪速递服务中心
地　　址:金钟地铁站
电　　话:0852-25295773

公司名称:快时美速递公司
地　　址:九江街 135
电　　话:0852-23861636

公司名称:现代速递服务有限公司
地　　址:九龙官塘官塘道 460-470 号官塘工业中心第二期六楼 M 室
电　　话:0852-23439411

公司名称:香港达航空捷运有限公司
地　　址:九龙红民乐街 23 号骏升中心 6 字楼 E 座
电　　话:0852-23676828

公司名称:威黄物流服务有限公司
地　　址:九龙葵涌梨木道 88 号达利中心 502A-B 室
电　　话:0852-24871968

公司名称:中国国际联合速递有限公司
地　　址:九龙弥敦道 688 号旺角中心第一期 8/F. 808 室
电　　话:0852-27639001

公司名称:天天快递公司
地　　址:九龙太子一楼西洋菜街 175
电　　话:0852-27893716

公司名称:快达速递服务公司
地　　址:九龙硒开街 61-63 号伟来商业大厦 8 字楼 B 室
电　　话:0852-27822386

公司名称:事必快捷速递公司
地　　址:葵昌中心
电　　话:0852-26102781

公司名称:依时快递有限公司
地　　址:葵涌葵昌路 26-38 号豪华工业大厦 18 字楼 B 座
电　　话:0852-26102888

公司名称:佳达快递公司
地　　址:葵涌木道 57-61 号根德工业大厦地下 B 座
电　　话:0852-27203338

公司名称:捷联速达有限公司
地　　址:丽明阁
电　　话:0852-23622241

公司名称:飞鸿速递公司
地　　址:利时商业大厦
电　　话:0852-23685672

公司名称:快便利服务公司
地　　址:南丰新屯
电　　话:0852-28560653

公司名称:以勒全运有限公司
地　　址:年运工业大厦
电　　话:0852-27231408

公司名称:MPC 速递有限公司
地　　址:奇华工业大厦
电　　话:0852-23101166

公司名称:全顺快递有限公司
地　　址:全顺大厦
电　　话:0852-23122952

公司名称:城市快递专线
地　　址:时运中心
电　　话:0852-23177083

公司名称:中港速运公司
地　　址:太平洋贸易中心
电　　话:0852-27070424

公司名称:天恒速递服务公司
地　　址:统一中心
电　　话:0852-28930886

公司名称:城市专递服务有限公司
地　　址:王子大厦
电　　话:0852-23327038

公司名称:你的速递公司
地　　址:香港成利商业大厦
电　　话:0852-28034018

公司名称:三通物流(香港)有限公司
地　　址:香港观塘海滨道 151-153 号广生行中心 5B 座地下
电　　话:0852-23412276

公司名称:特快专递有限公司
地　　址:香港衡安中心
电　　话:0852-25290711

公司名称:飞鸿国际快递有限公司
地　　址:香港恒丰工业大厦 2 期 10 字楼 C2 室
电　　话:0852-29542678

公司名称:飞捷加际(快递)集团
地　　址:香港九龙官塘大业街 3 号 13/F 全层
电　　话:0852-27708793

公司名称:中国外运(香港)速递有限公司
地　　址:香港九龙九龙湾临兴街 21 号美罗中心二期 2 楼 202-205 室
电　　话:0852-27578660

公司名称:香港彪记快递有限公司
地　　址:香港九龙太子西洋菜街北 165 号地下 G/F
电　　话:0852-23933312

公司名称:全一快递(香港)有限公司
地　　址:香港九龙湾宏光道 7 号兴力工业中心地下 3 号铺
电　　话:0852-27561381

公司名称:迅威速递有限公司
地　　址:香港九龙佐敦渡船街 28 号 9 字楼 10 室
电　　话:0852-27744760

公司名称:珠江快运公司
地　　址:香港沙尖咀中港城 2 字楼 201 室
电　　话:0852-27356023

公司名称:华润物流有限公司
地　　址:香港西九龙填海区钦州街西润发行政大楼
电　　话:852-28283668

公司名称:香港速递有限公司
地　　址:祥兴工业大厦
电　　话:0852-23180370

公司名称:BDP 亚洲太平洋公司
地　　址:新都会广场
电　　话:0852-24850061

公司名称:嘉里物流联网有限公司
地　　址:新界葵涌永基路 55 号嘉里货运中心 16 楼
电　　话:0852-24103600

公司名称:强记储运
地　　址:新界荃湾柴湾角街 84-92 号顺丰工业中心 10 楼 A 座
电　　话:0852-24157418

公司名称:CPS 顾客包裹速递服务公司
地　　址:延文礼士道 14
电　　话:0852-23364111

公司名称:永佳中国快递公司
地　　址:医局街 215
电　　话:0852-27487831

公司名称:泰山速递服务公司
地　　址:宜利大厦
电　　话:0852-24011980

公司名称:志利运输公司
地　　址:樱桃大厦
电　　话:0852-23925929

公司名称:佳勤速递公司
地　　址:置辉商场
电　　话:0852-27846655

运　　输

公司名称:力昌货运有限公司
地　　址:安和大厦
电　　话:0852-23628223

公司名称:国际空运服务有限公司

地　　址:安宁大厦
电　　话:0852-29540434

公司名称:朗文空运有限公司
地　　址:长沙湾广场
电　　话:0852-27171228

公司名称:丹沙(香港)有限公司
地　　址:创纪之城
电　　话:0852-27963668

公司名称:荷兰航空货运
地　　址:东企业广场
电　　话:0852-27698696

公司名称:联邦航空货运有限公司
地　　址:飞达工商业中心
电　　话:0852-23622201

公司名称:速达空运有限公司
地　　址:富裕大厦
电　　话:0852-27551233

公司名称:龙运海空货运(香港)有限公司
地　　址:好收成空运中心
电　　话:0852-27621686

公司名称:东联空运有限公司
地　　址:宏光工业大厦
电　　话:0852-27662277

公司名称:航天货运有限公司
地　　址:宏照道 18
电　　话:0852-27966839

公司名称:德运运通有限公司
地　　址:环球工商大厦
电　　话:0852-27547679

公司名称:高建货运有限公司

地　　址:货柜码头路
电　　话:0852-24190080

公司名称:大业(香港)空运有限公司
地　　址:嘉里货运中心
电　　话:0852-27622310

公司名称:高华空运有限公司
地　　址:建德丰工业大楼
电　　话:0852-23344077

公司名称:环美航空货运(香港)有限公司
地　　址:九龙湾工业中心
电　　话:0852-27966288

公司名称:卢森堡国际货运航空公司
地　　址:康宏广场
电　　话:0852-27367832

公司名称:联合空运公司
地　　址:乐群街 8
电　　话:0852-24872428

公司名称:士盟航空货运(香港)有限公司
地　　址:丽昌中心
电　　话:0852-27730281

公司名称:环宇航空货运(香港)有限公司
地　　址:林边大厦
电　　话:0852-23383636

公司名称:敦豪国际(香港)有限公司
地　　址:贸易广场
电　　话:0852-24003388

公司名称:友谊海空货运公司
地　　址:美景楼
电　　话:0852-23630691

公司名称:中菲行空运(香港)有限公司

地　　址:南丰商业中心
电　　话:0852-27952220

公司名称:捷诚空运(香港)有限公司
地　　址:其士工业大厦
电　　话:0852-27874696

公司名称:丹麦国际货运(香港)有限公司
地　　址:瑞安中心
电　　话:0852-27508683

公司名称:海洋航空货运有限公司
地　　址:赏湖居
电　　话:0852-24720129

公司名称:高速空运有限公司
地　　址:狮子石道 31
电　　话:0852-23836299

公司名称:润通国际(香港)有限公司
地　　址:时颖中心
电　　话:0852-23180686

公司名称:川崎空运(香港)有限公司
地　　址:四山街 26
电　　话:0852-27279333

公司名称:纬航储运有限公司
地　　址:万通大厦
电　　话:0852-27561838

公司名称:东龙空运有限公司
地　　址:香港工业中心
电　　话:0852-27853508

公司名称:力高空运有限公司
地　　址:新宝工商中心
电　　话:0852-23634218

公司名称:惠高空运有限公司

地　　址:新宝工商中心
电　　话:0852-23344088

公司名称:通运国际联运有限公司
地　　址:新科技广场
电　　话:0852-27136316

公司名称:大通空运(香港)有限公司
地　　址:兴力工业中心
电　　话:0852-27955944

公司名称:联讯货运有限公司
地　　址:易通商业大厦
电　　话:0852-28506165

公司名称:三大国际空运(香港)有限公司
地　　址:永得利大厦
电　　话:0852-26862388

公司名称:泰运(香港)有限公司
地　　址:永得利大厦
电　　话:0852-26377661

公司名称:阪急国际货运(香港)有限公司
地　　址:永得利中心
电　　话:0852-26488100

公司名称:泰通国际空运有限公司
地　　址:永康街 9
电　　话:0852-23657111

公司名称:创业货运有限公司
地　　址:永南货仓大厦
电　　话:0852-27960118

公司名称:大和运输(香港)有限公司
地　　址:源发工业大厦
电　　话:0852-26362838

公司名称:上进捷运有限公司

地 址:志昌工厂大厦
电 话:0852-23331992

公司名称:恒迅联运有限公司
地 址:志昌工厂大厦
电 话:0852-23561813

公司名称:中南海船务
地 址:白沙湾
电 话:0852-28702606

公司名称:世海(香港)有限公司
地 址:柏裕商业大厦
电 话:0852-23689598

公司名称:企荣船务有限公司
地 址:保诚保险大厦
电 话:0852-25231108

公司名称:中亚船务有限公司
地 址:北海中心
电 话:0852-28363331

公司名称:世航海运有限公司
地 址:必嘉街 28
电 话:0852-23308835

公司名称:同发机器厂
地 址:布厂湾 L497
电 话:0852-25536438

公司名称:飞力海运有限公司
地 址:长沙湾广场
电 话:0852-23081861

公司名称:友航轮船有限公司
地 址:成基商业中心
电 话:0852-25475072

公司名称:大亚船务有限公司

地 址:德辅道中 141
电 话:0852-25451833

公司名称:永锐海空服务公司
地 址:德隆工业大厦
电 话:0852-21917293

公司名称:巴拿马船务公司
地 址:东美商业中心
电 话:0852-25247587

公司名称:永锋船务有限公司
地 址:高明商业大厦
电 话:0852-27702312

公司名称:五福船务贸易有限公司
地 址:海富中心
电 话:0852-25200060

公司名称:日本邮船(香港)有限公司
地 址:海富中心
电 话:0852-28645100

公司名称:高宝力船务公司
地 址:恒新商业大厦
电 话:0852-27837000

公司名称:高联船务有限公司
地 址:华邦商业中心
电 话:0852-27709567

公司名称:向大船务有限公司
地 址:华冠大厦
电 话:0852-28519861

公司名称:世航船务发有有限公司
地 址:华海广场
电 话:0852-25447923

公司名称:上辉航运(香港)有限公司

地　　址:华懋广场
电　　话:0852-27241211

公司名称:方兴实业有限公司
地　　址:会展广场
电　　话:0852-28240202

公司名称:太平洋船务有限公司
地　　址:金时商业大厦
电　　话:0852-23116803

公司名称:洋华国际有限公司
地　　址:乐辉商业大厦
电　　话:0852-27224810

公司名称:中央航业有限公司
地　　址:力宝中心 1 座
电　　话:0852-25210635

公司名称:高德船务有限公司
地　　址:联发商业中心
电　　话:0852-25423263

公司名称:以星轮船有限公司
地　　址:联合鹿岛大厦
电　　话:0852-25985350

公司名称:必富船务有限公司
地　　址:龙记大厦
电　　话:0852-25435361

公司名称:天星船务有限公司
地　　址:南岛商业大厦
电　　话:0852-25413077

公司名称:任重志远船务有限公司
地　　址:南海大厦
电　　话:0852-28194610

公司名称:光华船务有限公司

地　　址:庆华商业大厦
电　　话:0852-23743794

公司名称:正利航业(香港)有限公司
地　　址:荣山大厦
电　　话:0852-28156601

公司名称:永进船务公司
地　　址:泰基商业大厦
电　　话:0852-23322908

公司名称:天德船务有限公司
地　　址:谭臣道 17
电　　话:0852-28653378

公司名称:大罗海运有限公司
地　　址:同力工业中心
电　　话:0852-23114066

公司名称:天雅船务有限公司
地　　址:铜锣湾道 162
电　　话:0852-25128291

公司名称:洲立船务有限公司
地　　址:万利商业大厦
电　　话:0852-28158011

公司名称:飞龙船务有限公司
地　　址:威基商业中心
电　　话:0852-25451788

公司名称:桂江船务有限公司
地　　址:威腾商业大厦
电　　话:0852-25480054

公司名称:中快船务有限公司
地　　址:文乐商业大厦
电　　话:0852-28543428

公司名称:本恩船务有限公司

地　　址:喜讯大厦
电　　话:0852-28051303

公司名称:大中船务有限公司
地　　址:香港商业中心
电　　话:0852-25484410

公司名称:太平船务(香港)有限公司
地　　址:香港湾仔告士打道77号华比富通大厦门9楼
电　　话:0852-28765555

公司名称:人通航运有限公司
地　　址:协生大厦
电　　话:0852-25201062

公司名称:力高海运有限公司
地　　址:新宝工商中心
电　　话:0852-23342391

公司名称:太荣船务有限公司
地　　址:新光商业大厦
电　　话:0852-27826963

公司名称:巴拉歌船务有限公司
地　　址:信德中心
电　　话:0852-25458989

公司名称:三联船务有限公司
地　　址:颜氏大厦
电　　话:0852-25450885

公司名称:伟力船务有限公司
地　　址:依时商业大厦
电　　话:0852-28667626

公司名称:永丰船务有限公司
地　　址:亿利商业大厦
电　　话:0852-28051266

公司名称:三达船务有限公司
地　　址:中保集团大厦
电　　话:0852-25419610

公司名称:三善海运香港有限公司
地　　址:衢欣径46
电　　话:0852-28778277

公司名称:力士货柜拖运公司
地　　址:安福工业大厦
电　　话:0852-26121378

公司名称:大嘉工程(1986)公司
地　　址:百安大厦
电　　话:0852-23691368

公司名称:信恒运输公司
地　　址:宝石大厦
电　　话:0852-23800181

公司名称:天威货柜(中港)有限公司
地　　址:昌宁大厦商场
电　　话:0852-24925332

公司名称:大荣货柜运输有限公司
地　　址:成基商业中心
电　　话:0852-25409923

公司名称:协力货柜公司
地　　址:德丰工业中心
电　　话:0852-24080785

公司名称:日利(中港)有限公司
地　　址:发祥街1
电　　话:0852-23042316

公司名称:东方海外货柜航运有限公司
地　　址:海港中心
电　　话:0852-28333888

公司名称:友成拖运公司
地　　址:豪辉花园
电　　话:0852-23703078

公司名称:香港国际货柜码头有限公司
地　　址:华柜码头路
电　　话:0852-26197888

公司名称:威明快速货柜服务有限公司
地　　址:华远工业中心
电　　话:0852-24294240

公司名称:中港货运(香港)有限公司
地　　址:剑桥广场
电　　话:0852-26685333

公司名称:真丰货箱运输公司
地　　址:建邦商业大厦
电　　话:0852-27826340

公司名称:彪马货运有限公司
地　　址:建德丰商业大厦
电　　话:0852-28911684

公司名称:大洋货柜服务公司
地　　址:金冠商业大厦
电　　话:0852-25597522

公司名称:海鸥航运有限公司
地　　址:九龙湾工业中心
电　　话:0852-27954928

公司名称:中联货柜运输有限公司
地　　址:葵丰大厦
电　　话:0852-24289966

公司名称:东昌运输公司
地　　址:葵涌广场
电　　话:0852-24206956

公司名称:五洲货柜运输公司
地　　址:葵涌中心
电　　话:0852-24288370

公司名称:力生货柜服务有限公司
地　　址:龙腾大厦
电　　话:0852-24012648

公司名称:PCL 货柜服务有限公司
地　　址:沙江围
电　　话:0852-24726220

公司名称:三域货运有限公司

址:湾仔商业中心
电　　话:0852-28034163

公司名称:大昌货柜运输有限公司
地　　址:盈业大厦
电　　话:0852-23974672

公司名称:永明运输公司
地　　址:盈业大厦
电　　话:0852-24266146

公司名称:永业新华货柜服务
地　　址:月波楼
电　　话:0852-24940772

储　　运

公司名称:光丽服务有限公司
地　　址:八达街 9
电　　话:0852-23259382

公司名称:安威货运有限公司
地　　址:半岛大厦
电　　话:0852-26159128

公司名称:友诚公司
地　　址:保文大楼

电　　话:0852-23848443

公司名称:公和运输行
地　　址:宝昌大楼
电　　话:0852-24089848

公司名称:狮威集运有限公司
地　　址:宝隆中心
电　　话:0852-27966262

公司名称:大利水陆运输公司
地　　址:北河街 3A
电　　话:0852-23866506

公司名称:大华运输行
地　　址:长丰工业大厦
电　　话:0852-24168209

公司名称:康达海空货运有限公司
地　　址:长沙湾广场
电　　话:0852-27643628

公司名称:柄坤运输货艇
地　　址:福明大厦
电　　话:0852-23953652

公司名称:合力货运公司
地　　址:富多来新屯购物中心
电　　话:0852-23933129

公司名称:华利集运有限公司
地　　址:广发商业大厦
电　　话:0852-23321976

公司名称:五联运输行有限公司
地　　址:海景商业大厦
电　　话:0852-27712271

公司名称:宏宝国际通运有限公司
地　　址:荷李活商业中心

电　　话:0852-23886858

公司名称:欧航难运有限公司
地　　址:禾香街 12
电　　话:0852-26909851

公司名称:中广集运有限公司
地　　址:合力工业中心
电　　话:0852-27962817

公司名称:和光货运有限公司
地　　址:合力工业中心
电　　话:0852-27662313

公司名称:永劢货运有限公司
地　　址:河内道 1
电　　话:0852-23666172

公司名称:毅力船务有限公司
地　　址:赫德道 8
电　　话:0852-23011918

公司名称:衡澧集运有限公司
地　　址:宏贸中心
电　　话:0852-24201111

公司名称:领航有限公司
地　　址:华业工业大厦
电　　话:0852-24212223

公司名称:可利航运国际(香港)有限公司
地　　址:嘉里货运中心
电　　话:0852-23050588

公司名称:高翔集运有限公司
地　　址:建德丰工业大楼
电　　话:0852-23336251

公司名称:富大集运有限公司
地　　址:将军澳

电　　话:0852-27067376

公司名称:金高货运有限公司
地　　址:金德工业大厦
电　　话:0852-24206230

公司名称:中天国际货运有限公司
地　　址:金时商业大厦
电　　话:0852-26779122

公司名称:大新服务有限公司
地　　址:九广铁路九龙站
电　　话:0852-23623380

公司名称:英福海空联运有限公司
地　　址:九龙广场
电　　话:0852-23709701

公司名称:年丰海运有限公司
地　　址:康力投资大厦
电　　话:0852-27656639

公司名称:飞鹰集运(仓库)运输公司
地　　址:荔雅阁
电　　话:0852-23362846

公司名称:全兴集运有限公司
地　　址:立泰工业中心
电　　话:0852-24074267

公司名称:CSI 国际货运有限公司
地　　址:联合货运中心
电　　话:0852-24080312

公司名称:德迅海空运有限公司
地　　址:美国万通大厦
电　　话:0852-28237688

公司名称:协勤海空运有限公司
地　　址:美华工业中心

电　　话:0852-27998000

公司名称:德兴运输公司
地　　址:美景大厦
电　　话:0852-27718728

公司名称:永通运输公司
地　　址:南北行商业中心
电　　话:0852-25452840

公司名称:世界货运有限公司
地　　址:南丰工业城
电　　话:0852-24548586

公司名称:三运(香港)有限公司
地　　址:南洋中心
电　　话:0852-23664378

公司名称:欧美船务有限公司
地　　址:启力工业中心
电　　话:0852-28112966

公司名称:综力有限公司
地　　址:三湘九龙湾货运中心
电　　话:0852-27958728

公司名称:亿高海空联运有限公司
地　　址:时颖中心
电　　话:0852-27119251

公司名称:威富集运有限公司
地　　址:太平洋贸易中心
电　　话:0852-27549507

公司名称:广达联运
地　　址:天安工业大厦
电　　话:0852-27969351

公司名称:大日本通运有限公司
地　　址:同珍工业大厦

电　　话:0852-24297333

公司名称:半岛货运有限公司
地　　址:万利商业大厦
电　　话:0852-25432020

公司名称:利航国际货运(香港)有限公司
地　　址:万年工业大厦
电　　话:0852-27543320

公司名称:香港泛捷集运有限公司
地　　址:万事昌广场
电　　话:0852-23682033

公司名称:一龙企业有限公司
地　　址:维安商业大厦
电　　话:0852-28365166

公司名称:好望国际公司
地　　址:伟伦中心
电　　话:0852-23020822

公司名称:永生运输公司
地　　址:文昌楼
电　　话:0852-23848876

公司名称:美国集运有限公司
地　　址:新电讯中心
电　　话:0852-23027555

公司名称:德国信天翁海空联运有限公司
地　　址:新电讯中心
电　　话:0852-23024327

公司名称:力威国际航运有限公司
地　　址:新利大厦
电　　话:0852-23906850

公司名称:得利集运(香港)有限公司
地　　址:兴运工业大厦

电　　话:0852-23455517

公司名称:泰生集运有限公司
地　　址:亚士厘道 9
电　　话:0852-27237123

公司名称:永富利货运有限公司
地　　址:亚洲贸易中心
电　　话:0852-26651184

公司名称:安泰航运有限公司
地　　址:易通大厦
电　　话:0852-28153288

公司名称:利嘉货运企业有限公司
地　　址:盈业大厦
电　　话:0852-26222331

公司名称:毅迅货运公司
地　　址:盈业大厦
电　　话:0852-24239127

公司名称:英高集运有限公司
地　　址:源发工业大厦
电　　话:0852-27070161

公司名称:AEL 亚捷海空货运代理有限公司
地　　址:赵氏大厦
电　　话:0852-25423312

公司名称:怡发服务有限公司
地　　址:置城商业大厦
电　　话:0852-23771481

公司名称:三星集运(中国)有限公司
地　　址:中环广场
电　　话:0852-28626027

公司名称:世天威(香港)有限公司
地　　址:中怡大厦

电　　话:0852-25116346

公司名称:百通航运有限公司
地　　址:中怡大厦
电　　话:0852-25200186

仓　储

公司名称:金山货仓有限公司
地　　址:昌乐大厦
电　　话:0852-24116984

公司名称:恒昌迷你仓库
地　　址:大角咀必发道136-146号恒昌中心
电　　话:0852-23907228

公司名称:嘉原货仓有限公司
地　　址:大业街33号
电　　话:0852-27581231

公司名称:太平洋仓库有限公司
地　　址:东美商业中心
电　　话:0852-23324678

公司名称:实用货仓有限公司
地　　址:海港商业大厦
电　　话:0852-28153737

公司名称:荣兴货仓公司
地　　址:和宜合道53
电　　话:0852-24294998

公司名称:恒昌货昌有限公司
地　　址:恒昌中心
电　　话:0852-23907228

公司名称:正兴货仓有限公司
地　　址:宏基街5A
电　　话:0852-27963373

公司名称:德鸿货仓有限公司

地　　址:嘉洛商业大厦
电　　话:0852-25283546

公司名称:大大货仓有限公司
地　　址:健全街3
电　　话:0852-24282898

公司名称:实惠迷你货仓
地　　址:九龙四山街28号安全工业大厦7字楼
电　　话:0852-24404048

公司名称:现代货仓有限公司
地　　址:葵涌裕林工业中心A及B座地下至三楼
电　　话:0852-24069812

公司名称:裕中华货仓有限公司
地　　址:乐基大厦
电　　话:0852-26144801

公司名称:维记货仓有限公司
地　　址:两业工业大厦
电　　话:0852-24201484

公司名称:通用实业货仓公司
地　　址:流水乡
电　　话:0852-24749870

公司名称:华发货仓有限公司
地　　址:马尾下村
电　　话:0852-26749295

公司名称:美罗货仓有限公司
地　　址:美罗工业大厦
电　　话:0852-24268921

公司名称:新霸货柜服务有限公司
地　　址:南丰中心
电　　话:0852-24173122

公司名称:集友利货仓有限公司

地　址:南星工业大厦
电　话:0852-26109964

公司名称:金力管理有限公司
地　址:尼斯花园
电　话:0852-28726102

公司名称:富达货代有限公司
地　址:青衣工业中心
电　话:0852-24971988

公司名称:华辉货仓有限公司
地　址:青衣路
电　话:0852-24490186

公司名称:根达货仓有限公司
地　址:青砖园
电　话:0852-24666948

公司名称:万事达货仓有限公司
地　址:四山街 24
电　话:0852-23400102

公司名称:香港中旅协记货仓有限公司
地　址:威享大厦
电　话:0852-28521388

公司名称:至全中心有限公司
地　址:伟业街 156
电　话:0852-27978998

公司名称:裕中华货仓有限公司
地　址:香港九龙葵涌喜街 18-24 号乐基大厦 7 字楼
电　话:0852-26144801

公司名称:精确(香港)有限公司
地　址:香港葵涌货柜码头路 1 号码头
电　话:0852-24108383

公司名称:健力货仓
地　址:香港新界粉岭沙头角道军地北村 30 号
电　话:0852-26743322

公司名称:亚大陈列货架有限公司
地　址:香港荃湾横龙街 32-40 号兴励工业大厦 16 楼 G 座
电　话:0852-24091083

公司名称:嘉忠货仓有限公司
地　址:星光行
电　话:0852-27308236

公司名称:佳富货仓有限公司
地　址:亚洲货柜中心
电　话:0852-29449880

公司名称:震雄货仓有限公司
地　址:亚洲货柜中心
电　话:0852-24190168

公司名称:万兴货仓有限公司
地　址:永富商业大厦
电　话:0852-25457147

公司名称:葵中货仓有限公司
地　址:永基路 55
电　话:0852-24240416

公司名称:嘉里货仓(香港)有限公司
地　址:永基路 55
电　话:0852-24103600

公司名称:凯亚货仓公司
地　址:永建路 19 号
电　话:0852-26141182

公司名称:友联货仓
地　址:友联工业大厦
电　话:0852-23400707

公司名称:瑞丰隆货仓有限公司

地　　址:裕丰工业大厦

电　　话:0852-24786510

公司名称:兴发货仓有限公司

地　　址:元朗青山公路 3719 号地段 104

电　　话:0852-24719048

公司名称:新侨兴有限公司

地　　址:中侨货仓大厦

电　　话:0852-24239115

公司名称:永南货仓有限公司

地　　址:荃湾横龙街 35 号-41 号

电　　话:0852-24087221

公司名称:民生货仓有限公司

地　　址:荃湾横龙街 72-76 号民生货仓中心

电　　话:0852-24330143